COLEÇÃO

HISTÓRIA DA IGREJA DE CRISTO

DANIEL-ROPS

COLEÇÃO

HISTÓRIA DA IGREJA DE CRISTO

VIII

A IGREJA DAS REVOLUÇÕES (I)

4ª edição

Tradução de Henrique Ruas
Revisão de Emérico da Gama

QUADRANTE

QUADRANTE

QUADRANTE EDITORA
Rua Bernardo da Veiga, 47 | Tel.: 3873-2270
CEP 01252-020 | São Paulo - SP
atendimento@quadrante.com.br
www.quadrante.com.br

Direção geral
Renata Ferlin Sugai

Direção de aquisição
Hugo Langone

Direção editorial
Felipe Denardi

Produção editorial
Juliana Amato
Gabriela Haeitmann
Ronaldo Vasconcelos
Roberto Martins
Karine Santos

Capa
Gabriela Haeitmann

Diagramação
Sérgio Ramalho

Título original: *L'Église des révolutions. I. En face de nouveaux destins*
Edição: 4ª

Dados Internacionais de Catalogação na Publicação (CIP)

Daniel-Rops, Henri, 1901-1965
A Igreja das revoluções / Henri Daniel-Rops; tradução de Henrique Ruas – 4ª ed. – São Paulo: Quadrante Editora, 2024.

Título original: *L'Église des révolutions*
Conteúdo: VIII. A Igreja das revoluções 1. Diante de novos destinos
ISBN (capa dura): 978-85-7465-753-0
ISBN (brochura): 978-85-7465-742-4

1. Igreja - História - Período moderno, 1500- 2. Igreja Católica - História I. Título

CDD–270.6

Índices para catálogo sistemático:
1. Igreja : Período moderno, 1500- : História 270.6

SUMÁRIO

I. UMA ÉPOCA DA HISTÓRIA 7

II. O SABRE E O ESPÍRITO (1799-1815) 143

III. UMA CONTRARREVOLUÇÃO FALHADA (1815-1830) 285

IV. DIANTE DOS NOVOS DESTINOS (1830-1846) 415

V. GRANDEZA DE PIO IX (1846-1870) 523

VI. DEUS E O HOMEM EM QUESTÃO 691

VII. ORBIS TERRARUM 849

VIII. ESTE MUNDO QUE CRISTO TORNA VISÍVEL 1013

QUADRO CRONOLÓGICO 1155

ÍNDICE BIBLIOGRÁFICO 1171

ÍNDICE ANALÍTICO 1183

I. Uma época da história

Revolução com a Igreja?

Abriram-se de par em par as portas da igreja de Nossa Senhora de Versalhes, e o potente som dos órgãos chegou aos ouvidos da multidão ali amontoada. Precedida da cruz, surgiu a procissão. A etiqueta fixara estritamente a ordem do cortejo. À cabeça, e interminavelmente, muitas centenas de homens vestidos de preto e com um pequeno chapéu tricórnio. Em seguida, bem mais elegantes, nobres personagens revestidas de cetim negro e branco bordado a ouro, com chapéu dobrado e profusamente emplumado. Depois, um pequeno grupo variegado de bispos cobertos de capa violeta, de cardeais com manto púrpura, seguidos de duas longas filas de padres em batina. Todos eles, sem exceção, levavam na mão direita uma vela de cera. Debaixo do pálio tecido de ouro, o arcebispo de Paris conduzia o Santíssimo Sacramento num ostensório resplandecente como o sol. E, logo após, rodeado de todos os príncipes de sangue real, da rainha, das princesas e dos altos dignitários das ordens de cavalaria, o rei, com o imenso manto ornado de flores-de-lis da sagração.

O longo cortejo demorou mais de uma hora para atingir o seu destino, que era a igreja de São Luís. Ao longo de todo o percurso, não havia fachada de que não pendesse alguma tapeçaria em relevo, e nas calçadas era enorme a multidão que se comprimia, contida por um cordão ininterrupto de guardas suíços e de guardas franceses. Estava-se na manhã de 4 de maio de 1789. Para que Deus desse as suas luzes aos trabalhos da Assembleia que começariam no dia seguinte, as três Ordens do reino cristianíssimo iam assistir à missa do Espírito Santo.

Foi, pois, por um ato religioso, por uma cerimônia católica, que teve início a crise revolucionária que, dez anos a fio, iria abalar duramente a Igreja na França, a ponto de parecer que a destruiria para sempre. Mas nessa hora de fausto haveria alguém, em toda a assistência, que pressentisse um futuro tão negro? Quem pensaria que a reunião dos *Estados Gerais*, convocados para salvar a França da falência, estava, afinal, abrindo um drama, inaugurando aquilo que, nas palavras de Joseph de Maistre, foi "uma época da História"? Até os pequenos incidentes que perturbaram um pouco a celebração da missa não mereceram qualquer atenção: o Terceiro Estado que tentava indevidamente ocupar os bancos do Primeiro, o que gerou confusão; e o murmúrio de muitos assistentes ao ouvirem o bispo de Nancy, mons. de La Fare[1], garantir que a religião era suficiente para resolver todas as questões, mas também aludir ao peso dos impostos, o que provocou fartos aplausos.

A hora era de otimismo. Raros, muito raros mesmo eram os que se declaravam inquietos, como o prudente M. Émery, superior de São Sulpício, que escrevia a um amigo: "Qual pode ser o resultado de uma assembleia tão tumultuosa como os Estados Gerais, num tempo em que os vínculos da subordinação e da obediência estão já tão enfraquecidos?" Desses receios não partilhavam os seus confrades que iam tomar lugar na Assembleia. Eles estavam convencidos de que a religião teria um papel a desempenhar na restauração da ordem na França.

Os *Cahiers de doléances* ["Cadernos de queixas"] que os deputados levavam, em nome dos seus eleitores, confirmavam essa impressão favorável. A quase unanimidade dos franceses proclamava que o catolicismo era verdadeiramente a religião do reino e devia continuar a sê-lo. Não se contestava a Igreja, nem as suas funções em matéria de registro civil, nem a orientação que dava ao ensino, nem a sua severa doutrina acerca da indissolubilidade do casamento. Era até frequente os redatores dos Cadernos falarem dos seus padres com tocante afeto. Reclamavam-se reformas, sem dúvida, e o clero não deixava de ser alvo dessas reclamações. Muitos eleitores entendiam ser necessário acabar com os privilégios fiscais da primeira das Ordens, com a isenção dos impostos, com os direitos senhoriais e com o dízimo. Urgia repartir melhor as rendas eclesiásticas, limitar as riquezas dos bispos e assegurar uma vida decente aos presbíteros das paróquias, multiplicar os centros de instrução para a juventude. Importava pôr ordem no regime do clero regular, suprimir a deplorável comenda, encerrar as abadias "inúteis e despovoadas", obrigar abades e monges a viver uma vida verdadeiramente monástica. Tudo isso era perfeitamente razoável. No fim das contas, os franceses desejavam reorganizar a sua igreja, mas não tinham nenhuma intenção de arruiná-la ou sequer de introduzir mudanças radicais. Por exemplo, a supressão dos votos, tão defendida pelos "filósofos", só era sugerida por 25 cadernos entre mais de 1.300.

"Podemos dizer — nota Aulard, historiador insuspeito de clericalismo — que, em 1789, não havia na França mais laicizantes do que republicanos". Se tivesse de vir uma revolução (mas, nessa primavera, quem pensava nela?), seria uma revolução feita com a Igreja, de nenhum modo contra ela. Havia incontestavelmente inúmeras pessoas animadas de um fervor autenticamente religioso: a nova França que sairia das reformas desejadas havia de ser mais justa e mais fraterna do que a antiga. A "revolução do Homem", de que fala Bernanos, não era concebida pela imensa maioria dos franceses senão como cristã.

Como explicar, portanto, que, tão depressa, em menos de um ano, a situação mudasse profundamente e se chegasse tão cedo a essa "revolta contra a autoridade divina e humana" que Clemenceau haveria de louvar? É indubitável que, na Assembleia aberta a 5 de maio, havia adversários declarados da Igreja Católica: havia protestantes, como o pastor Rabaut-Saint-Étienne, que viria a presidir à Constituinte, ou como o advogado Barnave, de Grenoble; havia agnósticos convictos, como Volney, que iria escrever *As ruínas;* deístas à maneira de Jean-Jacques Rousseau, encarnado à perfeição no advogado de Arras, Maxilimien de Robespierre; maníacos do anticlericalismo, como Larevelliere-Lépeaux, futuro profeta da "teofilantropia", cujo programa tinha por primeiro artigo que os padres deviam casar-se. Mas, muito mais numerosos que os verdadeiros adversários, a Igreja podia encontrar nos Estados Gerais uma quantidade de amigos duvidosos e de falsos irmãos. Muitos e muitos deputados, católicos de nome ou mesmo de vida, estavam mais ou menos conquistados pelas ideias dos "filósofos" e dos "livre-pensadores". Entre os deputados de fé sincera, um farto lote ligava-se ao jansenismo — suprimido em princípio, mas na prática ainda influente —, ao "richerismo" ou ao galicanismo[2].

Tudo isso criava uma atmosfera surdamente hostil à Igreja Católica oficial, e especialmente a Roma e ao Papa; um clima favorável ao domínio do Estado sobre a religião, ao mesmo tempo que levava a uma espécie de "democratização" das estruturas hierárquicas. Porventura será de admitir, com alguns, que todas essas forças eram ordenadas e dirigidas pela "mão invisível" de que fala La Fayette nas suas memórias, que houve uma verdadeira "conspiração revolucionária" e que esta teve como alma a franco-maçonaria? A questão continua em aberto[3]. As forças hostis ao catolicismo eram, em 1789, suficientemente poderosas para não terem necessidade de um chefe secreto que as lançasse ao ataque. Para lhes fazer frente, teria sido indispensável uma Igreja unida, coerente, dirigida por chefes perspicazes e de autoridade indiscutível. Estava-se bem longe disso.

Os representantes do clero nos Estados Gerais contavam 208 párocos e apenas 47 bispos. Essa distribuição era significativa: revelava a ruptura latente que existia entre o episcopado, recrutado todo ele na nobreza, e o baixo clero, plebeu. Embora a corrente "presbiteriana" que surgia entre certos elementos do clero não fosse predominante[4], era indiscutível que, para os representar, os párocos tinham maior confiança nos seus colegas do que nos chefes. Quantos bispos poderiam acaso orgulhar-se, como o cardeal La Rochefoucauld, arcebispo de Rouen, de terem sido designados por 783 votos em 800? Muitos só tinham sido eleitos pela assembleia do clero da sua diocese em quinto ou sexto lugar! Vários tinham sido derrotados, o que muito os irritara[5]. O baixo clero — conforme admitia um bispo esclarecido — era e sentia-se do Terceiro Estado. E até nas fileiras dos prelados estava longe de existir unanimidade: se eram raros os céticos do gênero de Talleyrand, bispo de Autun, havia um grupo de bispos liberais, inclinados a favorecer reformas bastante ousadas, e aos quais se opunham bispos reacionários, presos à ordem antiga, quando não propriamente aos privilégios, mas que tinham má consciência e se mostravam hesitantes quanto à escolha dos meios.

O primeiro ato formalmente revolucionário, isto é, que pôs de manifesto a decisão de desobedecer à autoridade real, foi feito pelo baixo clero. A questão que o provocou foi a de saber como se votaria na Assembleia. Seria Ordem por Ordem, segundo o antigo costume, tendo cada uma um voto? Nesse caso, de nada teria servido ao Terceiro Estado haver obtido o dobro dos deputados de cada uma das outras Ordens. Seria por cabeça? Então, o Terceiro Estado teria, sozinho, metade dos sufrágios. Essa grave decisão estava subjacente às discussões que, logo após a sessão real de abertura, se desencadearam a propósito da verificação dos poderes. Cada Ordem verificaria por sua conta os mandatos dos seus membros, ou proceder-se-ia a essa operação com as três Ordens reunidas? Um deputado do Terceiro Estado de Aix-en-Provence, o conde Mirabeau, um nobre que se transviara da sua classe, foi o primeiro a compreender que tudo dependia do que fizesse o baixo clero; e então uma delegação do Terceiro Estado foi, "em nome do Deus da paz e em nome da Nação", convidar os padres a juntar-se a ela na sala dos Menus Plaisirs — "dos pequenos divertimentos" — onde tinha assento. A 19 de junho, segundo dia depois daquele em que o Terceiro Estado se proclamara *Assembleia Nacional,* no fim de muita hesitação e muita negociação, cerca de três quartos dos párocos aceitaram o convite, arrastando com eles alguns bispos.

Os políticos viram o perigo. "São esses cento e sessenta padres bastardos que nos vão perder!", exclamou o conde d'Entraigues. No dia seguinte, 20 de junho, pelo famoso Juramento do Jogo da Péla, a Assembleia, ultrapassando os limites oficiais do mandato recebido, jurava que não se dissolveria sem haver dado uma Constituição à França. Três dias depois, quando o rei tentou reagir e ordenou às três Ordens que se reunissem em câmaras separadas, o Terceiro Estado, reforçado pelos párocos-deputados, já se sentia com forças para lhe resistir frontalmente. E foi nesse momento que se ouviu a célebre apóstrofe de Mirabeau ao marquês de Dreux-Brézé, à qual Luís XVI respondeu com uma absolvição bonacheirona. E se era o próprio rei que renunciava a fazer-se obedecer pela "força das baionetas", que podia fazer o alto clero senão juntar-se aos rebeldes? De resto, no dia 27 de junho, era Luís XVI que o convidava a fazê-lo.

Nesse ínterim, os padres dotados de alma mais sacerdotal do que cívica tinham motivo para sentir-se bastante inquietos com os sintomas que se observavam na opinião pública. Logo a seguir a 23 de junho, a populaça esteve prestes a linchar o arcebispo de Paris, mons. Juigné, e acidentes do gênero repetiam-se, embora o clero já estivesse ligado ao Terceiro Estado. Certo padre, que no entanto se declarava "patriota", escrevia no *Courrier de Gorsas* que não se podia dar um passo em Paris sem ouvir o grito "*Raro sur le calotin!*" ["Abaixo o padreco!"]. Os jornais — e surgiam como cogumelos —, na maior parte redigidos por discípulos de Voltaire, atacavam a religião; era o caso do *Patriote français* ou do *Révolutions de Paris*. Mas então não haveria comoção popular que não levasse a violências contra a Igreja?

A 13 de julho, isto é, logo após o triste domingo em que o regimento do Royal Allemand carregou sobre os parisienses, houve bandos que correram ao assalto da venerável Casa de Saint-Lazare: suspeitava-se que os filhos de *Monsieur* Vincent tinham aí armazenado víveres, na altura bem raros. Depois de uma noite angustiosa, o Seminário de São Sulpício escapava a igual sorte porque, nesse dia, os parisienses estiveram muito ocupados no ataque à Bastilha. Nas províncias, onde *la Grande Peur* — o "Grande Medo" — levara os camponeses a armar-se para se defenderem de bandidos imaginários, muitas abadias foram saqueadas, da mesma forma que muitos solares. As contradições eram flagrantes: a Guarda Nacional, recém-criada, pedia a bênção para os estandartes, e o povo ajoelhava-se, na rua, à passagem do Santíssimo Sacramento; mas era bem evidente que estava em formação uma onda de anticlericalismo. Muitos párocos-deputados começavam a sentir-se inquietos, interrogando-se se não teriam enveredado por mau caminho. Em dois meses e meio, que mudança!

No entanto, no dia 4 de agosto, parecia que tudo estava arranjado e que a revolução se faria mesmo com a Igreja do seu lado. Numa sessão noturna, no meio de um entusiasmo que, de acordo com uma testemunha, dava à Assembleia o ar de uma multidão de bêbados, alguns nobres liberais propuseram a supressão dos direitos feudais, e o clero não lhes tolheu os passos. Era um bispo que sugeria que todo o episcopado abandonasse os direitos senhoriais; era outro que propunha que se cancelasse a isenção de impostos; eram párocos que sacrificavam emolumentos. Quando o bispo de Chartes pediu a supressão do direito de caça, o duque de Chatelet resmungou: "O bispo tira-me a caça: vou tirar-lhe alguma coisa..." E logo conseguiu a abolição do dízimo mediante resgate. Foram horas de frenesi — um concurso de generosidades...

No dia seguinte, o bonito zelo arrefeceu. Alguns começaram a pensar que se ia rápido demais, especialmente quando Mirabeau fez votar que os dízimos não seriam resgatados, mas pura e simplesmente suprimidos. De que viveriam os padres? E os estabelecimentos de ensino e de assistência, cujas despesas a Igreja suportava?

Os espíritos calmos podiam achar o futuro inquietante, mas, de momento, ninguém reparou nisso. Estavam todos demasiado ocupados em aplaudir, em aclamar, em beijar-se uns aos outros... E, quando o bom arcebispo Juigné propôs que se fosse dar graças ao Eterno por ter dado à França uma noite tão bela, a Assembleia inteira aderiu em peso e foi toda para a capela do palácio cantar o *Te Deum.*

Primeiros golpes no edifício

A quem olhasse serenamente as coisas, nada seria menos evidente que o desejo unânime da Assembleia de avançar de mãos dadas com a Igreja. E pode-se perguntar se alguns políticos hábeis não se estariam servindo de dois motivos passionais — o medo provocado pela *jacquerie*[6] das províncias e o entusiasmo coletivo da multidão — para atingir o catolicismo com golpes sorrateiros. Certas decisões tomadas pela Constituinte revelavam intenções verdadeiramente estranhas...

Em primeiro lugar, por proposta de um eclesiástico loreno, de tendências galicanas, ainda desconhecido mas que viria a fazer carreira — o *abbé Grégoire,* a Assembleia decretou que, "de futuro, não será enviado mais nenhum dinheiro a título de anatas[7] ou por qualquer outra razão". Era a denúncia unilateral da Concordata de 1516; era enfiar pelo caminho de um conflito com a Santa Sé. Mas esse perigo não despertou a atenção de ninguém.

Não tardou que se desse algo mais grave, desta vez no campo dos princípios. Em 8 de julho, fora designada uma Comissão para redigir o texto constitucional. Ocupavam os primeiros lugares o general La Fayette, famoso pelas suas vitórias na América, o pe. Sieyes, que se tornara conhecido por um panfleto sobre os direitos do Terceiro Estado, o bispo Talleyrand e Mirabeau. Todos eles estavam extremamente imbuídos de espírito "filosófico", o mesmo espírito que, em 1776, animara os redatores da Constituição dos Estados Unidos. Os americanos tinham feito preceder a sua Constituição de uma Declaração dos Direitos do Homem. Os franceses imitaram-nos, apesar das reservas formuladas pelo pe. Grégoire, pelo bispo de Chartres, mons. Lubersac, e pelo de Langres, mons. César de La Luzerne, que eram da opinião — justa opinião — de que "o homem é mais levado a usar dos seus direitos do que a cumprir os seus deveres". Após longos debates, foi votada, a 20 de agosto, a *Declaração dos Direitos do Homem e do Cidadão*.

Que ela acabasse com a monarquia de direito divino, proclamando a soberania do povo, não era nada de espantar: os escolásticos, com São Tomás e depois Belarmino (acrescentemos, naturalmente, Suárez, para não irmos mais longe), podiam ter-lhe fornecido argumentos. Que definisse a liberdade e a igualdade em termos generosos, mas teologicamente discutíveis, já era mais grave. Mas o mais inquietante estava no preâmbulo, em que se reconheciam os direitos "naturais" do homem sem qualquer referência aos direitos de Deus. É verdade que — depois de ter rejeitado o projeto primitivo que reconhecia à religião direitos na sociedade — a Declaração proclamava, no artigo 10°, que "ninguém pode ser inquietado pelas suas opiniões religiosas"; é verdade também que no preâmbulo se continha uma alusão ao Ser Supremo. Mas o princípio inspirador da Declaração era ateu. O "catecismo nacional", como dizia Barnave, assentava em bases irreligiosas. O historiador Mathiez, conhecido pelo seu agnosticismo, notou-o numa fórmula perfeita: "Os princípios de 1789 são apresentados como um corpo de doutrina que se basta a si mesmo, que recebe a sua validade da evidência racional, e de maneira nenhuma da Revelação. Assim, a humanidade passa a ser o deus de si mesma". A "rebelião da inteligência"[8], incubada havia três séculos, achava aí o seu arremate perfeito.

As audácias da Declaração e da Constituição tornaram pesada a atmosfera política. No fim do verão, corria o boato, com ou sem fundamento, de que a Corte e os privilegiados iam reagir por um golpe de força. Não foi difícil aos organizadores arrastar alguns milhares de parisienses esfaimados a uma caminhada até Versalhes. Quando a 6 de outubro, os amotinados, que o rei se recusara a mandar dispersar a golpes de sabre, levaram para Paris "o moleiro, a moleira e o pequeno"[9] e a Assembleia teve de seguir atrás do monarca, a situação agravou-se em proporções enormes. A capital — a imensa massa humana sempre pronta a ceder às paixões mais primárias — passava a trazer no seu seio a Constituinte, instalada na sala do Manege, perto das Tulherias. Entre os deputados, bastantes moderados fugiram, inquietos; houve até quem atravessasse a fronteira. O arcebispo de Paris procurou refúgio em Chambéry. Tinha-se a impressão de que se iniciara uma reviravolta.

Não se demorou muito a ter a certeza disso. E era a Igreja que ia arcar com os gastos da reviravolta. A situação financeira, "a horrenda bancarrota" de que falava Mirabeau, estava visivelmente às portas. Dois empréstimos lançados por Necker tinham fracassado. A 10 de outubro, Talleyrand subia à tribuna da Assembleia e, friamente, sem efeitos oratórios, com desenvoltura de grande senhor, propunha — ele, que era bispo — "pôr à disposição da Nação" os bens do clero. Avaliava-os em dois bilhões de libras, que renderiam setenta milhões: o bastante, com certeza, para pôr a flutuar a nau do Estado...

A discussão que se seguiu foi apaixonada. O pe. Maury, filho de sapateiro feito acadêmico[10], replicou à sua maneira, que era cortante e firme. Mais moderado, o arcebispo de Aix-en-Provence, mons. Cucé de Boisgelin, fez notar que as riquezas da Igreja lhe tinham sido dadas com finalidades bem precisas — para manter hospitais e escolas — e que, desse modo, toda a organização social e todo o ensino da França correriam o risco de afundar-se. Compreendendo, aliás, que a Igreja, para não perder tudo, tinha de fazer uma oferta, obteve — dificilmente — dos seus confrades que se concedesse ao Estado um empréstimo de 400 milhões a expensas dos bens do clero.

Mas já não se estava em tempo de negociar. Um deputado do Terceiro Estado, Le Chapelier, pôs a questão em pratos limpos, dizendo que não era apenas para evitar a bancarrota que importava tirar os bens à Igreja, mas sim para "destruir a Ordem do clero", em nome da necessária igualdade. Por 568 votos contra 346, um decreto, redigido por Mirabeau, pôs os bens do clero "à disposição da Nação, que, em contrapartida, se compromete a prover, de maneira razoável, às despesas do culto, à manutenção dos seus ministros e ao auxílio aos pobres"[11]. Era o dia 2 de novembro, dia dos fiéis defuntos. Quem presidia à Assembleia era Camus, que fora advogado do clero de Paris. "Ao menos — comentou um humorista —, não vai ser um enterro civil..."

"À disposição da Nação": a fórmula, vaga como era, deixava entrever certo embaraço, talvez mesmo certo escrúpulo. Mas não seria preciso muito tempo para torná-la bem precisa. E o pe. Maury, chocarreiro, podia felicitar os colegas da Assembleia pelos assombrosos progressos feitos "no modo de apropriar-se dos bens alheios". Começou-se por fazer inventários. Depois, pôs-se à venda, por 400 milhões, uma primeira fatia de bens confiscados — bens da Coroa e bens do clero. Em seguida, mediante dois decretos, votados em julho e outubro de 1790, ficou autorizada a alienação total dos bens eclesiásticos. Quer dizer: a Igreja perdia de uma só vez todas as fontes de rendimentos, já que eram abolidos os dízimos, e as outras riquezas, espoliadas.

E o Estado ganharia o bastante para se salvar da bancarrota? De modo nenhum. Pôr à venda, de uma só vez, tão grande soma de terras e de edifícios era fazer baixar rapidamente os preços. Os *assignats*[12] que se emitiram tendo por lastro os bens confiscados, minados por uma inflação desmedida, perderam bem cedo o valor nominal, a tal ponto que se chegaria ao extremo de pagar um hectare de boas terras por uma porção de manteiga. É claro que não faltaram os compradores: burgueses enriquecidos, camponeses abastados, especuladores organizados em autênticos bandos, mas também — temos de dizê-lo — nobres e até membros do clero. Entre os compradores, estariam futuros chefes da insurreição católica da Vendeia, como D'Elbée e Bonchamp; e a própria rainha Maria Antonieta escreveria a

Fersen, em 1792, dizendo-lhe que se tratava de um excelente investimento. Salvo raras exceções, os bispos não proibiram de modo nenhum a compra dos bens da Igreja, decididos como estavam, na maioria, à semelhança do bispo de Le Mans, a "deixar-se despojar sem protesto". Só muito mais tarde, nos tempos da Restauração, é que os compradores de bens nacionais vieram a ser objeto de opróbrio. Do que não resta dúvida é de que essa gigantesca transferência de propriedade firmava grande parte dos franceses — mesmo entre os menos revolucionários — no desejo de não voltar atrás, de não restituir à Igreja os seus bens e direitos.

A secularização das pessoas não demorou muito a acompanhar a dos bens[13]. Quem "pagou o pato" da operação foi o clero regular. Como sabemos[14], as ordens religiosas tinham grande necessidade de reformas e, de acordo com a mentalidade reinante, não parecia inadmissível que o Estado se intrometesse nelas. Não fora Luís XV que suprimira os jesuítas? Não era verdade que a Comissão dos Regulares, em 1766[15], fechara numerosos conventos? E José II da Áustria não levara a cabo uma vasta reorganização monástica? Sem mentir, os constituintes podiam dizer — nas palavras de Lameth, deputado de esquerda — que não eram "as ordens que se queria destruir, mas as desordens religiosas". Na realidade, porém, e apesar dos protestos do pe. Grégoire e de vários dos bispos que faziam parte da Assembleia, não se fizeram apenas leis reformadoras: entrou-se no campo da consciência.

Em 28 de outubro de 1789, foi suspensa "a emissão de votos em todos os mosteiros" — em nome da liberdade individual... O deputado Treilhard, membro influente da Comissão eclesiástica da Assembleia, preparou um decreto que suprimia os conventos, e, apesar das resistências, conseguiu que fosse aprovado (13 de fevereiro de 1790). Funcionários municipais iriam a todas as casas de religiosos e perguntariam a cada uma das pessoas que formavam a comunidade se desejava sair ou ficar. Os que saíssem receberiam uma indenização que lhes permitisse viver. Os religiosos fiéis seriam agrupados, misturando-se as ordens, nas casas que permanecessem. Quanto aos mosteiros abandonados, seriam postos à venda, como bens nacionais. Tais disposições, que nada tinham já a ver com o espírito de reforma, provocaram protestos. O bispo de Clermont não hesitou em perguntar à Assembleia se tinha ou não o propósito de "destruir a Igreja".

No conjunto, os decretos tiveram resultados terríveis, e, ao menos nas ordens masculinas, pôde-se falar de verdadeiro desmoronamento. Mês após mês, sucederam-se as saídas. Em Cluny, de quarenta beneditinos, ficaram dois; no convento dominicano de Saint-Honoré de Paris — o mesmo em que estava instalado o famoso clube dos Jacobinos —, dos trinta e um padres, apenas um declarou querer perseverar no seu estado; quinze partiram e outros quinze disseram que ficavam na expectativa. No entanto, outras ordens, como os capuchinhos, os trapistas, os cartuxos, foram pouco atingidas pelas defecções. E, entre as religiosas, a fidelidade foi a bem dizer unânime, exemplar. Houve carmelitas que responderam aos comissários: "O jugo do Senhor é para nós um jugo suave", e visitandinas que disseram: "Pedimos que nos deixem viver e morrer no estado santo e feliz que abraçamos sem violência, que exercemos com zelo e que é a única felicidade dos nossos dias". Nobres palavras, que consolam de tantas deserções.

Menos de um ano após a reunião dos Estados Gerais, a igreja tradicional da França, a igreja do *Ancien Régime,* parecia jazer por terra, em ruínas. Os responsáveis por essa ruína teriam agido com essa intenção? Alguns historiadores têm assegurado que não: "A irreligião foi sempre alheia a esse desastre". Terá sido assim mesmo? É inegável que a igreja galicana se encontrava carcomida em muitas das suas partes, e que há muito se ouvia dentro dela o sinistro ruído de rachaduras. Por outro lado, estava demasiado ligada à monarquia para que a queda do trono não arrastasse a dela. Porém, parece mais que provável que os elementos que vimos hostilizar o catolicismo souberam explorar muito bem a situação e as fraquezas da Igreja, e que, por inconsciência, por leviandade, e depois por interesse, muitos católicos se prestaram ao jogo. A irreligião não está, certamente que não, na origem do desabamento da Igreja a partir de 1790; mas dizer que foi "alheia ao desastre" é com certeza um exagero. Habilmente, a irreligião ajudou.

De resto, esta ia progredindo. Na Assembleia, a discussão acerca das ordens religiosas tinha feito subir o tom. Os jornais exploravam a nota anticlerical[16]: a partir do verão de 1790, ir-se-ia distinguir nesse gênero o rabelaisiano *Pere Duchesne* de Hébert. Os panfletos e as caricaturas cobriam o clero de zombarias. Num drama sobre a Noite de São Bartolomeu, Marie-Joseph Chénier acusava os católicos de fanatismo. Os clubes patrióticos, onde se juntavam os elementos ativos da Assembleia — o clube dos *Cordeliers*[17] e o clube dos *Jacobins*[18], principalmente, assim chamados consoante o convento em que se tinham instalado —, trabalhavam no mesmo sentido. A ralé de Paris e das grandes cidades começava a molestar os padres e religiosos que passavam pela rua. Em vão o bom Dom Gerle, ao mesmo tempo fervoroso cartuxo e franco-maçom, e ainda por cima bastante extravagante[19], tentara que a Constituinte aprovasse uma resolução que proclamaria o catolicismo como religião "da Nação". A proposta foi rejeitada por maioria esmagadora. Os protestantes tinham conseguido a igualdade de direitos com os católicos (24 de dezembro de 1789). Os judeus viriam em seguida. Dir-se-ia que se tinha virado uma página da história.

E, apesar de tudo... O apego do povo francês à sua fé ancestral era tão forte que as aparências continuavam a ser de fidelidade. Em 1790 ainda se celebrou a festa do Corpus Christi com uma pompa e um fervor notáveis, tanto na capital como nas províncias; numerosos membros da Assembleia participaram da procissão. "Patriotismo" e religião pareciam bem casados. O general La Fayette fora visto, em uniforme de gala, na igreja de Saint-Nicolas-des-Champs; e Mme. Bailly, mulher do prefeito de Paris, passava a bolsa na igreja de Saint-Roch. Junto do túmulo de Santa Genoveva, tinham colocado uma graciosa miniatura da Bastilha, de dois metros e meio de altura. E, quando, a 14 de julho de 1790 — certamente para comemorar o acontecimento revolucionário do ano anterior, mas também para afirmar num impulso fraterno que a França estava unida pela vontade dos seus filhos —, todas as províncias enviaram delegados a Paris, ninguém estranhou que, nessa "festa da Federação", se cantasse o *Te Deum* e que, no altar erguido bem visivelmente no Campo de Marte, um bispo celebrasse a missa. Ah!, só que esse bispo era Talleyrand[20]...

Mas já estava preparado o texto que ia abrir um abismo entre a Igreja e o novo regime, e cortar a França em duas: a *Constituição Civil do Clero*.

"O maior erro político desta Assembleia"

Em *12 de julho de 1790*, a Assembleia votava uma lei sobre a reorganização da Igreja na França. E era lógico: uma vez que se queria refazer a ordem do Estado, era indispensável tratar também da situação da Igreja, pois os campos desta e daquela no *Ancien Régime* se entrelaçavam. Não haveria nada a opor a isso, se os constituintes se houvessem limitado a uma reorganização administrativa, e, sobretudo, se, antes de decidir, tivessem consultado o chefe da Igreja, o Papa. Ora, não só não se deu esse passo de respeito e de prudência, como os redatores da Constituição Civil cometeram com toda a evidência aquilo que M. Émery serenamente qualificou como "um abuso de competência". Basta resumir as disposições da nova lei para medir esse erro.

A menos grave das reformas era a que remanejava o mapa das dioceses da França, fazendo coincidir os limites destas com os "departamentos" acabados de criar. Não há dúvida de que essa disposição destruía tradições veneráveis e ia provocar delicados problemas de transferência de jurisdição espiritual e de usos litúrgicos; mas, no fim de contas, o prejuízo era mínimo, e Roma, se tivesse sido consultada, teria certamente aquiescido: quando for da Concordata de 1801, a Santa Sé concederá ao cônsul Bonaparte uma reorganização bem mais radical. Os oitenta e três bispos eram colocados sob a autoridade de dez metropolitas. As paróquias eram também redistribuídas, o que não era mau: em princípio, cada uma delas teria um mínimo de seis mil almas. Todos os títulos e benefícios que a lei não mencionasse eram declarados "extintos": canonicatos, capelas, cabidos regulares e seculares de ambos os sexos, abadias e priorados em regime de benefício; era uma medida expeditiva, mas ainda se podia admitir. Por outro lado, a Constituição Civil previa os ordenados dos padres que exercessem funções propriamente cultuais: em média, 20 mil libras por ano para os bispos, duas mil para os párocos, mil para os coadjutores. Era decente.

Em contrapartida, uma longa série de cláusulas da lei eram mais que estranhas. Daí em diante, os bispos e os párocos seriam eleitos pelo povo soberano, exatamente como os membros das assembleias administrativas: os primeiros, por todos os cidadãos do departamento — incluindo protestantes e judeus —; os outros, pelo corpo eleitoral dos distritos[21]. Os bispos deixariam de receber do Papa a investidura canônica, passando a recebê-la do seu metropolita, ou, na falta deste, do mais antigo bispo da sua circunscrição eclesiástica[22]. Limitar-se-iam, "como testemunho de unidade e de comunhão", a avisar da sua eleição o Soberano Pontífice, "chefe visível da Igreja universal". Ao lado de cada bispo haveria um Conselho permanente — análogo ao Diretório departamental e formado pelos vigários da igreja catedral, pelo superior e pelos diretores do seminário (só um por diocese) —, sem o qual não lhe seria lícito proceder a qualquer ato de jurisdição. Cada pároco nomearia os seus coadjutores, de uma lista aceita pelo bispo. Finalmente, bispos e párocos eleitos prestariam juramento à Constituição do Estado francês.

Que tais disposições fossem inaceitáveis para a Igreja é coisa que hoje nos parece evidente. Atingiam gravemente a disciplina da Igreja e o seu direito de jurisdição. Como nota o pe. Sicard, levavam a uma degradação geral dos poderes religiosos: o Papa perdia a autoridade sobre os bispos; estes, a que tinham sobre o seu clero; e os próprios párocos passavam na prática a depender dos seus eleitores. Émery punha a claro o erro fundamental da Constituição Civil, quando escrevia: "Submeter à autoridade civil um poder que é emanação do próprio Jesus Cristo [...] é opor-se à Revelação".

Mas o que queriam os responsáveis da nova lei, a maioria membros da Comissão eclesiástica — pelos quais a Assembleia acertava o passo com desconcertante facilidade —, era precisamente submeter a Igreja à autoridade civil. Por aqui se pode medir o mal causado na alma de tantos fiéis por essas semi-heresias, por esses erros e desvios doutrinários que tiveram os nomes de jansenismo, galicanismo, richerismo, presbiterianismo, e que, aliás, se conjugavam numa só corrente. Já se observou que os jansenistas conhecidos como tal eram bastante raros na Constituinte e mais ainda na Comissão eclesiástica; mas a revolta jansenista tinha habituado as inteligências, havia dois séculos, a não aceitar sem reservas nem críticas a autoridade dos papas. Os galicanos eram extremamente numerosos na sala do Manege: galicanos políticos e galicanos eclesiásticos, em desacordo sobre muitos pontos, mas de acordo em minar a autoridade do Papa. Um dos principais redatores da Constituição Civil era Durand de Maillane, cujo *Diciondrio de Direito Canônico* deixava entrever em cada artigo uma posição galicana.

Entre os párocos, as ideias "presbiterianas", que tínhamos visto progredir ao longo do século XVIII, sistematizadas por Nicolas Maultrot e Adrien Le Paige, estavam muito difundidas. O pe. Grégoire tinha sido um dos condutores do movimento, cuja primeira máxima era limitar os direitos dos bispos. Finalmente, o "richerismo", regalismo ou cesarismo — não interessa o nome que se dê à doutrina —, visando o domínio do poder eclesiástico pelo poder político, operava a fusão de todas essas tendências por ação dos legistas, que eram numerosos na Assembleia e os únicos competentes em matéria institucional. O advogado Treilhard, o professor de Direito Lanjuinais, o advogado Martineau, relator do projeto da Constituição Civil, eram todos eles decididos partidários de uma igreja nacional, na prática independente do Papa e, no fim de contas, semelhante a uma engrenagem do Estado. Bem podia o pe. Grégoire dizer que não era intenção dos constituintes "fazer um cisma"[23]. A verdade é que não podia deixar de ser deveras inquietante ouvir Camus, advogado jansenista e richerista notório, declarar: "Temos sem dúvida o poder de mudar a religião", ainda que acrescentasse, benevolente: "Não o faremos".

Ao contrário do que se podia esperar, a reação dos católicos à lei de 12 de junho não foi imediata nem unânime. O acontecimento apanhou-os, sem dúvida, tão de surpresa que não se mediu logo a nocividade do texto. O primeiro fiel que teve de enfrentar o caso de consciência foi o rei: devia ele sancionar o decreto? Depois de ter pedido a opinião dos arcebispos que tinham assento no Conselho Real — mons.

Jerôme Marie Champion de Cicé e mons. Lefranc de Pompignan —, concordou em assinar, embora reservasse a promulgação para o momento em que Roma desse a conhecer o seu juízo. Alguns bispos protestaram: o primeiro foi mons. Juigné, do seu retiro na Savoia. Mais corajosamente, mons. Cucé de Boisgelin criticou o texto na tribuna da Assembleia, logo em fins de maio. O pe. Barruel, ex-jesuíta que enveredara pelo jornalismo, mostrava em vários artigos que "proibir o recurso às vias canônicas seria ferir a religião". No entanto, ninguém desejava uma ruptura, salvo, talvez, o bispo de Boulogne, Jean-René Asseline, cuja atitude era, *avant la lettre,* a de um "integrista" rigoroso.

E o papa? Que pensava ele? Que iria fazer? O papa era, desde 1775, Pio VI, pontífice dado ao fausto que, rodeado de uma corte discutível, se isolara excessivamente do mundo, mas a quem não faltava inteligência nem caráter: provara-o pela maneira como reconduzira à obediência o bispo Febronius, além de ter jugulado o quase-cisma de Pistoia e tentado limitar a ação de José II[24]. A sua disposição relativamente à França era bastante negativa: a supressão das anatas, o encerramento de tantos conventos e a rebelião que os revolucionários franceses estimulavam nas terras pontifícias de Avinhão[25] não lhe davam nenhum prazer. A 29 de março de 1790, criticara rudemente os princípios da Revolução. Mas, à maneira romana, não teve nenhuma pressa em tomar posição acerca da Constituição Civil, o que deixou os católicos fiéis numa grave incerteza. O seu núncio em Paris, mons. Dugnani, aconselhava-lhe a conciliação. O embaixador da França em Roma, cardeal Bernis, num jogo, aliás, bastante suspeito, garantia nos relatórios que "o papa só pedia prudência". Um protesto, designado por *Exposição de princípios,* redigido por Boisgelin em nome dos bispos da França e assinado por noventa e três deles, situava-se intencionalmente nas alturas, e pelo menos não levava a cortar as pontes. De Roma partiam breves pontifícios confidenciais, para pedir a Luís XVI, que ia promulgar a Constituição, que “não arrastasse para o cisma a nação inteira”, ou para acautelar os bispos, demasiado inclinados a ceder. Mas a decisão é que não vinha. Só na primavera de 1791, por dois breves datados de *10 de março* e de *13 de abril,* veio enfim a condenação formal, que declarava nulas todas as eleições de bispos e de párocos feitas com base na Constituição Civil. Era tarde.

Era tarde porque, exasperada pela resistência que sentia numa grande parte do clero, a Assembleia aprovara a 27 de novembro um projeto, apresentado pelo deputado Voidel, pelo qual se obrigavam todos os “padres-funcionários” a prestar juramento de “conservar com todas as forças a Constituição decretada pela Assembleia e sancionada pelo rei”. Os que se recusassem seriam considerados demissionários das suas funções e substituídos. Se continuassem a exercê-las, seriam perseguidos como perturbadores da ordem pública e rebeldes. Convidado, ou, para melhor dizer, intimado a sancionar esse novo decreto, o pobre Luís XVI consultara o arcebispo Boisgelin, que, em frases retorcidas, o aconselhara a ceder. A 26 de dezembro, não sem graves escrúpulos de consciência, o rei rubricava o texto. Estava feito o irreparável.

Nas *Memórias* do príncipe Talleyrand, publicadas pelo duque de Broglie, podemos ler: “Não receio reconhecer, seja qual for a parte que me tenha cabido nessa obra, que a Constituição Civil do Clero, decretada pela Assembleia Constituinte, foi talvez o maior erro político dessa Assembleia, independentemente dos crimes horrorosos que daí resultaram”.

O juramento e as duas igrejas

Que iria fazer o clero francês? E, em primeiro lugar, que iriam fazer os sacerdotes — bispos ou simples párocos —

que tinham assento na Assembleia? É evidente que o que eles decidissem serviria de exemplo. Ora, na imensa maioria, essa decisão foi uma recusa categórica. No primeiro dia, impelidos por Grégoire, cujas virtudes sacerdotais eram incontestáveis, mas em quem era ainda mais incontestável a paixão revolucionária, sessenta e dois padres prestaram o juramento. Todavia, só em 2 de janeiro é que um bispo os imitou: evidentemente, não era outro senão Talleyrand, seguido por um certo Gobel, bispo auxiliar de Basileia para a zona francesa da diocese, que não se caracterizava pela firmeza. Mais ninguém.

Então, a Assembleia determinou a chamada nominal dos seus membros sacerdotes. Mas viu-se forçada a desistir de os ver desfilar na tribuna, pois, na maior parte, justificavam a recusa ao juramento com palavras tais que pareciam profissões de fé. Em vão se decidiu, por proposta de Barnave, que os não juramentados seriam excluídos da Assembleia. Em vão a massa dos "patriotas", amontoada diante da sala do Manege, ameaçou com a forca esses contrarrevolucionários. Nada se pôde contra a coragem; sucedeu até que, dos cento e nove que já tinham jurado, vinte se retrataram, dispondo-se a perder tudo antes que ceder. "Nós tomamos-lhes os bens — murmurou Mirabeau —; eles conservaram a honra".

O episódio é de grande relevância, devemos dizê-lo, e responde peremptoriamente às críticas que demasiados historiadores fizeram ao clero do *Ancien Régime* e, em especial, ao episcopado. No momento da opção decisiva, até os prelados mundanos souberam arriscar-se para dar testemunho da sua fidelidade: de cento e sessenta bispos que a França contava na altura — incluindo nesse número os bispos auxiliares —, apenas sete concordaram em jurar, entre os quais dois meros detentores de títulos *in partibus infidelium*, um bispo ultramarino (o de Babilônia) e quatro titulares de dioceses, aliás conhecidos pelos seus costumes suspeitos, como

Talleyrand e Jarente, bispo de Orléans, ou por serem cabeças extravagantes, como La Font de Savines, bispo de Viviers. Bela proporção!

Teria sido, evidentemente, inconcebível que o clero francês oferecesse na sua totalidade proporção semelhante a essa. Para milhares de padres, o problema de consciência era angustiante. Eram muitos os que se tinham dado por inteiro ao novo regime e, sem serem todos eles "presbiterianos", aprovavam bastantes disposições da Constituição Civil. Na maioria, não eram suficientemente teólogos para avaliar a sua nocividade[26]. E, afinal de contas, não era verdade que o rei a aceitara? E que o papa se mantinha silencioso?... Então, por que haviam de abandonar as suas funções pastorais, os seus paroquianos, e até a situação material agora melhorada? Como condenar aqueles que — como então se dizia — "iam buscar à panela" as razões para jurar?

O que é de admirar não é que o clero da França se tenha dividido nesta questão: é, sim, que tenham sido tantos os padres que, resistindo às ameaças, à pressão oficial, às campanhas de imprensa, e até, frequentemente, às suas convicções políticas e aos seus interesses pessoais, ousaram dizer não. Alguns se mostraram verdadeiramente heroicos. Foi o caso, em Paris, do pe. Pancemont, pároco de São Sulpício, do pe. Marduel, pároco de Saint-Roch, do pe. Ringard, pároco de Saint-Germain l'Auxerrois, os quais estiveram prestes a ser cortados em pedaços por haverem explicado do alto do púlpito os motivos por que recusavam o juramento. Houve casos semelhantes em todas as províncias francesas. "O juramento peneirou os padres" — diz Joseph de Maistre.

Ao todo, quantos foram aqueles a quem se chamou os "juramentados"? O número variou muito de região para região[27]. No conjunto, a proporção sobe ou desce consoante o historiador: 57%, diz Mathiez; menos de 48%, opina

La Gorce; um pouco mais da metade, conclui Latreille. Mas é preciso ter em conta que só os padres-funcionários eram obrigados ao juramento e que, por outro lado, depois das condenações pontifícias, houve muitos que se retrataram. Sem forçar a nota, é de admitir que, quando Roma falou, não ficaram no campo dos juramentados mais de 50%[28].

As consequências do voto da Constituinte foram extremamente graves. O tonitruante pe. Maury já as anunciara da tribuna da Assembleia: "Cuidado, meus senhores! É perigoso fazer mártires!" Não se tratava disso!, tinham-lhe respondido. Na verdade, porém, pela força de uma lógica irresistível, a Revolução, metida por esse caminho, fatalmente havia de desembocar na perseguição contra os que se recusavam a submeter-se aos seus decretos religiosos, afastando dela muitos dos que a tinham servido ardentemente no começo e permitindo aos seus adversários apresentá-la como infiel ao generoso ideal de liberdade e de fraternidade que a norteara.

Paradoxalmente, os galicanos da Assembleia, que tinham montado admiravelmente a sua excelente máquina de guerra contra Roma, iriam afinal minar todas as bases da igreja galicana, desde então forçada ao cisma, e levar todo o clero fiel a congregar-se ao redor da Sé de Pedro. E essa ruína da igreja galicana será tão definitiva que a própria Restauração não conseguirá dar-lhe vida, e o ultramontanismo sairá vencedor da crise revolucionária.

A curtíssimo prazo, a questão do juramento iria precipitar o curso dos acontecimentos e arrastar consigo a queda da monarquia, uma vez que será para salvaguardar a sua liberdade de consciência que Luís XVI tentará fugir de Paris e da França, entrando em conflito com a Revolução. Mas esse "erro político" que Talleyrand denunciou iria sobretudo cortar ao meio a igreja da França, cortar ao meio a própria nação, para grande desventura do país[29].

A ruptura não foi imediata, mas tornou-se inelutável quando se tomou conhecimento das condenações romanas. Enquanto não se tratou senão de advertências episcopais, como as que mons. Juigné dirigiu imediatamente ao clero de Paris, lá do seu refúgio savoiano, foram inúmeros os padres que não se mostraram muito incomodados. Mas quando Roma falou, tudo mudou. Os partidários da Constituição Civil ainda tentaram fazer crer que os dois Breves eram falsificações, e as autoridades procuraram impedir que se difundissem. Em vão: as retratações foram-se multiplicando. Na diocese de Gap, por exemplo, cinquenta padres retrataram-se do juramento feito. Até os bispos que tinham sonhado com um entendimento e que, nessa esperança ou por tendência galicana, pouca pressa tinham tido em dar publicidade aos Breves pontifícios, até eles compreenderam que a ruptura estava consumada. De resto, em 12 de março de 1792, Pio VI lançava um terceiro Breve, no qual afirmava que a Constituição Civil não era apenas cismática, mas "herética em várias das suas partes", e excomungava os presbíteros e os bispos eleitos segundo a nova lei, a não ser que se retratassem num prazo de quatro meses.

O furor revolucionário explodiu já com o primeiro Breve. Os jornais atiraram-se contra o papa. "Paris está cheia — lê-se no *Journal d'un étudiant* — de caricaturas, de cançonetas, de graçolas sobre esse excomungador de vistas curtas. O pobre Pio VI já só é chamado *Margot la Pie*"[30]. A 2 de maio de 1791, no Palais-Royal, foi queimado, juntamente com uma cópia do Breve, um manequim com a efígie do papa, "com todos os paramentos próprios"; e um jovem protestante de Nîmes chegou a enterrar por três vezes uma faca no corpo desse fantoche, antes de o lançarem às chamas. Por outro lado, as relações diplomáticas entre Roma e a França estavam rompidas. O cardeal Bernis fora chamado a França por não ter querido prestar o juramento; mas o sucessor nomeado, o conde Louis-Phillipe de Ségur, coronel, não obteve o *agrément* da Cúria romana. E o núncio apostólico, mons. Dugnani, sob o pretexto de ir a Aix-les-Bains tratar-se do reumatismo, saiu de Paris sem intenção de voltar, deixando no seu lugar o antigo conselheiro-clérigo do Parlamento de Paris, mons. Salamon, como "internúncio"[31]. Entretanto, a nova igreja, que seria desde então designada por "constitucional", não tardou em organizar-se. Começou-se pela eleição dos bispos. Os "cidadãos ativos", ou seja, nos termos da Constituição votada em 3 de setembro de 1791, os que pagavam contribuições equivalentes a três dias de trabalho, designavam os "eleitores", à razão de um por cada cem. Num certo domingo, estes reuniam-se na catedral e, depois de ouvirem um *Veni Creator* (que lhes era bem necessário...), designavam os novos pastores das dioceses. Em seguida, faltava encontrar um bispo sagrante, o que não era fácil, pois os próprios bispos juramentados punham grandes reservas em proceder a semelhante operação. "Juramos, mas não sagramos" — exclamou um deles, com ironia[32]. Talleyrand resignou-se a ser escolhido oficialmente para fazer a sagração de alguns bispos (foi, aliás, o seu último ato eclesiástico). Depois, foi necessário designar os párocos, coisa não menos difícil. Os seminários estavam praticamente vazios. Eram ordenados garotos de vinte anos, alguns dos quais só com três meses de estudos. Foram-se buscar padres sem função, vigários afastados dos seus cargos, antigos religiosos saídos do convento. Um bispo "constitucional" a quem se censurava a mediocridade do seu clero, teve este comentário, cheio de franqueza: "Que quereis? Quando não há cavalos, lavra-se com burros!"

Apesar de tudo, não devemos julgar muito sumariamente esse clero constitucional que, menos de dois anos depois, contará também alguns mártires nas suas fileiras. Parte dos que tinham jurado pertenciam a uma tendência jansenista, o que pelo menos garantia a austeridade das virtudes. Muitos outros eram padres excelentes, que só tinham escolhido o cisma por convicção política ou então para não abandonarem a sua paróquia[33]. Entre os bispos, após uma minuciosa enumeração, concluiu-se que não houve senão uns quinze indignos. Alguns deles foram mesmo exemplares, como Charrier de la Rache, eleito para a diocese de Rouen e de quem se pôde dizer que "teria sido digno da sua sé se não a houvesse usurpado". Muitos mereciam respeito, e à frente deles esse *abbé Grégoire* (1750-1831), antigo pároco de Emberménil (Lorena), que mostrara coragem na tribuna da Assembleia Constituinte e que, eleito bispo de Blois, ousou continuar a defender a religião na época da Convenção, recusando-se a "despadrar-se", obstinando-se, em pleno Terror, a usar as vestes episcopais, "verdadeiro papa — chegou alguém a dizer — da igreja constitucional".

Não é de espantar que tenha havido entre os bispos intrusos bastante oportunistas. O modelo desses foi Gobel, o auxiliar de Basileia que já vimos apressar-se a jurar. Eleito bispo metropolitano de Paris, distinguiu-se durante dois anos por uma ignóbil submissão aos poderes públicos, dispondo-se até a deixar que alguns dos seus padres se casassem, até que acabou por renegar publicamente o seu sacerdócio, nos dias sombrios de 1793. Nem assim escapou à guilhotina de Robespierre... Melhor seria nem mencionar este pobre homem, se não se desse o caso de que, reconciliado com Deus durante o cativeiro (talvez por ação de Émery), teve a bela atitude de exclamar "Viva Jesus Cristo!" do alto do cadafalso.

Quanto aos párocos e vigários, é evidente que houve de tudo entre eles: heróis e covardes, concubinários e castos, delatores e vítimas da guilhotina. Seria injusto desprezá-los todos, visto que, muitas vezes, se deixaram enganar de boa-fé[34].

No entanto, em conjunto, a massa dos fiéis não admitiu distinções, e todo o clero constitucional foi englobado pelos católicos ortodoxos na mesma reprovação. "As almas piedosas — escreve Mathiez — indignam-se com a substituição do seu clero e do seu bispo; os novos padres eleitos são considerados intrusos pelos que foram expulsos. Só com o apoio da Guarda Nacional e dos clubes é que esse novo clero consegue instalar-se". Depois, encontraram uma resistência mais ou menos aberta. O padeiro e o açougueiro recusavam-lhes os víveres. Quando passavam pelas ruas, ouviam sonoros "cocoricós", que lhes iam lembrando uma certa negação famosa... Pregavam-lhes peças com verdadeiro regozijo: para não citarmos senão as menos grosseiras, aqui todos os badalos dos sinos eram roubados pela calada da noite, acolá as cordas eram cobertas de uma matéria que facilmente se adivinha; mais além, uns compadres levavam a batizar uma boneca de trapos bem envolvida em rendas...

Os bispos juramentados não tinham melhor sorte, na maior parte dos casos. Também eles tiveram frequentemente de chamar a força pública para se instalarem nas suas dioceses. O de Lille ganhou nessa aventura a alcunha de "Monsenhor das Baionetas". O de Arles só podia entrar na clausura das monjas com um pelotão de guardas de espada desembainhada, e as suas "caras filhas" recusavam-se a ajoelhar-se para receber a bênção. Em Lyon, o pobre Lamourette (nome evidentemente predestinado) não punha o nariz fora do paço sem ouvir cantarolar o gentil refrão:

Les fillettes de Lyon
Éprises d'un si beau nom
Ne rêvent que Lamourette
Turlurette...[35]

... e a continuação, menos decente. Tais brincadeiras e zombarias acabavam, por vezes, em pancadaria, em vassouradas, em cacetadas, quase em batalhas em regra...

Quanto aos não juramentados, o seu destino foi variável. Alguns emigraram logo, especialmente o alto clero. Não restaram no reino senão uns vinte bispos "romanos". A quase totalidade dos membros do clero que eram deputados refugiou-se, quer nas províncias, quer no estrangeiro. Dos párocos, os que residiam bastante perto de uma fronteira sentiram a forte tentação de transpô-la, para se porem a bom recato. Mas, mesmo assim, houve muitos que ficaram, continuando a exercer o seu ministério junto dos fiéis, em concorrência bem sucedida com os juramentados. Afastados da sua igreja, celebravam a missa em conventos, em capelas, ou mesmo em simples salas de reunião ou salões particulares. Os pais levavam-lhes os filhos a batizar, embora o sacramento tivesse perdido toda e qualquer validade perante o "registro civil". Eram numerosos os moribundos que pediam a sua presença.

Evidentemente, essa situação não podia durar. Que podia pensar o pároco juramentado quando via a igreja vazia e o "refratário" atrair a multidão? Bem cedo se envenenaram as relações entre os dois cleros. Certamente que houve exceções: alguns párocos juramentados, que permaneceram como verdadeiros homens de Deus, continuaram — com risco da própria vida — a receber padres não juramentados e a permitir-lhes celebrar na sua igreja; conhece-se o caso de um desses padres que, em Conteville (perto de Harfleur), viveu anos a fio tão fraternalmente unido ao predecessor (que não deixara a cidade), que os dois padres pediram, nos seus testamentos, que os enterrassem lado a lado. No conjunto, exemplos tão pacíficos foram raros. A regra mais geral foi a desconfiança, a inveja e, pouco depois, a aberta hostilidade entre as duas igrejas.

Essa tensão fez crescer a irreligião, e Mathiez não erra ao falar de "desenfreada guerra religiosa". A princípio, foi ainda uma pequena guerra. Cerimônias celebradas por padres não juramentados eram perturbadas por "patriotas", e os oficiantes arrancados do púlpito, maltratados, levados para a cadeia; foi o caso do pe. Linsolas, em Saint-Nizier de Lyon. Em diversos lugares, mulheres fiéis à igreja refratária eram apanhadas por valdevinos e por megeras, que lhes levantavam as saias e as açoitavam, por vezes até as fazerem perder os sentidos.

À porta da igreja parisiense de São Tomás de Aquino, foi pendurado um molho de chicotes, com esta inscrição: "Aviso às aristocratas devotas: remédio purgativo distribuído gratuitamente". A Casa dos Irlandeses, embora pertencesse a estrangeiros, foi invadida, e os católicos que assistiam a uma celebração foram sovados, a tal ponto que um dos padres ficou doente e veio a morrer. As pessoas sensatas inquietaram-se. Uma carta aberta dirigida à Assembleia causou sensação. Dizia o autor aos constituintes: "Chamados a regenerar a França [...], estais a conduzir a Nação à sua perda". Esse lúcido profeta era precisamente um dos chefes de fila do partido "filosófico": o autor da *História política e filosófica das Índias*, o pe. Raynal[36].

Perante tal situação, a Assembleia tentou estabelecer um compromisso. A direção do departamento de Paris tinha autorizado os partidários de qualquer culto a abrir templos em edifícios privados, e, quando o pe. de Pancemont, antigo pároco de São Sulpício, não juramentado, quis usar desse direito, houve violentas manifestações. A Constituinte chamou a si o assunto. Talleyrand pronunciou-se por uma "liberdade de consciência plena e inteira". Sieyes apoiou-o. Apesar da oposição de Treilhard, foi votado um decreto de tolerância. Que resultados deu essa liberdade? O novo clero não podia admiti-la de maneira nenhuma, porque sabia que as suas igrejas ficariam desertas. Um pouco por toda a parte, tanto nas províncias como em Paris, os padres juramentados conseguiram o apoio dos clubes jacobinos para levarem a cabo a eliminação dos rivais. Por exemplo, no Finisterra, os refratários receberam ordem de se retirar para quatro léguas da antiga residência.

Depois, os acontecimentos políticos — eles mesmos determinados pela crise religiosa — não tardaram a tornar impossível qualquer acordo. Na Páscoa de 1791, o rei quis ir a Saint-Cloud receber a comunhão das mãos de um padre fiel, mas a populaça, amotinada pelo toque a rebate de Saint-Roch, opôs-se. Ferido nas suas mais profundas convicções, Luís XVI decidiu então aceitar o plano de evasão que havia muito lhe propunham. Em 20 de junho, partia com toda a família para a fronteira leste, onde devia ser acolhido pelo exército dos emigrados. É sabido qual foi o triste fim dessa aventura, mal preparada e ainda pior executada. Quando, em Varennes, o chefe de posta Drouet deteve a carruagem do monarca, a própria monarquia se viu perdida, e, com ela, a causa da Igreja fiel, cuja sorte parecia estar-lhe ligada.

A Revolução contra a Igreja

Numa atmosfera pesada, a Assembleia Constituinte dissolveu-se no dia 30 de setembro de 1791. Em vão os oradores celebraram abundantemente os seus méritos, explicando que a Revolução estava concluída e que tudo ia finalmente reentrar na ordem. A verdade é que tais discursos só os convenceram a eles. A direita censurava aos constituintes a sua absurda política religiosa. A fuzilaria do Campo de Marte, a 17 de julho, em que os manifestantes de esquerda foram metralhados, deixou uma lembrança amarga. Nos clubes, o discurso subia de tom. Aristocratas, padres não juramentados, emigrados, todos esses inimigos do povo, misturados, eram diariamente denunciados à execração pública. Por toda a parte, saqueavam-se os tesouros sem preço acumulados nos conventos e nas capelas, o que dava origem a negociatas vergonhosas, veemente e justamente denunciadas pelos católicos fiéis. A guerra religiosa nem sequer precisaria de um pretexto para eclodir.

A nova Assembleia, chamada *Legislativa,* eleita para fazer funcionar o novo regime saído da Constituição, revelou-se desde os começos muito mais hostil à Igreja que a precedente. Quereria ela verdadeiramente a perseguição? Certamente que não. Aliás, quereria ela fosse o que fosse?... Poucas assembleias ter-se-ão mostrado mais inconsistentes que esta, mais submetidas às paixões e às influências. A direita — os *Feuillants* ("bernardos"), como eram chamados, do nome do convento em que os seus membros se reuniam em clube —, que desejava a paz religiosa, achava-se desacreditada pela fuga do rei. O elemento motor, a esquerda, dominada por Brissot, de Chartres, e Vergniaud, de Bordeaux (na Gironde) — pelos *Brissotins* ou *Girondins* —, contava grande número de burgueses asseclas de Voltaire ou de Rousseau, alguns dos quais gostariam de que o regime trabalhasse de acordo com a igreja juramentada — apenas com ela —, enquanto outros eram francamente ateus. Entre as duas facções, uma massa amorfa, bem cedo estrangulada pelo medo. O clero já só estava representado por cerca de vinte membros, evidentemente todos eles juramentados e, na maior parte, extremamente radicais. Apenas um, Le Coz, embora um tanto ou quanto extravagante, era corajoso.

Por acaso essa massa de homens inseguros detinha a verdadeira autoridade? Ela estava muito mais nas mãos dos clubes, sobretudo os dos jacobinos e dos cordeliers, onde o ateísmo progredira tanto que Robespierre provocava gargalhadas ao falar da Providência; como estava também nas mãos da multidão parisiense, dos *sans-culottes,* igualitários, anticlericais e prontos a armar-se de lanças; e, bem cedo, nas mãos da *Comuna insurrecional de Paris,* que, a partir de 10 de agosto de 1792, arrastada por homens violentos, iria pesar nos acontecimentos com a constante ameaça da rebelião de massa. De tolerada que era, a Igreja romana iria passar a suspeita. A Revolução que, nos dias eufóricos de 1789, se julgara fazer juntamente com a Igreja, iria voltar-se contra ela.

Logo que se reuniu, a 1° de outubro de 1791, a Assembleia Legislativa debateu a questão religiosa. Já no dia 17, decidia fechar as duas grandes escolas de Teologia, o Colégio de Navarra e a Sorbonne, cujos mestres se tinham recusado quase unanimemente a prestar o juramento. Um membro da Assembleia propôs que se generalizasse a decisão tomada no Finisterra, desterrando para dez léguas da sua residência — já se progredia — todos os padres não juramentados. Depois, Fauchet, bispo constitucional e deputado pelo Calvados, reclamou a supressão de qualquer pensão ou salário a todos os padres que recusassem o juramento. Esse bispo *sans-culotte* ornou o seu requisitório com declarações como esta: "Em comparação com os padres refratários, os ateus são uns anjos".

A discussão, apaixonada, durou várias semanas. Finalmente, no dia *29 de novembro,* por proposta de François de Neufchateau, foi aprovada uma lei que estendia a obrigação do juramento a todos os eclesiásticos, sob pena "de serem considerados suspeitos de revolta contra a lei e de alimentarem más intenções contra a Pátria". Em cada uma das comunas far-se-ia uma lista dos juramentados e dos refratários, e estes últimos seriam vigiados pelo diretório comunal e tidos por responsáveis em caso de perturbações de origem religiosa. "Suspeitos! — anota André Latreille —. Assim surgia a palavra-chave de qualquer terror, afixada numa classe de homens não julgada, mas presumida punível". Vivendo em Paris, embora fora da Assembleia, mas gozando de considerável autoridade, mons. Boisgelin observou: "Que direito vem a ser esse que a Assembleia se arroga de não fazer leis para punir os crimes, mas de criar crimes por meio de leis?"

Que faria o rei? A Constituição reconhecia-lhe o direito de veto: iria usar dele? Nesse caso, a aplicação do decreto contra os padres seria suspensa. Encerrado, de fato, nas Tulherias, após o triste regresso de Varennes, Luís XVI tinha certamente evoluído muito. Acusava-se de ter sido demasiado fraco quando os acontecimentos se tinham desencadeado. No plano religioso, a sua consciência sofria por ter aprovado a Constituição Civil, e é claro que todas as suas simpatias iam para os padres que recusavam o juramento. A seu lado, uma figura luminosa — e também caráter de aço puro —, a sua jovem irmã *Madame Elisabeth*[37] exercia nele uma grande influência. Enquanto os seus irmãos e tias tinham emigrado, ela quisera partilhar do destino da família real, e a sua graça sorridente, a sua bondade e coragem traziam conforto a uma existência que nada tinha de agradável. Profundamente cristã, alma mística, fundadora de uma associação piedosa consagrada aos Sagrados Corações de Jesus e de Maria[38], Elisabeth não cessava de recordar a Luís XVI os seus deveres de cristão. Teria gostado de vê-lo retomar a ideia do seu antepassado Luís XIII e consagrar publicamente o Reino ao Sagrado Coração. Chegou mesmo a redigir o texto da consagração, que viria a ser encontrado mais tarde, entre os objetos que lhe tinham pertencido, numa pequena pasta de marroquim azul. O rei não a seguiu até aí. Mas a verdade é que tomou uma decisão corajosa: vetou o decreto de 29 de novembro.

Seria ainda tempo de reagir? Seria sequer possível? A decisão de Luís XVI era firme. Quando um dos seus ministros *feuillants* lhe sugeriu, por uma questão de prudência, que nomeasse padres jurados para o serviço da capela real, o monarca recusou com veemência. Mas faltava a esse homem de bem um certo porte de rei para se fazer obedecer. Em vão Boisgelin lhe pediu que lançasse um apelo ao país, que formulasse em termos solenes a questão religiosa e o problema das ameaças que pesavam sobre a religião. A Assembleia, que, de momento, não reagira muito ao veto real, levantou cabeça; dentro em pouco, iria recomeçar o assalto contra a Igreja de Roma. O Breve pontifício que excomungava o clero que jurasse foi conhecido na França durante o mês de abril de 1792, e provocou viva agitação, tanto mais que os acontecimentos, quer da política interna quer da externa, não tardariam em submeter a França a um clima de angústia propício aos mais hediondos excessos.

A primavera de 1792 assinalou uma reviravolta decisiva na marcha da Revolução. Os *sans-culottes,* agrupados militarmente em secções, iam ganhando cada vez maior influência. Em março, fosse por prudência ou por opção pela "política do pior" (que era a que Maria Antonieta aconselhava), o rei demitiu o seu ministro *feuillant* e confiou o poder a dois *brissotins,* Roland e o general Dumouriez. Havia muito que estes tinham no seu programa a guerra contra a Áustria e contra os outros Estados culpados de dar abrigo aos emigrados, com a segunda intenção de pôr o rei, mediante uma vitória francesa, nas mãos do partido a que pertenciam. De resto, essa guerra era também desejada pela Corte, mas por motivos diametralmente opostos — apostando na derrota. A 20 de abril, a Assembleia declarou guerra "ao rei da Boêmia e da Hungria"[39].

Logo a Europa, até aí perfeitamente indiferente ao perigo que a monarquia e a religião corriam na França, fingiu empreender uma cruzada contra os revolucionários ateus. A Santa Sé, embora praticando uma neutralidade de fato, entrou de coração e com a sua influência no campo dos pseudo-cruzados. O pe. Maury, desde então residente em Roma, rodeado da mais lisonjeira amizade de Pio VI — que o tratava por "*mio caro* Maury" —, e sucessivamente nomeado arcebispo de Niceia e cardeal, ia ser enviado como núncio apostólico extraordinário, para negociar com Francisco II da Áustria as condições da futura paz e o restabelecimento dos direitos pontifícios de Avinhão. Os católicos franceses fiéis a Roma tinham, pois, de fazer figura, não só de rebeldes à lei, mas de traidores da Pátria. E, quando, nos primeiros recontros, a derrota pôs em perigo a terra pátria, surgiu muito naturalmente um violento surto de anticlericalismo.

Na Sexta-Feira Santa de 1792 — 6 de abril —, a Assembleia iniciou um debate acerca da proibição das vestes eclesiásticas e da supressão de todas as congregações religiosas. No dia 28 do mesmo mês, as duas leis foram aprovadas. E há um pormenor não menos significativo da mudança de mentalidade: a Assembleia, que no ano anterior acompanhara oficialmente a procissão do Corpus Christi, agora recusava-se. Quase por toda a parte, tanto em Paris como nas províncias, ocorriam incidentes graves entre os católicos "romanos" e os fiéis da igreja constitucional. Havia jacobinos que se vinham queixar à Assembleia de que os devotos os tinham espancado por não se haverem descoberto à passagem do Santíssimo Sacramento. E havia párocos juramentados molestados por uns, enquanto outros molestavam padres não juramentados. Na região de Marselha, padres fiéis a Roma eram "expulsos como cães". Em Lyon, no Calvados e ainda em outros pontos, as mulheres suspeitas de "fanatismo" eram vítimas de odiosos excessos. A atmosfera tornava-se explosiva.

A *27 de maio*, a Assembleia Legislativa, por proposta de Guadet e de Benoiston, aprovava um decreto que condenava à "deportação" para além das fronteiras — quer dizer, ao exílio — qualquer eclesiástico que fosse denunciado por vinte cidadãos como não juramentado e que o "distrito" reconhecesse como tal. Qualquer padre passível de deportação que fosse apanhado na França seria condenado a dez anos de prisão. A partir daí, os padres ficavam entregues à má vontade dos denunciantes e ao capricho dos administradores. O texto votado concluía com este artigo: "O presente decreto será levado hoje mesmo à sanção real".

Assim se fez, com efeito, e a esse texto acrescentaram-se mais dois decretos que os brissotinos tinham conseguido aprovar para acabar de desarmar o rei: um licenciava a Guarda Real; o outro chamava a Paris 20 mil guardas nacionais dos departamentos. Pela segunda vez, Luís XVI mostrou-se firme. Opôs o seu veto ao decreto de proscrição dos padres e ao terceiro, que traria à capital os piores "federados". E, como Roland lhe dirigiu uma carta insolente — aliás redigida pela mulher, jovem excessivamente apaixonada —, o rei não hesitou em demiti-lo e em aceitar o pedido de demissão de Dumouriez que, até o final, se empenhou em mostrar-lhe que a resistência régia só levaria à ruína da religião e do clero.

Dá a impressão de que, a partir desse momento, Luís XVI ofereceu a Deus o sacrifício da sua vida — assim o disse a Dumouriez — e queria resgatar diante dEle aquilo a que chamava o seu "pecado", ou seja, o de ter aceitado a Constituição Civil. Terá sido essa resolução o que deu a esse homem fraco uma força subitamente espantosa? No dia *20 de junho,* quando os seccionários conduzidos pelo cervejeiro Santerre invadiram as Tulherias, urrando horas a fio: "Abaixo o veto! Morte aos padres!", o rei, bloqueado no vão de uma janela, concordou em enfiar o barrete encarnado dos revolucionários e em beber um copo de vinho "à saúde da Nação", mas recusou-se a ceder no essencial e a levantar o veto. Disse que jamais faria "o sacrifício do seu dever".

A situação era trágica. A humilhação imposta ao monarca provocou um súbito movimento de indignação em quase todas as províncias, ao qual se associou La Fayette, que acorreu do seu quartel-general, em Paris. E a 7 de julho, na Assembleia — onde o motim das Tulherias fora mal recebido —, depois de o bom bispo constitucional Lamourette ter pronunciado palavras comovedoras, que fizeram com que os deputados dos diversos partidos se beijassem[40], o rei foi levado à sessão e aclamado. Mas por todos os lados os ânimos se exaltavam. Sem ter em conta o veto real, numerosas administrações provinciais mandavam prender os padres não juramentados. No Midi — regiões meridionais da França —, "patriotas" armados de chicotes invadiam os lugares de culto, se é que não entravam, altas horas da noite, nas casas de suspeitos de "fanatismo".

Foi bem pior quando, nos começos de julho, a situação militar se agravou: 50 mil prussianos e cinco mil emigrados marcharam para a fronteira leste, o duque de Brunswick (a 25 de julho) estupidamente ameaçou destruir Paris, e, num clima ao mesmo tempo de pânico e de acendrado fervor, a Pátria foi proclamada "em perigo". Abriram-se listas de recrutamento voluntário, em pouco tempo cobertas de nomes. A *10 de agosto,* a Comuna insurrecional de Paris — por trás da qual atuava o cordelier Danton — invadiu e pilhou as Tulherias, derrubando a velha monarquia dos Capetos, e o rei foi encerrado com todos os seus no Templo, antigo mosteiro-fortaleza dos Templários; o poder passou a ser exercido por um "Comitê Executivo Provisório".

Numa França assim cortada ao meio e invadida, a paixão antirreligiosa assanhou-se. Em Paris, a Comuna prendeu todos os membros do clero conhecidos como não juramentados: várias centenas. Nas províncias, quer na Normandia, quer no Limousin ou na Provença, houve padres chacinados. Em vão o bispo constitucional de Marselha, Roux, tentou salvar infelizes franciscanos, linchados pelo populacho. Na Assembleia, o medo era excessivamente grande para que se tentasse coibir tanta violência. Pelo contrário: votavam-se incansavelmente leis anticlericais e decretos de descristianização. Declarava-se nulo o veto de Luís XVI; mandava-se fundir o bronze e o ouro das igrejas; repetia-se a proibição do uso de vestes eclesiásticas; reeditava-se a ordem de supressão das congregações ainda existentes; reforçava-se o sistema de deportação dos padres não juramentados, os quais, se presos na França, passariam a ser despachados para a Guiana.

Foi num clima de semi-loucura, numa psicose de traição e na ausência cada vez maior de toda a autoridade regular, ultrapassada pelas massas e pelos "sem mandato", que se deu o atroz acontecimento que iria pôr entre a Revolução e a Igreja o inexpiável: um rio de sangue.

Os massacres de setembro

No princípio de setembro, a situação militar piorou ainda mais. Depois de Longwy, caiu Verdun. Dir-se-ia que a invasão prussiana já não encontraria obstáculos. Reinava o medo na Assembleia. A sala do Manege esvaziava-se; dentro em pouco, não haveria mais de trezentos membros dos setecentos, pois todos os outros tinham fugido. No governo, Danton tinha praticamente eliminado os colegas, mas, embora fosse ministro da Justiça, nada dizia para acalmar as paixões, que atingiam o paroxismo. E a própria Comuna, a Comuna insurrecional de Paris, manobrada por Marat, Chaumette e Hébert, não tinha outro remédio senão seguir atrás daqueles que pretendia dirigir. "Todos os que detinham nem que fosse uma parcela mínima de poder legítimo — escreve Gérard Walter, historiador de esquerda — deixaram-na fugir das mãos, possuídos por uma espécie de pânico geral". No seu *Ami du Peuple,* Marat incitava ao levantamento em massa: "Cidadãos, o Inimigo está às nossas portas! Que às nossas costas, em Paris, não fique um só inimigo para se regozijar com as nossas derrotas e, aproveitando a nossa ausência, chacinar as nossas mulheres e os nossos filhos". Era um apelo ao assassinato. E foi bem compreendido!

O drama começou na tarde de domingo, 2 de setembro. Um bando de seccionários tirou do fiacre em que eram levados para a cadeia três eclesiásticos refratários, e os fez em postas. Foi o sinal para a chacina que ia durar mais de quarenta e oito horas. O palco foi a maior parte das prisões onde tinham sido amontoados os suspeitos. As cenas atrozes que se seguiram têm sido descritas tantas vezes, que se hesita em repeti-las. Na baça sombra dos velhos pátios dos conventos transformados em prisões, à luz de tochas e velas — já que os pretensos tribunais funcionaram mesmo de noite —, essas cenas ganham um relevo sinistro, que os relatos mil vezes feitos não conseguem esbater. Por mais que o leitor do século XX esteja habituado a conhecer o horror de chacinas ainda piores pelo número de vítimas, não é possível ler sem um arrepio as memórias que os raros sobreviventes narraram.

O lúgubre Maillard, macilento, com ar de tísico, chamava um a um os prisioneiros, para um simulacro de julgamento. Na mesa do "tribunal", por entre os papéis, viam-se cachimbos e garrafas. Os matadores, dispostos em fila dupla à porta por onde saíam os condenados, abatiam-nos a golpes de sabre ou de matraca. Vítimas ilustres sofriam ainda maiores horrores: assim aconteceu com a encantadora princesa Lambelle, cujo cadáver foi ultrajado, depois decepado, e a cabeça, espetada numa lança, levada à rainha. Na abadia de Saint-Germain-des-Prés, na prisão de Saint-Firmin, no antigo convento dos carmelitas, as cenas foram idênticas. No pátio do atual Seminário dos Carmelitas, entre os dois braços da pequena escada de degraus gastos que os condenados desciam, uma inscrição lacônica — *Hic ceciderunt* ["aqui morreram"] — guarda a recordação dos seus sofrimentos, do seu heroísmo e também do seu martírio, pois não se pode duvidar de que muitos deles morreram pela fé. Calculam-se em mais de mil, talvez mil e cem, as vítimas dos "setembristas". Entre essas vítimas, foi possível enumerar cerca de duzentos e cinquenta padres, entre eles o velho arcebispo de Arles, mons. du Lau, e os dois La Rochefoucauld, bispos de Beauvais e de Saintes.

Pode-se dizer que, em si mesmos, os massacres foram dirigidos especialmente contra a Igreja? Talvez não. Os padres refratários atirados para as prisões eram confundidos pelos *sans-culottes* no mesmo ódio que sentiam por todos os pretensos inimigos da Revolução. Aliás, o conselho de "esvaziar as prisões", dado por Marat, foi tão integral e apressadamente cumprido que, em alguns lugares, por exemplo na Salpêtriere, foram chacinados prisioneiros de direito comum, prostitutas que estavam em tratamento, crianças de dez anos... Mas o que é seguro é que, a todos os padres interrogados pelos pseudo-tribunais, antes de os mandar para os matadores, se fazia a pergunta: "Prestaste o juramento?" E nenhum quis salvar a vida mentindo. Violette, que presidiu às execuções na secção de Vaugirard, contava, depois da tragédia: "Não compreendo: eles tinham um ar feliz; iam para a morte como para uma boda". A Igreja beatificou em 1926 esses confessores da Fé.

A impressão provocada por esses extermínios foi terrível. Tanto mais que, no dia seguinte, o Comitê de vigilância da Comuna de Paris enviou às províncias um memorial, redigido por Marat, em que os acontecimentos eram apresentados como "um ato de justiça indispensável", e em que os patriotas eram convidados a "adotar esse meio tão necessário". Na realidade, o movimento foi pouco seguido. É certo que houve chacinas em Versalhes, em Meaux, em Lyon, perto de Autun, em Antibes, na Normandia, bem como padres assassinados, entre os quais o bispo de Mende, mons. Castellane, executado em Versalhes. Mas o número de sacerdotes abatidos fora de Paris foi relativamente baixo. Do profundo horror provocado pelo acontecimento, ficou-nos um testemunho lancinante, dado pela bela Manon Roland, a egéria dos brissotinos, cujo marido era então ministro do Interior: "Se conhecêsseis os horrorosos pormenores das execuções! — escrevia ela a um amigo —. As mulheres brutalmente violadas antes de serem dilaceradas por esses tigres; os intestinos cortados e usados como turbantes; pedaços de carne humana devorados em sangue... Conheceis o meu entusiasmo pela Revolução. Pois bem: envergonho-me dela!"

Uma nódoa de sangue indelével passava a marcar o novo regime. Embora, pouco depois, a 20 de setembro, a vitória de *Valmy* afastasse o medo da invasão, a marcha da Revolução para um sistema de terror ia acelerar-se. A sinistra máquina do dr. Guillotin, posta em uso pouco tempo antes, estava já permanentemente erguida — desde 18 de agosto — na praça de Luís *XV*, em frente das Tulherias. E um dos mais terríveis entre os revolucionários, o "comunista" Babeuf, em breve escreveria esta máxima em que já alguém notou haver, invisível, por detrás dos matadores, quem conduzisse os acontecimentos: "É essencial levar o povo a praticar atos que o impeçam de retroceder".

Após o decreto de proscrição e as chacinas, a Igreja fiel a Roma estava tremendamente ameaçada. Um grande número de padres foi para o exílio. Felizes os que não viviam demasiado longe de uma das fronteiras! Mesmo que estivessem munidos de passaporte do diretório do seu departamento, deslocarem-se através de uma França febril seria tudo menos seguro: os *sans-culottes* tinham sempre à mão um sabre. Muitos desses proscritos viveram aventuras pavorosas antes de acharem no estrangeiro um refúgio que, como havemos de ver, nem sempre foi agradável. E o duro inverno de 1792-93 deve ter visto morrer dezenas deles nas gargantas dos Alpes ou dos Pireneus, ou ainda nos campos cobertos de neve.

Outros, mais corajosos — e nem sempre os mais novos —, recusaram-se a partir; parecia-lhes que seria o mesmo que fugir. Começou então a organizar-se uma resistência secreta, um verdadeiro "*maquis* de Deus"[41] que, durante os anos do Terror, se manteria em toda a França, especialmente em Paris. Não somente um grande número dos padres que ficaram se ligou a ela — preparando refúgios seguros, lugares de culto mais ou menos secretos, e constituindo uma verdadeira rede clandestina —, mas houve gente vinda das províncias que se dedicou a ajudá-los nessa tarefa cada vez mais difícil e perigosa. Foi o caso de dois amigos que chegaram da Bretanha, ambos admiráveis: o antigo jesuíta pe. Clorivière[42], homem de grande espiritualidade e de ação, e o reitor Cormaux, de Plaintel, perto de Saint-Brieuc. Foi ainda o caso do bispo de Saint-Papoul, mons. Maillé de La Tour-Landry, extraordinária figura de sacerdote sem medo, que, na ausência do arcebispo — emigrado —, assumiria, juntamente com os vigários gerais, as funções episcopais na capital: tendo conseguido escapar à guilhotina, viria mais tarde a contribuir poderosamente para a reorganização do culto. No fim do inverno, quando o Terror ia começar, a Igreja fiel estava pronta para enfrentar o seu trágico destino[43].

Apesar de tudo, essa Igreja sentia-se secretamente dividida. A 14 de agosto, a Assembleia Legislativa tornara obrigatório para todos os cidadãos — e, *a fortiori*, para os padres — um novo juramento (decididamente, já era mania...): "Juro ser fiel à Nação e manter a liberdade e a igualdade, ou morrer defendendo-as". A fórmula era muito vaga e não parecia que um padre, por mais "romano" que se declarasse, pudesse recusar tal juramento. Mas o simples fato de o prestar não seria reconhecer o novo regime? Esse vocabulário de liberdade e igualdade não soava a *sans-culotte*?

A situação era delicada. Bem tranquilo em Roma, Maury condenava com veemência o juramento, gabando-se de refletir a opinião do papa, que, de resto, nada dizia. Em Paris, o "internúncio" Salamon, prisioneiro na Abadia, condenava-o igualmente, mas com maior mérito, sem no entanto se dar conta de que a sua atitude ia empurrar para uma intransigência heroica as futuras vítimas dos setembristas. Porque, afinal, quando Maillard e comparsas perguntassem aos padres se tinham jurado, a qual dos juramentos quereriam referir-se, ao de 14 de agosto ou ao de fidelidade à Constituição Civil do Clero? Por outro lado, padres muito virtuosos — na primeira fila dos quais M. Émery, o corajoso superior de São Sulpício, que se recusara a abandonar o seu seminário deserto — pensavam que, como o novo juramento não comportava nenhuma referência a qualquer Constituição nem tinha — segundo as declarações formais do relator Gensonné — nenhum sentido religioso, era lícito, e que, se não o prestasse, o clero fiel pareceria ligar o seu destino à causa monárquica, portanto à contrarrevolução, portanto à traição, de modo que era preferível garantir o futuro, não deixando que os padres constitucionais fossem os únicos a manter a causa católica. A discussão acerca do assunto havia de durar anos, anos bem ásperos, que semeariam a perturbação em muitas almas, aumentando nelas a angústia e a perplexidade.

Quanto à igreja constitucional, também ela sentia crescer no seu seio a inquietação. Os padres e bispos que tinham aceitado sinceramente a Revolução, na esperança "de ver renascer a Igreja primitiva", andavam desiludidos. Os cidadãos, geralmente em pequeno número, que assistiam à missa por eles celebrada eram frequentemente pouco edificantes. Os administradores, encarregados de proteger esses padres e bispos, não hesitavam em utilizá-los como lacaios do poder, ordenando-lhes que justificassem do alto do púlpito os decretos da Assembleia. Os ocupantes dos palácios episcopais eram retirados de lá, porque o esplendor em que viviam "não convinha à simplicidade do estado eclesiástico". Estavam proibidas as procissões nas ruas[44]. Os objetos de culto e de piedade, até os crucifixos, eram levados das igrejas, e o bronze fundido. Não se podia cobrar o menor emolumento.

Ai do vigário que aceitasse uma prenda por um batismo ou um casamento! Pior ainda: em nome da liberdade, era autorizado o casamento dos padres, e os bispos proibidos de punir os seus subordinados que usassem de tal direito.

Desabavam as próprias bases da sociedade cristã, que os juramentados tinham querido preservar. Em 20 de setembro, véspera do termo dos trabalhos, a Assembleia instituía o divórcio, e, nesse mesmo dia, estabelecia o Registro Civil, tirando aos padres constitucionais todo e qualquer meio de pressão sobre os fiéis, já que o batismo, o matrimônio e o enterro religioso deixavam de ter qualquer valor legal. Como diz o pe. Sicard, abatia-se sobre a igreja revolucionária o "castigo do cisma", infligido pelos mesmos que ela tinha julgado seus aliados. Estava próxima a hora em que a Revolução não iria diretamente apenas contra a Igreja, mas contra Deus.

A insurreição do Oeste

A política religiosa do novo regime e, mais em especial, as leis de exceção contra os padres não juramentados trouxeram consigo uma outra consequência, um acontecimento que teria considerável alcance. O oeste da França sublevou-se. Não foi apenas a Vendeia — como o daria a entender a fórmula que, habitualmente, designa essa verdadeira guerra civil —, mas de certa maneira toda a região que se estende do norte do Poitou (com centro em Poitiers) até à Bretanha e aos confins da Normandia. Nessa região, naquela altura muito mais selvagem do que atualmente, iria desenrolar-se durante quatro anos uma luta atroz, por entre os campos de giestas e aliagas, ao redor das vilórias semeadas por todo o espaço e ao longo dos caminhos cheios de concavidades, tão propícios às emboscadas.

Somente religiosa nos seus motivos? Não, visto que também teve por origem a vinculação à causa do rei. Mas uma luta em que, sem dúvida alguma, a fidelidade à Igreja Católica e romana foi o principal móbil de uma coragem que desde o início se tornou lendária. Guerra terrível, pavorosa, como o pode ser uma guerra civil que seja simultaneamente guerra religiosa. Mas guerra sobre a qual flutua a mais nobre luz, a da juventude heroica, a do sacrifício assumido.

E, no entanto, nos seus começos, a Revolução não tinha sido mal recebida por esses camponeses pobres e de temperamento igualitário. No momento da *Grande Peur,* até se tinham atacado e pilhado os palacetes da gente rica. A venda dos bens nacionais fora feita sem nenhuma agitação: já vimos que houve nobres e até padres entre os compradores. As dificuldades começaram com a Constituição Civil do Clero e o famoso juramento. Em toda a região, foram muito poucos os padres que juraram, talvez não mais de um em cada quatro ou cinco, em média. E, quando foi preciso substituir os párocos, por mais que se repetissem as votações, numerosas paróquias ficaram sem titular constitucional, enquanto outras se recusaram a receber aqueles que lhes tentaram propor[45].

A agitação começou na Vendeia. A região foi sacudida por uma espécie de terremoto. Em maio de 1792, os prefeitos e funcionários municipais de trinta e quatro comunas dos Mauges reuniram-se na Poitevinière para falar da situação. Em agosto, estalou em Châtillon uma revolta de seis a dez mil homens, que a Guarda Nacional reprimiu. Quase por toda a parte, para se manterem, os párocos juramentados, muito mal recebidos, tiveram de apelar para os guardas nacionais, acolhidos pelos camponeses a golpes de foice ou de forquilha. E os guardas, em represália, atacavam igrejas, capelas, procissões. Por exemplo, atacaram Saint-Laurent de la Plaine e Bellefontaine, lugares de peregrinação muito concorridos e onde se assegurava que Nossa Senhora acabava de aparecer.

O incêndio declarou-se em março de 1793. Durante todo o inverno, o fogo tinha estado latente. As primeiras proscrições de padres haviam começado no outono. A descrição dos massacres de setembro chegara até às mais remotas aldeias. No fim de janeiro, a notícia da execução do rei provocara um choque ainda maior. A 3 de março, dia de feira em Cholet, soube-se que a gente de Paris tinha decidido que os jovens seriam detidos e mandados para o exército. Era demais. Esses camponeses fortemente apegados às suas terras, essas mães que se afligiam ao pensar no que os filhos iriam sofrer com a imoralidade dos acampamentos, indignaram-se. Os quinhentos rapazes das aldeias vizinhas que tinham comparecido à feira juraram publicamente que jamais aceitariam ser soldados. No dia seguinte, houve choques entre eles e os guardas nacionais. As autoridades locais não deram grande importância ao sucedido e ordenaram que se escolhessem os recrutas à sorte, cometendo o erro de determinar que o processo se desenrolasse nas capitais de distrito, o que levou a fortes manifestações de massa.

Eclodiram incidentes em muitos lugares. Ao que parece, seiscentas paróquias entraram simultaneamente em ação. Em Machecoul, a 11 de março, quando os guardas nacionais tentaram impor o sorteio, uns trinta deles foram chacinados. A 12, em Saint-Florent-le-Vieil, os soldados governamentais debandaram, deixando um canhão nas mãos dos amotinados. Sabendo disso, um jovem almocreve e vendedor ambulante de uma aldeia próxima, Le Pin-en-Mauges, deixava a masseira em que estava a fazer o pão para os filhos, precipitava-se para o campanário da igreja, retirava daí a bandeira tricolor e punha-se à testa dos rebeldes: chamava-se Cathelineau. No dia seguinte, ocupava-se Chemillé; no outro dia, Cholet. Aos gritos de "Viva a religião!", toda a Vendeia se levantava.

Como é evidente, as operações militares não fazem parte da história religiosa. E neste caso nem se pode falar de operações militares senão numa região bem delimitada e por um período também limitado. Só houve guerra propriamente dita — guerra no sentido clássico do termo — na região da Vendeia, a "Vendeia militar", cujo centro ficou assinalado pela "Cruz das três províncias" — Anjou, Bretanha, Poitou — erguida em Boussay. E, como os movimentos estratégicos terminaram em dezembro de 1793, restaram somente operações de *maquis* em lugares onde, para defender a religião, só havia franco-atiradores ou pequenos "comandos"[46]. Quanto à insurreição bretã, que teve início mais tarde e se prolongaria até 1799, quase nunca teve outro caráter senão este: "bandos de *chouans*"[47], em cujas fileiras se misturavam contrabandistas e aventureiros com católicos convictos e com realistas, e que jamais assumiram a forma dos exércitos da Vendeia, nem alguma vez se confundiram com o levantamento de um povo inteiro.

Logo a seguir à reação de março de 1793, os vendeenses organizaram-se. Constituiu-se um verdadeiro exército, um grande exército. Em julho desse ano, viram-no desfilar durante mais de seis horas pela estrada de Cholet a Vihiers, levando à frente vinte e quatro tambores, e compreendendo cavalaria e artilharia. Surpreendidos, os revolucionários recuaram. Em maio e junho, Thouars, Parthenay, Fontenay, Doué, Saumur, Angers pareciam nomes de vitórias. Esse período de glória seria efêmero; cedo se multiplicariam os fracassos: fracasso numa operação para tomar Nantes e atingir o oceano (aí caiu Cathelineau); fracasso diante de Luçon, numa tentativa de dar a mão aos federalistas revoltados em Bordeaux. De dia para dia, a situação agravava-se. E tornou-se crítica quando a Convenção decidiu enviar contra os "Brancos" da Vendeia uma parte do exército do Reno, bem afeito à guerra — os "moguncianos" —, com Kléber à cabeça. Um contra-ataque diante de Cholet falhou. Uma derradeira tentativa para operar a junção com os bretões e talvez com os ingleses, após uma brilhante travessia do Loire em Saint-Florent (18 de outubro), fracassou também, em frente de Granville (15 de novembro). Repelido para Angers, Le Mans, Laval, perseguido por Kléber e Marceau como fera batida, o infeliz exército em pedaços foi cercado em *Savenay* (23 de dezembro) e completamente exterminado, pois "a compaixão não é revolucionária".

Nada mais restava à "inexplicável Vendeia" — como disse Barère da tribuna da Convenção — senão suportar o horror das "colunas infernais", à passagem das quais tudo ardia, tudo caía em ruínas e os cadáveres se amontoavam às centenas. Mas, nem por isso os *maquisards* vendeenses deixariam de lutar na sua terra desfeita. "Batalhões invisíveis, exércitos desconhecidos — diz Vítor Hugo no *93* — saíam da terra em ondas sucessivas e nela se ocultavam de novo, ora surgiam aos saltos, ora desapareciam, dotados de ubiquidade e de dispersão, avalanche e logo poeira..." Esses homens acabariam por levar o governo da República a ansiar pela pacificação.

É indubitável que, nessa feroz vontade de combater, a fé católica teve o seu lugar — o primeiro. Ainda que os vendeenses não se tivessem sublevado apenas para defesa dos seus padres, foi certamente esse um dos seus objetivos. A atmosfera dos exércitos "brancos" foi, sem a menor dúvida, profundamente religiosa: as colunas marchavam rezando o terço; partia-se para o assalto ao canto do *Vexilla Regis,* hino litúrgico em honra da Santa Cruz; os capelães davam a absolvição antes de iniciar-se a batalha. Toda essa França do Oeste fora trabalhada no século anterior, em todos os sentidos, pelas missões de São Luís Maria Grignion de Montfort[48], e por elas reconduzida a uma fé sólida. Esse o motivo por que a insígnia sagrada que o santo difundira — o Sagrado Coração recortado em tecido vermelho e enquadrado pelas iniciais de Jesus e Maria — foi arvorada pelos combatentes no colete de flanela dos *maraichins* [hortelões], na blusa dos campônios do Bocage[49], ou fixada como cocar no vasto chapéu de aba erguida usado por eles.

Seria menos viva a fé entr os chefes? Não a daqueles que vinham do povo, como o almocreve Cathelineau, a quem chamaram "o santo de Anjou", ou o guarda de caça Stofflet. Pode ter sido, de início, menos espontânea entre os nobres que os camponeses foram buscar aos solares para os porem à frente das suas forças. Na maioria oficiais, de certo mediriam melhor os riscos da empreitada[50]; talvez também não compreendessem lá muito bem uma sublevação por causa dos padres. Mas, uma vez tomada a decisão, todos esses chefes — d'Elbée, Lescure, Bonchamp, o indomável Charette e Henri de La Rochejaquelein, arcanjo de vinte anos —, todos eles se mostraram dignos da fé sólida e simples dos seus homens, sabendo bem — como dizia Bonchamp ao deixar a mulher e a casa — que não iriam ter neste mundo quaisquer recompensas, pois estavam "abaixo da santidade da sua causa".

Seguramente a moral cristã, a grande lei da caridade, foi muitas vezes ultrajada nessa guerra pavorosa, e até por alguns daqueles que a invocavam. A crueldade não esteve somente do lado dos "Azuis", entre os quais, de resto, chefes como Hoche e Marceau se mostraram quase sempre humanos e generosos. Se as "colunas infernais" se entregaram a atrocidades cujo horror o nosso tempo renovaria, em Oradour e alhures[51], não devemos esquecer que, em represália, houve prisioneiros republicanos torturados até à morte. Houve pobres rapazes, incorporados sem convicção aos exércitos da Convenção, fuzilados sem julgamento, depois de lhes ter sido concedido o tempo estrito para murmurar um ato de contrição.

Mas nem por isso é menos verdade que essa guerra sem piedade foi também assinalada por gestos reveladores de um cristianismo autêntico. Eis d'Elbée, que, para deter o morticínio que ia cobrir de sangue Chemillé, mandou ajoelhar os seus soldados, enquanto lhes comentava o versículo do Pai-Nosso sobre o perdão das ofensas; ou Bonchamp, ferido de morte, que ainda encontra uns restos de energia para impedir a execução de seis mil "azuis"; ou Lescure, jovem valoroso de vinte e sete anos, que podia afirmar nunca ter matado por suas mãos um francês. Uma fé autêntica animava, pois, esses rudes combatentes do Bocage. E era ainda ela que os sustentava à hora da morte. Foram dezenas, centenas, aqueles que, perante os pelotões republicanos que os iam executar, lançaram um último grito: "Viva a religião!" Assim morrerá Stofflet. Assim morrerão numerosas mulheres, como essas vinte paroquianas de Chanzeaux que, refugiadas no campanário, fizeram frente aos "azuis", com o pároco à cabeça. Ou essas duas pobres mulheres que, acusadas de adornar com flores o altar da sua igreja, caíram entoando a Salve-Rainha.

A verdade é que, nessa luta fratricida, duas Franças se defrontaram. Uma, católica e tradicionalista, em que as convicções cristãs e as convicções monárquicas se confundiam a ponto de obliterarem nela o sentido da comunidade nacional e de a levarem à revolta numa hora em que a pátria era invadida por todos os lados[52]. E a outra, a França *montagnarde*, partidária da *Montagne*, grupo radical da Convenção, vagamente deísta, violentamente anticlerical, que, no fundo, não tinha nenhuma outra religião a não ser a da Pátria. França rude, violenta, por vezes feroz, mas na qual existia — é impossível duvidar — um ideal de sacrifício que um cristão não deve subestimar. É sob a perspectiva deste antagonismo fundamental — o qual, sob outras modalidades, talvez tenha sobrevivido até os nossos dias — que devemos julgar os combatentes do Bocage. Houve revoltas em outras partes, quando os girondinos foram afastados do poder — 2 de junho de 1793 — e os seus partidários, os "federalistas", sublevaram Lyon, Toulon e sessenta departamentos. Essas insurreições, desta vez burguesas, não tiveram motivações religiosas, mas apenas políticas e por vezes econômicas[53]. A Vendeia, essa, deu testemunho, e a sua luta sem esperança merece a admiração de quem acredita que, para além dos interesses temporais, existem realidades pelas quais é nobre sacrificar-se.

No plano político, a guerra dos *bocages* trouxe consequências importantes. Obrigou a República a reconhecer os direitos da consciência católica, tão valentemente defendidos. Na primavera de 1795, o *pe. Bernier,* antigo pároco de Saint-Laud (de Angers), cuja habilidade espantosa e de certo modo inquietante se impusera aos chefes da rebelião, conseguiu manter contatos com os generais republicanos e levar à admissão da liberdade de culto. Mas a lição foi tão terrível que nunca mais seria esquecida. A revolta dos Bocages será, com toda a certeza, uma das razões que levarão Bonaparte a querer a Concordata — da qual, justamente, Bernier será um dos negociadores[54].

De imediato, porém, a insurreição do Oeste acarretou para a Igreja resultados desastrosos. Aos olhos dos rudes soldados azuis, dos seus chefes, dos comissários enviados para junto dos exércitos, todo o clero fez figura de aliado da traição. Se os vendeenses católicos eram dissidentes, não seriam todos os católicos franceses dissidentes em germe? A nação atravessava uma crise demasiado grave para que não procurasse refazer a unidade a todo o preço, esmagando os dissidentes, fossem eles quais fossem. Deste modo, a rebelião do Oeste ia empurrar ainda mais a Revolução para o caminho do anticristianismo e da perseguição.

A Revolução contra a Cruz

Três semanas após a chacina de setembro, ou seja, no dia 21 desse mês, reunia-se a nova Assembleia, a *Convenção*. Abria-se para a França um longo período de dores e angústias, que iria durar dois anos. Os monarquistas e os moderados tinham sido arredados ou tinham-se abstido da eleição, e os setecentos e cinquenta deputados eram, portanto, todos eles revolucionários de boa cepa, adversários declarados da monarquia e, na sua maior parte, hostis à religião. Quanto aos demais, dividiam-se acerca do modo de governar, e não tardaria que se separassem em clãs: os brissotinos, mais frequentemente chamados girondinos, sentavam-se à direita, e eram burgueses preocupados com os excessos de violência; diante deles, situavam-se à esquerda, nos bancos da Montanha, homens a quem nada faria parar na escolha dos meios e que eram fortemente apoiados pela Comuna de Paris e pelo Clube dos Jacobinos. Entre uns e outros, "a Planície", também designada por *Marais,* "o Pântano", permanecia na expectativa, pronta a correr para o campo que conseguisse impor-se.

Os acontecimentos iam desenrolar-se a toda a velocidade. A Revolução, "devorando os seus próprios filhos", levaria sucessivamente novas equipes a subir os degraus do poder e os da guilhotina. Primeira sessão, 21 de setembro: a Convenção decreta unanimemente a abolição da Monarquia; no dia seguinte, estabelece a República. Os girondinos assumem o governo, com Roland, apoiados pelos hesitantes do centro. Bem cedo perdem o crédito, em escaramuças estéreis com Marat, Danton e Robespierre. O processo contra o rei e a sua execução (21 de janeiro de 1793), a que não tiveram a coragem de opor-se, marcam o recuo da sua influência.

As querelas internas não impedem, no entanto, a Convenção de adotar uma política externa muito ativa, baseada na propaganda revolucionária e na conquista das fronteiras naturais. Depois de anexadas a Savoia e Nice, a vitória de Jemmappes (6 de novembro) entrega à França a Bélgica inteira. Custine consegue manter a margem esquerda do Reno. Mas essa política, momentaneamente favorecida pela inação da Prússia, ocupada em despedaçar a Polônia (janeiro de 1793), provoca a primeira coalizão contra a França (março). Assim começa uma crise ao mesmo tempo interna e externa. Em março, na altura da sublevação da Vendeia, os exércitos recuam na Bélgica e no Reno; Dumouriez deserta. E sobrevêm os efeitos de uma crise econômica e financeira: faltam víveres, a moeda degrada-se, aumenta o desemprego. Não é difícil à Comuna parisiense — 31 de maio, 2 de junho de 1793 — impor à Convenção, sob a ameaça dos canhões, a exclusão dos girondinos. Mas esse golpe de força traz consigo, de junho a agosto, a insurreição dos "federalistas" das províncias, enquanto a França é invadida pelas fronteiras de Flandres, da Lorena, da Alsácia e do Rossilhão. A República não passa de "uma grande cidade sitiada", à qual não resta outro recurso senão "a vitória ou a morte".

Salvam-na os Montanheses, senhores do poder desde os últimos dias de junho. Em nome da "salvação pública", instauram um regime de ditadura. Adia-se a Constituição, na verdade muito democrática, votada a 24 de junho (Constituição do ano 1). As instituições previstas pela Lei são substituídas por instituições de exceção: o *Comité de Salut Public*, encarregado de governar, o *Comité de Sûreté générale*, a que é confiada a polícia política; nas províncias e junto dos exércitos, os "Representantes do Povo em missão". Instala-se o *Terror*, que suspende todas as principais liberdades: liberdade individual, à qual se põe fim por meio da "lei dos suspeitos" (17 de setembro de 1793); liberdade econômica, simultaneamente anulada pela "lei do máximo". E o "Tribunal Revolucionário" restringe quase totalmente as garantias judiciárias. A guilhotina, erguida permanentemente, torna-se instrumento de governo.

A essas providências de defesa republicana acrescentam-se decisões de defesa nacional: a mobilização em massa e a requisição (agosto de 93), destinadas a permitir a guerra sem limites. Fustigada e nas mãos de homens impiedosos, mas de energia inquebrantável, a França recompõe-se. Esmagam-se os insurretos do interior, recuperam-se Marselha, Lyon, Toulon, e os exércitos brancos do Oeste sucumbem. Organizados por Lazare Carnot, comandados por chefes de audácia juvenil, os exércitos da República retomam por toda a parte a ofensiva. Hondschoote (6-8 de setembro), Wattignies (15 de outubro), Wissemburg (26 de dezembro) desbloqueiam as fronteiras e detêm os invasores.

Mas a Montanha, que salvou a Pátria, vê-se a braços com a rivalidade das facções. No início de 1794, Robespierre torna-se senhor do Comitê de Salvação Pública. À sua esquerda, os ultrarrevolucionários de Hébert, que o acham demasiado mole, são eliminados (14 de março de 1794). À sua direita, acontece o mesmo com Danton e os "Indulgentes" (30 de março). Para refazer a unidade à sua volta, Robespierre não encontra outro meio senão agravar o Terror (22 de prairial, 10 de junho). Mas poderá a França suportar por muito tempo esse banho de sangue — as cabeças caem "como telhas de ardósia numa tempestade" —, enquanto o perigo externo diminui e a vitória de Fleurus (26 de junho) parece até havê-lo afastado completamente? A "náusea do cadafalso", a coligação entre o medo e os interesses destroem o ditador "incorruptível". A *9 de termidor* (27 de julho de 1794), Robespierre é afastado, e uma derradeira tentativa de insurreição parisiense não conseguirá salvá-lo da guilhotina. Vai-se abrir uma nova página na história da Revolução.

É sobre este pano de fundo que importa ver desenrolarem-se as cenas em que os católicos franceses foram autores e vítimas. São talvez as mais dramáticas da sua história e contam-se decerto entre as mais belas. A situação evoluiu bem depressa. O regime de meia tolerância que reinara até então deu lugar a uma autêntica perseguição, que, iniciada em outubro de 1793, iria durar até julho de 94: uma perseguição que a lei não ordenava formalmente, mas que o poder deixou passar e não tardou a encorajar. A velha França cristã foi assolada por uma vaga de fanatismo ao mesmo tempo atroz, abjeta e absurda, como sempre acontece nos períodos em que se desatam os instintos da massa. Ateus decididos, discípulos mais ou menos fiéis dos "filósofos", aproveitaram-se da situação para conduzir operações destinadas pura e simplesmente a suprimir todas as crenças. Não era apenas contra a Igreja que a Revolução se levantava; era contra a própria fé, contra Deus.

O artigo VII da nova Declaração dos Direitos, colocada à cabeça da Constituição do Ano I (1793), afirmava: "O livre exercício dos cultos não pode ser proibido". Mas sabe-se, desde há muito, que entre os princípios e a sua aplicação pode haver um abismo. Autorizava-se o culto; mas não era preciso retirar das igrejas tudo o que parecesse supérfluo?; não convinha, em nome de uma estrita igualdade, recusar-se a assumir os gastos com o culto? Já que, como toda a gente sabe, o templo mais agradável a Deus é o coração puro do homem, o general Hanriot, comandante militar em Paris, não tinha feito bem em proibir as cerimônias religiosas fora das igrejas e até "todo o cerimonial ofensivo para qualquer homem que pensa"? Excelente decisão que, embora com algumas reticências, a Convenção tornava suas, chegando a ordenar a destruição de todos os "sinais religiosos das estradas, das praças, dos lugares públicos".

Logo depois, em 23 de novembro de 1793, desligavam-se por decreto todos os edifícios de culto da sua função, sempre em nome da liberdade e da igualdade. Mais grave ainda: uma série de decretos (18 de março, 21 de abril e sobretudo o de *21 de outubro* — 30 de vindimiário —) fixou para os padres um código de terror que, como diz com razão o historiador Aulard, "os punha a todos em situação de suspeita legal"[55]. A partir daí, bastaria o depoimento de duas testemunhas, afirmando que determinado padre era não juramentado, para torná-lo passível da pena capital. Desse modo, o próprio clero constitucional ficava tão ameaçado como o outro. E foi assim, sem tocar nos princípios nem no texto da lei, que os governantes passaram a ter nas mãos os meios para poderem atuar. Ser padre, ser até simplesmente conhecido como católico praticante, bastava para ser tido por suspeito de "fanatismo" — e já sabemos o que esse termo significa.

A luta antirreligiosa desenvolveu-se, pois, em todos os terrenos ao mesmo tempo, embora com intensidade muito variável consoante as regiões e os momentos. A princípio, em outubro e novembro de 1793, atravessou-se um período de verdadeira loucura. Dir-se-ia que a França tinha sido tomada de um frenesi contra a Cruz. A tal ponto que houve quem se inquietasse, pensando que se ia demasiado longe e se corria o risco de degradar a Revolução aos olhos do estrangeiro. Por muito desprezador que fosse dos "preconceitos religiosos", Robespierre contava-se entre esses, e subiu à tribuna para fazer notar que a violência era o melhor meio "de despertar o fanatismo" e que "os padres diriam missa por mais tempo se os proibissem de a dizer". Chegou mesmo a conseguir, a *6 de dezembro* (16 de frimário), a aprovação de uma lei que proclamava a liberdade de culto e proibia "quaisquer violências e atos contrários a essa liberdade".

Na realidade, esse bonito documento ficou em letra morta. Continha, aliás, um artigo que só por si bastava para deixar passar as interpretações mais estranhas. A lei reservava para si o direito de atuar "contra todos aqueles que tentassem abusar do pretexto de religião para comprometer a causa da liberdade". Isso permitiu que o representante Lequinio, em funções em Saintes, proclamasse "refratário à lei que consagra a liberdade de culto todo e qualquer homem que pregue ou escreva para favorecer este ou aquele culto ou opinião religiosa, seja qual for". Antes de janeiro de 1794, a perseguição retomou o ritmo anterior e só viria a cessar em julho. Meses de Grande Terror, em que o próprio Robespierre, parecendo esquecer o que dissera, deixou o campo aberto aos descristianizadores e aos ateus, e em que numerosos padres se viram incluídos nas fornadas da guilhotina.

Nas províncias, o horrendo trabalho foi dirigido pelos Representantes em missão, enviados pela Assembleia para restabelecer a ferro e fogo a ordem republicana. Quase todos eles se mostraram inimigos encarniçados da fé cristã, mesmo e especialmente os que tinham pertencido à Igreja. O sinistro rol desses despotazinhos sangrentos é demasiado longo para que o tentemos sequer esboçar, e os atos de perseguição repetiram-se lamentavelmente nos quatro cantos da França.

Alguns desses perseguidores ficaram com uma fama mais ou menos tenebrosa. No Pas-de-Calais, Le Bon, que assistia pessoalmente à execução dos "taumaturgos", ria a bom rir por ver que nenhum deles tomava nas mãos a própria cabeça, à maneira de São Dionísio[56]. Nos departamentos de

Mont Blanc e do Ain, Albitte acrescentava a derrisão à ferocidade, pois obrigava os padres vítimas do Terror a seguir uma procissão sacrílega em que um burro vestido de bispo transportava relíquias. Os dois mais famosos matadores, Carrier, inventor das *noyades* [afogamentos coletivos] de Nantes, e Fouché, o metralhador de Lyon, talvez se movessem mais por razões políticas para darem provas de severidade, e não terão visado de modo especial os padres e os católicos, o que não os impediu de matar muitos deles. Entre esses *Convencionais* em missão, bem poucos souberam ser humanos e resistir à torrente frenética; um deles foi, no Alto-Saône, Robespierre o moço[57], irmão do ditador, que se mostrou deveras tolerante.

O terror que se abateu sobre a igreja da França tornou fácil uma operação que o zelo dos descristianizadores julgava essencial: levar os sacerdotes a *despadrar-se*. Tratava-se de, por persuasão ou ameaça, fazê-los entregar aos administradores os seus documentos sacerdotais e renegar oficialmente o sacerdócio. A operação foi empreendida quase por toda a parte e deu origem a muitas cenas extremamente lamentáveis. Em "Bourg-Régénéré", onde tinha organizado tão bem a sua procissão do burro-bispo, Albitte gabava-se de ter conseguido despadrar trezentos e vinte e dois padres. O máximo do civismo era casar-se. Os republicanos não deixaram de compor himeneus sacerdotais, muitas vezes rodeados de circunstâncias ridículas e cômicas.

Tudo o que, na própria organização do país, dependia — e estava a cargo — da Igreja, foi destruído. As obras hospitalares donde os religiosos e as religiosas tinham sido expulsos tiveram de fechar as portas ou vegetar em estado tão lamentável que, em mais de um lugar, as administrações locais voltaram a chamar as irmãzinhas, e estas, em pleno Terror, regressaram aos seus hospitais e asilos. O ensino, já maltratado desde a Constituição Civil do Clero, acabou de afundar-se. Tudo aquilo que, outrora, o clero garantia foi-lhe proibido. As cento e dezesseis casas mantidas pelos Irmãos das Escolas Cristãs foram encerradas, e o superior, o prudente Irmão Agathon, dispersou os professores e escondeu os arquivos da instituição. Os donos da Revolução — um Danton, um Rabaut Saint-Étienne, por exemplo — proclamavam que "o filho pertence à Pátria e à Nação antes de pertencer aos pais", e que lhes pertencia mesmo antes de nascer...

Em vão, desde a Assembleia Constituinte e a Legislativa, Audrein, Mirabeau, Talleyrand, Condorcet, Lakanal tinham elaborado vários projetos que oscilavam entre a liberdade e o monopólio do ensino. Em vão, a 29 de frimário do Ano II (19 de dezembro de 1793), na altura em que Robespierre refreava os excessos da irreligião, um obscuro deputado de nome Bouquier tinha conseguido a aprovação de uma lei sobre a liberdade de ensino. De todas essas lindas palavras, nada ficara, na prática. Incapaz de criar um sistema de ensino, a Convenção, dominada pela Montanha, acabara de arruinar o que ainda existia da educação do *Ancien Régime*. "A educação nacional — bradava Grégoire em 31 de agosto de 1794 — não apresenta senão escombros".

E ainda quiseram ir mais longe. A fúria de descristianização foi levada até à aberração. Dezoito séculos de cristianismo tinham esculpido os seus traços em todos os costumes da vida francesa. Foi tudo isso que se procurou apagar. Tudo o que lembrava os nomes dos santos e, como é óbvio, ainda mais o próprio termo "santo", foi radicalmente proibido. As cidades, vilas e aldeias que tinham a desventura de usar um nome *ci-devant*[58] tiveram de mudá-lo. Porque, como diziam os administradores do departamento do Tarn, "os nomes de Brutus ou de Scevola agradam mais a um ouvido republicano que o de um anacoreta como São João". Assim, Saint-Denis passou a ser La Franciade; Saint-Germain, simploriamente,

Montagne du Bon Air; Saint-Esprit (perto de Bayonne) tomou o nome de Jean-Jacques Rousseau. A obra-prima do gênero foi o vocábulo com que, certamente por humorismo, os patriotas de Coulanges (Nievre) designaram a sua terrinha: *Cou-sans-culotte*... ["Pescoço-sem-calção"].

É claro que os nomes das pessoas foram também modificados de acordo com tais princípios. Ao mesmo tempo que os títulos *ci-devant* nobres, também foram proscritos os sobrenomes em que figurasse a menor alusão de caráter religioso. Conde de Saint-Pierre, Barão de Saint-Hippolyte, Visconde de Saint-André? Nunca mais!... E os parisienses riram-se muito com um diálogo, talvez apócrifo, entre o conde de Saint--Janvier e um bom republicano do serviço de passaportes: "— Como te chamas? — Conde... — Já não há conde!. — ...de... — Já não há de! — ...Saint... — Já não há santo! — Janvier [janeiro]... — Já não há janeiro! Vou-te inscrever com o nome de *cidadão Nivoso*" [mês revolucionário entre 21 de dezembro e 19 de janeiro]. Às crianças que iam nascendo era preciso dar nomes *sans-culottes*. Foram-nos buscar à memória da Antiguidade: de Anaxágoras a Cornélia, de Aristides a Bruto e Graco. Ou então ao vocabulário hortícola: assim apareceram os Scorsonere [escorcioneira] e os Coriandre [coriandro]; e os Camilos passaram a Camomille [camomila]. O cúmulo do êxito foram, sem dúvida, os nomes próprios que os pais do futuro escritor Louis Mézieres descobriram para o seu rebento: *Amour-Satan*...

Do mesmo modo, lançaram-se a mudar os nomes das ruas e praças, bem como das festas de cada ano. O Natal passou a ser Festa do Inverno ou do Sol Renascido, e a essa celebração se associou, por motivo obscuro, em vez do burrinho e do boi, o cão... A tentativa mais sistemática foi a que incidiu sobre o velho calendário cristão. O matemático Romme e o poeta Fabre d'Églantine queimaram as pestanas para deitar por terra "o repertório do charlatanismo", substituindo-o por um sistema verdadeiramente republicano (24 de outubro de 1793). Apesar de nunca ninguém ter ouvido dizer que os antigos nomes dos meses houvessem tido origem cristã, a verdade é que os substituíram por outros doze — aliás, eufônicos, reconheçamo-lo —, que evocavam as grandes épocas da vida da natureza: *vendémiaire, brumaire, frimaire, nivôse, pluviôse, ventôse, germinal, floréal, prairial, messidor, thermidor, fructidor*[59]. Cada um desses meses tinha trinta dias e era dividido em três dezenas: homenagem ao sistema métrico. Os cinco dias suplementares, chamados "dias *sans-culottes*", foram colocados entre 17 e 21 de setembro, e consagrados a festividades laicas e republicanas. Quanto aos próprios dias, não gastaram a imaginação para os designar. Ficaram: *primidi, duodi, tridi*... até *décadi*.

O calendário republicano, que se manteria oficialmente em uso por perto de doze anos, não foi levado muito a sério pelo homem comum. Por mais decretos que se promulgassem contra quem observasse o domingo, como os comerciantes que fechavam as lojas, não se conseguiu fazer celebrar o *décadi*. Um dia em que Grégoire perguntava a Romme: "Afinal, para que serve o teu *décadi?*", respondeu-lhe este: "Para suprimir o domingo..." E o bispo desatou a rir: "Fica sossegado, que o domingo vai durar mais do que tu..."

Celebravam-se batismos cívicos, casamentos *sans-culottes* e enterros republicanos, mas tais paródias aos sacramentos não ridicularizavam senão aqueles que as faziam... Ensinava-se às crianças o "Decálogo do Bom Patriota"; vendiam-se "Catecismos Republicanos, enriquecidos com máximas de moral republicana", coisa tão ridícula que o convencional Latour-Lamontagne pediu que fossem apreendidos. Ou levavam-se à cena — sob títulos tais como *As vítimas do claustro, La partie quarré* [jogo com dois pares], *Um dia do Vaticano* — peças de extrema ordinarice, em que o papa, cardeais, bispos, párocos, monjas se desmelenavam em cabriolas idiotas. Mas, verdadeiramente, a religião sofreria muito com isso? O mais grave — porque em muitos casos produziu danos irreparáveis — foi que os revolucionários se lançaram a demolir os próprios edifícios dedicados ao culto, e muitas dessas recordações prestigiosas do passado cristão foram destruídas para sempre ou irremediavelmente mutiladas.

É este um dos aspectos mais penosos da Revolução: essa iconoclastia imbecil, que destruiu grande parte do capital artístico nacional, sem outra razão que o pior dos fanatismos. Atacaram-se os edifícios religiosos, se bem que, já não dedicados ao culto, em nada servissem a religião. Numerosas abadias foram derribadas: como a de Notre-Dame de Montmartre, tão perfeitamente arrasada que por muito tempo não se soube onde tinha ficado exatamente; ou a de Royaumont, tão prezada por São Luís, e da qual só restaram o claustro e o refeitório; ou a de Longjumeau, inteiramente destruída; ou a de Jumièges, e tantas outras!

A perda mais triste foi a de Cluny, obra-prima beneditina da Borgonha, que começou a ser deitada abaixo nessa altura[60]: um campanário que ficou de pé é suficiente para mostrar a catástrofe que a sua demolição representou para a arte francesa. Em Tours, a venerável basílica de Saint-Martin, após ter servido de estrebaria, foi comprada por um fanático que a fez explodir no dia da festa do santo[61]. Só em Paris foram destruídas dezoito igrejas paroquiais. A Sainte-Chapelle, "propriedade nacional em venda", esteve prestes a ser derribada: em 7 de agosto de 1793, assinou-se um contrato para abater a sua admirável flecha. Notre-Dame teve a sorte de ser transformada em depósito de vinhos requisitados[62]. Em Saint-Denis, os patriotas de La Franciade pensaram em destruir a abadia; por felicidade, limitaram-se a exumar os corpos dos reis — lançaram Henrique IV, Luís XIII e Luís XIV na vala comum — e a despedaçar cinquenta e um túmulos. Por toda a França, ou quase, mutilaram-se estátuas, "simulacros góticos", cuja presença bastava para ofender os olhos dos cidadãos. Pode-se dizer que não há hoje fachada de catedral que não guarde vestígios de semelhantes ultrajes. Destruíram-se os tesouros que se puderam apanhar — numerosas peças foram escondidas, tal como a estátua de ouro de Sainte Foy, em Conques —, fundiram-se os objetos de valor, dispersaram-se as pedras preciosas. Por vezes, como ocorreu no caso de Saint-Germain-des-Prés no meio de manifestações delirantes, os convencionais calcaram aos pés custódias, cálices, relicários... Compreende-se a palavra dilacerante do pe. Grégoire, testemunha de cenas dessas: "Há razão para chorar lágrimas de sangue, diante da perda de tais obras-primas"[63].

Atingiram-se os limites da loucura? Não. Os revolucionários, que, apesar de todos os atos policiais, viam a religião obstinada em sobreviver, perceberam que não se pode suprimir senão o que se consegue substituir. Donde a ideia de promover cultos devidamente dotados da garantia de republicanos e *sans-culottes*. Logo interveio a imaginação; em menos de dois anos, passou a florescer uma boa meia dúzia, ao menos, de pseudo-religiões, que hoje nos divertiriam se não nos lembrássemos de que todas elas consagravam sacrilégios. Assim, houve o culto dos Grandes Homens, propostos à veneração das massas em substituição dos santos: Voltaire, que fora levado ao Panteão — antiga igreja de Santa Genoveva — num carro puxado por dezesseis cavalos brancos, escoltado por nove atrizes que representavam as Musas; Rousseau, que recebeu um quinhão dessas homenagens e teve, em Lyon, uma estátua que as mães vieram saudar com os filhinhos ao colo... Quando, a 13 de julho de 1793, Marat foi apunhalado durante o banho por Charlotte Corday, os seus partidários deificaram-no (é o termo!): Montmartre foi rebatizado Mont-Marat; diante da urna que continha as suas cinzas, fez-se desfilar o povo durante três dias e um padre despadrado foi suficientemente infame para comparar o coração do *Ami du Peuple*[64] ao Coração de Jesus. "Quando não se tem mais pão para dar ao populacho — exclamou Manon Roland —, servem-se-lhe cadáveres"[65].

Vieram a seguir dois cultos mais abstratos. Dois cultos que por vezes se confundem um com o outro e que tentaram fornecer uma base mais intelectual — se assim nos atrevemos a dizer — à teologia republicana. A 10 de agosto de 1793, foi celebrada a festa da Natureza, ao mesmo tempo festa da Unidade e Indivisibilidade da República. Na data em que passava um ano sobre a queda do Trono, um imenso cortejo desfilou desde a Bastilha até ao Campo de Marte, para terminar na fonte da Regeneração, na qual, uma enorme estátua da Natureza, que em parte tapava com os braços os fartos peitos, destes fazia nascer um jorro de água infatigável. Mas não parecia bastante, e, no 20 de brumário (10 de novembro), três dias depois de os padres, com o bispo metropolita Gobel à frente, se terem "despadrado" diante da Assembleia, Chaumette propôs que se solenizasse o dia em que "a Razão tinha recuperado o seu império".

Não se perdeu tempo: logo ideia tão excelente foi posta em prática; decidiu-se que se celebraria o *Culto da Razão*, de maneira grandiosa, em Notre-Dame de Paris, expressamente ornamentada pelo pintor David. No cimo de uma montanha de cartão, um templozinho grego abrigava uma bonita dançarina, toda contente por ter sido promovida a Deusa Razão. Teorias de moças coroadas de flores cantavam hinos. Quando a festa acabou, como se viu que não eram muitos os deputados presentes, partiu-se em cortejo, com a Razão, para visitar a Convenção Nacional, cujo presidente beijou a deusa. Na catedral profanada, prolongaram-se até tarde as bebidas e a bacanal. Provavelmente com exagero, Joseph de Maistre contará depois que uma das mulheres se apresentou à multidão vestida como a mitologia atribui, não à Deusa Razão, mas à Verdade ao sair do poço.

Havia, no entanto, entre os revolucionários mais ardentes, alguns que não apreciavam tais mascaradas: o grupo dos robespierrianos. Como perfeito discípulo de Jean-Jacques, o "Incorruptível" era deísta, acreditava na existência de um Ser Supremo e na imortalidade da alma. "Se Deus não existisse — gostava ele de dizer —, seria preciso inventá-lo". As fantochadas do culto à Razão horrorizavam-no, tanto mais que via por detrás delas os "exagerados" Chaumette, Hébert e o prussiano Anacharsis Cloots, "inimigo pessoal de Jesus". Quando os aniquilou, em março de 1794, pareceu-lhe que a sua onipotência devia ter fundamentos nobremente teológicos, e que coroaria a sua obra estabelecendo um *Culto ao Ser Supremo,* do qual seria ele o sumo sacerdote. A 18 de floreal do Ano II (7 de maio de 1794), pronunciou um discurso, que a Convenção mandou imprimir, "acerca das relações entre as ideias religiosas e morais, e os princípios republicanos, e acerca das festas nacionais". Nele, o autor assegurava que "a ideia do Ser Supremo e da imortalidade da alma" constituía um apelo constante à Justiça, e, portanto, era social e republicana. O novo culto seria o *culto da Virtude.*

Aprovou-se um decreto segundo o qual o povo francês reconhecia os dois axiomas da teologia robespierriana, e ordenou-se que se colocasse no frontão das igrejas uma inscrição consagrando esse fato. Seguia-se uma lista dos feriados, que ocupava duas colunas: a primeira da lista era a festa do Ser Supremo e da Natureza, e foi decidido que seria celebrada a 20 do prairial (8 de junho). Foi-o, efetivamente, nesse ano de 1794. Iniciou-se no jardim das Tulherias, onde uma fogueira gigantesca devorou nas suas chamas a imagem monstruosa do Ateísmo, enquanto o ditador pronunciava um místico discurso e, em seguida, a multidão cantava hinos apropriados. Prosseguiu com um desfile até ao Campo de Marte, onde uma vasta assistência foi atrás de um carro coberto de vermelho, puxado por oito bois e carregado de folhagem e espigas, no meio das quais se elevava uma estátua da Liberdade.

Terá Robespierre alimentado a ilusão de ter assim substituído o catolicismo pela sua religião? Nas províncias, houve padres que se mostraram encantados de queimar a estátua do Ateísmo. E, achando nessa festa rústica um certo ar das Rogações, alguns fiéis vieram assistir de terço na mão. Em outros lugares, por exemplo em Besançon, houve representantes da Convenção que garantiram que esse culto novo era apenas o prolongamento do culto da Razão, e queimaram o Ateísmo numa fogueira alimentada com cruzes, imagens de santos, terços, quadros e livros eclesiásticos. De resto, Robespierre não teve tempo para continuar a sua obra. Seis semanas após a festa que marcara o seu apogeu, foi abatido. E talvez o secreto furor dos verdadeiros jacobinos contra tais "momices" tenha tido alguma coisa que ver com o movimento que destruiu o regime robespierriano.

As duas igrejas na tormenta

Contra essa furiosa ofensiva que os ameaçava na sua fé, qual foi a atitude dos católicos? Igreja refratária; igreja constitucional — ambas passavam a estar visadas, a bem dizer da mesma forma. "M ...! É preciso dizer o verdadeiro — exclamava um membro da Convenção, num francês, aliás, duvidoso —: os padres juramentados, como os outros, não são melhores". E Pétion ia mais longe e declarava da tribuna da Assembleia que a República tinha menos a recear das atitudes dos padres refratários do que das "desses pontífices que, nas assembleias públicas, proferem juramentos que a consciência lhes desmente" e que, de resto — acrescentava com desprezo —, só "proclamam tanto patriotismo" para obterem lugares rendosos. Bem cedo os descristianizadores deixarão de distinguir entre os padres que juravam e os que não juravam. Triste sorte a daqueles que, sinceramente, num impulso de generosidade, tinham acreditado que era possível uma espécie de jacobinismo católico!

Perseguida tal como a rival, e frequentemente comprometida no movimento federalista, a igreja constitucional — devemos dizê-lo para sua honra — não capitulou como um todo. A campanha de despadramento cortou-a em duas. Uns prontificaram-se, por medo, por fraqueza ou por interesse, a abandonar as suas funções ou até a rejeitar o sacerdócio. Outros permaneceram fiéis. *As* duas atitudes opostas encarnaram-se em dois bispos constitucionais, os mais em evidência: *Gobel* e *Grégoire.*

A 6 de novembro de 1793, uma delegação de convencionais entrou na casa do bispo metropolita de Paris, a fim de lhe pedir que se demitisse, no interesse da coisa pública. Depois de haver tergiversado durante algumas horas, e de ter consultado os seus dezessete colaboradores mais próximos (dos quais só três opinaram pela resistência), o pobre Gobel teve esta expressão lamentável: "O povo chamou-me; o povo manda-me embora: é o destino do criado às ordens do amo". E, no dia seguinte, perante a Convenção, deixou-se cobrir com o barrete vermelho e declarou que não devia "haver outro culto público e nacional senão o da Liberdade e da Santa Igualdade". O que levou o presidente da Assembleia, Laloy, num dos seus momentos de cinismo, a dizer: "Segundo a abjuração que acaba de ser feita, o bispo de Paris é um ente de razão"[66].

Em contrapartida, quando a Convenção — perante a qual, sucessivamente, quatro bispos acabavam de se demitir de igual modo — pediu a Grégoire que os imitasse, o bispo de Blois, revolucionário convicto, mas jansenista rígido, recusou-se terminantemente, num tom tal que ninguém se atreveu a insistir: "Católico por convicção e por sentimento, padre por opção, fui designado pelo povo para ser bispo; mas não foi do povo nem de vós que recebi a minha missão [...]. Agindo de acordo com os princípios sagrados que me são caros, e que vos desafio a arrancar-me, procurei fazer algum bem na minha diocese. Continuo a ser bispo para prosseguir essa obra. Invoco a liberdade de culto".

No simples clero, a coragem de Grégoire teve imitadores; parece que a perseguição lhes abriu os olhos. A 13 de outubro de 1795, num relatório enviado ao papa, Émery há de poder dizer: "Os padres constitucionais que foram mortos em grande número, todos eles antes de serem julgados, repudiaram o juramento que os vinculava à Constituição Civil e pediram insistentemente a reconciliação com a Igreja". Outros não esperaram pelo derradeiro instante para se reerguerem. Entre esses, conhecem-se casos extraordinários: Peyre, por exemplo, pároco de Noisy-le-Grand, que teimava em pedir orações públicas pelo papa; ou esses dez padres juramentados de Lorient que, conduzidos ao Clube da cidade e ameaçados de morte se não se despadrassem, recusaram e deixaram-se acusar; ou — um dos mais espantosos — Graftaux, da paróquia de São Salvador de Paris, que, no 7 de termidor, ou seja, no momento em que o Grande Terror ainda era violento, enviou à secção do seu bairro uma carta em que se retratava de todos os erros passados, mas que nem sequer conseguiu ser preso (recorde-se que a queda de Robespierre foi dois dias depois); ou, por fim — mas não se trata de fazer uma enumeração exaustiva... —, na Alsácia, Ignace Solinger, nascido em Rouffach, perto de Colmar, pároco de Grosmagny (Belfort), cuja memória viria a ser tão bem conservada pelos paroquianos que se instituiu uma peregrinação à sua sepultura e a voz do povo o beatificou[67]. Homens como esses, houve-os quase por toda a França. Algumas vezes agrupados em redor de um bispo firme, constituíram pequenos núcleos de resistência, uma igreja constitucional fiel à sua consciência, errônea mas sincera, a "Igreja de Grégoire", como por vezes tem sido designada. E que merece respeito.

Quanto aos outros, aos que não tiveram a coragem de não ceder, não devemos fazê-los todos objeto de igual menosprezo. Se não é fácil manifestar apreço pelos vinte e três bispos que apostataram, e até pelos vinte e quatro que abdicaram das suas funções, não se devem lançar pedras sobre tantos e tantos humildes padres que, submetidos a terríveis pressões, cercados de adversários ferrenhos, cederam e entregaram os seus certificados de presbíteros: apostasia da condição de clérigos — não forçosamente apostasia da fé. Houve certamente bastantes graus de covardia, desde a daquele pároco que comunicava à Assembleia a sua alegria "em desembaraçar-se dos brinquedos dos papistas", até àquela outra, discreta, dos que se despadraram silenciosamente, quase às escondidas, e cuidaram de que os esquecessem.

Entre os apóstatas, houve, como é óbvio, casos vergonhosos. Houve padres que se puseram ao serviço da polícia, como "observadores" encarregados de denunciar os antigos confrades. Houve fanáticos, como Jacques Roux, vigário em Saint-Nicolas-des-Champs, "pregador dos *sans-culottes*", como se intitulava, precursor do Progressismo. Houve oportunistas, que souberam negociar a sua apostasia e fazer fortuna, como o pe. d'Espagnac.

Mas a maioria não foi assim. E, até entre os fracos, que concordaram em entregar os seus documentos de presbíteros, houve muitos — e foi o maior número — que, quando chegou o momento de dar o último passo no caminho da apostasia e, como dizia o *sans-culotte* Grumet, "para apagar o seu pretenso caráter", casar, recusaram-se energicamente. Se 23 ou 24 mil padres constitucionais se despadraram, ou seja, 5/6 do total, e cederam ao engodo de um "socorro anual" de 1.200 libras, não houve mais de sete mil que se dispuseram a casar-se, e ainda muitas dessas uniões foram apenas de fachada[68].

Pode-se, pois, falar sem dúvida alguma de uma resistência da igreja constitucional. E importa sublinhar um número: de 484 eclesiásticos, vindos de toda a França, que compareceram perante o Tribunal Revolucionário de Paris, pelo menos 319 pertenciam à igreja constitucional. De oito dos seus bispos que morreram no cadafalso, cinco, antes de morrer, retrataram os seus erros, entre eles o terno Lamourette[69]. Quando se julga essa igreja, é injusto esquecer tais sacrifícios. E não haverá, perto de nós, acontecimentos que nos ajudam a compreender melhor as razões da sua atitude e as dos seus fracassos?

Bem mais bela ainda, e bem mais eficaz, foi a resistência da Igreja refratária. Entrada na clandestinidade pouco depois dos massacres de setembro, estava a postos para recomeçar a sua obra quando chegou o Terror propriamente dito. Para tanto, foi grandemente ajudada pelo zelo, coragem e espírito de oportuna iniciativa dos fiéis, muitos dos quais esconderam padres, abrigaram nos sótãos de suas casas oratórios clandestinos, e até se atreveram a enfrentar publicamente os *sans-culottes,* obrigando-os a recuar[70].

Nas Halles de Paris[71], as *Dames de la Marée*[72] estavam descontentes. Marie-Magdeleine Rigaut, *factrice* ["carregadora"], êmula perfeita de Mme. Angot[73], foi quem as dirigiu e levou à ação. Seria possível? A dois passos delas, ali no cemitério de Saint Eustache, as "mulheres revolucionárias jacobinas", da Sociedade "O Incorruptível", atreviam-se a fazer reuniões sacrílegas?! Todas as Damas das Halles se revoltaram. E que surra apanharam essas "patriotas"!... Tão grande que nunca mais lá voltariam, e mesmo a capela da Compaixão, na igreja próxima, protegida pelas *mareyeuses*, não seria tocada.

Não longe dali, na ilha da Cité[74], rua de la Barillerie, em maio de 1794, os que passavam pela loja de Mme. Bergeron, que vendia quinquilharias e fornecia os exércitos republicanos, olhavam e admiravam a bela ornamentação de uma das suas janelas; mas acaso lhes passaria pela cabeça que essas flores, essas luminárias, estavam ali para celebrar a festa do Corpus Christi e a sua oitava — pois Mme. Bergeron dera asilo a dois padres não juramentados? ...

Em Mauriac, debaixo da ponte, quem seriam essas duas megeras que com tanta energia moíam de pancadas dois homens com ar de bêbados, decerto seus maridos, para grande gáudio dos guardas? Eram Catherine Jarrigue, chamada *la menette des prêtres* ["guiazinha dos padres"], e a sua amiga Françoise Maury, que acabavam de libertar, nas barbas dos patriotas, dois padres proscritos...

Episódios desse gênero ocorreram às centenas, aos milhares. Não houve nenhum padre desse clero clandestino que não tivesse vivido uma existência terrivelmente romanesca, demasiadas vezes terminada em sangue. Vejamos o pe. Salamon, "internúncio" que, três meses a fio, se esconde no Bois de Boulogne, debaixo do quiosque em que os habitantes de Auteil dançavam aos domingos. Ou o pe. Coudrin, futuro fundador de Picpus, que todo o Poitou conhecia por *marche-à-terre* ["andarilho"], de tal maneira se deslocava de um lado para outro, aparecendo aqui e acolá, impossível de apanhar. Ou o pe. Cormaux, bondoso pároco bretão, e o seu amigo, o ex-jesuíta Clorivière, os quais, instalados em redutos na rua de la Chaise, em Paris, de lá saem todos os dias para ir celebrar missa, levar os sacramentos, confessar e até pregar. Ou, em Estrasburgo, o pe. Colmar, futuro bispo de Mogúncia, que, ajudado por Mme. Humann, consegue levar avante a sua atividade apostólica mudando constantemente de disfarce, e que um dia passou pela pitoresca aventura de quase ser linchado por um grupo de soldados, não por ser padre, mas porque, estando nesse dia vestido de general, não soube que resposta dar quando o censuraram por não lhes pagarem o soldo...

Alguns desses padres, para escaparem à detenção iminente, ficarão fechados, meses seguidos, num armário de parede ou até em cubículos ainda menos agradáveis... Muitos, para não caírem em suspeição, exercerão ofícios de toda a espécie: publicistas, médicos, artesãos de madeira ou de metal, aguadeiros, empregados nas repartições revolucionárias... Muitos vestirão carmanholas[75] e montarão guarda com toda a assiduidade, como qualquer bom cidadão...

Mas haverá também outros que nem sequer se esconderão, limitando-se a nada fazer que pudesse provocar as iras republicanas. Assim procedeu M. Émery, que, até ser preso por denúncia, permaneceu tranquilamente no seu seminário de São Sulpício — vazio —, e depois numa casa amiga. É, aliás, indubitável que diversos padres se beneficiaram de proteções ocultas, prestadas por amigos bem situados, e um deles foi, com toda a certeza, M. Émery. Segundo garante uma tradição, numa noite em que M. Keravenant estava no seu refúgio próximo de Saint-Germain-des-Prés, que julgava inteiramente ignorado da polícia, viu entrar em casa um convencional que lhe pediu que o ouvisse em confissão, porque ia casar-se. E era ninguém mais que ... Danton, preparando-se para se casar com Louise Gély. Sem o sacerdote o saber, o tribuno tinha certamente velado por ele[76].

O resultado dessa resistência pode ser resumido em poucas palavras: apesar de todos os esforços de descristianização, o catolicismo romano não desapareceu da França. Na altura em que Robespierre caiu, havia ainda em Paris mais de cento e cinquenta lugares de culto onde a missa era celebrada regularmente, e pelo menos cem nos arredores rurais. Ao invés de morrer ou de enlanguescer, a vida profunda das almas tornara-se, pelo contrário, mais ardente. Como sempre acontece, a perseguição favorecia a renovação. Ao longo do trajeto em que as fatais carroças — esses "ataúdes dos vivos", como se dizia — levavam os condenados, havia sempre e até ao fim do percurso padres que, à passagem, davam a absolvição, com a mão oculta debaixo do chapéu e os lábios murmurantes; se um desses "capelães da Guilhotina" era preso, não faltavam voluntários para os substituir. Aliás, os relatórios dos representantes da Convenção nas províncias confirmam a permanência da fé. Malharmé, por exemplo, escrevia em 1794, de Bar-le-Duc, que "os dias chamados de Páscoa em estilo fanático foram marcados por furores da superstição", e confessava ainda que um "vapor mefítico" continuava a envolver a população; e, para cúmulo de desgraça, tinha de reconhecer que a peregrinação a Nossa Senhora de Benoîte-Vaux nunca fora tão concorrida, pois a imagem pretensamente milagrosa tinha passado a chorar e a falar...[77]

Diremos então que tudo foi pelo melhor nessa Igreja heroica e fiel? Temos de confessar que não, e que ainda por cima a situação trágica dos refratários foi agravada por divisões e por certos abandonos. A questão do juramento de "liberdade-igualdade" iria manter até ao fim um estado de conflito entre homens identicamente corajosos e dedicados à causa da Igreja.

De um lado, estavam M. Émery e os que lhe seguiam os conselhos, convencidos de que a Igreja devia aceitar a Revolução no que esta tinha de válido, não se prender a um passado morto, trabalhar por fazer nascer uma sociedade nova. O grande sulpiciano firmou-se ainda mais nessa ideia quando, prisioneiro na Conciergerie[78], teve ocasião de confessar numerosos padres e até bispos juramentados, e de ver que era fácil trazê-los de novo para a verdadeira Igreja. Essa ilustre figura tinha por si o futuro.

Mas, em face de um Émery, erguiam-se adversários de todas as tendências. Não era apenas o cardeal Maury, que, em

Roma, nada arriscava ao tomar tal atitude; nem apenas o inquietante Bernier, conselheiro eclesiástico e político do Estado Maior da Vendeia, que talvez não tivesse gritado tanto "Até o último instante!" senão para poder negociar melhor e ocultamente com os azuis e que havemos de encontrar mais tarde a negociar a Concordata. Era também um Linsolas, vigário geral clandestino de Lyon, sacerdote íntegro e zeloso, um dos criadores das "missões" cujos resultados felizes não tardariam a surgir, e que recusava altivamente qualquer compromisso, considerando a bem dizer traidores os partidários de Émery.

Desgraçadamente, nenhuma autoridade superior interveio para arbitrar o conflito. No conjunto do episcopado de 1789, só vinte e seis bispos não tinham emigrado; dezessete morreram — de morte natural ou vítimas das chacinas ou na prisão ou na guilhotina — entre 1790 e dezembro de 1794. Dos que ficaram, vários esconderam-se e, portanto, não puderam ser eficazes. Os que lutaram, como o heroico mons. Maillé de la Tour-Landry, bispo da minúscula diocese de Saint-Papoul, não dispunham de prestígio bastante para dirigir a igreja da França. A história interroga-se: se os bispos fiéis houvessem permanecido nos seus postos, com risco da própria vida, não teriam garantido à resistência católica melhores condições de organização, de unidade, de preparação mais eficaz do futuro — desse futuro de ressurreição e de luz que tinha a garantia do sacrifício de tantos dos seus?

Vítimas e mártires do Terror

Vamos ter de olhar de perto esse sacrifício, a fim de lhe avaliar toda a importância. Os historiadores decididamente "laicos", que o ignoram, desconhecem ao mesmo tempo o quilate da alma do povo francês e o verdadeiro sentido da luta religiosa durante esses anos trágicos. Sustentar, como faz Aulard, que, no conjunto do país, não houve resistência efetiva, já que a insurreição católica se limitou a cinco ou seis departamentos, é jogar com as palavras: a ditadura da Montanha não dava a menor chance a uma insurreição[79]. Em consonância com a mais profunda lição do cristianismo, foi no ultraje, no sofrimento, na morte plenamente aceita que a Igreja deu o seu autêntico testemunho. A Igreja "romana", em primeiro plano; mas também muitos dos membros da sua rival constitucional, que, diante da morte, regressaram ao seu seio, de modo tal que o sangue dos juramentados e o dos não juramentados muitas e muitas vezes se confundiram. E, conforme mais tarde se perceberá, foi assim que a Igreja, o seu clero e a própria fé católica recuperaram um prestígio que tínhamos visto decair no século do Iluminismo. Na fonte do renascimento religioso do século XIX, está, antes de tudo, o heroísmo das vítimas, dos mártires do Terror.

Essas vítimas foram inumeráveis. Não se pode ter a menor dúvida: a imensa maioria daqueles e daquelas que o Minotauro revolucionário devorou foi constituída por católicos que, na derradeira hora, se recordaram do seu batismo e morreram como cristãos. Se, entre eles, os padres foram muitos — detidos por terem celebrado secretamente a missa, denunciados como "fanáticos" por alguns sectários ou até apanhados, mais ou menos ao acaso, por uma dessas vastas operações de caça a que as autoridades montanhesas procediam de vez em quando —, o número deles é muito inferior ao dos simples fiéis, na maioria gente humilde, que foram presos por terem dado abrigo a um padre não juramentado, ou por terem conservado vasos sagrados — ou uma casula, uma estola —, ou por se terem recusado a mandar batizar os filhos por um pároco juramentado, ou sabe Deus se por algum "crime" ainda mais leve... É também certo, porém, que nem todos os católicos que subiram ao cadafalso foram arrastados para lá por motivos religiosos. Houve casos de ódio à fortuna ou ao sobrenome. Houve casos de vil vingança. Mas o que é seguro é que a única coisa que o Tribunal revolucionário muitas vezes condenou foi a fidelidade cristã.

Ao todo, quantos terão sido os que assim deram testemunho? É impossível apresentar um número. Mesmo no que diz respeito aos sacerdotes, o número de vítimas da Revolução varia muito — entre dois e cinco mil —, conforme os historiadores. Quanto aos leigos, é impossível formulá-lo. E devemos acrescentar que o furor anticristão não foi igual em todos os departamentos. Nove dentre eles (um dos quais, a Savoia, então chamada Mont-Blanc) não registraram nenhuma condenação à morte de qualquer padre; dois departamentos apenas tiveram uma; vários deles, duas. Foi em Paris e nas regiões seviciadas pelos mais ferozes representantes da Convenção que a perseguição foi muito dura. Aí, durante os anos trágicos de 1793 e 1794, quantos católicos, quantos padres não tiveram outra alternativa senão a deportação ou a morte!

Quando se pensa nesse terrível período, a imagem que de imediato se impõe ao espírito é a da guilhotina, a odiosa máquina permanentemente erguida na antiga praça Luís XV ou na *barrière*[80] do Trono, a que se chamou "do Trono derrubado". Podemos rever — mil vezes referido nas memórias da época, representado em gravuras — o cortejo das carroças rodeadas de *sans-culottes* armados de piques, em que os condenados, acorrentados dois a dois, vão amontoados. Dir-se-á que se revive a sua lenta agonia, quando, sentados lado a lado a dois passos do estrado ensanguentado, aguardam a sua vez, enquanto ouvem cair a lâmina triangular e sentem as tábuas tremer à força de golpes, muitas e muitas vezes: vinte e três no caso de Mme. Elisabeth! E o gesto do algoz, mostrando à multidão a cabeça cortada, antes de a lançar ao cesto, agrava ainda mais o horror de uma cena que é espantoso pensar como pôde um povo civilizado tolerar que se repetisse por tanto tempo.

E, no entanto, ao lado desse suplício que, por ser rápido, se pode classificar de humanitário, a Revolução mostra-nos outros suplícios cuja crueldade nem sequer os do século dos campos de concentração ultrapassaram. Aludimos já às *noyades* de Nantes — essas barcaças sobrecarregadas de cativos presos por cadeias e que um sistema engenhoso de portinholas metia no fundo do Loire, "esplêndida torrente revolucionária", como dizia Carrier, o selvagem convencional. Mas houve também, em Lyon e alhures, os fuzilamentos em massa, depois dos quais os feridos e os mortos eram amontoados, misturados e logo enterrados sem verificação — ferocidade não inferior.

O episódio dos *pontons de Rochefart*[81] ficou tristemente célebre na história da tortura: prova gritante, pobres de nós, do desprezo que certos revolucionários tinham por esses "direitos do homem" tão solenemente proclamados... Transportados em três velhos navios de três mastros, que tinham servido para o tráfico de negros, 850 padres, presos principalmente na França do Norte e do Leste, e também na Bélgica, foram aí encarcerados em condições tão grandes de promiscuidade, de desconforto, de tormentos diários, que a opinião pública deu a esse internamento o nome de "guilhotina seca", isto é, sem sangue. Entregues sem defesa à brutalidade dos pretensos marinheiros que formavam as tripulações, cedo atacados por horríveis epidemias que os dizimavam, esses homens tiveram, todavia, a coragem sublime de continuar a viver uma vida espiritual aprofundada pelas provações. Conservou-se o texto das *Resoluções* que eles redigiram e juraram pôr em prática: poucos textos o ultrapassarão em santidade. Desses 850 cativos dos pontões, restavam já apenas 274 quando, em fevereiro de 1795, sete meses após a queda de Robespierre, finalmente se pensou em tirar esses infelizes do seu campo de concentração. Mortos ou vivos — que testemunho não deram da causa de Deus![82]

A respeito dessas vítimas da guilhotina — da guilhotina "seca" ou da outra —, há uma questão que se levanta, uma questão de grande delicadeza, mas a que não temos o direito de responder num simples impulso do coração. Em que medida se poderá usar em relação a elas o qualificativo de *mártir*? A teologia é categórica: para que se trate verdadeiramente de *martírio*, é preciso que o sangue derramado tenha sido em testemunho formal da fé — tal como aconteceu nos primeiros séculos da era cristã, quando a morte no anfiteatro confirmava a recusa heroica da apostasia. Pode-se também falar de martírio quando o único motivo da condenação é a fidelidade à Igreja e à verdade de que ela é guardiã, a rejeição do cisma ou da heresia. Foi esse o caso de São Thomas More na Inglaterra. Ora, não há dúvida de que numerosas vítimas católicas do Terror foram executadas por motivos que nada tinham a ver com a defesa da religião. Por exemplo, muitos foram presos por haverem participado de movimentos insurrecionais que, desencadeados em plena guerra, tinham como efeito apoiar o inimigo do exterior — ou seja, do ponto de vista do Governo, eram considerados traidores. Mesmo no que se refere à Vendeia fiel, vimos já que não foi somente pela fé e pela Igreja que esses homens se bateram, mas também pelo rei, e até se opuseram ao recrutamento forçado.

Mas não se pode deixar de reconhecer que, em tal domínio, é extremamente difícil fixar um limite exato. Onde começa e onde termina o martírio? Evocando o suplício de Luís XVI, o papa Pio VI declarou, numa alocução consistorial de 17 de junho de 1793: "Quiseram acusar esse príncipe de vários crimes de natureza meramente política. Mas a principal acusação feita contra ele referia-se à inalterável firmeza com que se recusou a aprovar e sancionar o decreto de deportação dos padres, e à carta que escreveu ao bispo de Clermont para lhe anunciar que estava inteiramente decidido a restabelecer na França o culto católico, logo que pudesse. Não bastará tudo isto para podermos pensar e sustentar sem temeridade que Luís foi um mártir?" A Igreja, até agora, não adotou oficialmente essa opinião, um tanto apressada[83].

Mas Pio VI talvez tivesse ainda mais razão quando, depois de ter lido a narração da morte de mons. Sandricourt — uma das últimas vítimas de Robespierre, preso apenas porque faltava na fornada desse dia um bispo legítimo, e que vivia inteiramente afastado da política, somente entregue à oração —, exclamou: "E dizem que nem todos esses padres morrem pela fé! Aqui temos mártires autênticos!"

Mas como parece ainda mais justa a opinião de uma cristã, tão heroica como humilde de coração, cuja morte se deu em condições que muitos excelentes juízes acham próximas daquelas que levam a Igreja a propor a beatificação: *Mme. Elisabeth!* Essa princesa, recusando antecipadamente o título de mártir, declarava aos companheiros de prisão: "Não exigem de nós, como dos antigos mártires, o sacrifício das nossas crenças. Pedem-nos apenas o abandono da nossa pobre vida! Façamos a Deus este pequeno sacrifício, com resignação"[84].

Seja como for que se resolva este problema de terminologia, o certo é que parece inesgotável o martirológio daqueles que derramaram o sangue, autenticamente, pela causa de Cristo e da Igreja. É até um elenco tão vasto e tão admirável que hesitamos em destacar alguns dos episódios mais comoventes. Não será injusto dar sequer a impressão de que queremos fixar um palmares, um elenco de vencedores, quando em todas as páginas desse livro escrito com sangue brilham o heroísmo e a santidade? Padres, religiosos, religiosas, simples leigos, homens e mulheres, todas as condições sociais à mistura — mas certamente a maioria gente humilde, gente do povo —, foram às dezenas, às centenas, os que preferiram morrer a abjurar, apesar de, em muitos casos, abjurar fosse apenas um gesto exterior, mera formalidade. Como escolher entre eles?

Vemos surgir, mais tarde tornadas ilustres pelo romance e pelo teatro, as dezesseis *Carmelitas de Compiègne,* que morreram a 17 de julho de 1794, dez dias antes da queda de Robespierre. Presas por terem continuado a viver juntas após a supressão do seu convento, levadas perante o Tribunal revolucionário, diz-se que uma delas teve a presença de espírito bastante para perguntar a Fouquier-Tinville o que é que ele entendia pelo termo "fanatismo" com que as brindava. E que, tendo ele respondido: "O vosso fanatismo é a vossa tola paixão pelas estúpidas práticas religiosas", replicou: "Ó irmãs, ouvistes bem? Somos condenadas pela nossa religião... Que felicidade morrer pelo nosso Deus!" Exatamente: com essas palavras, o acusador acabava de fazer mártires. Ao pé do cadafalso, elas renovaram os votos e entoaram o *Veni Creator,* que só deixou de se ouvir quando a última foi morta...[85] Página grandiosa, digna de ser exaltada, como foi, por Gertrud von le Fort e por George Bernanos. Mas terão sido menos sublimes essas sacramentinas de Bollene que, antes de morrer, agradeceram aos juízes e aos algozes, e uma das quais beijou o cadafalso antes de lá subir? Ou as ursulinas de Valenciennes, que cantaram o *Te Deum* e rezaram pelos carrascos? Ou as Irmãs da Caridade de Arras, que chegaram à guilhotina cingidas nos terços? E tantas outras que é impossível evocar sem emoção...

Entre os homens, quantos religiosos foram igualmente heroicos! Os beneditinos da Secção dos Gravilliers, que declararam com firmeza nunca terem deixado de celebrar missa clandestinamente... O pe. Imbert, dominicano de Castres, que, condenado à morte, se recusou a subir à carroça, dizendo: "O meu Senhor Jesus ia a pé; reclamo para mim ir a pé"... Os recoletas e os carmelitas de Arras, que marcharam para o suplício cantando as Vésperas dos Defuntos... O pe. Fraisse, prior da Ordem de Malta, que, tendo tido a fraqueza de prometer entregar o certificado de presbítero, reagiu e veio ele próprio oferecer-se ao Tribunal revolucionário, para morrer...

No clero secular, as figuras exemplares são inúmeras. Aqui vemos Cormaux, "o santo da Bretanha", que, no decurso do interrogatório, se recusa a dissimular a mínima parcela de verdade, fornecendo ele próprio argumentos aos acusadores... E van Cleemputte, que, por ser "patriota", não se deixa condenar como realista, mas se adianta a declarar que nunca parou de fazer um apostolado clandestino... E Noel Pinot, que, conduzido para a morte, vestido de alva e casula por derrisão, recita ao pé do cadafalso o *Introibo ad altare Dei* da sua última missa... E o encantador pe. Salignac-Fénelon, fundador e diretor da Obra dos Padres Savoianos: condenado, ainda prega do alto da carroça que o leva ao suplício...

A lista seria interminável! E ainda teríamos de acrescentar dezenas de leigos que, com toda a evidência, morreram igualmente como testemunhas da fé. Em Lyon, é o comerciante Auroze, que, à pergunta "És fanático?", responde: "Serei tudo o que quiserdes, mas o que sou é católico", e por isso foi condenado. Em Anjou, é um senhor chamado De Valfons, que, no início do interrogatório para identificação, acrescenta ao sobrenome os adjetivos "católico, apostólico e romano"... Em Seine-et-Oise, é Marie Langlois, mocinha de vinte e dois anos, criada de lavoura, que, denunciada pelo pároco constitucional, troça visivelmente dos juízes e das suas perguntas ocas... Noutro lugar, é Elisabeth Minet, que reivindica altivamente a responsabilidade de uma enorme falta: durante todo o Terror, nunca deixou de distribuir estampas de Nossa Senhora... Alhures, é Genevieve Goyon, costureira de setenta e seis anos, que se recusa a entregar os dois dominicanos que tem escondidos em casa, e morre com eles...

No romance em que evocou o drama das Carmelitas de Compiègne[86], Gertrud von le Fort põe na boca de uma das personagens estas palavras: "A França não bebeu apenas o sangue dos seus filhos. Derramou também o seu sangue por eles, o mais puro, o mais nobre". Já de há muito a História registrou a eficácia sobrenatural do martírio, o seu misterioso poder de resgate.

A outra França católica

Não bastam umas tantas páginas para esgotar todo o patético desses sofrimentos, desses sacrifícios. E, todavia, nem toda a França católica estava aí, nesse país que a pesada bota revolucionária ensanguentava. Não estava toda nesses padres e nesses fiéis confrontados com a alternativa de serem traidores ou heróis. Outros dos seus membros sofreram então um destino que, nem por ser menos trágico, deixou de ser, muitas e muitas vezes, extremamente difícil. Também a igreja francesa da emigração, dispersa por muitos países, passou por mil aventuras; também ela, à sua maneira, deu testemunho.

Quantos foram esses exilados por amor à fé? Se tivermos em conta todas as vagas sucessivas de emigração — incluindo a que viria a partir em 1797 —, já se pôde propor o número de quarenta mil padres ou religiosos[87]. Fugidos por livre decisão, ou expulsos pelos decretos revolucionários, desde a primavera de 1792 até o limiar do regime napoleônico, foram-se renovando incessantemente os seus miseráveis rebanhos. Tendo abandonado tudo — parentes, amigos, casa, paróquia — em troca de segurança, chegavam a um país estranho, muitas vezes depois de provações inauditas, num tristíssimo despojamento. Houve um bispo que desembarcou na Inglaterra com calças de *sans-culotte* e chapéu de palha. Houve um abade mitrado que ia vestido de jaqueta encarnada e botas de cocheiro. Nem faltou algum venerável deão vestido de carmanhola... Felizes daqueles que não viam invadidos pelas tropas republicanas os países de refúgio, como sucedeu na Savoia, na Bélgica, na Itália, na margem direita do Reno... Foi então preciso voltar à estrada, fugir para mais longe, à custa de sofrimentos renovados... Assim o bispo de Tarbes, que começara por se refugiar em Montserrat (na Catalunha) e passara à Itália, acabou por ir parar em Lisboa, após uma odisseia dramática. Ou o pe. Lebay, pároco de Veules, que, em cinco anos, se fixou sucessivamente em Londres, Ostende, Bruges, Gand, Roterdam, Münster, Paderborn, Cassel, Eufurt, Munique, o Tirol, Verona, Veneza, Roma, para por fim se estabelecer na Suíça!

Como foram acolhidos esses foragidos de Deus nos países onde pediram asilo? Por muito triste que seja, é preciso reconhecer que nem sempre foram as mais generosas as nações das quais se podiam esperar gestos de solidariedade. Na Alemanha, se podia parecer natural que S. M. o rei da Prússia fechasse os seus Estados, já não o era tanto que o da Baviera e numerosos pequenos soberanos também católicos fizessem o mesmo. Com medo do contágio revolucionário que os franceses, quaisquer que eles fossem, eram capazes de transmitir, S. M. austríaca aferrolhou as fronteiras. "Os nossos eclesiásticos — escrevia o bispo de Nîmes — morrem de fome à vista de vinte abadias milionárias da Suábia". A este propósito, há episódios lamentáveis: a célebre abadia de Fulda recusou uma cama decente aos padres franceses que estavam de passagem; Fussen, no Tirol, proibiu-os de celebrar missa; Weingarten soltou os cães de guarda contra todos os que tentavam penetrar no seu claustro... Na Itália, excetuando os Estados Pontifícios, quantos foram os países que receberam padres refugiados? Nem Milão, nem Parma, nem Módena, nem a Sereníssima República de Veneza... Como era grande o receio de atrair a tempestade da Revolução! No Piemonte, a situação era instável, e o acolhimento muito precário. Em Nápoles, só foram aceitos os bispos, os vigários gerais, os dignitários. É de todos os tempos a reação dos ricos ante a miséria importuna...

Mas houve nobres exceções. Antes de mais, Roma e os Estados Pontifícios. Pio VI mostrou-se nessa ocasião de uma admirável generosidade, e foi com inteira justiça que, em 1795, se gravou uma medalha em que o papa aparecia dirigindo-se de braços abertos aos padres franceses. Acolheu cinco mil; criou a *Obra Pia da Hospitalidade Francesa;* ordenou aos bispos dos seus domínios que se mostrassem fraternais. Para evitar, no entanto, que se amontoassem na Cidade Eterna, o que poderia provocar incidentes que a França interpretasse mal, os refugiados foram agrupados em quatro centros: Viterbo, Perugia, Bolonha e Ferrara. Os religiosos foram distribuídos pelas casas das respectivas ordens.

É claro que nem todos aprovaram a generosidade do pontífice. Os serviços dos Estados papais obrigaram os padres franceses a prestar juramento de que não eram nem galicanos nem jansenistas. A padres que tinham aceitado a Constituição Civil exigiu-se a retratação e até lhes foram impostas penitências. E, nos conventos de refúgio, a acreditarmos em diversas memórias, nem sempre a vida dos franceses foi um mar de rosas. Ao menos, todos esses infelizes voltavam a encontrar a tranquilidade.

Outros países católicos se mostraram fiéis ao dever de hospitalidade. Na Espanha, o acolhimento foi de insigne generosidade. Tratados como confessores da fé, os padres proscritos foram, não só alimentados e alojados, mas festejados com o repicar dos sinos, com discursos de alcaides e salvas de tiros disparadas em sua honra. Certos bispos mostraram-se de uma largueza de grandes senhores. O de Valência abrigou setecentos refugiados. O de Orense cedeu aos padres emigrados os seus próprios aposentos. O governo foi menos caloroso, por recear que, debaixo do disfarce de um padre trânsfuga, se escondesse um perigoso revolucionário, e também que os próprios emigrados viessem contaminados de jacobinismo, ou de jansenismo, ou de galicanismo: um decreto proibia-lhes qualquer atividade religiosa a não ser a celebração da missa.

Os cantões católicos da Suíça foram tão espontaneamente generosos como os católicos espanhóis. "Os camponeses — diz o ex-jesuíta Barruel — iam esperar os padres nas estradas, para lhes oferecer alojamento". Esse pequeno povo pobre acolheu cerca de quatro mil padres e organizou em favor deles um sistema de subsídios caritativos. A célebre abadia de Einsiedeln gastou quantias enormes para os ajudar. O Valais abrigou especialmente os trapistas que, agrupados à volta do pe. Lestrange, eminente reformador da ordem, se instalaram na antiga Cartuxa do Val Sainte, até ao momento em que, no ano de 1798, o avanço das tropas francesas os forçou a fugir outra vez. E Soleure e Friburgo resistiram o máximo possível às pressões da República francesa, que pretendia obrigá-los a expulsar os padres: só cederam perante ameaças concretas.

Na Alemanha, as únicas zonas de acolhimento foram Westfalia, Silésia e Constança; mas nessas regiões os católicos não foram menos admiráveis. Os fiéis do príncipe-bispo de Münster — um arquiduque da Áustria, irmão de Maria Antonieta — rivalizaram com o seu senhor em generosidade. Os camponeses consideravam uma honra dar abrigo a um padre proscrito. Em Constança, os refugiados eclesiásticos foram mais de quinhentos, reunidos numa organização que os sustentava com nove libras mensais per capita. Dessa cidade que os acolhia tão bem, fizeram eles um dos polos intelectuais e morais da consciência católica francesa.

O que é ainda mais comovedor é que alguns países protestantes deram mostras de uma generosidade que os honra grandemente. Genebra, a calvinista Genebra, provando a sua vocação para terra de asilo que até hoje se lhe reconhece, mostrou-se caridosa para com os seiscentos padres que lhe pediram abrigo. A Holanda, terra sempre acolhedora para com os proscritos, não faltou ao seu dever: ali se fixaram numerosos padres de tendência jansenista ou próxima, e até foi ali que, em 1794, voltaram a publicar-se as *Nouvelles ecclésiastiques,* a folha jansenista[88] que desaparecera de Paris em dezembro de 1793[89].

Mas foi principalmente a Inglaterra que, nesse momento, se revelou como a pátria dos homens de coração, a ponto de o papa Pio VI lhe ter manifestado publicamente o seu agradecimento e de a ter proposto como exemplo. Em pleno Parlamento, Burke — o autor das *Reflexões sobre a Revolução*[90] — lançava esta chamada aos desventurados: "Vinde, vinde dar testemunho da nossa tolerância, pontífices e pastores despojados, expulsos, proscritos! Vinde para o meio de nós! E vós também, filhas de São Vicente de Paulo, anjos da Caridade cristã: vinde!" Barruel narrou nas suas *Memórias* que, "de cada vez que surgia no horizonte um barco cheio de padres, dir-se-ia que o instinto do bem-fazer o anunciava aos ingleses: acorriam, apressados, para nos receber; e rivalizavam em dar-nos abrigo!" O próprio governo de George III pôs à disposição dos padres franceses o palácio de Winchester, que acolheu perto de setecentos. A duquesa de Buckingham e Dorothy Silburne desdobravam-se para organizar os lares de acolhimento, criando a obra do *shilling-esmola* de que fala Chateaubriand nas *Memórias de além-túmulo*. Cerca de dois mil padres e trinta e um bispos se reuniram assim no Reino Unido. De todos eles diria William Pitt: "Poucos esquecerão a piedade, o comportamento irrepreensível, a longa e dolorosa paciência desses homens respeitáveis, lançados subitamente numa nação estrangeira, diferente pela religião, língua, costumes e usos. Mereceram o respeito e a boa-vontade de toda a gente, graças à harmonia de uma vida cheia de piedade e de decência". Com esse contato, muitos preconceitos caíram. A presença dos padres franceses contribuiu em larga medida para conquistar para os católicos ingleses a plena igualdade de direitos, e assim preparou o renascimento do catolicismo inglês no século XIX. Neste sentido, esse exílio foi providencial[91].

As virtudes às quais o primeiro-ministro inglês prestava tão bela homenagem parecem-nos ainda mais admiráveis se considerarmos as condições extremamente penosas em que a grande maioria desses padres emigrados teve de viver em todos os países. Como não puderam levar dinheiro ao fugir — se é que o tinham... —, na sua maior parte tiveram de ganhar a vida e, para isso, aceitar qualquer espécie de trabalho. Houve entre eles professores, jornalistas, empregados de escritório, chapeleiros, alfaiates, ou mesmo palafreneiros, simples operários, raspadores de tabaco, fabricantes de candeeiros, e — por que não? — carroceiros, criados de lavoura... No meio de tais circunstâncias, conservaram a sua dignidade. No conjunto, poucos foram os ex-padres de Corte que, tendo conseguido fugir com dinheiro, continuaram a levar nos círculos elegantes dos emigrados, em Coblence, a mesma vida que antes de 1789, com grande escândalo da gente simples das margens do Reno.

Os bispos mostraram-se dignos na provação. Foram vários os que passaram por odisseias idênticas às dos mais humildes padres. O bispo de Nîmes chegou a Lucerna a pé, de sacola às costas. O arcebispo de Vienne levou consigo tão pouca roupa que ele próprio tinha de lavar nos riachos a camisa que mudava. Despojados das riquezas, declararam-se, na sua maior parte, mais felizes assim, mais próximos da sua vocação sacerdotal. O próprio cardeal Rohan, o protagonista do lamentável caso do Colar[92], forçado a abandonar o suntuoso paço de Estrasburgo, reabilitou-se por uma conduta exemplar, não querendo ser, no meio dos padres e seminaristas que abrigava na sua casa de Ettenheim, senão "o padre de Jesus Cristo" e "um pobre".

Um dos traços mais belos dessa existência dos exilados franceses é o impulso de mútua caridade que arrebatou muitos deles. Embora seja frequente que, na desgraça, os homens ponham em prática o "salve-se quem puder!", a generosidade desses proscritos para com os seus irmãos de infortúnio impressionou vivamente os estrangeiros. Na Inglaterra, um modesto bispo bretão, mons. La Marche[93], fundou o *Comitê de Subscrição para Ajuda ao Clero Francês*. Do seu exílio em Constança, mons. Juigné e mons. La Luzerne promoviam peditórios por todo o mundo católico para garantir aos seus padres as indispensáveis nove libras mensais. Em Roma, o cardeal Bernis, ex-embaixador, gastou até o momento da morte, em 1794, tudo o que ainda tinha de rendimentos para abrigar os compatriotas. Em Turim, junto da santa rainha Clotilde, e depois na Toscana, o pe. Madier, antigo capelão de Mme. Vitória (tia do rei), criou um Socorro para o Clero, de grande eficácia. Todos esses gestos constituem também testemunhos, embora não tenham sido, como o das vítimas do cadafalso, testemunhos de sangue.

Como é natural, esses emigrados tinham os defeitos de todos os emigrados de todos os tempos: julgavam a situação unicamente em função do passado, e alimentavam muitas ilusões. É natural que as saudades da pátria lhes afligissem a consciência. É também normal que concebessem sempre o futuro como uma restauração do passado. Chateaubriand ainda nos apresenta dois velhos bispos franceses, com "falso ar de morte" estampado no rosto, em conversa no parque de

Saint-James (em Londres): — "Monsenhor — diz um deles —, acha que estaremos na França em junho que vem?" — "Mas, Monsenhor, não vejo inconveniente". Ao começar o ano de 1793, numa reunião de eclesiásticos franceses na abadia de Saint-Maurice-en-Valais, foi aprovada uma deliberação, com numerosos artigos, em que se fixavam as condições que pareciam necessárias ao pleno restabelecimento do catolicismo na França: a Igreja devia recuperar todo o seu patrimônio, o registro civil devia voltar a ser da sua competência, o Trono e o Altar deviam selar uma nova e inquebrantável aliança... Tais ilusões revelar-se-ão muito perigosas quando, em 1815, se tentar fazê-las passar para o plano das realidades. Ainda não se estava lá em 1794..., e o futuro parecia então muito mais perto de corresponder ao triste vaticínio que o cardeal Bernis fizera antes de morrer: "A supressão da religião na França irá estender-se pela Europa e pelo mundo. O povo voltará a ser pagão".

E, no entanto, nem os conservadores fora de época nem o antigo embaixador da França viriam a ter razão. Não se desfariam as realizações fundamentais da Revolução, mas o futuro não pertenceria ao ateísmo. O ano de 1794 não terminará sem que se esteja convencido disso.

Calmaria e renovação na era termidoriana

Na manhã de 26 de julho de 1794 — 8 de termidor, segundo o novo calendário —, nada parecia indicar que o regime de que Robespierre se fizera senhor absoluto estaria de qualquer modo ameaçado. A festa do Ser Supremo assinalara a apoteose do "Incorruptível". A terrível lei de 22 de prairial (10 de junho), sob o pretexto de reorganizar o direito processual no Tribunal revolucionário, preparava-se para, na prática, mandar para a morte fosse quem fosse sem julgamento. Desde 10 de junho, só em Paris, tinham rolado 1.376 cabeças. No próprio dia 8 de termidor, iriam rolar outras 32. A posição do ditador parecia inexpugnável. E contudo, na noite do dia seguinte — *9 de termidor* —, Robespierre e os seus receberam ordem de prisão. Libertados pelos seus amigos da Comuna, foram postos "fora da lei" pela Convenção, novamente aprisionados pelos adversários, e, na noite do dia 10, foi a vez de eles atravessarem Paris nas fatais carroças, pelo meio de uma multidão jubilosa que aclamava a sua queda. Em toda a história, tão movimentada, da Revolução, não tinha havido nenhum caso de uma reviravolta tão brutal.

No entanto, aqueles que conseguiram levar a cabo essa operação não eram menos revolucionários que Robespierre e os robespierrianos. Eram rígidos jacobinos — um Billaut-Varenne, um Carnot —, que acusavam Robespierre de ter confiscado a República. Eram ateus — do gênero de Vadier —, exasperados pelas fantochadas deístas do Ser Supremo[94]; eram políticos corrompidos — e enriquecidos —, que tinham em Barras e Fouché os melhores espécimes; era, sobretudo, uma multidão de gente cansada de temer a sua própria morte, ou, como Tallien, a de alguma pessoa querida. Não tinham em vista mudar o regime, nem sequer modificar-lhe a orientação; menos ainda regressar a uma política religiosa de clemência. Mas foram ultrapassados imediatamente, arrastados na torrente de alegria que se seguiu à queda do tirano. Robespierre passou a ser o bode expiatório: como se tivesse sido ele o único responsável pelo Terror! O mesmo golpe que o liquidou matou o medo. Toda a França sentia "a náusea do cadafalso": queria viver... De boa ou má vontade, o regime teve de ir atrás da opinião pública.

Assim se abriu um novo período[95]: estabeleceu-se um novo clima. Fazia então cinco anos que a Revolução começara, e esses cinco anos tinham sido tão cheios, que pareciam ter sido cinquenta. Os cinco anos seguintes iam ser bem diferentes, pois marcariam uma espécie de pausa na marcha dos acontecimentos, um tempo de flutuação e de debilidade a que poria fim, numa noite de brumário, o atrevido golpe de um generalzinho corso.

Isto não quer dizer que esse período de origem termidoriana não tenha sido também farto em violências. Bem ao contrário! Durante cinco anos, o regime republicano ia ser repuxado entre uma esquerda que já não tinha a feroz energia da Montanha e uma direita que carecia de força suficiente para se impor. Daí uma série de golpes que sujeitavam o carro do Estado a guinadas para lados contrários. Entretanto, um aumento vertiginoso do custo de vida, devido à inflação dos *assignats*, exasperava os ânimos. Assim se chegaria ao fim da Convenção (26 de outubro de 1795), e assim se entraria, logo após, no novo regime: o Diretório. Os insignificantes chefes que tinham substituído os gigantes ensanguentados da Montanha oscilariam incessantemente entre o desejo de uma pausa e as veleidades de um regresso à força[96]. Mas a Igreja saberia tirar partido da situação.

Subitamente, veio uma explosão de fé. Poucas semanas após a queda de Robespierre, recomeçava-se a celebrar a missa em muitos lugares do país e reabriam-se os antigos oratórios em que o culto sobrevivera por muito tempo apesar da perseguição. Durante o inverno, reapareceram nas províncias fronteiriças padres emigrados, "disfarçados de funileiros, comerciantes, *canonniers*[97] e sob toda a espécie de vestuário", como também saíram diretamente dos seus esconderijos aqueles que tinham ficado na França. Na primavera seguinte, o fluxo aumentou. Houve comunas que se apoderaram de igrejas paroquiais para que nelas se voltasse a celebrar a missa. Os relatórios da polícia registravam que "certos indivíduos" munidos de sineta percorriam as ruas para chamar a gente para as cerimônias religiosas.

Em alguns pontos, os leigos, à falta de padres, celebravam "missas brancas".

A princípio, os revolucionários não perceberam o sentido desse movimento. Ainda por algum tempo, tanto em Paris como nas províncias, continuou-se a guilhotinar sacerdotes. Houve, até, representantes da Convenção que aumentaram para quinhentos francos o prêmio para os denunciadores de padres refratários. E ninguém teve pressa em tirar das cadeias os infelizes presos. Mas essas últimas severidades teriam porventura algum sentido? As administrações já não se esforçavam por aplicar as leis de descristianização e os agentes da força pública mandavam avisar previamente aqueles que deviam prender... Que fazer contra um povo que queria recuperar a sua religião? Em Paris, no domingo de Páscoa de 1795, segundo o testemunho de Émery, foi necessário celebrar missas ao ar livre, nos pátios, e repetir as Vésperas. Quer se gostasse ou não, a lei iria acabar por sancionar essa situação de fato.

De 1795 a 1797, viu-se, pois, surgir uma série de leis religiosas, cuja sucessão traduz de maneira surpreendente as incertezas da política. Premido entre o desejo de separar a Igreja do Estado, que correspondia à ideologia da maior parte dos termidorianos, e a nostalgia dos rigores jacobinos, o regime oscilou. Seis semanas após a queda de Robespierre, ou seja, a 18 de setembro de 94, por meio de um decreto financeiro, a Convenção consagrava a separação: "A República não mais pagará as despesas ou o salário de qualquer culto". Abandonava-se, pois, o sistema estabelecido pela Constituição Civil e, com ele, a igreja "constitucional". E logo, interpretando a lei, não apenas segundo a letra, mas segundo o espírito, houve convencionais que tomavam a iniciativa de oferecer anistia aos padres refratários e declaravam que deixariam de considerar suspeitos os párocos que não houvessem abandonado as suas funções.

Essa audaciosa política, posta em prática, por exemplo em Morbihan, por Guezno e Guermeur, contribuiu poderosamente para a pacificação da Vendeia, que se deu a partir de 17 de fevereiro de 1795 (acordo da Jaunaie). E esta consequência causou boa impressão.

Quatro dias depois, a 21 de fevereiro — 3 de ventoso — do Ano III, a Assembleia, que Grégoire tinha preparado com determinação, votava um decreto de separação total da Igreja e do Estado. É certo que cercava o exercício do culto de desagradáveis medidas restritivas; mas, apesar disso, permitia que a religião retomasse o seu lugar na cidade dos homens. Consequência: novo passo em frente; proliferação de capelas, de oratórios; explosão de piedade. No Oeste, para consolidar a pacificação, os mesmos representantes Guezno e Guermeur punham em liberdade os padres detidos e restituíam as igrejas aos cidadãos que as pedissem.

No mundo jacobino, aumentava a inquietação, e os bispos e padres constitucionais não eram os últimos a queixar-se, à vista da crescente concorrência dos refratários. Três decretos vieram marcar um novo surto de rigidez: o de 1° de maio (12 de floreal) de 1795, que ordenava aos deportados regressados que voltassem a passar as fronteiras; o de 30 de maio (11 de prairial) e sobretudo o de 29 de setembro (7 de vindimiário) do Ano IV, que organizava o exercício e a fiscalização dos cultos e exigia novo juramento de submissão às leis da República. Duas disparatadas tentativas monárquicas, às quais infelizmente se associaram alguns padres, vieram aumentar a tensão: a do desembarque em Quiberon (julho) e a de Paris (13 de vindimiário, 5 de outubro), esmagada pelos canhões de Bonaparte. Antes de encerrar os trabalhos, a Convenção deliberou que as leis — todas as leis — contra os padres votadas desde 1792 deviam ser estritamente aplicadas.

Quando, em 27 de outubro, se instalou o novo regime — o Diretório —, a confusão era total. A religião era admitida, tolerada ou proscrita? Os padres eram suspeitos, ou a lei os ignorava? Efetivamente, os católicos tinham voltado a ser uma força no país. Quando, em maio de 96, a "Conspiração dos Iguais", dirigida pelo comunista Gracchus Babeuf, fez tremer os burgueses dos Conselhos, voltou-se a uma política religiosa mais liberal: em 14 de frimário (4 de dezembro) de 1796, a lei que repusera em vigor as perseguições aos padres era posta de parte. Agora, para ser aceito, o clero só teria de prestar juramento de "liberdade-igualdade". Da Constituição Civil, já nem se falava. Ir-se-ia mais longe? Os católicos, que, sob a cobertura de Institutos filantrópicos, tinham preparado cuidadosamente as eleições de germinal do Ano V (21 de março-9 de abril de 97), conseguiram grande sucesso: 95% dos antigos convencionais foram batidos. Votaram-se imediatamente novas medidas (7 de frutidor, 24 de agosto), pelas quais se revogavam os decretos de proscrição e se restituíam todos os direitos aos padres que declarassem submeter-se às leis da República. Na tribuna dos Quinhentos, o jovem Camille Jordan, deputado por Lyon, foi tão eloquente em pedir que se autorizasse o repicar dos sinos que ganhou o sobrenome de Jordan-Carillon. Parecia que a Igreja estava em vésperas de reaver a França, quando, a 18 de frutidor (4 de setembro), novo solavanco na marcha insegura do regime do Diretório pôs mais uma vez em risco a paz da Igreja.

Foi nessas condições, que é fácil de ver quanto eram ainda incertas e ambíguas, que a Igreja, apesar de tudo, foi repondo o pé na França: a Igreja ou, para sermos mais precisos, principalmente a Igreja "romana", a Igreja fiel. Isto não quer dizer que a outra igreja, a constitucional — ou o que dela restava — não tivesse feito um corajoso esforço para aproveitar as circunstâncias e restaurar-se. O protagonista dessa tentativa foi *Grégoire*. Num esforço imenso, multiplicando contatos e iniciativas, o bispo constitucional do Loir-et-Cher desempenhou o papel de uma espécie de papa, ou pelo menos de patriarca, à frente dessa pobre igreja em grandíssima parte arruinada e que perdera até a sua razão de ser. Agrupando à sua volta uma Comissão de bispos — os "Bispos reunidos", conforme se designaram —, Grégoire publicou em pouco tempo duas "encíclicas" destinadas a instaurar o culto na França — encíclicas, aliás, de tom agressivamente galicano. Criou um jornal para defesa das suas ideias, os *Annales de la Religion*. Logo que a lei o permitiu, foi abrindo as igrejas: em Paris, a reabertura de Saint-Médard ao culto foi um acontecimento. Muito inteligentemente, os "Reunidos" tiveram a ideia de associar os leigos a essa restauração, criando "sociedades cultuais", com administradores eleitos que dirigiam a vida material da paróquia. Interessaram-se igualmente pelo ensino, elaborando um verdadeiro "código da educação" e multiplicando as escolas. E, com a intrepidez que sempre tinha mostrado, Grégoire bombardeava os poderes públicos e intervinha da tribuna para que a Igreja — a sua Igreja — fosse confirmada nos seus direitos.

Na realidade, os seus esforços não deram grande resultado. A igreja constitucional era atacada de todos os lados. Atacada no sentido mais concreto da palavra — visto que os capangas do "Terror Branco", os *Companheiros de Jéhu*[98] ou os *Companheiros do Sol* se atiraram com prazer aos padres juramentados e fuzilaram alguns[99]. Por toda a parte, a concorrência dos padres refratários esvaziava as cerimônias litúrgicas dos juramentados, e as "escolas romanas" iam-se reabrindo, principalmente depois de a lei de 3 de brumário do Ano IV (25 de outubro de 1795), baseada no relatório de Daunou, ter consagrado a liberdade de ensino. Essas escolas eram muito mais frequentadas que as dos juramentados. Em Paris, o pe. Roussineau, pároco de Saint-Germain-des-Prés, lançou um movimento para a retratação que em curto espaço de tempo conseguiu inúmeros adeptos. M. Émery aplicou-se a conseguir que se facilitasse o regresso ao redil da Igreja de Roma, evitando fórmulas que ferissem o amor-próprio.

Por último, a igreja constitucional sofreu uma crise interna muito séria: alguns, dentre os mais inteligentes e ativos dos seus párocos, pensaram que a ocasião era propícia para fazerem prevalecer os seus direitos e diminuir os dos bispos, de acordo com as teses desse "presbiterianismo" católico que desempenhara certo papel na elaboração da Constituição Civil do Clero e que as provações não tinham feito desaparecer. Daí resultou uma forte tensão entre os "Reunidos" e o "Presbitério" de Paris, e essa tensão levou a incidentes lamentáveis, por exemplo quando da reabertura do culto em Notre-Dame. A igreja constitucional ainda tentou ultrapassar todas essas dificuldades reunindo, em 15 de agosto de 1797, um concílio nacional. A verdade é que os seus dias estavam contados.

Era evidente: o futuro pertencia muito mais à sua rival, a Igreja que resistira durante cinco anos ao Moloch revolucionário e comprara com o sangue o direito à vida. De dia para dia, engrossava o fluxo que trazia do exílio os padres emigrados. No fim de 1796, calculava-se o seu número em vinte mil. E por toda a parte pareciam sair da terra. Usando das facilidades que lhes oferecera o decreto de nivoso, os católicos reabriam lugares de culto e capelas. Em Paris, reabriram-se dezesseis igrejas paroquiais em meia dúzia de meses, algumas delas com clero não juramentado. O despertar religioso era tão rápido que os últimos jacobinos se inquietavam: na noite de Natal de 1795, fizeram com que a tropa de Bonaparte guardasse as entradas das salas dos Conselhos, com medo de que os eventuais assistentes à missa do galo tivessem a tentação de os atacar...

Entretanto, os bispos não tinham muita pressa em sair dos seus abrigos e entrar na França. Mas o corajoso mons.

Maillé de La Tour-Landry procedia à ordenação de presbíteros em casas particulares, e não tardou a ter quem lhe imitasse o exemplo[100].

Nos hospitais, já iam aparecendo as irmãzinhas. Melhor ainda: em Paris, nos edifícios do Carmo, meio em ruínas, Camille de Soyecourt voltava a instalar uma pequena comunidade de carmelitas, e ela própria escolhia para si a cela em que o pai, vítima das chacinas, esperara a morte. O pe. Clorivierè, ajudado por Mlle. Champion de Cicé, irmã de dois bispos, expandia as duas congregações secretas que fundara — os Padres do Coração de Jesus e as Filhas do Coração Imaculado de Maria —, ambas decalcadas na Companhia de Jesus e providas da mesma disciplina e do mesmo espírito que os jesuítas. Em Baugé, onde um santo sacerdote — René Bérault — fundara em pleno Terror as Filhas do Sagrado Coração de Maria, especialmente dedicadas aos doentes incuráveis, Anne de La Girouardiere, depois de ele morrer, continuava a sua obra[101]. Espetáculo admirável! Por toda a parte, em 1797, os sinos tocavam e até as procissões reapareciam nas ruas. Uma ressurreição!

Melhor ainda: essa Igreja saída das catacumbas reorganizava-se. A instituição das *missões*, repensada em nova forma adaptada às circunstâncias, ganhava novo desenvolvimento e novas modalidades de aplicação. Espontaneamente, durante o Terror, numerosos padres tinham-se feito itinerantes: "párocos de maleta", que transportavam toalhas de altar e objetos litúrgicos e celebravam missas clandestinas, ora aqui, ora acolá... Houve alguns — parece que especialmente o pe. Linsolas, vigário geral de Lyon — que pensaram sistematizar esse costume e continuar o apostolado ambulante quando a paz religiosa voltou mais ou menos a instalar-se. Esses "missionários" iriam de paróquia em paróquia, com o propósito de evangelizar as populações que se tinham afastado da Igreja e de trazer novamente para o campo da fidelidade os juramentados e as suas ovelhas. Desprezando provisoriamente o molde paroquial, dividiu-se cada diocese num certo número de setores — precisamente as "missões" —, em geral encarregados de várias aldeias, e que exerceriam o apostolado com a maior flexibilidade. Assim, graças a essa nova distribuição de forças, conseguir-se-ia oferecer um serviço mais perfeito de socorros espirituais; e, em caso de perigo, os riscos seriam menores.

Por outro lado, certo número de organismos laicais reforçariam e prolongariam *in loco,* nos campos mais variados, a ação dos "missionários". Havia os "precursores", os "chefes de paróquia", os catequistas[102]. A ideia pareceu excelente: tinha, entre outras, a vantagem de montar uma sólida organização católica, para o caso, sempre previsível, de que a perseguição recomeçasse. O exemplo de Lyon não demorou a ser seguido por várias dioceses: Autun, Belley, Annecy; mais tarde, para o Norte, Arras, Boulogne, Tournai; e no Oeste, de maneira um tanto diferente, Le Mans e Laval. Tudo isso revelava uma extraordinária vitalidade no seio do catolicismo[103].

Mas nem tudo corria bem nessa Igreja renascente. Persistiam as tendências já conhecidas, que por vezes levavam a certos antagonismos. Uma parte dos padres regressados ou saídos dos esconderijos aproveitava a mudança de clima para desforrar-se, o que era humano. Alguns aconselhavam os fiéis a fazer com que os filhos desertassem, a recusar os impostos ou mesmo a expulsar os padres juramentados. Os mais intransigentes aprovaram o Terror "branco" e as tentativas de desembarque no litoral da França. Para muitos deles, a restauração monárquica devia ser feita juntamente com a religiosa. E, como é óbvio, quando o decreto de 7 de vindimiário do Ano IV (29 de setembro de 1795) impôs a todos os cidadãos o juramento de "submissão às leis da República", os ultras, os integristas, declararam-se hostis.

Em face deles, os moderados, os sensatos, que tinham como inspirador o prudente Émery, aconselhavam prudência. "A religião — dizia o grande sulpiciano — é um fim: não um meio". Não se deve utilizá-la para promover um regime político. Bispos como mons. La Luzerne recomendavam aos seus sacerdotes que acolhessem generosamente os antigos juramentados arrependidos. Mas nem sempre eram escutados... E, quando o papa declarou, por duas vezes, "que não via nenhuma dificuldade na fórmula: «Prometo ser submisso ao governo da República Francesa»", os ultras, os integristas declararam que certamente o Breve pontifício era falso... Não há dúvida de que seria necessária uma mão firme para voltar a soldar todos os pedaços da igreja da França...

Era, contudo, indiscutível que se assistia a uma reviravolta da situação religiosa que ninguém ousaria profetizar quatro anos antes[104]. Enviado pelo Diretório em missão na Itália, a fim de vigiar, se fosse possível, um jovem guerreiro pouco respeitador do poder civil, Clarke, general republicano, futuro duque de Feltre, escrevia num relatório de finais de 1796: "No plano religioso, a nossa revolução fracassou. Na França, voltou-se a ser católico romano, e quase temos necessidade do próprio papa para que a Revolução seja apoiada pelos padres franceses e, por conseguinte, pelos campos que eles conseguiram voltar a governar". *Necessidade do papa!* Que linguagem tão inesperada...

Roma, a Igreja e o vencedor de Árcole

O papa... Desde que fora queimado, em efígie, nos jardins do Palais-Royal, nunca a sua grande sombra deixara de pairar sobre a política francesa. Bem mais do que os homens da Revolução poderiam sequer imaginar, a vontade do papa pesara nos acontecimentos. Era em seu nome, por fidelidade à sua obediência, que tantos padres, tantos leigos, tinham aceitado a prisão e a morte. Uma palavra dele, na nova atmosfera de bonança que se vivia, tinha, pois, importância capital. E aquilo que o general Clarke escrevia, punha-o em prática o jovem vencedor, Napoleão.

Desde que a França entrara nos anos trágicos iniciados na primavera de 1789, Roma não deixara de cuidar do resto do mundo e de dirigir os destinos da catolicidade. Ao envelhecer, o faustoso pontífice Braschi parecia até ter adquirido um sentido mais profundo das suas responsabilidades. Já a Encíclica do Natal de 1775 — *Inscrutabile divinae sapientiae* — provara que a sua inteligência não estava alheada dos grandes problemas do tempo. As alocuções que pronunciara ao saber da morte de Luís XVI, ou pelo Natal de 1793, tinham revelado um tom ainda mais grave. É certo que, apesar do trovão revolucionário, a *Urbs* continuara a ser "essa cidade inteiramente ocupada em intrigas mesquinhas, festas aristocráticas e populares, questões de precedência e cerimônias de grande esplendor" que tinha sido ao longo do século XVIII. Mas a inquietação não cessara de crescer, agravada pelo fluxo cada vez maior de emigrados franceses e bispos proscritos. Em 1792, o governador da Cidade proibira as festas de Carnaval. No belo rosto de Pio VI, os cuidados iam abrindo rugas...

E, na verdade, para onde quer que o Pai comum dos católicos dirigisse o olhar, os acontecimentos não eram de molde a inquietar? Acabava de se desenrolar um drama de certo modo ainda mais grave que o da França: um grande país católico desaparecera do mapa da Europa, devorado como peça de caça pelos seus vizinhos rapaces. Logo após a partilha de 1792[105], que lhe tirara dois quintos do território, a Polônia tentara um sério esforço de restauração. Uma nova Constituição, votada em 1791, imitada da francesa, afastara os vícios mais gritantes do regime, especialmente o absurdo *liberum veto*. Desgraçadamente, alguns nobres descontentes tinham-se levantado contra essa política de reformas, e a czarina Catarina II sentira-se feliz por poder dar-lhes o apoio do seu exército. Depois de Valmy, o rei da Prússia, Frederico Guilherme II, descoroçoado por nada ter podido rapinar a ocidente, levara as suas tropas do Reno para o Vístula e exigira a partilha pelos dois. A *23 de janeiro de 1793*, a pretexto de abafar, em Varsóvia, "a influência das horríveis tendências da pavorosa seita parisiense e o espírito dos demagogos franceses, que ameaçavam a paz da Europa", a Rússia e a Prússia procederiam a um segundo desmembramento. A Dieta polonesa, a que se chamou "a Dieta muda", tivera de renunciar aos protestos, pois as baionetas russas guardavam todas as saídas da sala de sessões, e esse silêncio fora considerado como aquiescência.

O patriotismo polonês reagira, num espasmo de desespero. Sob as ordens de Kosciuzko, um imenso levantamento conseguira expulsar de Varsóvia e de Vilna o exército de Catarina. Mas os russos não tinham tardado a vingar-se, e as tropas de Suvorov, na batalha de Maciejowice (outubro de 1794) e na tomada de Praga (novembro), seguida de horríveis matanças, tinham restabelecido a ordem — a ordem moscovita. Então, a Áustria e a Prússia "reclamaram o seu quinhão". A França, que pensara utilizar o prestígio das suas vitórias para salvar um povo que sempre fora seu amigo, teve a fraqueza de renunciar a intervir quando veio a reação termidoriana. Logo em janeiro de 1795, a Rússia e a Áustria puseram-se de acordo para levar avante um último ato de banditismo. Ameaçando aliar-se à França, a Prússia exigiu uma parte do bolo para si. Em outubro, assinou-se o tratado definitivo: a Polônia foi riscada do mapa da Europa.

Essa inqualificável operação — triste modelo de muitas outras no nosso tempo — tinha como consequência o desaparecimento de um dos mais velhos bastiões da Igreja de

Roma. Cerca de dois quintos dos católicos poloneses passavam a estar sob o domínio da Áustria, e, o que era ainda mais grave, o restante foi entregue aos prussianos (protestantes) e aos russos (ortodoxos). Se é certo que, de imediato, a sua sorte não pareceu agravar-se[106] — na zona russa, em especial, o czar Paulo I foi benévolo e até declarou ser "católico de coração" —, o futuro era sombrio. Logo que Alexandre I, bem firme no seu cesaropapismo, sucedesse a Paulo, viria a perseguição mais ou menos aberta. Um coração católico não podia deixar de sangrar perante situações tão revoltantes. Pio VI sofreu muito; as cartas que dirigiu ao imperador Francisco II são prova disso. Mas não achou os acentos de uma grande indignação, as palavras adequadas para denunciar o crime à opinião do mundo — coisa que a circunstância reclamava. Talvez se sentisse demasiado fraco, impotente e desarmado...

A bem dizer, o panorama era sombrio. E não apenas nessas regiões ainda ontem solidamente católicas, como, por exemplo, a Bélgica, que os exércitos da Convenção tinham invadido levando nos seus carros os temas da propaganda anticristã e, muitas vezes, a guilhotina. Até em zonas em que a Igreja não estava formalmente ameaçada, poucas coisas eram de molde a agradar ao papa.

Na própria Itália, a situação estava longe de ser tranquilizante. As ideias subversivas tinham penetrado nessa península desde o princípio da Revolução Francesa. É verdade que só tinham sido defendidas por pequenos grupos de agitadores: os *giaccobini* e os *framassoni* eram recrutados unicamente entre a burguesia das cidades; o povo simples e os campos permaneciam intocados. Mas essa corrente ia juntar-se a outra, mais secreta, porém mais perigosa: a do jansenismo italiano, infiltrado por toda a parte, mesmo entre os bispos e na Cúria pontifícia[107], e em que as tendências para um rigorismo reformador andavam de mistura com correntes violentamente antipapais. O Sínodo de Pistoia fracassara[108], e o seu animador, Scipione Ricci, demitira-se do cargo episcopal em 1791, mas só se retrataria em 1805; os seus partidários eram numerosos. A condenação das teses do Sínodo por meio da Bula *Auctorem fidei* (1794) não fora acatada por todos: houve bispos, como mons. Benedetto Solari, de Noli, que se recusaram a publicá-la. Vários bispos tinham-se declarado abertamente favoráveis à Constituição Civil do Clero, e, como seria de prever, a entrada de tropas francesas na Itália vinha dar poderoso apoio a essas quase-rebeldias. Que voz era essa que dizia que a Igreja devia organizar-se em igrejas autocéfalas, governadas por patriarcas, e o Papa teria apenas um privilégio honorífico? Tudo isso era inquietante.

Na Áustria, o josefismo não fora enterrado com o seu fundador, e Francisco II não estava menos decidido que Francisco I a controlar a Igreja, dispondo por exemplo, a seu bel-prazer das circunscrições eclesiásticas. Na Alemanha católica, a resistência episcopal ao Papa não cessara com a submissão de Febronius. Ainda nas vésperas da Revolução Francesa — em 1786 —, os príncipes-bispos da "rua dos Padres" tinham dirigido ao imperador um documento em que reclamavam uma lei do Império que suprimisse a jurisdição dos núncios papais em terra germânica. Por isso, Roma não recebera muito mal a notícia de que os *sans-culottes*, ao varrerem os senhores feudais mitrados, tinham posto fim a essas mesquinhas querelas. O mesmo se diga a respeito dos camponeses alemães, que, contentíssimos por poderem novamente ouvir missa em latim (o que certos bispos haviam proibido), tinham ajudado a expulsar os senhores. Na própria Espanha, na católica Espanha, o poder pertencia agora a Godoy, favorito da rainha, anticlerical e ateu, apaixonadamente decidido a submeter a Igreja à sua vontade; houve bispos e até um cardeal que, por terem tentado fazer frente ao onipotente ministro, foram embarcados com destino a Roma, a fim de... "levar conforto espiritual a Pio VI".

Paradoxalmente, só sobre a Inglaterra e os Estados Unidos é que o céu parecia claro. Ali, o pequeno rebanho dos fiéis romanos crescia a olhos vistos e caminhava com passo firme para a igualdade de direitos. Na América do Norte, a ação de mons. John Carroll[109], a influência de um grupo de sulpicianos enviados por Émery e de numerosos padres franceses refugiados contribuíam para assentar solidamente a Igreja. Era pouco...

E, por fim, como poderia o desventurado Pio VI desviar os olhos das cenas trágicas que se desenrolavam na França? Tanto mais que os episódios revolucionários tinham repercutido desde o começo na Itália e nos próprios Estados Pontifícios. Logo em agosto de 1789, Avinhão sofrera motins de "patriotas", e os homens de Carpentras tinham reclamado a convocação dos Estados Gerais. Em pouco tempo, o vice-legado tinha sido ultrapassado. Na Assembleia Constituinte, fora reclamada a vinculação — que era designada por "restituição" — do Condado à França. Em março de 1790, Carpentras obtivera os reclamados Estados Gerais, e Avinhão elegera uma municipalidade revolucionária que adotara a Constituição francesa. A 11 de junho, o vice-legado Casoni fora expulso, e, quando o Alto-Condado, que era contrarrevolucionário, pegara em armas, a França, de acordo com um procedimento bem conhecido, enviara tropas para restabelecer a ordem. De nada tinham valido os protestos do papa: embora depois de haver hesitado durante um ano, a Constituinte votara a 14 de setembro de 1791 *a anexação de Avinhão à França*. Pio VI tinha ficado muito afetado.

A tensão entre a França e a Santa Sé não parara de aumentar: a campanha contra os padres fiéis a Roma crescera de dia para dia. Em janeiro de 1793, ocorrera um incidente que por pouco não provocara uma explosão: ou seja, uma expedição francesa contra a Cidade Eterna, tão temida pela Cúria romana.

Desde a ruptura das relações diplomáticas, a França não tinha em Roma senão um "agente comercial", o banqueiro Moutte, a quem os italianos chamavam *Mute;* um "agente sem título", Bernard de Bernis, e o diretor de posta Digne, que fazia as vezes de cônsul. O barão de Mackau, embaixador em Nápoles, tratara de espalhar as ideias revolucionárias nos domínios pontifícios. Para tanto, enviara a Roma um dos seus colaboradores, Nicolas Hugon de Bassville, antigo seminarista, escritor quando calhava, aliás dotado de finura e elegância. Bassville entrara em relações com certo número de liberais romanos, entre os quais o banqueiro Torlonia, que já apostava na França, e o príncipe Santacroce, filho da amante de Bernis, que tinha razões pessoais para não gostar do Sacro Colégio. Como Digne não conseguira autorização para afixar na sua porta o escudo francês, mandara servir, no fim de um jantar generosamente regado, e como se fosse um bolo bem armado, um barrete frígio, donde saíam laços tricolores, que os convivas agitavam enquanto Bassville fazia um discurso em estilo fortemente jacobino. A 13 de janeiro, os pensionistas da Academia da França, então instalada no palácio Salviati, em pleno Corso, tinham arvorado o escudo da República. E logo a gente simples se indignara (os padres tinham-na ensinado a odiar "os ímpios").

Quis a má sorte que Bassville, juntamente com a família e amigos, saísse, em carruagem adornada com as três cores da República, e com lacaios de penacho tricolor no chapéu. Rebentou um espécie de motim. A casa de Moutte, em que Bassville procurara refúgio, foi invadida, aos gritos de "Viva São Pedro! Viva o Papa! Morte aos jacobinos!" E o infeliz do francês foi mortalmente ferido por um golpe de navalha no baixo ventre. O incidente podia ter tido consequências trágicas, embora Pio VI tivesse enviado ao moribundo o seu médico pessoal e o mordomo do Sacro Palácio[110]. A opinião pública exasperou-se. A Academia da França em Roma foi saqueada e Roma repetiu, em delírio, os quatro cantos épicos da *Bassvilliana*, de Vincenzo Monti, que era uma série de injúrias rimadas contra os franceses.

Em Roma, aguardou-se o pior. Chegou a Florença um mensageiro da Convenção — Cacault —, portador de um verdadeiro ultimato em que se exigia um pedido de desculpas, uma indenização, a expulsão de todos os emigrados e designadamente do pe. Maury. O enviado mandou alguém sondar as intenções do Santo Padre... Pio VI, certamente por uma questão de prudência, tinha-se recusado a reconhecer como Regente da França o conde de Provença — futuro Luís XVIII, que governaria o país em nome de Luís XVII, o Delfim, que nem todos acreditavam ter morrido —, contentando-se com "abençoá-lo de todo o coração". Que teria acontecido se a República francesa não tivesse nessa altura tantas dificuldades internas e externas? Mas o caso Bassville caiu no esquecimento.

A situação na Itália mudou bruscamente quando, na primavera de 1796, um generalzinho politiqueiro, ainda mal conhecido na França, recebeu do Diretório o comando do exército que, de acordo com o plano de Carnot, devia reter na planície do Pó uma parte das tropas austríacas, a fim de facilitar a ofensiva de Jourdan e de Moreau na linha do Reno. Estrategista genial, *Napoleão Bonaparte* conduziu as operações com um brilho inusitado. Depois de separar os sardos dos austríacos em Millesimo, de esmagá-los em Mondovi e forçá-los a assinar a paz abandonando Nice e a Savoia, e com os austríacos repelidos para o Norte em Montenotte, o jovem chefe da guerra avançou para a Lombardia e Milão caiu. Mântua, cabeça do famoso quadrilátero, resistia. Durante seis meses, Bonaparte empenhou-se a fundo na luta, repelindo por quatro vezes os exércitos enviados para socorrer a praça. Depois de Arcole (15 de novembro de 1796) e Rivoli (14 de janeiro de 1797), toda a Itália estava à mercê do guerreiro corso. Em vão Veneza massacrava soldados franceses em Verona. Quando, a 13 de abril, os batedores de Bonaparte surgiram no desfiladeiro do Semmering, o imperador já tinha pedido o armistício havia seis dias.

Esses acontecimentos fulminantes não deixavam insensível a Santa Sé. Para falar francamente, a Cúria considerava-os com terror. Depois de por muito tempo se ter julgado a salvo (pois a guerra andava para os lados do Reno e na Bélgica), Pio VI ficou transtornado com a queda de Milão. Como a Espanha de Godoy passara a ser aliada da França do Diretório, o papa pediu ao embaixador espanhol, Azara, que servisse de mediador entre o invasor e Roma. O apoio que o papa dera aos coligados contra a França não tinha sido eficaz, mas era notório. Podia, portanto, recear represálias. E ainda não sabia que o Diretório, que continuava a ser muito jacobino e anticristão, dera ordens a Bonaparte, não apenas para marchar sobre Roma e "fazer cambalear a tiara", mas para instalar em Roma "uma forma de governo que tornasse odioso e desprezível o governo dos padres". Já Augereau invadia a Romagna e alcançava Ancona.

A princípio, o vencedor pareceu obedecer às instruções de Paris; prometia até "acabar depressa com a velha raposa". As condições do *Armistício de Bolonha,* assinado em 23 de junho de 1796, foram muito duras. A Santa Sé pagaria 21 milhões de francos e entregaria 500 manuscritos preciosos, 100 quadros, estátuas, bustos, vasos. Os portos romanos seriam abertos à armada francesa e fechados aos barcos inimigos da França. O papa aceitou tudo, de momento. Até redigiu um Breve — *Pastoralis sollicitudo* — em que recomendava aos católicos franceses a submissão à República. No entanto, as negociações encetadas em Paris e continuadas em Florença em vista da paz definitiva fracassaram. A 14 de setembro, Pio VI declarou estar decidido a rejeitar as exigências dos vencedores "mesmo com risco da sua própria vida".

Que iria fazer Bonaparte? O general estava ainda paralisado diante de Mântua, o que era razão para não arriscar uma aventura romana. E decerto já pensava em outra política... Foi procurar o cardeal Mattei, arcebispo de Ferrara, e declarou-lhe: "Senhor Cardeal, o Diretório não quer a guerra com Roma. Eu não quero destruir, mas salvar a Cidade". E Cacault, representante diplomático de Paris, foi encarregado de estabelecer um acordo. E teria havido acordo, efetivamente, se não fossem os erros de parte a parte.

O Diretório, em vez de se contentar com o Breve apaziguador assinado tão de boa vontade pelo papa, pretendia exigir dele a revogação de todas as bulas desde 1789, ou seja, a aprovação da Constituição Civil do Clero. A isso se opôs Pio VI, apoiado por todo o Sacro Colégio. Por outro lado, o papa, mal aconselhado e julgando que, no fim de contas, a questão de Mântua seria fatal a Bonaparte, negociou secretamente com Nápoles e com o imperador, e recrutou uma milícia cujo comando entregou a um austríaco. Aliás, a atmosfera em Roma era violentamente antifrancesa. Nas igrejas, havia orações públicas pela derrota da França. Dizia-se que algumas imagens da Virgem choravam de vergonha porque os *sans-culottes* sujavam o solo italiano. Em muitos lugares, uma insurreição popular, provocada pelas exorbitantes requisições de alguns oficiais franceses, irritava Bonaparte, que via nessa espécie de *jacquerie* a formação de um exército "católico e papal".

Quando o general-em-chefe conheceu o pormenor das negociações feitas pela Santa Sé com a Áustria, teve uma reação fulminante: retomou a guerra contra o papa. Instalou-se em Ancona, esvaziou o tesouro de Loreto e marchou sobre Roma. A Virgem milagrosa foi mandada para Paris e guardada no Museu de Antiguidades, ao lado de uma múmia. Sem defesa, Pio VI estava abandonado ao vencedor: a queda de Mântua acabara de esclarecê-lo e aterrá-lo.

Por outro lado, nesse começo de 1797, o Diretório verificava que o catolicismo renascia na França, e não estava interessado em cortar radicalmente com o papa. E o próprio Bonaparte, pensando porventura no seu próprio futuro, devia estar ainda menos interessado nisso. Declarava ao arcebispo de Milão: "Cada qual deve poder reconhecer o seu Deus, praticar o culto que a consciência lhe inspire, sem receio de vê-lo desrespeitado". E cuidava bem de não patrocinar os demagogos milaneses que, no jornal *Termômetro Político*, reclamavam o fim de todas as religiões.

Foi assim que, no momento em que as tropas pontifícias acabavam de ser varridas, e toda a Itália aguardava a invasão de Roma, e o papa se refugiava em Nápoles, o vencedor garantiu a Pio VI, através do pe. Fumé, abade dos camaldulenses: "Bonaparte não é um Átila". Finalmente, e por expressa vontade do jovem vencedor, tudo se arranjou. Bonaparte prometera ainda ao cardeal Mattei: "Terei especial cuidado em não tolerar que seja quem for introduza alguma alteração na religião dos nossos pais". Por seu lado, o papa ordenava aos seus representantes "que fizessem todos os sacrifícios, salvo no que tivesse a ver com a religião". As condições propostas pelo vencedor — ou por ele impostas — devem ter parecido relativamente moderadas a quem pensasse que ele poderia fazer tudo e apoderar-se de tudo. Mas eram pesadas. Nova indenização de 16 milhões; novas entregas de objetos de arte, cedência, não só de Avinhão, mas de ricas províncias transapeninas. Alguns membros do Diretório talvez quisessem ir ainda mais longe, humilhar mais o papa, esmagá-lo de todo. Mas Bonaparte fez ouvidos surdos. Assinado em 19 de fevereiro de 1797, o *Tratado de*

Tolentino assinalava, em princípio, o termo do conflito entre a Santa Sé e a França.

Foi muito provavelmente durante o inverno de 1797 que, instalado na sua principesca residência de Mombello, o jovem César amadureceu completamente o seu plano. Avaliava perfeitamente a importância do apoio do papa que Clarke declarara necessário. Conseguiu que seu irmão José fosse enviado como embaixador a Roma. Perfilhando a ideia de um Breve pontifício que contribuísse para a pacificação religiosa da França, Bonaparte meditava "nas providências que pudessem trazer de novo aos princípios da religião a maioria do povo francês". Pio VI estava de acordo e agia no sentido do apaziguamento. A igreja da França podia julgar próximo o fim da crise que a torturava. E no entanto ainda a esperava uma nova provação.

Frutidor do Ano V

Durante o ano de 1797, correu o boato de que, com o apoio da nova maioria dos Conselhos, muito moderada, um grupo de homens resolutos — entre os quais o membro do Diretório Barthélemy e o general Pichegru, vencedor da Holanda e eleito presidente dos Quinhentos — preparava-se para subverter o regime, restabelecendo a monarquia. Os republicanos inquietaram-se, em especial aqueles que, tendo votado a morte do rei, temiam represálias. Três dos membros do Diretório, antigos jacobinos — Barras, Rewbell e Larevelliere-Lépeaux — decidiram impedir o golpe. Como a Constituição não lhes dava nenhum recurso legal, apelaram para Bonaparte, cuja glória era imensa, mas que, depois do 13 de vindimiário, era detestado pelos realistas e pelos moderados. Da Itália, o vencedor enviou o seu lugar-tenente Augereau para dirigir as operações. Em 4 de setembro (18 de frutidor do Ano V), tudo foi rapidamente executado: Barthélemy foi preso no leito; o número cinco dos Diretores — o grande Carnot, suspeito de ser mole — teve de fugir; cento e quarenta deputados foram cassados, e Pichegru preso. Eliminados os elementos que desejavam a conciliação, a lógica das coisas levou os novos senhores da França a retomar a política jacobina e montanhesa. E foi a Igreja que pagou imediatamente a conta...

Logo a seguir ao golpe de Estado, a 19 de frutidor, os Conselhos "depurados" revogaram a lei de 7 de frutidor que, por sua vez, revogara a de 3 de brumário. Assim voltavam, mais uma vez, a ter validade os terríveis decretos de 1792 e 1793. Os padres que tinham permanecido ou regressado eram novamente passíveis de morte. Mas a verdade é que, apesar de tudo, o clima era outro; já não parecia possível executar padres. Um voto dos convencionais decidiu "introduzir nas leis em vigor as alterações que a humanidade e a Constituição indicarem". Mas, hipocritamente, os adversários da Igreja arranjaram maneira de substituir a guilhotina por uma nova espécie de "guilhotina seca": a deportação para a Guiana. Cairiam sob a pena de "deportação" (palavra que perdera o sentido que tinha em 1792) os padres emigrados que tivessem recusado o juramento da Constituição Civil, os que não tivessem jurado a "liberdade-igualdade", os que houvessem sido expulsos da França e tivessem voltado, e finalmente todos os eclesiásticos considerados "incívicos", contrarrevolucionários e fautores de perturbações — o que era extremamente vago.

A essas deliberações, já por si temíveis, acrescentaram uma que, sem visar diretamente o clero, pôs muitos dos seus membros em graves dificuldades de consciência. Para acabar com as tentativas monárquicas, decidiu-se, em 5 de setembro, impor a todos os eleitores um novo juramento: "Juro odiar a Realeza e a Anarquia; ser partidário e fiel à

República e à Constituição do Ano III". Muitos padres, entre os que tinham regressado ou tinham saído dos seus abrigos, consideravam que a restauração da religião tinha de se apoiar na restauração da realeza. Mesmo entre aqueles que não eram monárquicos, muitos não admitiam que um padre jurasse odiar. O problema do *ralliement* — da adesão ao regime — estava, pois, formulado em termos dramáticos. Alguns, depois de terem estudado a fundo o texto do decreto e os comentários do relator, concluíram que o juramento não obrigava a odiar a pessoa dos reis nem sequer o regime monárquico, mas simplesmente a rejeitar esse regime como oposto ao governo existente, que era a República... Essa exegese teológica reduzia o juramento de ódio a um mero ato de submissão ao poder estabelecido, o que permitia aos padres prestá-lo sem terem de abandonar os seus lugares. Levados por bispos como mons. Juigné, houve muitos que juraram, entre eles até antigos e notórios "resistentes", como o pe. Pancemont, que fora pároco de São Sulpício. No entanto, Émery, monárquico de coração, não se submeteu. Também foram muitos os que se recusaram publicamente, e assim caíram sob a alçada da lei.

Abriu-se, pois, um novo período de perseguição. É certo que foi desigual quanto à crueldade, consoante as regiões da França, visto que a anarquia era tal que em muitos lugares os decretos foram letra morta. Mas era suficiente que nalgum ponto do território houvesse uma mão-cheia de energúmenos decididamente anticristãos, para que recomeçasse a caça aos padres. Não faltaram pretextos para declarar um padre "incívico". Um seria acusado "de ter recusado os auxílios do culto a um defunto, de resto sem religião — comportamento criminoso, que perturbava a ordem pública"; outro, de "não tomar parte bastante na felicidade pública"; outros, de "conspurcar com a sua presença o solo da liberdade".

Sob pretextos tão diversos, foram presos, na França propriamente dita, 1.724 padres; e, nos departamentos da Bélgica então vinculados à República, 8.225 caíram sob a alçada da lei. Alguns — 232 franceses e 30 belgas — foram mandados para a Guiana; felizmente, os barcos britânicos capturaram algumas das prisões flutuantes. Os 256 que as autoridades conseguiram transportar até à América do Sul tiveram um destino pavoroso: instalados em cabanas feitas de ramos, quase sem comer, bebendo água lamacenta, submetidos a um clima a que não estavam acostumados, às doenças, aos insetos, morreram na proporção de um para dois. Quanto aos que ficaram, aos que não puderam ser deportados, foram distribuídos pelas ilhas de Ré e de Oléron, amontoados de maneira incrível nas casamatas dos fortes, misturados com os condenados por delitos de direito comum, com os *chouans* apanhados na Bretanha, com salteadores que eram por vezes padres apóstatas (como o famigerado Zabé, bandido das Ardenas). Mas também aí, como dantes nos pontões de Rochefort, esses forçados-de-Deus mostraram-se santamente heroicos. Entre eles, foi modelo de confiança e de serenidade mons. Maillé de La Tour-Landry, contra quem finalmente tinha sido achado um motivo pseudolegal para prendê-lo.

A perseguição não visou somente os padres. Os oratórios públicos foram encerrados. Igrejas paroquiais que tinham sido regularmente reabertas foram novamente interditadas ao culto. Religiosas que tinham regressado para junto dos seus doentes, dos seus pobres, dos seus alunos, foram molestadas, e algumas comunidades que se tinham reconstituído, dispersas. Tornaram a aparecer os famigerados "observadores", que a Convenção utilizara para garantir a descristianização. A ordem da polícia era não atacar abertamente, mas multiplicar as dificuldades — jogo em que todas as polícias de todos os tempos são bastante sábias... As escolas católicas, quer romanas, quer constitucionais, ficaram submetidas a uma estrita vigilância. Houve comissões para verificar o republicanismo dos professores e dos alunos, a assistência às cerimônias do *décadi*, a orientação dos manuais em uso; alguns estabelecimentos foram encerrados, por não estarem bem "dentro da linha": por exemplo, aqueles em que os mestres não chamavam "cidadãos" aos alunos... O bando negro, que tinha rapinado os bens nacionais da Igreja, destruía abadias, desfazia obras-primas. As catedrais de Arras e de Cambrai foram arrasadas nessa ocasião; a de Orleáns escapou por um triz ao mesmo destino; as capelas dos conventos foram, em grande número, transformadas em salões de baile — porque se dançava muito no regime de frutidor...[111]

Essas medidas não atingiam apenas a Igreja romana, o antigo clero refratário. Não tardaria que a igreja constitucional sofresse também os efeitos da campanha. E no entanto, esta tinha recebido muito bem a reaparição do jacobinismo. No Concílio nacional, reunido justamente quando se deu o golpe de Estado, alguns membros mais excitados propuseram que se entoasse um *Te Deum* por esse motivo. Apesar disso, o juramento de ódio não deixou de perturbar a consciência de alguns dos antigos juramentados, e o Concílio limitou-se a declarar que se submetia inteiramente à República e desejava a pacificação. Essa moderação não foi do gosto dos frutidorianos de bom lustre. E menos ainda o foram alguns protestos de dedicação ao Papa, pronunciados por constitucionais notórios. Na prática, essa desventurada igreja estava em plena desagregação. Algumas paróquias, e não das menores, já não obedeciam a ninguém, nem aos bispos "reunidos", nem ao "presbitério". Os mais sensatos dos bispos constitucionais, tais como Grégoire, teriam desejado uma reconciliação com Roma; mas uma seca declaração assinada por cinquenta bispos emigrados lembrou-lhes a sua condição de cismáticos e condenou a sua "cegueira". Quer dizer: os constitucionais perdiam nos dois tabuleiros.

Enfim, para completar o lamentável espetáculo dessa França de Frutidor, é preciso evocar a derradeira tentativa que se fez, não só para aniquilar o cristianismo, mas para o substituir. O condutor desse jogo foi um dos membros do Diretório, Larevelliere-Lépeaux, já conhecido pelas suas posições desde janeiro de 1797. O inspirador ideológico foi um franco-maçom chamado Chemin-Dupontes, e entre os dedicados à causa estavam Valentin Haüy, o educador dos cegos, e escritores como Bernardin de Saint-Pierre e Marie-Joseph Chénier. Para substituir o cristianismo, iam ser promovidas, não uma, mas duas religiões.

A primeira, superior, intelectual, mais ou menos esotérica, recebeu o nome de *Teofilantropia:* afirmava a existência de Deus, a imortalidade da alma, uma moral fundada no interesse bem compreendido, na solidariedade e na tolerância — em suma, uma espécie de rousseaunianismo dogmatizado. A seita tinha os seus sacerdotes — sacerdotes leigos, é claro —, que, vestidos de túnica branca, toga azul e cinto vermelho, celebravam diante de um altar ornado de hortaliças, e assim dirigiam a oração dos adeptos e os incitavam ao exame de consciência. Tinha também escolas próprias — quase diríamos seminários.

Como o povo era incapaz de penetrar nos arcanos da teofilantropia, François de Neufchâteau, poeta de palavra fácil, grande inimigo dos "cristícolas", ressuscitou para uso geral o *culto decadário* a que a Convenção não conseguira dar senão uma vida vegetativa. Em cada *décadi,* as igrejas seriam abertas (como é óbvio, fechavam aos domingos...), e haveria funcionários, revestidos dos mais rutilantes uniformes oficiais, que presidiriam a ofícios patrióticos e laicos, durante os quais os cidadãos se casariam, os recém-nascidos seriam acolhidos na comunidade nacional e — provavelmente para se distraírem — seriam lidas as leis.

Ambos os ensaios religiosos acabaram em amplo fiasco. A caricatura clandestina e a cançoneta logo troçaram dos "vigaristas em bandos", e as cerimônias decadárias tiveram como assistentes apenas aqueles cujas funções os forçavam a ir para lá bocejar. É claro que a verdadeira causa de semelhante fracasso não levou muito tempo a ser descoberta: era o fanatismo dos católicos... Mas o povo francês já ficava a saber com que podia contar.

Não demorou a organizar-se a resistência contra o "Pequeno Terror" frutidoriano. As suas características foram, todavia, um tanto diferentes das que tivera a resistência anterior. É certo que se voltou a esconder padres (na Bélgica, houve quem libertasse nove décimos dos que caíam sob a alçada da lei) e a celebrar missas clandestinas. Em algumas paróquias, os sinos foram escondidos para não serem requisitados e fundidos para as necessidades bélicas. Recomeçaram a funcionar escolas clandestinas (um comissário do Diretório confessava que muitas delas "eram impenetráveis aos olhos dos funcionários públicos"). Mas acentuou-se o caráter político da nova resistência. Em numerosos lugares — em Paris, foi o caso de um dominicano, do alto do púlpito —, os padres chamavam abertamente os fiéis para a luta, para a revolta armada contra a tirania. Por isso, no meio da agitação que nesse momento perturbou o país, é difícil distinguir o que tinha origem religiosa e o que era de origem política. Os *chouans* da Bretanha, ajudados pelo dinheiro inglês e conduzidos, até, por um grande chefe — *Georges Cadoudal* —, davam as mãos aos camponeses da Normandia — sublevados por Frotté — e aos do Maine e do Anjou, dirigidos por Bourmont e D'Andigné. E em Toulouse rebentava uma temível insurreição. Por trás desses movimentos políticos — marcados, infelizmente, por violências inadmissíveis —, quantos seriam os católicos?

Os episódios mais graves ocorreram na Bélgica e na Suíça. Até o golpe de Estado de frutidor, os revolucionários tinham agido com certa prudência na aplicação das leis antirreligiosas à Bélgica. A introdução do Registro Civil e do divórcio fora aí muito mal-recebida. Quando o Diretório, muito necessitado de dinheiro, ordenou a supressão das ordens religiosas para se apoderar das imensas riquezas entesouradas nos conventos, rugiu a cólera dos belgas. E foi pior quando, após o frutidor, os administradores franceses deixaram para trás toda e qualquer moderação. Assim, prenderam em 9 de outubro de 1797 o cardeal Frankenberg, que se recusara a prestar o famoso juramento de ódio; e em 25 de outubro fecharam a Universidade de Lovaina. Medidas imbecis contra as cruzes das ruas e dos campos fizeram rebentar a tempestade.

Indignados por verem os seus padres presos, os camponeses belgas inventaram uma original forma de piedade: reunidos ao ar livre, celebravam "missas brancas", em que a assistência, lendo em voz alta as palavras da liturgia, se associava à missa que no mesmo instante era celebrada clandestinamente por um sacerdote. Ao voltarem de algumas dessas missas, atacavam republicanos franceses. A rebelião, que teve início na região de Waes por motivos religiosos, estendeu-se a toda a Bélgica, quando, no 18 de frutidor do Ano VI — 4 de setembro de 1798 —, o Diretório decidiu alistar nos seus exércitos 200 mil recrutas. Foi preciso enviar uma brigada para pôr fim a essa "guerra dos camponeses", e, como era de esperar, os padres é que foram responsabilizados. Foram inscritos nove mil nas listas de proscrição; cerca de 900 foram detidos.

Quanto aos cantões católicos da "República Helvética", as mesmas causas produziram os mesmos efeitos. Na primavera de 1798, rebentou uma primeira revolta camponesa, nos cantões de Valais e de Friburgo, onde os administradores franceses declararam que os padres seriam responsáveis pela ordem pública, sob pena de morte. Uma segunda revolta incendiou o cantão de Unterwalden, em setembro. A política religiosa dos frutidorianos não teve, pois, grande êxito...

O mesmo se pode dizer do resto da sua política. Em matéria econômica e financeira, a "bancarrota dos dois terços" e um empréstimo compulsório de duzentos milhões não tinham restabelecido a situação. Para se manterem no poder, os vencedores de frutidor viram-se forçados, no ano seguinte, a 22 de floreal do Ano VI — 11 de maio de 1798 —, a dar um novo golpe de Estado, após o qual, passado um ano, a 30 de prairial do ano VII — 18 de junho de 1799 —, Sieyes, mediante um novo golpe de força, se fez senhor do governo. A situação externa não era melhor. As vitórias italianas de Bonaparte e a brilhante paz de Campoformio (a 17 de outubro de 1797), muito longe de porem fim à guerra, tinham-na ampliado, porque a política de anexação e de "repúblicas vassalas", feita pelo Diretório, inquietara todos os soberanos da Europa. Organizada por Paulo I da Rússia e pela Inglaterra, a segunda coalizão obteve vitórias sobre vitórias, lançando os seus exércitos sobre todas as fronteiras da França, retomando a Itália do Norte, ao mesmo tempo que a romanesca expedição ao Egito, querida e conduzida por Bonaparte, após inícios fulgurantes, não dava em quase nada.

Pelos fins do verão de 1799, a situação da França era penosa, e a da igreja francesa também. Mesmo com a ofensiva inimiga detida pelas vitórias de Massena e de Brune, aguardava-se a todo o momento a invasão. Ninguém acreditava mais no regime, nem sequer aqueles que dele aproveitavam. A decadência moral atingia um grau inimaginável. A moda "à antiga", ou "à selvagem", as excentricidades dos *muscadins* e das *merveilleuses*[112] ainda eram os indícios menos graves. A prostituição era aberta, assim como a corrupção dos governantes e o banditismo nas estradas. Os próprios católicos davam sinais de desânimo ou de inquietação; dir-se-ia que, ainda capazes de resistir às perseguições policiais, não o eram a ponto de tentar uma restauração cristã dessa sociedade moribunda. A indiferença fazia os seus progressos. Que abalo imprevisível, ou mesmo que drama, viria pôr termo a esse processo fatal? Ninguém o saberia dizer.

O *"último papa"*

E o que se passava em Roma não era capaz de dar esperanças. Depois do tratado de Tolentino, ainda se pudera acreditar que a paz entre a França e a Santa Sé estaria assegurada. Ambas as partes se empenharam, ao menos um pouco, nessa tarefa. Pio VI nomeara para Secretário de Estado o cardeal Doria Pamphili, a quem os maliciosos chamavam "o breve do papa", quer por causa da sua pequenez física, quer pela propalada pequenez de espírito, mas que era homem muito conciliador. E pusera à cabeça de uma nova Congregação (denominada "militar") o prudentíssimo mons. Ercole Consalvi, jovem prelado fadado a altos destinos. E a República do Diretório fora oficialmente reconhecida. Por seu lado, o novo embaixador da França, José Bonaparte, multiplicara os gestos de cortesia, dando à cerimônia de entrega das credenciais um esplendor que agradou imensamente aos romanos, tratando principescamente o clero no seu palácio (o palácio Corsini, na via della Lungara, onde sua mulher, ex-Julie Clary, tinha uma palavra amável para cada visitante), e até acolhendo com respeito de certa maneira exagerado o cardeal Albani, que passava por ser o instigador do motim que provocara a morte do pobre Bassville.

Essa lua-de-mel teve curta duração. Subsistiam demasiadas causas de conflito. O cumprimento das cláusulas financeiras do tratado de Tolentino bem depressa acabou na mais vergonhosa pilhagem: enormes comboios carregados de obras de arte de valor inestimável tinham atravessado a Itália, com destino à França, suscitando a mais legítima cólera. Tanto mais que às requisições oficiais se acrescentavam as pilhagens dos militares, desde os generais até aos simples soldados[113].

Por outro lado, as paixões políticas tinham atingido o auge. Os *zelanti* do partido papal, sufocados de indignação, repetiam por toda a parte que esse tratado era nulo e inexistente, e que a República francesa não passava de um bando de criminosos. Os jacobinos da Itália multiplicavam as invectivas contra o papa, especialmente os de Milão, onde se encenara uma ópera-bufa que tinha Pio VI entre os personagens, e uma moça exclamava publicamente que se entregaria a quem lhe trouxesse a cabeça do papa numa bandeja. Mesmo em Roma, a Embaixada da França passara a ser abrigo para os agitadores de toda a espécie. A questão da República Cisalpina não tardara a degradar as relações entre a Sé Apostólica e o próprio Bonaparte, apesar das suas boas disposições. Para fazer reconhecer essa "República irmã", formada em boa parte por despojos pontifícios, viria a ser necessário nada menos que um ultimato do jovem César de Mombello (Bonaparte, que vencera essa batalha). O antigo membro da Convenção Monge, um sábio matemático e deplorável sectário, falava pura e simplesmente em suprimir o papa e o papado.

Quanto ao desventurado Pio VI, enfraquecido pela idade — já ultrapassara os oitenta anos — e muito desencorajado, com quem poderia contar? Com a Áustria, que a

17 de outubro de 1797 ia assinar a paz de Campoformio? Com Nápoles, que só esperava por uma oportunidade para tirar alguns nacos dos domínios da Igreja? Em Roma, a "febre papal" crescia. Discutia-se sobre a sucessão antes de Pio VI morrer. O infeliz *papa bello*, como lhe chamavam noutros tempos, quando subira ao trono, não tardaria a subir os primeiros degraus de um calvário.

O golpe de Estado de frutidor agravou ainda mais a situação. José Bonaparte mostrara ao governo de Paris que a Santa Sé parecia pronta a negociar um estatuto geral das "matérias de religião", mas Talleyrand, ministro das Relações Exteriores, respondeu-lhe que o novo governo "não dava nenhuma importância aos padres" e que, sem Roma intervir, saberia muito bem "mantê-los na ordem". O próprio Napoleão, a quem a querela da República Cisalpina irritava grandemente, aderiu — ou fingiu que aderia — às teses frutidorianas: em 29 de setembro, escrevia ao irmão que, se o papa morresse, ele deveria fazer tudo o que estivesse ao seu alcance "para que não seja nomeado outro e haja urna revolução", e que, se, apesar de tudo, se reunisse um Conclave, se empenhasse por todos os meios, incluindo as ameaças, em impedir a eleição do cardeal Albani. Mais: se esse inimigo da França fosse escolhido, ele, Napoleão Bonaparte, "nesse mesmo instante marcharia sobre Roma".

Era evidente que bastaria um incidente para lançar fogo à pólvora. A 28 de dezembro de 1797, os "patriotas" italianos, auxiliados pelos jovens artistas da Academia da França, manifestaram-se diante do palácio Corsini aos gritos de "Viva a República romana!" Um deles, o escultor Ceracchi, apostrofou o embaixador, intimando-o a dar o apoio da França aos desejos dos republicanos. Seguiu-se uma escaramuça, quando as tropas pontifícias acorreram para restabelecer a ordem. O jovem general Duphot, simpático rapaz de vinte e sete anos, autor de uma *Ode aos heróis mortos pela Liberdade*, que os soldados do exército de Itália tinham adotado como marcha militar, saiu da Embaixada a fim de acalmar os exaltados e impedir o irreparável. Como ele avançasse, com largos gestos de espada, para os soldados pontifícios, um jovem cabo de dezenove anos, julgando-se ameaçado, fulminou-o com uma descarga de espingarda em pleno peito. Apesar das desculpas apresentadas pelo cardeal Doria e pelo bispo Consalvi, José Bonaparte retirou-lhes o passaporte e abandonou Roma, anunciando terríveis represálias.

A resposta do Diretório não se fez esperar. A 10 de fevereiro de 1798, o general Berthier, que chegara de Ancona com dez mil homens, investiu sobre Roma. Um oficial precedido de trombeta surgiu diante da Porta Evangélica, exigindo a imediata rendição do Castelo de Sant'Angelo. Ao meio-dia, as tropas francesas tomavam os pontos altos — o Quirinal, o Pincio, o Janículo — e entravam por todas as portas. O novo comandante da praça, general Cervoni, apresentou-se ao papa, a fim de reclamar uma indenização de guerra e reféns. O velho pontífice, que se recusara a sair de Roma e refugiar-se em Nápoles, sabendo que qualquer resistência seria inútil, cedeu.

Vieram então dias que não sabemos como classificar: se como comédia bufa, se como tragédia. O clero e os notáveis tremiam, vendo já o cadafalso erguer-se nas praças da Urbe. A plebe do Trastevere rugia. Os liberais, os espertos — como o banqueiro Torlonia, havia pouco feito marquês — abriam magnanimamente os seus palácios aos oficiais franceses. A *razzia* — "uma das mais vergonhosas da História", diria o general Brune — continuava a bom ritmo. Ao mesmo tempo, pelas ruas de Roma havia manifestações políticas com ares carnavalescos: brandindo águias de ferro tiradas dos depósitos de acessórios teatrais, passavam cortejos, conduzidos pelo espalhafatoso Bassi, para exigir no Fórum a República.

Vendo isso, os notáveis da Cidade, a fim de evitar que a República fosse feita pela populaça, pediram a Berthier que fosse ao Capitólio (5 de fevereiro) confirmar a proclamação da República romana. Sete cônsules ficariam encarregados da administração da Urbe, em lugar dos funcionários do papa. Mas a autoridade espiritual deste era declarada intangível. Berthier, que era um lírico, fez um discurso muito aplaudido, em que as sombras de Catão, Pompeu, Bruto, Cícero e Hortêncio acolhiam com fervor os "filhos das Gálias" vindos para reerguer em Roma os altares da Liberdade. E, no entusiasmo de tão linda manifestação, dois cardeais abandonaram a púrpura, "símbolo do fanatismo e da servidão".

Mas não tardou que a comédia se convertesse em tragédia. A 20 de fevereiro, Haller, comissário para os exércitos — protestante de Berna, filho do célebre naturalista —, escoltado pelo general Cervoni, apresentou-se diante do papa, antes de amanhecer, para o intimar a abdicar. A cena foi atroz. Haller maltratou o desventurado ancião, arrancando-lhe até da mão o Anel do Pescador (um dos símbolos da autoridade papal, como sucessor de São Pedro). E, como Pio VI suplicasse que ao menos o deixassem morrer em Roma, Haller gritou-lhe: "Esteja certo de que em toda a parte se morre da mesma maneira". Obrigaram-no a subir a uma carruagem, como "estrangeiro indesejável que se expulsa", e, sob escolta de uma soldadesca grosseira, levaram-no para Siena e em seguida para a Cartuxa Val d'Ema, perto de Florença; depois, como os ocupantes franceses da Toscana receassem uma revolta popular, foi decidido, em abril de 1799, que o papa estava ainda demasiado perto de Roma, e era preciso expedi-lo para além dos Alpes[114].

Na verdade, o insulto feito ao papa provocou reações. Em diversos pontos da Itália, onde as administrações francesas pretendiam introduzir um sistema anticlerical, houve sublevações a partir de outubro de 1797. Começaram na Ligúria, e as tropas do general Duphot tiveram de intervir duramente. Depois, em torno de Orvieto, surgiram os bandos de Pascueri e de Mazocchi; em torno de Rietti, os do arcipreste Tiburzi e do pároco Bataglia; em torno de Arezzo, os dos franciscanos Mancinotti e Romanelli. As operações faziam lembrar as do Bocage vendeense: armados de grandes crucifixos tirados dos altares, os camponeses punham-se a bater nos franceses, enquanto davam vivas a Nossa Senhora. Em Roma, as tropas francesas, atacadas de surpresa, tiveram de evacuar momentaneamente a Urbe perante as forças napolitanas, embora voltassem a ocupá-la umas semanas mais tarde e a avançar até perto de Nápoles. Depois, quando os êxitos da segunda coalizão abalaram o domínio francês da Itália; quando, em julho, a esquadra inglesa cruzou o Mediterrâneo em frente de Civitàvecchia; quando surgiram, em plenos Montes Albanos, os temíveis guerrilheiros napolitanos do famoso Fra Diavolo, de momento transformados em apoio do Altar — o exército francês recuou e, em 29 de setembro de 1799, evacuou a Urbe. Mas ninguém neste mundo podia fazer mais nada pelo triste papa cativo.

Levado de Florença a 28 de março, o pontífice seguiu, jornada após jornada, a dolorosa via do exílio. Depois de Turim e a dura travessia do passo do Monte Genebra, chegou a Briançon. A seguir, com receio de um *raid* austro-russo para o libertar, levaram-no por Gap[115], Corps, Vizille, Grenoble, Romans, até Valence, lugar fixado para sua residência — para sua prisão. Ao longo de toda a viagem na França, os esbirros do Diretório e os prelados romanos da comitiva papal ficaram muito surpreendidos ao verificar o imenso prestígio que esse velho desarmado, escarnecido, conservava entre o povo. Por toda a parte as multidões acorriam para o ver e pedir-lhe a bênção. O seu belo rosto era já uma simples máscara de cera, em que só os olhos viviam, carregados ao mesmo tempo de angústia e de bondade. Esse suplício engrandecia singularmente um pontífice que fora julgado inferior ao seu destino quando estava rodeado de glória e que, na adversidade, se revelava um santo[116].

Em Valence, aonde chegou a 14 de julho, foi encerrado no castelo da cidadela, onde permaneceu vigiado por carcereiros implacáveis. Aí, o *ci-devant* papa deslizou lentamente para a morte. Completamente paralítico, mas de inteligência ainda lúcida, viu-a avançar para ele e enfrentou-a com uma coragem digna da vocação que outrora o Espírito Santo lhe dera. Nos últimos momentos, depois de ter recebido o Viático, teve um supremo gesto de perdão e bênção. E ouviram-no murmurar, pensando nos seus ferozes inimigos: "*Domine, ignosce illis.* Senhor, não os castigues!" Era o dia 29 de agosto de 1799, 12 de frutidor do Ano VII Barras, Sieyes, Talleyrand e Roger Ducos eram então os senhores da França. Depois de o cidadão Jean-Louis Chauveau, funcionário municipal da comuna de Valence, haver registrado o falecimento "do dito Giovanni Angelo Braschi, que exercia a profissão de pontífice", foi enviado a Paris um relatório em que, fazendo de profeta, o mesmo funcionário anunciava que o papa recém-falecido seria com certeza o último.

E, aos olhos humanos, esse carcereiro parecia ter razão.

Notas

[1] Na época, era habitual o uso do título *Monsenhor* para designar os bispos franceses; cf. vol. VII, cap. 1, par. O *contra-ataque cristão*, n. 73. Neste volume, mantemos a designação para todos (N. do T.).

[2] Acerca do jansenismo, do galicanismo e da influência do livre-pensamento, ou seja, da preparação psicológica e moral da Revolução, cf. o vol. VI, cap. VI, e, especialmente, o vol. VII, caps. I e IV.

[3] Cf. o vol. VII, cap. I, par. *Uma questão obscura: o papel da franco-maçonaria.*

[4] Cf. o cap. VII, cap. IV, par. *Tudo caminha para uma grande revolução.*

[5] No Périgueux, mons. Flamarens, derrocado por uma votação esmagadora, tinha denominado publicamente o seu baixo clero de "porcaria".

[6] Nome tradicional das insurreições de camponeses (N. do T.).

[7] Anata era o rendimento de um ano de receitas de uma diocese, que Roma recebia quando da nomeação de um bispo titular (N. do T.).

[8] Cf. vol. VII, cap. 1.

[9] Ou seja, o Rei, a Rainha e o Delfim (N. do T.).

[10] O seu *Panegírico do rei Estanislau* tornara-o célebre, e o *Panegírico de São Luís* ainda mais. Fora eleito para a Academia em dezembro de 1784.

[11] O decreto tinha a assinatura do rei e do Guarda dos Selos [*Carde des Sceaux,* correspondente aos nossos Chanceler e ministro da Justiça], mons. Champion de Cicé, arcebispo de Bordeaux.

[12] Títulos da dívida pública (N. do T.).

[13] O decreto de 22 de dezembro de 1789 secularizou a direção geral do ensino, tirando dos bispos a supervisão da educação pública, que passava a ser confiada às administrações departamentais.

[14] Cf. vol. VII, cap. IV, par. *A alma cristã em perigo.*

[15] Cf. vol. VII, cap. IV, par. *Um erro capital: a supressão da Companhia de Jesus.*

[16] E não era só a imprensa leiga. Também as *Nouvelles ecclésiastiques,* semanário dos jansenistas impenitentes, entrava a fazer parte do coro.

[17] Epíteto dado aos franciscanos e ao seu convento em Paris desde a Idade Média (N. do T.).

[18] Assim chamados por causa do convento de *Saint-Jacques,* ou São Tiago, dos dominicanos (N. do T.).

[19] Virá a meter-se numa espantosa aventura, acreditando numa certa Catherine Théot, que, por causa do sobrenome *(Theos),* se afirmava "mãe de Deus". Cf. neste capítulo o par. *Calmaria e renovação na era termidoriana.*

[20] Na primeira das suas crônicas que Sainte-Beuve publicou entre 12 de janeiro e 9 de março de 1869 no *Le Temps,* e que Léon Noel acaba de reeditar com notáveis comentários, quer na Introdução quer em notas, podemos ler: "Semelhante paródia dói. Religião à parte, a honestidade revolta-se. Esqueço as palavras indignas e cínicas que é voz corrente terem sido ditas no próprio altar, mas atrevo-me a observar que não é impunemente que uma nova Constituição, por melhor que seja, se inaugura diante de um povo inteiro por uma momice ou um sacrilégio". Essas "palavras indignas e cínicas" teriam consistido na célebre frase — "Não me façais rir!" — que o bispo de Aucun teria dito a La Fayette, segundo contou o chanceler Pasquier. Mas Louis Madelin — grande especialista da história da Revolução — pôs em dúvida a veracidade do episódio.

[21] Só os "cidadãos ativos" — isto é, os que pagavam um imposto determinado — elegiam, à razão de 1 por cada 100, os eleitores de segundo grau que, por sua vez, elegeriam os bispos.

[22] Um decreto de 15 de novembro de 1790 prescreveu que, em caso de o metropolita se recusar a dar a confirmação canônica, se recorreria a dois notários. Sobre a *Instituição canônica e a sagração dos Bispos* — que são coisas diferentes —, cf., com esse título, o estudo de Gabriel Pioro publicado nos *Annales historiques de la Révolution Française*, out-dez de 1956.

[23] Ao contrário do que seria fácil supor, o pe. Grégoire não teve nenhuma participação na Constituição Civil do Clero. Raras vezes interveio na discussão, e sempre em sentido moderador.

[24] Acerca destes três casos, cf. vol. VII, cap. IV, pars. *Um erro capital: a supressão da Companhia de Jesus* e *Ataques a Roma;* e, neste capítulo, o par. *Roma, a Igreja e o vencedor de Árcole.*

[25] Cf. neste capítulo o par. *Roma, a Igreja e o vencedor de Árcole.*

[26] Uma das interpretações mais curiosas e mais hábeis foi a que propôs um bispo italiano, mons. Solari, de Noli, um dos chefes do movimento jansenista no seu país. Consultado por correspondentes franceses, foi da opinião de que o juramento da Constituição Civil do Clero era "lícito e louvável", porque "jurar conservá-la não queria dizer aprová-la"! Como se vê, esse dominicano jansenista podia servir de modelo aos mais hábeis técnicos da restrição mental...

[27] Um minucioso estudo estatístico, de Charles Giraulc, *Le clergé sarthois face au serment constitutionnel,* Laval, 1959, registra 632 não juramentados (59%) contra 444 juramentados.

[28] Se tomarmos em consideração os números dados pelo pe. Sicard *(Le clergé de France sous la Révolution,* III, pp. 543 e ss.), teremos de admitir que as retratações foram tantas que, afinal, os juramentados mal teriam ultrapassado 30%.

[29] Uma das vítimas da Constituição Civil e do juramento foi o ensino. Os padres e os religiosos já tinham sido duramente atingidos pela secularização dos bens e das pessoas. Muitos dos que recusaram o juramento abandonaram as escolas. Daí resultou uma desorganização de tal maneira grave que houve revolucionários convictos que começaram a preocupar-se. Na altura em que a Assembleia iniciava os seus trabalhos, os deputados receberam um apelo dos jacobinos das Bocas do Ródano, que dizia: "Neste momento, reina a desordem em todos os estabelecimentos públicos de ensino".

30 "Margot a pêga"; a pêga, ave aparentada com a gralha, é conhecida por grasnar muito, e figura com frequência em fábulas populares; a expressão equivale, pois, a "grasnador", "falador vazio" (N. do T.).

[31] Sem receber oficialmente esse título, Salamon usou-o. Na realidade, foi apenas encarregado de negócios.

[32] Em francês, há aqui um jogo de palavras terrível, porque *jurer* pode também significar praguejar, e *sacrer,* blasfemar (N. do T.).

[33] Muito depois, em pleno século XIX, o pe. Combalot, integrista *avant la lettre,* encontrará um velho sacerdote da diocese de Sens que tinha prestado juramento. Como o censurasse por isso com veemência, teve por resposta, suave mas firme, que, graças ao seu juramento, a vida religiosa se tinha mantido até muito tarde com fervor, e fora restaurada muito rapidamente após o termidor. O pe. Combalot, que no entanto era de palavra fácil, não soube que replicar.

Em certas dioceses, o juramento teve o aval de personalidades de destaque. Assim aconteceu em Chartres, com o superior do Seminário Maior, Grarien, yido por "o oráculo da diocese", tão grande era a sua reputação como teólogo. Um antigo pároco dessa diocese, que morreu santamente em 1849, dizia ao sucessor: "Meu amigo, garanto-vos diante de Deus que prestei juramento com a melhor boa-fé possível". E um outro, que viveu até 1855, declarava aos jovens confrades: "Não nos condeneis, meus filhos: faltava-nos orientação". Citado por E. Sevrin, *Mons. Clausel de Montais,* Paris, 1955, t. I, p. 49.

[34] O clero constitucional foi durante muitos anos objeto de reprovação quase geral, mas depois voltou-se atrás. Partia-se do princípio de que os não juramentados eram os "bons padres", ao passo que os juramentados eram o contrário. Ora, os historiadores, e sobretudo os pacientes pesquisadores da História local, demonstraram que o "crivo" do juramento (para retomar a expressiva imagem de Joseph de Maistre) não operou essa seleção simplista entre o bem e o mal em que se acreditou por demasiado tempo. Durante o Grande Cisma, tinha havido santos nos dois campos, o que não impedira de discernir em qual deles estava o cisma. Verifica-se a este respeito que houve casos de covardia (apostasias) em ambos os cleros, e sublimes atos de resistência de um lado e do outro.

[35] "As mocinhas de Lyon,/ apaixonadas por um nome tão belo,/ não sonham senão com um namorico *[l'amourette]*/ Trá-lá-lá" (N. do T.).

[36] Cf. o vol. VII, cap. I, pars. *O perigoso século XVIII, A Enciclopédia* e *Até onde penetraram as ideias novas.*

[37] Sobre Elisabeth da França, cf. o vol. VII, cap. V, par. *França fiel.*

[38] No tesouro da catedral de Chames, ainda se vê uma espécie de ostensório formado por dois corações unidos, que Mme. Elisabeth ofereceu em 1790.

[39] Francisco II, que sucedera em 1° de março a seu pai Leopoldo, ainda não tinha sido eleito imperador.

[40] Daí a expressão "beijo Lamourette", para designar qualquer demonstração pública de bom entendimento, que, em geral, para nada serve.

[41] O termo, de origem córsica e com sentido apenas geográfico, passou a ser usado com o significado de organização clandestina de resistência ao ocupante (N. do T.).

[42] Cf. o vol. VII, cap. V, pars. *França fiel* e *Esse clero que não cedeá.*

[43] Algumas "escolas refratárias" começaram a funcionar logo em fins de 1791. O pároco de Bitche, no Mosela, do fundo do seu esconderijo, enviava às suas ovelhas uma minuciosa circular em que indicava onde deviam levar os filhos para serem educados. Um professor de instrução primária de Puy-de-Dôme escrevia à Assembleia que os padres não juramentados "seduzem e forçam os pais a confiar-lhes os filhos para lhes tornarem a alma mais pequena e abafar neles os princípios da natureza"!...

[44] Houve, no entanto, uma procissão em 15 de agosto de 1793, da qual participaram membros da Convenção por permissão expressa.

[45] A título de exemplo da decidida hostilidade dos vendeenses ao clero constitucional, vejamos a carta dirigida pelo Conselho geral de Boussay (Loire-Inferior), em 22 de abril de 1792, aos administradores do distrito de Clisson: "Tendo-se reunido o Conselho geral da comuna, [...] a fim de recolher pareceres *[avies,* em vez de *avis,* no original] sobre a carta que recebemos do distrito de Clisson com data de 20 de abril de 1792, ano 4° da Liberdade, Messieurs, vós nos ofereceis [*vous nous zoffré,* em vez de *vous nous offrez]* um padre constitucional para a nossa paróquia de Boussay, e nós vos responderemos *[vous réprondront,* em vez de *vous répondrons]* com voz unânime que não o queremos de modo nenhum *[points,* em vez de *point].* O que desejamos é ter o padre Pierre Joseph Gautret, nosso amigo pároco legítimo,

que, desde que está na nossa paróquia, tem desempenhado *[remplie,* em vez de *rempli]* muito bem as *[ces,* em vez de *les]* funções do seu ministério. A maior parte de todos os paroquianos o desejam; achamos melhor ficar sem padre do que ter um padre constitucional de quem não sabemos nada. Além disso, Messieurs, vós sabeis que foi decretada a liberdade na França [...]" (extraído dos Arquivos paroquiais de Boussay, gentilmente enviado por Yves Chêneal, prefeito de Boussay).

[46] E ainda é de notar que, a oeste da Vendeia, região pantanosa, o elemento *jacquerie* teve um papel importante. Em Machecoul, março de 1793, houve uma chacina de burgueses organizada por caseiros e meeiros que nada tinham a ver com a guerra em defesa da religião.

[47] Nome dado aos revoltosos da Vendeia, derivado do epíteto do seu chefe, Jean Cottereau, dito *Chouan,* o "bufo" ou o "mocho" (N. do T.).

[48] Cf. o vol. VI, cap. V, par. *A caridade, a Missão: São Luís Grignion de Montfort.*

[49] Regiões da Vendeia e da Bretanha caracterizadas por campos de cultivo circundados de elevações de terra, cercas-vivas e renques de árvores, e por isso mesmo ideais para guerras de guerrilha (N. do T.).

[50] Assim, d'Elbée — que começara por ser entusiasta da Revolução e deputado do Terceiro Estado — demorou vinte e quatro horas a responder que sim ao apelo dos camponeses; Bonchamps tentou desencorajá-los e só depois de muito instado é que acabou por ceder; Charette, quando o foram procurar, começou por esconder-se debaixo de uma cama, tentou desencorajar os revoltosos e só partiu ao cabo de uma longa resistência.

[51] Houve igrejas que os "azuis" incendiaram depois de terem encerrado nelas os habitantes de aldeias inteiras, como a de Lucs. Houve vendeenses crucificados por se terem recusado a deitar abaixo uma cruz. — Para sermos justos, importa notar que as violências dos vendeenses foram exceções, ao passo que as dos "azuis" eram sistemáticas, em obediência a ordens da Convenção: "Guerra total, tudo matar, tudo queimar". No principio da guerra, os vendeenses libertaram muitas vezes os prisioneiros que acabavam de capturar. A crueldade desencadeou--se sobretudo após o inverno de 1794.

[52] Não podemos julgar a insurreição da Vendeia pelas nossas perspectivas, muito dependentes da tradição republicana. Ao pegarem em armas contra um governo que consideravam ilegítimo e tirânico, os vendeenses não pensavam de maneira nenhuma "trair a França". (Sobre este assunto, cf. o interessante artigo de Charles Coubard, *La «Patrie» des Vendéen et celle de la Révolution,* na *Revu du souvenir vendéen,* n. 40, setembro de 1957).

[53] No entanto, na Savoia, na região de Thones, rebentou em maio de 1793 um movimento inteiramente idêntico ao da Vendeia. Foi provocado pelo apelo de uma jovem, Marguerite Frichelet, a quem os camponeses chamavam *la Frigelette.* Passados alguns meses, os revoltosos foram esmagados por batalhões republicanos. Marguerite foi fuzilada em Annecy, no Pâquier. Antes de morrer, a sua última palavra foi: "Viva Jesus!" (cf. *Ecclesia* de agosto de 1953, artigo de R. Tramond.).

[54] Mais tarde, as lições da Vendeia contribuíram para fazer surgir a plêiade de defensores dos valores cristãos que encontraremos à volta de Lamennais, Montalembert e tantos outros.

[55] Decerto imaginando que fazia uma grande brincadeira, a Convenção mandou traduzir para o italiano os seus decretos e ordenou que fossem enviados ao papa, "a fim de curá-lo dos seus erros".

[56] Segundo uma antiga tradição, São Dionísio — *Saint Denis* —, o primeiro bispo de Paris, teria sido o próprio Dionísio Areopagita, convertido por São Paulo (cf. At 17, 34); decapitado, teria tomado nas mãos a própria cabeça (N. do T.).

[57] Esse irmão mais novo do ditador quis morrer juntamente com ele (N. do T.).

[58] "Anteriormente", isto é, de antes da Revolução (N. do T.).

[59] 22-IX a 21-X; 22-X a 20-X; 21-XI a 20-XII; 21-XII a 19-I; 20 (ou 21, ou 22)-I a 19 (20--21)-II; 19-II a 20-III; 21-III a 16-IV; 20-IV a 19-V; 20-V a 18-VI; 20-VI a 19-VII; 20-VII a 18-VIII; 18-VIII a 16-IX (N. do T.).

[60] O Império iria prosseguir esse mau trabalho: os campanários foram abatidos em 1811.

[61] 11-XI. São Martinho de Tours é o santo popular (N. do T.).

[62] Em Chartres, o cidadão que reclamou a destruição "patriótica" da catedral chamava-se Cochon-Bobus. A ele se opôs o jacobino Sergent, que era cunhado de Marceau.

[63] Foi então votado um decreto que punha "sob a proteção da Nação todas as obras de arte". Mas, na prática, essa decisão oficial teve pouco efeito. — Observemos que foi por essa altura que, no relatório que apresentou à Convenção em 14 de frutidor do Ano III (31 de julho de 1794), Grégoire lançou o neologismo *vandalismo,* que faria carreira: "Só pode inspirar terrível horror aos cidadãos este *vandalismo* que só sabe destruir". A palavra teve tal êxito que, nas suas *Memórias,* Lakanal pretende ter sido ele o autor (Cf. Louis Réau, *Les monuments détruits de l'art français,* 1959).

[64] "Amigo do povo", alusão ao título do jornal dirigido por Marat (N. do T.).

[65] Também se prestou culto a Le Peletier, morto por um membro da Guarda Francesa, e a Chalier, vítima dos federalistas lioneses.

[66] Dos 85 bispos constitucionais, 24 renunciaram, 23 apostataram, 10 casaram. Mas devemos notar, por outro lado, que 8 morreram no cadafalso, ainda que, muitas vezes, por motivos meramente políticos, entre outros o federalismo. E devemos também contar os que foram vítimas das insurreições.

Na diocese de Coutances, foram mais os padres juramentados mortos pelos *chouans* do que os não juramentados guilhotinados (cf. C. Laplatte, *Histoire du diocese de Coutances,* p. 82, e Jean-Baptiste Lechat, *Exlcution par les chouans du curé de Saint-Germain-sur-Seve en l'an IV;* in *Revue du dipartnnent de la Manche,* 1959, p. 217.).

[67] Assegurou-se que se produziram milagres sobre a sua sepultura. Cf. F. Schaedelin, *Le pèlerinage de Grosmagny, in Bulletin de la société belfortaine d'émulation,* 1925.

[68] Na Sarthe, segundo Giraulc, 60 em 444.

[69] Convém acrescentar que a equitativa guilhotina nem sempre discerniu entre os que resistiram e os que cederam. Numerosos apóstatas subiram a escada fatal. O mais célebre foi o próprio Gobel. Preso a 15 de março de 1794, foi levado ao Tribunal revolucionário e acusado... de ter arrastado o povo ao ateísmo e também de se ter dado a orgias. Efetivamente, Robespierre suspeitava que Gobel estava de conluio com Chaumette e os hebertistas. Foi executado em 13 de abril. Conseguiu escrever ao seu antigo coadjutor, Lothringer (que continuara padre e tinha acompanhado a rainha ao cadafalso), uma carta nobilíssima, em que oferecia a sua vida em expiação dos "seus crimes e escândalos" e lhe pedia que lhe desse a absolvição à passagem da carroça. É sabido que, no próprio cadafalso, se mostrou digno da Igreja que lhe perdoara.

[70] Jacques Hérissay, na sequência de G. Lenotre, fez numerosos escudos, diretamente baseados em fontes documentais, acerca dos episódios dessa vida clandestina da Igreja. Cf., especialmente, *La vie religieuse à Paris sous la Terreur,* e os trabalhos de Ledré.

[71] Principal mercado da capital francesa (N. do T.).

[72] Vendedoras de peixe (N. do T.).

[73] Figura típica de teatro da época do Diretório (N. do T.).

[74] Parte mais antiga e nobre de Paris (N. do T.).

[75] Colete curto distintivo dos *sans-culottes* (N. do T.).

[76] É também de registrar a resistência escolar. As escolas públicas, servidas por professores recrutados de qualquer maneira e a quem só se pedia que fossem bons *sam-culottes*, ficaram desertas. Em inúmeros lugares, os pais recusavam-se a mandar os filhos às aulas de um padre casado ou de um sujeito ignorante e bêbado (o convencional Cambry escrevia: "A palavra *instituteur* [«professor primário»] é, para mim, sinônimo de ignorante e de bêbado". No Lot-et-Garonne, de quarenta candidatos às funções de *instituteur*, só dois sabiam ler e escrever!). Pelo contrário, as escolas clandestinas funcionaram sempre, mesmo durante o Terror. A sua história contém imensos episódios pitorescos: em Chalon-sur-Saône, os dominicanos inventaram um sistema curiosíssimo de ir buscar os alunos: robustos rapazes traziam-nos em cestos de produtos alimentares, escondidos no meio das couves e dos alhos-porros...

[77] Importa observar que certas regiões isoladas, protegidas pelo relevo montanhoso, conseguiram em pleno Terror conservar os padres não juramentados em funções. No Alto-Loire, de 550 "refratários", 300 permaneceram nos seus postos. Em Ardeche, passou-se o mesmo até fevereiro de 1793, data em que lá chegaram representantes zelosos; nessa altura, os padres refratários refugiaram-se nas montanhas, onde ninguém os foi procurar. Na Savoia, metade do clero manteve-se fielmente no seu posto.

[78] Prisão dos condenados à morte (N. do T.).

[79] No entanto, também houve casos de resistência pela força. Por exemplo, em Meymac (Corrèze), os camponeses saquearam as casas dos "patriotas" que tinham introduzido na igreja um cavalo revestido de vestes sacerdotais.

[80] "Barreira", porque ali havia uma antiga barreira alfandegária (N. do T.).

[81] Os *pontons* eram batelões que foram usados como prisão; Rochefort, uma antiga praça forte (N. do T.).

[82] A causa da beatificação de 102 deles foi introduzida na Cúria romana pelo bispo de La Rochelle.

[83] Embora a morte de Luís XVI, segundo o testemunho do sacerdote que o acompanhou ao cadafalso, o irlandês Edgeworth, haja sido exemplarmente cristã.

[84] A morte de Mme. Elisabeth (10 de maio de 1794) foi uma das mais belas, das mais exemplares, de todas as que se deram durante este período trágico. Durante o cativeiro, ela nunca deixou de reconfortar os companheiros, em termos simplesmente sublimes. A uma mãe que chorava porque o filho ia ser morto com ela, a princesa dizia: "Ides achar a felicidade do Céu, e quereis que ele fique na terra!" Referindo-se aos revolucionários que iam matá-la, comentava simplesmente: "Toda essa gente anda extraviada. O que eu quereria era que se convertessem, não que fossem castigados". A oração que escreveu durante o cativeiro para aceitar antecipadamente a vontade de Deus é uma das mais admiráveis que um cristão possa pronunciar. Na hora final, enquanto vinte e três condenados eram executados antes dela, Elisabeth não cessou de rezar o *De Profundis*. Sabemos que as suas últimas palavras foram dirigidas ao carrasco, para que lhe tornasse a compor o lenço que, tendo-se deslocado, lhe descobria o pescoço: "Em nome da vossa mãe, *monsieur*, cobri-me o pescoço!"

[85] Pio X beatificou-as em 1906.

[86] *Die Letzte am Schafott* [traduzido pela Quadrante: *A última ao cadafalso,* São Paulo, 1998], de onde Georges Bernanos tirou os seus *Diálogos das Carmelitas.*

[87] Esse número parece exagerado. Em relação à Espanha, por exemplo, falou-se de 22 mil; Girault afirma que foram 6.322.

[88] Cf. o vol. VI, cap. VI, par. *"Por ordem do Rei, fica Deus proibido de fazer milagres neste lugar".*

[89] A invasão da Holanda por Pichegru forçou os padres emigrados a fugir novamente, desta vez para a Inglaterra.

[90] Edmond Burke foi o primeiro pensador político a escrever contra a Revolução Francesa; é um dos maiores mestres da contrarrevolução monárquica e ao mesmo tempo democrática (N. do T.).

[91] Também alguns padres franceses exilados e evadidos da Guiana desempenharam um papel importante no desenvolvimento do catolicismo nos Estados Unidos (cf. neste volume o cap. VII).

[92] Escândalo que perturbou a corte de Luís XVI; cf. vol. VII, cap. IV, par. *Um clero revolucionário?*, n. 44 (N. do T.).

[93] Era precisamente aquele a quem os bretões chamaram *o bispo das batatas,* tal o afinco com que trabalhou na difusão desse tubérculo (cf. o vol. VII, cap. V, par. *França fiel*).

[94] Um curioso incidente contribuiu para desconsiderar Robespierre nos meios ateus. Uma semi-louca, Catherine Théot, que tinha por diretor espiritual o cartuxo Dom Gerle, de quem já tratamos acima (cf. neste volume o cap. I final do par. *Primeiros golpes no edifício)* e que não era mais equilibrado do que ela, proclamou-se "mãe de Deus" e conseguiu reunir à sua volta um grupo de discípulos. Ora, entre eles figuravam alguns que mantinham relações com Robespierre. Circulou uma carta — verdadeira ou falsa, não se sabe — em que a "mãe de Deus" anunciava ao ditador que ele era o "Verbo Divino". Vadier provocou risos na Convenção em 27 de prairial, ao contar essa história, e Robespierre errou ao impedir que se abrisse um processo em que teria sido ridicularizado. Esses tempos tormentosos foram eminentemente favoráveis a semelhante gênero de excêntricos. Conhece-se, por exemplo, a história de Suzanne Labrousse, que partiu para Roma com a ideia de converter o papa às sãs ideias da Revolução! Não lhe foi permitido entrar no Quirinal, mas o Castelo de Sant'Angelo recebeu-a e deu-lhe alojamento por um bom tempo.

[95] Em 22 de agosto de 1795 — Ano III —, votou-se uma nova Constituição pela qual se instituiu um novo sistema de governo em que o poder era confiado a um Diretório.

[96] Seria injusto esquecer a obra de considerável valor empreendida nesse tempo, em especial durante o último ano da Convenção: acesso dos camponeses à pequena propriedade; abolição da escravatura nas colônias (11 de abril de 1794); criação do Grande Livro da Dívida Pública; criação de um Ensino Público primário, secundário (escolas centrais) e superior (grandes escolas, Escola Central das Obras Públicas, mais tarde chamada Politécnica, Conservatório das Artes e Ofícios, Escola de Línguas Orientais); fundação do Instituto da França (25 de outubro de 1795); aplicação do sistema decimal. São realizações que não devem ser esquecidas. Mas é forçoso acrescentar que muitas dessas criações mal saíram do plano teórico. O ensino, por exemplo, não ficou organizado do dia para a noite. As Escolas centrais não tinham alunos (em média, 5 por cada professor) e as escolas primárias eram pouco frequentadas. O relatório mandado elaborar pelo Governo do Consulado em 1800--1801, acerca da situação do ensino, é angustiante.

[97] Fundidores de peças de artilharia (N. do T.).

[98] As *Compagnies de Jéhu* — do nome de um rei de Israel do século IX a.C. — eram bandos monárquicos que se vingavam do Terror (N. do T.).

[99] O bispo de Rennes, Le Coz, só podia sair da cidade disfarçado. Ainda em 1800, Audrein, bispo constitucional de Quimper, capturado pelos *chouans* às portas da cidade, foi julgado sumariamente e executado como antigo regicida.

[100] 35 padres foram ordenados em 1795, 61 em 1796 e 87 em 1797.

[101] Cf. o livro que Gaétan Bernoville dedicou a essas duas santas personagens (Paris, 1954).

[102] Charles Ledré escreveu a obra definitiva sobre as missões de Linsolas (cf. Índice Bibliográfico).

[103] No Vivarais, foi uma mulher, Marie Rivier, quem evangelizou a região, percorrendo as aldeias desprovidas de pastor, ensinando o catecismo.

[104] E que, devemos acrescentar, contrasta singularmente com o clima de imoralidade e licenciosidade que, segundo muitos historiadores, caracterizou o Termidor e o Diretório. Nem toda a França se retratava nessas beldades fáceis que passeavam no Palais-Royal em vestido de escumilha cor-de-rosa bastante transparente.

[105] Cf. o vol. VII, cap. IV, par. *O josefismo.*

[106] Em Varsóvia, o grande redentorista São Clemente Hofbauer (cf. o vol. VI, cap. V, par. *Santo Afonso Maria de Ligório: a religião dos tempos novos),* que ali se estabelecera, assumiu a instituição religiosa de São Bennon, multiplicou os sermões e os retiros, assim ajudando poderosamente os poloneses a encontrar na fé razões de esperança.

[107] Cf. o vol. VI, cap. VI, par. *O jansenismo fora da França.*

[108] Cf. o vol. VII, cap. IV, par. *Ataques a Roma.*

[109] Cf. o vol. VII, cap. V, par. *Fazer frente.*

[110] Bassville morreu, aliás, como excelente católico, e, por ordem do papa, foi enterrado em São Lourenço in Lucina.

[111] Em Paris, o convento dos carmelitas passou a ser o *Baldes Tilleuls* ["Salão de Baile das Tílias"].

[112] *Muscadins,* "almofadinhas" ou "janotas", designava depois do Terror jovens excentricamente vestidos que eram adversários ativos dos jacobinos; *merveilleuses,* "maravilhosas", as mulheres elegantes dessa mesma época (N. do T.).

[113] No entanto, as relações entre as tropas francesas e a população italiana estiveram longe de ser más em todo o lado. Em diversos pontos, designadamente na Ligúria, os elementos jansenistas e os *giaccobini* ajudaram os franceses ou conseguiram ser ajudados por estes a organizar as Repúblicas vassalas. Alguns membros do episcopado não foram alheios a esse gênero de operação. Devemos também observar que, no Exército francês, os elementos católicos continuavam a ser bastante numerosos e não se mostraram de modo algum hostis à Igreja — antes pelo contrário. Numa cidadezinha próxima de Noli, o comandante das tropas

francesas, católico fervoroso, assinou uma ordenança com três pontos: o Santo Viático seria acompanhado pelas ruas por um piquete de soldados franceses de arma desembainhada; os padres ficavam proibidos de aparecer na rua com mulheres e de sair de noite. Sabendo disso, o bispo de Noli, mons. Benedetto Solari um dos chefes do jansenismo italiano, exclamou: "Estes conquistadores são capazes de tudo: até de reformar o meu clero!"

[114] Talleyrand chegou a sugerir a ideia de propalar que Pio VI morrera, a fim de provocar a reunião de um Conclave e a eleição de um novo papa, o que teria embrulhado ainda mais a situação da Igreja e porventura originado um cisma.

[115] Onde o pároco constitucional Escallier veio ajoelhar-se diante dele, pedindo-lhe que lhe levantasse as censuras em que incorrera.

[116] Na *Profecia de Malaquias,* célebre apócrifo que a partir do século XVI percorreu a Igreja e que, sob a autoridade do grande santo irlandês, propõe uma série de fórmulas supostamente anunciadoras e caracterizantes dos futuros pontificados, Pio VI é indicado pelas palavras: *Peregrinus apostolicus.* Temos de reconhecer que, neste caso, o Pseudo-Malaquias foi profeta...

II. O SABRE E O ESPÍRITO (1799-1815)

Um Conclave numa ilha e um soldado vencedor

Na noite de 30 de novembro de 1799, em Veneza, à entrada do Grande Canal, observava-se uma animação intensa, bem pouco habitual na estação úmida. Era um vaivém contínuo de gôndolas e barcas de pesca, entre o cais dos Schiavoni, negro de tanta gente, e o convento de San Giorgio Maggiore, que nobremente isolado na sua ilha, erguia uma muralha de orações na própria entrada da cidade, em frente da *Doghana*, da Alfândega. Trinta e cinco cardeais da Santa Igreja Romana iam reunir-se ali, e a multidão entretinha-se a reconhecê-los. Um após outro, iam embarcando, no meio de "bravos" e "vivas" estridentes. Centenas de clérigos, funcionários, criados e guardas tinham já tomado conta da ilhota, que estava cheia que nem um ovo, a fim de instalar os serviços. No dia seguinte, 1° de dezembro, ia começar o Conclave convocado para dar um sucessor ao infortunado Pio VI. As pessoas bem-informadas garantiam que não seria tão depressa que essas portas se reabririam.

Por que se tinha escolhido Veneza para a reunião do Sacro Colégio? Em consequência das decisões tomadas pelo defunto pontífice. "Prevendo as dificuldades que haveria para reunir um Conclave, e levado pela preocupação de garantir a liberdade deste, Pio VI, por três atos sucessivos, tinha efetivamente derrogado as regras fixadas pelos seus predecessores. Um Breve de 17 de fevereiro de 1797 alargava os prazos prescritos, embora recomendando urgência na designação do sucessor. Uma Bula de 30 de dezembro do mesmo ano reconhecia aos Príncipes da Igreja o direito de serem eles próprios a determinar a data e o lugar da assembleia. Um terceiro ato, de 13 de novembro de 1798, dispunha que o mais antigo dos Cardeais fixaria esse lugar, em território de um príncipe católico, e convocaria o Sacro Colégio[1].

De um príncipe católico... Mas de qual? É certo que a Espanha oferecera o seu território; mas a longa viagem atemorizava os anciãos e, além disso, o governo de Godoy, aliado havia cinco anos aos revolucionários franceses, suscitava inquietação. Fernando de Nápoles estava mais perto, e, por outro lado, desde que a ofensiva austro-russa forçara os franceses a evacuar Roma, era em seu nome que o Cavaleiro de Acton governava a Urbe, ocupada pelos seus soldados. Mas, com razão ou sem ela, havia a suspeita de que o napolitano pensava mais em confiscar os territórios pontifícios do que em entregá-los ao seu legítimo dono. O imperador Francisco II parecia mais seguro. O seu general Mélas conseguia grandes vitórias; Sua Majestade Apostólica protestara contra os termos do Tratado de Tolentino; podia-se fingir que se ignorava o seu josefismo impenitente e o seu evidente desejo de anexar as Legações. E, já que se tinha de escolher uma sede para o Conclave, era de aceitar a oferta de Veneza, sua possessão desde o Tratado de Campoformio. O Decano do Sacro Colégio, cardeal Albani, já lá se encontrava, acompanhado pelo velho cardeal-duque de York, vice-deão[2]. Para lá tinham convocado os seus eminentíssimos colegas.

Não eram mais de quarenta e seis, e, desse número já diminuto, apenas trinta e cinco tinham podido chegar à Cidade dos Doges, alguns deles após vencerem dificuldades consideráveis, tendo tido até que disfarçar-se para passarem por entre as tropas do Diretório. Quase todos — trinta —

eram italianos. Só um era francês: o famoso cardeal Maury, a quem Luís XVIII designara oficialmente como seu representante e que, de nada duvidando — sobretudo de si próprio —, prometera ao amo que, como "os negócios da Santa Sé adquiriam de dia para dia nova afinidade com os do rei", obteria que ele fosse oficialmente reconhecido. Quanto ao cardeal Herzan, não confessava qual a missão exata de que o encarregara o seu soberano, o imperador da Áustria.

Nos dias que precederam o Conclave, os cardeais e a sua comitiva, instalados, uns nalgum convento, outros nalgum palácio de um patrício amigo, tiveram múltiplos contatos. Houve também quem visse certos purpurados nas duas farmácias que então serviam de ponto de encontro aos intelectuais de Veneza: a de Mantovani, ao lado de São Marcos, que era o feudo do partido *codino,* conservador e reacionário, e a de Dandolo, junto de São Faustino, adepto das ideias liberais. Ali tinha chegado da França a notícia de um acontecimento que muitos julgavam importante: o último golpe de Estado que se dera em Paris.

Vinte dias antes do começo do Conclave, a 9 e 10 de novembro — *18 e 19 de brumário,* como se dizia na França —, mais uma vez o andamento cambaleante do regime ditatorial sofrera uma violenta sacudidela. Era, em quatro anos, o quinto ou sexto golpe de Estado. Mas este parecia decisivo. Manobrado por Sieyes e seus amigos moderados, simultaneamente contra os derradeiros jacobinos e contra o perigo monárquico, o *putsch* militar tinha sido conduzido pelo general Napoleão Bonaparte, que acabava de voltar do Egito. A operação triunfara em dois tempos, apesar das dificuldades surgidas no segundo dia. Os membros hostis do Diretório tinham sido neutralizados. As Assembleias, transferidas para Saint-Cloud a pretexto de ficarem mais bem protegidas, tinham sido varridas pelos granadeiros por ordem do próprio Lucien Bonaparte, presidente dos Quinhentos. No parque, tinham sido arrebanhadas togas, gorros, insígnias de parlamentares, que se haviam perdido em valas ou ficado presas aos ramos. E eis que fora proclamado um regime novo, provisório: sob a ficção de um Consulado de três cabeças, todos os poderes eram depositados nas mãos do Primeiro-Cônsul Bonaparte. Em Veneza, recordava-se dele o passado jacobino, mas também a curiosa política que praticara para com a Santa Sé após as suas fulgurantes vitórias na Itália. E os cardeais e os homens da Igreja não sabiam que pensar...

Mas a verdade é que, logo encerrados[3] no convento de San Giorgio, duplamente isolados do mundo pela água da Laguna e pela clausura canônica, os membros do Sacro Colégio tinham bastantes problemas pontifícios a tratar — e esqueceram os da França. Com efeito, o Conclave não demorou a mostrar-se profundamente dividido. Os *zelanti,* partidários de um papa combativo, sustentados pela Áustria, queriam o cardeal Mattei. Os *politicanti,* favoráveis a métodos mais sutis, tinham por candidato o cardeal Bellisomi. À margem desses dois clãs, os *volanti* ["flutuantes"] é que decidiriam da eleição consoante votassem num nome ou no outro. Mas iam levar muito tempo a optar. Entre tantos escolhos e confusões, um homem se revelou, dentro em pouco, articulador de primeira ordem: *Ercole Consalvi,* funcionário da Santa Sé, cônego de São Pedro do Vaticano e cardeal sem ser padre, um mestre da diplomacia. Foi esse que o Conclave escolheu para secretário.

Começaram os escrutínios: sem resultado. Dias e dias a fio, Bellisomi e Mattei continuaram frente a frente, chegando o primeiro a ter vinte e dois votos quando a maioria (de dois terços) era de vinte e quatro. A situação embrulhou-se ainda mais com a intervenção das Coroas: a da Áustria, cujo representante no Conclave — o cardeal Herzan — queria consultar o seu governo antes de tomar uma decisão; a da

Espanha, que enviara para o local um prelado de extrema habilidade, mons. Antonio Despuig, patriarca *in partibus* de Antioquia, que conseguira o posto modesto, mas utilíssimo para estar bem informado, de "guarda das rodas"[4].

Passaram os dias, vieram as semanas, depois os meses... No convento envolto num nevoeiro frio, os cardeais gelavam, tanto mais que o forno instalado na capela em que se reuniam soltava muita fumaça, mas não aquecia. Do outro lado do Grande Canal, na praça de São Marcos e nas *calli* ["ruas"], o carnaval estava no auge. Máscaras e dominós entregavam-se a jogos pouco inocentes. E o Conclave ainda não conseguira pôr-se de acordo sobre um nome para papa. "O Espírito Santo vai agir por cansaço", profetizara Cacault, diplomata francês. Com efeito, só em 14 de março de 1800 é que Ele agiu...

Em definitivo, foi o acordo secreto entre os dois hábeis cardeais — Consalvi e Despuig — o que fez sair o Conclave do impasse. O espanhol tinha instruções para afastar Mattei, candidato da Áustria. Por seu lado, Herzan ameaçava usar do direito de veto[5] contra o cardeal savoiano Gerdil, que poderia vir a ser um papa de transição. E Bellisomi caía para dezenove votos... Nessas condições, o secretário do Conclave sussurrou o nome de um cardeal muito discreto, de porte simples e comedido, do qual se dizia ser o desejado pelo povo de Veneza, mas que os primeiros escrutínios tinham ignorado por completo: *Barnaba Chiaramonti,* bispo de Ímola. Antigo monge de São Calisto de Roma, conservara um ar beneditino. Profundamente piedoso, benévolo para com toda a gente, era mais frequente verem-no rezar na igreja do que envolvido em conversações com algum dos clãs. Tinha o rosto fino, pálido, macilento, mas cheio de extrema doçura. Em seus olhos cor-de-noz brilhava a luz interior. "Um cordeiro", havia de dizer dele Napoleão.

Mas, debaixo dessas aparências perfeitamente irênicas, ocultava-se uma firmeza de rocha, uma intransigência absoluta sempre que se tratava de algum assunto essencial. Que se poderia censurar-lhe? A circunstância de ter nascido em Cesena, como o papa precedente? Ou de ter sido da sua intimidade? Ou de passar por amigo do clã Braschi, que não tinha grande reputação[6]? Ou de ter apenas cinquenta e oito anos, pois nascera em 1742? Se tais objeções foram formuladas, o cardeal Consalvi soube anulá-las com uma fértil capacidade de inventar argumentos, que faz lembrar a *commedia dell'arte*. O cardeal Herzan, em especial, deixou-se enfarinhar completamente. Afinal, foi sem dúvida o melhor de todos que o Conclave elegeu, por uma unanimidade a que só faltou um voto. E *Pio VII* não tardaria a revelar-se autenticamente portador do depósito do Espírito Santo.

Enquanto o imperador da Áustria, considerando-se ludibriado, se entregava a uma manifestação de mesquinho mau humor, recusando a basílica de São Marcos para a coroação, e assim o novo papa abençoava do alto do pórtico de San Giorgio Maggiore a multidão amontoada nas gôndolas — bordo com bordo, de tal maneira que se poderia passar a pé enxuto o Grande Canal —, a Europa interrogava-se sobre o eleito. Na França, alguém lembrou um incidente que podia justificar uma prevenção favorável: sendo ele bispo de Ímola, e estando a diocese ocupada pelas tropas francesas (pois pertencia à República Cisalpina), o cardeal Chiaramonti publicara, pelo Natal de 1797, uma homilia bastante surpreendente acerca das relações entre a religião e a democracia, afirmando que "a forma democrática não repugna ao Evangelho". E até — devia ter lido Montesquieu e a sua anotação sobre a República como o regime dos homens "virtuosos" — afirmara então: "Ela exige virtudes sublimes, que só se aprendem na escola de Jesus Cristo"[7]. Um homem assim não iria, pois, fechar a porta se o novo governo francês desejasse entabular negociações, conforme o faziam supor certas medidas apaziguadoras que tomara. Por trás do cardeal Despuig, representante da Corte de Madri, não teria estado, discreta, a mão da França, aliada da Espanha? A extraordinária coincidência que levara a começar um pontificado na Igreja ao mesmo tempo que em Paris se iniciava um novo regime — não anunciaria grandes mudanças?

Mal acabou de ser coroado, Pio VII declarou a sua intenção de regressar a Roma. A Áustria tentou retê-lo, assegurando que a situação da Cidade Eterna era ainda muito instável. Depois, quando viu que nada obteria da suave obstinação do pontífice, procurou conseguir o reconhecimento da posse das Legações de Bolonha, Ferrara e Ravena, ocupadas pelas suas tropas — o que Pio VII recusou com igual firmeza. A fim de evitar a travessia dos territórios contestados, o papa partiu de barco — uma fragata bastante ruim, que o Adriático sacudiu durante doze dias —, para ir desembarcar em Pesaro, porto ainda livre. Dali dirigiu-se a Ancona e chegou a Roma a 3 de julho, recebido pelo cardeal Consalvi, a quem logo nomeou Secretário de Estado.

Foi nessa viagem de regresso que soube das notícias prodigiosas. Senhor da França desde que fora elaborada, à sua medida, a *Constituição do Ano VIII* (13 de dezembro), e com a reorganização administrativa feita em sentido autoritário pela lei de fevereiro de 1800 (a que instituiu os prefeitos e subprefeitos), o primeiro-cônsul atravessara os Alpes, apesar das neves, pelo desfiladeiro do Grande São Bernardo, e apanhara de flanco Mélas — demasiado entretido em cercar Massena em Gênova —, e, numa batalha dramática, em que o deus dos exércitos parecera hesitar na escolha do vencedor, repelira o exército austríaco na planície de *Marengo* (14 de junho).

Daí em diante, os destinos da Igreja iam jogar-se, por quinze anos, no face-a-face entre esses dois homens: o monge Chiaramonti — papa Pio VII —, e o soldado triunfador,

Bonaparte, já a caminho de se tornar Napoleão, imperador dos franceses.

A religião de Napoleão Bonaparte

Mas, afinal, o que é que queria esse soldado? Perante o problema religioso que dilacerava a França, qual era a sua atitude? Seria um cristão quem o papa iria encontrar pela frente, para tentar pôr fim a uma crise tão dolorosa? Como homem, como ele próprio, que pensava Napoleão? Em que acreditava? São problemas muitas vezes postos pelos historiadores. Mas não têm encontrado soluções simples, e as únicas respostas sérias que se têm podido formular para tais perguntas talvez não sejam senão outras perguntas. O "Corso de cabelos lisos" repousa hoje numa igreja, aos pés de um altar, à sombra da Cruz, e fazem-lhe escolta dois cristãos sem mácula — Foch e Turenne. Já se tem questionado se o lugar deste "super-homem" deveria ser esse.

Não tanto em razão do conflito dramático em que cedo iria afrontar a Santa Sé. Muitos outros chefes de Estado, antes dele, se tinham envolvido em lutas análogas; mas eram religiosos, e portanto certos gestos, certas atitudes seriam para eles coisa impossível, ou pelo menos, se se deixavam arrastar por elas, os remorsos ou temores podiam pôr freio a essa conduta. Assim acontecera com Luís XIV, cristão medíocre sob muitos aspectos, mas homem de fé sincera[8], cuja consciência, ao fim e ao cabo, fletiu a própria linha política no sentido da submissão. Em Napoleão Bonaparte, nunca se viu nada de parecido. As suas opiniões pessoais em matéria religiosa nunca terão qualquer influência no seu comportamento; em momento algum se poderá supor que ele próprio avaliava a sua conduta pelos critérios do bem e do mal. Aliás, quais eram as suas opiniões?

Em nenhuma outra matéria será tão verdadeira a palavra que tantas vezes lhe tem sido aplicada, e que irresistivelmente é sugerida pelo seu rosto instigante e misterioso, em que o olhar não tem fundo: a palavra enigma. O seu pensamento religioso é, literalmente, indefinível. Nas suas memórias ou nos seus documentos, tanto é possível encontrar declarações de incredulidade como profissões de fé. As suas palavras citadas por Lacordaire no púlpito de Notre-Dame — "Conheço bem os homens... Acreditai no que vos digo: Jesus Cristo não é um homem" — é desmentida por outras declarações em que nega a existência de Cristo e se mostra espantado de que haja homens que, como o papa, "acreditam verdadeiramente em Jesus".

Lê-se, com surpresa, em Frédéric Masson: "Em parte alguma Napoleão fez profissão de incredulidade". Mas, nos escritos de Las Cases, são frequentes as frases em que o imperial confidente proclama um materialismo radical: "Creio que o homem foi formado por ação do calor do sol sobre o barro"; ou: "Quando vejo que um porco ou um cão têm estômago e comem, digo para mim: se tenho uma alma, também eles a têm... Tudo é matéria". E em vão se citará, para garantir a tese de um Napoleão religioso, a célebre frase do seu testamento: "Morro na religião apostólica e romana, na qual nasci há mais de cinquenta anos". Esta afirmação solene é também eloquente pelo que cala, porque o moribundo não diz "na qual vivi". E é infirmada pelas frases pronunciadas diante de Bertrand, cinco semanas antes de morrer: "Sou muito feliz por não ter religião nenhuma. É uma grande consolação: não tenho receios quiméricos; nada receio do futuro". Como julgar, do ponto de vista cristão, um homem tão cheio de contrastes? *Boutades!* ["fanfarronices"] — tem-se dito de uma ou outra dessas frases... Mas onde estava a *boutade?* Onde a sinceridade?

Da sua infância, Napoleão guardara e guardaria por toda a vida uma espécie de religiosidade sentimental, bastante supersticiosa, mas que, no fundo, a nada levava. Madame Letizia, sua mãe, que trazia sempre sobre o peito um escapulário e uma cruz, certamente não lhe ensinara mais nada, no tempo em que, heroína do *maquis,* educava os filhos com dificuldade. A famosa frase que viria a ser atribuída ao senhor dos franceses — que "o dia mais belo da sua vida fora o da sua primeira comunhão"[9] — permitiu ao cardeal Mathieu garantir, numa atitude lírica, que parecia ter havido sempre naquele homem "um canto reservado às recordações piedosas, às crenças da infância, alguma coisa como uma capelinha corsa, com a sua Madona e o seu Crucifixo". E é sabido que, quando se via ameaçado por um perigo ou afetado por uma notícia ruim, o imperador logo fazia dois rápidos sinais da cruz, repetindo: "Giesou, Giesou!" — o que devia causar grande espanto no prefeito da Polícia Real... Seria mais que uma superstição? Na Córsega, também se acredita nas *streghe* ["bruxas"], nos vampiros, no *mal'agello,* pássaro que anuncia a morte, nos *foletti,* fogos-fátuos que de noite perseguem os viajantes, e até nas adivinhas e nas cartomantes... Quem sabe lá se Napoleão, tão inclinado a ver sinais em toda a parte, terá acreditado em tudo isso?

Seja como for, a sua religião não assentava em nada de sólido. O que não o impediu de, várias vezes, se julgar competente em matéria de teologia... Afastado do catolicismo desde a adolescência, sob a influência das correntes filosóficas e especialmente do pe. Raynal, não caíra, apesar de tudo, no ateísmo, mas antes num naturalismo deísta, em que a ideia do Ser Supremo se associava à do antigo *Fatum.* Prática séria, nenhuma: quando chefe de Estado, irá à missa ao domingo, por tradição e para não desagradar à maioria dos seus súditos. Disciplina moral, a mesma coisa: se é verdade que obrigou os irmãos e irmãs a mandar abençoar as suas uniões laicas por um padre, se ele próprio aceitou que o seu primeiro casamento fosse católico e desejou vivamente que o segundo também o fosse, o que não se vê é que a sua conduta haja traduzido em atos princípios tão excelentes. A sua vida privada nada teve de exemplar, e é supérfluo dizer que o seu piramidal orgulho jamais foi incomodado pelos mais pequenos escrúpulos de humildade cristã. Também não será preciso observar que nunca possuiu em grau algum o sentido da Igreja — essa espécie de instinto que guia a consciência nas suas opções e a leva a tomar decisões espontaneamente, em nome de uma fidelidade e de uma filiação. Aliás, a sua infância na Córsega permitira-lhe medir a influência do clero, mas também lhe ensinara a desprezar os padres: vinte vezes os acusará de terem "sempre introduzido em tudo a fraude e a mentira", usando termos que os piores sectários da Convenção não teriam desaprovado.

E, no entanto, não há dúvida de que esse homem, cujo retrato seria fácil desenhar como o de um anticlerical e de um ateu banal, soube reconhecer a importância do fato religioso. Seria simplesmente por ser realista e bom psicólogo, sabendo, pois, que, ao lado do medo, do interesse e da ambição, o sentimento religioso é um dos grandes móbeis da humanidade? Não só por isso. "Nenhum homem — diria ele ao clero de Milão — poderá ser tido por justo e virtuoso se não souber donde vem e para onde vai. A simples razão é incapaz de decidir nesta matéria. Sem religião, caminha-se constantemente nas trevas, e a religião católica é a única que dá ao homem luzes certas e infalíveis sobre o seu princípio e o seu fim último. Uma sociedade sem religião é como um barco sem bússola". A este tema voltará várias vezes, em Santa Helena, ao falar da "inquietação do homem", ou quando murmurar: "Esta vida é uma passagem". Nessa alma complexa, deve, pois, ter existido também a angústia metafísica.

Mas, se ele queria uma religião, não era tanto para acalmar o *cor inquietum* do homem, quanto para servir "de base e de raiz" à sociedade. Não há ordem sem religião!, esse será um dos seus axiomas. "Só a religião dá ao Estado um apoio firme e duradouro". Odeia o ateísmo, "destruidor de toda a moral". E vêm-lhe aos lábios frases cortantes quando aborda o assunto: "Não se governam homens que não creem em Deus: metralham-se". E precisa ainda: "A sociedade não pode existir sem a desigualdade de fortunas, e a desigualdade de fortunas sem religião". A religião, ópio do povo, dirá Karl Marx: é em palavras semelhantes que Napoleão poderá assentar a sua doutrina. Mas serão cristãs essas palavras? Podem é ser sacrílegas: "Na religião, não vejo o mistério da Encarnação, mas o mistério da ordem social".

Para restabelecer perduravelmente a paz na França, o vencedor de Marengo precisava, pois, de se entender com a Igreja. Mas tinha ainda outra razão para isso. Esse lúcido realista pudera observar que a religião católica não era o ilusório fantasma que os "filósofos" tinham mostrado; era ainda poderosa e sólida. Bastara a fé cristã para que a Vendeia se lançasse numa guerra antecipadamente perdida, ou para que centenas de homens e mulheres subissem com fervor as escadas do cadafalso. Na Itália, pudera medir o prestígio que o velho branco de Roma conservara entre as massas populares. Se queria construir solidamente, tinha, pois, de entender-se com o papa, com a Igreja. "Sou bem poderoso", diria ele mais tarde. "Pois bem: se eu quisesse mudar a antiga religião da França, ela se levantaria contra mim e me derrotaria... A religião católica é a religião do nosso país".

O eminente sentido do real, que era uma das suas principais qualidades, levava-o, portanto, a uma política religiosa de apaziguamento e de concórdia; e a uma ironia vigilante, curiosamente misturada com o orgulho: aos lisonjeiros que, no pior momento do conflito com o papa, lhe sugeriam que fundasse uma religião, responderá sinceramente: "Também querem que me deixe crucificar?" Até onde iria nele esse pragmatismo, esse realismo político em matéria religiosa? Têm-se citado muito as frases que pronunciou perante o Conselho de Estado para o levar a aceitar a Concordata: "A minha política é governar os homens como a maioria quer ser governada. Foi fazendo-me católico que acabei com a guerra da Vendeia; foi fazendo-me muçulmano que me estabeleci no Egito; foi fazendo-me ultramontano que ganhei a opinião pública na Itália. Se governasse um povo de judeus, restabeleceria o Templo de Salomão". Nas circunstâncias próprias de 1800, o interesse de Napoleão Bonaparte era certamente fazer-se católico para atrair os católicos.

Quais seriam as suas segundas intenções quando, ao chegar a Milão no seu carro dourado, como vencedor, se prestou a oferecer à Igreja, em termos espetaculares, paz e amizade? São muitas as frases, em discursos, em cartas, nas memórias, que revelam o seu propósito. Essa religião-polícia, tal como a concebia — enquanto guardiã da ordem social e da boa moral —, seguramente queria ele tê-la nas mãos, dominada e dirigida por ele. O novo senhor da França fizera suas todas as doutrinas erastianas, josefistas, regalistas que as épocas precedentes tinham carregado até ao limiar do século XIX. Ainda em maior grau que Luís XIV, e mesmo sem invocar o direito divino, Napoleão quererá domesticar a Igreja. "É preciso ser senhor dos padres — dirá ele —. É preciso prendê-los pelo interesse. Têm de ser pagos pelo Estado". Fiel intérprete do seu pensamento, o antigo convencional Thibaudeau escreverá: "É necessário que exista uma religião para o povo. E é necessário que essa religião esteja nas mãos do Governo".

Até onde iria essa vontade de sujeitar a Igreja ao Estado? Meditando em Santa Helena sobre a sua experiência passada, o imperador vencido viria a dizer: "Eu não perdia a esperança (cedo ou tarde, por este ou aquele meio) de acabar por dirigir o papa. E então, que influência, que fermento de opinião eu teria sobre o resto do mundo!"[10] O jovem procônsul de Mombello teria já esses planos na cabeça quando assinava o Tratado de Tolentino? Ou quando fosse o vencedor da primavera de 1800? De momento, tais objetivos iriam ser proveitosos para a Igreja. Mas que conflito dramático não se continha aí em germe!

Um discurso em Milão. Uma visita a Vercelli

A 5 de junho de 1800, quatro dias depois de ter chegado a Milão, Bonaparte dava um grande golpe, muito próprio do seu estilo. A seu convite, duzentos padres, entre os quais dois bispos, reuniram-se no palácio dos Arquiduques. A verdade é que foram para lá bastante inquietos. Mas, ó espanto! Em vez das palavras ímpias que a maioria deles esperava ouvir, o que lhes foi servido, num tom simultaneamente caloroso e agradável, que parecia sincero, foi o discurso mais encantador. "Desejei ver-vos a todos aqui reunidos — declarou o orador —, a fim de ter a satisfação de vos dar a conhecer pessoalmente os sentimentos que me animam a respeito da religião católica, apostólica e romana. Hoje, que estou munido de plenos poderes, estou decidido a usar de todos os meios que julgar mais convenientes para assegurar e garantir essa religião..." E seguiram-se outras frases, igualmente animadoras. O moço general criticava os "filósofos" e os seus erros, estigmatizava "essa cruel perseguição que a República francesa desencadeou contra a religião"; afirmava que "a experiência tinha desenganado os franceses", que o catolicismo podia estar na base do "Governo democrático e republicano" e que a França já "reconhecia que a religião católica era como uma âncora indispensável para salvá-la da tempestade". Os prelados e presbíteros milaneses olhavam-se uns aos outros, aturdidos. Estariam a sonhar? Não. O vencedor chegava agora a uma proposta concreta: "Quando eu puder falar com o novo papa, espero ter a felicidade de levantar todos os obstáculos que ainda possam opor-se à completa reconciliação da França com o Chefe da Igreja". Era muito mais que um convite implícito.

Passados oito dias, vinha Marengo — argumento bastante peremptório para que o clero da Lombardia acabasse por dar toda a atenção à oferta de Bonaparte. Desembaraçado da ameaça austríaca, iria ele perseverar nas suas boas intenções? Sim, iria! A 18 de junho, na catedral de Milão iluminada e engalanada como para as maiores festas, Bonaparte mandava celebrar um *Te Deum* a que assistia pessoalmente, sentado acima de um estrado no coro, com todo o clero de Milão a rodeá-lo e a cantar vitória. "Os ateus de Paris" bem podiam indignar-se, como previa o primeiro-cônsul na mensagem que dirigiu aos dois colegas para lhes dar a notícia: ele seguia ostensivamente o seu plano.

Esse plano começara a ser realizado na França logo a seguir ao golpe de Estado. Um dos primeiros gestos dos cônsules — na realidade, este plural, como bem sabemos, ocultava pouco um singular... — tinha sido, a 28 de dezembro, *7 de nivoso,* publicar três decretos para acabar com a perseguição religiosa. A liberdade de culto era solenemente garantida. As igrejas não alienadas seriam devolvidas; nelas se poderia celebrar missa em dia diferente do *décadi.* Os antigos juramentos de fidelidade, entre os quais o de odiar a monarquia, eram suprimidos e substituídos por uma simples promessa de "fidelidade à Constituição". Depois, lera-se no *Moniteur,* no mesmo sentido do apaziguamento, uma proclamação às populações do Oeste em tom muito generoso, e um comentário ao novo juramento, em que se especificava claramente que era meramente civil e não comprometia a nada no plano religioso. Apesar de tudo, a impressão de calma continuava atenuada pela presença no governo de Fouché, de Talleyrand e de Lucien Bonaparte — que acabava de substituir no ministério do Interior o militante ateu Laplace. Também contribuía para isso o comportamento da polícia, que continuava a incomodar os católicos e não mostrava pressa em chamar os padres deportados ou em soltar os prisioneiros. Mas Napoleão esperava a sua hora. "Uma vitória dar-me-á o poder de executar tudo o que quiser", dizia ele ao irmão José, ao retomar a rota da Itália. Marengo iria abrir a porta a todos os possíveis.

Os seis meses que o primeiro-cônsul passara no governo, antes de retomar o comando do seu exército, tinham acabado de convencê-lo de que uma das primeiras questões a resolver era a questão religiosa. Na terrível desordem em que a França se encontrava então, presa da anarquia, da falência e do banditismo, a Igreja oferecia um espetáculo aflitivo. Não é que a fé estivesse ausente. Bem ao contrário: manifestava-se de mil maneiras comovedoras. O povo continuava muito evidentemente vinculado à moral cristã e aos velhos usos litúrgicos que, desde sempre, acompanhavam o homem do berço ao túmulo. Talvez até estivesse mais ligado a essas tradições do que a uma verdadeira prática religiosa. Como dizia, com certo humor e exagero, um dos inspetores enviados pelos cônsules para percorrer o país, "as pessoas gostariam mais de ter sinos sem ter padres do que de ter padres sem ter sinos". Mas a organização eclesiástica estava numa situação tristíssima. Para dizer tudo, estava em pleno caos.

Um dos decretos de nivoso, aquele que renovara a promessa de fidelidade, em vez de preparar uma reorganização, agravara a confusão. A Igreja "romana", em que quarenta e três dioceses (das cento e trinta e cinco do *Ancien Régime)* estavam sem titular, dividira-se novamente a propósito do novo juramento. Por muito anódino que fosse em seus termos, os intransigentes achavam-no inaceitável. E sobretudo nos departamentos em que muitos "bons padres" tinham ligado a causa do catolicismo à da monarquia, esse juramento provocava escândalo. Aos prudentes que, como Émery, aconselhavam a submissão atendendo ao interesse das almas, os zelosos, do tipo do vigário geral de Lyon, Linsolas, respondiam com uma recusa veemente. Para eles, era inútil restabelecer o sistema normal das paróquias. Bastavam as missões[11]. Mas, nas próprias missões, numerosos elementos pensavam que era tempo de reerguer instituições estáveis e de, para tanto, haver entendimento com o regime. A confusão era enorme.

E não era menor na igreja constitucional, que então gostava de se chamar "igreja galicana". Embora fosse apoiada por alguns homens do poder, como, por exemplo, Daunou, ou mesmo Fouché, e ainda que o infatigável Grégoire, seu chefe, eleito membro do Corpo legislativo, se esforçasse ao máximo por reorganizá-la, essa igreja oferecia mais uma fachada que uma realidade. O movimento de retratação esvaziava as fileiras do seu clero. Os "presbiterianos" obedeciam cada vez menos aos bispos. Sem seminários, o recrutamento sacerdotal andava próximo de zero. Para se defender e tentar uma revivificação, essa igreja tentou uma operação *in extremis:* os elementos jansenistas que tinha no seu seio — com Grégoire à cabeça — estreitariam os laços com todos os pequenos movimentos jansenistas do estrangeiro, com a agonizante igreja de Utrech[12], com o antigo bispo Scipione Ricci e com os que tinham escapado do Sínodo de Pistoia[13], com o pe. Degola, que era o inspirador desse jansenismo italiano que a Santa Sé acabara de condenar e Grégoire de acolher. Tudo isso não podia ir muito longe. Além disso, as tendências republicanas e democráticas desses movimentos não deviam agradar muito ao ambicioso primeiro-cônsul. E a verdade é que este aproveitava todas as ocasiões para mostrar grande desprezo por esses "intrusos" que formavam a igreja constitucional.

Era evidente que a chave da situação estava em Roma. Só por si, Bonaparte, por mais poderoso que fosse, nunca conseguiria fazer os católicos franceses saírem dessa anarquia. Assim o compreendera, e o que fizera em Milão não tivera, com certeza, outra razão profunda. Seria impossível restituir à França alicerces sólidos sem a Igreja. E seria impossível reorganizar a Igreja sem o papa. Daí a espetacular oferta de negociações. De resto, a manobra foi preparada por um gesto significativo. Já no dia 9 de nivoso apareceu no *Moniteur* um quarto decreto, ainda mais inesperado que os três destinados ao apaziguamento religioso: ordenava que, em nome "da dignidade humana da Nação francesa", se dessem "sinais de consideração a um homem que ocupou um dos primeiros postos da terra", ou seja, o defunto papa Pio VI! E as mesmas autoridades de Valence que haviam anunciado triunfalmente que esse papa seria o último da série não tiveram outro remédio senão seguir, em trajes de gala e de fumo no braço, a carruagem de forma antiga a que iam atrelados oito cavalos vendados. Ali seguia o corpo do pontífice, levado para o lugar — provisório — onde havia de repousar. E os canhões da guarnição davam a salva de vinte e um tiros.

Mas havia uma questão que permanecia em aberto: perante as propostas do primeiro-cônsul da França, qual seria a atitude de Pio VII? Enquanto, de Pesaro, passando por Ancona, se dirigia para Roma o mais depressa possível, o papa meditava sobre os dados da situação. A sua Cidade continuava ocupada pelos napolitanos, que, pressionados pelos ingleses, se declaravam prontos a prosseguir a luta e, como era natural, tentavam trazer a Santa Sé para o campo da contrarrevolução. Por outro lado, porém, por força do armistício firmado a seguir a Marengo, os austríacos iam evacuar as Legações pontifícias e ceder o lugar aos franceses. Entre os dois, que decisão tomar? Nenhum outro apoio lhe surgia no horizonte. A Espanha não hesitara em aproveitar o cativeiro de Pio VI em Valence para procurar arrancar do papa certas concessões territoriais! Por outro lado, as informações que o novo papa recebia acerca da situação em Roma eram pavorosas: a defunta República romana só deixara atrás de si ruínas e desordem. Também lá era evidente a necessidade de reconstrução. E então, seria mesmo necessário entender-se com o general francês? O que dele se sabia era ainda tão preocupante!: antigo robespierriano; revolucionário que, dois anos antes, no Egito, diante de muçulmanos, se gabara de ter "destruído o papa"... E depois, o pontífice tinha outra razão para não se sentir tranquilo: fora ao governo de Luís XVIII e não ao de Paris que comunicara a sua subida ao trono pontifício... Que iria pensar o cônsul?

Foi quando estava dominado por esses sentimentos que, ainda antes de ter entrado na sua cidade, Pio VII soube das declarações de Milão e do *Te Deum*. Chegaram-lhe ao mesmo tempo cartas dos lugares-tenentes de Bonaparte, que, a fim de solucionar incidentes locais, lhe escreviam em termos que o mais exigente católico não teria censurado: "Sua Santidade o Nosso Santíssimo Padre Pio VII"... O futuro seria promissor? Seria verdade que o vencedor queria mesmo a reconciliação? No próprio momento em que o papa acabava de se reinstalar, chegou-lhe uma mensagem ainda mais sensacional. Ao entrar na França após a vitória, o primeiro-cônsul parara em Vercelli e ali tivera uma longa e cordial conversa com o cardeal Martiniana, uma das personalidades mais respeitadas do Sacro Colégio. E dissera-lhe expressamente que era sua vontade "compor as coisas eclesiásticas da França", chegando até a propor um plano de reorganização da Igreja. Os dois principais pontos desse plano não pareciam nada inaceitáveis: que se criasse um novo episcopado, em substituição tanto dos bispos emigrados como dos intrusos; e que o Estado tomasse a seu cargo o clero, a quem pagaria uma pensão em contrapartida pelos antigos bens confiscados. E o bom cardeal, ao fazer o elogio do "grande" general, da sua sinceridade e moderação, concluía citando uma frase no melhor estilo napoleônico: "Ide a Roma e dizei ao Santo Padre que o primeiro-cônsul quer oferecer-lhe de presente trinta milhões de católicos franceses".

Difíceis negociações

Muito poucos dias depois de haver recebido a carta do cardeal Martiniana, Pio VII respondeu-lhe que aceitaria iniciar conversações com o primeiro-cônsul da França, e que dentro em pouco enviaria a Vercelli um representante dotado de poderes para conduzir as negociações. Essa prontidão, pouco usual em Roma, mostrava bem que o Soberano Pontífice tinha, por seu lado, muita pressa de ver "compor as coisas eclesiásticas da França". Mas não fazia grandes ilusões sobre os obstáculos que os negociadores podiam ver surgir no seu caminho. Para acalmar o entusiasmo — que sem dúvida achou um tanto ingênuo — do excelente Martiniana, disse-lhe papa: "Com certeza não escapam à vossa perspicácia as dificuldades que o caso apresenta em si mesmo, nem as que podem vir a apresentar-se, em seguida, no que se refere à sua aplicação". Era muito bem-visto. As negociações iriam durar perto de treze meses, estariam a ponto de romper-se ao menos em três ocasiões, e, quando finalmente se concluíram, o projeto adotado já era o décimo segundo!

Essas dificuldades viriam simultaneamente dos homens e das ideias em causa. Em Paris, ao lado de Bonaparte — o único que estava inteiramente decidido a reconciliar a Revolução com a Igreja —, havia bastante gente inclinada a sabotar a iniciativa: à frente de todos, o ministro das Relações Exteriores, Talleyrand, o bispo apóstata que Pio VI tinha pessoalmente suspenso do exercício das Ordens sacras; depois, o seu principal funcionário, Hauterive, e Fouché, ambos confrades do Oratório; e por fim o exército, as assembleias eleitas, o Instituto, que o primeiro-cônsul acarinhava. Em Roma, contra o Secretário de Estado Consalvi, que compreendia muito bem a importância do que estava em jogo, havia um numeroso grupo de cardeais inimigos da Revolução, como Albani, Antonelli, o "breve do Papa" Doria Pamphili, cada vez mais estreito de ideias; e, por detrás deles, Maury, ferozmente ligado à causa de Luís XVIII, bem como muitos bispos emigrados, todos eles prontos a cair sobre esse *hall* de ateus com os quais o papa tinha a ingenuidade de querer negociar.

Havia também, ainda mais grave que a oposição humana, o confronto das intenções. Por mais sincero que fosse o desejo dos dois principais condutores do processo de chegar a um entendimento, não era menos certo que as suas respectivas teologias eram diametralmente opostas. Herdeiro dos galicanos e dos erastianos de outrora, o primeiro-cônsul pretendia ver reconhecida a supremacia do Estado sobre a Igreja, a qual devia ser um dos elementos da sua política; e, herdeiro dos "filósofos", queria que, ao serviço do Estado, todas as religiões fossem postas em pé de igualdade. Por seu lado, os diplomatas do papa buscavam apoio na doutrina imutável da Igreja para reclamar na discussão a completa liberdade do culto católico ou a extinção do cisma constitucional; não estavam dispostos a ceder a uma espécie de "tolerantismo", que seria contrário a essa doutrina, mas afirmar a primazia do espiritual, de acordo com o que julgavam seu direito e seu dever.

O homem de confiança que Pio VII escolheu foi mons. Spina, prelado sagaz, sólido, que falava um francês perfeito.

Fora ele que acompanhara o desventurado Pio VI em Valence e presidira às suas exéquias; e era conhecido pessoalmente de Bonaparte, a quem encontrara em Grenoble, onde aguardava interminavelmente que lhe dessem o passaporte, quando o general passara por lá, de volta do Egito; a seu lado, o pe. Caselli, antigo superior geral dos servitas, excelente teólogo. Em Vercelli, os delegados do papa souberam que o vencedor de Marengo regressara a França, e que era em Paris que desejava entabular o diálogo. E foi para lá que se deslocaram, com alguma inquietação.

Havia quatro dias que mons. Spina estava em Paris — aonde chegara a 5 de novembro de 1800, alojando-se num modesto hotel da rua de Saint-Dominique, por coincidência chamado Hotel de Roma —, "quando viu entrar um personagem de baixa estatura, rosto avermelhado, olhar turvo e feições desagradáveis. Embora ainda jovem, ostentava na face, um tanto escalavrada, vestígios de precoces fadigas. Vestia roupas seculares, mas o terno escuro e a capa de clérigo traíam, a olhos experimentados, a sua condição eclesiástica". Era *Bernier*[14], o antigo pároco de Saint-Laud de Angers, "ex-general dos exércitos católicos e reais", um dos animadores da rebelião da Vendeia. Chamado por Bonaparte após o 18 de brumário, trabalhara para o apaziguamento do Oeste com um zelo que alguns dos seus companheiros de combate tinham achado suspeito, mas que fora apreciado pelo primeiro-cônsul. "Diplomata prudente? Cortesão político? Aventureiro? Talvez tudo isso ao mesmo tempo. Era pessoa de maneiras sutis, envolventes, com uma agilidade de espírito pronta a adaptar-se a tudo, talvez também com uma ambição pronta a tudo cobiçar"[15]. Por que seria que Bonaparte o escolhera? "Bernier é um celerado — diria certa vez o general —, mas eu preciso dele e dele me sirvo". Esse homem eloquente, hábil (talvez demasiado...), bom teólogo, mestre nos jogos da diplomacia, parecera-lhe capaz de levar a bom termo essa difícil tarefa. Com efeito, o pe. Bernier iria ficar associado, do princípio ao fim, às negociações do acordo entre a França e a Santa Sé. E ganharia uma mitra, já que não a púrpura cardinalícia com que sonhava.

Essas negociações dividiram-se em três atos. Foram numerosas as peripécias, os fingimentos, os terríveis acessos de cólera, os "segurem-me" e os "tudo acabou". Se não se tratasse de assunto tão grave, seria de dizer que não faltou de todo o fator "comédia italiana"... De novembro de 1800 a fins de janeiro de 1801: primeiro ato. São apenas as cenas preliminares.

Sucedem-se projetos e contraprojetos, em que cada um dos dois campos esconde parte das suas posições. O primeiro-cônsul deixa o seu ministro Talleyrand enredar os fios que o hábil Bernier irá tecer — velando, embora, para que eles não se quebrem. Isolados em Paris, longe do seu senhor, sabendo muito bem que os correios são vigiados, os representantes do papa acham que o tempo corre devagar e que a tarefa é pesada.

A 24 de dezembro, grande comoção: Bonaparte escapa por um triz aos assassinos que, à passagem do seu carro, fizeram explodir uma "máquina infernal". Quem serão os culpados? Os jacobinos? Os *chouans*? Por fim, a conclusão é que foi uma conspiração monárquica, em que estão implicados católicos... A conselho de Bernier, mons. Spina envia uma carta amável, que o desliga de antemão dos criminosos. Mas as coisas não vão melhor quanto ao desejado acordo[16]. Talleyrand acusa o enviado pontifício de "adormecer a França". Mons. Spina responde exigindo que se submeta ao papa o projeto — já o quarto — que o primeiro-cônsul acaba de redigir. A situação é tensa; mas ninguém quer romper. Bonaparte mandou entregar ao correio papal um presente para o Santo Padre: numa pequena caixa, a milagrosa imagem de Nossa Senhora de Loreto, subtraída do Gabinete das Antiguidades onde mofava.

E começa o segundo ato. O tom do diálogo torna-se mais tenso. Nesse meio tempo, os acontecimentos militares fizeram crescer ainda mais o prestígio e o poder do senhor da França. No final de 1800, Brune e MacDonald varreram da Venécia os austríacos. Nas margens do Danúbio, Moreau, a 3 de dezembro, conseguiu a brilhante vitória de *Hohenlinden,* que lhe abriu o caminho de Viena. A 9 de fevereiro de 1801, em Lunéville, o imperador teve de aceitar a paz que levava "as fronteiras da França aos limites que a natureza lhe traçara", aumentando em um sexto o território. Resolvido a fazer avançar a discussão do acordo religioso, Bonaparte toma o caso em mãos. Decide enviar a Roma um representante pessoal, e escolhe para esse posto *Cacault,* o diplomata bretão, inteligente e sutil, que outrora dera boas provas na Cidade Eterna, onde deixara amigos. Quando Cacault lhe pergunta que atitude deverá tomar perante o papa, o general tem uma saída ao mesmo tempo magnífica e cínica: "Tratai-o como se ele tivesse duzentos mil soldados!" Ele, Napoleão, podia lançar meio milhão nos campos de batalha da Itália... Respeitam-se as devidas hierarquias!

A transferência de cenário de Paris para Roma é muito má para as conversações. Mons. Spina, agora em sua casa, descobre muita coisa. No Quirinal, os cardeais ainda estão na fase de imaginar que podem pedir ao governo francês uma indenização honrosa pelos crimes da Revolução... Embora as tropas francesas acampem agora às portas da Cidade, donde os napolitanos tiveram de retirar-se, a Comissão cardinalícia insiste firmemente nos princípios. A discussão enrola-se em toda a espécie de problemas: é o reconhecimento do catolicismo como religião oficial da França, que Bonaparte não quer; é a demissão forçada dos bispos emigrados, que repugna ao papa; é a situação dos padres casados;

ou as condições em que os padres juramentados se hão de reconciliar com a Igreja... E tudo se arrasta! A 18 de maio, após uma cena terrível que o primeiro-cônsul faz ao infeliz mons. Spina, ameaçando-o de criar uma igreja cismática ou de se fazer protestante, Talleyrand manda um ultimato a Roma: o último projeto terá de ser aceito pelo papa dentro de cinco dias; caso contrário, serão rompidas as relações diplomáticas e Cacault deixará o seu posto. A fulminante mensagem chega a Roma em 28 de maio. Cruzou-se, no caminho, com um correio pontifício que, finalmente — após dois meses de hesitação —, aceitava certos pontos do projeto de Paris.

O terceiro ato abre-se com um golpe teatral. A cólera do "pequeno tigre" — como dizia Cacault — foi domada. Bem sabe ele que precisa do papa: "Se o Papa não existisse, seria preciso inventá-lo", diz Bonaparte, num acesso de franqueza. E a Talleyrand — antigo bispo juramentado — confia que nada há a esperar da "canalha constitucional", o que é bem divertido...

Cacault, como bom diplomata que é, fareja a manobra. E inventa outra, sabendo que ela irá agradar ao seu senhor. "Há alguns mal-entendidos — diz ele a Consalvi. — Ide a Paris. O primeiro-cônsul não vos conhece. Haveis de causar-lhe boa impressão e será fácil entender-vos; ele verá o que é um cardeal de espírito fino. E com ele fareis a Concordata". Pio VII, por grande que seja a sua inquietação, aceita deixar partir o seu prezadíssimo colaborador. E Cacault e Consalvi sobem para a mesma carruagem: um, para Florença, onde irá aguardar a ordem de voltar para Roma; o outro, para Paris.

E tudo se passa como o adivinhara o arguto Cacault. Chegado a Paris, o Secretário de Estado é logo convocado às Tulherias pelo primeiro-cônsul ("que venha com as melhores vestes cardinalícias!", diz o mensageiro encarregado do convite). E Consalvi é recebido por Bonaparte com um esplendor e uma gentileza de palavras igualmente significativos. As conversações recomeçam, embora muitas vezes rangendo. Bernier põe toda a sua astúcia em azeitar as rodas... Projeto, contraprojeto, mais projeto! A questão dos eclesiásticos casados, pela qual Talleyrand tanto se interessava — e tinha motivos para isso! —, continua a pesar. Bonaparte enerva-se. Tenta de novo o golpe do ultimato de cinco dias. Depois, arrisca nova manobra: submete à assinatura do cardeal um texto diferente daquele que fora aprovado. Nada disso resulta. Finíssimo, firmíssimo, Consalvi conduz superiormente o jogo. José Bonaparte, a quem o irmão encarregara da derradeira negociação, já não sabe que dizer nem que fazer.

Em 14 de julho, durante um jantar de duzentos talheres, o primeiro-cônsul, em termos ameaçadores, exige de Consalvi e de Spina que cedam, e faz uma alusão, cheia de subentendidos, a Henrique VIII... O cardeal aguenta; convida o dono da casa a reler o texto que preparara e a dizer-lhe se o acha aceitável. Surpreendido, Bonaparte relê. E a verdade é que já só há um ponto que suscita discussão, que é o de saber se o governo terá o direito de autorizar ou vigiar o exercício do culto. Falam sobre isso, na presença do embaixador da Áustria, Coblenz, e o texto fica de modo a poder ser aceito mesmo pelo irascível cônsul.

No dia seguinte, 15 de julho, já se pode anunciar oficialmente o acordo concluído entre a República e a Santa Sé. A verdade é que são ainda precisas quinze horas de discussão[17], na casa de José Bonaparte, para que o último projeto seja assinado. O cardeal Consalvi, mons. Spina e o pe. Caselli, em nome do papa, e José Bonaparte, o conselheiro de Cretet e o pe. Bernier, em nome da França, apõem as suas assinaturas. O irmão do primeiro-cônsul, a quem nasceu uma filha nessa mesma noite, pensa com certeza que, das duas atas de nascimento a que apõe a sua rubrica, não foi o da sua herdeira a que mais dores lhe custou. Consalvi pronuncia a palavra final: "Todas as pessoas a par deste assunto consideram um verdadeiro milagre que se tenha podido concluir este tratado". Tratado? Será um tratado como os outros? Sem dúvida. E basta isso para explicar que tenham surgido ainda bastantes complicações: o termo *Concordata* não foi oficialmente utilizado[18].

A Concordata de 1801

Embora a palavra não tivesse sido pronunciada, no fundo a realidade era essa. Tratava-se de uma verdadeira Concordata, análoga àquela que, desde 1516, regulava as relações entre os reis da França e a Santa Sé. Feita em tiras pela Revolução, a antiga Concordata era agora substituída pelo novo instrumento diplomático.

O texto da "Convenção entre o Governo francês e Sua Santidade Pio VII" era muito curto — cabia facilmente em duas páginas *in-octavo*. Feita, segundo o protocolo, em nome do papa e do primeiro-cônsul, um e outro na plenitude da soberania, compunha-se de um preâmbulo, constituído por duas declarações — uma, francesa; outra, pontifícia — e de dezessete artigos redigidos em estilo conciso. Nas declarações, pelo menos tão importantes como o articulado, a França reconhecia que "a religião católica, apostólica e romana" é a da "maioria dos cidadãos franceses", o que significava que se abandonava a tentativa de estabelecer uma religião nacional, no espírito da Constituição Civil do Clero. Por seu lado, o Santo Padre, congratulando-se com o acordo, reconhecia *ipso facto* a República Francesa, o que nunca se tinha feito antes.

Se lermos em pormenor o conjunto do documento, as concessões feitas pelo papa parecem as mais importantes.

Pio VII aceitava que o catolicismo não fosse declarado religião de Estado, que o mapa das dioceses fosse adaptado ao das novas divisões administrativas[19], e que as prerrogativas do antigo governo real passassem para o primeiro-cônsul[20]. Para que se pudesse criar um novo corpo episcopal, o papa prometia intervir junto dos antigos titulares para os levar a admitir "toda a espécie de sacrifícios, mesmo o das suas sés", e ficava combinado que, se se recusassem, se passaria por cima deles e se lhes dariam substitutos. Os novos bispos seriam nomeados pelo primeiro-cônsul, e o papa conferir-lhes-ia os poderes espirituais. Por sua vez, os bispos nomeariam os párocos, a partir de uma lista aprovada pelo governo. Antes de serem sagrados, os bispos prestariam juramento de obedecer "ao governo estabelecido pela Constituição", de "não participar de nenhuma liga contrária à tranquilidade pública", e mesmo — era a bem dizer incrível — de denunciar qualquer intriga que se tramasse "em prejuízo do Estado". Finalmente, "por amor à paz", o papa prometia não protestar contra a nacionalização e venda dos antigos bens da Igreja que tinham sido alienados, e a não inquietar os compradores.

Em compensação por essas vantagens, que convertiam o clero em funcionários públicos muito mais do que alguma vez o haviam sido na monarquia galicana, o governo francês punha à disposição dos bispos os edifícios do culto não vendidos, comprometia-se a pagar ao clero "um ordenado conveniente", reconhecia aos católicos o direito de constituírem fundações, em dinheiro ou terras, em benefício da Igreja, garantia a liberdade do culto público. O primeiro-cônsul renunciara a especificar nada a respeito do clero "constitucional". Nada se dizia em relação às congregações religiosas, nada quanto ao ensino, nada sobre a moral cristã e a sua prática. Tratado assinado entre duas potências, a Concordata de 1801 visava muito mais pôr fim a uma situação prejudicial para ambas as partes do que regressar à antiga ordem cristã.

Tal como estava redigida, causou muitas surpresas e cóleras. Na França, os meios monárquicos e católicos tradicionalistas consideraram-na uma traição, e, como é óbvio, os bispos do *Ancien Régime,* os emigrados ou ainda escondidos, manifestaram indignação por verem que era assim que os recompensavam da sua fidelidade. Mas os revolucionários de primeira água não ficaram menos furiosos. "Só falta saber — exclamava, irônico, um jacobino — quem serão os confessores dos cônsules e em que igreja irão eles oferecer o pão bento!" Volney, a quem Bonaparte disse que fora o próprio povo que lhe pedira essa reconciliação, respondeu-lhe: "E, se ele vos pedisse os Bourbons, também lhos daríeis?!" — o que logo lhe mereceu um pontapé no ventre, que o fez rolar no tapete. As assembleias eleitas mostraram a sua oposição colocando na presidência notórios inimigos da religião, como Dupuis, autor de *A origem de todos os cultos.* O exército resmungava: os generais troçavam do "aborto corso, enfeudado aos beatos". Bernadotte conspirava com Mme. de Stäel. O Instituto, oficialmente ligado à Teofilantropia, propunha como tema de concurso "a influência de Lutero". Mas o primeiro-cônsul não se deixava impressionar com tais oposições, que já previra. "Sei o que faço — dizia ele —, e estou a trabalhar para o futuro".

Em Roma, o clima não era melhor, e Consalvi, durante a viagem de regresso, não ia muito seguro do acolhimento que lhe reservariam os colegas do Sacro Colégio. A Comissão dos doze cardeais, encarregada de examinar o documento, mostrava mais que reserva: o rígido cardeal Antonelli chegou a redigir um verdadeiro requisitório contra um texto que, em sua opinião, não restabelecia na França senão um "fantasma de religião". Por outro lado, nada fora estipulado quanto aos direitos temporais da Santa Sé, pois Pio VII tivera a elegância de não misturar com as negociações uma questão propriamente política[21]. Mas o próprio papa sentia grande desgosto pelas atitudes que tinha de tomar para com os bispos sempre fiéis. "Entramos — dizia ele — num oceano de aflições".

No entanto, ninguém em Roma pensava em rejeitar o acordo. Estavam todos bastante escaldados para não medirem a importância do triunfo que representava para a Santa Sé a assinatura da Concordata. A Revolução pretendera calçar as botas do galicanismo e instituir uma igreja praticamente independente do papado. E eis que, agora, pedia ao papa que reconstituísse o episcopado e resolvesse por via de autoridade as questões pendentes! O galicanismo soçobrava, portanto, com pessoas e bens. E o ultramontanismo começava, ajudado pela França revolucionária, uma carreira que prometia ser luminosa. "No seu alvorecer — diz Dufourcq —, o século XIX punha uma coroa de glória na fronte do Papa". Por isso não foi muito difícil a Consalvi, em quatro dias de debates — de 7 a 11 de agosto —, conseguir a aprovação da Comissão cardinalícia. A 15 de agosto, Pio VII assinava a Encíclica *Ecclesia Christi,* completada por três Breves destinados a problemas de aplicação concreta.

Começaria, então, uma era de grande tranquilidade e paz? As tropas francesas tinham evacuado os territórios pontifícios, exceto Ancona. Os Constitucionais recebiam ordem do primeiro-cônsul para encerrar o concílio nacional reunido havia várias semanas. Fouché, que enviara aos prefeitos uma circular com ordem para "deportar os padres sediciosos", era obrigado a anulá-la. Iria ser nomeado um "ministro dos cultos": para esse lugar, falava-se em Portalis. Era anunciada a chegada a Paris, como Legado *a latere,* e a pedido expresso de Bonaparte (que desejava, em palavras suas, ter "um papa a domicílio"), do velho cardeal Caprara;

diziam as más línguas que o governo francês o sugerira exatamente por causa das suas insuficiências. O cardeal Maury retomou o seu modesto bispado rural de Montefiascone. A 8 de setembro, o primeiro-cônsul assinava o texto definitivo, e, a 10, eram trocados os instrumentos de ratificação.

Oficialmente, essa lua-de-mel durou todo o inverno de 1801-1802[22]. Em fevereiro de 1802, foi o seu apogeu. Por ordem do primeiro-cônsul, os restos mortais de Pio VI foram entregues a mons. Spina, que os levou para Roma, onde chegaram no dia 17. Escoltado pelos Guardas Nobres, pelos Suíços e pelas tropas pontifícias recentemente reorganizadas, transportado numa carruagem suntuosa, coberta de damasco violeta e drapejada de ouro, o corpo do papa Pio VI foi solenemente conduzido à Basílica de São Pedro, onde o próprio Pio VII veio recebê-lo, enquanto, em todas as igrejas romanas, eram celebradas mil missas pelo eterno repouso do Pontífice. O embaixador Cacault assistiu pessoalmente à cerimônia e apreciou muito a habilidade com que o prelado encarregado do panegírico evitou qualquer palavra que pudesse ferir os ouvidos franceses. Mas já andava em preparação um acontecimento que ia deitar água fria sobre os dois novos amigos.

A pretexto de estabelecer meros regulamentos de polícia para a aplicação da Concordata, o primeiro-cônsul ordenou a Portalis que constituísse qualquer coisa como um código de direito eclesiástico: os *Setenta e sete Artigos Orgânicos*. Distração? Falta de inteligência? Fraqueza? A verdade é que o cardeal-legado, quando os viu, não os rejeitou. Ora, no plano dos fatos, esse aditamento à Concordata propunha-se pura e simplesmente limitar — para dizer o mínimo — os direitos da Santa Sé na França; depois de se terem aberto ao papa as portas da igreja da França, era como se se voltasse a fechá-las na sua cara. Desse texto, já alguém pôde dizer[23] que "um príncipe protestante do Sacro

Império do Antigo Regime poderia tê-lo redigido para os seus súditos que eram também seus fiéis, como *bispo exterior* de uma igreja territorial".

Que Bonaparte ultrapassava os seus direitos, é o que podemos ver por alguns exemplos. De acordo com o Título I, nenhum ato da Santa Sé seria publicado na França sem aprovação prévia do governo. O Título II proibia aos bispos que saíssem das respectivas dioceses e obrigava-os a submeter ao Estado o regulamento dos seus seminários; nestes deviam ser ensinados os *Quatro Artigos* de 1682, os famosos quatro artigos do galicanismo integral[24]. O Título III impunha uma liturgia e um culto únicos para toda a França, proibindo a celebração de festas fora do domingo e dos dias tradicionais. Havia, além disso, páginas com medidas que desciam a detalhes implicantes: por exemplo, era proibido aos párocos celebrar um casamento sem o certificado de união entregue pelo prefeito da cidade. Mais ainda: o vestuário dos bispos era regulado num artigo que chegava à minúcia da cor das meias[25]...

Ao receber esse surpreendente documento, Pio VII ficou desolado. Que podia ele fazer? Recusou-se a reconhecer os Artigos Orgânicos, e até ao fim iria manter-se firme nessa atitude. Mas Bonaparte, de acordo com o plano que traçara, agora que já tinha nas mãos o clero francês, podia permitir-se certas liberdades para com a Santa Sé: sabia perfeitamente que Pio VII, sob pena de parecer desdizer-se perante a cristandade, não podia romper com ele. Aliás, o efeito desejado estava obtido. Os católicos aderiam em massa ao novo regime. O Oeste da França acabava de entrar em paz. A opinião pública, na sua imensa maioria, estava satisfeita. No Teatro Feydeau, o público aplaudia loucamente esta conclusão de uma peça dramática: "*Notre bonheur est accompli; — voilà le culte rétabli...*"[26] Seria esse o momento de recordar as palavras que de Bonald escrevera na sua *Teoria do poder político e religioso:* "A Revolução começou pela Declaração dos Direitos do Homem; acabará pela Declaração dos Direitos de Deus?" A profecia parecia ter-se cumprido.

Nessa primavera de 1802, tudo era alegria, reconciliação, paz..., ao menos na aparência. Em Amiens, a 25 de março, era assinado um tratado com a Inglaterra, um tratado cujas cláusulas talvez não fossem tão boas como dizia a propaganda oficial, mas que punha fim à guerra, o que deixou os franceses felizes. A 8 de abril, votado pela Assembleia Legislativa e pelo Tribunal, admitido como constitucional pelo Senado, ganhou força executória o projeto de lei que — habilmente redigido, a fim de afastar as desconfianças dos republicanos — unia num só texto a Concordata e os Artigos Orgânicos. O *Moniteur des Lois* publicava-o no dia 18, Domingo de Páscoa.

No mesmo dia, o sino grande de Notre-Dame, mudo havia dez anos, convocava os parisienses para uma cerimônia solene. Nos seus esplendorosos uniformes com palma dourada desenhados por David, os três cônsules eram recebidos no pórtico pelo novo arcebispo nomeado, mons. Belloy. Paris inteira se comprimia sob as abóbadas seculares. O grande órgão e as trombetas da Guarda Consular misturavam os sons com o ritmo das salvas de artilharia. O cardeal Caprara celebrava a missa, rodeado de vinte e sete bispos que, de mão sobre o Evangelho, juravam fidelidade ao regime. Mons. Boisgelin, o mesmo que outrora fora encarregado do sermão da sagração de Luís XVI, pronunciava a homilia e Bonaparte ouvia o pregador compará-lo a Pepino o Breve e Carlos Magno. Ao fundo da igreja, os generais, que tinham vindo por obrigação de serviço, bem podiam troçar — "que bela fantochada!" — e divertir-se tirando as cadeiras aos padres[27]... pois o dia era de otimismo, e o *Te Deum* que veio a seguir arrebatou alegremente os corações.

Ao voltarem para casa, os assistentes puderam ler, no *Moniteur*, um artigo de Fontanes acerca de um livro muito recente cuja publicação se adequava maravilhosamente às circunstâncias: *O gênio do cristianismo*, de François-René de Chateubriand.

Uma instalação difícil

Era agora necessário aplicar a Concordata e instalar a nova Igreja. Entre a assinatura da Concordata e a cerimônia de 18 de abril, tinham sido oficialmente reguladas questões muito delicadas. A da nova divisão das dioceses fora a menos grave; também se tinham sacrificado sem grande dificuldade alguns usos litúrgicos. Os fiéis de Chartres tinham aceitado de boa vontade que o território da sua arquidiocese fosse amputado, a fim de que a Igreja de Versalhes, nascida com o cisma, passasse a ser canonicamente um bispado.

Bem mais difícil de resolver fora, a princípio, e continuava a ser, o problema dos bispos. A Concordata previa que se faria tábua-rasa dos dois episcopados, tanto do que permanecera submisso a Roma como do constitucional. Mas quais seriam as reações dos prelados despojados? Entre os três Breves que tinham acompanhado a Encíclica *Ecclesia Christi*, o primeiro — *Tam multa* — tinha sido dirigido aos bispos legítimos. Redigi-lo fora uma tortura para o papa. Pedir aos seus próprios defensores que renunciassem às suas respectivas dioceses! No entanto, Pio VII decidira-se corajosamente. Depois de lhes ter mostrado que o interesse superior da Igreja lhes pedia a renúncia, advertia-os de que, em caso de recusa, ele se veria obrigado, não sem dor, "a tomar as medidas necessárias para afastar todos os obstáculos". A uma tal ordem, a única resposta verdadeiramente católica era aquela que — após algumas hesitações, reconheçamo-lo — fora formulada por mons. Juigné: "Basta que Sua Santidade julgue necessária à manutenção da Igreja na França a minha demissão, para que eu renuncie".

Os onze bispos que tinham ficado ou regressado a França, compreendendo mais facilmente as dificuldades e as exigências da situação, apressaram-se a obedecer. Mas, entre os oitenta e quatro bispos que viviam no estrangeiro, alguns não tomaram a mesma atitude de docilidade do antigo arcebispo de Paris. "Foi o rei que me nomeou — dizia mons. Nicolai, bispo de Béziers —. Não posso deixar o meu cargo sem sua autorização". Como é óbvio, o pretendente, futuro Luís XVIII, não os pressionava nesse sentido. Por fim, contaram-se cinquenta e oito renúncias e trinta e sete recusas. Com determinação, Pio VII lançou uma nova Bula — *Qui Christi Domini vices* —, pela qual declarava suprimir os cento e trinta e cinco bispados da antiga França, bem como os da Bélgica e da margem esquerda do Reno. Assim, os bispos, fossem eles demissionários ou não, deixaram de ter território e perderam toda e qualquer jurisdição.

A questão não ficou logo completamente concluída, mas já não faltava muito. Apenas dois bispos "não demissionários" se mantiveram na oposição: mons. Thémines, antigo bispo de Blois (que fora substituído por Grégoire), e mons. Coucy, bispo de La Rochelle. Por aqui e por ali, párocos ex-não juramentados mostraram-se indignados, especialmente quando ouviram os novos bispos, escolhidos pelo primeiro-cônsul, declarar que a conscrição era um dever de consciência. Formaram-se então alguns agrupamentos anticoncordatários, mas sem uma organização sólida, incapazes de formar bloco. Receberam o nome de *Louisets* ["Luisetas"] na Bretanha (fiéis a Luís XVIII), de *Clementinos* na Normandia, de *Fiéis* na Provença, de *Puros* no Languedoc, de *Filocheses* na Turíngia. Tiveram como doutrinador o pe. Chaix, dominicano de Lyon. Em conjunto, formaram a *Pequena Igreja*[28], que declarou "esperar confiadamente o momento fixado pela Providência para fazer triunfar a verdade". A polícia consular perseguiu-a[29].

Quanto à igreja constitucional, as coisas transcorreram de outra maneira. Ao sentirem aproximar-se a tempestade, que a iria varrer, Gregóire, seu infatigável chefe, e os "Reunidos"[30], tinham tentado inicialmente algumas diligências junto dos enviados de Pio VII; mas estes tinham-se recusado a reconhecê-los como bispos. Então, para afirmar que existiam, tinham convocado para Paris (junho de 1801), na altura em que o cardeal Consalvi acabara de chegar para as negociações decisivas, o "Concílio Nacional" em que pensavam havia um ano. Tinham-se reunido quarenta e três bispos e cinquenta e cinco padres, em representação das dioceses, além de alguns delegados de grupos jansenistas-galicanos da Itália, como o pe. Degola.

A principal preocupação desse Concílio fora multiplicar os testemunhos de lealdade para com o governo, na esperança de que ele fosse seu defensor perante a Santa Sé, decidida a esmagar a igreja "cismática". Mas não tinham obtido a resposta que desejavam. Numa audiência que Fouché pedira para Grégoire e Périer (bispo de Clermont), o primeiro-cônsul tinha apenas declarado que todos os bispos, de qualquer das duas igrejas, deviam pedir demissão, e que haveria Constitucionais à frente de algumas dioceses — não de todas. Depois, o Concílio procurara negociar com o clero "incomunicante", ou seja, o que não jurara. Em vão. Em seguida, perdera-se vagamente nas areias de discussões vazias acerca dos direitos recíprocos de bispos e párocos.

A assinatura definitiva da Concordata acabou de cobrir de angústia os constitucionais. O seu espanto chegou ao máximo quando souberam que era o próprio papa que, por um segundo Breve — *Post muitos labores* —, dirigido a mons. Spina para lhes ser transmitido, lhes pedia que se demitissem. Claro que de acordo com o primeiro-cônsul... Demitirem-se! Grégoire dava vazão ao pensamento de todos, sem dúvida, quando se propôs escrever ao papa uma carta de protesto, assegurando que fora apenas para manter na França a prática da religião que tinham prestado os juramentos revolucionários; que por isso tinham sofrido numerosas provações causadas pelo Terror e que, além disso, como "digna recompensa pela sua energia em confessar a fé", se tinham visto objeto de uma outra perseguição "com todos os requintes de uma barbárie até agora desconhecida", empreendida pelos monárquicos e os *chouans*. "O que fizemos em 1791 — acrescentava Grégoire —, ainda hoje o faríamos. O juramento que nos censuram consagrava os nossos deveres para com a religião e a justiça". Se, ao ser-lhes pedido em nome do papa que se demitissem, se pretendia "submetê-los a tudo o que Pio VI fizera e ensinara", eles recusavam-se. Foi preciso que Bernier, cujas qualidades de astúcia mais uma vez fizeram maravilhas, se dedicasse a interpretar as fórmulas, a atenuar as oposições, a acalmar os amores-próprios... Para mais, os bispos constitucionais estavam demasiado sujeitos ao governo para poderem resistir seriamente às suas ordens. E todos eles renunciaram, embora alguns, entre os quais Grégoire, elevassem protestos não menos vãos que azedos...

Desobstruído o terreno, era a hora de montar o novo episcopado previsto a Concordata. Fiel ao seu princípio de abolir o passado e de operar — à força, se fosse preciso — a fusão da velha com a nova França, o primeiro-cônsul escolheu os sessenta bispos, em parte entre o episcopado do *Ancien Régime* — dezesseis —, em parte entre o constitucional — doze —, e o resto entre gente nova. Tratou também de que no novo episcopado houvesse elementos de todas as classes sociais. Assim, Paris teve o nobre — e nonagenário — mons. Belloy; Orleáns teve o pe. Bernier. Como nota curiosa:

Grégoire não teve nada. A dosagem era hábil. É óbvio que não agradou ao papa, que soube, com espanto e indignação, que alguns constitucionais — alguns cismáticos — iam conservar a mitra. Mas o legado Caprara inclinou-se perante a decisão do senhor da França. Ao menos dispuseram-se os doze intrusos, como Roma lhes pediu, a retratar-se por escrito da atitude que em tempos tinham tomado quanto à Constituição Civil do Clero? Nem isso. Dez deles recusaram-se a fazê-lo, publicamente encorajados pelo próprio Bonaparte, que declarava que "um homem que se retrata desonra-se". Bernier tentou encontrar uma fórmula, do gênero nem carne nem peixe, que iludisse o papa. Mas teria de se esperar pela ida de Pio VII a Paris, por ocasião da sagração imperial, para que a Igreja pudesse, em troca de uma declaração um tanto equívoca, tê-los por reconciliados. Mas Bonaparte já tinha o seu episcopado.

Num nível inferior, a instalação da Igreja concordatária levantou também certos problemas. Fora decidido que, das trinta a quarenta mil paróquias de outrora, só subsistiria uma por cantão, com pároco pago pelo governo. Seriam assim cerca de três mil, embora com "sucursais". Em muitos casos, houve que lutar contra a vontade das populações, muito presas à antiga distribuição: cada paróquia desejava conservar "a sua sucursal" e usava de todos os meios, de todas as influências, para o conseguir. A situação permanecia coxa, e assim ficaria até ao termo da era napoleônica, que também seria o termo dessa divisão demasiado teórica.

Mas o mais inquietante da experiência era a penúria de padres. A imensa maioria dos juramentados submeteu-se à autoridade pontifícia; e a imensa maioria dos não juramentados que regressaram do exílio prestou o indulgente juramento de fidelidade ao regime que lhes era pedido. Porém, ainda ficava um grande número de vagas. Muitos padres tinham morrido: ou de morte natural, ou na guilhotina, ou nos pontões. Havia mais de dez anos que o recrutamento cessara quase totalmente. "Seriam precisos vinte mil padres", observava Portalis, depois de ter examinado um relatório que dizia respeito a vinte e seis dioceses, ou seja, metade da França. Havia, ao todo, 21 mil, dos quais três mil juramentados. Apelou-se para antigos padres regulares que se tinham desligado em maior ou menor grau da sua Regra. Até se chegou a chamar padres que tinham abdicado ou tinham abandonado o sacerdócio e que agora se declaravam arrependidos, ou nem isso. Para esses foram inventadas fórmulas ambíguas, ou então puseram-nos em lugares desdenhados. O modesto ordenado — mil a mil e quinhentos francos para os párocos, quinhentos francos para os coadjutores — não era grande tentação para os que se dispusessem a tomar parte nessa obra de reconstituição do clero francês...

No entanto, essas medidas tiveram sucesso em grande parte. Em poucos anos, conseguiu-se encontrar os padres indispensáveis: chegou-se a cerca de 25 mil. Reabriram-se seminários[31]. De 1800 a 1815, deles sairão seis mil padres, número bem modesto e certamente insuficiente, mas promessa de futuro. Tarefa de grande fôlego, que só após a Restauração dará os seus frutos. Mas as dificuldades estavam longe de ter acabado para a igreja da França. Uma vez estabelecidos esses quadros, era necessário um imenso esforço para que o catolicismo reconstituído não fosse, como o garantiam os intransigentes e os monárquicos, simples aparência, "manequim sem consistência"[32]. Mas, para quem se lembrasse do estado em que se encontrava a religião três anos antes, já em fins de 1802 era admirável o prodigioso refluxo da situação. Ontem proscrita e perseguida, a Igreja era agora honrada, respeitada, protegida pelos poderes públicos contra aqueles que persistiam no seu secreto propósito de prejudicá-la. Compreende-se, pois, que, apesar da amargura que podia sentir à vista de certos atos e gestos do imperioso cônsul — os Artigos Orgânicos, a designação dos doze bispos constitucionais —, Pio VII lhe estivesse grato.

Em janeiro de 1803, aliás, o papa manifestou essa gratidão criando quatro cardeais franceses[33]. Entre eles figurava um antigo arcediago de Ajaccio, que por algum tempo tinha abandonado as ordens sacras para ser "inspetor dos transportes militares" sob a Convenção, em seguida se reconciliara com a Igreja e acabava de ser feito arcebispo de Lyon: mons. Fesch, o próprio tio de Napoleão Bonaparte, que dele fez seu ministro plenipotenciário junto de Sua Santidade.

Bonaparte, patrono dos católicos da Europa?

Com a Concordata, ambos os signatários ganhavam um acréscimo de poder. O papa, que, menos de três anos após a morte do infortunado Pio VI, revertera a situação, retomava agora todo o seu prestígio. "Já não devemos tratá-lo como se ele tivesse duzentos mil homens, mas como se tivesse quinhentos mil..." — observava judiciosamente Cacault, que acrescentava: "Toda a gente precisa do Santo Padre". Aliás, era fácil percebê-lo pela pressa com que o luterano rei da Prússia e o cismático czar da Rússia se preparavam para enviar-lhe embaixadores... Quanto aos Estados católicos, que — como espirituosamente observava ainda Cacault — tinham "surrado e maltratado a Santa Sé mais do que um negro faz ao seu fetiche", certamente haveriam de hesitar, daí por diante, em envolvê-lo em incidentes desagradáveis...

Mas também o primeiro-cônsul sabia quanto ganhara com a reconciliação. A França estava pacificada; os católicos, ligados ao seu regime; o clero, a caminho de se transformar em instrumento do poder, como no tempo de Luís XIV: bons resultados. Mas a operação podia trazer ainda outros benefícios, nos quais certamente pensava o general vencedor de acordo com os seus planos. Aliada da Sé Apostólica, a nova França apresentava-se aos povos católicos da Europa bem diferente do que fora a França ateia do Terror. A mensagem revolucionária, associada agora à religião, talvez se pudesse espalhar por onde quer que as armas vitoriosas permitissem à França tomar pé... Essa política europeia não estivera com certeza ausente das intenções de Bonaparte ao negociar a Concordata.

Não tardou que diversos sintomas deixassem transpirar esses secretos desígnios. Na Itália, onde as derrotas de 1799 tinham arruinado as Repúblicas "irmãs" — a Cisalpina, a Romana e a Partenopaica —, Marengo permitira ao vencedor restabelecer aquelas que lhe agradou ressuscitar. Já em janeiro de 1802, mediante uma "Consulta" de notáveis reunidos em Lyon, fez com que lhe atribuíssem o título de Presidente da República da Itália — a "Cisalpina" alargada. À frente de um "Reino da Etrúria" fantasmagórico, pusera já um príncipe espanhol, Luís I. Depois da paz de Amiens, anexou à França a ilha de Elba, em seguida o Piemonte, e ainda o ducado de Parma. Nesse ínterim, a República Ligúrica era colocada numa situação de verdadeiro protetorado.

Imediatamente, nesses países assim postos sob o seu poder, Bonaparte praticou uma política religiosa calcada sobre a da França. No Piemonte, a organização eclesiástica foi pura e simplesmente a da Concordata francesa, imperativamente estendida ao antigo reino de Vítor Emanuel I. Reorganização do quadro das dioceses (das dezessete, só foram conservadas seis); sistema de nomeação dos bispos à maneira francesa... Posto perante um verdadeiro ultimato, e receando ver nacionalizados os bens do clero piemontês, Pio VII cedeu para evitar o pior. Foi mal recompensado de tanta mansidão: Bonaparte introduziu no Piemonte o Código Civil — incluindo o divórcio — e nomeou, para presidir às comissões encarregadas dos negócios eclesiásticos e do ensino, padres notoriamente jansenistas e antirromanos, daqueles que o pe. Degola, condutor da seita, chamava "*i celebri preti nostri amici, Regis, Pavesio, Bauddisone, Allegre*", e até Spanzotti, autor de *As desordens morais e políticas da Corte de Roma!*[34]

Na República Cisalpina, as coisas foram ainda mais longe. Logo que a República-irmã fora levantada das suas ruínas, Bonaparte anunciara que pretendia ver reinar ali a paz religiosa e ameaçava "ir rachar a cabeça a todos esses vadios" que, em Milão e alhures, continuavam a praticar o anticlericalismo. Na Constituição da República da Itália, mandou inscrever, no artigo 1°, o reconhecimento do catolicismo como religião de Estado (coisa que recusara na França). Por sua ordem, o cardeal Bellisomi constituiu um Comitê dos assuntos religiosos, o que não agradou a muitos republicanos italianos, hostis, se não à religião, pelo menos a Roma. Por seu lado, Pio VII não estava muito entusiasmado com a ideia de estudar uma Concordata com uma República cujas tendências conhecia e que, além do mais, detinha injustamente as Legações. Quando, finalmente, o primeiro-cônsul propôs que as negociações fossem dirigidas pelo cardeal Caprara, arcebispo de Milão, cujo vigor e combatividade evidentemente não tinham aumentado, a manobra pareceu ao papa bastante clara...

Não teve, contudo, outro remédio senão negociar. O vice-presidente da República, Melzi, mandou que a "Consulta" estabelecesse uma "lei orgânica do clero", afinal um pouco mais liberal do que os Artigos Orgânicos franceses, mas que não menos que estes pretendia fixar a sorte da Igreja sem que o papa desse o seu parecer. Pio VII aceitou, pois, que se elaborasse uma Concordata, que substituiria a Lei orgânica. Depois de catorze meses de conversações, que se desenrolaram em Paris (fato significativo) entre o cardeal Caprara e Marescalchi, representante da República italiana, e graças à hábil intervenção de dois franceses — Cacault e Bernier —, lá se chegou (novembro de 1803) a um texto que dava plena satisfação ao papa: o cardeal Fesch, que estava desde julho em Roma como representante do primeiro-cônsul, fez chegar ao Soberano Pontífice um exemplar magnificamente encadernado desse texto.

A importância da nova Concordata era imensa: o catolicismo proclamado religião de Estado, o clero garantido na posse dos seus bens, a afirmação de que todas as questões litigiosas seriam resolvidas "de acordo com a disciplina da Igreja" — tudo isso formava um conjunto de cláusulas bem mais favoráveis que as da Concordata francesa. E com isso o papa Pio VII podia neutralizar os que o acusavam de ter sido demasiado fraco com Bonaparte em 1801.

Infelizmente, o grupo dos inimigos da Santa Sé não dormia: era extremamente poderoso à volta de Melzi e dos governantes italianos. Nele pululavam jansenistas e josefistas, na sua maioria provindos da Universidade de Pavia, bastião da causa antipontifícia. À frente dos serviços de culto, estavam os padres Bovara e Giudice, o primeiro jansenista e o outro franco-maçom. Por todo o lado havia *fidi e ligi della buona causa* ["fiéis e vassalos jurados da boa causa"], como escrevia a Scipione Ricci um dos seus correspondentes milaneses. Sob a influência desse partido, Melzi reeditou, agravando-o, o golpe dos Artigos Orgânicos. Publicou (25 de janeiro de 1804) dois decretos segundo os quais as leis da República continuariam a ser aplicadas em todos os casos em que a Concordata não tivesse estabelecido formalmente outras disposições (estaria aí o divórcio?). E que, como herdeiros dos antigos imperadores e duques de Milão, os Presidentes da República italiana gozariam de todos os seus direitos e privilégios — o que podia ir muito longe. Em vão o papa protestou, com inusitado vigor, junto do cardeal Fesch. Bonaparte, que estava em vias de se tornar o Imperador

Napoleão, queria com certeza guardar trunfos para as negociações que haviam de preparar a ida de Pio VII a Paris para a sagração. Ficou, portanto, na névoa de algumas boas palavras. E não domesticou Melzi.

Tudo isso era inquietante para o papa. Por toda a parte onde a França, em princípio aliada e amiga da Santa Sé, tinha influência, dir-se-ia que, como se fosse intencionalmente, se multiplicavam incidentes desagradáveis: em Parma, os funcionários franceses ressuscitavam a legislação de Du Tillot[35]; em Nápoles, o cavaleiro de Acton, que tentava uma aproximação com a França, já falava em imitar os franceses, redistribuindo as dioceses... e passando para o Estado os bens daquelas que fossem suprimidas. O jogo duplo era flagrante. O espírito regalista, que era o dos Artigos Orgânicos, ganhava terreno à medida que aumentava a expansão francesa. Entretanto — e era uma contraprova —, na Etrúria, pequeno reino que, de momento, o primeiro-cônsul parecia ter esquecido, o piedoso rei Luís I conduzia os negócios religiosos no sentido mais generoso, libertando os bispos da tutela do Estado, proclamando a liberdade de ensino e mandando vigiar atentamente no seu retiro o ex-bispo jansenista de Pistoia Scipione Ricci. É fácil de compreender que Pio VII, perante as consequências inesperadas do acordo por ele firmado tão liberalmente, se mostrasse desolado. O cardeal Fesch punha o seu sobrinho a par dessa desolação. E o furioso diplomata acrescentava que, "não sabendo como consolar o papa", decidira "vê-lo muito raramente"...

Até onde chegaria a mão do terrível condutor da França? Até onde exerceria ele o papel de árbitro dos católicos que parecia querer assumir? Na Suíça, tinham rebentado tumultos que beiravam a guerra civil: convertidos em "República Helvética", os cantões tinham proscrito o catolicismo romano e expulsado o núncio apostólico; e falavam em constituir uma Igreja Católica cismática constitucional. Para pôr termo à agitação daí resultante, Bonaparte mandou redigir (19 de fevereiro de 1803) um *Ato de mediação* cujo resultado mais concreto foi impor aos suíços a colaboração militar com a França, mas em que não faltavam cláusulas de caráter religioso. Voltou a haver núncio em Lucerna (mons. Testaferrata); mas a reorganização das dioceses só se fez com extrema lentidão, porque o imperador dos franceses não interveio e também porque certos elementos "avançados", dirigidos por Wessenberg, vigário geral de Constança, puderam fazer sem nenhum entrave a propaganda das suas ideias.

Na Alemanha, e por motivos análogos, a situação permaneceu igualmente confusa. Bonaparte jogou aí uma das principais cartadas da sua política. O tratado de Lunéville, que levara a fronteira francesa até o Reno, tinha espoliado certo número de príncipes alemães da margem esquerda; mas estipulara que os desapropriados receberiam compensações. O primeiro-cônsul conseguiu que fosse ele a dominar o processo das indenizações. Entendeu-se com o rei da Prússia — que perdia o ducado de Cleves —, com o Eleitor da Baviera — que abandonava Frankfurt — e com os outros Estados interessados, e atribuiu-lhes generosamente terras da Igreja... Também essa negociação foi feita em Paris... e, no plano político, desembocou no famoso *Recès de 1803* (25 de fevereiro), que reorganizava "as Alemanhas", simplificando-as: suprimia os Estados muito pequenos, designadamente os principados eclesiásticos, e agrandava os maiores, que assim eram convidados a tornar-se clientes da França.

Perante uma espoliação tão flagrante de bens da Igreja, Pio VII protestou. Tinha realmente obrigação de protestar, embora, no fundo do peito, pensasse que os Príncipes mitrados da Germânia, defensores do febronianismo, que tantas dores de cabeça tinham dado ao seu predecessor[36], recebiam desse modo um justo castigo de Deus. Os seus protestos caíram no vazio... O imperador Francisco II fez de conta que não ouviu; os príncipes católicos da Alemanha correram para a gamela tão vorazmente como os protestantes; Bonaparte, informado do protesto por Caprara, não reagiu, tanto mais que o seu ministro Talleyrand ganhava na operação uma honesta comissão de quinze a vinte milhões... Em desespero de causa, Pio VII tentou apelar para mons. Dalberg[37], arquichanceler do Império, aliás personagem mais que suspeita, que, para compensar as perdas que sofrera em Mogúncia, acabava de se servir opulentamente, instalando-se em Ratisbona... Esse prelado "esclarecido" respondeu ao papa que era preciso ser realista e aceitar o fato consumado; propôs que se desse solução a todas as questões da Igreja na Alemanha por meio de uma Concordata geral.

A ideia foi bem acolhida por Pio VII. A Concordata italiana, então em fase de negociações, dava-lhe a esperança de regular segundo os mesmos princípios os problemas que mais dificuldades levantavam. Na realidade, o que aconteceu foi cair em inextricáveis meadas. Viena fazia o seu próprio jogo, orientada pelos princípios do josefismo integral. A Baviera e Würtenberg não queriam uma Concordata geral, mas propunham Concordatas particulares. Como a França "comprara" Dalberg, o imperador procurava tirá-lo da sé de Ratisbona. O cardeal della Genga, núncio apostólico em Munique (futuro Leão XII), extraiu a conclusão de todas essas desordens: "Para escapar dos lobos, temos de confiar no leão".

E foi assim que, ao chegar a Paris para a sagração, Pio VII recebeu o projeto de Concordata preparado por Dalberg. Mas o papa percebera o perigo e recusou-se terminantemente a discutir em Paris os assuntos da Alemanha. O cardeal Consalvi, esclarecido sobre o valor dos compromissos pela armadilha dos decretos Melzi, insistia com o papa em que tomasse minuciosas precauções antes de assinar um novo pedaço de papel. A despeito de uma semichantagem em que

Dalberg agitou o espantalho de um cisma..., Pio VII permaneceu firme nas suas posições: se devesse ser feita, a Concordata seria negociada em Ratisbona e não em Paris, seria geral para a Alemanha — para que os pequenos Estados clientes da França não pudessem modificar-lhes os termos como lhes apetecesse — e tornaria claros os direitos da Sé Apostólica de tal sorte que nenhum outro Melzi pudesse zombar deles. Em substância, queria isso dizer que a Concordata assinada com a França em 1801, tão indulgente para com os ideais revolucionários, não serviria de modelo àquelas que os Estados porventura quisessem obter da Santa Sé. De resto, as próprias circunstâncias — a terceira coalizão, a criação da Confederação do Reno — iam pôr a dormir a questão da Concordata alemã: só após a queda de Napoleão é que se voltaria a tratar do assunto.

Assim Pio VII marcava um tento. Com doçura e benignamente, como era do seu estilo, o papa obtinha a desforra dos Artigos Orgânicos e dos decretos Melzi. Napoleão Bonaparte não chegaria a conseguir para si esse direito de patrocínio universal sobre os católicos, que fazia parte dos seus planos. Desse modo, no próprio momento em que parecia total o acordo entre o Soberano Pontífice e o senhor da França, estava já em preparação o conflito que os havia de pôr frente a frente.

O novo Carlos Magno

Contudo, desde a Concordata de 1801, os acontecimentos não tinham cessado de desenrolar diante do primeiro-cônsul um tapete de glória. A sua popularidade aumentara de dia para dia. Em maio de 1802, o Senado propusera que lhe fosse garantido antecipadamente o Consulado por um novo período de dez anos. Indo mais longe, Cambacères e o Conselho de Estado tinham sugerido que um plebiscito confiasse o Consulado vitalício a "Napoleão Bonaparte" (o nome próprio, como indício simbólico, começava a surgir nos atos oficiais). Por 3.500.000 *sim* contra 8.300 *não*, a França aderira a essa proposta, apesar dos "ideólogos" do gênero de Benjamin Constant e de Mme. de Staël, e também dos militares invejosos que troçavam do "Sultãozinho". Dois *senatus-consultos* (à maneira romana, como vários aspectos da política revolucionária e imperial), de 2 e 4 de agosto, tinham instituído o novo regime, de acordo com a nova *Constituição do ano X*. Os poderes do chefe de Estado tinham sido muito reforçados por ela. Passo a passo, o governo fora assumindo novos meios de ação: a Legião de Honra, que agruparia à sua volta uma nova nobreza fiel; os colégios do Estado, que iriam formar a mocidade dentro dos bons princípios. O regime fora consolidado com a promulgação do Código Civil e com um notável renascimento econômico.

Mas Bonaparte queria ir mais longe. Bem sabia ele que a maioria dos franceses conservava uma preferência instintiva pela forma monárquica. Especialmente o clero, que agora estava do seu lado, desejava, segundo a expressão do cardeal Cambacères, ser governado pelo "Homem à direita" de Deus, o novo Ciro, "o Cristo da Providência". A tentativa frustrada da conspiração monárquica de Georges Cadoudal e Pichegru em março de 1804, que teve como resposta uma ação atroz — a execução do jovem duque d'Enghien[38] —, acabou de cortar as pontes com os fiéis da dinastia dos Bourbons, que tiveram de se convencer de que Bonaparte não trabalhava pelo rei, mas para si próprio. Já o cônsul tinha dado ao seu modo de viver um luxo quase régio: nas Tulherias, tinha ressuscitado uma verdadeira corte. Na emoção provocada pela conspiração, foi fácil a Joseph Fouché e aos mais zelosos servidores do seu senhor fazer o Tribunado aprovar, a 3 de maio, uma moção que estabelecia o *Império;* e no dia 18 o Senado transformava essa moção em lei. Napoleão Bonaparte passava a ser *Imperador dos Franceses*. Que "gloriosas recordações" se prendiam com esse belo título! Para que ninguém duvidasse do sentido que pensava dar-lhe, Napoleão cuidou de ir pouco depois a Aix-la-Chapelle, onde se debruçou piedosamente sobre o sarcófago de Carlos Magno e, na basílica, se sentou no trono do seu "glorioso predecessor".

Mas, ávido de legitimidade, com o espírito povoado de lições da história, sabia muito bem que o título que acabara de tomar só passaria a ser verdadeiramente irrevogável aos olhos dos súditos se ele se tornasse "o Ungido do Senhor", tal como os reis da França. Antes mesmo de os *senatus consultos* terem legitimamente estabelecido o Império, Napoleão confidenciou ao cardeal Caprara, durante uma recepção em Saint-Cloud, o seu desejo de ser sagrado pelo papa, numa cerimônia de coroação que teria lugar em Paris. O pedido lançou a Cúria num grande embaraço. Havia de se conferir a um homem que suscitava tantas razões de queixa um privilégio que o elevaria mais alto que todos os Príncipes católicos da Europa?! Só havia um precedente: o de Pepino o Breve, que Estêvão II fora sagrar, mas em troca da promessa régia de "cumprir todas as vontades e todos os pedidos do papa". O próprio Carlos Magno se dispusera a ir a Roma para receber a sagração. Afinal, teria o papa o direito de deixar Roma por vários meses para comprazer uma só potência? E nem se fale dos receios que sentiam os membros da Cúria que haveriam de acompanhar o papa a Paris: tinham a França na conta de um país ímpio, ateu e, pior ainda, "a goela do Inferno", na palavra de um deles...

Foram precisos cinco meses de negociações para que o projeto de Napoleão se tornasse realidade. Por várias vezes estiveram a ponto de romper-se: por exemplo, a propósito do juramento constitucional que o imperador devia prestar durante a coroação, e cuja fórmula, parecendo incluir os Artigos Orgânicos, era inaceitável para a Santa Sé; havia também a dificuldade da eventual presença na cerimônia dos bispos ex-constitucionais. Mas Pio VII tomou, sozinho, a decisão de aceitar. Seria gratidão para com o signatário da Concordata, apesar de tudo...? Ou vontade de aproveitar a ocasião para discutir diretamente com Napoleão as questões pendentes? Os "grandes interesses da religião" pareciam-lhe exigir uma resposta favorável. Do lado francês, o imperador estava tão decidido a conseguir a sagração que não deixaria de fazer qualquer coisa para assegurá-la. No Conselho de Estado, onde a oposição ao projeto era grande, replicou: "É preciso medir o proveito que tiraremos daí pelo desgosto que os nossos inimigos hão de ter. Que dirão os Bourbons?"

O papa partiu de Roma a 2 de novembro, com uma comitiva de quarenta pessoas, depois de ter delegado os seus poderes no cardeal Consalvi com o coração pesado. Quanto tempo ficaria fora de Roma? Na realidade, estaria ausente perto de cinco meses. E como seria recebido na França? No alto que fez em Radicofani, o cardeal Maury, respeitosamente trocista, aconselhou-o a ir celebrar missa na igreja do Carmo, em memória dos padres que os predecessores de Bonaparte tinham chacinado... Na realidade, o acolhimento dos fiéis franceses excedeu em calor tudo o que se pudesse imaginar. A Fouché, que, à chegada, lhe perguntava que lhe parecia a França, o papa podia responder, num grito de entusiasmo: "Louvado seja Deus! Atravessamo-la por entre um povo ajoelhado!" Em Paris, instalado nas Tulherias, no quarto que fora de Mme. Elisabeth[39], o pontífice gostou de ouvir a multidão gritar, sem descanso, à luz dos lampiões: "O Santo Padre! O Santo Padre!", como numa canção, até que apareceu na varanda para abençoar.

A recepção que lhe fez o imperador foi mais ambígua, e o papa não pôde ter ilusões sobre o fundo do seu pensamento. Não há dúvida de que fora muito amável em mandar reconstituir, para Sua Santidade, exatamente o quarto que ocupava no Quirinal, para que se sentisse nas Tulherias como em sua casa... Já o tinha sido menos ao evitar qualquer encontro solene — foi ao seu encontro como por acaso, durante uma caçada na floresta de Fontainebleau —, ou ao mandar o bispo-apóstata Talleyrand receber o papa na escadaria do Palácio, ou ao trazê-lo para a cidade de noite, para que a entrada não fosse demasiado triunfal... Pio VII não tardou a aperceber-se de que o orgulhoso soberano que vinha sagrar tinha pensamentos pouco claros a seu respeito. De qualquer modo, estava decidido a passar por cima de muitas coisas, a fim de poder tratar das questões que considerava capitais. As dificuldades em ponto morto foram resolvidas em espírito de grande conciliação: o juramento constitucional seria prestado por Napoleão sem a presença do papa; o imperador seria dispensado de comungar na missa, como era de uso, e, como é óbvio, de se prosternar com todo o corpo perante o Pontífice, o que Luís XVI ainda fizera diante do arcebispo de Reims.

Um incidente de última hora esteve a ponto de deitar tudo abaixo. Na própria véspera do dia marcado para a sagração, Joséphine, mulher de Napoleão (a quem, aliás, Pio VII chamava sua "querida filha Vitória"), pediu uma audiência ao Santo Padre: foi para lhe revelar que se casara com o seu imperial esposo apenas pelo civil. Desolado, sentindo-se enganado, o papa falou com firmeza. Exigiu que se celebrasse imediatamente o casamento religioso, sem o que ele não participaria da coroação. Autorizava, no entanto, que a celebração fosse quase clandestina, unicamente na presença do cardeal Fesch como oficiante e num dos aposentos das Tulherias. Assim se fez. Pela astúcia de uma mulher que esperava garantir o seu futuro, o onipotente imperador teve de recorrer ao "casamento forçado"[40].

No dia seguinte, 2 *de dezembro*, a cerimônia da sagração desenrolou-se com uma pompa digna dos fastos capetíngios. O tempo estava bom, mas frio. O estrondo das salvas de artilharia, as revoadas do sino grande ressoavam no ar vivo e puro. Diante de Notre-Dame, David erguera um arco triunfal suntuosamente decorado. No interior, tapeçarias e veludos caíam das galerias e das abóbadas. Tendo chegado pontualmente, Pio VII teve de esperar duas horas pela entrada do cortejo. Depois, começou a missa, seguindo em grandes linhas o modelo da sagração dos reis da França; mas simplificaram-se as unções. No Intróito, o papa benzeu a espada, o cetro, o globo e a mão-de-justiça, e a seguir entregou-os a Napoleão, lembrando-lhe que devia usar essa força para proteger a Igreja de Deus e os seus fiéis. Em seguida, o imperador tomou nas mãos a coroa e colocou-a na cabeça, conforme já se tinha acertado nos acordos preliminares[41]. Depois, colocou um diadema na testa de Joséphine, que estava ajoelhada nos degraus do altar, enquanto os coros entoavam o *Vivat Augustus in aeternum.*

O inspirado pincel de David imortalizou a cena, talvez com uma verdade mais profunda do que estaria na sua intenção, porque há um contraste singular, quase penoso, entre o imperador a bem dizer divinizado, que ocupa o centro do espaço, tendo atrás de si um friso de vestes eclesiásticas e de uniformes rutilantes, e o ancião franzino, sentado à direita do quadro, sorrindo com ar triste, como se já pensasse no previsível futuro. Pensaria também nisso o triunfador, o herói do dia? A sua bela face, já bastante cheia, tal como a vemos na tela de David, não revela senão essa "força extraordinária" de que falaria Mme. d'Abrantes nas suas *Memórias.* Ao irmão, à entrada na catedral, o imperador murmurara: "José, se o nosso pai nos visse!..." Mas, como bom corso que era, atento portanto aos presságios, que terá ele sentido quando, no trajeto para Notre-Dame, ao passar debaixo do pórtico das Tulherias, a águia dourada que encimava o coche se desprendeu e caiu ao chão?[42]

Não importa: de momento, era o triunfo. Napoleão podia medir a amplitude desse triunfo, conforme previra, pela cólera dos Bourbons. O conde da Provença (futuro Luís XVIII) ia ao ponto de falar em ir "afixar um protesto nas portas do Vaticano". Joseph de Maistre escrevia, com pena um tanto enfática: "Os crimes de Alexandre Bórgia são menos revoltantes do que esta vergonhosa apostasia do seu débil sucessor". Mas o papa, o que é que ele ganhara com isso? Que terá ele ganho com os quatro meses que passou em Paris, na esperança de levar a bom termo as negociações que lhe absorviam a cabeça?

Sobre o caso dos Artigos Orgânicos, de nada adiantaram as volumosas *Representações* que os teólogos da Cúria entregaram: foi-lhes inteiramente vedado abordar sequer o assunto. Sobre a questão dos decretos Melzi, não tiveram melhor sorte. O imperador mandou-lhes responder que queria respeitar a vontade da República italiana — o que era bem engraçado, visto que tal República seria dentro em breve um reino, cujo trono ele próprio ocuparia... O único ponto importante acerca do qual a Santa Sé conseguiu mais ou menos os seus fins foi a situação dos bispos constitucionais nomeados por Napoleão que não se tinham retratado. Persuadidos pelo próprio Napoleão de que não valia a pena resistirem, os irredutíveis acabaram por ceder, embora dois deles de muito má vontade. Para o papa, era uma vitória, que se tornou mais completa pelo gesto inesperado de Scipione Ricci, o antigo bispo de Pistoia, que, ao saber que todos os seus amigos franceses se tinham submetido, declarou aceitar os termos da Bula *Auctorem fidei,* que outrora Pio VI dirigira contra ele[43].

Quando se esgotou a lista, abundantíssima, das festas da coroação, Pio VII partiu. Tinha pressa de retornar à Cidade Eterna, tanto mais que, no inverno, Roma sofrera uma grande inundação. A viagem de regresso foi ainda mais triunfal do que a da ida. Por toda a parte as multidões se amontoavam ao longo das estradas, para o aclamar. Em Lyon, onde foi hóspede do cardeal Fesch por três dias, o papa comoveu-se até às lágrimas com o fervor popular. Até os cardeais mais desconfiados se rendiam. Os próprios romanos, que, à partida do papa, se tinham sentido tristes e inquietos, quando souberam pela imprensa das magnificências da sagração, manifestaram entusiasmo[44]. Da Basílica de São Pedro, onde começou por rezar longamente, até ao seu palácio do Quirinal, tudo foi uma imensa aclamação.

Mas Pio VII não foi o único a tomar o caminho da Itália. A 18 de março de 1805, a República italiana foi transformada em reino e, pouco depois, Napoleão chegou a Milão, a fim de cingir a coroa de ferro dos reis lombardos, como Carlos Magno. Iria agora solucionar a questão dos decretos Melzi? Limitou-se a dizer que a Concordata italiana teria pleno efeito e a publicar dois novos decretos "orgânicos" que restabeleceram a ordem na Igreja da Itália — à moda napoleônica, isto é, sem consultar o papa. Assim começava o jogo italiano de Napoleão. "Todas as minhas ambições se voltam para a Itália — escrevia ele a um confidente —. É uma amante cujos favores não quero partilhar com ninguém..." Motivos tinha o papa para estar secretamente atormentado.

Mas a torrente que empurrava o imperador para a onipotência parecia irresistível. Havia adesões espantosas. Em Gênova, onde se concluiu o périplo italiano, os cardeais Spina e Caselli, que tinham sido os negociadores da Concordata, recebiam o novo protetor da República Lígure com tantas manifestações de lealdade que este lhes colocou no peito a banda vermelha da Legião de Honra. Mais surpreendente ainda: um outro cardeal pediu para ser recebido em audiência e, cinco minutos depois, declarava apoiar a causa napoleônica e ser "todo dele" para toda a vida: era Maury, o antigo defensor do trono real, o representante oficial de Luís XVIII.

Uma Igreja bem dominada

Desse modo, com a bênção do papa, a grande aventura do império napoleônico ia escrever na história um capítulo lendário. Durante dez anos, por sobre uma Europa inicialmente dominada pelo espanto e depois, pouco a pouco, mais tranquila, a Águia iria traçar os círculos do seu voo imperial. Uma após outra, iriam formar-se as coalizões para tentar quebrar essa onipotência. Por muito tempo, a espada invicta haveria de despedaçá-las, com golpes sem resposta: a terceira[45] (1805), em Ulm e Austerlitz (2 de dezembro); a quarta (1806-7), em Iena e Auerstaedt, Eylau e Friedland. Por duas vezes o velho continente receberia um novo desenho segundo a vontade exclusiva do vencedor.

No entanto, a partir de 1808, a desmedida tarefa começou a parecer mais árdua. Empenhado na louca empresa do *bloqueio continental*, decidido em novembro de 1806 para tentar abater a Inglaterra, Napoleão iria pagar cada vez mais caro pelas suas vitórias. E, em *Wagram* (6 de julho de 1809), seria mais difícil a derrota da quinta coalizão. Nesse meio tempo, a chaga aberta da guerra da Península Ibérica fazia correr inextinguivelmente sangue francês. Mas ainda seria preciso esperar muito tempo para que o monstruoso gênio das armas fosse vencido.

A esse domínio do mundo correspondeu um domínio da França, que foi o instrumento daquele. Sobre o território do império, de ano para ano engrandecido pelas vitórias, abateu-se um despotismo ao lado do qual o de Luís XIV ficaria a perder de vista. A *Constituição do Ano XII* (assim se chamou, de maneira não muito rigorosa, o *senatus consultum* de 18 de maio de 1804) lançara as bases de uma monarquia muito mais absoluta do que a dos Capetos. De resto, o seu aparato imitou o da defunta realeza, mas agora com maior luxo, quando não em estilo novo-rico: Corte, Grandes Dignitários, Grandes Oficiais, uniformes, galões, etiqueta... O arbítrio foi reforçado. Os ministros quase perderam toda a iniciativa; as assembleias deliberativas, ainda mais, e uma delas, o Tribunado, foi até suprimida. Os prefeitos, cuidadosamente escolhidos, passaram a ter nas mãos os departamentos muito mais estreitamente do que alguma vez os tinham tido os intendentes. E os magistrados ficaram muito mais submetidos do que os parlamentares de outrora. Quanto à polícia, nada escapou à sua vigilância: pessoas, livros, jornais. O colete de ferro foi bem apertado.

Nesse sistema, o lugar da Igreja estava perfeitamente previsto. Mais "bispo do exterior" do que o tinham sido Constantino, Justiniano ou Carlos Magno; mais "vice-Deus" que o Rei-Sol, Napoleão I não considerou a Igreja senão como um meio de governo. Se aceitou despender somas importantes com o culto (dezesseis milhões de francos, em 1809), foi porque entendeu que isso lhe trazia lucro... Por isso "a aliança necessária entre as instituições políticas e as instituições religiosas" tornou-se um dos temas preferidos da eloquência oficial; por isso o ministro dos cultos, sucessivamente Portalis e Bigot de Préameneu, ambos magistrados galicanos, cuidaram muito bem de pôr o clero ao serviço do regime. Foi assim que, em todos os momentos, Napoleão procedeu como soberano católico, assinando "Vosso devotado filho" nas cartas para o papa, concluindo as que dirigia aos bispos pela fórmula tradicional "Peço a Deus que vos tenha em sua santa guarda", solicitando orações públicas para que o Senhor abençoasse os exércitos, mandando celebrar um *Te Deum* depois das vitórias e ordenando que fossem prestadas honras militares ao Santíssimo Sacramento.

Os bispos, que tinham sido escolhidos pelo imperador, apressaram-se a mostrar-lhe gratidão, servindo-o. "Existe uma relação, meus senhores[46] — escrevia-lhes Fouché, ministro da Polícia — entre as minhas funções e as vossas: é nosso fim comum fazer nascer a segurança do Império no seio da ordem e das virtudes". Foi, de resto, bem assim que os "prefeitos de batina" entenderam o seu papel... Quando Maury foi nomeado arcebispo de Paris, no mesmo dia em que Pasquier se tornou prefeito da Polícia, exclamou: "O Imperador acaba de satisfazer as duas maiores necessidades da sua capital: com uma boa polícia e um bom clero, pode sempre estar seguro da tranquilidade pública, pois um arcebispo é também um prefeito da polícia!"

Viram-se, pois, bispos que não somente pediram calma e respeito à ordem, o que ainda cabia de algum modo nas suas atribuições, como publicaram cartas pastorais para fazer com que a conscrição fosse bem acolhida, ou mesmo para colaborar com a polícia na neutralização de certos espíritos perigosos. Atitude lamentável em representantes de Deus, essa submissão completa ao poder! Era a paga pelos dez ou quinze mil francos de vencimento que lhes eram atribuídos, e pelo direito de terem novamente um lugar adequado no protocolo... Tal concepção do seu papel, em homens por outro lado dignos de consideração, viria a ter consequências baseante deploráveis. Demasiado funcionarizado, o episcopado concordatário havia de ficar, durante muito e muito tempo, à margem das preocupações e das inquietações do seu rebanho, e muito lento em captar os movimentos da consciência cristã. E isso pesará fortemente nos destinos da Igreja francesa no século XIX.

O exemplo mais impressivo que esse episcopado deu da sua vassalização foi talvez a aceitação do catecismo único que Napoleão quis impor a todo o império: o *Catecismo imperial*. Logo a seguir à Concordata, o imperador confidenciara essa ideia a Porcalis, e este, em quem o instinto de adulação era bastante forte, logo compreendera por meia-palavra... Esse catecismo devia, acima de tudo, servir para explicar aos bons súditos de Sua Majestade que Deus queria que permanecessem bem submetidos à autoridade imperial. O homem idôneo para compor um tal texto, em colaboração com Bernier e também com o cardeal Caprara, muito bajulador, era o próprio sobrinho do ministro dos cultos, ou seja, o jovem cônego *d'Astros*, cão inteligente como ambicioso. Muito habilmente, d'Astros acolheu-se à sombra do grande Bossuet, aproveitando o essencial do catecismo da sua diocese, mas desenvolvendo nele, como é óbvio, aquilo que a Águia de Meaux já dizia com bastante força acerca dos deveres dos súditos para com o monarca. A lição VII, que comentava o quarto mandamento, foi especialmente cuidada[47]. O imperador tinha motivo para se mostrar satisfeito: aí se lia que — "Ungido do Senhor", "Defensor da Ordem" — era visível que detinha o império por vontade da Providência e que os fiéis tinham a obrigação de obedecer-lhe como ao próprio Deus, "de quem ele é imagem na terra". Devidamente aprovado pelo *senhor*, o *Catecismo imperial* foi publicado por decreto de 4 de abril de 1806. Os bispos da França, por muito escolhidos que tivessem sido, só com alguma hesitação aceitaram essa teologia moral. E um deles — mons. d'Aviau — teve mesmo a coragem de recusar a publicação. O arcebispo de Paris, cardeal Belloy, redigiu um papel, muito confuso, para explicar que "os deveres dos súditos estão nele explicados com maior extensão do que se tem feito até agora, porque as circunstâncias do tempo em que vivemos não são semelhantes às dos tempos passados". Mas, como a sua bravura não chegava à temeridade, concluía os comentários assegurando que tinha um "religioso respeito por essa segunda Majestade, que, na terra, é a imagem da própria Majestade divina".

Ainda mais grave do que a introdução do *Catecismo imperial* para a domesticação da mentalidade, a política escolar de Napoleão obedeceu às mesmas intenções. E a Igreja esteve igualmente associada aos seus planos. Neste ponto, no entanto, devemos matizar o quadro e não nos limitarmos, como fazem muitos historiadores, a usar simplesmente as palavras "monopólio do ensino". Durante o Consulado, Bonaparte mantivera a respeito do ensino uma atitude bastante ambígua. A Constituição do Ano VII, contrariamente à do Ano III, passara em silêncio a liberdade de ensino. Mas o primeiro-cônsul deixara renascer os estabelecimentos particulares, e até os ajudara, por vezes, para assim suprir a insuficiência das escolas públicas.

A lei de 1° de maio de 1802 procurara estabelecer um compromisso entre os princípios revolucionários de laicidade e estatização do ensino e o espírito da Concordata. Na realidade, essa concorrência não deu bons resultados. No conjunto, as famílias tinham preferido as escolas particulares às do Estado. Para mais, os professores do ensino público, escolhidos pelo irreligioso Fourcroy — que admitira numerosos padres casados —, não ofereciam grandes garantias de levar a bom termo o grande plano de formação das inteligências que ia interessar ao Império. Foi assim que, a *10 de maio de 1806*, um decreto, de inquietante brevidade, instituiu a *Universidade Imperial*[48].

O esquema da nova instituição era muito bem concebido (tão bem, que ficaria de pé até aos nossos dias). Três grandes secções: o Primário, com as "Pequenas Escolas"; o Secundário, com os Liceus e Colégios; o Superior, as Grandes Escolas — entre as quais a Escola Normal Superior, destinada a formar professores — e as Faculdades. Territorialmente, a universidade era dividida em Academias, com as mesmas circunscrições dos Tribunais de Apelação. À frente da universidade ficava µm Grão-Mestre, assistido por um Chanceler e um Tesoureiro, junto do qual funcionava o Conselho da Universidade. Cada Academia era dirigida por um Reitor. "O ensino público — precisava o decreto de 1808 — é exclusivamente confiado à universidade. Nenhuma escola, nenhum estabelecimento de instrução, pode ser formado fora da universidade imperial e sem autorização do seu chefe". Formalmente, tratava-se de um *monopólio do ensino.*

Qual seria, porém, o espírito com que Napoleão concebia esse domínio do Estado sobre todo o ensino? "O meu objetivo principal no estabelecimento de um corpo docente — dizia o imperador — é dispor de um instrumento para dirigir as opiniões políticas e morais". Como a religião já se lhe oferecera para pôr em prática esses desígnios, era natural que lhe fosse confiado o ensino em larga medida. Ia-se, pois, "formar súditos virtuosos pela religião, úteis ao Estado pelos talentos, vinculados ao governo e ao seu Augusto Chefe pelo amor e pelo dever". Daí que a escolha para Grão-Mestre tenha caído em *Fontanes,* antigo aluno dos oratorianos, católico convicto, amigo de Chateaubriand e de Bonald, e a quem um dia Metternich viria a qualificar de "singular composto de ambição e beatice". Como Chanceler, foi designado mons. Villaret, bispo de Casale (Piemonte). Como reitores ou inspectores gerais, numerosos padres ou leigos, como, por exemplo, Ambroise Rendu. Como membros do Conselho da Universidade, também muitos padres, entre eles Émery, e leigos devotos, como Bonald. Daí também o lugar considerável que a religião veio a ter no sistema de ensino. O catecismo passou a ser matéria do programa. Os bispos passaram a ter o direito de fazer visitas pastorais aos estabelecimentos públicos; foi proibido falar dos filósofos ateus e hostis à religião. O Chanceler da Universidade nem precisaria de recordar, como o fez por uma circular, que "a religião católica devia ser a base do ensino público": era evidente.

Na prática, os estabelecimentos particulares puderam desenvolver-se paralelamente aos do Estado, mas controlados por este, submetidos a este de todas as maneiras. Os Irmãos das Escolas Cristãs — os "ignorantinos", como então lhes chamavam — foram pura e simplesmente integrados na universidade, por sugestão do cardeal Fesch; apenas tiveram de fazer um exame de habilitação. Os Padres da Fé, *Pères de la Foi,* antigos e futuros jesuítas, reabriram colégios, em que davam aulas mais tradicionais e clássicas que as dos colégios do Estado, mas não menos devotadas ao regime e de estilo só ligeiramente menos militar, com o rufar de tambores e instruções cívicas e patrióticas. No fim de contas, o "monopólio" pressupunha uma verdadeira simbiose do ensino com a Igreja: tanto era assim que Napoleão estava seguro da "sua Igreja"...

... Ou julgava estar. Na prática, terão os resultados justificado inteiramente as suas esperanças? E difícil julgar. Não podemos apreciar equitativamente uma experiência escolar que só durou oito anos... Alguns historiadores[49] têm defendido que Fontanes traiu secretamente o seu senhor; que, ou por convicções pessoais ou para preservar o seu futuro, teria deixado o clero fazer o seu jogo na universidade, preparando de longe a restauração da realeza, sob a qual a Igreja retomaria o antigo domínio sobre todo o ensino. Não é possível dizer que parte de verdade há nessa suposição. Seja como for, uns tantos católicos ficaram inquietos ao verem essa intromissão do Estado nas consciências, ainda que com a bênção dos bispos. E surgiu um panfleto, aliás, indigesto, intitulado *Université,* provavelmente emanado dos meios anticoncordatários, em que se recordava que "é de fé que compete à Igreja o direito de instruir a juventude acerca da religião, por força da missão especial que lhe foi confiada pelo seu Divino Fundador, Jesus Cristo". E o pe. Lamennais, em 1814, escreveria que, "de todas as concepções de Bonaparte", a do monopólio do ensino era "a mais terrível". A verdade, porém, é que, de momento, e enquanto o todo-poderoso imperador ocupou as Tulherias, nenhum bispo se atreveu a protestar[50].

É o mínimo que podemos dizer! Porque, na realidade, perante todo esse trabalho de domesticação da Igreja, tão descarado como nunca chegara a ser no *Ancien Régime*, a igreja da França se mostrou de uma pusilanimidade extrema. Comprazeu-se em bajulações que nos deixam estupefatos. É evidente que o exemplo lhe vinha de cima, do próprio ministro dos cultos, Portalis, cujo gosto pela lisonja era o traço mais pessoal do seu caráter: foi Portalis quem propôs que a espada de Napoleão em Austerlitz fosse depositada numa igreja, guardada por um cabido especial de cônegos, e quem mandou decretar que no aniversário dessa grande vitória o clero fosse obrigado a pronunciar um sermão comemorativo. Mas, quantos e quantos bispos, quantos padres havia que não precisavam de que o ministro dos cultos os empurrasse para o caminho da adulação! O "moderno Ciro", o "novo Alexandre", o "Constantino do nosso tempo" ou o "Carlos Magno" foram das metáforas menos significativas que lemos nos documentos episcopais. "Vós sois o mais perfeito dos heróis até hoje saídos das mãos de Deus", exclamava o bispo Le Coz, antigo constitucional arrependido. O príncipe Rohan, capelão da Corte, forçava ainda mais a nota, num acesso de lirismo que o levava a falar em alexandrinos: "*Le grand Napoleón est mon Dieu tutélaire*" ["o grande Napoleão é o meu deus tutelar"]. E mons. Charrier de la Roche concluía, resumindo a lição que extraía da história imperial: "Tudo é sobrenatural. Tudo é milagre".

Tanta platitude seria apenas irritante se, para alegrar a história, não tivesse havido, nesta aventura, um incidente que a alivia: a descoberta (é o termo apropriado, a menos que seja invenção) de um *São Napoleão* desconhecido dos bolandistas, identificado, graças a uma etimologia tão complacente como acrobática, com um certo mártir Neápolis que, como por acaso, tinha sido um valoroso guerreiro, e cuja festa foi fixada, também como por acaso, num dia em que os católicos da França havia muito que sabiam o caminho para se dirigirem à igreja: 15 de agosto, festa da Assunção de Nossa Senhora aos céus. Num dia de confidências, Napoleão recordou a um familiar que, na China, o imperador era deus. E acrescentou: "Assim é que está bem". Temos de confessar que a igreja da França fez muito para firmá-lo nessa convicção...[51]

Mas teria sido possível outra coisa? Importa recordar a situação em que a Igreja se encontrava, arruinada em três quartas partes, ainda ontem despedaçada entre três ou quatro tendências ou clãs, e em tantos aspectos impotente. A massa do clero mostrava-se indiferente a perigos que nem sequer podia descortinar. Estava agradecida a Napoleão por ter restabelecido a paz religiosa, por lhe ter permitido retomar a sua missão, e até por ter suprimido, pelo decreto de 1° de janeiro de 1806, o famigerado calendário revolucionário que a França carregava havia catorze anos — ao mesmo tempo que restaurava o domingo e as velhas festas tradicionais. Podia o simples pároco de aldeia desejar coisa melhor? Bem mais que as ameaças de cesaropapismo, o que certamente o atribulava era a conscrição, que arrancava tantos jovens à sua paróquia... Mas, contra isso, nada podia dizer.

O único protesto verdadeiramente meditado que então se ergueu contra o intolerável domínio do Estado napoleônico sobre a Igreja é o que encontramos, por meias palavras, num livro publicado em 1808 por um jovem padre bretão.

O padre chamava-se *Félicité de Lamennais*, e o título do livro era *Reflexões sobre a situação da Igreja na França durante o século XVIII e sobre a situação presente.* Expondo os seus modos de ver acerca da necessária reorganização dessa Igreja, e propondo um programa completo — aliás excelente — de formação dos padres, Lamennais mostrava a repugnância que sentia por um clero "assalariado", por uma Hierarquia submissa ao Estado. Mas um apóstolo da liberdade — ao mesmo tempo, campeão do ultramontanismo — poucas probabilidades tinha de ser ouvido nesse tempo. O livro passou quase despercebido de toda a gente, exceto da polícia, que o confiscou.

Um despertar da espiritualidade

O que pode até certo ponto desculpar a docilidade da igreja da França para com o novo Carlos Magno é a incontestável renovação que, graças à paz que ele lhe restituíra, se deu nessa altura. O movimento de fervor que se notara desde o início do Consulado não foi fogo de palha. Prosseguiu durante o Império. E — ao menos na primeira parte do seu reinado — Napoleão encorajou-o por meio de providências em que se revelava uma autêntica largueza de espírito. Não há dúvida de que o seu propósito não era recristianizar a França, mas utilizar em seu proveito o poder que o catolicismo mantinha. Seja como for, essa política permitiu à Igreja tornar a encontrar uma vitalidade e uns meios de ação que dez anos de proscrição tinham lesado. Como havia o clero de não sentir gratidão por aquele que lhe restituíra essas oportunidades?[52]

O Império napoleônico corresponde, pois, a um período de despertar religioso cuja importância não deve ser subestimada: a Igreja do século XIX não teria sido o que foi sem esse despertar. Os sinais são muitos. *Reabrem-se os seminários,* o que é talvez o fato capital. A maioria dos bispos compreende que é nesse plano que importa atuar antes de mais nada. Referindo-se ao cardeal Fesch, Napoleão brincava: "O meu tio? Se o meterem num alambique, saem de lá seminários: é um elemento do seu modo de ser!" Eis um belo cumprimento para um bispo. M. Émery, que já no princípio de 1800 reunira alguns alunos numa sede provisória (Hôtel de la Vache Noire) e depois os instalara na rua Notre-Dame-des-Champs, apesar da má vontade de Fouché, que por alguns dias o meteu na cadeia, consegue levar a bom termo a restauração de São Sulpício. Como não pôde obter a restituição dos antigos edifícios, que foram arrasados para destacar a fachada da igreja e fixar os contornos da praça[53], compra umas casas na rua du Pôt-de-fer e consegue readquirir Issy-les-Moulineaux. Por sua iniciativa, os sulpicianos criam nas províncias dez seminários maiores: a duras penas, porque não era fácil contratar professores. Por seu lado, os lazaristas criam sete. Muitos outros são fundados pelos bispos, apoiados pelos padres diocesanos.

Tudo está longe de ser perfeito nessas casas, especialmente sob o aspecto intelectual. A obrigação de passar cinco anos no seminário ainda não está reconhecida em toda a parte. Faltam bons professores e bons livros. As matérias do currículo são medíocres; a Sagrada Escritura, reduzida a comentários piedosos; a História Eclesiástica, ignorada nos programas de setenta e cinco seminários sobre oitenta... Insiste-se sobretudo na formação moral e espiritual — piedade, devoção, bom comportamento —, o uso da batina começa a ser obrigatório, mas é claro que não se fala em ação no meio ambiente. Assim se prepara um clero infinitamente respeitável, mas que entenderá o seu papel de forma muito restritiva, que participará muito pouco do renascimento intelectual do país e se recusará a envolver-se nos problemas que preocupam as suas ovelhas. Para sair desse quadro, serão necessários santos, como João Maria Vianney.

No entanto, a *pastoral* retoma a sua ação. A história não capta facilmente o trabalho apostólico dos simples párocos nas suas circunscrições, mas pelos resultados podemos avaliar o esforço que centenas e milhares de padres ignorados fazem nesta altura para recuperar o seu pequeno rebanho. Conhece-se melhor a ação dos prelados. E é digna de louvor. Quase todos os bispos trabalham generosamente nas suas dioceses, multiplicando as visitas, ministrando o sacramento da Confirmação até ao esgotamento. O cardeal Fesch crisma 50 mil pessoas num só ano; mons. Primat (antigo ajuramentado e apóstata!), 45 mil; o bispo de Muns, mons. Pidoll (que era alemão), 20 mil num só mês; mons. de la Tour d'Auvergne, 10.140 em oito dias. A diocese de Bordeaux comove-se ao ver o seu santo bispo, mons. d'Arviau, fazer a visita pastoral a pé, apoiado num cajado, escoltado por camponeses, o que o imperador considera uma chocante falta de dignidade... Na Lorena e no Luxemburgo, também mons. Jauffret passa a vida por montes e vales. Mons. Dubourg há de ficar célebre pelas suas infatigáveis pregações; certa vez, passa cinquenta e quatro dias ininterruptos em viagem, exposto pelas estradas a tanta chuva que as suas vestes nunca chegam a secar... Este episcopado do Império é sob muitos aspectos digno de ser comparado ao do Grande Século das Almas.

As *Missões* recomeçam. O tipo instituído durante os dias terríveis pelo pe. Linsolas e seus êmulos[54] já não tem razão de ser, uma vez que o culto voltou a ter as instituições normais. Mas as Missões do tipo antigo — daquele que fora estabelecido por um Vicente de Paulo, por um João Eudes, por um Luís M. Grignion de Montfort —, essas são cada vez mais necessárias. A massa dos cristãos tem tanta necessidade de ser urgentemente trabalhada! Vários apóstolos isolados se lançam a essa tarefa. E cedo se organizam Institutos destinados a sistematizá-la: a *Sociedade do Coração de Jesus,* do pe. Clorivière, a *Sociedade do Sagrado Coração,* do pe. Tournely, e, em Lyon, auxiliadas pelo cardeal Fesch, a *Sociedade dos Cartuxos* e a *Sociedade de Santo Irineu* (Santo lrineu foi o mais famoso bispo de Lyon); todas elas fazem um bom trabalho. Os ajuntamentos provocados pelas Missões chegam a inquietar a polícia e o próprio imperador, que trata de *bons à rien* ["bons para nada"] esses pregadores "ambulantes e errantes". Mandará proibi-los de trabalhar, sem no entanto o conseguir.

Ainda mais surpreendente: Napoleão deixa renascer as *ordens religiosas!* E no entanto, o seu pensamento acerca delas é exatamente como o de um "filósofo" ou de um membro da Convenção: "A humilhação monástica — diz ele — é destruidora de todas as virtudes, de todas as energias e de qualquer governo". Em vão Pio VII defendera a causa dos religiosos durante as negociações da Concordata. "Nada de frades! — ordenara o primeiro-cônsul aos seus representantes —. Dai-me bons bispos e bons párocos. Não precisamos de mais nada". Foi assim que a Concordata não disse uma palavra sobre as ordens, e até um dos Artigos Orgânicos pareceu proibi-las, enquanto um decreto de 1804, mais preciso, as submetia à prévia autorização do governo, que podia revogá-la em qualquer momento. Não deixa de ser engraçado que, em tais condições, o império assistisse ao renascer ou ao nascer de tantas ordens e congregações, a tal ponto que, em 1809, se viu forçado a dar-lhes uma espécie de estatuto geral. Vem-nos à memória a palavra de Lacordaire: "Os monges, tais como os carvalhos, são eternos..."

Acontece que, aos olhos desse homem prático que era Napoleão, se os monges são uns "inúteis", há religiosos e religiosas muito úteis, e seria um disparate que o governo recusasse os seus serviços... Por força deste critério, as congregações femininas são as que recebem melhor tratamento. São necessárias irmãs que cuidem do ensino e irmãs que cuidem dos hospitais. E lá estão elas, prestes a retomar à luz do dia esse papel que, na clandestinidade, muitas delas jamais tinham abandonado. Já em 22 de dezembro de 1800, "a cidadã Duleau, ex-superiora das Irmãs da Caridade, era autorizada a formar alunas para o serviço dos hospitais". E ela aproveita tão bem essa autorização, que, logo em 1808, as filhas de *Monsieur* Vincent têm 260 casas. Sucessivamente, as Damas Hospitalárias de São Tomás de Vilanova, as Filhas Irmãs de São Carlos de Nancy, as Irmãs de São Maurício (Chartres) vão retomando o seu lugar junto dos doentes, dando grande alegria às populações. Em La Rochelle, as Irmãs da Sabedoria são restituídas ao Hospital pelo prefeito e pelo general, no meio de honras militares. Vêm em seguida as que cuidam do ensino. As ursulinas são as que iniciam o movimento de reconstituição. Tinham, em 1789, 350 casas; vão ter 500 em 1808, com perto de sete mil religiosas.

Quanto às contemplativas, que Napoleão julga "ociosas", não demoram a vencer a dificuldade, abrindo aulas no recinto dos conventos. Os bispos, nomeadamente Bernier, ajudam-nas nessa piedosa habilidade. As carmelitas, que a corajosa Madre Soyecourt conseguira reagrupar em pleno Terror[55], restauram-se em muitos lugares. E são imitadas por visitandinas, clarissas, calvarianas. Ao todo, em 1814, só na França haverá 1.800 casas religiosas femininas. Num ponto, porém, Napoleão fracassa totalmente: desorientado com a variedade dessas congregações e o grande número de casas, procura, de acordo com o seu espírito lógico, unificá-las ou pelo menos unificar as que trabalhavam em hospitais. Para começar, põe-nas sob a alta proteção da sua própria mãe, Sua Alteza Imperial Mme. Letizia. Mas, aí onde nenhum papa alguma vez venceu, o onipotente imperador tampouco triunfa. E as congregações femininas, grandes ou pequenas que fossem, ficam ciosamente separadas umas das outras...

Para com as ordens masculinas, a desconfiança de Napoleão é maior. As que não fazem senão rezar não lhe interessam para nada. O beneditino Pio VII não conseguirá reerguer a sua ordem, que, das 1.500 casas que tinha em 1789, só terá 30 em 1814. Os franciscanos das três observâncias, bem como os dominicanos, cuja reforma o papa promove, cuidando também da sua reorganização, não são mais bem tratados pelas autoridades francesas. Não recebem nenhuma autorização para se restabelecerem. No entanto, o imperador abre algumas exceções à regra "nada de frades!" Há alguns que considera "úteis".

Ao atravessar os Alpes antes da batalha de Marengo, o general apreciara os serviços que prestavam aos viajantes os célebres Cônegos de São Bernardo. Por isso decide instalar hospitaleiros beneficentes nas principais passagens das montanhas. A partir de 1801, o Mont-Cenis é entregue aos trapistas de Tamié; tinham sido eles que, em 1805, quando Napoleão fora a Milão receber a coroa de Rei da Itália, o haviam acolhido e salvo de ficar com os pés congelados[56]. Por outro lado, o imperador ouvira falar do espantoso Dom Lestrange[57], antigo mestre de noviços da Trapa de Soligny, que reconstituíra a sua comunidade em Val-Sainte (Suíça) e a ela acrescentara um convento feminino de trapistas e uma espécie de escola. Fora ele que, em 1789, fugindo da invasão revolucionária, levara consigo todo o seu rebanho, através de mil peripécias, até à Rússia, e que, tendo também que deixá-la, fora aproveitando para fundar Trapas em diversos países, incluindo a América. Tinha ele acabado de regressar a Val-Sainte. Cheio de admiração por um tal homem, Napoleão oferece-lhe o hospício do Mont-Geneve e deixa-o restaurar várias Trapas na França, designadamente a do Mont-Valérien. Só mudará de opinião a respeito de Dom

Lestrange quando este tomar posição contra ele por ocasião do grande conflito com o papa, e chegará a ordenar ao prior de Cervara que se retrate do juramento de fidelidade que fizera imprudentemente. A partir desse momento, os trapistas vão passar a ser "perigosos fanáticos ultramontanos"...

No entanto, algumas outras congregações masculinas gozam da simpatia do imperador. Entre elas, as que cuidam do ensino, porque — observa habilmente o cardeal Fesch — "as finanças nacionais ganharão muito em confiar-lhes a educação gratuita". E é assim que, em 1804, os Irmãos das Escolas Cristãs são oficialmente restabelecidos (e já sabemos[58] o papel que desempenharam na Universidade imperial). "Basta um irmão ignorantino — observa Napoleão, sempre prático — para levar um homem do povo a dizer: «Esta vida é uma passagem»". Outra categoria de religiosos bastante úteis: os missionários[59]. Estes servem a propaganda francesa nas terras distantes. Assim, lazaristas, Padres do Espírito Santo, Padres das Missões Estrangeiras são, não apenas autorizados, mas subvencionados[60].

O que é mais curioso é que o imperador — que, como discípulo dos "filósofos", odeia os jesuítas — deixa por algum tempo prosperar discretamente certos *Pères de la Foi* que se parecem com eles como irmãos... São vários os elementos que se fundiram para lhes dar origem: os dirigidos do pe. Clorivière nas *Sociedades do Sagrado Coração;* os discípulos de um desconcertante italiano, Nicolau Paccanari, agrupados numa *Companhia da Fé de Jesus*. Introduzidos na França pelo pe. Varin de Salmon, começam a dirigir colégios, como o de Belley (Ain), onde um jovem de olhos vivos vai garatujando versos às escondidas: Alphonse de Lamartine. Mas essa tolerância imperial dura pouco tempo. Por muito desejo que tenha de dispor de bons educadores, Napoleão desconfia. O papa, que acaba de reconstituir a Companhia de Jesus na Rússia (1801) e em Nápoles (1804), não irá fazer o mesmo em toda a parte[61]? Um decreto de 1804 tenta suprimir os *Pères de la Foi,* que passam à clandestinidade e, por mais que façam Fouché e os seus esbirros, permanecem na França. Na luta contra o papa, o governo imperial não irá ter adversários mais temíveis do que esses homens que ninguém consegue apanhar.

Esta reaparição das ordens e congregações de outrora é, já por si, um sinal de extraordinária vitalidade. E há outro que o confirma: a igreja da França não se limita a reconstituir as suas antigas formações — cria novas. A paz religiosa acaba de ser restabelecida por Napoleão, e já em muitos lugares se observam rebentos. As raras fundações que alguns heróis ousaram fazer durante a Revolução aproveitam o novo estado de coisas para fortalecer as suas bases. Assim acontece com as Irmãs do Sagrado Coração de Maria, de Baugé, organizadas, após a morte de René Bérault[62], por Anne de la Girouardiere. Ou as Irmãs da Caridade, de Besançon, que a infatigável Santa Jeanne-Antide Thouret fundou, passando por infindáveis tribulações.

São poucos os institutos criados entre os homens. Muitos estão no exército; muitos nunca hão de voltar... No entanto, o Bem-aventurado *pe. Coudrin,* depois de ter passado, sob o Terror, as múltiplas peripécias de um *marche-à-terre,* resolve agradecer a Jesus e a Maria a proteção recebida criando uma nova legião de orantes. Quando, ao sair das prisões revolucionárias, encontra Henriette-Aymer de la Chevalerie, o fervor dos dois dá origem, na noite de Natal de 1800, à dupla *Congregação dos Sagrados Corações,* destinada à adoração do Santíssimo Sacramento; instala-se em Paris, perto do cemitério onde repousam 1.306 vítimas guilhotinadas junto do Palácio Real, e em breve torna-se célebre sob o nome de *Picpus.* Casas contemplativas, escolas, seminários, em seguida missões — dessa vivíssima fundação partirão numerosíssimas atividades *picpucianas*[63].

Talvez menos famoso, mas não menos admirável, é o Instituto das Filhas da Cruz, também chamadas *Irmãs de Santo André de la Puye*, do nome da localidade onde irão se instalar durante a Restauração. Nasceu do encontro espiritual entre *Santo André-Hubert Fournet* e Élisabeth Bichier des Ages (1807) e destina-se a "aliviar a vida dos pobres e instruir os ignorantes". Também à instrução, mas de preferência à das meninas das classes dirigentes, e segundo a espiritualidade inaciana, vai-se consagrar um Instituto destinado a um grande futuro: as *Damas do Sagrado Coração*. Funda-as, em 1800, a admirável Madre *Santa Sofia Barat*, modelo de inteligência, de criatividade e de prudência. Igualmente consagradas ao ensino, mas discípulas de São João Batista de la Salle, são as filhas de *Julie Postel*, uma normanda simples que, durante o Terror, guardara corajosamente o Santíssimo Sacramento e que, em 1807, agrupa à sua volta, em Cherburgo, algumas outras mulheres, tão corajosas como ela: são as *Pobres Filhas da Misericórdia*, que virão a ser conhecidas pela designação de *Irmãs da Misericórdia de Saint-Sauveur-le-Vicomte*, depois que a Irmã Marie-Madeleine reerguer essa abadia arruinada. No mesmo ano, uma moça da Borgonha, depois de ter recebido os conselhos de Dom Lestrange, funda também uma sociedade dedicada ao ensino, as *Irmãs de São José de Cluny*, que dentro em breve se lançarão com toda a força na obra das Missões longínquas[64]: é a *Madre Santa Ana Maria Javouhey*, de quem um dia o rei Luís Filipe dirá: "É um grande homem!"[65]

Que movimentação! E ainda teríamos de recordar todas as obras, todas as fundações preparadas durante o Império e que não tardarão a florescer depois da queda deste. É por essa altura que Luísa de Bourbon-Condé, tia do duque de Enghien, pensa em fundar as Beneditinas de São Luís do Templo; que Santa Emília de Rodat se prepara para abrir as suas escolas; que o pe. Chaminade, em Bordeaux, reúne uma espécie de paróquia ambulante, e que, sem muita dificuldade, levará dois dos seus discípulos a criar, em 1816, dois Institutos: as Filhas de Maria, fundadas por Adèle de Trenquelléon, e a Sociedade de Maria (marianistas), organizada pelo pe. Lalanne... Maristas, Oblatos de Maria Imaculada, Irmãozinhos de Maria — quantas e quantas fundações estão prestes a nascer quando Napoleão cair!

Assim, e apesar da sujeição em que o imperador a mantém, e da precariedade da situação das ordens religiosas, a Igreja experimenta, sob Napoleão, um extraordinário despertar[66]. Até que ponto esse despertar foi um despertar das almas? É extremamente difícil dizê-lo. Os trabalhos de Gabriel Le Bras e as suas estatísticas tão precisas não abrangem este período. Seria, aliás, possível elaborá-las? Os documentos são raríssimos. As lamentações dos bispos e os próprios relatórios da polícia indicam apenas que as comunhões são poucas. No entanto, as missas são muito frequentadas. Há uma questão que se deve formular — e que é sempre de formular, mas especialmente nos períodos em que o conformismo favorece a religião: em que medida a prática, a assistência às cerimônias litúrgicas denotam verdadeiros progressos na fé? "Em Paris, mais ainda que no resto da França — diz Grégoire nas suas *Memórias*[67] — há culto, mas muito pouca religião". Mas Grégoire, como sabemos, é jansenista... Uma testemunha que, em 1815, falará sem nenhuma indulgência acerca da época napoleônica — Picot, autor das *Memórias para contribuir para a história eclesiástica* — é mais otimista: "É impossível esconder que a Concordata foi, para um número bastante grande, uma época e uma ocasião de regresso sincero à religião [...]. As instruções dos Ministros do Culto, a administração dos sacramentos e a assistência às preces públicas foram trazendo pouco a pouco muitos fiéis à religião"[68].

O que é seguro é que se vê aparecer uma elite católica, que vai ser a antepassada daquela que, no nosso tempo, desempenhará um papel considerável na história da Igreja: um jovem laicado de que o século XVIII não tivera nem ideia. Na festa da Santa Coroa de Espinhos, em 1806, quando os cônegos de Notre-Dame veem vir à comunhão um grupo de jovens, perguntam-se, estupefatos: "Mas donde vêm eles? Donde vêm?!"

É essa nova elite que se aglomera para ouvir os sermões dos grandes pregadores: os padres Fournier e De Boulogne, mons. Duvoisin, bispo de Nantes, e sobretudo *Frayssinous*. É este que inaugura "conferências" sobre matérias religiosas no Carmo. E com tanto sucesso que, em 1807, tem de pronunciá-las em São Sulpício, onde comparecem quatro mil rapazes das Escolas, misturados com adultos de renome, entre os quais há professores, homens de letras e até bispos. A polícia imperial não levará muito tempo a preocupar-se com isso...

É ainda essa elite que, sob a orientação do pe. Ronsin, se junta numa Congregação mariana em que vemos, entre outros, Ferdinand de Bertier, depois fundador de uma espécie de contra-franco-maçonaria que havia de ser chamada *"a Congregação"*[69]. Há um movimento que prolonga a Sociedade do Coração de Jesus, fundada na clandestinidade pelo pe. Clorivière. Outro, em Paris, surge à volta do pe. Delpuits, antigo jesuíta, e de seis estudantes; entre os jovens adeptos deste movimento contam-se Laennec, Cauchy, Mathieu de Montmorency, Alexis de Noailles, Charles de Forbin-Janson: todos unidos pelo objetivo de restaurar o catolicismo, proclamando a sua fé. Um deles, o futuro pe. Teysseyre, acompanha o Santíssimo no seu uniforme de gala de politécnico. Em Bordeaux, forma-se uma Congregação em redor do pe. Chaminade, apóstolo do culto da Santíssima Virgem. Em Lyon, ressurgem de forma bastante secreta as antigas Associações Apostólicas do *Ancien Régime*, ou talvez mesmo a Companhia do Santíssimo Sacramento[70].

Toda essa agitação não deixa de irritar Fouché e a sua polícia, especialmente quando os jovens da Congregação, tomando partido pelo papa no grande conflito com o imperador, trabalharem em segredo contra o soberano excomungado. "Cabala de meninos de coro", assim lhes chama em tom de troça o imperador, que, em 1809, manda dissolver as associações pias, os inofensivos Filhos de Maria! Mas elas vão durar mais tempo que ele.

Tudo isto nos dá a impressão de uma grande vitalidade. O que não quer dizer que essa renovação não tenha os seus limites. A burguesia ainda é "filósofa", voltairiana. Os "ideólogos" continuam a dominar a Academia Francesa, com Volney e Marie-Joseph Chénier; a Academia das Ciências, com Laplace; uma parte do ensino superior, com Laromiguière; numerosas sociedades científicas, e mesmo certos órgãos de imprensa, tais como o *Journal de l'Empire*. A própria Corte, e mais ainda o Exército, são ainda profundamente irreligiosos, e a alta administração pública vai sê-lo cada vez mais, à medida que o conflito entre o regime e a Santa Sé se for tornando violento. A Igreja está muito longe de ter ganho a partida.

Não deixa, no entanto, de ser verdade que se inicia uma transformação e se assumem novos hábitos. A mudança observa-se nos costumes: à licença que marcara o fim do Diretório, sucede um regime de ordem moral. Não declarara Portalis que "os progressos da imoralidade e da irreligião ameaçam o Estado"?... Em certos distritos, há prefeitos zelosos que regulamentam os bailes e as bebidas. Até a moda vai atrás. As mulheres deixam de se vestir — de se despir... — à moda da Antiguidade, e passam a cobrir o pescoço com golas armadas de barbatanas de baleia. Já é elegante usar um terço à maneira de colar. Em certos meios, faltar à missa — como nota Portalis — passa a ser faltar às conveniências. Pelo Natal e pela Páscoa, as igrejas estão cheias.

Quem faz o peditório são senhoras da alta sociedade, como Mme. Delarue, mulher de um célebre banqueiro, que passa a bolsa em Saint-Roch, ao lado de uma dama russa e seguida por dois criados de libré; um suntuoso preto leva-lhe a cauda do vestido. Passa-se isto em Paris, pela Páscoa de 1803. Se pensarmos no que acontecia dez anos antes, compreenderemos que, mesmo nos piores momentos do combate, Pio VII tenha sempre conservado uma espécie de carinhosa gratidão por aquele que permitira tal mudança.

A hora de Chateaubriand

Semelhante reviravolta da situação religiosa, verdadeiramente assombrosa, deixará uma marca na história da literatura. O seu sinal mais impressionante é um livro. Livro que, por sua vez, contribuiu poderosamente para a transformação da mentalidade e das consciências. É aquele que já vimos aparecer, mesmo a propósito, quatro dias antes da proclamação solene da Concordata, e que Fontanes elogiou no *Le Moniteur,* a folha mais oficial de todas: *Le génie du christianisme.*

É porventura um paradoxo bem desconcertante que esse monumento de orgulho, esse monstro de egoísmo, esse gozador da vida, de comportamento tão pouco moral, que foi *François-René de Chateaubriand* (1768-1848) surja nas letras francesas como testemunha privilegiada do cristianismo, o mais importante arauto da causa católica do seu tempo. Mas o fato é inegável. É impossível evocar o movimento de regresso à Igreja, de que acabamos de enunciar tantos indícios, sem que a memória nos leve para alguma das frases de incomparável cadência de que está cheio esse tratado lírico de apologética. "Há um Deus. O dia canta à noite o seu poder e a sua glória". É impossível fazer o balanço do que a literatura da época trouxe para a fé, sem vermos erguer-se, quase tão solitário em vida como estará depois da morte no túmulo oceânico, o belo rosto aureolado de cabelos varridos pelo vento do mar alto, esse olhar em que brilha o gênio, essa estatura que ultrapassa a de todos os rivais.

Os que são da sua medida — um Goethe, um Schiller — não pensam de maneira nenhuma em fazer-se apologetas; nem sequer o autor da *Pucelle d'Orleans* (1801). Garres ainda vem tateando o caminho que leva à certeza. No clã católico, o savoiardo Joseph de Maistre, no serviço diplomático, ora em Cagliari, ora em São Petersburgo, não é praticamente conhecido na França; e Bonald, o doutrinário, nunca terá a arte de levar o grande público a lê-lo: tanto um como outro só exercerão influência mais tarde, quando uma Contrarrevolução — da qual serão os teóricos — tentar triunfar na Europa[71]. Lamennais é ainda desconhecido. Maine de Biran não tem muito maior notoriedade. Só Chateaubriand está aí, figura de proa na nave da Igreja em que soube tomar lugar.

Tardou muito tempo a chegar a esse papel de defensor fervoroso da religião, assim como, perdido na aridez do neoclassicismo, tardou tempo a encontrar essa prosa de calculados ritmos que lhe havia de dar a glória. O seu primeiro livro, o *Ensaio sobre as Revoluções* (1797), escrito quando, emigrado e sem dinheiro, andava à procura do seu caminho, é, como ele próprio confessa, "um livro de dúvidas", cheio de contradições, um "verdadeiro caos". A morte da mãe, em 1798, situou-o brutalmente diante dos verdadeiros problemas e revirou-o de alto a baixo: "De modo nenhum cedi — dirá ele — a grandes luzes sobrenaturais. A minha convicção saiu do coração: chorei e acreditei". De regresso à França, em 1800, bem recebido no círculo de Elisa, irmã do primeiro-cônsul, graças ao seu amigo Fontanes, em que medida a sua convicção profunda terá ido confluir com o propósito que então descobre no senhor da França? Em que medida a operação de "edição", réplica da operação política do regime, se associa nele ao ato de fé? Quem poderá dizê-lo? Sabiamente precedida da pre-edição de um fragmento fácil — *Atala* —, bom para tocar os corações sensíveis, a publicação do *Gênio do Cristianismo* rebenta num estrondo de glória. Quatro mil exemplares escoam-se tão depressa que um livreiro de Avinhão publica uma edição clandestina. Napoleão chora — segundo se comenta — ao ler essas páginas escaldantes, patéticas; mas também lhe agrada descobrir no Prefácio o louvor ao "homem poderoso que nos tirou do abismo"[72]. A coincidência é demasiado perfeita para não ter sido intencional[73]. Na obra de restauração do cristianismo, querida e determinada pelo imperador, cabem perfeitamente os belos volumes do *Gênio*...

Cinco tomos! Não são demais, na verdade, para se poder desenrolar um plano cuja ambição tem as medidas do autor. O objetivo não é fazer obra de teólogo: "Quem leria hoje uma obra de teologia?" É muito melhor: propõe-se "chamar toda a magia da imaginação e todos os interesses do coração em auxílio dessa religião contra a qual tinham sido mobilizados". O desígnio é nobre. Será original? Não inteiramente. Os temas dessa apologia andavam no ar havia já algum tempo. Antes da Revolução, adivinhavam-se no *Ensaio acerca do belo* do pe. André, em *O cristão pelo sentimento* do pe. Fidele, em certas páginas de Gessner, esse escritor suíço apaixonado pela Bíblia. Mais recentemente, Bonald na *Teoria do poder*, Joseph de Maistre nas *Considerações acerca da França*, e, mais ainda, Ballanche em *Acerca do sentimento considerado nas suas relações com a Literatura e as Artes* (1801) tinham esboçado apologéticas semelhantes. Na última obra referida, até a expressão "gênio do Cristianismo" aparecia com todas as letras... Mas a todos esses predecessores faltara o ritmo, o alento, a orquestração: numa palavra, o gênio do estilo. É nisso que Chateaubriand é o primeiro. Mais que a demonstração, o que o leitor segue é a sua corrente; é a sua corrente que nos arrebata.

Trata-se, sucessivamente, dos Dogmas e da Doutrina — e é um verdadeiro catecismo em imagens que se desenrola aos olhos do leitor —; da Poética do Cristianismo, bem mais alta, mais persuasiva que a dos pagãos; de um Tratado das Belas Artes e das Literaturas, em que a arquitetura dos "góticos", tão desprezada, é trazida para o lugar que em justiça lhe cabe; finalmente, de uma Estética, em que se evocam o culto católico, as suas festas, as suas vestes, e sobretudo os sinos e os túmulos, bem como todos os serviços prestados pelo cristianismo à sociedade dos homens. No conjunto, pela sua sequência, a obra é o contrário exato de um manual de teologia dogmática; é sim uma peça de defesa apaixonada, apoiada em fatos, em imagens, em exemplos: "Não provar que o cristianismo é excelente porque vem de Deus, mas que vem de Deus porque é excelente".

Seria um exagero afirmar que esse plano foi totalmente cumprido. Ao lado de trechos sublimes, quantas páginas mornas e até aborrecidas! Ao lado de arrebatamentos que transportam, quantas demonstrações laboriosas, quase pueris! Repetir, durante cinco tomos: "é verdadeiro porque é belo" é um *tour de force* que só um mago da palavra pode permitir-se. Quanto ao valor apologético da obra, os especialistas não tiveram muito trabalho para demonstrar que é superficial e menos que superficial. Aproximar o culto dos santos do culto dos Lares da Roma Antiga e a Trindade cristã dos *trimurti* búdicos não é, com certeza, ao contrário do que pensava René, demonstrar solidamente a universalidade do cristianismo. Confundir a cada passo o maravilhoso com o sobrenatural também não é trabalhar utilmente a favor da causa da fé.

Mas, afinal, em certo sentido, que importa tudo isso? O feiticeiro da palavra ganhou a partida. A magia do estilo triunfa sobre os argumentos dos críticos. O coração foi certeiramente atingido. "Sente-se — diz Fontanes —; não se discute". É a vitória de uma apologética pascaliana adaptada à sensibilidade pré-romântica das multidões. Surge um neo-cristianismo, que vai ser servido por Ballanche, Camille Jordan, Michaud, Ampere[74], e que não tardará muito a irrigar as terras em que Vítor Hugo, Lamartine e tantos outros irão beber a sua seiva... Bem mais que um êxito de livraria, o que esta obra-prima do nostálgico René vai assinalar é um tempo decisivo da história das letras — e da história da Igreja.

A literatura está, pois, associada à renovação cristã querida por Napoleão. Acontece o mesmo com as artes? Sim, de maneira muito menos esplêndida, pois não se revelou nenhum gênio inspirado, e no entanto de um modo que não devemos menosprezar. A Revolução trouxera o total desaparecimento da arte cristã e, mais ainda que um desaparecimento, uma ruína sistemática, que desgraçadamente atingiu os monumentos do passado religioso. Fora a época em que as igrejas e as abadias, se não eram transformadas em Templos da Razão ou do culto *decadário,* ou utilizadas como entrepostos, eram pura e simplesmente deitadas abaixo. Fora também a época em que o convencional David, investido, na prática, na função de diretor das Belas Artes, pretendia fazê-las servir "aos progressos do espírito humano". Com o novo regime, o napoleônico, a arte cristã retoma os seus direitos e o seu lugar, desde que, é óbvio, esse lugar fosse menor que o das artes encarregadas de exaltar o amo, e os seus direitos subordinados aos do Estado.

Mas, dentro desses limites, essa arte volta a encontrar a sua vitalidade. Talvez, aliás, se exprima menos por obras-primas do que por vivos debates de ideias, inumeráveis projetos[75], múltiplas tentativas no papel, que depois virão a exercer a sua influência. É a hora em que o "meio romano" e os "nazarenos" de Overbeck descobrem os primitivos e os primeiros pintores da Renascença, e em que, sob influência de Chateaubriand, e também de alguns alemães, o gótico reencontra defensores.

A arquitetura, porém, poucas igrejas produz. Quando muito, vai erguendo pouco a pouco a Madeleine, começada no reinado de Luís XV e em que agora trabalha Vignon. (Por sinal, esteve a ponto de ser consagrada a São Napoleão). Mas quantos projetos de igrejas e de catedrais se multiplicam, concebidos pelo lápis de Vaudoyer e dos seus discípulos![76]

A escultura cria ainda menos obras-primas cristãs. Mesmo na obra do mais célebre e mais hábil manejador do cinzel desse tempo, *Canova* (1757-1822), a inspiração religiosa — a do túmulo de Clemente XIII ou a do belo "Pio VI em oração" — sobressai menos do que aquela que dita a esse Praxíteles insípido a nudez de Bonaparte ou, mais galante, a de Paulina Borghese, irmã do imperador.

Quanto à pintura, essa sim, abre um lugar crescente aos temas bíblicos, em especial aos do Evangelho e aos da história do cristianismo. Embora Henri Beyle (o futuro Stendhal) já então vá ruminando a frase estúpida e injusta que escreverá em 1817[77]: "Quando os temas proporcionados pelo cristianismo não são odiosos, são pelo menos feios", a verdade é que numerosos, numerosíssimos pintores representam "Dilúvios", "Filhas de Jefté", "Morte de São José", cenas de martírio e — devemos confessá-lo — também muitas "Betsabé no banho" e "A Mulher de Putifar"... Até o descrente *David* (1748-1825), pintor oficial das glórias do imperador, e que outrora (1780) pintara o prestigioso *São Roque* de Marselha, não desdenha consagrar os seus pincéis a um *Bom Samaritano*, a um *Davi contra Golias*... É um sintoma[78].

E também a música não fica para trás: também se associa ao despertar das almas. *François Joseph Gossec* (1734-1829), ainda ontem tido por anticristão e autor de hinos revolucionários à Natureza, ao Ser Supremo, triunfa num *Te Deum* para coro e numa *Marcha Lúgubre* para instrumentos de sopro. Menos empenhado que ele, *Méhul* (1763-1817), aliás autor do jacobino "Canto da Partida", fala à alma religiosa com o seu admirável *Joseph*, de comovedora pureza. Ao mesmo tempo, *Cherubini* (1760-1817), que noutros tempos escrevera "o Salpêtre republicano" e o "Hino à Vitória", compõe doze missas, dois Réquiem, ladainhas e antífonas. É certo que nem tudo são obras-primas. Nada se pode comparar à "missa em Ut", à oratória do "Cristo do Monte das Oliveiras", com que Ludwig van Beethoven (1770-1827) enriquece nesta época a música cristã. Mas essa reviravolta na inspiração de tantos músicos tem também o valor de um símbolo. Uma sociedade em vésperas de regressar à fé ancestral compraz-se em ser embalada por esses acordes.

O Sacerdócio e o Império

E no entanto, a luz da paz religiosa que nimbara de ouro e de alegria a era da Concordata, não foi mais que uma aurora fugitiva... Mal o dia acabara de nascer, e já as nuvens se acastelavam. Os Artigos Orgânicos acrescentados ao tratado exclusivamente por vontade de Napoleão tinham entristecido Pio VII, não tanto pelo seu conteúdo como pela falta de consideração que tal processo manifestava para com a Santa Sé. Mas também o conteúdo não deixava de fazer do "Filho Primogênito da Igreja" o senhor absoluto do clero, árbitro dos católicos da França. Até onde iria o desejo do novo Carlos Magno de se imiscuir nos assuntos religiosos? Bem depressa se viu que esse desejo não ia ter limites. "Já pegou na naveta do incenso — dizia em voz baixa o arcebispo de Bordeaux —; se o deixarem, ainda vai subir ao altar..."

O papa não podia deixar de se inquietar com esse autoritarismo. E, na própria Itália, os governantes da República Cisalpina pareciam bem capazes de imitar Paris...

Alguns incidentes menores contribuíram para turvar a atmosfera. Durante uma temporada que passou na América, o irmão mais novo de Napoleão, Jerônimo Bonaparte, casou-se (em 1803) com uma jovem protestante, Miss Elisabeth Patterson, na presença do arcebispo de Baltimore, mas sem pedir autorização nem à mãe nem ao primeiro-cônsul. Este, que pretendia que os casamentos das pessoas da família estivessem a serviço da sua política, mandou anular a união civil por falta de consentimento dos pais, uma vez que o noivo tinha apenas dezenove anos, e em seguida pediu ao papa que declarasse o matrimônio nulo. Depois de estudar o caso, o papa recusou o pedido, em nome do direito canônico[79]. Bonaparte recorreu ao tribunal eclesiástico de Paris, que se mostrou mais conciliador[80].

Mas Napoleão tinha decididamente pouca sorte com os casamentos dos irmãos: nessa mesma altura, soube que Lucien acabara de desposar clandestinamente, perante o prefeito em lugar do pároco, a amante Alexandrine de Bleschamp, antiga *merveilleuse* ["coquete"] do Diretório. Cenas, ameaças, súplicas — nada decidiu o antigo presidente dos Quinhentos a repudiar "a libertina". A bem dizer, havia muito tempo que as relações entre os dois irmãos eram difíceis, pois Lucien invejava visivelmente esse ambicioso irmão mais velho que, se não fosse por ele, teria fracassado no golpe de Estado... E, pouco depois, Napoleão, furioso, soube que o rebelde se refugiara em Roma, onde o cardeal Consalvi, que apreciava muito a sua cultura, o tratava como amigo. O tio Fesch, ministro plenipotenciário em Roma, quis intervir, mas o sobrinho perguntou-lhe com insolência se seria próprio de um cardeal empurrar alguém para o divórcio, e convidou-o a "esconder debaixo da púrpura a baixeza dos seus sentimentos".

Pobre tio Fesch!... Desde que, como diplomata improvisado, representava a França na Cidade Eterna, só lhe aconteciam arrelias... Numa rixa, na Piazza Navona, dois vendedores de melancias tinham sido mortos por homens que usavam a *cocarde*[81] francesa, mas que, afinal, eram italianos mais ou menos republicanos. Logo o cardeal fez do incidente uma história complicada, suspeitou que fora Lucien o instigador do assassinato e anunciou a Consalvi que ia pedir demissão!

E ainda não eram senão as primeiras peripécias desse *libretto*, que, nas palavras de Madelin[82], tinha "a solução já escrita". Havia coisas bem mais graves. Ao cingir a coroa de ferro dos reis lombardos, Napoleão mostrara o interesse que tinha pela Itália: era exatamente o interesse que a raposa tem pelo galinheiro... Nem, aliás, ele fazia segredo de que desejava possuir a Itália inteira, mesmo a Sicília, e ser verdadeiramente, conforme dizia a medalha cunhada após a coroação milanesa, *Rex totius Italiae* ["Rei de toda a Itália"]. Que lugar daria ele a Roma e ao Santo Padre, num tal plano? Também neste ponto falava com franqueza: "O papa será meu vassalo", dizia a um confidente. E dentro em pouco escreveria a Pio VII: "Vossa Santidade é Soberano de Roma, mas eu sou Imperador de Roma": fórmula muito equívoca. É claro que se valia de Carlos Magno. Depois da sagração, Bonaparte não era herdeiro legítimo dos reis da França, mas dos imperadores... Ora, o imperador Carlos Magno possuíra a Itália[83]. Se o seu sucessor deixava ficar soberanos na Península Itálica, era por uma atitude graciosa e sob a condição de que estivessem sob a sua tutela. Por mais que Napoleão tivesse jurado que não tocaria no poder espiritual do papa, tudo levava a crer que já estava decidido a ser verdadeiramente o imperador de Roma e de lá mostrar o seu poder. *Imperator romanus!*: título ainda mais prestigioso do que o de herdeiro de Carlos Magno, mais de acordo com os gostos do tempo, com a arte e os sonhos do tempo...

No outono de 1805, Napoleão iniciou a luta contra a terceira coalizão. Ao saber que os ingleses concentravam tropas em Corfu, provavelmente para desembarcarem na costa adriática da Itália, deu ordem ao general Gouvion Saint-Cyr, que estacionava no reino de Nápoles, de ir ocupar Ancona, cidade pontifícia. Era violar descaradamente os Estados da Igreja. Pio VII protestou, recusando-se a admitir que esse ato se destinasse a protegê-lo. Aliás, os anglo-russos desembarcaram em Nápoles, expulsando os franceses. Esperava-se uma derrota do imperador na Áustria..., mas veio Austerlitz, resposta fulgurante ao desafio da Europa. Pio VII não se abalou: os tímidos têm dessas coragens. Três semanas depois, partiu de Roma uma carta categórica e solene, protestando contra a ocupação de Ancona e reafirmando os direitos da Santa Sé. E o papa nada fez para atenuar os efeitos dessa carta. Com uma autoridade de que ninguém o julgava capaz, o suave monge Chiaramonti erguia-se em face do César.

O conflito parecia inevitável. Em vão o papa, triste mas sempre paternal, recordava a Napoleão que ainda não havia um ano que deixara Paris, depois dos altos momentos da sagração, e que ele esperara que a sua bondade merecesse melhor recompensa... Lançando-se a fundo na sua política italiana, Napoleão anexava Veneza ao reino da Itália, do qual seu enteado, Eugênio de Beauharnais, era vice-rei; instalava as irmãs à frente de dois principados; e fazia do irmão mais velho, José, rei de Nápoles — sem consultar o papa, que em princípio era o suserano desse reino e se recusou a reconhecer a nomeação.

As coisas pioravam de dia para dia. Paris fez chegar a Roma um autêntico ultimato, exigindo que o papa expulsasse de Roma todos os súditos das potências em guerra com a França e proibisse aos navios das mesmas potências a entrada nos seus portos. Uma frase era bastante para dar a entender as intenções do vencedor onipotente: "Todos os meus inimigos devem ser inimigos do papa". A Santa Sé era intimada a tomar partido. A questão ultrapassava, pois, em gravidade, o fato da ocupação de alguns territórios papais. O que se exigia de Pio VII era propriamente que renunciasse ao seu papel de Pai Universal, investido num poder espiritual que transcendia todos os antagonismos políticos.

A marcha dos acontecimentos acelerou-se. Cada vez mais depressa, caminhava-se para uma luta entre o Sacerdócio e o Império, semelhante à da Idade Média[84]. Espetáculo impressionante! De um lado, o homem mais poderoso do mundo, incomparavelmente mais forte do que o tinham podido ser alguma vez os senhores do Sacro Império Germânico — um Henrique IV ou um Frederico II —, um soldado que parecia ter atrelado para sempre ao seu carro os cavalos alados da Vitória e diante do qual todos os Estados do continente estavam prostrados[85]. Do outro lado, o frágil ancião revestido de branco, cujas armas não eram senão de ordem espiritual, que se sabia ameaçado na sua liberdade pessoal, talvez na própria vida, e que nem por um instante sonhou capitular diante da tirania. Há poucas páginas na história do papado que provoquem tanto respeito e até tamanha admiração.

A 6 de maio de 1806, as tropas de José ocupam o porto que serve Roma, Civitàvecchia, sempre sob o pretexto de salvar a Urbe dos ingleses. A 16 de maio, Fesch, decididamente considerado demasiado mole, é substituído na embaixada da França por Alquier, antigo convencional, de resto razoável e moderado. A 5 de junho, para ripostar à recusa papal de reconhecer José Bonaparte como rei de Nápoles, ocorrem novas espoliações: os principados de Benevente e de Pontecorvo, enclaves pontifícios em território napolitano, são dados, respectivamente, a Talleyrand e a Bernadotte. Consalvi protesta, e, a 17 de junho, ameaçado de prisão, tem de abandonar a Secretaria de Estado, em que é substituído pelo cardeal Casoni. A 8 de julho, novo ultimato: o papa deve fechar os portos aos navios ingleses e entregar as fortalezas às tropas francesas. Nova recusa de Pio VII.

Algumas semanas de acalmia. Acaba de se constituir a quarta coalizão, e Napoleão lança as suas tropas no fulminante ataque que esmaga a Prússia em Iena e em Auerstaedt (14 de outubro) e abre ao vencedor a estrada de Berlim, onde entra a 27. Os últimos regimentos de Frederico Guilherme capitulam. Napoleão vai outra vez interessar-se pelas coisas romanas.

A 21 de novembro de 1806, em Berlim, em resposta aos secretos bloqueios determinados por Londres, o imperador dos franceses assina o decreto do Bloqueio continental: fica proibido todo e qualquer comércio com a Inglaterra; os navios neutros que tenham tocado em porto inglês não serão autorizados a entrar em qualquer porto do Império. Tudo isso para submeter os ingleses à fome. Mas estes não cedem, e reagem com um bloqueio total à França e às suas colônias. Para a Santa Sé, o perigo aumenta. É evidente que nunca Napoleão tolerará que os Estados Pontifícios constituam uma brecha no "sistema" — assim como não o vai tolerar em relação a Portugal e à Espanha. Mais do que nunca, pretende que o papa seja inimigo dos seus próprios inimigos. Nova recusa de Pio VII. Nova carta ameaçadora de Napoleão, que fala de privar o papa do seu poder temporal e de instalar em Roma um governo francês. Mas logo a guerra — a difícil campanha do inverno de 1806-1807, na Prússia polonesa — abre um novo tempo de acalmia[86]. No entanto, as sangrentas vitórias de Eylan (8 de fevereiro) e de Friedland (14 de junho), o tratado de Tilsitt (7 e 9 de julho), que elimina a ameaça russa, permitem a Napoleão voltar às suas preocupações com a Itália.

Recomeça o conflito. A 12 de julho, Pio VII nega-se novamente a aderir ao "sistema" continental. A 22, o imperador escreve a Eugênio de Beauharnais: "Talvez não esteja longe o tempo em que eu reconheça o Papa apenas como Bispo de Roma". E acrescenta que ele é Carlos Magno, e não Luís "o Bonzinho" — o que estava em dúvida... Apesar de tudo, não quer romper com Roma. Não tem gosto nenhum em provocar um cisma. E abrem-se negociações tateantes, dirigidas, em Paris, pelo cardeal Bayanne. É óbvio que não foram positivas, dada a incompatibilidade das intenções. No outono, enquanto o reino da Etrúria é vinculado ao Império, as tropas francesas apoderam-se do ducado de Urbino e das províncias de Macerata e de Spoleto, isolando totalmente a Cidade Eterna. Alquier é chamado a Paris e substituído por um simples encarregado de negócios. E Napoleão anuncia que é bem capaz de convocar um concílio... Mas Pio VII não cede.

A 10 de janeiro de 1808, o príncipe Eugene recebe ordem de mandar tropas para Roma "sob pretexto de atravessar a cidade a caminho de Nápoles, mas na verdade para ocupá-la". É encarregado da operação o general conde Sextius de Miollis, antigo companheiro de armas de La Fayette e irmão do bispo de Digne[87]. É justo que se diga que o general procederá com o maior tato possível na execução de umas ordens que, no seu íntimo, não aprovava. A 2 de fevereiro, no próprio momento em que o papa e os cardeais celebravam a festa da Purificação, as tropas francesas entram em Roma pela Porta del Popolo, cercam o palácio papal, obrigam os soldados pontifícios a passar-se para as fileiras francesas e prendem os oficiais. Sereno na provação, Pio VII manda afixar estes dizeres: "Entrego a Deus a minha causa, que é também Sua". Miollis procura, por atitudes amáveis, conquistar o coração dos romanos — e das romanas: tem maior êxito com estas do que com aqueles.

Os incidentes continuam. Os cardeais que são súditos do rei das Duas-Sicílias saem de Roma, expulsos. Outros os seguem. Prelados menos dóceis são detidos, como acontece com o cardeal della Genga, futuro papa Leão XII. O cardeal Doria, que substituiu Casoni como Secretário de Estado, é preso e forçado a deixar o cargo. Sucede-lhe Gabrielli, também preso (16 de junho). Pio VII mantém-se impávido: benévolo para com os funcionários e os soldados franceses, mas inabalável. Nem a anexação de Ancona o leva a dobrar-se. Pelo contrário! Napoleão está nesse momento a ponto de entrar no vespeiro espanhol. Envia para Madri seu irmão José, para substituir o último Bourbon. E começam as dificuldades.

O papa chama para a Secretaria de Estado o cardeal Pacca, desde sempre conhecido como *zelante,* o que, aos olhos do imperador, é uma provocação. Em seguida, para sublinhar que pode ripostar no plano do espírito, recusa-se a empregar as fórmulas concordatárias para dar investidura ao novo arcebispo de Malines, mons. Pradt, e faz o mesmo em relação ao bispo de Montauban. A situação chega assim a um ponto de tal maneira tenso que a ruptura é certa.

No entanto, mais uma vez a guerra proporciona uma pausa. Napoleão está duramente atolado na Espanha durante todo o inverno de 1808-9. Em abril, a quinta coalizão tenta abatê-lo. Mas, mais uma vez, a reação do imperador é terrível: é Eckmühl (19-23 de abril); é Wagram (5-6 de julho); é a entrada definitiva em Viena — a Áustria de joelhos a seus pés. Que pode o desventurado pontífice? A 17 de maio de 1809, no palácio de Schoenbrunn, Napoleão assina o decreto que anexa os Estados Pontifícios ao Império. Roma será uma cidade "imperial e livre", governada por uma "Consulta extraordinária" presidida por Miollis. O papa passará a receber uma subvenção de 2 milhões por ano. E, a 10 de junho, a bandeira tricolor é içada no Castelo de Sant'Angelo, em lugar das cores pontifícias.

Mas o papa previu o golpe. Incentivado por Pacca, que ele se recusara a deixar de manter ao seu lado, preparou duas Bulas. Uma delas prevê a eleição de um novo papa em caso de necessidade... A outra, *Cum memoranda ilia die,* excomunga os espoliadores, mais os seus cúmplices e os seus conselheiros. E, pela calada da noite, apesar da polícia francesa, a Bula vingadora é afixada nas paredes de Roma. Ao saber da sentença, Napoleão tem um acesso de riso. "Será que ele imagina que a sua Bula vai fazer cair as armas das mãos dos meus soldados?..." No fundo, porém, sente-se inquieto[88]. E quando é excomungado, louco de cólera, ordena a Murat, a quem encarregara de vigiar Roma, que domine esse "doido furioso" que é o papa... E aconteceu o irremediável.

Durante a noite de *5 para 6 de julho,* quatrocentos soldados franceses, gendarmes e homens do exército, apoiados por dois batalhões napolitanos, empreenderam uma operação militar de grande estilo. Tratava-se pura e simplesmente de atacar o Quirinal, velho edifício onde dois pelotões de suíços equipados de alabardas guardavam um velho sacerdote que tinha o breviário como única arma. O estrategista designado para tal façanha era o general Radet, bom homem, católico sincero e até muito devoto de Nossa Senhora, compositor de cânticos piedosos. Dividido entre as suas convicções e os deveres profissionais, exigiu de Miollis uma ordem por escrito.

Aliás, saiu-se muito mal da empreitada. Tinha combinado tudo de maneira que as coisas se passassem em silêncio, a fim de não despertar o furor da multidão dos romanos. Mas as escadas de mão dos seus valorosos guerreiros quebraram-se, o que deu o alarme. Num campanário próximo, o sino pôs-se a tocar a rebate, e Radet, de machadinha na mão, teve de se atirar à pesada porta de entrada, que decerto não teria conseguido vencer se um dos seus oficiais, mais rápido, não entrasse por uma janela de serviço, abrindo-lhe a porta do lado de dentro.

Pelos vastos salões, o gendarme e os seus homens precipitaram-se à procura do papa, enquanto um bando sem vergonha se entregava à pilhagem. Subitamente, acharam-se diante de Pio VII, que, despertando, tinha vestido à pressa uma batina branca, a camalha e a estola, e esperava, sentado a uma mesa, com o crucifixo na mão. Ladeavam-no o cardeal Pacca e o cardeal Despuig. Ao ver-se diante do Vigário de Cristo, o general Radet sentiu-se perturbado. Descobriu-se. Os oficiais imitaram-no. "Que quereis? — diria ele mais tarde a alguém que lhe perguntava o que tinha experimentado nesse momento —. Quando vi o papa, revi a minha primeira comunhão..."[89] Ali estava Pio VII, nessa noite trágica, tal como um dia o vira Chateaubriand: "pálido, triste, religioso, com a fronte carregada de todas as tribulações da Igreja". Não podia deixar de impressionar.

Invocando as ordens recebidas, que atribuiu diretamente a Napoleão, Radet convidou o papa a renunciar à sua soberania temporal. Pio VII respondeu, em francês: *Nous ne pouvons pas, Nous ne devons pas, Nous ne voulons pas* ["Não podemos. Não devemos. Não queremos"]. Ainda mais comovido num momento em que sobre ele pesava tamanha responsabilidade, Radet dobrou um joelho e beijou a mão do papa. Na praça de Monte-Cavallo, estava uma carruagem à espera; a toda a pressa, fizeram o papa subir nela, acompanhado pelo cardeal Pacca. Pela última vez, o prisioneiro abençoou Roma, a multidão e aqueles mesmos que cometiam o ultraje. Radet sentou-se ao lado do cocheiro. Estava completamente decidido a fazer todo o possível para atenuar a tristeza da situação. Pela Porta Pia, depois ao longo das muralhas de Aureliano, encaminharam-se para a Via Flamínia, em direção a Florença. Tudo foi feito com uma precipitação sórdida, como se se tratasse de um temível malfeitor. Pio VII perguntou ao cardeal Pacca se tinha pensado em trazer dinheiro. Vasculharam os bolsos e puseram-se a rir: o papa trazia um *papello* — 22 soldos franceses — e o cardeal três *grossi*, ou seja, 15 baioques, o equivalente a 15 soldos[90].

Raras vezes um transporte de prisioneiros terá sido mais mal executado do que este. As ordens do imperador eram vagas e contraditórias; os encarregados de executá-las tinham tal medo de fazer as coisas mal que ultrapassavam as instruções e os poderes conferidos; as autoridades pelo território das quais passava a carruagem só pensavam numa coisa: em fazer sair de lá bem depressa um hóspede tão incômodo... Assim, de jornada em jornada, depois de atravessada toda a Itália até aos Alpes, com um calor terrível, o papa chegou à França. Teve, todavia, uma consolação: o acolhimento das populações da Savoia e do Delfinado, que acorreram para lhe pedir a bênção. Em Grenoble — conta Pacca —, a recepção popular não foi própria de um prisioneiro, mas de um pai "a quem uma família rodeia das provas mais tocantes de amor e de respeito".

Onde o iriam instalar? Napoleão ordenara inicialmente que o deixassem na Itália. Depois, quando soube que Pio VII estava em Grenoble, decidiu que o melhor era mantê-lo ali. A lentidão das comunicações teve o desagradável resultado de os subordinados, julgando proceder bem, o reexpedirem para a Itália. Entretanto, o cardeal Pacca — "*ce coquin*" ["esse mariola!"] chamava-lhe Napoleão — era mandado para uma fortaleza de Fenestrelle, para meditar sobre os inconvenientes de excomungar um poderoso imperador... Pelo vale do Ródano e por Nice — onde uma multidão imensa o aclamou e festejou —, Pio VII chegou por fim, a 17 de agosto, a Savana, cidadezinha da Riviera italiana, a quarenta quilômetros de Gênova e sede do novo departamento de Montenotte.

É sabido que, na famosa "profecia" dita de Malaquias[91], a divisa que designa o pontificado de Pio VII se mostra estranhamente adaptada aos trágicos acontecimentos: *Aquila rapax*. Sim: a Águia rapace tinha arrebatado o Cordeiro. Seria mesmo isso o que queria? Ao saber do rapto, Napoleão enviou a Fouché uma mensagem em que se declarava "zangado por terem prendido o papa". E acrescentava: "É uma grande loucura". Por várias vezes virá a afirmar que isso foi feito sem instruções suas, e até contra o seu desejo. Mas é um jogo de palavras. Se não deu ordem formal de raptar o papa, a verdade é que em mais de uma carta dirigida a Murat ou a Beauharnais usara expressões, por vezes raivosas e imprecisas, que impeliam muito nitidamente a esse decisão. Tê-la-á verdadeiramente lamentado? Naquele momento, decerto que não. O general Montholon, nas suas *Memórias,* observa com clarividência: "Todas os sonhos do general Bonaparte, todos os projetos do Imperador na Itália passavam a ter, com o rapto do papa, a possibilidade de se realizarem". Sim. De momento... Mas de futuro?...

Conversando um dia com Fontanes, Napoleão teve estas palavras que podemos também considerar proféticas: "Não há senão duas potências no mundo: o Sabre e o Espírito. A longo prazo, o Sabre é sempre vencido pelo Espírito". A sequência dos acontecimentos ia, ao menos neste ponto, dar razão ao imperador.

Questões canônicas e questões matrimoniais

"Não quero que ele dê a impressão de estar preso", ordenou Napoleão ao príncipe Borghese, marido de Paulina, de quem dependia o departamento de Montenotte. Era assim que indicava ao cunhado o comportamento que devia ter para com o pontífice. Podemos perguntar-nos se não brincava... Pio VII esteve três anos em Savona, absolutamente preso, encerrado no paço episcopal, quase totalmente isolado do mundo. Tinha como casa pontifícia três ou quatro criados e secretários; de tempos a tempos, era submetido a verdadeiras inspeções domiciliares e acabou por ser privado até de papel e tinta. Nessa situação penosa, em que conviviam no seu coração a angústia e o tédio[92], o Soberano Pontífice humilhado conservou a sua energia de ferro.

O plano de Napoleão era claro: afastado dos "maus conselheiros", submetido a uma alternância sabiamente combinada de provas de consideração e de pressões, o papa acabaria por ceder, ou seja, por abandonar os direitos temporais que tinha sobre Roma. O prefeito, que era o conde Chabrol de Volvic, deu provas de muito tato na condução desse jogo. Em vão. A todas as propostas, a todos os argumentos, Pio VII opunha uma firmeza sorridente, contra a qual até o negociador mais hábil se sentiria desarmado. A reclusão, a privação de conforto, a solidão, não eram demasiado difíceis de suportar para um antigo beneditino, habituado ao claustro... E o general César Berthier, irmão do futuro marechal, que cuidava dos assuntos materiais da vida do papa, não entendia como isso era possível...

E contudo Pio VII vivia numa inquietação imensa. Antes de ser preso, e pressentindo o que se ia passar, pudera tirar da mão o Anel do Pescador e confiar as funções apostólicas ao cardeal di Pietro. Certo número de cardeais puderam ficar na Itália, prontos para reunir-se, se fosse necessário. Mas pouco tardou que a polícia imperial tratasse "dessas bússolas da oposição" — como dizia Radet —, e os "convidasse" firmemente a deixar Roma. Os mais velhos e mais doentes foram autorizados a permanecer na Itália, mas trinta e dois foram expedidos para a França e vinte e nove deles chegaram a Paris, onde formaram uma espécie de Sacro Colégio reduzido. Mas os chefes das principais ordens estavam alojados obrigatoriamente no Castelo de Sant'Angelo. As Congregações romanas já não tinham nem chefe nem pessoal, e a maioria nem arquivos. A Igreja tinha sido verdadeiramente atingida na cabeça e estava desorganizada.

Mas o que Napoleão não tinha previsto era que a situação assim criada lhe iria causar muitos aborrecimentos. De momento, pôde parecer que a fidelidade da igreja da França ao seu protetor resistia perfeitamente à supressão do poder temporal do papa e à detenção do Vigário de Cristo. Alguns bispos manifestavam tristeza pelo tratamento infligido a Pio VII. Um ou outro — foi o caso de mons. Champion de Cicé — davam a entender claramente que a situação podia pôr em causa a unidade da Igreja e era altamente perigosa. Nenhum deles, porém — devemos ver nisto um certo fundo de mentalidade galicana? —, nenhum protestou contra a espoliação dos territórios pontifícios. O pouco equilibrado mons. Lacombe, bispo de Angoulême, chegou a proclamar "o grande contentamento dos verdadeiros fiéis da França católica" por verem desaparecer a soberania temporal dos papas. Aos padres da sua diocese que se mostravam preocupados, o cardeal Fesch mandava responder, por intermédio do vigário geral: "O que se passou em Roma só tem a ver com o temporal. O clero da França está privado dos seus bens. O papa está privado dos seus. A religião não deixa de ser a mesma por causa disso. Nem o poder espiritual do papa. Esperemos e rezemos!" Era fácil de dizer...

É verdade que o papa continuava a dispor do seu poder espiritual. Dispunha até de uma arma bem conhecida, a mesma de que se servira Inocêncio XI contra Luís XIV[93]: bastava recusar a investidura aos bispos nomeados pelo imperador, para que, a longo prazo, a igreja da França se desconjuntasse. Nem sequer era preciso que brandisse essa arma como um gládio de ferro: se lhe objetassem que, para defender os seus interesses temporais, ele desmentia a sua assinatura recusando-se a executar uma das cláusulas da Concordata, bastar-lhe-ia responder suavissimamente que nada recusava, mas que, cativo como estava, separado de toda a Igreja, lhe era impossível proceder ao inquérito canônico obrigatório acerca dos bispos designados. Napoleão caía na sua própria armadilha... Quanto a andar para a frente e instalar à força os bispos não reconhecidos, se o imperador quisesse dar esse passo, poucos prelados encontraria dispostos a desafiar o anátema previsto para tal caso pela 25ª sessão do Concílio de Trento. As sés tinham, pois, todas as probabilidades de ficar vazias... Em dois anos, dezessete dioceses se viram privadas de chefes — por esse motivo.

Napoleão explodiu em acessos de cólera violenta. Não valia a pena ser senhor da Europa, para afinal se ver assim escarnecido por um velho teimoso!... Chegou a espraiar-se sobre esse tema ao longo de três horas seguidas numa reunião do Conselho de Estado... E usou de palavras tão injuriosas que os presentes ficaram aterrorizados. "Se eu tivesse estudado seis meses de teologia — exclamava ele, sempre modesto... —, depressa acharia uma solução!" Em novembro de 1809, lembrou-se de reunir uma "Comissão Eclesiástica" de nove teólogos, encarregada de achar a tal solução... Fizeram parte dela, sob a presidência do cardeal Fesch, além de bajuladores como Maury, homens de alto mérito, como Émery e o antigo geral dos barnabitas, pe. Fontana. Mas o resultado esperado pelo imperador não foi alcançado. A Comissão declarou não poder separar da homenagem que prestava a Sua Majestade "o tributo de cuidado, zelo e amor" que a situação do Soberano Pontífice reclamava. Confirmou que "o papa, privado dos seus conselheiros e sem comunicação com as igrejas, não podia prover às necessidades da catolicidade". A única coisa que o Amo conseguiu foi uma frase ambígua que convidava o Soberano Pontífice a "não entravar as funções do Ministério apostólico" por causa de questões temporais. Era pouco, e o bastante para pôr fora de si um homem que detestava que alguém lhe resistisse...

Para mais, Napoleão encontrava na mesma altura outras dificuldades religiosas, e num plano mais pessoal. Fundador de uma nova dinastia imperial, não tinha filhos. Toda a sua obra se arriscava a não ter sequência. Concebeu pois a ideia firme — ou foi-lhe sugerida por Fouché, Talleyrand e todos os "napoleônidas" — de repudiar a esposa Joséphine, que era estéril, para se tornar a casar com uma mulher que lhe desse descendência. Depois de ter hesitado algum tempo — "eis que eu mesmo caio nessas porcarias!", exclamava —, decidiu-se, e quis que a questão fosse resolvida rapidamente. No civil, tudo foi fácil. Depois de ter prevenido Joséphine, numa cena patética, acerca das suas intenções, e de haver em seguida reunido um conselho de família, o Amo conseguiu sem dificuldade o divórcio por mútuo consentimento, pronunciado pelo senatus-consulto de 16 de dezembro de 1809. E a anulação do casamento religioso, seria mais difícil de obter? Napoleão declarou-se convencido de que não. "Casamento de rei — dizia ele — quebra-se como vidro". Mas conservava na memória a firme recusa oposta por Pio VII aos seus desejos no caso do seu irmão, Jerônimo, e além disso não lhe apetecia nada pedir um favor ao cativo de Savona.

Foi Cambacérès, "arquichanceler", quem achou uma solução: submeter a questão ao tribunal eclesiástico de Paris[94]. Hoje, tal coisa seria impossível. O *Codex juris Canonici,* pelos seus cânones 1557 e 1962, reserva formalmente ao Papa o direito de julgar em semelhantes casos[95-96]. Mas, em maio de 1809, era só por tradição que os divórcios de soberanos eram reservados a Roma. Cambacérès reuniu, pois, a 22 de dezembro, os juízes e promotores dos dois tribunais de Paris — o diocesano e o metropolitano[97] —, e expôs-lhes o desejo do imperador. Os quatro padres, apavorados com tal responsabilidade, invocaram a tradição para tentar transferir a causa para a Santa Sé. Para lhes dissipar os escrúpulos, Cambacérès consultou a Comissão Eclesiástica, a qual, após longas deliberações, e apesar da recusa de Fesch e de Émery, declarou o tribunal competente na matéria.

E o caso foi rápido. Nem sequer se chegou a interrogar Napoleão e Joséphine. A 6 de janeiro, quatro testemunhas — o cardeal Fesch, Talleyrand, Berthier e Duroc — fizeram declarações por escrito. Passados três dias, o tribunal diocesano declarava a nulidade do casamento, e, a 11, o metropolitano confirmava a sentença. Nunca se vira esses tribunais, conhecidos pela sua prudente lentidão, resolver em cinco dias semelhante assunto.

Eram duas as causas de nulidade invocadas. Primeiro, defeito de forma: ao casar Napoleão e Joséphine nas conhecidas condições de clandestinidade[98], Fesch tinha ultrapassado os poderes que detinha como capelão-mor; pelo menos por não ter o direito de substituir o pároco, cuja presença passara a ser obrigatória a partir do Concílio de Trento. Por outro lado, Napoleão tinha dado um "consentimento simulado", e o defeito de consentimento é, efetivamente, motivo de nulidade (é certo que não é costume invocar tal impedimento a não ser quando se trata de menores ou de meninas sem defesa...). Canonicamente, a questão era discutível. Mas até M. Émery, que nada tinha de lacaio, declarou: "Inclino-me a pensar que, no que se refere ao tribunal eclesiástico, tudo foi regular".

Quando Pio VII teve conhecimento da questão e da decisão, não manifestou o descontentamento veemente que seria de esperar. Formulou reservas, declarou que "os princípios da Igreja tinham sido subvertidos" e chegou a afirmar que "o ato devia ser submetido à aprovação do Papa". Mas não lançou o protesto que alguns aguardavam. Devia ter acerca do problema uma opinião que preferia guardar para si, certamente por lembrar-se da conversa que tivera com Joséphine na véspera da sagração[99]. A verdadeira questão não consistia em saber se o primeiro casamento de Napoleão era nulo ou não, mas se os tribunais parisienses tinham competência para pronunciar-se sobre o caso. "A questão é muito importante — dizia o papa —, porque decide da legitimidade da raça[100]".

Era esse o ponto crucial. Antes mesmo de ter obtido o divórcio, Napoleão já tinha escolhido Maria Luísa, filha de Francisco II da Áustria, o vencido de Wagram. E este que, nas palavras do seu ministro Metternich, "tinha como entranhas o Estado", concordara em entregar a filha ao homem que, ainda na véspera, os jornais de Viena chamavam "o *Ogre*". Portanto, as negociações foram fáceis. mons. Siegmund Anton von Hohenwart, arcebispo de Viena, que a princípio manifestara repugnância, inclinou-se perante as garantias, dadas pelo cardeal Fesch, de que tudo estava em ordem. E foi ele que, por procuração, abençoou o novo casamento[101]. A 2 de abril de 1810, o cardeal Fesch foi ao Louvre receber o consentimento dos noivos, como, seis anos antes, recebera outro...

Mas, quando o onipotente imperador entrou no Salão Quadrado, pôs-se branco de cólera. Dos vinte e sete cardeais que residiam em Paris e tinham lugares especiais para a cerimônia, apenas doze tinham aceitado o convite... Mesmo avisados por Fouché de que viriam a pagar caro se não assistissem ao casamento, quinze, entre os quais Consalvi, recusaram. "Ah!, que estúpidos! — escarneceu Napoleão — Bem vejo aonde querem chegar: protestar contra a legitimidade da minha raça, abalar a minha dinastia..." Diz-se que Fouché teve alguma dificuldade em impedir que os mandasse fuzilar. Mas, a 4 de abril, numa grande recepção nas Tulherias, dada em honra do casal, Napoleão fez aos refratários uma daquelas cenas públicas de que tinha o segredo e os pôs para fora. Em vão o ministro dos cultos, Bigot de Préameneu, tentou no dia seguinte obter que eles escrevessem uma carta pedindo desculpas: os corajosos *porporati* foram imediatamente privados dos seus bens, das suas pensões e dos sinais exteriores devidos à sua dignidade. Passados dois meses, foram mandados para o interior, com residência fixa. Consalvi foi levado a Reims. Uma vez que lhes era proibido o uso da púrpura, passaram a ser conhecidos por *Cardeais negros*.

Na própria noite da famosa recepção donde os cardeais tinham sido expulsos, Metternich, representando o imperador da Áustria, brindou publicamente ao nascimento do "Rei de Roma". Era antecipar-se à natureza; mas, politicamente, registrava um fato. O senatus-consulto de 17 de fevereiro acabara de anunciar que Napoleão ia "juntar os fragmentos do Império do Ocidente, reinar tanto no Tibre como no Sena, e fazer de Roma, outrora cabeça de um pequeno Estado, uma das capitais do Grande Império". O título de *Rei de Roma* era expressamente reservado para o futuro herdeiro do trono. Francisco II não via qualquer inconveniente em que o seu novo genro domesticasse o poder pontifício: josefismo e galicanismo estavam feitos para se entenderem... E a gentil Maria Luísa — Luísa "a Piedosa", como lhe chamavam em Viena — sentia-se tão feliz por ocupar o trono de São Luís, e também tão apaixonada pelo seu *Ogre*, que não fez nenhum protesto. A 20 de março de 1811, nascia o Rei de Roma. A 9 de junho, após o batismo, Napoleão repetia publicamente os seus planos em relação à Cidade Eterna, que deixava de pertencer ao Papa para pertencer ao recém-nascido e ao seu glorioso pai. "Começa agora a mais bela página do meu reinado!" — exclamou, entusiasmado. E acreditava...

O Grande Império e a resistência dos católicos

1810-1811: anos de mudanças. Na aparência, Napoleão atingia o fastígio do poder. O Império francês, depois de incorporar a Holanda, o Valais, as costas alemãs do Mar do Norte e os Estados Pontifícios, além do Piemonte, da Bélgica e da margem esquerda do Reno que o Consulado lhe legara, tinha nada menos de cento e trinta departamentos.

Mas a ação de Napoleão exercia-se também para lá das fronteiras da França: sobre os países diretamente submetidos à sua autoridade, como eram o reino da Itália e as Províncias ilírias; sobre os Estados dos seus parentes próximos, os "Napoleônidas": reinos de Nápoles e da Westfália, da Espanha, grão-ducados de Berg e da Toscana; sobre os territórios que "protegia": cantões helvéticos, Confederação do Reno[102], grão-ducado de Varsóvia; sobre os Estados dos seus aliados: Dinamarca, Prússia, Rússia, Áustria. Por toda a parte a influência das ideias francesas levava a transformações profundas, à abolição dos privilégios, à introdução do Código Civil...

Como é que o homem que detinha tão inconcebível poder não havia de ceder à *hybris* — à tentação da falta de medida? Como não se julgaria mandado por Deus para refazer a Europa segundo os seus planos? Como não consideraria o papado como uma espécie de dependência desse prodigioso poder? E Napoleão sonhou em instalar o Papa em Paris, que assim se tornaria como que capital espiritual tanto como temporal, e onde uma basílica maior que a de São Pedro seria a catedral da catolicidade...

E, no entanto, estavam de pé os perigos mortais que, de dia para dia, iriam inexoravelmente empurrá-lo para o abismo. A Inglaterra continuava a lutar, irredutível. A frota francesa já não existia, metida a pique em Trafalgar. As últimas vitórias, por mais brilhantes que tivessem sido, tinham custado muito caro. Na Península Ibérica, a guerra prosseguia, impiedosa. Os aliados não eram seguros, e o czar da Rússia menos que qualquer outro. Quase por toda a parte, nessa Europa subjugada, uma tríplice resistência estava em ação: resistência nacional, liberal e católica. Constituíam-na todos aqueles que não perdoavam ao Amo ter sujeitado as pátrias, aniquilado as liberdades cuja mensagem fora levada ao mundo pela França revolucionária, e continuado a manter o papa humilhado e cativo.

Na própria França, a resistência católica, que se tornara irrelevante após a assinatura da Concordata e sobretudo após a morte de Cadoudal, voltou a ganhar força a partir da ruptura entre o governo napoleônico e o papa[103]. Evidentemente, a Bula que feria de excomunhão os espoliadores de Roma não fora dada a conhecer na França pelos meios oficiais; a polícia trabalhara bem. Os bispos, que pretendiam manter o acordo entre o Trono e o Altar, tinham feito o mesmo em relação às suas ovelhas; até continuavam a mandar rezar por Napoleão, uma vez que o seu nome não figurava na Bula, e essa interpretação acomodatícia fora aceita pelo próprio cardeal Pacca. Apesar de tudo, o documento vingador não deixou de circular, e de circular muito depressa, a princípio em toda a França, em cópias febrilmente feitas e passadas de mão em mão; depois, a partir de fins de agosto de 1809, impresso clandestinamente. Furiosa, a polícia de Fouché encontrava a Bula tanto nos salões do *faubourg* Saint-Germain como nas províncias mais distantes. Nunca ela soube que o próprio Émery a mandara transcrever e dera um exemplar ao pe. Jean-Marie de Lamennais, irmão de Félicité, que a espalhou por toda a Bretanha.

De quem era a culpa? A polícia começou por acusar os membros da Congregação, em cuja sede fez buscas sem resultado algum. Depois, foi a vez da Sociedade do Coração de Jesus, animada pelo inencontrável pe. Clorivière, mas tampouco aí achou nada do que procurava. O primeiro responsável parece ter sido Mathieu de Montmorency, que, estando em julho de 1809 nas termas de Aix-les-Bains e tendo tido conhecimento da passagem do papa pela Savoia, se precipitara para Montmélian e, sem ter conseguido avistar-se com Pio VII, pudera falar com a comitiva papal, que lhe entregara uma cópia da Bula, levada para Paris por seu primo Eugène, escondida numa das botas. Quando a polícia dissolveu a Congregação e a Sociedade do Coração de Jesus, alguns jovens nobres, católicos fervorosos, decidiram constituir uma espécie de ordem militar, chamada *Os Cavaleiros da Fé,* para defender a causa da Igreja, que aliás não separavam da causa da realeza legítima. Entre esses jovens cruzados, encontravam-se Ferdinand de Bertier, Alexis de Noailles, J. Franchet d'Esperey, os Polignac e os Montmorency. Até ao fim do Império, desenvolveriam uma ação clandestina que a polícia não conseguiu impedir.

Apesar de tudo, houve algumas prisões. Alexis de Noailles, por exemplo, foi metido na cadeia, como também d'Astros. A Madre Soyecourt, a famosa carmelita, acusada de ter divulgado a Bula, foi submetida a residência vigiada, em Guise. As medidas coercitivas iam ser cada vez mais rigorosas. Isso não impediria os católicos de ser cada vez mais hostis ao regime. Faziam-se novenas em plena Paris pela libertação do papa. Vendiam-se às escondidas os mais variados objetos com a sua efígie. Em Angers, do alto do púlpito, um cônego recordava as lições da história: que todos os governos que se tinham imiscuido nos assuntos internos da Igreja tinham acabado por cair. Em Estrasburgo, o capelão do colégio do Estado, forçado a celebrar a festa de São Napoleão, falou durante uma hora e quinze... da Virgem Maria. Em Dijon, um velho padre, que tinha de celebrar o aniversário de Austerlitz, exclamou: "Que a minha língua se prenda ao céu da boca, se alguma vez eu louvar, na presença do Salvador dos homens, a arte de os destruir!" No Jura, no início da campanha da Rússia, os fiéis de uma paróquia, reunidos para festejar obrigatoriamente as vitórias da *Grande Armée* ["Grande Exército"], em vez do *Te Deum*, entoaram o *De profundis*...[104]

É claro que não era essa efervescência que punha em risco o regime imperial, mas nem por isso tinha menor significado e era menos inquietante. Tanto mais que, para lá das fronteiras da França, havia fenômenos análogos, e até muito mais vivos. Na Bélgica, a oposição tinha começado logo em 1802, a seguir aos Artigos Orgânicos. O administrador apostólico de Namur, *Stevens*, que toda a gente conhecia pelas suas aventuras como padre refratário, tomara posição contra os Artigos e "passara ao *maquis*", desafiando todas as polícias[105]. Fora seguido por uns tantos padres, contra os quais o arcebispo de Malines, mons. Roquelaure, requerera o apoio do braço secular. A situação piorou com a invasão dos Estados Pontifícios e a deportação do papa. A Bula de excomunhão — ou melhor, um exemplar apócrifo em que se mencionava Napoleão —, levada para Bruxelas por Henri de Mérode, espalhou-se por todo o lado, e os católicos fiéis, na sua maior parte, encheram-se de indignação. Em muitas paróquias, os párocos recusaram-se a celebrar as vitórias francesas, como lhes fora prescrito, e a rezar por um excomungado.

A viagem de Napoleão e de Maria Luísa à Bélgica só agravou a tensão. O novo arcebispo de Malines, mons. Pradt, criatura do imperador, reclamou ação policial contra os padres rebeldes. Mas a malícia belga deliciava-se em atacar esses *carmanholas* — párocos e bispos submetidos —, multiplicando cançonetas, panfletos e *zwanzes*[106]. Até alguns bispos, depois de tentarem arranjar as coisas, passaram para a oposição. Em Namur, mons. Pisani de La Gaude declarava publicamente que "as vitórias não são, para os vencedores, prova perfeitamente segura da proteção do Céu". Em Gand, mons. de Broglie recusava-se a mandar ler, do púlpito, uma circular sobre a conscrição, e, convidado a celebrar o anunciado nascimento do Rei de Roma, limitava-se a rezar para que Deus levasse Napoleão a "corrigir os defeitos" do seu caráter[107]. E foi fundada uma organização clandestina, destinada a socorrer os "Cardeais negros", vítimas da tirania.

Na Itália, a situação não era melhor. Era lá, e sobretudo em Roma, que a prisão do papa mais podia agitar as consciências. Antes de partir para o exílio, Pio VII tivera tempo de dirigir aos bispos uma circular em que proibia aos fiéis "prestar juramento em termos indignos", aceitar funções que tivessem como fim imediato "sustentar ou fortalecer o novo governo no exercício do seu injusto poder", e participar de qualquer *Te Deum* em honra do regime. Quanto ao mais, recomendava a submissão passiva. Em larga medida, essas instruções foram seguidas. Designadamente em Roma, quando se viu que os cardeais tinham sido expulsos e as Congregações suprimidas, e muitos prelados e superiores monásticos encarcerados, e quando passou a ser obrigatório prestar juramento, houve, de alto a baixo, uma fuga generalizada dos funcionários públicos. A "Consulta", para ver cumpridas as suas ordens, teve de começar por recrutar pessoal.

No entanto, a resistência não foi unânime. As autoridades francesas acharam aliados no campo dos ambiciosos, dos venais e dos menos corajosos. Foi assim que o duque Braschi, sobrinho de Pio VI e na verdade personagem pouco digno de estima[108], aceitou a presidência do Senado romano. Alguns bispos aderiram, uns por resignação, outros por interesse. Mas foram raros aqueles que, como mons. Buschi, de Ferentino, rezaram a todos os santos, pedindo ajuda para o novo César nas suas lutas... Não faltaram padres que deram mostras de entusiasmo pelo Amo todo-poderoso, como o cônego Muzio, em Roma, que invocava as bênçãos divinas sobre o ventre augusto de Maria Luísa e o "seu fruto de tão alto preço". Entre esses "colaboracionistas", havia também jansenistas e jansenizantes, sempre hostis ao Papa e ao seu poder temporal. O Cabido de Savona tinha bom número deles, assim como o clero de Gênova. Uns e outros fizeram declarações surpreendentes. Em Turim, o pe. Tardy, filo-jansenista notório, era um verdadeiro agente do regime, encarregado de vigiar o clero piemontês. Quando veio a ordem de ensinar nos seminários os Quatro Artigos de 1682, certos bispos, imbuídos das ideias de Pistoia, declararam que não tinham esperado pela ordem para o fazer!

Tais adesões mais ou menos interesseiras não arrastaram a opinião pública que, desde a primeira campanha da Itália, e sobretudo entre a gente simples, mantinha uma atitude de hostilidade para com os franceses. E, no entanto, a administração francesa era excelente: mais tarde, o cardeal Consalvi há de prestar-lhe homenagem. Introduzia a ordem num país que muito necessitava dela, melhorava o saneamento, a iluminação das ruas, os serviços públicos. Olhava também pela saúde, introduzia a vacina, empreendia grandes trabalhos, por exemplo na Marema e nos Pântanos Pontinos. Em Roma, o prefeito, que era o conde Camille de Tournon, aristocrata ligado ao regime, mandava desentulhar o Coliseu, destacar os Fóruns e o Palatino, restaurar o Panteão, executar, em São Pedro, imensos trabalhos que salvaram a Basílica, ameaçada nos alicerces[109], enquanto, sob as suas ordens, Valadier criava o admirável Jardim do Pincio e dava à Piazza del Popolo o nobre arranjo que tem ainda hoje. Se tivesse tido mais tempo, teria aberto, do Tibre a São Pedro do Vaticano, uma avenida monumental: a mesma que Mussolini viria a fazer, ou seja a Via della Conciliazione[110].

Mas nada disso bastava para amansar os sentimentos populares, assim como as suntuosas festas do governador Sextius de Miollis não conseguiam a adesão do clero aos franceses[111]. "Somos escravos, sim; mas escravos frementes!", gritava o jovem Alfieri. O sentimento patriótico nascente, conjugado com a fidelidade religiosa, alimentou uma oposição que começara já uns anos antes, mas que se tornou mais vigorosa à medida que a estrela de Napoleão se ia apagando.

Foram, primeiro, os panfletos clandestinos, os epigramas afixados no mármore do *Pasquino*[112], canções, gracejos. Passava de mão em mão uma frase latina: *Neminis Amicus Princeps Omnium Latronum Ecclesiae Oppressor Neronis Emulus*[113]. (O acróstico dizia quem era o visado...). Nas paredes liam-se os famosos versos em que Dante castigava o atentado de Anagni. As pessoas, ao passarem nas ruas, diziam umas às outras: "Será verdade que todos os franceses são ladrões?" — "Nem todos, mas uma boa parte..." *(buona parte,* em italiano). Em Florença, diante da catedral, todos os dias um sujeito fustigava um infeliz galo... que não devia gostar nada do papel simbólico que lhe era atribuído. Em Gênova, um pregador, ao fazer o panegírico de uma santa, exclamava: "Era uma pomba, e não uma dessas águias que devoram os povos!" Menos engraçado: ao pé do elefantezinho da Praça de Minerva, em Roma, foram encontrar um dia, decapitado, um pobre cão vestido de uniforme francês.

Já desde 1811 que estava organizada uma verdadeira resistência armada, curiosamente mesclada de elementos católicos chefiados pelos párocos, de salteadores por vezes comandados por desertores do exército ocupante, e de membros da sociedade secreta, mais ou menos ligada à franco-maçonaria, que era a *Carbonária,* próspera sobretudo em Nápoles, sob o indolente regime de Joaquim Murat. As prisões em massa (mais de seiscentos padres foram presos) não alteraram em nada a situação. A conscrição — a detestada *leva* — acabou por provocar o furor popular. Os padres submissos foram desonrados, expulsos, por vezes assassinados. A partir de 1812, rebentou em quase toda a Itália uma guerra da Espanha em tamanho menor, e, para a dominar, foi preciso um exército.

Nos países germânicos, a resistência a Napoleão foi também considerável. Ao apelo de Arndt e sobretudo de *Fichte*, que escreveu o *Discurso à Nação Alemã* (1808), constituiu-se um movimento nacional, apoiado pelos professores da Universidade de Berlim e encorajado por associações secretas como a *Tugendbund* ["Liga da Virtude"]. Foi esse movimento que tornou possível ao rei da Prússia fazer ressuscitar o seu país e que deu origem por toda a Alemanha às "mil Vendeias" de que falava o próprio Napoleão. Dele participaram católicos, ao lado dos outros, embora o alto episcopado se mostrasse bastante submisso ao vencedor, como no caso do célebre Dalberg, arcebispo de Ratisbona, que conseguiu o título de grão-duque de Frankfurt. Mas a luta não era por motivos religiosos, com uma única exceção: no Tirol. Quando o marquês de Montgelas, ministro da Baviera, suprimiu, *motu proprio*, todas as cerimônias do culto católico (procissões, enterros[114]), os camponeses, "depois de terem esgotado todas as formas de representações respeitosas junto de Maximiliano, para que mandasse suprimir esse decreto ímpio e liberticida", sublevaram-se em massa. Dirigidos pelo estalajadeiro *Andreas Hofer*, um gigante de longa barba negra, que se revelou um extraordinário chefe de *maquis*, fizeram uma guerra de *partisans* cuja eficácia foi reconhecida por diversos chefes franceses[115]. Acabaram por prender o cabecilha, porque dois miseráveis se venderam e o traíram. Tiveram de atá-lo numa padiola para o fazer entrar no quartel-general e fuzilá-lo. Mas, de todas as resistências que os católicos opuseram à tirania imperial, a mais terrível — e, é preciso dizer, a mais atroz e, ao mesmo tempo, a mais admirável — foi a dos espanhóis.

Logo que, em maio de 1808, Napoleão afastou de Madri tanto o velho Carlos IV como seu filho Fernando VII, e lá instalou o seu próprio irmão José, um frêmito de revolta agitou o povo, animado por três sentimentos — a fidelidade dinástica, o patriotismo e a fé religiosa. Este último servia, de certo modo, de vínculo entre os outros dois. Aos olhos do clero, tão poderoso e influente na Península, os franceses eram herdeiros dos filósofos ateus e dos terroristas perseguidores, e Napoleão, o homem que esbulhava o papa. No *dos de Mayo* (2 de maio), em Madri, rebentou a insurreição. É certo que, de início, Napoleão pôde restabelecer a situação no plano militar. Após a capitulação de Bailén (21-VII-1808), a sua intervenção em força (nov. de 1808-jan. 1809) levou à reinstalação de José Bonaparte em Madri. Mas a Espanha não estava vencida. A resistência de *Saragoça* (fevereiro de 1809), que só caiu ao fim de uma batalha de ruas que durou vinte e três dias, mostrava bem que o altivo povo que outrora reconquistara aos árabes a sua terra estava bem longe de se submeter. A *Guerra da Espanha* ia durar cinco anos.

Medidas infelizes acabaram por fazer do clero espanhol a alma da resistência. Um decreto suprimiu a Inquisição, o que era admissível. Mas outro aboliu todas as ordens monásticas e mendicantes; outro anulou o tradicional direito de asilo nas igrejas; outro ainda pôs termo ao "privilégio da clerezia", que reservava aos tribunais eclesiásticos o direito de julgar os membros do clero. Nesse meio tempo, as autoridades francesas fundavam Lojas maçônicas nas principais cidades. Era o bastante para que *Pepe Botellas* (como alcunhavam o rei José) e todos seus seguidores surgissem como a encarnação de Satanás e dos seus sequazes.

"Quem é que entrou na Espanha?", perguntava um catecismo que circulava por toda a parte. "— Foi a segunda pessoa da trindade demoníaca. — De quem é filho Napoleão?

— Do pecado. — Que são os franceses? — Antigos cristãos que se tornaram hereges... — Será pecado matar franceses? — Pelo contrário: é ganhar grandes méritos". Assim a luta pela liberdade converteu-se em guerra de religião. O hino dos *partisans* tinha como estribilho: "A Virgem do Pilar diz: «Não quero ser francesa»". Alguns padres assumiram pessoalmente a chefia da insurreição: foi o caso do cônego Baltasar Calvo, do pe. Rico de Valência, do pe. Gil de Sevilha, do pe. Puebla de Granada, do bispo de Santander, mons. Menendez de Luarca. Em Saragoça, a resistência tinha sido conduzida por Dom Basílio; dele se fez uma figura lendária. À cabeça de um bando de guerrilheiros, o pároco Merino, de Burgos, "escuro como uma toupeira, com o rosto e os dedos cobertos de pelos, que até lhe saíam das unhas", foi ótimo em emboscadas. O heroísmo católico da Vendeia reaparecia na Espanha, agora espalhado por uma nação inteira.

Assim foi essa "guerra da Espanha" que Napoleão havia de reconhecer, um dia, ter sido para ele o princípio do fim. Debalde os funcionários franceses se puseram a deportar os padres suspeitos. Essas tristes caravanas de pés-descalços, presos em grupos atrás de carroças, o que faziam ao chegarem à França era suscitar a piedade das populações e indignar os católicos. Por cada padre preso, dez se levantavam, prontos para combater. Nesse momento, o clero espanhol encarnou verdadeiramente a alma do seu povo. Bem mais que os exércitos regulares, mais que as tropas inglesas entrincheiradas em Portugal nas inexpugnáveis Linhas de Torres Vedras, foram os padres espanhóis que prepararam a vitória[116].

E havíamos de oferecer a esses homens a nossa admiração sem reservas se, demasiadas vezes, esquecendo o caráter sacerdotal, alguns deles não se tivessem envolvido em horrores que o furor do combate não chega para perdoar: prisioneiros enterrados vivos, ou queimados em água quente, ou serrados; crianças francesas esventradas na presença dos pais[117], trânsfugas espanhóis esfolados vivos. Nódoas numa página de glória. Nem por isso a Espanha católica deixou de dar ao mundo uma lição de fidelidade e de heroísmo que em toda a parte inflamava as esperanças dos povos dominados.

Para além de Luís XIV

Nesse meio tempo, o cativo de Savona continuava firme. Inteiramente isolado da Igreja, somente na sua fé, na sua certeza de estar a sofrer pela causa de Deus, é que ia buscar forças para resistir às pressões de que era objeto e também à sua angústia. De Napoleão, falava sempre com afeto. "O filho é um tanto cabeçudo — dizia ele, amavelmente —. Mas é sempre o filho". Quanto aos dois pontos essenciais, permanecia inabalável. Nunca concordaria em renunciar aos territórios da Sé Apostólica. "O Imperador pode reduzir-nos a postas. Nós não podemos abandonar o que pertence à Igreja. Somos apenas o administrador". E, quanto a dar investidura aos bispos nomeados pelo excomungado, nem pensar nisso! Fizeram-se diversas diligências para tentar levar o papa a ceder: a do embaixador da Áustria, Lebzeltern, que foi a Savona oferecer os bons ofícios do seu governo; a do cardeal Caprara, que, numa carta, fazia alusão a um possível perigo de cisma; e ainda a dos cardeais Spina e Caselli, negociadores da Concordata. A todos Pio VII respondia, com energia muito serena, que nunca abandonaria os direitos pontifícios em favor de um homem culpado de tantas violências contra a Igreja.

A situação religiosa degradava-se a olhos vistos. O fechamento dos conventos na Itália só podia ser feita *manu militari*. As ordens de resistência vindas de Savona eram muito bem seguidas. De que servia mandar para além dos Alpes bispos, prelados, cônegos italianos, se, na confissão da própria polícia, esses proscritos e também os "Cardeais negros" recebiam, na França, mil sinais de respeito e admiração? E, afinal, a questão dos bispos designados mas não investidos tomava aspectos cada vez mais enervantes. O cardeal Maury sugeria que se recorresse ao mesmo processo de que se servira Luís XIV: considerar esses bispos como "administradores capitulares"[118], enquanto não vinha a investidura papal. Mas o ministro Bigot de Préameneu receava que o clero recebesse mal essa decisão e que os próprios prelados designados não obedecessem senão "com extrema repugnância".

Napoleão decidiu tentar um golpe de força: ordenou a uns tantos bispos nomeados que tomassem posse das suas sés. Isso provocou muitos incidentes penosos. Em Florença, mons. Osmond, antigo bispo de Nancy, que usara de prudente lentidão em chegar à Toscana, foi encontrar o seu clero organizado para lhe resistir, com o cabido à frente. Quando a grã-duquesa Elisa convocou o cônego teologal Muzzi para tentar apaziguar os ânimos, ouviu a resposta insolente de que a teologia não era coisa de mulheres; e quando ameaçou o padre de prisão, este voltou-lhe as costas, exclamando: "Lá vou eu!..." Em Liège, o velho vigário geral Henrard teve medo e aceitou receber o novo bispo, Léjéas. Mas todo o clero se afastou do intruso. Em Bois-le-Duc (Holanda), as manifestações foram tão violentas que os opositores tiveram de ser deportados. Em Malines, o bispo Pradt, um ambicioso suspeito, a quem aliás o próprio Napoleão chamava *gibier d'échafaud*[119], também não conseguiu que o cabido lhe desse posse: mais hábil do que os outros, foi ficando, mas deixando os vigários gerais assinar os atos oficiais.

Foi em Paris que as coisas se embrulharam mais. O velho cardeal Belloy morreu; era preciso substituí-lo. Depois de ter hesitado durante oito meses, Napoleão ofereceu a sé ao tio Fesch, que não mostrou nenhuma pressa em aceitá-la. Lyon, sé primacial das Gálias, não era, afinal, superior a Paris? Herdeiro de Santo Ireneu, tinha ele, em consciência, o direito de deixar as margens do Sena? Ainda se lhe permitissem ir para Paris conservando Lyon, talvez... Por fim, agastado, Napoleão convidou o tio a decidir-se, e este, que só demorara tanto para ver em que ficava a Questão Romana, estando agora informado e não querendo de modo nenhum ficar mal com o papa, recusou.

Em vista disso, o imperador chamou um homem que de certeza aceitaria: Maury[120]. "Muito bem, Cardeal — disse-lhe Napoleão —, se eu vos nomeasse arcebispo de Paris, que faríeis?" Trêmulo de emoção, o antigo defensor do rei teve que sentar-se... No dia seguinte, 15 de outubro de 1810, o filho do sapateiro de Valréas tomou posse do arcebispado de Paris. Nem pela presença, nem pelo porte[121], nem pelo passado, Maury parecia feito para agradar aos parisienses. Sob a injunção formal do governo, o cabido aceitou receber o recém-vindo como "administrador capitular" da diocese, mas conseguiu fazê-lo sentir a todo o momento o falso da situação. Por mais que Napoleão repetisse que o cardeal era a seus olhos o arcebispo e devia ser tratado como tal, Maury não foi admitido pelos cônegos.

E a querela tornou-se drama. A resistência ao falso arcebispo era dirigida por um vigário capitular, o *pe. d'Astros*, precisamente aquele que redigira o *Catecismo imperial*, mas que tinha mudado de posição por causa da atitude do imperador para com o papa (sem falar da decepção que tivera por não ter sido suficientemente recompensado). D'Astros moveu uma guerra de sacristia do melhor estilo contra Maury, repreendendo-o porque nalgum decreto se permitia dizer "os meus grandes-vigários" ou nalguma ordenação de presbíteros usava a fórmula *mihi et successoribus meis* ["a mim e aos meus sucessores"] dos bispos autênticos. Foi pior ainda quando, vindos de Savona por vias clandestinas, chegaram a Paris dois Breves do papa: informado do que se passava, Pio VII assinara esses dois diplomas, em que declarava usurpadores os administradores capitulares nomeados pelo poder público, e dirigia a Maury as mais veementes censuras. Como a polícia interceptou uma correspondência para d'Astros e em seguida fez buscas em sua casa, achou os dois Breves pontifícios, um de caráter geral, outro pessoal, mas ambos contra o arcebispo. D'Astros era, pois, o centro visível de uma rede de resistência, a que pertenciam vários dos "Cardeais negros". E acabou por ser preso e levado para Vincennes, onde ficou esquecido por três anos. Diversos dos seus "cúmplices" foram postos em residência vigiada ou encerrados em Fenestrelle.

Mas isso não resolvia a questão das investiduras episcopais. Depois de, em vão, ter oferecido a liberdade a Consalvi e a alguns dos outros "Cardeais negros", desde que aceitassem substituir o papa dando a investidura, Napoleão tentou uma nova operação. Em janeiro de 1811, ressuscitou a "Comissão Eclesiástica". Presidida por Fesch, a ela pertenciam, além dos cardeais Maury e Caselli, cinco bispos "seguros" e M. Émery. A esse Conselho o imperador pediu que o informasse sobre quem era que, à face do direito canônico, tinha poderes na Igreja para conceder as dispensas e as investiduras recusadas pelo papa. Os cardeais e bispos reunidos não tinham o menor desejo de tomar posição pública contra a Santa Sé. Descontente, Napoleão foi em pessoa intimar a Comissão a dar o seu parecer. Foi nesse momento que se deu uma cena que ficaria famosa.

Após ter vituperado Pio VII durante uma hora, o imperador voltou-se subitamente para o velho e humilde sulpiciano, que, como os outros, escutava a diatribe em silêncio, mas pela cara dava sinais claros de reprovação. "Monsieur Émery — disse-lhe o imperador —, que pensais da autoridade do Papa? — Sire — respondeu-lhe o octogenário —, penso aquilo mesmo que vem no catecismo ensinado por ordem de V.M. em todas as escolas". E citou: "À pergunta: «Quem é o Papa?», responde-se: — «É o Chefe da Igreja, o Vigário de Cristo»". Surpreendido e imediatamente acalmado, Napoleão retomou a tese habitual sobre o poder temporal que pensava tirar ao papa, deixando-lhe, porém, toda a autoridade espiritual. Ao que Émery respondeu com uma citação oportuna de Bossuet, de quem o imperador se dizia grande admirador: "Foi concedida à Sé Apostólica a soberania da cidade de Roma a fim de que a Santa Sé, mais livre e mais segura, exercesse o seu poder em todo o universo". Impressionado com a serenidade do interlocutor, Napoleão não explodiu, ao contrário do que todos esperavam. Continuou a fazer perguntas ao sulpiciano, e apenas a este, acerca dos pontos litigiosos, e assim ficou a saber que não havia nenhum meio canônico de os resolver sem o papa. Como os outros, apavorados, tentassem desculpar o ousado velhinho, o imperador mandou-os calar, atirando-lhes à cara tê-lo levado a entrar num beco sem saída e agradecendo a Émery a sua sinceridade. Quando depois felicitaram Émery por ter escapado de ser fulminado, ele limitou-se a responder: "Não fiz mais que recordar ao imperador o seu catecismo".

Fez-se uma derradeira tentativa junto do papa: foram enviados a Savona três bispos — Barral, Duvoisin e Mannay — para, uma vez mais, procurar obter de Pio VII a investidura dos bispos nomeados e a sua aprovação a um artigo suplementar da Concordata que autorizava os metropolitas a concedê-la. Depois de ter parecido que ia ceder, o cativo firmou-se novamente nos princípios e os três reverendíssimos conspiradores voltaram sem grandes resultados.

Restava uma única solução: aquela a que Luís XIV recorrera quando do seu conflito com Inocêncio XI: reunir o clero francês num concílio que, substituindo-se ao papa, tomasse as deliberações a que este se recusava[122]. A *17 de junho de*

1811, reuniu-se, pois, um concílio em Paris, no coro de Notre-Dame. Tinham sido convocados cento e quarenta e nove prelados; compareceram noventa e cinco, dos quais seis eram cardeais. Para fazer número, acrescentou-se um pelotão de bispos não instituídos canonicamente e alguns representantes dos países com estatuto de protetorado, como Dalberg, "primaz da Alemanha". Para impor os seus planos, Napoleão contava com os sentimentos galicanos do episcopado francês. Efetivamente, o antigo oratoriano Tabaraud acabava de publicar um *Ensaio histórico e crítico sobre a "instituição" dos bispos*, em que retomava as teses do pe. Fleury, de Marca e de van Espen. O imperador não duvidava de que conseguiria também os seus Quatro Artigos, como o Rei-Sol. Pensava até que tinha o seu Bossuet na pessoa de mons. Duvoisin, bispo de Nantes, a quem chamava seu "oráculo" e seu "farol". Mas já não se estava em 1682...

Nem mesmo em 1802... Porque, a despeito do endurecimento do regime — em 1810, tinham-se restabelecido as prisões políticas e, sem o dizer, as *lettres de cachet*[123] —, a verdade é que a resistência ao Império fazia progressos visíveis. Progressos entre os intelectuais: Mme. Staël publicava em 1810 *De l'Allemagne*, que a polícia iria apreender; Chateaubriand, eleito para a Academia Francesa (aliás, com autorização do imperador), não podia pronunciar o discurso de recepção, considerado subversivo; a Sorbonne mostrava-se agastada... Progressos no seio do povo: a conscrição, a subida dos preços, os abusos do Fisco provocavam um descontentamento crescente. Monárquicos e republicanos tornavam a levantar a cabeça; fora necessário fuzilar alguns.

A conspiração do general Malet (a primeira, em 1808) tinha sido propositadamente minimizada e fizera-se passar o cabecilha por louco, para não inquietar a opinião pública. Mas já alguns outros indícios levavam a adivinhar que certas outras figuras do regime, como Talleyrand e Fouché, se preparavam para sair do jogo a tempo. No plano internacional, as pessoas informadas pensavam que a situação, apesar das aparências de glória, era preocupante. A guerra da Espanha continuava, impiedosa. A Inglaterra não se desarmava. As relações com o aliado russo eram tão más que Napoleão já falava em atravessar o Vístula com a *Grande Armée*.

É claro que semelhante clima não inclinava os padres conciliares a uma submissão sem reservas. Um pequeno clã, dominado por Duvoisin, permanecia fiel, mas a maior parte preparava-se para opor ao Amo uma "força de inércia" que a polícia registrou imediatamente nos seus relatórios. Mais corajoso, um forte núcleo assumiu claramente uma posição hostil, mais ou menos apoiado, em surdina, pelo cardeal Fesch. Logo no primeiro dia, o bispo de Troyes, Etienne de Boulogne, pregador ilustre que fez o discurso de abertura, falou da "união indissolúvel que importava conservar com a Sé de Pedro". Mons. D'Aviau, de Bordeaux, apoiou-o. E todos os bispos, sem exceção, renovaram o juramento de obediência ao Papa. Depois, o bispo-coadjutor de Mogúncia, mons. Droste-Vischering, propôs que se pedisse ao imperador, antes de qualquer discussão, a libertação do Santo Padre; numerosos bispos franceses manifestaram a sua concordância. Pelo contrário, quando Duvoisin tentou fazer aprovar uma moção de protesto contra a excomunhão do imperador, o seu texto foi rejeitado.

Napoleão seguia os debates com uma cólera crescente, multiplicando os sarcasmos contra os "bedéis" do concílio e indo ao ponto de chamar "covardes" aos bispos que se recusavam a abandonar o papa. A isso replicou-lhe, indignado, mons. Osmond, arcebispo nomeado de Florença e criatura do imperador: "Covardes?! Mas eles seguiram o partido do mais fraco!..." Quando, finalmente, a propósito das "instituições" canônicas, uma pesada maioria do concílio declarou que não havia nenhum meio de evitar as bulas papais, o furor imperial explodiu. O concílio foi encerrado e os redatores da moção, mons. Hirn, de Tournai, e mons. Etienne de Boulogne, de Troyes, foram encarcerados em Vincennes, juntamente com mons. de Broglie, de Gand, tenaz opositor.

O efeito dessas medidas foi desastroso. Maury e alguns outros convenceram o imperador a voltar atrás. Estavam em Paris oitenta bispos. "Não é um concílio; é um conciliábulo", troçou Gavroche. Mas o caso dos três prisioneiros de Vincennes incitava os padres conciliares à prudência. Após laboriosas sessões, a maioria votou um texto segundo o qual se, passados seis meses, o papa não tivesse conferido a investidura canônica, esta seria dada pelo metropolita ou pelo bispo mais antigo da província eclesiástica. Desse modo, enveredava-se pelo caminho aberto pela Constituição Civil do Clero. Mas, duplamente prudentes, esses bispos inseriram na moção um artigo segundo o qual o texto precisava de aprovação do papa. Assim, pensavam eles, todos ficariam satisfeitos...

Partiu, pois, uma delegação para Savona. Iam à cabeça nada menos que cinco cardeais "vermelhos". Abriu-se uma complicada negociação. Pio VII, doente, cansado, talvez sem perceber a manobra, deu a impressão de estar disposto a ceder. Ponderavam-lhe que, se aceitasse o texto do "concílio", o metropolita ou bispo que desse a investidura canônica poderia ser olhado como seu representante, e desse modo a sua autoridade espiritual permaneceria intacta. O papa estava prestes a deixar-se levar por essa argumentação quando chegou a Savona a notícia de que, furioso com a lentidão das negociações, o imperador rejeitara o texto por considerá-lo injurioso para a sua autoridade! Imediatamente Pio VII retomou a habitual firmeza e recusou qualquer concessão. Nunca mais seria tentada.

Nesse momento, o imperador perdeu verdadeiramente a cabeça... Criaria uma igreja cismática? Já tinha ido mais longe que Luís XIV; imitaria Henrique VIII da Inglaterra? Se nesse preciso momento a questão da Rússia não houvesse desviado a sua atenção, talvez se tivesse lançado nessa nova loucura. Nesse ínterim, desferiu duros golpes contra todos aqueles que, na Igreja, lhe pareciam suspeitos. Os bispos que tinham sido presos foram obrigados a demitir-se e postos em residência vigiada. Fesch — até o tio caríssimo! — foi afastado da Grande-Capelania e convidado a voltar para o governo dos seus lioneses (o que, de resto, fez com muito zelo e lealdade). Certos padres foram mofar na Cartuxa de Pierre-Chatel (Busey). A Companhia de São Sulpício foi dissolvida e o sucessor de Émery, M. Duclaux, teve de abandonar a velha casa da rua du Pot-de-fer. Os seminários menores foram parcialmente subtraídos à Igreja, sob o pretexto de que era necessário reorganizá-los segundo o espírito da Universidade Imperial. Os trapistas foram expulsos dos seus conventos. O superior dos lazaristas foi encerrado em Fenestrelle. Proibiram-se os sermões de grande estilo[124] e os missionários das províncias foram convidados a cessar toda e qualquer atividade.

Essas embrulhadas nada resolviam. Para Napoleão, era um fracasso. Ter sido o restaurador da religião para chegar a esse estado — era muito triste. A igreja da França estava cortada em duas: uma, que diminuía a olhos vistos, permanecia fiel ao imperador e disposta a ir até ao fim, até ao cisma. A outra não tinha olhos nem ouvidos senão para o papa. Dez anos depois da assinatura da Concordata, que situação! "O padre romano", como Napoleão chamava a Pio VII, ou "o pontífice de papel-machê", como o papa se chamava a si mesmo, estava prestes a vencer o todo-poderoso tirano.

Fontainebleau

Foi então que o imperador resolveu dar um grande golpe. A 9 de junho de 1812, Chabrol, prefeito do departamento de Montenotte, em cujo território estava o papa, recebeu uma ordem surpreendente, para ser executada sem tardança. Dizia a mensagem que o governo soubera que os ingleses preparavam um desembarque em Savona para raptar o papa. A fim de prevenir a manobra, Pio VII seria enviado para a França. Residiria em Fontainebleau, onde seria autorizado a receber os cardeais e os bispos residentes na França. Devia ser guardado segredo absoluto sobre essa deslocação, a fim de evitar manifestações populares.

Nesse mesmo dia, pela meia-noite, a ordem foi cumprida. Por uma porta falsa, o papa foi conduzido à caleche que, silenciosamente, tomou a estrada. Tinham-lhe mandado vestir a batina mais simples, tirar a cruz peitoral, e até as mulas brancas foram escurecidas. As precauções eram perfeitas: durante a travessia das cidades, os estores do carro seriam baixados; nas estações de muda, um serviço discreto afastaria os curiosos. Assim, a toda a velocidade, o cativo foi levado para a França, sem que ninguém, ao longo do percurso, o pudesse reconhecer e aclamar.

Mas a transferência esteve a ponto de correr mal. Ao chegar ao passo de Mont-Cenis, o septuagenário, ainda por cima torturado por uma crise úrica, estava tão esgotado que tiveram de medicá-lo durante vários dias. Calmo, suportando com heroísmo a fadiga, Pio VII deixou-se transportar sem uma palavra de protesto. "Que Deus perdoe! — murmurou diversas vezes —. Por mim, já perdoei". Finalmente, a 19 de junho, chegaram ao palácio de Fontainebleau. Quantas recordações ocorreriam ao espírito do desventurado pontífice! Oito anos atrás... Mas não: a hora já não era para recepções de gala. As ordens tinham sido tão mal dadas que nenhum aposento estava preparado, e foi preciso, para as primeiras noites, instalar o Vigário de Cristo numa dependência da portaria.

E as semanas, e depois os meses, foram passando sem que nada indicasse o motivo exato que levara o imperador a decidir a transferência do papa. A vida era um pouco menos monótona do que em Savona. Cardeais e bispos vinham visitar o augusto prisioneiro. O papa acolhia-os a todos com extrema doçura, até os que estavam apenas "nomeados" e não "investidos" por ele. Cada dia, eram-lhe fornecidas informações, obviamente muito bem filtradas. E que informações! A 24 de junho, Napoleão atravessara o Niemen e lançara ao assalto da Rússia um exército como nunca a terra conhecera outro. Nada parecia resistir ao seu ímpeto. Sucediam-se os boletins de vitória: Vilna, Vitebsk, Smolenk. O que esses boletins não diziam era que se tratava apenas de combates de retaguarda, e que o grosso dos exércitos russos recuava em boa ordem, obrigando a *Grande Armée* a alongar desmedidamente as linhas de reabastecimento, mais ameaçada pela fome, pelas doenças e pelas deserções do que pelos inencontráveis cossacos que lhe esmagavam os retardatários.

Em setembro, a notícia da grande vitória do rio *Moskva* e da tomada de Moscou pareceram consagrar o triunfo das águias invencíveis. Depois, subitamente, começaram a filtrar-se notícias bem diferentes, a despeito da polícia. Moscou em chamas, os franceses compelidos a fugir da cidade, a retirada cada dia mais difícil e desastrosa pela entrada em cena do "General Inverno"... e a travessia, heroica mas atroz, do rio Beresina, e o Grande Exército que se fundia nas planícies da Rússia como neve ao sol, e os cossacos sempre à espreita, redemoinhando como corvos cruéis...

Na França, a chegada de tais notícias teve uma repercussão inesperada: saindo da casa de saúde onde era mal vigiado, o general Malet tentou um golpe de Estado, após ter feito espalhar o boato da morte do imperador; um soldado fiel prendeu-o e conseguiu que o fuzilassem. Mas o sintoma não deixava de ser sério. Ao mesmo tempo, o rei José estava prestes a ser expulso de Madri, a Áustria e a Prússia agitavam-se, uma profetisa, Santa Ana Maria Taigi, anunciava em Roma o fim iminente do regime, e Virgens milagrosas punham-se a falar, predizendo a libertação do Santo Prisioneiro... Na noite de 18 para 19 de dezembro, Napoleão chegava às Tulherias, depois de ter atravessado sozinho toda a Alemanha, acompanhado apenas pelo seu estribeiro-mor, Caulaincourt. Ele bem sabia que a sua presença em Paris era indispensável.

Apesar de tudo, o desastre não o abatera. Com uma energia de ferro, que em si se pode admirar sem reservas, pôs-se em campo para tratar de reconstituir o exército, reorganizar os serviços que tinham dado mostras de fraqueza e preparar a França para a luta decisiva que previa. A sua ambição não diminuíra nem um átomo. Continuou a forjar planos grandiosos, diante dos seus familiares inquietos: senhor da Europa depois das vitórias supremas, iria refazê-la de acordo com a sua visão... O papa, definitivamente fixado na França, e com a Cúria reorganizada à sua volta, seria seu feitor para o governo do mundo... Para bem cumprir tal plano, a primeira coisa a fazer era solucionar essa questiúncula que azedara as relações entre os dois Poderes. E enviou emissários a Fontainebleau (especialmente mons. Duvoisin), para fazer propostas e conversar com os cardeais Doria, Dugnani, Ruffo e de Bayanne. Mas Pio VII, doente, carregado de angústias, tão magro e pálido que se diria trazer a morte na face, evitou o contato...

Napoleão compreendeu que chegara a hora, nas palavras de Consalvi, de "tentar o último assalto". A 19 de janeiro de 1813, sob pretexto de uma caçada, chegou inesperadamente ao palácio de Fontainebleau. Acompanhava-o Maria Luísa, a quem cabia o papel de levar o papa, pela doçura, a coroá-la imperatriz. O próprio Napoleão prodigalizou a Pio VII testemunhos de deferência e de arrebatado afeto. Lançou-se-lhe nos braços, beijou-o no rosto. Durante cinco dias a fio, os dois homens conversaram face a face. A fim de conseguir que o papa aceitasse os seus pontos de vista, Napoleão jogou o melhor que pôde os dois trunfos que julgava ter na mão: o fascínio pessoal e a ameaça.

A famosa cena, narrada de maneiras diferentes por Alfred de Vigny e por Chateaubriand, não tem, no entanto, qualquer base histórica. Napoleão não bateu Pio VII na cara, nem mesmo levantou para ele o braço; Duroc não teve de contê-lo... Mais tarde, o próprio papa desmentiria essa lenda, encontrada pelos dois escritores num panfleto monárquico, o *Anti-Napoléon,* que não se importava com uma invenção a mais ou a menos. Também não é verdade que Pio VII haja pronunciado as duas palavras célebres: *Comediante, tragediante.* Terá dito, sim, num momento de cólera do imperador: "A questão começou como comédia e quer terminar em tragédia". Seja como for, o certo é que, ao fim desses cinco dias de negociações, se soube, não sem surpresa, em 25 de janeiro, que Napoleão alcançara o que se propunha, e que acabara de ser assinado um novo acordo.

Na realidade, era somente um projeto, que Napoleão se apressou a mandar anunciar como uma *nova Concordata.* Em onze artigos, tomavam-se graves disposições. A questão da investidura episcopal era resolvida nos termos do decreto do "Concílio" de 1811. O imperador passava a ter o direito de nomear todos os bispos do Império, salvo os das dioceses suburbicárias (de Roma). Em troca dos bens de que fora despojado, o papa aceitava uma dotação de dois milhões de francos. Em contrapartida, seriam restabelecidas as principais Congregações, e todos os cardeais e bispos encarcerados recuperariam a liberdade e teriam de volta todos os seus títulos.

Como pôde Pio VII admitir semelhantes cláusulas? Por fadiga? Por cansaço? Por se ter convencido de que era verdadeiramente bom para a Igreja dar uma solução definitiva à lamentável querela? Frédéric Masson defendeu que foi mesmo por convicção que Pio VII aceitou essa capitulação e que só viria a mudar de atitude por força das pressões exercidas sobre ele. Mas tudo o que se conhece do seu caráter e de toda a sua atitude anterior desmentem tal hipótese. O mistério das conversas de Fontainebleau nunca foi desvendado. É mais verossímil admitir que foi por fraqueza, num momento de esgotamento, que o velho lutador cedeu.

É claro que, imediatamente, Napoleão fez ressoar as trombetas da fama... Nesse momento decisivo, em que sabia que toda a Europa se aprestava para o atacar, era para ele de capital importância proclamar à face dos católicos que o papa passava a estar do seu lado. Foram cantados *Te Deum,* obrigatoriamente, em todas as catedrais. Maria Luísa escreveu pessoalmente ao pai, dizendo que "o Imperador resolveu as questões da cristandade". Os cardeais que tinham trabalhado para a "nova Concordata" receberam a Grande Águia da Legião de Honra. Aqueles que estavam cansados de Fenestrelle ou de outros lugares foram libertados e conduzidos a Paris. Dezenas de bispos acorreram a felicitar o Soberano Pontífice, e o povo fiel foi autorizado a beijar-lhe o pé. "O efeito foi prodigioso", diz Pasquier nas suas *Memórias.* E Napoleão, cheio de alegria, anunciou que acabara de sair "de uma das maiores dificuldades da sua carreira".

Mas Pio VII, após haver dado a sua assinatura, estava lúgubre. Viam-no prostrado, silencioso, pousando nos interlocutores um olhar de febre e de angústia. Pouco a pouco, vinte e sete cardeais se agruparam à sua volta. Era como um pequeno Sacro Colégio, em que se misturavam cardeais "negros" e "vermelhos". Entre eles encontrava-se o cardeal Pacca, que regressara a 19 de fevereiro e se mostrava cada vez mais hostil ao regime napoleônico. Nas noites de insônia, o papa remoía os termos do acordo, censurando-se duramente, sentindo-se antecipadamente condenado. O grupo dos cardeais estava dividido: uns eram pela contemporização; os mais enérgicos, com Pacca e Consalvi à frente, incitavam o papa a denunciar o acordo. Mas a questão era melindrosa. Pio VII hesitava em cavar mais o fosso que o separava do imperador, mas, por outro lado, confessar que se enganara era grave... Foi, afinal, por esta solução, penosa para o seu orgulho, mas tranquilizante para a sua consciência, que Pio VII se decidiu. A *24 de março*, mandou entregar a Napoleão uma carta de retratação.

A primeira reação do imperador foi de cólera furiosa. Falou em imitar o czar da Rússia e instituir na França um patriarcado. Imediatamente exarou um decreto (25 de março) que tornava obrigatória a Concordata do novo estilo e ordenava a todos os metropolitas e outros bispos que a pusessem em prática. Enviaram-se instruções às autoridades para que quebrassem qualquer resistência. Estavam vagas doze sés. O imperador procedeu às nomeações e os novos titulares foram convidados a ir ocupá-las, ajudados, se necessário, pela polícia. O cardeal di Pietro foi preso. Outros preferiram afastar-se de Fontainebleau.

Antevendo o pior, Pio VII assinou uma Bula em que previa um futuro Conclave... Mas para que serviam tais vexames? Não era no recinto da teologia que esta última querela se havia de resolver. Napoleão dizia a um confidente: "Deixemos por ora Roma e a investidura dos bispos! Esse *número* fica metido na urna e só sairá de lá depois da grande batalha vencida nas margens do Elba ou do Vístula..." Mais perspicaz, porém, o cardeal Fesch, ao saber da catástrofe da retirada da Rússia, sussurrava esta frase profética: "O meu sobrinho está perdido, mas a Igreja está salva".

"Stat crux dum volvitur orbis"[125]

Não passaria um ano sem que a profecia de Fesch se cumprisse. Desta vez, a Europa estava decidida a desembaraçar-se do homem que, havia perto de quinze anos, fazia pesar sobre ela a tirania. Os aliados abandonavam Napoleão: a Prússia acabava de desertar; e não havia nada menos seguro do que a Áustria. Pela última vez, o grande estrategista quis antecipar-se, bater os inimigos antes de eles avançarem, e, na primavera de 1813, lançou as tropas ao assalto, na Alemanha. Mas o tempo das vitórias decisivas estava encerrado. Lutzen ou Bautzen, belos triunfos, não resolveram nada. Foi preciso admitir um armistício para deixar repousar e reformar as jovens tropas.

A conselho de Metternich, os aliados, reunidos no *Congresso de Praga,* aproveitaram o armistício para uma operação de propaganda: fazer com que, sob o pretexto de reconhecer à França as suas fronteiras naturais, Napoleão passasse por único responsável pela continuação da guerra e assim levar ao auge a sua impopularidade. A partir daí, foi a carnificina... "A vitória — dissera um dia o imperador — está sempre do lado dos grandes batalhões". Abandonado pela Áustria, vencido em *Leipzig* (16-19 de outubro) pela esmagadora superioridade numérica do inimigo, pouco depois abandonado também pelo cunhado Murat, traído pelos seus próprios ministros e funcionários, o imperador, que ia caminhando para a velhice, pôde ainda retomar, na espantosa *Campanha da França,* de fevereiro e março de 1814, o gênio do jovem general da Itália. Mas já não tinha esperança. A 6 *de abril,* em Fontainebleau, abandonado até pelos seus marechais, só lhe restava abdicar sem condições e tomar o caminho do reino que ainda assim lhe ofereciam — a ilha de Elba. Caminho de derrisão e opróbrio, que teria de fazer disfarçado de soldado austríaco, para evitar a cólera popular.

Nesse ciclone de catástrofes, as questões religiosas, as discussões com o papa, passavam, evidentemente, a segundo plano. É certo que Napoleão não as abandonara, mas também nesse campo já não dirigia o jogo. A partir de 1813, alguns prelados que ele tinha por seguros sugeriram-lhe a restituição de Roma ao Papa e o regresso franco às cláusulas da Concordata de 1802. E — coisa espantosa — o imperador não se exaltou contra eles e leu atentamente um relatório que lhe foi apresentado nesse sentido. No entanto, não tinha renunciado aos seus vastos sonhos. Ainda pensava em conseguir a solene coroação do seu filho em Roma, e os funcionários da Cidade Eterna já tinham ordens para preparar a cerimônia...

Por seu lado, Pio VII seguia os acontecimentos com atenção. Novamente quase prisioneiro em Fontainebleau, readquirira, após a retratação, toda a sua serenidade e energia, e esperava que a Providência resolvesse os problemas que sentia pesar sobre os seus ombros. A nova guerra deu-lhe esperança — um esperança que ele se absteve de exteriorizar e que se desvaneceu com a notícia das vitórias de Lutzen e Bautzen. Ao saber do Congresso de Praga (julho de 1813), enviou ao imperador Francisco II da Áustria uma carta em que afirmava os seus direitos e reclamava a restauração da soberania pontifícia. Não recebeu qualquer resposta. Obviamente, a Inglaterra, a Rússia e a Prússia não tinham nenhum interesse nos direitos da Santa Sé, e a Áustria tinha decerto as suas segundas intenções...

Nesse momento, Napoleão, já prestes a entrar em combate na Alemanha, recebeu uma carta que o impressionou muito. Sentindo aproximar-se a morte, mons. Duvoisin, bispo de Nantes, o seu melhor conselheiro em matérias religiosas, escrevera-lhe em termos patéticos: reconhecia os seus erros e suplicava ao imperador que pusesse fim ao "cativeiro que aflige a cristandade inteira" e deixasse Sua Santidade partir para Roma.

Seria possível entrar em negociações? Era tarde demais. Os dados estavam lançados. Não seria Napoleão que faria a nova Europa. O cardeal Pacca não teve muita dificuldade em convencer Pio VII de que era perigoso negociar com o vencido de amanhã: arriscava-se a indispor os vencedores. Mais valia aguardar, fugindo de toda e qualquer contato. De resto, o imperador continuava a conceber um acordo unicamente sob a forma de um tratado em que, em troca do regresso a Roma, ele impusesse ao papa a sua vontade. Em tais condições, a negociação não podia levar a nada.

A primeira tentativa que se fez foi através de uma dama de honra de Maria Luísa, a marquesa de Brignole, que procurou o cardeal Consalvi; mas o cardeal respondeu-lhe que um direito tão sagrado como aquele que o Papa tinha em relação a Roma não podia ser objeto de um tratado. Depois, foi enviado ao pontífice o arcebispo de Bourges (escolha curiosa: era um prelado nomeado, mas não investido!), mons. Fallot de Beaumont; ia encarregado de oferecer a restituição dos Estados Pontifícios sem contrapartida (janeiro de 1814). Mas nessa altura os acontecimentos tinham assumido tal feição que até essa oferta tinha algo de risível. "Só em Roma, quando lá estiver em plena liberdade, rodeado do Sacro Colégio, é que poderei receber os pedidos que me sejam feitos". A situação tinha-se invertido por completo. O cativo de Fontainebeau brincava docemente com o seu carcereiro.

Do seu quartel-general da Champagne, onde se preparava para lançar as derradeiras ofensivas, Napoleão ordenou então que o papa fosse retirado de Fontainebleau e levado de volta para Savona. Deixando os seus cardeais e familiares, mais uma vez Pio VII subiu a uma caleche para atravessar a França. Desta vez, porém, tudo lhe dizia que estava próxima a libertação. Por um itinerário complicado, inesperado — por Limoges, Moutauban, Carcassonne, Montpellier —, lentamente, muito lentamente, levaram-no para a sua nova — a sua antiga — residência. Em toda a parte, ao longo do percurso, o seu coração pôde ser reconfortado pelas manifestações populares. O coronel de gendarmaria que dirigia a transferência estava espantado. Várias vezes foi preciso mudar de viatura, porque o entusiasmo popular desfez a que transportava o papa. Na Provença, foi um delírio. Toda a cidade de Nice esperava Pio VII para festejá-lo, e toda a noite se cantou, rezou, dançou e se sucederam procissões em sua honra. Em meados de fevereiro de 1814, o papa instalou-se nos seus aposentos de Savona.

Não foi por muito tempo. Um novo personagem ia entrar em cena: Murat, rei de Nápoles. Tendo regressado à Itália após a catástrofe da Rússia, concordara em passar para o campo dos aliados, de olhos postos no bom preço que esperava da sua traição. Ao mesmo tempo, incitado pelo "carbonaro" Maghella, sonhava ser o unificador da Itália. A primeira fase dessa unificação tinha sido Roma, onde um agente sinistro, o pe. Battaglia, provocava desordens e onde Fouché intrigava, sem se poder dizer a favor de quem. A 19 de janeiro de 1814, as tropas metropolitanas tinham entrado na Urbe, a fim de a proteger, em nome de Joaquim Napoleão, rei das Duas-Sicílias. Fiel ao imperador, Miollis encerrara-se com 1.300 homens no Castelo de Sant'Angelo, onde aguentaria um cerco de quarenta e nove dias.

Quando soube desses casos, Napoleão teve um violento acesso de ira contra o "extraordinário traidor", e, para o embaraçar, ordenou que se libertasse imediatamente o pontífice e se conduzisse Sua Santidade aos postos avançados dos aliados. Desenrolaram-se então dois últimos atos de comédia. Na estrada de Savona para Cesena, seu torrão natal, Pio VII foi alcançado por Murat, que lhe vinha apresentar um memorial, assinado por alguns aristocratas romanos, com o pedido de que não regressasse. O ancião lançou ao fogo esse pedaço de papel, sem sequer o ler. Em seguida, Murat encontrou-se com o embaixador da Áustria, Lebzeltern, que lhe anunciou que os aliados não lhe reconheciam a posse de Roma e que poderosas forças austríacas iam levar para lá o Santo Padre.

Em 24 de maio, o exilado reentrou na capital que deixara cinco anos antes. O rei da Espanha, Carlos IV, então refugiado em Roma (enquanto o seu reino era mais ou menos governado por José Bonaparte), ofereceu-lhe o mais suntuoso dos seus coches. Um esquadrão de hussardos húngaros fazia-lhe a guarda de honra e todos os embaixadores das potências aliadas foram dar-lhe as boas-vindas para lá do Monte Mário. À Porta del Popolo, a multidão desatrelou o coche, e vinte rapazes, que tinham revestido a libré papal, puxaram-no até São Pedro, e em seguida até ao Quirinal. Toda a cidade estava em festa. Por toda a parte se ouviam cançonetas contra o imperador vencido. No Corso, pendia de uma fachada uma enorme tela em que se via Napoleão — inteiramente nu, prostrado aos pés do Santo Padre — ser arrastado para o inferno pelo diabo.

Stat crux dum volvitur orbis. Nunca a célebre divisa dos cartuxos pareceu mais verdadeira. Batida por tantas tempestades, a Cruz de Cristo surgia, definitivamente, inabalada, inabalável. Por um momento, a borrasca dos Cem Dias, no ano seguinte (de 1 de março a 22 de junho de 1815) ainda ia agitar brevemente o papado restaurado: Murat, desiludido dos Aliados, regressou ao campo francês e voltou a invadir as terras do papa, o que obrigou Pio VII a uma última fuga para Florença e Gênova. Mas foi apenas um derradeiro golpe do adversário. Antes de Napoleão ter sido esmagado em Waterloo e levado no Bellerophon para o exílio, Murat, vencido pelos austríacos (enquanto esperava o pelotão que o iria fuzilar), tinha tido de evacuar Roma. A 7 de junho, o papa entrou definitivamente na sua cidade.

Dezoito meses antes, o coronel de gendarmes Lagorsse, guardião do papa em Savona, escrevera ao ministro da Polícia: "O papa disse-me, com estas mesmas palavras, que o Imperador lhe faria uma injúria se lhe atribuísse ideias de vingança e ódio". Esse coronel formulara uma grande verdade. Pio VII, que se mostrara tão grande na provação, teve o mérito de continuar a sê-lo — o que muitas vezes é mais difícil — na hora da desforra que soa com o triunfo.

Logo que se reinstalou em Roma, o papa viu chegar ao palácio pontifício numerosos membros da família do vencido, que o "Terror branco" forçara a fugir às pressas da França. *Madame Mere* (Letizia Bonaparte), que era repelida até pela sua própria filha, a grã-duquesa de Toscana, foi recebida nobremente; Pio VII chegou a visitá-la pessoalmente várias vezes, e perguntava-lhe afetuosamente pela saúde do "nosso Imperador". O cardeal Fesch, expulso de Lyon, também pediu asilo. "Ele que venha! — exclamou o papa —. Não esquecemos os serviços que sempre procurou prestar-nos"; e, até à morte do cardeal, opôs-se a que o substituíssem na sé primacial das Gálias. Não tardou muito que toda a tribo dos napoleônidas se reagrupasse à volta de Letizia — Luciano, Luís, Jerônimo, Paulina, Júlia, Hortência. E M. Blacas, embaixador de Luís XVIII, protestou em vão contra aquilo a que chamava "um insulto ao Rei Cristianíssimo". Jamais conseguiu que a família do proscrito de Santa Helena fosse posta de canto.

Nem aqueles que tinham estado diretamente ligados aos acontecimentos mais penosos para o papa foram inquietados. Ao antigo prefeito de Savona, Chabrol, o papa escreveu uma carta cheia de bondade, em que lhe declarava conservar boas recordações da maneira atenciosa como o tratara. O pobre general Radet, que manifestava tantos remorsos pelo que se vira obrigado a fazer, teve indeferido pelo cardeal Pacca o seu pedido de audiência com o papa; mas o papa teria gostado de o receber e mandou-lhe dizer que o seu antigo prisioneiro não lhe guardava rancor. O próprio Maury, que fora encerrado no Castelo de Sant'Angelo, foi libertado por ordem pessoal do papa, que, contra todos os protestos e gritarias, se recusou a despojá-lo da púrpura.

Foi, porém, para com o próprio Napoleão que o Vigário de Cristo mais mostrou a largueza da sua misericórdia. Nem nas horas piores do seu conflito ele o detestara. Sempre lhe foi grato: "A piedosa e corajosa iniciativa de 1801 — dizia o papa — fez-nos esquecer e perdoar os erros que vieram depois. Savona e Fontainebleau foram apenas erros da mente, desvios próprios da ambição humana. A Concordata foi um ato cristão, heroicamente salutar".

Por isso, quando os ingleses cometeram a crueldade e o erro de deportar para o desgastante clima de Santa Helena, sob a guarda de um carcereiro odioso, o grande vencido — que até o afastamento ia transformar em figura lendária, num "Prometeu no seu rochedo" —, Pio VII só passou a pensar nele como um infeliz cativo, que o câncer aproximava da morte numa terrível solidão. A pedido de Mme. Letizia, mandou escrever ao Príncipe Regente da Inglaterra uma carta patética em que lhe pedia que suavizasse o sofrimento daquele exílio. "Ele já não pode ser um perigo para ninguém — dizia o papa —. Quereríamos que também não fosse um remorso para ninguém". E, quando soube, pelo cardeal Fesch, que o prisioneiro de Santa Helena pedira um padre, cuidou pessoalmente de lhe satisfazer esse desejo, e mandou para junto dele um padre corso[126].

Tais gestos, tão singelamente grandes, coroam a história do enfrentamento em que dois homens, opostos mais pelos princípios do que pelos interesses, renovaram no limiar do século XIX a questão do Sacerdócio e do Império. E até no perdão tão generosamente concedido àquele de quem recebera tantos sofrimentos[127], Pio VII soube confirmar o seu triunfo. Verdadeiramente, o Sabre tinha sido vencido pelo Espírito.

Notas

[1] Cf. J. Leflon, *Pie VII*.

[2] Que, depois da morte do irmão, Charles-Edward, era pretendente aos tronos da Inglaterra, Escócia e França, e se fazia chamar Henrique IX

[3] O início do Conclave foi marcado por um incidente pitoresco. Como o Cardeal-Decano adoecera na manhã de 1° de dezembro, procurou-se outro celebrante para a missa do Espírito Santo, que era obrigatória.

Nenhum dos Eminentíssimos Senhores pôde subir ao altar, porque todos tinham feito farta honra ao chocolate cremoso do café da manhã. Foi preciso contentar-se com um modesto beneditino. Deve-se lembrar que, nessa época, e afinal até antes de Pio XII, a simples água quebrava o jejum eucarístico, rigorosamente mantido desde a meia-noite.

[4] Sabe-se que as "rodas" são as aberturas que permitem fazer passar aos prisioneiros do Conclave os víveres, o correio e os medicamentos.

[5] O veto era o direito (exorbitante!) que tinham os Estados (na realidade, apenas a Áustria — como sucessora do Império —, a França e a Espanha) de se oporem à eleição de algum candidato. Esse direito, de que a Áustria ainda fez uso no Conclave de 1903, foi imediatamente suprimido por Pio X.

[6] A família de Pio VI, os Braschi, andava muito na boca da gente; cf. o vol. VII, cap. III, par. *Wesley e o metodismo*, e cap. IV, par. *Um clero revolucionário?*

[7] Acerca desta homilia, cf. o interessantíssimo capítulo de J. Leflon, *op. cit.*

[8] Cf. o vol. VI, cap. IV, par. *No segredo do coração*.

[9] Dizia-se em Bordeaux que a frase fora inventada pelo cardeal Donnet.

[10] Num discurso no Tribunato — uma das Assembleias instituídas pela Constituição do ano VIII (1800) —, Bonaparte irá explicar também que, logo que reconciliasse a República com o clero francês, poderia "suprimir o intermediário estrangeiro"...

[11] Recorde-se o que foi dito no cap. 1, par. *Calmaria e renovação na era termidoriana*.

[12] Cf., sobre as origens da igreja jansenista de Utrech, o vol. VI, cap. III, no fim do par. *A contraofensiva católica detém-se*.

[13] Cf. neste volume, o cap. I, par. *Roma, a Igreja e o vencedor de Árcole.*

[14] Cf., neste volume, o cap. I, o par. *A insurreição do Oeste, in fine.*

[15] As citações deste parágrafo foram extraídas de Pierre de La Gorce, na parte consagrada a Bernier na sua *Histoire religieuse de la Révolution,* pp. 72-73. Cf., também, acerca de Bernier, a obra definitiva do cônego Leflon, citada no Índice Bibliográfico.

[16] É provável que a situação se tenha complicado por um incidente geralmente ignorado nos relatos acerca da questão, mas que Leflon põe em foco no seu *Bernier.* No início de dezembro de 1800, dois padres saíram de Paris para Roma, munidos do passaporte que Bernier pedira a Talleyrand, e muito provavelmente encarregados pelo ex-pároco de Saint-Laud de dizer certas coisas nas altas esferas. Esses padres — Astier e Beulé — eram, na realidade, membros da "Sociedade do Coração de Jesus", fundada pelo pe. Clorivière (cf. neste volume, o cap. I, par. *Calmaria e renovação na era termidoriana),* que iam solicitar a aprovação papal para essa Companhia. Terão eles entregado mesmo as cartas de que eram portadores? Já houve quem se perguntasse se, em vez de servirem a causa de Bernier e da aproximação, não terão prejudicado Bernier pintando-o com cores muito tristes e sabotado a aproximação ao assegurar que, no estado em que a França se encontrava, seria impossível qualquer entendimento com os revolucionários (cf. Boulay de la Meurthe, *Histoire de la négociation du Concordat,* p. 274, e Langlois, *Avant le Concordat: une double mission secrète,* in *Revue des Études Historiques,* LXXXVIII, pp. 175 e ss.).

[17] Houve uma tentativa de levar Consalvi, sub-repticiamente, a assinar um texto modificado.

[18] Virá a ser usado em diversos decretos imperiais posteriores.

[19] Os Artigos Orgânicos fixaram o seu número em sessenta, incluindo a Bélgica e a margem esquerda do Reno.

[20] O qual, por exemplo, passava a ser, automaticamente, cônego de São João de Latrão...

[21] Correu então em Roma uma pasquinada: *Pio per conservar la fede/ perde la sede;/ Pio per conservar la sede/ perde la fede.* ("Pio, para conservar a fé,/ perde a sé;/ Pio, para conservar a sé,/ perde a fé").

[22] Apesar disso, logo a seguir à promulgação da Concordata, foram vistos, nos arredores de Tours, certos gendarmes entretidos a destruir, por ordem da autoridade, cruzeiros erguidos na via pública. O pe. Lavaquery conta este fato na sua biografia do cardeal de Boisgelin, arcebispo — concordatário — de Tours.

[23] Cf. Pariset, *Histoire de France contemporaine,* de Lavisse, III, p. 101.

[24] Cf. vol. VI, cap. IV, par. *O rei cristianíssimo contra Roma.*

[25] Alguns desses artigos reconheciam oficialmente o culto protestante e asseguravam aos pastores um ordenado pago pelo Estado como aos párocos católicos.

[26] "A nossa felicidade está completa;/ eis restabelecido o culto" (N. do T.).

[27] O general Moreau recusou-se a assistir ao ofício, e, enquanto se cantava o *Te Deum* que, entre outros, exaltava as vitórias, passeou ostensivamente nas Tulherias, fumando um grande charuto.

[28] Essa "Pequena Igreja" iria persistir até aos nossos dias, numa existência débil que, apesar de tudo, ainda colocou a consciência católica diante de um problema doloroso. Os dois bispos que assumiram a chefia, por motivos muito nobres, recusaram-se a sagrar bispos, o que, aliás, o papa não lhes teria consentido. Por isso, quando mons. Coucy reentrou na Igreja (1816) e

mons. Thémines morreu, essa comunidade ficou sem bispos e, a partir de 1847, sem padres. Foram então designados chefes de culto (em Bressuire, na família de Jean Texier, pároco de Courlay, primeiro chefe espiritual da Pequena Igreja na cidade). Como só podiam conservar os dois sacramentos em que o sacerdote não é indispensável, os membros da Pequena Igreja passaram a receber apenas o Batismo e o Matrimônio. Por duas vezes, julgou-se possível a aproximação: em 1870, quando do Concílio Vaticano, em que dois representantes da comunidade, Berliet (antepassado dos fundadores da famosa fábrica de automóveis) e Duc, viajaram a Roma, onde foram recebidos por vários bispos, mas nada conseguiram; e em 1905, na altura do rompimento da Concordata, em que um discreto apelo de Pio X foi mal interpretado ou mal transmitido. Atualmente, a Pequena Igreja possui entre três mil e quatro mil fiéis, aliás gente de fé profunda. Os dois principais centros são o Oeste *bocager* (sobretudo em La Plainelière, em Deux-Sèvres) e Lyon. A última tentativa de aproximação parece ter sido feita em 1949 pelo cardeal Gerlier, arcebispo de Lyon, em nome de Pio XII.

[29] Na Bélgica, houve também uma resistência, a do "stevenismo" (cf., neste capítulo, o par. *O Grande Império e a resistência dos católicos),* embora mons. Frankenberg tivesse renunciado.

[30] Cf., neste volume, cap. I, par. *Frutidor do Ano V.*

[31] Cf., neste capítulo, o par. *Um despertar da espiritualidade.*

[32] Latreille.

[33] Dois "antigos" — Belloy e Boisgelin — e dois "novos": Fesch e Cambacérès (um ex-auditor do Tribunal da Rota, mons. Bayanne, tinha-o sido já em agosto de 1802).

[34] Os pormenores sobre o papel do jansenismo italiano têm por fonte a obra de Maurice Vaussard, *Jansénisme et gallicanisme aux origines du Risorgimento* (Paris, 1959).

[35] Cf. o vol. VII, cap. IV, pars. *Um erro capital: a supressão da Companhia de Jesus* e *Ataques a Roma.*

[36] Cf. o vol. VII, cap. IV, par. *Um erro capital: a supressão da Companhia de Jesus.*

[37] Cf. o vol. VII, cap. IV, par. *Tudo caminha para uma grande revolução.*

[38] Foi então que Boulay de La Meurche pronunciou a célebre frase, tantas vezes atribuída a Fouché ou a Talleyrand: "Mais que um crime: um erro".

[39] Pio VII ficou muito comovido quando o soube: "Santa Elisabeth", murmurou...

[40] O casamento de um dos esposos, não celebrado diante de um sacerdote, estava viciado por um impedimento que, mais tarde, permitiria a oficialização da nulidade; cf. neste capítulo o par. *Questões canônicas e questões matrimoniais.*

[41] Este ponto é agora seguro, contrariamente à lenda segundo a qual Napoleão se teria "apossado" da coroa sob os olhos do papa. Essa lenda recebeu crédito por força de edições erradas das *Memórias* de Consalvi (ed. Cretineau-Joly, de 1884, e Brochon, de 1895). A edição de mons. Nasalli Rocca di Corneliano, publicada em Roma em 1950, repõe as coisas no devido lugar.

[42] Coincidência surpreendente: o mesmo incidente se deu quando do casamento de Napoleão III com Eugênia de Montijo.

[43] Houve outro ponto em que Pio VII mostrou firmeza. Recusou-se a estender aos bispos as cláusulas de perdão de que se tinham beneficiado os antigos padres casados, aos quais fora permitido legitimar a sua união, depois de reduzidos ao estado laical. Talleyrand não pôde, pois, celebrar canonicamente a sua união com Mme. Grand. Correu o boato de que o

conseguira, abusando da credulidade de um pároco de aldeia; mas Louis Madelin mostrou que a história é falsa.

[44] Houve um curioso incidente. Durante uma das festas subsequentes à sagração, foi lançado em Paris um enorme aerostato. Ora, o balão, decerto impelido por um vento inspirado, passou os Alpes e foi cair muito perto de Roma, nas imediações do lago de Bracciano. O bom povo romano gritou: "Milagre!"...

[45] A primeira coalizão, conforme se viu, foi a de 1793 contra a Convenção; a segunda, a de 1799 contra o Diretório (N. do T.).

[46] *Messieurs*, "meus senhores", em vez de *Messeigneurs*, "monsenhores", como seria devido... (N. do T.).

[47] Em matéria como esta, nada pode substituir a leitura dos textos. Vejamos essa lição VII, que nos mostrará que é difícil ir mais longe na prosternação diante do poder:

Lição VII (continuação do quarto mandamento):

Pergunta — Quais são os deveres dos cristãos para com os príncipes que os governam, e quais, em especial, os nossos deveres para com Napoleão I, nosso Imperador?

Resposta — Os cristãos devem aos príncipes que os governam, e nós devemos, em especial, a Napoleão, nosso Imperador, amor, respeito, obediência, fidelidade, serviço militar, os tributos ordenados para a conservação e defesa do Império e do seu trono; devemos-lhe ainda orações fervorosas pela sua saúde e pela prosperidade espiritual e temporal do Estado.

P. — Por que somos obrigados a todos esses deveres para com o nosso Imperador?

R. — Em primeiro lugar, porque Deus, que cria os impérios e os distribui segundo a sua vontade, ao cumular o nosso Imperador de dons, quer na paz, quer na guerra, o fez nosso soberano e o tornou ministro do seu poder e sua imagem na terra. Honrar e servir o nosso Imperador é, pois, honrar e servir o próprio Deus. Em segundo lugar, porque Nosso Senhor Jesus Cristo, tanto pela sua doutrina como pelos seus exemplos, nos ensinou pessoalmente o que devemos ao nosso soberano: Ele nasceu obedecendo ao edito de César Augusto, pagou o imposto prescrito e, assim como ordenou que se desse a Deus o que a Deus pertence, do mesmo modo ordenou que se desse a César o que pertence a César.

P. — Não haverá motivos especiais que devam vincular-nos mais fortemente a Napoleão I, nosso Imperador?

R. — Há, sim. Porque foi ele quem Deus suscitou em circunstâncias difíceis para restabelecer o culto público da religião santa dos nossos pais e para ser o seu protetor. Ele restituiu-nos e conservou a ordem pública, por meio da sua sabedoria profunda e ativa; defende o Estado pelo seu braço poderoso; tornou-se o Ungido do Senhor pela sagração que recebeu do Soberano Pontífice, chefe da Igreja Universal.

P. — Que devemos pensar daqueles que faltem aos seus deveres para com o nosso Imperador?

R. — Conforme diz o Apóstolo São Paulo, eles resistiriam à ordem estabelecida pelo próprio Deus e mereceriam a condenação eterna.

P. — Os deveres que temos para com o nosso Imperador também nos ligam do mesmo modo aos seus sucessores legítimos, na ordem estabelecida pelas Constituições do Império?

R. — Sim, com certeza. Pois lemos na Sagrada Escritura que Deus, Senhor do Céu e da Terra, por disposição da sua vontade suprema e pela sua Providência, dá os impérios, não só a uma pessoa em particular, mas também à sua família.

P. — Quais as obrigações que temos para com os nossos magistrados?

R. — Devemos honrá-los, respeitá-los e obedecer-lhes, porque são eles os depositários da autoridade do nosso Imperador.

P. — O que é que o 4° Mandamento nos proíbe?

R. — Proíbe-nos de desobedecer aos nossos superiores, de os prejudicar e de dizer mal deles (*Catéchisme à l'usage de toutes les églises de l'Empire français*, p. 55 da ed. de Paris, 1808, Mame frères).

Este cap. VII foi redigido pelo cardeal Caprara.

[48] Dois decretos — um de 1808, outro de 1811 — acabaram de organizá-la.

[49] Aulard, por exemplo.

[50] Acerca da política escolar de Napoleão, nunca será demais remeter para a obra de Louis Grimaud, *Histoire de la liberté d'enseignement en France,* t. III, *Le Consulat,* e t. IV, *L'Empire* (nova ed.; Grenoble e Paris, 1946).

[51] Napoleão pôs em prática a mesma política em relação aos protestantes. E também em relação aos judeus, para os quais um decreto de 1808 reorganizou o Grande Sinédrio, os consistórios e as sinagogas. O culto israelita, ao contrário do católico e do protestante, não era subvencionado, mas isso não o impediu de ser inteiramente dócil aos desejos do poder. A própria franco-maçonaria foi beneficiada, mais ou menos às escondidas. De qualquer maneira, gozou de proteção: em Namur (1808), o pároco da freguesia da catedral, que recordara as condenações romanas contra os franco-maçons, foi convidado a retratar-se publicamente. As Lojas desenvolveram-se durante o Império, muitas vezes colocadas sob o orago de um dos membros da família imperial, frequentadas por príncipes napoleônicos e altos funcionários. Esse desenvolvimento foi notável sobretudo na Itália. Recordemos as declarações de Bonaparte acima citadas (cf., neste capítulo, o final do par. *A religião de Napoleão).* Se tivesse havido muçulmanos na França, certamente teriam sido protegidos... e domesticados.

[52] Na sua tese sobre *A reorganização da Igreja da França* (citada no Índice Bibliográfico), mons. Delacroix apresentou inúmeros documentos acerca da revivescência do catolicismo entre 1801 e 1809. Quando a tese foi defendida na Sorbonne, G. le Bras e C. Pouthas matizaram o quadro e mostraram que subsistiam numerosas dificuldades.

[53] O túmulo de M. Olier e os dos primeiros sulpicianos estão ainda sob o solo dessa praça. Da capela do Seminário Maior, restam duas colunas, atualmente no *square* alongado que bordeja a rua Bonaparte.

[54] Cf., neste volume, cap. I, par. *Calmaria e renovação na era termidoriana.*

[55] *Ibidem.*

[56] Até as bocas estavam geladas e coladas à carne. Foi o prior que conseguiu fazer uma incisão no couro sem ferir as pernas.

[57] Cf., neste volume, cap. I, par. *A outra França católica.*

[58] Cf., neste capítulo, par. *Uma Igreja bem dominada.*

[59] Cf., neste volume, o cap. VII, consagrado à renovação das Missões.

[60] Até 1809, quando Napoleão os acusa de "estar do lado dos ingleses" e os suprime.

[61] A reconstituição da Companhia de Jesus será estudada mais adiante, no cap. III, par. *A reconstituição da Companhia de Jesus.*

[62] Cf., neste volume, cap. I, par. *Calmaria e renovação na era termidoriana.*

[63] Sobre o *Picpus* e as Missões da Oceania, cf., neste volume, o cap. VII, especialmente o par. *Um pulular de congregações...*

[64] Cf., neste volume, cap. VII, par. *Um "grande homem" das Missões: a Madre Javouhey.*

[65] Sob o mesmo patrocínio de São José, existiam outras congregações desde o século XVII. A mais antiga surgira com o pe. Medaille, em Puy (1650). Eram cerca de trinta. Renasceram após a tormenta revolucionária. O cardeal Fesch protegeu especialmente a de Lyon e cuidou

da fundação de uma filial desta em Chambéry (1812). Outras se seguiram, e assim se chegou ao número surpreendente de 61 congregações de Irmãs de São José, independentes umas das outras. Todas se dedicavam aos doentes e ao ensino.

[66] Convém acrescentar que também no resto da Europa se observam sinais desse despertar, quer na parte ocupada pelos exércitos napoleônicos, quer na que ficou de fora da sua alçada. Em diversas regiões do "Grande Império", a ação do "Senhor" exerce-se, como na França, em sentido favorável ao renascimento religioso. Assim acontece na Alemanha, onde se encorajam as congregações de ensino — ursulinas e sobretudo as Damas Inglesas, filhas de Mary Ward, cujo centro, em Mogúncia, se torna notável. Mas o despertar espiritual é também, frequentemente, associado a tendências hostis ao ocupante francês. Ainda na Alemanha, o Círculo de Münster, reunido à volta da princesa Galitzine, ou o de Landshut, dirigido por um santo sacerdote, Sailer, sacodem a alma alemã e entregam-se à ação. Na Espanha, a resistência à invasão francesa será também ocasião para uma tomada de consciência religiosa mais profunda entre os melhores. Na Itália, Bruno Lanterni, com os grupos da *Amicizia Cattolica*, fundados pelo seu mestre pe. Diesbach, e com os seus amigos das *Confrarias do Divino Amor*, opõe-se aos elementos jansênico-regalistas que o regime napoleônico facilmente utilizava. Noutros países ainda, a renovação é ao mesmo tempo sequência do despertar de finais do século XVIII e reação contra os erros filosóficos cujas consequências desastrosas a Revolução Francesa mostrara; foi o que se viu na Áustria, onde São Clemente Hofbauer trabalhou tão bem. (Estes diferentes fatos serão estudados no próximo capítulo, como elementos da Restauração, e sobretudo no cap. VIII, dedicado à vida espiritual.).

[67] Cf., acerca da prática religiosa, De Lanzac de Laborie, *Paris sous Napoleón*, t. IV, cap. III.

[68] Picot, *Mémoires pour servir à l'histoire ecclésiastique* (1815), III, p. 426 (cit. por Latreille, III, p. 131.).

[69] Cf. o livro do pe. de Bertier de Sauvigny sobre *La Congrégation*. O termo "Congregação" será utilizado depois de 1815: sob o Império, trata-se de movimentos diferentes, com o mesmo objetivo, com atuações paralelas, mas ainda não centralizados.

[70] Cf. o vol. VI, cap. II, par. *Primeiras tentativas de "Ação Católica": a Companhia do Santíssimo Sacramento.*

[71] Para esse estudo, cf. neste volume o cap. III, par. *Joseph de Maistre e Bonald.*

[72] A segunda edição do *Gênio* (abril de 1803) irá mais longe: o Prefácio falará de "homem providencial", etc.

[73] Sabe-se que Chateaubriand não se limitou a esse papel de turiferário do imperador. Nomeado secretário da Embaixada em Roma, afastado pelo cardeal Fesch (em parte por incompatibilidade de caracteres, em parte por ter morrido na Cidade Eterna a amante do escritor, Pauline de Beaumont, que ele fizera vir), é nomeado ministro plenipotenciário no Valais, mas abandona a carreira após a execução do duque de Enghien, sem, aliás, declarar o verdadeiro motivo — indignação pelo crime?, descontentamento com o pequeno posto em que o deixavam? —, invocando o estado de saúde de sua mulher. Três anos depois, a 4 de julho de 1807, publica no *Mercure* um artigo incendiário, que provoca a fúria de Napoleão. A ruptura entre os dois gênios está consumada. Daí em diante, instalado no Vallée aux Loups, perto de Châtenay, Chateaubriand passa a opor-se obstinadamente ao regime. Eleito para a Academia Francesa em 1811 — com dificuldade, apesar da permissão do imperador, que continuava a admirá-lo —, recusa-se a retocar o discurso de recepção, tido por excessivamente avançado pelo governo, e espera a queda do império para ocupar a sua cadeira de acadêmico. Essa atitude há de valer-lhe grandes compensações no tempo da Restauração.

[74] E que o próprio Chateaubriand desenvolve em outras obras: *Os mártires*, uma espécie de aditamento ao *Gênio*, ou *O itinerário de Paris a Jerusalém*. Após a queda do império, o autor derivará para a política, tentação dos escritores envelhecidos.

[75] O problema do estilo, a influência do antigo e a ressurreição do gótico serão estudados, neste volume, no cap. VIII., *Este mundo que Cristo torna visível.*

[76] Em 1806, Napoleão decidiu mandar erguer um "Templo da Glória", dedicado aos soldados do "Grande Exército"; tinha de ser "um monumento de tal grandeza como nenhum outro que tivesse havido em Atenas nem houvesse em Paris". Vignon fez um projeto: um templo grego de dimensões desmedidas. Por ordem do imperador, os materiais desse monumento deviam ser granito e ferro. Os trabalhos arrastaram-se até 1813. "Que faremos nós deste Templo da Glória? — disse então o homem que sentia aproximar-se o fim —. As nossas grandes ideias mudaram muito. É aos padres que se deve confiar um templo para que o guardem. Que o Templo da Glória passe a ser uma igreja!"

[77] Na sua *História da pintura na Itália.*

[78] Em 1801, inaugura-se em Paris um museu cujo projeto estava em estudo havia mais de dez anos: o Museu dos Monumentos Franceses, em que Alexandre Lenoir reuniu obras-primas da arte cristã. Assim se abrem horizontes desconhecidos.

[79] Napoleão invocava três razões para a nulidade: a falta de consentimento dos pais, a união com uma herege e a ausência do pároco na cerimônia. Mas a falta de consentimento dos pais não é impedimento dirimente para a validade, a união com uma herege é ilícita, mas não inválida, e a presença do pároco só se tornou obrigatória depois do Concílio de Trento — e nos países em que os decretos do Concílio foram publicados, o que não era o caso da diocese de Baltimore.

[80] Após o que o imperador levou Jerônimo a casar com uma filha do rei de Würtemberg, que era protestante...

[81] Laço no chapéu, distintivo da nacionalidade.

[82] Louis Madelin, *La Rome de Napoléon, la domination française à Rome de 1809 à 1814,* Paris, 1906. Foi desta obra capital que extraímos numerosos pormenores referentes a Roma.

[83] A bem dizer, como se sabe, até ao rio Garigliano. Mas as propagandas não olham a tais minúcias...

[84] Cf. o vol. III, cap. V, par. *Para quem o primado?*

[85] Menos Portugal, uma vez que o Príncipe Regente Dom João se recusara a abandonar a Aliança Inglesa (N. do T.).

[86] Durante o qual Pio VII canonizou Santa Colette, fundadora das clarissas coletinas, e Santa Ângela Merici, fundadora das ursulinas. Prova de que os cuidados políticos não prevaleciam sobre os do espírito.

[87] Este bispo serviu de modelo a Vítor Hugo para o mons. Myriel dos *Miseráveis.*

[88] A Bula não designava publicamente Napoleão, mas um Breve pessoal acenava com a excomunhão.

[89] Sob a Restauração, Radet apressou-se a escrever ao papa Pio VII uma carta de arrependimento, em que lhe assegurava a sua mais filial devoção...

[90] Então, Radet correu ao cofre da carruagem e, pegando num saco de ouro e prata que lhe pertencia, ofereceu-o ao papa. Um pouco antes, vendo que Pio VII já não tinha tabaco, o general passara para a tabaqueira pontifícia o conteúdo da sua. Durante a viagem, o papa disse ao cardeal Pacca: "Que sorte termos caído nas mãos deste Radet, tão bom homem!" Todos estes pormenores nos permitiriam corrigir a imagem, geralmente bastante negra, que

os historiadores traçaram do pobre general, se não houvesse também no seu dossiê uma certa carta bastante vergonhosa escrita por ele para ganhar as boas graças do governo: fala sem respeito do seu prisioneiro, ridicularizando as dores abdominais de que o papa sofria.

[91] Cf. neste volume o cap. I, par. *O "último papa"*.

[92] Convém acompanhar em pormenor a sua vida na prisão no belo livro de Bernardine Melchior-Bonnet, *Napoléon et le Pape* (Paris, 1958).

[93] Cf. o vol. VI, cap. IV, par. *O Rei Cristianíssimo contra Roma.*

[94] A atualização deste problema tão controverso encontra-se na tese, verdadeiramente magistral, do pe. Louis Grégoire: *Le "divorce" de Napoléon et de l'impératrice Joséphine* (Paris, 1957).

[95] Ou seja, quando se trata de chefes de Estado e personagens régias.

[96] O Código de 1983 mantém a mesma norma: cânones 1141 e 1142 (N. do T.).

[97] É sabido que as causas de nulidade de casamento são obrigatoriamente sujeitas a apelação quando o primeiro julgamento for favorável à anulação. A segunda sentença caberia, pois, ao Tribunal metropolitano.

[98] Cf. neste capítulo o par. *O novo Carlos Magno.*

[99] Por outro lado, o papa sabia que a futura esposa de Napoleão seria Maria Luísa da Áustria, e, em certas declarações que fez, deu a entender que esperava que a influência austríaca levasse o imperador a voltar a um bom entendimento com a Igreja.

[100] No sentido de dinastia (N. do T.).

[101] Pormenor curioso e que mostra o desprezo que Napoleão tinha pelo sogro: para seu representante na cerimônia, enviou Berthier, cujo novo titulo — príncipe de Wagram — ia recordar tristes acontecimentos a Francisco II.

[102] A Westfália e Berg faziam parte da Confederação.

[103] Nesse momento, a "Pequena Igreja" chegou a recuperar a sua influência; cf. neste capítulo o par. *Uma instalação difícil.*

[104] Em Obernai (Baixo Reno), a polícia perseguiu um grupo de piedosas mulheres que ofereciam habitualmente a comunhão pelo papa: tais comunhões foram julgadas sediciosas.

[105] *Corneille Stevens* (1747-1828). Personagem extraordinário, de uma audácia a toda a prova, como que um *maquisard*-nato. Fora vigário geral de Namur *sede vacante,* e zombara da polícia durante a Revolução. Começou por ligar-se a Bonaparte quando este falou de restabelecer a paz religiosa e aceitou a Concordata. Mas os Artigos Orgânicos pareceram-lhe inadmissíveis, assim como a reintegração de antigos juramentados e a demissão forçada de bispos fiéis. Voltou, pois, à clandestinidade, imprimiu panfletos, que distribuiu aos milhares, e presidiu a reuniões, especialmente na região de Wavre. A sua resistência tem sido por vezes assimilada à da Pequena Igreja (cf. neste capítulo o par. *Uma instalação difícil),* se bem que o stevenismo haja sido mais hostil aos Artigos Orgânicos do que à própria Concordata. Seja como for, ainda hoje existem na Bélgica alguns anticoncordatários que se declaram partidários do stevenismo e da Pequena Igreja em conjunto. Em 1927, nas páginas de entrada de uma brochura polêmica, em que um "stevenizante", Felix Wijverkens, respondia ao *Essai historique sur le stevenisme* de J. van den Weghe, lia-se uma citação de "mons. Thémines, bispo *legítimo* de Blois". Cf. resumo da questão Stevens in *Corneille Suvem,* de J. Soille, Gembloux, 1957.

[106] Termo bruxelense: gracejo (N. do T.).

[107] Isso deu ocasião a uma palavra fulminante. Furioso, Napoleão gritou para o bispo: "Fiz de vós um bispo! Fiz de vós meu capelão! Sem mim, que seríeis vós?" E mons. de Broglie respondeu: "*Sire,* eu seria príncipe". Pertencia, de fato, à célebre família que teve dois membros na Academia Francesa: o duque de Broglie e o príncipe Louis de Broglie, Prêmio Nobel de Física.

[108] Cf. o vol. VII, cap. IV, par. *Um clero revolucionário?*

[109] Mandou, também, instalar na Basílica alguns para-raios, que ainda lá estão.

[110] Foi em 1925 que o governo real italiano, presidido por Mussolini, assinou o Tratado com a Santa Sé pelo qual os Estados Pontifícios ficaram reduzidos à Cidade do Vaticano, com o seu anexo de Castelgandolfo (N. do T.).

[111] Para a recepção dada pelo nascimento do Rei de Roma, dos 1.500 convidados, apenas compareceram 400!

[112] O *Pasquino,* como se viu no volume anterior, era uma antiga estátua romana, truncada, em cujo pedestal se afixavam epigramas — as "pasquinadas" — acerca de personalidades importantes de Roma ou da Cúria eclesiástica (N. do T.).

[113] "Amigo de ninguém, príncipe de todos os ladrões, opressor da Igreja, êmulo de Nero" (N. do T.).

[114] Desvernois, *Mémoires,* p. 367.

[115] Cf. os *Souvenirs* de Comeau, pp. 400-401, e as *Mémoires* do coronel Combe, pp. 50-56.

[116] A correspondência entre Massena e Napoleão mostra a importância decisiva das milícias portuguesas, que lutavam pela pátria e pela Rainha, então refugiada com o Príncipe Regente mons. João VI no Brasil (N. do T.).

[117] A "Junta Suprema", que dirigia a guerra, reconheceu esses horrores e, para tentar acabar com eles, ofereceu um prêmio por cada prisioneiro francês entregue com vida.

[118] A expressão corresponde à nossa *vigários capitulares* (N. do T.).

[119] Literalmente "caça de cadafalso", equivalente a "candidato à guilhotina" (N. do T.).

[120] Diz-se que a ideia de chamar Maury lhe veio de um jogo de palavras. Fesch ter-lhe-ia dito: "*Potius mori!*": "Preferiria morrer!"...

[121] A duquesa de Abrantes [como se sabe, Junot recebeu de Napoleão o título de duque de Abrantes...] retratou-o assim: "A sua figura era o mais desagradável possível: uma enorme cabeça quadrada, testa imensamente larga [...], olhos pequeníssimos [...], nariz arrebitado, perdido numa volumosa massa de carne, em que a natureza colocara uma grandíssima abertura horizontal que ambas as orelhas impediam de dar a volta à cabeça". Por seu lado, a condessa de Boigne diz dele: "O tom e a linguagem condiziam com a figura e chocariam até um cabo de infantaria".

[122] Foi então que se ultimou um plano completo para realizar aquilo de que já se falara: transferir a Sé Apostólica para Paris, com todos os serviços pontifícios. Chegou-se a trabalhar num projeto de palácio papal e de uma basílica que substituiria nas margens do Sena a de São Pedro de Roma; cf. Bindel, *Le Vatican à Paris.*

[123] Por elas, antes de 1789, os monarcas estabeleciam diretamente certas penas para determinadas pessoas (N. do T.).

[124] Os de Frayssinous já estavam proibidos desde 1809.

[125] "A cruz permanece erguida enquanto o orbe se revolve" (N. do T.).

[126] Em 1821, mons. Quélen, bispo-coadjutor do arcebispo de Paris, que havemos de voltar a encontrar à frente da arquidiocese, teve a bela atitude de pedir que o deixassem ir a Santa Helena; não foi autorizado.

[127] Sofrimentos que, no entanto, marcaram cruelmente a sua alma. Em 1823, durante a agonia, há de murmurar ainda: "Fontaineblau! Savona!" Havia então dois anos que, numa campa sem nome, à sombra de um chorão de Santa Helena, repousava aquele que, em Savona e em Fontainebleau, acreditara poder manter cativo o Espírito.

III. Uma contrar-revolução falhada (1815-1830)

Depois do dilúvio

Por mais dramático que tenha sido, o conflito de Pio VII com Napoleão Bonaparte fica na História apenas como um parêntese, um episódio à margem do curso e do sentido profundo dos acontecimentos. Antes de se lançar numa tentativa de cesaropapismo, em que renovava a ação dos senhores do Sacro Império Romano-Germânico, o homem da Concordata tinha assumido um outro papel, esse bem mais importante: tinha domado o tremendo assalto das forças revolucionárias, integrando habilmente numa ordem nova os dados capitais da Revolução. Uma vez desaparecido, iria recomeçar o assalto? Aqueles que acabavam de exilar o vencido iriam ser capazes de resistir?

O que encontraram foi um mundo transformado. "Entre o tempo presente e o tempo anterior, vejo mais diferenças do que entre a época que se seguiu ao Dilúvio e a era ante-diluviana": assim falava, numa sessão do Congresso de Viena um dos que, a justo título, eram tidos por cabeças pensantes da Europa — o cardeal Consalvi. Fronteiras deslocadas, Estados suprimidos e outros vindos do nada, regimes políticos tais como o Ocidente nunca vira, uma subversão evidente da ordem social, e, em todos os espíritos, ideias, princípios ainda ontem condenados: tais os resultados de uma crise que durara vinte e cinco anos. Desfeita a ordem napoleônica — ordem fictícia, pois assentava, afinal, somente no gênio e na vontade de um único homem —, era necessário criar uma outra. Como?

Duas questões se punham: uma, sobre o sentido, a outra sobre o alcance da crise que provocara todas essas transformações. Seria a Revolução um movimento intrinsecamente perverso, que ofendia toda a ordem legítima do mundo, uma rebelião sacrílega contra tudo o que podia ter de providencial uma tradição muitas vezes secular? Ou, como sustentavam os seus partidários, assinalava a promoção de certos valores fundamentais do homem, até então desprezados — valores de Justiça, valores de Liberdade? Por outro lado, tratar-se-ia de um incidente fortuito, ruptura provocada pela conspiração de certos espíritos perversos, ou antes de um fenômeno gigantesco cujas causas deviam ser procuradas muito antes, no coração da Era Clássica, e até mais longe, no Renascimento e na Reforma, porventura no próprio âmago da Idade Média? Consoante a resposta que se desse a essas duas ordens de perguntas, assim se definiria o ordenamento que era preciso refazer. Se a Revolução era uma empresa satânica, uma revolta do homem contra Deus, é óbvio que nenhum dos seus princípios deveria ser admitido. Mas, se era o resultado de uma evolução quase milenária, seria absurdo pretender considerá-la nula e inexistente.

Para nós, que julgamos as coisas sob a perspectiva do tempo, é evidente que é impossível dar às duas questões uma resposta simples. O que, para os nossos dias, torna tão ambíguas as posições que se podem tomar em relação ao imenso acontecimento que foi a Revolução Francesa, é que o bem e o mal, o justo e o injusto, o verdadeiro e o falso, nele se misturam substancialmente. É verdade que, em larga medida, a corrente revolucionária foi o ponto de chegada da rebelião da inteligência que se observou no século XVIII e já muito antes dele[1]. Mas não é menos verdade que o seu terrível fluxo arrastou, mesclados com aberrações dos piores instintos, elementos de verdade, ideais que honram o homem. É historicamente verossímil que a explosão revolucionária de 1789 tenha sido decidida, preparada, por um certo número de indivíduos, quer por paixão, quer por interesse. Mas é muito mais evidente que essa explosão não teria sido o que foi se não houvesse sido gerada por um longo período de tensões. Em 1815, quando a proximidade dos acontecimentos ainda cegava, que homens seriam capazes de julgar com essa imparcialidade o fenômeno da Revolução — quando, passados cento e cinquenta anos, ainda estamos longe de o conseguir?

Aqueles que iam substituir os funcionários do Império à testa da Europa, aqueles a quem incumbia refazer esse mundo, estavam, na sua imensa maioria, bem longe de aceitar tais *distinguos*. Soberanos, estadistas, militares, todos eles acabavam de sustentar, contra a Revolução e o seu herdeiro coroado, uma dessas guerras de morte em que o espírito de equidade para com o adversário logo parecia traição. Durante vinte anos, a sua propaganda tinha chamado aos homens da Convenção e a Napoleão *ogres* e tiranos. Uma vez vitoriosos, iriam mudar de opinião? Se tivessem essa tentação, teriam do lado deles os emigrados franceses, os que tinham sofrido diretamente com o Moloch revolucionário, para lhes recordar os horrores que provavam, de modo mais que abundante, que a Revolução fora mesmo obra de Satã. Ao mesmo tempo, tais homens, que tinham olhado a experiência revolucionária apenas externamente, não podiam aperceber-se da profundidade das raízes que ela mergulhara nos espíritos e nos corações. Muito sinceramente, a maioria deles estava facilmente convencida de que a Revolução *devia* ser anulada, e que, efetivamente, *podia* sê-lo.

Legitimidade, Contrarrevolução, Restauração: era, pois, sobre essas bases que se ia tentar reconstruir o mundo. A ordem de ontem, a do *Ancien Régime,* era a única legítima. Importava restaurá-la, reconstituí-la tal como fora antes do pavoroso terremoto. Na verdade, porém, esse retorno integral ao passado depressa pareceu impossível aos melhores espíritos. Podemos percebê-lo observando, entre muitas outras coisas, que a monarquia francesa restabelecida não tentou reencontrar os fundamentos do absolutismo à maneira de Luís XIV, mas concedeu aos súditos uma Carta fortemente imbuída do espírito da Revolução. No entanto, embora se derrogasse a ordem antiga e até se recorresse, em bastante pontos, aos métodos do adversário, proclamou-se como único válido, único salvador, o princípio da Contrarrevolução. Aí estavam as paixões e os interesses para reforçar os belos princípios. Durante quinze anos, quase toda a Europa ia assistir ao desenrolar de uma experiência que não poderíamos caracterizar melhor do que usando uma palavra tomada no seu sentido mais forte: reação.

Essa tentativa poderia triunfar? As forças revolucionárias tinham sido vencidas pelas armas. Mas acaso tinham deixado de existir? Não se conservariam, ainda vigorosas e prontas para a luta, nessas zonas secretas em que se travam batalhas mais decisivas que as da planície de Waterloo — no coração dos homens? A grande aventura militar da Convenção, do Diretório e do Império tinha contribuído poderosamente para lhes alargar o campo de ação. Os ideais de Liberdade, de Justiça, de Igualdade, que a França semeara pelo mundo — embora ela mesma os tivesse traído — tinham sido espalhados pelos soldados *sans-culottes* de infantaria, pelos veteranos do imperador e por todos esses jovens Fabrice del Dongo que tinham servido na *Grande Armée.* Os livros franceses, os jornais franceses e os métodos franceses de administração pública, o Código Civil e o sistema métrico — tudo isso penetrara bem fundo nos costumes. Seria possível voltar atrás?

Assim se abriu, logo a seguir à queda da Águia, um período singular, em que a Europa tentou andar contra a corrente da história. De um lado, viam-se equipes de estadistas, de pensadores, até de teólogos, para quem o regresso ao passado, o mais total possível, era a única oportunidade que restava à sociedade e à civilização. Do outro, juntavam forças aqueles que, mais ou menos conscientemente, continuavam a ser filhos e herdeiros da Revolução: eram os que então se designavam pelo termo muito genérico e muito equívoco de "*os liberais*". Liberais, os adversários dos regimes políticos de autoridade; liberais, os povos que recalcitravam contra a pesada tutela do senhor ou de um ocupante; liberais, os alemães e os italianos exasperados por verem seus países divididos como veste de arlequim e que sonhavam com a unidade nacional; mas liberais também os doutrinadores da irreligião, os especialistas do anticlericalismo, cujos desígnios eram somente abater a Igreja. Era grande a confusão nos espíritos e no vocabulário. Mas a realidade histórica, essa era perfeitamente clara: havia uma luta aberta entre os partidários da Contrarrevolução e aqueles que procuravam tirar consequências do que acontecera em 1789. Como é que essa luta terminaria? Alguns anos antes, um pensador político o dissera: "A Revolução está feita na Europa. Agora, importa que siga o seu curso". Esse pensador político chamava-se Napoleão.

Situação da Igreja à saída da crise

Tal era a situação, ambígua, diante da qual se encontrava a Igreja ao sair de uma crise terrível, em que ela própria sofrera muito. E em que estado se encontrava? Materialmente, as suas perdas eram imensas. Em numerosos países — sobretudo na França, mas também em Nápoles, na Toscana e em outros ainda —, vira desaparecer a maior parte dos seus bens, que nunca mais recuperaria. Esse empobrecimento era um risco para a sua capacidade de ação apostólica. Com que havia ela de manter os seminários, as obras, as escolas? Como restabeleceria os meios para animar a vida paroquial ou conventual? As indenizações e as dotações prometidas por alguns Estados pareciam mínimas e, de qualquer modo, seriam precárias. A administração eclesiástica fora duramente atingida. Quantos arquivos não estavam dispersos e jamais seriam reconstituídos! Até os das Congregações romanas tinham perdido numerosos *dossiês* quando as autoridades francesas, em 1810, haviam tentado transferi-los para Paris[2]. Impunha-se por todo o lado um trabalho de reorganização.

E contudo, no plano moral, não havia motivo para ceder ao pessimismo. É certo que era impossível não reconhecer o recuo da influência social da Igreja. "Salvo na Itália e na Espanha, pode-se dizer que o período medieval estava encerrado"[3]. O clero perdera quase em toda a parte a sua posição de privilégio, a isenção relativa às jurisdições civis, a direção do pensamento e das publicações. Indício impressionante: a Inquisição, que entrara em declínio havia muito tempo, desaparecera. As próprias condições em que, passado o primeiro ato da crise, a Igreja conseguira restabelecer uma situação mais normal por meio de Concordatas, mostravam com que insolência as potências temporais pretendiam limitar os direitos de Deus e alargar os de César. O papado tinha sido praticamente desarmado na França, no confronto com os Artigos Orgânicos, e, na Itália, com os Decretos Melzi. E tais exemplos não eram esquecidos pelos outros Estados.

A verdade, porém, é que olhada de perto, a situação continha muitos elementos mais favoráveis. A posse de grandes bens nunca foi benéfica para a Igreja. O cardeal Consalvi disse-o uma vez, reconhecendo a Talleyrand[4] o mérito "de ter curado a igreja da França do apego à riqueza, que ameaçava fazê-la morrer, quando a verdade é que, para viver, lhe basta um naco de pão e um púcaro de água". Empobrecido, o clero estava purificado e engrandecido. Os mártires da guilhotina faziam esquecer os padres palacianos do *Ancien Régime*. Os corajosos "cardeais negros"[5] faziam esquecer a conduta discutível de um Bernis ou de um Rohan. Da crise revolucionária saía uma Igreja mais digna, e seria o ideal dessa Igreja que chegaria até ao nosso tempo. Uma Igreja também mais unida, porque — notava-o o cardeal Pacca — "as perseguições sofridas pelas igrejas da França e da Itália, forçando os sacerdotes de ambas as nações a manter um contato frequente, aproximara da Mãe os seus filhos".

Sobretudo, tinha-os aproximado do Pai Comum. De certa maneira, era o papado — o papado do moribundo de Valence e do prisioneiro de Savona — que surgia como o grande vencedor da tirania. Tanto como os exércitos dos coligados, a heroica debilidade do Homem de Branco contribuíra para abater o dominador do mundo. Em torno dele, estavam unidos não apenas os soberanos católicos, mas os heréticos e os cismáticos. Paradoxalmente, os mais firmes sustentáculos de Roma, no plano diplomático, eram a Inglaterra e a Rússia. Esses Estados Pontifícios, para os quais poderosos vizinhos tantas vezes tinham lançado vistas cobiçosas, pareciam agora intangíveis. Na realidade, eram eles que tinham sido o penhor da liberdade do Santo Padre. E fora na qualidade de soberano temporal que Pio VII, recusando-se a aderir ao Bloqueio continental, se opusera a Napoleão. As teses que, dantes, pretendiam limitar-lhe a autoridade tinham perdido muito da sua virulência. O ultramontanismo progredia, apoiado nas poderosas doutrinas de Joseph de Maistre e exaltado pelos veementes discursos de Félicité de Lamennais.

E não era só quanto à autoridade e ao prestígio que a Igreja saía engrandecida da provação. É certo que nesse momento, como aliás em qualquer outro, era impossível dizer com exatidão se contava mais ou menos fiéis, e é prudente, quando se trata de um período em que o conformismo obrigava os mais descrentes a ir à missa, não invocar demasiado as estatísticas da assistência aos atos litúrgicos. Durante o cativeiro em Savona, Pio VII dissera um dia ao prefeito Chabrol: "Haverá talvez menos cristãos; mas são melhores". Os sinais de renovação espiritual que pudemos observar já durante a era imperial iam multiplicar-se. Na França, anunciava-se um acréscimo considerável de vocações — a ponto de que as ordenações triplicariam em sete anos — e um espantoso florescimento de religiosos. Na Alemanha, os círculos de militantes agrupados à volta da princesa Galitzine, de Stolberg ou de Sailer estavam em plena expansão[6]. Na própria Inglaterra, o pequeno rebanho católico ia crescendo. Em todo o Ocidente, a literatura refletia uma curiosidade cada vez mais ardente pelas matérias da tradição católica. Nesse momento em que o mundo se preparava para mudar de rosto, eram consideráveis as potencialidades da Igreja e da religião.

Mas também surgiam problemas muito sérios. Recompor o que fora despedaçado, restaurar o que fora deitado abaixo — eis a tarefa que se impunha visivelmente, e que a Igreja ia assumir com um zelo e uma coragem notáveis. Esse trabalho de reconstrução não podia ser operado fora do contexto político, tanto mais que, entre as instituições que se propunham restaurar, os novos senhores do mundo incluíram a Igreja...

Era natural que a Igreja aproveitasse as boas disposições dos governos, para levar a bom termo o seu próprio esforço de reconstrução. Mas, ao mesmo tempo, não se arriscaria ela a ficar associada a esses regimes de autoridade, a esses sistemas de contrarrevolução, que pretendiam reerguer a sociedade a partir dos seus fundamentos legítimos? E não haveria nisso mesmo o perigo de a Igreja perder todos os elementos — nem todos eles hostis ao cristianismo — que tinham visto em certos ideais da Revolução as grandes possibilidades do homem?

Tal era a questão, muito grave, que se ia pôr à Igreja. Compreenderia ela que essa era a questão? Dar-se-ia conta de que a tinha pela frente? Acreditar que sim é muito provavelmente cometer "o pecado de anacronismo" que Lucien Febvre diz ser o mais grave para um historiador. É fácil proclamar hoje que a Igreja — que transcende todos os regimes, todas as formas de sociedade — devia ter utilizado os propósitos dos governos legitimistas sem se deixar comprometer por eles. Mas, para que a Igreja o tivesse conseguido, teria sido preciso que fosse dirigida por homens de gênio, prodigiosamente à frente do seu tempo — uns Agostinhos do século XIX... Como quase sempre acontece, os interesses imediatos — os grandes e os pequenos — fizeram de cortina e impediram a visão do futuro.

Pequenos interesses, interesses individuais, os interesses de todos os padres, de todos os bispos que tinham lutado corajosamente pelos direitos da Igreja ou sofrido as tristezas da emigração, e não podiam agora admitir não serem reinvestidos na plenitude dos seus títulos, das suas prerrogativas ou privilégios, uma vez que em nada os tinham desmerecido. Grandes interesses — os do próprio Deus — atacados pelo liberalismo, ou pelo menos por um certo liberalismo, e que importava defender. Assim se uniam as boas e as más razões para empurrar os católicos num sentido que era o do seu tempo. Seriam precisos muitos anos para serem formulados juízos mais matizados e para se deixar de confundir o liberalismo ateu com o ideal de liberdade, e os interesses dos prelados de Koblentz ou de Londres com os da fé católica[7]. Prisioneira como estava das alianças que lhe permitiam reencontrar o seu lugar, e não menos das paixões, bastante desculpáveis, dos seus membros; vítima também da confusão que reinava nos espíritos —, seria quase inconcebível que a Igreja tivesse assumido atitude diversa da que realmente assumiu.

Vamos, pois, vê-la enfileirar-se, quase unanimemente, no campo da Contrarrevolução. E o que pode surpreender o historiador não é que a Igreja o tenha feito: é que tenha havido homens, bem perto da Sé de Pedro — por exemplo, o cardeal Consalvi ou o cardeal Bernetti —, capazes de pensar que não era bom levar muito longe essa aliança; que tenha havido homens em condições de compreender que não era possível anular pura e simplesmente o fato da Revolução, e que era necessário ter em conta a evolução das mentalidades e dos costumes, e promover na Igreja uma atitude nova. Em 1815, a verdade não parecia estar desse lado, mas sim do lado daqueles que, para restaurar o cristianismo, não viam outra saída senão aliar-se estreitamente aos políticos que pretendiam restaurar o mundo em nome da Legitimidade.

Joseph de Maistre e Bonald

Dois homens encarnaram, nesse momento, e naquilo que ela podia ter de mais profundo e de mais nobre, essa vontade de restauração político-religiosa do mundo — dois escritores de valor, aliás, desigual. Quando, em 1796, em Lausanne, o conde Joseph de Maistre publicou as *Considerações sobre a França* e, quase simultaneamente, em Heidelberg, o visconde Louis de Bonald escreveu a *Teoria do poder civil e religioso*, essa obras passaram quase em silêncio. Os seus autores não tiveram, como teve Chateaubriand, a sorte ou a habilidade de vir a entrar, mais tarde, no jogo napoleônico e de nele conquistar a glória. Continuaram a trabalhar em silêncio, acumulando manuscritos ou escrevendo sob pseudônimos. Depois de 1815, porém, as circunstâncias passaram a dar às suas obras uma audiência considerável. Com todos os riscos de incompreensão que o papel comporta, passaram a ser mestres do pensamento[8].

Joseph de Maistre (1753-1821) era um savoiano de Chambéry[9], filho do Presidente do Senado, ele próprio antigo magistrado, homem de formação sólida e rígida. No entanto, durante a adolescência, embora fosse um bom cristão, abrira-se até certo ponto às ideias "filosóficas" — o bastante para mais tarde poder avaliar por que elas podiam ser perigosas; e apesar das condenações papais, tinha até pertencido durante quinze anos à francomaçonaria, persuadido como estava então de encontrar nas Lojas aliados para operar a revolução do cristianismo com que já sonhava. Na mesma época, as suas relações com Claude de Saint-Martin, o "filósofo desconhecido", tinham enraizado nele uma concepção providencialista dos destinos humanos, que iria conservar por toda a vida. As tristezas do exílio, a que o condenou a invasão da sua pequena pátria pelas tropas revolucionárias, acabaram de o esclarecer e formar. Em Lausanne e depois em Cagliari, ou em São Petersburgo, para onde o rei da Sardenha, Carlos Emanuel IV, o nomeou embaixador em 1803, não parou de escrever.

Na capital da Rússia, a vida era pouco divertida para um homem a quem cabia representar dignamente um príncipe que demasiadas vezes se esquecia de mandar dinheiro. Longe dos seus, Joseph de Maistre acumulava, em pastas, obras que se intitulavam *Do Papa,* ou *Sobre a igreja galicana,* ou *Os serões de São Petersburgo*. Só raríssimos amigos admiravam então esses longos raciocínios, de uma lógica severa, escritos numa linguagem profissional clássica, e que eram realçados aqui e acolá pelo brilho de um paradoxo irresistível ou pelo relâmpago de uma ironia digna de Voltaire. Depois de Waterloo, Maistre regressou a Turim, onde o esperava um lugar de ministro de Estado, e publicou, sem pressa, os frutos das suas meditações solitárias. Se não obteve propriamente êxito no grande público, despertou a atenção do mundo político e da gente culta.

Poucos mestres como ele, é preciso reconhecê-lo, deram tanto a impressão de uma espantosa distância entre o escritor e o homem. Na existência de todos os dias, Joseph de Maistre era o melhor dos homens, bom, suave, amável e cheio de sensibilidade. Na Rússia, chorava quando se lembrava da mãe, e as cartas que esse pai carinhoso escrevia aos filhos eram todas de prudente moderação e grande delicadeza de sentimentos. Mas quando escrevia, o registro era completamente diferente! Altivo, mordaz, impiedoso, dava a todo o instante a impressão de ser o único a estar de posse da verdade integral, que propunha em fórmulas a seu ver indiscutíveis. Havia qualquer coisa de profeta bíblico nesse bom funcionário do rei da Sardenha e do Piemonte. E esse tom não desagradava a uma sociedade que ansiava por coisas veementes e que, tendo acabado de passar por uma tempestade, estava habituada ao fuzilar dos raios.

A concepção do mundo do conde Joseph de Maistre era uma concepção trágica. Herdeiro de Bossuet, encontrava no desenrolar dos acontecimentos históricos a obra irrecusável de uma potência sobrenatural. Neles reconhecia "como que a marcha da Vontade divina, caminhando através dos séculos humanos". Levando ao extremo a doutrina cristã acerca do mal, até ao ponto de a tornar revoltante, julgava descobrir a ação da Providência nas violências e crueldades dos homens. Em seu entender, como a natureza fora ferida pelo pecado, a lei divina queria que o sangue corresse; nesse sentido, a guerra era divina, como divino era o trabalho do carrasco. "Qualquer flagelo celeste é um castigo": castigo que fere tanto os inocentes como os culpados. Ao mesmo tempo, contudo, essa dor providencial era, a seus olhos, redentora. O sangue derramado tinha poder expiatório. "Já que — exclamava ele — tudo é purificado pelo sangue, sem efusão de sangue não há perdão." O sacrifício do Inocente crucificado no Calvário dava, evidentemente, um sentido supremo a todos esses sofrimentos providenciais suportados pela humanidade.

Aplicada aos fatos históricos mais recentes, essa doutrina terrível fazia da Revolução um juízo simultaneamente categórico e surpreendente. Nos seus aspectos imediatos, ela parecia a Joseph de Maistre destruidora, prejudicial, "satânica". E, todavia, também ela estava inserida num plano providencial e, a essa luz, podia ser benéfica. Humanamente, era inexplicável. E, afinal, os homens que tinham julgado estar a dirigi-la tinham sido por ela conduzidos — e para que destino tão atroz! Portanto, o condutor desse jogo sangrento era a Providência, que, ao castigar a França, tinha querido obrigá-la a tomar consciência das suas faltas e a regressar à sua antiga fidelidade, à sua missão cristã. E o mundo inteiro ficaria iluminado.

Por que razão tinha a França merecido o castigo que sofrera? As razões que Maistre descobria eram diversas e de peso muito desigual. A decadência moral e a frivolidade das classes dirigentes parecia-lhe ser uma das causas da catástrofe; mas via outra, de peso não inferior, na pretensão popular de dispor de uma Constituição e de participar do governo, quando, segundo o seu modo de ver, o homem pecador, uma espécie de enfermo congênito, é feito para ser conduzido autoritariamente, por um poder exclusivamente dependente de Deus. De um modo mais justo, incriminava também a ação dos "filósofos", esse "espírito do século XVIII" do qual dizia ser preciso "matá-lo", a rebelião da inteligência contra a revelação divina, da razão contra a fé, da falsa ciência contra o dogma. E, nesse plano, a crítica que fazia a Voltaire e a Rousseau, a análise dos seus erros e carências eram profundas.

Se a Revolução "demoníaca" era um castigo, importava compreender-lhe o sentido e corrigir os erros que provocara. Para reerguer a França sobre os seus fundamentos, era necessário restaurar um poder capaz de conduzi-la à verdadeira ordem, o poder de um rei absoluto, sem limites, sem controle — ou melhor, um poder cujos limites únicos fossem a sua consciência e que não tivesse outro controle senão a justiça divina. Era exatamente a concepção da monarquia de direito divino, tal como Luís XIV a poderia definir. A ideia da soberania do povo, ainda que expressa nos termos tão restritivos da Carta Constitucional, causava-lhe horror: intermediários entre o soberano, expressão da vontade de Deus, e o povo? Nem pensar nisso!

Mas — e era aí que Joseph de Maistre, ultramontano, se opunha violentamente às tradições galicanas do absolutismo capeto — essa autoridade régia, plena em cada um dos Estados, devia, no entanto, submeter-se a uma autoridade mais alta: a autoridade de Deus e, por conseguinte, a do Vigário de Deus na Terra. No livro apaixonado em que tratava *Do Papa* (1818), J. de Maistre explanava uma concepção da sociedade totalmente teocrática[10]. O Papa devia ser o chefe incontestado, o árbitro supremo e o guia de todos os povos e de todos os soberanos. O ultramontano não encontrava títulos bastantes para o engalanar: agente supremo da civilização, criador de todas as monarquias, conservador da ciência e das artes, protetor nato da Liberdade. Infalível. E essa Infalibilidade — anunciava Joseph de Maistre, como bom profeta — dentro de pouco tempo seria artigo de fé. Infalível, era o Papa quem fixava os desígnios divinos. E, afinal, a história não provava que o papado era chamado a reger o mundo? "Nenhuma instituição humana durou dezoito séculos". Na "móvel Europa", um só ponto estável:

Roma. Portanto, unicamente sob a paternal direção do Soberano Pontífice é que a Europa dilacerada reencontraria a unidade.

Doutrina medieval, como se teve a tentação de dizer. E, no entanto, não. Joseph de Maistre não merecia esse qualificativo de "profeta do passado" que o seu êmulo Bonald lhe afixaria nas costas. O que ele queria era, de algum modo, projetar no mundo em vésperas de nascer os grandes princípios e as instituições que tinham permitido à cristandade alcançar outrora a plenitude da grandeza. Não é que alimentasse ilusões acerca do valor intrínseco das instituições: a Contrarrevolução que ele preconizava era antes de tudo uma contrarrevolução interior. Pensava e dizia que era necessário "rejuvenescer de algum modo extraordinário" o cristianismo, sem o que nasceria uma outra religião, a religião do homem divinizado, a religião do Anticristo. "Toda a lei — dizia ele — é inútil e mesmo nefasta, por mais excelente que possa ser em si mesma, se a nação não for digna da lei". Não seria impondo de fora aos homens quadros perfeitamente formados que se salvaria a sociedade, mas sim chamando-os a uma renovação simultânea da alma, da consciência e das instituições. Em Maistre, a teoria rígida andava misturada com a aspiração mística, e esta imprimia àquela uma singular grandeza.

Nesse plano, *Louis de Bonald,* êmulo de Joseph de Maistre, não ia tão longe. Não havia da sua parte um grande interesse pela reforma interior, pela renovação do cristianismo no mais fundo das almas. Se encarava a moral como base de todas as instituições, não concebia, no entanto, a sua aplicação a não ser pela lei, de acordo com os métodos da autoridade e da disciplina. "O homem — pensava ele — só existe para a sociedade, e a sociedade não o forma senão para ela própria". Que um governo forte aplicasse bem as leis; que fosse proibido tudo aquilo que tendesse a destruir a ordem legítima; que o ensino fosse monopólio dos jesuítas — e tudo na terra correria bem.

Este antecessor das teorias totalitárias era, também ele, na vida privada, uma excelente pessoa, cujo rosto sorridente refletia boas intenções e uma candura que beirava a ingenuidade. Nascido no solar de Nonna, perto de Millau (1754), onde viria a morrer passados oitenta e seis anos (1840), Bonald conhecera igualmente as tristezas da emigração. Depois, uma vez regressado à França, tivera a existência silenciosa de um proscrito do interior. Tendo sido notado por Napoleão, a quem a doutrina bonaldiana acerca da autoridade não podia deixar de agradar, aceitara ser nomeado conselheiro da Universidade (1810). Mas o fundo do seu coração continuara monárquico e legitimista. Em 1815, embora a Carta não lhe satisfizesse nada, pôs-se ao serviço de Luís XVIII, que o fez ministro de Estado, Par de França e acadêmico.

Como escritor, Louis de Bonald não se compara a J. de Maistre. Não tem as grandes intuições proféticas do fascinante autor dos *Serões,* nem o impulso dos períodos, nem as fórmulas que subitamente iluminam o ponto culminante de uma frase. É um dialético minucioso, que deduz e raciocina com implacável rigor. As demonstrações que faz, geralmente trinárias, têm o ar de teoremas matemáticos. "Em cosmologia, Deus é a causa; o movimento, o meio; o corpo, o efeito. No Estado, o governo é a causa; o ministro, o meio; o súdito, o efeito. Na família, o pai é a causa; a mãe, o meio; o filho, o efeito". Na sua obra, tudo se edifica sobre esquemas semelhantes.

Começara Bonald a sua carreira literária por um ataque, aliás vigoroso, aos "filósofos", sobretudo contra o *Espírito das Leis* e o *Contrato social.* A sua *Teoria do poder político e religioso* era uma resposta a Montesquieu e a Rousseau. Mais tarde, em 1818, as *Investigações filosóficas* alargaram o campo da análise severa, a que não faltava pertinência.

Bonald negava o pretenso estado de natureza, a origem humana e democrática do Poder, o contrato social imaginado por Jean-Jacques, os direitos do homem e, designadamente, o direito à liberdade. Ainda mais que Maistre, Bonald surge como um dos fundadores da escola que, até aos nossos dias, até Maurras, iria opor aos temas da Revolução um *non possumus* decidido. É claro que, para ele, a democracia, filha dos "filósofos", e especialmente de Montesquieu e de Rousseau, era uma monstruosidade. "Um regime não constituído", dizia ele. A democracia ia ferir o princípio das relações entre causa e efeito no que se refere ao Poder e ao indivíduo; a própria Carta lhe parecia uma concessão perigosa às teses democráticas. Na ordem social, o divórcio causava-lhe igual horror; para o condenar, escreveu um livro vigoroso: porque também o divórcio rompe a trilogia que liga causa, meio, efeito, isto é, pai, mãe, filho. Nem tudo era falso — longe disso — nessa crítica. E muitos argumentos de Bonald em nada perderam o seu valor.

Mas ele não se limitava a criticar. Os seus grandes tratados sobre *A legislação primitiva* (1802), as suas *Investigações filosóficas sobre os primeiros objetos dos conhecimentos morais* (1818), mais tarde as *Demonstrações filosóficas sobre os princípios da sociedade* — todos eles propunham uma concepção do mundo, um sistema completo de reconstrução. Muito menos místico e metafísico do que Joseph de Maistre, Bonald pretendia fundamentar tudo na tradição, cujas origens ia buscar à própria fonte das sociedades, com métodos mais engenhosos que seguros. O seu tradicionalismo, antepassado daqueles que, por várias vezes, a Igreja iria condenar[11], recusava à razão humana todo e qualquer direito. Era em nome da tradição que ele definia um sistema político e social rígido, no qual até a palavra liberdade parecia monstruosa e todas as instituições deviam tender para um só fim: manter o que já tinha sido.

Essa ordem rigorosa, é óbvio, procedia também de Deus. O cristianismo e a Igreja ocupavam nela o lugar central. E por muitas razões. Primeiro, porque aí se encontra de modo perfeito o movimento ternário que Bonald considerava fundamental, uma vez que Deus é a causa, Cristo o meio, a sociedade humana o efeito. Depois, porque é possível ver na organização centralizada e autoritária da Igreja o arquétipo de todos os regimes. E ainda porque — e essa era uma ideia profunda —, como a Revolução fora na essência um movimento religioso, uma revolta metafísica da humanidade contra a Tradição divina, só uma restauração religiosa poderia acabar com ela.

A visão do visconde de Bonald não era, portanto, menos medieval e teocrática do que a do conde de Maistre. Mas estava em desacordo com a deste sobre um ponto essencial. No seu sistema, o autor da *Legislação primitiva* não atribuía ao Vigário de Cristo o lugar eminente que lhe atribuía o autor de *Do Papa;* isto porque, como bom servidor dos Bourbons, Bonald era galicano.

As duas doutrinas — a de Maistre e a de Bonald — situavam-se, como vemos, num alto plano. O que elas queriam promover era uma palingenesia. Uma e outra visavam, em substância, estabelecer na terra a Cidade de Deus. Mas sucede com bastante frequência que os doutrinadores deste gênero têm a desgraça de ser interpretados pelos políticos no sentido mais acanhado que a sua obra possa comportar[12]. Esses pensadores de intuições profundas, que tiveram por vezes — sobretudo Maistre — visões espantosamente proféticas, viriam a ser facilmente aproveitados para a mais simplista das empresas de reação. É neste sentido que podemos ter por verdadeira a famosa frase de Lacordaire: "A voz de Bonald e de Maistre não chegavam à multidão senão como eco perdido de um passado sem regresso[...], como a lamentação de Cassandra sobre as ruínas de Troia". Na verdade, ambos sonhavam em refazer o mundo cristão, mas seriam utilizados para favorecer a aliança do Trono e do Altar. Falavam de "reintegrar" todas as nações na cristandade, mas ir-se-iam buscar às suas páginas argumentos para que o cristianismo ajudasse a edificar a Europa da "Santa Aliança"...

Um talher para Jesus Cristo

Num certo dia de 1815, Metternich, o primeiro-ministro do imperador da Áustria, foi convidado a jantar pelo czar Alexandre I, o grande vencedor de Napoleão. Tinha-se então acabado — penosamente — de pôr de pé os tratados que haviam de redesenhar o mapa da Europa. Mas o soberano russo não escondia que queria acrescentar às estipulações diplomáticas as cláusulas de um pacto religioso que faria dessa reorganização territorial a expressão da vontade divina. Como é óbvio, assistia à refeição aquela que, havia vários meses, passara a ser a egéria do senhor de todas as Rússias: Mme. Krüdener. Como estivesse preparado um quarto lugar, Metternich perguntou o nome do conviva, e ouviu o czar responder, com todo o ar de uma convicção profunda, que esse lugar era de Jesus Cristo.

O incidente, em si mesmo bastante ridículo, ilustra perfeitamente a confusão entre os valores cristãos e os grandes interesses políticos, então demasiado visível. A 26 de setembro de 1815, foi assinado em Paris pelo imperador da Áustria, Francisco II, pelo rei da Prússia, Frederico Guilherme III, e pelo czar Alexandre o pacto a que nos referimos e que dentro em pouco se chamou *Pacto da Santa Aliança*. Declarando que falavam "em nome da Santíssima e Indivisível Trindade", os três soberanos — "os três Reis Magos", dizia, sorrindo, Metternich — afirmavam querer a partir daí "assentar o desenvolvimento das suas relações mútuas sobre as verdades sublimes que nos ensina a eterna religião do Deus Salvador", e proclamavam "a sua decisão inabalável de ter apenas como regra da sua conduta [...] os princípios dessa religião santa, os preceitos de justiça, caridade e paz". Consequentemente, e "de acordo com as palavras da Sagrada Escritura", os três monarcas do pacto considerar-se-iam nas suas relações como irmãos e, para com os súditos, como pais. Seriam "três membros de uma única família" e confessariam que "a nação cristã, de que eles e os seus povos faziam parte, não tem realmente outro soberano senão Aquele a quem pertence como coisa própria o poder, por só nEle se encontrarem todos os tesouros do amor, da ciência e da sabedoria infinita: Deus, nosso divino Salvador, Jesus Cristo, o Verbo do Altíssimo". Todas as potências de boa vontade que desejassem "proclamar solenemente estes princípios sagrados" seriam recebidas "com tanta prontidão como afeto nesta Santa Aliança".

Não se pode duvidar de que o documento nasceu das elucubrações comuns do czar e de Mme. Krüdener. Desde que os seus exércitos tinham esmagado o Amo do mundo; desde que entrara por duas vezes em Paris, com os seus cossacos, e mandara celebrar uma missa ortodoxa na Praça Luís XV, à beira do Sena, Alexandre tinha-se por um novo messias. Quanto a Mme. Krüdener, viúva de um barão báltico, que nos seus tempos de beldade fora mulher de vida muito livre e retornara aos bons sentimentos por via das decepções literárias[13], o que ela era, sob as rigorosas aparências de uma *quaker* vestida de preto, era uma espécie de Mme. Guyon da política, a quem a leitura de Swedenborg e de Claude de Saint-Martin transtornara um pouco a cabeça... Essa empreendedora e habilíssima personagem, depois de ter conseguido ser apresentada ao czar, soubera persuadir o pouco equilibrado Alexandre de que ele era "o Anjo branco" encarregado por Deus de vencer para sempre "o Anjo negro".

O Pacto foi recebido de maneiras muito diversas. Ao passo que os jornais oficiais de Berlim e de São Petersburgo proclamavam até à saciedade que nenhum texto, tão nobre, tão belo, tão alto, fora assinado desde que em 847, em Mersen, os filhos de Luís "o Pio" tinham jurado diante de Deus velar "pela salvação do seu reino comum", e enquanto os pregadores mais zelosos que prudentes anunciavam a aurora de uma nova Cristandade, os liberais sussurravam que com esse documento beato se abria uma era de escravidão para os povos.

A bem dizer, o Pacto da Santa Aliança não merecia nem esse excesso de honra nem essa indignidade. As suas boas intenções tinham grandes probabilidades de não tardar muito a ir pavimentar um cantinho do inferno... Os políticos não tinham ilusões. Lord Casdereagh, ministro das Relações Exteriores da Inglaterra, disse com um sorriso, ao recusar a assinatura, que não via necessidade de que o seu país se associasse "a uma declaração de princípios bíblicos, que o levaria de novo aos tempos dos *santos* de Cromwell". Talleyrand, incisivo, chamou-lhe "*bel anfiguri*" ["belo escrito burlesco"], e Metternich, "monumento vazio e sonoro, aspiração vagamente filantrópica sob o manto da religião".

Em rigor, o mais grave era que o manto da religião não ia cobrir apenas um *anfiguri* vagamente filantrópico, mas combinações de interesses muito precisas e realistas. À gente simples, apresentar-se-ia a Santa Aliança nas suas fórmulas generosas e cristãs. Mas as chancelarias, mais discretamente, tinham já elaborado uma distribuição dos territórios e um sistema diplomático que garantia os direitos dos grandes vencedores. O ato final do Congresso de Viena, a 9 de junho, completado a 20 de novembro pelo Tratado de Paris, enfraqueceu gravemente a França, que perdia todas as conquistas, tinha de pagar uma pesada indenização de guerra e via as suas fronteiras do Norte e do Leste desorganizadas. A Rússia anexou a maior parte da Polônia; a Prússia devorou uma porção do Saxe, a Westfália e a margem esquerda do Reno; a Áustria apropriou-se do reino lombardo-veneziano. Para melhor vigiar a inquietante França, estabeleceram-se nos seus flancos um poderoso reino dos Países Baixos, formado pela Holanda e a Bélgica, uma Confederação Helvética neutralizada e um reino do Piemonte-Sardenha, aumentado com Gênova. Assim, a Itália voltava a ser "uma mera expressão geográfica", e a Confederação Germânica, com os seus trinta e nove Estados, continuava a ser simples ficção. Tudo o que Napoleão tentara realizar estava por terra. E, assinado no mesmo dia que o Tratado de Paris (20 de novembro de 1815), um pacto de *Quádrupla Aliança* transpunha para a dura realidade dos fatos as muito espirituais intenções de bom entendimento entre os vencedores reunidos pelo Pacto da Santa Aliança. A Rússia, a Áustria, a Prússia e a Inglaterra associavam-se para prevenir o perigo da hidra revolucionária, "pronta a tudo devorar", como dizia Metternich. Em 1820, chegou a ser decidido que a situação seria examinada em congressos periódicos, e que se restabeleceria a ordem em toda a parte onde parecesse que o vírus de 1789 pudesse causar estragos. Sob o manto dos grandes ideais religiosos, a Contrarrevolução passava para os instrumentos diplomáticos.

Não se tardaria muito a descobrir a fragilidade de todo esse sistema. Numa palavra decisiva, Joseph de Maistre classificou-o como "semente eterna de guerra e de ódios". Para reconstruir a Europa, não se tinha tido em conta nenhuma das aspirações dos povos. Em muitos pontos, até tinham sido postas de lado as mais firmes lições da história. Os italianos e os alemães, ao menos os que dentre eles tinham entrevisto a unidade nacional, estavam tão descontentes como os franceses, humilhados e cheios de nostalgia pelo seu glorioso passado, ou como os gregos, submetidos ao jugo dos turcos, ou os poloneses, entregues aos russos.

E que pensava a Igreja desses belos documentos que se pretendia colocar sob a proteção da Santíssima Trindade? A atitude com que a Santa Sé encarou os tratados de 1815 foi de reserva. A Santa Aliança não parecia lá muito santa... Omitindo a referência ao papa, os três soberanos tinham dado prosseguimento ao processo de laicização da política iniciado com os Tratados de Westfália, e que consistia em afastar o Vigário de Cristo dos grandes problemas do mundo. O próprio princípio do pacto parecia muito suspeito. Que valor podia ter um acordo concluído entre um ortodoxo, um protestante e um católico? Levar todas as crenças a confraternizar não era cair no mais deplorável sincretismo? Facilmente se poderia ter dito em Roma aquilo que Sainte-Beuve escreveria, bem mais tarde[14]: que a Santa Aliança não foi, "na forma que adotou, senão a proclamação, no fim da tempestade política, do nada da fé". O papado nada tinha a ver com aquilo. E é mesmo provável que as condenações que, a partir de 1815, feriram repetidas vezes as sociedades secretas e as sociedades bíblicas tivessem, na mente de Pio VII, o significado de um aviso concreto. Pelo menos dois dos três signatários da Santa Aliança passavam por pertencer a Lojas maçônicas; e Alexandre, ansioso pela união das religiões, encorajava os protestantes a propagar a Bíblia nos seus domínios.

Quanto às decisões de natureza territorial, o papado não lhes era mais favorável. Em primeiro lugar, porque uma experiência de séculos a aconselhava a desconfiar dessas ambiciosas construções em que a ideologia nevoenta procura dissimular a fragilidade dos alicerces. Em pleno Congresso de Viena, Consalvi escrevia nas suas *Memórias:* "Escoramos à força de braços e de dinheiro um velho casarão que desaba sob os nossos olhos, e não pensamos em restabelecer solidamente alguma coisa que talvez fosse menos dispendiosa e, seguramente, mais duradoura. Somos semelhantes aos arquitetos da Torre de Babel e estamos perto da confusão de línguas já no lançamento dos primeiros alicerces do edifício". E, afinal, como poderia a Igreja aprovar acordos que punham os católicos belgas sob o domínio dos protestantes holandeses, e os católicos poloneses sob o dos ortodoxos de Moscou? E, por outro lado, como poderia ela dar o seu aval ao inquietante silêncio que os aliados guardavam, apesar das diligências papais a esse propósito, acerca da desoladora sorte dos cristãos da Turquia, lá porque a Sublime Porta era olhada como "potência de ordem"? Num plano mais imediatamente político, Roma não via sem inquietação os Habsburgos instalados, não apenas em Milão, mas até em Veneza.

A política da Santa Aliança não teve, pois, a aprovação da Igreja. Menos ainda Roma aceitou participar dela. Em janeiro de 1815, Metternich propôs ao Sumo Pontífice a entrada na "Liga Italiana", destinada a combater o jacobinismo na Península. Teve de ouvir uma recusa. Todas as diligências semelhantes tiveram o mesmo resultado. De todas as vezes, o Secretário de Estado respondia que o papa, que tanto lutara contra Napoleão precisamente para salvaguardar a sua liberdade de ação, por cima de todas as combinações diplomáticas, e não entrar em qualquer clã (como teria desejado o tirano), não podia, na verdade, derrogar esse princípio. Mesmo em 1820, quando rebentar a revolução de Nápoles, a Santa Sé irá recusar apoio militar contra os insurgidos. Será o primeiro sinal de uma sabedoria de que a Igreja irá dar provas, no meio de uma Europa enlouquecida, durante os oito anos em que estiver à frente da Secretaria de Estado um homem de primeiro plano: Consalvi.

Roma e Consalvi

De todas as iniciativas de restauração de que a Europa deu exemplo após o Tratado de Viena e o Pacto da Santa

Aliança, há uma que efetivamente merece ser considerada e admirada à parte. É a que desenvolveu em Roma, até ao dia em que o advento de um novo papa o afastou dos negócios de governo, o cardeal *Ercole Consalvi* (1757-1824). A historiografia oficial não é justa para com esse homem. Reserva os primeiros planos da cena para os grandes tenores da ópera política — um Metternich, um Talleyrand. Em condições extremamente difíceis, com meios limitados, o Secretário de Estado de Pio VII levou a cabo, no entanto, uma obra tão considerável como a dos ministros da Áustria e da França, uma obra que viria a revelar-se mais acertada do que a deles, mais bem adaptada às exigências da época. E realizou-a sem nunca rebaixar a dignidade da Igreja nas articulações políticas. Os contemporâneos não se enganaram, aliás, acerca dos méritos do cardeal. "É o mestre de todos nós", dizia Lord Castlereagh. Retenhamos esta homenagem de um estadista anglicano ao grande servidor do papado.

O homem que, como "monsenhor" na casa dos quarenta, víramos conduzir tão habilmente, em 1800, no Conclave de San Giorgio[15], o jogo que levara à Cátedra de São Pedro o cardeal Chiaramonti, e, um ano mais tarde, dirigir com tanta finura como paciência as delicadíssimas negociações que tinham culminado na Concordata[16], era, agora na casa dos sessenta, um homem na plenitude da experiência e da capacidade. Durante o dramático conflito que opusera o imperador dos franceses ao seu senhor, o papa, Consalvi dera provas de uma dignidade e firmeza perfeitas, aceitando o exílio antes que ceder. Vimo-lo passar a "cardeal negro"[17], com residência vigiada em Reims, e tornar-se a alma secreta da resistência. Chamado pelo papa para o seu lado logo que foi possível, iria dirigir a Igreja durante cerca de dez anos. Pio VII, envelhecido como estava, gasto pelas provações, invadido pouco a pouco por uma paralisia lenta, acompanhada de vertigens, que o forçou nos últimos anos de vida a andar agarrado a uma corda presa às paredes à volta do quarto, confiava inteiramente nele, deixando-lhe nas mãos praticamente todas as iniciativas, o que não quer dizer que não interviesse, de tempos a tempos, sob a pressão de outros personagens, num sentido que, por vezes, dificultava a tarefa do ministro. Durante esses dez anos, Consalvi gozou de um prestígio imenso. A maior parte dos soberanos quiseram ter a honra de se corresponder diretamente com ele, sobre matérias que, de resto, nem sempre eram eclesiásticas ou políticas. Sem que isso implicasse seguir sempre os seus conselhos, a verdade é que o trataram como uma espécie de mentor da Europa[18].

Tal como o vemos no admirável busto que dele fez Thorwaldsen, era um homem franzino, magro, de testa ampla e espaçosa, nariz forte e aquilino, olhos vivos que irradiavam inteligência. Andava geralmente um pouco curvado e inclinava o corpo alto e esguio para o interlocutor, a quem olhava com perfeita atenção. "Mistura indefinida de lógica sólida e de finura carinhosa", dizia dele com toda a exatidão o sutil diplomata Artaud. Sob os modos corteses e contidos da "sereia de Roma", nos acentos de uma voz insinuante, escondia-se uma energia indomável. Trabalhador a quem nada fatigava, concedendo audiências até mesmo enquanto almoçava, para ganhar tempo, era um desses chefes que podem exigir tudo dos subordinados, porque sabem pedi-lo com graça e porque começam por ser exigentes consigo próprios. No plano moral, infenso a todo e qualquer espírito de rancor, discreto e benévolo nos juízos, mas ao mesmo tempo inabalável nos princípios, pertencia, em política, à raça daqueles que sabem permanecer "livres de qualquer sentimento e de qualquer ressentimento", na famosa fórmula de Bismarck. Fato estranho para nós, mas que, naquele tempo, não era surpreendente: esse grande servidor da Igreja, esse cardeal romano, não era sacerdote, e parece não haver dúvida de que até à morte foi apenas diácono[19]. Mas Napoleão, um homem "que sabia conhecer os homens", indo talvez ao fundo do caráter de Consalvi, dizia dele: "É realmente um dos padres mais *padres* que já conheci".

Pio VII reinstalou-se em Roma a 24 de maio de 1814. Logo a 23 de junho, Consalvi entrava em ação. O primeiro problema a resolver era o da restituição à Santa Sé dos seus domínios. Podia-se pensar que todos esses soberanos que tinham sempre nos lábios a palavra legitimidade se apressariam, sem discussão, a entregar ao seu legítimo senhor as terras pontifícias. Mas, como é costume, a distância entre a fraseologia oficial e a realidade política era grande. Estavam bem despertos apetites muito fortes. A Áustria nunca perdera a esperança de meter a mão nas Legações. Nápoles pretendia conservar as Marcas e Ancona. A França não concebia que lhe pudessem tirar Avinhão e o Comtat Venaissin, absorvidos por ela já lá iam vinte e cinco anos. Consalvi, em nota às potências, reclamou tudo isso. Por princípio, reclamava tudo o que tinha pertencido e de direito ainda pertencia à Sé Apostólica. Depois, confiando pouco na habilidade do núncio della Genga ou nas boas palavras que os vencedores distribuíam generosamente, ele próprio se pôs em campo para conduzir as negociações.

Correu a Paris. Em seguida, foi a Londres, onde as Potências celebravam o triunfo, e ali fez o mais sutil dos jogos entre Castlereagh, Metternich e o czar Alexandre. Por último, quando se abriu o Congresso de Viena, foi também até lá para lutar passo a passo contra as manobras de interesses indignos. Ali conservou a dignidade própria de representante da Igreja, no meio desses negócios de traficantes. Ali viveu pobremente, à margem das festas em que a Europa se divertia, e deu prosseguimento com os senhores da hora a negociações das quais, em palavras suas, saía "com suores de sangue". Um ano ou mais dessa provação levou-o, finalmente, à meta.

Murat — que cometera o erro de deixar o campo aliado — perdeu de uma só vez, juntamente com a vida, as Marcas e os 400 mil habitantes dos territórios pontifícios que lhe tinham sido prometidos. Metternich concordou em restituir as Legações. O "príncipe" Talleyrand recusou-se por muito tempo, em nome da legitimidade, a entregar o ducado de Benevento, que Napoleão lhe doara; foi preciso oferecer-lhe em troca dois bons milhões, dos quais Roma teve de suportar três quartas partes. Avinhão, Parma e Placência foram os únicos domínios a ficar fora da restituição geral, o que era pagar pouco por uma vitória que o próprio Consalvi considerara "humanamente impossível". Quando o Secretário de Estado regressou a Roma, com a missão cumprida, agradeceram-lhe com um quadro em que ele aparecia — rodeado da Força, da Mansidão e da Glória — entregando a Pio VII Roma, Ravena, Ferrara e Bolonha, representadas por quatro efígies de mulheres ajoelhadas. Modesto e sorridente, Consalvi disse: "Sem a imensa reputação pessoal do Santo Padre, sem a opinião que se tem de Sua Santidade e do seu caráter, ter-se-ia negociado em vão".

Outra tarefa, porém, o aguardava — e outras dificuldades ainda maiores. A restauração da autoridade pontifícia no plano interno não era menos necessária do que a reconstituição da sua soberania temporal. Durante um ano, tinham-se cometido grandes erros. Sob a direção de um prelado, Agostino Rivarola, que viria a ser cardeal, uma espécie de governo provisório fora encarregado por Pio VII de restabelecer a ordem em Roma. O menos que se pode dizer é que Rivarola meteu mãos à obra sem muita prudência nem habilidade. Destituíram-se funcionários pontifícios, prelados e até professores que tinham colaborado demasiado claramente com os ocupantes; proibiu-se a entrada no Palácio pontifício de patrícios que tinham aceitado dos franceses postos honoríficos; prenderam-se e até se condenaram às galés os tristes indivíduos que tinham servido de guias a Radet para a prisão do papa; ou retirou-se a Maury o seu bispado de Montefiascone. Toda essa depuração, porém, era normal e nada teve de Terror Branco. E não deixava de ser compreensível que não se tivesse ou não se quisesse impedir a arraia-miúda romana de fuzilar em efígie Napoleão (obrigando os antigos colaboracionistas a ficar perigosamente perto do alvo), ou de saquear as casas dos antigos funcionários imperiais.

Mas o que era absurdo era que o governo Rivarola tivesse decretado a supressão de tudo o que os franceses tinham feito, mesmo de medidas comprovadamente boas. O Código Civil e o Código Penal de Napoleão foram abolidos. Os tribunais voltaram a ter de aplicar a velha legislação do tempo antigo, prodigiosamente emaranhada. Restaurou-se a "jurisdição dos barões", ou seja, a Justiça feudal. E o mesmo se fez com a *Santa Inquisição Romana* (apenas se aconselhou a não fazer uso da tortura): recomeçaram assim os processos no Santo Ofício, e a primeira vítima foi uma religiosa de quem ninguém soube qual o crime de que era acusada. Os judeus receberam ordem de voltar para o *ghetto,* donde Miollis e Tournon os tinham feito sair.

Mais ainda: o zelo de Rivarola suprimiu a vacina, a iluminação das ruas e até a legislação contra a mendicidade — porque eram horrorosas inovações francesas... As escavações no Coliseu foram abandonadas e chegou-se ao ponto de mandar cobrir as que já se tinham feito... Finalmente, uma desastrosa decisão de natureza econômica restabeleceu os preços de 1808, nomeadamente os do vinho e do azeite, o que levou à inflação. E o povo não se sentiu consolado com as procissões que lhe ofereciam quase diariamente...

Ao saber de todas essas loucuras, Consalvi deu mostras de grande preocupação. Não hesitou em dirigir cartas —

proféticas — a Rivarola e às pessoas do seu círculo em que dizia, entre outras coisas excelentes: "Se cometermos erros fatais, não conservaremos nem por seis meses o país que estamos em vias de recuperar". E fez chegar ao papa em pessoa, a fim de lhe aconselhar prudência, uma cópia da carta que dirigira a Luís XVIII para o pôr de sobreaviso contra erros bem análogos que os "ultras" vinham cometendo na França. O próprio decreto de anistia que o papa acabava de assinar não teve a aprovação do cardeal; os termos usados eram ofensivos e o alcance bastante limitado: era — dizia Consalvi — uma meia-medida, que não contribuiria para o apaziguamento.

Logo que regressou a Roma e retomou a administração romana, seguiu uma política mais matizada. Não que o devamos tomar por um liberal. Mesmo quando dizia com um sorriso: "Debaixo deste barrete, há ideias liberais", isso só era verdade em sentido estrito. Na medida em que, nessa altura, liberalismo e doutrina revolucionária passavam por sinônimos, ele era, sem dúvida, antiliberal. Mas tinha — coisa bem rara num homem da sua formação e da sua casta — um sentido agudo das novas exigências. "Se Noé — escrevia ele, com humor —, ao sair da Arca, pretendesse fazer tudo o que fazia antes de lá entrar, teria manifestado uma pretensão absurda". E dizia também: "Não se pode mudar de governo como se muda de camisa". Havia que ter em conta a evolução das mentalidades. Lúcido como era, observava que os jovens, "que não tinham conhecido o governo pontifício, faziam dele uma péssima ideia" e repugnava-lhes submeter-se aos padres. Pensava até: "A maioria da população está contra nós de coração". O seu plano consistia, portanto, em partir da situação tal como se apresentava na realidade e aceitar o que de bom tinha sido deixado pelo sistema francês, ter em conta as novas correntes de ideias em toda a medida em que isso não fosse ferir os princípios.

Ao formular um tal plano, não tinha ilusões: sabia perfeitamente que ia desencadear uma grande reação. "Sei muito bem que, em Roma, muita gente não compreenderá estas coisas. Uns por paixão, outros por ignorância ou por rotina, irão recusar-se a entender". E não lhe faltaram oposições. O partido dos *zelanti,* em que infelizmente se enfileirava a maior parte dos cardeais, censurava-lhe o seu "liberalismo" e denunciava-o ao papa como cripto-jacobino. Para esses, a contrarrevolução militante, a política de repressão e de colaboração com a Santa Aliança eram as únicas soluções. Ora, esse partido "ultra" de Roma tinha precisamente fornecido o pessoal — cardeais e teólogos — à *Congregação dos Assuntos Eclesiásticos Extraordinários* que Pio VII criara em 1814, enquanto Consalvi estava em Viena. Tinha ela por função aconselhar o Secretário de Estado, estudando juntamente com ele os múltiplos problemas da reorganização da Igreja. Mais penoso ainda: como as épocas de perturbação favorecem as organizações ocultas, o partido da reação dispunha de tropas de choque, muitas vezes entre os elementos mais duvidosos. Os membros da Associação da Santa Fé, os *sanfedisti,* sob a capa de contrarrevolução e de defesa da Santa Sé Apostólica, entregavam-se às mais terríveis represálias, às piores operações de vingança.

Mas Consalvi não era melhor compreendido nem seguido pelo outro lado; é o destino dos estadistas que procuram traçar um caminho de justo meio-termo. Os elementos liberais de Roma e em geral da Península Itálica consideravam-no demasiado moderado, demasiado timorato, achavam que ele contemporizava excessivamente com os *sanfedisti* e outros *zelanti,* e que estava em relações demasiado boas com Metternich e os austríacos. A associação secreta da *Carbonária,* nascida em Nápoles e na Itália meridional durante a ocupação, estava em vias de mudar de objetivo. Os seus *maquisards* saíam das cabanas de carvoeiros em que se reuniam no meio das florestas para lutar contra os franceses. Dotada de uma organização sólida, dividida em "vendas", regida por uma disciplina rigorosa, tinha como dupla finalidade realizar a unidade da Itália e estabelecer instituições liberais. Ora, os *carbonários* tinham precisamente o centro em Áscoli, nas Marcas. Essa oposição de esquerda era um temível perigo para o Secretário de Estado, pois tinha cúmplices mesmo entre os funcionários pontifícios e os carabineiros!

Foi nessas condições singularmente difíceis — obrigado a utilizar os homens que tinha à mão, alguns dos quais estavam muito longe de lhe ser fiéis, e outros eram mais que suspeitos[20] — que o cardeal Consalvi meteu ombros ao seu trabalho. Dois perigos lhe pareciam os mais ameaçadores: o dos carbonários, cujas ideias liberais perturbavam a ordem e que, com as suas teorias nacionalistas, podiam ameaçar diretamente os Estados Pontifícios; e o das Potências da Santa Aliança, designadamente a Áustria, que pretendiam controlar a política da Santa Sé e talvez pôr em causa alguns dos seus direitos soberanos. Contra ambos os perigos, o cardeal agiu com tanto vigor como tato. Depois de ter feito ver muitas vezes aos governos aliados o perigo das sociedades secretas — que, efetivamente, vinham ganhando terreno e se difundiam na França e na Alemanha —, conseguiu a assinatura de uma Bula especial de condenação da Carbonária (1821). Mas, quando Metternich se ofereceu para participar da constituição de uma comissão de polícia internacional encarregada de perseguir os carbonários e os liberais, o prudente Secretário de Estado recusou, pois não lhe agradava ver os austríacos intervir na Úmbria ou nas Marcas.

Esse jogo sutil durou tanto como o Secretário de Estado Consalvi. Para dar a entender que cedia às Potências, tirava o apoio a alguns dos *sanfedisti,* a um ou outro partidário demasiado ruidoso da Santa Sé; mas, quanto ao essencial, não recuava uma polegada. Quando Metternich o aconselhou a executar nos Estados Pontifícios, nomeadamente nas Legações, uma política "mais firme", segundo o modelo de Luís XVIII e dos "ultras", Consalvi respondeu-lhe que, para o fazer, aguardava que ele mesmo o fizesse em Veneza. Pois, sabendo como os venezianos eram ciosos dos seus direitos, Metternich mandava governar a cidade com mão levíssima, sem tocar nos seus costumes. A recusa de intervir contra os revolucionários napolitanos entrou nessa mesma perspectiva, assim como o reconhecimento, precipitado aos olhos de alguns, por parte da Santa Sé, dos novos Estados da América latina sublevados contra a Espanha.

Esse jogo de báscula, essa esgrima de defesa, correu em consonância com todo um imenso trabalho de reconstrução. No plano mundial, para fazer voltar a ordem à Igreja, empreendeu a *política das Concordatas*[21], a qual, tirando partido do desejo que todos os governos tinham de assentar solidamente as relações com Roma, iria regular por longo tempo, mesmo depois do cardeal, as relações entre a Santa Sé e os Estados. Em menos de quarenta anos, serão assinadas trinta Concordatas, e esses instrumentos diplomáticos refletirão, todos eles, a visão ampla e prudente de Consalvi. Tal como fizera em 1801 com Napoleão, em Paris, o cardeal aconselhou a aceitar as novas circunstâncias, a não pedir demasiado, a dar espaço às ideias do tempo. O resultado impressionante dessa vasta atividade fez-se sentir na própria Roma, onde todas as nações quiseram ter um representante, mesmo aquelas cujo governo era cismático ou protestante. Em 1820, havia, credenciados junto do Soberano Pontífice, quarenta e dois embaixadores ou ministros plenipotenciários, em vez dos vinte e sete de 1789.

No plano interno, no que diz respeito à reorganização da própria Roma, a obra do grande cardeal foi igualmente vasta. A situação estabelecida por Rivarola e sua equipe era lamentável. O regresso puro e simples ao passado levava a *imbroglios* que o povo, habituado à administração francesa, já não tolerava. Pois que significava, no século XIX, a organização feudal dos Estados Pontifícios? Estavam divididos em quatro Legações — Bolonha, Urbino, Ravena e Ferrara —, cinco territórios — Perugia, Orvieto, o Patrimônio, a Campagna romana e a Sabina —, quatro países com título — os ducados de Spoleto, Castro, Benevento e a Marca de Ancona — e um "governo": Cità del Castello, sem falar de Roma, que tinha um estatuto à parte... Como fazer funcionar as finanças quando as despesas com a arrecadação consumiam uma quarta parte dos impostos, quando se tinha admitido uma multidão de isenções e privilégios, e os impostos eram arrendados a instituições bancárias? Se ajuntarmos a isso que o banditismo, de que os gendarmes franceses não tinham conseguido libertar a Itália, se espalhava por toda a parte, chegando a dez léguas de Roma, teremos uma ideia das dificuldades encontradas por Consalvi.

Prudentemente, por patamares, em sucessivos decretos, surgiu a Constituição de 8 de julho de 1816. Inspirava-se visivelmente nos princípios franceses da unidade e uniformidade, sem o dizer, claro está... Os Estados Pontifícios eram divididos em dezessete circunscrições administrativas, à frente das quais passavam a estar governadores e legados nomeados pelo Secretário de Estado. As comunas eram também organizadas à volta de um Conselho municipal, recrutado por cooptação, sob o controle da Sé Apostólica. Assim acabavam os privilégios das cidades, das províncias, dos senhores feudais.

Simultaneamente, Consalvi empenhou-se em laicizar a administração pública, a fim de retirar aos padres funções para as quais lhe parecia não estarem preparados por vocação. Revolução análoga foi empreendida na Justiça: os tribunais eclesiásticos ficaram limitados às causas da sua competência própria; todas as antigas jurisdições de feição medieval desapareceram, substituídas por tribunais civis e criminais e por tribunais de apelação. Suprimiu-se a tortura. Promulgou-se um Código Civil e Penal, que não foi outro senão o Código de Napoleão, ao qual o jurista Baterlucci foi encarregado de pôr "um colarinho romano". Foi também publicado um Código Comercial, de maior originalidade; dele diria Guizot: "É um monumento de sabedoria". Não faltou a reforma financeira: a contribuição predial foi fixada a partir de um novo cadastro; uniformizaram-se os direitos alfandegários; organizaram-se as taxas do sal e do tabaco; um imposto sobre o consumo substituiu velhas taxas anacrônicas que já nada davam. No plano econômico, uma Congregação expressamente criada para isso bonificou o *agro romano,* criou fazendas-modelo e estabeleceu indústrias têxteis.

A secagem dos Pântanos Pontinos e a irrigação das terras áridas entravam também nos vastos planos de Consalvi. Neste ponto, contou com o apoio declarado de Pio VII, que queria fazer das transformações de Roma a "sua obra pessoal", num momento em que a Urbe estava a caminho de se tornar — de voltar a ser — um centro eminente de vida intelectual, de ciência, de arte, de cultura[22]. O cardeal associou-se aos empreendimentos que então transformaram a Cidade Eterna: conclusão da Piazza del Popolo e dos Jardins do Pincio, que Touron iniciara; construção dos museus Chiaramonti; restauração do Quirinal, do Vaticano e de mais de vinte velhas igrejas; arranjo das ruínas do Fórum, do Palatino, do Coliseu; reconstituição da Biblioteca Vaticana. Nunca, desde os tempos da Renascença, Roma passara por semelhante febre criativa, por semelhante animação.

Essa obra imensa, que só o fato de empreendê-la dá glória a um homem, terá chegado a bom termo? Temos de reconhecer que só em parte. Se, no plano da política internacional,

Consalvi conseguiu o que projetara, isto é, preservou a liberdade de ação da Santa Sé, a verdade é que, no que diz respeito à reconstrução, os seus esforços não tiveram tanto êxito. A reorganização encontrou pela frente autênticas sabotagens. Os partidários do passado — que eram numerosos — acusavam o cardeal de fazer obras revolucionárias. Nunca ele conseguiu, por exemplo, que se colocassem leigos, em lugar de padres, à frente das grandes circunscrições administrativas. Por falta de dinheiro, algumas das suas mais belas iniciativas ficaram em letra morta. A secagem dos Pântanos Pontinos mal foi começada. Mesmo em Roma, o plano urbanístico — estabelecido por Tournon, retomado e completado por Giardannini — esteve muito longe de ser executado. Devemos ter presente que Consalvi não dispôs senão de escassos oito anos para realizar essa gigantesca empresa. Bastaria que depois de Pio VII, que lhe concedia uma confiança ilimitada, viesse um outro papa de tendências opostas, para que tudo fosse questionado. Ele bem o sabia; anunciara muitas vezes essa eventualidade e viveu o suficiente para o testemunhar[23].

Aliás, esse grande homem não teria limitações? Não teremos que discernir algumas falhas na sua obra? A mais grave foi, certamente, não ter alargado o próprio horizonte da Igreja, não ter tido essa visão ecumênica que mais tarde os papas viriam a ter e que dariam à cristandade uma nova dimensão. A obra de Consalvi a favor das Missões foi mínima[24]. Nada fez por impedir a italianização do Sacro Colégio que, com o predomínio dos católicos italianos, iria criar entre eles e o resto da catolicidade uma certa distorção. (No Conclave de 1829, de quarenta e nove cardeais presentes, quarenta e três seriam italianos!) É razoável pensar que, se tivesse procurado maior apoio nas igrejas de outros países, Consalvi teria assentado a sua obra em bases mais amplas e mais sólidas. Faltou-lhe também, sem dúvida, compreender que a questão nacional surgia desde então na Itália em termos tais que não bastaria, para a eludir, mandar prender alguns carbonários. Finalmente, faltou-lhe — mas não foi só a ele — adivinhar que a questão social ia apresentar-se à consciência cristã dentro de muito pouco tempo.

Não deixa, porém, de ser certo que poucos homens do seu tempo e sobretudo da Igreja dão a impressão de terem visto tão claro e agido tão bem no sentido da História. Se ele tivesse tido sucessores, muitas coisas teriam sido diferentes de como foram.

A reconstituição da Companhia de Jesus

Nessa vasta tarefa de reconstrução, que tanto honra a Santa Sé, dois fatos devem ser especialmente ressaltados: o restabelecimento da Companhia de Jesus e o que podemos designar por "a campanha das Concordatas".

Havia quarenta anos ou mais que, golpeados pelo papa Clemente XIV, os filhos de Santo Inácio tinham sido forçados a desaparecer[25]. A sentença tinha-os derrubado. Enquanto não se passara da hostilidade dos governos de Portugal, da França, da Espanha e outros, ainda tinham podido olhar calmamente as suas provações; mas a decisão do Soberano Pontífice, daquele mesmo a quem a Regra ordenava que se dedicassem de corpo e alma, esse pavoroso e terrível Breve *Dominus ac Redemptor* de 1773, tinha-os, literalmente, aniquilado. A sua situação material tornara-se penosa: aqueles dos antigos padres cujas famílias não tinham bens, atirados para as estradas da Europa, tinham-se visto obrigados a viver de toda a espécie de pequenos trabalhos; os mais felizes tinham sido recolhidos por almas caridosas — entre as quais, Voltaire. Na maioria, porém, tinham passado a viver na miséria. Três mil jesuítas tinham até sido transportados durante algum tempo para a Córsega, onde, apesar da lendária hospitalidade dos corsos, não tinham sido nada felizes.

E, no entanto, durante essa dolorosa provação, muitos deles tinham guardado no íntimo uma esperança irremovível. Em 1785, Giulio-Cesare Cordara, jesuíta proscrito, escrevia a um amigo: "A Companhia há de ressuscitar mais uma vez, asseguro-lhe. Deus suscitará algum bom servidor para pôr novamente de pé o nosso Instituto. Porque ele constitui, regido como é por leis muito santas e muito prudentes, uma obra-prima de governo religioso, e está ordenado para um fim tão sublime que, um dia, estou certo, algum papa cuidará de o ressuscitar"[26]. Essa convicção, que era geral entre os antigos filhos de Santo Inácio, levara, pouco a pouco, a iniciativas locais, a tentativas mais ou menos esporádicas. É uma história bonita, a da resistência de um grande Instituto, apesar das forças e dos interesses que tudo faziam para o aniquilar.

A sobrevivência da Companhia de Jesus fora favorecida por um fato bastante paradoxal e inesperado[27]. Ao passo que os Estados católicos se tinham lançado alegremente à caça aos jesuítas, uma potência cismática os acolhera: a Rússia. Quando, na sequência da anexação das províncias polonesas, Catarina II se achara soberana de cerca de duzentos padres da Companhia, não pensara de maneira nenhuma em expulsá-los. Pelo contrário, encorajara esses excelentes pedagogos a conservar os colégios. Alexandre I seguira-lhe o exemplo. E os oficiais do Grande Exército de Napoleão tinham ficado muito surpreendidos, ao entrarem na Rússia, de ver-se acolhidos por jesuítas franceses, vestidos de batina, que educavam milhares de crianças. A "província da Rússia", a única que restara à Companhia, tinha, pois, continuado a prosperar durante toda a Revolução e o Império, acrescida de alguns antigos padres banidos do Ocidente. A sociedade continuava a ser dirigida por um vice-geral, o pe. Karew, que também vivia na Rússia[28].

Que tinham pensado os papas dessa espantosa sobrevivência? Interrogado várias vezes sobre esse ponto, Pio VII dera respostas extremamente contraditórias, ora encorajando os esforços dos ex-jesuítas[29], a ponto de deixar abrir um noviciado em Polotsk, ora tratando-os publicamente de "refratários", o que de fato eram, numa perspectiva canônica. Percebia-se visivelmente que estava embaraçado.

Quando rebentara a Revolução Francesa, um dos seus efeitos indiretos menos esperados fora modificar o juízo de vários soberanos acerca da Companhia. À luz dos acontecimentos, era agora claro como o dia que a supressão dos jesuítas fora uma das vitórias mais estrondosas do espírito filosófico e revolucionário. Em boa lógica, na luta contra esse espírito, não seria prudente apelar para os jesuítas? Fora assim que, já em 1793, se pensara em diversos pontos da Itália na possibilidade de restituir a existência legal ao Instituto de Santo Inácio.

Um homem encarnara essa esperança de ressurreição e trabalhara, com tanta inteligência como prudência, para que ela se realizasse: foi *São José Pignatelli* (1737-1811). Filho de nobilíssima família patrícia e cardinalícia da Itália, mas nascido na Espanha, tinha sido um dos chefes dos desventurados padres instalados na Córsega, e em seguida retirara-se para Bolonha. O seu nome estivera ligado a toda essa história extremamente delicada. Numa primeira tentativa feita em Parma, o duque Fernando da Espanha reabrira colégios de jesuítas e até chamara padres que viviam na Rússia. Mas, perante a hostilidade do rei da Espanha e do ministro Godoy, que tinham feito saber ao jovem duque que não devia seguir nessa matéria uma política diferente da do pai, e até mesmo à vista da oposição de Pio VI, essa tentativa acabara por fracassar, e o pe. Pignatelli fora nomeado mestre de noviços em Colorno, não longe de Parma. Esta província da Companhia, anexa à província russa, pudera durar até ao momento em que a invasão napoleônica liquidara o ducado de Parma. Mas, mesmo sob o domínio francês, os padres jesuítas, disfarçados de padres seculares, tinham podido continuar a ensinar. Depois, ao mesmo tempo que em Parma, tinham-se feito contatos em Nápoles, e o pe. Pignatelli iniciara conversações com o rei Fernando com o objetivo de estudar uma eventual reconstituição da sociedade.

Talvez mais ainda do que esses ensaios de restauração conduzidos por soberanos, fora extremamente significativa a persistência e até o desenvolvimento do "espírito jesuíta" no sentido mais elevado da palavra. O ideal de Santo Inácio tinha sobrevivido visivelmente a todos os desastres. Alguns homens tinham-se consagrado à tarefa de mantê-lo vivo e difundi-lo. Outros, em plena provação, tinham descoberto a sua força. Assim, na França, o heroico pe. Clorivière[30] conseguira, em pleno Terror, fundar uma pequena Congregação clandestina a que dera o nome de *Sociedade do Coração de Jesus,* decalcada sobre a *Societas Jesu.* Em 1794, em Lovaina, jovens emigrados, entre os quais dois antigos alunos de Émery — Tournely e de Broglie —, à margem do palavreado do exército de Condé e da vida fácil de Koblentz, tinham também formado uma pequena sociedade chamada *Padres do Sagrado Coração.* Na Itália, um homem bastante curioso, *Nicolau Paccanari,* um simples leigo, que se tornara conhecido por expor curiosidades exóticas, mas que tinha alma de místico, criara em 1797, em Spoleto, uma *Companhia da Fé em Jesus,* que os verdadeiros jesuítas não tinham concordado em incluir no seu Instituto, mas que nem por isso deixava de estar ligada a Santo Inácio e ao espírito dos *Exercícios.* Pio VI, com quem Paccanari conseguira contactar quando o levavam de Roma para a França, mostrara-se favorável.

A Sociedade do Sagrado Coração e a Companhia da Fé fundiram-se para constituir os *Padres da Fé*[31], que se espalharam por toda a França graças ao pe. Varin de Solmon e ao jovem pe. Barat, irmão da famosa fundadora das Damas do Sagrado Coração. E estaremos lembrados[32] de que, protegidos pelo cardeal Fesch, bastante bem-vistos até por Napoleão, esses Padres da Fé puderam reabrir colégios na França — entre os quais, o de Belley, onde o jovem Lamartine escreveu os primeiros versos —, ainda que depois, por estar em conflito com o papa, o imperador os tivesse dissolvido.

Quando Pio VII subiu ao trono de São Pedro, a situação tinha, pois, evoluído muito a favor da Companhia. Ele próprio, ou seja o beneditino Chiaramonti, não era especialmente "jesuíta"; mas percebeu perfeitamente que, para o papado, fora um grave erro a supressão dos seus mais devotados auxiliares. Foi por isso que, quando, pouco depois da sua eleição, o czar lhe pediu que restabelecesse oficialmente a Companhia de Jesus nos seus Estados, o papa aceitou o pedido com alegria, e, em 7 de março de 1801, assinou um Breve nesse sentido. Era um primeiro passo. O vice-geral seguinte, que foi o pe. Gruber, compreendeu-o muito bem, e um dos seus assistentes foi a Roma solicitar ao papa o restabelecimento integral da Companhia, enquanto o pe. Pignatelli recebia o título de provincial da Itália. Aproveitando os esforços de aproximação já feitos em Nápoles, o sutil provincial, "misturando — como se dizia dele — a força espanhola com a suavidade italiana", conseguiu reinstalar a Companhia no reino de Fernando, não sem numerosas dificuldades e oposições mais ou menos abertas. A 3 de julho de 1804, o Breve papal *Per alias* recriava oficialmente a Companhia de Jesus no reino de Nápoles. Reabriam-se os colégios, imediatamente povoados por centenas de alunos. E começavam a organizar-se casas de retiros espirituais. Malgrado as rivalidades pessoais, a nova província deu provas de grande vitalidade, até ao momento em que (passado menos de um ano) Murat, novo rei de Nápoles, a dissolveu.

Mas a verdade é que o impulso já era demasiado forte. A dura crise que opusera o Império francês à Santa Sé não o enfraquecera. Expulsos de Nápoles, oficialmente afastados de Parma, os jesuítas não deixaram de continuar a progredir. Nem sequer a polícia dos ocupantes franceses, que desconfiava deles, conseguiu impedir-lhes a expansão. Sucessivamente, os bispos de Orvieto e de Tivoli e, em seguida, muitos outros solicitaram padres jesuítas, que se camuflavam como simples padres diocesanos, para manterem colégios ou pregar missões. O prudente pe. Pignatelli continuou a dirigir até à morte (1811) essas tentativas pacientes. A sua irradiação pessoal teve amplo papel nessa expansão secreta que preparava o futuro; assim o rei abdicante do Piemonte-Sardenha, Carlos Emanuel IV, fez-se, graças a ele, irmão coadjutor em Santo André do Quirinal. Na França, o pe. Clorivière, que a polícia de Fouché mantivera preso por quatro anos, passou a orientar, logo depois de libertado, os Padres da Fé, dirigidos na clandestinidade pelos padres Varin de Solmon e Halmar, que eram seus amigos, seus discípulos. Estreitamente vigiados pela polícia, obrigados a não se afastar do lugar de residência, esses cripto-jesuítas conduziram uma luta intensa contra Napoleão, ajudando muitas vezes os jovens Cavaleiros da Fé[33] a difundir a Bula de excomunhão dos perseguidores do papa, e criando por toda a parte sólidas amizades.

Tal foi a situação que Pio VII veio encontrar ao reentrar em Roma. De todos os lados lhe chegavam os pedidos feitos por bispos: era preciso restabelecer a Companhia, reconduzir os jesuítas à direção dos colégios, restituir-lhes as casas e as missões; o desejo parecia tão geral que se podia considerá-lo como voz da própria Igreja. O cardeal Pacca, que outrora mostrara pouca simpatia pelos jesuítas, instruído agora pela experiência, estimulou o papa a escutar todos esses pedidos. Para ele — como diz nas suas *Memórias* —, restaurar a Companhia de Jesus seria praticar um ato eminentemente contrarrevolucionário; seria consagrar a derrota daqueles que, outrora, tinham trabalhado pela sua ruína.

Em *7 de agosto de 1814*, ou seja, menos de três meses depois de ter regressado a Roma, Pio VII publicou a Bula *Sollicitudo*. A fim de repor "na barca de Pedro, incessantemente agitada pelas águas, os remadores robustos e experimentados que possam vencer a força das vagas", o papa anulava a decisão de Clemente XIV e convidava os membros sobreviventes da Companhia de Jesus a reunir-se e retomar as suas atividades. Após quarenta anos de sofrimentos, que alegria para os filhos de Santo Inácio!

A bem dizer, eram então bem poucos, certamente não mais de 800. Mas imediatamente se afirmou a sua vitalidade. O recrutamento foi excelente. Em 1820, serão perto de dois mil; e em 1850, mais de seis mil. Fato curioso: a Rússia, que tinha desempenhado um providencial papel de asilo para assegurar a sobrevivência dos jesuítas, indispôs-se com eles a partir de 1815, no preciso momento em que esse papel deixava de ter utilidade, e exilou-os para Polotsk; a seguir, em 1820, o caprichoso Alexandre expulsou-os dos seus Estados. Nessa altura, porém, todos os países católicos, com exceção da Áustria, já os tinham de volta, ainda que sem alcançarem a importância que tinham tido antes de 1773.

Sob muitos pontos de vista, a reconstituição da Companhia de Jesus teve um notável relevo histórico. A Santa Sé reencontrou nela essa milícia fiel, inteiramente devotada à sua causa, de que daí a pouco iria ter necessidade. Ao longo do século XIX e até aos nossos dias, numerosos jesuítas iriam exercer uma influência, discreta mas profunda, quanto a algumas decisões papais. Chegou mesmo a correr por Roma uma fórmula proverbial: "Os *porte-plume* do papa são jesuítas".

Obviamente, esse reaparecimento dos filhos de Santo Inácio não deixou de provocar reações. Não era possível deixar de ver nesse ato um gesto claramente contrarrevolucionário... Por isso os liberais opuseram-se vigorosamente aos "homens negros" das canções de Béranger. Na França, não se tardaria a tratar os jesuítas como bode expiatório de todos os males praticados pelos ultras, o que seria bem injusto, já que os monárquicos mais fervorosos, na maior parte galicanos, foram tão hostis aos jesuítas como os liberais. E não tardaram a surgir novos conflitos[34] entre os Estados e a Companhia, tida por excessivamente "romana". Sublinhemos um fato de grande importância: ao suscitar a oposição simultânea dos dois clãs inimigos entre si — liberais revolucionários e monárquicos galicanos —, a restauração dos jesuítas provou, "de certo modo, que a contrarrevolução religiosa não coincidia exatamente com a contrarrevolução política"[35].

A política das Concordatas

Reforçar a autoridade do Sumo Pontífice, separar, na medida do possível, a contrarrevolução religiosa da contrarrevolução política: foi com vista a esses dois resultados que se dedicou — e, em conjunto, com êxito — o infatigável Consalvi, num dos setores mais importantes da sua atividade: *a política das Concordatas*.

Não era apenas nos Estados Pontifícios, em Roma, que, em 1815, parecia indispensável uma obra de restauração. Todas as igrejas da Europa e mesmo do mundo tinham necessidade de reorganização. A diversidade das situações tornava a tarefa infinitamente complexa. Aqui — por exemplo, na Áustria e na Espanha —, as igrejas nacionais tinham sobrevivido, ao menos na aparência, tal como estavam em 1789. Acolá, pelo contrário, em toda a parte por onde tinham passado os franceses, tinham ocorrido grandes desordens, e era preciso reconstruir. Por outro lado, o papa, prisioneiro durante quatro anos em Savona ou em Fontainebleau, tinha sido afastado da cristandade. Era tempo de que retomasse firmemente nas mãos o leme da Barca de Pedro. Para isso se trabalhou na política das Concordatas. E Consalvi dirigiu essa política — de pleno acordo com Pio VII e totalmente apoiado nele — com aquela mistura de firmeza e sutileza que era o traço principal do seu caráter. Lutando ao mesmo tempo contra os partidários impenitentes do galicanismo, do josefismo, do febronianismo, e, do outro lado, contra o perigo liberal-revolucionário; sabendo ceder num ponto secundário, nunca porém num princípio, Consalvi manifestou, também aqui, o sentido agudo do real e do possível que nele admiramos.

O meio que foi adotado para reorganizar a Igreja e alicerçar a autoridade do Papa foi a *Concordata,* ou seja, o tratado negociado entre a Santa Sé e este ou aquele Estado. Era matéria em que Consalvi trabalhava com perícia de ourives... E, por mais decepcionante que tivesse sido a conduta posterior de Napoleão, Pio VII não esquecia que a Concordata francesa de 1801 tivera como resultado a ressurreição da Igreja num país que, antes dela, andava à caça dos padres. A experiência mostrava que importava tomar precauções para que os Estados signatários não pudessem abusar dos seus direitos e assim decidir o jogo. Não estavam esquecidos os Artigos Orgânicos e os Decretos Melzi. As Concordatas seriam, pois, menos genéricas que aquela que o primeiro-cônsul Bonaparte rubricara. Aproveitar-se-ia o novo clima para que a Igreja, na medida do possível, desse mostras de maior rigor e maior firmeza. Foi assim que, simultaneamente, durante anos, foram elaboradas Concordatas com países tão numerosos que é preciso desistir de dar a lista completa.

Na Itália, a situação era relativamente fácil. Novamente convertida em mera "expressão geográfica", estava outra vez partilhada entre meia dúzia de Estados de importância média, sem falar dos pequenos principados. E todos esses governos tinham necessidade de alicerçar a sua autoridade. É claro que não foi pequena tarefa conduzir as negociações em tantas "capitais". Mas a Santa Sé não tinha pela frente nenhuma força capaz de se lhe opor. Os elementos ontem ainda jansenistas e regalistas tinham passado, de momento, para a sombra. Foi fácil discutir a restituição dos bens da Igreja e tratar desapaixonadamente da questão das circunscrições eclesiásticas. Um após outro, o Piemonte-Sardenha, Nápoles e as Duas-Sicílias, os principados de Luca e de Módena, o reino lombardo-veneziano, o ducado da Toscana e o de Parma, todos assinaram acordos. E o papa enviou núncios para junto desses soberanos. Houve até governos que se mostraram estranhamente favoráveis às tendências "romanas". Foi o caso do Piemonte, que aceitou uma cláusula da Concordata (1817) que confiava oficialmente a educação da juventude aos jesuítas e estabelecia que a Associação Sacerdotal dos Oblatos de Nossa Senhora fosse legalmente reconhecida, apesar de os seus membros pronunciarem um voto especial de total obediência à Santa Sé.

Só houve sérias dificuldades com o rei de Nápoles, por culpa da falta de jeito de ambas as partes. Os diplomatas do papa, todos eles *zelanti*, tiveram a singular ideia de pretender reafirmar os direitos da suserania feudal de Roma sobre esse reino e de reclamar o regresso ao tributo da mula[36]. Os diplomatas napolitanos ripostaram exigindo que todos os documentos pontifícios ficassem sujeitos ao *exequatur*, ao beneplácito régio, antes de serem publicados. Chegou-se a estar perto do rompimento, quando Fernando IV nomeou, por um ato de autoridade, quarenta e um bispos, aos quais o papa recusou a investidura. Por fim, tudo se arranjou: Consalvi substituiu o "tributo" feudal por uma taxa pontifícia sobre os rendimentos do clero. A Concordata napolitana chegou a ser uma das melhores que a Igreja assinou: começava pela afirmação de que o catolicismo era "a única fé do Reino", em troca do que o clero juraria fidelidade ao rei.

Foi na Alemanha que se assinaram as Concordatas mais numerosas, mas também as mais melindrosas. A situação era complexa, e até mais difícil do que antes de 1789, pois a Prússia (protestante) tinha agora numerosos súditos católicos, na margem esquerda do Reno e nos territórios que tinham sido da Polônia. O antigo sistema dos "Príncipes-Bispos" estava por terra, o que não era mau, visto que os grandes senhores mitrados se tinham mostrado muito pouco dóceis à Sé Apostólica; mas os franceses, que o tinham deitado abaixo, não tinham conseguido reorganizar a igreja alemã. Devemos lembrar-nos de que o projeto da Concordata germânica tinha fracassado[37], por força das ambições de Napoleão, uma vez que o papa não desejava de maneira nenhuma confiar o restabelecimento do catolicismo na Alemanha ao signatário dos Artigos Orgânicos. Mas basta um número para demonstrar que era urgente conseguir um *modus vivendi:* já só viviam seis bispos, e cinco eram septuagenários! Todos os soberanos germânicos desejavam, como é óbvio, pôr fim a essa estranha situação.

Não quer isto dizer que, com essas provisões, ficavam suprimidas as dificuldades. Na sua maioria, os governos não queriam que a necessária reorganização desse demasiada influência à Santa Sé. Nos Estados protestantes, era natural; mesmo sem admitir, como já se pensou, que houve nessa altura uma conjura anticatólica, não podemos deixar de sublinhar que Frederico Guilherme IV, por ocasião do terceiro centenário da Reforma (outono de 1817), lançou um *Apelo Real* que dava a entender o desígnio de absorver algum dia os católicos numa igreja protestante unificada. Mas a verdade é que, nos próprios países católicos, os obstáculos foram extremamente numerosos.

O febronianismo[38] não morrera com a submissão e a morte do seu promotor. Encarnava-se agora na pessoa do demasiado conhecido Karl Theodor Dalberg, que vimos coadjutor de Mogúncia antes de 1789 e padre "filósofo", depois cortesão de Napoleão para dele obter (1806) o título de Príncipe-Primaz de Frankfurt. No Congresso de Viena, teve ele a habilidade de não só conseguir o perdão para o fato de haver colaborado com o antigo vencedor, mas ainda de conservar o Primado. Ajudado pelo antigo vigário geral de Constança — Wessenberg —, Dalberg desempenhou, durante os dois anos que ainda viveu[39], um papel secreto pouco favorável a Roma.

Tudo leva a crer que o sonho desse ambicioso seria constituir, com o apoio da corrente nacionalista, muito forte na Alemanha, uma "Igreja Nacional Alemã", cujos princípios fossem decalcados nos do galicanismo eclesiástico e que tivesse à frente um primaz, dotado de ampla autonomia — e que, obviamente, seria ele. A ideia dessa Igreja Nacional integrar-se-ia numa Constituição germânica com que sonhavam os patriotas. Wessenberg não tinha estatura para conduzir sozinho esse jogo. Por isso, servindo-se dos instintos particularistas de todos os príncipes alemães, Consalvi pôde afastar o perigo. Um homem o ajudou nessa luta, com tanta habilidade como coragem: o grande padre redentorista São Clemente Hofbauer, com quem o cardeal mantivera contatos frequentes em Viena durante o Congresso e de quem fizera uma espécie de emissário secreto da Santa Sé.

Foi em tais circunstâncias, de complexidade evidente, que foram conduzidas as conversações que levaram à assinatura de uma boa dúzia de Concordatas alemãs. A primeira foi estabelecida com a Baviera (1818). "Decalcada quase servilmente" na Concordata francesa de 1801, continha, no entanto, uma cláusula bem diversa, pois declarava o catolicismo religião de Estado. Apesar disso, surgiu pouco depois um conflito, já que o governo de Munique pretendia ter também algo de parecido com os Artigos Orgânicos — o "Edito de Religião" —, contra o que Roma protestou. Em 1821, o conflito estava ultrapassado. Um após outro, todos os pequenos Estados alemães de religião católica seguiram o movimento e negociaram Concordatas, não sem deixarem ver com grande frequência as suas tendências josefistas e febronianas, e tentando também, depois de assinados os tratados, diminuir os direitos de Roma e designadamente nomear bispos sem a intervenção do Papa.

Mais curioso é que também a protestante Prússia entrou na via das Concordatas. Por duas razões: por lhe ser absolutamente necessário assentar em bases sólidas as relações com os seus súditos poloneses, e por lhe desagradar que esses súditos dependessem canonicamente de Varsóvia. Procedeu com muito acerto: não só o seu negociador em Roma, que era o ilustre historiador Niebuhr, se mostrou — talvez por ceticismo... — muito aberto aos argumentos de Consalvi, mas também o chanceler Hardenberg participou pessoalmente das conversações. A Bula *De Salute animarum* (1821) foi declarada "estatuto obrigatório dos católicos da Prússia". Os bispos eram eleitos pelos cabidos, com o consentimento do rei, e depois investidos pelo Papa; Colônia e Gnesen-Posen passavam a ser os dois arcebispados dos domínios prussianos. O exemplo de Berlim foi seguido pelos senhores mais pequenos: o de Hannover teve a sua Bula, quatro anos mais tarde; Concordata idêntica foi assinada com os de Baden, de Würtenberg, dos dois Hessen, do Saxe e com as cidades livres de Lübeck, Frankfurt e Bremen. O Alto Reno passava a ser província eclesiástica com cinco dioceses, tendo por metrópole Friburgo-in-Bresgau. Tudo teria corrido da melhor maneira se, também aí, a aplicação do tratado não tivesse ocasionado vivas discussões e até um conflito, que só se aplacou em 1827.

Todas essas Concordatas estavam longe da perfeição, e, em Roma, achava-se que limitavam demasiado os poderes papais e acolhiam excessivamente as novas ideias. Mas o prudente Consalvi estava no direito de replicar que era indispensável que todos os Estados, mesmo os protestantes, reconhecessem por meio desses instrumentos diplomáticos que a fonte de toda a legitimidade na Igreja era a Santa Sé, que se arredasse desse modo a ameaça de uma Igreja Nacional josefista e febroniana, e que, nessa Alemanha ainda ontem tão convulsionada, os católicos vissem "reerguer-se as suas dioceses sob o alento vivificante do papado".

Aliás, esse êxito num país mais de cinquenta por cento protestante não foi o único. Nos Cantões helvéticos, onde se apresentavam numerosos e melindrosos problemas — liquidação da ex-Igreja "nacional", reorganização das dioceses, separação entre os católicos suíços e as autoridades religiosas alemãs —, Consalvi conduziu negociações durante todo o tempo em que ocupou a Secretaria de Estado; a Concordata viria em 1823. Com a Rússia dos czares, de religião ortodoxa, as coisas não foram tão lentas. Já em 1818 estava assinada uma Concordata que regulamentava a situação canônica dos católicos da Polônia: o arcebispo teria a sede em Varsóvia e oito bispos partilhariam o país. E esteve-se a ponto de concluir um acordo com a Inglaterra, onde Consalvi, depois da sua estadia em 1814, conservava grandes amizades. O rei Jorge III era favorável a essa ideia, e, para mostrar a sua deferência para com o papa, tomou a seu cargo o transporte das obras de arte subtraídas pelos franceses e restituídas a Roma pelos Aliados. Também Castlereagh concordava com o projeto. Mas veio a fracassar porque os anglicanos do Parlamento fizeram pressão sobre o primeiro-ministro para que este exigisse que o rei tivesse o direito de controlar a nomeação dos bispos — o que a Santa Sé acabou por aceitar — e que todo e qualquer documento pontifício que chegasse à Inglaterra fosse submetido ao beneplácito real, o que Roma recusou. Apesar, porém, desse fracasso, essas negociações tiveram grandes consequências indiretas: apressaram a hora da emancipação dos católicos[40].

Por fim, só dois grandes países estavam ainda fora desse movimento. Eram os dois países — e o fato é de sublinhar — em que a Igreja menos sofrera e onde conservara a bem dizer intactas as suas posições de Antigo Regime. Ou seja: a Áustria e a Espanha. Num e noutro país sobreviviam as velhas tendências regalistas e nacionalistas, mais ou menos antirromanas. Na Áustria, o imperador Francisco II pareceu inicialmente favorável à ideia de uma Concordata, e, durante uma viagem a Roma (1817), chegou a prometer que a faria. Mas Metternich era muito menos favorável, e, sobretudo, era decididamente hostil aos jesuítas. A "Comissão Legislativa", dirigida por Döllinger e Lorenz, febronianos e josefistas rígidos, foi pondo entraves. Levantaram-se inúmeras dificuldades em questões de pormenor — a mais grave a propósito de Salzburg —, e as negociações não levaram a nada. Quando muito, os bispos obtiveram o direito de controlar o ensino da teologia... No Império dos Habsburgos, o temporal conservava o domínio sobre o espiritual.

Na Espanha, a situação foi mais curiosa, e também mais inquietante. As Cortes reunidas em Cádiz em 1812 tinham votado uma Constituição que o rei Fernando VII, ao regressar do exílio, foi convidado a aceitar. Era feita "em nome de Deus Todo-Poderoso, Pai, Filho e Espírito Santo, autor e supremo legislador da Sociedade". E um artigo dizia: "A religião da Nação espanhola é atualmente e será perpetuamente católica, apostólica e romana, a única verdadeira. A Nação protege-a por leis sábias e justas e proíbe o exercício de qualquer outra religião". Em princípio, que se podia pedir de melhor? Mas, na realidade, as coisas não eram tão simples. Havia muito tempo que a corrente antirromana era forte na Espanha. Godoy tinha-a alimentado cuidadosamente, e, quando o favorito deixou o cargo, os elementos nacionais e os liberais estavam dispostos a continuar no mesmo sentido. Em tais condições, não se podia pensar numa Concordata, e a Espanha só chegaria a negociá-la na segunda metade do século. Em vez de reconhecer à Sé Apostólica direitos de intervenção nas questões religiosas da Espanha, Fernando VII preferiu lançar-se mais uma vez na política de total confusão entre o espiritual e o temporal, e entrar num confronto sem limites com o clero, o que não tardaria a custar-lhe caro.

Salvo as duas exceções espanhola e austríaca, a política de Concordatas dirigida por Consalvi foi, pois, um sucesso. O seu mais claro resultado foi consumar o declínio das tendências antirromanas que, como vimos, tinham sido tão virulentas no século XVIII. Outro resultado foi que, consentindo, em todos esses tratados, em reconhecer aos Estados os seus direitos mediante a limitação dos seus próprios, a Santa Sé deu provas de uma largueza de vistas que contrastava singularmente com a política simplista de reação, de restauração, de contrarrevolução que estava em voga nessa altura. Desistindo de reclamar a devolução ao clero de todos os seus bens de outrora, Roma abria caminho a um clero menos preso às riquezas deste mundo. Estava em germe nessa política uma Igreja mais pura, mais independente dos governos, mais unicamente zelosa do seu papel pastoral. Mas ainda faltava muito tempo para se chegar a compreender que era essa a via de salvação.

Um curioso fracasso: a questão da Concordata francesa

Nesse conjunto de êxitos, houve todavia um insucesso inesperado. Ocorreu no país onde menos seria de esperar:

a França, o reino de Luís XVIII, em que a união do Trono e do Altar era o *alfa e ômega* da política, e onde a veneração pelo papa, sobretudo após o cativeiro de Fontainebleau, era quase unânime.

Havia necessidade de um novo acordo; era preciso restabelecer a ordem nos assuntos eclesiásticos, depois do longo conflito que os desorganizara gravemente. O problema mais delicado de resolver era o dos antigos bispos "refratários", que tinham recusado a Constituição Civil do Clero e depois, quando da assinatura da Concordata de 1801, não tinham querido resignar[41]. De trinta e seis, restavam treze vivos, que continuavam a usar o título da sua sé, suprimida ou não. Mesmo no episcopado concordatário, então em funções, nem tudo ia bem: eram bastantes os bispos do *Ancien Régime,* nomeados novamente por Napoleão, que consideravam como intrusos os ex-juramentados que lhes tinham sido dados por colegas, e não perdiam ocasião para os humilhar. Todos esses bispos do *Ancien Régime* tinham por chefe mons. Talleyrand-Périgord, antigo arcebispo de Reims. Não haviam escondido ao cardeal Consalvi, durante a estadia que fizera em Paris (1814), que se consideravam verdadeiros "confessores da fé", indo até ao ponto de insinuar que, assinando a Concordata, Pio VII ultrapassara os seus direitos! Como é óbvio, todos eles reclamavam a abolição do "diabólico tratado" de 1801. Por outro lado, Pio VII, após Savona, recusara a investidura canônica a numerosos bispos, e havia dioceses sem pastor. Era, pois, necessária uma nova Concordata, e parecia que iria ser facilmente estabelecida.

Logo em 1814 foi criada uma Comissão eclesiástica. Os bispos e outros prelados "ultras" estavam em maioria. Talleyrand (o ministro) tinha contas pessoais a regular com a Santa Sé, desde a questão do seu casamento[42], e não lhe desagradava utilizar os bispos para resistir a Roma. Pouco depois de Waterloo, a Comissão, reunida de novo após cem dias de interrupção, propôs pura e simplesmente a revogação da Concordata de 1801 e o regresso... à de 1516. Todos os antigos bispos seriam restabelecidos e os concordatários afastados seriam substituídos por novos prelados, nomeados de acordo com as regras do *Ancien Régime*. Quando o embaixador, mons. Pressigny, levou essas propostas a Consalvi, este recebeu-o friamente: afinal, o projeto desaprovava o próprio negociador da Concordata com Napoleão. Pio VII observou que lhe era impossível reconhecer ter-se enganado ao assinar o tratado com o primeiro-cônsul e ter ultrapassado os seus direitos ao exigir a demissão dos bispos anteriores a 1789. Em resposta, Consalvi pediu, portanto, a manutenção dos bispos concordatários, a submissão dos treze "refratários" e, subsidiariamente, a garantia de que o clero francês, em lugar de ser pago pelo Estado, seria dotado de bens de raiz. Para dar provas de boa-vontade, Luís XVIII escreveu pessoalmente aos treze bispos do clã Talleyrand-Périgord, convidando-os a renunciar — o que eles fizeram, nem todos com a mesma diligência[43].

No princípio de 1816, as conversações recomeçaram em Roma, mas agora conduzidas por um novo embaixador muito ambicioso, o conde Blacas, que viu na Concordata uma ocasião de alcançar uma vitória pessoal. Depois de discussões intermináveis, o embaixador conseguiu persuadir a Santa Sé de que se podia, não propriamente denunciar a Concordata de 1801, mas declarar que "cessava de ter efeito". Convenceu-a ainda de que também se podia declarar que os bispos concordatários permaneceriam nas suas sés, "com algumas exceções fundamentadas em causas graves e legítimas". E que desse modo, no fim de contas, se voltava às cláusulas de 1516: a Igreja disporia de bens de raiz. Embora o conde tivesse escrito a Paris, gloriando-se alto e bom som de ter obtido assim uma grande vitória, a verdade é que o vencedor foi Consalvi. Salvou o essencial da Concordata de

1801 e obteve a independência financeira da Igreja. Quanto à questão dos Artigos Orgânicos, achou-se uma solução de compromisso, muito romana, abolindo-os "na medida em que eram contrários às leis e à doutrina da Igreja". Tudo ia, portanto, por bom caminho. Uma tentativa francesa de inserir na Convenção uma cláusula acerca da "liberdade da igreja galicana" não foi positiva. Uma tentativa papal de impedir que os Pares eclesiásticos prestassem juramento a uma Carta que proclamava a igualdade dos cultos desembocou numa fórmula moderada. E, a *19 de julho de 1817,* pela Bula *Ubi primum,* Pio VII ratificou a nova Concordata.

Foi nesse momento que estalou o incidente. A negociação do tratado fora feita por três homens: o rei, o seu primeiro-ministro, que era o duque de Richelieu, e o embaixador Blacas; os outros ministros nem sequer tinham sido informados. Não parecia que, no clima político da "Câmara inencontrável", monárquica e católica dos quatro costados, viessem a surgir dificuldades para a aceitação da Concordata. Mas, no momento em que foi revelada a sua existência, a "Câmara inencontrável" tivera que ser dissolvida, e fora já substituída por outra, em que os constitucionais e os liberais eram maioria. O conselheiro de Estado Portalis (sobrinho do negociador da Concordata de 1801) observou que, como o texto napoleônico era uma lei, fazia-se necessária uma lei para o derrogar, e era impossível anulá-lo por preterição. Na Câmara, na imprensa, os galicanos entraram em ação com todo o ímpeto; por trás deles, atuavam os liberais, felicíssimos por terem ocasião de abrir uma brecha na união entre o Trono e o Altar. O governo viu-se forçado a elaborar um novo projeto, que abolia formalmente o diploma napoleônico, invocava o direito, "inerente à Coroa, de proceder às nomeações para os arcebispados e bispados em toda a extensão do Reino" e, além disso, recordava o direito que assistia ao rei de autorizar a execução das bulas e a sua obrigação de transformar em leis do Estado os atos pontifícios para que fossem exequíveis. Caía-se em pleno galicanismo... Por último, o projeto anunciava que haveria na França sete arcebispados e trinta e cinco bispados, e que a igreja da França teria uma dotação e não ordenados.

O projeto provocou uma reprovação unânime. Os galicanos não o achavam suficientemente antirromano; as províncias indignavam-se porque não lhes restituíam todas as suas dioceses; os liberais iam repetindo que se reconstruía "a Ordem do Clero" tal como a tivera o *Ancien Régime*. Um deputado de direita, M. de Marcellus, escreveu ao papa perguntando-lhe se podia, em consciência, votar a favor desse projeto, e o papa mandou-lhe dizer que não. Na sua qualidade de "legislador supremo", Luís XVIII teria tido o direito de assinar o texto sem o acordo das Câmaras, mas não ousou fazê-lo. Como se hesitava, Consalvi levou o papa a assinar (1819) um *motu proprio* que declarava a Concordata de 1801 provisoriamente em vigor. Três anos mais tarde, na sequência de novas negociações conduzidas mais habilmente, foram feitos pequeníssimos retoques no tratado napoleônico. Uma Bula restabeleceu catorze arcebispados e sessenta e seis bispados, isto é, um por departamento, um pouco menos do que no *Ancien Régime*. Da nova Concordata não se voltaria a falar, e como na França o "provisório" facilmente dura e dura, o sistema iria manter-se até 1905[44].

Foi um incidente bem revelador da situação ambígua e complexa em que, apesar das aparências, se encontrava então a França de Luís XVIII, o rei "restaurado".

Na França, o Trono e o Altar

O regime que os Bourbons tinham restabelecido na França consagrava oficialmente a aliança entre o Trono e o Altar.

A Carta, que, a 4 de junho de 1814, o rei "que a Divina Providência voltara a chamar" tinha "outorgado" ao seu povo, proclamava no artigo 6° o catolicismo como religião de Estado — e não somente "religião da maioria dos franceses", como no tempo do Império. O que assim se fazia — dizia o Preâmbulo — era "religar a cadeia dos tempos que fora interrompida por funestos desvios". Parecia, efetivamente, natural que a Restauração fosse ao mesmo tempo religiosa e política, uma vez que a Revolução tinha deitado abaixo, de um mesmo golpe, a Realeza e a Igreja. Reinstalado no trono de São Luís, de Luís XIV e de Luís XVI, o rei não podia evidentemente deixar de ser "Cristianíssimo"[45].

Na sua imensa maioria, a igreja francesa estava plenamente de acordo com essas intenções. Apavorado pela memória sangrenta do Terror, o clero — dirá Lacordaire — era "monárquico até à raiz dos cabelos". De resto, tinha "vivido, durante séculos, à sombra da Casa de Bourbon: por ela fora honrado e protegido; com ela subira ao cadafalso; com ela partira para o exílio: amava-a". Nessas condições, seria de estranhar que a Bandeira Branca, na palavra de Lamennais, fosse para os sacerdotes quase "uma bandeira religiosa"? De modo particular, o episcopado, na sua quase totalidade, dedicava ao Trono uma afeição e um respeito que muitas vezes se exprimia em termos surpreendentes. Que o bispo de Troyes, mons. Boulogne, falasse "do contrato eterno entre o Trono e o Altar, os quais não podem existir um sem o outro", era já de uma teologia bem duvidosa. Mas que dizer de mons. Quélen, arcebispo de Paris, que proclamava "em nome de todas as nações da terra, que nada debaixo do sol ultrapassa a grandeza desta Cristianíssima Casa da França"? Não tomemos, no entanto, tais palavras como simples fórmulas cortesãs. Esses bispos tão pródigos no elogio hiperbólico seriam perfeitamente capazes, quando se apresentasse a ocasião, de resistir aos ministros, de protestar contra atitudes oficiais que julgassem condenáveis. Não se tratava de submissão rasteira, mas de convicção.

Isto quer dizer que, oficialmente, o catolicismo reencontrou a situação moral que tivera antes de 1789. No entanto, não lhe foi restituído o Registro Civil, e numerosos párocos indignaram-se com isso. Em tudo o mais, não tinham razão de queixa. Não só, evidentemente, as igrejas foram reabertas ao culto, como as ordenanças de Beugnot impuseram a observância do domingo, restabeleceram as procissões nas ruas, ao mesmo tempo que suprimiam o divórcio e criavam as capelanias militares. Em todas as circunstâncias, as autoridades manifestavam pelo clero o maior respeito; os bispos tinham a precedência nas cerimônias e apareciam por todo o lado em vestes solenes[46]. As Missões, que iriam experimentar um grande desenvolvimento, passaram a ser instituições públicas: tinham início com uma procissão, à frente da qual marchava um piquete de cavalaria, seguida por todas as autoridades civis e militares, e os cânticos eram acompanhados por salvas de artilharia. E é claro que, para não ficar atrás de tanta delicadeza, os missionários não perdiam ocasião de associar ao fervor religioso das multidões o fervor político, misturando estranhamente o culto ao velho rei gotoso ao da Santíssima Virgem, ou fazendo cantar coisas deste gênero: "Para sempre, na França, os Bourbons e a Fé!" Ou organizavam cerimônias de "reparação" nas capelas profanadas e junto dos túmulos dos mártires do Terror, aproveitando o momento para celebrar "Luís XVI e Luís XVII, reis mártires", "a augusta Maria Antonieta" e "a inimitável Madame Elisabeth". Várias vezes aconteceu que esses impulsos de entusiasmo coletivo acabaram em trotes infligidos a antigos padres juramentados[47] ou a ex-jacobinos que não pareciam suficientemente arrependidos...

Porque, tal como acontece sempre que a Igreja passa a estar muito associada ao poder, esse retorno do catolicismo a um lugar de honra, em si mesmo excelente, foi acompanhado de uma tentativa de domesticação das consciências — e sobre esta devemos fazer as maiores reservas. Para os poderes religiosos, é sempre tentador utilizar os meios que as autoridades civis lhes fornecem para fazer triunfar a sua causa, ou o que acreditam que o seja. O clero da Restauração não julgou indigna da sua missão espiritual a pressão oficial, e é óbvio que os poderes civis caminharam a par. Seria longa a lista dos fatos, grandes ou pequenos, que então caracterizaram esse estado de espírito. Para ser admitido como funcionário público — até um simples gari —, era preciso que o interessado apresentasse um atestado de observância dos deveres religiosos. Antes de obterem autorização para prestar concurso, os candidatos à Escola Politécnica eram interrogados sobre as suas convicções religiosas. Em Estrasburgo, a pedido do bispo, o general convidou oficiais e soldados a assistir às cerimônias do Jubileu, e, vendo que eles não se entusiasmavam muito, ordenou-lhes que se apresentassem em fila, por batalhões! Se necessário, recorria-se à força. Em Clermont-Ferrand, gendarmes suspeitos de não serem praticantes eram ameaçados de destituição. Em Amboise, três jovens carabineiros que não se tinham descoberto à passagem de uma procissão foram levados para a cadeia. Alguns bispos mandavam afixar à porta das igrejas a lista dos maus católicos que faltavam à missa, e expor nas sacristias a lista dos que viviam notoriamente em concubinato... Aqui e acolá, houve párocos que, para fazerem entrar no aprisco as ovelhas tresmalhadas, utilizavam os mais fortes argumentos..., que iam buscar ao depósito de lenha!

Como é óbvio, a ação sobre a inteligência era paralela à que se exercia sobre a consciência. Nas escolas, onde Napoleão introduzira uma disciplina muito própria dos quartéis, conservaram-se esses métodos, mas clericalizando-os. Em vez de formarem e se movimentarem ao som do tambor, os alunos passaram a obedecer ao sino; e foram acrescentadas ao programa a Missa e as Completas. Os professores do ensino superior que deslizavam para a irreligião, ou apenas para um certo anticlericalismo, eram expulsos da respectiva cátedra. Assim aconteceu com Guizot. No teatro, foi proibida a representação de peças julgadas ofensivas à moral cristã ou à Igreja. Imagine-se que se chegou a expurgar a *Athalie!* E o *Journal des Débats*, preocupado por ver as obras de Rousseau e Voltaire serem vendidas aos milhares de exemplares, sugeria que o Estado se declarasse herdeiro desses dois autores malfazejos, a fim de destruir as suas obras e proibir as reedições!

Dessa aliança do Trono e do Altar há uma instituição que pode figurar como símbolo e agente, quase como mito: a *Congregação*. Provinha dos "Cavaleiros da Fé" de que Ferdinand de Berthier fora a alma. Constituída em 1814[48] pelo pe. Legris-Duval, antigo capelão da Guilhotina, e pelo pe. Ronsin no plano religioso, e, no plano político, por Mathieu de Montmorency, tinha por chefes aqueles "que haviam lutado contra a tirania napoleônica e muito especialmente trabalhado na difusão das bulas papais"[49]. Passando a chamar-se a "Grande Congregação" (com sede na rua du Bac, em Paris), não tardou a agrupar o escol do catolicismo monárquico: constavam dos seus registros os melhores nomes da França. Devotados servidores do Trono e do Altar, terão sido os seus membros agentes secretos da reação católica-legitimista, como diziam os adversários? Terão tido, como referiu o visconde de Carné, sinais clandestinos para se reconhecerem: por exemplo, ao apertar a mão, juntar em anel o polegar e o indicador? O que parece é que, tal como aconteceu com a sua irmã mais velha, a Companhia do Santíssimo Sacramento, do século XVII[50], correram muitas lendas acerca da Congregação. Foi-se ao ponto de atribuir-lhe 48 mil membros, quando, ao que tudo indica, não passavam de três mil.

É fora de dúvida, isso sim, que exerceu uma influência política considerável. De fato, contavam-se nas suas fileiras dezenove Pares da França, vários ministros, o prefeito da polícia e muitas outras personagens de destaque. É também indiscutível que essa influência se exerceu no sentido de utilizar as circunstâncias para fazer triunfar a causa católica.

Durante quinze anos, portanto, ou seja, durante todo o período que convencionalmente é designado por "Restauração", a atitude da igreja da França baseou-se na colaboração estreita entre o espiritual e o temporal. Houve, contudo, algumas flutuações nesse sistema. A princípio, logo a seguir ao regresso da Realeza, na época da "Câmara inencontrável", essa união foi proclamada com veemência e traduziu-se numa participação frequentemente lamentável de numerosos católicos na reação contrarrevolucionária. A pretexto de alguma coisa, o pe. Grégoire foi afastado da Câmara. Mas Luís XVIII era um homem prudente, moderado, que desconfiava de todos os excessos. Os bispos "ultramonárquicos" que tinham regressado aos seus postos carregados de rancor e de orgulho, esses de quem Chateaubriand dizia que *"tisonnaient les siècles au coin du feu"* ["atiçavam os séculos sentados ao pé do fogo"], esses que "nada tinham aprendido e nada tinham esquecido" — não eram mais simpáticos ao rei do que os violentamente liberais. O seu sonho seria governar com gente moderada, gente que tinha como representante típico Decazes, "o seu querido filho Decazes", a quem fez duque no momento em que, dezoito meses mais tarde, o assassínio do duque de Berry o obrigou a demiti-lo. Durante esse breve tempo, a propaganda clerical-legitimista foi posta em surdina.

Regressou, porém, e com mais força, com M. de Villèle. Os protegidos da Congregação ocuparam os principais lugares, as Missões receberam encorajamento oficial e moveu-se uma guerra duríssima contra as sociedades secretas.

A intervenção francesa na Espanha (1823) marcou o êxito dessa política, que a "Câmara reencontrada" aprovou com entusiasmo, mas que Luís XVIII, na sua velhice, olhava com alguma inquietação.

Essa política prosseguiria depois dele, sob o reinado do seu irmão *Carlos X*, antigo conde de Artois, personagem apagada e teimosa, apaixonada pela sua própria autoridade, mas submetida à influência de um grupo de ultras. No plano religioso, o novo rei, em vez do semiceticismo do irmão, arvorava a fé de um convertido. A restauração da cerimônia de sagração em Reims, com todos os ritos tradicionais, mostrou bem claramente o caminho que Carlos X iria seguir. Com o novo reinado, a confusão do espiritual e do temporal foi erigida em máxima. Multiplicaram-se os incidentes de pressão oficial em matéria religiosa. O cúmulo foi atingido em abril de 1825, com a aprovação da *Lei contra o Sacrilégio:* o roubo dos vasos sagrados era punido com a morte e a profanação das hóstias consagradas assimilada ao crime de parricídio e castigada do mesmo modo. Católicos ilustres, como Chateaubriand na tribuna da Câmara dos Pares, ou Lamennais na imprensa, protestaram em vão contra essas medidas que tornavam odiosa a religião em nome da qual se pretendia estabelecê-las. E, na Câmara dos Pares, mons. Quélen absteve-se de dar o seu voto. O governo de Carlos X não ousou aplicá-la: já era demais que tivesse havido um Parlamento para votá-la[51].

Vantagens e perigos de uma aliança

Apesar de tudo, seria inteiramente inexato e injusto pensar que essa união do Trono e do Altar "empurrando-se um ao outro", como dizia Lamennais, haja sido danosa apenas para a Igreja. Muito ao contrário. Após tantos acontecimentos dramáticos, a Igreja era chamada a conduzir em muitos pontos uma tarefa de reconstrução. E foi a proteção do Estado que lhe permitiu cumpri-la. Perturbada pelo clamor das polêmicas, com o juízo mais ou menos falseado pelo que agora sabe de acontecimentos posteriores, a História tende demasiado a esquecer que, ao lado de uma tentativa de reação política e social muito desastrada, o período que se estende de 1815 a 1830 viu forjar-se na França uma restauração religiosa cujos esforços fecundos ainda não se esgotaram.

Essa restauração traduziu-se em fatos. O mais impressionante foi a *reconstituição do clero*. Em 1815, avaliava-se em 15 mil o número de vagas no serviço paroquial. Não havia senão 34 mil párocos e clérigos auxiliares, entre os quais só seis mil eram jovens, ordenados a partir de 1801; os outros, como disse Chateaubriand no apelo patético que lançou do alto da tribuna dos Pares, "dia a dia regressam a Deus, por quem tanto combateram [...]". Além disso, esse clero, ao qual não faltavam virtudes, era intelectualmente bem medíocre. Nos seminários que se tinham podido reabrir após a Concordata, o ensino era retardatário, muito absorvido em acutilar os erros do jansenismo e do quietismo, mas ignorante acerca dos problemas que a evolução do mundo ia suscitando, muito preocupado em discutir a legitimidade do empréstimo a juros num momento em que o grande capitalismo estava prestes a nascer, mas sobretudo muito ignorante em matéria de exegese e de história da Igreja, que, por assim dizer, não era objeto de ensino. Impunha-se uma restauração.

E ela foi empreendida e realizada com uma paciência e uma inteligência notáveis durante todo o período da monarquia legitimista, e continuada ainda por muito tempo: aliás, não será muito antes de 1845 que dará frutos. Para a favorecer, foram tomadas medidas oficiais: aumento substancial dos vencimentos do clero; aumento das verbas orçamentárias para os cultos (que passaram de 18 para 49 milhões de 1815 a 1828); autorização dada aos bispos para criarem seminários menores; constituição de bolsas para seminaristas, etc.

Mas os verdadeiros artífices dessa obra foram os bispos, esses bispos da Restauração que são excessivamente olhados no seu papel de defensores zelosos da monarquia, e pouco no de pastores do seu rebanho. Só agora se começa a medir a importância da sua ação. Usando da influência que detinham (vários deles pertenciam ao Parlamento, ao Conselho de Estado, ao Conselho Privado), realizaram uma obra pastoral que não deixa de recordar a dos seus antecessores no início do século XVII. Foi um esforço demorado e difícil. Por exemplo, para conseguir preencher as vagas deixadas por morte, seria preciso chegar a 1820. A seguir, porém, a situação inverteu-se: o excedente das ordenações passou a ser de 2.289, de 1820 a 1828; e, neste último ano, haveria 12 mil alunos de seminários maiores e 20 mil de seminários menores. A média anual de ordenações seria de três mil.

Não menos impressionante foi a *renovação das ordens religiosas e das congregações*. Iniciado, como vimos[52], sob o Império, o movimento ganhou durante a Restauração um impulso prodigioso[53]. Muitas antigas ordens foram restabelecidas. Os jesuítas reinstalaram-se na França; Dom Lestrange reconstituiu a Trapa; a Grande Cartuxa voltou a ter os seus monges brancos; reapareceram sulpicianos, lazaristas, redentoristas, capuchinhos. Entre as mulheres, houve inúmeras vocações dedicadas ao ensino e às atividades hospitalares, e mesmo contemplativas, como as clarissas. Quantas novas formações surgiram! Os picpucianos do pe. Coudrin[54], definitivamente autorizados em 1817; os Oblatos de Maria Imaculada, fundados em 1816 pelo pe. Mazenod; os Marianistas, do pe. Chaminade; os Maristas, do pe. Colin; os Irmãos Maristas de São Marcelino Champagnat, e tantas outras agremiações, sem falar daquelas que então se preparavam no silêncio, por iniciativa de São Miguel Garicoïts, do pe. Libermann ou de Emmanuel d'Alzon. No campo feminino, entre 1814 e 1830, não são menos de dezessete os novos Institutos. Nem a França do Grande Século das Almas conhecera tamanha proliferação, que vai continuar por quarenta anos...

Terceiro grande fato dessa restauração: *a restauração das Missões internas.* Vimos os seus defeitos, ou, melhor, como o regime as confiscou em maior ou menor medida a fim de pô-las a serviço da sua propaganda. Mas não devemos esquecer que elas não deixaram de ser uma obra pastoral de alta importância, e com resultados felizes. Retomadas durante a Revolução pelo pe. Linsolas e seus êmulos[55], segundo um modelo muito especial; desenvolvidas a seguir à Concordata, mas logo paralisadas pela tirania imperial[56], tinham deixado de existir a partir de 1815. O admirável padre que tentara reanimá-las no reinado de Napoleão — o *pe. Rauzan,* de Bordeaux, antigo "Padre da Fé" — lançou-se, logo que possível, à tarefa de lhes dar vida. Associou-se ao pe. Liautard, que, pela mesma altura, abria em Paris o Colégio "Stanislas", e ao pe. Legris-Duval, e juntos fundaram em 1816 a *Sociedade dos Missionários da França.*

O método que escolheram estava talvez mais próximo dos de Santo Afonso Maria de Ligório e de São Paulo da Cruz que dos de *Monsieur* Vincent e *Monsieur* Olier: não fugiam aos efeitos sensacionais, aos meios um tanto ou quanto pesados. Mas o trabalho de equipes de quatro ou cinco missionários, durante quinze dias seguidos, num cantão, era certamente eficaz. Não falavam somente nas igrejas, mas em lugares públicos, até em praças e em ruas; e multiplicavam os contatos pessoais. Não era coisa rara ver, no fim de uma missão, 40 mil fiéis abeirarem-se da mesa eucarística. Missionários da França, picpucianos, jesuítas, redentoristas e, em várias dioceses, padres seculares — todos eles lavraram a velha gleba cristã, e o seu trabalho foi fecundo.

Não há, pois, nenhuma dúvida de que a renovação espiritual iniciada em 1799 continuou durante a Restauração e ganhou nova amplitude. A despeito das aparências montadas pela imprensa liberal, a França, no seu conjunto, aproximou-se de Deus. As conversões, no sentido profundo do termo, foram numerosas logo após a grande provação. Chateaubriand não foi o único a regressar com sinceridade (não isenta de ostentação) à fé dos seus maiores. Os sofrimentos da Revolução e do exílio tinham levado muitas almas a meditar... "Dentro de vinte ou trinta anos — escrevia Charles de Clausel —, que importância terá para mim que me tenham tirado a fortuna?" E foi procurar no claustro os bens que não perecem. Como reação contra ideias cujos efeitos maléficos tinham experimentado, os "filhos do século", cuja inquietação Alfred de Musset iria exprimir, voltaram-se para as verdades cristãs. Foi o caso, por exemplo, de um moço advogado fadado à glória, Henri de Lacordaire. A literatura teve a sua parte nessa renovação. A influência do *Gênio do cristianismo* continuou a fazer-se sentir por muito tempo, e a de Maistre e de Bonald exerciam-se num sentido próximo. E bem cedo, em 1817, a publicação do *Ensaio sobre a indiferença* de Lamennais explodirá "como um trovão num céu de chumbo", na expressão de Joseph de Maistre.

É certo que uma parcela demasiado grande da burguesia ainda continuava a ser partidária de Voltaire e de Rousseau, e tanto mais o seria quanto mais a fé católica parecesse associada à monarquia absoluta[57]. É certo também que a alta nobreza não estava muito relacionada pelos sacramentos com a religião que protegia. Mas a verdade é que, entre as classes dirigentes, a jovem elite que vimos surgir no tempo do Império estava prestes a ganhar um forte impulso. É o momento em que se formam aqueles que iremos ver trabalhar com Lacordaire ou com Ozanam, lançando-se ao cristianismo social incipiente. Nesta perspectiva, a Congregação, tão desacreditada por alguns, fez uma obra útil. Não só contribuiu para revitalizar nas classes superiores sentimentos quase extintos, como meteu ombros a numerosas iniciativas que estiveram longe de ser ineficazes: obras de caridade a favor dos doentes, dos presos, das crianças abandonadas, dos pequenos limpa-chaminés savoianos e de tantos outros, além de obras de apostolado militar ou entre o grande público mediante a imprensa e o livro; e até obras sociais, como foi a *Sociedade de São José*[58], que teve um papel pioneiro. Tudo isso contribuiu para criar um clima novo em que a religião tornava a encontrar as suas oportunidades de preparar o futuro.

Infelizmente, este quadro tinha sombras. A fé sente-se mal em situações em que a religião é elemento de um sistema político, sobretudo se esse sistema tem em vista dominar os espíritos. Como sempre, a pressão do conformismo leva à mentira, e essa duplicidade começava no próprio rei Luís XVIII, que, na vida privada, preferia Horácio ao Evangelho e confessava, como escreverá Lamartine, que "os seus altos estudos lhe tinham libertado a inteligência das superstições oficiais vindas do berço", mas que nem por isso deixava de participar das procissões com ar devoto. No pessoal de governo, para um Montmorency ou para um barão de Damas — dois homens de fé verdadeira —, quantos tartufos não havia! De alto a baixo da escala, as mesmas causas provocavam os mesmos efeitos. Tal funcionário que fora "teofilantropo" ou ateu não desaproveitava agora nenhuma ocasião para invocar a Divina Providência e declarar que sem a religião não pode haver sociedade humana. Advogados e médicos iam à missa, com um grosso livro debaixo do braço, para não descontentar a clientela. E sucedia que, por vezes, esse calhamaço não era um livro de orações... Até às crianças o conformismo oficial ensinava a ser hipócritas, a revoltar-se ou a fazer coisa pior: Lacordaire assegura que, num colégio do Estado em que era obrigatória a missa diária, trinta pequenos foram juntos à comunhão para conservar a Hóstia e com ela lacrar as suas cartas[59].

Não foi apenas por esta ação deplorável sobre as consciências que a excessiva aliança entre o Trono e o Altar se mostrou prejudicial. Os franceses sempre suportaram com repugnância os regimes que pretendem submeter as consciências. Como poderiam eles concordar com um regime "trazido na bagagem do estrangeiro", marcado desde a origem por sinais de derrota e cujas faltas de habilidade foram inúmeras? Seria oportuno que a Igreja parecesse ligar o seu destino ao desse sistema?

Foi então que se formou uma lenda que teria vida longa: a lenda do "Partido-Padre", organizado à maneira das sociedades secretas, dirigido pela Congregação e pelos jesuítas, e cujo intuito reservado seria sujeitar o povo da França e "levá-lo outra vez para a Idade Média". O mal estava em que muitas aparências davam a entender que essa lenda tinha um certo ar de verdade. Os padres demasiado autoritários, os missionários demasiado zelosos na defesa da política legitimista, o episcopado *décrassé,* isto é, escolhido quase por inteiro entre os membros da nobreza, e muitas vezes cheio de soberba, tudo isso fez imenso mal à causa católica. Há algo de infinitamente penoso no espetáculo dessa Igreja da Restauração, tão corajosa, tão enérgica nos seus esforços pela recristianização da França — e que, afinal, virá a pagar a conta do fracasso do regime, porque o grande movimento de reconquista espiritual aparecerá com demasiada frequência, aos olhos da massa, como obra política de domínio.

Neo-galicanismo

A união excessivamente estreita entre o Trono e o Altar provocou outra consequência, também prejudicial à Igreja: o renascer do galicanismo. Parecia que o problema não voltaria a surgir, uma vez que o catolicismo já não era "religião de Estado". Mas também se foram buscar aos celeiros do *Ancien Régime* as velhas teorias galicanas. Muitos bispos continuavam presos às famosas "liberdades da igreja galicana", tanto mais que Roma manifestava a intenção de passar a controlar mais de perto as igrejas nacionais. O galicanismo parlamentar à maneira de Pithou também não desaparecera. Certos homens públicos viram nele uma boa ocasião para desarmar a oposição liberal, orientando contra a Santa Sé a sua raiva. E sobretudo muitos pensaram achar nele um meio de reforçar o absolutismo, submetendo a Igreja ao poder público. A França da Restauração conheceu, pois, um *neo-galicanismo,* bastante diferente do *Ancien Régime,* e que, apoiando-se em Luís XIV, punha afinal em prática os métodos autoritários e estatistas herdados de Napoleão.

O grande teórico desse galicanismo foi mons. Frayssinous, orador ilustre, autor dos *Verdadeiros princípios da Igreja galicana.* Frayssinous era moderado e declarava querer defender as liberdades galicanas "sem diminuir em nada a verdadeira grandeza da Santa Sé". Mas nem todos os galicanos, mesmo entre os bispos, souberam guardar essa medida, e desenvolveu-se então na igreja da França um movimento de desconfiança, quase de hostilidade, para com Roma. Embora de certa maneira artificial, porque o prestígio dos papas, desde as provações de Pio VI e de Pio VII, era imenso na opinião pública, esse movimento foi indiscutivelmente utilizado como instrumento político nas mãos de alguns.

A célebre Declaração de 1682, os Quatro Artigos de Bossuet — carta magna do galicanismo tradicional — foram recolocados em primeiro plano, ensinados nos seminários e escolas de Direito. Por motivos fúteis, fomentaram-se pequenos atritos com a Santa Sé. Por exemplo, quando da morte de Pio VII e eleição de Leão XII, o núncio apostólico dirigiu-se aos bispos pedindo-lhes orações, mas estes receberam um aviso do governo recordando-lhes que só podiam comunicar-se com Roma por via oficial! Em certos jornais católicos, reapareceram artigos a defender que o Papa nada podia fazer na Igreja universal sem o acordo de um concílio e que, para mais, a igreja galicana tinha privilégios imemoriais e intangíveis. Mons. Frayssinous declarava que o ultramontanismo estava "completamente ultrapassado e era inofensivo à força de ser ridículo". O bispo de Estrasburgo, para se desculpar de ter autorizado os jesuítas a abrir um colégio nessa diocese, afirmava muito a sério que esses padres "eram chamados pela Providência a restabelecer a monarquia em bases sólidas". E até se há de ler (em 1826) uma declaração comum de catorze arcebispos e bispos franceses em que o direito dos papas de intervir por motivos espirituais nas questões políticas será considerado "opinião nascida outrora no seio da anarquia e da confusão, tendo caído num esquecimento quase universal".

Assim, a igreja da França encontrou-se cortada em duas, entre galicanos e ultramontanos. Estranha consequência de um entendimento tão harmonioso entre o Altar e o Trono! Porque uma grande parte do clero — sobretudo o clero mais jovem, formado na admiração por Pio VII — resistiu ao galicanismo. Houve incidentes bastante agudos. Os mais notórios tiveram como protagonista o cardeal Clermont-Tonnerre, arcebispo de Toulouse. Uma das suas cartas pastorais foi submetida à apreciação do Conselho de Estado, como atentatória das liberdades da igreja galicana, "tendenciosa e censurável", e ele, em resposta, proibiu o ensino dos Quatro Artigos nos seus seminários. O livro de Joseph de

Maistre *Do Papa* passou a ser a magna carta da resistência ultramontana e antigalicana. E o pe. Lamennais, criticando a famosa declaração de 1682, escrevia estas palavras lúcidas e nunca tão atuais como naquele momento: "Aviltada, desde que apareceu, pelo duplo caráter de paixão e servilismo, quem será o católico instruído que ousará defendê-la nos nossos dias?"

É a esta luz que temos de recolocar, se quisermos medir bem a sua importância, o problema do ensino, que ia ser ocasião de muitos conflitos. No início da Restauração, em 1815, no meio da reprovação geral de tudo o que fosse herança do imperador, um decreto pusera fim ao monopólio universitário instituído por Napoleão. Ao mesmo tempo, procedera-se a uma tentativa de descentralização. A Universidade de Paris daria lugar a dezessete universidades locais; o Grão-Mestre seria substituído por um "Conselho Real da Instrução Pública", presidido por um bispo. Na realidade, essa tentativa foi bem depressa abandonada, e não passou um ano sem que se regressasse ao monopólio. Neste ponto, como em tantos outros, a monarquia legítima calçou alegremente as botas do tirano Napoleão... Em 1821, restaurou-se o cargo de Grão-Mestre, que foi confiado no ano seguinte ao muito galicano mons. Frayssinous. A escolha era significativa. Com isso, a reação contra a estatização do ensino estendeu-se dos liberais, como Benjamin Constant, que armava um grande berreiro no *Mercure de France,* aos ultramontanos, que encararam o monopólio como um meio de ação a favor das teses galicanas e por isso se viram empurrados a defender a liberdade escolar. Lamennais, por exemplo, indignava-se de que "se atribuísse ao governo o direito de sujeitar a si a razão da sociedade inteira, apoderando-se da Instrução".

Na realidade, o monopólio não era absoluto. Escapavam-lhe as escolas primárias — aliás, bem pouco numerosas —, pois o governo pouco se interessava pela educação das classes populares: como nos tempos de Napoleão, deixava-se que os bons Irmãos das Escolas Cristãs se ocupassem dessa tarefa. A preocupação era sobretudo com o ensino secundário, já que era aí que se formavam as futuras elites dirigentes. Os liceus imperiais, que passaram a colégios do Estado, foram estreitamente submetidos ao monopólio, mas os bispos tiveram autorização para abrir sob sua autoridade seminários menores, alguns dos quais foram confiados aos jesuítas. Daí resultaram dentro em breve algumas dificuldades, visto que muitas famílias, quer católicas, quer liberais, preferiam mandar os filhos para o seminário ou para as escolas religiosas, em vez das escolas oficiais, onde os costumes pareciam ser discutíveis. Por esse viés, iria o monopólio perder a juventude?

A essa causa de conflito veio a imbricar-se uma outra: a reconstituição da Companhia de Jesus na França. A verdade objetiva obriga a dizer que os jesuítas da França não mereciam de modo nenhum o lugar eminente que o vulgo lhes deu nos seus furores. Em 1824, não eram mais que cento e oito padres e duzentos e doze coadjutores. Feitas bem as contas, dirigiam apenas oito colégios, cujo corpo docente, segundo eles próprios confessavam, estava longe de possuir as qualidades que tinha antes da expulsão em 1762, ainda que os seus métodos de disciplina dessem bons resultados. As suas missões eram poucas. Por que terão eles sido escolhidos como "cabeça de turco" ou bode expiatório?

Duas espécies de inimigos os atacavam: os liberais, herdeiros dos revolucionários e dos "filósofos", que viam no reaparecimento dos filhos de Santo Inácio uma derrota para os seus princípios, e os galicanos, aos olhos de quem eles encarnavam o ultramontanismo mais odioso. Orquestrou-se contra eles uma campanha, que foi crescendo. Dizia-se que os padres da Companhia eram os verdadeiros senhores da Congregação e, através dela, de todo o regime; que tinham formado — assim o garantia o *Journal des Débats* — uma "maçonaria mística" com milhões de seguidores. A famosa canção de Béranger andava em todas as bocas: "Homens-negros, donde saís? Saímos de debaixo da terra [...]". Depois da subida de Carlos X ao trono, correram as fábulas mais absurdas: o rei estava filiado à Companhia e celebrava missa clandestinamente; a casa dos jesuítas de Montrouge era uma fortaleza onde nada menos de 50 mil jesuítas praticavam exercícios, não os de Santo Inácio, mas de espingardas e canhões...; e um subterrâneo a ligava diretamente às Tulherias! É desta época que data o hábito de dar à palavra "jesuíta" o sentido pejorativo e quase insultuoso que conhecemos.

No entanto, os ataques mais violentos contra a Companhia não partiram dos meios liberais, mas dos católicos galicanos. Poetas como Barthélemy e Méry ressuscitaram a sátira à maneira de Boileau em *Os Jesuítas, de Roma a Paris*. E foi sobretudo um fidalgo do Auvergne, o conde de Montlosier, que se especializou nesses ataques. Obstinado, limitado, escritor de estilo pouco solto, mas com lampejos de polemista feliz, desencadeou contra os padres jesuítas as pesadas salvas da sua *Memória a consultar sobre um sistema religioso e político tendente a arruinar a religião, a sociedade e o trono* (1826). Liam-se nessa obra as asserções mais espantosas. Por exemplo, que Luís XIV fora membro da Companhia, que São Sulpício, "como todos sabem", era criação dos jesuítas; que, em cada bairro das grandes cidades, havia uma "central jesuítica" para espionar os fiéis. E o livro concluía que os filhos de Santo Inácio queriam impor o seu domínio a toda a França, especialmente à monarquia, anular as liberdades da igreja galicana e reduzi-la à condição de serva de Roma.

Como podemos imaginar, tais ataques receberam a aprovação entusiástica dos liberais. O *Journal des Débats* qualificou Montlosier de "facho da França". Lançou-se uma ofensiva liberal-galicana contra a Companhia. Montlosier apresentou queixa contra ela no Tribunal de Paris, e este deu-lhe razão em parte, declarando-se incompetente para apreciar a questão, mas recordando que os editos contra a Companhia não tinham deixado de ter força legal na França. Uma petição feita pelo mesmo aos Pares foi tomada em consideração.

Após o grande êxito obtido pelo Partido Liberal nas eleições de 1827, o ministro do Interior, Martignac, pensou amansá-lo sacrificando os jesuítas. E aproveitou a ocasião para resolver a favor do Estado o melindroso problema do ensino secundário. Foram, pois, assinados dois decretos em 1828: um submetia ao monopólio da Universidade todos os estabelecimentos escolares que pertencessem "a uma congregação religiosa não autorizada", ou seja, à Companhia de Jesus; outro limitava o número de alunos que podiam matricular-se nas escolas da Igreja e nos seminários menores, e submetia a autorização governamental a abertura de novas escolas desse tipo. Dupla vitória do absolutismo estatista e do galicanismo!

A emoção foi considerável em toda a igreja da França[60]. O tom subiu até a audaciosas comparações históricas, e os responsáveis pelos decretos foram comparados a Juliano o Apóstata e a Saint-Just... Numerosos bispos — mesmo daqueles que tinham um coração galicano — protestaram contra medidas que lhes limitavam a ação. Mons. Quélen enviou ao rei um memorando assinado por setenta e três bispos. O cardeal Clermont-Tonnerre recusou altivamente o pedido de audiência que lhe foi feito pelo Grão-Mestre da Universidade. E Lamennais lançou-se na algazarra com um livro de moldes panfletários — *Sobre os progressos da Revolução e a guerra contra a Igreja* —, em que classificava o monopólio do ensino como "tirania desconhecida do mundo antes de Bonaparte" e "violação dos direitos mais sagrados que podem existir sobre a terra".

Assim começava a batalha pela liberdade do ensino, que desenrolaria os seus episódios alguns anos mais tarde. Roma, consultada, não quis envenenar o conflito e recomendou moderação aos bispos franceses. O cardeal Latil, arcebispo de Reims, aconselhou os seus colegas de episcopado "a confiar na sageza do Rei". Mas não era possível ver sem inquietação essa igreja da França que se deixava comprometer com um regime do qual, ao mesmo tempo, recebia tais golpes.

O dilema da Igreja e o terceiro termo

O perigo que supunha a coligação entre a Igreja e o sistema da "Contrarrevolução" não tardou a aparecer. Todos aqueles que, em qualquer país, não aceitavam a ordem internacional imposta pela Santa Aliança nem os regimes legitimistas que floresciam um pouco por toda a parte, depressa perceberam que essa união político-religiosa era o ponto fraco do sistema. E fizeram tudo para denunciá-la. A sua propaganda orientou-se, pois, no sentido de apresentar a Igreja como aliada e cúmplice de todas as forças de reação. E a verdade é que, infelizmente, demasiados fatos pareciam dar-lhes razão. Uma espécie de equação passou a dominar as inteligências: Igreja = Antigo Regime; Catolicismo = Força do passado. É impossível exagerar até que ponto essa identificação foi prejudicial à causa da fé, e por muito tempo: até aos nossos dias.

A este respeito, dois exemplos são impressionantes. Na França, a restauração monárquica, como é óbvio, não pudera, de um só golpe, fazer de todos os revolucionários da véspera, nem de todos os fiéis de Napoleão, monárquicos de boa água. Desde o início existiu uma oposição. Reduzida ao silêncio no primeiro ano, com medo do Terror Branco, não tardou muito a levantar cabeça, ganhou importância rapidamente, conquistou lugares na Câmara e acabou por constituir uma força bastante incômoda para o governo. Recrutada entre a burguesia endinheirada — sobretudo no seio dos homens de leis —, que se mostrava descontente por ver a nobreza voltar à sua arrogância, contando também com adesões entre os intelectuais alimentados de ideias dos "filósofos" e dos oficiais que não recebiam todo o soldo, foi certamente dominada em maior ou menor extensão pela francomaçonaria, que se reorganizara já em 1815 e que beneficiou sempre de proteções ocultas e poderosas[61]. A essa força iria juntar-se, por volta de 1820, uma "Carbonária" francesa, enérgica e audaciosa. Essa oposição dispunha de um jornal, *Le Constitutionnel,* que tinha mais de 20 mil assinantes, número enorme para a época, e era lido por pessoas influentes. Também não faltavam a essa oposição dirigentes, escritores, salões.

Ora, esse agrupamento não demorou a adivinhar que a aliança entre Trono e o Altar não agradava nada ao velho povo da França, em que anticlericalismo faz sempre vibrar uma corda sensível. De resto, por convicção, os "liberais" eram, na sua maioria, ou voltairianos ou mesmo ateus. Não era coisa cômoda atacar de frente o regime político. Em contrapartida, depressa se viu que a sátira anticlerical não iria provocar forte reação por parte da polícia. Foi, pois, neste sentido que se desencadeou a ofensiva, assestando as baterias contra o clero para chegar aos nobres, e contra os bispos para chegar aos ministros. Demolindo a Igreja, havia de se conseguir deitar abaixo boas alas de todo o edifício.

Daí que, durante esses anos que pareceriam uniformemente bem-pensantes, a França tenha experimentado como nunca até então uma onda desenfreada de anticlericalismo. Todas os dias *Le Constitutionnel* dava de pastar aos seus leitores um artigo contra a religião, frequentemente tão simplório que até os redatores do jornal lhe chamavam "o artigo *bête*" ["imbecil"]. Circulavam em profusão libelos e panfletos, bem como caricaturas em que se voltava às graçolas já gastas do século XVIII, acerca das confissões, das religiosas, das que serviam nos presbitérios. Dois escritores, em níveis diferentes, ganharam renome no anticlericalismo militante. Paul-Louis Courier, panfletário hábil e pérfido, que era perito em atingir "calcanhares de Aquiles", observava: "Jesus disse: «Ide e ensinai». Mas não disse: «Ide com as polícias e ensinai de acordo com o Prefeito...»" Mais grosseiro e por vezes sórdido, o cançonetista Béranger fazia rir com expressões cruas e pregava a irreligião em nome do prazer de viver: "Fazei amor! Vivei em alegria! Zombai dos vossos maiores e dos vossos santarrões!" Ao fim de quinze anos deste gênero de propaganda, o pobre povo ficou bem convencido de que toda a Igreja era inimiga da liberdade[62].

Na Itália, as coisas passaram-se de modo diferente, mas conseguiu-se um resultado análogo. Ao mesmo tempo que "liberal", ou seja, hostil aos regimes semidespóticos então instalados quase por toda a parte, a oposição foi também nacionalista, ou seja, desejava fazer a unidade da Península Itálica, sem, aliás, saber como nem sob que forma. Ora, esse movimento também muito depressa se fez adversário da Igreja.

A princípio, porém, não o era: a resistência do papa e da maioria do clero ao ocupante francês suscitara uma atitude geral favorável. Mas as coisas mudaram depressa. A *Carbonária*, por exemplo, a mais ativa e mais importante das seitas que então pululavam por toda a Península, não tinha, na sua origem, nada de irreligioso. Contava com padres e monges nas suas fileiras; tinha por padroeiro São Teobaldo, que outrora andara foragido nas florestas a fim de salvar a sua liberdade; e os seus membros prestavam juramento sobre um crucifixo e gostavam de falar de Cristo chamando-lhe "o nosso bom primo Jesus Cristo, nosso salvador e nosso modelo".

Mas a sua natureza evoluiu, sem dúvida por influência da franco-maçonaria (a Corte da Sicília estava cheia de ingleses muito influentes que eram maçons de rito escocês), como também de elementos provenientes do velho jacobinismo regalista e antirromano, e ainda de discípulos dos "filósofos", para quem as formas vigentes na sociedade — Igreja-Estado — deviam dar lugar a organismos baseados na Natureza. A partir daí, a Carbonária passou a lutar contra a Igreja. Tal como na França e no interior de diversos países, denunciou a aliança do clericalismo com o poder público. Roma passou a ser o seu alvo — Roma, cujos Estados cortavam a Itália em duas; Roma, onde o *Ancien Régime* parecia ter sido restabelecido com mais força do que em qualquer outro lugar; Roma, onde — devemos acrescentar — a polícia era menos rigorosa e vigilante do que no reino das Duas Sicílias... Quando, por volta de 1830, o movimento nacionalista italiano, que ia tomar o nome de *Risorgimento,* vier a assumir maior amplidão, muitos dos seus adeptos verão na Igreja um adversário das aspirações nacionais.

E, assim, a Igreja estava diante de um dilema. Na aparência, os seus inimigos eram os mesmos que os que pretendiam deitar por terra a ordem constituída, ou seja a dos legitimismos e da Santa Aliança. Mas as coisas seriam assim tão simples? O finíssimo cardeal Consalvi compreendera que não. Porque, em diferentes pontos da Europa, e até do mundo, essas ideias liberais e nacionalistas, que pareciam hostis à causa católica, eram reivindicadas por católicos — eram católicos que por elas se batiam!

Na Bélgica, católicos e liberais, opostos entre si em matéria religiosa, estavam perfeitamente de acordo em cantar juntos o famoso refrão: "Eu não sou holandês e não o quero ser!" Dirigidos pelos seus bispos, sobretudo pelo corajoso mons. de Broglie, recebiam com desconfiança tudo o que lhes vinha do governo de Haia, acusavam a Lei Fundamental de ferir os seus direitos, boicotavam as escolas do Estado, indignavam-se com a supressão das congregações dedicadas ao ensino. Não tardará que mons. Bommel exclame: "Demo-nos as mãos, protestantes, católicos, liberais. Abracemos com igual ardor o sistema de liberdade sem limites que passou a ser a nossa única tábua de salvação!"

Na Irlanda, a ordem "legítima", aquela que os princípios da Santa Aliança proibiam que se modificasse, condenava o velho povo católico de São Patrício a sofrer a dominação dos ingleses, que lhe tinham tirado as melhores terras e, desde o *Bill of Test,* lhe fechavam o acesso aos cargos civis e militares. Tendo o Parlamento inglês recusado a abolição do *Bill,* a cólera dos irlandeses, agigantada por uma situação econômica lamentável, explodiu duas vezes seguidas. Houve numerosos assassinatos, vinganças selvagens. Para reprimir esse movimento, foram tomadas diversas decisões: toque de recolher obrigatório desde o cair da tarde, rusgas policiais feitas por toda a ilha. O que não bastou para que a Irlanda abandonasse o seu sonho de liberdade.

A situação era igualmente grave na Polônia, e lá podiam-se ver mais claramente as dificuldades em que a Igreja se via a braços. Em toda a Polônia anexada pela Rússia, estava em curso uma severa campanha de russificação, que se acentuou sob Alexandre I; um prelado político, mons. Siestrzencewiecz, verdadeira criatura do czar, fechava os olhos à situação, se é que não a encorajava. E a resistência polonesa cresceu e organizou-se. Agrupados à volta dos seus bispos, os rutenos rebelaram-se. Parecia certo que ia haver uma explosão. Que faria Roma? Alexandre I passava por ser um dos pilares da ordem na Europa; fora o agente mais ativo da restauração dos direitos da Santa Sé: seria necessário entrar em conflito com ele? Apesar da resistência de Consalvi, mons. Siestrzencewiecz, o homem do czar, conseguiu o título de "Primaz da Igreja Católica da Rússia", sem no entanto obter uma jurisdição especial. Mas, para os católicos da Polônia, que choravam a liberdade perdida, que podia significar essa designação?

A opção que a Igreja hesitava em fazer entre a ordem estabelecida e as novas forças do nacionalismo e da liberdade, os católicos da outra extremidade da terra forçavam-na a fazê-la. Os imensos domínios que a Espanha possuía na América sublevavam-se contra a metrópole. Uma após outra, quase simultaneamente, as antigas colônias arrancavam a sua independência: Peru, Bolívia, Colômbia, Venezuela, México... Nessa luta pela liberdade, os católicos estavam na primeira fila. Mais ainda: os modelos que seguiam eram dois padres mexicanos que, já em 1810, tinham iniciado a sublevação porque a Espanha estava então dominada pelos ímpios franceses. Um pároco, Hidalgo, partira para a luta com a bandeira da Virgem de Guadalupe na mão e bradando o *grito de los Dolores;* depois, outro pároco, Moreias, fora o primeiro a proclamar a independência do seu país; um e outro tinham sido fuzilados. Em tais circunstâncias, que atitude devia tomar a Igreja? Dar razão aos insurretos contra a Espanha, isto é, aceitar as ideias novas, liberais e nacionalistas? Recusá-las? Mas recusá-las não seria correr o risco de ver afastarem-se essas cristandades latino-americanas, tão profundamente piedosas, tão devotadas à causa católica? O dilema em que a Igreja se debatia impunha-se naquela região em termos imperiosos. Para sair dele, o cardeal Consalvi, nos últimos meses do reinado de Pio VII, iniciou negociações com os jovens Estados sul-americanos...

Portanto, nem tudo era simples, e, para assegurar o futuro da Igreja, não bastaria — como imaginavam os cardeais *zelanti* em Roma e os prelados legitimistas da França — que o Trono e o Altar se apoiassem mutuamente e que os vencedores de 1815 fizessem reinar sobre a Europa a ordem que resultara do Congresso de Viena. De resto, era visível que esse solene edifício apresentava fendas... De ano para ano, os incidentes iam-se multiplicando. A hidra-revolução reaparecia logo em 1820 na Espanha, onde Riego forçava o rei a restabelecer a Constituição de 1812; em seguida, em Portugal, onde um general liberal impunha Cortes a D. João VI[63]; depois, em Nápoles, onde os carbonários — tendo à cabeça um sacerdote, o pe. Minichini — obrigavam Fernando a deixar o poder; e, enfim, no Piemonte, onde o rei Vítor Emanuel I abdicava para não ter de reconhecer a Revolução.

É certo que essas primeiras tentativas abortaram. A Santa Aliança era ainda muito forte e reagiu rudemente. Em Nápoles e em Turim, os austríacos varreram as frágeis formações liberais. Na Espanha, onde o "Exército da Fé" do monge Marañón e os elementos absolutistas das forças armadas se opunham ao regime de Riego, as Potências encarregaram a França de restabelecer a ordem, o que ela levou a cabo (1823) numa campanha sem glória[64], e Riego foi capturado e esquartejado. Na Alemanha, o estudante Sand assassinara um dos cabeças da Santa Aliança, Kotzebue, e uma repressão violenta se abateu sobre os universitários. Mas tudo isso eram maus sintomas...

Para manter o sistema, seria necessário dar socos constantemente? A Inglaterra mostrava-se cada vez mais hostil a esse gênero de intervenção militar. Quando a revolta dos turcos contra o império otomano rebentou e o Grão-Turco mandou matar o patriarca ortodoxo Gregório à saída da missa pascal, Metternich declarou-se contrário a qualquer manifestação das Potências cristãs contra um "governo legítimo", mas a opinião pública de todo o Ocidente e a diplomacia inglesa indignaram-se e, após meses de lutas heroicas, a independência da Grécia parecia provável.

Na França, começava a haver um ambiente de agitação, que iria crescer quando três jovens — Bazard, Buchez e

Flottard — criassem a Carbonária francesa: conspiração em Belfort; conspiração em La Rochelle (a dos famosos "quatro sargentos"); conspiração em Saumur. Em cada uma delas, a polícia intervinha a tempo, e os conspiradores caíam sob a lâmina da guilhotina ou o fogo dos pelotões, ao grito de "Viva a liberdade!" Mas o governo seria sempre o mais forte? E essa agitação corria em paralelo com um aumento do anticlericalismo. Havia manifestantes que maltratavam os missionários, cerimônias religiosas interrompidas por gritos hostis, fogos de artifício ou bombas de mau cheiro. Nas escolas militares, jovens liberais batiam em camaradas católicos ou provocavam-nos para um duelo. Em Estrasburgo, a situação tornou-se tão séria que, por ocasião de uma representação em cena do *Tartufo*, só os dragões puderam restabelecer a calma.

O dilema que se apresentava à Igreja era, pois, grave, e não se via como sair dele: ou permanecer vinculada ao sistema dos legitimismos e da Santa Aliança, que uma observação lúcida dos fatos revelava muito menos sólida do que parecia; ou chegar a um acordo com as jovens forças liberais e nacionalistas que trabalhavam pela mudança da ordem estabelecida, num momento em que elas eram e se diziam adversárias de Roma, da Igreja, se não da própria religião. Foi então que, aqui e acolá, alguns espíritos, ainda bem pouco numerosos, conceberam uma terceira via para livrar a Igreja do dilema. Essa terceira via podia ser formulada nestes termos: ao invés de se opor às forças novas do liberalismo e do nacionalismo, a Igreja devia entender-se com elas, apoiá-las e pô-las ao serviço da causa de Deus. Os descrentes seriam batidos no seu próprio terreno, e a Igreja reencontraria nas massas a audiência que estava a ponto de perder.

Eram essas as teses que se elaboravam em Turim, no círculo do conde *Cesare Balbo* (1789-1853), católico fervoroso, grande leitor de Dante, e do seu amigo o jovem pe. *Vincenzo Gioberti* (1801-1852), de saborosa eloquência. Com eles mantinham relações o romancista Manzoni, ilustre autor de *Os noivos,* e o dramaturgo Silvio Pellico, então na cadeia. Intitulavam-se a si próprios *neo-guelfos:* guelfos em lembrança dos distantes antepassados que, no momento das lutas entre o Sacerdócio e o Império, tinham tomado o partido do Papa[65].

Apaixonadamente patriotas, decididos a expulsar o ocupante austríaco das terras lombarda-venezianas, queriam que a Igreja, a religião católica, fosse o alicerce da nova Itália única que procurava nascer. Na Federação com que sonhavam, o Papa teria o lugar que lhe cabia por direito: o primeiro, com absoluta independência. Opostos aos carbonários e aos outros liberais neste ponto, também se opunham a eles na escolha dos meios: às conspirações e às insurreições, cujos resultados negativos eram demasiado visíveis, preferiam a penetração nas inteligências e a ação legal. O grupo era ainda bem pequeno nos anos anteriores a 1830, mas não tardaria a ganhar força no decorrer do período seguinte.

Na França, como não havia um problema nacionalista, foi sobre a questão da liberdade que surgiram ideias novas. Vieram de fontes e de homens muito diversos, por vezes inesperados. Nas origens desse liberalismo católico, chamado a fazer tão grande carreira, talvez se deva situar o próprio Chateaubriand, nesse momento embaixador de S. M. Cristianíssima em Roma e, aparentemente, legitimista de estrita observância ... Com efeito, não escrevera ele, já no *Gênio do cristianismo,* que "o cristianismo se opõe pelo espírito e pela prudência ao poder arbitrário"? E no Prefácio que redigira para uma reedição do *Ensaio acerca das Revoluções,* não proclamara também que: "Só voltarei a ser incrédulo quando me demonstrarem que o cristianismo é incompatível com a liberdade [...]. É uma religião de liberdade"?

Muito menos célebre que o autor dos *Mártires*, e hoje muito injustamente deixado na sombra[66], o barão de Eckstein, judeu dinamarquês naturalizado francês, entre as inúmeras ideias, todas elas generosas, que semeava a mãos cheias, defendia os direitos do espírito contra qualquer coerção, criticava com veemência aqueles que "organizavam um bom servilismo" e aconselhava os cristãos a não contarem com os governos para a vitória da sua causa. Fazia-o na revista *Le Catholique*, quase toda redigida por ele. Ideias semelhantes germinavam também na consciência de alguns jovens que, regressados à fé por motivos perfeitamente espirituais, não reconheciam na Igreja demasiado estatizada do seu tempo o ideal que os levara a viver de novo em Cristo. Foi o caso do futuro pe. Lacordaire.

Mas o grupo mais ativo na promoção dessas teses — a que Lacordaire se ligou — era aquele que publicava um corajoso jornalzinho, de tom insólito: *Le Mémorial Catholique*. Os que o formavam eram, na maior parte, discípulos de Joseph de Maistre, mas, das grandes teses do autor dos *Serões de São Petersburgo*, retinham não tanto as suas condenações rigorosas do mundo moderno, como o vasto impulso que o impelia para um futuro luminoso, em que o cristianismo seria a base da sociedade dos homens. Uma das suas fórmulas fixava bem o essencial dessa atitude: "Para agir sobre o século, é preciso começar por compreendê-lo". Ao contrário de tantos que cantavam loas ao passado, eles sentiam profunda simpatia pelo seu próprio tempo, seus homens, suas coisas. Era para *amanhã* que olhavam. O catolicismo que reivindicavam era infinitamente mais vasto que o de todos os conformistas que enchiam a Igreja. Isso se via na atenção que prestavam às ciências críticas, à exegese alemã, ao estudo das línguas orientais, a todas as correntes de ideias. Ainda prudentemente, quase timidamente, preconizavam a separação da religião e da política, da Igreja e da

Monarquia. Para eles, a causa da liberdade autêntica não se confundia com a da Revolução destruidora e criminosa. Tudo isso trazia a marca do grande homem que era a alma desse grupo: *Félicité de Lamennais*.

Lamennais antes de "L'Avenir"

Lamennais[67]... É difícil falar deste homem sem alguma paixão. Dos inumeráveis livros que sobre ele se têm escrito, nenhum é objetivo: pró ou contra, cada um sustenta uma tese a seu respeito. Dir-se-ia que a imparcialidade, virtude que ele ignorava até mesmo que existisse, se recusa a inspirar os juízos que se emitem sobre a sua pessoa e a sua obra. É que as colheitas que nasceram dos seus duros trabalhos ainda estão nos nossos celeiros. Podemos achá-los amargos, envenenados de joio: o que não podemos é negar-lhes a abundância. Após século e meio, "Féli" continua entre nós como sinal de contradição.

Mas que estatura, a desse homem! Entre tantos talentos, grandes e pequenos, de que a igreja da França do seu tempo se pode orgulhar, ele corta e domina: é que, no seu caso, não se trata de talento. Entre tantos homens obtusos, que não discernem nenhum sinal nos céus, ele é um visionário, um "druida ressuscitado na Armórica" — diz Lacordaire —, uma espécie de profeta bíblico perdido no tempo do duque de Decazes e de M. Thiers. No seu século, embora numa ordem diferente, só um Karl Marx — também um profeta, cujas teses o futuro parecerá confirmar — pode ser aproximado dele. Tal como Marx, Lamennais tem a certeza de que se vem assistindo ao fim de um mundo; como ele, vive na expectativa de uma longa série de cataclismos "enquanto ficar algum resto perceptível do grande cadáver cuja decomposição começou em 1789"; também como ele, prevê, para lá dessa era de ruína, um futuro de luz. Mas esse futuro, ao invés do doutrinário de *Das Kapital,* não lhe surge como materialista e ateu: vê que será cristão.

E distingue esse futuro cristão com uma lucidez espantosa: Infalibilidade do Papa, abandono do poder temporal, *ralliement*[68] da Igreja à democracia e ao liberalismo, separação da Igreja e do Estado, e, por outro lado, renovação litúrgica, desenvolvimento dos estudos escriturísticos, alargamento dos métodos pastorais e, sob um outro nome, a própria Ação Católica... Tudo ou quase tudo o que a Igreja iria realizar, de novo e de necessário, até aos nossos dias, está em Lamennais. Não é a respeito de um dos seus livros, mas de toda a sua obra, que nos sentimos levados a citar a palavra sibilina de Vítor Hugo: *"effrayant d'avenir"*[69]. Um gênio, sem a menor sombra de dúvida. Um gênio que teria sido bem mais eficaz se não se tivesse deixado ferir no mais recôndito da sua natureza — se, por orgulho, não se tivesse destruído.

Olhemo-lo, nesse pequenino solar bretão onde a sua presença permanece inesquecível: La Chênaie. Não longe da estrada de Dinan para Lamballe, a casa branca e simples, de tetos pontiagudos, escondida na sua clareira, é propícia ao recolhimento e aos debates de ideias. Lamennais gosta de viver nesse lugar, caro à sua infância, onde a sua alma, com tendência para a angústia, achou com frequência a paz. Muita gente o rodeia. São discípulos. Mais que discípulos: rapazes que ele revelou a si mesmos, cuja vida ele orientou. Entre eles, Gerbet, Gousset e Doney, futuros bispos: Guéranger, que será o reconstrutor de Solesmes; Rohrbacher, o historiador; Emmanuel d'Alzon, que irá fundar os Assumpcionistas; o finíssimo poeta Maurice de Guérin; e muitos outros, entre os quais Lacordaire. A cada um deles, o mestre indica, para a imensa obra que concebeu, uma tarefa pessoal. E, nessa maiêutica dos destinos, praticamente não se engana. Chega a querer manter junto de si um Instituto religioso, uma espécie de Companhia de Jesus do século XIX, destinada a promover e difundir o cristianismo renovado. O seu irmão mais velho, Jean-Marie, alma santa, ajuda-o fortemente nesse empreendimento, e assim nasce a *Congregação de São Pedro*, que terá a sua sede em Malestroit. É um pequeno mundo que este homem de fogo anima e arrasta. Quantos não dirão, mais tarde, que ficaram a dever a La Chênaie o fato de se terem encontrado a si próprios?

No entanto, as aparências não revelam em Félicité de Lamennais um ser de exceção. Por volta dos quarenta anos, é um corpo franzino, magricela, metido na sobrecasaca de cor castanha e na gravata-peitilho; rosto seco e amarelado, com rugas, de maçãs salientes, nariz em forma de lâmina. Só os olhos são fora do comum: cinzentos, profundos, muitas vezes atravessados por uma chama fria. Quando fala, "de cabeça inclinada para a frente, com as mãos juntas ou roçando-se suavemente uma na outra"[70], a voz é, a princípio, baixa, monótona, como se ele tivesse dificuldade em acompanhar as pregas do pensamento; depois, subitamente, ressoa, numa explosão de fervor ou de cólera, e o discurso passa a requisitório ou vaticínio. É assim todas as noites, em La Chênaie, e o serão prolonga-se até tarde, inteiramente preenchido pelo debate dos grandes problemas. E desse homenzinho débil emana uma força magnética, a que ninguém resiste: por vezes, irrita; mais frequentemente, emociona e convence.

Que diz ele? Que palavra de ordem dá aos seus jovens fiéis? "O mundo está nas vossas mãos [...]. Para salvá-lo, que é preciso? Uma palavra que saia do pé da Cruz [...]". Tal como o seu compatriota Chateaubriand, Lamennais tem uma confiança a toda a prova no futuro do cristianismo. No futuro — e na eficácia: "É necessário que os católicos refaçam a sociedade! A massa a levedar é enorme, mas o fermento tem força bastante". Estão na sua boca as mais belas palavras de ordem do cristianismo: ser o sal da terra; viver da liberdade dos filhos de Deus; transformar-se para transformar o mundo... Ah! Como estamos longe dessa religião feita de exterioridades, pseudocristã, que abre fendas por toda a parte, num espetáculo desolador!

Afinal de contas, qual é o objetivo? É pôr em prática a prece do Pai-Nosso: "Venha a nós o vosso Reino!..." Talvez haja aí muita ilusão. Talvez seja, a um só tempo, visar alto demais, querendo transferir o Reino de Deus para este mundo, e baixo demais, pretendendo estabelecer por meios temporais esse Reino do qual Cristo disse que está "dentro de nós". Mas como essas teses são apaixonantes! Como incendeiam os corações! Sobretudo quando, visivelmente, não nascem de um raciocínio intelectual, mas de um drama da alma; quando, no combate a que convoca, aquele que se fez seu apóstolo se empenhou até à medula...

Essa fé, que torna tão incandescentes os seus discursos monocórdicos, nem sempre Félicité de Lamennais a trouxe consigo. Foi na luta que travou no mais fundo de si mesmo que ele descobriu a sua necessidade. Na sua infância em Saint-Malo[71], no seio de família burguesa nobilitada, conhecera apenas uma religião tradicionalista, à qual os sonhos infantis diante do mar feroz tinham misturado estranhamente apelos místicos. Na idade voraz das leituras solitárias, na biblioteca do velho tio que lhe deixaria La Chênaie, convivera demasiado com os "filósofos" para não ficar impressionado. Viera a adolescência, que coincidira com o tempo da Revolução, em que o próprio mundo parecia ter sido posto em causa. Onde encontrar a certeza? Aos vinte e dois anos, Félicité ainda não tinha feito a primeira comunhão. Por indiferença? Não. A inquietação — a angústia dos enigmas de sempre — não o largava. Mas procurava o seu caminho, tateando, ferindo as mãos nos silvados... Fora necessária a influência muito viva do irmão mais velho, de Jean-Marie, que se fizera padre, para que ele se submetesse e concordasse em receber a Hóstia. Depois de quantos combates interiores?

Mas há nele uma apetência pelo Absoluto. Cristão, tem de ir até ao fim. Tem que se dar a Deus inteiramente — ou nada! Tem de ser padre. E, contudo, quando o irmão lho sugere, ele hesita, resiste... Lentamente, vai recebendo as ordens menores, mas não aceita todo o risco. Quando, em 1808, aparece o seu primeiro livro — que é simultaneamente uma defesa do cristianismo e um apelo para que seja reformado —, talvez ainda não estivesse inteiramente seguro das certezas que afirma. "René[72] do misticismo", retoma demasiadas vezes a grande queixa romântica que vem de Combourg: "Para que sirvo eu? Para sofrer... Tudo me desgosta". Mas, num jogo desses, o homem destrói-se... Lamennais compreende-o, em Londres, na desolação de um exílio (1814), em que o excelente pe. Carron o conforta. A fé: eis o único meio de se refazer — de tudo refazer. A 9 de março de 1816, é ordenado sacerdote. Até o último instante, deu mostras de uma estranha resignação: "Façam lá do cadáver o que quiserem!..." Mas, no altar da sua Primeira Missa, ouviu distintamente Cristo murmurar-lhe: "Chamo-te para que leves a minha cruz; só a minha cruz. Não te esqueças!"

"Padre contra a própria vontade"..., escreveu alguém[73]. Mas, melhor, padre contra si mesmo, contra uma grande parte de si mesmo, contra essa alma obscura que todos trazemos dentro de nós como uma ameaça. Bremond teve razão ao dizer que "é impossível ver Lamennais senão como padre" — "padre até à medula, ainda que esse caráter sacerdotal lhe tenha pesado de maneira insuportável". Foi por força de uma espécie de aposta pascaliana que ele se fez padre: para ganhar segurança em si mesmo. E, mesmo quando romper com a obediência, mesmo então permanecerá fiel às promessas do sacerdócio: não terá a tentação banal de casar-se. Mas uma busca a bem dizer desesperada será bastante para fazer um padre, um verdadeiro padre? Nunca Félicité de Lamennais vencerá totalmente os seus demônios interiores.

O que lhe falta é, simultaneamente, espírito de humildade e essa bondade sobrenatural que se alimenta nas fontes vivas da Caridade de Cristo. Houve críticos — entre eles, o próprio Lamartine — que puderam ironizar com a contradição "quase cômica" entre esse temperamento atrabiliário e as grandes doutrinas humanitárias do profeta. Mais profundo, Sainte-Beuve viu bem que "quanto menos seguro e satisfeito estava em relação a si mesmo, mais batia nos outros". Ora, Lamennais é exatamente o contrário de um satisfeito... Orgulhoso, intolerante, violento, tudo isso ele é, e — é preciso dizê-lo — de um modo por vezes insuportável. "Uma vaidade de mulher e de poeta", diz Bernanos. Não; é antes o orgulho, o orgulho quase luciferino, de ser ele o único a possuir a verdade, a estar investido na missão de a dar ao mundo. Esse orgulho ilude-o, impede-o de discernir os obstáculos, leva-o a confundir a sua paixão com a razão. E também lhe dita, desgraçadamente, frases que poderiam constituir um pungente florilégio[74]. Um padre homem de letras é já um animal singular. Que dizer de um padre polemista? A falha desse gênio reside aí: o reformador não é capaz de se reformar a si próprio. Nele, a ação não será a flor feliz e perfeita da santidade, como foi em São João Basco ou no Cura d'Ars. Numa palavra, o que faltará ao profeta é que tenha sido um santo.

Mas como fugiria ele ao orgulho? Se a tentação do orgulho é já bem difícil de vencer num escritor de grande êxito, incensado pelos fumos enganadores da celebridade, que dizer quando esse escritor desempenha o papel de chefe espiritual, como se fosse um Padre da Igreja, um "ditador da consciência cristã"?... Por volta de 1826, há perto de dez anos que Félicité de Lamennais é tudo isso. Os seus primeiros livros — *Reflexões sobre a Igreja na França* (1808), *Sobre a Tradição da Igreja quanto à instituição dos bispos,* editado em 1814 (demasiado tarde!) — não tiveram êxito, apesar dos pontos de vista premonitórios que já havia neles. Mas, em 1817, num momento, chegou a glória. O primeiro tomo do *Ensaio sobre a indiferença* foi acolhido com um entusiasmo desmedido. Chateaubriand garantiu que o seu autor estava destinado à imortalidade acadêmica; o velho Picot[75] comparou-o a Pascal, e o jovem Lacordaire, a Bossuet. Tão oportuna como fora a do *Gênio do cristianismo,* a publicação dessa obra pareceu oferecer ao catolicismo a carta magna da sua renovação. O estilo era belo, claro e harmonioso na maior parte do texto, embora tivesse, por vezes, espantosas faltas de gosto e exageros, ao lado de frequentes páginas sublimes em que o raciocínio cedia ao voo lírico. A partir daí, a restauração católica não teve voz mais retumbante que a dele.

Mas que disse Lamennais nesse livro fulgurante? Disse que a indiferença não se limita à carência de uma alma seduzida pelos prazeres ou subjugada pelo erro, cuja miséria Pascal denunciara: pode também ser erigida em máxima de governo, em princípio fundamental da sociedade. Aí reside a causa de todos os males de que sofre o mundo, e especialmente a sua época. Sem religião, tudo desaba; uma sociedade ateia está votada à desagregação, ao nada. Portanto, só uma religião pode permitir à sociedade arruinada refazer-se, tal como permitiu, a esta ou àquela alma em perigo, recuperar as forças...

Três tomos se seguiram ao primeiro, entre 1820 e 1823. Eram tão maçudos e tão discutíveis quanto o primeiro tinha sido brilhante e persuasivo. Nesses três novos tomos, Lamennais quis responder à interrogação: "Que religião pode desempenhar esse papel?" Medíocre teólogo — e onde e quando teria ele aprendido a sê-lo? —, para demonstrar que só o cristianismo é essa religião salvífica, recorreu a argumentos que muitos julgaram frágeis. Esse adversário dos "filósofos" foi buscar a parte construtiva da sua apologética a uma doutrina do irracional e do "senso comum" que lembra muito o seu Jean-Jacques...[76] É certo que, de passagem, o autor sublinha o papel da Tradição e da Autoridade na busca da verdade. Mas nem por isso as bases do raciocínio deixam de ser discutíveis. É denunciado a Roma, e a sua obra submetida à Congregação do *Index*, mas os graves consultores concluem pela sua perfeita ortodoxia. Lamennais era uma potência dentro da Igreja: era intocável. A Igreja estava-lhe demasiado grata por ter vindo tomar o lugar de Chateaubriand, por ter acrescentado uma apologética social às intuições de um artista, por ter provado que só o cristianismo pode reconstruir o mundo. Terá a Congregação romana compreendido que o profeta de La Chênaie a conduzia para caminhos completamente novos?

Em 1825, em *A religião considerada nas suas relações com a ordem política e social*, Lamennais vai ao fundo do seu pensamento. Até então, o cristianismo fora demasiado concebido como unicamente interior. É bem verdade que Cristo libertara as almas; mas também prometera uma outra revolução, que não tinha ficado terminada com a sua morte. Importava, pois, alargar a religião. "Confinada até agora, quanto aos dogmas, numa teologia pura, e, quanto aos preceitos, na vida doméstica, nas relações individuais, a Igreja ainda não penetrou diretamente nem na ciência nem nas instituições sociais". Doutrina prodigiosamente adiantada em relação ao seu tempo: hão de passar mais de cinquenta anos antes que ela comece a ser admitida. Doutrina que, sob a forma em que Lamennais a formulou, era inquietante, porque não insistia bastante no dever eminente, o primeiro de todos, que se impõe ao cristão, se quiser reformar o mundo: o de começar por reformar-se a si próprio. Essa era a ideia em torno da qual girava o pensamento lamennaisiano. E havia muito tempo que "Féli" procurava levá-la ao terreno que, na prática, é o mais alheio à moral cristã: a política.

No fim de contas, o que o profeta de La Chênaie instantemente pretendia era uma política cristã. Que política? A seguir à queda do Império, Lamennais pensara que essa política cristã seria o legitimismo. Discípulo de Joseph de Maistre e de Louis de Bonald, começara por arvorar-se em campeão do Trono e do Altar. Por algum tempo, parecera integrado no clã dos ultras e chegara a colaborar em jornais que lhes pertenciam, como *Le Conservateur* ou *Le Drapeau blanc*. Mas tratara-se de um mal-entendido. Julgara ver no rei retornado ao trono de São Luís o cavaleiro de Cristo na terra, o combatente de Deus armado de espada de fogo. Julgara encontrar no regime da Restauração o braseiro que iria purificar a França cristã das suas máculas e obter o puro e duro metal que forjaria o futuro.

Mas depressa perdeu as ilusões. O cavaleiro de Cristo pôs de parte o seu papel; a espada de Deus desfez-se. Com muita injustiça — devemos dizê-lo —, Lamennais viu uma traição na política, tão razoável, de Luís XVIII, cujo primeiro propósito era curar todas as feridas. Com maior justiça, observou que a luta contra a irreligião e o ateísmo era conduzida sem energia, e sobretudo sem endereço. Coisa ainda pior: ao passo que, no regime com que sonhava, o Espírito devia ter o primado e submeter a si todas as coisas, quer homens, quer instituições, o que via ele? Uma monarquia autoritária que controlava e subvencionava a Igreja, "como nos haras", e pretendia utilizar a religião para domesticar os seus súditos, tal como fizera o Império! "Esperava-se da Restauração que pusesse termo a esse estado de coisas violento criado por um homem que via na religião apenas um meio de influir na consciência dos povos para os submeter mais facilmente ao seu despotismo"[77]. E o que aconteceu foi o contrário. Então, descontente com a tirania do Estado, com a tirania do partido, com a tirania do dinheiro, Lamennais abandonou o campo da contrarrevolução legitimista e formou para si outra contrarrevolução.

Por volta de 1825, que foi a grande época de La Chênaie, o eixo do seu pensamento era já o apelo à liberdade — "a liberdade que Cristo ganhou para os seus, com o seu sangue". A Igreja nada tem a ganhar, mas tudo a perder, em submeter-se docilmente ao poder público ou mesmo em ser protegida por ele. "Há muito que se abusa deste vão pretexto da proteção, e, desde Constâncio até Bonaparte, a Igreja teve com muita frequência mais motivos para se queixar dos seus protetores do que dos seus carrascos". Que se pare de assalariar, de administrar e de utilizar a Igreja! Que se ponha fim a essa pretensa aliança do Trono e do Altar, que tão visivelmente fracassou no seu propósito de refazer a França cristã! Nesse momento, Lamennais não é ainda formalmente democrata, embora já fale do "povo" como detentor da verdadeira autoridade. Mas o seu objetivo não é substituir um regime por outro: é, sim, refazer uma cristandade.

Porque esse grande apelo à liberdade não conduz a uma espécie de anarquia. No sistema a que chegou, há uma autoridade suprema e indiscutível: a autoridade do Papa. Os governos atraiçoaram o seu próprio papel, mas o do Vigário de Cristo fez-se maior nessa mesma medida. "Roma parece-me ser hoje a única pátria dos cristãos!", exclamava ele. Uma argumentação de imperiosa lógica provava essa supremacia do Sucessor de Pedro: "Sem o Papa, não há Igreja. Sem Igreja, não há cristianismo. Sem cristianismo, não há religião, não há sociedade".

Ultramontano, pois — e desde a juventude, desde o primeiro livro —, "Féli" vai sê-lo cada vez mais de dia para dia, à medida que observa o fracasso e a traição dos governos políticos. Para ele, o Papa não é somente o Ungido do Senhor, o representante de Deus na terra: é também expressão da vontade universal dos homens, é o depositário de todo o gênero humano. Importa, portanto, que ele tenha o poder mais absoluto: importa que seja infalível. E importa, além disso, que reassuma o poder de intervir nos negócios do mundo, a fim de nele pôr em prática os princípios do Evangelho. Só ele pode salvaguardar, contra a força dos Estados, a liberdade dos filhos de Deus, como só ele pode instaurar entre as nações essa ordem fraterna de que a ordem da Santa Aliança foi uma caricatura inútil. Regresso à teocracia? Num certo sentido, sim; mas também profunda visão do futuro. Numa dessas intuições fulgurantes do seu gênio, Lamennais vislumbra o que vai ser o dilema do nosso tempo: entre a autoridade do Estado feito Deus, e a do Espírito depositado no Vigário de Cristo, é preciso escolher.

Foi em nome desses princípios que se lançou ao combate. Passam a ser seus adversários não tanto os ateus, que atacam de frente a Igreja e a fé (com esses, uma pessoa sabe a que ater-se), como os ultras que pretendem confiscar a liberdade, os servos do poder público que subjugam a Igreja, os galicanos que, isolando a França de Roma, pretendendo estabelecer o poder temporal em completa independência do espiritual, destroem as próprias bases da sociedade. Não deixa passar nenhuma ocasião para atacar e denunciar: o monopólio universitário é, a seus olhos, uma monstruosidade; as subvenções do Estado ao clero não o são menos. Com a subida ao trono de Carlos X (1825), a monarquia legitimista tornou-se ainda mais insolente nas suas pretensões. As relações entre ela e o "ditador das almas" de La Chênaie são de ano para ano mais tensas.

O governo francês dá mostras de pouca inteligência ao perseguir a obra sobre *A Religião nas suas relações com a ordem política e social.* Boa ocasião, quer para o advogado Berryer, quer para o próprio acusado, para dar nova tribuna às teses lamenaisianas[78]. E os trinta francos de multa a que o condenam por ofensas à autoridade régia (ao criticar a Declaração de 1682...) fazem-no rir e aumentam-lhe a glória. A sua influência aumenta. *Le Memorial Catholique* começa a sua carreira. O jovem clero admira o arauto das novas ideias. "Ele não fica atrás dos Padres da Igreja", escrevem as *Tablettes Catholiques.* Mas é um Padre de quem a Igreja oficial desconfia cada vez mais...

Como seria de esperar, os galicanos ripostam, sobretudo mons. Freyssinous e o seu círculo: é fácil encontrar em Lamennais "asserções insólitas, paradoxos extravagantes". E, aliás, quem se convencerá de que o regime do catolicíssimo Carlos X persegue a Igreja e a leva à ruína? Mas também há ultramontanos e jesuítas, como o pe. Rovazen, que desaprovam "esse tom radical, essas declarações perpétuas". Os bispos, nem todos galicanos, julgam sem indulgência esse defensor da Igreja que corrige tão rudemente a Hierarquia. A crise provocada pelas Ordenações de 1828 acerca do ensino deita fogo à pólvora. O panfleto de Lamennais *Acerca dos progressos da Revolução e a guerra contra a Igreja* intima os bispos a "dar à Igreja a sua necessária independência". E, para mais, anuncia que o regime legitimista está "agonizante" e já não tem hipóteses de continuar vivo. Mons. Quélen responde com uma carta pastoral em que censura o homem cuja temeridade o leva a "erigir em dogmas as suas opiniões pessoais". Ao que Lamennais replica com duas cartas abertas, verdadeiras catilinárias, em que qualifica a religião oficial de "penosa mistura de estupidez e arrogância, de néscia parvoíce, de confiança tola, de pequeninas intrigas, pequenas ambições e absoluta impotência espiritual". Não podemos estranhar que, tratados desse modo, os bispos se queixem a Roma, num memorando devidamente fundamentado.

Tal é, no momento em que os acontecimentos vão pôr o regime da Restauração perante a sua encruzilhada, a atitude desse "liberalismo católico" suscitado por Félicité de Lamennais. Estranha mistura de ideias justas e de paixões que as comprometem; estranha doutrina que os contemporâneos têm dificuldade em compreender. Vituperado pelos monárquicos legitimistas, pelos galicanos, pela gente ordeira e prudente, o movimento não é aceito pelos liberais, indignados com o ultramontanismo que arvora. De resto, o próprio Lamennais desconfiou deles por muito tempo. "Se chegassem a tomar o poder — escrevia ele —, seria de esperar toda a espécie de violências, de injustiças e de perseguições"[79]. A liberdade dos filhos de Deus não é a dos liberais.

Pouco a pouco, porém, Lamennais evolui. Aos seus olhos, o futuro pertence às forças da liberdade — de todas as liberdades. Portanto, o cristianismo não pode ficar para trás. Quando Delécluze acaba de escrever que "de dia para dia, vou adquirindo a triste certeza de que a liberdade é incompatível com a tradição cristã", Lamennais está perfeitamente pronto a aceitar o desafio e a provar que o cristianismo é substancialmente hostil a todo o arbítrio. Os liberais — os liberais do partido de Thiers, de Guizot — passam a ser seus aliados, pois também eles condenam o regime. "Treme-se diante do liberalismo? — exclama o profeta —. Pois bem: catolicizai-o!" Nesse momento, o liberalismo católico desliza para o plano inclinado da política. Não estará em germe um outro mal-entendido?

E o papa? Que pensa ele desses debates, dessas querelas e desse papel de defensor supremo da liberdade que o profeta de La Chênaie quer fazê-lo desempenhar? O Vigário de Cristo, o Pontífice soberano do mundo, está longe. Tão longe, que Lamennais pôde fazer dele uma espécie de mito e "revesti-lo das cores da sua própria esperança"[80]. Mas quem ocupa a Cátedra de Pedro é um homem; e quem dirige a

Igreja é um governo inteiro. Como são recebidas as audaciosas teses lamennaisianas?

Em 1824, "Féli" vai a Roma e fica lá um tempo. Após uma primeira reação pouco favorável perante certos aspectos da Corte pontifícia, sente-se conquistado. A religião italiana agradou-lhe: "Sob todas as formas, a todos os instantes, ela está em contato com o povo". Os cardeais, os mais altos prelados, os gerais de ordens encheram-no de "honras e gentilezas". Trataram-no como uma glória da Igreja. Deram-lhe aposentos próprios no Vaticano. Chegou até a correr a voz de que no consistório que houvesse lhe seria dado o chapéu cardinalício... O próprio papa o recebeu várias vezes, em audiência privada, falando-lhe com uma bondade e uma confiança tocantes. Mas também — e isso, Lamennais não o soube —, julgou-o com lucidez. Dele disse o papa: "É um homem que tem de ser conduzido com a mão no coração", mas também: "É um exaltado. Tem talento, boa-fé, mas é um desses apaixonados pela perfeição que, se os deixassem, poriam o mundo ao avesso". No fim de contas, quem Roma recebeu de modo lisonjeiro foi o arauto do ultramontanismo, o adversário decisivo dos galicanos. Mas terá sido também o doutrinário do liberalismo católico?

Quando a situação na França se torna tensa, Lamennais quer ter a consciência tranquila. A conselho do novo núncio apostólico, Lambruschini, que conhecera bem em Roma, envia ao papa um memorando confidencial em que lhe pede instantemente que tome posição, que separe a causa da Igreja da dos governos autoritários, que defenda a liberdade. "Acaso seria prudente — escreve — ligar ou parecer ligar indissoluvelmente a causa da Igreja à de governos inimigos da Igreja, e isso no momento em que esses governos se desmoronam em toda a parte?" Quanto ao fundo da questão, é evidente que Lamennais tinha razão (embora fosse discutível classificar como inimigo da Igreja o governo de Carlos X), mas a sua iniciativa era ousada. Por muitos protestos de submissão e de respeito que manifestasse, com que direito é que um escritor, mesmo ilustre, se permitia pôr assim a Santa Sé entre a espada e a parede? A prudência romana deixar-se-ia governar?

Passam as semanas, os meses... "Este silêncio de Roma causa espanto. Ninguém pode saber em que se tornará este espanto, se se prolongar", escreve Lamennais. Pois prolonga-se mesmo. Até quando rebenta a crise de 1828, e ele entra em conflito aberto com o episcopado, o Vaticano permanece mudo: não pode dar razão aos bispos, cujo memorando é uma declaração de galicanismo; mas também não pode aprovar o veemente polemista das *Cartas a Monsenhor Quélen*. E afluem a Roma as queixas, que o retratam como um revolucionário que, "de archote na mão e com o risco de provocar um incêndio", percorre a Igreja como um louco. O próprio Lambruschini passa a fazer-lhe muitas reservas, designadamente em relação aos seus excessos de linguagem para com a Hierarquia.

E o silêncio continua. De La Chênaie ergue-se um lamento impaciente: "Roma, Roma, onde estás tu, afinal? Que aconteceu a essa voz que sustinha as multidões, despertava os adormecidos, a essa palavra que percorria o mundo para dar a todos, nas ocasiões de grandes perigos, a força para combater e a força para morrer?" Nem por um instante ocorre a Lamennais a ideia de que a atitude romana poderia ser devida a uma desconfiança em relação a ele, à sua duvidosa teologia, às suas violências inqualificáveis; nem por um instante lhe passa pela cabeça que está a comprometer a causa que pretende defender. A sua natureza instável, "exaltada", como diria o papa, inclinada à angústia, fá-lo ver em tudo uma traição. "Não posso de modo nenhum convencer-me — escreve ele — de que o papa conhece o verdadeiro estado de coisas: ele foi enganado, indignamente enganado pelos homens que o servem". Eis uma fórmula que há de servir em outras circunstâncias. Depois, a cólera arrebata-o. "O santuário está vazio. Já nada sai dele!" Até onde, pois, essa veemência levará o grande advogado dos direitos do Papa? Um libelista desconhecido, mas arguto — Madrolle —, qualifica-o, nesse momento, de "Diderot católico" e vê nele, "sob as aparências francas do fiel, as formas originais do dissidente".

Por que não meditou Lamennais a frase que o seu velho mestre, o conde Joseph de Maistre, lhe escrevera dois dias antes de morrer (em 1821): "Tenha cuidado, Sr. Padre, vamos devagar! Tenho medo: é tudo o que lhe posso dizer".

Leão XII, papa do Antigo Regime?

O papa que recebera Lamennais com tanta bondade, julgando-o ao mesmo tempo com tanta clarividência, já não tinha sido o mesmo por quem ele terçara lanças na sua juventude. Pio VII, o velho adversário de Napoleão, tinha morrido. No dia 6 de junho de 1823, nos seus aposentos do Quirinal, no mesmo lugar onde Radet o prendera exatamente catorze anos antes, não conseguira em certo momento segurar a corda fixada a toda a volta do quarto para lhe permitir manter-se de pé e andar, e tinha caído e quebrado a cabeça do fêmur. Ainda vivera dez semanas, no meio de grandes dores suportadas corajosamente. Pouparam-no, contudo, à notícia da catástrofe que ferira Roma em 15 de julho — o incêndio da venerável Basílica de São Paulo Extra-Muros: a notícia teria sido demasiado dolorosa para o seu coração de artista. A 20 de agosto, entregava a alma a Deus.

O Conclave que se seguira tinha trazido uma surpresa. Os dois campos tradicionais, os *zelanti* e os *politicanti*, tinham-se enfrentado durante vinte e seis dias (não era aí que estava a surpresa...); mas, no momento em que os primeiros iam vencer os segundos, o veto lançado pela Áustria afastara o cardeal Severoli: acusavam-no em Viena de ter sido, enquanto fora núncio apostólico, adversário resoluto do josefismo. O Sacro Colégio procurara então um candidato de conciliação, e assim fora eleito o cardeal Annibale della Genga, antigo núncio em Colônia, e depois em Munique, cujas diligências diplomáticas não tinham tido êxito, mas que contava entre os seus títulos mais seguros, embora talvez não reconhecidos, a fato de ter estado várias vezes em conflito com o cardeal Consalvi. Ora este tinha bem poucos amigos entre os quarenta e nove *porporati* e especialmente entre os quarenta e três italianos.

O novo papa tomou o nome de Leão XII, em memória de Leão XI, último pontífice da família Médici, à qual os della Genga deviam a sua importância. Era um homem alto, distinto, de uma magreza e palidez fora do comum. Embora só tivesse sessenta e três anos, estava e sabia-se tão envelhecido, tão doente, que tentara recusar a tiara: "Elegeis um cadáver!", atirara ele aos colegas. Mas, sob as aparências dessa fragilidade, escondia-se uma energia invulgar. O olhar, "de uma doçura e penetração que logo ao primeiro contato despertavam simpatia, ao mesmo tempo exigia respeito"[81]. Simples e humilde quanto à sua pessoa, mas com perfeita consciência da majestade da sua função, estava muito longe de ser o joão-ninguém que alguns imaginavam ter posto à frente da Igreja. "Papa da Santa Aliança, Pontífice do Antigo Regime", escreveu-se dele. É uma precipitação. Será que esse homem apagado, bondoso e triste, de uma coragem superior às suas forças, não discerniu as graves dificuldades que a Igreja tinha de enfrentar, e o caminho a seguir para as resolver? Talvez... Mas faltaram-lhe demasiadas coisas para o conseguir, para que o seu pontificado de seis anos fosse eficaz: antes de tudo, o tempo, mas também esse dom misterioso que Napoleão considerava tão importante quando se tratava de apreciar alguém: a ocasião.

O pontificado começou por um episódio muito adequado para mostrar que o papa não se ia deixar manobrar. Mal foi proclamado o escrutínio, o partido dos *zelanti* pareceu triunfar: Consalvi foi demitido, sem nenhuma das fórmulas elogiosas e essas aparentes compensações que geralmente assinalam, em Roma e fora de Roma, as "desgraças" espetaculares. O antigo Secretário de Estado retirou-se para a sua cidade de Porto d'Anzio e foi substituído pelo velho cardeal della Somaglia, cuja *politesse* cerimoniosa mal escondia a lentidão da inteligência. Logo a camarilha cardinalícia acentuou a pressão: sob o pretexto de poupar a saúde do Santo Padre, uma Congregação de Estado, de membros cuidadosamente escolhidos, arvorou-se no dever de governar a Igreja. Mas ainda não tinham passado dois meses e já se dava uma espécie de revolução.

Em dezembro de 1823, Leão XII caiu tão gravemente doente que já o davam por morto. Quando os clãs se preparavam para um Conclave, deu uma ordem estranha: que se pedisse a Consalvi — também muito doente — que o viesse visitar. O diálogo entre esses dois homens à beira da morte foi extraordinário e admirável. Como se tinha apercebido das intrigas, o novo papa quis receber os conselhos do velho perito da política mundial. No fim de contas, conhecia-o muito mal, e ficou maravilhado com a sua inteligência. "Nunca — exclamou ele — tivemos com alguém conversas mais importantes, mais substanciais, mais úteis para o Estado". Consalvi transmitiu ao Vigário de Cristo o seu testamento político. E aquele que caíra em desgraça saiu da audiência como Prefeito da Propaganda Fide. A morte não lhe permitiu levar longe essa nova colaboração, mas Leão XII nunca deixaria escapar da memória os conselhos que recebeu. A Congregação de Estado foi energicamente posta no seu lugar. E, para secretário pessoal, o papa chamou aquele que servira Consalvi.

Com toda a certeza, entre os conselhos do antigo Secretário de Estado, estava o de afirmar alto e bom som a grandeza e a força do papado, e o de o papa se apresentar sempre como guia do mundo cristão. Logo que recuperou a saúde (primavera de 1824)[82], Leão XII tomou providências espetaculares nesse sentido. Reatando a tradição, retomada por Bento XIV[83], das grandes Encíclicas doutrinárias, em que o Magistério da Igreja se exerce com solenidade, assinou uma espécie de Encíclica-programa, *Ubi primum*, antepassada das *Mirari Vos* e das *Quanta cura* (de que este volume irá falar), na qual denunciava os erros da época — sobretudo aqueles que se encobriam sob o termo de liberalismo —, estigmatizava "o indiferentismo" (tinha lido Lamennais) e a descristianização da sociedade, e convidava os bispos a trabalhar com todas as suas forças para a restauração do clero e dos fiéis.

Quase ao mesmo tempo, outra Encíclica anunciava a celebração de um *jubileu* em 1825 (o último tinha sido em 1775). Unanimemente, os governos franziram o sobrolho diante desse projeto, nada dispostos a reforçar assim, junto dos povos, a autoridade da Santa Sé; não esqueçamos que eram perfeitos galicanos ou josefistas[84]... Leão XII manteve-se firme: o Jubileu foi cuidadosamente preparado por missões e o ato de abertura da Porta Santa, no Natal de 1824, esteve cercado de uma pompa deslumbrante[85]. Sem atingir um nível excepcional, foi um êxito: 400 mil peregrinos acorreram a ganhar a indulgência. Simultaneamente, o papa anunciava uma subscrição mundial para reconstruir São Paulo Extra-Muros, marco altíssimo da fidelidade apostólica... E, a fim de sublinhar claramente que se retomavam as tradições, que a Sé de Pedro tencionava reatar com o mais glorioso passado, deixou o Quirinal e foi para o palácio dos dez mil quartos — o Vaticano.

Que política viria a sair dessa atitude? A firmeza de Consalvi sempre fora acompanhada do minucioso cuidado de não deixar a Santa Sé envolver-se numa determinada política. Seria Leão XII capaz de conduzir sozinho esse jogo de equilíbrio?

No plano interno, o papa deu provas de extremo rigor. Não apenas para perseguir os salteadores que infestavam os Estados Pontifícios, ou contra os concussionários e traficantes, que, imaginando-o fraco, tinham passado a circular em torno do Vaticano; mas também contra os carbonários e outros nacionalistas e revolucionários cuja ação não cessava de crescer nos domínios da Igreja: na própria Roma, dois chefes da seita, depois de se ter provado que tinham assassinado um agente duplo, foram executados, a despeito da gritaria de todos os liberais que exaltaram a memória desses "mártires da tirania clerical". Também sem se deixar perturbar, Leão XII enviou à Romagna o cardeal Rivarola, sempre terrível apesar da idade, a fim de reprimir uma agitação inquietante. Depois disso, uma Encíclica condenou solenemente a franco-maçonaria e todas as seitas.

Nas suas relações com os Estados, o papa mostrou-se menos rigoroso, sem dúvida, mas também menos hábil e, em conjunto, pouco feliz. Revivia nele o antigo núncio que obtivera tão pouco êxito na Alemanha, o antigo delegado de Pio VII que, em Paris (1814), não conseguira salvar o Comtat Venaissin e cujas faltas de habilidade diplomática tanto tinham irritado o cardeal Consalvi. O início do pontificado foi até marcado por um incidente desagradável e um tanto ridículo. Levado pelo *zelante* Severoli, que estava em boas relações com os mais ultras dos ultras do círculo do conde de Artois (futuro Carlos X), o papa deu ouvidos a toda a sorte de calúnias contra Luís XVIII e acabou por exasperar-se. Escreveu então ao rei da França uma carta furibunda, censurando-o por "não proteger suficientemente o clero católico", por deixar "subsistir uma legislação ofensiva para a religião", por permitir novamente que os clérigos recorressem à justiça civil, por "assimilar os templos protestantes às igrejas", por deixar "uma multidão de escritores lançar impunemente ataques contra a religião". Por fim, convidava o monarca a "escolher para colaboradores homens conhecidos pelos seus talentos políticos e pela sua piedade". Era um sonho... Esse primeiro-ministro que Leão XII sugeria que fosse afastado era o ultra Villele! A resposta de Luís XVIII foi, como era de esperar, bastante áspera: dizia claramente que "certos relatórios ditados por um zelo imprudente e pouco esclarecido tinham iludido a boa-fé do Santo Padre acerca do verdadeiro estado de coisas". Perturbado, o papa informou-se melhor e viu que, mais uma vez, a intriga procurara manobrá-lo. E, para se mostrar arrependido, foi rezar pela França a São Luís dos Franceses. E o incidente acabou por fazer ruir no seu espírito a força dos *zelanti*.

Pouco depois, no entanto, deu-se outro incidente, em que o papa não mostrou muito maior sentido das realidades. A pretexto de voltar aos antigos costumes, o governo pontifício sentiu-se no dever de restaurar o famoso "tributo da mula" que o reino de Nápoles pagava outrora, como sinal de vassalagem para com a Santa Sé, e que, prudentemente, Consalvi fizera substituir por uma taxa sobre os rendimentos do clero. É claro que, por muito bom católico que fosse, Francisco I de Nápoles se recusou a reconhecer a suserania papal, e Carlos X da França, na qualidade — imaginem! — de chefe da Casa dos Bourbons, deu-lhe razão.

Mas nem tudo foi tão canhestro na diplomacia de Leão XII. Seguindo exatamente a linha de Consalvi nesse ponto, o papa continuou a política das Concordatas: com o

Hannover, com os pequenos Estados do Reno, com a Confederação Helvética[86]. Conseguiu até obter do sultão que passasse a haver no império turco um metropolita católico. Mas a sua manifesta boa vontade esteve longe de ser sempre compreendida, e ainda mais longe de obter reciprocidade. Na própria França, as Ordenações de 1828, uma das quais fora contra os jesuítas, mostraram até que ponto o galicanismo era poderoso no reino de São Luís. Prudentemente, Leão XII aconselhou os bispos a não exagerar os protestos, a fim de evitar dar forças, contra um governo católico, aos elementos revolucionários que estavam visivelmente prontos a movimentar-se. Era admissível. Já o era menos o conselho dado aos católicos belgas, então perseguidos pelo rei da Holanda, Guilherme I (que apoiava o bispo jansenista cismático de Deventer), de "manter uma atitude passiva" até o momento em que a Santa Sé julgasse oportuno intervir.

A política da ordem estabelecida tem limites... Tanta mais que, na mesma altura, outros pilares da política da Santa Aliança se mostravam bem pouco favoráveis a Roma, ou mesmo à Igreja Católica. Na Espanha, Leão XII felicitara Fernando IV pela sua "vitória" sobre os liberais — o que não impediu que houvesse fricções a propósito da designação do núncio apostólico, de várias nomeações de bispos e, como é óbvio, das colônias da América em rebeldia. Na Alemanha, os Estados que tinham assinado Concordatas interpretavam-nas com grande liberdade, tomando em consideração apenas as cláusulas que lhes eram favoráveis, e houve numerosas dificuldades a respeito da nomeação dos bispos. Na Rússia, os desgostos que Consalvi já tinha sofrido — e contra os quais, na memorável entrevista, pusera em guarda o novo papa — não cessaram de se agravar. Nicolau I era cada vez mais um autocrata, procurava russificar a Igreja Uniata Rutena, não hesitando em perseguir os corajosos padres basilianos fiéis a

Roma, apoiando-se no "clero branco", em leigos ambiciosos tais como Siemasko, nomeado bispo por um ato de autoridade do czar. Contra todas essas ações, negativas, o pobre papa della Genga não ousou erguer o protesto que seria de esperar. Isso porque, para ele, como para o seu predecessor e os seus sucessores imediatos, a Rússia czarista, vitoriosa de Napoleão, continuava a ser o paradigma da ordem estabelecida.

Seria, contudo, injusto reduzir Leão XII a mera personagem reacionária, antiliberal e enfeudada à Santa Aliança. O seu erro foi propriamente ter-se mostrado demasiado fraco perante as circunstâncias difíceis em que se encontrava. Podemos, no entanto, mencionar diversos traços que matizam a sua personalidade. Não devemos esquecer que foi sob o seu pontificado que o jovem catolicismo francês se empenhou na luta pelas ideias novas contra os resíduos da idade velha, e que Leão XII, que tinha no quarto o retrato de Lamennais, não o condenou. Na Alemanha, foi ele que encorajou a Escola de Munique; na Inglaterra, como ainda veremos, ajudou a preparar um acontecimento capital — a emancipação dos católicos; na América Latina, esforçou-se por conseguir um episcopado independente da Espanha, como Consalvi o encorajara a fazer; para o desenvolvimento das Missões distantes, o seu apoio foi precioso[87], e a Propaganda Fide era muito estimada por ele.

Outros fatos menos importantes não deixam de revelar como ele foi bem diferente de um ultrassectário e de um conservador acanhado: tomou providências destinadas a suavizar a vida dos judeus de Roma, lançou a Bula que criava Institutos de altos estudos. Uma palavra muito curiosa, referida por Chateaubriand, mostra-nos Leão XII singularmente próximo de certas ideias que eram então de vanguarda. Quando o embaixador da França (Chateaubriand) lhe disse: "Na origem, o mal proveio de um equívoco do clero. Em lugar de apoiar as novas instituições, ou pelo menos de se calar acerca delas, deixou escapar palavras de censura, para não dizer mais do que isso... A impiedade apanhou no ar essas palavras e fez delas uma arma. Pôs-se a gritar que o catolicismo era incompatível com o estabelecimento das liberdades públicas, que havia uma guerra de morte entre a Carta (Constitucional) e os padres...", o Papa respondeu: "Compreendo o que quereis dizer... A religião católica tem prosperado tanto no seio das repúblicas como no das monarquias. Nos Estados Unidos, tem tido progressos imensos".

Durante o verão de 1828, houve uma nomeação que pareceu anunciar uma audaciosa mudança na política papal. *Tonmaso Bernetti* (1779-1852), discípulo de Consalvi e simples subdiácono, cardeal por alvará, que dizia a quem o queria ouvir que a política de reação e a da Santa Aliança iriam desembocar infalivelmente na ruína do papado ou, pelo menos, em fazê-lo perder os seus domínios, foi feito Secretário de Estado. Quem sabe o que teria resultado dessa nova orientação se, no princípio de fevereiro de 1829, a morte, ao encerrar o pontificado, não a tivesse impedido de prosseguir?

E o pobre Leão XII, a quem não faltara boa vontade, morreu com o doloroso sentimento de ter fracassado. Era grande a sua impopularidade em Roma, desde que mandara selar as tabernas onde o povo simples ia embriagar-se, o que forçava os apreciadores a beber na rua. O *Pasquino* disparou-lhe uma flecha feroz: "Pregaste-nos três partidas, ó Santo Padre!: aceitar ser Papa, reinar tanto tempo e morrer no dia do Carnaval!" Nem os *zelanti*, que o achavam demasiado mole, nem os liberais, que lhe chamavam tirano, aprovavam a sua política. Os Estados não o tinham apoiado na sua luta contra as seitas, antes pelo contrário, tinham-na combatido em nome dos seus pretensos direitos. Numa palavra, um pontificado sem brilho, mas revelador da difícil situação em que a Igreja se encontrava na altura. Para sair do dilema, teria sido necessário um homem forte, audacioso, com visão genial. Annibale della Genga não teve culpa de não ser esse homem.

Um êxito católico e liberal: a emancipação dos católicos ingleses

No momento em que, em fevereiro de 1829, morria Leão XII, um grande passo estava prestes a ser dado na Inglaterra. Depois de mais de um século e meio de perseguições, humilhações e sofrimentos, os católicos iam ter restituída a plenitude — ou quase — dos seus direitos. Já pouco antes da Revolução Francesa se iniciara uma evolução nos espíritos — pelo menos, no dos governantes —, a favor da atenuação das leis antipapistas[88]. O pequeno rebanho parecia então tão pouca coisa!, "nem sequer uma seita — dizia o cardeal Newman —, mas uns tantos punhados de indivíduos que podiam ser enumerados como os restos do Dilúvio universal". Os homens de Estado ingleses, na maior parte descrentes, tinham já pensado que esses 30 mil pobres-diabos não constituíam um perigo por aí além, e William Pitt, desejoso de recompor a unidade da nação em vista das lutas que sabia estarem próximas, entrara em contato com a Comissão Católica para que, em troca de um juramento de fidelidade à Coroa, os "romanos" obtivessem a derrogação das principais leis de exceção. A despeito das manifestações tumultuosas do vulgo fanático, em 1778 fora promulgado o *Catholic Relief Act*. E os católicos tinham passado a gozar do direito de exercer o culto publicamente sem ter de recear as denúncias. Tinham reavido o direito de assinar contratos, de adquirir terras... Fora um primeiro passo para a completa libertação.

Um segundo passo foi dado em 1791, com o *Public Worship Act*. Desde 1787, a Comissão católica tinha continuado a negociar com as autoridades tendo em vista obter uma verdadeira igualdade de direitos. E essas negociações foram conduzidas num espírito de concessão tão amplo que os vigários apostólicos tiveram que desaprovar algumas iniciativas. O governo queria acabar com todo o conflito interno no momento em que a guerra contra a França revolucionária parecia fatal: tinha até reprimido duramente certos motins antipapistas. O novo texto (o de 1791) acabou de estabelecer um regime de tolerância. Foi suprimido o juramento de supremacia, assim como diversas incapacidades que atingiam os católicos, como, por exemplo, a de exercer a advocacia. À liberdade de culto juntou-se a do ensino. E foram regulamentadas as relações dos Pares de religião católica com a Coroa. Em suma, os católicos estavam desde esse momento na mesma situação que os protestantes "dissidentes", isto é, não pertencentes à Igreja Anglicana: continuava-lhes vedado o acesso ao Parlamento; não podiam mandar os filhos para as universidades; continuavam excluídos das funções públicas. Mais grave ainda: o clero anglicano era o único que podia proceder a casamentos e a batismos oficialmente válidos.

Mas as coisas não ficaram assim. A crise francesa da Revolução e do Império teve os mais felizes resultados nos destinos do catolicismo na Inglaterra. Ao encerrarem os colégios e mosteiros que os católicos ingleses tinham na França, os convencionais fizeram refluir para as Ilhas Britânicas grande número de padres e religiosos, bem como de alunos dos vários graus; foi assim que o famoso colégio de Douai se transferiu para Old Hall, no condado de Herford, onde teve o nome de Colégio de Santo Eduardo. Uma outra corrente católica afluiu às Ilhas ao mesmo tempo: a dos padres emigrados franceses, para os quais toda a Inglaterra se mostrou, como vimos[89], de uma generosidade magnífica. A dignidade de vida, a piedade e o espírito fraterno de que davam provas contribuíram para dissipar muitas das prevenções em relação aos "papistas". As missões francesas, estabelecidas em Londres pelo pe. Carron[90], o pe. Grou e mons. de La Marche, fizeram um bom trabalho. A atitude tão firme dos dois papas sucessivos — Pio VI e Pio VII — em face da tirania, acabou de levar a opinião pública britânica a formular acerca de Roma um juízo mais equitativo. Porventura não fora apenas o Soberano Pontífice (juntamente com a católica Espanha) a recusar-se a entrar no Bloqueio continental? Foi esse um argumento que Consalvi soube explorar durante a sua estadia em Londres (1814). A seguir a 1815, os católicos, que já ascendiam a perto de 150 mil, eram alguém na Inglaterra. De resto, o clima era-lhes favorável: Shelley ia casar-se com uma católica; Byron ia pôr a filha como pensionista num convento de Ravena, e Walter Scott ia apaixonar os leitores dos seus romances evocando as páginas gloriosas da cristandade medieval, essencialmente católica.

No entanto, o impulso decisivo não veio da Grã-Bretanha, mas da ilha vizinha, que fora sempre um bastião da fidelidade católica: a Irlanda. O velho povo de São Patrício, cuja resistência heroica enchera de espanto os ingleses, acabava, nas vésperas da Revolução Francesa, de marcar alguns pontos. O "despotismo turco" dos ingleses, como dizia Franklin, tivera de alargar a fivela. No Parlamento de Dublin, um protestante, Henri Grattan, conseguira fazer aprovar a derrogação de algumas das disposições mais odiosas das leis de exceção: prêmio aos delatores de padres, tutela protestante sobre os órfãos católicos, devolução de toda a herança paterna ao filho que abjurasse, proibição de possuir terras. O vice-rei, representante do governo de Londres, opusera-se à maior parte dessas deliberações liberais, mas, na prática, a situação dos católicos mudara consideravelmente. A Hierarquia pudera reconstituir-se; os lugares de culto católico tinham aumentado muito; o

Trinity College, a grande instituição anglicana, passara a estar aberta aos católicos.

O efeito indireto das duas Revoluções — a americana e depois a francesa — foi muito curioso na Irlanda. Hostis aos revolucionários, e sobretudo aos guilhotinadores de padres (a ponto de alguns dentre eles se terem alistado no exército inglês contra os *sans-culottes),* os católicos irlandeses não deixaram de ser sensíveis a esse grande vento de liberdade que então passava sobre o mundo. Nada — ou muito pouco — fizeram para ajudar os franceses a desembarcar na sua Ilha; mas aproveitaram as circunstâncias para melhorar a sua sorte. A agitação crescia, e, em 1797-98, chegou ao nível da guerrilha entre *Defenders* e *Peep o'Day Boys* [Companheiros da Aurora], entre "verdes" e "laranjas", entre católicos e protestantes. Um episódio heroico galvanizou as energias: a tomada de Wexford pelo pe. Murphy e seus bandos. William Pitt ficou inquieto: uma nova frente de combate criada na Irlanda poderia ser temível. A solução que encontrou foi proclamar a *União* total da Irlanda com a Inglaterra (1800).

Mas, com isso, os católicos passavam de um dia para o outro a ser a quarta parte da população do Reino Unido da Inglaterra, Escócia e Irlanda. Seria possível mantê-los no estado de humilhação em que ainda estavam? Era correr o risco de aumentar o perigo que se pretendia evitar. De modo que Pitt prometeu solenemente a *emancipação* dos católicos. Não conseguiu o acordo do rei Jorge III, que julgou essa decisão contrária ao juramento de fé protestante que fizera no dia da coroação. O primeiro-ministro teve a elegância e a coragem de se demitir.

Os irlandeses, porém, não desistiam de fazer reconhecer os seus direitos. Não queriam tentar uma insurreição, que, em plena guerra, seria tomada por traição. Uma oposição legal, mas obstinada, irredutível, podia ser mais eficaz. Ela teve um herói: *Daniel O'Connell* (1775-1854). Era um gigante de olhos risonhos, voz quente, uma voz que, em inglês ou gaélico, galvanizava as multidões. Na própria manhã em que chegava a Dublin a notícia do *Bill of Union,* ele arengara a uma assembleia, na Bolsa, levando-a a jurar combater com ele, "enquanto perdurasse a desonra": tinha vinte e cinco anos. Durante meio século, ou quase, ia ser o herói da causa irlandesa, que, para esse homem profundamente religioso, se identificava com a da fé católica. Durante meio século, O'Connell ia viver com o seu povo, "rindo com as suas alegrias, sangrando com as suas feridas, gritando com as suas dores", e dirigindo a luta, simultaneamente, com a audácia de um condutor de massas e a habilidade do grande advogado que era para ganhar a vida. "Nem príncipe, nem capitão, nem fundador do império, mas simples cidadão", como diz dele Lacordaire, esse homem iria ganhar mais batalhas que muitos conquistadores famosos. A Irlanda revê-se nessa figura incandescente, que se ergue no solo da pátria como a encarnação dos seus destinos heroicos.

O princípio absoluto de O'Connell foi simples: jamais violar as leis inglesas; não entrar em conflito aberto, mas nunca perder a menor ocasião — ajuntamentos, abaixo-assinados, protestos — de fazer saber ao governo de Londres que a Irlanda existia e não estava satisfeita com a sua sorte. A sua ação amplificou-se quando assumiu a direção da *Associação Católica,* fundada por Joseph Keogh, que reunia sob a orientação dos bispos todos os irlandeses decididos a lutar pela libertação. Uma modesta contribuição de um *penny* por mês, que os párocos se encarregavam de receber, forneceu ao movimento somas consideráveis. Por duas vezes a associação foi dissolvida por ordem governamental; por duas vezes O'Connell a reconstituiu sob outro nome. Todos os dias o Trono era assaltado com memoriais e queixas que chegavam da Irlanda. Grandes assembleias se formavam na Ilha

Verde, às quais O'Connell anunciava que dentro em pouco os católicos seriam inteiramente livres. Os homens de Estado ingleses inquietavam-se. Os *whigs* (liberais) eram, de modo geral, favoráveis à causa irlandesa. Os *tories* (conservadores) estavam divididos mais ou menos ao meio. Em 1827, o *tory* Canning esteve a ponto de conseguir o decreto de emancipação, mas morreu antes de ter atingido o seu propósito. Pelo menos, a discussão do projeto nos Comuns persuadiu O'Connell de que chegara o momento de desferir um golpe decisivo.

Em julho de 1828, tendo vagado um lugar de deputado no condado de Clare, O'Connell candidatou-se, contra um membro do governo, e foi eleito. Por toda a Irlanda ecoou um grito de entusiasmo: "Agora, a Irlanda é livre!", exclamou o vencedor, ao saber o resultado do escrutínio. Mas antecipava-se um pouco... Inelegível, já que era católico, reclamou o direito de tomar assento nos Comuns, oferecendo-se para prestar ao rei o juramento de fidelidade. A Câmara recusou, mas apenas por 190 votos contra 116, o que era um êxito... Na Irlanda, a agitação aumentava e as manifestações assumiam um tom mais violento do que o desejado por O'Connell. Por outro lado, os católicos ingleses, dirigidos pelo vigário apostólico, mons. John Milner, entravam também no jogo. Na atmosfera desse ano de 1829, em que tantos sinais anunciavam para breve uma explosão de liberdade, poderia a liberal Inglaterra ficar presa a velhas posições, correndo o risco de ver rebentar no seu seio uma guerra civil?

Quem tomou a responsabilidade da operação foi o vencedor de Waterloo, Wellington (o famoso comandante-chefe dos exércitos aliados, em Portugal e Espanha, contra Napoleão), ajudado pelo seu ministro do Interior, Robert Peel. Em três fases, a legislação que impedia o acesso dos católicos à plenitude dos direitos foi abolida. Em *março de 1829,* os

Comuns e, em *abril*, os Lords, votaram, por larga maioria, a *emancipação dos católicos*. A partir de então, já podiam ocupar qualquer cargo público, tanto civil como militar, à exceção da realeza, da chancelaria e do vice-reinado da Irlanda. O ato de emancipação tinha validade para todo o império britânico. Assim, em vinte países, os católicos voltavam a ser homens plenamente livres.

Mas nem por isso os problemas que se lhes apresentavam ficavam todos eles solucionados. Na Irlanda, passando a um plano mais propriamente político, O'Connell ia orientar a sua ação para a independência, para a ruptura da união. Na Inglaterra, os grilhões dos católicos tinham caído, "mas — escreve o cardeal Wiseman — não as cãibras e o entorpecimento que tinham causado". Não faltava muito para que o *Movimento de Oxford*[91] desempenhasse o papel de reanimar essa Igreja anquilosada e de a restituir no sentido da sua grandeza.

Em Roma, o anúncio do Bill de emancipação foi acolhido com extrema alegria. Quase coincidiu com a eleição do novo papa, Pio VIII (31 de março de 1829), e o soleníssimo Te Deum que se cantou por esse motivo pareceu prolongar os que tinham acabado de ser entoados pelo glorioso início de mais um pontificado. Todos os estabelecimentos britânicos da Cidade Eterna foram iluminados, e o Vaticano, que seguira muito de perto o processo, festejou o voto como uma vitória. Vitória dos católicos, sem dúvida; vitória conseguida pela sua energia e coragem. Mas, bem vistas as coisas, vitória também dos ideais liberais e nacionalistas que então alevantavam as consciências e que em tantos pontos pareciam opor-se à Igreja, ao seu poder, às suas tradições. Lacordaire tinha razão ao considerar a emancipação dos católicos ingleses como "preparação, para os séculos futuros, da libertação dos povos cristãos oprimidos pela mão férrea do despotismo". Mais uma vez, estava formulado o dilema perante o qual a Igreja se encontrava. Os acontecimentos não tardariam a fazê-la sentir de modo dramático a ambiguidade de sua posição.

Pio VIII e a explosão de 1830

Quando os cardeais se reuniram em Conclave, treze dias após a morte de Leão XII (23 de fevereiro de 1829), os embaixadores das grandes Potências, de acordo com o curioso costume admitido na época, apressaram-se a dirigir belos discursos, cheios de cumprimentos e bons desejos, por trás da porta bem fechada; falavam-lhes por um pequeno orifício, tão pequeno que, segundo dizia Stendhal, "nem um ovo poderia passar por lá".

O representante do rei da Espanha, que era o conde de Labrador, exprimiu o desejo de que fosse eleito um pontífice que soubesse "opor uma barreira intransponível às más doutrinas que, sob o falso nome de ideias generosas, destroem nos seus fundamentos os tronos da Europa, a fim de com eles precipitarem as nações na ignomínia e no sangue". Mas o embaixador da França, se bem que representasse o muito legitimista Carlos X, falou uma linguagem bem diferente. Não há dúvida de que o sentimento dos seus méritos pessoais lhe dava maior liberdade, porque se chamava visconde de Chateaubriand... "O cristianismo, que renovou a face do mundo — disse ele —, assistiu, depois, à transformação das sociedades a que dera a vida. No momento em que falo, o gênero humano chegou a uma dessas épocas características da sua existência". E o autor do *Gênio do cristianismo* pedia, em nome da França, que fosse eleito "um chefe que, poderoso pela doutrina e pela autoridade do passado, não deixasse de conhecer as necessidades do presente e do futuro". Era impossível formular melhor do que o acabavam de fazer os dois diplomatas o dilema que, com perfeita evidência, encurralava o papado.

Aquele cujo nome, após trinta e cinco dias de votos incertos, foi proclamado, do alto do balcão do Quirinal — o cardeal Castiglione —, seria capaz de fazer a escolha? "O seu aspecto físico — diz, cauteloso, o cardeal Wiseman — talvez não fosse tão agradável, à primeira vista, como o dos seus predecessores". Os traços do rosto empastados, as bochechas flácidas, esse homem de sessenta e oito anos era de compleição extremamente doentia. Sofria de um herpes crônico na nuca, que o obrigava a manter a cabeça inclinada e voltada de lado: ótimo para as brincadeiras do *Pasquino*... Mas era de inteligência arguta e clara. Excelente canonista e bom administrador, fizera uma carreira honestíssima como bispo de Montalto, de Cesena, e por fim de Frascati, uma das dioceses suburbicárias. Tímido, dera provas de grande firmeza durante o Império, e Pio VII ficara-lhe tão agradecido que por vezes lhe dava o tratamento de "Vossa Santidade", metade por graça, metade como profecia; por isso, uma vez eleito, o cardeal Castiglione tomou o nome de Pio VIII.

Em toda a parte a situação era preocupante. Talvez não houvesse nenhum ponto do mundo católico sem algum problema grave. Na França, era necessário fazer face a uma dupla ofensiva: a dos galicanos, que, com as Ordenações de 1828[92], acabavam de obter uma vitória evidente, e a dos liberais, cada vez mais ativos e, especialmente depois da lei do sacrilégio[93], cada vez mais hostis ao clero. E, depois, havia também Lamennais e os seus, esses inquietantes "católicos liberais" que reclamavam imperiosamente uma resposta... Na Bélgica, a oposição dos católicos ao domínio da Holanda fazia prever uma próxima ruptura. Mas como é que Roma podia aprovar sem reservas a aliança cada vez mais estreita dos seus fiéis com os liberais, que a seus olhos eram todos eles revolucionários, ateus e franco-maçons? Na Polônia, na Grécia, até na Armênia, a questão era análoga: conviria apoiar os cristãos contra os seus opressores, aceitando assim pactuar com as forças da subversão?

Na Itália, a situação era, em certo sentido, mais clara, mas não menos inquietante. Por toda a parte a Carbonária progredia, e não escondia a sua hostilidade à Igreja. Na Espanha, mil sinais mostravam que o regime clerical-legitimista estava em crise e que, na primeira ocasião, as forças revolucionárias iam entrar novamente em ação. Na Alemanha, reaparecia a corrente josefista, mais forte que nunca, quer nos Estados católicos do Oeste renano, quer na Prússia luterana, sem que o episcopado, fraco e timorato, ou pouco fiel, parecesse capaz de resistir ao domínio dos respectivos governos. Mesmo na América existiam dificuldades sérias: na do Sul, onde a questão das nomeações episcopais ainda não estava completamente disciplinada; na do Norte, onde os progressos do catolicismo e a chegada maciça dos imigrantes irlandeses[94], todos eles "romanos", suscitavam reações protestantes... Teria sido necessário um papa de grande envergadura para responder a tantas interrogações angustiosas. Mas Pio VIII não era senão um santo homem, doente, que chorava muito e copiosamente.

Não que lhe faltasse capacidade de julgar ou lúcidas intenções. Pouco depois da eleição, a Encíclica que publicou sobre os perigos da hora, os progressos da indiferença, as ameaças das sociedades secretas, retomando, nas linhas gerais, os termos usados pelo seu predecessor, mostrou que tinha perfeita consciência das grandes dificuldades da situação. A escolha dos cardeais que fez pareceu indicar até um desejo de rejuvenescer o Sacro Colégio[95]. O rescrito de novembro de 1829, recomendando aos bispos do mundo inteiro a *Obra da Propagação da Fé*[96], provou que esse doente, cativo nos seus aposentos do Vaticano, tinha o sentido da universalidade da Igreja e da necessidade que se lhe impunha de participar do grande movimento de expansão ocidental que então estava em curso.

Em várias ocasiões, chegou até a dar provas de energia. Por exemplo, quando foi descoberta em Roma uma conspiração carbonária: foram presos e julgados vinte e seis conjurados, entre os quais o grão-mestre da Venda, Picilli, que foi condenado à morte e agraciado no último momento, enquanto os seus protetores, altamente colocados, sobretudo certos napolitanos como Carolina e os filhos da rainha Hortência[97], tiveram de abandonar a cidade. Também na Alemanha Pio VIII não se mostrou brando. Quando os Estados renanos, sob o pretexto de organizar as cinco dioceses recentemente estabelecidas, publicaram os *Trinta e nove Artigos de Frankfurt,* que estavam saturados de galicanismo bem no estilo de Luís XIV e dos Artigos Orgânicos de Napoleão, o papa protestou por duas vezes, em termos de raro vigor. Depois, quando se levantou na Prússia o problema dos *casamentos mistos,* como o rei (luterano) quisesse aplicar em toda a parte, mesmo nos seus Estados renanos (católicos), uma ordenação que obrigava as crianças nascidas desses casamentos a serem protestantes, Pio VIII, impedindo à nascença certas manobras de bispos ambiciosos, lançou o Breve *Litteris* (27 de março de 1830), que obrigava os padres a fazer com que os noivos, antes do casamento, assumissem um compromisso diametralmente oposto ao da lei prussiana.

Infelizmente, apesar da sua firmeza na defesa dos direitos do papado e da atenção prestada às dificuldades do tempo, Pio VIII não teve nem a audácia nem a força de definir uma política da Igreja em face do dilema que lhe era posto. Nos pontos mais decisivos, o silêncio e a contemporização pareceram-lhe a melhor solução; era, pelo menos, a mais cômoda... Assim, Lamennais não recebeu qualquer resposta. Os católicos belgas foram convidados a moderar o ardor combativo, para não se arriscarem a cair sob a tutela dos liberais. Na França, os bispos que tinham protestado contra as ordenações de 1828 ouviram Pio VIII repetir o que Leão XII já lhes dissera — que deviam evitar criar embaraços ao rei... Essa prudência de vista curta não podia ter o futuro a seu favor. E o honesto e bom Pio VIII achou-se, num instante, diante de um Ocidente onde tudo explodia.

Mais uma vez, foi a França que deu o exemplo. A situação era má desde as famosas ordenações de 1828. Atacado à direita pelos católicos antigalicanos, e à esquerda pelos liberais, que reclamavam o afastamento dos quadros administrativos de todos os elementos nomeados por Villèle, o ministro Martignac foi demitido em agosto de 1829 e substituído pelo príncipe Polignac, um ultra tão decidido como limitado. O brilhante êxito da campanha da Argélia — que os católicos festejaram como uma cruzada — ia persuadir Carlos X e o seu primeiro-ministro de que podiam governar contra a Carta, contra a oposição, contra a opinião pública, apoiando-se no Exército[98]. A maioria — 221 deputados — dirigiu ao rei um memorando de advertência, e a Câmara foi dissolvida. A despeito de uma campanha oficial descarada, os 221 passaram a ser... 274. Polignac não viu outra saída senão o golpe de Estado, e, invocando o artigo 14 da Carta Constitucional, que o autorizava a fazer "regulamentos necessários à segurança do Estado", conseguiu que o rei assinasse quatro ordenações pelas quais suspendia a liberdade de imprensa, dissolvia a nova Câmara (ainda não reunida!), modificava a lei eleitoral, a fim de excluir do direito de voto a burguesia liberal, e fixava a data de novas eleições. E foi a Revolução. Em quatro dias — *26, 27, 28 e 29 de julho de 1830* —, a insurreição tomou conta de Paris. O Exército, comandado por Marmont, mostrou-se incapaz de reagir eficazmente. Carlos X fugiu para a Inglaterra, sem ter conseguido que o seu neto, o duque de Bordeaux, fosse reconhecido como sucessor. E a burguesia — a de Thiers e de Guizot —, aproveitando a seu favor a revolta popular, levou ao trono o filho de *Filipe-Égalité,* primo de Carlos X, duque de Orléans[99], que se tornou "rei dos franceses"[100-101].

A explosão francesa não veio só: não demorou a ser seguida em vários outros países. Para dizê-lo melhor, pareceu que o fogo, latente em tantos pontos da Europa, apenas esperava por esse sinal para se alastrar. Foi contra um regime demasiado autoritário e inábil que o grito de liberdade saiu das ruas de Paris. Mas ouviram-no todos os patriotas que estavam submetidos a uma tirania estrangeira, todos os nacionalistas que desejavam fazer a unidade do povo, e todos lhe corresponderam.

Na *Bélgica,* católicos e liberais tinham-se aliado formalmente, na primavera de 29, para resistirem a leis que iam "holandizar" a educação das crianças. Daí em diante, a temperatura não deixara de subir. A *25 de agosto de 1830,* bastaram alguns condutores para lançar a multidão contra os ocupantes, contra o seu ministro e os seus partidários. Uma contra-ofensiva militar fracassou perante a corajosa resistência dos burgueses de Bruxelas. Em vão o rei Guilherme pediu às grandes Potências, fiadoras que eram da ordem estabelecida, que o ajudassem a restabelecer essa ordem. A verdade é que elas já nem tinham gosto nem forças para isso. E pouco depois a independência da Bélgica foi proclamada e reconhecida pela Europa.

Na *Polônia,* os católicos patriotas também estavam associados aos liberais, até mesmo aos maçons de Dombrowski, na luta contra os russos opressores. Todo o verão de 1830 foi um verão agitado, com desordens esporádicas, designadamente no Exército e no meio escolar. Depois, em novembro, correu o boato de que o czar Nicolau I queria enviar os regimentos poloneses contra a Bélgica, a fim de lá refazer o domínio holandês, substituindo-os em Varsóvia por cossacos; ao ouvirem isso, os oficiais da Escola Militar revoltaram-se (29 de novembro), arrastando as tropas. A Águia Branca foi arvorada por toda a parte, e, sob a direção de Chlopiski, começou uma guerra de libertação, verdadeiramente épica, que os liberais de todos os países iam seguir com paixão.

Parecia que o movimento era irresistível. Na Irlanda, O'Connell e a sua Associação Católica, outra vez dissolvida, outra vez reconstituída, lançavam a campanha da "revogação da União" e, para forçarem os ingleses a ceder, organizavam uma hábil campanha de boicote dos produtos e de descrédito dos Bancos. Na Itália, os carbonários agitavam-se por toda a parte, tanto em Nápoles — onde a polícia parecia desbordada —, como nos Estados Pontifícios, onde houve manifestações em diversos pontos durante todo o verão; foi nesse momento que teve lugar em Roma o julgamento da Alta Venda. Na Espanha, o rei Fernando VII, rodeado da sua "camarilha", não conseguia impedir os progressos do partido liberal, apesar de ter mandado prender alguns dos seus chefes. Eram visíveis as brechas que se abriam em todo o sistema autoritário e legitimista, na Europa da Santa Aliança, no mundo da Restauração. O próprio Metternich parecia já não acreditar na sua obra e deixava-se arrastar por reflexões desiludidas.

Em Roma, as notícias de todos esses acontecimentos causaram opressão; qualquer que fosse o ângulo pelo qual se encarassem, pareciam bem inquietantes. Não se sabia se se devia temer mais que os católicos dessem as mãos aos revolucionários, arriscando-se assim a deixar-se levar por eles sabe Deus até onde; ou que a Igreja fosse objeto de violências por parte dos seus inimigos em fúria. Era sobretudo a situação na França que mais preocupava. A Revolução de Julho parecia ter sido feita tanto contra a Igreja e a religião como contra o regime; em Paris e nas províncias, tinha havido cenas de horrorosa violência, e alguns edifícios religiosos tinham sido saqueados. Era esse o resultado evidente de quinze anos de aliança demasiado estreita do Altar com o Trono; era também um aviso... Mas a Igreja saberia ouvi-lo?

Pio VIII não teve tempo para assistir ao desenrolar de todos os acontecimentos trágicos do ano de 1830; mas os que conheceu foram suficientes para que os seus últimos dias tivessem sido ensombrados pelos piores receios[102]. E no entanto, antes de morrer (a 30 de novembro), tomou uma decisão de capital importância, que mostrava que as lições de Consalvi não estavam esquecidas e que o são realismo, que é uma glória da política papal, não era palavra vã. Mau grado os protestos dos legitimistas franceses, que abandonavam o solo pátrio, e das indicações recebidas do seu núncio em Paris — mons. Lambruschini —, Pio VIII reconheceu imediatamente o novo regime, mandou avisar o governo francês de que desejava manter com ele as relações que mantivera com o de Carlos X, censurou publicamente os bispos que "abandonavam o seu rebanho" para se protegerem, e recomendou ao clero francês que prestasse juramento ao novo regime. Mais ainda: deu oficialmente a Luís Filipe o título de "Rei Cristianíssimo". Era evidente que tais decisões tinham um sentido profundo: significavam que a Igreja queria seguir o caminho da independência em face dos regimes, que soubera extrair dos fatos a lição que continham.

A morte do papa não permitiu que essa política prudentíssima desse os seus frutos. Mas, ao menos, essas decisões mostraram como foram injustas as pasquinadas[103] que saudaram o fim do papa Castiglioni: *Nacque, pianse, morì.* Não: Pio VIII fez mais do que nascer, chorar e depois morrer. O que aconteceu é que foi demasiado débil, quer fisicamente, quer psicologicamente, para fazer frente à Esfinge da História num momento em que ela punha aos homens questões terríveis.

Seja como for, com ele virava-se uma página, encerrava-se um capítulo da História. A tentativa feita desde 1815 para anular toda a Revolução e regressar ao passado tinha fracassado. Era necessário, daí em diante, tomar consciência dos novos destinos que o mundo — e a Igreja — tinham de enfrentar. Talvez esse fracasso tivesse sido previsto pelo autor dos *Serões de São Petersburgo*, o profético Joseph de Maistre, quando escrevia esta frase profunda: "Uma Contrarrevolução não deve ser uma Revolução de sentido contrário, mas sim o contrário de uma Revolução".

Notas

[1] Cf. vol. VII, cap. 1.

[2] Podemos recordar também o declínio das Missões, de que trataremos no cap. VII, par. *As missões em decadência.*

[3] Latreille, *L'Église catholique et la Révolution française.*

[4] Recorde-se que Talleyrand propôs à Assembleia Constituinte que os bens do clero fossem postos à disposição da Nação; cf. o cap. I, par. *Primeiros golpes no edifício.*

[5] Cf. neste volume o cap. II, fim do par. *Questões canônicas e questões matrimoniais.*

[6] Cf. neste volume o cap. VIII, par. *Na Alemanha: de Münster a Munique.*

[7] Também seria preciso fazer a "teologia" da Revolução Francesa.

[8] A expressão francesa "maîtres à penser" tem uma conotação mais rica; utiliza-se propriamente para aqueles que exercem uma efetiva e larga influência, a bem dizer espontânea, numa determinada época ou sociedade (N. do T.).

[9] Como se sabe, o irmão de Joseph de Maistre, Xavier, dez anos mais novo, foi também escritor, autor da *Viagem à volta do meu quarto* [referida por Garrett nas primeiras páginas das *Viagens na minha terra* (N. do T.).] e de O *leproso da cidade de Aosta.*

[10] Concepção que nos altos escalões romanos foi sem dúvida considerada excessiva, visto que a obra, apesar da insistência do núncio apostólico em Turim, nunca foi aprovada oficialmente.

[11] Cf. neste volume o cap. VI, fim do par. *Nova et vetera.*

[12] Recorde-se a expressão de Marx: "E sobretudo, não se esqueçam, eu não sou marxista!"

[13] A escritora publicara em Paris um romance autobiográfico bastante escabroso, *Valérie,* e insistira em que Napoleão o lesse. A opinião do imperador fora esta: "Aconselhai essa

doida a passar a escrever as suas obras em russo ou em alemão, para nos vermos livres desta insuportável literatura".

[14] *Portraits de femmes,* Mme. Grüdener, pp. 404-405.

[15] Cf. neste volume o cap. II, par. *Um Conclave numa ilha, e um soldado vencedor.*

[16] Cf. neste volume o cap. II, par. *Difíceis negociações.*

[17] Cf. neste volume o cap. II, fim do par. *Questões canônicas e questões matrimoniais.*

[18] Encheram-no, também, de presentes. Consalvi recebeu inúmeras tabaqueiras ornadas de pedras preciosas. O cardeal vendia-as, a favor das obras que sustentava. Os brilhantes de três delas serviram para construir a fachada de duas igrejas, a de Santo Andrea delle Fratte e a da Consolata.

[19] Tem-se dito algumas vezes que Consalvi recebeu a ordem de presbítero dezoito meses antes de morrer. Mas a *Enciclopedia cattolica,* publicada no Vaticano, afirma: "Nunca foi padre".

[20] Quando não escandalosos. Assim, o bispo Tibério Pacca (sobrinho do cardeal desse nome), que fora feito governador de Roma e diretor da Polícia, abandonou as ordens e fugiu de Roma com uma mulher. O *Pasquino* contou que a sua deserção tinha outro motivo: as malversações e trapalhadas por ele cometidas.

[21] Cf. neste capítulo o par. *A política das Concordatas.*

[22] Os "nazarenos", pintores alemães dirigidos por Overbeck e que trabalhavam sobre temas religiosos, estavam então em Roma. Cf. neste volume o cap. VIII, par. *As contradições da arte sacra.*

[23] Cf. neste capítulo o par. *Leão XII, papa do Antigo Regime?*

[24] Cf. neste volume o cap. VII, par. *As missões em decadência.*

[25] Cf. o vol. VII, cap. IV, par. *Um erro capital: a supressão da Companhia de Jesus.*

[26] Cartas do pe. Cordara, publicadas por Alberlotti (Veneza, 1924).

[27] Cf. vol. VII, cap. II, par. *Uma curiosa tentativa: os jesuítas na Rússia.*

[28] Passou a ser o geral em 1801.

[29] *"Approbo, approbo, approbo!"* — dissera ele ao bispo coadjutor de Mohilew, Lenilawski, que lhe falava da questão da Companhia.

[30] Cf. neste volume o cap. II, par. *Um despertar da espiritualidade.* Acerca do papel que desempenhou no renascimento da Companhia, cf. o excelente artigo do pe. André Rayez, "Clorivière et les Pères de la Foi", *in Archivium historicum Societatis Jesu* (1952).

[31] Em 1804, os padres de Paccanari recuperaram a liberdade, mas o seu fundador teve um triste destino: denunciado perante o Santo Ofício, foi encarcerado no Castelo de Sant'Angelo e acabou por ser assassinado.

[32] Cf. neste volume o cap. II, par. *Um despertar da espiritualidade.*

[33] Com os quais não devem ser confundidos: cf. neste volume o cap. II, par. O *Grande Império e a resistência dos católicos.*

[34] Por exemplo, na França: cf. neste capítulo o par. *Neo-galicanismo.*

[35] Latreille.

[36] Cf. vol. VII, cap. IV, par. *A mula do rei de Nápoles,* acerca da entrega tradicional do tributo em cima de uma mula branca.

[37] Cf. neste volume o cap. II, fim do par. *Uma instalação difícil.*

[38] Cf. vol. VII, cap. IV, par. *Ataques a Roma.*

[39] Morreu em 1817.

[40] Cf. neste capítulo o par. *Um êxito católico e liberal: a emancipação dos católicos ingleses.*

[41] Cf. neste volume o cap. II, par. *Uma instalação difícil*

[42] Cf. neste volume o cap. II, fim do par. *O novo Carlos Magno.*

[43] Exceto, é óbvio, os da Pequena Igreja (cf. neste volume o cap. II, par. *Uma instalação difícil,* em especial a nota 28).

[44] Ainda continua na Alsácia-Lorena.

[45] Importa notar, todavia, que o artigo 5° da mesma Carta afirmava a liberdade de culto, o que era, evidentemente, uma concessão às ideias do tempo. De fato, o governo de Luís XVIII mostrou-se muito benevolente para com os protestantes; as Sociedades Bíblicas, por exemplo, foram reconhecidas como de utilidade pública. Mons. de La Luzerne conseguiu até que fosse reconhecida personalidade civil aos estabelecimentos de todos os cultos. Conseguiu o mesmo em relação aos judeus.

[46] Situação privilegiada que trazia uma contrapartida, uma vez que o governo tinha nas mãos os bispos... e até os cardeais. Cf. neste capítulo o par. *Neo-galicanirmo,* sobre o incidente do cardeal de Clermont-Tonnerre.

[47] Vejamos um caso: o do pe. Lebon, que serviu de modelo ao Sombreval do romance *Un prêtre marié,* de Barbey d'Aurevilly. Só após uma longa prova é que foi admitido ao sacramento da penitência. "Na igreja de Saint-Sauveur-le-Vicomte, começaram por não deixá-lo entrar no presbitério. Quando comungava, Crouard, o sacristão, trazia-lhe uma sobrepeliz que logo lhe retirava" (Cf. P. Leberruyer, *Saint-Sauveur-le-Vicomte dans l'oeuvre de Barbey d'Aurevilly,* p. 8).

[48] Iria durar até 1825.

[49] G. de Bertier mostrou (cf. o Índice Bibliográfico) que não se devem confundir as Congregações Marianas com a Congregação, embora os seus membros fossem frequentemente os mesmos.

[50] Cf. vol. VI, cap. 11, par. *Primeiras tentativas de "Ação Católica": a Companhia do Santíssimo Sacramento.*

[51] Simultaneamente, foi votada uma lei pela qual se constituía um capital de um bilhão cujo rendimento, ou seja 30 milhões, serviria para indenizar as congregações religiosas cujas propriedades tinham sido vendidas como Bens Nacionais.

[52] Cf. neste volume o cap. II, par. *Um despertar da espiritualidade.*

[53] Sobre este tema, com mais detalhe, cf. neste volume o cap. VIII, par. *Renovação monástica, proliferação de institutos, plétora de congregações.*

[54] Cf. neste volume o cap. II, par. *Um despertar da espiritualidade.*

[55] Cf. neste volume o cap. I, par. *Calmaria e renovação na era termidoriana.*

[56] Cf. neste volume o cap. II, par. *O Grande Império e a resistência dos católicos.*

[57] De acordo com o *Mémorial catholique*, terão sido vendidos, entre 1817 e 1827, mais de dois milhões de volumes das obras dos "filósofos". A cifra parece um tanto exagerada...

[58] Cf. neste volume o cap. VI, par. *Catolicismo e consciência social.*

[59] Nos seus *Souvenirs,* conta Gratry que o provisor do seu colégio obrigava pessoalmente os alunos a cumprir o preceito pascal, a fim de conseguir dados estatísticos favoráveis ao seu currículo.

[60] Foi de tal ordem que não se ousou fechar as casas dos jesuítas. Deixaram lá ficar os padres, simplesmente transformados em padres seculares.

[61] Momentaneamente abalada com a queda do Império e com a Restauração, a franco-maçonaria não tardou a refazer-se. Desembaraçou-se dos elementos incômodos — nomeadamente do Grão-Mestre José Bonaparte —, desativou as Lojas mais vigiadas pela polícia, mas pouco a pouco reconquistou terreno. O "irmão" Decazes protegeu-a oficialmente; o duque de Berry, filho do conde de Artois (este, futuro Carlos X), fez parte dos seus quadros. — Parece bastante provável que a Carbonária francesa se tenha constituído a partir de uma Loja.

[62] Os *Contes rémois,* do visconde de Chevigné, no gênero dos Contos de La Fontaine, punham em cena membros do clero em situações escabrosas.

[63] O movimento liberal triunfante em Portugal em 1820 teve vários chefes civis e militares, dos quais alguns se batiam apenas contra a quase-ditadura de Beresford. E o rei continuava no Rio de Janeiro (N. do T.).

[64] Cf., em Portugal, a Vilafrancada, em maio desse ano (N. do T.).

[65] Note-se que Dante é considerado *gibelino,* embora a sua posição, por situar-se num plano mais elevado, fosse diferente da assumida pelos partidários do imperador contra o papa (N. do T.).

[66] No entanto, uma obra sólida e fervorosa de Nicolas Burtin — *Un semeur d'idées au temps de la Restauration, le Baron d'Eckstein* (Paris, 1931) — restituiu-lhe o lugar que lhe cabe.

[67] O verdadeiro nome é Félicité de Lamennais. Só depois de 1834 é que foi "democratizado" na forma de Lamennais.

[68] "Adesão", termo que ficou na História religiosa e política para significar, especialmente, um certo reconhecimento das instituições republicanas por parte dos católicos, que tradicionalmente defendiam, como tal, a monarquia (N. do T.).

[69] À letra, "assustador pelo futuro" que o aguarda; mas também se poderia traduzir por "aterrorizador do *Avenir*", do futuro (N. do T.).

[70] Cardeal Wiseman, *Recordações dos quatro últimos papas.*

[71] Nascera em Saint-Malo em 1782.

[72] Cf. François-René de Chateaubriand e o seu romance *René,* de 1805 (N. do T.).

[73] R. Vallery-Radot, *Lamennais, prêtre malgré lui.*

[74] Dos bispos do seu tempo, por exemplo, diz Lamennais: "Padres de Corte, veteranos da frivolidade e talvez do vício", todos eles "lacaios tonsurados". — "É uma gente que não quer andar para a frente. Pan!... Um pontapé no c... vai obrigar-vos a dar cem passos". Aos seus olhos, mons. Quélen é "um ridículo vaidoso". Quanto a mons. Frayssinous, um "cismático"; "depois de tirarem proveito dele, hão de escarrar-lhe em cima, e fica feito o seu epitáfio". E deixamos de lado outras expressões igualmente encantadoras...

[75] O "bom Picot", que dirigia o *Ami de la Religion et du Roi* (transformado, em 1830, em *Ami de la Religion).*

[76] Sobre este ponto e a propósito da condenação pontifícia de 1834, cf. neste volume o cap. IV, par. *O drama de Lammenais.*

[77] Memorando entregue pelos redatores do *Avenir* a Gregório XVI (cf. neste volume o cap. IV, par. *O drama de Lamennais).* Nele são formuladas com perfeita clareza as censuras de Lamennais ao regime legitimista.

[78] Foi nesta ocasião, no decorrer do processo de 1826, que Lamennais fez a declaração que viria a ser citada com tanta frequência pelos seus adversários: "Permanecer inviolavelmente vinculado aos ensinamentos invariáveis do Chefe da Igreja, até ao último suspiro".

[79] No que foi bom profeta: cf. neste capítulo o fim do par. *Pio VIII e a explosão de 1830,* e no cap. IV o par. *O drama de Lamennais.*

[80] Michel Mourre.

[81] Cardeal Wiseman, *op. cit.,* p. 223.

[82] Garantia-se em Roma que o bispo São Strambi, passionista, biógrafo de São Paulo da Cruz, oferecera a vida a Deus pela cura do papa.

[83] Cf. vol. VII, cap. IV, par. *A mula do rei de Nápoles* e cap. V, par. *Sinais de renovação.*

[84] Mons. Quélen deslocou-se a Roma para o Jubileu, mas camuflou o motivo da viagem atribuindo-a a problemas de saúde ("necessidade de mudança de ares")...

[85] Um garoto de catorze anos recitou uma saudação ao papa quando este entrou na Basílica. Chamava-se Gioachino Pecci; em memória desse dia, viria a chamar-se, bem mais tarde, Leão XIII.

[86] Foi então que os jesuítas se reinstalaram no Colégio de São Miguel, de Friburgo.

[87] Cf. neste volume o cap. VII, par. *Dois grandes "papas missionários".*

[88] Cf. vol. VII, cap. V, par. *Santo Afonso Maria de Ligório: a religião dos tempos novos.*

[89] Cf. neste volume o cap. I, par. *A outra França católica.*

[90] Dele já vimos o papel que desempenhou junto do moço Lamennais (cf. neste capítulo o par. *Lamennais antes de "L'avenir").*

[91] Cf. neste volume o cap. VIII, par. *Na Inglaterra: Newman e o Movimento de Oxford.*

[92] Cf. neste capítulo o par. *Neo-galicanismo.*

[93] Cf. neste capítulo o par. *Na França, o Trono e o Altar.*

[94] Cf. neste volume o cap.VII, par. *O prodigioso surto da igreja norte-americana.*

[95] O arcebispo de Besançon, Rohan-Chabot, tinha quarenta anos quando recebeu a púrpura cardinalícia.

[96] Cf. neste volume o cap. VII, par. *Nascimento das obras missionárias.*

[97] Entre os quais Louis-Napoleon, futuro Napoleão III.

[98] Foi nesse momento que Lamennais escreveu a frase que viria a ser famosa: "Se o Poder só assenta nas baionetas, elas o empalarão".

[99] No processo de Luís XVI, o duque de Orléans votara pela morte do rei; homem notável pela inteligência, ficaria para sempre marcado por essa decisão odiosa (N. do T.).

[100] A Revolução de 1830 terá sido obra da franco-maçonaria? Foi o que se disse muito. O que é seguro é que, como afirma Dumesnil de Gramont, "se as Lojas não prepararam a queda do regime no mistério dos seus trabalhos, colaboraram, com toda a sua fé, e mediante a atividade belicosa dos confrades, na explosão de cólera que varreu o trono dos Bourbons". Na primeira linha desses belicosos devemos situar o general La Fayette, então com setenta e dois anos, mas sempre "em permanente trabalho de ideias turbulentas" e que, em 1829, fez uma autêntica "visita geral às Lojas". Por outro lado, a Carbonária francesa mantinha os mais estreitos laços com a Maçonaria. Há todas as razões para pensar que a explosão de cólera anticlerical de 1830, ainda que tivesse numerosos elementos favoráveis na opinião pública, foi orquestrada.

[101] Título considerado mais liberal que o tradicional "Rei da França"; de certa maneira, reatava o hábito dos francos (N. do T.).

[102] Houve, no entanto, uma insurreição que Pio VIII aprovou: a dos armênios católicos contra os turcos. Rudemente reprimidos pela Sublime Porta, os movimentos de rebelião teriam certamente tido um desfecho trágico se o embaixador da França, intervindo pessoalmente, não tivesse salvo os armênios. Pio VIII conseguiu, então, que eles fossem libertados da tutela do patriarca cismático de quem dependiam até esse momento, e que se estabelecesse em Constantinopla uma metrópole primacial católica (Bula *Quam jamdiu* de 6 de julho de 1830). A verdade é que a situação depressa se agravou, e o sultão arranjou maneira de achar um chefe civil que controlasse o arcebispo e a quem adornou com o título de patriarca.

[103] A arraia-miúda de Roma teve, contudo, uma razão para ficar agradecida a Pio VIII: foi ele que mandou arrancar as célebres grades das tabernas... Donde esta pasquinada: *Giunto Pio / innanzi a Dio, / gli domandó: Cosa hai fatto? / Gli rispose: Niente affato. / Dissero gli angeletti: / Levo li cancelletti!;* ou seja: "Quando Pio chegou / à presença de Deus, / Deus perguntou-lhe: / Que fizeste? / Ele respondeu: Não fiz nada. / Disseram os anjinhos: / Arrancou as gradinhas!"

IV. Diante dos novos destinos (1830-1846)

Uma eleição papal em tempo de revolução

No Quirinal, reunidos em Conclave, os quarenta e cinco cardeais deliberavam. Subitamente, ouve-se uma violenta explosão. Que era? O sinal da revolução? O início de um bombardeamento do palácio pontifício pelos carbonários? Os Eminentíssimos Senhores tiveram muito medo, a ponto de um deles — mons. Rohan-Chabot — ter tido de ficar de cama. Obtidas informações, soube-se que fora somente um barril de pólvora atirado por algum brincalhão de mau gosto contra a Porta de Monte Cavallo. Talvez o engraçadinho tivesse achado que a eleição estava demorada demais[1]... Mas temos de reconhecer que, nesse mês de janeiro de 1831, todos os receios pareciam fundados.

O abalo causado no frágil edifício da "ordem estabelecida" pelas Jornadas de Julho parisienses ainda não terminara de fazer sentir os seus efeitos. A seguir à morte de Pio VIII, no preciso momento em que eram piedosamente celebradas as "novendiales", ou seja, os nove ofícios fúnebres pelo Pontífice defunto, tinham estalado alguns tumultos nas Marcas e na Romagna. Em Roma, tinham sido detidos alguns facciosos que procuravam apossar-se do Castelo de Sant'Angelo; haviam-nos encerrado lá dentro, enquanto, mais uma vez envolvidos na aventura, os dois jovens napoleônidas Carlos e Luís, filhos do antigo rei da Holanda, eram conduzidos à fronteira, bem escoltados por carabineiros. Fora em tais condições de uma segurança bem relativa que o Conclave começara, a 13 de dezembro. Como não haviam os cardeais de estar preocupados?

E como é que, por outro lado, o pesado clima de tempestade não havia de influir nas suas decisões? No discurso ritual que dirigiu ao Sacro Colégio, o embaixador da França, que era então o marquês de Latour-Maubourg, declarou que o seu senhor, o rei Luís Filipe, esperava do novo papa "o amor pela justiça e a independência das províncias que ia ser chamado a governar". Havia poucas possibilidades de que um tal voto fosse escutado e a eleição recaísse num papa liberal. O clã dos *zelanti,* chefiado pelo cardeal Albani, era claramente o mais forte. Se o Conclave demorou — cinquenta dias... —, foi unicamente porque se defrontavam dois candidatos da mesma cor, os cardeais Pacca e Giustiniani.

Mas, logo que se decidiu que o primeiro era demasiado idoso, e o segundo foi também afastado pelo veto lançado contra ele pela Espanha[2], não foi muito difícil chegar a acordo sobre um terceiro nome, no qual, aliás, ninguém tinha pensado até então, mas que oferecia todas as garantias: o cardeal Mauro Cappellari. Era um camaldulense — "o frade branco" — diziam os purpurados do Conclave —, monge austero, piedoso, de pouco brilho. Naquele momento, era Secretário da Congregação da Propaganda Fide. No centésimo escrutínio, foi eleito. Em lembrança do convento de São Gregório no Monte Célio, de que fora abade, e do santo que outrora lá vivera[3], tomou o nome de *Gregório XVI.* Mas, perante uma situação mais grave que a do século VI, seria ele um novo São Gregório Magno?...

Mal foi eleito, encontrou pela frente um mundo de dificuldades. Foi proclamado em 2 de fevereiro e a coroação em

São Pedro teve lugar no dia 6, com um esplendor desusado, porque a cerimônia foi dupla: o novo pontífice teve de ser sagrado bispo, pois até então era simples abade beneditino. Na própria noite desse dia, chegavam a Roma correios portadores de notícias inquietantes. Na antevéspera, em Módena, o grão-duque conseguira evitar uma insurreição mandando prender Ciro Menotti, seu íntimo amigo, instigador do movimento rebelde; mas não pudera impedir a instalação de uma "Comissão Política", cujo primeiro cuidado fora arvorar a bandeira tricolor, com a divisa "Liberdade". No dia seguinte, como um rastilho de pólvora, o movimento atingiu as Marcas, as Legações, a Úmbria, ou seja, quatro quintos dos territórios papais. Em toda a parte as tropas recuavam ou aderiam ao inimigo; em toda a parte se arriava a bandeira amarela e branca. Em Bolonha, o prelado-governador era forçado a deixar os carbonários e os liberais constituírem um governo provisório. Em Ancona, passava-se o mesmo, e os insurretos falavam em marchar sobre Roma[4].

Não era ainda tudo. Na mesma noite, o papa recebia uma mensagem do príncipe Gagarin, ministro do czar, protestando contra o papel desempenhado pelos católicos na revolução da Polônia, e lembrando que a Rússia sempre fora protetora dos direitos da Santa Sé. A mensagem pedia, de maneira imperativa, que o clero polonês fosse convidado a "não sair das suas atribuições espirituais".

Acorrendo ao mais urgente, Gregório XVI tentou primeiro acalmar as desordens na Itália, enquanto respondia a Gagarin nos termos que havemos de ver[5]. Pensou o papa que alguns atos de clemência e redução de impostos arranjariam as coisas. Nada disso. Mal saíram da prisão, os "Mártires da Liberdade" foram engrossar as fileiras dos revoltosos. E a força seria melhor? Entre os bem-pensantes dos territórios que se mantinham fiéis, formou-se uma guarda cívica, à frente da qual foi colocado um cardeal, encarregado de restabelecer a ordem em Ancona. Mas esse chefe de guerra improvisado deixou-se raptar pelos rebeldes, que o levaram cativo.

Ainda não passara um mês do novo pontificado, e tudo parecia ir de mal a pior. Em Bolonha, um "Congresso Nacional", em que se misturavam patriotas e liberais, reclamava o fim do *"buon governo"* dos padres e a criação de um novo Estado que englobasse todas as províncias papais. De Paris, chegavam notícias sinistras: a 14 de fevereiro, na sequência de um incidente sem gravidade[6], a multidão invadia a igreja de Saint-Germain-l'Auxerrois e o presbitério, saqueando-os. Depois, foi a vez do paço arquiepiscopal. E o chefe de polícia, em lugar de conter os amotinados, deu-lhes razão e mandou prender o arcebispo e o pároco de Saint-Germain, que não tinham nenhuma responsabilidade pelo caso. Menos violentas, as notícias de Bruxelas não pareciam mais satisfatórias: a Constituição, votada em 17 de fevereiro, confirmava o triunfo dos revolucionários-católicos e liberais unidos, apesar de o cardeal Mauro Cappellari (o novo papa), quando era Prefeito da Propaganda Fide, ter feito tudo o que estava ao seu alcance para manter o entendimento com a Holanda...

Um dramático começo de pontificado — mas quão significativo! Com a subida de Gregório XVI ao sólio papal, abria-se, no meio do tumulto dos gritos e das armas, um novo período da História. Acabada a tentativa da Restauração e da Santa Aliança, a Igreja tinha de fazer frente a situações inteiramente novas. Segundo a palavra profética de Napoleão, a Revolução continuava a sua marcha.

Um período de efervescência

O período que se abre em 1830 é um dos mais confusos de todo o século XIX. Não é aquele a que geralmente se dá mais importância; acaso o tom cinzento da monarquia burguesa de Luís Filipe o cobre totalmente? Nenhum acontecimento decisivo se produz nele antes de rebentar, em 1848, a nova tempestade que há de sacudir a Europa. E, no entanto, que extraordinário fervilhar! Que profunda agitação! Quantas fermentações! É visível que a sociedade ocidental passa por uma mutação. Notou-o Lamennais: "Há um movimento das coisas que, de época para época, leva os povos para novos destinos, para uma nova organização social, e esse movimento é irresistível, porque é produto de uma multidão de causas entreligadas e sobre as quais o homem nada pode". É precisamente agora que o "movimento irresistível" começa a produzir os seus efeitos. Novos destinos se preparam para o Ocidente.

Reina por toda a parte a instabilidade política, mesmo na França, onde o tranquilizador guarda-chuva do rei burguês não nos deve iludir. Ocorrem levantamentos em numerosos países, na Espanha e nos Bálcãs, em Portugal e na Polônia. A ação das sociedades secretas é cada vez mais audaciosa, e mais eficaz. Os fundamentos diplomáticos que, em 1815, se julgara ter fornecido para sempre à Europa, são deitados abaixo por todo o lado. As Alemanhas descobrem resolutamente que constituem uma unidade. A Itália exaspera-se por ser um manto de arlequim, em parte possuída por uma potência estrangeira. O império turco, o "homem doente da Europa", começa o processo de desagregação. A própria e calma Suíça atravessa uma crise que irá opor os cantões uns aos outros, em lutas sangrentas.

E não é apenas a organização política que passa a ser questionada: também as bases da sociedade se alteram. A máquina que surgiu nas vésperas da Revolução Francesa triunfou ao cabo de meio século, e daí em diante vai estar presente nas minas, nas oficinas e, dentro em pouco, nos meios de comunicação. Com ela desenvolve-se o capitalismo, indispensável ao nascimento da grande indústria, da qual vai tirar imenso proveito. Os conglomerados humanos, cada vez maiores, determinados pelo sistema capitalista, transtornam as relações entre empregadores e assalariados. E forma-se uma nova classe, desconhecida do *Ancien Régime:* o proletariado.

Por trás desses acontecimentos políticos e sociais, travam-se outros debates, que reagem sobre eles. A aventura do espírito nunca foi tão ardorosa desde a Renascença. É a hora em que triunfa o Romantismo, o qual não pretende apenas revolucionar a prosódia e o dicionário, mas também propor um estilo de vida. Multiplicam-se as teorias que pretendem reorganizar a sociedade, dando novos fundamentos ao porvir. Quais serão esses fundamentos? E quem os estabelecerá? Será o parlamentarismo burguês, solidamente couraçado de prata? Será o cristianismo integral, tal como o proclamam, depois de Maistre e Bonald, um Chateaubriand, um Lamennais, ou, na Espanha, um Balmes, um Donoso Cortés? Alguns audaciosos doutrinadores asseguram que o futuro pertence ao socialismo, mas ainda não se sabe muito bem qual o conteúdo desse termo. "Utopistas" à maneira de Saint-Simon ou de Fourier sonham em refazer o mundo de acordo com planos lógicos, tremendamente abstratos. Mas, numa mansarda londrina, um alemão exilado, de nome Karl Marx, redige o *Manifesto do Partido Comunista,* prepara *O Capital,* que não será outro sonho, mas sim um tratado científico, e lança entre os seus amigos a frase decisiva: "Não se trata de comentar o mundo, mas de transformá-lo"[7].

A confusão, a imensa confusão, reflete-se no vocabulário. O termo *liberal,* cuja dose de equívoco pudemos ver no período anterior[8], é cada vez menos claro, precisamente no momento em que a História consagra as primeiras vitórias do liberalismo. Que haverá de comum entre todos esses homens que reivindicam os direitos da liberdade? Entre um

Lamennais, um Guizot, um Lamartine, um Mazzini ou um O'Connell e o arcebispo Droste-Vischering? O liberalismo é sobretudo político na França e na Bélgica. É sobretudo nacionalista na Itália, na Alemanha, na Polônia. É dogmático na Inglaterra, o que levará Newman a tomar violentamente partido — por erro — contra o "liberal" O'Connell; ou na Espanha, o que explica o furor com que o trata Donoso Cortés. E eis o que é ainda mais espantoso: o capitalismo apoia-se doutrinalmente no sistema do *laissez faire, laisser passer,* que teve o seu teórico em Adam Smith. E como se chamará esse sistema econômico que assim serve de esteio à ordem estabelecida? Liberalismo!

No meio de tal confusão, uma só ideia clara, aquela que fora formulada por Napoleão: em tudo isso, não se trata senão da Revolução Francesa que segue o seu curso. Desta vez, já é impossível pô-lo em dúvida. Após o fracasso da tentativa de Restauração, ela irá até ao fim. É ela que leva o Ocidente a encarar os seus novos destinos. Dela saem três correntes, ou, se preferirmos, três formas de revolução, aliás mescladas.

Os "princípios de 89" começam por levar à revolução liberal. Em nome dos direitos que lhe foram reconhecidos, o homem, agora o cidadão, quer rejeitar todas as tiranias que lhe pretendem impor: exige que o deixem participar no governo do Estado, ser protegido contra o arbítrio, ser — ou julgar ser — senhor do seu destino.

Já que os mesmos princípios são tão válidos para as nações como para os indivíduos, suscitam também uma outra revolução: a revolução nacional. Os povos reclamam o direito de dispor de si mesmos, de não serem divididos, partilhados entre senhores que não escolheram. Herdeiro da Revolução neste ponto, como em tantos outros, Napoleão indicou esse caminho da unidade e da independência nacionais aos alemães e aos italianos, e eles não o esquecem.

Finalmente, e de modo ainda mais profundo, os princípios de 89 levam a uma terceira ordem de consequências: as palavras "Liberdade, Igualdade, Fraternidade", sob pena de serem fórmulas ocas, devem trazer consigo uma reformulação das relações entre as classes, tanto mais necessária quanto o aparecimento da grande indústria acentua as desigualdades. Os revolucionários franceses, na sua maioria burgueses com bens de raiz, não imaginaram semelhante resultado, mas não tardará — e logo em 1848 será indubitável — que a revolução social esteja em marcha e ultrapasse todas as outras em poder explosivo.

O período que se abre em 1830 é precisamente aquele em que essas três correntes saídas de 1789 começam a fazer sentir a sua ação; e é exatamente essa ação que o torna tão confuso. Dentro em pouco, a sociedade ocidental irá dar respostas às perguntas feitas pela Esfinge da História. E não só a sociedade, mas também a Igreja, visto que, embora seja uma assembleia espiritual, não deixa de ser constituída por homens, homens cujos interesses são temporais, e de assentar em instituições que lindam com o político e com o social. Mais uma vez, como já acontecera com frequência no decurso da sua longa história, o cristianismo vai ter de se haver com uma forma de civilização nova, à qual será preciso transmitir a sua mensagem e na qual o Evangelho terá de se encarnar. Qual será a atitude da Igreja? Como fará ela frente aos novos destinos?

Um erro de Heinrich Reine

E, antes de mais, uma questão preliminar: a Igreja, o catolicismo, terá ainda vigor bastante para encarar as opções que se impõem? Alguns o negam. "A velha religião está radicalmente morta; encontra-se em dissolução. A maioria dos franceses já não quer ouvir falar desse cadáver e cobre o nariz com o lenço quando se trata da Igreja". Heinrich Heine escreveu estas palavras a seguir à Revolução de Julho, após ter sido testemunha dos incidentes anticlericais que a acompanharam. O menos que podemos dizer é que o autor de *Acerca da França e de Lutécia* foi, neste caso, muito mau profeta. A verdade é diametralmente oposta às suas afirmações. Não foi apenas na França, mas em muitos países da Europa, que a "velha religião radicalmente morta" deu sinais de assombrosa atividade. Um sopro de juventude reanima-lhe as energias em toda a parte. Abre-se uma primavera espiritual. E os sinais são tão numerosos que temos de renunciar a mencioná-los todos[9].

Na França, é a época em que Lacordaire enche Notre-Dame falando da eterna inquietação humana à "Assembleia" emocionada que o escuta, e em que, depois de ter feito um retiro espiritual em Sainte-Sabine, reaparece no púlpito revestido do hábito branco de dominicano. É a época em que, prosseguindo uma obra de menos brilho, mas de grande futuro, Ozanam e Bailly fundam as Conferências de São Vicente de Paulo; em que Dom Guéranger restaura a vida beneditina; em que surge uma vintena de ordens, institutos, congregações; em que as almas fiéis fremem ao apelo de Catarina Labouré.

Na Alemanha, é o momento em que a "Escola de Munique", patrocinada pelo rei Luís da Baviera, passa por uma fase de tal prestígio que de todos os lados se corre até lá como em peregrinação; em que Görres, o antigo jacobino convertido, e sempre polemista temível, e Döllinger, mestre de historiografia, afirmam a grandeza do catolicismo, depositário autêntico do mais puro ideal religioso; em que um imenso público sente o coração flagelado de angústia lendo as *Revelações* de Catarina Emmerich, editadas por Klemens Brentano.

Na Itália, embora a vida do espírito seja menos ativa, é no entanto a hora do generoso Rosmini, cuja dupla atividade se exerce no plano da caridade — em que a sua obra se expande em prósperos institutos — e no da luta filosófica, com um vocabulário que preocupará a Hierarquia. E é também o tempo em que a Providência orienta para as obras da generosidade mais infatigável a comovedora personalidade de José Cottolengo.

A própria Espanha, onde o catolicismo parece mais cristalizado nas suas rotinas, toma com toda a vivacidade partido pró ou contra as teses de Jaime Balmes ou de Danoso Cortês: o primeiro, autor da *Filosofia fundamental;* o segundo, do *Ensaio sobre o Socialismo*. Bem diferentes um do outro, ambos proclamam que a solução de todos os problemas que se apresentam à sua época está no catolicismo integral.

E, na Inglaterra, ainda ontem tão hostil ao papismo, é o momento em que Newman, depois de em vão ter tentado insuflar no anglicanismo uma verdadeira vida espiritual com o seu Movimento de Oxford, entra na Igreja Católica e é seguido pouco depois por Manning, que começara por criticá-lo.

Todos esses movimentos, tão diversos uns dos outros, que animam a velha Igreja têm em comum uma grande ideia, uma profunda certeza: que a religião católica não está morta, mas, pelo contrário, possui um princípio invencível de desenvolvimento. "Os séculos, página a página, soletram o Evangelho", escrevia Lamartine. Os séculos futuros não haverão de lê-lo com olhos menos ávidos que os do passado. Em julho de 1831, quando os incidentes anticlericais de Paris inquietarem tantas inteligências e sugerirem a Heine a sua negra profecia, Eckstein escreverá, na *Revue des Deux Mondes:* "Longe de ter chegado ao fundo do poço, o cristianismo ainda não terminou a primeira metade do seu curso". Três anos mais tarde, Chateaubriand retomará a ideia: "Só está já cumprida uma pequeníssima parte da missão do Evangelho".

Esse futuro do cristianismo é visto por mentes cada dia mais numerosas como uma penetração crescente da vida social e política pelas verdades evangélicas. É o que Chateaubriand — ainda ele — designa por "o terceiro período" da religião do Libertador: "o período político". Essa é também a tese pela qual Lamennais se bate há vários anos: é a que vai ser defendida por ele e pelos seus amigos no jornal a que dão o título significativo de *L'Avenir.* E é tão bem lançada que dentro em breve começarão a surgir "partidos políticos católicos", tanto na França como na Bélgica ou na Alemanha, e até na Itália, onde o "neo-guelfismo"[10] assume essa forma.

Mas que política será a desses católicos que assim querem enfrentar o futuro? O que é indubitável é que não será a que tentou impor-se durante os quinze anos da Restauração. Tudo o que há de mais jovem e de mais vivo na Igreja dirige-se num sentido diferente. O jovem catolicismo, na Alemanha, na França ou mesmo na Inglaterra, quer libertar-se dos entraves que uma união da Igreja e do Estado opõe ao desabrochar da vida cristã autêntica. O que quer para si é a liberdade. "Por toda a Europa, o catolicismo sobe com a liberdade: Manzoni e Görres, Mérode, O'Connell e Skrzynecki são os artesãos deste triunfo"[11]. Lamennais, Lacordaire, Montalambert têm essa mesma palavra de ordem. O catolicismo rejuvenescido apoia também as reivindicações nacionais dos poloneses, em luta contra os opressores russos; dos irlandeses, que querem arrancar aos ingleses novas concessões; e ainda as dos patriotas italianos do *Risorgimento.* É também ele que se faz eco do lamento, tão débil, da classe operária, esmagada pelas cegas potências do capitalismo nascente; ele que ousa protestar contra a injustiça nos salários e nas condições de trabalho; ele que ajuda a nascer uma doutrina social católica, com Villeneuve-Bargemont ou com o "socialismo cristão" de Buchez.

Tal é o dado novo, e de importância capital: no seio da Igreja, está em vias de se formar uma ala dinâmica. Aqueles que a dirigem vão ser chamados quer "católicos liberais", quer "democratas cristãos", e ainda terão outras designações. Essencialmente, definem-se como católicos que pretendem fazer face aos destinos do mundo, aceitar o futuro, tentar conservar nele presente e vivo o Evangelho. Em 1830, são uma espécie de ordem de cavalaria, que agrupa homens na maioria jovens, na maioria também de temperamento romântico, nos quais os mais nobres princípios se misturam com uma boa dose de sentimentalismo e ilusão. Seja como for, a sua importância não parará de crescer, e irão marcar profundamente a História.

Qual a atitude que a Igreja oficial, especialmente o Magistério pontifício, vai assumir para com eles? A situação é terrivelmente embaraçosa. Como recusar benevolência a todos esses jovens movimentos que trabalham, com fervor e coragem incontestáveis, pela grandeza da Igreja e que, para mais, são, na sua maioria, "romanos", ou seja, filialmente fiéis ao Pai Comum? Isto por um lado. Por outro lado, porém, como aceitar o que constitui o próprio fundo do liberalismo católico — a separação radical da ordem política e da ordem religiosa, doutrina que parece oposta a toda a tradição católica? Como admitir a colaboração que esses jovens católicos prestam a liberais incrédulos, nacionalistas anárquicos, agitadores sociais?

Essa gente audaciosa convida a Igreja a alterar de todo a sua atitude para com a Revolução. "Não se vê na grande Revolução que transformou o mundo senão as desordens que trouxe — escreve Lamennais —. Essas desordens são reais; mas há aí outra coisa: mais tarde se há de reconhecê-lo". Pode a Igreja admitir esses dados positivos da Revolução?

Tudo parece levá-la a rejeitá-los. Liberal, a Revolução não anda porventura associada a movimentos de pensamento e a potências de ação diretamente opostos às verdades da fé e também aos princípios de autoridade que ela tem por fundamentais? Nacionalista, a Revolução não põe porventura em causa a existência dos Estados Pontifícios, justamente considerados como penhor da independência da Santa Sé? Social, a Revolução não parece talvez uma simples empresa de subversão, que fere direitos legítimos? Instintivamente, a Igreja não pode deixar de ser hostil à Revolução.

Dir-se-á, portanto, que, mais do que nunca, a Igreja vai ser prisioneira do dilema em que a vimos encerrada: ou aceitar as novas doutrinas, arriscando-se a ser infiel aos seus princípios; ou separar-se daquilo que elas têm de mais vivo. Falso dilema, como o futuro o demonstrará. Mas, nesses meados do século XIX, não é fácil sair dele.

Um frade no trono de Pedro

O papa a quem ia incumbir a pesada tarefa de dirigir a Barca de Pedro por entre todos esses recifes e correntes, esse Gregório XVI cujo pontificado começara de maneira tão dramática, seria o homem à altura da situação?

Era um sexagenário[12] vigoroso, cuja robusta saúde contrastava com a fragilidade de Leão XII, constantemente adoentado, e de Pio VIII, minado pelo sofrimento. Gostava de sair do coche e andar longas horas a pé pelos campos romanos, num ritmo que os prelados asmáticos ou gotosos não apreciavam muito... Jovial, gracejando à maneira um pouco ingênua dos monges, gostava de implicar com os seus familiares[13] e mesmo com os cardeais. O *Pasquino* e o satirista romano Belli, que não o poupava, diziam que o vinho de Orvieto corria em abundância na mesa do papa;

mas é certamente uma calúnia, suscitada pelas inusitadas dimensões e cor do seu nariz, a que as gentes chamavam, sem respeito, "o pimentão". De fato, Gregório XVI sofria de uma doença no nariz, agravada pelo hábito de tomar rapé, e que acabou por derivar para um câncer de pele no rosto.

Com esse apêndice violáceo e sem graça, lábios proeminentes, olhos de azeviche debaixo de umas sobrancelhas demasiado arqueadas, *Er Zor Grigorio* não era bonito... O próprio cardeal Wiseman o reconhece, apesar de ser tão respeitoso e prudente: "Os seus traços fortes e arredondados — diz ele — não tinham esses toques de finura que sugerem um gênio de classe ou um gosto delicado". Não é que lhe faltasse majestade, quando era preciso, e menos ainda inteligência. E todos os que o conheceram de perto estão de acordo em dizer que, quando oficiava, a sua face se transfigurava literalmente e uma beleza sobre-humana, refletindo a alma, supria aquela que a natureza lhe recusara. É inegável que não tinha brilho nem encanto; mas os seus adversários repetiram-no muito mais do que seria justo, porque era corajoso, e isso os incomodava.

Tinha sido formado na rude disciplina dos filhos de São Romualdo, os camaldulenses, que desde o ano Mil tinham conservado a bem dizer intacta a regra beneditina reformada que lhes fora dada pelo seu fundador. Tinha-se feito monge aos dezoito anos, e monge continuou a ser no sólio pontifício: dormia num colchão de palha, num quarto com aspecto de cela, e comia frugalmente: "Não mudei de estômago ao tornar-me Papa", dizia. Mas seria simplesmente um monge? A sua experiência não seria, como diziam os maliciosos, aludindo às vestes que usava, senão uma "página branca"? Após haver subido os degraus das dignidades na sua ordem, Mauro Cappellari, que Pio VII tinha em alta estima, fora, sucessivamente, consultor da

Congregação para os Assuntos Extraordinários, consultor da Inquisição, encarregado de examinar os méritos dos candidatos ao Episcopado, visitador das universidades e, por fim, criado cardeal em 1826, prefeito da Propaganda Fide, cargo que desempenhara muito bem. Não se pode, pois, dizer que fosse um ignorante.

O que é mais verdadeiro é que, tanto por temperamento como por educação, tendia instintivamente a desconfiar das novidades e a ser hostil ao mundo moderno. Já aos dezoito anos, defendera uma tese, em estilo veemente, sobre a Infalibilidade pontifícia e os direitos da Igreja. Em 1799, no preciso momento em que o desventurado Pio VI morria em Valence e a catolicidade parecia tão ameaçada, publicara um tratado retumbante — logo traduzido em quatro línguas —, intitulado *Vitória da Santa Sé e da Igreja contra os assaltos dos inovadores*. As ideias revolucionárias tinham, pois, poucas hipóteses de achá-lo indulgente.

Daí a fazer dele um *laudator temporis acti* [um "louvador do tempo passado"] e sistemático desprezador do presente, é claro que só mediava um passo, e os seus adversários e numerosos historiadores não tardaram a dá-lo; mas nem sempre foram justos. Irão censurá-lo muito por ter recusado a instalação da estrada de ferro em Roma[14]; era esquecer que o "liberal" Thiers professou as mesmas opiniões acerca dessa invenção "inútil e perigosa". Nem quando se tratou de continuar a abrir a Igreja às dimensões do mundo, desenvolvendo as Missões; nem quando se cuidou de abolir o tráfico dos negros; nem mesmo quando, em Roma, foi preciso lutar contra as epidemias, sanear os bairros, estabelecer um plano urbanístico, Gregório XVI mostrou ser o passadista inveterado que nos têm apresentado tão insistentemente.

A verdade é que esse frade virtuoso, homem de coragem e leal, grande trabalhador que estudava pessoalmente os *dossiês* e não hesitava em fazê-los voltar às Congregações romanas, se a decisão proposta lhe parecia má, era apenas — num momento em que a Igreja precisava de ter à cabeça um diplomata que ao mesmo tempo fosse homem de ação — um especulativo, preocupado com as grandes questões filosóficas e teológicas, exatamente o contrário de um político e de um condutor de homens. O que lhe interessava era fixar claramente a doutrina. Quanto ao mais, deixava-o facilmente — demasiado! — aos seus colaboradores diretos.

Entre estes, o mais influente foi, sem sombra de dúvida, o de menor grau hierárquico: Gaetano Moroni, curiosa personagem que em breve aparecerá numa peça de Beaumarchais ou num romance de Stendhal. O papa chamava-lhe, paternalmente, Gaetanino, e os romanos, "o barbeiro". Tendo entrado ao serviço de Dom Mauro quando este era abade de São Romualdo, no convento da Praça de Veneza, esse homem fino, sutil, empreendedor, soubera tornar-se tão indispensável ao seu senhor, que este nunca mais o deixara. Os visitantes do Palácio Apostólico encontravam-no na antecâmara, vestido de túnica de seda violeta, multiplicando beija-mãos, sorrisos, reverências, conduzindo o jogo superiormente. Não havia bispo ansioso por um arcebispado ou padre atacado pelo mal de obter uma mitra que não se desdobrasse em atenções com Gaetanino. De costumes, aliás, muito dignos, esposo honesto, nada entontecido com a sua sorte, não abusava da situação para enriquecer mais do que era razoável. A sua única paixão, à parte o serviço do papa, era a compilação, e a verdade é que publicou, a partir de 1840, um *Dicionário de erudição histórico-eclesiástica* em cento e vinte volumes, que, no meio de muita inutilidade, ainda hoje permite colher excelentes informações. Para mais, esse "barbeiro" era corajoso: quando Gregório XVI morreu e um jornal flamengo lhe difamou a memória, Gaetano Moroni levou-o aos tribunais.

Mas não foi apenas a essa personagem amável que Gregório XVI confiou os grandes negócios eclesiásticos. Logo a seguir à eleição, chamou para a Secretaria de Estado, não o velho Albani, "austriacizante" demasiado notório, mas *Tonmaso Bernetti*. Escolha feliz. Antigo colaborador de Consalvi, experimentado no manejo com homens e problemas, esse cardeal por alvará (como o próprio Consalvi) partilhava dos mesmos pontos de vista que tinham sido os do grande homem que o formara. A sua política consistia em manter-se firme, mas não brutal, em só procurar o apoio das Potências na justa medida do necessário e sem se deixar absorver por elas, em lutar vigorosamente contra as seitas e os inimigos da Igreja, mas sem enfileirar no clã da reação. "Um braço de ferro e um coração de ouro", dizia dele Gregório XVI, que o conservou por seis anos[15].

Infelizmente, o cardeal Bernetti era muito espirituoso, e, como é costume, o seu "espírito" era malicioso. Certas palavras repetidas a Metternich desagradaram muito ao poderoso ministro, que já desconfiava do Secretário de Estado por ter sido pouco enérgico em impedir os franceses de intervir na Itália contra a Áustria. Um dia em que estava retido no leito por uma crise de gota, o cardeal teve a agradável surpresa de ver o Santo Padre em pessoa surgir no limiar do seu quarto. Desfez-se em agradecimentos, mas o que ouviu foi Gregório XVI anunciar-lhe, com toda a suavidade possível, que, vendo-o doente, ia aliviá-lo dos pesados cuidados dos negócios de Estado...

O sucessor era de gênero bem diferente: o cardeal *Luigi Lambruschini,* antigo núncio em Paris, aquele mesmo que começara por encorajar Lamennais pelo seu ultramontanismo e depois o prejudicara em Roma. Era um frade barnabita de costumes graves, vasta doutrina, mas cioso dos privilégios da sua casta e de espírito altivo. Além do mais, estava firmemente ligado ao ideal da Restauração, à Companhia de Jesus e à Áustria. Senhor absoluto da administração pontifícia, de onde eliminou os rivais, este segundo Secretário de Estado de Gregório XVI ia, nas palavras de um contemporâneo, "deixar às severidades da lei uma iniciativa que servira a Bernetti apenas para ameaçar a Revolução"[16]. A sua política de rigor não seria estranha ao descontentamento crescente que surgiu em todas as províncias pontifícias e que, após a morte do papa, iria explodir brutalmente.

Os peões estavam, pois, dispostos: o pontificado de Gregório XVI será, dentro em pouco, um pontificado de combate. Convencido de que qualquer concessão ao espírito do século poria em perigo os próprios fundamentos da Igreja, Mauro Cappellari não transigirá. "A seus olhos, o catolicismo teria traído a sua missão e comprometido a eficácia do seu apostolado se deixasse de ser ele mesmo"[17]. Terá o mérito de falar alto e bom som, de tentar pôr fim ao equívoco liberal, de assentar a sua autoridade nas igrejas nacionais em que o ultramontanismo irá sempre em progresso, de afirmar em todas as ocasiões a autoridade e a grandeza da Sé Apostólica.

Sob o reinado deste papa pessoalmente tão simples, as cerimônias pontifícias revestir-se-ão de um fausto inédito. As audiências rodear-se-ão de um protocolo mais que régio: terá início o costume de ajoelhar-se perante o Vigário de Cristo, por vezes durante todo o tempo da audiência. Roma passará por um tempo lisonjeiro. Inúmeros visitantes ilustres aí estanciarão. Construir-se-ão novos palácios, entre os quais o de Colonna. Reconstruir-se-á[18] a venerável Basílica de São Paulo. O Coliseu será escavado e restaurado. O Vaticano ver-se-á enriquecido com preciosas coleções, entre elas a que o príncipe Luciano Bonaparte arrancara ao solo na Etrúria. De muitos e muitos modos o prestígio do papado irá progredir durante estes dezesseis anos.

E, quanto à sua autoridade prática, à sua influência? Certamente, em menor grau. A esse homem de sólida doutrina faltará o jogo de cintura, a habilidade de manobra e a capacidade de distinguir entre a tese e a hipótese, o que Leão XIII fará magnificamente. Diante dele, a situação do mundo apresentava-se como um emaranhado terrivelmente complexo. E o honesto Gregório XVI julgou, de boa fé, que o melhor método era o que Alexandre aplicara ao nó górdio: cortá-lo pela raiz. Mas acontece que, neste caso, dentro do nó havia homens...

Roma e a jovem Itália

A primeira questão, terrivelmente urgente, que Gregório XVI teve de resolver foi a da revolução na Itália. Desde o início da insurreição, Francisco I da Áustria mandara oferecer a Roma os bons ofícios das suas baionetas para o restabelecimento da ordem. Bernetti recusara. Mas, perante a extensão do perigo, e não tendo conseguido obter uma ação conjunta de todas as principais Potências, Gregório XVI, embora de má vontade, resignou-se a apelar para os austríacos. É claro que as tropas regulares da monarquia dual (Áustria-Hungria) não precisaram de muito tempo para varrer da face da terra os governos provisórios de Bolonha e Ancona. O cardeal prisioneiro foi libertado; os funcionários pontifícios voltaram às suas funções; houve sentenças de condenação à prisão. Mas numerosos chefes liberais e carbonários escaparam, entre os quais Luís Napoleão Bonaparte (cujo irmão morrera de doença), que conseguiu atravessar a fronteira graças ao passaporte falso que lhe deu o arcebispo liberal de Spoleto, mons. Mastai-Ferretti, futuro papa Pio IX.

A intervenção austríaca triunfou, portanto, mas as suas consequências políticas estavam longe de ser inteiramente felizes. Aos patriotas italianos, o papa dava a impressão de ser fiel aos ocupantes. E, por outro lado, convidar as Potências a intervir nas questões pontifícias era criar um mau precedente.

As consequências não tardaram a fazer-se sentir. Algumas semanas depois do termo das insurreições, soube-se que a Áustria e a França propunham que se reunisse em Roma uma Conferência destinada a voltar a pôr em ordem o regime papal. Seriam convidadas a participar dela a Inglaterra, a Prússia e a Rússia, com o que cismáticos e heréticos ficavam investidos na tarefa de reorganizar os domínios da catolicidade. Era o resultado de duas manobras diferentes: a França não queria deixar a Áustria tratar sozinha dos Estados da Igreja, e Metternich, sabendo que os austríacos eram muito impopulares na Itália, procurava, ao propor reformas liberais, atrair as massas nacionalistas a fim de fazer recair apenas sobre a Cúria romana a responsabilidade de uma política de reação.

Reunida em maio de 1831, a Conferência redigiu um *Memorando* que indicava as providências a tomar e anunciava que as Potências as garantiriam. A conselho de Bernetti, o papa evitou protestar contra essa insolente pretensão de intervir de modo permanente em sua casa. O arguto cardeal adivinhara que o acordo das Potências era muito precário. O futuro bem próximo deu-lhe razão.

Ainda a tinta das assinaturas não tinha secado na última página do Memorando e já o governo francês, dirigido pelo muito categórico Casimir Périer, perguntava ao papa quando é que as tropas austríacas deixariam as terras pontifícias, e acrescentava, num tom bastante ameaçador, que, se essa evacuação demorasse, a França poderia ver-se forçada a enviar também as suas tropas. Continuando a jogar com muita finura, Bernetti mandou proclamar uma anistia para todos os insurretos que aceitassem submeter-se e, com fundamento no fato de a paz estar restabelecida, pediu ao governo austríaco a retirada das tropas, o que aconteceu em julho.

Mas logo a agitação liberal recomeçou. Bolonha, Forli e Ravena proclamaram Constituições próprias, que foram aceitas pelos pró-Legados, em certos casos com uma prontidão inquietante. Diante disso, Gregório XVI apelou para o cardeal Albani, cujo rigor era bem conhecido. Infelizmente, o valor das tropas pontifícias, recrutadas à pressa, não estava à altura da energia do seu chefe; deixaram-se bater pelos camponeses armados. À vista disso, o cardeal, sem falar com o papa, pediu auxílio ao general Radetzky, comandante das tropas austríacas, e este, num mês, restabeleceu a ordem. No fim de janeiro de 1832, a autoridade da Santa Sé estava restaurada em todos os seus Estados.

Mas estava-se nas vésperas de um conflito europeu! Porque, sabendo da nova intervenção da Áustria, o governo de Casimir Périer reagiu rudemente. Fez-se diante de Ancona uma demonstração naval, que levou à ocupação da cidade; nunca se soube se essa ocupação foi devida a excesso de zelo dos oficiais franceses ou a ordens secretas, muito maquiavélicas. Furor da Corte austríaca; irritação da Inglaterra; correram rumores de guerra nas chancelarias. Só o governo pontifício se manteve em perfeita calma. Embora protestasse oficialmente, Bernetti não estava nada desgostado de ver um regimento francês fazer contrapeso às tropas de Francisco I. Depois de muito ruído de botas, a ocupação de Ancona pelas tropas francesas foi reconhecida como "fato provisório": com efeito, cessou em 1833, altura em que a situação se apaziguou e dois regimentos pontifícios, recrutados na Suíça, passaram a constituir a guarnição do porto do Adriático.

Dessa crise, no entanto, Gregório XVI extraiu uma lição: eram necessárias reformas nos seus Estados. Não as quisera fazer sob pressão das Potências e segundo os termos do Memorando; mas, logo que as pôde empreender em liberdade, meteu ombros à tarefa. Não, como é óbvio, no plano político. O governo francês quereria que Roma se convertesse numa espécie de monarquia parlamentar, segundo o modelo da de Luís Filipe, mas evidentemente não era caso disso. Gregório XVI pretendia conservar o caráter absoluto e eclesiástico no governo dos seus Estados, o que descartava tudo o que pudesse parecer um regime liberal. A autoridade do Soberano Pontífice foi até reforçada mediante a criação de um exército pontifício de soldados mercenários e a reorganização dos serviços da Secretaria de Estado. Quanto ao mais, as reformas restringiram-se à Administração, à Justiça e às Finanças. E mesmo nessas matérias ficaram abaixo das sugestões do memorando das Potências.

A verdade é que algumas dessas reformas foram boas. Na ordem administrativa, instalaram-se "Conselhos provinciais" consultivos compostos de leigos. Na ordem judiciária, simplificaram-se as jurisdições (havia quinze, muito entrecruzadas) e nomeadamente suprimiu-se a do "auditor do Papa", que era sem limites nem prescrição e o povo detestava; assim como se proibiram instrumentos de tortura cruéis, que datavam da Idade Média, tais como a polé. Na ordem financeira, criou-se uma Comissão permanente encarregada de controlar as receitas e as despesas das diferentes administrações. Muitas outras iniciativas de menor vulto mostram também que Gregório XVI não era o inimigo do progresso que a gente se comprazeu em pintar. Foram grandes obras de utilidade pública, a difusão da vacina, a abertura de cursos noturnos para trabalhadores, a adoção do sistema decimal para a moeda, a fundação de um Banco para a Agricultura, de uma Caixa Econômica, de uma sociedade de seguro contra incêndio e acidentes... Tudo isso revelava excelentes intenções.

No entanto, o resultado dessas medidas não foi aquele que o papa esperava. Em parte, porque o seu feliz efeito foi combatido pela contra-propaganda suscitada pelas calamidades públicas que pareciam encarniçar-se contra o infeliz pontificado: inundações, tremores de terra, epidemia de cólera; tudo isso levou à ruína do tesouro, à miséria, ao aumento de impostos. Em parte, também, e muito mais fortemente, porque a própria maneira como essas reformas se implantaram as tornava pouco populares. Em vez de darem ao povo a impressão de lhes estar associado, todas elas foram impostas como atos de autoridade. Havia quem falasse de "despotismo iluminado" ou de "tirania", o que era demasiado para um governo realmente paternalista, mas também paternal. De modo que os adversários não tiveram dificuldade em multiplicar as suas críticas: que o papa não tinha unificado os seus Estados; que diminuíra os poderes dos Conselhos comunais; que tinha arruinado os romanos com despesas de armamento tão esmagadoras como inúteis; que tinha arrendado a Rothschild a confecção dos tabacos... Quantas recriminações! Fundamentadas ou não, a verdade é que tanto liberais como patriotas as espalhavam por todo o lado.

Até em meios católicos perfeitamente fiéis se faziam censuras ao austero pontífice camaldulense: não trabalhava na reforma profunda da Igreja, do clero, do recrutamento e formação dos sacerdotes, nem mesmo da Cúria e da Corte pontifícias. Rosmini, protegido do papa, não tardaria a formular essas críticas no seu livro *As cinco chagas da Igreja,* e Raffaello Lambruschini — sobrinho do cardeal desse nome e padre de vistas largas, de grande independência de maneiras e de juízo, cuja influência era grande nos meios liberais, embora mais moderado nas expressões — não deixava de pensar, por sua vez, que a reforma religiosa e a reforma política deviam ser paralelas.

Tudo isso criava uma situação instável e confusa. Se as iniciativas de Gregório XVI mereciam ser acolhidas melhor do que foram, é forçoso reconhecer que elas não alcançaram os objetivos que tinham em vista. Longe de acalmarem a agitação, dir-se-ia que as reformas do papa contribuíram para excitar os adversários. Logo que as tropas austríacas e francesas regressaram aos seus países (1838), a revolução passou a ser quase permanente em todos os domínios pontifícios.

O fracasso das tentativas de 1820 e de 1830 não desencorajara os liberais e os patriotas italianos. As aspirações à independência e à unidade eram de ano para ano mais imperiosas. Corriam por toda a Península panfletos em que se denunciavam todas as tiranias. Silvio Pellico emocionava inúmeros corações com a narrativa do seu cativeiro nas prisões austríacas: *As minhas prisões* (1832). Um sopro de grandeza perpassava pela Itália inteira. Com Leopardi e os seus versos dilacerantes, com Manzoni e os seus *Hinos sagrados* e os seus *Noivos,* a velha terra parecia ter reencontrado a glória de possuir escritores de renome mundial. Dentro em pouco, *Vincenzo Gioberti* publicaria (1843) a sua obra de vasta repercussão: *O primado moral e cívico dos italianos,* e Balbo, as suas *Esperanças italianas* (1844). As forças da revolução nacional e liberal não eram daquelas que alguns regimentos vindos da Áustria pudessem manter para sempre em respeito...

Os agrupamentos que serviam essa causa eram, de resto, muito diferenciados. Estavam todos de acordo em querer apaixonadamente uma Itália unida e livre, em combater não só os estrangeiros que ocupavam tantas províncias da pátria, como os governos paternalistas e absolutistas, quer fossem o do Piemonte ou os dos Estados lombardo-venezianos, ou o de Roma — todos eles confiscadores da liberdade em troca de algum bem-estar material dado às populações. Mas diferiam radicalmente quanto aos outros objetivos e quanto aos meios.

O mais violento era o da *Jovem Itália*, fundada em 1831 por *Giuseppe Mazzini* durante o seu exílio em Marselha. Tomando boa nota do fracasso dos métodos dos carbonários, esse homem de fogo, em quem havia um misto de conspirador e apóstolo, concebera uma nova associação, desembaraçada da complicada hierarquia e dos rituais cabalísticos herdados da maçonaria que tinham pesado sobre a Carbonária. As suas ideias, que exprimia em numerosos panfletos de estilo vivo e percuciente, eram simples: a nova Itália devia ser "republicana e unitária". Republicana, para pôr fim à tirania dos príncipes; unitária, porque, em seu entender, qualquer sistema federalista faria correr o risco de manter as divisões que afligiam a Itália.

Quanto aos métodos que propunha, eram também muito simples. Antes de mais, importava educar o povo: "O povo ainda está por nascer, mas prestes a rasgar o invólucro que o prende". Havia, pois, necessidade de repetir-lhe "as palavras regeneradoras de liberdade, direitos do homem, progresso, igualdade, fraternidade, opondo-as ao vocabulário da tirania: despotismo, privilégios, escravidão. No dia em que o povo estiver reunido à volta destes princípios, terá começado a Nova Era". Essa Nova Era seria a da revolução. Mazzini não recuava ante a perspectiva da violência, do derramamento de sangue, do próprio assassinato de reis e príncipes que se opusessem à Jovem Itália. E nada de intervenção estrangeira para alcançar tão nobres fins: *"L'Italia farà da se"*[19]. A Itália havia de se fazer a si mesma.

E que seria da Igreja, nessa visão das coisas? Que seria do Papa? Pessoalmente, Mazzini declarava-se cristão, mas o seu cristianismo, separado dos dogmas, vinculado somente ao "homem admirável Jesus", estava muito longe do catolicismo: muito próximo do de — igualmente vago e humanitário — Lamennais posterior à sua queda. Quanto ao Pontífice, como soberano, devia submeter-se e abandonar os métodos absolutistas; como detentor de Roma, única possível capital da Itália unificada, devia resignar-se a perder o seu poder temporal.

É fora de dúvida que, por detrás desse empreendimento revolucionário, estavam em ação as seitas. Já não propriamente a Carbonária, que passara ao armazém das antiguidades, mas, incontestavelmente, a franco-maçonaria. Embora os ritos maçônicos já não fossem prezados na *Nova Itália,* o espírito maçônico lá permanecia, e até a lei do segredo, lei absoluta, prevista no artigo 30 do Regulamento sob pena de punhal. É possível que o próprio Mazzini fosse maçom, mas eram-no com certeza os principais condutores do movimento, como Garibaldi e esse desconhecido chamado a um alto futuro, Francesco Crispi. A orientação antirromana da *Jovem ltália* tinha sem dúvida essa origem.

Mas encontrava também apoios e até cumplicidade em meios bem diversos, por exemplo no velho jansenismo italiano, mesclado de regalismo e febronianismo, cuja influência vimos persistir, e que tinha por aspiração profunda a autonomia do pensamento religioso em face de toda e qualquer autoridade. Essa influência jansenista contribuiu, de resto, para dar aos chefes do *Risorgimento,* mesmo aos mais anticristãos, uma dignidade moral incontestável. O próprio Mazzini tinha sido educado num meio jansenizante. E é óbvio que esses descendentes de Scipione Ricci não eram propriamente amigos da Santa Sé nem defensores do poder pontifício[20].

Mas, em face da *Jovem Itália,* erguiam-se outros movimentos. Aos revolucionários opunham-se os reformistas, não menos ardentemente patriotas, mas que não aprovavam o recurso à violência propugnado por Mazzini e não eram republicanos. A seguir a 1830 e por uma dezena de anos, os mais importantes foram os neo-guelfos, modestamente constituídos durante a Restauração[21]. Seus grandes homens eram *Cesare Balbo* e o *pe. Vincenzo Gioberti,* que não demorarão a ganhar celebridade mercê dos seus livros[22]. Não menos que Mazzini, ambos exaltavam a grandeza da Itália e chamavam a sua pátria a novos destinos. Mas o radicalismo antirromano da *Jovem Itália* indignava-os, assim como os seus métodos. Um e outro profundamente religiosos, viam no catolicismo o laço unificador de todos os seus irmãos da Península Itálica, o seu ideal comum, o meio adequado a toda a sua ação. O papado, "antigo protetor da Nação — dizia Gioberti —, asilo generoso da tolerância", devia ter a primazia numa Itália unida. Quanto aos métodos que preconizavam, consistiam na negociação, na via legal, na diplomacia. Mesmo para a libertação da Lombardia e da Venécia, era desses meios que pretendiam lançar mão: à Áustria seriam oferecidas, em troca, compensações nos Bálcãs, como, por exemplo, a Moldávia e a Valáquia. À margem do grupo neo-guelfo, sobretudo de Turim, o pe. Raffaelo Lambruschini, instalado no seu ermitério da Toscana, propunha uma monarquia constitucional em que o Papa conservaria um poder de direção, executivo, mas assistido por conselheiros eleitos por cada uma das grandes regiões da Itália.

Havia, sem dúvida, muita ilusão nesse neo-guelfismo que pretendia fazer do Pontífice universal o soberano da Itália, e mais ainda no sonho de alcançar os seus fins somente por vias pacíficas. Assim, não tardaram a surgir tensões no seu seio. Enquanto Gioberti escrevia que uma Confederação italiana devia ter "duas raízes, Turim e Roma, uma representando a força, a outra a santidade da Itália", Balbo percebeu dentro em pouco que era necessária uma raiz única e que só a Casa de Savoia seria capaz, quer pelo seu poder, quer pela sua posição geográfica, de expulsar os austríacos e unificar a

Itália. Pouco a pouco, o ideal neo-guelfo se irá desvanecendo, em proveito dessa concepção política mais realista. Mas, durante uns quinze anos, que correspondem ao pontificado de Gregório XVI, as grandes teses de Gioberti irão conquistar vastos setores do clero, incluída a mais alta Hierarquia: veremos a medida da sua influência no Conclave de 1846.

O papa-monge Mauro Cappellari estava, pois, diante de um extraordinário fervilhar de ideias, doutrinas, projetos. Apesar da censura, a imprensa discutia-os. Os livros dos principais chefes do *Risorgimento* eram apaixonadamente lidos em toda a parte. Reuniam-se em número inusitado congressos pretensamente científicos, em que se tratava sobretudo de política.

Que atitude tomar perante tal agitação? Não há dúvida de que o papa a compreendeu mal. Englobou na mesma desconfiança todos aqueles que pretendiam mudar a ordem das coisas, tanto os neo-guelfos como os revolucionários. Deve-se reconhecer que se liam frases próprias para suscitar desconfiança, como esta de Gioberti: "O cristianismo harmoniza dialeticamente a autoridade e a liberdade..." Gregório XVI não percebeu que os entusiasmos excessivos de Gioberti e dos seus amigos abriam uma possibilidade à Sé Apostólica. Influenciado pelo cardeal Lambruschini, fechou-se numa atitude de recusa, com fundamento dogmático, mas pouco hábil no plano político. Não vendo em toda essa agitação mais que uma obra das seitas, cuidou de as destruir, e, para tanto, mandou vir para junto de si um escritor francês, Cretineau-Joly, conhecido por uma *História da Vendeia militar* e uma *História da Companhia,* e encarregou-o de "aguçar a sua pena de pato e escrever, sem se deter em nenhum obstáculo, uma *História das sociedades secretas e das suas consequências*". De ano para ano, rudemente conduzido pelo Cardeal-Secretário de Estado, o regime dos Estados Pontifícios foi sendo mais severo.

Mesmo sem tomarmos inteiramente ao pé da letra as veementes proclamações de Massimo d'Azeglio no livro *Os últimos acontecimentos da Romagna*, que sairá a lume em 1845, pode-se pensar que nem tudo é falso nesse quadro que ele nos pinta de um regime em que a polícia podia "mandar um homem para a cadeia, pô-lo em residência vigiada, tirar-lhe os direitos civis, fazê-lo perder o emprego, abrir-lhe as cartas, invadir-lhe o domicílio, encerrar as lojas e infligir multas a seu bel-prazer". Ainda que, na prática, esses fatos não hajam sido frequentes, bastaria que fossem reais para desacreditar gravemente a autoridade pontifícia.

Foi assim que essa política de coerção — que não foi obra apenas do governo romano, porque se pôs em prática tanto em Nápoles como em Milão, em Veneza, etc. — conduziu ao fracasso. "Bem podiam as prisões encher-se por toda a parte: os amotinados e os assassinos saíam da terra em todo o lado", e "os fiéis partidários do Papa já não podiam sentir a vida segura"[23]. Era como um fogo debaixo do borralho, donde saíam chamas, ora aqui, ora acolá... Em 1833, tinha rebentado um motim em Gênova. Depois, foram os Estados dos Savoias que se viram perturbados por revoltas de oficiais subalternos e de soldados, que provocaram em certos cantões um autêntico terror. Em 1843, toda a Romagna entrava em ebulição, e, no ano seguinte, a Calábria.

O incidente mais grave foi o da tomada de Rimini por conjurados vindos de São Marinho, em 20 de dezembro de 1843. Êxito efêmero, já que os suíços do Papa restabeleceram a ordem; mas suficiente para que o chefe dos rebeldes, Farini, tivesse tempo de lançar à Europa um apelo patético, acompanhado de um plano de reformas, que, muito habilmente, retomava ponto por ponto do *Memorando* das Potências. A resposta do cardeal Lambruschini foi recusar toda e qualquer reforma e constituir tribunais ambulantes que pronunciaram numerosas condenações.

A situação continuou explosiva. Um pouco por toda a parte, apareceram assassinados carabineiros, "centuriões" das milícias papais, até magistrados de comissões de inquérito. Em Ímola, um chefe de bando tentou raptar o cardeal Mastai-Ferretti e dois dos seus eminentíssimos colegas que o tinham ido visitar. Depois, como o golpe falhasse, assaltou a cidade e só a custo foi repelido. Dezoito meses mais tarde, em 1845, o fogo ressurgia em todas as Legações, e o cardeal Lambruschini teve de usar de muita energia, tanto para tentar restabelecer a ordem como para impedir os austríacos de serem eles a fazê-lo... As prisões encheram-se de suspeitos políticos, enquanto outros emigravam[24].

Assim, o método de rigor praticado por Gregório XVI, por muito justificado que lhe parecesse pela preocupação de defender as verdades da religião e os direitos sagrados da Sé Apostólica, conduzia no fim de contas a um fracasso no plano político. Teria porventura melhor êxito noutro plano, no das ideias, em que a sua aplicação era ainda mais melindrosa? Um assunto de enorme repercussão, que agitou o início do pontificado, suscitava a dúvida.

O drama de Lamennais

A revolução de 1830 inspirou a Félicité de Lamennais sentimentos mesclados[25]. Não assistiu pessoalmente às Jornadas de Julho, pois estava nesse momento retido em La Chênaie pelos discípulos, pelas desilusões e pela falta de dinheiro. Ao receber a notícia, não escondeu a sua satisfação: a satisfação amarga do profeta de desgraças que vê as suas predições confirmadas. Tal como anunciara, o regime legitimista afundava-se. Como mais tarde Lamartine, em 1848, podia ter dito: "Vejo passar a minha revolução".

Mas não tardou a desencantar-se. O clima político instaurado pelas novas equipes governamentais não era de molde a agradar-lhe. Por mais grave que lhe parecesse o erro cometido pelo clero ao fazer-se vassalo dos Bourbons, Lamennais, como padre que era, não podia ver desenrolarem-se sem preocupação os incidentes anticlericais de natureza odiosa que ocorriam, e a que o governo fechava os olhos por fraqueza ou cumplicidade. O galicanismo, sua *bête noire*[26], estava não menos forte do que na véspera, e ainda menos justificado, visto que o Estado se dizia neutro. E toda essa burguesia voltairiana, reunida à volta do "guarda-chuva sentimental" de Luís Filipe, essa casta de batizados com as costas guardadas, que no teatro aplaudiam a "Papisa Joana" ou "Voltaire entre os Capuchinhos", agoniava-o.

Ainda não tinham passado três meses desde a revolução de julho, e já Lamennais deixara de se sentir em casa. Não tinha trabalhado para derrubar aqueles que queriam Deus sem liberdade, para agora apoiar aqueles que preconizavam a liberdade sem Deus... "Católicos — exclamava —, rompei para sempre com homens cuja incorrigível cegueira põe em perigo esta religião santa!" Rejeitada pelo poder público, a Igreja devia "isolar-se da sociedade política e concentrar-se em si mesma, a fim de reencontrar, juntamente com a independência essencial ao cumprimento dos seus destinos, a sua força originária e divina". Um catolicismo "caquético" acabava de ruir juntamente com um regime; a nova monarquia era a inimiga da religião. Mas restava uma grande esperança, essa que provinha da geração jovem, ardente, combativa, pronta a levantar-se ao apelo do druida de La Chênaie para fazer triunfar ideias novas. Para exprimir e ao mesmo tempo guiar essa geração, era necessário criar um órgão. Seria *L'Avenir*, que teria por palavra de ordem: "Deus e a liberdade".

A ideia nasceu em primeira mão de um publicista um tanto obscuro, Harel du Tancrel. Falou dela ao pe. Gerbet, esse jovem sacerdote doente e tímido que tinha sido visto muitas vezes em La Chênaie, pálido, de longos cabelos negros, a escutar em silêncio os discursos do mestre. Espírito prático, o pe. Gerbet começou por procurar os recursos financeiros indispensáveis e, quando os conseguiu, informou Lamennais. Este, encantado por poder retomar a pena de jornalista, foi instalar-se no Colégio de Juilly para preparar o audacioso empreendimento. Alugaram um escritório na rua Jacob, n. 20. E a 16 de outubro de 1830 saiu o primeiro número.

L'Avenir logo fez furor. Não se parecia nada com os jornais cristãos conhecidos até então, nem com o galicano *Ami de la Religion,* nem com o *Mémorial Catholique,* ainda tão prudente. "Nunca a fé católica se exprimira em linguagem tão cheia de brio e vibração". Cada número desse diário se assemelhava a um manifesto, a uma ordem do dia lançada para o combate. Ao longo das suas colunas jorrava o talento, e Lamennais, mestre da palavra, cuidava de que o nível do estilo fosse elevado, controlando com firmeza mesmo aqueles amigos seus que, como Guéranger, pensavam bem, mas escreviam mal. Entre os colaboradores estavam os maiores nomes das letras, até aqueles cujo catolicismo não era muito sólido: por exemplo, Lamartine, que lançou nas colunas do jornal a sua *Réponse à Némésis,* ou Vítor Hugo, que lá publicou o seu *Hymne aux morts de juillet,* e o próprio descrente Alfred de Vigny. A literatura de vanguarda apoiava a empresa. Lá estava Balzac, como também Michelet, Sainte-Beuve e Alexandre Dumas.

A equipe, a muito jovem equipe que dirigia o diário — a idade média não ultrapassava os 32 anos — era essencialmente composta pelos discípulos de La Chênaie: os padres Gerbet, Salinis, Rohrbacher, e, entre os leigos, De Coux, Eckstein, Daguerre, d'Ault-Duménil, Bartels e, como é óbvio, Harel du Tancrel, redator-chefe. Mas em breve se destacaram duas personalidades de mais alto nível, que passaram a ser os íntimos do mestre, os seus conselheiros mais escutados.

Um era um jovem de vinte anos, que regressara da Irlanda cheio de exaltação pelo que tinha visto "nessa ilha onde a causa sagrada, que acabava de lançar um grito de apelo na França, havia séculos que se incorporara à vida do sacerdócio e à vida do povo: Liberdade! Pobreza!" Filho de um embaixador da França e de uma inglesa, descendente de uma grande família da Borgonha, trazia no rosto fino de cabelos encaracolados, nos olhos cinzentos, nos modos vivos, esse soberano desembaraço, matizado de vigilante ironia e de delicadeza, que só o sangue confere. E, além do mais, homem simples, tão desprovido quanto possível de ostentação, punha em tudo uma generosidade e uma sinceridade que nunca seriam desmentidas. "Deponho aos vossos pés tudo o que sou, tudo o que posso", escrevia ele a Lamennais. Era o conde *Charles de Montalembert* (1810-1870).

O outro que se destacou, oito anos mais velho, era esse jovem advogado de Dijon, plebeu de origem, de formação e de fé, que já encontramos em Paris[27], convertendo-se (no sentido mais pascaliano do termo), descobrindo lentamente no catolicismo a sua própria visão do mundo e as suas razões de viver: *Henri Lacordaire* (1802-1861). Magro, macilento, de olhos profundamente encravados nas órbitas, ar meditativo e recolhido, Lacordaire era, sob uma aparência contida, um temperamento de fogo, pronto a deixar transbordar tesouros de cólera ou de ternura — um ser "encantador e terrível" (como dizia Montalembert), polemista nato a par de um místico, e servido por dons de palavra tão brilhantes como prolíficos.

A equipe assim reunida em torno do ilustre padre-escritor era digna de admiração por variadíssimos aspectos. Tinha tom próprio, tinha estilo, tinha coragem para dar e vender, e uma generosidade tal que saciava os corações. Mas, ao lado disso, tinha defeitos gritantes. O estilo, por muito que diga Brémond, não é tudo; acontece até que, em política, leva a cometer disparates. Trinta anos depois, evocando essa história, Montalembert reconhecerá que, no *Avenir,* se juntavam "teorias exageradas e temerárias" a ideias justas, e que se defendia esse conjunto com "essa lógica absoluta que deita a perder as causas, quando não as desonra".

A veemência oratória mal disfarçava a grave ausência de bases doutrinárias. No pequeno grupo, não havia um único teólogo, só um — De Coux — era economista, só um — Rohrbacher — tinha alguma coisa de historiador. Os mais difíceis problemas pareciam de fácil solução, porque se desconhecia a sua complexidade. Corria muito romantismo pelos escritórios da rua Jacob, e o romantismo nunca foi tido por escola de política sã. Acrescentemos a isso os defeitos de todas as igrejinhas, literárias ou não: o radical desprezo pelos outros, a certeza de se ter sempre razão, a convicção de que ninguém mais possui a verdade decisiva. "Nós, a Igreja" — dizia-se em colunas inteiras... Mas que sabiam eles da Igreja real, com o seu papa, os seus bispos, as suas paróquias, os seus sofrimentos, os seus interesses terrivelmente concretos?

As teses que o *Avenir* sustentava eram, na essência, as que Lamennais forjara e que, a seus olhos, as circunstâncias tinham demonstrado serem bem fundamentadas. O Ocidente está em plena transformação; as suas bases políticas e sociais, em vias de mudar; a evolução é inelutável: trata-se de saber se vai ser feita com a Igreja ou contra a Igreja; isso depende dela, da escolha que fizer. Mas essa escolha é-lhe imposta pela sua própria vocação. "A Cruz — proclama o *Avenir* — é o troféu da vitória da luz sobre as trevas [...]. É do cristianismo que data a emancipação do mundo. O catolicismo liberta o homem do jugo do homem. Está próximo o dia em que ele constituirá as próprias nações numa só e grande sociedade". E a Igreja surgirá então "entre o Céu e a Terra, como o signo consolador".

Na prática, como havia de realizar-se essa profecia? Como se concretizaria a palavra de ordem: "Deus e a liberdade"? Tratava-se de uma obra de tripla libertação. A Igreja devia libertar-se da "pesada proteção dos governos", pois essa proteção fizera dela "instrumento da sua política e joguete dos seus caprichos", ao mesmo tempo que a comprometia aos olhos dos homens de boa-fé. Nunca mais essas Concordatas que confiavam a nomeação dos bispos a governos ateus! Nunca mais salários pagos aos sacerdotes!: "Os pedaços de pão que se atiram ao clero são o título da sua opressão [...]. Não foi com uma ordem de pagamento contra os caixas de César que Jesus enviou os Apóstolos a todas as nações". Uma só solução, uma só esperança: a separação da Igreja e do Estado. Só nesse momento é que o catolicismo, livre para determinar o seu caminho, poderia assumir a sua verdadeira missão, aquela que a História lhe impunha e que a época esperava.

Essa missão consistia em assegurar a libertação dos povos e a sua promoção. Livres, os povos deviam sê-lo tanto no aspecto nacional, desembaraçando-se da opressão de senhores estrangeiros, como no aspecto político, repelindo a dominação burguesa, ou ainda no aspecto econômico, acabando com a exploração feita pelos patrões. Porque o povo livre é o verdadeiro detentor da soberania, e a democracia o fundamento da nova legitimidade. "Onde está o povo, aí está Cristo. O seu combate é o combate de Cristo"[28].

Mas, em simultaneidade com essa obra de libertação, a Igreja devia empreender uma outra, que consagraria o remate de todos esses esforços: devia libertar-se de si mesma, de tudo o que a puxava para baixo, de tudo o que a atolava nos interesses sórdidos do dinheiro e da política. O grande sonho, sublime, do regresso às origens, à era dos Apóstolos e dos Mártires, aos dias das Catacumbas, obcecava os escritórios da rua Jacob, tal como, antes e depois, apaixonava e apaixonaria muitas células monásticas e muitas salas de redação. Ao regenerar-se, o cristianismo regeneraria o mundo: "Liberto e reanimado, retomará a sua força expansiva e cumprirá os seus destinos..." Eis a grandiosa imagem que Lamennais e os seus traziam em si como esperança indefectível. Utópica, se quisermos, essa esperança? Ou pelo menos demasiado adiantadas em relação ao tempo, essas doutrinas? Talvez. O que está fora de dúvida é que, a cem anos de distância, não é sem emoção que as consideramos.

Para as servir, Lamennais e os seus amigos não se limitaram a publicar cada dia o seu jornal. O *Avenir* passou a ser o centro, o meio de união e de expressão de um movimento global. Nunca ultrapassaria o número de 1.200 assinantes; mas, a influência que teve não estava em proporção com esse número modesto. As suas campanhas causavam sensação: por exemplo, quando atacava, com nomes e tudo, os bispos escolhidos pelo governo que lhe pareciam indignos; ou quando despedia raios porque um prefeito municipal tinha intervindo numa questão de sepultura eclesiástica. Em todas as províncias e mesmo no estrangeiro, foram surgindo pequenos núcleos de leitores e amigos do *Avenir*. Em dezembro de 1830, foi criado um organismo — a *Agence générale* — destinado a concertar a ação dos católicos liberais, defender os direitos da Igreja, fulminar os seus inimigos.

A Agência e as filiais que constituiu nas províncias deviam, em princípio, limitar-se ao plano religioso e evitar qualquer ação de natureza política. Mas... onde começava e onde acabava a política, por exemplo quando se tratava de reivindicar a liberdade de ensino e o fim do monopólio do Estado?

Por fim, saindo decididamente das fronteiras da França, o grupo da rua Jacob concebeu um projeto ainda mais vasto: englobar num movimento único todos aqueles que, em qualquer país que fosse, pensassem como ele, tanto poloneses em luta contra o czar, como os irlandeses de O'Connell ou os italianos patriotas do *Risorgimento*. Uma "fraternidade das nações", uma Internacional liberal e cristã — tal era o fim último que se impunham esses intrépidos doutrinadores: uma espécie de "Contra-Santa Aliança". Tal foi o *Ato de União* que Lamennais designou por "a Magna Carta do século".

Não é preciso dizer que essas iniciativas não agradaram a toda a gente. A posição do *Avenir* era tão nova que, de início, foi mal compreendida. Nos meios da esquerda, ironizava-se "esse cântico mesclado de Salmos e de Marselhesa". Heinrich Heine, ateu virulento, denunciou esses "beatos disfarçados" que pretendiam usar o barrete frígio quando afinal o que se via nas suas cabeças não era senão o solidéu cor de púrpura do prelado. E Théophile Gautier fartou-se de gargalhar com grosseria acerca da "tartufice" desses que "acoplam Robespierre e Jesus Cristo".

Do outro lado, as cóleras foram mais vivas, e as resistências mais decididas. O governo de Luís Filipe reagiu, levando a tribunal os audaciosos jornalistas que se permitiam criticar as escolhas de bispos feitas por ele. O anúncio, várias vezes repetido no *Avenir*, de que "a República era uma certeza", de que não tardaria a vir, indignava todos aqueles que tinham a palavra República por sinônimo de desordem e anarquia. "Revoltantes absurdos!", exclamava o ministro do Culto, Montalivet.

Entre o clero, a opinião não era mais favorável. Se alguns jovens coadjutores se entregavam de corpo e alma ao movimento, numerosos párocos não se sentiam de modo algum com vocação para a heroica existência de pobreza que os ascetas da rua Jacob lhes propunham. Os bispos, como pessoas que prezavam a ordem, não estavam menos inquietos. A separação da Igreja e do Estado parecia-lhes uma autêntica heresia, na linha daquelas que pretendiam a laicização da sociedade. Um deles, mons. d'Astros, arcebispo de Toulouse, antigo redator do *Catecismo imperial*[29], achou que Lamennais não era vulnerável apenas no plano político, pois as suas doutrinas teológicas e filosóficas continham erros graves. Partiram para Roma denúncias feitas por bispos; a elas se juntaram as dos governos dos príncipes, que viam no *Ato de União* a carta da subversão revolucionária, e nos membros dos pequenos grupos lamennaisianos temíveis anarquistas, "carbonários" de um gênero novo.

E começaram a aparecer, primeiro, as advertências episcopais, depois as condenações. A diocese de Chartres proibiu o *Avenir.* O cardeal Rohan e mons. d'Astros lançaram pastorais ardorosas contra os imprudentes. O núncio apostólico declarou publicamente estar "horrorizado com tais audácias". O anúncio do *Ato de União* acabou por inquietar alguns leitores, que não aprovavam os métodos de violência de certos liberais. Multiplicaram-se as desistências de assinatura. Como, por outro lado, os dirigentes do *Avenir* professavam o mais soberano desprezo pelas regras sadias de administração de um jornal, os fundos baixaram muito rapidamente. Ao cabo de treze meses (outubro de 1831), a situação era tão crítica que os acionistas decidiram suspender a publicação, não por motivos mesquinhos de dinheiro, diziam eles, mas "no interesse, bem mais importante a seus olhos, das doutrinas defendidas pelo *Avenir*".

Quem teve, então, a ideia de se voltar para Roma, de apelar para a mais alta autoridade da cristandade? Provavelmente, Lacordaire, que viria a reconhecê-lo mais tarde, confessando que tinha sido um erro de tática. "Temos de ir a Roma — disse ele a Lamennais — para justificar as nossas intenções e submeter os nossos pontos de vista à Santa Sé". Sem dar tempo à reflexão nem consultar ninguém, o mestre aderiu à opinião do discípulo. Mais do que nunca, agora que a legitimidade política passava a ser dos povos, ele sentia-se ultramontano, inteiramente devotado àquele que, de certa maneira, encarnava essa legitimidade em grau supremo. "Não tarda — exclamara Lamennais, num desses vaticínios de que tinha o segredo —, não tarda que uma palavra poderosa e calma, pronunciada por um velho na Cidade-Rainha, aos pés da Cruz, dê o sinal para a última regeneração que o mundo espera". Só concebia a união dos povos na submissão ao Pai Comum, "que não estende a mão senão para proteger e não abre a boca senão para abençoar". Tinha mesmo acolhido com entusiasmo a eleição para o sólio pontifício do austero monge Mauro Cappellari, reformador providencial, novo Pio V... No último número do *Avenir,* Lamennais anunciou, pois, que, "peregrinos de Deus e da Liberdade", Lacordaire, Montalembert e ele próprio iriam partir para Roma, "como outrora Israel invocou o Senhor em Siloé".

Nem por um instante — apesar das observações, mais prudentes, feitas pelo jovem Montalembert — Lamennais pensou que em Roma pudesse encontrar exatamente o contrário de uma aprovação. Nem por um instante imaginou que iria embaraçar cruelmente o papa, forçando-o em última análise a escolher entre ele, Lamennais, a sua escola, as suas ideias, e o episcopado e os príncipes. Ignorava nessa altura que, tendo recebido numerosas queixas, Gregório XVI já mandara proceder a um inquérito sobre as teses lamennaisianas. De fato, o papa designara três examinadores, escolhidos, aliás, com imparcialidade: o pe. Ventura, geral dos teatinos, amigo de Lamennais; o pe. Banaldi, fundador, em Módena, de um jornal que nada tinha de reacionário; e o cardeal Lambruschini, que conhecera, em Paris, o autor do

Ensaio sobre a indiferença. Os três tinham prestado homenagem aos "méritos reais", às virtudes e até ao "extraordinário gênio" de Lamennais, mas tinham concluído, embora com certas diferenças, que havia erros inegáveis nas suas doutrinas[30]. No entanto, nenhum deles, nem sequer o cardeal, entendera necessária uma condenação pública, como desejavam os inimigos do druida cristão.

Na verdade, inimigos é que não lhe faltavam. Em Roma, eram os embaixadores dos governos que o *Avenir* denunciava como opressores — tanto o da França, Saint-Aulaire, como o da Áustria, a quem Metternich enviava severas instruções. O próprio cardeal Lambruschini, sem ser o adversário sistemático que Lamennais via nele desde a ruptura em Paris, tinha em tempos chamado a atenção da Santa Sé para o caráter exagerado de certas teses e de certas afirmações acerca do episcopado. Uma camarilha de emigrados trabalhava também contra o inovador, tendo à cabeça o jovem, rico, elegante, faustoso cardeal Rohan-Chabot, a quem os romanos chamavam, maliciosamente, *il bambino*, mas que falava em nome do episcopado francês. Os jesuítas, em conjunto, eram também hostis; Lamennais tinha-os tratado muito mal várias vezes, e o democratismo do *Avenir* horrorizava-os. Os sulpicianos não lhe eram mais favoráveis. Eram muitos inimigos ao mesmo tempo!

E depois, temos de confessá-lo, o momento era o pior possível para ir falar ao Santo Padre da liberdade dos povos! Era a altura em que o papa vinha verificando na Romagna e em outros lugares a que é que levava essa liberdade dos povos... No *Avenir*, Gregório XVI pudera ler artigos em que ressoava "o grito da libertação" dos belgas, dos poloneses, dos irlandeses, grito que "a Itália, meditabunda e sofredora, esconde no seu seio, profundo como uma esperança..." É fácil imaginar que, exatamente na altura em que os correios lhe traziam novas dos êxitos dos rebeldes, o papa não apreciaria muito essa alusão à "Itália meditabunda e sofredora", que, aliás, não se calava...

Mas, de todas essas coisas, os "peregrinos de Deus e da Liberdade" não faziam a menor ideia! A viagem a Roma foi triunfal. Em Lyon, onde chegaram precisamente na ocasião em que rebentava o motim dos *canuts*[31]; em Marselha, em Aix-en-Provence, em Gênova, foram acolhidos calorosamente. Em Roma, não tanto, e Lamennais, ainda lembrado do incenso de que o tinham rodeado na sua viagem anterior, ficou decepcionado. Desta vez, nada de delegações de admiradores vindo ao seu encontro, nada de aposentos oferecidos no Vaticano... O pe. Ventura ofereceu o seu convento aos franceses, mas não lhes escondeu a sua preocupação. Só o cardeal Wendt os convidou para jantar. E, quando pediram uma audiência, foi-lhes respondido que, antes de os receber, o Santo Padre queria ler um memorial em que expusessem as suas doutrinas e intenções.

Os primeiros dias romanos foram, portanto, ocupados na redação desse documento. Retomaram-se nele os elementos daquele que em tempos Lamennais dirigira a Leão XII, como também os do artigo-programa publicado no *Avenir*, completados com algumas referências à ação do jornal no último ano. Foi Lacordaire o encarregado da redação. O conjunto constituía um requisitório contra a política seguida até então na aliança da Igreja com os tronos, assim como uma defesa da tese da separação da Igreja e do Estado e uma justificação da obra empreendida pelo *Avenir*, a *Agence* e a *Union*. Terminava com um ato de submissão ao papa, cujo julgamento os peregrinos declaravam esperar com docilidade e confiança de filhos pequenos.

E passaram as semanas — semanas pesadas para o coração dos três amigos. Enquanto Lacordaire e Montalembert descobriam os esplendores de Roma e a pungente melancolia dos seus campos, Lamennais mordia o freio, não se coibindo de escrever para França cartas muito imprudentes, ou até de explodir em público contra Roma, "esse grande túmulo", contra a Cúria, os cardeais, o próprio papa. Alguém que lhe escutou uma dessas explosões de cólera murmurou que "a sua heresia política era bem capaz de o atirar para a heresia religiosa".

Veio, finalmente, a resposta ao memorial. O cardeal Lambruschini propusera duas soluções: ou que o próprio papa convocasse Lamennais para lhe dizer que reprovava as suas teses revolucionárias, ou que o documento fosse enviado pelo papa ao Santo Ofício. Gregório XVI usou de maior benevolência. Encarregou o cardeal Pacca de responder aos peregrinos que, "embora prestando justiça às suas boas intenções, via com desgosto que eles tinham agitado certas controvérsias pelo menos perigosas, que as suas doutrinas seriam examinadas, mas que esse exame poderia ser longo, e que os exortava a regressar à França, onde oportunamente lhes daria a conhecer o que houvesse decidido". Era bem claro... Lacordaire compreendeu-o imeditamente, e fez notar aos companheiros que permanecer em Roma seria "faltar à promessa de submissão absoluta e desobedecer ao papa". Mas Lamennais, estupefato de ter sido desautorizado, teimou e resolveu ficar, a fim de "fornecer as explicações indispensáveis e responder às objeções", o que demonstrava haver nele uma grande dose de ingenuidade.

E fez pior: decidiu insistir em obter uma audiência com o papa. Chegou ao ponto de pedir ao embaixador da França — Saint-Aulaire, seu inimigo declarado — que lha conseguisse. Que esperava ele? Obrigar Gregório XVI a falar? Desfazer as críticas perante o papa? Realmente, obteve a sua audiência, mas, como não podia deixar de ser, foi uma decepção. Quando chegaram, os "peregrinos da Liberdade" viram que se encontrava presente o cardeal Rohan, que os censurara. O Santo Padre mostrou-se cheio de bondade e afabilidade. Durante um quarto de hora, falou-lhes de tudo e de nada: do pe. Jean-Marie Lamennais e das suas obras pias, da mãe de Montalembert, conhecida pela sua devoção, da arte de Michelangelo e dos sinos de São Pedro, de rapé, que o papa ofereceu a Félicité... Nem uma palavra sobre o *Avenir,* nem sobre o memorial, e a audiência terminou com uma distribuição de medalhas e uma bênção de terços...

Numerosos historiadores, e sobretudo numerosos biógrafos de Lamennais censuraram essa atitude de Gregório XVI. Alguns imaginaram que a sequência dos acontecimentos teria sido inteiramente outra se o papa tivesse aberto os braços ao grande campeão da causa católica, se lhe tivesse falado como a um filho cheio de méritos, embora com alguns erros que era preciso corrigir; enfim, se o Santo Padre se tivesse lembrado das palavras profundas de Leão XII: "É um homem que tem de ser conduzido com a mão no coração". É possível que, nesse caso, tudo tivesse sido diferente, mas não é certo. Nunca, em toda a sua vida, Lamennais se dispôs a ser refreado por conselhos de moderação, quando estavam em jogo as ideias que lhe eram caras. Nem o irmão, nem Lacordaire, nem, mais tarde, Montalembert puderam impedi-lo de ir até ao fim do caminho pelo qual enveredara. Teriam bastado algumas palavras do papa? Mas temos de confessar, por outro lado, que Gregório XVI não era um Leão XII. Por muito boa pessoa que fosse, faltava-lhe o impulso, o gesto, a palavra que vai direta ao coração. Para aplacar a alma inquieta de Lamennais e pensar-lhe as chagas, seria preciso mais que esse estrito teólogo.

A reserva de Gregório XVI para com Lamennais tinha aumentado sem dúvida pela notícia, recebida da França, de que um grupo de bispos acabava de submeter as teses lamennaisianas a uma comissão de teólogos qualificados, na maioria padres de São Sulpício, e que essa comissão as tinha condenado formalmente. A iniciativa coubera, mais uma vez, a mons. d'Astros, que se diria ter-se especializado no combate a Lamennais. A comissão examinara o conjunto das doutrinas, não apenas as relativas à liberdade, que serviam de fundamento ao *Avenir,* mas também as filosóficas e teológicas que se liam nos últimos tomos do *Ensaio sobre a indiferença,* designadamente a teoria do senso comum. Acerca deste ponto, Lamennais era ainda mais vulnerável. Pretendendo fundamentar a crença em Deus no testemunho unânime do gênero humano, não anulava ele o papel da razão na demonstração da fé, e não tornava inútil a Revelação? Para Gregório XVI, tomista de estrita obediência, tais argumentos pesavam[32].

Nesse ínterim, Lamennais ia ficando em Roma, sem saber muito bem para quê. Lacordaire deixara-o, depois de lhe ter suplicado em vão que não insistisse; o próprio Montalembert, que quisera permanecer ao lado do mestre, partia para conhecer Nápoles e Pompeia. Refugiado em Frascati, num eremitério teatino em que o pe. Ventura conseguira que o recebessem, o magoado profeta meditava, cheio de amargura, na ideia de escrever uma obra sobre *Os males da Igreja.* As cartas que escreveu nessa altura revelam azedume, rispidez, cólera contra todos aqueles que, cardeais ou jesuítas, acusava de responsáveis pela sua derrota. Todas as notícias que recebia da Cúria o confirmavam na convicção de que a sua causa estava perdida — a sua causa?... A seus olhos, a causa da Igreja! — e de que o papa tinha enveredado profundamente pelo caminho que levava à catástrofe. Um dia, era a notícia da "censura de Toulouse". Outro, a do Breve — devemos admitir que muito infeliz[33] — dirigido aos bispos poloneses para condenar a revolta patriótica e ordenar-lhes que se submetessem "ao benévolo Imperador da Rússia". Já nada havia a esperar em Roma nem de Roma. Acompanhado por Montalembert, em julho, Lamennais partia.

Os dois desventurados peregrinos reentraram na França por Munique, a fim de aquecerem o coração nessa lareira amiga, junto desse catolicismo vigoroso e entusiasta cuja chama era alimentada por Schelling, Görres, o jovem Döllinger e uma plêiade de artistas. Ali foram festejados. Lacordaire foi ter com eles. Trazia notícias, más notícias, da França: o fracasso que os atingira era conhecido; os meios clericais e galicanos exploravam-no. E foi precisamente durante um banquete em sua honra que Lamennais recebeu um envelope de Roma, que lhe foi entregue por um enviado da nunciatura; continha a cópia da Encíclica que Gregório XVI acabava de assinar: *Mirari vos* (15 de agosto de 1832). Vinha acompanhada de uma carta do cardeal Pacca.

Levantando-se da mesa, Lamennais pegou no braço de Lacordaire e disse: "Acabamos de receber uma Encíclica do papa contra nós. Só nos resta submeter-nos". A verdade é que ele não era mencionado: certamente porque, desse modo, Gregório XVI quisera poupá-lo. E a Encíclica estava redigida em termos muito genéricos, tal como as que os papas costumam publicar no início do seu pontificado. Mas não havia ilusão possível: as grandes teses do *Avenir* estavam lá condenadas, tanto as relativas à liberdade e à separação da Igreja e do Estado, como as que diziam respeito à regeneração do catolicismo. E a união com os "liberais revolucionários" era explicitamente denunciada como um erro grave.

À noite, com os dois discípulos, Lamennais estudou minuciosamente o texto. "A condenação da liberdade! O abandono da nação polonesa!", murmurou ele, cheio de dor. Após um silêncio, disse: "Deus falou... *Fiat voluntas tua!* O seu Vigário na Terra proíbe-me de servir ambas as causas pela pena. Resta-me a oração..." E, diante dos dois jovens "mudos de surpresa e de admiração", o mestre começou a escrever uma carta de submissão: os três redatores do

Avenir inclinavam-se perante a decisão do Pontífice, anunciavam que "saíam da liça", recomendavam vivamente a todos os seus amigos que lhes seguissem o exemplo e renunciavam a fazer reaparecer o jornal. Era a atitude de um verdadeiro católico, de um filho submisso da Igreja; e também a única atitude possível para um ultramontano decidido, um partidário fanático da onipotência do Papa.

Mais tarde, ao evocar essas horas patéticas, Lacordaire escreveria: "Se tivesse sido humilde e submisso, ou mesmo simplesmente hábil e clarividente, ele teria estado, em 1841, à frente da escola católica liberal, teria sido o líder da cruzada desse tempo, teria saído maior, mais forte, mais venerado... Nunca ninguém caiu tão gratuitamente". Porque a verdade é que Lamennais não se manteve na nobre atitude que assumira no primeiro momento; não se fixou nesse primeiro gesto.

Por quê? Talvez porque os seus adversários triunfaram demasiado ruidosamente e revolveram o punhal na chaga viva? Muito se disse que sim, e é verdade em certa medida; sabemos muito bem que os ódios clericais têm alguma coisa de irremissível. Mas — e as datas o provam —, antes mesmo de se terem desencadeado as cruéis ironias, bastantes sintomas mostravam o druida cristão no caminho da revolta. É no fundo do seu ser que temos de procurar a explicação da reviravolta — no fundo dessa alma dividida, em que a luta entre as trevas e a luz prosseguia sem cessar. A causa da sua rebelião terá sido, então, esse orgulho abrupto que era o traço mais marcante da sua natureza, essa convicção indomável de ter sempre razão, de ser o único a ter razão?

Não apenas isso. É verdade que se sentia ulcerado por se ver desaprovado depois de tantas aclamações; mas não era o mero despeito que o guiava. Um dia, a um interlocutor que lhe prenunciava a condenação das suas teorias, ele respondera: "Há coisas que não podem acontecer; caso contrário, as promessas falhariam". Lamennais acreditava com todas as suas forças que a sua doutrina representava o cristianismo autêntico, que as oportunidades da Igreja estavam desse lado. Se o papa o condenava, faltava à sua missão essencial. E daí resultava que a promessa feita por Cristo a Pedro e por Pedro transmitida ao seu atual Vigário se revelava caduca. E, se Cristo se tinha enganado, tudo no mundo desmoronava, a luz extinguia-se... Todo o drama de alma do impetuoso dialético coube nesse teorema demasiado simples[34].

De volta a La Chênaie, com um pequeno grupo de discípulos, entre os quais Gerbet e Lacordaire, e alguns rapazes mais novos, entre os quais Maurice de Guérin, Lamennais não tardou em remoer acremente as críticas e as cóleras. A sua situação material era má e atormentava-o: um infeliz negócio livreiro arruinara-o. Precisava agora de escrever, escrever muito, para poder viver. Tornava constantemente ao documento que o tinha golpeado e fazia dele estranhas exegeses: o *Avenir* não tinha sido verdadeiramente visado; a Encíclica era "um ato de governo", mas não tinha "condenado as doutrinas no sentido rigoroso do termo".

É claro que, como sempre, nas cartas, nos discursos aos discípulos, demasiadas vezes se deixava levar pela ira. Roma era "a mais infame cloaca que alguma vez sujou o olhar humano"; "não há nada a fazer pelo clero nem com o clero, por causa de Roma e dos bispos". E, mais que nunca como Cassandra nas muralhas de Troia, anunciava: "Grandes destruições devem preceder a época em que o catolicismo, libertado dos seus vínculos, regenerará de novo o mundo". Tudo isso era tão doloroso que Lacordaire não pôde suportar por mais tempo a atmosfera que reinava em La Chênaie. E uma noite fugiu, sem sequer ousar despedir-se pessoalmente do mestre, a quem deixou uma carta de adeus, dolorosa e cruel.

E, depois, os inimigos estavam vigilantes. Os galicanos do *Ami de la Religion* ironizavam o *papalino* condenado pelo papa, insinuando que a sua famosa submissão era um engodo. Seu irmão, o caro pe. Jean-Marie, era inquietado, perseguido, ameaçado de ser expulso das obras que criara. De Roma, chegava a notícia de que o pe. Ventura, o melhor amigo de Lamennais, tivera que deixar o generalato dos teatinos. A benévola reserva de que o papa dera provas, não o mencionando, não era seguida por todos os bispos; alguns exigiam dos ordenandos "o juramento de reprovação das doutrinas de M. de Lamennais", e um deles foi ao ponto de tratar publicamente de ambicioso venal o apóstolo desinteressado do *Avenir.* Todas essas atitudes mesquinhas acabaram por irritar Félicité e por firmá-lo mais nas suas próprias ideias.

Transcorreram assim perto de dois anos, em crescente tensão. Informado do que Lamennais dizia e escrevia, Gregório XVI resolveu enviar um Breve a mons. d'Astros para lhe exprimir a dor que sentia com a mudança de atitude do solitário de La Chênaie, tanto mais viva — dizia o papa — quanto o fora a alegria que lhe tinham dado as suas primeiras declarações. Era ainda um convite paternal: o Sumo Pontífice pedia a Lamennais que não se limitasse à sombria retirada que tinha feito, mas se retratasse. Infelizmente, mons. d'Astros publicou o Breve no *Ami de la Religion.* Os adversários de Lamennais embandeiraram-se... O profeta ferido reagiu escrevendo uma carta em tom plenamente submisso, mas que continha numerosos termos cuja obscuridade deixava adivinhar segundas intenções. Na verdade, a partir daí, Lamennais tinha assentado a sua atitude sobre uma distinção casuística: "Se, na ordem religiosa, o cristão não pode senão escutar e obedecer, na ordem puramente temporal conserva inteira liberdade em face do poder espiritual no que diz respeito às suas opiniões, palavras e atos". Discutível para um leigo, essa distinção não seria inaceitável para um padre? É bem evidente que o papa não a podia aceitar. Seria, pois, inevitável o rompimento? Já o bispo de Rennes retirava ao sacerdote o exercício das faculdades ministeriais.

Ocorreu então um episódio singular, que ilumina a uma luz crua o caráter trágico, contraditório e inclinado aos extremos de Lamennais. Tendo deixado La Chênaie, depois de se ter despedido dos discípulos durante uma missa dramática em que desmaiou de pura emoção, mudou-se para Paris, em parte para achar ganha-pão. O arcebispo foi então encarregado pela Santa Sé de entrar em contato com ele e de tentar trazê-lo ao arrependimento. O prelado era mons. Quélen, que o polemista tinha atacado duramente. Contra todas as previsões, os dois homens entenderam-se, como dois bons bretões que eram. Houve discussões corteses; chegou de Roma uma nova mensagem, em que se pedia a Lamennais que considerasse o seu caso "como católico e como padre, aos pés do crucifixo". Tudo parecia que ia acabar bem. Lamennais enviou ao cardeal Pacca uma carta de submissão total, com o compromisso de seguir plenamente a doutrina da Encíclica. A alegria foi imensa; anulou-se a suspensão das faculdades sacerdotais; o núncio apostólico já falava em convidá-lo para um almoço...

Mas, no fundo do seu ser, o profeta não renunciara às suas ideias. Chegou a dizê-lo a Montalembert, que ficou seriamente preocupado. Se era assim, por que tinha feito o ato de submissão? Por ter medo da "violenta tempestade" que a sua recusa teria provocado? Ou por estar cansado, terrivelmente cansado, de todas essas discussões, de todas essas amarguras? Ou por querer "a paz a qualquer preço"? É possível que no seu íntimo se tivesse distendido uma mola... Mas o certo é que pouco depois se retesou novamente. E lançou gritos veementes: "Assinei! Assinei! Teria assinado que a lua tinha caído na China..., que o papa é

Deus, o grande Deus do céu e da terra, e que só ele deve ser adorado..." O autor de tantas páginas em que glorificava o Pontífice infalível chegava a tais blasfêmias! E mons. Quélen, a quem o regresso dessa alma à fidelidade enchia de tanta alegria, quase morreu de surpresa quando, num dia de janeiro de 1834, Lamennais o informou de que renunciava ao seu sacerdócio e não voltaria a celebrar missa...

A partir daí, foi um encadeamento terrivelmente lógico de acontecimentos, que ia levar à ruptura total. Nessa "vida inteiramente nova" em que declarava entrar serenamente, Félicité, como mais tarde Renan, pensava que iria, "ao abandonar a Igreja, permanecer fiel a Jesus"[35]; na realidade, o que o esperava era o cisma, a heresia, a apostasia... Algumas semanas depois da decisão comunicada ao arcebispo, a 30 de abril, aparecia um livro estranho, insuflado de grandiosidade, indiscutivelmente a obra-prima literária do autor: *Palavras de um crente*[36]. Explorava nele dois grandes temas: o tema pascaliano da inesgotável tristeza do homem, exilado na terra, hóspede de um "albergue noturno", e o da esperança cristã, que há de libertar a humanidade de todas as servidões e conduzi-la para a única luz definitiva.

Ao longo dos seus versículos, inspirados na Bíblia, esse livro, ao mesmo tempo feito de visões e preces, de meditação e recriminações, evocava, como na luta de Gog e Magog, o enfrentamento de dois campos que partilham entre si o mundo: de um lado, o povo, encarnação viva da Cidade de Deus; do outro, a Cidade de Satã, com os seus carrascos e opressores, os reis e os padres...

O êxito foi prodigioso: cem mil exemplares vendidos em dois meses! Sob as arcadas do Odéon, faziam-se filas para ler a obra a um tanto a hora. Mas, como é óbvio, também não faltaram as críticas veementes. Não só na imprensa governamental, em que "o evangelho da insurreição" foi arrastado pela lama, mas sobretudo nos meios religiosos. "Apocalipse de Satã!", escarnecia um polemista bem-pensante. Mons. d'Astros comparou o autor do livro a numerosos hereges famosos, com Tertuliano à cabeça, e até, muito simplesmente, ao próprio Lúcifer. É evidente que a aprovação — indiscreta — de certos meios de extrema-esquerda não bastou para estabelecer o equilíbrio. Ingenuamente, Lamennais estava persuadido de que Roma fecharia os olhos, limitando-se a "algumas lamentações". Enganava-se redondamente ...

Gregório XVI considerou o livro um ato de deslealdade. O cardeal Lambruschini foi da opinião de que agora já se tornavam claras as reticências e hesitações de Lamennais. Só mons. Quélen aconselhou a guardar silêncio, para não dar mais publicidade à obra. Não foi precisa a intervenção pessoal de Metternich (como Lamennais supôs): o papa estava decidido a castigar o padre revolucionário. E surgiu a Encíclica *Singulari vos,* que destruía esse livro "pequeno em extensão, imenso em perversidade" e que levava à anarquia. O escritor era posto ao lado dos hereges de outrora: os valdenses, Wyclef, Huss...

O golpe caiu como um raio e deitou o rebelde por terra. Em vão, perseguindo sabe-se lá que quimera, ele se obstinava em gritar: "Eu não rompi com a Igreja; não imitei Lutero", recusando-se ao cisma. Após essa condenação formal, a carreira do católico Lamennais estava acabada: os seus melhores amigos o abandonaram, até Montalembert, com o coração a sangrar. Ficou só.

Vinte anos se passarão ainda, marcados nessa vida por acontecimentos e publicações que cada vez menos irão interessar à história da Igreja. Nas *Terceiras miscelâneas,* nos *Assuntos de Roma,* Lamennais continuará a denunciar os pretensos erros da Igreja, as baixezas de Roma, o "cristianismo de pontificado". E cada vez mais irá derivando para longe da fé, a caminho de uma espécie de socialismo humanitário, prudente e burguês, que os verdadeiros socialistas desprezarão. O *Livro do Povo* (1837), *O País e o Governo* (1840), um tratado *Do passado e do futuro do Povo* (1841) irão retomando, sem acrescentar grande coisa — a não ser algum libelo contra a burguesia bem nutrida —, as suas teses habituais acerca do papel messiânico de um *demos* idealizado. Os próprios processos movidos contra ele pelo governo de Luís Filipe não lhe restituirão uma glória que, depois das *Palavras de um crente,* pouco a pouco o abandonara. Passará a ser esse homenzinho magro, de rosto apergaminhado a encimar a gravata de várias cores, que Tocqueville descreve, vestido de sobrecasaca verde e colete amarelo, andando a passo rápido, sem nunca voltar a cabeça nem olhar para ninguém, continuando apesar de tudo com ar de padre, "como se tivesse saído de uma sacristia, e, ao lado disso, com o orgulho de quem está acima dos reis e faz frente a Deus".

No entanto, esperavam-no ainda grandes decepções. Quando, em 1848, vir o seu sonho realizado e a República instaurada, não tardará a aperceber-se da impostura. Eleito deputado, alistado no grupo da Montanha, assistirá ao afundamento dessa Segunda República que não saberá estabelecer o autêntico regime do Povo, e que os opressores irão dominar tão bem e tão depressa. Adoentado, a partir de 1851 não sairá mais do quarto, mergulhado em trabalhos literários, como a tradução da *Divina Comédia,* discutindo asperamente com o sobrinho por mesquinhas questões de dinheiro, sem já ter amigos, a não ser — estranha aliança! — Béranger[37]...

Mas nunca mais regressará à Igreja. Quando, no princípio de 1854, cair gravemente enfermo, em vão a sobrinha lhe suplicará que aceite a assistência de um sacerdote: com uma palavra, recusará, voltando-se para a parede. E, no cemitério, por sua ordem, o executor testamentário proibirá que se coloque uma cruz sobre a sua campa. Quem seguir, de coração apertado, este itinerário de ruína compreenderá a emoção que, pouco depois da sua morte, se apossou do irmão, o pe. Jean-Marie, ao regressar, sozinho, a La Chênaie. Celebrou a missa na capelinha onde, em tempos, o mestre dava a comunhão aos seus discípulos, e depois, saindo ao terraço, lançou um grande grito de angústia — "Féli, Féli, onde estás?" — e caiu por terra, sem sentidos.

O drama de Lamennais, a sua apostasia, a sua queda — que perda para a Igreja! Pomo-nos a sonhar o que ele poderia ter sido, o que teria podido fazer, se tivesse sido mais humilde de coração, se tivesse tido, verdadeiramente, o sentido da Igreja; e se, por outro lado, temos de confessá-lo, tivesse encontrado pela frente homens que o soubessem compreender, que o soubessem conduzir "com a mão no coração". Teria sido um São Domingos do século XIX? Talvez.

Apesar de tudo, seria injusto menosprezar o papel que desempenhou: papel de fermento; papel, também, de vanguarda sacrificada. Os seus discípulos, que nem uma só vez ele tentou arrastar para o seu cisma, deveram-lhe certamente, em larga medida, o que, depois da separação, os tornou eficazes. Foi ele que preparou o caminho para uma organização dos católicos à margem dos partidos, fórmula que o nosso tempo veio a consagrar. Foi ele que trabalhou mais que ninguém para a derrota do galicanismo, para a expansão das ideias que, dezesseis anos após a sua morte, iriam triunfar no Concílio Vaticano. Foi ele, ainda, que restabeleceu entre o cristianismo e o povo um clima de confiança, radicalmente oposto ao clima de ódio que se manifestara em 1830. Será por tudo isso que jamais qualquer papa o excomungou expressamente?

No domingo seguinte à sua morte, o pe. Gratry, numa pregação no Oratório, teve estas palavras perfeitas, que concluem esta história dramática: "Devemos desesperar da salvação dessa pobre alma? Não. Para que este grande exemplo servisse de lição, Deus permitiu que o seu final fosse desprovido de toda a esperança. Mas essa alma contribuiu para reerguer o sentimento religioso no nosso país. Não podemos pensar que terá tido um regresso oculto aos nossos olhos, e que terá conseguido misericórdia?" Um cristão não pode pensar sem emoção em Félicité de Lamennais, apóstolo de gênio, que não foi um santo...

A defesa dos princípios

Tal como aparece no drama de Lamennais, Gregório XVI é o mesmo que era pela sua formação e pelo seu temperamento: um doutrinário. Trata-se de um aspecto da sua personalidade e da sua vida que não se deve subestimar. Nada mais injusto que atribuir a rigidez da sua atitude a meras razões políticas, que imaginar o Sucessor de São Pedro "aterrorizado" pelas "Potências da opressão" ou não fazendo mais do que obedecer aos interesses destas. A verdade é bem diferente. Na extraordinária confusão que dominava as mentes, o papa camaldulense tentou, apoiando-se nos princípios inabaláveis do cristianismo, fixar a verdade, determinar qual devia ser a conduta dos católicos, denunciar os erros mortais que ameaçavam o mundo. Pode haver razões para pensar que, em numerosos pontos, o seu juízo ou foi demasiado estreito ou foi incompleto; mas não temos o direito de dizer que foi inútil, nem que, formulando-o, Gregório XVI tenha saído das suas atribuições ou dos seus deveres.

Além do mais, se a História atribui particularíssima importância à condenação que fez do liberalismo, não podemos esquecer que, durante os dezesseis anos do seu pontificado, Gregório XVI tomou posição em muitas outras questões e retificou outros erros. Na Alemanha, por exemplo, quando se difundiram nas universidades e nos seminários as teses de *Georg Hermes* (1775-1831), padre respeitável e professor de renome na Universidade de Bonn, o papa condenou-as (1835), por meio do Breve *Dum acerbissimus*. A mescla de criticismo kantiano e de iluminismo que havia em algumas das suas obras, como *Investigações acerca da vida interior do cristianismo,* por muito sincero e leal que fosse o autor, parecia-lhe perigosa; errava o papa ao desconfiar de uma apologética modernista *avant la lettre,* que ia ao ponto de pretender "compreender e explicar os mistérios da fé pelo método da razão"? Na Itália, se, por amizade pessoal pelo escritor, não condenou as doutrinas arriscadas do generoso Rosmini, suspeito desse "ontologismo" que Pio IX viria a pôr no *Index* e Leão XIII a condenar ainda mais formalmente, a verdade é que Gregório XVI multiplicou as advertências, as chamadas de atenção: a ideia de que o espírito humano descobre Deus por conhecimento imediato, por uma espécie de percepção experimental, parecia-lhe acarretar a confusão das duas ordens — a natural e a sobrenatural —, confusão que mais tarde viria a aumentar.

A prova de que, pronunciando-se com firmeza acerca das doutrinas que agitavam os espíritos, o papa não pensava nos seus interesses ou nos do papado, está em que não hesitou em atingir pessoas e movimentos que, afinal, o que pretendiam era reforçar-lhes o prestígio ou o poder. O ultramontanismo de Lamennais não o preservou. Os *irmãos Allignol,* padres da diocese de Vivier, que, inspirados numa espécie de ressurgência do presbiterianismo de Maultrot, de Le Paige e do pe. Grégoire, pretendiam libertar os sacerdotes "do despotismo dos bispos"[38] e ligá-los diretamente à Santa Sé, foram firmemente convidados a submeter-se ao seu chefe hierárquico: a corrente "romana" exagerada que tinham desencadeado não recebeu de Roma nenhum encorajamento, muito pelo contrário. E foi também assim que Gregório XVI, papa tradicionalista como poucos, não hesitou em condenar aqueles que, numa reação excessiva contra o racionalismo do século XVIII, se propunham anular o papel da razão: foi o caso do *pe. Bautain,* de Estrasburgo, espírito, no entanto, superior, que formou numerosos padres, alguns dos quais viriam a ocupar altos postos na Hierarquia[39]: prelúdio em 1840 da condenação que atingiria mais tarde, sob Pio IX e Leão XIII, o conjunto das teses tradicionalistas exageradas, incluídas até as de Bonald.

Foi, portanto, contra toda a espécie de erros que Gregório XVI procurou defender a doutrina católica, e não somente contra os que tinham por protagonistas os "liberais" de todos os gêneros. Mesmo nas duas Encíclicas complementares em que tratou desse tipo de problemas — a *Mirari vos* e a *Singulari nos* —, abordou muitos outros assuntos em que a Tradição lhe parecia ameaçada, como o da indissolubilidade do matrimônio e o do celibato eclesiástico.

Não deixa, contudo, de ser verdade que as suas atitudes para com o liberalismo foram as mais importantes, as que mais barulho fizeram e suscitaram contra ele as mais vivas críticas. Como devemos julgá-las? "Papa antiliberal", escreveu-se muitas vezes. Mas é um juízo precipitado. A prova de que Gregório XVI não foi simplesmente e sistematicamente um papa de reação está em que, menos de dois anos depois da condenação do *Avenir,* permitiu a um dos mais célebres colaboradores do jornal liberal, Lacordaire, que subisse ao púlpito de Notre-Dame de Paris. O papa não ignorava aquilo que havia de nobre, de autenticamente cristão, no movimento de que Lamennais fora o animador. Talvez o seu único erro haja sido o de não ter levado suficientemente longe a análise do liberalismo, para nele distinguir o trigo do joio. Mas, na prodigiosa confusão de pensamento e de vocabulário em que se encontravam os homens desse tempo, teria sido preciso um gênio para levar a bom termo essa análise. E Gregório XVI não era com certeza um gênio.

Ao condenar o liberalismo, qual era o erro que a Encíclica *Mirari vos* queria combater? Para o redator do texto pontifício, o liberalismo é, em substância, *toda e qualquer opinião que se pronuncie a favor da liberdade absoluta perante a autoridade*. Essas opiniões manifestavam-se em numerosos terrenos, e em todos pareciam igualmente perigosas. Condenado, portanto, o liberalismo teológico, que se inspirava nos "filósofos" irreligiosos do século XVIII e opunha a soberania da razão humana aos dogmas, à Tradição, aos ensinamentos do Magistério supremo. Condenada a liberdade de consciência, "máxima falsa e absurda, ou antes delírio [...], erro dos mais contagiosos, que prepara o caminho para a desenfreada liberdade das opiniões", pois levava à indiferença religiosa, essa indiferença em tempos denunciada por Lamennais. Condenado também "esse desmedido entusiasmo pela mais audaciosa liberdade, que aspira propriamente a poder comprazer-se, como outrora Lutero, em ser livre diante de tudo e de todos", já que essa rebelião, literalmente luciferina, acabava por subverter as justas hierarquias entre o homem e Deus.

A Encíclica dá exemplos concretos das desastrosas aplicações dessas teorias. Alguns reclamavam, em nome da liberdade, a separação entre a Igreja e o Estado: a Encíclica pensa "que daí nada haveria a esperar de bom, nem para a religião, nem para os governos", e que, pelo contrário, importa manter a concórdia, a confiança mútua entre o Sacerdócio e o Império. Outros reclamavam a liberdade de imprensa: a Encíclica declara-a "extremamente funesta, extremamente detestável", encarando-a como uma "opinião que nunca se considerará com suficiente horror"; melhor seria seguir o conselho dos Apóstolos, queimando os maus livros. Outros ainda reivindicavam o direito de livre associação, mesmo entre crentes e descrentes: o papa condena-o também, porque, fingindo respeito pela religião, o que faz é provocar "perturbações destinadas a romper os laços entre a Igreja e o Estado e a destruir o respeito pela autoridade". É contra todas essas ameaças de subversão que a *Mirari vos* se ergue. Dois anos depois, *Singulari nos* precisará ainda mais o pensamento pontifício em relação à corrente liberal e nacionalista, "que incita criminosamente os povos a romper os vínculos de toda e qualquer ordem pública, a lançar por terra ambas as autoridades, e a excitar, alimentar, estender e fortalecer as sedições nos impérios [...]". Essas doutrinas "conduzem anarquia" e deviam ser condenadas "como outrora o foram, pela Igreja, as dos hussitas, dos valdenses, dos wiclefianos e outros hereges da mesma espécie".

Assim Gregório XVI apresentava-se como campeão da verdade contra a Revolução. E é fora de dúvida que a sua reação, veemente até nos termos, que atingiam uma violência extrema, era, em si, legítima e necessária: há certos dados essenciais da Revolução que a Igreja não pode em caso algum admitir. Era bom lembrar que a liberdade prometida pelo Evangelho é a liberdade da Verdade, e é antes de tudo liberdade interior, libertação dos entraves e servidões a que o pecado submete o homem, e que tudo o mais é de importância secundária. Era bom lembrar que a liberdade do fiel cristão tem por limites a submissão aos dogmas, à Revelação, à autoridade da Igreja e daquele que, à sua cabeça, representa Cristo. Nem sequer era inútil que uma reação "do bom senso, instruído com as noções de sociedade", nas palavras de Georges Goyau, se manifestasse, no meio de um período tão conturbado, contra a pretensão de quem admitisse o livre conflito das ideias, verdadeiras ou falsas, como um bem em si, ou o direito de revolta permanente como atributo necessário dos povos.

Mas a reação, sã e útil, de Gregório XVI tinha defeitos que lhe enfraqueciam o alcance. O texto das Encíclicas não distinguia entre certos aspectos legítimos da liberdade e aqueles que eram nocivos. Por exemplo, ao denunciar "o indiferentismo", resultado da liberdade de consciência, parecia condenar, em princípio, essa liberdade em si mesma, isto é, parecia admitir que a fé pudesse ser imposta pela força. A carta enviada pelo cardeal Pacca a Lamennais reconhecia que, "em certas circunstâncias, a prudência exige que se tolerem liberdades, a fim de evitar um mal maior", sem todavia as apresentar como coisa desejável. Mas o texto pontifício, mais radical, não considerava essa prudente reserva. Por medo da anarquia e das terríveis desordens que ela podia acarretar — a Revolução Francesa não tinha deixado de fornecer demasiados exemplos —, o papa parecia enfileirar-se no campo dos governos autoritários, dos dominadores estrangeiros que faziam reinar a ordem pela força contra os povos, quer fosse na Itália, na Polônia ou em outros lugares. Rejeitando igualmente os pedidos daqueles que ousavam dizer que a Igreja tinha necessidade de se renovar, parecia colocar-se entre os adversários de toda e qualquer inovação e tornar-se campeão de um passado morto. Tudo isso fazia dele, quer o quisesse ou não, o inimigo de toda e qualquer sociedade moderna, ou pelo menos revestia-o de todas essas aparências. Inatacável nos seus princípios, o ensinamento de Gregório XVI sofria da ambiguidade dos termos em que se encontrava formulado.

Aos olhos da posteridade, este papa parecia ainda sofrer de uma falta mais grave. Havia uma outra forma de liberalismo acerca do qual os textos pontifícios não diziam palavra: o liberalismo econômico. Este não era condenado. Ao passo que alguns católicos, ou mesmo bispos[40], tinham já denunciado o erro da liberdade sem limites nas relações entre patrões e operários, e as dramáticas consequências a que levava, o papa parecia ignorar inteiramente o problema que iria ser o maior da sociedade moderna. Mais ainda do que pelas incertezas de vocabulário, *Mirari vos* pecava por este esquecimento, pecava pelos seus silêncios. Um grande grito de apelo atravessava a época, tanto por parte dos povos que queriam sacudir as tiranias estrangeiras, como dos homens miseráveis esmagados pelas servidões econômicas, disfarçadas em liberdades. E esse grito, dir-se-ia que o Vigário de Cristo, por esses anos 30, se recusava a escutá-lo.

E, no entanto, na própria Roma, um jovem clérigo de vinte anos, que preparava um doutoramento em Teologia, ouvia esse imenso clamor e meditava nas suas consequências. O nome dele era Gioachino Pecci, e viria a ser um dia Leão XIII.

Um doloroso episódio: Gregório XVI e o drama polonês

Essa atitude doutrinal, rigorosa no plano dos princípios, pouco sensível às consequências humanas da sua aplicação, esteve submetida à prova dos fatos durante todo o pontificado de Gregório XVI. Como a suportou? Temos de confessar que bastante mal. Esses dezesseis anos, confusos e decisivos em tantos aspectos, ficaram longe de destacar-se por vitórias para a Igreja. Sucedeu até que o angustioso dilema em que a revolução liberal e nacionalista parecia encurralar o papado teve um desfecho singularmente doloroso e pouco satisfatório para a causa católica. Foi o que aconteceu sobretudo no dramático episódio da revolta da Polônia.

A rebelião que rebentara em Varsóvia em dezembro de 1830, pouco antes da morte de Pio VIII[41], durou menos de um ano. Heroicos, mas insuficientemente organizados, e comandados por chefes mais generosos que hábeis, os poloneses travaram inúmeras batalhas dignas das canções de gesta, sem fazerem avançar uma causa antecipadamente sacrificada pela desigualdade de forças. Sucessivamente em Waver, Grochow, Dembé e Igania, a sua louca audácia pareceu triunfar: os melhores regimentos russos foram aniquilados, como os famosos "couraceiros do Príncipe Alberto" que, em 1814, tinham entrado em Paris antes de todos. Eram 45 mil contra 150 mil, e os insurretos ganhavam. Quando, porém, os russos, inquietos, mobilizaram tropas suficientes, seis contra um, venceram. A última batalha da ponte de Ostrolenka e a desesperada resistência de Varsóvia bombardeada mortalmente nada puderam contra a inelutável lei dos "grandes batalhões" dos quais dizia Napoleão que acabam sempre por alcançar a vitória. No princípio de setembro de 1831, o caso estava arrumado. Em vez de continuar a ser, como até então e desde 1815, um reino constitucional, satélite da Rússia, a Polônia russa passou a ser uma província do império dos czares. O estatuto orgânico substituiu a Carta de 1815, e sobre o desventurado país reinou o *knut*, o cassetete.

Em face dessa tragédia, posfácio sangrento aos três pavorosos atos das Partilhas, a Europa não reagiu. Os Estados copartilhantes, como era de prever, ficaram mudos e quedas; Metternich limitou-se a murmurar alguns lenientes apelos à clemência; a Prússia deixou passar as tropas russas pelo seu território, embora tenha recolhido os fugitivos quando os exércitos poloneses foram derrotados. A Inglaterra propôs frouxamente uma arbitragem das Potências. Na França, o governo de Casimir Périer, instado pela esquerda a intervir, recusou-se, em parte por um sentimento de impotência, em parte porque a agitação "liberal" e revolucionária o preocupava; "o sangue dos franceses pertence à França", disse o primeiro-ministro, e, quando se soube do fim da rebelião, o ministro da Guerra, que era o general Sébastiani, usou de uma expressão destinada a ficar horrivelmente famosa: "Reina a ordem em Varsóvia"! Não é menos verdade que todos aqueles que, por essa Europa fora, pertenciam mais ou menos às tendências "liberais", todos os que lutavam pela renovação do mundo, estremeceram de amor e angústia pela Polônia vencida: Lamennais consagrava-lhe dois hinos; Lacordaire prestava homenagem aos poloneses derrotados com um longo lamento; Montalembert punha-se a traduzir o *Livro dos peregrinos poloneses,* "torrente de lirismo, imprecações bíblicas", nas palavras do mestre de La Chênaie. O drama do povo mártir comovia milhares de corações.

E o papa? Para ele, o problema era dos mais melindrosos. Os combatentes poloneses eram católicos, na sua imensa maioria; figuravam nas suas fileiras padres muito numerosos, e a voz de vários bispos se elevava para encorajar o levantamento. Badani, enviado pelos insurretos para mostrar ao papa a justiça da sua causa, insistia num aspecto da luta que — como os acontecimentos o iam provar — não podia ser ignorado: a resistência do catolicismo à opressão dos ortodoxos russos. Ao mesmo tempo, contudo, o príncipe Gagarin, representante do czar, fazia ver ao papa que os chefes da rebelião pertenciam a essas mesmas seitas que, na Itália e por todo o lado, ameaçavam a ordem; que o seu senhor, garante da paz, não tinha de modo algum a intenção de arruinar a Igreja Católica na Polônia; e reclamava "uma exortação paternal" que convidasse o clero a "não sair das suas atribuições espirituais".

As declarações do czar, transmitidas a Gregório XVI no próprio dia da coroação, num momento em que as agitações na Itália o deixavam mal-disposto em relação a qualquer liberalismo, tiveram mais peso do que os apelos dilacerantes dos católicos poloneses. O papa começou por dirigir uma carta aos bispos poloneses em que os aconselhava a "pregar a obediência e a submissão, de acordo com São Paulo";

parece que, confiado a Gagarin, o Breve pontifício nunca chegou às mãos dos destinatários, por ter sido julgado insuficiente pelo governo de São Petersburgo. De novo interveio Gagarin, agora apoiado por Metternich, que insinuou ao Santo Padre que um pouco de condescendência da sua parte permitiria ao czar propor uma solução vantajosa para todos os problemas dos católicos poloneses. É preciso dizer também que os brados líricos e as veementes recriminações dos liberais em favor da Polônia — os do *Avenir* ou os do *Risorgimento* — não contribuíam para levar Gregório XVI para o lado da causa rebelde. Em 9 de junho de 1832, o Breve *Superiori anno* desanimava "esses artesãos da manha e da mentira que, sob a capa da religião, se insurgem contra o poder legítimo dos príncipes, quebram todos os vínculos de submissão impostos pelo dever e lançam as suas pátrias na desventura e no luto". Ordenava aos católicos poloneses que tivessem o maior cuidado em afastar de si as doutrinas funestas, e aconselhava-os a confiar no "seu poderoso Imperador, que se mostraria bom para com eles".

É de imaginar o efeito que esse documento papal produziu. Antes de mais, na Polônia, onde chegou, publicado pelos russos ao som de trombetas, na altura em que os ocupantes se entregavam a uma horrível repressão. Mas também por toda a parte: na França, onde, mesmo fora dos meios católicos liberais, o Breve afligiu muitas consciências; na Inglaterra, onde a imprensa protestante ressaltou o seu caráter quase odioso. Desconhecia-se nesse momento que o documento fora acompanhado de outro, em que o papa, em tom enérgico, denunciava ao czar "as perversas chicanas do seu governo na Polônia", citava exemplos precisos de quase-perseguição e propunha o envio a São Petersburgo de um encarregado de negócios da Santa Sé para estudar a fundo essas questões. Mas é óbvio que a diplomacia russa se apressou a afogar esse outro documento nesses abismos de silêncio que sempre teve ao seu dispor... Mais ainda: como uma nota do cardeal Bernetti (1835) tivesse por fim reclamado uma resposta, Gagarin deu uma, com efeito, e nela declarava que tudo o que de penoso se passava na Polônia era por culpa dos católicos e especialmente do clero ingrato para com o governo de Sua Majestade, que se esforçava por reorganizá-lo com uma solicitude toda paternal.

Essa solicitude traduzia-se, curiosamente, da maneira mais espetacular. Enquanto, no plano político, os poloneses se viam privados de todos os direitos, no plano religioso desenrolava-se um processo odioso de russificação e de ortodoxização. Para dirigirem as dioceses, eram nomeados bispos indignos. Exerciam-se pressões de toda a espécie para levar à apostasia: vários milhares de crianças cujos pais se recusavam a passar para a igreja ortodoxa foram deportados para a Silésia. Mais uma vez, a igreja uniata foi especialmente visada; um bispo que aderira à causa russa forçou milhares de fiéis a passar para a igreja cismática. Os religiosos e religiosas basilianos, que, desde sempre, tinham constituído a ossatura da igreja uniata, foram perseguidos; mais tarde, refugiada em Roma, a abadessa basiliana de Minsk, Irena Macrina Mieczyloska, viria a contar o verdadeiro martírio que ela e as suas Irmãs sofreram. Nesse ínterim, a propaganda russa espalhava por toda a parte a ideia de que essas decisões eram tomadas de acordo com a Santa Sé, em conformidade com o famoso Breve *Superiori anno*...

Finalmente informado — passados dez anos... —, Gregório XVI reagiu. Em julho de 1842, pronunciou uma alocução consistorial que era um protesto patético. Nela denunciava "a fraude que faz correr o rumor de que a Santa Sé atraiçoou a causa católica", expunha da maneira mais luminosa todos os atentados cometidos pelos russos contra os direitos dos católicos poloneses e suplicava ao czar que mudasse de atitude. Esse texto corajoso e doloroso impressionou toda a Europa. Na França, até o liberal *La Réforme* o louvou.

Depois de ter guardado silêncio por vários meses, o governo russo preferiu retomar as negociações, receando certamente uma nova explosão de cólera na Polônia. Por dois anos ou mais, a diplomacia russa usou de todos os seus melhores procedimentos para fazer arrastar os assuntos, além de repetir a Gregório XVI que, ao tomar essa atitude, o papa entrava no campo dos revolucionários.

Mas o czar Nicolau I sentia que a Europa não o aprovava; nem sequer os seus aliados austríacos. Em dezembro de 1845, o imperador foi a Roma e pediu para ser recebido pelo papa. Que se passou entre esses dois homens, durante a longa audiência? Sem citar fontes, o cardeal Wiseman assegura que o onipotente autocrata, que entrara todo impante no gabinete do Pontífice, saiu de lá "com os cabelos em desordem, olhar perdido, rosto pálido, como se, durante essa hora, tivesse sofrido todos os efeitos de uma febre prolongada". Vinte anos depois, Pio IX — sem tampouco referir as fontes da informação — viria a confirmar em linhas gerais essa versão. Mas o cardeal Acton, que serviu de intérprete, fez um relato muito menos dramático da audiência: o diálogo teria sido muito calmo, e a audiência teria terminado por um ósculo de paz; mas o papa teria recordado ao czar, com grande firmeza, que abusava dos seus direitos de soberano temporal ao pretender mudar a religião dos súditos. Seja como for, foi este o ponto de partida das negociações que levariam, no pontificado de Pio IX, à Concordata de 1847[42].

"O papado mostrou-se digno dos seus grandes dias — escreveu *La Réforme* — : a justiça, o direito, a liberdade encontraram um intérprete no santuário romano. A consciência moderna pode estar satisfeita". Certamente que sim. E essa firme reação deve ser lançada a crédito do papa camaldulense. Teria apagado inteiramente a má memória do triste Breve de 1832?

Perante as "vicissitudes dos Estados"

O problema que se formulara na Polônia, e ao qual Gregório XVI tinha julgado dar a solução que lhe era sugerida pelas suas tendências pessoais profundamente conservadoras, apresentou-se em muitos outros lugares e de modos também muito delicados. Aos poloneses, cuja revolta fracassara, era possível dizer que, perturbando sem êxito a ordem estabelecida, tinham comprometido a Igreja em vão; mas que dizer dos movimentos liberais que tinham triunfado? Que atitude assumir para com os governos nascidos de uma revolta triunfante? Deviam ser ignorados? Havia que recusar-se a manter relações com eles, correndo o risco de atirá-los para o campo da irreligião, em que vários deles não queriam alistar-se?

A questão fora decidida, no plano da prática, alguns anos mais cedo: ante a declaração de independência das colônias espanholas da América, Leão XII, contra a vontade da Espanha, estabelecera relações com as jovens repúblicas. Seguindo esse exemplo, Pio VIII reconhecera sem maiores dificuldades o governo "revolucionário" de Luís Filipe. Mas o mesmo problema aparecia em tantos casos que Gregório XVI achou necessário fixar uma regra geral. Foi o que fez em agosto de 1831, mediante a Constituição *Sollicitudo Ecclesiarum*. Nesse documento, o papa decidiu que, em caso de "vicissitudes dos Estados" e de mudanças de regime, "os Pontífices Romanos entrariam em relações com aqueles que detivessem, de fato, o poder". Seria, no seu espírito, uma concessão feita à Revolução? De modo algum. O texto papal precisava que, agindo assim para com os governos revolucionários, a Sanca Sé não tinha o propósito "nem de confirmá-los nas suas dignidades, nem de conferir-lhes nenhuma fonte de novos direitos". Não era uma adesão à teoria do fato consumado, que Pio IX viria a condenar numa linha do *Syllabus.* Gregório XVI estava bem longe de admitir que "uma injustiça de fato coroada de êxito não fere de modo algum a santidade do direito". O que fazia era simplesmente definir uma atitude de ordem prática, reconhecendo *de facto,* mas não *de jure,* os regimes saídos da Revolução.

Essa distinção — devida, em larga medida, ao cardeal Bernetti — era hábil. Permitia ao papa condenar no plano do direito os movimentos revolucionários e, no entanto, aceitar os resultados por eles conseguidos: praticar dentro dos Estados Pontifícios a política contrarrevolucionária que já vimos, e todavia manter boas relações com os governos da França e da Bélgica nascidos da revolução. Mas a verdade é que Gregório XVI não adotou sem reticências essa distinção. Mais resignado que convencido, aplicou essa política tentando limitar-lhe as consequências, pronto a abandoná-la pela da contrarrevolução pura e simples, logo que as circunstâncias lho consentissem. Quando o cardeal Lambruschini substituiu Bernetti na Secretaria de Estado, não fez pouco para empurrar o papa nesse sentido.

Na *Bélgica,* a revolução triunfara. E triunfara até graças à aliança dos católicos com os liberais revolucionários, a mesma que, em tempos, o cardeal Cappelari desaprovara formalmente. Eleito Papa, compreende-se que ele não tivesse muita pressa em estabelecer relações com o governo do rei Leopoldo. Reconheceu-o, no entanto, em virtude do princípio fixado na *Sollicitudo,* mas sem abandonar a atitude de reserva. A Constituição belga proclamava a liberdade de culto, o reconhecimento das ordens religiosas, a nomeação dos bispos pela Santa Sé, e muitos outros direitos para a

Igreja: era uma prova de que, triunfando juntamente com os liberais, os católicos tinham feito também triunfar a causa da sua religião.

Mas o novo regime estabelecia o princípio da separação entre a Igreja e o Estado e a igualdade de todas as religiões perante a lei, o que não era coisa que agradasse a Roma. A fórmula "a Igreja livre no Estado livre", repetida pelos católicos belgas, cheirava a Lamennais a léguas de distância... Foi por isso que, quando Leopoldo I pediu ao papa o estabelecimento de relações diplomáticas, Gregório XVI começou por fazer ouvidos moucos. Por seu lado, os católicos belgas, lembrando-se de que fora apesar da Santa Sé que tinham conquistado a liberdade, temiam que os seus interesses fossem lesados pela presença de um representante do Papa em Bruxelas. Foram precisos dez anos de negociações antes que, em 1841, o papa resolvesse enviar um núncio titular para junto de Leopoldo.

De resto, nem tudo correu sobre rodas depois disso. O primeiro núncio, mons. Fornari, tentou tão desajeitadamente controlar o episcopado belga e o partido católico que teve de ser chamado a Roma. O papa deu-lhe por sucessor um jovem prelado tão brilhante como hábil, mons. Pecci — o futuro Leão XIII —, que agiu como conciliador prudente e fino. Desta vez, foi o Secretário de Estado que lhe censurou a falta de energia na defesa dos direitos pontifícios e o chamou em 1845, não deixando em seu lugar, a princípio, senão um simples encarregado de negócios, até que, diante dos protestos do rei, nomeou um antiliberal notório. Esta questão da Nunciatura demonstrava bem quanto era ambígua a política da Santa Sé para com a Bélgica nova.

No entanto, era incontestável que a causa católica ganhara imenso com o estabelecimento do novo regime. Esses quinze anos foram, para a parte católica da Bélgica, uma era de desabrochar em todos os planos: político, intelectual, universitário e espiritual[43]. Aproveitando a presença dos católicos no poder, nesses "governos mistos" que duraram até 1847, a Igreja belga tomou as sólidas posições que iria conservar até os nossos dias. Fundou escolas primárias — perto de metade do total do país —, colégios secundários, uma universidade, que, aberta inicialmente em Malines, foi definitivamente instalada em *Lovaina* no ano seguinte (1835), para assim restaurar a ilustre universidade do século XV; em pouco tempo o seu desenvolvimento foi prodigioso. Na ordem política, os católicos formaram um partido poderoso, fortemente organizado, a tal ponto que, quando se desfez a aliança com os liberais (1847) e estes voltaram a ser anticlericais, os católicos puderam opor-lhes uma vigorosa resistência. Mas tudo isso se fez quase à margem de qualquer ação da Santa Sé.

As coisas correram pior na *Península Ibérica*. Os dois Estados que a dividiam foram vítimas de crises dinásticas, à sombra das quais explodiu a oposição entre os liberais e os contrarrevolucionários — grande tentação para a Santa Sé tomar partido...

Em *Portugal*, a crise começara muito antes de 1830; mas, pouco antes do advento de Gregório XVI, assumiu características agudas. Quando, em 1808, o país fora ocupado pelas tropas de Napoleão, a família real refugiara-se no Brasil, circunstância de muito proveito para essa colônia. Em 1816, D. João VI regressou a Lisboa, deixando no Brasil o filho D. Pedro I, que proclamou a independência e reclamou para si o título de imperador (1822).

Entretanto, o país era agitado por perturbações de caráter revolucionário, em que se opunham violentamente liberais imbuídos de ideias próximas da Carbonária, manobrados pela franco-maçonaria e pelos conservadores, por trás dos quais, salvo raras exceções, se agrupava o clero. A morte de

D. João VI (1826) complicou ainda mais a situação. O filho mais velho, Pedro, seria o seu herdeiro legítimo? Não, respondiam alguns, porque, tendo-se proclamado imperador do Brasil, desobedecera ao famoso juramento — feito por toda a nobreza lusitana em 1139, no campo de batalha de Ourique, em que Afonso I esmagara os mouros — de nunca mais deixar um estrangeiro reinar em Portugal[44]. Para mais, D. Pedro, receando perder a coroa do império se partisse do Brasil, decidira permanecer no continente americano e enviara para reinar em Lisboa a sua filha Maria da Glória, de sete anos de idade, em nome da qual o irmão de Pedro, D. Miguel, exerceria a regência.

D. Miguel, após ter hesitado por algum tempo e se ter interrogado se não seria mais vantajoso casar com a sobrinha logo que esta atingisse a idade própria, impelido pela sua muito autoritária mãe, Dona Joaquina, e os mais violentos absolutistas, decidiu tomar o poder. Durante seis anos, impôs a Portugal um regime reacionário ao lado do qual o dos ultra-franceses de 1815 pareceria paradisíaco. Não somente se restabeleceu a religião católica em todos os seus direitos e se readmitiram os jesuítas, mas também se instituíram tribunais imitados da Inquisição e se exilaram milhares de suspeitos de liberalismo — perto de 40 mil[45].

Mas, em 1831, D. Pedro I, que acabava de renunciar à coroa do Brasil, reentrou em Portugal e reclamou o trono. Foi a guerra civil. Apoiado por todos os liberais e ajudado pelas sociedades secretas, D. Pedro conduziu contra o irmão operações audaciosas, que tiveram êxito. Apesar do apoio que lhe prestaram diversos voluntários legitimistas franceses, tais como o marechal Bourmont e La Rochejaquelein, D. Miguel foi sucessivamente batido diante do Porto, diante de Lisboa, depois nos arredores de Évora. Capitulou (1834) e, em troca de uma confortável pensão, concordou em renunciar ao trono.

A Igreja achou-se implicada no drama. Embora o patriarca de Lisboa e dois ou três prelados tivessem mostrado simpatia pelo regime constitucional, a grande maioria do clero vira na vitória miguelista a sua própria vitória. O próprio Gregório XVI reconhecera o governo de D. Miguel, que, legalmente, era um governo rebelde, aplicando assim, segundo disse, a Constituição pontifícia *Sollicitudo Ecclesiarum,* mas, na realidade, sem esconder as suas inclinações pessoais. Quando D. Miguel teve de fugir do país, Roma acolheu-o com significativas deferências.

O resultado dessa política foi desastroso. Senhores do poder, os liberais apressaram-se a retirar ao clero os bens que este acabara de recuperar; os jesuítas foram expulsos, depois de terem sofrido ultrajes dignos da grande perseguição do século XVIII[46]; houve padres espancados em aldeias; fecharam-se conventos, escolas e mesmo hospitais. Foram anuladas as nomeações episcopais feitas por D. Miguel. Em vão o papa, cujo núncio fora posto na fronteira, protestava contra tais medidas.

A morte de D. Pedro I, em 1834, não compôs as coisas. Só seis anos mais tarde é que a rainha Maria da Glória (conhecida na História por Dona Maria II), católica fervorosa, conseguiu melhorar a situação e enviar a Roma um representante para negociar uma Concordata, o que o papa lhe agradeceu oferecendo-lhe a Rosa de Ouro. Mas a crise anticlerical marcara profundamente a classe política portuguesa. A franco-maçonaria implantou-se solidamente entre os intelectuais; a influência inglesa, a partir daí crescente e, como é óbvio, protestantizante, ia contribuir para enfraquecer a Igreja portuguesa. Estava criada uma situação que iria prolongar-se até ao nosso tempo, até à chegada de Salazar ao poder.

Os acontecimentos não foram mais felizes na *Espanha.* Curiosamente paralelos aos do pequeno reino vizinho, esses acontecimentos opuseram também uma sobrinha ao tio, uma rainha de tendências liberais a um pretendente absolutista[47]. A rainha foi Maria Cristina, sobrinha e quarta esposa do desventurado Fernando VII, a quem este dera, em 1830, pouco antes de morrer (1833), uma herdeira, Isabel. O pretendente ao trono foi, nessa altura, D. Carlos, irmão do rei defunto. A quem devia pertencer o trono? Segundo a pretensa "lei sálica" da tradição bourbônica, a D. Carlos. Segundo o mais antigo costume hispânico, a Isabel.

Por trás dessa questão dinástica, o que havia era um problema político. A volta de Carlos, juntavam-se todos aqueles que em tempos tinham aprovado a reação violenta de Fernando, o clero mais tradicionalista, os camponeses conservadores de Navarra e de Biscaia, e as potências da Santa Aliança. A volta de Maria Cristina, regente em nome de Isabel, agruparam-se rapidamente, não apenas os monárquicos moderados e os católicos moderados, mas liberais, os sobreviventes do Trocadero e até revolucionários e franco-maçons. A Inglaterra e a França eram favoráveis às rainhas, bem como, em todos os países, os liberais, especialmente os do *Risorgimento*.

Gregório XVI ficou embaraçado. Quando o ministro da regente, Zea Bermudez, lhe pediu que reconhecesse o seu governo, o papa eludiu a questão, sob o pretexto de que não lhe parecia seguro que Maria Cristina tivesse a realidade do poder. Daí a tensão entre Madri e Roma. O núncio apostólico partira do país e não foi substituído. E as nomeações de bispos ficaram suspensas, em virtude da recusa da Santa Sé em inserir a fórmula tradicional: "[...] por apresentação da rainha de Espanha". Era bem evidente que os sentimentos do papa pendiam para D. Carlos. Essa atitude contribuiu para empurrar o governo "cristinista" para o campo do anticlericalismo, confirmando assim a tendência já existente. Inspirando-se nos exemplos franceses, as Cortes votaram que uma parte dos bens eclesiásticos ficasse à disposição do Estado e prepararam uma "Constituição Civil do Clero". Gregório XVI protestou, debalde, contra essas deliberações.

A situação piorou muito rapidamente. Em breve a oposição dos carlistas aos cristinos transformou-se em guerra civil. Sobretudo no Norte da Espanha, alastrou-se uma vasta rebelião que não deixou de lembrar a guerra da Vendeia. Por D. Carlos e a seu lado, o que os camponeses navarros queriam defender era a fé tradicional, os "fueros" locais, a grandeza da monarquia. O seu chefe, Zumalacarregui, era da têmpera dos Charette e dos La Rochejaquelein.

Mas esse conflito, recheado de episódios cruéis, trouxe uma consequência ainda mais atroz: uma explosão de furor antirreligioso. Como se declarasse em Madri uma epidemia de cólera, a populaça acusou os monges de terem envenenado as fontes. Oitenta infelizes padres foram chacinados. Foi a *Matanza de Frailes,* de triste memória. Na Puerta del Sol, ouviu-se gritar: "Morte a Cristo! Viva Satã!" Houve conventos incendiados, igrejas pilhadas. Procurando acertar o passo, o governo expulsou novamente os jesuítas, suprimiu mais de oitocentos conventos, anunciou um projeto de separação entre a Igreja e o Estado. O novo núncio, que acabava de chegar a Madri, não teve outra coisa a fazer senão ir-se embora. E de novo, na alocução consistorial, Gregório XVI protestou energicamente.

Nesse ínterim, a guerra civil chegava ao fim. Após mais de seis anos de luta fratricida, veio o cansaço. Bandos heroicos de camponeses carlistas davam ainda apoio aos *maquis* das montanhas e traziam bordada sobre o peito a inscrição: "Para, bala, o Sagrado Coração está comigo!" Mas o general Espartero, bom estrategista, liquidara já as formações regulares. A Convenção de Vergara pôs fim, em termos teóricos, às hostilidades, mas o carlismo, expressão da mais intransigente Espanha católica e absolutista, nem por isso desapareceu.

Restabelecida a paz, a regente Maria Cristina quis restabelecer também a paz religiosa e acalmar os espíritos. Espartero opôs-se e obrigou-a a ir para o exílio, deixando no trono a pequena Isabel II. E veio de novo a crise religiosa, e novas medidas persecutórias, e o encerramento definitivo da nunciatura, assim como, de novo, uma alocução de Gregório XVI, que condenava essas violências e pedia a toda a catolicidade orações pela Espanha.

Foi preciso esperar 1845, a queda e fuga do primeiro general do *pronunciamiento*, para que a situação se restabelecesse. O novo chefe, outro general, Narvaez, resolveu aplacar os espíritos. Chegou-se mesmo a negociar uma Concordata, que decerto teria sido assinada se Gregório XVI houvesse aceitado reconhecer formalmente a legitimidade de Isabel II. Só seis anos depois, com Pio IX, é que se concluiu a negociação.

Deste modo, tanto na Espanha como em Portugal a Igreja estava envolvida no grande conflito da época, na luta entre os "liberais", herdeiros da Revolução Francesa, e aqueles que pretendiam opor-se a esta. Estava também envolvida no país onde menos se esperaria um drama: os pacíficos *Cantões Helvéticos*.

Aí, o antagonismo manifestou-se num plano muito particular, o da concepção que os suíços tinham sobre a sua famosa união. Os "federalistas" defendiam a independência dos cantões com base nas tradições antigas que os tratados de Viena haviam consagrado em 1815; os "radicais" queriam um Estado mais centralizado. A este motivo de oposição juntou-se um outro, o mesmo que surge em qualquer país em fermentação. A Suíça passara a ser refúgio de grande número de liberais, carbonários, franco-maçons e outros revolucionários, entre os quais Mazzini fazia o papel de profeta. Violando afrontosamente o elementar preceito que proíbe os refugiados de se imiscuírem nas questões do país que os acolhe, todos esses *fuorusciti* ajudaram o mais que puderam o partido radical, unitário, arrastando-o para o caminho do anticlericalismo. Vendo isso, os católicos apoiaram os federalistas.

E não tardou que surgissem conflitos. Em 1832, os radicais liberais tentaram fazer rever em sentido unitarista o pacto federal; fracassaram por força da resistência católica. Dois anos depois, procuraram uma desforra: como os cantões de predominância católica tivessem pedido a Roma a criação de seis bispados puramente suíços e a instalação de um núncio apostólico em Lucerna, os seus adversários ripostaram com a Conferência de Baden, em que foi votado um texto dividido em *Catorze Artigos*, que não era nada menos que uma Constituição Civil do Clero. Gregório XVI condenou esse documento, e os radicais ripostaram com a expulsão do núncio e a atribuição de uma cadeira de teologia ao professor alemão Strauss, célebre pelos seus ataques à divindade de Cristo[48]. Ao apelo de chefes enérgicos — Joseph Leu e Mayer —, os católicos entraram em luta contra as deliberações da Conferência de Baden que desprezavam os seus direitos, e chegaram a conseguir a intervenção das grandes Potências, que convidaram o governo helvético à moderação. E, em 1° de agosto de 1842, Gregório XVI declarou nulas todas as decisões contrárias às leis da Igreja e pediu aos católicos que lutassem contra "tentativas criminosas".

A partir daí, a situação passou a ser explosiva. Os católicos formaram-se em grupos de defesa, ao grito de "Viver católico ou morrer!" Lucerna, onde a maioria voltara a ser católica, chamou de novo o núncio, o que estava certo, mas também entregou aos jesuítas o Instituto Teológico e o Seminário, e isso já parecia provocação. Os radicais ripostaram afastando Leu do Grande Conselho, chegando a mantê-lo preso por algum tempo, e dentro em pouco usando a força. No cantão de Vaud, em 1845, um golpe de Estado deitou por terra o governo conservador e federalista, e houve bandos armados que foram atacar Lucerna, que se defendeu bem. O infeliz Joseph Leu foi assassinado no leito. Diante do perigo, os sete cantões de tendência federalista e católica uniram-se (11 de dezembro de 1845) numa confederação de defesa, o *Sonderbund*. Estavam dispostos os peões para o terrível jogo da guerra civil. E ela rebentou alguns meses depois.

Na Irlanda de O'Connell

Em todas essas questões, por força das circunstâncias, a Igreja e o papado tinham ficado situados num campo bem definido. Na Espanha, em Portugal e também na Suíça, Gregório XVI não tinha podido hesitar sobre a escolha a fazer, visto que os defensores das ideias liberais eram, nesses países, com maior ou menor clareza, hostis ao catolicismo. Mesmo na Bélgica, a sua atitude pouco nítida podia parecer aprovada pelos fatos, desde que se mostrara que era inevitável a oposição entre católicos e liberais. Mas o problema era para ele muito mais delicado naqueles países em que eram os próprios católicos que, em nome da liberdade, defendiam os seus direitos e em que o movimento nacionalista correspondia a um grande impulso católico. Era o caso da Irlanda, bem como o da Alemanha.

O *Bill* da emancipação dos católicos, conseguido em 1829 graças especialmente à sua ação[49], não tinha trazido completa satisfação aos irlandeses. Queixavam-se estes, não sem fundamento, de terem de pagar somas enormes para sustentar as igrejas protestantes, quando o seu próprio clero vivia apenas das esmolas de uma população muito longe de ser rica. A essas reclamações, outras se misturavam, de natureza diferente: os *landlords* (terratenentes) impunham-lhes rendas exorbitantes e expulsavam-nos das suas cabanas se uma fraca produção os impedia de pagar o devido; e os pobres rendeiros não podiam sequer levantar a voz para protestar, porque a representação que tinham nos Comuns era ridiculamente pequena. Quer dizer: as questões religiosas, econômicas e políticas estavam entrecruzadas. Seria possível resolvê-las em separado? Não seria sempre precária e ilusória a liberdade religiosa enquanto não fosse conquistada a política — uma liberdade política plena e inteira? A Irlanda católica não seria verdadeiramente ela própria enquanto não fosse revogado o Ato de União que ligava os seus destinos aos da Inglaterra.

Tal era a opinião de O'Connel, o grande líder a quem se deveram todas as primeiras vitórias. No fim do dia em que foi obtida a emancipação dos católicos, tinha exclamado: "Os que pensam que tudo acabou enganam-se! É o momento de começar as lutas pelos direitos da Nação". Com cinquenta anos, em pleno vigor, em plena glória, O'Connel prosseguiu a sua ação com a mesma força, de acordo com os mesmos métodos de antes, recusando-se a violar as leis, mas utilizando todos os recursos que elas lhe ofereciam para fazer triunfar suas ideias.

Começou por atuar no plano parlamentar. Nos Comuns, a sua eloquência causava sensação. Apoiando decididamente os *whigs*, muito menos vinculados à "Igreja estabelecida" do que aos *tories*, obteve resultados indiscutíveis: nomeação para a Irlanda de magistrados imparciais, abolição de parte dos dízimos pagos aos clero anglicano, rejeição da *Coercion Bill*, que teria reforçado perigosamente os poderes dos funcionários britânicos. Mas estava-se ainda longe da "revogação da união" que continuava a ser o fim último do seu programa. E especialmente longe quando, em 1841, os *tories* voltaram ao poder.

Então, o grande lutador retomou a campanha de agitação de outros tempos. Começaram a ser aplicadas as medidas de boicote aos produtos ingleses e descrédito dos bancos, decidida já em 1829. Houve comícios em que O'Connel falou a multidões gigantescas: 400 mil em Mullaghmast, 700 mil em Tara... O governo inglês assustou-se, embora tivesse excluído qualquer violência dessas reuniões de massa; quando foi anunciado para Clontarf um comício ainda mais numeroso, o governo mandou tropas e canhões para impedi-lo, mas, ao saber disso, O'Connel cancelou no último instante. O Ministério cometeu o disparate de mandá-lo prender por conspiração, decisão que a Câmara dos Lordes anulou por abuso de poder. Se o esforço do velho combatente da liberdade não conseguia o seu propósito, pelo menos marcava pontos sobre o adversário. Assim, quando, em 1842, os Comuns vetaram o novo imposto, o *Income Tax*, decidiram que a Irlanda ficaria isenta, e, quando, em 1844, se fundaram na ilha três colégios, os católicos foram admitidos sem dificuldades[50].

Como foi considerada pela Igreja a atuação de O'Connell? Apoiada pela quase unanimidade do clero irlandês, era bem-vista fora da Ilha? Temos de reconhecer que, no conjunto, foi mal compreendida. Os irmãos mais próximos dos irlandeses, os católicos ingleses, mostraram-se mais que reservados, quase hostis. Por continuarem a ser ingleses e julgarem que essa atuação era prejudicial à sua pátria? Talvez. Mas também por outras razões. O'Connell admitia na Sociedade para a Revogação da União qualquer pessoa, até protestantes, e, na redação do jornal *The Nation,* o seu discípulo Charles Gavan Duffy tinha admitido, ao lado de três católicos, um anglicano e dois "não conformistas" protestantes. Essa aliança parecia suspeita aos católicos intransigentes —

e não só na Inglaterra... Wiseman, futuro cardeal, confundia, voluntariamente ou não, o liberalismo nacionalista de O'Connell e seus amigos com o liberalismo filosófico e teológico, e denunciava-os em conjunto como inimigos dos dogmas.

Em Roma, a reserva era extrema. Ao contrário de Lamennais, O'Connell tinha a habilidade de não envolver a Santa Sé e de não pretender fazer do papa o chefe moral da luta libertadora. Gregório XVI não teve, pois, de se pronunciar, circunstância que aproveitou para guardar silêncio sobre o movimento irlandês. Estaria ele, como já alguém disse[51], "atarantado com a sua exuberância"? É possível e até provável. Seja como for, a ação diplomática da Santa Sé em nada concorreu para ajudar os esforços dos católicos. As intervenções pontifícias limitaram-se a arbitrar um conflito entre padres seculares e regulares, a favor dos segundos, e, na questão escolar que dividia o clero, a aconselhar a conciliação, recomendando que fosse aceita uma escola não-confessional do Estado...

Essa reserva papal não deixou de contribuir para ensombrar os últimos anos de O'Connell. De resto, a sua pátria passava por uma terrível provação, a famosa doença da batata, que provocou uma fome de tal ordem que o número da população caiu de oito para cinco milhões e mais de 500 mil irlandeses emigraram, sobretudo para os Estados Unidos. Além disso, o grande patriota estava inquieto por ver desenvolver-se, a seu lado, e em certa medida contra ele, o movimento da *jovem Irlanda,* fortemente influenciada pelo exemplo dos movimentos liberais da Itália e de outros lugares, e que não escondia a intenção de recorrer à violência para vencer os ingleses...

O'Connell foi tomado de tal angústia que, ao saber da morte de Gregório XVI e da eleição de Pio IX, partiu para Roma, a fim de confiar ao Pai Comum as suas aflições e assegurar-lhe a sua total fidelidade. A morte, que o surpreendeu na viagem (Gênova, 1847), não lhe permitiu realizar esse voto. E os liberais italianos, os chefes do *Risorgimento*, reivindicando-o como um dos seus, parecerão dar, *a posteriori*, razão a Gregório XVI e ao cardeal Lambruschini e à sua desconfiada reserva. Num panegírico retumbante, o pe. Ventura propôs esse novo Judas Macabeu, esse novo Moisés, como modelo dos guias da *Jovem Itália*, e concluiu aconselhando os romanos a lutar pela libertação da Itália como O'Connell lutara pela libertação da sua pátria... Fora precisamente para evitar tais confusões que Roma se tinha calado[52].

Na Alemanha, "o espírito de Colônia"

Nos países germânicos, o problema era aquele que provinha da Reforma: o das relações entre a igreja e o Estado. Os Príncipes estavam lá habituados a controlar as Igrejas, a ser "papas na sua terra". Mesmo na católica Áustria, José II tinha trabalhado muito nesse sentido[53]. Mas, nessa primeira metade do século XIX, o problema complicava-se com dois novos dados: as ambições da Prússia, que pretendia unificar toda a Alemanha sob a sua tutela, e a tensão crescente entre a Alemanha renana, aberta às ideias novas, e a do Leste, ainda extremamente feudal sob muitos aspectos e pelo menos autoritária: entre Colônia e Berlim. Durante a década de 30, todos esses elementos conjugados levaram a um conflito violento.

Mas não por toda a parte. Na *Áustria*, onde os sucessores de José II tinham continuado a aplicar o sistema criado por ele — mantendo o clero sob a sua alçada, exigindo o "placet" imperial para a publicação de qualquer documento pontifício, proibindo aos bispos as visitas *ad limina* —, a situação suavizou-se pouco a pouco. As negociações em vista de uma Concordata começaram sob Francisco I, prosseguiram sob Fernando I, com pleno apoio de Metternich, mas eram refreadas pelo corpo administrativo, ainda muito josefista; a assinatura do documento será apressada pelas convulsões de 1848.

No reino da *Baviera,* que era um dos centros mais florescentes da renovação católica, a Concordata de 1817, embora limitada, deixara à Igreja certa margem de liberdade. A despeito dos esforços da burocracia para reduzir essa margem, a verdade é que ela foi normalmente aplicada, e o "Edito de religião", uma espécie de Artigos Orgânicos ou de Decretos Melzi, não incomodou grandemente o clero. Até na questão dos casamentos mistos, que na Prússia provocou a crise que iremos ver, as autoridades bávaras acabaram por mostrar-se razoáveis e consentiram bastante depressa em deixar os padres agir segundo as instruções pontifícias.

Em numerosos países germânicos, porém, as coisas não correram tão bem. A vontade de submeter as igrejas ao Estado foi muitas vezes acompanhada de um desígnio, mais ou menos claro, de protestantização. As igrejas nascidas da Reforma aceitavam, tradicionalmente, a tutela dos Príncipes; a Igreja Católica, muito menos, e daí a tentação, para os governos, de enfraquecê-la. Assim sucedeu nos Estados renanos, que quiseram impor à Igreja os *Trinta e nove Artigos de Frankfurt,* contra os quais Pio VIII tinha protestado[54]. No Würtemberg, por exemplo, o governo pretendeu nomear os párocos, proibir os antigos dias santos de preceito, proscrever a exposição das relíquias e até modificar a disciplina da confissão sacramental. Por seu lado, o Estado de Baden fez saber ao arcebispo de Friburgo que, sem autorização oficial, não poderia publicar qualquer documento e que, dos oitenta párocos da diocese, sessenta seriam nomeados pelo governo. No Hessen, os clérigos católicos foram convidados a deixar de seguir os cursos do seminário de Mogúncia e a frequentar os da Universidade de Giessen, protestante e violentamente antirromana. E não se tratava apenas de medidas irritantes aplicadas por funcionários sectários: uma propaganda ativa minava os meios de clero jovem, criticando o celibato eclesiástico e a leitura do Breviário e ameaçando transformar os sacerdotes (como mais tarde diria mons. von Ketteler) em "meros protestantes liberais".

Na *Prússia,* essa tentativa foi posta em prática ainda mais sistemática e energicamente. Os Hohenzollern, para fazerem triunfar o seu grande projeto de unificação da Alemanha sob o seu cetro, tinham de começar por dar alguma unidade aos Estados bastante heteróclitos que constituíam os seus domínios. Em particular, as províncias renanas precisavam muito de caminhar ao mesmo passo, ao passo prussiano. Dada a falta de continuidade geográfica ou de tradição comum, era necessário impor a todos os povos o princípio abstrato do Estado onipotente, e esse princípio encarnava-se, desde o grande Frederico, numa casta de administradores devotados até ao fanatismo e, na imensa maioria, protestantes. Muito naturalmente, dominou-lhes o espírito a ideia de que a religião devia contribuir para essa necessária unificação, o que tornava indispensável fazer desaparecer, se possível, as diferenças de Igreja para Igreja ou pelo menos atenuá-las ao máximo. "Moer numa só mistura — escreve Georges Goyau —, refundir num mesmo cadinho as diversas confissões protestantes, amputá-las todas de uma parte do seu *credo,* submetê-las a uma tutela dogmática [...]", esse era o resultado que o rei da Prússia pensava poder conseguir sem maiores dificuldades. Restava aplicar os mesmos métodos ao catolicismo.

Para lá chegar, Frederico Guilherme II apoiou-se nas doutrinas e na influência de *Hermes,* o mestre de Bonn, então no apogeu do seu prestígio[55]. Esse sistema kantiano, essencialmente germânico, reduzia a fé ao impulso do coração, esvaziava a crença do seu conteúdo intelectual, desconhecia a intervenção da graça e ignorava o papel da liberdade; era evidente que oferecia o sonhado terreno de aproximação com os protestantismos. O hermesianismo passou a ser, portanto, uma espécie de teologia do Estado. E a Meca dessa nova Revelação foi Bonn, a grande rival de Colônia. Atacada por muitas autoridades católicas, designadamente pelos jesuítas Porrone e Kleutgen, e pelo bispo-coadjutor de Münster, *Klemens August zu Droste-Vischering*, que proibiu aos seminaristas a leitura de Hermes; condenada até pelo Breve *Dum acerbissimus* (1835), a perigosa doutrina não deixou de continuar a difundir-se, apoiada que era pela administração prussiana, e mesmo ajudada por estranhas cumplicidades no seio do episcopado.

A essa tentativa opôs-se tudo o que o catolicismo tinha de mais vivo. Os grandes condutores do movimento de renovação eram muito hostis ao domínio do Estado. O mais ardente e mais célebre de todos — Garres — escrevia: "A Igreja não está de modo algum subordinada ao Estado; penso antes que o Estado deve estar na Igreja, deve servir a Igreja como instrumento dos seus fins superiores". E acrescentava, contra Hermes, juntando-se assim às posições dos católicos liberais franceses: "Não quero ver a religião fechada a sete chaves no *boudoir* do coração. Tem muito a fazer fora daí; até na praça do mercado, em volta do templo, tem um imenso papel a desempenhar". Os seus amigos — Haller, Schlegel, Adam Müller — pensavam o mesmo: "Deus — exclamava este último — não é propriamente uma arma cômoda para as polícias".

O conflito era inevitável. E rebentou por ocasião do litígio dos *Casamentos Mistos*[56]. O Breve *Litteris*, de 1830, ordenara aos sacerdotes que obrigassem os noivos desejosos de casar catolicamente a prestar juramento de educar os filhos na fé romana; em caso de recusa, deviam limitar-se a uma assistência passiva, sem dar a bênção aos desposados. Muito descontente, o governo prussiano proibiu a publicação do Breve e enviou a Roma um embaixador extraordinário — o Cavaleiro de Bunsen[57] —, encarregado de tentar obter de Gregório XVI novas concessões, o que não conseguiu. Tratando então o assunto fora de Roma, o governo pôde trazer para o seu lado alguns bispos pusilânimes ou ambiciosos, nomeadamente mons. von Spiegel, arcebispo de Colônia. Estabeleceu-se entre esses altos prelados uma Convenção (Koblentz, 1834) que, sob o pretexto de interpretar o Breve pontifício, lhe anulava as principais cláusulas: os párocos não tinham obrigação de exigir dos futuros esposos aquele compromisso, e só deviam recusar-se a dar a bênção no caso de estarem informados de que se tinham tomado disposições em contrário. Roma foi prevenida, mas o cardeal Lambruschini, que acabava de assumir a Secretaria de Estado, não queria abrir um conflito com um soberano que tinha fama de ser um dos alicerces da ordem na Europa. Aceitou as explicações, tão veementes como ambíguas, que lhe deu o Cavaleiro de Bunsen.

A resistência veio dos próprios católicos alemães, principalmente de certo número de bispos, indignados com a atitude servil dos colegas de episcopado. O líder do movimento foi o antigo coadjutor de Münster, mons. zu Droste-Vischering, que fora eleito em 1835 para arcebispo de Colônia, apesar de o governo, quando convidara o Cabido a escolhê-lo, ter julgado que colocava nesse lugar um dos seus homens... Era um velho que parecia cansado e mais atraído pelo recolhimento dos claustros do que pela ação política. Mas a psicologia dos prussianos enganou-se, coisa que, segundo se afirma, lhes acontece com certa frequência... O novo arcebispo mostrou ser um outro Ambrósio, um Atanásio, um Gregório VII. As primeiras medidas que tomou não deixaram qualquer dúvida sobre as suas disposições: recusou-se a reconhecer a validade do acordo de Coblenz e convidou os padres da sua diocese a aplicar à letra os termos do Breve. Em seguida, publicou, sem pedir licença ao governo, o documento do papa que condenava Hermes; tudo isso com infinita suavidade e calma. Em vão foi procurado por emissários de Berlim com o pedido de que atenuasse tais rigores ou, ao menos, não condenasse claramente o senhor de Bonn. "O Breve aí está", respondia ele, sorrindo. E o funcionário prussiano partia desnorteado...

Após dezoito meses de vãs negociações, os prussianos recorreram ao processo que em geral lhes parece a *ultima ratio:* a força. Os gendarmes invadiram o paço episcopal, o velho arcebispo foi mandado, com boa escolta, para os fundos da Westfália, onde ficou na fortaleza de Minden. Foi este o *caso de Colônia* (20 de novembro de 1837). O episódio fez sensação, mas em sentido diferente do esperado por S.M. Hohenzollern, cuja intuição, mais uma vez, se revelou falha...

Foi um escândalo em toda a Europa, e não apenas nos meios católicos. Na Alemanha, Garres ripostou com verve. Dallinger, no plano teológico, e Moy e Philips, no plano jurídico, criticaram com veemência a medida. Na França, Montalembert protestou, e Lamennais, que no entanto acabava de se separar da Igreja, juntou a sua voz à do amigo. Também O'Connell se indignou. Houve incidentes. Em diversos lugares da Alemanha, o povo reuniu-se para rezar em alta voz pela libertação do arcebispo. Paróquias inteiras guardaram luto. Em outros lugares, houve nobres católicos que juraram suspender todas as festas mundanas e não tomar parte em nenhuma recepção oficial enquanto mons. zu Droste-Vischering estivesse preso. Em Coblenz, em Paderborn, improvisaram-se guardas cívicas para proteger os padres que as autoridades ameaçavam prender, e, em Colônia, como os cônegos mostrassem pouca ou nenhuma coragem em solidarizar-se com o chefe da sua Igreja, a multidão, em que se misturavam católicos, protestantes e liberais, quebrou--lhes as vidraças.

Em Roma, a reação foi firme. Menos de três semanas depois do acontecimento, Gregório XVI reuniu o Sacro Colégio e pronunciou um protesto vigoroso contra a injúria feita à Igreja e à Santa Sé na pessoa do arcebispo, de quem fez o mais caloroso elogio. E mandou remeter o texto da sua alocução a todos os diplomatas credenciados junto da Sé Apostólica. Como é lógico, o governo prussiano apressou-se a proibir a entrada do documento nos seus Estados, mas nem por isso este deixou de penetrar lá, clandestinamente, tal como outrora entrara na França a Bula de excomunhão do imperador. Um jovem padre de Aachen, o futuro bispo Johann Laurentius, traduziu-o para alemão e enviou-o em pacotes para terras prussianas. Garres comentou a alocução papal num cintilante panfleto, o *Athanasius*. Montalembert dedicou-lhe, no *Univers,* um artigo vibrante de emoção. O episcopado alemão, de modo geral, entendeu a lição. Só um dos seus membros tentou defender o indefensável governo. Foi o bispo de Breslau, a quem a Santa Sé impôs que resignasse.

Perante tais reações, Berlim ficou em grande embaraço. A princípio, pensou-se usar, mais uma vez, a força. Quando o arcebispo de Gnesen-Posen, mons. von Dunin, ordenou aos seus padres que, em matéria de casamentos mistos, aplicassem as ordens papais, foi mandado para uma fortaleza. Os mais fanáticos já falavam de uma expedição militar à Renânia, para chamar à ordem os católicos. Mas era bem difícil abater a terça parte da população do Estado prussiano.

A subida ao trono de Frederico Guilherme IV (1840) permitiu negociar. Já como príncipe herdeiro ele não tinha receado criticar alto e bom som "as gafes dos provocadores".

No fundo da sua prisão, o arcebispo zu Droste-Vischering tornava-se mártir da liberdade. Os doze bispos da América do Norte, reunidos em concílio em Baltimore, dirigiam ao glorioso combatente a sua homenagem de admiração. Montalembert exaltava o seu exemplo, na tribuna da Câmara francesa. Na Westfália e na parte da Polônia anexada pela Prússia, anunciavam-se graves agitações. O novo rei apressou-se a libertar os dois arcebispos.

Assim triunfava o grande prelado que tão bem lutara pela causa da fidelidade. E, no entanto, para ele, o fruto dessa vitória foi um fruto amargo. Que argumentos terá usado o negociador prussiano na Secretaria de Estado? Não sabemos ao certo. Terão o cardeal Lambruschini e o próprio Gregório XVI considerado que era inoportuno humilhar ainda mais o governo da Prússia, dando a quem o vencera demasiada glória? Terão eles julgado, por outro lado, que os revolucionários poderiam servir-se do arcebispo? Quando mons. zu Droste-Vischering voltou a Colônia, foi para saber que lhe tinha sido dado um coadjutor encarregado de administrar a diocese em lugar dele. Essa passagem à reforma foi para ele infinitamente penosa. "Era daqueles — diz Goyau — a quem a espontaneidade do martírio é menos dura que a simples obediência".

Mas não deixava de ser verdade que "o caso de Colônia" marcava uma data capital na história do catolicismo alemão. Tinha acabado a tentativa de tutelar a Igreja Católica, por parte do Estado prussiano. Acabava também o plano absurdo de fazer entrar o catolicismo na "mescla" das outras religiões. A partir de 1841, a Prússia passava a autorizar o clero a comunicar-se livremente com Roma; criava-se no Ministério dos Cultos um gabinete especial, o *Katholische Abteilung,* composto de católicos; as dificuldades pendentes foram reguladas por meio de acordos bilaterais com os bispos. E, do mesmo passo, como a liberdade é contagiosa, o bispo de Würtemberg, mons. Keller, ousava erguer-se contra as atitudes de protestantização, e, no Parlamento de Baden, dois grandes oradores católicos — Buss e d'Andlau — faziam enérgicas intervenções. Abria-se um novo período: "Michel acordou!"[58]

Dessas ardentes batalhas, dessa crise, estava prestes a sair um partido — o Partido Católico — que iria desempenhar um imenso papel na nova Alemanha. Já na Dieta provincial da Renânia se podia ver o seu esboço: vinte deputados católicos reclamavam nela a liberdade de imprensa, a autonomia financeira para a Igreja, a paridade administrativa das duas confissões.

Afinal de contas, era uma vitória das ideias liberais? Talvez não. Mais do que liberais, os homens que tinham travado o combate contra o absolutismo e o hermesianismo eram uns românticos cheios das grandes recordações medievais, a sonharem com uma organização corporativa e teocrática. Mas tinham tido a ajudá-los os liberais; e também não deixara de se exercer sobre eles a influência dos católicos liberais franceses. "O caso de Colônia", na origem estritamente católico, tornava-se, numa perspectiva histórica, quer se quisesse ou não, um episódio da luta contra os Estados opressores. E foi talvez por isso que mons. zu Droste-Vischering passou a ter um coadjutor...[59]

Na França: a batalha pela liberdade de ensino

Na França, a luta dos católicos contra o Estado não teve uma feição tão violenta como na Alemanha. No entanto, os começos do regime de Julho, como se sabe, tinham sido assinalados por deploráveis incidentes anticlericais. Em Paris, Saint-Germain l'Auxerrois e o noviciado dos jesuítas tinham sido postos a saque; o mesmo acontecera com os seminários em Metz, Lille e Nimes. Meses a fio, os padres não tinham podido sair à rua com batina. Alguns bispos tinham seguido o caminho do exílio[60]. Essa tendência antirreligiosa foi, aliás, confirmada por certas medidas legislativas e administrativas, e assim os voltairianos no poder tomaram o bastão da populaça: restabeleceu-se o divórcio, votado pelo Parlamento[61]; proibiram-se as missões no interior do país; suprimiram-se as bolsas aos alunos dos seminários menores.

Seria isso o resultado de um plano concertado, de uma intenção sistemática? Decerto que não. O rei Luís Filipe era demasiado cético para se fazer perseguidor. A sua maior preocupação, confessada por ele mesmo, era não "se deixar apanhar pelos assuntos da Igreja", e não queria contristar "a boa rainha Maria Amélia". A Concordata foi mantida. Era uma excelente maneira de vigiar o clero... O único resultado dessa breve crise de anticlericalismo foi devolver à Igreja, à força, essa liberdade de que, para seu grande prejuízo, abdicara demasiado a favor do regime defunto.

Os católicos acharam-se divididos em três grupos. Uns permaneceram fiéis a Carlos X, como legitimistas impenitentes, na maior parte fechados num silêncio amuado, ou entregando-se vez por outra a manifestações sem grande repercussão, como foi o caso dos trapistas de La Mailleraye, cujo convento foi fechado temporariamente por terem sido partidários um tanto veementes demais da duquesa de Berry, tão aventurosa como desventurada. Os outros, e a bem dizer a grande maioria, sobretudo entre o clero, ficaram à margem da política; os padres preocupavam-se mais com a direção de obras de apostolado e de caridade do que em lutar contra os governantes, o que era um modo excelente de desfazer prevenções.

Quanto à ala progressista, vanguarda dos católicos liberais, ainda pouco numerosa, iria crescer constantemente, até chegar a ser a ossatura de um verdadeiro partido católico cuja ação seria considerável. Julgou-se que estaria ferida de morte com a condenação do *Avenir* e a queda de Lamennais, mas a verdade é que os amigos do profeta ferido souberam maravilhosamente restabelecer a situação e pôr em prática, sem saírem da Igreja, o que havia de muito bom nas suas ideias. O princípio que os norteava era ainda o mesmo que o proposto pelo jornal: "Deus e a Liberdade". Tratava-se de utilizar em benefício da religião as instituições modernas, de situar resolutamente a Igreja no quadro do mundo novo e de reclamar para ela, não já privilégios, mas a aplicação do direito comum. À cabeça desse grupo, um jovem líder se tinha imposto claramente: Montalembert, que dentro em pouco (1831) ia ser Par de França — aos vinte e um anos — e, deixando a Assembleia mais estupefata do que se fosse "um cavaleiro revestido de armadura da Idade Média e de cruz ao peito"[62], subir à tribuna para declarar, sem fanfarronice nem receio, a sua fé na Igreja de Cristo.

O desentendimento entre os católicos e o regime de Julho não foi duradouro. Os acontecimentos levaram desde cedo a uma aproximação. A agitação popular, que começara por violências anticlericais, tomou rapidamente outras características, revolucionárias e sociais. Sucessivamente — ora a propósito do processo dos ministros de Carlos X, ora da greve dos *canuts*[63] de Lyon, ora dos funerais do general republicano Lamarque —, houve desordens que, em abril de 34, atingiram o nível de autêntica revolta, aliás seguida de uma terrível repressão, como a que vitimou os infelizes habitantes da rua Transnonain.

Preocupado com esses sintomas de anarquia, o governo aproximou-se dos católicos. Já em 1837 era aumentado o orçamento dos cultos; as autoridades fecharam os olhos quando os beneditinos e os dominicanos regressaram à

França. Dos lábios oficiais caíram palavras suavíssimas: Guizot proclamou que "importa que haja harmonia entre a religião e a política"; Molé, ao ingressar na Academia, louvou "o clero, sublime conservador da ordem pública"; e o historiador Tocqueville fez notar que os próprios liberais reconheciam "a utilidade política de uma religião".

É evidente que não havia nessa nova atitude dos dirigentes nenhuma intenção espiritual, nenhum respeito profundo pela Igreja e pelos valores cristãos. Só se prestava atenção aos valores cotados na Bolsa... Apenas o interesse os guiava. "A religião é um freio...", diz uma das personagens de Flaubert em *L'éducation sentimentale*. Ir-se-ia, pois, ver novamente o catolicismo vincular a sua sorte à de um regime, sacrificar a liberdade que reconquistara? O perigo existia. Mas surgiu uma questão muito oportuna, que o afastou.

Foi a questão acerca da *liberdade do ensino*. A monarquia de Julho recebera-a como herança da anterior[64], e não a resolvera só com fazer figurar na Carta Constitucional o princípio de liberdade escolar, "inscrita como por acaso, sabe-se bem por quê". Logo depois de fundado, o *Avenir* sentiu-se no dever de fazê-la passar dos princípios para a realidade. Um longo abaixo-assinado de quinze mil nomes foi entregue nas secretarias de ambas as Câmaras, reclamando uma lei que autorizasse formalmente a escola livre. Em resposta — estava-se ainda no clima anticlerical dos começos —, Périer mandou encerrar as *manécanteries*[65], onde numerosos párocos davam instrução gratuita às crianças pobres. A equipe do *Avenir* decidiu ripostar.

A 9 de maio de 1831, Lamennais, Lacordaire e De Coux abriram, sem autorização, uma escola primária, onde eles mesmos foram ensinar. O governo mandou fechá-la, mas foi preciso enviar guardas municipais para expulsar professores e alunos. O fim visado tinha sido conseguido: a questão da liberdade de ensino tinha sido aberta com estrondo perante a opinião pública, e o absurdo processo com que o ministério perseguiu os improvisados mestres-escola provocou ainda mais barulho. Levado à Câmara dos Pares, da qual, nesse ínterim, Montalembert passara a ser membro por morte do pai, deu azo aos jovens oradores para defenderem brilhamente a sua tese. A multa meramente formal[66] a que foram condenados mostrou que as suas alegações tinham tido efeito. E, efetivamente, dois anos depois, em 1833, Guizot fez votar uma lei que dava plena liberdade ao ensino primário. Foi uma primeira vitória, que a Igreja aproveitou imediatamente. Ao lado dos Irmãos das Escolas Cristãs, foram surgindo os Institutos dedicados a esse grau de ensino: Irmãos Maristas, de São Marcelino Champagnat, Irmãos do Sagrado Coração, do pe. Coindre; Clérigos de *Saint-Viateur*, do pe. Querbes; Irmãos da Instrução Cristã, de Jean-Marie de Lamennais; e ainda outros. Ao mesmo tempo, proliferavam as congregações femininas, tão numerosas que temos de renunciar a indicar sequer o total[67]. É incontestável que foi um bom resultado.

Mas a verdadeira batalha não se iria travar nesse campo. No fundo, o ensino primário não interessava muito aos burgueses que governavam a França naquela altura. Que era necessária uma religião para o povo, o próprio Voltaire o dissera... O que para eles contava era saber como seriam educados os seus filhos. Os colégios do Estado continuavam a ter má reputação: eram focos de irreligiosidade, se não mesmo de imoralidade. A muitas famílias burguesas repugnava a ideia de lhes confiar os filhos. Mas as leis de 1828[68] tinham atingido gravemente os estabelecimentos religiosos, cuja clientela estudantil baixara de modo inquietante. Seria então de manter o monopólio de acesso à universidade? Ou, antes, deixar desenvolver-se um ensino que concorresse com o do Estado?

Quando chegaram ao poder, alguns liberais da véspera revelaram-se subitamente muito aferrados ao monopólio.

Mais honesto, Guizot, que era sincero protestante, continuara partidário da liberdade. Em 1836, tentou estender ao ensino secundário a liberdade que acabara de conseguir para o primário. Mas os anticlericais velavam, e, na Câmara, jogando com as emendas, arranjaram as coisas de tal maneira que, vendo o seu projeto desfigurado, Guizot desistiu de o submeter a votação. Durante quatro anos, a questão retornou periodicamente à tribuna: Montalembert aproveitava todas as ocasiões para voltar a debatê-la. Mas as coisas não iam para a frente. Por fim, um professor da Sorbonne, feito ministro da Instrução Pública — Villemain —, pretendeu resolver a questão; mas, embora pessoalmente religioso, era mais universitário do que católico, e o seu projeto rodeou a outorga da liberdade de tão severas condições, quanto aos títulos exigidos aos mestres e quanto à fiscalização estatal, que mais parecia uma provocação. Montalembert subiu novamente, por três vezes, os degraus da tribuna, e os próprios bispos, por muito cuidado que tivessem em estar de boas relações com o governo, protestaram.

Organizou-se então uma campanha. Por parte do episcopado, dirigiam-na o bispo de Chartres, o irrequieto mons. Clausel de Montais, e o de Langres, o notabilíssimo mons. Parisis. Por parte dos leigos, eram Montalembert e os seus amigos, apoiados por um jornal católico que acabara de aparecer: o *Univers*. O tom tornou-se muito vivo. Pulularam os panfletos, brilhantes ou enfadonhos, contra a universidade e o seu monopólio; chegou-se a ler que os colégios do Estado eram "escolas de pestilência" e "sentinas de todos os vícios"[69]. E dentro em pouco entrou em liça um homem assombroso, um dos maiores polemistas que a Igreja já teve ao seu serviço, uma espécie de profeta bíblico e ao mesmo tempo tribuno de modos quase jacobinos: *Louis Veuillot* (1813-83).

No moral como no físico, era um homem robusto, maciço, forte nas suas certezas, sempre pronto a dar batalha e nunca tão feliz como quando se media com um adversário. Filho de um tanoeiro de Orléans, educado em Bercy numa "escola mútua"[70] — e laica —, sempre homem do povo e o contrário de um intelectual, Veuillot subira rapidamente os escalões sociais, graças a uma inteligência excepcional. Começara por ser auxiliar de cartório e depois praticante no escritório do advogado Fortuné Delavigne, irmão do então glorioso poeta Casimir Delavigne. E o jovem Louis apaixonara-se pela literatura, adquirira uma vasta cultura de autodidata, tornara-se jornalista, primeiro na província, depois em Paris, e, em fevereiro de 1840, entrara na redação do *Univers*. Havia dois anos que as suas convicções eram inteiramente, apaixonadamente católicas, desde que, em Roma, recebera uma verdadeira iluminação. "A Igreja deu-me a luz e a paz — exclamava ele —, devo-lhe a minha inteligência e o meu coração. É por ela que eu sinto, que admiro, que amo, que vivo. Já que a atacam, acorro em sua defesa, com os mesmos movimentos de um filho que visse baterem na sua mãe..." Iria empenhar nesse combate o seu talento literário vigoroso, fecundo em fórmulas percucientes, hábil em atingir o adversário no ponto sensível, nem sempre cuidadoso na escolha dos argumentos, e ainda menos preocupado com a equidade e a medida[71]. O lugar que Lamennais deixara vago voltou a estar preenchido.

Durante três anos, terçaram-se armas, duramente, acerca da questão escolar. No *Univers,* que de dia para dia via crescer o número de assinantes, Louis Veuillot aproveitava todos os pretextos para reclamar a liberdade escolar — e, afinal, todas as outras — e maltratar aqueles que se lhe opunham. Mons. Parisis publicava um *Exame da questão,* cujas teses foram aprovadas por cinquenta e seis bispos, à frente dos quais mons. Affre, arcebispo de Paris, apesar de ser muito prudente. Os antigos liberais feitos ministros sentiam-se pouco à vontade diante de semelhante ofensiva, feita em nome dessa liberdade que outrora tanto tinham reclamado.

Em vão Victor Cousin, pontífice da Universidade, por muito partidário que fosse de um "ecletismo espiritualista", destinado, segundo dizia, a substituir o cristianismo, buscava uma plataforma de entendimento. Mais violentos, o *Journal des Débats* e o *Courrier Français* estigmatizavam "a intolerância dos ultramontanos". E os fanáticos da *Revue Indépendante* montavam uma contraofensiva de grande estilo. Agitou-se o espectro de 1793, falou-se em expulsão.

Mais uma vez, os jesuítas serviram de pretexto para uma cômoda manobra de diversão. Tudo o que se passava era por culpa deles: insinuavam-se por toda a parte, "até no *boudoir* das mulheres bonitas"; na sua casa-mãe, mantinham um "imenso livro de polícia", que abrangia toda a gente! Retomaram-se todas as parvoíces vindas dos *Monita Secreta,* mesmo por parte de mestres tão oficiais como Michelet e Quinet, professores no College de France, cujo renome nada ganhou com a questão. O pe. Ravignan replicou em tom moderado, com uma precisão esmagadora[72]. Mas, ao fim e ao cabo, as coisas andavam e desandavam...

No governo, as opiniões estavam divididas: Villemain defendia a sua casa, ou seja, a universidade, cada vez mais irritado com os ataques e vendo jesuítas em toda a parte; Guizot e o Ministro do Culto, Martin du Nord, desejavam um acordo. Quanto a Luís Filipe, bem gostaria de se ver livre do problema, mas não desejava que o ensino católico tivesse demasiado peso. "Não gosto dos vossos colégios — dizia certa vez ao arcebispo de Paris —. Neles, faz-se muito finca-pé em ensinar às crianças o versículo do *Magnificat. Deposuit potentes de sede* [«Depôs os poderosos do seu trono»]". E o gracejo era revelador... Mas, como a agitação continuava e aumentava, foi preciso reabrir a questão.

Villemain apresentou um novo projeto de lei (1844). Uma vez mais, pretendia exigir dos professores tais habilitações que seria impossível contratar ninguém, e, com medo dos jesuítas, proibia a atividade docente a todas as congregações religiosas. Foi um deus-nos-acuda... O pe. Combalot criticou o projeto em tom tão desabrido que apanhou os quinze dias de prisão a que há pouco nos referimos[73] e quatro mil francos de multa. A Veuillot aconteceu o mesmo, por tê-lo aprovado. Na Câmara dos Pares, Montalembert conseguiu reunir contra o projeto uma minoria de 51 votos contra 85 que o aprovaram. Mons. Parisis multiplicou as brochuras veementes. No meio da balbúrdia, as coisas não caminhavam para uma conclusão pacífica. E a baralhada fez uma vítima ilustre, o próprio Villemain, grande senhor da Instrução Pública. À força de descobrir jesuítas por toda a parte, um belo dia viu sair um deles de debaixo do chão, na praça da Concórdia — e teve de ser internado por algum tempo.

Montalembert compreendeu então que era preferível mudar de tática. Todos esses ataques dispersos não levavam a coisa nenhuma. Não seria mais proveitoso agrupar os católicos num partido? Um partido que se separasse de todos os partidos existentes e interviesse no plano político a fim de levar o governo a ceder? Seu amigo Lacordaire, então celebérrimo, aprovou a ideia. E foi fundado um *Comitê para a defesa religiosa,* que tomou por divisa *"Dieu et mon droit"* ["Deus e o meu direito"] e que não tardou a reunir muitos adeptos nas províncias. O seu órgão era o *Univers,* embora Veuillot, nomeado redator-chefe do diário, se recusasse a aderir plenamente ao partido. Alguns bispos reagiram, achando que os leigos tomavam afoitamente demasiadas iniciativas; outros, ao contrário, com mons. Parisis à cabeça, aprovaram a nova formação.

Um homem ia desempenhar aí um grande papel. Era um jovem sacerdote, cujo nome a Europa inteira conhecia desde que, em 1838, fizera, na palavra de Sainte-Beuve, "a sua primeira grande façanha católica": a reconciliação com a Igreja, *in articulo mortis,* do príncipe de Talleyrand. Natureza de fogo, audacioso na ação e nas palavras, sempre de espada em punho, de momento era simplesmente superior do seminário menor de Saint-Nicolas-du-Chardonnet. Chamava-se *Félix Dupanloup* (1802-78). A sua alta estatura, o rosto largo e avermelhado, o verbo incisivo, as *boutades* — ditos espirituosos — e os insultos iriam fazer dele uma das personagens mais pitorescas do catolicismo.

Os adversários viram o perigo. A opinião pública começava a mover-se: em dezoito meses, um abaixo-assinado em que se reclamava a liberdade total do ensino recolhia perto de 300 mil assinaturas. Era preciso desfechar um grande golpe. E o objetivo estava à vista: os jesuítas, cujas infâmias os leitores do *Constitutionnel* acabavam de descobrir ao lerem *O judeu errante,* de Eugene Sue. Exigiu-se do governo que fizesse diligências em Roma para conseguir a supressão da Companhia na França. E foi enviado um emissário especial, o conde Pellegrino Rossi, que fora súdito do papa e, tendo emigrado para a Suíça, se naturalizara francês, entrara na administração pública e era membro da Academia das Ciências Morais. As coisas correram pelo melhor entre esse velho romano e o cardeal Lambruschini. Rossi não se apresentava de modo nenhum como adversário dos jesuítas, e até ia ostensivamente ouvir missa à própria igreja de *Gesù;* mas sugeria que homens de tão alto mérito fossem suficientemente prudentes para se sacrificarem pelo bem comum. E entre os dois homens foi acertada uma magnífica *combinazione,* que o preposto geral da Companhia, pe. Roothaan, aceitou. Alto e bom som, anunciou-se que a "Congregação dos Jesuítas" ia deixar de existir na França, e que ela própria teria o cuidado de se dispersar; mas os jesuítas, passados à situação de sacerdotes diocesanos, não abandonariam o território e conservariam a direção dos seus colégios. Os católicos franceses — não tanto Montalembert como mons. Parisis — não apreciaram muito essa manobra. Envolvidos como estavam na batalha, essa astúcia, embora hábil, que consistia em fazer desaparecer a Companhia sem que desaparecesse nenhum jesuíta, parecia-lhes uma covardia.

E iam sofrer outra decepção. Nas eleições de 1846, a sua entrada em cena foi decisiva. Nos colégios eleitorais — não muito abundantes em eleitores, por força do princípio censitário —, tiveram grande peso: na nova Câmara, entraram 144 deputados que tinham inscrito no seu programa a liberdade de ensino; parecia, portanto, que iria ser fácil consegui-la. Na realidade, o novo ministro, Salvandy, católico praticante, mas muito imbuído de preconceitos universitários, apresentou um projeto pouco satisfatório. De novo se exigiam títulos exorbitantes; de novo se proibia a docência às congregações; de novo se afirmava o princípio da fiscalização do ensino livre pela universidade. E Montalembert exclamava: "Nunca a expectativa do público foi tão completamente enganada". O pe. Dupanloup protestou, numa brochura desencantada, e mons. Parisis escreveu ao ministro. Então, Guizot anunciou que o assunto tinha de ser revisto: essa fissura entre os católicos e o regime parecia-lhe grave, e ele bem sabia que havia outras... A Revolução de fevereiro de 1848 não lhe deu tempo para apresentar ao Parlamento um novo projeto.

Nessa longa batalha, os católicos não pareciam, pois, triunfar. Teriam sido inúteis os seus esforços? De modo algum. É o que se perceberá dentro de bem poucos anos, quando a lei Falloux vier consagrar a sua vitória. Além disso, essa luta teve outros resultados. Mostrou que os católicos, unidos, podiam constituir uma força política considerável. No *Comité de défanse*, tinham trabalhado lado a lado legitimistas resolutos e liberais, herdeiros de Lamennais. Era uma união frágil, que muito em breve as divergências ideológicas e as antipatias pessoais iam romper, mas que nem por isso deixava de ficar como uma importante lição. E, acima de tudo, esse conflito entre os católicos e o governo, embora nunca tivesse desembocado numa sistemática hostilidade da igreja da França para com a monarquia de Julho, trouxe consigo uma consequência feliz: separou definitivamente a causa da religião da do regime político. "Conseguiu-se uma grande coisa — escrevia Ozanam —: a separação de duas palavras que pareciam inseparáveis: o Trono e o Altar". Como dizia Montalembert, os católicos tinham "abdicado dessa idolatria monárquica que, sob outra dinastia, fora tão impopular e tão estéril". Libertada da aliança com o Estado, a igreja da França não iria ser atingida pela queda do regime. Em 1830, a multidão tinha pilhado igrejas e seminários; em 1848, a multidão pedirá aos padres que abençoem as árvores da liberdade.

Em todos esses grandes combates, a Santa Sé desempenhou algum papel? Mínimo, a bem dizer. Gregório XVI protestara contra as violências anticlericais dos começos. Ao longo do seu pontificado, o papa nunca se desinteressara da França: recebia afetuosamente os bispos franceses, cada vez mais numerosos, que começavam a ir a Roma segundo o sistema *ad limina;* encorajava o movimento favorável à liturgia romana; felicitava a Sociedade de São Vicente de Paulo, a obra da Propagação da Fé; protegia as Irmãzinhas dos Pobres; entusiasmava-se com o movimento que difundia a prática da "Medalha Milagrosa" mostrada por Nossa Senhora a Catarina Labouré[74]. Mas, no conflito propriamente dito em torno da liberdade de ensino, permaneceu numa grande reserva. O núncio apostólico, mons. Garibaldi, entendeu que era seu dever de diplomata não dizer nada[75]; as suas relações pessoais com os ministros franceses eram excelentes; depois de algumas escolhas mal-feitas no princípio do reinado de Luís Filipe, os nomes propostos pelo governo para o episcopado eram todos de boa qualidade. Na questão dos jesuítas, como vimos, o cardeal Secretário de Estado mostrara mais astúcia que firmeza. E na questão escolar, em que estavam em jogo tantos graves princípios, nunca se viu a Santa Sé tomar qualquer iniciativa. Tal como não conduzira as coisas na Alemanha ou na Irlanda... Iriam cumprir-se sem o Papa os novos destinos do mundo?

"Da frate, non da sovrano"

Terá Gregório XVI suspeitado daquilo que havia de decepcionante na sua política? A verdade é que os últimos anos da sua vida foram cheios de tristeza. No seu testamento, pode ler-se nas entrelinhas muito desânimo. As preocupações, mais ainda do que a velhice, curvavam-lhe a alta estatura; já quase não gracejava com os colaboradores próximos, e o seu caro Gaetanino já não o fazia rir.

No entanto, vendo as coisas objetivamente, não lhe faltavam numerosos motivos de consolação. No seu pontificado, a Igreja levara a cabo ou pelo menos esboçara uma grande obra: a Hierarquia tinha sido reorganizada; as antigas ordens tinham sido reformadas, como se tinham fundado inumeráveis ordens novas; as Missões em países pagãos, essas Missões de que ele se ocupara pessoalmente, tinham — e que título de glória! — alcançado uma expansão tão grande que era possível esperar conquistar nessas terras distantes aquilo que o catolicismo perdia na Europa[76].

O que enchia de angústia o coração do velho pontífice era ver, cada vez mais ativas, essas forças revolucionárias que tanto combatera; ver até católicos que se deixavam seduzir por elas. O que à sua volta observara era de molde a inquietá-lo. Por toda a parte a ordem lhe parecia ameaçada.

Na França, a Monarquia de Julho opunha-se a qualquer reforma; mas numerosos sinais mostravam que era grande o descontentamento entre as classes populares: havia quem pensasse que estava próxima a explosão.

Na Alemanha, a fermentação liberal e nacionalista era de dia para dia mais evidente, e a confessada intenção da Prússia de utilizá-la em seu proveito não era mais tranquilizadora.

Na Suíça, estava prestes a rebentar a guerra civil entre católicos e radicais.

No império austríaco, a mão férrea de Metternich não bastava para açaimar os revolucionários — todos esses húngaros, ou croatas, ou checos, que reivindicavam a liberdade.

Nos Estados italianos, o método da força, posto em prática por Fernando II de Nápoles, não impedia que as seitas estivessem em plena ação e que fossem frequentes os assassinatos. Teria o papa de admitir concessões, conforme desejavam o grão-duque da Toscana e Carlos Alberto do Piemonte-Sardenha, esse rei *tentenna*?

Nos Estados Pontifícios, a agitação era incessante[77]. Após os incidentes de Rimini (1843), houvera os de 1845, que tinham afetado todas as Legações. Em toda a parte — até em Roma —, o homem da rua andava enervado, e cometiam-se crimes políticos. Para enfrentar a situação, o cardeal Lambruschini recorria à força: os tribunais de exceção funcionavam em sessão contínua; milhares de pessoas eram perseguidas por causa das suas opiniões; pelo menos quatrocentas estavam presas e mais de seiscentas andavam fugidas. Tudo isso era muito ameaçador. Não se conseguia deter *os* progressos do liberalismo, antes corria-se o risco de voltá-lo contra Roma. O papa passara a ser impopular. Nunca tivera maneiras agradáveis, nem palavras felizes, nem gestos apropriados[78]. Já nem o próprio povo romano o aclamava nas suas aparições em público. E a doença foi um bom pretexto para permanecer quase sempre em casa.

Lenta, mas invencível, a doença progredia: era, muito provavelmente, um câncer da face, agravado, no início de 1846, por uma erisipela extremamente dolorosa. Gregório XVI teve perfeita consciência do seu estado, e a sua morte foi digna da vida piedosa e austera que tivera, mesmo no trono. A um familiar que, vendo-o sombrio, lhe recordava as grandes obras do seu pontificado, impôs silêncio: "Deixai-vos disso! Deixai-vos disso! Quero morrer como monge; não como soberano" — *"da frate, non da sovrano"*. Últimas palavras que impõem ao nosso respeito o papa camaldulense, um papa que admiraríamos sem reserva se esse princípio, tão belo perante a morte, não tivesse sido também, demasiadas vezes, o fio condutor da sua vida e do seu governo.

Mal ele morreu, em 1° de junho de 1846, as línguas soltaram-se. A imprensa, no seu conjunto, foi severa, exprimindo juízos esmagadores; bem poucos jornais souberam, como o católico *Quotidianno*[79], prestar homenagem à força de alma desse homem, à sua firmeza na defesa dos princípios, e notar que era preciso ter em conta as circunstâncias para o julgar equitativamente. A própria História iria associar-se demasiadas vezes a essa injustiça, tratando o papa camaldulense com excessiva severidade.

Em Roma, a reação foi imediata e vivíssima. O *Pasquino* crivou de ditos cruéis a sua memória, e o satírico Belli perdeu a cabeça. Falou-se em submeter a maus tratos o cardeal Lambruschini, e o velho cardeal Micara, o capuchinho, que fora mantido afastado, foi levado em triunfo. A situação pareceu tão explosiva, que Metternich ordenou precauções militares na Lombardia e, por intermédio do cardeal Gaysruck, arcebispo de Milão, avisou o Sacro Colégio de que as tropas austríacas estavam prontas a intervir a fim de restabelecer a ordem em Roma e permitir aos eminentes *porporati* deliberar em paz. Não houve necessidade de chegar a esse ponto; mas, se o Conclave de 1846 pôde realizar-se sem perturbações revolucionárias, não é menos certo que ia chegar a um resultado bem surpreendente.

Notas

[1] Alguns dias mais tarde, os *facchini* [serventes] que, encerrados com os cardeais, os serviam no interior do Conclave, mandaram-lhes um ultimato, exigindo uma eleição antes de 12 de fevereiro.

[2] Quando núncio apostólico em Madri, tomara vivamente partido pelos elementos "carlistas"; cf. neste capítulo o par. *Perante as "vicissitudes dos Estados"*.

[3] Talvez também em memória de Gregório XV, fundador da Propaganda Fide; cf. neste volume o cap. VII, par. *Dois grandes "papas missionários"*.

[4] Contudo, na Úmbria, a situação foi rapidamente restabelecida pelo arcebispo de Spoleto, que, valendo-se apenas do seu prestígio pessoal, conseguiu persuadir os revolucionários não apenas a depor as suas armas, mas a entregar-lhas. Esse arcebispo não era outro senão mons. Mastai-Ferretti, o futuro Pio IX.

[5] Cf. neste capítulo o par. *Um doloroso episódio: Gregório XVI e o drama polonês.*

[6] Na cerimônia de exéquias pelo duque de Berry, um legitimista teve a má ideia de prender à essa um retrato do morto. A imprensa liberal escandalizou-se.

[7] Sobre o problema social e as origens do socialismo, cf. neste volume o cap. VI, par. *A questão social e os socialismos.*

[8] Cf. neste volume o cap. III, fim do par. *Depois do Dilúvio.*

[9] Os aspectos propriamente religiosos e espirituais desta renovação serão estudados no cap. VIII deste volume.

[10] Recorde-se que, na Idade Média, os guelfos eram os partidários do Papa nos conflitos com o imperador do Sacro Império Romano-Germânico (N. do T.).

[11] André Trannoy, *in Le romantisme politique de Montalembert,* Paris, 1942.

[12] Tinha nascido em 18 de setembro de 1765, em Veneza.

[13] Lembremos que, até há pouco, este termo se usava especialmente para designar os membros da *casa* de um soberano ou de um grande personagem (N. do T.).

[14] A empresa que pretendia instalá-lo chegou a mandar-lhe de presente um trem-miniatura, de prata cinzelada, uma obra-prima de ourivesaria. O austero Gregório XVI não se deixou seduzir por tão pouco.

[15] Na altura do Conclave de 1829, já Stendhal tinha escrito que votaria por Bernetti...

[16] Cretineau-Joly.

[17] Leflon.

[18] Infelizmente! Em vez de a restaurar.

[19] Nesta forma célebre, a frase foi pronunciada por Carlos Alberto, em 1848, mas o pensamento era muito anterior à expressão.

[20] Em 1835, o encarregado de negócios da Santa Sé em Turim escrevia: "Quando falo de jansenistas, não me quero referir a pessoas que professem expressamente as doutrinas condenadas em Jansenius e companheiros. A maior parte deles ignora completamente essas doutrinas e não tem nenhum interesse em conhecê-las. Por jansenistas, entendo, sim, aqueles que insistem no ódio à autoridade da Igreja, e sobretudo à da Sé Apostólica, e que, consequentemente, se insinuam junto das autoridades civis para tentarem fomentar, sob formas ocultas, uma desconfiança sempre ativa para com o Soberano Pontífice".

[21] Cf. neste volume o cap. III, par. *O dilema da Igreja e o terceiro termo.*

[22] Em certa medida, também Rosmini.

[23] J. Schmidlin, obra citada no índice Bibliográfico.

[24] Cf. neste capítulo o par. "*Da fate, non da sovrano* ".

[25] Cf. neste volume o cap. III, par. *Lamennais antes de "L'Avenir".*

[26] "Besta negra", isto é, "inimigo figadal" (N. do T.).

[27] Cf. neste volume o cap. III, par. *Vantagens e perigos de uma aliança.*

[28] Michel Mourre.

[29] Cf. neste volume o cap. II, par. *Uma Igreja bem dominada.*

[30] Sobre os seus erros, cf. o cap. III, par. *Lamennais antes de "L'Avenir".*

[31] Cf. neste capítulo o par. *Na França: a batalha pela liberdade de ensino.*

[32] No entanto, o papa recusou-se a adotar a censura feita por Toulouse, redigida em termos demasiado galicanos.

[33] Cf. neste capítulo, par. *Um doloroso episódio: Gregório XVI e o drama polonês.*

[34] A análise mais profunda do caso Lamennais é certamente a que se encontra na meia dúzia de páginas que lhe dedicou J. Lavarenne na *Chronique sociale de France* de março-abril de 1948. As linhas que escrevo acima devem-lhe muito.

[35] *Souvenirs denfance et de jeunesse.*

[36] Foi a partir de então que, para democratizar o sobrenome, passou a assinar Lamennais e já não Félicité de La Mennais.

[37] Chateaubriand, que nunca desesperara de o trazer de novo para a Igreja, tinha morrido em 1848.

[38] No que, aliás, não estavam completamente errados. Alguns bispos deslocavam os párocos do modo mais arbitrário. Em 1885, um bispo, mons. Donnet, mandou pelo mesmo correio trinta e cinco ordens de transferência.

[39] Cf. neste volume o cap. VIII, par. *Focos espirituais.*

[40] Cf. neste volume o cap. VI, par. *Os leigos e a hierarquia.*

[41] Cf. neste volume o cap. III, par. *Pio VIII e a explosão de 1830.*

[42] Cf. neste volume o cap. V, par. *Assaltos contra a Igreja.*

[43] As encomendas de missas eram tão numerosas, que o clero, insuficiente para as satisfazer todas, cedia algumas a dioceses francesas menos favorecidas, como Chames. (Cf. *Revue de droit canonique,* 1959, p. 161).

[44] Sobre este "juramento", que nada tem a ver com a batalha de Ourique, mas com as pretensas Cortes de Lamage, cf., por exemplo, F.P. de Almeida Langhans, *Fundamentos jurídicos da Monarquia portuguesa* (N. do T.).

[45] O que provocou, em julho de 1831, a reação vigorosa da França. Como dois cidadãos franceses tivessem sido, um deles açoitado e o outro deportado por crime de sacrilégio, a frota francesa forçou a entrada na barra do Tejo, capturou a esquadra portuguesa e obrigou D. Miguel a pagar reparações. [Sobre este episódio, cf. Oliveira Lima, *D. Miguel no Trono;* Carlos de Passos, *D. Pedro IV e D. Miguel I].*

[46] Cf. vol. VII, cap. IV, par. O *papado no Século das Luzes.*

[47] Na Espanha, o problema da legitimidade era essencialmente diferente do que foi o de Portugal; e o pretendente D. Carlos nunca foi reconhecido em Cortes, ao contrário de D. Miguel (N. do T.).

[48] Cf. neste volume o cap. VI, par. *A crítica contra a fé: de Strauss a Renan.*

[49] Cf. neste volume o cap. III, par. *Um êxito católico e liberal: a emancipação dos católicos ingleses.*

[50] Paralelamente à ação política de O'Connell, deve-se registrar a que foi empreendida, num gênero muito diferente, por um pobre capuchinho do Cannaught, Theobald Mathew (1790-1856), para combater o alcoolismo. Apóstolo itinerante da temperança, chegou ao resultado prodigioso de que cinco em cada seis irlandeses juraram abster-se de gim!

[51] C. Pouthas.

[52] Mesmo na Inglaterra, Gregório XVI manifestou igual reserva prudente, se bem que os católicos ingleses não atuassem no plano político. Era o momento em que o Movimento de Oxford dava à igreja da Inglaterra a vitalidade que havemos de ver (cf. neste volume o cap. VIII, par. *Na Inglaterra: Newman e o Movimento de Oxford).* A situação dos "papistas" melhorava de dia para dia. A rainha Vitória, que reinava desde 1836, tinha muitos amigos e parentes católicos, como a duquesa de Nemours. Os jesuítas puderam entrar no reino e estabelecer em Stonyhurst uma escola notável, em que o pe. Plowden desempenhou um eminente papel pedagógico. De resto, o afluxo de irlandeses contribuiu para fazer pender a balança para o catolicismo. Paradoxalmente, os taberneiros irlandeses fixados na Inglaterra foram com frequência instrumentos da fidelidade católica. Mas Roma em nada ajudou esse movimento renovador: recusou-se a restabelecer a Hierarquia e limitou-se a duplicar o número dos vigários apostólicos, com receio de que o governo se metesse nas nomeações

episcopais. A única intervenção importante — e até muito útil — de Gregório XVI foi para incitar firmemente os católicos ingleses de antiga estirpe a mostrar-se acolhedores para com os convertidos que o Movimento de Oxford trazia para a Igreja.

[53] Cf. o vol. VII, cap. IV, fim do par. *Um erro capital: a supressão da Companhia de Jesus*, e pars. *A Europa dilacerada* e *Um clero revolucionário.*

[54] Cf. neste volume o cap. III, par. *Pio VIII e a explosão de 1830.*

[55] Sobre as doutrinas de Hermes, cf. neste capítulo o par. *A defesa dos princípios.*

[56] Cf. neste volume o cap. III, par. *Pio VIII e a explosão de 1830.*

[57] Bunsen fora o redator do famoso *Memorando* enviado pelas Potências a Gregório XVI (cf. neste capítulo o par. *Roma e a jovem Itália).* Fanático partidário de uma Igreja "unificada", aliás versado no estudo da liturgia, esse protestante tinha aberto, na própria Roma, na sede da Legação prussiana, uma capela onde se celebrava o culto do "verdadeiro cristianismo", depurado das fórmulas católicas e destinado a ser aceito pelo mundo inteiro.

[58] A frase é de Hoffmann von Fallersleben, e tornou-se proverbial. "Michel" equivale a "francês médio".

[59] Um curioso incidente mostra que a aliança dos católicos com os liberais não era isenta de perigo. Na Silésia, por ocasião da exposição da Santa Túnica de Tréveris (1844), rebentou um conflito entre partidários e adversários da relíquia. Estes últimos, em dificuldades com a Hierarquia, organizaram uma espécie de seita que preconizava a democratização da Igreja, o fim do Episcopado, a supressão da liturgia romana e do celibato dos padres. Houve infiltrações maçônicas. A agitação durou dois anos.

[60] A imprensa anticlerical atingira um tom de incrível violência.

[61] Mas recusado pela Câmara dos Pares.

[62] A fórmula é de De Thureau-Dangin.

[63] Operários especializados na tecelagem de seda (N. do T.).

[64] Cfr. Neste volume o cap. III, par. Neo-galicanismo.

[65] Escolas paroquiais de canto. (N. do T.)

[66] Cem francos (ouro), o mínimo da pena. Talvez os três acusados pudessem ter beneficiado de um mero relaxe, ou pelo menos de "circunstâncias atenuantes", se De Coux não houvesse tido uma palavra infeliz: chamou a Luís Felipe "rei provisório da França".

[67] Acerca desta proliferação, cf. neste volume o cap. VIII, par. *Renovação monástica, proliferação de Institutos, plétora de congregações.*

[68] Cf. neste volume o cap. III, fim do par. *Neo-galicanismo.*

[69] "A universidade — escrevia o virulento pe. Combalot —, prepara-nos gerações de antropófagos", o que lhe acarretou quinze dias de prisão. Isso deu-lhe base para mandar gravar na sua pedra tumular um epitáfio que o qualificava de "confessor da fé".

[70] Nessas escolas, tentou-se uma inovação pedagógica: os alunos mais adiantados ensinavam os mais novos.

[71] Mas temos de notar que o seu ardor combativo foi ultrapassado pelo do pe. Combalot, curiosa figura de polemista cujas violências vão além do que se possa imaginar.

[72] O célebre pregador de Notre-Dame foi também excelente jornalista. Este aspecto, menos conhecido, da sua personalidade foi bem apresentado por mons. Jacques Paul Martin nos *Études* de junho de 1956.

[73] Cf. neste capítulo a nota 68.

[74] Cf. neste volume o cap. VIII, par. *Três sinais do céu.*

[75] Cf. o livro de Martin, *La nonciature de Paris sous le règne de Louis-Philippe.*

[76] Cf. neste volume o cap. VII, especialmente o começo do par. *Dois grandes "papas missionários"*, sobre a ação de Gregório XVI em favor das Missões.

[77] Cf. neste capítulo o fim do par. *Roma e a jovem Itália.*

[78] Durante uma viagem que fez às Marcas, alojou-se no castelo de Civitàcastellana, onde estavam detidos prisioneiros políticos. Estes tinham conseguido expor um transparente luminoso em que lhe pediam que os agraciasse. Ao ver a inscrição, Gregório XVI limitou-se a dizer: "Fechai esta janela!"

[79] Importa citar um texto publicado por esse jornal, tão equitativo, que responde a tantos juízos injustos: "O mundo católico perde um grande papa, um desses espíritos prudentes e conciliadores que são necessários a uma época de transição. Algumas vezes, houve quem estranhasse não ver Gregório XVI tomar a iniciativa em certas questões de ordem geral, de transformações sociais ou de liberdade política, que preocupam os povos e perturbam os Estados. Mas a História há de dizer que ele interveio em todas as questões com toda a prudência que convém à situação presente da Igreja; que, se é certo que respeitou o direito das coroas, também proclamou o direito das consciências; e que, em presença de tantos fatos violentos, revolucionários, aceitos pela Europa, ele manteve, na medida do que lhe foi possível, o império das ideias e a santidade das máximas cristãs". Por seu lado, no *Univers,* escrevia Louis Veuillot: "O Pontífice cuja perda neste momento choramos será ainda mais ilustre pelas coisas que o seu reinado preparou do que pelas que fez".

V. GRANDEZA DE PIO IX (1846-1870)

A pomba de Fossombrone

Soavam as badaladas do meio-dia no campanário de Fossombrone, vilória das Marcas, perto de Ancona. Era por meados de julho de 1846. Fazia calor, e a praça do centro da vila encontrava-se a bem dizer vazia. De súbito, correu a nova de que a berlinda que acabara de parar num canto sombrio era ocupada por uma personagem graúda. Tanto bastou para que acorressem os basbaques e a pesada carruagem fosse cercada. Dela saiu um padre alto, de ar juvenil, feições muito belas, iluminadas por um sorriso. Correu um nome de boca em boca; algumas mulheres ajoelharam-se. Tinham reconhecido mons. Mastai-Ferretti, o cardeal-bispo de Ímola.

Ninguém ignorava a razão dessa viagem. Havia quinze dias que o papa Gregório XVI morrera, e, evidentemente, o cardeal ia a Roma para tomar parte no Conclave. Voltaria? Não seria ele o eleito? A boa gente de Fossombrone não se constrangeu de perguntá-lo ao próprio, com essa simplicidade jovial e amável do povo italiano, que tanto encantava Stendhal. O cardeal saiu da dificuldade com frases de espírito, pois era bom de réplica. Em seguida, abençoou a multidão e voltou a subir para a carruagem.

Nesse momento preciso, caiu do céu uma branca presença, num frufru de asas, como um anjo: uma pomba, que veio pousar no tejadilho da berlinda cardinalícia. Não foi preciso mais nada para que a gente simples visse no caso um sinal bem claro das intenções de Deus. Esfuziaram os gritos: *Ecco il Papa! Viva il Papa!* E como a ave simbólica só deixou o seu poleiro depois que a carruagem saiu da vila, os habitantes de Fossombrone não ficaram nada surpreendidos quando souberam, passados poucos dias, que a profecia se fizera realidade...

E, no entanto, as condições em que os *porporati* se reuniam não pareciam de molde a prometer um Conclave muito idílico... Era grande a inquietação em todos. As manifestações de alegria, bastante escandalosas, que tinham acolhido o anúncio da morte do pontífice mostravam clarissimamente até que ponto era impopular. Os patriotas liberais, os condutores da *jovem Itália,* não cessavam de ganhar terreno, mesmo nos meios católicos, em que se discutia apaixonadamente o livro recente do pe. Gioberti, *O primado dos italianos,* que preconizava a unidade nacional. Em Roma, eram possíveis e até prováveis as agitações, por pouco que o Conclave se prolongasse. A brochura com ares de panfleto que Massimo d'Azeglio acabava de dedicar aos *Últimos acontecimentos da Romagna,* estigmatizando a brutalidade da administração pontifícia nessa província, exigia literalmente do Sacro Colégio que escolhesse um papa capaz de romper com a situação da véspera. E por outro lado as gentes perguntavam-se por que razão tinha Metternich juntado tantas tropas na Lombardia, se não era para influir ou mesmo intervir no escrutínio...

Havia então sessenta e dois cardeais, dos quais quarenta e nove italianos. Mas a inquietação era de tal ordem que se resolveu não esperar a chegada de todos os cardeais estrangeiros ou distantes, e as portas do Quirinal foram fechadas quando ainda faltavam dez eleitores, entre eles o arcebispo de Milão. A falar verdade, é bem capaz de ter sido contra este último que se tomou essa decisão precipitada. Efetivamente, corria que era ele, o cardeal Gaysruck, que detinha o mandato de veto que o governo austríaco pretendia usar contra certos canditados eventuais.

Como habitualmente, o Conclave estava dividido em dois clãs. Os *zelanti* preconizavam o cardeal Lambruschini, Secretário de Estado do papa defunto e verdadeiro responsável pela sua política; evidentemente, era o preferido de Viena. O sutil cardeal Bernetti, o antigo Secretário de Estado caído em desgraça, dirigia os *politicanti*. À primeira vista, pôde parecer que estes últimos tinham poucas possibilidades, já que a grande maioria das Eminências devia a púrpura a Leão XII ou a Gregório XVI, ambos conhecidos pelo seu antiliberalismo. Mas, como muitas vezes sucede nas assembleias, surgiu uma corrente logo no princípio do Conclave: já que a política reacionária e antinacionalista de Gregório XVI tinha fracassado, não seria de tentar outra coisa? É certo que, ainda na véspera, o "neo-guelfismo" à maneira de Gioberti, desejoso de promover a unidade italiana sob a direção de um papa liberal, não contava com muito mais simpatias, entre os cardeais, do que as teses mais radicais de Mazzini e seus êmulos. E, contudo, foi a essa doutrina — já um tanto ultrapassada pelos fatos — que se foi pedir a solução para o difícil problema. E Bernetti não teve que se esforçar muito para convencer os seus colegas de que o que se impunha era um papa giobertizante.

O candidato preferido de Bernetti era o cardeal Gizzi, exatamente aquele cujo nome vinha impresso no panfleto de Massino d'Azeglio como o papa dos seus sonhos. Aos olhos dos prudentes, a escolha não era cautelosa. Foi assim que, uns para afastar Gizzi, tido por excessivamente avançado, outros para lhe preparar o caminho fechando-o a Lambruschini, uns quinze cardeais votaram, no primeiro escrutínio, por um candidato menos conhecido, menos marcado: o bispo de Ímola. Sabiam das suas tendências liberais, era bem-visto pelo célebre pe. Ventura, o orador de vanguarda por excelência: dizia-se que era prudente. Mas esse turno de delicadeza teve consequências surpreendentes. Os que não queriam nem Gizzi nem Lambruschini acharam que o cardeal Mastai-Ferretti era um excelente meio-termo. No quarto escrutínio, o bispo de Ímola ultrapassou a maioria canônica dos dois terços. Contra toda a expectativa, o Conclave não tinha chegado a durar quarenta e oito horas[1].

Essa rapidez não foi o único motivo de surpresa; a escolha não foi menos surpreendente. Tratava-se de uma pessoa quase desconhecida dos romanos, pois havia quase um quarto de século que tinha deixado a Cidade Eterna para ocupar postos diplomáticos e depois dioceses distantes. Ao que parece, também ele mesmo não esperava de maneira nenhuma ser eleito, a tal ponto que, como pretende uma lenda persistente, ficou tão emocionado; ao ouvir os resultados do escrutínio, que se sentiu mal[2]. Tudo leva a crer que, ao chegar a Roma, esse homem modesto nunca esperara cingir a tiara, apesar do presságio de Fossombrone. Seja como for, dominou a emoção e aceitou a escolha, declarando que via nela uma intenção divina. E anunciou que, para reinar, assumia o nome de Pio, em memória do papa Chiaramonti, seu benfeitor e também seu predecessor na sé de Ímola.

Assim começava um grande pontificado, cheio de contrastes estranhos, em que se havia de ver sucessivamente o papado sofrer no plano temporal uma completa derrota e, no plano espiritual, ganhar um prestígio tão grande que seria preciso remontar à Idade Média para encontrar outro semelhante. Esse pontificado iria ser, depois do de São Pedro, o mais longo da história da Igreja: trinta e dois anos.

Um papa liberal?

Giovanni Maria Mastai-Ferretti tinha nesse momento cinquenta e quatro anos.

A família, da pequena nobreza lombarda, fixara-se havia muito na costa do Adriático, em Sinagaglia, relativamente perto de Rimini, em terras pontifícias. Adolescente, fora acometido de uma doença nervosa, talvez a epilepsia, que o salvara da conscrição napoleônica, mas também o impedira de entrar na Guarda Nobre, como seria seu desejo. A mesma doença estivera a ponto de lhe fechar também o acesso às ordens sagradas, embora os seus estudos de teologia fossem brilhantes; só a intervenção pessoal de Pio VII lhe permitira ser padre, o que aconteceu em 1819, aos vinte e sete anos. Simples clérigo, já dirigira um orfanato então famoso em Roma, uma dessas fundações caritativas que a Itália do tempo teve em grande número, o *Ricovero di Tata Giovanni,* nome do fundador, que fora o operário Giovanni Borghi, a quem chamavam "o Pai João". Mastai-Ferretti fora um excelente diretor da instituição. Em seguida, o papa designara-o como auxiliar do seu delegado apostólico, mons. Muzzi, encarregado de ir à América do Sul com a missão de resolver as questões pendentes entre a Santa Sé e as novas Repúblicas, designadamente a do Chile. Jovem cônego, ali se mostrara mais hábil como diplomata do que o chefe da missão. Passados dezoito meses, fora nomeado diretor do Hospício de São Miguel. O novo pontífice, Leão XII, que procurava remoçar os quadros episcopais, elevara-o, em 1827, a bispo de Spoleto, embora tivesse apenas trinta e cinco anos. Tinha trabalhado lá de modo admirável, fazendo-se querer de todos e sendo respeitado até pelos liberais mais virulentos; a tal ponto que, em 1831, quando das revoltas da Toscana e da Úmbria, bastara a sua autoridade para restabelecer a ordem[3]. Reconhecido, Gregório XVI transferira-o para a diocese de

Ímola, um simples bispado, mas sede tradicionalmente cardinalícia; e, em 1840, concedera-lhe o chapéu de cardeal.

Essa carreira, e especialmente esses quase vinte anos de administração episcopal, tinham dado ao cardeal Mastai um conhecimento dos homens e dos assuntos que o seu predecessor, Gregório XVI, o monge camaldulense, nunca tivera. Inteligente, sem ser verdadeiramente culto, tinha o espírito aberto e interessado por tudo. Enérgico e resoluto, provara várias vezes — e ainda em 1843, por ocasião das agitações de Bolonha[4] — que era capaz de assumir riscos. Talvez o seu defeito mais notório fosse uma excessiva espontaneidade, uma excessiva generosidade, para um político; ele próprio o compreenderia em pouco tempo e passaria a desconfiar dos seus impulsos.

Um embaixador estrangeiro viria a descrevê-lo encerrado no seu oratório, sozinho na presença de Deus, meditando sobre as decisões que tinha de tomar e só fazendo uma opção depois de se ter convencido de ser essa a vontade do Espírito Santo. A partir desse momento, dizia o diplomata, "em face dessas prescrições celestes", nada contava para ele, e "dessa crença tirava a firmeza de que dava provas". A observação é pertinente. É impossível compreender seja o que for em Pio IX — como num outro Pio, próximo de nós —, se se esquece que ele era acima de tudo uma alma mística, para quem os acontecimentos do mundo deviam refletir as intenções divinas, e para quem o desejo expresso do Pai-Nosso — "venha a nós o vosso Reino!" — tinha o sentido mais preciso e exigente. Formado pelo piedoso cardeal Odescalchi na disciplina jesuítica — tinha até pensado em entrar na Companhia —, o novo papa, que viria a empenhar-se em cheio na política, nunca esqueceria que, por mais graves que sejam as lutas deste mundo, elas não passam de reflexo de uma guerra mais decisiva, a guerra entre o bem e o mal, entre a luz e as trevas: como dizia Santo Inácio, a batalha entre os dois estandartes.

Esse temperamento místico nada tinha de austero ou de melancólico. Esmerando-se na apresentação, gostando de rir e gracejar, chegando até a desconcertar muitas vezes os que o rodeavam, por causa das brincadeiras que gostava de fazer[5], Pio IX era precisamente o contrário do rígido doutor que alguns imaginam ao pensarem no *Syllabus* e nas suas rudes condenações. O traço mais chamativo da sua personalidade era o charme: todas as testemunhas o celebraram; houve quem o qualificasse de "fascinante". Tudo contribuía para isso: o rosto largo mas fino, o olhar vivo e espiritual, a voz quente, musical, e o sorriso. Sabia encontrar para cada um dos que se aproximavam dele a palavra agradável, o gesto que ia direto ao coração. E essa gentileza, que, em outros, parece intencional e postiça, nele procedia claramente da delicadeza de sentimentos e, mais ainda, da caridade de Cristo.

Tanto bastava para que, bem pouco tempo após a eleição, Pio IX se tornasse extraordinariamente popular. Tanto mais que não demorou a correr a voz de que as suas convicções eram opostas às do seu predecessor, numa palavra, que era "liberal" no sentido que se dava ao termo naquela altura[6]. E repetia-se o gracejo de Gregório XVI: "Na família Mastai, são todos liberais: até o gatinho". Recordou-se que, na altura das desordens da Úmbria, fora ele quem dera um passaporte ao jovem Luís Napoleão Bonaparte, filho da rainha Hortense que estava envolvido no caso, a fim de que o príncipe pudesse passar a fronteira suíça. Dizia-se que nunca tinha pedido licença para criticar alto e bom som os erros do Secretário de Estado Lambruschini, e que era por isso que Gregório XVI o deixara tanto tempo no seu longínquo bispado, em vez de lhe confiar o alto posto romano que estaria de acordo com os seus méritos. O pe. Ventura, o antigo amigo de Lamennais, falava do novo pontífice em termos tão calorosos que era caso de perguntar se não estaria desejoso de apropriar-se dele... E os próprios franco-maçons fizeram correr o rumor — a absurda lenda iria durar muito tempo — de que o jovem Mastai tinha sido filiado da sociedade!

Que havia de verdadeiro em tudo isso? Em que medida Pio IX era "liberal", ou seja, partidário das ideias novas ou até da Revolução? Afirmou-se muito que lera Gioberti, d'Azeglio, o livro de Cesare Balbo, *As esperanças da Itália*, e muitas outras obras de idêntica tendência. Mostravam-no como conquistado pelas ideias desses entusiastas inovadores. É mais que provável que tivesse lido tais obras: várias delas foram achadas na sua biblioteca. Uma palavra célebre, mil vezes repetida, parece confirmar que ele partilhava desse pensamento: ao partir para o Conclave, Mastai dissera a um amigo que levava consigo os mais importantes desses livros para os oferecer ao novo papa. Esse amigo era o conde Pasolini, patriota ardente, admirador fanático dos teóricos neoguelfos, em cujo palácio, em Monterico, o cardeal gostava de passar os serões e de quem recebeu incontestavelmente certa influência.

Será isto bastante para nos sentirmos autorizados a alistar, pura e simplesmente, o novo papa no clã daqueles herdeiros da Revolução que queriam, ao mesmo tempo, libertar a Itália da dominação autoritária, promover a sua unidade e dar-lhe um regime democrático? Mais ainda: assimilá-lo aos defensores do liberalismo filosófico, que conduzia ao repúdio dos dogmas? É evidente que não. Falando de Massimo d'Azeglio, o bispo de Ímola dissera: "No meio de muitas mentiras e calúnias descaradas, o seu livro contém algumas verdades"; não falaria assim um partidário entusiasta... Em 1843 e 1845, em face dos amotinadores, Mastai fora extremamente firme. E uma das primeiras ordens que deu aos seus ministros foi: "Tende presente que há limites que um papa não pode ultrapassar..."

O seu pretenso liberalismo reduzia-se, de fato, a uma autêntica liberalidade espiritual, e à convicção lúcida de que os métodos utilizados até então para lutar contra as novas ideias eram errados. Sofria com "a muralha de bronze que se erguia entre os liberais e o papado"[7]. Julgava absurdo opor-se às estradas de ferro, à iluminação a gás, às pontes suspensas, aos congressos científicos, tudo novidades que nenhum mal podiam fazer à Igreja. Entendia que a administração pontifícia tinha grande necessidade de transformações radicais. Pensava, enfim, que, para um chefe de Estado, a melhor maneira de sustar os progressos da Revolução não seria recorrer à força — especialmente odiosa quando esse chefe de Estado era um sacerdote... —, e que era preciso ganhar os corações pela doçura, pela generosidade, pela confiança.

No sentido que hoje damos à palavra, o papa Mastai poderia ser chamado liberal, mas, no sentido que tinha há um século, com certeza que não. Não iria a ambiguidade do termo provocar mal-entendidos entre o novo pontífice e aqueles que aclamavam tão ruidosamente o seu advento? Em 1829, Chateaubriand, embaixador da França em Roma, escrevera a Portalis: "Um papa que quisesse entrar no espírito do século teria imensas coisas a fazer". Com dezessete anos de atraso, Pio IX seria esse papa? Era essa a questão.

O que Metternich não previra

É difícil imaginar o que foi o início deste pontificado, essa espécie de jubiloso espanto que se apoderou de inumeráveis homens ao verem o novo papa tomar vinte decisões, cada uma delas mais extraordinária que a outra, e o clima de renovação que, subitamente, pareceu estender-se sobre a Igreja.

Mal foi eleito, dir-se-ia que Pio IX assumiu a tarefa de mostrar claramente que o estilo do seu reinado em nada se iria assemelhar ao do precedente. Os *zelanti* e os *austriacanti* que tinham rodeado Gregório XVI e Lambruschini foram afastados, e, em lugar deles, surgiram prelados de tendências liberais: o cardeal Gizzi na Secretaria de Estado, mons. Carboli na Câmara de Sua Santidade. Não passara ainda um mês desde a eleição, e já se anunciava uma anistia geral de todos os condenados políticos. É verdade que cercada de prudentes reservas, mas, de fato, todos os prisioneiros puderam ser libertados, mediante uma simples promessa de bom comportamento. Chegou-se a contar em Roma uma história bem tocante: a Comissão cardinalícia encarregada de preparar o texto da anistia estava prestes a concluir a votação do projeto pontifício, que achava demasiado generoso, e as bolas pretas iam entrando em grande número quando, subitamente, apareceu o papa e, lançando para cima da urna o solidéu, disse num riso agradável: "Vede como as bolas são agora todas brancas!" Como é que gestos como esse não haviam de conquistar os corações?

O novo papa multiplicava gestos desses, com uma bonomia espontânea que encantava a gente simples. Um dia, abriu os jardins do Quirinal a todos os que desejassem vê-lo, e lá se deixou ficar, no meio da multidão, a gracejar com ar simpático. Outro dia, passeava a pé pelas ruas, ou juntava-se a uma procissão, ou, se encontrava um padre levando a um doente o Viático, acompanhava-o até ao leito do moribundo. Qualquer pessoa que pretendesse entregar-lhe um pedido escrito não era repelida pelos serviços de segurança. Os anistiados que manifestavam o desejo de ir agradecer-lhe eram admitidos sem dificuldade à honra de uma audiência, e é óbvio que saíam de lá conquistados.

Que mudança de atmosfera! A iluminação a gás, a que Gregório XVI se opusera, começava já a instalar-se nas ruas da cidade. E uma comissão ia estudando o traçado das quatro linhas férreas que dentro em pouco serviriam Roma. A lei da censura foi muito suavizada, de modo que apareceram três novos jornais e já não era preciso que toda a gente lesse o velho e enfadonho *Diario*, triste e oficioso... Mais ainda: reunia-se em Roma um congresso científico e abriam-se círculos, nos quais não era proibido falar de política: uns eram aristocráticos, como o *Circolo di Roma;* mas também os havia populares. Como não reconhecer em tudo isso uma intenção, a vontade de fazer coisas novas? De resto, não era apenas no interior da Cidade Eterna que se manifestava essa intenção. Os católicos liberais da França, que Gregório XVI tratara com uma frieza evidente, recebiam agora encorajamentos. Dupanloup era convidado a ir a Roma, e Montalembert ficava feliz ao saber que o novo papa o qualificara publicamente de "campeão da boa causa".

Pio IX não se limitava a ditos felizes, a gestos espetaculares. Menos de dois meses após o seu advento, soube-se que se iam iniciar reformas sérias, essas reformas de que se vinha falando desde 1815 e que os papas tinham esboçado tão timidamente. Mastai era ainda bispo de Ímola quando redigira pessoalmente um plano de reorganização dos Estados Pontifícios[8], ao qual certamente não fora alheio o seu amigo Pasolini. E mandou que lho trouxessem para Roma. Depois, comparou-o cuidadosamente com o famoso memorando que as grandes Potências tinham entregue em 1831 a Gregório XVI[9] e que não tivera sequer um início de execução. Ajudado pelo cardeal Gizzi e, após a demissão deste, pelo novo Secretário de Estado, o cardeal Ferretti, que era seu primo, Pio IX impôs-se a tarefa de o pôr em prática. Reuniu uma "consulta" para estudar os projetos de lei. Era ainda apenas uma Câmara de notáveis, mas era também um primeiro passo que se dava.

Depois, foi constituído um Conselho de Ministros, no qual figuravam tanto leigos como padres, segundo fora aconselhado pelo genial Consalvi quanto à administração das províncias. E assim foram postas em ordem a Alfândega e as repartições públicas encarregadas dos impostos e das taxas do sal e do tabaco. Um decreto ordenou a libertação dos judeus, a partir daí autorizados a viver fora do seu *ghetto*, o que não lhes acontecera desde os tempos do domínio francês; essa libertação deixou-os tão felizes que um dos rabinos exclamou que, com toda a evidência, Pio IX era o Messias prometido a Israel! Em 14 de março de 1848, por fim, a outorga de uma Constituição rematava essa série de decisões audaciosas, que toda a Europa olhava com assombro.

Esse assombro confinava, em alguns, com a indignação. "Tínhamos previsto tudo — exclamou o velho príncipe Metternich —, exceto um papa liberal!" E ia enviando ao seu embaixador instruções e mais instruções, para que se opusesse com todas as forças a essa política de loucura. E, por precaução, ordenou às suas tropas que ocupassem Ferrara, coisa contra a qual o papa protestou em vão. Em Milão, em Nápoles, em Palermo, foram proibidas pela polícia as manifestações em honra do papa. Na Calábria, algumas delas tiveram de ser dispersadas, e correu sangue.

Os conservadores andavam inquietos. Os *zelanti*, que ainda ocupavam muitos postos nas Congregações romanas, julgaram-se no dever de sabotar tanto quanto possível as decisões papais. "O papa — observava Lacordaire — está rodeado de homens para quem os abusos são ao mesmo tempo interesses poderosos e tradições sagradas; o trabalho do partido austríaco e absolutista contra ele é inaudito". Ozanarn chegava a garantir que as advertências do papa eram interceptadas e o segredo da sua correspondência violado. "O papa — dizia ele — vive numa atmosfera de traição". Em Paris, Guizot declarava que era mais que tempo de fazer voltar esse inquietante pontífice "ao papel de um soberano regular", e os salões do nobre *faubourg* urdiam contra ele urna autêntica conspiração. Os mais violentos chamavam-lhe "Robespierre de tiara"; os mais moderados, "Luís XVI do papado".

Mas de que valiam essas expressões de má vontade e essas resistências, em face da maré de popularidade que vinha morrer aos pés do homem de branco do Quirinal? O espetáculo desse papa, ainda jovem, belo, intrépido, que parecia lançar a Igreja na corrente viva da História embriagava os corações. "O mundo — dizia Louis Veuillot — teve um deslumbramento de ternura". Em Roma, não havia dia em que não se formasse um cortejo para aclamar o papa, forçando-o a aparecer dez, vinte vezes, na varanda. No seu aniversário natalício, recebeu urna manifestação-monstro, organizada por Brunetti, chamado *il Ciceruacchio,* "rei do Trastevere", "imperador da plebe" e valentão do melhor estilo: à entrada da Piazza del Popolo, ergueu-se um arco de triunfo florido, cópia exata do de Constantino, e Pio IX passou por baixo dele, no meto de uma tempestade de aclamações.

Em todo o mundo católico, os meios literários faziam-se eco da glória do papa renovador. Montalembert chamava-lhe "ídolo da Europa". Lacordaire escrevia: "Se, de Palermo a Turim, de Bolonha a Paris, de Constantinopla a Londres e de Paris a Nova York, se grita: «Viva Pio IX»!", é que as entranhas do gênero humano estremeceram". E era verdade. As Câmaras parlamentares da França dirigiam-lhe uma mensagem oficial de felicitações. Em Nova York, no decorrer de uma grande reunião em que os protestantes eram mais numerosos que os católicos, os assistentes aprovavam uma mensagem de adesão, "em testemunho de uma simpatia sem limites, não como católicos, mas como filhos de uma República e como amigos da liberdade".

De que não seria capaz esse papa extraordinário? Já o sultão lhe mandava um representante pessoal para lhe dizer que a partir desse momento protegeria os cristãos do seu império. O czar anunciava-lhe que ia assinar a Concordata cuja negociação se arrastava havia muito.

Mas eram sobretudo os liberais, os patriotas, os partidários das novas ideias que esperavam dele milagres ou, pelo menos, decisões audaciosas. Mazzini, em nome da *Jovem Itália,* proclamava-se seu fiel e propunha-lhe que tomasse a direção do movimento para a unificação nacional. Garibaldi, lá da América do Sul onde se refugiara, oferecia-lhe os bons e leais serviços da sua legião. Na própria Roma, ao pronunciar o panegírico de O'Connell, que acabara de morrer a caminho da Cidade Eterna, o célebre orador pe. Ventura, mais eloquente que prudente, anunciava que Pio IX ia libertar o mundo tal como o grande irlandês libertara o seu povo. Ozanam predizia que o corajoso pontífice parecia "verdadeiramente enviado por Deus para concluir a grande tarefa do século XIX, a aliança da religião com a liberdade". E, num retumbante artigo no *Correspondant,* comparando o papa a esses chefes da Igreja que, no caos que precedera a Idade Média, tinham discernido tão bem os caminhos do futuro e sabido levar por eles a cristandade, exclamava numa fórmula que viria a consagrar-se: "Passemos para o lado dos bárbaros e sigamos Pio IX!"

Tudo isso era muito bonito, muito glorificante... Mas não seria perigoso? Parece que Pio IX não tardou a suspeitar disso. Não andariam a ver se o comprometiam, a segurar-lhe a mão? Por ordem sua, mons. Corboli tentou — aliás, sem resultado — moderar o entusiasmo do bom povo romano. Algumas palavras dos seus mais zelosos partidários não deixavam de inquietá-lo: a de Ozanam, por exemplo, ao dizer que "o mais firme sustentáculo do papa reformador é o Povo"; ou a de Massimo d'Azeglio, que lhe veio declarar ver nele o chefe querido por Deus para uma Itália livre e unida. O próprio grito que ouvia tantas vezes nas ruas de Roma parecia feito para atormentá-lo: "Coragem, Santo Padre!"

Afinal, que se esperava dele? "Querem fazer de mim um Napoleão — escrevia ele ao rei Carlos Alberto —, quando não passo de um pároco de aldeia". E, quando o embaixador de Luís Filipe o sondou discretamente acerca das suas verdadeiras intenções, respondeu-lhe com firmeza: "Um papa não deve lançar-se em utopias. Imagine V.Ex.ª que há quem fale de uma liga italiana com o papa como chefe! Como se isso fosse possível! Como se as grandes Potências estivessem dispostas a consenti-lo! São quimeras!" E concluiu com estas palavras decisivas: "Não quero fazer o que pretende Mazzini[10]; não posso fazer o que quer Gioberti"[11].

É a esta luz que importa considerar a Encíclica que, segundo o costume, Pio IX publicou para assinalar o início do seu pontificado: *Qui pluribus*, de 9 de novembro de 1846. Ordinariamente, os historiadores não lhe prestam grande atenção; mas não estava desprovida de significado. Com efeito, longe de expor nesse documento um programa "liberal", o papa parecia empenhar-se em mostrar com clareza que nada tinha em comum com certos liberalismos, de índole filosófica ou política, e que, se em muitos pontos se afastava do seu predecessor, não deixava de permanecer de acordo com ele quanto ao essencial[12]. Muito próxima, até nos termos usados, da *Mirari vos*, a Encíclica criticava com veemência "o indiferentismo", ou seja, o liberalismo filosófico e moral, votava à execração as "seitas secretas saídas das trevas para ruína da Religião e dos Estados", condenava a teoria do progresso absoluto, a que chamava "sacrilégio", e tratava impiedosamente "a execrável doutrina do comunismo, que só poderia estabelecer-se pela destruição dos direitos e dos verdadeiros interesses de todos". A bem dizer, esse texto papal tinha o valor de um aviso.

Mas não seria tarde demais para ser ouvido? Insensivelmente, os jubilosos atos públicos em favor do papa tinham passado, clarissimamente, para as mãos de elementos cujo verdadeiro fim não era fazer chegar ao bom papa a alegria universal. De resto, Mazzini não escondia aos íntimos a sua intenção: "Vamos fazer dele — dizia cinicamente — o bode expiatório da política: vamos afogá-lo em flores". Apesar da proibição formal, sucediam-se constantemente em Roma manifestações onde se gritava "Viva Pio IX!" — mas também "Morte aos austríacos!" O jogo consistia em dizer que o papa, sim, queria todas as reformas, todas as liberdades do povo, mas que a sua corte o impedia. O grito de "Viva só Pio IX!" revelava significativamente essa intenção. Assim como a espirituosa pasquinada, em forma de *calembour*, que fazia sorrir Roma inteira: *"Pio nono, / sei buono, / ma stai..."* ["Pio nono, sê bom, mas mantém-te firme!"][13].

De mês para mês, o tom foi subindo. Chegou-se ao ponto de organizar manifestações de rua contra os "negros", ou seja, os prelados das Congregações, o Secretário de Estado, os jesuítas, e mesmo a favor dos radicais suíços que acabavam de esmagar tenebrosamente os infelizes católicos na guerra do *Sonderbund*[14]. Os diplomatas credenciados junto da Santa Sé não ocultavam a sua inquietação, e, quando, no final de 1847, correu o boato de que Mazzini estava prestes a desencadear uma ação revolucionária em Roma, o governo de Luís Filipe, a pedido do Quirinal, fez saber que as suas tropas interviriam imediatamente para estabelecer a ordem. A generosa tentativa de Pio IX parecia já bastante comprometida quando se levantou o grande vendaval de 1848.

O vendaval de 1848

O ano de 1848 começava sob auspícios inquietantes: seria o mais agitado da História desde havia cinquenta anos. As forças que trabalhavam a Europa desde que, a 14 de julho de 1789, a Revolução se tinha posto em movimento —

as mesmas que haviam determinado as explosões locais de 1820 e depois a tormenta de 1830, ainda limitada à França, à Itália, à Bélgica e à Polônia — provocavam desta vez uma crise bem mais vasta, à qual raros países escaparam. De capital em capital, a Revolução propagava-se, como uma corrente elétrica e, a princípio, pareceu irresistível. Iria cumprir-se o "cataclismo" anunciado pelo conde Molé?

Tudo começou a 12 de janeiro, em Nápoles e em Palermo, onde o rei Fernando II se viu obrigado a outorgar uma Constituição. A 8 de fevereiro, Carlos Alberto em Turim, e a 17 do mesmo mês Leopoldo II, grão-duque da Toscana, em Florença, tiveram igualmente de conceder uma. Cinco dias depois, a 22 de fevereiro, era a vez de os parisienses entrarem em ação: arrastado pelas vagas conjugadas da média burguesia, que reclamava uma reforma eleitoral, e do povo, exasperado pela crise econômica, pelo desemprego e pelo encarecimento da vida, o regime de Luís Filipe ruiu e o velho rei gotoso, vítima da sua teimosa cegueira, teve de abdicar.

O eco das "três gloriosas" ressoou então pela Europa como um apelo. Ouviram-no no império dos Habsburgos, onde, a 3 de março, Kossuth reclamou para a Hungria liberdades nacionais; onde, a 11 de março, os patriotas de Praga pediram violentamente a igualdade dos checos com os alemães, num reino da Boêmia reconstituído; onde, a 13 de março, na própria Viena, a multidão incendiou o palacete de Metternich, que fugiu, envergonhado, na carroça de uma lavadeira.

Ouviram-no na Alemanha, onde os nacionalistas, reunidos a 5 de março em Heidelberg, decidiram convocar um "Vorparlament", destinado a preparar a unidade germânica; onde, em Berlim, a 18 do mesmo mês, vendo a sua capital eriçada de barricadas, Frederico Guilherme IV se viu forçado a prometer uma Constituição.

Ouviram-no também na Itália, onde, nesse mesmo dia 18, Milão expulsou os austríacos após cinco dias de sangrentos combates; onde, sob a direção do doge Manin, Veneza conquistou igualmente a independência; onde, arrastado por um movimento de opinião forte como uma maré, o rei Carlos Alberto do Piemonte lançou o reino na luta libertadora contra a Áustria; e onde, até em Roma... Nem sequer em regiões distantes faltou o eco dessa voz veemente partida da França: em Barcelona, gritou-se "Viva a República!", e, em Varsóvia, a população prostrada sob a bota russa entrou em agitação.

Essa revolução europeia, fecunda em gestos de grandeza e em belos discursos românticos, tão variada e tão complexa nos seus aspectos e nos seus esforços, às vezes incoerentes, por estabelecer os Estados em novas bases, não era, afinal, senão o desenvolvimento lógico da Revolução Francesa, a entrada em ação das três grandes forças revolucionárias diretamente saídas dos princípios de 1789[15]. Em 1848, mostraram-se mais poderosas, mais eficazes, mas eram as mesmas que tinham abalado o mundo havia meio século: era a força liberal, que levava a transformar o regime interno dos Estados, a pôr fim a todos os absolutismos, a assegurar aos povos o direito de fiscalizar os seus governos; era a força nacionalista, que tendia a alterar os quadros territoriais da Europa, fazendo coincidir a Nação com o Estado, expulsando os estrangeiros e unindo os homens da mesma raça; e era um fato novo, que se deu no decorrer do ano das tempestades: a entrada em cena da revolução social, também ela proveniente das ideias de 89, mas até aí mantida em reserva; o seu papel foi decisivo, especialmente na França, onde a evolução econômica começava a suscitar um proletariado.

Ora, em face desse súbito desencadear de forças, que atitude iria assumir a Igreja? Que faria Pio IX? Ele compreendeu imediata e perfeitamente a importância do movimento.

"Os acontecimentos que se sucedem e acumulam com tão grande rapidez — exclamou numa proclamação em 20 de março — não são, certamente, obra humana. Nesta tempestade que agita, verga, arranca e desfaz os cedros como se fossem canas, ai daqueles que não ouvem a voz do Senhor!" Se essa grande agitação provinha de intenções divinas, não seria preciso acolhê-la como tal e extrair dela as consequências? Mais uma vez, como em 1815, como em 1830, e agora de modo mais crucial ainda, a Igreja via-se encurralada e forçada a responder sim ou não às questões que a revolução lhe apresentava, não menos a ela do que à sociedade laica. Pio IX, "papa liberal", iria formular uma resposta diferente da do seu predecessor?

A Igreja e a nova Revolução

Temos de sublinhar um fato capital: nenhuma das revoluções que em 1848 sacudiram a Europa se mostrou anticlerical, e menos ainda antirreligiosa. Bem pelo contrário. Quer na Alemanha, quer na Itália, houve padres que participaram dos movimentos nacionalistas, se alistaram nas legiões de voluntários contra a Áustria, serviram de conselheiros aos nacionalistas de Turim ou aos insurretos de Nápoles ou de Palermo. Essa mudança de atitude foi especialmente notável na França, onde não estavam esquecidas as manifestações ímpias que se tinham seguido à Revolução de 1830 — pilhagem de seminários, saque de Saint-Germain-l'Auxerrois — e onde se viu claramente como agora o comportamento era bem outro.

Foi um momento de idílio, em que parecia que o povo queria associar num único amor, como outrora lhe pedira Lammenais, "Deus e a Liberdade"[16]. Espantado, Falloux verificou que fevereiro de 48 revelava "um regresso quase geral e bem inesperado de uma grande parcela da nação às coisas da religião". E Lamartine conta que, na primeira noite da Revolução, quando alguns párocos, inquietos, pediram ao governo provisório garantias de proteção às igrejas, os guardas enviados foram perfeitamente inúteis: "As portas das igrejas estavam abertas, a veneração pública as guardava, rezava-se lá dentro em segurança enquanto o canhão troava". Mais ainda: quando os insurretos invadiram as Tulherias, ao penetrarem no oratório da rainha, em vez de saquearem os objetos sagrados, descobriram-se e levaram-nos respeitosamente para a igreja de Saint-Roch, pedindo ao pároco que lhes desse a bênção. Ao saber disso, Lacordaire, do alto do púlpito de Notre-Dame, associou "ao triunfo do povo a imagem do Filho de Deus feito homem", e uma voz imensa respondeu: "Viva o Deus de Lacordaire!" Depois, em inúmeras comunas plantaram-se "árvores da liberdade", "emblema permanente — dizia Thiers — da conquista do povo, dos seus direitos, dos seus deveres", e a bem dizer por toda a parte se pediu ao clero, em cerimônias impressionantes em que as estrofes da Marselhesa alternavam com cânticos de igreja, que benzesse essas árvores. Estava-se a ir longe demais? Era, pelo menos, singular ouvir louvores a Cristo-revolucionário ou ao socialista-Jesus. E certos padres, muito liberais, como por exemplo Darboy, futuro arcebispo de Paris, confessavam que se tinham visto forçados a correr algum tanto para andar ao passo de tamanho entusiasmo... Mas não deixava de ser verdade que, nas palavras de Lamartine, que tinha o dom das fórmulas, essa revolução assinalava "uma torrente de cristianismo". Tal era o feliz resultado da nova atitude adotada por uma grande parte do clero francês para com o regime deposto.

Afastando-se da monarquia luís-filipina, a Igreja salvaguardara o seu futuro. Não tinha, portanto, nenhuma razão para considerar com desconfiança essa revolução que lhe dava provas de tanto respeito e afeto. O que lhe pediria, isso sim, era que lhe garantisse a liberdade que ela, a Igreja, acabava de proclamar como princípio: "Deus no Céu, a liberdade na Terra — exclamava Louis Veuillot —: é toda a nossa Carta, em duas palavras". Os pioneiros do catolicismo liberal, que tanto tinham lutado havia mais de vinte anos, estariam, então, prestes a cantar vitória? Assim parecia.

O próprio desaparecimento de um poder civil ligado ao poder espiritual acarretava resultados favoráveis para a Igreja, e em especial para a Santa Sé. Daí em diante, não haveria nenhum intermediário entre os católicos de cada país e o papado. Como o sublinhou Charles Seignobos numa página pertinente[17], "o Papa, em vez de ter de tratar com um soberano hereditário habituado a mandar, encontrava apenas filhos submissos da Igreja, habituados a obedecer: voltava a ser o Juiz Supremo das relações entre a Igreja e o Estado".

Outra consequência feliz era que os católicos tinham tomado mais clara consciência das suas forças. O catolicismo aparecia como uma potência "nova, progressiva, independente, voltada para o futuro, transbordante de promessas"[18]. O sufrágio universal, onde quer que se tivesse estabelecido, parecia chamado a fazer nascer grandes formações políticas, capazes de pôr em ação as ideias de um catolicismo rejuvenescido. E, na verdade, esse reagrupamento dos católicos deu-se em dois grandes países: na Alemanha e na França.

Na Alemanha, onde os católicos acabavam de passar vitoriosamente pela prova de força com o governo prussiano na questão dos casamentos mistos[19], 1848 assinalava a consagração dessa vitória. Tinham eles dois tipos de adversários: os *josefistas* e outros partidários do regalismo, que, de acordo com o que lhes era tradicional, queriam manter a Igreja sob a tutela dos governantes, e os *radicais,* que, sob o pretexto da separação da Igreja e do Estado, queriam a descristianização.

Nos primeiros tempos, os católicos entraram nessa luta de duas frentes de maneira dispersa. No Parlamento de Frankfurt, uns sentaram-se na extrema direita, como Radowitz, outros na extrema esquerda, como o pe. von Ketteler, futuro bispo, e só entravam em acordo em questões propriamente católicas. Conseguiram derrotar moções que pretendiam colocar o clero paroquiano sob a autoridade das municipalidades, ou proibir aos padres o controle do ensino, ou ainda expulsar da Alemanha os jesuítas, os redentoristas e os "ligorianos"[20]. Mas só conseguiram a aprovação de um princípio extremamente vago, proposto pelo deão de Constança, Kunza, que proclamava "que toda e qualquer sociedade religiosa pode dirigir os seus próprios assuntos com autonomia, ficando porém submetida às leis do Estado".

No entanto, a corrente das ideias novas era demasiado viva para que os governantes a pudessem ignorar. Quem primeiro o compreendeu foi Frederico Guilherme IV da Prússia. Na Constituição que promulgou, garantiu aos católicos o livre exercício do culto, a total autonomia em matéria de nomeações, a liberdade de comunicar-se com Roma, o direito de abrir escolas e o de associação. Esse liberalismo podia servir de exemplo para outros Estados. Na própria Áustria, onde Metternich desejaria acabar com o josefismo[21], o jovem clero esboçou uma campanha a favor das ideias liberais.

Os fatos decisivos começaram a produzir-se quando um padre de Mogúncia, *Adam-Franz Lening*, sem sequer esperar pelas novas facilidades oferecidas pela lei, lançou um apelo aos católicos para que se unissem. Quatrocentos católicos responderam imediatamente a esse apelo, e o movimento ganhou muitas outras cidades. Em outubro de 1848, reuniu-se em Mogúncia o primeiro Congresso dos católicos, e lá decidiu-se lutar contra as sobrevivências do josefismo, reclamar todas as liberdades e, ao mesmo tempo — o que era tão novo como capital — "implantar os princípios católicos no conjunto da vida e trabalhar para a solução do grande problema do nosso tempo, a questão social"[22].

À vista disso, os bispos, pensando que esse movimento devia ser vigiado e controlado[23], e pensando também que era preciso extrair as consequências da nova Constituição prussiana, reuniram-se em Wurtzburg, a pedido de mons. Geissel, arcebispo de Colônia. Ali concentraram-se em reorganizar a igreja da Alemanha, arredando a tendência de alguns para uma igreja nacional, dotada de Concílio e de Primaz, e também opondo-se aos governos que continuavam a pretender intervir na escolha dos párocos ou dos professores dos seminários, e ainda proibindo aos sacerdotes que recorressem das sentenças episcopais perante os tribunais civis. Da crise revolucionária saía assim uma igreja da Alemanha mais sólida, mais consciente dos seus direitos e da sua força. Nela se via em esboço uma "ação católica" e um "partido católico" que, vinte anos mais tarde, viria a ser o poderoso "Centrum".

Na França, os católicos acabavam de lutar em conjunto pela obtenção da liberdade de ensino[24], e esse combate tinha-lhes mostrado como era indispensável que estivessem unidos. Na brochura que publicara em 1843, *Le Devoir des Catholiques*, Montalembert repetira-lhes que "a liberdade não se obtém: conquista-se" e que, para conquistá-la, deviam organizar-se num partido "antes de tudo católico". No entanto, essa união tão desejável não se fazia sozinha... Mesmo entre os líderes. Os aristocratas Montalembert e Falloux não simpatizavam muito com o rústico plebeu Veuillot. Ora, o safanão de 1848 teve o surpreendente resultado de pôr termo a tais fricções — ou de parecer que punha... Na noite de 24 de fevereiro, na sede do *Univers*, Veuillot, Lacordaire e Falloux reconciliaram-se formalmente. Veuillot acedeu a tomar como palavra de ordem a liberdade de direito comum, quando o que queria era bem mais do que isso. Montalembert, que, alguns dias antes, no

Parlamento, a propósito do Sonderbund suíço, tinha manifestado aversão pela democracia, e Falloux, que era legitimista, aderiram à República. Não tardou que, obedecendo a uma diretriz comunicada por Berryer e por La Rochejaquelin, os realistas fiéis ao ramo primogênito dos Bourbons acatassem o governo provisório aclamado pelo povo, que achavam preferível ao regime burguês do usurpador, filho de *Philippe-Égalité*. Essa união dos católicos iria manifestar-se, no plano político, pela criação do "partido católico" que Montalembert desejava — o que não deixaria de se revelar perigoso.

Tudo isso era, portanto, satisfatório para a Igreja. E, no entanto, dentro em pouco, a situação entre ela e a maior parte dos movimentos revolucionários tornou-se tensa, a ponto de substituir o caloroso entendimento dos começos por uma decidida oposição. E por quê? Seria porque, como dizem uns, a Igreja e o próprio papado — a despeito das generosas intenções de Pio IX — continuavam a ser potências do passado, enviscadas no conservadorismo da Restauração, incapazes de colaborar duradouramente com os homens que queriam transformar o mundo em nome dos princípios de 1789? Ou antes, como entendiam outros, porque a Revolução, sob a tríplice aparência liberal, nacionalista e social, ia longe demais e punha em causa interesses que a Igreja e os seus chefes tinham como sagrados? Há um século que a controvérsia acerca deste ponto continua em aberto, e os juízos formulados sobre Pio IX pelos historiadores variam consoante aceitem uma ou outra dessas explicações. Como sempre, a verdade deve estar sem dúvida na aceitação das duas.

Um arcebispo morto nas barricadas

Depois de terem tido um brilhante início de campanha no decurso do primeiro trimestre de 1848, os movimentos liberais não avançaram grande coisa ou até sofreram graves fracassos. A guerra nacional correu mal. Os governos, a princípio abalados, reagiram. No reino das Duas-Sicílias, mais de vinte mil pessoas foram presas. Desgostoso, o ministro inglês Gladstone abandonou Nápoles. Em Parma, trezentos suspeitos foram açoitados até ao sangue, publicamente. Na Lombardia-Veneto, os austríacos instauraram um regime de terror. Windischgraez, cuja mulher fora morta por uma bala perdida, esmagou Praga revoltada, com um bombardeamento atroz; em seguida, tomando Viena de assalto, restabeleceu a ordem, em benefício de um novo imperador de dezoito anos, *Francisco José*. A Hungria resistiu por mais tempo; mas, ameaçada pelas costas por uma intervenção russa, como é que Kossut poderia vencer? Berlim seguiu o exemplo de Viena; a Assembleia foi dissolvida. Em Varsóvia, voltou a reinar a ordem, tal como em Barcelona, onde Narvaez usou de rigores muito expeditivos. A reação triunfava, pois, por todo o lado. E a Igreja estaria no campo desta, ou no dos vencidos?

É nos acontecimentos da França que melhor se pode acompanhar a evolução da consciência católica e tentar discernir os elementos complexos que determinaram a atitude que a Igreja tomou. Imediatamente após a Revolução de Fevereiro, a adesão dos católicos ao regime foi, como vimos, geral. E não apenas ao governo que detinha o poder legal, mas às próprias ideias que representava. "A liberdade e a religião — dizia mons. Affre, arcebispo de Paris — são duas irmãs igualmente interessadas em viver bem uma com a outra". O mesmo encarecia o arcebispo de Cambrai, assegurando que era evidente o regresso aos grandes princípios da Igreja primitiva. E o arcebispo de Bordeaux suplicava ao Espírito Santo que consagrasse "para sempre a aliança entre a religião e a liberdade". Lacordaire, Ozanam, Montalembert (este último, mais comedidamente) faziam soar parecidas trombetas. E até Louis Veuillot proclamava que "a Revolução de 1848 era uma notificação mandada pela Providência".

Na raiz dessa aliança tão calorosa não haveria um equívoco, talvez um mal-entendido? É certo que o governo provisório, vendo como a opinião pública mudara, praticou uma política muito favorável à Igreja. Capelas como a da Assunção, em Paris, foram reabertas ao culto depois de longos anos. Preparou-se a derrogação do decreto imperial do Ano XII, ainda em vigor, que declarava ilícita qualquer associação religiosa. Autorizou-se a igreja da França a reunir concílios nacionais, coisa que a monarquia jamais consentira. Estabeleceram-se contatos com Roma para estudar um sistema em que o governo deixasse de intervir nas nomeações episcopais.

Mas, por que essa política? Por simpatia para com o catolicismo? Por autêntico respeito por tudo o que ele representava? Era de duvidar. As motivações dos dirigentes burgueses da jovem República eram mais realistas. Na primeira noite da Revolução de Fevereiro, Victor Cousin, potentado da Universidade laica, encontrando-se com Rémusat, exclamou, erguendo os braços ao céu: "Corramos a lançar-nos aos pés dos bispos: só eles nos podem salvar!" E o próprio Thiers, ateu notório, declarando que a França lhe parecia "uma casa de madeira ameaçada por todos os lados" e que "o último vestígio da ordem social era a organização católica", concluía que era absolutamente indispensável apoiar-se naqueles que propagavam "a boa filosofia". Também Voltaire tinha querido que o seu alfaiate, os seus criados e a sua mulher acreditassem em Deus, na esperança de ser "menos roubado, menos enganado"...

É óbvio que não era esse o papel que atribuíam à religião os católicos generosos e fervorosos que viam nos acontecimentos uma oportunidade providencial de fazer reinar no mundo mais justiça e mais fraternidade. Os mais ardorosos dentre eles resolveram, logo a seguir à revolução, lançar um jornal que tivesse como finalidade promover um catolicismo simultaneamente liberal e social, totalmente devotado ao novo regime. Em 1° de março, o jornal foi anunciado por um prospecto. Os principais signatários deste eram o pe. Lacordaire, Ozanam, De Coux e o pe. Maret. O título era significativo: a *Ère Nouvelle*.

O êxito foi muito rápido: em 25 de maio, contava já vários milhares de assinantes[25], e a tiragem atingiu algumas dezenas de milhares[26]. Não que todos os católicos o tivessem visto com bons olhos: Louis Veuillot, cujo *Univers* era o jornal quase oficial do catolicismo francês, foi pouco simpático, e o grave *Correspondant* manteve-se distante. Havia quem murmurasse que se tratava de uma ressurreição do *Avenir*, o órgão de Lamennais condenado, mas Lacordaire teve o cuidado de mostrar que não era nada disso, e mons. Affre cobriu com a sua autoridade a corajosa equipe.

O programa do novo jornal resumia-se em poucas palavras, tão generosas como eloquentes: "Há hoje duas forças vitoriosas: a nação e a religião, o povo e Jesus Cristo. Se estas duas forças se separarem, estamos perdidos. Se se entenderem, estamos salvos". Tratava-se, não de aderir simplesmente à República, mas de "a aceitar como um progresso" e de dar "uma adesão sincera à democracia", a fim de fazer com que o cristianismo se expandisse e tivesse maior penetração[27].

A intenção era nobre, mas não envolveria também alguns riscos? Quando o pe. Salinis exclamava: "A democracia é o movimento imposto ao mundo pelo Evangelho [...]. Aterra aceita o programa do céu", não estaria indo longe demais? Montalembert, mais que prudente, não estava errado quando escrevia a Lacordaire que, no *Avenir*, nunca se tinha falado de democracia e que, tendo ouvido dizer, desde a infância, que o cristianismo devia ser a monarquia legítima por excelência, desconfiava quando passava a ouvir que ele se identificava com a democracia. Teria valido a pena libertar a Igreja da sujeição de um regime para colocá-la agora sob a sujeição de outro?

A verdade é que nem um nem outro desses equívocos apareceu a princípio: a hora era de euforia. As eleições foram a 23 de abril, domingo de Páscoa. A instituição do sufrágio universal fez passar o colégio eleitoral de 300 mil para 9 milhões; mas de maneira nenhuma resultou daí um impulso em direção à extrema-esquerda. A campanha foi muito habilmente conduzida pelos católicos, especialmente por Montalembert, que se dedicou a ela com todas as forças. Em certas aldeias, toda a população foi votar com o pároco à frente, ao som de tambores. A nova Câmara surgiu, pois, de boa cor. Dos oitocentos e oitenta eleitos, pelo menos quinhentos deviam o seu lugar aos católicos, e trezentos eram até fiéis militantes. Na sua grande maioria, eram também boa gente dos meios rurais ou do interior, tão ingênua como leal, desprovida de qualquer experiência e que os políticos manhosos manobraram sem dificuldade. Mas era preciso desconfiar! Os católicos eram aclamados indistintamente, quaisquer que fossem as suas tendências. Lacordaire, de hábito branco, era levado em triunfo quando chegava ao Palais-Bourbon. E colocava-se na presidência da Assembleia o socialista cristão Buchez, cujas ideias eram, no entanto, bem revolucionárias[28], talvez porque, nas palavras de Tocqueville, o tinham por "um grande animal"...

E, no entanto, a um observador lúcido, não faltariam razões para inquietar-se. A revolução fora feita pelo povo, mas quem dela aproveitava era a burguesia liberal. Quer no governo provisório, quer na comissão executiva encarregada de elaborar a Constituição, os moderados dominavam. E o povo deixaria que o desapossassem da sua vitória? Tinha-se dado um fato novo: certos homens, ao mesmo tempo doutrinadores e tribunos, vinham propondo às massas objetivos e meios ainda ontem desconhecidos. Esses Cabet, esses Raspail, esses Blanqui, esses socialistas, tinham sido prudentemente afastados do governo; mas não teriam eles à sua disposição outros instrumentos de ação? Os operários estavam armados... As repetidas manifestações que se seguiram às jornadas de fevereiro mostraram claramente que alguma coisa mudara no jogo político. Pouco faltara — não fosse um golpe magistral da oratória de Lamartine — para que a bandeira tricolor fosse substituída pela bandeira vermelha da revolução social... Tinha sido necessário proclamar o "direito ao trabalho", limitar a dez horas a jornada de trabalho dos operários, criar uma "comissão governamental para os trabalhadores" (presidida por Louis Blanc), encarregada "de tratar de garantir ao povo os frutos legítimos do seu trabalho". E já se falava em criar "*Ateliers* nacionais" para dar solução ao desemprego.

Tudo isto mostra que a questão social entrara bruscamente na ordem do dia. Mas a França de 1848 não estava madura para a compreender, como, aliás, nenhum país do mundo o estava. A condição, tão dolorosa, do proletariado industrial[29] não provocava muita indignação num país ainda rural, em que os operários de fábrica eram pouco numerosos. Das teorias socialistas que só chegavam ao seu conhecimento por amostras, o campesinato compreendia apenas uma coisa: que as suas terras estavam ameaçadas pelos *partageux*, os "repartidores". Todos os que as possuíam ficaram inquietos e as cotações da Bolsa afundaram-se. "Recomeçamos o ano com medo", escrevia George Sand. E Tocqueville, nas suas *Memórias,* assegura que a burguesia sentiu um pânico comparável "ao que devem ter sentido as cidades civilizadas do mundo romano quando se viram de repente em presença dos vândalos e dos godos". O próprio Lamennais, novo deputado, escreveu em defesa da propriedade.

Qual seria a atitude dos católicos? Na *Ère Nouvelle*, foi proposta uma solução audaciosa. "As teorias políticas não trouxeram a prometida felicidade; o infatigável pensamento pede, pois, uma outra solução para o problema da harmonia social". Havia, pois, que aceitar francamente o novo fato social: "passar para o lado dos bárbaros", como dizia Ozanam, promover uma "ciência social católica" para "arrancar às seitas heterodoxas o perigoso poder que acumulam por meio da sua ativa propaganda". Em suma, era necessário bater os socialistas no seu próprio terreno, propondo reformas sociais tão audaciosas como as deles, mas cristãs nos princípios orientadores[30].

Tais posições eram demasiado avançadas para o seu tempo: não podiam ser aceitas. Os redatores e os próprios assinantes da *Ère Nouvelle* eram muito poucos para poderem exercer uma séria influência na opinião pública. A massa dos católicos era constituída por esses burgueses e esses ruralistas que as manifestações repetidamente organizadas pelos socialistas enchiam de inquietação, que se perguntavam se a Revolução não iria passar dos limites, e que já julgavam ver ressurgir os dias trágicos de 1793. As reformas sociais mais indispensáveis — e Deus sabe se as havia! — pareciam-lhes nada mais que atentados aos seus direitos. O próprio clero não se mostrava interessado: formado segundo as estritas disciplinas de São Sulpício, preocupava-se apenas com o bem das almas, e, quanto ao mais, desejava a ordem e confiava num governo que respeitava e protegia a Igreja. Não era fatal que se desse uma ruptura entre o proletariado e a maioria dos católicos?

Os incidentes iam sendo cada vez mais frequentes, e não tardou que fossem sangrentos. Nos últimos dias de abril, em Rouen, algumas colunas de desempregados foram metralhadas pela guarda nacional: onze mortos. A 15 de maio, em Paris, houve manifestantes que invadiram o Palais-Bourbon, sob o pretexto de apresentar uma petição a favor da Polônia, e, depois de ocuparem a praça, proclamaram um governo provisório. Houve que recorrer à força para restabelecer a ordem e os principais agitadores socialistas foram presos. O aviso não deixava lugar a dúvidas: era um golpe bem duro para o "partido da confiança" preferido pelos católicos da *Ère Nouvelle.* Lacordaire logo extraiu as conclusões do acontecimento e, passados três dias, renunciou ao mandato de deputado.

Começou a reação: os *"Ateliers* nacionais", abertos a todos os desempregados e mal dirigidos — talvez intencionalmente —, tinham mergulhado na confusão e foram suprimidos, sem que nada de sério fosse proposto para os substituir. No final de junho, começou a prova de força entre as massas operárias, exasperadas e manobradas por agitadores, e o governo, decidido a acabar com a permanente desordem e os seus responsáveis. E eclodiram as *Jornadas de junho* — de 22 a 26 —, cruel batalha de ruas, a mais terrível que Paris vira até então. O exército, a guarda móvel, a guarda nacional, comandados por Cavaignac, tomaram uma a uma quatrocentas barricadas e esmagaram o motim, à custa de muito sangue.

Foi durante esses dias de pavor que, em 25 de junho, se deu o trágico episódio que iria ser decisivo para os católicos. Havia três dias que os homens se matavam nas ruas de Paris. Corria o sangue, sem que ninguém soubesse muito bem por quê. Profundamente aflitos, três jovens católicos — Ozanam e os seus amigos Cornudet e Bailly — foram pedir ao seu arcebispo que fizesse alguma coisa para deter a matança. Mons. Affre era um sacerdote generoso, aberto às ideias novas e preocupado com a questão social. Sem se iludir sobre o perigo que corria, partiu, com dois dos seus vigários gerais, ao encontro dos insurretos, na intenção de parlamentar e talvez negociar umas tréguas. Chegou à Praça da Bastilha: batina violeta, cruz peitoral de ouro bem visível. Eram oito horas e meia da noite e os combatentes estavam muito enervados. Mas, quando o viram, cessaram o tiroteio. O arcebispo atravessou a praça, precedido de um operário que agitava uma bandeira verde, e chegou à barricada que guardava a entrada do *faubourg* Saint-Antoine. E, para mostrar bem que a sua intenção era inteiramente pacífica, ordenou à escolta que o deixasse ir só. De mãos erguidas, avançou, exclamando: "Meus amigos! Meus amigos!" Por trás do montão de pedras, de tonéis e de objetos variados, os insurretos apareceram e reconheceram-no: alguns aclamaram-no. Com a ajuda desses, mons. Affre escalou a primeira barricada e caminhou para a segunda, numa calma impressionante. Mas alguns guardas móveis tentaram segui-lo. Os operários opuseram-se: houve um momentâneo rencontro e soaram tiros. Subitamente, o arcebispo caiu: uma bala, que de certeza não lhe era destinada, quebrou-lhe a coluna vertebral. Transtornados, os sublevados das barricadas precipitaram-se e transportaram-no ao presbitério de Saint-Antoine. Morreu trinta e seis horas depois, murmurando: "Que o meu sangue seja o último!"[31]

O dramático acontecimento acabou de atemorizar a grande massa dos católicos. Enquanto uma severa repressão se abatia sobre tudo o que parecesse cúmplice da sublevação (houve inúmeras execuções sumárias, onze mil prisões, quatro mil deportações para a Argélia), a opinião pública que estava do lado da Igreja, tal como era expressa por Veuillot, Montalembert, Dupanloup ou pelo pe. Ravignan, lançou-se a denunciar as forças revolucionárias, tidas por responsáveis, bem como o socialismo, o materialismo e o racionalismo, tudo confundido na mesma reprovação. Debalde Ozanam teve a coragem de dizer: "Esmagastes a revolta; fica-vos um inimigo: a miséria [...]". O *Correspondant*, o *Univers*, o *Ami de la Religion* aprovaram as decisões mais violentas.

Na Câmara, mons. Parisis foi vaiado quando quis ler um documento que provava que a bala que ferira o arcebispo não fora disparada pelos insurretos, e, quando Pierre Leroux pediu um pouco de clemência para com os rebeldes, nenhum deputado católico o apoiou.

A *Ère Nouvelle* — de que Lacordaire se demitiu logo após a tragédia — foi uma das vítimas das Jornadas de Junho. Os seus adversários triunfavam. Veuillot troçava: *L'Erreur Nouvelle*... Mais moderado, o *Ami de la Religion*, que acabava de ser reassumido por Dupanloup, chamava aos redatores da *Ère* "os patetas das aberrações socialistas". Montalembert, sem designar o jornal, denunciou num artigo ribombante "aqueles que têm tanta pressa em saudar a democracia" e confundiam socialismo e democracia, democracia e cristianismo. O pe. Maret fez frente aos adversários, mas, abandonado pela quase totalidade do episcopado, vendo os assinantes fugir, não podia continuar a luta por muito tempo. A obrigação de "caução", imposta pela nova lei de imprensa, acabou de tornar a situação insustentável. Foi preciso vender o jornal: um legitimista, o marquês de Rochejaquelin, comprou-o; mas, depois de algumas hesitações, suprimiu-o.

A igreja da França encontrou-se, quase toda, empurrada para o campo do "partido da ordem". Atemorizados, os católicos não viram nos recentes acontecimentos senão a reaparição da hidra revolucionária. Foram muito poucos aqueles que ouviram a voz mais verídica dos que tentavam afirmar-lhes que as responsabilidades não estavam todas do mesmo lado. Sim, os socialistas e os revolucionários eram os principais culpados..., mas não teria razão o pe. Gratry, futuro restaurador do Oratório, quando escrevia: "A ignorância do dever social é a fonte do sangue que ainda fumega em Paris"? Não se estava preparado para ouvir tais palavras. O "Comité da rua de Poitiers" pôde facilmente explorar os acontecimentos para levar à Presidência da República um homem de ordem, Luís Napoleão Bonaparte, e depois eleger, nas eleições de 1849, uma esmagadora maioria conservadora. Já nem eram apenas o socialismo e a revolução que passavam por responsáveis de tudo: era o próprio regime. "A democracia — dizia mons. Gousset, arcebispo de Reims — é a heresia do nosso tempo, mais perigosa e mais difícil de vencer do que o jansenismo". E ouviram-se bons católicos gritar: "Acabemos com a Imprensa! Com a Assembleia! Com a Constituição!"

Assim os católicos da França se encontraram, na imensa maioria, associados a um regime de reação. E surgiu uma coligação social tão grave e tão perigosa como a coligação política dos tempos da Restauração. O Altar não estava agora adossado ao Trono, mas à "ordem social", quando não ao dinheiro... As consequências desta nova aliança iriam ser extremamente sérias. Em primeiro lugar, no que diz respeito ao próprio cristianismo, ao qual o conformismo, o acordo íntimo com o poder público, nunca fez bem. É conhecido o dito de Flaubert, na *Éducation sentimentale:* "Então, a propriedade subiu, na escala do respeito, ao nível da religião e confundiu-se com Deus". Então reboaram essas "eiradas nauseabundas sobre o valor social do cristianismo, sobre a tranquilidade que fornece aos empresários, sobre a sua natural aliança com as autoridades constituídas", de que fala Claudel nas suas *Posições e proposições.* Então, como diz Ozanam, "não houve voltairiano aflito com umas tantas mil libras de rendimento que não quisesse mandar toda a gente ouvir missa, com a condição de ele não pôr lá os pés". Esse "cristianismo do medo", na terrível palavra de Renan, iria ser infinitamente prejudicial à Igreja; fez dela, no espírito dos seus adversários e no de muitos dos seus filhos, uma potência conservadora.

Assim, subitamente, a Igreja achou-se separada do povo e, sobretudo, da classe operária. Toda a feliz evolução que tinha levado ao bom entendimento de fevereiro de 1848 ficou anulada. Começou a levar-se a cabo esse divórcio a que Pio XI iria chamar "o maior escândalo do século XIX". Em setembro de 1848, o jornal socializante *Émancipation* escrevia: "Eis os dois inimigos do povo: o capital e o padre". Aos mais clarividentes, o futuro parecia-lhes sombrio. "O *Ami de la Religion* e o *Univers* — escrevia Lacordaire — serão a causa de que, na próxima convulsão, se ataquem as igrejas e os padres". E dizia o pe. Darboy: "Desta vez, o clero não terá nada a que agarrar-se". Em 1871, a Comuna confirmará essas predições, e o próprio pe. Darboy será uma das suas vítimas...

Essa pancada brutal que atirou a Igreja para o lado da reação trouxe consigo outra consequência: a divisão dos católicos. O seu "partido", identificado com o "partido da ordem", podia muito bem triunfar; mas a verdade é que os seus elementos mais vivos, mais audaciosos, o tinham deixado. O que restava dos antigos católicos liberais ficaria desde então na reserva, em desacordo com a maioria dos bispos, e alguns deles cheios de amargura e desânimo. Mesmo entre os que haviam triunfado, era flagrante a dissenção. Os intransigentes, como Veuillot, achavam que nunca se iria demasiado longe, ao passo que os moderados protestavam contra os exageros dos primeiros e o pe. Dupanloup qualificava o *Univers* como "chaga viva na Igreja". Assim se tomavam as posições, ou, para dizê-lo com maior precisão, assim se formavam os antagonismos, no próprio seio da igreja da França, tal como chegaram até aos nossos dias.

No entanto, as novas alianças políticas subscritas pelos católicos tiveram um resultado feliz: permitiram-lhes obter uma solução para o problema da liberdade de ensino. A Constituição de 1848 tinha estabelecido o princípio, mas a experiência provava que entre o princípio e a aplicação havia muito caminho a percorrer: afinal, apesar de tantos esforços, o que é que se tinha conseguido da Monarquia de Julho? A situação parecia agora favorável. O "Príncipe-Presidente", Luís Napoleão Bonaparte, que sucedia a Cavaignac à frente dos destinos da França, precisava do apoio dos católicos. Inquietos com a maré socialista, os moderados queriam a aliança da Igreja para lhe resistir. Thiers confessava-se "mudado, não por uma revolução nas suas convicções, mas por uma revolução no estado da sociedade", e, para "salvar a sociedade", para vigiar os professores primários, "esses antissociais, esses 37 mil socialistas e comunistas", declarava-se pronto a entregar ao clero todo o ensino primário. Não se estaria em pleno equívoco? Essa liberdade de ensino que os católicos em 1830 tinham reclamado como meio de fazer expandir o cristianismo, iam agora obtê-la, vinte anos depois, por força de uma reação social.

O homem que conduziu — superiormente — essa questão foi um jovem deputado de Maine-et-Loire, neto do conde de Artois por linha feminina, legitimista e católico convicto, o conde *Alfred de Falloux*. Quem era esse homem? "Perigoso, cauteloso, andando de lado, atacando de surpresa, destilando fel", segundo o retrato gravado a vitríolo que dele fez Huysmans[32]? Cheio de moderação, de sangue-frio, de tato e, "na sua alta figura, com ar de filho de cruzado", como dizia a *Revue des Deux Mondes*? Do que não se pode duvidar é de que era um caráter simultaneamente firme e sutil, um manobrador de primeira ordem, cuja habilidade desconcertava muitas vezes o rude Veuillot, filho de tanoeiro, que lhe chamava *Fallax*.

Nomeado ministro da Instrução Pública, Falloux reuniu imediatamente as comissões extra-parlamentares encarregadas de preparar a reforma do ensino; só um padre fazia parte delas, o pe. Dupanloup, que também sabia manobrar. Em poucas semanas, foi concluído um projeto. Contra ele ergueram-se ao mesmo tempo as forças da esquerda — era o regresso à Idade Média!, entregava-se a França aos jesuítas! — e os católicos intransigentes, que o achavam insuficiente. Apresentado à Câmara em janeiro, foi aprovado, a despeito dos veementes protestos de Vítor Hugo, por uma sólida maioria[33], a *15 de março de 1850*. Ninguém tinha dúvidas sobre quem fora o verdadeiro autor do projeto, quem dirigira os debates quase sem lá aparecer, e a nova lei entrou na história com o nome de *Lei Falloux*.

A Lei Falloux continha três disposições essenciais: o ensino era livre, mas o Estado fiscalizava o seu valor pedagógico, mesmo nos seminários menores; reconhecia-se o direito de ensinar às "associações", termo vago que permitia abranger as congregações religiosas; o Conselho Superior da Instrução Pública e os Conselhos acadêmicos compreenderiam representantes do ensino livre e dos bispos.

Os professores de instrução primária, nomeados pelo conselho municipal, exerceriam as suas funções sob a fiscalização do prefeito e do pároco, e todos os ministros dos cultos reconhecidos teriam o direito de abrir escolas. No ensino secundário, renunciava-se a exigir dos professores os altos títulos universitários que os projetos anteriores tinham querido impor. Só o Diretor tinha de ser bacharel ou estar munido de um diploma de habilitação. Os docentes podiam ser nomeados pelos bispos sem nenhuma obrigação de grau acadêmico. A lei dava, portanto, à Igreja meios de ação consideráveis para a educação da juventude.

Isso não impediu os intransigentes de protestar, reclamando um ensino religioso absolutamente independente do Estado. "Que fique bem claro — exclamava Veuillot — que esta lei não é obra nossa". E classificava-a de "compromisso cheio de ciladas". No entanto, Roma, consultada, e esclarecida por um memorial redigido por Dupanloup e assinado por trinta e dois bispos, aconselhou os católicos a aceitá-la. O próprio Veuillot se submeteu.

A Lei Falloux teve, sem sombra de dúvida, resultados felizes no plano prático. Foi o ponto de partida de um extraordinário desenvolvimento do ensino católico: em quatro anos, foram fundados 1081 estabelecimentos secundários. Mas, pelas condições em que foi preparada e votada, confirmou a vinculação dos católicos com os partidos de direita, enquanto o ensino livre, e em especial o congreganista, aparecia como adversário da universidade oficial. Duplo risco para o futuro...

Gaeta e Antonelli

Em Roma, os acontecimentos seguiram uma curva estranhamente homóloga à que desenhavam na França. Com esta diferença: é que não foi a questão social que lá se pôs dramaticamente, mas sim a da unidade nacional.

No decorrer dos primeiros meses de 1848, a agitação foi sempre *in crescendo*. O estrondo das explosões revolucionárias de Nápoles, de Palermo, da Toscana, do Piemonte, despertava na Cidade Eterna ecos estrepitosos. Corria o boato de que Carlos Alberto ia pôr-se à frente de uma "Santa Cruzada" contra a Áustria. E os romanos não haviam de se alistar? Os partidários de Mazzini manobravam a opinião pública. A febre subia. Quando, a 10 de fevereiro, Pio IX concluiu uma alocução com as palavras: "Abençoai, ó Deus Onipotente, a Itália, e conservai-lhe o dom mais precioso de todos: a fé!" —, os patriotas só retiveram a primeira parte da fórmula e exploraram-na a fundo.

O papa tinha falado da Itália! Logo, era partidário da unidade, da liberdade, da independência! "Essa bênção equivale a uma maldição contra a Áustria!", gritou um entusiasta. Em Milão, as massas em revolta contra os ocupantes berravam "Viva Pio IX!" Muita gente boa acreditou que surgira um novo Júlio II, prestes a inscrever na sua bandeira a famosa divisa: "Estrangeiros, fora da Itália!"

Contra essa corrente, que podia fazer o papa? Não lhe era possível proibir aos seus súditos que acorressem ao Coliseu para ouvir o pe. Gavazzi chamá-los às armas contra os austríacos, ou que fossem em procissão à *Ara Coeli*, para festejar a libertação de Milão; nem sequer podia impedir os seus ministros de mandar recrutar voluntários para uma eventual intervenção... E foi bem pior ainda quando, em fins de março, Carlos Alberto lançou as suas tropas contra os austríacos na Lombardia. Seria de intervir? Seria de mandar as tropas pontifícias ao combate? Para fazer face a qualquer eventualidade, as tropas foram concentradas na fronteira; mas o seu comandante, que era o general Durando, como bom piemontês, fê-las atravessar o Pó e entrar em campanha (21 de abril). Nesse ínterim, o embaixador da Áustria em Roma erguia um protesto veemente e dava a entender que semelhante política podia muito bem levar a um cisma...

Para Pio IX, o caso de consciência era dramático. "Como italiano — dizia —, desejo a prosperidade da Nação e vejo que o melhor alicerce para isso é a Confederação dos seus Estados. Mas, como Chefe da Igreja, não posso declarar guerra a uma potência que não me deu motivo..." E, para bem marcar a sua posição, pronunciou a 28 de abril uma alocução em que exclamava: "Fiel às obrigações do Nosso supremo apostolado, abraçamos todos os países, todos os povos, todas as nações, num igual sentimento de amor paterno". Quem seria capaz de compreender umas palavras tão perfeitas na atmosfera explosiva dessa primavera? A popularidade do papa caiu tão depressa como tinha subido. Os mazzinistas denunciaram a sua meia volta, a sua traição. O ministério renunciou e o novo não tardou a ficar prisioneiro dos clubes radicais.

De semana para semana, a situação piorava. A notícia da terrível repressão nas Duas-Sicílias e a da derrota piemontesa de Custozza exasperaram as paixões. Angustiado, desolado, Pio IX não sabia, com todas as letras, que mais fazer. Uma facção incitava-o a reagir, também ele, pela força, apelando para os austríacos. Mas o pe. Rosmini, que o rei do Piemonte lhe enviara, aconselhava-o a continuar a fazer reformas audaciosas e a aliar-se aos patriotas numa ampla liga antiaustríaca. Um após outro, os governos pediam demissão. Campeava a anarquia em Roma.

Para tentar dar-lhe remédio, Pio IX apelou para um político enérgico, o conde *Pellegrino Rossi*, o antigo liberal italiano naturalizado francês, que em Roma tinha sido o último embaixador de Luís Filipe. Rossi era partidário da Unidade italiana, mas não sob a égide da Casa de Savoia. Estava também resolvido a pôr fim às desordens, e, efetivamente, conseguiu estabelecer a calma em Bolonha, prender uma turbamulta de gente sem eira nem beira e dissolver a inquietante guarda cívica. Era mais que suficiente para se tornar alvo dos assassinos, numa Itália em que o punhal estava pronto a sair da bainha. Em 15 de novembro, quando entrava no Parlamento, um desconhecido cravou-lhe na nuca uma fina lâmina que lhe cortou a carótida. Nunca foi possível saber o nome desse Brutus, e ainda menos quem lhe armara o braço.

Esse assassinato precipitou os acontecimentos. No dia seguinte, uma multidão aos urros cercou o Quirinal, reclamando, quer uma nova Constituição, quer a declaração de guerra à Áustria, quer a proclamação da República, quer o abandono do poder temporal. Nas ruas, houve cardeais e funcionários molestados. A casa dos jesuítas foi pilhada. "É melhor abandonar a praça..." — confiava o papa aos que o rodeavam. Ainda hesitava em partir, como lhe aconselhava o duque d'Harcourt, embaixador da França, que lhe oferecia a hospitalidade do seu país; mas, como por acaso, recebeu um presente que o bispo de Valence lhe mandava como oferta: o cálice que Pio VI levara para o exílio; e isso pareceu-lhe um sinal do céu. Vestido de simples batina preta, com óculos escuros que lhe escondiam os olhos, saiu da cidade e partiu para Gaeta, terra napolitana, com o propósito de refugiar-se na França; mas o rei de Nápoles insistiu em que ficasse com ele. Entre a República francesa e esse soberano autoritário, que escolher? Finalmente, o papa resolveu ficar em Gaeta.

O exílio ia durar dezessete meses. Foi então que passou a primeiro plano um homem que ia desempenhar um papel de extraordinária importância durante o pontificado: o cardeal *Giacobo Antonelli* (1806-76). Filho de um negociante de terrenos dos arredores de Roma, fizera uma carreira brilhantíssima nos quadros da administração pontifícia e concluíra rapidamente o *cursus honorum,* sem, no entanto, se dispor a ordenar-se padre. Cônego de São Pedro, protonotário apostólico, substituto para os assuntos do Interior, pró-tesoureiro geral, que era o mesmo que ministro das Finanças, esse simples diácono recebera a púrpura logo no primeiro consistório reunido por Pio IX (1847). Em Gaeta, assumiu a Secretaria de Estado, que conservaria até à morte.

Poucos homens públicos, poucos homens da Igreja foram tão discutidos como ele. Edmond About, no seu livro acerca da *Questão Romana,* fez dele um retrato ácido, em que o homem surge como um completo celerado; no entanto, Louise Colet, a impetuosa amiga de Flaubert e pouco menos anticlerical que o autor do *Rei das Montanhas,* refere-se a ele em termos muito mais serenos, e Émile Ollivier, na sua famosa obra sobre o Concílio Vaticano I, elogia-o em termos calorosos. A verdade é que, tornado desde cedo cabeça-de-turco dos liberais, dos radicais e dos "patriotas" de toda a parte, o cardeal iria dar o flanco à crítica pelo seu incontestável amor ao dinheiro, pelo seu nepotismo não menos flagrante, até pelos seus costumes, bem longe de serem inatacáveis. Em pleno século XIX, esse cardeal faustoso, apaixonado por pedras preciosas, colecionador de rosas e camélias, vinha prolongar estranhamente a tradição dos Príncipes da Igreja da Renascença.

Mas era um homem inteligente, simples, que sabia esconder uma energia férrea sob uma equanimidade e uma cortesia impecáveis. Era também um espírito realista e, ao contrário de um dito famoso, precisamente o contrário de uma "grande incapacidade desconhecida"[34]. Pio IX, que não gostava muito dele, aprendeu no entanto a apreciá-lo durante as horas tristes de Gaeta, e confiou nele. Quanto ao sentimento profundo do cardeal para com o chefe, podemos encontrá-lo sem dúvida nas seguintes palavras que nada permite supor que tenham sido mentirosas: como alguém o comparasse a Richelieu, Antonelli respondeu: "Richelieu servia um rei, que é simplesmente um homem e só dirige um reino. Eu sirvo o Pontífice, o Vigário de Cristo, que governa todo o mundo cristão".

A princípio, o cardeal não era de modo algum um reacionário; tinha-se até mostrado, depois do advento de Pio IX, favorável às reformas e de tendências guélficas. Mas os terríveis abalos que faziam tremer a Europa e em especial os Estados Pontifícios levaram-no a mudar de opinião. A maré revolucionária pareceu-lhe prestes a varrer o mundo, a destruir o poder do Papa, a arruinar a Igreja. E pensou que só havia uma solução: fazer parar essa maré por todos os meios. Enquanto Rosmini, que tinha ido a Gaeta, suplicava que não se rompesse com os romanos, Antonelli persuadiu o papa a desaprovar o governo que tinha deixado atrás de si, por considerá-lo demasiado mole. E, quando chegou a Gaeta uma delegação para pedir ao papa que voltasse a Roma, Pio IX recusou-se a recebê-la, limitando-se a mandar-lhe dizer que a Junta que tomara o poder estava excomungada, incluído um certo mons. Muzzarelli que julgara de seu dever assumir a presidência.

Imediatamente, os extremistas cosmopolitas que, desde a partida de Pio IX, não tinham cessado de afluir, ficaram senhores da Cidade Eterna. A Assembleia Constituinte, por 134 votos contra 123, declarou o papado "destituído, de fato e de direito, do governo temporal do Estado romano" e proclamou a "República romana". No entanto, especificava-se bem que "o Pontífice teria todas as garantias necessárias para a independência no exercício do seu poder espiritual". Foi instituído um triunvirato, presidido por Mazzini. Pio IX ergueu um solene protesto perante o Sacro Colégio e todo o Corpo Diplomático. Quatro dias depois, Antonelli lançou um apelo à Áustria, à França, à Espanha e ao Reino das Duas-Sicílias, pedindo uma intervenção militar para restaurar o Papa nos seus direitos.

Ao receber esse documento papal, Luís Napoleão ficou muito embaraçado. Acabava de ser elevado à magistratura suprema com o apoio dos católicos: fugir ao apelo seria malquistar-se com eles. Mas o seu passado de carbonário, os seus laços com os chefes da *Jovem Itália* e com a franco-maçonaria constrangiam-no a não intervir. Tentou contemporizar; mas a revolução romana trouxe uma consequência inesperada: Carlos Alberto do Piemonte lançou novamente as suas tropas contra os austríacos, foi completamente derrotado em três dias e, no fim do dia em que sofreu a derrota de Novara, abdicou a favor do seu filho Vítor Emanuel II, enquanto as tropas austríacas ocupavam uma parte do Piemonte, Parma e Módena, Florença e a Toscana, todo o norte dos Estados da Igreja. Já se receava que avançassem para Roma. Então, o Príncipe-Presidente decidiu intervir. Teve, porém, o cuidado de pôr ao lado do general Oudinot, comandante das tropas, um diplomata, o jovem

Ferdinand de Lesseps, encarregado de negociar um acordo razoável entre o papa e os seus súditos.

Essa sutil combinação fracassou. Oudinot não conseguiu entrar em Roma sem combate. Lesseps, apanhado entre a intransigência de Antonelli e a de Mazzini, não conseguiu mais que um pretenso acordo, tão decepcionante que o governo francês se viu obrigado a anulá-lo. E foi a guerra; uma guerra forçada e estranha, entre a República francesa e a República romana. Durante um mês inteiro, as tropas bateram-se à volta da Urbe, principalmente na colina do Gianicolo, no parque da *villa* Doria-Panfili, onde morreu o moço poeta Manelli, autor do hino que os patriotas cantavam: "*Fratelli d'Italia*". De ombros cobertos pelo branco *poncho* argentino, o *condottiere* Garibaldi lançava para o fogo da metralha os voluntários da sua brigada. Em Roma, a escumalha pilhava palácios e igrejas, amontoava os confessionários na Piazza del Popolo e deitava-lhes fogo, dava caça aos padres no Trastevere e massacrava vinte deles. Em 3 de julho, tudo acabou. Os franceses entraram em Roma. O coronel Niel, futuro marechal, partiu para Gaeta, a fim de entregar ao papa as chaves da cidade. Ao mesmo tempo, os austríacos ocupavam todas as Legações, que só viriam a evacuar em 1859, depois de Magenta e Solferino[35].

As consequências dessa intervenção foram imensas. Não apenas na política francesa, interna e externa, sobre a qual ficaria a pesar, a partir desse momento, a obrigação moral de manter em Roma tropas de proteção, mas também na política interna da Santa Sé. O Príncipe-Presidente, mesmo após o fracasso de Lesseps, insistira junto do papa em que o restabelecimento do governo pontifício nos seus direitos não fosse acompanhado de uma reação, e, principalmente, que não se suprimissem as liberdades constitucionais anteriormente concedidas. Mas o cardeal Antonelli não foi dessa opinião: sabia que Luís Napoleão não mais poderia retirar as suas tropas, sob pena de se indispor com os católicos franceses. Logo que regressou a Roma, em princípios de agosto, o Secretário de Estado pôs-se à frente de um governo a que o povo chamou "o triunvirato vermelho" — e não só porque os seus membros se vestiam de púrpura. Como observa um diplomata, "voltava-se abertamente e sem reservas ao antigo sistema do absolutismo puro e simples".

O *Statuto* foi suprimido. Houve numerosas prisões, e, quando, descontente, o Príncipe-Presidente enviou ao coronel Niel uma carta em que dizia: "A República francesa não enviou um exército a Roma para esmagar a liberdade italiana", e reclamava "a anistia geral, a secularização da administração pontifícia, a reposição do Código de Napoleão e o estabelecimento de um governo liberal", o triunvirato vermelho limitou-se a rir. Aliás, a reação católica na França foi tão violenta que Luís Napoleão desautorizou a sua própria carta, garantindo que nunca se destinara à publicidade...

Foi nessas condições que Pio IX, após alguns meses de espera, regressou à sua cidade. Era o dia 12 de abril de 1850. A Urbe, ainda muito enervada, assistia a frequentes atentados contra os franceses e contra quem colaborasse muito ostensivamente com eles. A partir desse instante, ia ser ao abrigo das baionetas da França que o papa governaria os seus Estados...

Com que sentimentos regressava ele de Gaeta? Sem qualquer dúvida, estava horrorosamente desiludido. Como dizia Montalembert na Câmara francesa, as generosas tentativas do papa tinham recebido um "pavoroso desmentido". Até então, sem nada abandonar dos seus dogmas, sem renunciar a nenhum dos seus direitos, ele quisera mostrar que a Igreja se abria às aspirações do seu tempo. Essa esperança tinha-o abandonado. A lembrança do seu ministro Pellegrino Rossi assediava-o durante a noite. Na medida em que se pode dizer que fora "liberal", Pio IX já não o era, nunca mais o seria.

Essa reviravolta tem-lhe sido muitas vezes censurada pelos historiadores, mesmo católicos. Mas com grande injustiça. De que lado estavam as responsabilidades? Do lado do papa, que dera provas de tanta boa vontade, ou do lado daqueles que tinham tentado arrastá-lo para um terreno em que não podia entrar? Ainda que admitamos que havia incompatibilidade entre o soberano temporal e o Vigário de Cristo, era admissível que o papa se deixasse despojar dos seus direitos, abandonando Roma à revolução, à anarquia? Esse pontificado ia, pois, assumir um caráter completamente diferente do inicial.

Será verdade que tudo se resumiu a uma vontade cega de reação? Certamente que não: muitos progressos obtidos antes de 1848 foram mantidos. Mas, na alma mística de Pio IX, a provação de Gaeta provocou uma mudança de plano. Talvez ele se tivesse enganado querendo associar os princípios cristãos àqueles que os homens do seu tempo determinavam. Mas Deus permanecia, bem como a sua Palavra e o seu Reino, que não é deste mundo. A partir daí, seria acima de tudo na restauração das verdades doutrinais e da autoridade disciplinar, que Cristo lhe tinha confiado em depósito, que o papa iria procurar a salvação da Igreja e da sociedade.

A Imaculada Conceição

Esse esforço de restauração doutrinal e disciplinar começara durante a estadia em Gaeta. Traduziu-se, primeiro, numa série de condenações de padres que, mais ou menos discípulos de Lamennais, tinham manifestado demasiado entusiasmo pelas novas ideias: o pe. Gioberti foi censurado pelo seu livro *O jesuíta moderno;* o pe. Ventura, por um discurso em que exaltara os revolucionários de Viena. O próprio Rosmini, o generoso fundador de obras de caridade, tão encorajado por Gregório XVI, aquele que, em Gaeta, tantas vezes fora benevolamente recebido pelo pontífice, foi também condenado pelo seu livro *As cinco chagas da Igreja,* e viria a sê-lo, após a morte, quanto à sua filosofia, suspeita de "ontologismo". De algum modo, essas providências, que prenunciavam as vastas condenações de *Quanta cura* e do *Syllabus,* podiam ser consideradas como medidas que cabiam no quadro da reação imposta pela política. Mas outros fatos revelaram intenções mais construtivas.

Em primeiro lugar, foi, em 1849, a fundação pelos jesuítas de uma revista mensal, a *Civiltà cattolica,* destinada a fazer penetrar na sociedade laica as verdades doutrinais. O preposto geral da Companhia hesitava, mas Pio IX apoiou sem reservas o projeto e chegou a oferecer-se para cobrir as despesas do primeiro número. Depois, foi, em 1850, a ordem dada ao clero romano para substituir pela batina o "traje de padre secular" — calção, sobrecasaca e tricórnio (o tricórnio passou a ser usado por longo tempo em todos os países, nomeadamente na França: era o chapéu do Cura d'Ars); assim se definiria melhor a separação entre os homens da Igreja e "os homens do século, infestados de princípios revolucionários"[36]. Em seguida, foi o convite, insistente e firme, dirigido a todos os bispos da cristandade, para que visitassem regularmente o Papa: eram as visitas *ad limina,* que outrora (1585) Sisto V pretendera tornar obrigatórias e que tinham caído em desuso; o seu restabelecimento estreitaria de modo bem feliz os laços da Hierarquia da Igreja[37]. E foi ainda o anúncio de um Jubileu excepcional e de enorme ressonância: o da proclamação de um novo dogma — o da *Imaculada Conceição da Virgem Maria.*

Pio IX sempre manifestara uma grande devoção pela Mãe de Deus. Como acontecera com todos os católicos do seu tempo, tinha-o impressionado a aparição de Nossa Senhora a Catarina Labouré, rodeada da inscrição: "Ó Maria, concebida sem pecado..."[38] e pela rápida difusão da Arquiconfraria da Medalha Milagrosa. Também o impressionara vivamente a conversão de Alphonse-Marie Ratisbonne, em Roma, depois de uma visão em que a Virgem lhe aparecera como que sobre a célebre medalha. Na própria véspera da sua partida para o exílio, tinha ido rezar à casa das Damas do Sagrado Coração, na igreja de Trinità dei Monti, aos pés da "Mater admirabilis" que a Irmã Perdrau acabara de pintar. Mal se instalara em Gaeta, e como demonstração de que não se deixava monopolizar pelos problemas políticos, ao mesmo tempo que procedia a canonizações como a de Antônio Maria Zacarias, fundador dos barnabitas, anunciara a sua intenção de suplicar a intervenção sobrenatural da Santíssima Virgem para "aplacar as pavorosas tempestades que assaltam a Igreja", e de renovar a piedade para com Ela proclamando o dogma da sua Imaculada Conceição.

A piedosa crença segundo a qual, no momento da sua concepção, Maria foi preservada da mancha do pecado original, em vista da missão sobrenatural a que Deus a destinava, e dos futuros méritos do seu divino Filho, era já muito antiga na Igreja. Claro que Pio IX não "inventou" essa crença, ao contrário da acusação que alguns lhe fizeram quando, a 2 de fevereiro de 1849, pediu aos bispos do mundo católico que lhe dessem o seu parecer acerca do que sabiam e pensavam sobre a Imaculada Conceição. De 603 respostas que chegaram a Roma, 546 pediam com insistência a definição doutrinal; apenas um pequeno número delas, como a de mons. Sibour, arcebispo de Paris, fazia reservas quanto à oportunidade da proclamação.

Assim aprovado, Pio IX decidiu-se. Convocou todos os bispos para virem a Roma assistir à proclamação do dogma. Compareceram 200. A *8 de dezembro de 1854*, na Basílica de São Pedro ornamentada como nos seus maiores dias, na presença de 54 cardeais, e tão comovido que por três vezes teve de se interromper, o papa leu a Bula *Ineffabilis Deus,* pela qual proclamava que Maria fora de fato concebida sem pecado e que era de fé crer nesse dogma. O canhão do Castelo de Sant'Angelo troou, e todos os sinos de Roma repicaram no momento em que o papa foi depor uma coroa de ouro na cabeça de uma imagem de Nossa Senhora na Piazza di Spagna. À noite, a Urbe foi iluminada com mil fogos.

Não era somente no plano da mística e da teologia que essa proclamação constituía um ato da mais alta importância. Para proclamar o dogma, Pio IX não julgara que fosse útil reunir um concílio. Mais ainda: nem sequer aceitara a sugestão de alguns para que mencionasse o parecer favorável dos bispos. Agiu só, "em virtude da autoridade dos Santos Apóstolos Pedro e Paulo e da minha própria". Exerceu, portanto, *de facto,* o privilégio da Infalibilidade, que, *de direito,* só lhe seria reconhecido dezesseis anos mais tarde. E os aplausos quase unânimes que ressoaram em toda a Igreja foram a prova de que essa manifestação de autoridade tinha a profunda concordância dos católicos. Primeiros indícios de um vasto empreendimento que prosseguiria durante todo o pontificado.

Capital da Igreja

Desde o regresso de Gaeta até à morte de Pio IX, vão transcorrer vinte e oito anos, marcados por acontecimentos dramáticos e por tomadas de posição decisivas. No entanto, nada iguala a importância de um conjunto de pequenos fatos que, geralmente, os historiadores desprezam, interessados somente nas conclusões. E esses fatos marcam uma nova orientação para a Igreja.

No final do século XVIII, o mundo católico apresentava-se ainda como uma espécie de confederação cujo chefe, por muito respeitado e cercado de honras que fosse, tinha os poderes limitados pelas tradições e pelos direitos das igrejas nacionais; só em certos casos graves exigia que lhe obedecessem, e por vezes com enormes dificuldades. No final do século XIX, a Igreja vai aparecer como um Estado rigorosamente centralizado e submetido à autoridade a bem dizer absoluta do Papa. Esta mudança é obra de Pio IX. Abandonando cada vez mais ao cardeal Antonelli os assuntos políticos, o papa vai consagrar-se pessoalmente à direção religiosa da Igreja. Era isso, de resto, o que melhor correspondia às suas aspirações espirituais mais profundas. E, nesse campo, vai realizar, com tanto vigor como habilidade, um plano sistemático encaminhado a reforçar a autoridade da Sé Apostólica, a fim de que, bem unida a esta, a Igreja pudesse resistir melhor às forças da Revolução[39].

A transformação deu-se em todos os planos e em todos os níveis. A começar pelo mais alto: a Cúria, que se torna o centro nervoso da catolicidade e é profundamente modificada; ainda por lá se veem alguns clérigos *Ancien Régime,* que não são padres, alguns monsenhores demasiado mundanos, mas o número de uns e outros vai diminuindo de ano para ano. O papa é de uma severidade inflexível quanto ao modo de trajar, e não gosta de que os cardeais jantem muitas vezes na cidade. Nas Congregações romanas, vão sendo poucos os funcionários políticos, e mais os canonistas competentes, os teólogos profundos. Mesmo que esse novo pessoal não esteja muito aberto às ideias do século, ou que alguns o censurem, a verdade é que impõe respeito.

O Sacro Colégio passa a ter menos importância. A título pessoal, certos cardeais podem ter influência no papa — sobretudo Antonelli, o Secretário de Estado, ou Barnaba, prefeito da Propaganda e grande homem das Missões, ou ainda algum outro, de competência notória em certas matérias. Mas sucede com frequência que Pio IX decide em sentido oposto aos conselhos que lhe dão. E, como corpo, o Senado da Igreja quase deixa de ser consultado. Os Consistórios, pouco numerosos, agora só são convocados para serem informados das decisões do Soberano Pontífice.

Aliás, a própria composição do Sacro Colégio evolui: para obter o barrete cardinalício, o melhor agora é ser homem da Igreja de zelo pastoral reconhecido, bom teólogo, canonista respeitado, em vez de aristocrata romano ou hábil diplomata. E, já em 1850, Pio IX abre o caminho que os seus sucessores hão de trilhar: "desitalianiza" o Sacro Colégio. Nesse ano, cria dez cardeais estrangeiros, e apenas quatro italianos. Desse modo, aumenta a sua autoridade sobre o episcopado de todas as nações e, simultaneamente, mostra a vontade de adequar a Igreja às dimensões do mundo[40].

É, portanto, sozinho que o papa trabalha ou decide; sozinho ou, melhor, ajudado por colaboradores inteiramente dedicados e sem títulos ou autoridade que o possam embaraçar. Esse círculo à sua volta é, por sua vez, também menos italiano que o do seu antecessor. Dos três camareiros que dele participam, um é bávaro (o Príncipe von Hohenlohe), outro inglês (um convertido, mons. Talbot), e o outro belga (mons. Xavier de Mérode, cunhado de Montalembert). Num segundo plano, nos gabinetes, os jesuítas desempenham o papel de conselheiros sempre ouvidos; a sua influência não cessa de crescer; a sua revista, a *Civiltà cattolica,* é o órgão doutrinal oficioso da Santa Sé. Com eles, predomina o pensamento de Belarmino: com efeito, o santo teólogo jesuíta preconizava a unidade jurídica, a estrita organização da Igreja, o primado absoluto do Papa. Era exatamente o que Pio IX pretendia.

Por todos os modos e meios se opera um processo em que a Sé Apostólica passa a ter nas mãos as rédeas da Igreja. Os núncios apostólicos, que primitivamente representavam o Papa junto dos governos estrangeiros, assumem a partir de agora uma outra função: intervêm, em nome do Soberano Pontífice, na vida interna das igrejas. Nomeadamente, servem de intermediários entre Roma e os bispos, e é cada vez mais com base nos seus relatórios que se fazem — ou não se fazem — as nomeações episcopais, mesmo nos países concordatários, pois, nesses casos, o Papa pode sempre recusar o candidato proposto pelo governo.

A longa duração do pontificado de Pio IX permitiu-lhe assistir à renovação quase total do episcopado. Na altura da sua morte, de um total de quase oitocentos bispos, não haverá mais que uns trinta do tempo de Gregório XVI. Entre os eleitos, raros são os que não se manifestam inteiramente devotados à Santa Sé e à pessoa do Papa. A púrpura recompensa os mais fiéis, aumentando-lhes a autoridade. Deste modo, o corpo episcopal, na sua imensa maioria, não levanta praticamente nenhum obstáculo ao controle das suas decisões pelo papa; alguns chegam a antecipar-se e pedir a aprovação de Roma. Quando se manifesta uma resistência, Pio IX não hesita em convocar o bispo a Roma, ainda que o bispo seja arcebispo ou patriarca: assim será chamado a explicar-se o arcebispo de Paris, mons. Sibour. De resto, na maioria das vezes, a audiência desenrola-se num clima perfeitamente fraterno, e o encanto pessoal do grande pontífice torna desnecessário que use da sua autoridade.

Os padres, até os simples padres, são objeto da solicitude pessoal do papa. Encoraja os seminaristas a vir estudar nas universidades da Cidade Eterna, e assim os familiariza com as maneiras romanas de pensar. Aos antigos colégios e seminários em reorganização, outros vêm juntar-se durante este pontificado: Seminário Francês (1853), *Collegium Pium* para a América Latina, Seminário Americano, Seminário Polonês, Colégio Irlandês reconstituído. Por vezes, o papa intervém pessoalmente na administração dessas casas e nomeia os reitores. Regressados à pátria, esses padres saberão que têm no Papa um pai, um protetor. Entre os inúmeros visitantes admitidos à honra de uma audiência, os sacerdotes são multidão. Estabelecem-se assim relações diretas entre o clero mais modesto e o Chefe supremo. Disso se queixam alguns prelados. E Pio IX tem um meio, de que lança mão com frequência, para recompensar os padres que lhe são mais fiéis: eleva-os à dignidade de "Prelado romano", ou de Camareiro ou de Protonotário apostólico. Em trinta anos, cria mais "monsenhores" que os seus predecessores em dois séculos.

A esse movimento, que tende a apinhar a Igreja à volta do seu Chefe, deve ser associado o comum do rebanho. E de várias maneiras o é. Já em 1849, durante o exílio em Gaeta, alguns católicos tinham enviado espontaneamente ofertas ao pontífice espoliado. No ano seguinte, um professor flamengo, *Feidje,* recordara que, do século VIII ao século XVI, existira uma instituição para reunir fundos destinados a fazer face às necessidades do Papa. A ideia foi retomada por muitos católicos belgas, seguidos por franceses, ingleses, italianos. O cardeal Antonelli aprovou a iniciativa, de modo oficial, em 1860. Assim foi reconstituído o *Óbolo de São Pedro,* apesar da má vontade dos governos, que debalde tentaram levantar obstáculos. Mesmo na Irlanda e na Polônia arruinadas, a nova instituição triunfou esplendidamente.

No plano religioso, é na liturgia que mais nitidamente se manifesta a crescente centralização da Igreja. Já em 1840, Dom Guéranger, o antigo amigo de Lamennais que restaurou a vida beneditina[41], mostrara, nas suas *Institutions liturgiques,* que certas influências jansenistas e galicanas haviam modificado em muitas dioceses a antiga liturgia romana e reclamara o regresso a essa liturgia, a fim de "tornar visível a homogeneidade da Igreja". Os bispos galicanos, como mons. d'Astros, tinham-no combatido vivamente. Gregório XVI, embora declarasse que a disparidade litúrgica era "uma infelicidade muito lamentável", não ousara tomar decisões. Dom Guéranger continuara a sua campanha. Entre 1849 e 51, vários concílios provinciais franceses se pronunciaram a favor da unificação. É nesse momento que o papa intervém. Manda dizer a todos os bispos do mundo que deseja que todas as dioceses adotem a liturgia romana. Dom Guéranger e Louis Veuillot apoiam essa campanha, num tom tão veemente que nem sempre parece muito adequado a essas questões sobrenaturais...[42] No fim de contas, as resistências são pouco numerosas. Quando Pio IX morre, quase já não haverá liturgias particulares: permanecem apenas a de Lyon, a de Milão, a de algumas ordens, como a dominicana, ou, o caso mais curioso, a liturgia "moçárabe" conservada numa capela da catedral de Toledo[43].

Não é simplesmente no quadro das cerimônias de culto que importa ter mão nos fiéis. O papa compreende perfeitamente a importância da imprensa; neste campo, é muito mais homem do seu tempo do que se costuma dizer. Intervém pessoalmente. Atribui-se-lhe até a afirmação de que "os jornais católicos fazem nos tempos modernos aquilo que as ordens mendicantes fizeram nos tempos passados". É por ordem sua que, em 1861, Pacelli, seu ministro do Interior, encarrega Zanchini e Bastia de retomar a ideia que já em 1848 tivera o pe. Batelli: fundar um jornal da Santa Sé. Assim nasce o *Osservatore Romano,* financiado por capitais privados, mas também subvencionado pelo governo pontifício. Apenas oficiosamente, mas com muita precisão, o *Osservatore* irá transmitir ao mundo as ideias e as intenções do Papa.

É ainda à proteção de Pio IX que se deve o aparecimento de outros órgãos de imprensa, como o *Osservatore Cattolico,* de Milão, a *Unità Cattolica,* de Florença... Mesmo fora da Itália, o papa acompanha de perto os jornais e revistas que combatem pela sua causa: na Alemanha, *Der Katholik;* em Flandres, *De Katholick;* na Suíça, o *Courrier de Genève,* fundado por mons. Mermillod, e a *Correspondance de Genève,* autêntico órgão internacional de defesa do papado e de ação social[44]. Na França, Pio IX apoia com toda a sua autoridade o *Univers,* cuja coragem aprecia, sem dar importância à sua violência. Louis Veuillot é tratado pelo papa como filho caríssimo, arauto da causa católica; aliás, a influência do grande panfletário e a sua ação a favor da autoridade pontifícia são imensas e não é possível exagerá-las.

Esse esforço de centralização da Igreja encontra algumas resistências? Encontra, mas são energicamente combatidas. O galicanismo, o josefismo, o febronianismo e o regalismo não tinham parado de declinar desde a Revolução; restavam, no entanto, certos elementos não negligenciáveis. Pio IX ataca-os em todos os países, indo ao ponto de lançar condenações quando lhe parece necessário, mas sobretudo encorajando e recompensando os ultramontanos que defendem a causa de Roma.

Na França, o galicanismo político morreu, definitivamente comprometido pela sua submissão aos governos da Restauração e de Luís Filipe. O *Manual de Direito Eclesiástico,* de Dupin, que desculpa as suas teses, é condenado pelo episcopado. Mas subsiste um galicanismo teológico, que não admite facilmente que o Papa possa ocupar na Igreja um lugar maior do que o dos primeiros tempos, e se inquieta ao ver ameaçadas as prerrogativas tradicionais do episcopado. É contra ele que Roma toma posição. Quando, em 1849, se estuda a reunião de um concílio nacional, essa veleidade é logo desencorajada. Obras como a *História da Igreja da França,* do pe. Guettée, ou o *Tratado de Direito Canônico,* do pe. Lequeux, são postas no *Index.* Em 1852, quando surge, anônima, uma *Memória dirigida ao episcopado sobre o Direito Consuetudinário,* em que se defendem as prerrogativas episcopais e os antigos usos da igreja da França, os bispos "romanos" denunciam-na com veemência: são o cardeal Gousset, mons. Pie, mons. Parisis... Seus adversários, com mons. Dupanloup à cabeça, reagem obliquamente, tentando conseguir a condenação de Veuillot, o antigalicano por excelência, a quem acusam de ser insolente para com a Hierarquia. Mas Pio IX não se deixa enganar: "Toda esta questão — diz ele — tende apenas a paralisar o movimento regenerador da unidade romana". E, na primavera seguinte, abril de 1853, *Inter multiplices,* embora aconselhe aos jornalistas maior moderação, condena formalmente a *Memória sobre o Direito Consuetudinário.*

As resistências começam a diminuir. Novos manuais, sem sombra já de galicanismo, entram em uso nos seminários. A grande — e bastante medíocre — *História Universal da Igreja,* de Rohrbacher, perfeitamente "romana" de inspiração, difunde-se por toda a parte. O cardeal de Bonald, arcebispo de Lyon, é chamado à ordem por não estar convencido de que, em matéria de liturgia, Roma possa decidir soberanamente. Em 1860, São Sulpício, que passava por constituir a última cidadela do galicanismo, entra nas fileiras; o superior, Carrière, vai a Roma e volta decidido a conformar todo o ensino da Companhia com as doutrinas romanas. De resto, o Seminário Francês de Roma prepara uma elite de padres perfeitamente devotados à causa da Santa Sé. Porém, ainda nas vésperas do Concílio Vaticano, persistem alguns centros de resistência, em torno do pe. Maret, já então mons. Maret, que não tardará a ser diretor da Faculdade de Teologia da Sorbonne, e mesmo à volta do arcebispo de Paris, desde que, em 1863, mons. Dupanloup foi transferido para essa diocese. Mas são incapazes de se opor à corrente que arrasta a Igreja para o seu Chefe.

Em toda a parte, e com a mesma energia, a política é uma só. Assim acontece nos países germânicos, onde o espírito "romano" foi implantado pelo santo redentorista Clemente Hofbauer, pelo convertido Schlegel, pelos combativos arcebispos Geissel, zu Droste-Vischering e von Reisach. Em 1849, Roma impede a reunião de um concílio nacional, consegue a difusão das obras de Georg Phillips — o "De Maistre alemão" —, apoia o jesuíta Schrader, que espalha o ultramontanismo nos meios aristocráticos, e mons. Roskovany, que publica uma monumental coletânea de Atas pontifícias. Os antigos seminaristas do Colégio Germânico também levam para o seu país o espírito romano, e o mesmo fazem aqueles que estudam em Innsbruck, com os jesuítas. No entanto, algumas universidades resistem: passivamente, em Tübingen; violentamente, em Munique, com Dollinger. Mas, até ao Concílio Vaticano, essa oposição não extravasa dos círculos universitários.

Na Bélgica e na Holanda, a submissão ao Papa é incondicional. Na Inglaterra, onde persiste certo espírito de independência entre os católicos de velha cepa e mesmo nos seminários irlandeses, esse espírito é vigorosamente combatido por mons. Manning, sucessor em Westminster do cardeal Wiseman, amigo pessoal de Pio IX e de mons. Talbot, e pelo jornalista Ward, que dirige a *Dublin Review*, ultramontana e não muito menos radical que, na França, o *Univers* de Veuillot; não tardará que a tendência mais particularista e tradicional, a que estavam ligados Wiseman e o próprio Newman, se eclipse totalmente.

Nem sequer a longínqua igreja da América do Norte deixará de se inclinar diante da vontade centralizadora. No Concílio de Baltimore, essa igreja emite o voto de ter um Primaz e o de conseguir o reconhecimento de certas exceções ao direito comum, por força da sua situação particular. Discretamente, mas com firmeza, Roma rejeita esses dois votos e mostra que será contrária a tudo o que possa fazer crer que a igreja americana é uma igreja nacional.

Tal o conjunto dos fatos, em verdade consideráveis, que marcaram todo o pontificado de Pio IX. Em suma, foi o triunfo de todos aqueles que, desde o princípio do século, tinham lutado por fazer do Vigário de Cristo o chefe incontestado da Igreja e o guia das nações. Era a vitória do Lamennais ultramontano e mais ainda de Joseph de Maistre. As ideias que o famoso tratado do doutrinador savoiano expusera em 1817, as teses do *Do Papa,* que então alguns tinham achado excessivas, agora tornavam-se realidade histórica[45]. O absolutismo pontifício impunha-se; a Infalibilidade pessoal do Papa estava prestes a triunfar. E, como tão claramente o previra o profeta dos *Serões de São Petersburgo,* ao apelo de um papado reforçado, ia surgir uma palingenesia, um renascimento da sociedade cristã. A Igreja, ganhando as dimensões do mundo, ia animá-lo com a seiva do Evangelho. Teria Pio IX lido Maistre?[46] Teria sobretudo medido o que havia de paradoxal, de apocalíptico, nas suas teses? Em qualquer caso, o certo é que foi no sentido indicado por ele que a Igreja decidiu avançar.

Importa sublinhar ainda dois fatos muito importantes, ambos reveladores dessa intenção. Uma refere-se à reconstituição da Hierarquia ou à sua criação em todos os países onde a situação o consentia: era um modo claríssimo de afirmar que a Igreja se enraizara solidamente num território, que já ultrapassara a fase preparatória, a da conquista missionária, e que nele se instalara para sempre. Um dos primeiros atos de Pio IX após o regresso de Gaeta foi, a *29 de setembro de 1850,* a reconstituição da Hierarquia inglesa. Em substituição dos oito vigários apostólicos, passou a haver um arcebispo, mons. Wiseman, imediatamente elevado a cardeal, e doze bispos. Uma explosão de furor antipapista respondeu a essa decisão, e a populaça de Londres queimou o papa em efígie. A habilidade de Wiseman pôs termo à crise. A Inglaterra, a velha terra católica de São

Thomas Becket e de São Thomas More, onde o Movimento de Oxford acabava de dar ao catolicismo um vigor remoçado, reentrou, pois, plenamente, no quadro da catolicidade. E o último gesto de Pio IX será, em 1877, preparar o restabelecimento da Hierarquia da Escócia — dois arcebispos, quatro bispos —, que se tornará realidade quatro semanas após a sua morte.

Nos Países Baixos, a renovação católica, conduzida por mons. Zwijssen, é notável. Por isso, Pio IX restabelece sem dificuldade, em 1853, cinco dioceses, à cabeça das quais ficará o arcebispo da venerável sé metropolitana de Utrech, fundada por São Wilibrod, e de que mons. Zwijssen é o primeiro titular; também aí as veementes manifestações dos protestantes nada conseguem.

Na Suíça, Pio IX nomeia em 1864 um bispo (auxiliar do de Lausanne) para Genebra, a capital de Calvino, e, sagrando-o ele próprio, dá-lhe formalmente por missão "converter a cidade que não receia chamar-se a Roma protestante". Mons. Mermillod não toma de ânimo leve esse encargo e empreende uma ação tão vigorosa que se torna inevitável o conflito com o governo cantonal.

Essa "política da Hierarquia", como Mermillod lhe chama com toda a precisão na *Correspondance de Genève,* é seguida pelo papa em todos os pontos da terra. Na Argélia, onde Argel era bispado desde 1838 e agora passava a metrópole, são criadas, em 1866, as dioceses de Oran e de Constantina. No Oriente, cria-se ou restaura-se uma imensidade de dioceses. Em 1850, são instituídos seis novos bispados na Armênia. Em 1874, Atenas passa a ter um arcebispo; pouco antes, fora organizado o patriarcado de Constantinopla. No outro lado do mundo, as Antilhas francesas e o Haiti são erigidos em dioceses, assim como a Ilha da Reunião.

O outro grande fato que dá testemunho dessa vontade de expansão da Igreja é ainda mais importante, cão importante que merece um capítulo à parte[47]: é o renascimento das Missões. Saídas da crise revolucionária tão desfeitas que se podia perguntar se alguma vez renasceriam, as Missões tinham recuperado lentamente a sua vitalidade sob o pontificado de Gregório XVI, mas é o de Pio IX que assinala a sua maravilhosa renovação. É a altura em que se desenvolvem os religiosos e as religiosas de Nossa Senhora do Sião, os maristas da Oceania, os padres do Espírito Santo e os das Missões de Lyon, na África; em que se preparam os padres brancos do cardeal Lavigerie. Em toda esta história prodigiosa, em que a Igreja Católica conquista mais terra do que recobria na Europa, Pio IX está pessoal e estreitamente empenhado. O prefeito da Propaganda Fide por ele escolhido, o cardeal Barnaba, que dirige com canta competência essa expansão missionária, presta-lhe contas minuciosamente, recebe dele conselho e apoios preciosos. As instituições surgidas para ajudar as Missões — Propagação da Fé, Santa Infância — enviam a Roma o dinheiro que recolhem, e é Roma que o distribui conforme mais interessa à consolidação do vasto empreendimento.

Em 1865, o jornal católico da diocese de Nimes[48] imprimiu esta frase: "Luís XIV pronunciou a célebre frase: «*O Estado sou eu!*» Pio IX fez mais que isso: disse, por obras, com mais razão que o rei *«A Igreja sou eu!»*" É evidente que se devem incluir essas palavras entre *os* exageros manifestos de que a época foi pródiga; nesse tempo, esteve de moda uma cerca "papolatria", contra a qual, aliás, o próprio Pio IX e o cardeal Anconelli reagiram. Mas, substancialmente, a frase não era completamente falsa. Se é cerco que Pio IX nunca se identificou, ele sozinho, com a Igreja, não há dúvida de que quis que nada na Igreja fosse feito sem ele, menos ainda apesar dele.

Essa resolução, mantida por mais de um quarto de século, valeu-lhe muitos adversários, pelo menos tantos quantos os provocados pela sua atitude para com o liberalismo e as aspirações nacionalistas italianas. Alguns dos seus biógrafos refletem esse sentimento. Foi acusado de ter nivelado, uniformizado excessivamente a Igreja, de ter ignorado o que era respeitável e perfeitamente aceitável nas tradições das igrejas nacionais, de ter feito depender só de Roma, só do Pontífice, as potencialidades da Igreja, os destinos da Igreja[49]. Trata-se de uma discussão que não cabe à História decidir.

Talvez haja momentos em que qualquer grande coletividade humana tenha necessidade de se centralizar, de se hierarquizar fortemente, de se submeter a uma rígida disciplina, se quiser resistir às forças de ruptura; como há sem dúvida momentos em que importa usar métodos mais flexíveis, a fim de conseguir a adaptação a situações novas. Na hora em que Pio IX tinha na mão o leme da Barca de Pedro, não seria a primeira dessas atitudes a que se impunha? Não estaria a melhor oportunidade para a Igreja num papado poderoso, respeitado, obedecido pela catolicidade inteira? Se por acaso o poder temporal dos papas viesse a desfazer-se, Roma estaria em perfeitas condições de deixar de ser a capital de um pequeno Estado italiano. Porque, num outro plano, no plano das riquezas que as vicissitudes da política não podem ameaçar, o seu poder não pararia de aumentar; porque ela seria daí em diante a capital incontestada da humanidade católica. O mérito de Pio IX esteve em ter pressentido que essa mudança de plano era necessária e em tê-la preparado energicamente.

Assaltos contra a Igreja

Que se impunha reforçar a Igreja para melhor a defender, foi o que os acontecimentos claramente mostraram. O longo pontificado de Pio IX talvez não tenha passado por um só ano sem que em qualquer parte do universo católico a Igreja haja sofrido ataques, perseguições, violências de diversas ordens, às quais se juntou, mais insidioso, o ininterrupto assalto das forças de negação da fé e dos dogmas. Uma fortaleza cercada, um navio ameaçado pela tempestade: imagens que, aplicadas à Igreja, estavam com frequência nos lábios e na pena de Pio IX. E sobravam-lhe motivos...

Para tentar lutar contra as duas tendências dos Estados modernos — excluir a Igreja da vida pública ou domesticá-la —, o grande cardeal Consalvi, mal acabara a crise revolucionária, pusera em prática uma política de Concordatas, que obtivera muito bons resultados[50]. Essa política prosseguira depois dele, e, de 1815 a 1846, tinham sido assinados uns trinta acordos desse gênero. Pio IX retomou a ideia e seguiu o mesmo caminho.

A princípio, pareceu triunfar. Os dois países que eram, juntamente com a França, as maiores potências católicas — a Espanha e a Áustria — concordaram. O governo de Madri decidiu-se em 1851. O texto estabelecido era extremamente favorável ao catolicismo, proclamado religião de Estado "com exclusão de qualquer outra", e ao clero, que ficava com o direito de velar pelo ensino e de ter a exclusividade em questões matrimoniais, em troca do que a Santa Sé garantia à Coroa os antigos direitos de nomeação dos bispos e reconhecia a supressão das jurisdições da Igreja e a secularização dos bens eclesiásticos já feitas; em 1859, uma nova Convenção precisou mais alguns pontos. O governo de Viena seguiu o exemplo de Madri em 1856, e a Concordata então assinada foi ainda mais favorável à Igreja, que obteve até o direito de requerer o auxílio do Estado para aplicar as penas canônicas. A assinatura dos acordos foi um sucesso e claro sinal de uma notável renovação do catolicismo, sobretudo na Espanha. Com a própria Rússia, Pio IX, tirando partido das relações estabelecidas pelo seu predecessor com o czar

Nicolau I durante a viagem deste a Roma em 1845, tinha conseguido assinar em 1847 uma Concordata a bem dizer um pouco vaga e nebulosa.

Esses acordos solenemente assinados revelaram-se frágeis. Nem ainda secara a tinta da Concordata russa, e já Nicolau I voltava à sua política de russificação, à custa dos católicos; e o seu filho, Alexandre II, desde que subiu ao trono, em 1855, passou a aplicá-la ainda mais rudemente, sobretudo na Polônia, onde a situação se tornou insustentável. Na Áustria, a Concordata, combatida simultaneamente pela gente de esquerda e pelos josefistas, duraria apenas quinze anos: em 1868, Francisco José restituía a jurisdição matrimonial aos tribunais civis, passava para o Estado a direção e a vigilância das escolas, limitando-se a autorizar a Igreja a abrir escolas suas, e concedia às igrejas protestantes os mesmos direitos que ao catolicismo. Na Espanha, onde a Concordata assinada por Narvaez fora considerada como uma vitória da reação, o que as Cortes — reunidas logo a seguir à revolução de 1848, que tirou o trono a Isabel II — mais pressa tiveram em fazer foi tomar a direção contrária: proclamou-se a liberdade de culto (era a primeira vez que era inscrita numa lei espanhola) e, como grande número de padres protestasse, tiraram-lhes os subsídios; e aprovaram o casamento civil. Até 1874, as relações entre a Igreja e o Estado espanhol serão extremamente ruins.

É evidente que a Concordata deixara de ser o meio de deter o assalto das forças da Revolução contra a Igreja. Em toda a parte onde os liberais ou os nacionalistas eram os mais fortes, a causa católica sofria. Por vezes até, esse antagonismo derivava para o drama. Assim sucedeu na Suíça, onde, desde o início do pontificado de Pio IX, os "radicais" (como eram conhecidos os que em outros países se designavam por "liberais") tinham terçado armas com os católicos a propósito do pacto federal, que desejavam alterar num sentido mais centralizado, ao que os católicos se opunham, receosos de ver triunfar uma política protestante. Como se deram alguns incidentes violentos — invasão do cantão católico de Lucerna pelos valdenses, assassinato do líder católico Joseph Leu —, os sete cantões católicos firmaram em 1845 uma aliança defensiva, o *Sonderbund*[51]. A Dieta federal declarou a inconstitucionalidade dessa aliança e exigiu a sua dissolução (1847). Ao mesmo tempo, votou a expulsão dos jesuítas de todos os cantões onde se tinham estabelecido. Foi o sinal para a guerra civil.

Não equivalendo senão a um quarto da população helvética, os sete cantões da Liga não tinham qualquer possibilidade de vencer; e lord Palmerston impediu que Guizot e Metternich os ajudassem. Bastou ao coronel Dufour uma campanha de quatro semanas para conquistar Friburgo e Lucerna e dominar os adversários. Uma vez vitoriosos, os radicais impuseram as condições: além de uma contribuição de guerra, exigiram a expulsão dos jesuítas[52] e a instalação de governos liberais nos cantões derrotados, enquanto a federação entre cantões soberanos dava lugar a um Estado federal. A Constituição de 1848 não deixou de proclamar a igualdade de cultos, mas, na prática, onde quer que fossem os mais fortes, os radicais a interpretavam à sua feição, chegando ao ponto de intervir na nomeação dos bispos católicos e de exigir o *exequatur* do governo para a publicação dos textos pontifícios. E, quando o bispo de Genebra-Lausanne, mons. Marilley, se insurgiu contra essas decisões e proibiu aos seus padres que jurassem a Constituição, foi detido, esteve dois meses preso no castelo de Chillon e a seguir foi banido da pátria, onde só pôde voltar a entrar depois de oito anos de exílio.

Mais ou menos em todos os cantões, houve uma perseguição larvada contra os católicos, uma guerrinha feita de vexames e alfinetadas. Em vão um homem de alma nobre,

Alexandre Vinet, protestante convicto mas sem nenhuma espécie de sectarismo — foi o fundador da "Igreja livre" —, condenara em plena guerra do Sonderbund essas violências. Só bastantes anos mais tarde é que os seus discípulos conseguiram atenuar essa penosa oposição, pelo menos no plano dos fatos, se não no das consciências. No fim do pontificado de Pio IX, as medidas de que mons. Mermillod será vítima mostrarão que o antagonismo ainda era violento[53].

De momento, porém, a guerra do Sonderbund não afetara o papa; era o período em que, ainda empenhado na sua política "liberal", Pio IX julgava, não sem alguma razão, que os interesses da religião não eram os únicos em causa, e chegara a criticar os jesuítas suíços e austríacos, cujo papel nada tivera de pacificador. Mas os acontecimentos do Piemonte tocaram-lhe o coração. A intervenção, tão corajosa como infeliz, de Carlos Alberto contra a Áustria, fazendo do reino da Sardenha, mesmo aos olhos de republicanos como Mazzini, o campeão da unidade italiana, agrupou em torno dele todas as forças liberais e nacionalistas. O governo do seu sucessor, Vítor Emanuel II, julgou, portanto, que era necessário trabalhar de acordo com a esquerda, o que o levou a dar-lhe garantias...

As Concordatas de 1828 e de 1841 tinham confirmado a favor da Igreja, no Piemonte-Sardenha, praticamente todos os privilégios do *Ancien Régime:* direito ao "foro eclesiástico", posse de imensos bens de raiz, controle do ensino e até dízimos. Os liberais quiseram pôr fim a isso. Em 1850 e 1852, as leis Siccardi tomaram as primeiras medidas nesse sentido: suprimiram o "foro" e as imunidades eclesiásticas, aboliram o dízimo e elaboraram um projeto de lei sobre o casamento civil. Em seguida, quem entrou em cena foi Cavour.

Religioso à sua maneira — a ponto de tomar minuciosas precauções para ter sempre à mão um padre que, em caso de necessidade, o pusesse de bem com Deus — e aparentado com São Francisco de Sales, não queria mal à Igreja. Mas, por um lado, pensava que só a aliança, *"il connubio"*, com a esquerda liberal, lhe permitiria realizar uma grande política; por outro, tinha necessidade de dinheiro. Com essa dupla finalidade, conseguiu em 1855 a aprovação da *lei dos conventos*, que suprimia todas as ordens religiosas que não se dedicassem ao ensino ou a obras de caridade, e secularizava todos os seus bens. Foram atingidos mais de seiscentos estabelecimentos religiosos. O Estado piemontês enfiou no bolso mais de dois milhões de libras-ouro. Pio IX indignou-se, declarou a nulidade de tais decisões, mas não rompeu com Vítor Emanuel II, que garantia ao papa a sua boa vontade no sentido de compor as coisas. Mas a lei foi aplicada.

Deram-se duros incidentes quando a tropa foi ocupar os conventos, nomeadamente na Savoia, no Carmelo de Chambéry e na Real Abadia de Hautecombe[54]. O arcebispo de Turim e o de Cagliari, banidos desde 1851, continuaram no exílio. Houve padres detidos, sob o pretexto de que fomentavam motins. A imprensa da esquerda fez campanha contra o clero, os jesuítas e o próprio papa. Situação dolorosa: os católicos liberais ficaram desolados. Manzoni, Sílvio Pellico, o próprio pe. Ventura saíram ostensivamente do movimento nacionalista. Muito antes de se ter desencadeado a questão do poder temporal e de Roma, já a unidade da Itália surgia com a marca do anticlericalismo, ou mesmo da antirreligião.

O deplorável exemplo de Cavour foi seguido. Em Portugal, onde a situação se pacificara sob o reinado de Maria da Glória[55], mal a esquerda chegou ao poder, lançou-se (1862) numa política de secularização em grande estilo. Quase todas as congregações religiosas foram atingidas. Decretou-se até a dissolução das Irmãs da Caridade, cujos bens foram declarados "incorporados no domínio nacional".

Na Bélgica, as coisas não foram tão longe; mas tornou-se cada vez mais evidente que a aliança entre católicos e liberais pertencia ao passado e dera lugar ao antagonismo. Os liberais, no poder de 1847 a 70 — salvo cinco anos de interrupção entre 1852 e 57 —, aplicaram-se a combater a influência da Igreja. Sem ousarem tocar na lei de 1842, que impunha a instrução religiosa nas escolas primárias, nem intervirem no ensino superior, trabalharam o melhor que puderam sobre o ensino secundário, que a lei de 1850 procurou centralizar e estatizar. Daí resultou um conflito. Pio IX protestou: os bispos definiram o "Regulamento de Antuérpia" acerca da presença de capelães nos estabelecimentos do Estado. Mas, ainda mal se chegara a um compromisso nessa questão, e já surgia outro pomo de discórdia: os liberais pensaram fazer votar uma lei que limitasse aos estabelecimentos oficiais de beneficência a recepção de dádivas para os pobres. Em vão os católicos, chegados ao poder, fizeram face à veemente campanha da imprensa de esquerda. O ministério liberal de Frere-Orban enveredou cada vez mais pelo anticlericalismo. Os católicos chegaram a acusá-lo de desviar bolsas criadas para as escolas católicas. Não foi um conflito muito grave, mas era revelador de um estado de espírito, anunciador das rudes batalhas que, a partir de 1878, se iriam desencadear entre liberais e católicos belgas, a propósito do ensino.

A unificação da Alemanha não deu a Pio IX e à Igreja menos preocupações do que a onda liberal em outros países. No entanto, só ocorreu um único incidente sério, antes de 1870, que se possa considerar como perseguição: o *pequeno Kulturkampf,* de 1854, no grão-ducado de Baden, em que foi preso o octogenário arcebispo de Friburgo, mons. von Vicari; mas era apenas um desses conflitos entre o episcopado e os governos, que tinham sido comuns em todos os pequenos Estados alemães onde continuavam implantados os hábitos regalistas e josefistas.

O problema mais grave era conseguir saber como se faria essa unidade que todos os alemães desejavam, mas que nem todos queriam pôr em prática da mesma maneira. Seria a Áustria que levaria a cabo esse grande objetivo? Seria a Prússia? No primeiro caso, teria surgido um vasto império germânico em que os católicos estariam em maioria. E no segundo caso? No interior, a Prússia de Frederico Guilherme IV, como já vimos[56], multiplicava as gentilezas para com os católicos; mas essa política de sorrisos não dissimularia por acaso um plano bem preciso, que uma personagem importante confidenciara ao pe. von Ketteler durante uma sessão do Parlamento de Frankfurt: "Estender até ao Main a fronteira da Prússia"? E, para tanto, ter o apoio de todos os protestantes? A luta entre as duas tendências travou-se muito antes de Bismarck ter tomado nas suas mãos de ferro a causa da unidade.

O partido liberal-nacional já em 1848 tomara posição contra o catolicismo. Um dos seus conselheiros, o historiador von Sybel, escrevia: "Ser ultramontano e patriota alemão são duas coisas que se excluem". A derrota da Áustria em Sadowa foi considerada por muita gente como uma derrota católica... Aliás, era impossível duvidar disso depois dos discursos pronunciados em Worms, em honra de Lutero, por numerosos e veementes oradores: "Nós, protestantes — dizia uma dessas proclamações —, colocando-nos no campo do espírito cristão, do patriotismo alemão e da civilização[57], rejeitamos qualquer pretensão hierárquica e qualquer pretensão dogmática que se destinem a aproximar-nos de Roma". Em vão mons. von Ketteler, na sua brochura *A Alemanha após a Guerra de 1866*, declarando-se tão patriota como os melhores, e pedindo aos católicos que tomassem lugar na primeira fila da luta nacional, sugeriu à Prússia que se afastasse dos doutrinadores do *Nationalverein*, para os quais a vocação prussiana para a unificação da Alemanha tinha um significado claramente confessional. A vitória da Prússia fazia-se anunciar como inexorável, e seria uma vitória protestante. Não tardaria a vir o "*Kulturkampf*" de Bismark.

Estava então escrito que, fosse qual fosse a forma sob a qual se apresentasse, a Revolução liberal e nacional iria voltar-se contra a Igreja? Havia aí mais um argumento para confirmar a atitude que o papa assumira na sequência de 1848.

Os católicos da França sob o Segundo Império

E a França? Essa França, onde o "partido da ordem" tinha, em 10 de dezembro de 1848, levado à chefia do novo regime o Príncipe-Presidente Luís Napoleão, e, após quatro anos de incerteza, a 2 de dezembro de 52, lhe permitira confiscar a República e passar a ser Napoleão III? Essa França também causou preocupações ao papa? Que campo escolheu ela na luta contra as forças revolucionárias? Vendo bem, os dados fundamentais do Segundo Império em matéria religiosa eram de todo incoerentes. A Constituição de 1852 "reconhecia, confirmava e garantia os grandes princípios proclamados em 1789", os quais estavam, na maior parte, condenados pela Igreja. O Estado declarava-se laico, mas admitia a Concordata de 1801, que reconhecia ao catolicismo um lugar eminente e direitos bem definidos. Pessoalmente, o imperador e os seus principais colaboradores eram incrédulos; mas, como dizia Veuillot, "vendo que a religião é uma força", queriam estar de bem com o clero e pediam aos bispos que mandassem fazer preces públicas. Mais ainda: se, por um lado, Napoleão III patrocinava pessoalmente a maçonaria e se interessava pela sua sorte, a ponto de escolher os Grão-Mestres do Grande Oriente (o príncipe Murat, depois o marechal Magnan), por outro, enviava uma imagem benzida de Nossa Senhora às tropas que combatiam na Crimeia... Não é de estranhar, pois, que a política religiosa do Segundo Império tenha sido flutuante e complexa.

A princípio, foi a lua de mel entre o Trono e o Altar, ou, como diria mais tarde Montalembert, entre "a tropa de guarda e a sacristia". O orçamento do Culto passou de 39 para 48 milhões. A polícia obrigava a respeitar o descanso dominical. A Propagação da Fé pôde pedir dinheiro à vontade e mandar milhões para as Missões. Como nos bons dias de Luís XVIII, havia generais e prefeitos que assistiam à missa em farda de gala. Para não chocar os sentimentos religiosos dos fiéis, algumas municipalidades proibiram a representação do *Tartufo*, e Lamennais teve funerais quase clandestinos. A "Comissão dos vendedores ambulantes" vigiava os livros perigosos para a fé. E, uma vez que a Igreja tinha na conta de santo o Cura d'Ars, condecorou-se esse bom padre, que delicadamente recusou a honra, declarando que, como esse pedaço de fita não podia ser vendido em benefício dos pobres, não lhe interessava para nada.

Esse bom entendimento entre os dois poderes teve resultados felizes. O catolicismo ganhou um impulso indiscutível. Aumentaram as ordenações sacerdotais: o efetivo total do clero atingiu 56 mil padres. As antigas congregações prosperavam: de três mil religiosos em 1851, passou-se para perto de 30 mil em vinte e cinco anos; de 34 mil religiosas para 120 mil! Foram autorizadas nada menos que 982 comunidades. O número de alunos educados nas escolas secundárias católicas ultrapassou rapidamente os 250 mil. Nas escolas primárias, os Irmãos das Escolas Cristãs, que eram 1.800 em 1850, chegaram perto dos dez mil.

Mas, por mais substanciais que fossem esses benefícios para a Igreja, a verdade é que eram pagos por alto preço: por uma submissão ao poder público que recordava tristemente o clima da Restauração. O pânico das Jornadas de Junho, o voto em favor da Lei Falloux, tinham vinculado os católicos ao que lhes parecia ser, antes de tudo, o regime da ordem. Os bispos escreviam pastorais em que comparavam Napoleão III a Constantino, a Carlos Magno, a São Luís. Cinco deles assinaram um documento coletivo em que pediam aos padres, na altura do plebiscito, que votassem pelo salvador da França. Mons. Parisis, bispo de Langres, e mons. Salinis, bispo de Amiens, antes conhecidos pelas suas tendências liberais, distinguiram-se pelo seu espírito de lisonja: um garantia que, "na sua prodigiosa missão", Luís Napoleão era visivelmente iluminado pelo Espírito de Deus; o outro oferecia, com todas as letras, os seus "serviços" ao novo senhor. "Homem da destra de Deus, instrumento das bondades da Providência", exclamava o bispo de Saint-Flour. E até mons. Sibour, arcebispo de Paris, se dispunha, depois de alguma hesitação, a celebrar um *Te Deum* em Notre-Dame para festejar o regime. Como provavelmente faltava ainda um reforço a essa claque, o pe. Ventura, o antigo amigo de Lamennais, o antigo panegirista de O'Connell, chegou da Itália. Desiludido do governo do Piemonte, que perseguia o clero, Ventura entoou os louvores ao imperador com tanto excesso que o próprio Napoleão III lamentou esses exageros meridionais. Quanto a Veuillot, para louvar adequadamente o homem providencial, fez ouvir as mais estrepitosas trombetas: dirigindo-se aos católicos, aos "homens da ordem", ordenou-lhes que seguissem o imperador "para vossa honra e para vossa salvação" — e... às urtigas com os "pretensos princípios de liberdade!"

Mas nem todos os católicos e nem todos os bispos caíram nesse servilismo, do qual dizia Guizot, atinadamente, que tornava desnecessário ao poder público recorrer a medidas de submissão. O pe. Dupanloup, bispo de Orléans desde 1848, ousou perguntar publicamente por quanto tempo iria a Igreja sofrer "as funestas consequências de uma situação falsa e de um patrocínio nefasto". Alguns bispos convidaram os seus padres a não se entregarem a manifestações demasiado entusiastas em favor do regime. Lacordaire, que tinha deixado Paris a seguir ao golpe de Estado, para "não ter de se ligar a homens e coisas cuja solidariedade receava, voltou lá para pronunciar na igreja de Saint-Roch, a 2 de fevereiro de 1852, um sermão sobre *a virilidade do caráter considerada como o grande dever do cristão,* cheio de alusões bastante claras àqueles que, "para alcançarem um objetivo miserável, utilizam meios miseráveis".

Quanto a Montalembert, que, a princípio, apoiara Luís Napoleão porque — dizia ele — era preciso "escolher entre ele e a ruína total da França" e que, ainda em fevereiro de 52, no discurso de recepção na Academia Francesa, atacara violentamente a democracia, alfinetara os redatores da *Ère Nouvelle* e cantara as glórias de Napoleão, não tardaria a cair em si. Indignado por ver banidos os liberais, sobressaltado por notar que pouco a pouco a mão do governo ia pesando sobre a Igreja, decidiu tomar partido publicamente. Numa brochura que fez furor, *Os interesses católicos no século XIX,* cortou completamente com o império. A "grande palinódia dos católicos" enjoava-o. A partir daí, manteve uma oposição desdenhosa e decidida. Com os seus amigos o duque de Broglie, Falloux e Charles Lenormant, antigo professor da Sorbonne, voltou a publicar o *Correspondant* para fazer dele simultaneamente um órgão de apologética e de oposição ao regime autoritário; seria também um *anti-Univers,* o antídoto dos excessos de Veuillot e dos seus seguidores. Com os seus três mil assinantes, a grande revista da Rua da Abadia, n. 14, exerceu uma influência indiscutível sobre a evolução das ideias entre os católicos.

Montalembert tinha razão. "Depois do que se tinha dito e feito para identificar a causa da Igreja com a do absolutismo", era de recear que, se o império caísse, a Igreja fosse arrastada nessa queda. De resto, os adversários do regime associavam os dois no mesmo ódio. Do alto do seu rochedo de exilado, Vítor Hugo fulminava *Napoléon le Petit* nos *Châtiments,* em que o arcebispo do *Te Deum* e o papa da antirrevolução eram tão maltratados como o tirano:

Chacun tenait sa carte,
L'un jouait Bonaparte,
Et l'autre Mastaï...[58]

Os proletários, cuja importância crescia, trabalhados pelos arautos do anticlericalismo, tendiam com demasiada facilidade a identificar os padres, partidários tão zelosos da ordem estabelecida, com aqueles que os exploravam. Era agora maior o perigo que alguns indicavam logo a seguir às Jornadas de Junho. "Se hoje rebentasse outra revolução — dirá Montalembert em 1863, ou seja, oito anos antes da Comuna —, treme-se pensando no preço que o clero teria de pagar". Os republicanos não iriam esquecer essa aliança deplorável: a desconfiança que sentirão pela Igreja terá aí uma das suas causas — e com alguma razão.

Era uma ligação tanto mais lamentável quanto é certo que as suas bases oscilavam. A proteção imperial estava subordinada aos interesses e aos caprichos de um homem fantasioso. Nada garantia a sua permanência. À medida que o regime, por pressão da opinião pública, se viu forçado a evoluir e foi procurando apoios à esquerda, diminuiu o zelo que tinha pela Igreja. Depois de ter atingido um ponto culminante em 1854-56, na altura da Guerra da Crimeia — empreendida para defender os católicos da Palestina contra as exações dos ortodoxos, e exaltada pelo clero servil como uma cruzada —, o entendimento tão cordial entre o Trono e o Altar não cessou de arrefecer.

O primeiro gelo surgiu no momento das negociações acerca da sagração. Napoleão III sonhava imitar o tio e mandar vir a Paris um outro Pio para o sagrar. Roma pediu, em contrapartida, a supressão dos Artigos Orgânicos e a modificação da lei do casamento civil. Após dois anos de conversações, o projeto teve de ser abandonado. No entanto, Pio IX acedeu a ser padrinho do Príncipe Imperial. Mas não tardaram a anunciar-se os primeiros sinais da mudança de clima: houve algumas dificuldades para o registro da Bula sobre a Imaculada Conceição; os reitores das universidades obtiveram maior autoridade nos Conselhos, em detrimento da autoridade dos bispos; e, quando um pároco da diocese de Moulins apelou contra o seu bispo "para a justiça do imperador", foi com gosto que se deu razão ao pároco...

Em breve a situação se agravou. Se é certo que o galicanismo perdera muito do seu prestígio, continuava a haver galicanos, mesmo — e sobretudo — entre o alto pessoal do império. Promulgou-se um decreto que proibia na França tudo o que, vindo de Roma, "fosse contrário às franquias e máximas da igreja galicana". Quando um livreiro publicou uma brochura contra os Quatro Artigos de 1682, foi multado. Depois, o ministro Rouland enviou ao imperador uma memória sobre a política religiosa do governo, em que dizia ser necessário "impedir energicamente que qualquer ato da Corte Romana pudesse ser recebido, publicado ou distribuído na França sem autorização do governo". Por terem ignorado esse princípio, dois bispos foram perseguidos. Também a questão das nomeações episcopais provocou outros incidentes. Como o governo tivesse proposto para bispo de Vannes o pe. Maret, conhecido pelo seu galicanismo impenitente, o núncio apostólico tentou opor-se. Mas não apresentou as verdadeiras razões: limitou-se a invocar a surdez do candidato e a doença de bexiga de que sofria. O papa teve de intervir pessoalmente, recusando-se a preconizar mons.

Maret, a quem foi dada a pequena satisfação de um bispado *in partibus infidelium*. O incidente repetiu-se cinco vezes...

A partir de 1860, já não foram apenas pequenas alfinetadas, mas medidas claramente inquietantes. O príncipe Napoleão, primo do imperador, qualificara o governo pontifício de "retrógado", Roma de "nova Koblentz", e alguns bispos ousaram protestar, evocando os Ambrósio, os Atanásio, os Hilário, que tinham feito frente aos reis... Logo uma circular advertiu os membros do clero "de que não seriam tolerados os abusos de linguagem em matérias proibidas pela lei". E foram enviados policiais secretos para fiscalizar os sermões. Em seguida, Rouland escreveu outra circular aos prefeitos, aconselhando-os a acabar com o proselitismo das congregações dedicadas ao ensino. Houve religiosos estrangeiros postos na fronteira. Os capuchinhos de Hazebrouck e os redentoristas de Douai e de Bolonha tiveram as casas encerradas sob o curioso pretexto de falta de zelo!

Foi depois a vez das "Conferências de São Vicente de Paulo"[59]. Desde que Ozanam e Bailly as tinham formado para aliviar a miséria das famílias sem recursos e dos velhos abandonados, as Conferências tinham tido, sobretudo nos começos do Império, um desenvolvimento enorme, chegando a quase 1.600; mas o ministro do Interior, Persigny, desconfiou delas. Para essa polícia zelosa, elas eram tão perigosas como as Lojas maçônicas: se estas eram refúgios do espírito democrático, aquelas eram suportes do legitimismo, o que, aliás, não era inteiramente falso. Aproveitando certas imprudências — recusa de um donativo oferecido pela imperatriz, colocação de um busto do conde de Chambord —, o ministro resolveu atuar. As Conferências de São Vicente de Paulo teriam de aceitar um Grão-Mestre nomeado pelo imperador, tal como o do Grande Oriente, sob pena de terem que dissolver-se como organização nacional. Uma circular aos prefeitos veio recordar que as Conferências eram apenas toleradas e não possuíam nenhuma autorização legal. Deixar-se-ia, pois, funcionar as direções locais, vigiando-as, mas os órgãos provinciais e nacionais seriam suprimidos. Vários bispos protestaram, tendo à cabeça mons. Dupanloup e até mons. Parisis, que perdera o entusiasmo pelo Império. Mas o fato é que desapareceu pelo menos um terço das Conferências.

A partir de 1863, pode-se falar de uma autêntica política anticlerical, ou mesmo antirreligiosa, do governo imperial. Talvez não fosse uma política sistemática, pois continuavam a exercer-se junto do imperador algumas influências católicas. Era o caso, antes de tudo, da imperatriz Eugênia, profundamente piedosa; ou de alguns bispos, ainda muito dedicados ao Trono; ou de alguns católicos, como Chesnelong, que ainda em 1868 pensava que o império continuava a ser "o suporte da ordem na França e na Europa". Mas as influências hostis não cessavam de ganhar terreno. A nomeação de *Victor Duruy* para ministro da Instrução Pública marcou o início da sistemática laicização do ensino. Houve decisões úteis, contra as quais os católicos, tendo à frente, como sempre, mons. Dupanloup, cometeram o erro de opor-se: por exemplo, a introdução da filosofia entre as matérias dos colégios e a criação de um ensino secundário "especial", que hoje diríamos "moderno" — ou seja, sem latim —, para as moças. Mas numerosas medidas foram menos admissíveis. Os prefeitos receberam ordem de convidar os funcionários a retirar os filhos dos estabelecimentos religiosos e confiá-los às escolas do Estado. A *Liga do Ensino,* fundada em 1866 pelo republicano e maçon Jean Macé, recebeu do novo ministro um incentivo claro, e a finalidade que tinha de propagar o ensino laico foi formalmente apoiada. Não obstante certas condenações eclesiásticas, a Liga desenvolveu-se. A fórmula "ensino primário laico e obrigatório" começou a ser a palavra de ordem dos inimigos do ensino católico.

Por aqui se vê como, nos últimos anos do Império, o clima religioso se transformou radicalmente. Os anticlericais, que se tinham mantido em prudente reserva nos começos, voltaram a erguer a voz. A imprensa especializada nos ataques à Igreja foi subindo de tiragem: o *Siècle* atingiu 45 mil exemplares, ou seja, dez vezes a do *Univers*. O sistema de que se serviu foi denunciar os erros e fraquezas dos professores congreganistas e fazer escândalo com questões judiciárias em que pudesse estar envolvido um padre[60].

Em nível mais alto, numa elite intelectual protegida pela princesa Matilde e pelo príncipe Napoleão, a irreligião era notória. Renan, Taine, Sainte-Beuve eram os chefes de fila. Em 1863, a publicação da *Vida de Jesus* de Renan fez escândalo, não só pelo conteúdo como principalmente pelo seu prodigioso êxito: 50 mil exemplares vendidos em seis meses; seis traduções num ano. Nem as cartas pastorais fulminantes dos bispos contra o "novo Ário" nem a cerimônia reparadora que Pio IX mandou celebrar em Roma mudaram nada. Na franco-maçonaria, esboçou-se um movimento, com Mussol e Ranc, para suprimir dos estatutos a afirmação da existência de Deus e da imortalidade da alma. O jantar de carne que Sainte-Beuve ofereceu aos amigos Flaubert, Renan, About, Taine e Robin, na Sexta-feira Santa, 10 de abril de 1868, teve ar de desafio.

Mas então o Império estava aliado ao anticlericalismo e ao ateísmo? De modo nenhum. Mas a incoerência do princípio que presidira ao seu nascimento continuou a marcar-lhe a atitude até ao fim. E mons. Pio, bispo de Poitiers, não estava errado ao achar insano e escandaloso o espetáculo de Renan tranquilamente instalado na sua cadeira do Collège de France enquanto, todos os domingos, em todas as paróquias, se rezava pela saúde do imperador, defensor da fé. Mas aos católicos que o criticavam, Napoleão sempre podia responder que tinha mandado os seus soldados à Síria para vingar os cristãos maronitas chacinados pelos drusos, e os seus barcos de guerra à China para castigar os assassinos dos missionários, e que mesmo no México fizera o máximo possível para substituir uma República ateia por um Império católico... A contradição era flagrante. Mas onde se notava mais era no setor da política externa. Os acontecimentos que aí se deram provocaram ao longo de todo o reinado as mais imediatas e graves repercussões na política interna, e contribuíram grandemente para a evolução do regime. Foi o que aconteceu com a questão da Itália e do poder temporal do Papa.

Primeiro desmembramento dos Estados Pontifícios

Depois do regresso de Gaeta, os Estados Pontifícios passaram, até 1859, por um período de calma. Calma, no entanto, muito relativa, pois que as conspirações, os pequenos motins e atentados provavam à saciedade que, sem a presença das baionetas estrangeiras, nem tudo correria pacificamente. Em 1853, foi mesmo no derradeiro instante que a polícia prendeu uns cinquenta conjurados, entre os quais um padre, que preparavam o assassinato do papa. Em 1855, o cardeal Antonelli deveu apenas à rapidez dos seus reflexos a sorte de ter escapado a um carbonário que tentou espetar-lhe no peito, à maneira de punhal, um enorme garfo de cozinha, de dentes cuidadosamente acerados.

Nem um nem outro dos dois problemas suscitados pela grave crise de 1848 recebera solução. Modificar o governo em sentido mais liberal, parlamentar ou mesmo democrático — nem pensar nisso... Profundamente desiludido de ver as suas generosas intenções tão mal correspondidas, Pio IX não queria ouvir falar mais de reformas. Mesmo sem tomarmos à letra as acusações feitas por About, Clarendon,

Palmerston, pelo príncipe Napoleão e outros, que repetiam à porfia que a administração pontifícia era "uma vergonha para a Europa", temos de admitir que o seu paternalismo se tornava, frequentemente, enfadonho, policial e rotineiro: "um governo de *Ancien Régime*", como dizia Lacordaire. Mas não era essa a questão mais grave.

O velho sonho da unidade, acarinhado por tantos italianos eminentes no decorrer dos séculos, esse tormento de Dante, de Petrarca, de Maquiavel, de Ariosto, era agora partilhado por todos os habitantes da Península Itálica, praticamente sem exceção. E passara a concretizar-se numa família, nessa dinastia do Piemonte-Sardenha que já tanto fizera e tanto se arriscara pela causa nacional; concretizava-se num homem, esse jovem rei Vítor Emanuel II que, aos olhos da maioria, encarnava a esperança do país. A concepção republicana de Mazzini e de Garibaldi, o ideal federalista e neo-guelfo de Gioberti e de Balbo, eclipsavam-se perante o grande desígnio perseguido pela Casa de Savoia. Mas, nessa Itália unificada, quando os estrangeiros tivessem sido empurrados para lá das fronteiras, quando se tivessem desfeito os pequenos principados impopulares, mesmo o reino das Duas-Sicílias, que se havia de fazer desse outro Soberano cujos direitos assentavam em dez séculos de História e eram garantidos pela filial lealdade de trezentos milhões de fiéis repartidos por toda a terra?

Quer dizer que a questão do poder temporal se encontrava duplamente formulada. Não seria a dualidade das suas funções o que impedia o Papa de deixar os súditos participar do governo? Os territórios que lhe estavam sujeitos e que cortavam a Itália ao meio não constituiriam um obstáculo insuperável para a unificação? As duas grandes forças revolucionárias que andavam em ação desde 1815 laboravam contra o poder temporal do papado: a da revolução liberal e a da revolução nacionalista. Não seria melhor que o Papa renunciasse a esse poder? Havia já muitos anos que alguns o sugeriam como solução. Pouco antes de deixar Roma após as confusões de 1831, o jovem carbonário Luís Napoleão Bonaparte escrevera a Gregório XVI, aconselhando-o a esse sacrifício. Mazzini, d'Azeglio, o próprio Gioberti e muitos outros tinham repetido o estribilho. Na brochura publicada anonimamente pelo marquês de Gultiero, a ideia reaparecia, apoiada por uma ameaça. "O exemplo dos Stuarts — dizia ele — prova que o apoio estrangeiro é sempre impotente para salvar os governos que a nação não aceita". Portanto, em vez de passar pela sorte do infeliz rei da Inglaterra, não deveria o próprio Papa renunciar aos seus direitos temporais para se limitar a exercer uma autoridade puramente espiritual?

A tal sugestão, Pio IX opunha uma recusa indignada. E era impossível que fosse de outro modo. Abandonar direitos e territórios que recebera da Igreja, e dos quais não era senão administrador temporário, parecia-lhe uma traição inqualificável, um sacrilégio. A lembrança, ainda bem viva, das provações sofridas por Pio VII para manter intacta a sua independência, uma independência que ele afirmara, como soberano temporal, em face do próprio todo-poderoso Napoleão; a ideia de um Pontífice renunciar à soberania territorial para exercer uma soberania inteiramente espiritual — que hoje nos parece tão lógica depois de um papa genial a ter posto em prática em 1929 — era, há cem anos, tão inadmissível, que Montalembert e Lacordaire nem sequer a aceitavam como princípio. Eis que Pio IX se via encerrado na atitude que já assumira depois da terrível desilusão de 1848. Já só podia aparecer — mais do que desejaria, mais do que com certeza o era no fundo do coração — como inimigo irredutível das aspirações à liberdade e à unidade.

Daí resultava um movimento de opinião extremamente duro contra ele. Na Itália, na França, na Alemanha, na própria Inglaterra, desencadeou-se uma campanha de imprensa e de folhetos em que tomaram parte todos os elementos "liberais" do tempo. A franco-maçonaria, a que pertenciam Mazzini, Garibaldi e muitos outros chefes da *Jovem Itália*, aderiu a essa campanha. Nela apareceram também os restos do velho jansenismo italiano, sempre pronto a combater a autoridade da Santa Sé; um dos líderes do *Risorgimento*, Ricasoli, era desses. E mesmo entre os católicos a questão do poder temporal do Papa era motivo para um doloroso debate de consciência: patriotas italianos como eram, estavam dilacerados entre a sua fidelidade ao Vigário de Cristo e o ardente desejo que tinham de ver a pátria deixar de ser a mera "expressão geográfica" de que falara Metternich. Na França, salvo raríssimas exceções, como as dos dois irmãos Rendu e do cunhado de ambos, Doublet[61], os católicos iam considerar um atentado contra a fé qualquer política que, voluntariamente ou não, levasse ao desaparecimento do poder temporal.

Em 1858, um incidente estranho e deplorável veio alimentar a corrente antipapal e provocar em toda a Europa pensante uma emoção tão viva como a que suscitara no século XVIII o caso Calas ou, já no nosso tempo, a questão Dreyfus. Quatro anos antes, numa família judia de Bolonha, uma criada católica batizara, sem os pais o saberem, um dos filhos do casal que estava em perigo de morte. Como a criança sobreviveu, a criada contou o caso a um padre, que avisou o Santo Ofício. Formalmente, de acordo com as leis dos Estados Pontifícios e o direito canônico, a criança cristã devia ser retirada aos pais e posta numa casa de educação católica. No entanto, no século anterior, Bento XIV, embora reafirmando os princípios, isto é, que o dever de velar pela educação religiosa de uma criança cristã prevalece sobre o direito natural dos pais, declarara que a decisão lhe parecia demasiado dura e que era melhor deixar a criança com a família, se esta prometesse não exercer pressão sobre ela.

Mas em 1858 o Santo Ofício não teve essa prudência, e o pequeno Mortara foi tirado à família. Daí resultou uma avalanche de protestos, um tumulto de apaixonadas discussões. Uns, como Dom Guéranger ou Veuillot, aprovavam sem reservas essa estrita aplicação dos princípios canônicos; outros — o *Univers* teve de reconhecer que eram a maioria dos padres franceses — reclamavam a restituição da criança. Os bispos, quase unânimes, guardaram um silêncio prudente. Entretanto, o embaixador da França, em nome de Napoleão III, pediu ao papa que mandasse entregar o menino aos pais. Pio IX, embora declarasse que lamentava a decisão do Santo Ofício, recusou-se a revogá-la. E o *Giornale de Roma* escreveu que "a autoridade paterna e a liberdade individual eram quimeras". Era impossível arranjar melhor as coisas para tornar odioso o governo pontifício[62].

A verdade é que nem as discussões nem as campanhas da imprensa abalavam lá muito o poder temporal do Papa. Mas a situação ia piorar, sobretudo no plano internacional. Já em 1856 era evidente que se acumulavam as nuvens. *Cavour* tinha chegado ao poder, no *Piemonte,* quatro anos antes. Aquele bonacheirão redondinho, tão simples, tão simpático — o "papà Camillo" cujos olhos riam por trás dos óculos —, era um dos gênios políticos mais sutis que a História registrou. Apaixonadamente fiel a essa Casa de Savoia cuja missão compreendera melhor que ninguém, passou, desde que lhe foi confiada a presidência do Conselho, a ter uma única finalidade: fazer do seu rei o senhor da Itália. Para isso, era preciso controlar os Mazzini, os Garibaldi e outros patriotas que não se sentiam com fibra monárquica: e a *Sociedade Nacional* dava-lhe essa possibilidade. Ao mesmo tempo, havia que expulsar da Itália os austríacos. Mas Custozza e Novara tinham demonstrado que o pequeno Piemonte não o conseguiria sozinho. A fórmula *l'Italia farà da se* estava ultrapassada. Onde encontrar apoios? Cavour contemplou lucidamente a situação da Europa. Um só aliado possível: o imperador dos franceses, o antigo carbonário Luís Napoleão, que gostava tanto de falar do direito dos povos de disporem de si próprios e que até escrevera algumas páginas em favor da unidade italiana. Resolveu jogar essa carta a fundo.

Quando, em 1855, se soube que o Piemonte mandara 15 mil homens bater-se na Crimeia contra os russos, ao lado dos franceses e dos ingleses, muita gente perguntou por quê, e até se falou da rã que quer fazer-se maior que o boi. Mas Cavour sabia — e assim o disse aos seus soldados — que, "na lama das trincheiras de Sebastopol, a Itália preparava-se". Compreendeu-se a manobra quando, no ano seguinte, no Congresso de Paris, se viu o primeiro-ministro de Vítor Emanuel II levantar-se para tratar de uma questão que nada tinha a ver com as questões da Crimeia e os assuntos orientais: a questão italiana. Atacou vivamente a Áustria, denunciou como "anormal" o estado da Península Itálica feita em pedaços e expôs um plano coerente de unidade. Como por acaso, assegurou que o Papa era impotente para governar os seus Estados e que, no mínimo, havia que separar administrativamente de Roma as Legações. Era um primeiro passo.

Sabemos já que Cavour não era adversário da Igreja. Mas praticava essa dicotomia espiritual, de que conhecemos tantos exemplos, entre o homem privado e o homem público: este último estaria isento de ter em conta os preceitos cristãos. Assim como, na sua administração interna, não hesitou em aplicar a "lei dos Conventos", que despojava as congregações, porque precisava de dinheiro e porque queria dar garantias à esquerda, do mesmo modo lançou-se na luta pela independência e pela unidade, sabendo muito bem que, mais cedo ou mais tarde, iria provocar um conflito com Pio IX, cuja eventualidade aceitava.

A sua habilidade esteve em levar Napoleão III a assumir, sem grandes declarações, o risco desse conflito. Os fatos são conhecidos: o atentado de Orsini, que em boa hora sensibilizou o imperador para as justas reivindicações italianas; a entrevista de Plombières, que estabelecia a aliança franco-piemontesa e preparava, em troca do famoso *pourboire* ["gorjeta"] da Savoia e do Condado de Nice, a extensão do poder de Vítor Emanuel II por toda a Itália do Norte "até ao Adriático"; a breve campanha da primavera de 1859, vitoriosa mas custosa e menos decisiva do que se esperava; o armistício de Villafranca, que Napoleão III assinou sob um pretexto humanitário, mas na realidade com medo da mobilização prussiana, no qual a Venécia era abandonada à Áustria e que descontentou de tal maneira Cavour que o levou a pedir demissão...

Em que medida esses acontecimentos tinham que ver com a Santa Sé? Nas cláusulas secretas do acordo de Plombières, previa-se expressamente que o Papa deixaria as Legações, em parte constituídas como Reino da Toscana, em parte absorvidas pelo Piemonte, e que apenas conservaria Roma e o Patrimônio de São Pedro, reconhecendo-se-lhe ao mesmo tempo a presidência da Confederação Italiana, a título de compensação. E no começo de 1859, no preciso momento em que o discurso do Trono anunciava a iminência da intervenção italiana na Itália, um folheto anônimo, da autoria do visconde de la Guéronnière, mas visivelmente inspirado, sob o título de *O imperador Napoleão III e a Itália,* expunha eloquentemente o plano da Confederação Italiana presidida pelo Soberano Pontífice, mas continha também um claro convite ao papa para "reduzir o seu poder temporal e aliviar a sua responsabilidade política", a fim de "ganhar em importância o que perderia em privilégios".

Na realidade, esse projeto de Confederação, de inspiração neo-guelfa, tinha perdido atualidade. Logo que troaram os canhões de Magenta, os patriotas da Sociedade Nacional entraram em ação nos Estados Pontifícios, como em Parma, Módena e Nápoles. Bolonha deu o exemplo: a guarnição austríaca retirou-se durante a noite, enquanto um Comitê provisório proclamava a queda do governo pontifício. Ravena seguiu Bolonha, e o delegado apostólico teve de fugir. Depois, foram Cesena, Forli, Rimini, Faenza, Ferrara. Em nove dias, de 12 a 21 de maio de 59, as quatro Legações foram tomadas sem que os representantes do Papa esboçassem sequer um gesto de resistência. Só a Úmbria foi verdadeiramente defendida, aliás em condições pavorosas, que em nada ajudaram a tornar popular a causa pontifícia: quando Perugia se revoltou, o cardeal Antonelli enviou contra a cidade os regimentos suíços, comandados por um certo coronel Schmidt, a quem dera ordem de "decapitar imediatamente os rebeldes que prendesse". E o helvético, bem disciplinado, cumpriu a tarefa à risca.

Vitória precária. Regressando ao poder depois de alguns meses de amuo, Cavour não teve grande dificuldade em convencer Napoleão III de que, em recompensa pela forçada renúncia à Venécia, o Piemonte devia anexar as Legações, incluindo Perugia e a Úmbria. Assim seria compensada a gorjeta da Savoia e de Nice. Mas, como o imperador insistia nos grandes sentimentos e na liberdade dos povos, foram programados plebiscitos, cujos resultados, de um e do outro lado dos Alpes, coincidiram com as combinações diplomáticas. Na primavera de 1860, a dupla operação estava concluída.

Mas não faltaram os protestos. Na França, os católicos logo compreenderam que a intervenção na Itália levaria fatalmente a ameaçar os Estados Pontifícios. A opinião pública mostrou-se abalada. Que Montalembert, Falloux, mons. Dupanloup fizessem reservas, era natural, uma vez que o grupo do *Correspondant* pertencia claramente à oposição.

Mas Veuillot e os seus amigos, até então cheios de confiança no imperador, também manifestaram a sua reprovação. Antevia-se o divórcio entre a massa dos católicos e o Império, impelindo à alteração da política religiosa que já antes estudamos. Até o sobrenatural interveio. Correu por toda a França a notícia de que, de fevereiro a maio de 1859, ou seja, no preciso momento em que o imperador consumava a sua traição, se dera um "milagre" na aldeia de Vrigne-aux-Bois, nas Ardenas: por várias vezes, o padre vira cobrir-se de sangue, na altura da Consagração, a hóstia que tinha entre as mãos; e, apesar das prudentes medidas tomadas pelo cardeal Cousset, arcebispo de Reims, para abafar a notícia do prodígio, muitos bons cristãos se convenceram de que se tratava de um aviso do céu contra o governo de maçons e carbonários que ameaçava o Vigário de Cristo[63].

Quando os acontecimentos seguiram o seu curso, a inquietação dos católicos franceses deu lugar à indignação. Ao receber o imperador na sua cidade, o arcebispo de Bordeaux, cardeal Donnet, teve a coragem de lhe recordar publicamente os compromissos que tinha para com o papa. Outros bispos imitaram-lhe o exemplo, nomeadamente mons. Pie e mons. Dupanloup, que protestaram contra a ocupação das Romagnas. Montalembert lançou uma vigorosa campanha no *Correspondant*. Em vão um segundo folheto de La Guéronnière, saído na véspera do Natal de 1859 — O *Papa e o Congresso* — tentou mostrar a inocência do imperador, ao mesmo tempo que renovava os bons conselhos ao papa para que renunciasse ao poder temporal e se contentasse com a cidade de Roma como seu território. Quando Pio IX protestou firmemente, tornou-se flagrante a tensão entre os católicos franceses e o regime. Por ter ousado publicar a Encíclica contra os espoliadores, o *Univers* teve que desaparecer, sendo parcialmente substituído pelo *Monde*. E Veuillot, de jornalista que era, fez-se autor de panfletos.

Diante desses acontecimentos cujo sentido lhe parecia mais que claro, o papa deu provas de grande firmeza. Ergueu protestos veementes contra tudo aquilo que, no plano dos fatos ou dos textos, feria o que ele considerava seus direitos sagrados. Já em 20 de junho de 59, em consistório, denunciava a "conjura celerada", a "rebelião de facciosos contra o legítimo poder temporal". Recomeçou em dezembro, precisando que "não faria nenhuma concessão à Revolução". Depois, quando leu a brochura O *Papa e o Congresso,* foi ainda mais violento. Uma Encíclica, *Nullis certe,* de 19 de janeiro de 1860, deixou pairar a ameaça de excomunhão para todos aqueles que atacassem os domínios da Igreja e, respondendo diretamente ao "onipotente imperador", declarou que só a ideia de uma renúncia voluntária ao poder temporal lhe parecia um escândalo. "Os Estados da Santa Sé — dizia o papa — não pertencem à dinastia de qualquer família real[64], mas a todos os católicos [...]. Não podemos ceder aquilo que não Nos pertence".

E não se limitou a essas manifestações verbais. O perigo crescia a olhos vistos. Garibaldi, até aí considerado como um aventureiro de segunda categoria, entrava nesse momento na cena da História. Arvorando a camisa vermelha dos matadores de touros de Montevidéu, à cabeça dos seus "Mil", bastou-lhe um simples piparote para varrer os brancos guerreiros do pobre Francisco II e depois aprestou-se para marchar sobre Nápoles. Onde se deteria esse Invencível, esse Invulnerável, esse libertador providencial que alguns já viam como rei da futura Itália? Roma era o seu último objetivo: não fazia nenhum mistério disso... E mesmo as tropas francesas seriam capazes de lhe resistir?

O cardeal Antonelli previra perfeitamente os acontecimentos. Sabia que os franceses em hipótese alguma defenderiam as Marcas. Era, pois, necessário bater-se, nem que fosse apenas para salvar a honra. Um dos três camareiros do papa, mons. Xavier de Mérode, tinha sido oficial do Exército francês; era um belga robusto, corajoso, talvez demasiado agitado, e, apesar da batina, conservava o ar e por vezes a linguagem de soldado. Antonelli nomeou-o "Ministro das Armas" e confiou-lhe a tarefa de refazer a espada da Santa Sé. Mons. Mérode foi ter com Lamoricière, seu antigo companheiro de armas na Argélia, que vivia retirado nas suas terras, e pediu-lhe que assumisse o comando das tropas pontifícias. O "herói de Constantina" aceitou. Foram lançados apelos por toda a cristandade, e imediatamente afluíram os "voluntários do Papa": eram aristocratas franceses e belgas, três mil irlandeses, quatro mil suíços, cinco mil austríacos (muito bem alinhados, secretamente enviados pelo governo de Viena). Ao todo, perto de 20 mil homens, que Lamoricière organizou o melhor que pôde, tendo em vista a heterogeneidade do recrutamento.

Mal se formou, o exército pontifício viu-se envolvido numa penosa questão. Os avanços de Garibaldi não preocupavam somente o papa. O próprio Vítor Emanuel II não estava mais satisfeito. Se o terrível homem desembarcasse em Nápoles, não se faria coroar rei? Era preciso tomar-lhe a dianteira. Aproveitando o feliz acaso que, pelos fins de agosto, levou Napoleão III a Chambéry, para festejar a incorporação da Savoia à França, o rei do Piemonte mandou-lhe perguntar por um emissário se se oporia à passagem das tropas piemontesas através dos Estados da Igreja, para chegarem a Nápoles. Com certeza que não foi pronunciada a frase famosa *Faites, mais faites vite!"* ["Fazei-o, mas fazei-o depressa"]. Mas a verdade é que essas palavras exprimem bem o pensamento íntimo do antigo carbonário, de resto muito agastado com os protestos dos bispos franceses. Para não ver nada, o imyerador partiu para a Argélia. E os piemonteses invadiram as Marcas e a Umbria, sem esperar sequer que Pio IX respondesse ao pedido de passagem que lhe tinha sido feito...

Então, Antonelli e Mérode decidiram opor-se ao avanço do exército de Vítor Emanuel II. A 18 de setembro, na proporção de um contra cinco, as tropas pontifícias entraram em combate à volta do vilório de *Castelfidardo,* perto de Loreto. Era uma questão de honra, e lutaram com a bravura dos antigos cruzados. Lamoricière conseguiu escapar com quatro mil homens. Os piemonteses ocuparam toda a Úmbria e as Marcas, respeitando o Patrimônio de São Pedro, guarnecido por atiradores franceses. E Vítor Emanuel II pôde assim chegar a Nápoles a tempo de tirar de Garibaldi os frutos da vitória e desfilar, durante uma entrada triunfal, com o *condottiere* ao lado na sua camisa encarnada, enquanto os "Mil" eram relegados para a cauda do exército.

Para a Santa Sé, a situação era grave. Tinha perdido dez províncias, com 1.200.000 almas; restavam-lhe Roma e a Comarca: de Civitàvecchia e Viterbo a Pontecorvo, com menos de 700 mil súditos. E, principalmente, passava a estar abertamente posta a Questão Romana. Não havia quem não soubesse que a próxima etapa dos nacionalistas italianos era necessariamente Roma. Cavour, que o sabia melhor que ninguém, tentou nessa altura entabular negociações secretas: em troca de promessas e de vantagens precisas, o papa abandonaria o poder temporal, e então tudo se comporia, voltaria a paz e o Soberano Pontífice passaria a gozar de um prestígio nunca igualado. Na França, a 15 de fevereiro de 1861, surgia um novo folheto: *A França, Roma e a Itália,* que dizia alto e bom som o que os diplomatas cochichavam. Propunha um plano de criação de um Estado Pontifício limitado, mas soberano, simples suporte para a autoridade espiritual do Papa; um plano, pois, com uma antecipação de três quartos de século. A todos os apelos, Pio IX respondia sempre com uma decidida recusa, em que por vezes se sentia uma súbita cólera. A negociação tinha fracassado completamente, quando, de repente, em 1861, Cavour morreu. Tinha cinquenta anos.

Esse verão esteve carregado de eletricidade. Na tribuna do Senado, em Paris, o príncipe Napoleão acabara de pronunciar o seu discurso incendiário, verdadeiro libelo contra o governo pontifício. O Parlamento piemontês, por seu lado, acabava de votar a proclamação do Reino da Itália, com Vítor Emanuel II como rei. E um dos últimos discursos do grande Cavour antes da morte tinha lançado a famosa fórmula, que fora buscar a Montalembert e a Lamennais, mas desta vez aplicada a questões territoriais: "A Igreja livre num Estado livre". Por toda a parte iam aparecendo folhetos e artigos, propondo soluções para a Questão Romana, mas todas ou quase todas concluindo pela supressão do poder temporal. Pela pena de Forcade, a *Revue des Deux Mondes* propunha um plano em doze pontos. Em Milão, uma brochura anônima falava, pela primeira vez, dessas "garantias" que finalmente permitiriam ao papa ceder. O pe. Passaglia, antigo jesuíta, apesar de ser amigo de Pio IX e de ter sido membro da comissão que, em 1854, preparara o texto do dogma da Imaculada Conceição, publicava folhetos que indignavam o Santo Padre. Na França, mesmo entre os católicos, a opinião evoluía[65].

Concretamente, tudo dependia de Napoleão III. Enquanto mantivesse as suas tropas em Roma, podia-se estar certo de que Vítor Emanuel II não ousaria avançar, de que o próprio Garibaldi morderia o freio, lá na ilha de Caprera. Mas o imperador iria deixá-las lá ficar para sempre? Sabia-se que desejava negociações. Via-se como atacava os conventos e as Conferências de São Vicente de Paulo. A eloquência episcopal não facilitava as coisas: o temível mons. Pie, bispo de Poitiers, fazia numa carta pastoral esta alusão ribombante: "Pilatos podia salvar Cristo, e sem Pilatos ninguém podia dar a morte a Cristo [...]. Lava as mãos, Pilatos! Declara-te inocente!"

Havia quem suspeitasse publicamente de que o imperador preparava um cisma. Impenetrável, como era próprio do seu temperamento, e na verdade dividido entre o clã da imperatriz, defensora dos direitos do Papa, e o da princesa Matilde e do seu primo Napoleão, antirromanos convictos, Luís Napoleão hesitava. A sorte de Roma dependia da decisão de um indeciso, a quem o passado de carbonário tão depressa exaltava como inquietava...

"Tu es Petrus"

As desventuras de Pio IX tiveram uma consequência que os seus inimigos decerto não esperavam: um enorme aumento do seu prestígio. No momento em que as suas tropas eram batidas e o edifício dos seus Estados ruía por grandes lanços, cantava-se nas igrejas da França:

> *Glorificai o Sucessor de Pedro*
> *com um triunfo igual às suas dores!*

E o Céu ouviu essa súplica. Se o reinado de Pio IX foi o das amputações dolorosas, foi também o da exaltação do Vigário de Cristo. Foi *in crescendo* uma verdadeira devoção ao Papa, mesmo e sobretudo nos países, como a França, que no passado não se destacavam por essa inclinação. Fato psicológico de capital importância, que explica a facilidade com que a imensa maioria do clero e dos fiéis aceitará a doutrina da Infalibilidade pontifícia; e que explica também por que o esforço de romanização empreendido por Pio IX encontrou tão pouca resistência, até nos países onde ia contrariar veneráveis tradições.

"O Papa — diz de modo excelente o cônego Jarry — deixou de ser uma tese de teologia, para se tornar um chefe carinhosamente amado". Mais que um chefe, um verdadeiro pai, para o qual subia o apaixonado fervor de filhos inteiramente fiéis. Os vendedores de rua difundiam o seu retrato, que aparecia exposto em lugar de honra em inúmeras casas. Por todo o lado se repetiam os pequenos episódios que provavam a afeição dos católicos pelo Pai Comum a quem os malvados despojavam de tudo, quando ele apenas pedia que o deixassem abençoar a humanidade inteira. Por isso foram tão numerosos os Voluntários que acorreram em sua defesa; por isso o Óbolo de São Pedro canalizou para Roma milhões e milhões. Ao apelo que Pio IX dirigiu a todos os católicos para que estreitassem os laços com a Santa Sé, eles responderam de modo admirável.

A que se deveu esse movimento do coração? Apenas às provações sofridas pelo Sumo Pontífice? Não unicamente. Pio VI, Pio VII também as tinham sofrido, e mais ainda que Pio IX, sem desencadearem semelhante impulso. Incontestavelmente, a personalidade de Pio IX teve muito que ver com esse fenômeno: o seu fascínio, a sua grande amenidade, "a simplicidade cheia de grandeza do seu espírito acolhedor, e até esse bom humor que nem as piores provações alteravam senão momentaneamente". Os bispos e os peregrinos que tinham a felicidade de o ver davam testemunho disso; a imprensa comentava-o frequentemente; o mais pequeno retrato deixava adivinhar essa irradiante bondade. A exaltação do papado foi a vitória de um homem, tanto ou mais que a de uma doutrina. "Ver Jesus no seu Vigário — escrevia, Lafond, peregrino de Roma que nos deixou fervorosas recordações — é um ato de fé meritório, mas que tem menos mérito quando se viu Cristo em Pio IX. Cristo está em cada um dos seus vigários na plenitude de doutrina e de autoridade; mas a pessoa de Pio IX dá de certo modo excessiva força à causa de Roma"[66].

São inúmeros os sinais dessa "devoção ao Papa". Em todos os países católicos floresceu então uma literatura ultramontana. Partindo de Maistre e de Lamennais, escritores que nem sempre eram teólogos muito sólidos rivalizavam-se em comentar os atributos do papado. Chegou-se até muito longe nessa via, a ponto de substituir o nome de Cristo pelo do papa nos hinos dos Breviários ou de chamar-lhe "Verbo encarnado que se continua", "terceira encarnação do Filho de Deus"[67], "Vice-Deus da humanidade". Excessos verbais, sem dúvida, mas expressão de uma fé popular tão sincera como profunda. Decididamente, ficavam bem longe os tempos em que mons. Frayssinous contava o ultramontanismo entre as velhas manias.

Outro sinal dessa veneração: a extraordinária quantidade de gente que ia Roma. Não era simplesmente por se ter tornado obrigação que os bispos do mundo inteiro acorriam *ad limina;* era por gosto — ou por interesse. Foram duzentos em 1854, no dia da proclamação do dogma da Imaculada Conceição; duzentos e setenta e cinco em 1862, quando o papa canonizou os mártires do Japão; em 1867, no XVIII centenário do martírio de São Pedro e São Paulo, serão mais de quinhentos, vindos de todas as partes da catolicidade, compreendendo os representantes da Hierarquia oriental. E, com eles, vinte mil padres e cento e trinta mil fiéis! Já no princípio de maio, Roma será literalmente invadida, o que suscitará dificílimos problemas de alojamento. Em 29 de junho, a Cadeira do Apóstolo que foi o primeiro dos papas — tirada do célebre relicário de bronze adossado à ábside da Basílica de São Pedro, por cima do altar-mor ("a Glória de Bernini") — será solenemente transportada em procissão, e em seguida exposta aos olhares dos fiéis, sob a guarda daqueles que desde então se chamam "os zuavos pontifícios"[68].

Essa corrente de fervor é alimentada por uma longa série de canonizações e beatificações. É significativo que a escolha daqueles ou daquelas que vão subir aos altares recaia em nomes oriundos de grande número de países, ou manifeste a grandeza da Igreja, que se vai alargando de acordo com as dimensões do mundo. À Itália pertencem Leonardo de Porto Maurício e Paulo da Cruz, o grande franciscano que fundou os passionistas, e também Maria Francisca das Cinco Chagas, a mística de Nápoles. A Espanha tem Pedro de Arbués, chacinado por falsos convertidos; a França, a gentil pastora Germana, "a violeta de Pibrac"; a Bélgica, o finíssimo jovem João Berchmans. Mas também a Polônia assiste à glorificação do santo arcebispo ruteno Josafat Cunewicz, morto pelos cossacos por ódio ao catolicismo; e os Países Baixos, à dos dezenove Mártires de Gorcum, vítimas do furor calvinista. A canonização dos Mártires japoneses, essa então é uma cerimônia esplendorosa em honra das Missões e desses povos que vão recebendo a Palavra. Cada uma dessas manifestações é ocasião para que os fiéis afluam a Roma e entreguem ao Santo Padre mensagens que lhe garantem o ilimitado devotamento dos seus filhos[69].

Roma, a cidade ameaçada, passa, pois, por um período de glória insigne. Quantos escritores, de todas as nacionalidades, não lhe cantam o incomparável fascínio, a beleza, a poesia, o "perfume" (como diz Veuillot)! Nas ruas da Urbe — iluminadas a gás desde 1854 —, acotovelam-se multidões cosmopolitas. Os artistas — alemães do grupo "nazareno", franceses da Villa Médici — são numerosos. De resto, Pio IX interessa-se pessoalmente pelas Belas Artes. Não é culpa sua que o gosto italiano da época seja diferente do renascentista, como bem se percebe observando os afrescos que *ornamentam* nessa altura Santa Maria do Trastevere ou a decoração da sala que, no Vaticano, serve de vestíbulo às Câmaras e pretende exaltar a Virgem Imaculada.

É Pio IX que consagra São Paulo extra Muros, que ressurgiu das ruínas. É ele que estabelece, à semelhança da de São Pedro, o altar da Confissão das Basílicas do Latrão, de Santa

Maria Maior e dos Santos Apóstolos. Ele que manda fazer escavações em Santa Sabina — contava-se que ele próprio acompanhava os trabalhos, de binóculo, desde a varanda do Quirinal — e também nas Tre Fontane, em memória de São Paulo. E é a ele que Giovanni-Baptista de Rossi deve a autorização para trabalhar no Forum e, mais tarde, nas Catacumbas, e publicar *Roma sotterranea* (1864), livro que entusiasma um grande público. Podemos dizer que não há local ou monumento importante de Roma a que não esteja associado o nome do grande pontífice, até mesmo o Pincio, onde, num dia em que lá passeava, teve a ideia de mandar colocar uns cinquenta bustos, entre antigos e modernos, que aguardavam destino nos porões de alguns dicastérios e aos quais, desde então, muitos outros se juntaram.

Temos de reconhecer que essa glorificação de Roma, essa exaltação do papado não é um fato político ou mundano, nem mesmo um fenômeno sentimental: a alma católica exprime desse modo as suas mais altas aspirações. Terá sido por acaso que o pontificado de Pio IX correspondeu a um desabrochar espiritual extraordinário[70], cujo espetáculo desmente categoricamente as asserções demasiado espalhadas acerca do século XIX, tido por século do materialismo, por século da "agonia de Deus"? Se é verdade que o cristianismo sofreu nessa altura talvez o mais rude assalto de toda a sua longa História, é um fato que conheceu também um período de extraordinária vitalidade, de plenitude. A renovação que germinava desde 1801, como fruto indubitável das provações do período revolucionário, culminou num desenvolvimento de tal ordem que bem poucas épocas lhe podem ser comparadas, deste ponto de vista. Igreja em que a fé se torna mais sólida, mais profunda, menos convencional e rotineira. Igreja cujo clero se transforma e se mostra digno de respeito e mesmo de admiração na sua quase totalidade. Igreja em que as congregações religiosas continuam a proliferar de modo assombroso. Igreja em que se desenvolvem amplos movimentos de devoção, em que renascem as grandes peregrinações. Igreja das aparições de La Salette e de Lourdes. Igreja, ainda, e sobretudo, em que a santidade surge em figuras exemplares, Igreja do Cura d'Ars e de São João Bosco...

É essa Igreja, mais sobrenatural do que porventura jamais o foi desde as suas origens, que se volta para o seu Chefe, sabendo-o digno, como a testemunha viva de Cristo na terra. Um imenso impulso espiritual lança a massa dos católicos para o Papa, porque o Papa é a pessoa sobre a qual repousa o Espírito, sobre a qual repousa a Verdade. É o que sentem, embora confusamente, e querem exprimir os milhares de fiéis que, amontoados debaixo das abóbadas de São Pedro, fazem rolar até ele as ondas das aclamações no momento em que surge, levado na *sedia gestatoria,* e os coros da Sistina entoam o hino *Tu es Petrus:* "Tu és Pedro, e sobre esta pedra edificarei a minha Igreja, e as portas do inferno não prevalecerão contra ela". Não seria exatamente essa certeza o que os católicos iam haurir no amor que votavam ao Sucessor de Pedro? Certeza de uma vitória num plano a que os adversários nem sequer tinham acesso...

A grande divisão dos católicos

Assim, pois, no momento em que o seu poder temporal era gravemente golpeado, Pio IX sentia-se reforçado na sua autoridade espiritual pelo impulso afetivo que levava até ele a enorme multidão dos católicos. Como é que esses inúmeros testemunhos de fidelidade e de confiança que lhe prestavam não haviam de persuadi-lo a travar mais que nunca, e com uma coragem ainda maior, o bom combate pela justa causa? E de levá-lo para o plano que era verdadeiramente o seu, como depositário da Palavra e Doutor da Igreja? Era evidente que agora não poderia repelir com baionetas e canhões o assalto das forças revolucionárias, mas o que podia e devia era mostrar a maldade dessas forças, provar que procediam de erros graves, de heresias espirituais, e denunciar os perigos mortais que faziam correr, não apenas à Igreja, mas à sociedade inteira.

A experiência dolorosa que tinha adquirido já o persuadira: tudo estava contido nesses penosos acontecimentos, todos eles constituíam uma vasta ofensiva contra Deus e a sua Igreja. Os espoliadores dos Estados Pontifícios tinham a mesma origem que os defensores do individualismo revolucionário empenhado em expulsar a religião da vida pública. Todos eles eram herdeiros dos "filósofos" franceses do século XVIII que tinham proclamado a grande rebelião da inteligência; mas também tinham que ver com os mestres da filosofia alemã que esvaziavam o sobrenatural em nome da doutrina do perpétuo devir ou do materialismo dialético e estendiam a mão a Renan, negador da divindade de Cristo. Os protagonistas dos direitos do homem acabavam por negar os direitos de Deus, e os reformadores sociais destruíam as legítimas hierarquias. Uma subversão total: a isso conduziam os princípios da liberdade sem freio. Eram esses princípios que importava condenar.

Para a mente de Pio IX, mantinha-se, portanto, e ainda agravada, a confusão que, desde o início do século, falseava todos os problemas. Sob a mesma designação de "liberais" continuava-se a englobar tanto os mestres de erros que trabalhavam por arruinar os fundamentos da fé como os homens que reclamavam as necessárias mudanças. Quantos teriam a consciência de que havia uma liberdade legítima e uma liberdade inaceitável, e que era preciso distingui-las? Para nós, hoje, essa discriminação é óbvia, e parece-nos perfeitamente normal ouvir a Igreja, pela voz dos seus chefes, afirmar a liberdade e proclamá-la como um dos direitos sagrados do homem. Há cem anos, tal atitude, que fora a do clero francês em 1848, parecia condenada pelos fatos, parecia inaceitável. Não se pode perder de vista essa evolução das ideias e do vocabulário se se quer compreender os motivos e o sentido exato das grandes condenações que Pio IX lançou.

O que o levou a denunciar os erros mortais não foi apenas o sentimento do perigo iminente que ameaçava a Igreja e o papado: foi também a grande divisão em que via lançados os católicos. Havia meio século que ela não cessava de aumentar. É claro que todos os católicos autênticos estavam de acordo em condenar o liberalismo doutrinário: não há liberdade possível quanto aos dogmas revelados, e, desde o momento em que se crê num Deus criador, é preciso admitir que Ele tem direitos sobre as sociedades humanas que criou. Mas, quanto às outras formas de liberdade, quanto às consequências práticas da liberdade, as opiniões divergiam. Homens igualmente religiosos podiam ter atitudes diametralmente opostas: era uma questão de temperamento ou de meio social. O problema com que, desde 1789, o pensamento católico se confrontava continuava por resolver: que atitude tomar em face do mundo saído da Revolução? Seria necessário aceitá-lo ou rejeitá-lo? Na prática, como julgar o regime das liberdades modernas, liberdades políticas, liberdade de consciência, de imprensa, de culto... Seriam de aprovar? De tolerar? De combater?

Alguns imaginavam que bastava assumir sem mais esses princípios e batizá-los, como dissera Lamennais, sem compreender muito bem que esses princípios tinham sido elaborados fora da tradição católica, frequentemente contra ela, e sem tampouco ter em conta que, na medida em que o cristianismo fora associado estreitamente ao *Ancien Régime*, os promotores de um novo regime político e social "não podiam ser levados senão a combater as influências da Igreja, e até, por vezes, do cristianismo, que aderiam a esse passado", o que justificava a hostilidade que os defensores da Igreja lhes opunham[71]. Desde que surgira um "catolicismo liberal", essas questões determinavam um estado permanente de conflito entre os católicos. Em todos os países católicos travavam-se grandes combates entre aqueles que pretendiam entrar no mundo moderno para o cristianizar, e aqueles que o condenavam sem apelo, e os pretextos variavam de caso para caso, mas todos eles eram igualmente prejudiciais ao bom entendimento no seio do rebanho de Cristo.

Essa oposição era visível na própria Itália, embora os *neocatólicos* (assim chamados pelos adversários) fossem, de modo geral, moderados e prudentes. Herdeiros de Gioberti, de Rosmini, de Raffaelo Lambruschini, esses católicos preconizavam ao mesmo tempo uma reforma moral e espiritual da Igreja e uma democratização da Hierarquia e da disciplina eclesiásticas, ao que se opunham os tradicionalistas. Mais ainda, a questão do poder temporal cristalizava a oposição entre as duas tendências.

Apesar de tensões internas da consciência, os católicos liberais preferiam a solução da unidade em torno da Casa de Savoia, o que, a longo prazo, levaria fatalmente à supressão dos Estados Pontifícios. Tinham uma revista, *Il Cemento*, cujos guias eram Massimo d'Azeglio e Tommaseo, o mesmo Tommaseo que ousava declarar que uma minúscula cidade, um "novo São Marino", devia bastar ao papado para garantir a sua independência.

Os partidários da negociação, que se manifestaram logo depois da crise de 1859-60, pertenciam mais ou menos à mesma tendência. Eram eles o pe. Passaglia, o capuchinho Luigi de Trento, o pe. Theiner, oratoriano, Dom Pappalettere, abade de Monte Cassino, e mesmo, em diversas medidas, cardeais como d'Andrea, Amat, Santucci, ou bispos com Losanne e Nazari.

Mas, em oposição a esses, a tendência tradicionalista estava representada pela grande maioria do Sacro Colégio e do episcopado, pela massa do clero. Eram seus guias os rígidos padres jesuítas da *Civiltà Cattolica* e sobretudo o mais notável dentre os seus pensadores políticos, o pe. Taparelli d'Azeglio. Tinham como jornal a *Unità Cattolica*. O grande comandante dessas tropas era o veemente pe. Margotti, o Veuillot italiano, a quem os sucessos de 1859-60 ofereceram um excelente campo de batalha.

Na França, as duas tendências eram ainda mais fortemente vincadas e a oposição mais radical. No clã dos católicos liberais, todos eles saídos, diretamente ou não, do pequeno grupo que outrora, em La Chênaie, tinha ouvido as fulgurantes profecias de Lamennais e dos redatores do *Avenir*, havia matizes e, até mais que matizes, sérias divergências. Os herdeiros da *Ère Nouvelle* não tinham a aprovação de Montalembert, que os acusara de serem excessivamente democráticos. No entanto, a comum oposição ao regime imperial tinha-os unido na mesma antipatia pelos católicos que tinham aceitado Napoleão III com demasiada facilidade, confirmando o fato de que, na França, as questões religiosas tendem a tomar cores políticas. No conjunto, continuavam fiéis ao ideal lamennaisiano: pôr a liberdade, conquista da Revolução, ao serviço do cristianismo: era o que repetia em tom moderado o *Correspondant*.

Em face deles, os católicos intransigentes não careciam nem de energia nem de combatividade. Continuavam a ter por chefe Louis Veuillot. "O católico liberal não é católico nem é liberal — repetia ele —; o nome que lhe cabe é o de sectário". Dom Guéranger não ficava muito atrás do grande panfletário em violência.

Até o episcopado estava mais ou menos dividido. As duas escolas encarnavam-se em dois protagonistas: mons. Pie, bispo de Poitiers, e mons. Dupanloup, bispo de Orléans. O primeiro, rígido doutor, juiz da fé, estava sempre armado de grandes princípios e as suas instruções sinodais sobre os erros do tempo eram tão contundentes como golpes de maça; o segundo era tão militante e batalhador como o seu rival, estava sempre pronto para combater em artigos ou folhetos os Taine ou os Renan, mas era mais sensível às angústias dos contemporâneos, mais empenhado em educar e consolar do que em atacar.

Entre os dois campos, tudo servia para despertar a controvérsia. Quando um certo mons. Gaume publicou um panfleto contra "o paganismo na educação", ou seja, contra o estudo dos clássicos pagãos nos programas escolares — quereria substituí-los pela Vulgata e pelos Padres da Igreja —, os católicos de direita aprovaram-no, e os católicos liberais, com Dupanloup, tomaram partido contra ele. O tom das polêmicas atingiu uma violência quase inimaginável. Veuillot arrastou literalmente pela lama o bispo de Orléans. O *Univers* foi proibido em numerosos seminários e apareceu um volume, visivelmente inspirado por mons. Dupanloup, em que, sob o título de *O "Univers" julgado por si mesmo,* o jornal de Veuillot era classificado de "revolucionário, demagógico", o que provocou a viva reação de alguns bispos, entre os quais mons. Parisis. Já se chegava à fase de uma ação nos tribunais quando a terrível notícia da morte de mons. Sibour, assassinado por um louco à saída da Saint-Étienne-du-Mont, pôs tréguas à querela, mas não por muito tempo.

As querelas da França tinham até repercussões nos países católicos vizinhos.

Na Bélgica, o cardeal Sterckx e seu amigo Henri de Mérode queriam que não se saísse do terreno prático e se defendessem os direitos da Igreja recorrendo às liberdades reconhecidas pela Constituição; outros, mais doutrinários, como Barthélemy Dumortier e depois Adolphe Deschamps, com o *Journal de Bruxelles*, iam na direção de Montalembert ou mesmo de Lamennais, o que desencadeava as iras dos "veuillistas" de Gand, no *Bien Public*.

Na Espanha, a oposição entre as duas tendências surgia cada vez mais como oposição entre dois homens, Jaime Balmes e Donoso Cortés. Um e outro tinham morrido, Balmes em 1848, Cortés em 1853; mas tinham deixado discípulos: María Quadrado, Manuel Muñoz Garnica, por Balmes; Gabino Tajado, Navarro Villoslada, González Pedroso, por Donoso. Balmes fora amigo de Lacordaire; Donoso Cortés, de Veuillot, e a tradução na França das obras de Cortés por iniciativa do *Univers* foi um dos incidentes mais vivos da briga com Dupanloup. Balmes admirara na civilização moderna "essa maravilhosa consciência pública" lentamente formada pela Igreja e de que beneficiavam os próprios inimigos; Cortés repetira que, entre o mundo moderno e o cristianismo, havia "um abismo insondável, um antagonismo absoluto". Balmes louvara "esse aspecto de liberdade que invade o mundo civilizado e penetra por todos os lados, como um rio que transborda"; Donoso denunciara a liberdade como fonte de anarquia e, num discurso célebre, declarara preferir "a ditadura do sabre à da insurreição revolucionária". Oposição total entre as duas tendências. É certo que só se manifestava nos meios intelectuais restritos e em certos grupos políticos; a boa massa dos fiéis estava alheia a esses debates. Mas a História iria provar, até ao nosso tempo, como tudo isso era grave.

Na Alemanha, a oposição revestia-se de características muito particulares, mas não era menos flagrante. Os católicos, no seu conjunto, não morriam de amores pelos princípios de 1789, que tinham na conta de produto importado do estrangeiro. Reclamavam, porém, a liberdade contra os excessos de poder dos governos, contra os empreendimentos dos protestantes, e essa liberdade servia, portanto, a causa do catolicismo. Mons. von Ketteler, no seu livro *Liberdade, autoridade e Igreja,* procurava opor uma doutrina cristã da liberdade à concepção estrangeira e anticristã saída da Revolução Francesa, e quase toda a gente estava de acordo com ele. Era em outro plano que a discussão era mais viva: no plano das ideias, e lá encontrava-se a mesma oposição de mentalidade entre partidários do progresso, do futuro, do "sentido da História", e defensores resolutos dos velhos métodos do passado e da autoridade.

As universidades alemãs vinham atravessando um período de brilhante desenvolvimento desde o início do século XIX. Nelas se dera um notável esforço para repensar a fé católica em função dos problemas modernos, especialmente dos que eram suscitados pela filosofia. E a história e a teologia estavam em plena renovação. Dois grandes grupos se entregavam a tudo isso com fervor: aquele que seguia os ensinamentos de um eminente padre vienense, *Anton Günther* (1783-1863), por um lado, e a escola da Universidade de Tübingen pelo outro — o primeiro, mais especulativo e filosófico, preocupado sobretudo em lutar contra as doutrinas malsãs, nomeadamente o hegelianismo; o segundo, mais apoiado na Escritura e na História, com Drey, Moehler e Hefele, autor de uma monumental *História dos Concílios*. Depois, por volta de 1850, a esses dois centros de pensamento vivo veio juntar-se um terceiro, dentro em pouco ainda mais vigoroso, que foi o da Universidade de Munique; neste, impôs-se um sacerdote com temperamento de fogo e inteligência poderosa, *Joseph Ignatius Döllinger,* antigo discípulo de Garres, autor de um famoso *Manual de História Eclesiástica* e, além disso, homem de ação que acabava de desempenhar um papel importante no Parlamento de Frankfurt e depois na assembleia episcopal de Wurzburg. Também Döllinger preconizava a renovação da teologia pelo trabalho científico, sobretudo de natureza histórica.

Toda essa atividade, admirável em si mesma, não era isenta de certa jactância. Muito orgulhosos da sua ciência, os teólogos universitários menosprezavam todos aqueles que não lhes pareciam estar no seu nível, e particularmente os teólogos romanos, esses de quem se dizia com pouca gentileza: "*Doctor romanus, asinus germanus*"...

Mas, em face desses, estava a escola de Mogúncia, com Lening, Heinrich, Moufang, pouco depois apoiada, em Bonn, pelo jovem leigo *Friedrich Jakob Clemens,* de temperamento muito vivo. Nessa escola, desconfiava-se claramente dos novos métodos, defendia-se a velha escolástica, preferia-se formar padres santos a formá-los sábios, e, acima de tudo, obedecia-se cegamente a Roma, à Tradição, à *Civiltà cattolica...*

Multiplicaram-se os incidentes entre os dois campos. Denunciado ao Santo Ofício como suspeito de racionalismo, o velho Günther foi condenado e submeteu-se. Döllinger foi, por sua vez, considerado suspeito, quer por causa da sua teologia, quer em razão de certa linguagem pouco hábil, que o levava a falar da "Igreja Nacional alemã" e a declarar, em conferência pública, que o poder temporal dos papas era historicamente pouco fundamentado e, para mais, pouco necessário, o que lhe valeu ser tratado de Judas pelo bispo de Luxemburgo...

A tensão era, pois, uma constante entre os católicos em toda a parte. Mesmo na jovem igreja da Inglaterra, que então vivia tão maravilhosa primavera e onde as discussões também atingiam um tom bastante azedo. Também aí se encontravam as duas tendências uma contra a outra: liberais contra antiliberais, "nacionalistas" contra "romanos". Um dos pontos de fricção era a atitude a manter para com os protestantes: uns preferiam a doçura fraterna, outros, o método forte.

As duas tendências encarnavam-se em dois homens, duas das maiores figuras do catolicismo inglês: Newman, por um lado, e, por outro, o colaborador imediato do cardeal Wiseman e seu futuro sucessor, Henry Manning. O primeiro, homem de vida interior, pouco dado à polêmica; o segundo, vigoroso combatente da causa católica, que o seu amigo Ward defendia com veemência na sua *Dublin Review.* Mas os incidentes entre os dois campos foram pequenos: Newman recusava-se a colaborar na revista de Ward; Manning impedia Newman de fundar um lar de estudantes em que queria acolher os anglicanos. O tom ia *in crescendo,* e em Roma, mons. Talbot, camareiro do papa e amigo de Manning, assegurava que os livros de Newman continham opiniões *uncatholic and unchristian,* enquanto esperava pelo momento de dar ao ilustre convertido o epíteto de "o homem mais perigoso da Inglaterra"... Disputa pelo menos lamentável, que se acentuava com outra: a que era provocada pelas audácias do *The Rambler,* revista fundada e dirigida pelo ruidoso Lord Acton, o *enfant terrible* do catolicismo inglês, discípulo e amigo de Döllinger, que reclamava simultaneamente a liberdade intelectual, como o seu mestre, e o direito de os leigos tomarem iniciativas para a defesa da Igreja, coisa a que os bispos, até os liberais, estavam pouco inclinados...

O espetáculo dessa grande divisão dos católicos inquietava profundamente Pio IX. O papa via que quase em toda a parte se formavam clãs, opostos uns aos outros, desprezando-se uns aos outros, cada um deles proclamando ser o único detentor da verdade; os liberais tratavam os adversários de fósseis, ruínas do passado, e os "integristas" farejavam heresia em tudo. E o papa achou que era necessário falar. A sua voz far-se-ia ouvir com toda a solenidade e autoridade desejáveis acerca da questão fundamental que dividia os católicos, e os fiéis saberiam a que ater-se. Em que sentido iria ele resolver o espinhoso problema da liberdade? Não era difícil de adivinhar... Desde o drama de 1848 e da sua amarga decepção, sentia-se mais próximo de Veuillot, de Donoso

Cortés, de Manning, de Clemens e da *Civiltà Cattolica*, do que dos adversários destes. Nas suas palavras e escritos, repetiam-se fórmulas veementes para profligar o liberalismo: "pérfido inimigo", "vírus oculto", "peste perniciosa". Do catolicismo liberal, dizia: "É um pacto entre a justiça e a iniquidade, mais perigoso que um inimigo declarado".

Dois incidentes acabaram por decidi-lo a falar. No mesmo verão de 1863, houve dois congressos católicos: um em Malines, outro em Munique. E de características bem diferentes: o primeiro era uma vasta assembleia onde numerosíssimos católicos se propunham responder à *Vida de Jesus* de Renan, que acabava de aparecer, reafirmando, "num foco de luz, de caridade e de amor, a santa aliança dos filhos da Igreja"; o outro era uma reunião de teólogos, de filósofos e de sábios. Mas, quer num, quer no outro, o que se disse não era muito do agrado de Pio IX.

Em Malines, o orador mais ribombante foi Montalembert, que pronunciou dois discursos em que, retomando as ideias que sempre tinham sido suas, afirmou que "a Igreja não podia ser livre senão no seio da liberdade geral"; criticou o *Ancien Régime,* "que não admitia nem a liberdade civil, nem a liberdade política, nem a liberdade de consciência", e declarou que "o inquisidor espanhol e o terrorista francês" o horrorizavam por igual. Publicados sob o título de *A Igreja livre no Estado livre,* que infelizmente recordava Cavour, os discursos de Montalembert indignaram e afligiram o papa, que neles viu uma reaparição do condenado lamennaisianismo. Por respeito pelo velho combatente das lutas católicas, Pio IX não consentiu que os seus textos fossem postos no *Index,* mas, discretamente, deu a conhecer ao autor a sua desaprovação.

Um mês depois, em setembro, reunia-se em Munique a "conferência dos sábios católicos", apesar das reservas e protestos da Hierarquia, que não fora consultada. Num espetacular discurso sobre O *Passado e o Futuro da Teologia,* Döllinger reclamou para o teólogo uma total "liberdade de movimentos" em todas as matérias em que não estivessem em causa os dogmas, pediu que os erros fossem combatidos, não a golpes de autoridade, mas com armas científicas. E chegou ao ponto de opor a teologia alemã à romana! Um telegrama habilmente redigido, que transmitia ao papa a submissão filial de todos os congressistas, não iludiu por muito tempo Pio IX acerca do verdadeiro sentido do que fora dito. E achou ter chegado a hora de se opor aos progressos do vírus "liberal" no meio católico, de avisar os cegos, os temerários e os imprudentes sobre o temível perigo em que se encontrava a Igreja. Tinha de falar, na qualidade de Pastor e de Doutor, visto que estava em causa a Verdade. E, persuadido de que obedecia às exigências da sua sagrada missão, Pio IX falou.

"Quanta cura" e "Syllabus"

Nos meados de dezembro de 1864, apareceu uma Encíclica que, muito antes de ser conhecida, já a voz pública considerava importante, e cujo tom, vibrantemente repleto de uma santa cólera em muitos pontos, fez sensação. Estava datada de 8 desse mês, festa da Imaculada Conceição. A própria escolha dessa data era sintomática: Pio IX queria, obviamente, assinalar com isso uma filiação, uma intenção permanente. Assim como, em 1854, proclamara sozinho, na soberania dos seus direitos[72], o dogma mariano, assim agora, dez anos passados, erguendo-se em toda a sua estatura diante de tantos adversários temíveis, ia denunciar o erro na plenitude da sua autoridade.

Não era de ontem a ideia de uma condenação solene das heresias da época. Sem necessidade de remontar à *Mirari vos* e à *Singulari nos,* Encíclicas publicadas por Gregório XVI durante o caso Lamennais[73], é fácil encontrar para ela vários antecedentes e até apadrinhamentos bastante inesperados. Já em 1849 um arcebispo italiano, pouco conhecido, lá na sua modesta sé de Perugia, pedira ao papa que traçasse um quadro de conjunto desses erros e das razões teológicas que a Igreja tinha para os condenar. O fato merece ser sublinhado, porque esse jovem arcebispo se chamava Gioachino Pecci e viria a ser o papa Leão XIII, o que mostra suficientemente como é absurda a ideia, demasiadas vezes repetida, de que entre o pensamento de Pio IX e o do seu sucessor há uma oposição rígida. Dez anos mais tarde, outro bispo, em carta dirigida ao clero diocesano, retomara esse desejo e, dando até início ao trabalho, fixara o "triste resumo" de tais erros em oitenta e cinco proposições "heterodoxas ou ameaçadoras"; esse bispo não era outro senão mons. Gerbet, um dos discípulos preferidos de Lamennais, um dos mais fervorosos ouvintes do profeta de La Chênaie, o "Platão cristão" do grupo do *Avenir.*

O próprio Pio IX já desde 1854 tinha em mente algo parecido: falara disso aos bispos reunidos em Roma para a proclamação do dogma da Imaculada Conceição, e a mesma comissão que preparara o texto dessa proclamação fora também encarregada de estudar essa possibilidade. A ideia de mons. Gerbet — elaborar uma lista dos erros modernos — foi, portanto, retomada pelo papa. E, uma após outra, duas comissões de teólogos receberam ordens de apressar o trabalho. O projeto por eles estabelecido, e que era um catálogo de 61 proposições condenadas, foi submetido aos bispos vindos a Roma, em 1862, para a canonização dos Mártires do Japão. E a alocução *Maxime illud,* ao atacar "os turbulentos adeptos de dogmas perversos", deu bem a entender que o papa estava prestes a empenhar-se na luta. A imensa maioria do episcopado mostrou-se de acordo com o projeto.

Alguns, porém, como o cardeal Sterckx e mons. Dupanloup (talvez também o próprio cardeal Antonelli) manifestaram o receio de que uma condenação demasiado radical fizesse o jogo dos adversários. Transcorreram mais dois anos em trabalhos suplementares, a cargo de uma nova comissão, com o fim de introduzir precisões, tanto mais necessárias quanto a imprensa, na sequência de uma fuga de informações, conseguira fornecer ao público o texto das 61 proposições a serem objeto de censura. Mas, em 1864, Pio IX entendeu que não podia nem devia esperar mais tempo.

O documento pontifício compreendeu dois textos, bem diversos no tom, mas complementares: uma Encíclica, designada, segundo o costume, pelas duas primeiras palavras — *Quanta cura* —, e um catálogo — em latim *Syllabus* —, verdadeiro repertório das doutrinas, teorias, ideias e afirmações que a Igreja condenava. Se a Encíclica tivesse surgido isolada, certamente teria feito menos barulho; recobertos pelo majestoso véu do estilo habitual nesse gênero de escritos, os seus solenes anátemas ainda poderiam ser aceitáveis. Mas as oitenta breves fórmulas do *Syllabus*, essas eram perfeitamente, terrivelmente, precisas: ninguém podia iludir-se quanto ao seu sentido nem quanto ao seu alcance. Em poucas linhas, aí ficava formulada uma opinião e, a seguir, referências a textos pontifícios que tinham fixado a doutrina da Igreja nessa matéria. Bastava fazer a contraposição do que se lia, para conhecer a verdade católica.

Na Encíclica, os pontos mais salientes eram seis. Por um lado, a condenação do princípio do Estado laico, que pretende que "a sociedade humana seja constituída e governada sem ter em conta a religião, como se esta não existisse"; a da liberdade de consciência e dos cultos; e a da soberania do povo considerada como "lei suprema, independente de todo o direito humano e divino". E, por outro lado, três afirmações solenes: a da independência absoluta da Igreja em face de qualquer poder civil, a do seu direito sagrado de formar as consciências e em especial as dos jovens, e finalmente a da plenitude da autoridade pontifícia, mesmo nos domínios "que não dizem respeito aos dogmas da fé e dos costumes".

Quanto ao *Syllabus,* passava em revista todas as doutrinas, recentes ou não, que minavam a religião, a Igreja e a sociedade cristã. Referia-se tanto ao racionalismo, que pretende opor a razão à Revelação, como ao "naturalismo", negador de Deus, ao panteísmo, que em tudo vê o divino, ao indiferentismo, que permite a cada homem crer ou não crer a seu bel-prazer, ao utilitarismo, que aconselha "a acumular de qualquer maneira a riqueza e a procurar o prazer". Como também atingia o galicanismo, partidário "de igrejas nacionais, subtraídas à autoridade do Pontífice", o estatismo, que subordina a Igreja ao poder público, e ainda as recentíssimas teorias do socialismo e do comunismo, "espécie de pestes" que destroem a própria ordem social. Repassavam-se, pois, todos os aspectos da grande rebelião da humanidade contra os dogmas e os direitos do cristianismo: metafísicos, morais, jurídicos, sociológicos. Duas proposições recordavam o principado temporal do Pontífice romano e proibiam os católicos de admitir que "a abrogação da soberania civil que a Santa Sé possui seria muito vantajosa para a liberdade e a felicidade da Igreja". A última secção, constituída pelas proposições 77 a 80, formulava uma condenação sem apelo do liberalismo. Intencionalmente, a última tese condenada pelo *Syllabus* era esta: "O Pontífice romano pode e deve reconciliar-se e pôr-se de acordo com o progresso, o liberalismo e a civilização moderna": anátema para quem pensasse assim!

Nem a *Quanta cura* nem o *Syllabus* traziam qualquer novidade. Pio IX não fazia mais do que retomar, conforme ele próprio dizia, o ensinamento tradicional dos seus predecessores. Mas fazia-o de modo mais completo, mais sistemático que qualquer deles. Os termos que utilizava eram de um vigor e até de uma violência não usuais: por exemplo, os "homens maliciosos" que prometem a liberdade eram chamados "escravos da corrupção"; a sabedoria humana era qualificada de "palavriado". E sobretudo as circunstâncias em que esses anátemas eram fulminados davam aos textos pontifícios um enorme poder explosivo. No momento em que se discutia, mesmo entre católicos, sobre os direitos do homem à liberdade, em que a *Vida de Jesus* de Renan se espalhava como uma epidemia, em que se debatia a Questão Romana em todas as Chancelarias e em inúmeras consciências, compreende-se que o *Syllabus* tenha tido o efeito de uma bomba.

Entre os adversários da Igreja, foi um rugido de furor: o papa declarava guerra à sua época! "Supremo desafio lançado ao mundo moderno pelo papado moribundo!", escrevia *Le Siècle*. Ressoou por toda a parte, na forte expressão de mons. Dupanloup, "um abominável *hallali* ["algazarra"] de todos os que uivam na imprensa contra o Velho desarmado do Vaticano". O governo de Napoleão III declarou a Encíclica e o *Syllabus* "contrários aos princípios sobre os quais assenta a Constituição do Império", e denunciou ao Conselho de Estado, como responsáveis por um ato abusivo, os bispos que os mandaram ler nas igrejas. Na Itália, organizaram-se em Nápoles e em Palermo cerimônias nas quais se queimaram solenemente os dois documentos, com grande acompanhamento de discursos e imprecações. Na Alemanha, apesar de a emoção ter sido menos viva, os jornais protestantes anunciaram que se regressava à Inquisição.

Entre os católicos, as reações variaram muito consoante os temperamentos e os sentimentos. Veuillot iluminou-se e pôs-se imediatamente a escrever um panfleto que, sob o título de *A ilusão liberal*, utilizava a Encíclica e o *Syllabus* para rachar de alto a baixo os seus adversários. Na Itália, alguns bispos organizaram assembleias de fiéis para agradecer ao papa a sua intervenção: em Turim, reuniram-se mais de

150 mil pessoas! Na Áustria, alguns jesuítas consideraram-se no dever de comentar os textos romanos, para os fazer dizer ainda mais do que diziam, e para censurar aqueles que, ainda que fossem bispos (como von Ketteler), procuravam deitar mais água que lenha na fervura.

Entre os católicos liberais, reinou o assombro e o acabrunhamento: "Foi um trovão", disse o pe. Broglie; "surpresa, emoção, inquietação", diria mais tarde mons. d'Hulst. Tais foram os sentimentos desses católicos. Na sua quase totalidade, aceitaram as advertências do Pai Comum sem reticências, mas não sem tristeza, como confessaram Montalembert, Newman e bastantes outros. "Nas províncias — escrevia alguém a Montalembert —, a situação dos católicos liberais é muito triste: os do *Monde* tratam-nos como se fossem hereges ou pestíferos, e os descrentes com uma comiseração ultrajante". Menos submisso, o pe. Passaglia, no seu *Messagero,* não hesitou em fazer uma viva crítica aos documentos pontifícios[74]. Em Munique, Döllinger redigiu um panfleto tão violento que não ousou publicá-lo, mas, verbalmente, não se furtou a denunciar "a carta do partido ultramontano, lançado à conquista da Alemanha".

Não haveria, então, nada mais a fazer senão desolar-se em silêncio ou recriminar? Houve quem não pensasse assim. Alguns cardeais políticos, como Antonelli, inquietos com a vaga de furor que avançava contra a Santa Sé, esforçaram-se por explicar aos diplomatas que o papa só quisera condenar as más paixões do século e não os regimes que, mesmo apoiados nos princípios da Revolução, estavam em boas relações com a Igreja. Pio IX, dizia o Secretário de Estado, afirmou solenemente os seus direitos sagrados, mas isso era a tese, o ideal supremo; na realidade, a Santa Sé estava bem decidida a ter em conta as circunstâncias. Essa distinção sutil aparecia, aliás, formulada na severa *Civiltà cattolica.* E, afinal, a observação dos fatos não provava que era justificada? Em conversa com um prelado romano, o jovem Augustin Cochin apontava-lhe os soldados de Napoleão III que garantiam a liberdade da Sé Apostólica e dizia-lhe: "Pois sim: vós sois a doutrina católica; mas quem vos guarda são os princípios de 1789, que estão aqui às vossas portas, de calça encarnada". Era a clara prova de que as condenações fulminadas por Pio IX, teóricas como eram, podiam muito bem, na prática, tornar-se bastante acomodatícias...

Acalmada a emoção do primeiro embate, foi para esse lado que as coisas se orientaram. Da Encíclica, nada havia a dizer: não fazia mais do que recordar, em termos de grande altura, os direitos eternos da Igreja. Quanto ao *Syllabus,* para o compreender adequadamente, era preciso colocar as oitenta proposições no seu contexto e ver de perto os documentos pontifícios citados no catálogo para condenar cada uma delas. Então se perceberia que Pio IX não quisera rejeitar em si mesma toda a civilização moderna, a liberdade e o progresso — pois de modo nenhum quisera suprimir as estradas de ferro, a iluminação a gás e o telégrafo, como lhe lançavam em rosto os ímpios —, mas anatematizava a liberdade, o progresso e o mundo moderno tais como os descrentes os concebiam, ou seja, como máquinas de guerra contra a religião[75].

Em fins de janeiro de 1865, apareceu na França uma pequena brochura de setenta páginas, de aspecto mais que modesto, composta num corpo de letra bem pequeno, visivelmente destinada a ser difundida a baixo preço. O assunto era a Encíclica de 8 de dezembro e o autor, mons. Dupanloup. Era uma maravilha de habilidade, um modelo de sutil casuística, e ao mesmo tempo um panfletozinho bem vivo, em que os adversários da Igreja eram diligentemente fustigados, entre eles os "jovens professores" do *Journal des Débats,* acusados de terem tratado com ultrajante ligeireza o sentido literal e até gramatical do texto latino. A propósito de um outro documento papal, foi possível falar, mais recentemente, do "bom uso das Encíclicas". Exatamente. Mons. Dupanloup "usava" da *Quanta cura* e do *Syllabus* com uma ciência perfeita. Todos "os fantasmas criados pelos jornalistas, as suas interpretações tão fabulosamente exageradas" se desvaneciam. O papa não tinha querido condenar senão os excessos, os desvios, a falta de senso da medida das doutrinas revolucionárias. E quem não lhe daria razão?

Bastaria ser dotado de espírito crítico próprio "do mais simples aluno de filosofia dos bancos dos nossos seminários", para fazer as distinções que se impunham de per si. Por exemplo, a proposição 80 do *Syllabus* parecia condenar sumariamente a civilização moderna; mas, na realidade, que quisera ela dizer? "Naquilo que os nossos adversários — observava Dupanloup — designam sob o nome tão vagamente complexo de civilização moderna, há coisas boas, coisas indiferentes e também coisas nocivas". Com aquilo que é bom ou indiferente, o papa não tem por que reconciliar-se: dizê-lo seria uma impertinência. Com o que é mau, o papa não deve nem pode reconciliar-se nem transigir: dizê-lo seria um horror. O mesmo se passa com esses outros termos, igualmente vagos e complexos, de progresso e de liberalismo".

O opúsculo de mons. Dupanloup teve um êxito prodigioso. Em seis meses, foram vendidos para cima de cem mil exemplares; e foi imediatamente traduzido para o italiano e o alemão. Os "jovens professores" do *Joumal des Débats* protestaram: o bispo tinha "transfigurado a Encíclica" e achara maneira de "abençoar Jacó em lugar de Esaú". O próprio Montalembert usou de uma palavra amarga: "uma pequena obra-prima de eloquente escamoteação". Mas os núncios apostólicos em Munique, Viena e Lisboa escreveram ao autor, dizendo que o seu livrinho estava a fazer um bem inaudito. Seiscentos e trinta bispos enviaram-lhe felicitações, entre eles mons. Gioachino Pecci. E o papa confidenciou a um amigo: "Ele explicou e fez compreender a Encíclica como deve ser compreendida". E, no entanto, seria mesmo isso? O Breve que mons. Dupanloup recebeu em agradecimento foi redigido em termos prudentes e exprimiu a ideia de "que ele saberia passar a expor o verdadeiro pensamento contido na Encíclica tanto melhor quanto soubera refutar com maior energia as interpretações errôneas". Em contrapartida, Veuillot, então em Roma, logo redigira umas notas claramente críticas acerca da brochura de Dupanloup; mas não conseguiu vitória: a sua *Ilusão liberal* não foi oficialmente aprovada, embora Pio IX tivesse dito em privado: "São absolutamente as nossas ideias".

Quanta cura e o *Syllabus* não vinham, pois, pôr fim às divergências e querelas entre católicos. Montalembert qualificou Veuillot de "o inimigo mais temível da religião que o século XIX já produziu"! Em Munique, Döllinger intensificou a sua atitude antirromana, que o iria levar à ruptura. Os mais moderados entre os católicos desejavam — e mons. Dupanloup dizia-o em termos elevados — que Pio IX, depois de ter "condenado os principais erros da nossa época", se dispusesse a "voltar os olhos para o que ela pode ter de honroso e de bom", e assim reconciliasse "a razão com a fé, a liberdade com a autoridade". Esse papel seria exatamente o que viria a ser assumido, vinte anos mais tarde, por um outro papa, Leão XIII. Mas era possível que Pio IX o desempenhasse? A crise era demasiado aguda, os espíritos andavam sobre-excitados, e certos interesses até então tidos por sagrados vinham sendo objeto de ameaças. E em todos os domínios, afinal, faltava ainda fazer as necessárias distinções.

Há mais de cem anos que os atos pontifícios de 1864 vêm sendo discutidos. Será verdade, como escreve Charles Ledré, que "o *Syllabus* ainda hoje causa um mal-estar não dissimulado em grande número de católicos instruídos" e lhes provoca "má consciência"? Se é assim, é porque eles não o situam à luz daquele tempo e continuam a ser vítimas da ambiguidade do vocabulário. E é talvez também porque não avaliam a importância daquilo que estava em jogo. Nesses meados do século XIX, diz excelentemente o pe. Congar, "Revolução significava muito mais do que supressão dos privilégios; República, coisa diferente e bem mais que um regime político de vida; Mundo Moderno, coisa diferente e bem mais que um conjunto de condições de vida e uma sensibilidade com simpatia por certos valores. Debaixo dessas grandes categorias tornadas *mitos,* havia, de fato, uma rejeição de toda e qualquer submissão a uma autoridade superior à consciência individual, uma rejeição que implicava a rejeição da soberania de Deus e, singularmente, de Deus revelador"[76]. Foi esse perigo, diretamente nascido da rebelião luciferina da inteligência, que Pio IX viu claramente e quis deter. Que cristão poderia negar-lhe razão e admitir que, fazendo o que fazia, o papa saía do seu papel de Pastor e de Doutor?[77]

Era assim que a *Quanta cura* e o *Syllabus* surgiam como atos de guerra[78], decisivos, na prolongada luta que a Igreja sustentava havia mais de um século contra forças que procuravam minar-lhe os alicerces. Eram respostas a inúmeros ataques lançados contra ela em todos os terrenos e que, nesse mesmo instante, se traduziam em fatos. Porque não se deve esquecer que, se as razões que levaram a publicar o *Syllabus* em dezembro de 1864 foram acima de tudo espirituais, o clima em que essa decisão foi tomada não podia ser alheio a ameaças que, mais obsidiantes que nunca, pesavam sobre Roma e que os próximos anos iam ver em execução.

Roma ou a morte

Com efeito, em 15 de setembro de 64, fora assinada uma Convenção entre a França e a Itália que Pio IX, com alguma razão, achava bem inquietante. Napoleão III comprometera-se a retirar as tropas dos Estados Pontifícios num prazo de dois anos; por sua vez, Vítor Emanuel II prometera não atacar o território pontifício e impedir, mesmo pela força, qualquer ataque vindo do exterior contra esse território. Seria constituído, com voluntários católicos estrangeiros, um exército papal suficiente para manter a tranquilidade no interior e a paz nas fronteiras, mas "que nunca viria a degenerar em instrumento de ataque contra o governo italiano".

Tal foi o desfecho das negociações que, desde 1860 e o penoso recontro de Castelfidardo, não tinham deixado de prosseguir, nos bastidores, entre a Santa Sé e Napoleão III. O imperador, que reforçara a pequena guarnição francesa destinada a proteger os restos dos Estados Pontifícios, sonhava provocar um acordo amigável entre Vítor Emanuel II e o papa. Mais judicioso, o seu ministro Thouvenel chamava a esse acordo "o casamento entre a carpa e o coelho". De resto, os planos imperiais variavam: ora sugeria que Pio IX renunciasse aos territórios perdidos, em troca do que Vítor Emanuel II prometeria respeitar os outros; ora falava de abandono total do poder temporal e da criação, com palavras de Augustin Cochin, de "uma espécie de Avinhão em Roma".

Mas a todas essas diferentes propostas Pio IX opôs um *non possumus* sempre categórico. Quando o embaixador da França levantou claramente o problema, recebeu do cardeal Antonelli esta resposta: "O Soberano Pontífice, antes da sua eleição, tal como os cardeais quando são nomeados, compromete-se por juramento a nada ceder do território da Igreja. Portanto, o Santo Padre não fará nenhuma concessão dessa natureza. Mesmo um Conclave não teria o direito de o fazer[79]. De século em século, os seus sucessores não terão a liberdade de o fazer". Nada havia, pois, a esperar nesse sentido.

Napoleão III, cuja política interna vinha evoluindo para a esquerda, talvez se tivesse cansado de encontrar pela frente a intransigência do papa. Ou terá acreditado sinceramente na boa-fé de Vítor Emanuel II? A verdade é que, quando o marquês Pepoli, diplomata italiano que lhe era aparentado por via feminina, lhe sugeriu a retirada das suas tropas, o imperador não disse que não. E, afinal, o jovem governo da Itália acabara de dar provas de boa vontade e de leal energia. Durante o verão de 1862, Garibaldi, que, após haver entrado em Nápoles com Vítor Emanuel II, mordia o freio na ilha de Caprera, reentrara em cena: convidado pelos patriotas a ir à Sicília, pronunciara aí fulgurantes discursos para conclamar "o povo das Vésperas Sicilianas" a exigir de Napoleão III a retirada das tropas. Depois, ao grito de "Roma ou a morte!", lançara as suas tropas, os seus Mil, à conquista da Itália, embarcando-os em dois navios franceses atracados perto de Catânia. Mas o governo de Turim tinha reagido com grande firmeza: o primeiro-ministro, Rattazzi, censurara "as culposas impaciências e as agitações fora de propósito" e enviara à Calábria um navio de guerra e tropas suficientes para deter o avanço do condottiere da camisa vermelha. Ferido no combate de *Aspramonte,* Garibaldi fora encerrado num forte em Spezia.

No entanto, era preciso ter uma grande dose de ingenuidade — se não de cinismo — para acreditar, como parecia acreditar Napoleão III, que o governo de Turim iria respeitar por muito tempo os seus compromissos. É certo que, alguns meses mais tarde, como para dar provas de que renunciava sinceramente a Roma, esse governo conseguiu que o Parlamento votasse a transferência da capital para Florença (o que desencadeou uma revolta em Turim). Mas não fazia nenhum mistério acerca dos seus sentimentos profundos. O novo chefe do executivo, que era o general La Marmora, declarava, em plena Câmara dos Deputados:

"Podemos avançar lentamente, mas jamais recuaremos". E o seu ministro de Relações Exteriores, marquês Visconti-Venosta, acrescentava: "Privado das baionetas estrangeiras, o poder temporal não poderá durar muito mais tempo".

Durante os dois anos de prazo previstos pela Convenção, Napoleão III continuou, porém, a tentar negociar, pondo de parte um projeto de "garantias coletivas" formulado pela Áustria e pela Espanha, na esperança de ser o *deus ex machina* da Questão Romana. Na realidade, estava mais indeciso que nunca, repuxado entre as influências contraditórias do seu círculo, jurando a uns estar resolvido a defender os domínios pontifícios, se sobre eles pesasse uma nova ameaça, e ao mesmo tempo aproximando a Itália da Prússia, com o que preparava para Vítor Emanuel II novas aquisições territoriais que, tornando-o ainda mais o senhor da Península, acabariam por colocá-lo na posição de resolver como lhe apetecesse a Questão Romana.

E, em Roma, que se pensava de tudo isso? O ambiente tornava-se cada vez mais pesado. Eram frequentes os atentados contra os soldados franceses do corpo de ocupação, contra os zuavos pontifícios ou até contra burgueses que exprimissem demasiado ardor na lealdade ao papa. Rebentaram bombas num café, numa praça e mesmo na colonata de Bernini. De noite, as paredes cobriam-se de dísticos à glória de Vítor Emanuel II e de Garibaldi. No alto do Pincio ou do Janículo, soltavam-se fogos de artifício com as três cores da Itália. Ou então, no Corso, fazia-se passar, uivando, uma matilha de cães com um aguilhão espetado debaixo da cauda, todos eles com uma cobertura tricolor...

No Quirinal, eram poucos os que alimentavam ilusões acerca da solidez dos acordos de setembro de 1864 e do futuro que esperava Roma; no fundo, já ninguém acreditava que o poder temporal pudesse durar muito mais. Mas, quanto à atitude a adotar, as opiniões divergiam. Borbulhante e brioso, mons. Xavier de Mérode, que, desde 1860, como "Ministro das Armas", tomara o primeiro lugar, achava que era necessário "cair com honra", batendo-se sozinho, sem mendigar a incerta ajuda de Napoleão III. Por sua vez, o cardeal Antonelli pensava que era inútil brincar aos cavaleiros, que era preferível servir-se da diplomacia, opor as potências umas às outras, fazer pressão sobre Napoleão III por meio dos católicos: numa palavra, segundo as palavras de um diplomata, portar-se "como um condenado à morte que já não ousa esperar o perdão, mas se contenta com obter um adiamento". Finalmente, foi o clã Antonelli que triunfou, talvez porque Mérode se declarava partidário de profundas reformas internas na administração pontifícia, o que feria muitos interesses, e talvez também porque Napoleão III impôs o seu afastamento. Em outubro de 1865, Pio IX chamou o ministro das Armas e disse-lhe que, "vendo-o fatigado e doente, decidira conceder-lhe o merecido repouso". Certamente, o papa pensava que, à vista da inutilidade de qualquer resistência, só havia que esperar de Deus a defesa dos seus direitos.

As tropas francesas abandonaram Roma a 15 de dezembro de 1866. No decurso da audiência que concedeu aos seus oficiais, Pio IX usou a linguagem da desilusão: "A revolução chegará dentro em pouco a Roma. Diz-se que a Itália já está feita... Não: falta-lhe ainda este pedaço de terra. E, quando ele já não nos pertencer, o estandarte revolucionário flutuará sobre a capital do mundo católico". Durante os últimos meses, os acontecimentos tinham continuado a suceder-se, e todos no sentido mais ameaçador para a Sé Apostólica. No princípio do verão, Bismarck lançara contra a Áustria a fulgurante ofensiva da Boêmia, esmagando em Sadowa (3 de julho) as forças da monarquia dual; e Vítor Emanuel II, aliado à Prússia por arranjos de Napoleão III, garantido por este contra o risco de ser derrotado, conseguira conquistar Veneza depois de ter perdido o exército em Custozza e a armada em Lissa[80]. Para a Itália ficar totalmente "feita", já só restava anexar Roma, de uma maneira ou de outra. Para o impedir, acaso bastaria a "Legião de Antibes", essa pequena brigada de voluntários, sobretudo franceses, que Napoleão III encarregara o general d'Aurelles de Paladines de organizar e que desfilara pelas ruas de Roma nos fins de setembro? Brava, disciplinada, bem treinada..., mas tão pequena...

E Garibaldi reapareceu. Libertado, voltado a capturar, novamente saído do cárcere, "o herói dos dois mundos", cuja popularidade era agora prodigiosa, anunciou alto e bom som que tencionava decidir, sozinho, a questão de Roma. Ao longo de um ano inteiro, pronunciou por toda a Itália discursos incendiários contra "o câncer da Pátria", "o Vampiro da Itália" e o "imperador traidor". Sem se esconder, juntava tropas de voluntários. O governo italiano deixava andar, evidentemente com a segunda intenção de utilizar o *condottiere* na altura oportuna. Rattazzi, cuja mulher, prima-sobrinha do imperador, desenvolvia em Paris uma atividade ruidosa, estava persuadido de que o governo francês se contentaria com ameaças verbais e deixaria que os acontecimentos seguissem o seu curso. Em vão Pio IX lançava, em outubro, um grito de alarme. Parecia que o irreparável ia acontecer: os garibaldinos já ocupavam Monte Rotondo; funcionava em Roma um Comitê revolucionário; ocorriam escaramuças na colina dos Parioli; atacava-se um quartel; rebentava uma bomba na Piazza Colonna... Não havia dúvida de que o assalto era iminente.

Ao receber essas notícias, Napoleão III irritou-se. Um corpo expedicionário comandado pelo general Failly partiu a toda a pressa de Toulon e chegou a Roma a 1° de novembro. Em vão o novo Presidente do Conselho italiano, que era o general Menabrea, anunciara a intenção de ser ele mesmo a deter o avanço de Garibaldi. Numa dessas bruscas reviravoltas que lhe eram habituais, o imperador, julgando-se ofendido, decidiu ir até ao fim. O exército francês, apoiado pelas tropas pontifícias, marchou imediatamente contra os garibaldinos, encontrou-os em *Mentana* (3 de novembro), matou mil homens e capturou mil e quinhentos. Roma estava salva. Na Câmara francesa, o ministro Rouher fez a famosa declaração: "A Itália nunca mais se apoderará de Roma. Jamais, jamais a França suportará essa violência contra a sua honra e contra a catolicidade. A Itália encontraria a França no caminho de Roma, no dia em que quisesse invadir os Estados Pontifícios[81]..."

Que valiam, porém, essas promessas? Que significaria o "jamais" do ministro francês?... Na Câmara italiana, o presidente replicou, solenemente: "Nós queremos unanimemente que se realize a unidade italiana, e Roma, mais cedo ou mais tarde, pela necessidade das coisas e pela força do tempo, deverá ser a capital da Itália". E sobre isso Pio IX não tinha nenhuma ilusão. Confessava os seus receios a numerosíssimos visitantes. Decidido a "cumprir todo o seu dever de consciência", nem por isso desconhecia que não iria escapar à suprema provação e que não transmitiria àquele que lhe viesse a suceder o poder temporal, o direito sagrado que recebera do seu predecessor.

Quase a entrar no 80° ano de vida, Pio IX era então um velho de cabelos prateados, ainda cheio de vida, que sabia conservar, no meio da inquietação e da desventura, essa bonomia encantadora, essa amabilidade que outrora o tornara tão popular. Mas, de tempos a tempos, saía-lhe dos lábios uma palavra tristíssima: "Vedes um pobre papa, carregado de anos e de desventuras...", murmurava. Mais do que nunca, passava longas horas no seu oratório, sozinho diante de Deus, suplicando ao Espírito Santo que o guiasse no seu caminho de dores. Talvez Veuillot tivesse razão quando escrevia no *Perfume de Roma:* "Pio IX despreza as manobras da política [...]. Não está encarregado de fazer triunfar a verdade: está encarregado de confessar essa verdade até à morte". Era isso, certamente, o que o velho pontífice pensava[82].

De resto, mesmo para além da angústia que sofria pensando em Roma e no seu destino, o espetáculo de todo o mundo católico não lhe dava motivos para mergulhar na inquietação? Para qualquer lado que olhasse, via a Igreja atacada, perseguida, muitas vezes os seus filhos imersos em sangue e lágrimas, e a mensagem santa que ele tinha a missão de defender, ameaçada de ser abolida. O assalto contra o velho bastião católico, que se vira preparar, aqui ou além, desde os anos de 1863-1864, como por singular coincidência, eis que se desencadeava quase em toda a parte...

Os piores acontecimentos tinham ocorrido na Polônia. Exasperados pela política russa de absorção política e religiosa, os católicos, em janeiro de 63, tinham arriscado tudo por tudo, numa insurreição que começara por surpreender as tropas do czar. A heroica nação resistira durante um ano, no meio da indiferença do Ocidente. Mas que podia ela fazer contra a enorme força russa? Uma terrível repressão se abatera sobre o país, onde Muraviev ganhou o epíteto de "carrasco de Vilna" com que ficou para a História. Nenhum dos meios habituais nesse tipo de atitudes foi poupado: execução de padres, deportação de inumeráveis fiéis, saque de igrejas, ocupação de conventos transformados em casernas. Bismarck, para ganhar a simpatia do czar, entregou-lhe os poloneses refugiados no território prussiano. E só uma voz se ergueu, veemente, para protestar contra essa carnificina: a do velho papa, cuja santa cólera ribombou, indignada, inútil, salvando a honra, mas sem outra consequência a não ser a denúncia da Concordata por São Petersburgo e o aumento da pressão czarista sobre todos os católicos do império.

Sangue... mais sangue... Também no outro cabo do mundo Pio IX o via correr: sangue católico. O império mexicano, estranha invenção de Napoleão III, destinado, segundo o seu sonho, a opor uma força latina e católica à potência anglo-saxônica e protestante dos Estados Unidos, desfazia-se no preciso instante em que a França tivera de chamar as suas tropas por injunção do governo de Washington, que finalmente saíra do drama da Guerra de Secessão. Em julho de 1867, a fuzilaria do pelotão de Queretaro punha ponto final a essa aventura absurda em que a Igreja — se bem que Maximiliano se houvesse mostrado o oposto de um fiel vassalo da Hierarquia — aparecera como aliada dos usurpadores, como inimiga que daí em diante os libertadores iriam combater...

Menos violentos, não sangrentos, os acontecimentos que se desenrolavam nos países da Europa ocidental não eram mais reconfortantes para o infeliz pontífice. Na própria Itália, nesse novo reino cujo governo não era reconhecido pela Santa Sé, a situação era lamentável. Perto de uma centena de sés episcopais estavam vacantes. Discretas negociações, de que participou Dom Bosco, o santo fundador dos salesianos, não deram senão resultados medíocres. E, a partir do verão de 1867, um novo gabinete Rattazzi empenhou-se numa política de anticlericalismo agressivo, abolindo todas as corporações religiosas, "convertendo" todos os bens do clero.

Na França, precisamente quando soldados franceses partiam para proteger Roma, a singular política de Napoleão, cheia de contradições, deixava multiplicarem-se incidentes desagradáveis, prosseguirem as ações contrárias às Conferências de São Vicente de Paulo, desenvolver-se a campanha de irreligião.

Na Bélgica, crescia a tensão entre liberais e católicos. Depois da morte (novembro de 63) do rei Leopoldo I, esse rei protestante que apoiara a Igreja Católica como força de ordem, dir-se-ia que, com a subida ao poder do governo de Bara, campeão do radicalismo, nenhum obstáculo poderia paralisar a obra de laicização: estava em vésperas de rebentar o conflito acerca das escolas e o temporal acerca do culto.

Até nos bastiões do catolicismo, a situação evoluía de maneira muito preocupante. A Áustria parecia regressar ao josefismo: logo após a batalha de Sadowa, o conselho municipal de Viena proibia os jesuítas de se refugiarem na capital. Com o apoio do imperador Francisco José, tinham sido votadas, em 1868, uma após outra, leis ditas "confessionais" sobre o ensino, o casamento, o direito de praticar a religião da escolha de cada um, as quais anulavam sem o dizer expressamente as cláusulas da Concordata de 1855; e o governo de Viena não prestava ouvidos aos protestos dos bispos.

A situação era ainda pior na Espanha, onde o governo provisório do marechal Serrano suprimia, em outubro de 1868, "todos os mosteiros, conventos e outras casas religiosas" e confiscava os seus bens.

Para onde se voltaria esse infeliz pontífice, para descobrir sinais menos inquietantes? Na Suíça, o governo cantonal de Genebra recusava-se a reconhecer a mons. Mermillod o título episcopal. Na Alemanha, a ascensão irresistível da Prússia protestante levava a pressagiar para a Igreja um futuro difícil...

Assim, pois, em todos os lados, em todas as frentes, a Igreja se via atacada. Os seus piores inimigos estavam em plena ação. Garibaldi anunciava que faria de Roma a capital da franco-maçonaria. Em Genebra, um congresso de revolucionários anarquistas ouvia Bakunin, Arago e Quinet augurarem o fim do cristianismo, e a "Associação Internacional dos Trabalhadores", na sua primeira reunião (1866), ouvia Karl Marx propor-lhe como objetivo o fim da religião, "ópio do povo".

Então, diante desse desencadear de forças hostis, o velho papa reagiu. Reagiu tal como já o fizera por duas vezes: colocando-se num plano que não era o plano da política;

proclamando, com uma veemência e solenidade nunca igualadas, os direitos do espiritual. E, no mês de junho de 1867, quando o mundo inteiro calculava as possibilidades que restavam à Santa Sé de resistir por mais tempo ao assalto dos inimigos, houve em Roma, por ocasião do XVIII centenário da morte de São Pedro e São Paulo, essa imensa reunião de bispos, essa "revista geral do exército católico", essa décupla canonização, que ultrapassou em majestade tudo o que até então fora visto. Foram doze dias ininterruptos de cerimônias, que, de 20 de junho a 1° de julho, glorificaram, como disse Manning, "não apenas o martírio do Apóstolo, mas o seu primado sobre o mundo". Paradoxal resposta ao desafio da História! Perante os quinhentos bispos reunidos, no instante em que se via despojado, Pio IX convocou um Concílio ecumênico em Roma, "para procurar, com a ajuda de Deus, os remédios necessários para enfrentar os males que afligem a Igreja".

O Concílio Vaticano

Chovia em Roma, naquela manhã de 8 de dezembro de 1869. Chovia? O céu parecia desfazer-se em cataratas, num desses súbitos dilúvios de que a Cidade Eterna tem o segredo nessa estação do ano. Mas nem isso impediu as filas ininterruptas de carros nem as falanges inesgotáveis de pedestres encharcados que estugavam o passo a caminho da Basílica de São Pedro, cujos sinos tocavam desde a aurora.

Às nove horas precisas, as portas abriram-se de par em par. O clero secular e o regular formaram uma dupla ala, e pelo meio dela avançou o cortejo dos abades mitrados, dos bispos, dos arcebispos, dos cardeais, todos em traje de cerimônia, ao lado dos quais marchavam guardas nobres e camareiros de grandes golas. Finalmente, surgiu o papa, transportado na *sedia*, rodeado pelos *flabelli*, enquanto as trombetas de prata soavam e os coros da Capela Sistina entoavam o *Veni Creator.*

A procissão dirigiu-se para o braço direito do transepto, que o arquiteto Vespignani transformara, por meio de um jogo hábil de tabiques de madeira e de reposteiros, numa longa sala de quarenta e cinco metros por vinte, com estrados nas bordas, ao fundo da qual se viam o altar e o trono do Pontífice. Nas tribunas, acumulavam-se testas coroadas, diplomatas, militares de alta patente, damas ilustres. Todas tomaram os respectivos lugares, e a cerimônia começou, prodigiosamente demorada.

Missa solene, discurso de abertura, pronunciado por mons. Passavili, alocução do papa, rito de obediência de todos os participantes, cântico das ladainhas... Eram quase três horas da tarde quando o secretário, mons. Fessler, bispo de Santo Hipólito na Áustria, leu, do alto da tribuna, a Bula de indicção que convocava a assembleia plenária da Igreja. Cada um dos dignitários admitidos a tomar parte no Concílio respondeu "*Placet*". Depois, Pio IX levantou-se e tomou a palavra. Em nome da sua autoridade apostólica, declarou aberto o Concílio ecumênico. Era o vigésimo da História. Bastava o número dos que tinham vindo — setecentos e sessenta e quatro[83], ou seja, mais de três vezes o do Concílio imediatamente anterior, o de Trento —, para provar que iria ser importante.

Tinham passado mais de três séculos sem que semelhante assembleia se reunisse. As ameaças que pesavam sobre o cristianismo eram certamente tão graves como aquelas que, em 1537, diante da catástrofe da revolução protestante, tinham levado Paulo III a convocar um Concílio. A primeira vez que Pio IX pensara em realizar um concílio ecumênico fora durante o seu exílio em Gaeta, isto é, vinte anos antes: haveria coisa mais necessária do que precisar a posição da

Igreja em face do mundo moderno, reforçar os poderes e os meios de ação do Vigário de Cristo? Em 1864, sob segredo, o papa abrira-se com uns quinze cardeais, e quase todos eles o tinham encorajado. Fora então constituída uma comissão encarregada de preparar o material e o programa da futura Assembleia. Cinquenta bispos, entre latinos e orientais, tinham sido consultados sobre os assuntos que conviria tratar. Foi, pois, após madura preparação que, em junho de 1867, o papa anunciou o Concílio e que, em 29 de junho de 1868, pela Bula *Aeterni patris*, o convocou.

Pio IX queria que o seu Concílio fosse plenamente ecumênico. Dirigiu um convite oficial aos bispos cismáticos de rito oriental, para que comparecessem e assistissem "tal como os seus predecessores tinham vindo ao segundo Concílio de Lyon e ao Concílio de Florença"; e até aos protestantes de todas as obediências enviou uma carta paternal, propondo-lhes explicitamente que retomassem contato com Roma por essa ocasião. A verdade é que esses apelos não foram ouvidos. Os bispos orientais, com apenas quatro exceções, rejeitaram o convite com desdém. Quanto aos protestantes, a atitude foi mais matizada, mas, no fim das contas, também ela negativa. Entre os luteranos alemães, só um pastor — Baumstarck — se declarou favorável, mas a sua voz perdeu-se no ruído das controvérsias e no meio dos discursos líricos que, nesse momento, em Worms, glorificavam Lutero. Na França, a tendência conciliadora de Guizot foi amplamente derrotada pela intransigência do pastor Edmond de Pressensé. Na Inglaterra, onde o diálogo foi mais profundo e o bispo escocês Forbes e vários bispos ingleses (como Cobt e Urquhart) se mostraram favoráveis a uma aproximação, tudo fracassou por culpa do Dr. Pusey — que, no entanto, fora um dos chefes do Movimento de Oxford que trouxera para o seio da Igreja de Roma Newman e Manning[84]. Pusey tinha ciúmes de Manning, estava furioso por não ter sido convidado a participar dos trabalhos do Concílio (o que era impossível, por ser herético) e sonhava restaurar o anglicanismo mediante um ritualismo que ele comandaria.

No entanto, se Pio IX desejou em vão que estivessem presentes à sua volta todos os representantes do ecumenismo cristão, houve participantes tradicionais nos Concílios que ele se recusou a convocar: os representantes dos Estados. E este fato era de capital importância. Desde o primeiro Concílio de Niceia, em que o basileu Constantino desempenhara um papel decisivo, imperadores, reis e príncipes tinham sempre tomado parte nos Concílios ecumênicos, quer pessoalmente, quer por delegados. Há que reconhecer que as suas intervenções nem sempre tinham sido felizes. Como ainda em Trento, tinham perturbado frequentemente os debates.

Rompendo com um uso quinze vezes secular, Pio IX orientou a política pontifícia num sentido inteiramente novo. "Não conheço, desde 1789 — dizia Émile Ollivier no Parlamento da França —, acontecimento tão notável como este: é a separação da Igreja e do Estado promovida pelo próprio Papa. Pela primeira vez na História, a Igreja diz ao mundo leigo, à sociedade leiga, aos poderes leigos: Eu quero ser, eu quero agir, eu quero trabalhar fora de vós e sem vós. Linguagem de uma audácia imponente, que me força ao respeito e à admiração".

No primeiro momento, os governos acolheram mal essa atitude: o embaixador da França chegou até a achar que era do seu dever formular vagas ameaças. Mas Napoleão III teve a prudência de preferir o silêncio, e, como a sua atitude era decisiva, uma vez que bastava que retirasse as suas tropas de Roma e entregasse a cidade a Garibaldi para tornar impossível o Concílio, os outros Estados imitaram-no e a proposta bávara de uma conferência internacional sobre o assunto foi um fiasco.

Não vamos dizer que o anúncio do Concílio não tenha provocado certa agitação. No campo "liberal", ou seja, no do "livre-pensamento" e da franco-maçonaria, gritou-se que se tratava da ditadura da Inquisição, do regresso da teocracia. Um deputado italiano de nome Ricciardi chegou mesmo a lançar a ideia de reunir em Nápoles, ao mesmo tempo que o Concílio, portanto a partir de 8 de dezembro, um "anti-Concílio", ideia a que Garibaldi e Vítor Hugo aderiram calorosamente, como era de esperar[85].

Até entre os católicos, não faltaram discussões. Grande número de bispos comentou a notícia em termos calorosos. Acima de todos, mons. Dupanloup, que, numa carta pastoral logo traduzida em cinco línguas, saudava "essa grande tentativa da Igreja Católica de trabalhar pela luz e pela paz". O Concílio — dizia ele — seria "uma aurora, não um poente". Mas esse irônico entusiasmo não foi nem duradouro nem muito unânime. Era uma oportunidade demasiado propícia para que ressurgisse, a propósito da futura assembleia, a discórdia mais ou menos larvada que, havia mais de cinquenta anos, minava o campo católico.

O pretexto foi fornecido por um artigo da *Civiltà cattolica,* de 6 de fevereiro de 1869, em que a oposição entre os "católicos simplesmente católicos" e os "católicos liberais" era formulada em termos mais que desagradáveis para estes, tratados como fiéis de segunda classe, e em que se escrevia que o Concílio, muito curto, não teria por tarefa senão votar por aclamação a Infalibilidade do Papa. O artigo, que se apresentava como "correspondência de Paris", causou sensação: como não está nos hábitos da Companhia de Jesus cometer deslizes nem cair em faltas de habilidade, não se pode deixar de pensar que a sua publicação era intencional. Visava sem dúvida um duplo fim: por um lado, fazer saber ao mundo católico que a principal tarefa do Concílio seria votar a Infalibilidade pontifícia, coisa de que, obviamente, o papa não tratara ao convocá-lo; por outro lado, exasperando os católicos liberais, impelia-os a reagir, a cometer imprudências, o que, antecipadamente, tiraria valor às suas eventuais intervenções na Assembleia.

E as reações não faltaram. Na Alemanha, o partido dos opositores foi comandado por Döllinger, o mestre de Munique, o príncipe da renovação teológica, com o qual, em razão das suas recentes declarações acerca da política de Pio IX e do poder temporal dos papas, se cometeu o erro de não convocá-lo a Roma como consultor. O livrinho que, sob o título *O Papa e o Concílio* e assinado "Janus", apareceu em julho de 1869, tinha claramente a sua marca: era "um panfleto acerbo, de duvidosa boa-fé, em que a justeza dos argumentos era sacrificada ao efeito"[86].

Em Coblenz, trinta professores e advogados enviaram ao bispo de Tréveris um protesto motivado pelo artigo da *Civiltà*. Em Fulda, por proposta de Hefele, o historiador dos Concílios, pouco antes nomeado bispo de Rottemburg, treze bispos formularam críticas. O próprio mons. Ketteler, o grande arcebispo de Mogúncia, cujas relações pessoais com o papa eram conhecidas, publicou uma pastoral cheia de prudência, mas também de reservas. No entanto, outros teólogos igualmente notórios, como Hergenroether, continuador da *História dos Concílios* de Hefele, e Frohschammer entregavam-se a uma demolição em regra de Döllinger e do seu Janus.

Na França, a discussão foi um pouco menos apaixonada. Mons. Maret, decano da Faculdade de Teologia de Paris, a quem Roma recusara uma diocese francesa, publicou dois grossos volumes — *Sobre o Concílio geral e a paz religiosa* —, em que a moderação do tom ia a par da audácia das ideias. Por que razão — dizia o bispo de Sura *(in partibus infidelium)* — falar de uma Infalibilidade pessoal do Papa, independente do consentimento dos bispos, quando a cooperação do episcopado com o seu Chefe reforçaria evidentemente a autoridade da Igreja? Por que, até, não fazer do Concílio uma instituição com reuniões, por exemplo, decenais? Correu o rumor de que as teses de mons. Maret refletiam a opinião do governo imperial. Mas cerca de doze bispos franceses reagiram vivamente contra elas. Sem já falar de estrangeiros, como Manning, de Westminster, ou Deschamps, de Malines. Este último acabara, aliás, de publicar um tratado sobre a Infalibilidade, tão caloroso como sólido. Quanto a Veuillot, no seu estilo próprio, ironizou veementemente aqueles que pretendiam "honrar a Cabeça da Igreja separando-a do seu corpo"...

Essa agitação e — é preciso que se diga — o ataque da *Civiltà cattolica* provocaram reviravoltas bastante surpreendentes. Se, afinal, a reunião de um Concílio devia ser a oportunidade de esmagar definitivamente aqueles que, de perto ou de longe, se filiavam ao catolicismo liberal, tal reunião seria mesmo oportuna? Não seria antes de evitar as ocasiões de discórdia entre os católicos, num momento em que a Igreja, o Pai Comum e a própria fé estavam em perigo?

A 10 de outubro de 1869 surgia o manifesto desse "partido da inoportunidade". Era um artigo do *Correspondant*, que se dizia redigido por Albert de Broglie, Augustin Cochin e Falloux, mas que, como se sussurrava, devia ter como inspirador o próprio mons. Dupanloup. Em seguida, como o *Univers* de L. Veuillot, pouco antes autorizado a reaparecer (1867), sacudira duramente a severa revista da rua de l'Abbaye, o bispo de Orléans interveio em pessoa, por meio de um folheto publicado a 11 de novembro, no qual se lia, a propósito da Infalibilidade pontifícia, esta frase irônica: "Como explicais vós que a Igreja tenha vivido dezoito séculos sem ter sido definido esse princípio essencial à sua vida?" Imediatamente Veuillot viu tudo vermelho — coisa que lhe acontecia com frequência — e, num fulgurante artigo, esfolou o bispo[87], opondo aos seus argumentos do dia os argumentos da véspera. Ao que mons. Dupanloup, que também não era muito dado à mansidão, ripostou usando termos que geralmente as penas episcopais evitam — entre os quais os mais moderados eram os de usurpador, *accusator fratrum* e Satã... Essa guerra de penas estava no auge, para grande gáudio da galeria, quando se abriram as portas do Concílio.

Quanto à própria Roma, os adversários do Concílio também não eram raros. Entre os mais "romanos" dos romanos, alguns achavam inútil proclamar em altas vozes aquilo que já existia de fato. "Não temos nós o Papa? Não pode ele decidir tudo? Para que um dogma?" O cardeal Antonelli era da opinião de que essa iniciativa de teólogos ainda lhe ia criar mais dificuldades políticas, e anunciava que, enquanto durasse o "Concílio do Papa", ele, Secretário de Estado, se manteria à margem, tanto mais que, não sendo padre, o assunto não lhe dizia respeito. E o cardeal Pitra fazia esta confissão ingênua: "Convocar um Concílio! Mas os teólogos franceses e alemães virão revolucionar as nossas congregações!"

Não vamos, no entanto, dar demasiada importância a tais críticas, resistências ou duelos retóricos entre jornalistas e teólogos. A imensa maioria da opinião católica não somente simpatizava completamente com a realização do Concílio, como era favorável à doutrina da Infalibilidade pontifícia. E toda a gente sabia que a proclamação dessa doutrina em termos dogmáticos iria ser o cume dos trabalhos da Assembleia. E Pio IX não se enganava ao escrever: "Pretende-se que a Igreja quer introduzir um novo dogma. Não: trata-se apenas de afirmar uma verdade conhecida e aceita pela tradição católica universal". Era verdade.

A tese teológica segundo a qual o Papa, depositário do Espírito Santo, goza de uma Infalibilidade pessoal e não tem necessidade do acordo explícito da Igreja quando, na qualidade de Pastor e Doutor, proclama uma verdade de fé — essa tese cuja inclusão nos cânones de Trento tinha sido pedida outrora pelos jesuítas, que Belarmino passara a vida a defender, que fora posta em causa nas ruidosas batalhas do jansenismo e do galicanismo —, já pelos finais do século XVIII tinha sido admitida — sem discussão pelo comum do rebanho católico. As ordens mendicantes, os jesuítas, os redentoristas tinham trabalhado muito para difundi-la. O livro de Joseph de Maistre *Do Papa,* tomado à letra, tinha acabado por fazê-la aceitar. Era o grande cavalo de batalha dos ultramontanos. Pode-se dizer que os Padres Conciliares, no momento em que se reuniam no Vaticano, estavam antecipadamente conquistados. De resto, a composição do Concílio — 224 prelados italianos, 119 bispos *in partibus* —, a escolha dos presidentes (que, após a morte do cardeal Reisach, passaram a ser todos italianos), a composição das Comissões de consultores, tudo isso indicava para que lado ia a maioria dos Padres[88].

Foi num sentimento, se não de unanimidade, pelo menos de larguíssimo acordo, que o Concílio se reuniu, no dia marcado: nessa festa da Imaculada Conceição que, pela segunda vez (como fora para a Bula *Quanta cura* e o *Syllabus),* recordava o ato solene de 1854 em que Pio IX usara do privilégio da Infalibilidade para proclamar sozinho o dogma da Imaculada Conceição. A reunião conciliar levantou inúmeros problemas. Problemas financeiros, pois o papa decidiu tomar a seu cargo a estadia dos Padres que não pudessem pagar; problemas materiais, pois que não era nada cômodo alojar tantos hóspedes. Mais tarde há de ter-se por sinal profético que o papa tivesse reservado um aposento no Quirinal para o cardeal Pecci, que um dia viria a suceder-lhe... Como Dupanloup frequentava a Villa Grazioli e tomara o costume de reunir-se com os amigos na estufa de laranjas da Villa Borghese, deu-se o nome de "orangista" ao reduzido clã dos opositores franceses... Não houve, a bem dizer, palácio ou convento que não abrigasse algum hóspede mais ou menos ilustre, e o patriciado multiplicava as recepções. Viram-se marquesas e condessas discutirem gravemente o caso do papa Honório e o valor dos Decretos de Constança... "Nós somos um pouco as mães da Igreja...", disse uma delas, ao que Veuillot replicou: "Quando muito, as comadres..." E uma pasquinada acrescentou: "as matriarcas". A despeito dos jejuns e abstinências que o papa de tempos a tempos determinava para invocar o Espírito Santo sobre as deliberações dos Padres Conciliares, desenrolavam-se, ao lado do Concílio, os fastos de uma "*saison* romana", o que não seria dos fatos menos curiosos.

Mas a verdade é que os trabalhos se organizaram depressa, após um período bastante curto de preparação imediata. O Concílio de Trento sofrera muito de falta de método: os legados pontifícios tinham ido improvisando o regulamento à medida das circunstâncias. Desta vez, fora fixado um regulamento mediante a Bula *Multiplices:* tão minucioso que houve quem o achasse draconiano. Por ele, o papa não somente determinou os lugares e as precedências, como limitou o direito de os participantes modificarem os projetos das Comissões. Eram quase impossíveis as intermináveis discussões que tinham sido os grandes males dos Concílios anteriores. Como em Trento, o trabalho era preparado pelas *Comissões* de teólogos (havia quatro que eram permanentes, mas podia haver comissões temporárias em caso de necessidade); depois, era mais rigorosamente ordenado pelas *Congregações gerais,* e, finalmente, votado nas *Sessões solenes.*

O programa, também ele cuidadosamente estabelecido, comportava duas espécies de questões: as dogmáticas e as disciplinares. Estas últimas diziam respeito aos direitos e deveres das pessoas dentro da Igreja, às instituições e às obras. As dogmáticas eram classificadas em dois "esquemas":

um, designado sob o título de *De doctrina catholica,* dizia respeito à luta contra as heresias filosóficas e teológicas do mundo moderno; o outro, *De Ecclesia Christi,* tinha por fim o estudo dos erros políticos nascidos da Revolução e as relações com os Estados. Curiosamente, em parte nenhuma havia lugar para a questão da Infalibilidade pontifícia... A Comissão que preparara o programa *De Ecclesia Christi* tinha, no entanto, declarado, por voto unânime, que a Infalibilidade pessoal podia ser definida como dogma; mas decidira também deixar aos Padres a iniciativa dessa definição. Como os esquemas de trabalho eram propostos ao papa, era evidente que, se ele próprio pedisse ao Concílio que definisse a sua Infalibilidade, iria comprometer o alcance da declaração, uma vez que pareceria estar a reconhecer o primado da Assembleia.

E os trabalhos começaram... "Num Concílio — exclamou, certo dia, Pio IX, com a sua habitual bonomia —, há sempre três períodos: o do diabo, que procura embrulhar tudo; o do homem, que procura confundir tudo; e por fim o do Espírito Santo, que ilumina tudo". Em boa verdade, no Concílio Vaticano, essas três fases não foram sucessivas, mas simultâneas, e até houve matérias que, apesar de ninguém esperar que levantassem grandes discussões, causaram bastante algazarra.

De acordo com o art. 7° do Regulamento, começou-se por estudar os problemas dogmáticos, ou seja, os do esquema *De doctrina catholica.* Parecia não haver dúvidas sobre a existência de acordo na condenação do ateísmo, do naturalismo, do panteísmo, do racionalismo... Mas, antes de tudo, em vez de começar pelas palavras "*Sacrosancta Synodus decernit...* ", "O Santo Concílio decreta...", que tinham sido usadas em Trento, o texto proposto dizia "*Pius, episcopus, servus servorum Dei, sacro approbante concilio...*", "Pio, bispo, servo dos servos de Deus, com a aprovação do sacro Concílio...", o que dava à Assembleia um papel de segundo plano. Contra isso elevou-se, com uma verve atordoante, o bispo de Djakovár da Croácia, mons. Strossmayer, que ia ser, do princípio ao fim, o *enfant terrible* do Concílio. Em seguida, ao tratar da adoção do texto em si mesmo, foi este julgado tão insuficiente que teve de ser reenviado a uma comissão, e só ao fim de quatro meses de retoques é que se conseguiu votar a Constituição *De fide catholica,* também chamada *Dei Filius,* e os dezessete cânones que feriam de anátema todas as heresias modernas. Nesses textos, retomava-se com grande vigor o essencial da *Quanta cura* e do *Syllabus.*

Foram depois abordadas as questões disciplinares, ainda antes de ter sido votado o projeto dogmático. Nesse terreno, também as coisas não correram sobre rodas. Como o primeiro ponto a discutir era o dos deveres dos bispos, o fogoso mons. Strossmayer perguntou por que se tratava tanto dos seus deveres e não dos seus direitos, e acrescentou que no Concílio de Trento se começara por falar dos deveres dos cardeais, da Cúria, das Congregações romanas, e da sua eventual reforma, observação que certos purpurados julgaram impertinente... Quando, em seguida, se tratou de precisar os direitos dos sínodos, o patriarca de Babilônia, mons. Audu, fez notar que, nesse ponto como em alguns outros, as igrejas orientais tinham usos particulares que importava respeitar, e pediu que o deixassem examinar com os seus colegas do Oriente as reformas propostas pelo Concílio antes de serem aplicadas. Essa intervenção, que, aliás, não foi corretamente transmitida a Pio IX, irritou-o grandemente. Rebentou assim um incidente áspero: o patriarca de Antioquia foi ameaçado de demissão, e teve de sagrar dois bispos diretamente nomeados pela Santa Sé. O incidente teve repercussão no próprio Oriente, nas igrejas da Caldeia e da Armênia, onde começou um pequeno cisma que iria durar quatro anos. Na realidade, através de todos esses casos, ficava claro que havia sempre uma questão subentendida, a única que verdadeiramente apaixonava os Padres Conciliares: a dos direitos a reconhecer ao Papa e, para dizer tudo, a questão da sua Infalibilidade.

Sobre essa questão, as posições foram tomadas desde o início do Concílio. Na própria noite do dia de abertura, 8 de dezembro, o bispo de Nancy, mons. Foulon, escrevia a um amigo: "Já temos a nossa direita e a nossa esquerda". As coisas eram mais complicadas do que isso... É forçoso que uma assembleia tão numerosa revele muitos matizes de opinião. Havia lá infalibilistas exagerados, e havia-os moderados; mas havia também anti-infalibilistas, uns categóricos, outros "inoportunistas". Sem falar de muitos indecisos, que se ligariam ao partido mais forte.

Entre os opositores, havia os que julgavam verdadeiramente que "a Igreja estava ameaçada na sua constituição íntima", os que receavam ver o papa do *Syllabus* tornar-se senhor único da Igreja e consagrar a ruptura total entre o catolicismo e as ideias do tempo. Havia os que, como os croatas e os orientais, não queriam uma latinização nem uma centralização. Havia os que não tinham renunciado ao galicanismo ou ao febronianismo.

À medida que os debates prosseguiam, os Padres Conciliares repartiram-se em grupos. A tentativa do cardeal Bonnechose, arcebispo de Rouen, a princípio apoiada pelo austríaco Fessler e pelo americano Spalding, de constituir um "terceiro partido" fracassou. A maioria infalibilista, de longe a mais numerosa (pelo menos cinco sétimos da assembleia), tinha por chefes Deschamps, de Malines, Manning, de Westminster, e o cardeal Donnet, de Bordeaux. O intransigente mons. Pie, de Poitiers, era o seu melhor orador, e os seus agentes mais ativos eram mons. Senestrey, de Ratisbona, mons. Martin, de Paderborn, e mons. Mermillod, de

Genebra. A grande massa dos bispos da Itália, da Espanha, da Irlanda, da América Latina, ligava-se a esses. Na minoria, dois grupos: os germânicos, doutrinariamente hostis à proclamação da Infalibilidade, tinham à cabeça o cardeal von Schwartzenberg, de Praga, e o cardeal Rauscher, de Viena, os bispos Hefele e Ketteler, o croata Strossmayer e o húngaro Haynald. Os franceses, aos quais se filiava o primaz da Hungria, mons. Simor, e que eram contra sobretudo por motivos de oportunidade e de tática, tinham por chefe o prudente cardeal Matthieu, de Besançon, e deixavam falar o eloquente mons. Dupanloup, mas ouviam principalmente o arcebispo de Paris, mons. Darboy.

O combate entre as duas tendências travou-se menos de três semanas após a abertura do Concílio. Manning, Martin e Deschamps tinham redigido uma mensagem ao papa — um *postulatum* —, em que pediam a definição da Infalibilidade, e, tendo eles recolhido 388 assinaturas — mais da metade dos Padres —, os opositores tentaram lançar uma contra mensagem, que foi um fiasco. Cruzavam-se as armas. Num instante, as polêmicas que se tinham travado em todo o mundo católico recomeçaram com toda a força na praça pública. E aí nem sempre mantiveram as características de dignidade e cortesia que as discussões sempre conservaram no interior do Concílio[89].

Ao ler o "postulatum", Döllinger entrou num desses furores frios que lhe eram habituais e lançou no *Allgemeine Zeitung,* de Augsburgo, um jato de fel: "Há dezoito séculos — escrevia ele —, alguém que está muito acima de qualquer papa disse: — «Se Eu der testemunho de Mim mesmo, o meu testemunho não merece ser crido»". E seguiu-se uma série de Cartas Romanas, em que o senhor de Munique, informado pelo seu amigo inglês Lord Acton, contava tudo o que se passava no Concílio, de maneira tão tendenciosa que se chegou a pensar numa nova "pilhagem de Éfeso".

Os bispos alemães da minoria tiveram de se apressar a dessolidarizar-se desse comprometedor advogado de defesa.

Na França, o pe. Gratry, filósofo, matemático e além disso membro da Academia, atirou-se à campanha com as *Cartas públicas,* em que tentava demonstrar que a doutrina da Infalibilidade assentava numa "longa tradição de mentira e de fraude" e que aqueles que a defendiam tinham trabalhado sobre "documentos adulterados", falsas Decretais, textos fabricados, narrativas habilmente truncadas. Isso valeu-lhe duas respostas vigorosas: uma de gênero compassivo, de mons. Deschamps, outra, de estilo fulgurante, devida à pena severa de Dom Guéranger.

Todos os jornais partidários da Infalibilidade — a *Civiltà cattolica* e o *Unità* em Roma, o *Tablet* em Londres, o *Univers* em Paris — reagiram vigorosamente a esses ataques, organizando entre os seus leitores um verdadeiro plebiscito para convidar os Padres Conciliares a apressarem a definição do dogma. Podemos fazer uma ideia do extremo a que podia chegar a violência das discussões se lermos a carta que Montalembert escreveu a um jovem amigo: nela falava desses "teólogos leigos" — leia-se Veuillot — que, depois de terem renunciado a todas as liberdades diante de Napoleão III, vinham agora "imolar a justiça e a verdade, a razão e a história, em holocausto ao ídolo que ergueram para si próprios no Vaticano". O *ídolo do Vaticano:* a horrível expressão foi adotada pela imprensa anticlerical; causou sensação[90].

Como essas polêmicas não tiveram outro resultado senão reforçar os "infalibilistas" na sua convicção de ser preciso apressar a formulação do dogma, os adversários passaram a usar de outros meios para os fazer parar. Tentaram primeiro prolongar indefinidamente os debates; mas a manobra foi anulada por um novo Regulamento, saído em fevereiro, que fixava um prazo durante o qual poderiam ser apresentadas observações por escrito acerca dos textos em discussão.

Sustentaram depois que uma decisão tão grave só podia ser tomada "por unanimidade moral", o que obviamente não era o caso; a isso foi-lhes oposto um excelente texto outrora escrito por um notório galicano[91] a propósito da famosa Declaração de 1682: "A unanimidade nunca é necessária para a decisão: quem a forma é a maioria".

Ao mesmo tempo, mons. Darboy punha subrepticiamente de sobreaviso o governo francês, que era então, após o 2 de janeiro de 1870, um ministério liberal, presidido por Émile Ollivier, também ministro da Justiça e Cultos, e que tinha o conde Daru — amigo do *Correspondant* — na pasta das Relações Exteriores. Passados dois meses de hesitação, o governo decidiu comunicar a Roma que a declaração da Infalibilidade, ao modificar a condição dos bispos, se arriscava a pôr em causa a Concordata; Daru chegou a enviar um memorando sobre a questão às seis principais capitais. E vários gabinetes europeus consultados, nomeadamente o da Prússia, pareciam prontos a apoiar a atitude francesa. Mas Pio IX permaneceu imperturbável: "Tenho comigo a Santíssima Virgem — disse ele —; irei para a frente". A saída de Daru, provocada por outros motivos, designadamente pela política de Ollivier a respeito da Prússia, levou a uma mudança de posição do governo francês e arrastou a dos outros governos. Assim os anti-infalibilistas perderam a sua última oportunidade. E, quando o pe. Gratry foi pedir a Napoleão III que interviesse, o imperador respondeu-lhe que simpatizava com as suas ideias, mas não podia fazer nada.

A única consequência de toda essa agitação foi levar os partidários da Infalibilidade a trabalhar mais depressa. Em vez de continuarem a discutir altas questões de teologia especulativa — já se andava pelos erros a propósito da Santíssima Trindade —, cem Padres Conciliares pediram ao papa, em 23 de abril, que pusesse imediatamente em estudo o esquema *De Summo Pontifice*. Quatro dias depois, assim ficou decidido. A questão dos direitos do Papa seria "antecipada" e tratada numa pequena Constituição à parte, dividida em quatro capítulos: sobre a instituição divina do papado, sobre a sua transmissão de Pedro aos romanos pontífices, sobre a natureza do primado pontifício e sobre a Infalibilidade. E a 1° de maio começaram os debates sobre esses quatro temas.

Foram apaixonados e bem longos... "Vários oradores — escrevia o bispo de Nancy — dão-me a impressão de estarem a falar com os punhos cerrados ou com o dedo no gatilho de um revólver". Foram precisas catorze congregações gerais para dar vazão a sessenta e quatro oradores, e, mesmo assim, ficaram de fora mais uns quarenta, porque a Assembleia, cansada de ouvir repetir incessantemente os mesmos argumentos, um belo dia pôs termo a essas torrentes de eloquência teológica...

A minoria, de resto, pôde manifestar-se livremente. Mons. Hefele invocou a condenação, pelo VI Concílio ecumênico, do papa Honório, culpado ou suspeito de heresia monotelita[92]. Mons. Strossmayer, muito veemente, como sempre, contou como o grande bispo Cipriano desobedecera ao papa Santo Estêvão, o que não o impedira de ser canonizado[93]. Mons. Darboy, num latim ciceroniano, assegurou que uma verdade "apresentada por um doutor infalível da véspera" teria bem menos autoridade que um dogma afirmado pela Igreja inteira. Os partidários da Infalibilidade tiveram também os seus oradores de elite: especialmente mons. Manning, que, com clareza e vigor, demoliu um após outro os argumentos dos que invocavam a inoportunidade, e mons. Dechamps, que precisou muito bem o sentido e os limites da Infalibilidade pessoal.

O fundo do problema estava em saber até onde ia o privilégio da Infalibilidade. Dizer que o Papa é infalível quando define "aquilo que, em matéria de fé *e de costumes*, deve ser admitido pela Igreja" era reconhecer que não se tratava apenas de verdades de fé divina, mas ainda de doutrinas teológicas ou de fatos dogmáticos, como por exemplo a condenação de um livro ou a canonização de um santo. E, depois, em que medida é que o assentimento da Igreja seria necessário para que uma proclamação feita em nome da Infalibilidade fosse válida? Sobre estes dois pontos, a oposição era radical e a discussão teria podido eternizar-se.

Debalde o americano mons. Spalding sugeriu que se ficasse em fórmulas indiretas acerca das quais toda a gente pudesse pôr-se de acordo: condenar, por exemplo, aqueles que pretendessem ser legítimo apelar do Papa para o Concílio. Debalde Mons. Rauscher propôs a adoção de uma fórmula criada, no século XV, por Santo Antonino de Florença, segundo a qual o Papa seria declarado infalível quando tivesse ouvido o conselho da Igreja universal. Debalde também o cardeal dominicano Guidi sugeriu que se falasse, não de "Infalibilidade do Romano Pontífice", mas da "Infalibilidade das suas decisões doutrinais", o que seria como dizer que a assistência divina não se estendia à pessoa do Papa, mas somente a alguns dos seus atos, e como subentender que o carisma da Infalibilidade só valia desde que o Papa ensinasse a doutrina tradicional da Igreja, sugestões que lhe valeram uma cena terrível da parte de Pio IX, durante a qual este lhe declarou: "Só há uma testemunha da Tradição: sou eu!"

Depois de tudo, chegou-se a fixar um texto constitucional intitulado *De romani Pontificis infallibili magisterio,* para frisar bem que se tratava de uma assistência espiritual dada, não à pessoa privada do Papa, mas à sua personalidade oficial. E introduziram-se certas precisões, como aquela em que se sublinhou que o Pontífice não é infalível senão "quando fala *ex cathedra*". Finalmente, a congregação geral de 13 de julho votou a nova Constituição. Eram 601 os votantes. Houve 451 *placet,* 38 *non placet* e 62 *placet juxta modum,* ou seja, sob reserva. Estes últimos votos foram, sobretudo, os dos infalibilistas decididos que achavam as fórmulas ainda pouco nítidas e que conseguiram, passados três dias, a inserção de uma cláusula em que se dizia formalmente que não era indispensável o *Consensus* da Igreja para que um ensinamento pontifício fosse infalível.

Faltava votar o conjunto da nova Constituição por meio de uma "sessão pública", prevista para 18 de julho. Que iriam fazer os opositores? Na noite de 16 e na manhã de 17, tentaram ainda fazer chegar ao próprio papa a súplica de que introduzisse na Constituição um pequeno acréscimo que lhes permitisse votar a favor: dizer, por exemplo, que a Infalibilidade se exerce *innixus testimonio Ecclesiae* — de acordo com o testemunho da Igreja. Mas Pio IX estava mais que nunca decidido a ir até ao fim. A aspereza das discussões, a solidez da resistência às suas posições e, muito recentemente, a violência de dois panfletos surgidos em Paris, tinham-no firmado ainda mais na sua resolução. Respondeu que não era a ele que competia tomar a iniciativa de alterar o texto votado pelo Concílio...

Que fazer? Ficar e votar *non placet?* Mons. Haynald era dessa opinião, assim como mons. Riccio, bispo de Cayazzo (perto de Nápoles), e como o americano mons. Fitzgerald, bispo de Little Rock. O cardeal Mathieu, mons. Darboy, mons. Dupanloup e mons. Strossmayer propuseram aos seus amigos que abandonassem o Concílio: 61 concordaram; dentre eles, 55 dirigiram ao papa uma carta coletiva e outros 6 escreveram-lhe individualmente. Todos eles lhe asseguravam o seu profundo respeito e devotamento. Se partiam de Roma, era para não "terem o desgosto de dizer *non placet* na presença do seu Pai, numa questão que o afetava pessoalmente".

De modo que, a 18 de julho, reuniu-se solenemente a quarta sessão pública. Um calor tórrido pesava sobre Roma.

Também em política o momento era tempestuoso. A guerra franco-prussiana ia rebentar precisamente no dia seguinte (19 de julho), e aguardava-se a partida das tropas francesas, assim como uma revolução em Roma. Mas, sobrenaturalmente calmo, Pio IX presidiu à cerimônia com toda a majestade. Conseguira o coroamento da sua política, a conclusão dos seus esforços. Estavam presentes 535 Padres Conciliares. Pronunciaram-se os nomes em voz alta, e, à chamada de cada nome, sucederam-se 533 *placet*. Apenas dois votos contrários: o do bispo napolitano e o do americano.

No instante em que começou o escrutínio, desabou a tormenta que se vinha formando havia quarenta horas, e com uma violência que os romanos nunca tinham visto. Dir-se-ia que a cúpula de Michelangelo estremecia, que os enormes pilares iam vacilar sob os assaltos furiosos do furacão. E os trovões quase cobriam a voz dos votantes. No dia seguinte, o *Pasquino* dizia que o próprio céu protestara contra a nova idolatria; mas os infalibilistas recordaram que também no Sinai tinha sido entre estrondos ribombantes que Moisés recebera a revelação de Deus.

Que, apesar da teimosa resistência de uma minoria, o novo dogma da Infalibilidade recebia o acordo a bem dizer unânime da opinião católica, foi o que se viu pela fraca intensidade das reações. No próprio momento em que foi proclamado o resultado da votação, os dois opositores, mons. Riccio e mons. Fitzgerald, declararam submeter-se. As aclamações que, em São Pedro, acolheram a proclamação do escrutínio — tão enormes e tão veementes que Pio IX teve muita dificuldade em fazer-se ouvir, e até o cântico do *Te Deum* foi coberto pelos vivas e bravos — ressoaram em toda a Basílica.

Um após outro, os bispos da oposição submeteram-se. Logo que regressou a Paris, mons. Darboy reuniu os seus padres para lhes anunciar que ia obedecer. Mons. Maret retirou de circulação os livros que escrevera contra a Infalibilidade. Mons. Dupanloup escreveu uma carta pastoral perfeita. Do seu leito de enfermo, onde pouco depois morreria, o pe. Gratry enviou ao arcebispo de Paris uma carta em que dizia que "aceitava, como todos os irmãos no sacerdócio, os decretos do Concílio e apagava tudo o que pudesse ter escrito em contrário". Mons. Strossmayer, mons. von Ketteler, os cardeais Rauscher e von Schwartzenberg, depois de haverem pensado manter-se em silêncio e na expectativa, adotaram a mesma atitude. Foi uma atitude extremamente honrosa para a Igreja e para o chefe que a inspirou.

As rupturas provocadas pela proclamação do novo dogma foram de diminuta importância. Na França, houve apenas duas apostasias: a de um pouco notável pároco da igreja da Madaleine de Paris, e, mais ruidosa, a *do pe. Hyacinthe Loyson,* carmelita, que fora brilhante conferencista de Notre-Dame e cujas audácias teológicas tinham provocado várias denúncias a Roma; para ele, a deliberação conciliar foi somente ocasião para despir uma batina a que já não se sentia ligado[94]. Mais grave, embora também de pouca extensão, foi o cisma dos *Velhos Católicos* em países germânicos, desencadeado por Dölinger, que declarou ter sido "feita uma nova Igreja", e que, quanto a ele, não reconhecia senão a antiga. Perante a recusa formal de se submeter aos novos decretos, o teólogo foi excomungado. Alguns professores da universidade o seguiram, e até o ultrapassaram, pois, enquanto ele aconselhava os opositores a não sair da Igreja, como outrora os jansenistas, os seus discípulos resolveram fundar uma nova Igreja. Teve esta, em 1873, o seu primeiro bispo — Reinkens, que foi pedir a sagração a um bispo jansenista holandês — e não tardou a adotar reformas claramente protestantes: supressão do celibato eclesiástico, da confissão auricular, do culto dos santos e das indulgências, assim como a celebração dos ofícios em língua vulgar e eleição dos pastores. Essa Igreja dos Velhos Católicos teve um ramo suíço, que tomou o nome de "Igreja Cristã Católica", com Herzog por bispo. Teve ainda um ramo austríaco e outro norte-americano. Em conjunto, não mais que umas cem mil almas[95]. Bem pequena perda para uma operação tão grande.

Na verdade, uma vez que desceu a febre dos debates do Vaticano, o texto da Constituição *De Ecclesia Christi,* que incluía a definição da Infalibilidade, tal como foi publicado pela Bula *Pastor Aeternus,* quando foi lido de cabeça fria, pareceu muito menos categórico e radical do que se imaginava. O trecho essencial declarava que passava a ser de fé acreditar que "o Romano Pontífice, quando fala *ex cathedra* — isto é, quando, no exercício do seu múnus de Pastor e de Doutor de todos os cristãos, em virtude da sua suprema Autoridade Apostólica, define que uma doutrina sobre a fé ou sobre os costumes deve ser acatada pela Igreja Universal —, goza, pela assistência divina que lhe foi prometida na pessoa do Bem-aventurado Pedro, dessa Infalibilidade da qual o Divino Redentor quis que a sua Igreja fosse provida ao definir a doutrina acerca da fé e dos costumes; e, por consequência, essas definições feitas pelo Romano Pontífice são irreformáveis por si mesmas, e não em virtude do consentimento da Igreja".

Sem que se deva ir ao ponto de escrever, como mons. Dinkel, bispo de Augsburgo, que "o Decreto reduzia a Infalibilidade a limites tão estreitos que devia ser considerado como uma vitória da minoria", é bem certo que o novo dogma não tinha feito do Papa esse potentado, esse teocrata absoluto descrito pelos adversários como uma avantesma e sonhado por alguns ultra-católicos. A Infalibilidade não permitia ao Papa impor como reveladas quaisquer doutrinas, teorias ou decisões.

Por outro lado — como o próprio mons. Maret observou —, uma vez que a Infalibilidade fora proclamada pela assembleia da Igreja, pelos bispos reunidos, daí se concluía que o Papa não pode "inventar" arbitrariamente um dogma; que, pelo contrário, se ele proclama um dogma e o torna obrigatório, o que faz é buscá-lo ao depósito da Revelação e da Tradição da Igreja. Uma brochura de caráter oficioso, escrita pelo secretário do Concílio, mons. Fessler, sob o título de *Verdadeira e falsa infalibilidade dos papas*, forneceu as mais tranquilizadoras interpretações do novo dogma, chegando a sublinhar que, mesmo num decreto pontifício dogmático, nem tudo é artigo de fé. Os "atendendo a que..." e os "considerando que..." que precedem a definição não devem ser tidos por tal.

Mas, por mais prudentemente delimitada que pudesse ser, a Infalibilidade pessoal constituía, para o Sumo Pontífice, um atributo de capital importância. A Igreja inteira reconhecia nele o depositário da mensagem, o guardião privilegiado da Palavra, o homem em quem repousa o Espírito Santo. O seu papel já não seria apenas o de condenar os erros do mundo, mas sim o de estabelecer e clarificar o caminho a seguir. Era, no mais alto plano, a aplicação da fórmula de Bossuet: "Tudo está submetido às Chaves de Pedro: tudo, reis e povos, pastores e rebanhos". Iniciava-se a era das grandes Encíclicas iluminadoras que iriam renovar o pensamento católico e que ninguém discutiria. O Vigário de Cristo podia até — coisa que os seus antecessores não tinham ousado fazer nos últimos três séculos — convocar Concílios quando os julgasse úteis (como o faria o seu sexto sucessor, João XXIII), sem qualquer receio de ver as potências temporais interferirem nos assuntos da Igreja, ou de os bispos tentarem diminuir-lhe as prerrogativas, ou o próprio Concílio se levantar contra ele. No plano espiritual, o papado reavia em cêntuplo aquilo que nesse mesmo momento perdia no plano temporal.

Nesse mesmo momento, de fato, porque, durante o verão em que teve lugar esse grande ato da história da Igreja, aconteceu o que toda a gente previa. O poder temporal ruiu. Após a sessão solene de 18 de julho, Pio IX dispensou os Padres Conciliares até 11 de novembro; mas essa dispensa ia ser definitiva. Julgando impossível retomar os trabalhos num Vaticano em que o encerravam, por um lado, a tomada de Roma pelos italianos e, por outro, a sua própria decisão de resistir até ao fim, Pio IX, a 20 de outubro, declarou o Concílio "prorrogado *sine die*". Essa situação permaneceu até os nossos dias[96]...

Da Porta Pia à Porta de bronze

Era bem evidente que o Concílio só pudera realizar em paz as suas sessões porque as tropas francesas estavam em Roma. Mas quando, no final da primavera de 1870, a tensão entre a França e a Prússia aumentou, de tal maneira que a guerra parecia inevitável, tornou-se claro que a Questão Romana ia reacender-se. E, assim como ela tinha pesado sobre toda a política interna do Império, assim também, nesse instante decisivo, pesou fortemente sobre a sua política externa.

Em face do perigo germânico, era de admitir uma aliança entre a França, a Áustria e a Itália; chegou a ser pensada, e o rei Vítor Emanuel, por gratidão, era-lhe favorável. Mas os liberais e os radicais do seu governo exigiram que, antes de mais, a França abandonasse Roma, e o chanceler austríaco, von Beust, que era protestante, condicionou a aliança a essa retirada. Napoleão III e Émile Ollivier recusaram, considerando desonroso para a França pagar esses apoios com a falta à palavra dada. Ainda em 3 de agosto, a um enviado especial de Vítor Emanuel II, vindo ao seu quartel-general de

Metz para tentar junto dele uma última diligência, o imperador dos franceses respondeu: "No que se refere a Roma, não cedemos".

Na realidade, já cedera. Em 31 de julho, um telegrama enviado ao embaixador da França em Roma ordenava-lhe que retirasse o corpo expedicionário. E precisava: "Não é por necessidade estratégica que evacuamos Roma; mas a necessidade política é evidente. Temas de conciliar as boas graças do governo italiano". Continuava o equívoco da política italiana de Napoleão III. O exército francês deixou, pois, Roma a 4 de agosto, pouco depois seguido pelos zuavos pontifícios do coronel Charette, que eram franceses. (A 2 de dezembro, eles iriam cobrir-se de glória na planura de Loigny). A imperatriz Eugênia, que era a Regente, mandou ancorar em Civitàvecchia o navio Orénoque, a fim de permitir ao papa fugir, se assim o entendesse. Roma já só tinha como defensores os cerca de 12 mil homens do pequenino exército pontifício do general Kanzler.

Logo a seguir à declaração de guerra, o governo italiano, com sede em Florença, tomara medidas para prevenir qualquer eventualidade: mobilizara duas divisões, mandara vigiar estreitamente Garibaldi, para que não pudesse sair da sua ilha de Caprera, e encerrara Mazzini no forte de Gaeta. Os acontecimentos militares decidiram-no a agir. Ao saber das primeiras derrotas francesas, enviou uma nota aos principais governos, para os avisar de que a Questão Romana tinha de ter uma solução rápida. As Potências não reagiram. A Áustria ofereceu os seus bons serviços para uma negociação entre a Itália e a Santa Sé. Pio IX, sem ilusões, sabia — via — que estava abandonado. A derrota francesa em Sedan (2 de setembro), a queda do Império e a proclamação da República dois dias depois determinaram o inelutável. A Convenção de Setembro estava decididamente liquidada. O governo de defesa nacional, a braços com um perigo mortal, bem pouco se importava com a sorte de Roma... Jules Favre declarou ao enviado italiano, Nigra, que preferia ver em Roma as tropas de Vítor Emanuel II a ver lá os "perigosos agitadores" de Garibaldi e de Mazzini[97]. Era também esse o critério de Viena. O governo de Munique, instigado por Döllinger, incitou os governantes de Florença a agir contra o papa "infalível". Assim a Itália tinha as mãos livres para decidir, sozinha, a questão da sua capital.

Enquanto 50 mil homens, comandados pelo general Cadorna, cruzavam a fronteira pontifícia, Vítor Emanuel II tentava uma última diligência para obter a aquiescência do papa. Católico sincero, marido e pai de pessoas de fé, o rei não olhava com gosto uma ruptura com o Vigário de Cristo. Enviou, pois, a Roma um mensageiro especial, o conde Ponza di San Martino, também bom católico e irmão de um jesuíta, para que entregasse a Pio IX e ao cardeal Antonelli cartas pessoais em que, argumentando com a situação de perigo, com a agitação que começava em Roma, e com o seu desejo de assegurar, acima de tudo, a segurança do pontífice, lhe pedia que consentisse na ocupação dos seus domínios. Oficiosamente, San Martino estava encarregado de propor uma solução para a Questão Romana: em troca da renúncia ao poder temporal, o Sumo Pontífice teria o reconhecimento de todas as prerrogativas da Soberania, a posse da Città Leonina, do Latrão, de Castelgandolfo, e possivelmente de uma faixa de território até ao mar, além de uma indenização a ser paga anualmente. Mas Pio IX estava bem longe de admitir sequer a hipótese de uma negociação. Recebeu o emissário régio, leu as cartas, explodiu em violentas censuras contra "as víboras, os sepulcros caiados" de Florença, e depois respondeu a Vítor Emanuel II, em tom patético, com um *non possumus* sem apelo.

Os dados estavam lançados... Numa Roma em estado de sítio e onde os militares tomavam posições para entrar em combate, o velho papa multiplicava as preces públicas, os ofícios solenes, os tríduos, e, apesar da idade avançada, subia de joelhos os degraus da *Scala Sancta*. Só lhe restava a esperança no sobrenatural. Na manhã de 20 de setembro, os "piemonteses", como eram designados em Roma, deram início ao ataque, de todos os lados ao mesmo tempo. Mal se ouviu o canhão, Pio IX deu ordem para que as suas tropas se limitassem a uma resistência simbólica e cedessem antes de qualquer efusão de sangue. Mas o general Kanzler, a quem o general Cadorna mandara oferecer a capitulação, entendeu que a honra dos seus homens exigia o combate. Houve, pois, cerca de quatro horas de tiroteio, durante o qual morreram seis soldados pontifícios e trinta e dois assaltantes.

No entanto, Pio IX reunira no Vaticano todo o corpo diplomático, a fim de protestar contra "o atentado sacrílego". Em seguida, verificando que, apesar das suas ordens[98], a canhonada se estendia ao Janículo, mandou arvorar uma bandeira branca na cruz da Basílica de São Pedro. No mesmo instante, a pouca distância da Porta Pia, os canhões abriam uma brecha na velha muralha de Aureliano que cingia Roma, e os *bersaglieri* de Cadorna entravam na cidade. E foi assinada uma Convenção, nos termos da qual o Sumo Pontífice ficava com Città Leonina e os três corpos da sua Guarda pessoal. Mas, como gente de Mazzini viesse manifestar-se até à Basílica de São Pedro, Kanzler pediu a Cadorna que enviasse tropas para garantir a segurança do papa — o que foi feito.

A Questão Romana, "esse grande problema que atormenta dolorosamente a sociedade", como dizia Cadorna, estava resolvida pela força. A 2 de outubro, fez-se um plebiscito em Roma e em todas as províncias dos antigos Estados Pontifícios. Por maioria esmagadora, os romanos votaram pela nova Itália[99]. Em vão o cardeal Antonelli enviou a todos os governos um longo memorando de protesto, em que recordava os direitos da Sé Apostólica e as promessas feitas pelos diversos governos e reafirmava os princípios do poder temporal do papado. Só recebeu uma resposta, redigida em termos de grande nobreza: a de García Moreno, presidente da República do Equador, que, quatro anos depois, iria tombar sob as balas de um conjurado maçom. A França, que então vivia "o Ano Terrível", ofereceu ao papa a Córsega como refúgio.

Entrementes, o governo italiano continuava a esforçar-se por encontrar uma solução. E em especial Vítor Emanuel II, para quem os acontecimentos eram fonte de dolorosíssimos debates de consciência. Durante dois meses, o rei hesitou em ir a Roma, e só se resolveu a fazê-lo por ocasião das terríveis inundações que lá se deram em dezembro: acorreu à Cidade Eterna para se ocupar pessoalmente dos socorros. Mas só em julho de 1871 fez a entrada solene na sua nova capital. Apesar da resistência dos partidos de esquerda, o seu governo preparara e conseguira a aprovação, a 13 de maio desse mesmo ano, de uma *Lei das Garantias* destinada a regulamentar a situação do Soberano Pontífice. O Estado italiano reconhecia a inviolabilidade da pessoa do Papa, a sua qualidade de Soberano, a posse do Palácio do Vaticano, do Latrão, da Chancelaria e da *villa* de Castelgandolfo, garantia a plena liberdade dos Conclaves e dos Concílios, renunciava a todo e qualquer controle dos negócios eclesiásticos e assegurava à Cúria pontifícia uma dotação anual de 3.225.000 liras. No entanto, a lei nada dizia quanto à soberania do Papa em relação a Città Leonina, de que falara a Convenção de capitulação militar.

Que faria Pio IX? Temos de reconhecer que a imagem tradicional do grande papa, envolto na sua dignidade e opondo imediatamente às ofertas do adversário uma recusa desdenhosa, não é admitida pela História. A verdade é que o papa teve um momento de hesitação. Quando, logo a seguir à ocupação, Cadorna lhe mandou cinquenta mil escudos para fazer face às maiores urgências, Pio IX não os recusou. Um diplomata francês, o conde d'Harcourt, conta que o ouviu declarar que pedia apenas "um cantinho de terra em que fosse o Soberano", a fim de "poder exercer em plenitude os seus direitos espirituais". Continuou a corresponder-se com Vítor Emanuel II e, se não fosse a oposição de Antonelli, teria mesmo concordado em receber um mensageiro do rei. Esta hesitação torna Pio IX uma figura ainda mais humana e comovedora: num momento em que devia tomar uma decisão tão grave, não era compreensível que se perguntasse onde estava o seu dever?

Foram decerto as atitudes anticlericais, verdadeiramente sectárias, que o governo italiano se viu forçado a assumir para não ser ultrapassado pela esquerda, e a campanha de imprensa que os liberais desencadearam imediatamente contra a Lei das Garantias, anunciando que haviam de anulá-la na primeira oportunidade — foi com certeza tudo isso que fez o papa fechar-se. E talvez também haja sido impelido à intransigência pelas manifestações quase diárias dos peregrinos que acorriam a Roma para o parabenizar pelos seus vinte e cinco anos de pontificado e o aclamavam como "o Papa-Rei". Então, Pio IX endureceu e cortou cerce. A Encíclica *Ubi nos* rejeitou a Lei das Garantias do governo "subalpino". O Vigário de Cristo ultrajado decidia nada receber, nem promessas, nem subsídios. E foi lançada excomunhão-maior contra os espoliadores da Sé Apostólica[100]. Era a ruptura total entre a Igreja e o novo Estado. Chegou-se mesmo a desaconselhar os católicos a votar nas eleições italianas, *a fartiori* a deixar-se eleger e a participar da política governamental.

Encerrado no seu Palácio do Vaticano, que fora escolhido de preferência ao Quirinal por estar mais afastado da cidade tornada ímpia; sem nunca ultrapassar a Porta de bronze que fechava a entrada; recusando-se a partir, no verão, para a *villa* de Castelgandolfo cuja propriedade lhe fora mantida; e aproveitando todas as ocasiões para protestar contra a injustiça de que era vítima, Pio IX passou a ser "o Prisioneiro do Vaticano" — aquele que todo o universo católico evocava com emoção. A provação sofrida dava à figura do papa um supremo toque, tornava-a agora ainda mais nobre, por estar marcada pela dor. Os seus três sucessores imediatos iriam manter a mesma atitude, rígida e altiva, durante cinquenta e nove anos[101].

Grandeza de Pio IX

O Sumo Pontífice, que acabava de entrar no seu 79° ano, ainda viveria mais sete. Sete anos difíceis de classificar — parecidos com um desses belos crepúsculos em que o lento avançar das sombras é subitamente interrompido pela esplendorosa glória de um feixe de raios de ouro... Até o último instante, o velho papa conservaria toda a sua força de alma, a sua combatividade. Sem descanso, em nada menos de quinhentos e cinquenta discursos, Pio IX denunciou "os Átilas e os Acabs modernos, com a mesma vivacidade e o mesmo vigor, com uma inesgotável fecundidade e um zelo sempre renovado. Esperava de cada país, de cada acontecimento, de cada complicação europeia, a vitória da Igreja, a confusão dos seus inimigos"[102]. Aos íntimos, declarava: "A Santa Sé já passou por outras tempestades". Se ele não voltasse a entrar em Roma, um dos seus sucessores o faria, triunfalmente... Os que trabalhavam ao seu lado animavam-no com a esperança de um milagre. E o mesmo sucedia com a apoteose de que o rodeavam os seus filhos do mundo inteiro.

Porque a verdade é que, desde 1871, não parava de se manifestar o impulso de amor que levava tantos e tantos católicos até ao seu Pai na sua infelicidade. A bem dizer, todos os dias chegavam ao Vaticano mensagens de fidelidade votadas em congressos, em assembleias de clérigos ou de leigos. Ano após ano, acorriam a Roma milhares de peregrinos, e em número muito maior ainda quando se festejou o oitavo centenário de Gregório VII (1873), o sétimo da vitória de Legnano (1876), as bodas de ouro episcopais do papa reinante (1877). E essas grandiosas cerimônias, momentos de verdadeiro triunfo, diziam bastante do prestígio sem precedentes que o papado tinha ganho[103].

No entanto, essa glorificação do Vigário de Cristo não deixava de estar envolvida em melancolia. A dilacerante saudade do passado, a espera de um milagre, bloqueavam Pio IX e os seus numa atitude de recriminação e nostalgia que não levava a nada. Logo depois do drama, teria sido indispensável uma renovação das equipes responsáveis pela política papal, e em geral uma reorganização da Cúria, para pôr a Santa Sé em condições de enfrentar ainda mais firmemente os seus novos destinos. Ora, nada foi mudado, ninguém foi mudado. O próprio cardeal Manning, tão romano de coração como era, escrevia, em 1876, ao regressar de Roma: "Que imagem de estagnação! Seis anos se passaram desde 1870, e a organização da Cúria tem ido declinando de ano para ano. Parece faltarem a Roma homens novos e de futuro".

E Pio IX não teria consciência disso? O cardeal Ferrata, nas suas *Memórias,* transmite uma reflexão feita pelo velho papa a um dos que o visitavam: "O meu sucessor deverá inspirar-se no meu devotamento à Igreja e no meu desejo de fazer o bem. Quanto ao mais, tudo mudou à minha volta... O meu sistema e a minha política foram válidos no meu tempo; agora sou velho demais para mudar de orientação. Essa obra vai ficar para o meu sucessor". Pio IX assistia ao fim de uma época; tinha consciência disso, e sentia-se angustiado.

Não eram apenas os Döllinger, os Passaglia, os Hyacinthe Loyson, nem mesmo os Montalembert, que tomavam posição contra os princípios sobre os quais o papa assentara toda a sua obra; eram até alguns homens que tinham sido os mais fiéis entre os fiéis. Em pleno *Colégio de la Sapienza,* um professor estimado, o cônego Audisio, propunha a reconciliação da Igreja com a sociedade laica... Mais espantoso ainda: o pe. Cursi, diretor da *Civiltà Cattolica,* um dos chefes do partido intransigente, carregava contra o *Vaticano Real,* reclamava reformas e, também ele, falava de entendimento com o mundo moderno[104]... Outras tantas coisas próprias para emocionar profundamente o velho pontífice e para o inquietar.

E a situação em que via a Igreja não era também motivo para apertar-lhe o coração? Por toda a parte, parecia redobrar o assalto contra a Igreja. Na própria Itália, quem conduzia o jogo eram os elementos mais anticlericais: em Roma, num período de dezoito meses, foram expropriados trinta e dois conventos; nas universidades, foram suprimidas as faculdades de Teologia; os maçons apropriavam-se dos postos de comando. Da França, chegavam as cruéis notícias da Comuna: a execução do arcebispo de Paris, mons. Darboy, assim como de religiosos e de padres. Era de recear que, num dia próximo, o regime pensasse, segundo uma célebre frase: "O clericalismo, esse é o inimigo". Na Alemanha, Bismarck lançava o *Kulturkampf,* varria do império as ordens religiosas, punia os padres que lhe resistiam com penas que podiam ir até à perda da nacionalidade; bispos e até um cardeal eram atirados para a cadeia.

De que país não chegariam tristes novas? "A guerra universal contra Roma", que o chanceler da Alemanha sonhava instalar na Europa inteira, conquistava a Suíça, de onde o Presidente do Conselho de Estado queria ver a Igreja Católica sair "com o cajado e o alforje"; onde a *Lei da*

Reorganização submetia o clero às autoridades civis, mesmo que huguenotes; e de onde o corajoso bispo de Genebra, mons. Mermillod, era expulso. Também na Áustria, tinham sido votadas leis destinadas, em princípio, a substituir a Concordata, e tão desfavoráveis à Igreja que Pio IX iria protestar contra elas. O governo de Francisco José aproximava-se ostensivamente do de Vítor Emanuel II, o espoliador... Na Boêmia, consentia-se que os liberais queimassem a efígie do papa. Na Espanha, a revolução orientava-se nitidamente no sentido antirreligioso. Na Bélgica, começava a luta entre católicos e liberais: estes, senhores do poder, pareciam decididos a enfraquecer a Igreja por todos os meios, e os católicos ripostavam com uma violência pouco evangélica[105]. Nem faltava o longínquo México, onde Juárez iniciava uma verdadeiro terror contra a fé[106].

Esse cúmulo de notícias aflitivas tornou dolorosos os últimos anos de Pio IX, apesar das aclamações e de tantos sinais comovedores de fidelidade. A sua maior consolação estava, conforme confidenciava aos seus íntimos, em que, tal como o Divino Mestre, o fim da sua vida estava cheio de sofrimentos: *Crux de cruce*[107], dizia a divisa correspondente ao seu reinado na famosa "Profecia de Malaquias"[108]. Como homem de fé profunda, como místico, Pio IX transportava a sua cruz pela salvação do mundo. À sua volta, como sucede com os homens que chegam a uma extrema velhice, a morte ia constantemente abrindo novas vagas, e deixava-o só. Um após outro, os seus colaboradores desapareciam: em 1874, o cardeal Barnaba e mons. Mérode; em 1876, o cardeal Antonelli, que o papa utilizara sem nunca lhe ter grande estima e de quem não teve grandes saudades. Com maior surpresa, viu morrer, a 9 de janeiro de 1878, apenas com cinquenta e oito anos, o seu adversário Vítor Emanuel II, um adversário por quem nutriu sempre uma secreta ternura e a quem permitiu que tivesse uma morte católica, com exéquias religiosas.

Ele próprio sentia chegar a sua hora. As feridas varicosas que tinha nas pernas já não o deixavam andar, nem sequer celebrar missa. Mas o espírito, esse continuava admiravelmente lúcido. Nas audiências a que, até ao fim, se fazia transportar em liteira, deixava estupefatos os visitantes com o vigor da sua eloquência e a prontidão das suas das festas que haviam de celebrar, em junho, os seus trinta e dois anos de pontificado... Mas, nos começos de fevereiro, teve uma pneumonia, acompanhada de um opressor catarro dos brônquios. Expirou no dia 7, entre as cerimônias patéticas e grandiosas que acompanham a morte dos papas, mas, sobretudo, no meio dos soluços e lamentos sinceros de todo o mundo católico. Um dos seus últimos atos importantes tinha sido uma terceira regulamentação da eleição papal, tal era a sua vontade de que a Igreja se mantivesse independente dos decepcionantes Estados laicos.

Na realidade, os últimos sete anos de vida de Pio IX nada acrescentaram de essencial à obra do seu grande pontificado. Quando, em 20 de setembro de 1870, os canhões de Vítor Emanuel II tinham aberto a brecha da Porta Pia, concluíra-se a missão para a qual, em termos sobrenaturais, ele parecia ter sido posto por Deus na cátedra de Pedro. Não fora por acaso que, com diferença de poucas semanas, a história pudera registrar os dois acontecimentos mais importantes da vida da Igreja no século XIX: o desaparecimento do poder temporal do papado e a proclamação da Infalibilidade pontifícia. Acontecimentos, não apenas concomitantes, mas complementares: é na sua junção, querida, decidida, por Pio IX, que podemos ver o sinal autêntico da grandeza deste papa.

Da sua grandeza, sim. Em 1871, por altura das festas do seu Jubileu episcopal, um grupo de romanos, chefiados pelo marquês Cavalletti, viera pedir ao papa licença para organizar entre os católicos do mundo inteiro uma subscrição destinada a oferecer-lhe um trono de ouro, e para se fazer um plebiscito que lhe conferisse o título de *Grande*. Pio IX recusara ambas as coisas. No entanto, não há dúvida de que esse título, que a sua humildade não podia admitir, lhe era devido pela História. Depois de um terço de século de reinado, ele deixava a Igreja infinitamente mais potente, mais vigorosa, mais respeitada, do que a encontrara. O papado, engrandecido pelas provações, reforçado pelas decisões dogmáticas e pelas providências administrativas que ele tomara, estava mais forte do que alguma vez o tinha sido desde a Idade Média. Os católicos haviam-se habituado a receber do Vigário de Cristo orientações e ensinamentos que lhes fixavam o rumo a seguir e de acordo com os quais cada um sabia o porquê e o como. Embora atacada de muitos lados ao mesmo tempo, a Igreja dava inumeráveis provas de uma vitalidade admirável, e, no mais profundo da sua alma, ouvia mais que nunca o apelo à santidade[109].

Foi de Pio IX, da sua obra, dos seus sofrimentos, que nasceu a Igreja dos nossos tempos, tal como a conhecemos, admiramos e veneramos. Podem-lhe ser feitas críticas, que o recuo de mais de um século permite formular mais claramente. Não se soube compreender que a questão do poder dos papas não dependia por inteiro da posse contestada de alguns principados italianos. Confundiu-se demasiado numa mesma reprovação aqueles a quem as necessidades da política obrigavam a atacar os bens do papado e aqueles que tinham em vista os seus direitos espirituais e os dogmas da fé. Não se soube, não se quis, adaptar a Igreja à evolução que transformava radicalmente a sociedade. Também não se adivinhou — ante o receio obsessivo perante a ameaça da revolução liberal e nacionalista — que estava em curso uma terceira revolução, a revolução social, e que, também em face dela, a Igreja teria de tomar posição. Mas enumerar estas críticas equivale a dizer que o santo papa foi um homem do seu tempo, envolvido nas suas rudes batalhas, e que estava demasiado ocupado em combater os erros do mundo moderno para ter o tempo necessário para lhe opor, mais que condenações, uma doutrina sobre a qual se pudesse edificar o futuro.

Essa tarefa caberia a um outro grande papa, ao seu sucessor corajoso e lúcido que ele tinha tirado da vida conventual para lhe confiar tarefas que ele próprio não tinha podido levar a cabo. Mas as realizações de Leão XIII teriam sido possíveis se Pio IX, através de tantos combates, de tantos sofrimentos, de tantas lágrimas, não tivesse elevado a Igreja e o papado à grandeza insigne em que, ao morrer, os deixava?

Notas

[1] Deu-se então um incidente pitoresco. Tendo corrido o boato de que o cardeal Gizzi fora eleito, os seus criados pilharam-lhe a adega de acordo com um costume então admitido: um papa não precisava de cave pessoal... "Nem tiara nem cave. É muito pouco!", chasqueou o *Pasquino*...

[2] Já o cardeal Fieschi, contando ao cronista romano Roncalli como foi o Conclave, mostra o cardeal Mastai muito calmo, e, pelo contrário, Lambruschini tão despeitado que desmaiou.

[3] Cf. neste volume o cap. IV, fim do par. *Roma e a jovem Itália.*

[4] Ibidem.

[5] Faria uma, no dia da tomada de Roma (1870), sobre o verbo *tremar,* ["tremer"].

[6] Albert de Broglie conta nas suas *Mémoires* que, estando em Civitàvecchia na altura da eleição, viu chegar a diligência de Roma e um viajante saltar, aos gritos: "*Il papa e fotto, e liberale coglione!*" ("Temos Papa! E liberal até as «orelhas»!") O que foi acolhido com uma ovação...

[7] A expressão é do historiador Spada, pouco suspeito de simpatias católicas.

[8] Foi encontrado nos arquivos do Vaticano.

[9] Cf. neste volume o cap. IV, par. *Roma e a jovem Itália.*

[10] Ou seja, a República italiana e a supressão do poder temporal do Papa.

[11] Ou seja, a unidade italiana sob a presidência do Papa.

[12] Em Roma, correu o rumor de que o cardeal Lambruschini colaborara na redação do documento.

[13] Excelente em italiano, o trocadilho baseia-se no nome do papa — Mastai-Ferretti —, mas é intraduzível para o português (N. do T.).

[14] Cf. neste capítulo o par. *Assaltos contra a Igreja.*

[15] Cf. neste volume o cap. IV, par. *Um período de efervescência.*

[16] Houve, no entanto, algumas exceções. Localmente, em diversos pontos da França, designadamente no Auvergne, deram-se manifestações contra alguns párocos. Em Mazat, perto de Riom, um agitador pilhou as cadeiras da igreja e vendeu-as. Em Bertignal, perto de Ambert, cortaram as cordas dos sinos e com elas trancaram a porta da igreja. Noutros lugares, rebentaram tumultos contra empresas monásticas que empregavam mão de obra leiga a quem pagavam mal. Essas raras manifestações não foram bastantes para barrar o movimento geral que aproximava o povo do padre.

[17] Da sua *Histoire politique de l'Europe contemporaine.*

[18] J. Folliet, *Chronique sociale,* março-abril de 1948.

[19] Cf. neste volume o cap. III, par. *Pio VIII e a explosão de 1830.*

[20] *Sic.* Como sabemos, os redentoristas são precisamente os filhos de Santo Afonso Maria de Ligório...

[21] Foi impedido pelo alto episcopado, secretamente ligado ao governo imperial. O arcebispo de Viena teve o descaramento de dizer que "desconhecia o Concílio de Trento e só conhecia os decretos do seu soberano".

[22] Cf. neste volume o cap. VI, par. *A Alemanha desperta para as preocupações sociais.*

[23] Tanto mais que viam espalhar-se as ideias de *Hirsher,* respeitável sacerdote de Friburgo, que queria organizar os fiéis e os padres para vigiar a Hierarquia e reformar a Igreja.

[24] Cf. neste volume o cap. IV, par. *Na França: a batalha pela liberdade de ensino.*

[25] Os números variam: seis mil, segundo Henri Guillemin; 3.200, segundo o pe. Mourret.

[26] 20 mil, segundo Guillemin; 50 mil, segundo Mourret.

[27] O jornal iria também tomar posição em matéria social (cf. neste volume o cap. VI, par. *A reviravolta de 1848*).

[28] No seu jornalzinho *Atelier,* redigido por e para operários, Buchez escrevera: "Cristianismo e Revolução são uma só coisa, e o único erro da Igreja é não ser revolucionária"; cf. neste volume o cap VI, par. *Buchez, socialista cristão.*

[29] Cf. neste volume o cap. VI, par. *A questão social e os socialismos.*

[30] Sobre o aparecimento destas ideias sociais cristãs, cf. neste volume o cap. VI, par. *Catolicismo e consciência social.*

[31] Mais feliz, a Irmã Rosalie Rendu, benfeitora do *quartier* Mouffetard, pôde ir até ao meio das barricadas sem nada lhe acontecer.

[32] *À rebours* (1884).

[33] Trezentos votos contra duzentos e trinta e sete.

[34] A frase foi pronunciada pelo conde de Arnim, embaixador da Prússia, no pátio de São Dâmaso, à saída de uma audiência!

[35] Cf. neste volume o mapa da Itália e dos Estados Pontifícios. O conde de Quinsonas consagrou à "L'Expédition française de Rome 1849" um interessante estudo na *Revue historique de l'Armée*, n. 3, 1959.

[36] Donde o nome de *abito piano*, "hábito de Pio", que se dá à batina na Itália.

[37] Tornaram-se obrigatórias a partir de 1911.

[38] Sobre este fato, cf. neste volume o cap. VIII, par. *Três sinais do céu*.

[39] Um dos autores da ideia pode ter sido mons. Fornarit, núncio apostólico em Paris de 1843 a 1859, que, durante a sua nunciatura, se mostrara adversário resoluto das liberdades galicanas e um teórico da centralização pontifícia. Quando regressou a Roma, ficou à frente de um pequeno grupo de teólogos e canonistas que pensavam como ele e com quem Pio IX se relacionou estreitamente.

[40] A criação de um cardeal norte-americano, em 1875, será reveladora da mesma intenção.

[41] Cf. neste volume o cap. VIII, par. *Renovação monástica, proliferação de Institutos, plétora de congregações*.

[42] Mais ainda: quando se hospedava em algum presbitério, o pe. Combalot, um dos campeões da unificação litúrgica, não hesitava em lançar ao fogo os breviários e rituais do dono da casa, se não fossem "romanos"!

[43] O movimento de unificação foi tão vivo que nem sequer Dom Guéranger conseguiu para a sua congregação o "Próprio" que tinha preparado...

[44] Cf. neste volume o cap. VI, par. *A caminho do corporativismo e do paternalismo*.

[45] Cf. no cap. III deste volume, par. *Joseph de Maistre e Bonald*, a exposição das ideias de J. de Maistre. No seu tempo, essas ideias tiveram em Roma pouca aceitação, com muitas reticências.

[46] O *Do Papa* figurava na sua biblioteca pessoal, em Ímola.

[47] Cf. neste volume o cap. VII, par. *As missões em decadência*.

[48] Citado por G. Bazin na sua *Vie de Mgr. Maret*, II, p. 356.

[49] Acusou-se também, se não o papa, pelo menos a sua corte, de ter encorajado ou ao menos aceitado com excessiva facilidade as denúncias que muitos ultramontanos fanáticos dirigiam a Roma e que nem sempre tinham fundamento. Como também de ter apoiado padres em dificuldades com os seus bispos, admitindo com excessiva complacência o direito de apelação.

[50] Cf. neste volume o cap. III, par. *A política das Concordatas*.

[51] Cf. neste volume o cap. IV, fim do par. *Perante as "vicissitudes dos Estados"*. Antes do *Sonderbund* tinha havido o *Siebenbund*, estabelecido em 1835 pelos cantões "radicais". Mas o *Siebenbund* nunca foi declarado ilegal.

[52] A Constituição federal (de 1874) contém ainda dois artigos (51 e 52) que proíbem na Suíça "a ordem dos jesuítas e as sociedades que lhe são filiadas", e além disso a fundação de

"novos conventos ou ordens religiosas, ou o restabelecimento dos que foram suprimidos" (cf. o opúsculo de mons. Joseph Meier, *Conventos e jesuítas*, Freiburg, 1958).

[53] Cf. neste capítulo o par. *Grandeza de Pio IX.*

[54] É uma das razões que explicam que, em 1860, os savoianos hajam votado por imensa maioria a sua vinculação à França. (Cf. Henri Menabréa, *Histoire de la Savoie).*

[55] Cf. neste volume o cap. IV, par. *Perante as "vicissitudes dos Estados".*

[56] Cf. neste capítulo o par. *A Igreja e a nova Revolução.*

[57] É de sublinhar essa palavra: *"civilização"*; *Kultur.* Será em nome da civilização que Bismarck conduzirá a sua luta contra Roma.

[58] "Cada qual tinha a sua carta: / Um jogava Bonaparte / E o outro, Mastai..." (N. do T.).

[59] Sobre a sua fundação, cf. neste volume o cap. VI, par. *Ozanam, ou o despertar das almas para o problema.*

[60] Infelizmente houve algumas nesse tempo.

[61] Eugêne e Ambroise Rendu, filhos de um inspetor geral da Universidade no reinado de Luís Filipe, de uma alta burguesia aparentada com Augustin Cochin, tiveram muitas relações na Itália, onde residia o seu cunhado, Louis Doublet. Exerceram certa influência nos meios políticos e intelectuais: Eugene Rendu fez à Academia das Ciências Morais uma comunicação sobre a Questão Romana que foi bastante comentada.

[62] Quando se tornou adulto, o jovem Mortara recebeu as ordens sacerdotais. — Ainda que não se aprove a conduta das autoridades romanas nesta questão (não estava *em* causa a Infalibilidade pontifícia), temos de reconhecer que não havia nela qualquer preconceito racista...

[63] Nas suas *Voix prophétiques* (1872), o pe. Curicque dá formalmente esse sentido ao "milagre". É bom acrescentar que a ofensiva prussiana de Sedan foi detida exatamente em Vrigne-aux-Bois, o que pareceu confirmar o caráter profético do acontecimento.

[64] Golpe direto à Casa de Savoia, que se preparava para abandonar a terra dos seus maiores, o país cujo nome ela própria usava.

[65] Eis o que, já em março de 1859, o pe. Meignan, futuro arcebispo de Tours e cardeal, escrevia a Montalembert: "Creio que as condições atuais têm grandes inconvenientes para a religião. Dizem que elas asseguram a independência espiritual do Papa. Não quero negá-lo de modo algum. No entanto, ainda acho o Papa demasiado dependente, e penso que talvez Deus lhe possa assegurar uma independência melhor do que a de um padre sempre ladeado de baionetas estrangeiras, sempre obrigado a defender-se contra populações que não gostam de lhe estar sujeitas. Quando estive em Roma, em 1846, Gregório XVI ora abençoava ora fuzilava os seus súditos. Pio IX prende-os, uma coisa ainda necessária para manter o Papa em Roma. São necessidades duras. Faço votos para que a Providência ponha fim a um escândalo que, se durar muito tempo, vai arruinar o catolicismo na Europa e fora dela".

[66] O termo "excessiva" causa estranheza na pena de um ultramontano convicto. Explica-se por um receio que Lafond dá a entender. Pio IX elevou o papado a uma altura sem precedentes; mas seriam os seus sucessores capazes de o manter nesse nível? Poderiam eles suscitar idêntico movimento de fervor? Sabemos que semelhante receio veio a revelar-se sem fundamento. A extraordinária sorte da Igreja, desde a morte de Pio IX até nós, será ter

sempre à sua frente papas igualmente capazes de merecer a veneração dos católicos, por mais diferentes dele, e uns dos outros, que venham a ser.

[67] A expressão é de mons. Mermillod. A primeira encarnação era a de Jesus Cristo concebido no seio virginal de Maria; a segunda, a da Eucaristia.

[68] Assim chamados por causa do uniforme, inspirado no dos combatentes do exército da África, que o antigo "africano" Lamoricière lhes deu. — A palavra *zuavo* deriva do nome de uma tribo da Argélia (os zuavos ou zualas), que desde cedo se ligou à França e lhe forneceu combatentes.

[69] A veneração por Pio IX foi tão longe que, ainda em vida, se falou de milagres obtidos por sua intercessão. Em 1866, estando ele doente, uma francesa, Amélie Léautard, enfermeira voluntária dos zuavos pontifícios, ofereceu publicamente a sua vida pela cura do papa. No dia seguinte, enquanto rezava em São Pedro, caiu fulminada por uma doença misteriosa; e como Pio IX se curou, o caso foi muito falado. Em 1869, um diplomata francês em Bruxelas, que tinha uma filha em perigo de morte, telegrafou ao papa para lhe pedir uma bênção especial. Comovido, Pio IX orou publicamente pela menina, que ficou boa. Enfim, difundiu-se muito na Igreja a certeza de que ele escava diretamente ligado às aparições de La Salette, pois Mélanie Calvat, a pastorinha do milagre, só confiou o famoso "segredo" ao papa; cf. neste volume o cap. VIII, par. *Três sinais no céu.*

[70] Sobre este assunto, cf. todo o cap. VIII deste volume.

[71] Em *Vraie et fausse réforme de l'Église* (Paris, 1956), o pe. Yves Congar analisou com acuidade este problema (cf., especialmente, as pp. 345, 346, 562-569 e 604-622).

[72] Cf. neste capítulo o par. *A Imaculada Conceição.*

[73] Cf. neste volume o cap. IV, par. *O drama de Lamennais.*

[74] Nos quais tinha colaborado, pois pertenceu a uma das comissões de teólogos que redigiram as primeiras declarações.

[75] Deu-se ainda outra resposta, mas que não ultrapassou o círculo dos teólogos. Sustentaram alguns que o *Syllabus,* por não estar assinado pelo papa e não se apresentar em forma de encíclica, não tinha natureza de *ato da Santa Sé.* Mas isso é jogar com as palavras; de resto, a Igreja aceitou o *Syllabus* como expressão da vontade e do pensamento de Pio IX. Leão XIII irá citá-lo, na Encíclica *Immortale Dei,* como ato pontifício normal. Parece, no entanto, seguro que Pio X declarou que esse texto "não pertencia à categoria da Infalibilidade" (cf. côn. Briggs, *The Papal comission and the Pentateuch,* Londres, 1906, p. 9).

[76] Y. Congar, *Mentalité de "droite" et intégrisme,* in *La Vie Intellectuelle,* junho de 1950, p. 649.

[77] Paradoxalmente, foi talvez um autor protestante, o pastor Noel Vesper (no seu livro *Les Protestants)* quem mais exaltou esse sentido dos textos papais de 1864. Vesper vê neles "o derradeiro e mais alto monumento pelo qual o Ocidente tenta dominar a barbárie renascente". É certo que o pastor Noel Vesper era um caso perfeito dé "mentalidade de direita", como diria o pe. Congar.

[78] Este aspecto fundamental de ato de guerra escondeu os elementos mais construtivos da *Quanta cura* e do *Syllabus.* No entanto, há nesses documentos alguns desses fatores, nomeadamente indicações judiciosas sobre a questão social. O papa condena "o desejo desenfreado de acumular riqueza" e afirma que "a doutrina da Igreja não é de modo algum oposta aos bens e aos interesses da sociedade humana". Logo a seguir à publicação, Émile

Keller sublinhou este aspecto do pensamento pontifício numa obra intitulada *A Encíclica do 8 de dezembro e os princípios de 1789*, e foi ao lerem esse livro (durante o cativeiro em Aix--la-Chapelle) que Albert de Mun e René de La Tour du Pin tiveram o primeiro vislumbre do que viria a ser depois a sua vocação social. Mais tarde, à luz da *Rerum novarum*, as alusões formuladas por Pio IX ganharão todo o seu sentido e alcance (cf. neste volume o cap. VI, par. *A caminho do corporativismo e do paternalismo.)*.

[79] Alusão à saúde de Pio IX, que, durante o ano de 64, inspirou certa preocupação à sua volta — e esperanças naqueles que gostariam de ter um papa mais flexível.

[80] Nessa ocasião, Pio IX teve uma expressão nobre e reveladora dos seus sentimentos mais fundos. Como alguém lhe viesse anunciar, alegremente, a derrota da armada de Vítor Emanuel II em Lissa, teve de ouvir do papa: "Mas eu também sou italiano!"

[81] Não faz parte do nosso tema lembrar até que ponto essas declarações e o famoso relatório de Failly após Mentana — "os *chassepotr* [«espingardas»] fizeram maravilhas" — iriam pesar nas relações franco-italianas. Depois de ter prestado tantos serviços à causa da unidade italiana, a França tornava-se o principal obstáculo à sua conclusão.

[82] A sensação de estar numa situação muito precária afetava por vezes o seu humor. O cardeal napolitano Geronimo d'Andrea sofreu essa experiência. Amigo de todos aqueles que, como o pe. Passaglia, preconizavam o abandono do poder temporal, inimigo declarado de Antonelli, o cardeal era um espírito pouco equilibrado e um falador impenitente. Tendo deixado Roma sem a licença (que era obrigatória) do papa, instalou-se em Nápoles, onde, no círculo do príncipe Humberto de Savoia, governador em nome do rei, disse algumas palavras pouco prudentes. Pio IX suprimiu-lhe os proventos de cardeal, ao que este achou por bem responder por uma "carta aberta" à imprensa... Foi então privado de toda a jurisdição espiritual e temporal, o que equivalia a ser "descardinalizado". Depois de dois anos e tal de resistência, o príncipe da Igreja percebeu que se tinha desencaminhado. Voltou a Roma e concordou em assinar uma humilhante fórmula de retratação. O papa restabeleceu-o então nos seus títulos e privilégios. Mas, na audiência em que o acolheu, sentado sobre o trono, ladeado de dois cardeais, não lhe dirigiu a palavra e deixou-o permanecer prosternado, depois de ter beijado a sandália, entregue a soluços irreprimíveis.

[83] Setecentos e trinta e um assistiram à cerimônia de abertura. Em resultado de mortes e partidas, o número dos Padres Conciliares diminuiu pouco a pouco, e acabou por ser, no final, de 532.

[84] Cf. neste volume o cap. VIII, par. *Na Inglaterra: Newman e o Movimento de Oxford.*

[85] Com efeito, o anti-Concílio reuniu-se três vezes (9, 10 e 16 de dezembro). Mas a discussão desenrolou-se num tom de tal veemência que o proprietário do salão de dança onde se tinham reunido esses defensores do pensamento livre decidiu retirar-lhes o uso do espaço, com receio de ver destruída toda a mobília...

[86] Esta expressão e algumas outras que aqui citamos entre aspas são de Émile Ollivier, no seu livro, ainda hoje de grande interesse, *L'Eglise et l'État au Concite du Vatican,* Paris, 1879.

[87] Mais moderadamente, mons. Deschamps, de Malines, também respondeu "ao seu amigo, o caro e venerável Senhor de Orleáns" (Sobre a atividade de mons. Dechamps, cf. a excelente obra do pe. Maurice Becqué, *Le Cardinal Dechamps,* Lovaina, 1956).

[88] Pio IX interveio diversas vezes para evitar que a outra tendência fosse afastada por princípio, mas era-lhe impossível ver tudo pessoalmente, e os ultras da Infalibilidade pontifícia conduziram o jogo.

[89] Isso distingue o Concílio Vaticano do de Trento, onde os Padres chegaram às vias de fato e o arcebispo de Nápoles arrancou as barbas a um contraditor oriental...

[90] A carta de Montalembert foi publicada na *Gautte de France* de 7 de março de 1870. No dia 13, o seu autor morreu. Mons. Xavier de Mérode, cunhado do ilustre escritor, quis mandar celebrar exéquias solenes. Pio IX opôs-se, receando manifestações, mas mandou celebrar uma missa rezada em Santa Maria in Traspontina, a que assistiu pessoalmente, numa tribuna com grades. A carta de Montalembert tinha-o magoado muito, mas, ao saber da sua morte, disse: "Era um grande campeão da causa católica, mas tinha um grande inimigo: a soberba".

[91] Mons. de La Luzerne.

[92] Cf. vol. II, cap. VI, par. *As dissensões religiosas e o despertar dos nacionalismos.*

[93] Cf. vol. I, cap. III, par. *A semeadura cristã.*

[94] Depois de ter aderido, em 1871, aos velhos católicos, veio a casar, em 1872, com uma americana, continuando a celebrar missa. Foi depois eleito, em Genebra, pároco dos "católicos liberais", pequeno grupo cismático de pouca importância, mas teve de deixar o cargo no ano seguinte. Em seguida, foi conferencista em Londres, "reitor", em Paris, da "Igreja Galicana", em relações com a Igreja Jansenista de Utrecht, que aliás o rejeitou. Depois de ter pensado regressar à Igreja como padre maronita (portanto, casado), terminou a vida como "pároco galicano" de Neuilly e conferencista, obviamente bastante virulento contra a Igreja Católica.

[95] Restam pequenos grupos nos nossos dias, designadamente nos Estados Unidos, confundidos, em geral, com os adeptos da antiga Igreja Jansenista descendente da de Utrecht.

[96] Interrompido ao fim de sete meses apenas de sessões, o Concílio Vaticano foi considerado por alguns, sobretudo pelos que julgavam inútil a definição da Infalibilidade, como uma empresa abortada. De então para cá, a história pôde fazer um juízo diverso. Os grandes trabalhos realizados nas comissões — em especial sobre problemas de Direito Canônico, disciplina eclesiástica, Missões, Igrejas Orientais — iriam ter uma influência considerável no desenrolar do pensamento católico. Puderam encontrar-se reflexos desses estudos nas grandes Encíclicas de Leão XIII.

A Constituição *Dei Filius* fixou em termos precisos as relações entre a razão e a fé, preparou a renovação dos estudos teológicos e escriturísticos. É a ela, por exemplo, que se deve a definição da existência e a demonstração da importância dos *sinais* da Revelação, o que contribuiu grandemente para a identificação do Jesus da história com o Cristo da fé, o que passou a ser a melhor resposta da crítica de orientação católica à crítica "livre". Quando pensamos em Pio IX e na sua grandeza, não é possível esquecer este aspecto da sua obra.

[97] O que significa que os vitupérios de alguns católicos franceses contra a Itália infiel à palavra dada na Convenção de Setembro são singularmente injustos.

[98] Para evitar que se pensasse que os seus soldados tinham desobedecido às suas ordens, o papa redigiu uma segunda mensagem, antedatada, em que ordenava que se batessem.

[99] Na própria Roma, 40.785 *sim* contra 46 *não*. Nas províncias, 133.681 *sim* contra 1.507 *não*.

[100] Ao saber dessa decisão, Vítor Emanuel II falou de abdicar. Na realidade, a excomunhão não lhe foi aplicada pessoalmente, uma vez que o texto pontifício se absteve de nomear fosse quem fosse.

[101] Até 11 de fevereiro de 1929, dia em que foi assinado o tratado de "Conciliação" entre Pio XI e Mussolini. [Como se sabe, o rei da Itália era, nessa data, Vítor Emanuel III, neto do rei de 1870. O Secretário de Estado, que assinou com Mussolini, era o cardeal Gasparini (N. do T.)]

[102] E. Lecanuet.

[103] Houve também numerosas canonizações e beatificações, que chamaram a Roma multidões de fiéis. Em 1872, a canonização de Bento José Labre e a beatificação de João Batista de La Salle levaram a Roma muitos franceses. (O Cura d'Ars foi proclamado Venerável em 1872). Devemos citar ainda, entre as grandes manifestações deste período, a proclamação de São Francisco de Sales e de Santo Afonso Maria de Ligório como Doutores da Igreja, o primeiro deles também como padroeiro dos jornalistas.

[104] Pio IX não teve coragem para condenar o pe. Curei, atendendo aos serviços que prestara. O livro foi posto no *Index* por Leão XIII, e o jesuíta submeteu-se.

[105] Algumas manifestações de estudantes provocaram tumultos. Em Oostacher, em 1875, houve cento e sessenta e nove feridos e um morto.

[106] Estes acontecimentos, aqui brevemente resumidos, serão estudados no próximo tomo. De fato, pertencem mais ao período seguinte do que ao que termina com Pio IX.

[107] Divisa que foi por vezes interpretada assim: teria sido a Cruz da Savoia (a Cruz Branca das armas dessa Casa) que levou o pontífice a carregar a cruz.

[108] Cf. neste volume o cap. I, par. *O "último Papa"*, nota 116.

[109] Cf. todo o cap. VIII deste volume.

VI. Deus e o homem em questão

O combate de Jacó

Numa das capelas laterais da igreja de Saint-Sulpice, em Paris, toda envolvida em ocre dourado e em mistério, vê-se uma das mais admiráveis obras-primas que a arte de todo o século XIX produziu. Seu autor, Eugene Delacroix, pintou-a, durante o inverno de 1855-56, no momento em que, tendo já recebido o sinal secreto, ele próprio se defrontava, na sombra crescente, com o anjo que cada homem encontra no seu caminho. Por isso, esse *Combate de Jacó* é de uma terrível verdade, de um inesgotável significado. A grande cena do livro do Gênesis jamais teve comentador mais profundo, mais fiel, mais atento ao sentido transcendente desses versículos. Toda a luta do homem está nesse painel, perfeitamente evocada: no corpo-a-corpo sem mercê desses dois belos atletas, "nesse combate espiritual" que um poeta de dezesseis anos viria a considerar "tão brutal como a batalha dos homens"[1], nesse face a face que cada um de nós tem de aceitar, para viver, para vencer a tentação do nojo por si mesmo, do pecado e do nada.

Mas — e está nisto a marca das autênticas obras-primas —, ultrapassando os limites de um testemunho pessoal, a poderosa composição da capela dos Anjos faz mais que comentar o conflito pascaliano em que se joga o destino de cada um. Tal como, em outros tempos, o Pórtico Real de Chartres ou o afresco de Andrea da Firenze em Santa Maria Novella[2], ou ainda a nave e a cúpula de São Pedro[3], o painel exprime um dos dados essenciais da sua época e da sociedade que a viu nascer. Já no vau do Yaboc, era a humanidade inteira, significada pelo Povo Eleito e pelo seu representante, que travara a batalha noturna; agora, no momento em que Delacroix pintava a luta de Jacó com o Anjo de Deus, a humanidade estava empenhada de corpo e alma no mesmo combate. Tratava-se de saber quem seria o mais forte, ela ou a Presença; se ela conseguiria livrar-se desse eterno adversário que lhe bloqueia a estrada, ou se, aceitando a sua própria derrota como vitória, continuaria, como outrora, a encontrar na dor da ferida secreta o sinal e a prova da sua grandeza.

As crises políticas que vimos abalar o mundo ocidental ao longo de todo o período aqui considerado, revestem uma realidade infinitamente mais profunda que a que se traduz na morte de um bispo numa barricada parisiense ou na queda da muralha romana sob o canhoneio de Vítor Emanuel II. A "grande Revolução ocidental" de que fala um dos que a conduziram, Auguste Comte, pode perfeitamente manifestar-se, no plano dos fatos, em desmoronamentos de regimes políticos, em levantamentos nacionais, em crises sociais; substancialmente, é mais que isso: é espiritual, é metafísica. O estrondo dos motins e das guerras é o eco de uma rachadura bem mais terrível, "de tal ordem — diz Heinrich Heine — que nunca na história do mundo se tinha ouvido outra igual". O Ocidente cristão travava o combate com o Anjo. Deus e o homem estavam nele postos em causa.

Havia já bastantes séculos, ou pelo menos desde a Renascença, que se viera desenvolvendo essa rebelião da inteligência[4], que, pouco a pouco, desamarrando das tradições cristãs, das obediências e dos dogmas, espíritos cada vez mais numerosos, chegara à "crise da consciência europeia"[5] que abalara os alicerces morais e espirituais da sociedade. Desde Poggio, Platina, Vicomercato, céticos do *Quattrocento*, até Voltaire, Diderot, Helvécio, era possível acompanhar a linha dos progressos da irreligião. O século XVIII dera um passo enorme no caminho da completa negação. "Filósofos", enciclopedistas, deístas ingleses ou à maneira de Rousseau, promotores da *Aufklarung* alemã — a maioria dos que dirigiam o jogo, por mais distantes que fossem uns dos outros, tinham-se posto de acordo para levantar o homem contra Deus, o Deus do cristianismo, tanto como para "esmagar a infame", isto é, a Igreja. Em 1789, a rebelião da inteligência contra a fé tinha-se tornado um dos elementos determinantes da História.

A Revolução Francesa não teve nem por causa nem por pretexto esse profundo movimento que revolvia a consciência. Mas bem depressa esse movimento se traduziu nos acontecimentos. Por mais temporal, ou mesmo sórdido que haja sido o modo com que então se formulou a questão religiosa, a verdade é que dentro em pouco o debate saiu do quadro estreito da secularização dos bens eclesiásticos ou da eleição dos párocos pelos paroquianos. Nos princípios da Declaração dos Direitos do Homem ocultava-se um desígnio propriamente metafísico, que Pio VI teve o mérito de adivinhar: era significativo que nem sequer fossem mencionados os direitos de Deus. Também nos artigos da Constituição Civil do Clero, o que estava em causa era bem mais que a administração da Igreja: eram os fatores espirituais em que assenta a sua organização temporal, a autoridade sobrenatural do Vigário de Cristo, a intervenção do Espírito Santo na vida da comunidade dos batizados. O conflito religioso que dilacerou a França durante dez anos revelou por demais as verdadeiras intenções daqueles que por ele foram responsáveis.

Discípulos dos "filósofos" e dos enciclopedistas, os revolucionários inspiraram-se diretamente nos seus ensinamentos, e, tal como eles, foram unânimes, apesar das suas divergências, em querer eliminar o cristianismo e obrigar a bater em retirada o Deus revelado dos cristãos. O que Voltaire chamava "a Infame", chamaram-lhe eles "a Superstição". Pouco importa que uns, como Robespierre ou os teofilantropos de Larevellière-Lépeaux hajam mantido uma fé vaga num Ser Supremo, ou que os Babeuf e os Buonarotti tenham proclamado um ateísmo radical: uns e outros representavam apenas dois aspectos do anticristianismo militante. E quando, na profanada nave de Notre-Dame, a razão deificada foi aclamada sob a forma de uma dançarina de Ópera, pode-se ver nessa mascarada a culminância de uma corrente de pensamento que há muito vinha opondo a razão à fé.

Daí em diante, a rebelião luciferina atinge o seu auge. Ao longo de todo o século XIX, a irreligião ganha em extensão e em profundidade. Não se trata somente do anticlericalismo banal manifestado em tantos sintomas — esse anticlericalismo à maneira de Béranger ou de Paul-Louis Courier; nem somente daquele que se traduzia, em tantos países, numa legislação "laica", facilmente perseguidora ou espoliadora —, embora o laicismo abra, muitas vezes, o caminho ao ateísmo. Nem se trata, sequer, desses impulsos de uma anarquia mais ou menos blasfematória, tais como os que exprime a famosa divisa do socialista Blanqui: "Nem Deus nem patrão!", ou os expostos, menos dogmaticamente, num longo discurso pelo solene barão von Busen, hostil a toda a ortodoxia. O ilustre M. Homais, de Flaubert, espírito-forte do tempo de Luís Filipe, que admite um Ser Supremo, mas rejeita "um pobre homem que passeia por um jardim de bengala na mão, aloja os amigos no ventre das baleias, morre soltando um grito e ressuscita ao cabo de três dias" é um tipo de descrente ainda bem modesto. O ateísmo vai muito mais longe.

"Cada época — escreve Henri de Lubac[6] — vê renovar-se o princípio dos assaltos contra a fé. Ora são os fundamentos históricos das nossas crenças que parecem abalados — e então quem fornece o terreno para a luta são a crítica e a exegese bíblicas, a história das origens cristãs, a história dos dogmas e das instituições da Igreja —, ora a luta passa para o terreno metafísico — e então é a própria existência de uma realidade superior às coisas deste mundo que é negada ou declarada incognoscível; o pensamento reflui para posições imanentes ou pretende invadir todo o campo do Ser e nada deixar fora dos domínios de uma razão que tem de compreender tudo, com o que desaparece a própria ideia de um mistério no qual crer."

Foi nesses dois terrenos que o século XIX viu desenrolar-se a ofensiva da irreligião. Os adversários da fé prolongam nesse século os ataques do Século das Luzes, no qual se apoiam. Strauss reedita Reimarus e vulgariza Voltaire em alemão. Marx presta homenagem ao papel salutar desempenhado pelo "grande Diderot" e pelos enciclopedistas na luta contra a religião. Auguste Comte irá louvar, no culto da Deusa Razão, a prefiguração, um tanto inconveniente, do seu positivismo. Mas os novos rebeldes vão todos eles muito mais longe que os seus antecessores. Não é apenas a Igreja que é visada; nem sequer apenas Jesus Cristo, a sua figura histórica, a sua mensagem: é "a própria ideia de um mistério no qual crer", a exigência da Fé, a aceitação pelo espírito do fato religioso. Por todo o século irão desenvolver-se, sempre no sentido da irreligião total, doutrinas que culminarão naquilo que, logo após o período que vimos estudando, Nietzsche, profeta do abismo, definirá numa palavra inesquecível: "a morte de Deus".

Nessa vasta ofensiva contra Deus, não é fácil distinguir nitidamente o que pertence a cada um dos movimentos intelectuais. Esses movimentos entrecruzam-se, interferem uns com os outros. A crítica de Strauss, por exemplo, deve muito a Hegel e talvez a Feuerbach; a de Renan sofre as mesmas influências; o positivismo de Comte tem a ver com certos aspectos do marxismo. É possível observar uma evolução de conjunto, que vai do idealismo alemão, todo-poderoso por volta de 1830, ao materialismo histórico, radical, de Karl Marx, passando pelo cienficismo e pelo positivismo de meados do século. Mas o fato fundamental é que todas essas tendências são convergentes, todas elas querem chegar ao mesmo fim — a vitória da descrença sobre a fé.

Foi com essas forças, mais determinantes que as das revoluções liberal e nacionalista, mas também infinitamente mais secretas e difíceis de combater, que a Igreja teve de se defrontar. Quem prepara os novos destinos da humanidade são essas potências tenebrosas, entre os quais ela tinha de cumprir a sua obra divina. Como lhes havia de resistir, se estava tão ocupada — talvez demasiado ocupada — na denúncia do liberalismo ou na defesa dos legítimos direitos do Soberano Pontífice sobre Roma? Como conduziria ela a luta, nesse combate com o Anjo em que, tanto para ela como para o mundo inteiro, tudo estava em jogo?

A crítica contra a fé: de Strauss a Renan

"Os católicos — escreve com toda a razão Brugerette[7] — levaram tempo a compreender o perigo que lhes ameaçava a fé". O que lhes abriu os olhos e "lhes tirou o sono" foram os ataques feitos pela crítica histórica contra a Sagrada Escritura e contra a própria Pessoa de Cristo. Observando de perto as coisas, esses ataques não eram os mais graves que o cristianismo tinha tido de suportar; os dos "filósofos" haviam sido muito mais temíveis. Mas a verdade é que livros contra a autenticidade dos milagres bíblicos ou contra o nascimento divino de Jesus são evidentemente mais acessíveis ao público do que um tratado acerca do método dialético ou *O capital* de Marx... Diante do espantoso êxito de Strauss e de Renan, os católicos acordaram: *Custos, quid de nocte?* ["Sentinela, alerta!" (Is 21, 11)].

A crítica dos textos sagrados não datava da véspera. Já no século XVII se tinham travado furiosos combates em volta da Bíblia, e Bossuet maltratara o sábio oratoriano Richard Simon[8]. No século XVIII, pesados exegetas alemães, tais como Edelmann, Ernesti, Michaelis, tinham retomado e sistematizado no sentido racionalista as ideias de Simon, e Reimarus, numa obra que prudentemente deixara para publicação póstuma, assegurara que Jesus não passava de um impostor — como de resto Moisés —, de um usurpador fraudulento cuja obra fora continuada pelos discípulos com os mesmos métodos, por exemplo, roubando o seu corpo para fazer crer na Ressurreição. Essas explicações (se merecem ser chamadas assim) tinham sido acolhidas por Voltaire, que tomara de ponta muito em especial São Paulo, "esse perigoso energúmeno", e por uma corja de foliculários. Durante a Revolução, o convencional Charles Dupuis, na sua *Origem de todos os cultos,* garantira que Jesus, "dublê de Mitra", não tardaria a ser, para a humanidade, o que são Hércules, Osíris e Baco. Quanto a Volney, autor das *Ruínas,* sustentar muito a sério que a existência de Cristo não era mais que a exata reprodução do curso do Sol ao longo dos signos do Zodíaco...

Tão maravilhosamente iniciada, a ofensiva desenvolveu-se. Um outro "Herr Professor", *Paulus* (1761-1851), iria repetir até ao fim da sua longa vida que Jesus não era um impostor, mas um engenhoso médico, muito conhecedor da farmacopeia, e que aqueles dos seus milagres que não eram explicáveis desse modo tinham que ver com a ilusão: por exemplo, a caminhada sobre as águas..., uma ilusão de ótica; a ressurreição de Lázaro..., uma confusão entre a morte real e a letargia.

Muito mais sólido, e muito mais perigoso, o livro de *David F. Strauss* (1808-74), aparecido em 1835, *A vida de Jesus examinada criticamente [Das Leben Jesu kritisch bearbeitet]*, fez também muito mais ruído. Teve o mérito de reduzir àquilo que afinal era, ou seja, a pouco mais que nada, a crítica racionalista de Paulus e consortes, opondo-lhes este argumento: "Os senhores tiram aos fatos o caráter de milagres, e no entanto têm-nos por históricos. Ora, não se pode arrancar o milagre sem arrancar um pedaço de história". Mas, visto a vida de Jesus estar toda ela marcada por milagres, arrancar todos esses pedaços de história não seria acabar por suprimir toda a história de Cristo — e tornar, portanto, incompreensível o grande fato histórico, o irrecusável fato histórico que é a religião cristã? Justamente nessa altura, Hegel acabava de "demonstrar" que "religião e filosofia têm o mesmo conteúdo, uma delas sob a forma de imagem, outra sob a forma de ideia". E Kreuzer, partindo dos trabalhos do filólogo Christian Heyne acerca do papel dos mitos na história da Antiguidade, tinha interpretado todo o paganismo como um vasto simbolismo, e Wolf fizera o mesmo com os poemas homéricos. Foi esse método que David Strauss aplicou ao cristianismo.

Para ele, Jesus não foi um impostor nem um grande taumaturgo. Os milagres que os Evangelhos lhe atribuem são mitos, ou seja, ficções erguidas sobre ideias filosóficas ou religiosas. Por exemplo, foi a imaginação dos discípulos de Jesus, estimulada pelo coração e ajudada por reminiscências da Escritura, que apresentou como ressuscitado o Mestre que não se resignavam a ter por morto. De cada grande fato evangélico, Strauss oferecia assim três interpretações: a *sobrenaturalista,* isto é, ortodoxa, a *racionalista,* de acordo com Paulus, e a *mítica*, segundo a sua doutrina — evidentemente a única certa. Desse modo, situava-se na fonte de uma grande corrente que teria como representantes típicos no nosso tempo Guignebert, Couchoud e Loisy. Porém, simultaneamente, ao afirmar que "Cristo não é um indivíduo, mas uma ideia, ou, melhor, um gênero, a humanidade", e que "o gênero humano, esse é o Deus feito homem", situava-se numa das fontes desse humanismo ateu cuja importância viria a ser muito maior que a da sua obra pessoal, em breve ultrapassada.

Strauss era um simples explicador em Tübingen quando o êxito — e o escândalo — da sua *Vida de Jesus* subitamente o tornou célebre. Os professores dessa Universidade iam, por seu lado, trabalhando num setor mais limitado, mas no qual levavam a cabo, eles também, amplas demolições. *Christian von Baur* (1792-1860) foi o mais notório dessa "Escola de Tübingen" cujos trabalhos de exegese iriam alimentar durante muito tempo, até quase aos nossos dias, a crítica universitária. Analisando os escritos do Novo Testamento, quer os textos de Paulo, quer os Evangelhos, Baur pretendeu demonstrar que os Evangelhos datavam do século II, talvez mesmo do século III no caso do de São João[9], e que se podiam discernir claramente duas tendências — a de São Pedro e os "Petrinos", para quem a mensagem de Jesus devia ser entendida num sentido unicamente judaizante, e a dos "Paulinos", dependentes de São Paulo, apóstolo de todas as gentes. O cristianismo teria, pois, nascido — explicação muito hegeliana — da síntese entre a tese judaica e a antítese universalista. Nessa perspectiva, a sua essência não estava na Pessoa de Jesus, mas sim numa ideia muito anterior à sua vida, que Ele teve apenas o mérito de vivificar inserindo-a no messianismo judaico.

Todas essas teorias — as da Escola de Tübingen, sobretudo, mas também as de Strauss, e até as de Paulus, mescladas com influências complexas, ou mesmo contraditórias, do racionalismo kantiano, do idealismo alemão e do positivismo de Auguste Comte — explicam a obra crítica que no seu tempo mais furor causou e ainda nos nossos dias passa, aos olhos de muitos cristãos, pelo arquétipo dos livros blasfemos: a *Vida de Jesus,* publicada em 1863 por *Ernest Renan* (1823-92). É difícil a um católico falar deste homem sem encolerizar-se. Para manter a equidade, é preciso abstrair do mal que ele fez.

A crise interior que, em 1845, o levou a fugir do Seminário de São Sulpício onde estava havia três anos, depois de ter sido aluno do pe. Dupanloup em Saint-Nicolas-du--Chardonnet — essa crise a que alude com frequência, mas nem sempre, ao que parece, com toda a exatidão — tinha tudo para comover um coração cristão se não se adivinhasse nela outros elementos além da dúvida fundamental sobre o valor da fé e da angústia pela verdade. Não é um conflito de ordem racional que pode explicar por si só a ruptura, mas talvez muito mais, e mais humanamente, as secretas contradições de um ser dividido, meio-bretão, meio-gascão, de um candidato a padre assediado pelo desejo de formular, sozinho, fora de um quadro demasiado estreito[10], as descobertas que a sua inteligência o levava a fazer; e também de um homem ao mesmo tempo tentado pela evasão para o sonho místico e pela ambição.

A *Vida de Jesus* revela essa complexidade. São imensas as frases que nela exaltam Cristo: "Ele é a honra comum a todos os que trazem em si um coração de homem; — Ele fundou a religião absoluta; — É legítimo chamar divina a sua sublime Pessoa". Ao mesmo tempo, porém, tudo aquilo que, para um cristão, constitui o verdadeiro Cristo da fé se esvai numa espécie de bruma dourada. Do Jesus histórico, nada ou quase nada se sabe, a não ser que viveu, teve discípulos e morreu como vítima de uma intriga clerical judaica.

O Cristo da Revelação é ainda mais vago: o Jesus de Renan, vestido de rabi, não é mais que um sonhador, o "doce sonhador" galileu, aliás encantador e rodeado de amizades femininas, alguém que desenvolve uma doutrina nobremente humana, em si mesma admirável, mas sem nenhum significado metafísico. E, como toda a revelação é derrogação das leis da natureza, aquela que Jesus pretende trazer está antecipadamente condenada pela filosofia. Que é, portanto, Jesus, o fundador do cristianismo? Um momento na evolução geral do espírito humano, incessantemente em devir como dizem os alemães, uma etapa no caminho para um "Deus que não é ainda, mas que talvez um dia venha a ser".

Servidas por um talento impressionante de escritor — que sabia combinar as descrições dos lugares e a análise das pessoas com os trechos expositivos, que fazia o leitor compreender claramente os resultados da crítica, e até utilizava habitualmente os temas em voga, vindos de Lamennais, de Ozanam ou de outros —, as teses de Renan difundiram-se imediatamente. Essa obra de alta vulgarização, mal-vista pelos sábios germânicos, teve um êxito prodigioso, para o qual contribuiu o furor de alguns bispos. Está longe de ser a mais importante, mas foi com certeza a mais eficaz dessas obras que, na expressão irônica de Sainte-Beuve, levaram "Jesus a pedir demissão da sua condição de Deus".

Devemos acrescentar que essa ofensiva não se concentrou unicamente em Jesus Cristo. Visou outros fins. Toda a autoridade da Bíblia foi atacada. Os progressos da ciência — das diversíssimas ciências — ajudaram a isso. A egiptologia, por exemplo, que não parava de enriquecer-se desde as descobertas de Champollion e de Mariette, e a assiriologia, iniciada por Émile Botta, cônsul da França em Mossul, pareciam conduzir a resultados inconciliáveis com as afirmações do texto sagrado, em especial do livro do Gênesis. Os trabalhos de Burnuf sobre o budismo, abrindo o caminho ao estudo comparado das religiões, pareciam demonstrar que o judaísmo e o seu herdeiro, o cristianismo, não tinham o direito de se apresentar como as únicas religiões transcendentes. Mais tarde, ver-se-ia como os progressos da arqueologia ou os do orientalismo, muito longe de arruinarem os alicerces cristãos, vinham reforçá-los. De momento, porém, esses progressos traziam muita água ao moinho da irreligião militante. E não estavam sozinhos.

Da pré-história ao evolucionismo

Em 1838, um diretor de alfândegas em Abbeville, *Jacques Boucher de Perthes* (1788-1868), curiosa personagem, que dedicava mais tempo a explorar o solo da Picardia do que a estudar tarifas, publicou, numa memória, esta afirmação surpreendente para a época: "Mais cedo ou mais tarde, hão de encontrar-se nos terrenos quaternários, à falta de fósseis humanos, vestígios do homem ante-diluviano". Na verdade, esses vestígios já tinham sido encontrados, e até mesmo fósseis humanos, desenterrados por pesquisadores como Boué, Schmerling, Tournai. Mas o ilustre professor Cuvier, autoridade em biologia europeia, declarara que o homem fóssil era uma hipotese inconcebível, e esses restos de ossadas e esses velhos calhaus tinham sido relegados para o sótão das coisas esquecidas. As declarações de Boucher de Perthes foram acolhidas com o mesmo desprezo pela ciência oficial, então encarnada em Élie de Beaumont.

Mas houve que render-se à evidência. O geólogo inglês Lyell, da Royal Society, examinou as pedras estranhamente talhadas que o diretor de alfândegas tinha colecionado, e proclamou que eram, incontestavelmente, de fabricação humana. Em 1856, foi exumado, em Neanderthal (Prússia), um crânio que levantou a questão de saber se havia pertencido a um homem ou a um macaco; passados três anos, foi descoberto um outro em Arcy-sur-Cire; cinco anos depois, numa gruta da Dordonha, apareceu um desenho de mamute gravado por imemoriais antepassados do homem. Assim nasceu uma ciência nova, a *Pré-história.* E esses assombrosos achados não só provavam que realmente existira o homem fóssil, como ainda que o homem fora mudando no decorrer das eras. Tinha *evoluído,* o que fazia pensar que descenderia de outro ser vivo, menos aperfeiçoado que ele.

Essa ideia integrou-se muito naturalmente numa teoria que, desde o início do século, não parava de ganhar terreno nos meios científicos — a ideia da *evolução* ou *transformismo.* Já Buffon, nos últimos anos de vida, admitira como hipótese que todas as famílias animais tinham saído de alguns troncos comuns. Em 1809, *Jean-Baptiste de Lamarck* (1744-1829), antigo botânico que passara a dedicar-se ao estudo dos animais inferiores quando se criara o Museu, retomou e aprofundou a ideia na sua *Filosofia zoológica.* Embora com demasiada frequência se mostrasse de uma ingenuidade desconcertante — atribuía a formação dos chifres nos ruminantes ao seu temperamento colérico... —, desenvolveu uma teoria que fornecia uma explicação para a evolução das espécies. Em sua opinião, quando um ser vivo se encontra num meio diferente daquele que lhe é habitual, experimenta novas necessidades que determinam novos atos, os quais por sua vez levam à transformação dos órgãos que os executam: "a função cria o órgão". Essas novas características, assim adquiridas, transmitem-se de geração em geração, por hereditariedade. Assim, por exemplo, a girafa tem um pescoço muito comprido porque os seus antepassados tinham de roer as folhas de árvores muito altas. Para Lamarck, o transformismo era consequência de uma adaptação constante.

Essa tese provocou vivas discussões. Hunter na Inglaterra, Kielmeyer na Alemanha, Geoffroy de Saint-Hilaire na

França admitiam o princípio da evolução. Em sentido contrário, o fundador da *Paleontologia,* o homem que conseguira a proeza de reconstituir um animal fóssil a partir de um pedaço de osso — Cuvier —, continuava "fixista". De qualquer maneira, por mais original e audacioso que fosse o lamarckismo, não era ainda mais que uma primeira aproximação, um esboço, de uma teoria que, pouco a pouco, ia invadir o campo de quase todas as ciências e propor soluções a todos os problemas filosóficos — quando entrasse em cena *Charles Darwin* (1809-82).

Publicada em novembro de 1859, *A origem das espécies* ecoou espantosamente muito para além do mundo científico. A primeira edição, de 1.250 exemplares, esgotou-se em 24 horas. Em doze anos, apareceram quatro edições francesas, cinco alemãs, três russas, três norte-americanas, uma holandesa, uma italiana, uma suíça. O quinquagenário pouco saudável, muito alto, mas muito encurvado, que se tinha enclausurado no seu remanso de Kent para poder continuar a sua obra, tornou-se no mundo inteiro um gigante do pensamento. Os jornais popularizaram o seu rosto profusamente barbado, de olhos azul-cinzento cavados por debaixo de espessas sobrancelhas. As honras afluíram, e, de todos os lugares da terra, os visitantes. Após a morte, foi inumado em Westminster.

Qual a razão de semelhante triunfo? Muito mais solidamente fundamentada do que a de Lamarck, a teoria de Darwin tinha, no plano científico, uma ideia nova: a da *seleção natural.* Tal como Malthus acabava de defender no que toca à humanidade, o mundo vivo está colocado, todo ele, dentro de um quadro estreito, em que indivíduos e espécies têm de se defrontar em lutas impiedosas pela sobrevivência. Nesse *struggle for life,* dá-se a seleção natural, em que apenas os mais aptos subsistem. Dá-se também outra forma de seleção: a seleção derivada da atração sexual. As espécies evoluem, pois, por esse processo seletivo, e a hereditariedade é que fixa, de modo perfeitamente natural, as características que permitem a sobrevivência do mais adaptado.

Sabemos hoje que, tal como o lamarckismo, o darwinismo só é verdadeiro parcialmente, e que os seus postulados contêm enormes incógnitas. Nesse tempo, porém, a teoria pareceu maravilhosamente clara e explicativa. E a paleontologia veio mesmo a propósito para lhe apoiar as afirmações. Quando, precisamente na altura em que *A origem das espécies* era editada, foram descobertos os restos dos monstruosos animais do Mesozoico — diplodocos e atlantossauros, ou mesmo o estranho arqueoptérix, intermediário entre o réptil e o pássaro —, a teoria evolucionista, que explicava o desaparecimento e a transformação das espécies, impôs-se como uma certeza, apesar de algumas resistências. As descobertas da pré-história permitiram aplicar essa teoria ao homem. Também ele descendia, por evolução, de um ser vivo, de uma espécie da qual certos indivíduos tinham fixado, por seleção, os caracteres definidores da espécie humana. Portanto, o homem descendia do macaco: nada mais era, nas palavras de Lineu, do que "um animal mamífero da ordem dos primatas", destacado dessa ordem por via de seleção.

Por muito espantosas e ribombantes que fossem tais afirmações, e até escandalosas aos olhos de alguns — "é pelo sr. seu avô ou pela sra. sua avó que o sr. descende do macaco?", perguntava aos darwinistas um bispo anglicano indignado —, a verdade é que, por si sós, não teriam bastado para assegurar ao darwinismo o prodigioso êxito que teve. A teoria científica surgia incluída num vasto contexto filosófico. O darwinismo adotava o velho naturalismo à maneira de Lucrécio e o mecanicismo materialista ensinados no século XVIII pelos "filósofos" d'Alembert e La Mettrie. O seu evolucionismo ultrapassava os limites da biologia, para se apresentar como explicação geral do mundo, dos processos da História, do desenrolar fundamental do pensamento. Foi nesse sentido que trabalharam os discípulos de Darwin, como os ingleses Herbert Spencer, doutrinador da evolução mecanicista, Henry Huxley, grande biólogo, ou os alemães Fritz Muller e, mais tarde, Ernst Haeckel.

Para a Igreja, o darwinismo constituiu um temível adversário. As suas asserções, baseadas num imenso aparato científico, pareciam irrefutáveis. Até as contraofensivas conduzidas por sábios autênticos, tais como os "positivistas" Flourens ou Claude Bernard, que acusavam os darwinistas de não terem provas "positivas" de tudo o que afirmavam, ou as descobertas do monge agostiniano *Gregor Mendel* (1823-84), que davam a conhecer minuciosamente o mecanismo da hereditariedade, pouco conciliável com as teses darwinistas, não conseguiram neutralizar a imensa vaga que levou essa doutrina, simplificada e vulgarizada, a entrar em imensas camadas da consciência humana. A fórmula "o homem descende do macaco" adquiriu foros de axioma. Então, que restava da narrativa bíblica da criação do homem por Deus?

Mais ainda que o darwinismo científico, o darwinismo filosófico foi um dos mais perigosos adversários do cristianismo. Não era isso, certamente, o que tinha desejado o seu fundador, que se manifestara como bom cristão; mas foi o que quiseram muitos dos seus discípulos, principalmente Haeckel, verdadeiro maníaco da antirreligião. Com o seu naturalismo, Haeckel parecia eliminar todo e qualquer papel de Deus na criação, uma vez que o superior se explica pelo inferior, o homem pelo animal, o pensamento pela sensação, e, portanto, necessariamente, o espírito pela matéria. Com o seu mecanicismo, opunha-se a toda e qualquer ideia de finalidade, pois a evolução das espécies não era o resultado de um plano providencial, mas sim o efeito da pressão cega das causas eficientes, das lutas e dos choques. Primeiro passo para a doutrina segundo a qual o próprio homem, reduzido a qualquer coisa como m mecanismo, apenas age sob o influxo das forças materiais — doutrina que Spencer e Huxley vão admitir e que Marx definirá como "materialismo histórico". Numa palavra, com o seu evolucionismo generalizado, o darwinismo arrastava o homem, as suas instituições, as suas doutrinas — e também a ciência, a arte, a moral, a religião — para um perpétuo movimento. Punha fim às verdades imutáveis, à moral — a moral só existe em função da luta pela vida —, e, evidentemente, a qualquer religião revelada: os dogmas seriam as expressões transitórias de estados de consciência que, inicialmente muito primitivos, se tinham elevado por evolução...

Seria preciso muito tempo para que os erros e as petições de princípio contidas em tais afirmações rotundas surgissem à luz. Passará muito tempo até que os cristãos, retomando sobre outras bases as argumentações, mostrem que a teoria da evolução pode também apoiar a fé num Deus criador — que governa o desenvolvimento das espécies — e que o finalismo espiritualista até explica melhor que o materialismo numerosos fatos. Já Santo Agostinho entrevira todas essas verdades.

No momento, porém, em que surgiu, a doutrina darwinista correspondia às tendências mais profundas da inteligência ocidental: a aspiração romântica ao panteísmo, o deslumbramento perante a ciência, o desejo do homem de prescindir de Deus — tendências que se observavam em muitos outros setores do pensamento. O lugar do darwinismo na história da rebeldia luciferina, no desenrolar do humanismo ateu, já em 1860 era apontado pela tradutora francesa da *Origem das espécies*. Escrevia Clémence Royer: "Sim — dizia ela num prefácio combativo —, eu creio na Revelação, mas numa revelação permanente do homem a si mesmo e por si mesmo, uma revelação racional que não é senão a resultante dos progressos da ciência e da consciência contemporâneas [...]. A doutrina de Darwin é a revelação racional do progresso".

A religião da ciência

"A revelação racional do progresso": a fórmula era pertinente. Mas não era só ao darwinismo que se podia aplicá-la. Essa revelação racional do progresso, que culminava em "uma revelação do homem a si mesmo e por si mesmo", era o que o ocidental do século XIX esperava, em termos mais genéricos, de tudo aquilo que, em todos os terrenos, procedia da ciência, e não só das ciências biológicas ou paleontológicas.

É esse o fato característico do século XIX, no campo das ideias: a vitória do racionalismo científico. A revelação que se espera é de tipo racional. A razão triunfa. Primeiro, como método de pensar: desde Descartes que ela se impôs em todas as disciplinas. Está na base de todas as descobertas, de todas as teorias. Não se tem nenhuma dúvida acerca da sua onipotência — essas dúvidas que os homens do século XX hão de sentir de modo tão dilacerante. Mais ainda: a razão aparece como a expressão suprema do mundo e do homem, como medida das coisas. Os "filósofos" do século XVIII tinham trabalhado, todos eles, para estabelecer o seu império. Os mais ingênuos dos revolucionários tinham chegado até a divinizá-la. E mesmo aqueles que não gostavam de certas mascaradas não tinham sido menos "racionais" convictos. Agora, para um espírito "sério", ou que como tal se tenha, já nada é verdadeiro fora da perspectiva racionalista. "Tudo o que é real é racional — dirá Hegel —; tudo o que é racional é real". Sobre este ponto, toda a gente estava de acordo.

O que deu a essa corrente de pensamento uma força irresistível foi o extraordinário, o prodigioso progresso das ciências, de todas as ciências, quer puras, quer aplicadas. Já Bossuet reconhecera que, no seu tempo, "o homem quase mudou a face do mundo". Isso fora muito mais verdadeiro quando ao século de Descartes sucedera o de Newton. As invenções e descobertas da era das luzes tinham contribuído enormemente para o êxito da "filosofia". De fato, os "filósofos", na sua maior parte, também pretendiam ser cientistas. Mas é o século XIX que é, por excelência, o século científico. Conseguem-se progressos em todos os terrenos, e tão numerosos que é impossível esboçar sequer uma pequena lista.

A ciência pura explica o mundo; renova as matemáticas, com Cauchy, Abel, Galois ou Weierstrass, inventor das funções elípticas; descobre a eletrodinâmica, com Ampère; define o calor como trabalho, com Mayer e Joule; demonstra, com Carnot, que a energia se degrada. Le Verrier, usando apenas o cálculo, situa no vasto céu o planeta Netuno. Dopler e Fizeau, Kirchoff e Robert Willhem Bunsen tornam precisa a análise espectral.

Por sua vez, a ciência aplicada dá ao homem a impressão de que é ele quem possui o mundo. Quando o vapor começou a fazer mover as máquinas industriais, as locomotivas, os navios; quando o misterioso poder da eletricidade se deixou domesticar; quando o telégrafo passou a transmitir para além do Atlântico a expressão do pensamento; quando, desde a máquina de costura até à rotativa, inumeráveis engenhos vieram aliviar o esforço dos homens, enquanto a anestesia lhes anulava o sofrimento, como não haveriam eles de se julgar uns novos demiurgos?...

O entusiasmo era natural e, em certo sentido, seria legítimo se não fosse desembocar na *hybris*, no orgulho luciferino. Os hinos cantados à glória do progresso científico são incontáveis, até entre cristãos. Mas observam-se entre os enaltecedores da ciência intenções que nenhum cristão poderia admitir. "O crescimento das ciências é infinito — há de escrever Taine. — É possível prever que chegará um dia em que elas reinem, soberanas, sobre todo o pensamento e sobre toda a ação do homem [...], sem deixarem às suas rivais senão uma existência semelhante à desses órgãos imperceptíveis que, numa planta ou num animal, desaparecem porque absorvidos pelo imenso crescimento dos seus vizinhos". Estamos perante esse *Futuro da ciência* que o jovem Ernest Renan formula num livro que, escrito em 1848, só virá a publicar em 1890: a ciência iluminará o homem de amanhã; entregar-lhe-á todos os segredos do mundo; guiá-lo-á pelos caminhos da razão perfeita, com a humanidade conduzida por uma espécie de teocracia de sábios. Sonhos mais místicos que racionais, mas que são partilhados por inumeráveis inteligências que se julgam muito racionais e positivas... Um Strauss, pelo fim da vida, estará tão preso a essa doutrina como um Huxley ou um Haeckel. Quem enuncia a palavra decisiva é ainda Renan: "A ciência é uma religião".

Essa religião é — e não pode deixar de ser — irreligiosa, anticristã. Já no dealbar do século XVIII um pensador obscuro, Claude Gilbert, declarara: "Seguindo a razão, só dependemos de nós mesmos, e de algum modo tornamo-nos deuses". A religião cientificista eliminará a religião revelada. "A teologia — diz Auguste Comte — extinguir-se-á necessariamente diante da física". O cristianismo está destinado a ser um desses fósseis de que falava Taine. "É agora para mim tão evidente como a luz — escreverá Berthelot — que o cristianismo está morto, e bem morto, e que nunca mais se poderá fazer dele seja o que for que valha a pena". Que se porá no lugar dele? Claude Gilbert tinha-o visto, e Clémence Royer, a prefaciadora do livro de Darwin, proclama-o: a revelação do homem ao homem pelo homem.

Tal é a doutrina que encontramos ao longo de todo o século XIX e que lhe dá a sua verdadeira coloração. A religião da ciência não será apenas o apanágio de certos espíritos superiores, que ainda possam interpretá-la num sentido bastante elevado e dela extrair lições exigentes; vulgarizada pela imprensa, pelo livro, pelo ensino, vai ser uma espécie de idolatria, vai impor ao povo mitos simplificados. O homem há de chegar à deificação, não por um esforço sobre si mesmo e pela graça divina, mas por um crescimento ilimitado de conhecimentos, quando não de progressos meramente materiais. Dessa antiteologia Renouvier extrai uma moral sem sanções, espantosamente frágil. A humanidade ocidental está em marcha para a religião da técnica, forma tangível da ciência, para a religião da produção, do conforto, em comparação com a qual toda a fé, toda a metafísica, carece de significado.

É, pois, uma imensa corrente de racionalismo cientificista que se encontra latente em todas as doutrinas filosóficas que pretendem explicar o mundo e o homem e estabelecer as causas primeiras. O materialismo simples, que se limita a negar toda e qualquer realidade espiritual, e é herdeiro direto de Hobbes e de La Mettrie, absorve esse racionalismo e erige-o em dogma. No Congresso de Göttingen (1854), é esse materialismo que parece triunfar, com Vogt e Maleschott, contra as corajosas afirmações espiritualistas de Rudolf Wagner; é ele que se patenteia na obra do médico Ludwig Büchner, cujo livro *Força e matéria* (1855) não tem menos de vinte edições em cinquenta anos.

A força expansionista desses materialistas é, ainda assim, limitada. Mas vamos encontrar a mesma corrente nos dois grandes sistemas, muito mais sutis e profundos, que se impõem aos homens do século XIX: é ela que impele Auguste Comte para a sua "religião positivista"; é também ela que, depois de ter provocado a ruína do idealismo alemão, vai permitir a Karl Marx voltar do avesso, termo por termo, todo o método hegeliano, para estabelecer fortemente um novo materialismo, dialético, social, econômico, histórico.

Fora do quadro do cristianismo, são raros os grandes espíritos desta época que escapam ao poder de atração da religião cientificista. Talvez Schopenhauer, o solitário de Danzig, cujo olhar de artista e de pessimista vê o mundo transformar-se numa gigantesca ilusão produzida por uma Vontade cega e absurda; ou o socialista Proudhon, que, por mais voltado que esteja para o futuro, entrevê as terríveis ameaças que o desenvolvimento descontrolado da ciência e do cientificismo podem fazer pesar sobre o homem, que continua a ser, para ele, a medida do mundo. Raras exceções. A corrente da religião cientificista parece irresistível. É por meio dela que o humanismo ateu progride e vai talvez triunfar.

A caminho do humanismo ateu: 1. De Hegel a Karl Marx

Humanismo ateu: a fórmula que Henri de Lubac[11] tornou célebre define perfeitamente a verdadeira característica dominante das filosofias em voga no século XIX. Resultante da evolução iniciada com o Renascimento, esse ateísmo tende decididamente a substituir Deus pelo homem. A concepção cristã da História, outrora acolhida como uma libertação e que fizera o orgulho e a alegria da Idade Média, vai agora passar a ser "sentida como um jugo". Deus, em quem o homem "aprendera a ver o selo da sua própria grandeza", vai aparecer-lhe como "antagonista, inimigo da sua dignidade". Esse humanismo ateu não se confunde com o ateísmo banal e folgazão dos materialistas rasteiros; também não é simples recusa e desespero. Mas, de qualquer modo, é mais grave. Pretende restituir ao homem a parcela de si mesmo que Deus lhe teria tirado. Elimina Deus para que o homem volte a estar de posse de si mesmo.

Essa atitude não vinha de ontem. Poderia descobrir-se a sua origem em certos humanistas do Renascimento, depois nos mais irreligiosos dos "filósofos" do século XVIII, nomeadamente em d'Alembert e d'Holbach, e em outros ainda. A "Declaração dos Direitos do Homem", de 1789, como muito bem viu o historiador da Revolução, Mathiez, era expressão evidente dessa atitude: uma vez votado esse texto, "a humanidade torna-se o seu próprio deus"[12]. E vai haver movimentos intelectuais e doutrinas filosóficas que se esforçarão por definir esse objetivo, por proclamá-lo e conduzir para ele os espíritos.

A primeira corrente, das duas que conduzem a esse resultado, e que é também a mais importante, segue uma trajetória paradoxal. Tem origem na obra racionalista e ao mesmo tempo idealista de *Immanuel Kant*[13], o mestre do pensamento alemão de finais do século XVIII que, por meio da "Crítica da Razão", chegara à convicção de que todos os nossos conhecimentos são subjetivos, não têm realidade senão na ideia que fazemos deles. Era, pois, pelo "idealismo" que o filósofo de Königsberg resolvia o problema delicado das relações entre o pensamento e o mundo. Se bem que fosse exatamente o contrário de um descrente e que a sua doutrina fosse concebida, expressamente, como reação contra os "filósofos" franceses racionalistas ateus, a sua *Crítica da Razão Pura* abriu a porta a toda a espécie de idealismos mais ou menos panteístas e anticristãos, enquanto as suas teses acerca da *Religião nos limites da razão pura,* aliás interpretadas num sentido estreito que o autor não teria aceitado, conduziam a um ceticismo radical.

Kant, que morreu em 1804, aos oitenta anos, foi continuado inicialmente e sobretudo no primeiro daqueles dois sentidos. *Fichte* (1762-1814) desenvolveu uma espécie de panteísmo, de "monismo", para o qual a única realidade era o Eu Universal, o que o levava a sustentar que Deus era apenas a expressão da ordem moral: daí uma querela que fez mais barulho nas universidades germânicas que os canhões de Napoleão... *Schelling* (1775-1854), outro professor de lena, operou uma síntese entre o idealismo kantiano e o velho misticismo alemão à maneira de Jacob Böhme, o sapateiro poeta que andava em demanda do *mysterium magnum*, da natureza que em nós vive, morre e ressuscita; mostrou que Deus, "ser em si", não se manifesta e não se difunde senão no mundo e no tempo: que não *é*, verdadeiramente, mas *se faz*[14].

Mas o homem que viria a dar ao idealismo alemão todo o seu alcance, todo o esplendor, foi um outro discípulo de Kant, também ele mais ou menos infiel, mas um gênio: *Friedrich Hegel* (1770-1831), "o Aristóteles dos tempos modernos, o mais profundo dos pensadores e, de todos eles, o que mais pesou nos destinos da Europa", segundo diz o filósofo descrente Alain. E o filósofo católico Étienne Borne confirma: "O hegelianismo comanda a evolução de século e meio de filosofia ocidental, por ele levada ao extremo do racionalismo e ao extremo do irracionalismo. Nenhum pensador, nem mesmo Aristóteles, que lhe é bastante comparável pela estatura, pela ambição enciclopédica e pela prolongada sobrevivência para além de si mesmo, terá reinado como Hegel até esse ponto — até à tirania — sobre o pensamento alheio". A sua marca é evidente, não só no comunismo marxista, mas em todos os sistemas totalitários que, cem anos após a sua morte, se hão de estabelecer sobre a terra; e, igualmente, tanto no bergsonismo como no freudismo, no surrealismo como no pensamento de Teilhard de Chardin.

Esse homem austero, maciço, cujos olhos claros pareciam fixar incessantemente uma realidade transcendente, era bem como o vemos nos retratos: intelectual puro, inteiramente dedicado à pesquisa e ao aprofundamento do seu próprio pensar. Tinha cogitado inicialmente em ser pastor protestante, mas fez-se universitário, primeiro em Iena, depois na direção de um liceu, finalmente como professor nas universidades de Heidelberg e de Berlim. Foi um universitário de imenso renome, procurado por visitantes de toda a Alemanha e mesmo de toda a Europa, e em contato com os mestres da inteligência, entre os quais Goethe; a sua doutrina impôs-se a todo o ensino da filosofia no seu país. Quando morreu, vítima da epidemia de cólera, o reitor da Universidade de Berlim comparou-o no elogio fúnebre nada menos que a Jesus Cristo, pela nova revelação que trouxera ao mundo...

Em vida, pouco publicou: *A fenomenologia do Espírito* (1806), depois *A ciência da lógica* e a *Propedêutica filosófica,* além de inúmeros artigos. O mais importante do seu pensamento estava nos seus cursos. Quando morreu, os seus discípulos reconstituíram as grandes linhas do seu pensamento, a partir de manuscritos do mestre e das notas que tiraram. Assim foram surgindo a *Estética,* a *Filosofia da Religião,* as lições sobre *A Filosofia da História,* a *Lógica,* a *Filosofia do Espírito,* e muitas outras obras. No conjunto, são dezoito enormes volumes, na edição das obras completas. Obra considerável e cuja ambição de cobrir todo o campo do pensamento é, já de si, admirável. Não menos o é a nobreza dos princípios que a regem, claramente traduzidos em frases como estas: "O homem, por ser espírito, pode e deve julgar-se digno daquilo que há de mais alto. Não pode ter uma ideia suficientemente grande da altura e da grandeza do seu espírito. E ninguém será tão duro, tão fechado, que não seja capaz de se abrir a uma tal crença". Tal é o tom do mais decidido idealismo.

O hegelianismo é, simultaneamente, uma doutrina e um método, que estão presentes em toda a arquitetura de um pensamento assombrosamente homogêneo. A doutrina fundamental é "a identidade do pensamento e do ser". — "O que nós conhecemos no mundo real é o seu conteúdo de conformidade com a Ideia, o que faz do mundo uma realização progressiva da Ideia absoluta. A Ideia, ou, se preferirmos, o Espírito, é pois o alfa e o ômega de tudo. O ser individual não existe; só conta o ser universal, o Ser Absoluto, do qual todos os elementos daquilo a que chamamos realidade são apenas expressões, parcelas, momentos. Porque só esse Ser Absoluto é ativo, e a sua atividade é precisamente o Pensamento. Está em movimento, em perpétuo devir, e é assim que determina a vida".

Mas esse movimento, essa evolução se o preferirmos, ainda que a palavra tenha aqui um sentido inteiramente diverso do da mesma palavra em Darwin, é concebido por Hegel de um modo particularíssimo, segundo um processo a que dá o nome de *dialética*. Radicalmente oposta à lógica tradicional, fundada sobre o princípio de identidade, a dialética apoia-se no princípio da contradição. Para Hegel, a contradição é essencial ao pensamento: o Espírito não pode conceber nada sem que haja nele uma contradição inerente à sua própria afirmação; e é ultrapassando essa contradição que o Espírito avança. Toda a *tese* supõe uma *antítese;* o Espírito realiza entre as duas uma *síntese*, que é um passo em frente de onde tornará a partir, segundo o mesmo método, para continuar a avançar. Exemplo: o conceito de *ser* supõe o seu contrário, o *não-ser*, o nada; o movimento da vida é a síntese dos dois.

Hegel aplica esse método de pensamento a todas as questões, pois permite-lhe explicar tudo. A seus olhos, esse método explica tanto a evolução da História como a organização social ou os imperativos da moral. Por exemplo, na sociedade, o Estado é a síntese entre a vontade de individualismo e a necessidade de comunidade; por conseguinte, é a forma suprema do Espírito, o "Deus criado" a quem todo o indivíduo deve submissão. E eis o caminho aberto a todos os totalitarismos. Em História, o método dialético mostra que a humanidade avança contradizendo-se a si mesma, levando incessantemente a cabo novas sínteses entre os dados contraditórios que nela se contêm. E eis o caminho aberto à revolução permanente.

Essa doutrina e esse método opunham-se ao cristianismo? É evidente que sim. Hegel era profundamente respeitador da religião, e especialmente do cristianismo, "religião absoluta", mas o cristianismo, religião de um Deus feito homem e que consagra toda a criação, jamais aceitou ser identificado com um puro e simples idealismo. Sem se recusar totalmente a admitir a existência da lei da contradição — nomeadamente no *homo duplex* —, nunca o cristianismo acreditou que tudo está em perpétuo devir, que nada é fixo, nada estável, nem dogma, nem moral, nem revelação. Para Hegel, o cristianismo é um momento necessário da aventura humana, mas um momento que tem de ser ultrapassado. Também para ele, como para Schelling, Deus não é: devém. A história da humanidade é a lei do devir de Deus.

Esse anticristianismo teórico, latente em todo o hegelianismo, não tardou a assumir, depois da morte do filósofo, um caráter mais agressivo. A escola que surgiu dele não tardou a dividir-se em duas correntes. A "direita hegeliana" insistiu principalmente no lado idealista da sua doutrina, nas afirmações do primado do Espírito e também naquilo que, na sua dialética, permitia justificar a ordem estabelecida, o Estado, a religião, sínteses felizes e necessárias. Mas a "esquerda hegeliana" reteve sobretudo o método dialético e a concepção de um mundo em perpétuo devir, para assim justificar as suas aspirações antirreligiosas e revolucionárias.

Foi *Ludwig Andreas Feuerbach* (1804-72) quem sistematizou essas aspirações. Encarregado de curso na Universidade de Erlangen, donde as ousadias do seu primeiro livro *(Pensamentos acerca da Morte e da Imortalidade)* o afastaram, e refugiado na solidão de uma aldeia da Baviera, fez-se de repente famoso ao publicar, em 1841, *A essência do cristianismo.* Aplicava ao fato religioso o método hegeliano; mas os estudos que fez sobre a força do milagre, sobre o "desejo teogônico", levaram-no a uma apreensão mais positivista da natureza da religião. Esta aparecia explicada pela profunda tendência do homem a salvar o seu eu. Ora, este eu, este *indivíduo,* nada tem de imortal; só o Espírito universal o é. Mas esse "espírito universal" identificava-se, em Feuerbach, com a realidade tangível. Situando-se assim nos antípodas do postulado idealista do mestre, afirmava que o elemento primordial no mundo não é o espírito, mas a matéria. Nas suas próprias palavras, "voltava a pôr de pé o homem que a filosofia especulativa tinha posto de cabeça para baixo". Assim o *materialismo* afirmava-se com características inteiramente novas. *"Der Mensch* — exclamava ele — *ist was er isst".* Jogo de palavras que se pode traduzir por: "O homem é o que é", ou por: "O homem é o que come".

Com Feuerbach, o hegelianismo faz-se, pois, uma antirreligião categórica, um verdadeiro antiteísmo. "Verdade, realidade, mundo dos sentidos são coisas idênticas. Só o ser sensível é verdadeiro, só ele é real. Só o mundo dos sentidos é verdade e realidade". Materialismo radical. E Feuerbach não se esquecia de incluir nele o cientificismo: "A nova filosofia faz do homem, incluindo a natureza, a base do homem, seu objeto universal e supremo. A antropologia e a fisiologia passam a ser ciência universal". E deste modo se elimina o Divino. "A essência do homem é que é o ser supremo [...] A inflexão da história dar-se-á no momento em que o homem tomar consciência de que o único Deus é o próprio homem. *Homo homini deus".* Tal é a fórmula perfeita do humanismo ateu...

Ainda não é tudo. Na prática, para dobrar essa curva, importa destruir as religiões existentes, nascidas dos sonhos egoístas do homem. As religiões "alienaram" uma parte do ser humano, em benefício de Deus. Os atributos que conferem à Divindade — sabedoria, vontade, amor, justiça — são, na verdade, atributos do homem. "O que a Deus é dado, ao homem se tira. O homem pobre fez para si um Deus rico". A humanidade será salva no dia em que for libertada dessa alienação. É fácil imaginar o reforço que tal doutrina trazia a todas as correntes da irreligião[15].

A influência de Feuerbach, pensador de segundo plano, foi considerável. Toda a gente que pretendia estar na vanguarda deu à *Essência do cristianismo* um êxito imenso. Abundam os testemunhos de pensadores, escritores, homens de ação, que receberam desse livro o choque decisivo: de Herder e Bakunin a Georges Eliot, que o traduziu para o inglês. "Durante algum tempo — dizia Engels —, todos nós fomos *feuerbachianos!*" E, em 1845, num livro que publicou com um amigo *(A Sagrada Família),* Engels louvou o seu mestre por ter "dissipado as velhas quimeras" e, qual novo Lutero, ter trazido ao mundo uma nova verdade. Ora, esse amigo não era senão o homem que, partindo do materialismo feuerbachiano, iria construir a mais decisiva doutrina filosófica antirreligiosa: *Karl Marx.*

Doutrina filosófica: importa insistir nestas palavras. Desde que o marxismo se impôs às cabeças do mundo inteiro como sistema econômico ao serviço de uma ideologia revolucionária, tendemos a esquecer que tem na sua base uma sabedoria, uma filosofia. É verdade que O *capital,* o livro fundamental de Karl Marx, se apresenta como uma obra de economia política, que trata da propriedade, do trabalho, da produção, das trocas e das relações sociais. Também é verdade que Lenin, o seu mais ilustre continuador, escreveu que "a doutrina econômica de Marx é o conteúdo essencial do marxismo", porque através dela se pode apreender todo o seu pensamento. Mas é mais verdadeira a palavra de um outro discípulo, Plekhanov: "O marxismo é uma concepção completa do mundo e da vida"; ou esta outra, do próprio Lenin: "Marx oferece-nos uma visão completa do mundo".

Filho de um advogado israelita de Tréveris, Karl Marx (1818-83), muito antes de se lançar no jornalismo político (na *Gazeta Renana),* fizera sólidos estudos filosóficos, e, muito antes de se empenhar na imensa análise dos problemas econômicos e sociais que levaria a O *capital,* compusera um tratado de filosofia sobre o *Idealismo alemão,* tentara uma "crítica das críticas", em *A Sagrada Família,* e publicara *Onze teses sobre Feuerbach.* O seu amigo *Friedrich Engels,* que foi muitas vezes seu colaborador, mais orientado para as pesquisas econômicas e sociológicas, não deixava de ser também um espírito filosófico.

Na sua juventude, Marx interessou-se pelas doutrinas em voga, com a paixão severa que esse sábio barbudo punha em tudo. O seu pensamento proveio diretamente de Hegel, que ele leu aos vinte anos e que não havia de esquecer ao longo de toda a sua vida. De Hegel reteve o processo dialético, a visão do passado e do movimento da História. Sobretudo quando percebeu que essa concepção fundamentava definitivamente a ação revolucionária: a revolução seria a síntese histórica entre uma tese — uma situação concreta — e uma antítese — as forças que se lhe opõem. Nesse ponto, afastava-se de Feuerbach, que não tinha a menor intenção de transformar a sociedade. Mas, de Feuerbach, Marx reteve a atitude fundamental: a reviravolta das posições, termo a termo.

Foi, pois, na sequência do autor da *Essência do cristianismo,* que Marx, "hegeliano de esquerda", criticou ferozmente o idealismo do mestre e dos "hegelianos de direita". No lugar do idealismo, instalou o determinismo e o materialismo, e assim garantia que se pudesse "repor o homem com os pés no chão". Para ele, não era o espírito que vinha primeiro, mas o concreto, o real, a matéria. "Não é a consciência que determina a vida; é a vida que determina a consciência". E "o espírito não é senão um desabrochar da matéria". O marxismo é, portanto, um materialismo radical, que, no entanto, não deve ser confundido — segundo o preconceito "filisteu" — com o materialismo folgazão, cujo princípio único é a satisfação das necessidades inferiores[16]. Na prática, esse materialismo marxista pode até conjugar-se com altas virtudes de abnegação; mas, na negação de qualquer assomo de espiritualidade, vai infinitamente mais longe do que as negações vulgares dos "filósofos" ou dos cientistas.

A aplicação mais importante do marxismo diz respeito ao desenrolar da História: é o materialismo histórico. Na História, tal como no universo inteiro, os fatores decisivos são os fatores materiais. As necessidades materiais dos homens, as suas condições de vida, determinam a organização política e social, como também as "superestruturas" do espírito, a arte, a religião. Cada estado temporal da humanidade tem a sua filosofia, que a exprime. A evolução das técnicas interliga e explica a evolução do mundo[17].

Fundamentalmente, tal como nas suas aplicações, semelhante filosofia é radicalmente anticristã, e até, mais genericamente, antirreligiosa. Admitir o primado da matéria é tomar a direção diametralmente oposta à da noção de um Deus criador. Dizer que a religião não passa de uma "superestrutura" estreitamente dependente do estado material da sociedade é tirar-lhe toda e qualquer verdade absoluta. Afirmar que tudo, na vida e no pensamento, tem de se transformar incessantemente de acordo com a lei de uma perpétua contradição é, evidentemente, rejeitar toda e qualquer Revelação, toda a Tradição, toda a permanência dos dogmas. Disseminado ao longo da sua obra, principalmente no início, nunca erigido em corpo de doutrina, o pensamento "religioso" de Marx é, de um extremo ao outro, uma crítica decidida da religião. Marx não atribui nenhuma importância, a não ser tática, à obra antirreligiosa de Voltaire e dos enciclopedistas: em que é que essas obras destruidoras mudaram a ordem social, melhoraram a condição dos desventurados? Quanto a ele, visa mais alto e mais longe: a eliminação total do fato religioso em si mesmo.

De acordo com o materialismo histórico, a religião é produto da sociedade mal construída, é uma superestrutura idealista, fabricada por aqueles que têm interesse nas malformações da sociedade. É, numa fórmula célebre, "o grito dos oprimidos, a alma de um mundo sem alma, a esperança de uma condição humana sem esperança; é o ópio do povo". O marxismo terá, pois, de pôr fim a essa temível ilusão e, de acordo com o vocabulário de Feuerbach e de Hegel, libertar o homem dessa "alienação". O ateísmo é, portanto, no marxismo, simultaneamente "princípio original e razão seminal; tudo decorre dele, tudo a ele conduz". O fim, tal como o princípio, é a afirmação prometeica do homem: é o *homo homini deus* de todos os humanismos ateus. "A crítica da religião — diz Marx — leva à certeza de que o homem é para o homem o ser supremo".

Esta doutrina teria talvez ficado nos limites de uma filosofia discutida, se Karl Marx não tivesse tido o gênio de a associar a dois elementos: um sistema de pensamento econômico e social, e um método de ação política, uma *praxis,* segundo o seu vocabulário. Um e outro se encontram expostos no *Capital,* obra de enormes dimensões cujo primeiro volume saiu em 1867 e os dois últimos postumamente. Obra que viria a ser a *bíblia,* o *alcorão* do comunismo. "Não há ação revolucionária sem doutrina revolucionária", viria a dizer Lenin. E efetivamente a ação, no marxismo, forma um só todo com a doutrina, e esta fundamenta aquela. Discernindo no proletariado o elemento motor dos rumos da História, e na luta de classes o processo dialético das sociedades humanas, Marx conferiu à sua doutrina uma força de expansão ímpar.

Olhando por cima do ombro os Fourier, os Proudhon, até os Lassalle, e outros socialistas que se embalavam em lindos sonhos reformistas, dizia, em tom cortante: "Não se trata de comentar o mundo, mas de o transformar". Assim incorporado no socialismo, o pensamento marxista ia passar a ser a mais eficaz expressão do humanismo ateu.

A caminho do humanismo ateu: 2. Positivismo e religião da humanidade, segundo Auguste Comte

No número de 1° de agosto de 1850 da *Revue des Deux Mondes,* lia-se, num artigo assinado por Émile Saisset: "O sr. Feuerbach em Berlim, tal como o sr. Auguste Comte em Paris, propõe à Europa cristã a adoração de um novo Deus, o gênero humano". Essa aproximação faz honra à lucidez desse cronista, hoje esquecido. Efetivamente, no mesmo ano (1842) em que Ludwig Feuerbach lançava a sua *Essência do cristianismo,* um pensador na altura pouco discutido e pouco falado acabava a publicação da sua vasta obra intitulada *Curso de filosofia positiva;* e, seguindo vias diferentes, um e outro chegavam à mesma conclusão: *homo homini deus.*

Era um personagem extraordinário esse *Auguste Comte* (1789-1857). Aluno brilhante da Escola Politécnica, inteligência superiormente organizada, e no entanto incapaz de se adaptar à vida social e de nela triunfar como seria de esperar dos seus talentos, via-se forçado a ganhar a vida como *répétiteur-examinateur*[18] na Politécnica, e por duas vezes estivera internado numa casa de saúde: era cinquenta por cento um grande homem e cinquenta por cento um fracassado... Na ordem literária, era "o contrário de um artista — disse alguém —, mas um gênio na coerência, até às raias do absurdo". Apesar disso, Charles Maurras admirava no pensamento de Comte "doçura, ternura, firmeza e certezas incomparáveis". Quanto à sua vida sentimental, inseparável por diversas maneiras da intelectual, não era menos complexa e paradoxal. Casado, muito jovem, com uma prostituta que depois repudiou, deixou-se arrastar — ele, o intelectual puro, mergulhado em ciências exatas — pela paixão que lhe inspirou a encantadora Clotilde de Vaux, cuja memória idealizou, a ponto de a divinizar, ou quase, prestando culto às suas relíquias, até aos sapatos que calçara...

A obra de Comte está dividida em duas grandes rubricas, que nem sempre se percebeu que eram complementares: a exposição de uma doutrina filosófica — o positivismo —, tal como a fez no curso que regeu no Ateneu da rua Saint-Jacques, de 1835 a 1842; e, mais tarde, após a morte de Clotilde, a proclamação de uma *religião da humanidade*, que se encontra sobretudo no seu *Sistema de política positiva* (1851-54) e no *Catecismo positivista* (1852).

Na essência, o positivismo é um sistema realista, pragmático, de certo modo a conclusão do racionalismo de Descartes e do dos enciclopedistas. Positivo é aquilo que se estabeleceu de maneira indiscutível; só é indiscutível o que for sempre verificável; a "filosofia positiva" é aquela que só pretende formular problemas e só apresentar soluções em função do que é "positivo", ou seja, incontestável. Situa-se na perspectiva cientificista, visto que só os métodos científicos permitem apreender indiscutivelmente o real. E, entre as ciências, Comte apenas admite aquelas cuja metodologia fundamental procede das matemáticas; considera menos científicas, menos "positivas", as que necessitam das hipóteses sobre a natureza dos corpos, como por exemplo a química ou a biologia. E condena absolutamente quaisquer pesquisas sobre a constituição da matéria ou dos astros.

Mas o positivismo não é um mero pragmatismo. "Eu daria bem pouca importância aos trabalhos científicos — diz

Comte — se não pensasse perpetuamente na sua utilidade para a espécie humana". Leitor assíduo, na sua juventude, de Joseph de Maistre e de Louis de Bonald, por algum tempo discípulo de Saint-Simon, precursor do socialismo[19], Comte está obcecado pela ideia de que se impõe renovar a sociedade, refazer as bases da velha civilização ocidental, que ele julga ameaçada e prestes a ruir. O espírito encontrará essas novas bases na filosofia positiva, na experiência que a ciência lhe dá. A organização da sociedade deve ser feita segundo leis tão estritas como as das ciências exatas; deve depender de uma ciência própria dela, que é a *sociologia.* A esse preço, tudo será salvo.

De resto, segundo Auguste Comte, essa marcha da sociedade ocidental para o novo estado é inelutável. Quando tinha apenas vinte e quatro anos, Comte escrevera, para uma publicação saint-simoniana, um pequeno trabalho (que mais tarde considerou "fundamental") sob o título de *Prospecto dos trabalhos científicos necessários para reorganizar a sociedade.* Aí formulara a lei, destinada à celebridade, "dos três estados". O espírito humano na sua atividade e a humanidade no seu desenvolvimento histórico passam necessariamente por três estados: o estado teológico ou fictício; o estado metafísico ou abstrato; o estado científico ou positivo. Este último é definitivo, porque só ele assegura coerência absoluta a todos os dados dos problemas humanos. A sociedade do século XIX devia atingir o mais depressa possível, e o mais inteiramente possível, o terceiro estado, se é que queria renovar-se e cumprir os seus destinos.

Tal doutrina está, evidentemente, nos antípodas do cristianismo, e mesmo de qualquer religião. De resto, Comte conclui expressamente pela eliminação do fato religioso. No estado teológico, explicavam-se os fenômenos pelas forças sobrenaturais: fetiches, divindades, Deus; no estado metafísico, substituiu-se Deus e os deuses por entidades filosóficas; mas, no estado positivo, só se procura a explicação do mundo, da vida, do homem, na observação do real, na experimentação, na técnica. Numa perspectiva deste estilo, a religião nem sequer é negada; é considerada uma noção "irrevogavelmente ultrapassada". Não se trata sequer de ateísmo, pois o ateísmo, que se dá ao trabalho de negar Deus, é uma "emancipação insuficiente". Importa esvaziar o divino, deixando até mesmo de falar dele, eliminando todos os seus vestígios no homem. Do positivismo se pôde dizer que "sente a rigorosa necessidade de prescindir de Deus".

Mas — e temos o segundo painel do díptico comtiano —, "já que só se pode destruir bem aquilo que se substitui" (dito de Napoleão III que Auguste Comte gostava de citar), é preciso pôr no lugar de Deus outra coisa. Essa outra coisa é a *religião da humanidade*. Alguns comentadores viram nesta segunda parte da doutrina de Comte um elemento sobreposto, e pensam que a ideia lhe veio do choque físico provocado pela morte de Clotilde de Vaux. Na verdade, porém, trata-se da conclusão lógica das teses positivistas, assim como o culto revolucionário da Deusa Razão foi o desfecho do racionalismo ateu do século XVIII. Auguste Comte recusa-se a admitir que o estado positivo seja meramente negativo: quere-o construindo novos ideais, novas normas. A religião da humanidade dirigirá essa construção, juntando à sua volta as vontades individuais, e mais ainda que as vontades: porque o homem não é só inteligência e vontade; é também coração. E é nessa religião nova que o homem, utilizando as suas potências de sentimento, há de realizar a sua unidade.

Podemos esquecer os aspectos bizarros que, cedendo a um delírio de antecipação que Marx terá todo o cuidado de evitar, Comte atribuiu à sua religião da humanidade. Espécie de teocracia decalcada na face exterior do catolicismo — com o seu sacerdócio, à testa do qual estaria um sumo-sacerdote ou grão-mestre, verdadeiro Papa; com os seus sacramentos e as suas canonizações, incluindo mesmo, entre os seus dogmas, uma espécie de caricatura da Trindade —, a construção comtiana, a que muito poucos discípulos aderiram, presta-se por demais a uma fácil ironia. Tinha aspectos generosos; propunha ao homem uma moral rigorosa, um ideal de fraternidade, e ia ao ponto de rejeitar da humanidade divinizada os criminosos, ainda que fossem grandes nomes da História, como Nero, Robespierre ou Bonaparte. Mas nem por isso deixou de ser uma das fontes da grande corrente que iria levar a humanidade da nossa época às supremas rejeições. Por sua mão, "a humanidade substituiu definitivamente Deus". Pouco importava que, em Notre-Dame de Paris, convertida no "grande Templo ocidental", ainda não se tivesse visto — como sonhava Auguste Comte — a estátua da Humanidade erguida no "pedestal do altar de Deus". Substancialmente, é inegável que, tal como Feuerbach ou Marx, e mais tarde Nietzsche, Augusto Comte havia de ficar como um dos profetas da heresia decisiva do nosso tempo.

No seu tempo, situou-se nitidamente na coorte dos inimigos da Igreja, se bem que, pessoalmente, fosse respeitador do cristianismo, da pessoa de Jesus particularmente, e lesse todos os dias a *Imitação de Cristo*. Mas o catolicismo parecia-lhe "petrificado", a sua teologia "esgotada", o seu sistema condenado a uma "decrepitude definitiva". É verdade que o catolicismo tinha desempenhado um imenso papel na História, tinha mesmo "salvo a sociedade"; mas esse papel estava agora concluído, e já se vinha processando a sua "dissolução". Se ainda era útil ter interesse por esse cadáver, era para compreender como o cristianismo pudera impor-se e durar; como, especialmente, São Paulo pudera tirar instituições sólidas dos sonhos anarquistas de Jesus; como é que o sacerdócio católico soubera dominar, durante séculos, mediante uma organização notável, a sociedade inteira. Mesmo no fim da vida, em que sonhou com uma aproximação entre a "religião da humanidade" e a religião de Cristo, para ele o cristianismo não valia senão como princípio e método de ordem, como uma espécie de pré-figuração do regime "positivista", tecnocrático sob muitos aspectos, que ele ardentemente desejava.

O que mais diferencia o positivismo do marxismo — em seu entender, também positivista — é que o pensamento de Augusto Comte era o contrário de um pensamento revolucionário. Da sua filosofia dizia o seu admirador Littré que "vinculava toda a estabilidade mental e social à ciência". E Brunschvicg sustenta que o desígnio profundo da religião positivista era combater "a doença ocidental: o princípio revolucionário, que consistia em só reconhecer como autoridade espiritual a razão individual". Estranha conclusão para quem partira do racionalismo puro! Foi como defensor da ordem social que Augusto Comte se apresentou, clamando contra "a doença revolucionária", condenando em bloco "as subversões socialistas ou comunistas" e "tanto os anarquistas como os retrógrados", e propondo que, na sua sociedade perfeita, o poder temporal fosse confiado aos chefes de empresa e aos banqueiros, ao passo que o poder espiritual seria entregue aos sábios.

E terá sido por isso, por nunca ter sabido, como Marx soube, ordenar a doutrina para a ação[20], que o positivismo teve uma repercussão limitada. O positivismo comtiano jamais despertou o entusiasmo da juventude intelectual nem dos elementos sociais da vanguarda. O que não significa que a sua influência não haja sido considerável. O filólogo Littré, autor do famoso *Dicionário*, fez-se arauto do positivismo; *Hyppolite Taine* (1828-93) aplicou os princípios comtianos a muitos temas, de História, de História literária, de Estética. Na Inglaterra, com certos matizes, o positivismo desenvolveu-se com Stuart Mill, economista e lógico eminente; e Alexander Bain utilizou-o em psicologia. Na Alemanha, Laas e Jodl foram discípulos de Comte, e sucederam-lhes os *empiro-criticistas,* ainda mais declaradamente positivistas que o fundador. Saíram dele mumerosas correntes de pensamento, que vão do radicalismo de Alain ao nacionalismo de Maurras, ou ao sociologismo de Durkheim e de Lévy-Bruhl.

E é porventura a este último que devemos a mais exata apreciação do papel assumido por Augusto Comte: o seu pensamento está tão intimamente ligado ao pensamento geral da época, que nem se dá por ele, "como não damos pelo ar que respiramos". O sumo-sacerdote da religião da Humanidade não levou a cabo essa "reorganização espiritual do Ocidente" que o obcecava; mas contribuiu profundamente para levar a humanidade para aquilo que ele tinha por ideal supremo: um estado de que Deus estivesse ausente.

"Isto matará aquilo"

Todas essas doutrinas que pretendiam governar o espírito humano, diversas nos seus princípios e na sua formulação, desiguais quanto ao valor filosófico, e no entanto convergentes para o mesmo fim — a promoção do humanismo ateu — não podiam exercer uma ação imediata sobre as massas em razão do próprio nível em que se situavam e da dificuldade do seu vocabulário. Foram, porém, vulgarizadas por uma imensa literatura, trocadas em miúdos por inumeráveis romancistas, dramaturgos, historiadores, jornalistas, que as difundiram, misturando e ao mesmo tempo simplificando os dados de todas elas. Foi por esse meio que essas noções abstratas de lógica, de psicologia, de moral ou de metafísica vieram a ser o que Alfred Fouillé iria chamar "ideias-forças"; e assim se estabeleceu esse clima de irreligião crescente que caracteriza o século XIX.

Numa dessas expressões dominantes de que o seu gênio tumultuoso tinha o segredo, Vítor Hugo dizia, já em 1831, em *Notre-Dame de Paris*: "*Ceci tuera cela!*" ["Isto matará aquilo"]. E explicava: "Era o temor do sacerdote diante de um agente novo, a imprensa; era o pavor e o fascínio do homem do santuário diante da invenção luminosa de Gutenberg [...]. Era o grito do profeta que já ouve sussurrar e formilhar a humanidade emancipada e vê, no futuro, a inteligência minar a fé, a opinião destronar a crença, o mundo sacudir Roma [...]. Queria isto dizer que uma potência ia suceder a outra potência: a imprensa mataria a Igreja".

Não haveria nesse vaticínio uma parcela de verdade? Desde a origem, o livro impresso fora muitas vezes veículo da descrença. No século XVIII, os seus progressos tinham contribuído para a onda de irreligião que conhecemos. No século XIX, esses progressos continuam. O livro vende-se cada vez mais, e as tiragens de mais de cem mil exemplares começam a não ser raras.

Por outro lado, o jornal, que a Revolução Francesa fizera pulular, passa a ter grande voga; por causa do preço elevado, não atinge ainda as camadas populares, mas impõe-se a toda a burguesia e a toda a elite intelectual, exercendo assim uma enorme influência. Também ele é com frequência aliado, se não do ateísmo, ao menos da irreligião militante, e mais ainda do anticlericalismo. Na França, por exemplo, durante a Monarquia de Julho, Montalembert registra com tristeza que *La Presse* e *Le Siècle*, "que contêm ataques quase quotidianos à religião e ao clero", têm, só por si, três vezes mais assinantes que todos os outros jornais reunidos. Mais tarde, sob o Segundo Império, os três diários mais importantes: *L'Opinion Nationale*, patrocinado pelo Príncipe Napoleão, *L'Avenir National* e *Le Temps*, emanação da alta sociedade protestante, são, em registros diferentes, igualmente anticlericais ou mesmo anticristãos.

Apesar de tudo, no conjunto dos escritores, são raros os negadores absolutos. O niilismo espiritual de um Heinrich Heine, cuja obra abunda em declarações de descrença; o humanismo de um Goethe, em quem Benjamin Constant louvava o "ódio notável contra o catolicismo" e que se espantava, "ele, velho pagão, de ver cruzes erguidas em solo alemão"; ou o humanismo mais sentimental de um Schiller, também ele admirador do paganismo, não fizeram muita escola. Na França, um Paul-Louis Courier é quase uma exceção. O materialismo marxista não exerce nenhuma influência profunda[21] na opinião pública antes de 1870, e até mais tarde. E, como veremos, há ainda muito idealismo, ou mesmo resíduos cristãos, nos diferentes socialismos franceses, até entre revolucionários à maneira de Blanqui ou de Barbes, os quais, como protesto contra a aliança do Trono com o Altar ou com os proprietários de terras, gritam com veemência: "Nem Deus nem patrão!"

A verdade é que, uma vez extinta a viva chama neo-católica, maistriana ou romântica do princípio do século, desde muito cedo, logo à volta de 1820, a literatura do século XIX, salvo algumas exceções, se orienta para um vago espiritualismo ou para um humanitarismo a que não falta generosidade nem, em algumas figuras, real grandeza, mas que elimina cada vez mais o cristianismo. Acredita-se no homem, nas suas virtudes, na sua bondade natural e no poder do seu gênio. Exaltam-se os "imortais princípios" de 1789; deseja-se sinceramente fazer deles realidades vivas: Liberdade, Igualdade, Fraternidade... Não será tudo isso um resíduo da antiga religião, uma tentativa de imitação, um *Ersatz* do cristianismo — laicizado, trazido para um nível inteiramente humano?

O vocabulário pode ser o mesmo; a realidade já é outra. Quando, por exemplo, Michelet exclama: "Nada morrerá, estou certo disso: nem alma de homem, nem alma de povo!", a que imortalidade se refere? Tais são os elementos dessa pseudo-religião difundida por toda a parte. Em nível superior, é a fé do Lamennais dos últimos tempos, do Lamennais de depois da queda; é a de Michelet, do Michelet do *Peuple;* é também a que Victor Cousin batiza com o nome de *ecletismo,* ao pretender fabricar um sistema a partir de tudo o que há de bom em tudo... Em nível inferior, é a fé de "Monsieur Homais", o farmacêutico de Flaubert, simpática salada de Rousseau, Robespierre, Sócrates, Béranger, Franklin e Voltaire... M. Homais, para quem toda a vida espiritual se resume em cumprir bem os "deveres de cidadão e de pai de família".

É evidente que tal concepção exclui a Revelação cristã, com os seus dogmas, os seus imperativos transcendentes; não pode deixar de ser hostil à Igreja, guardiã desse depósito. O anticlericalismo é, pois, uma dominante. Aparece em todos os tons: abjeto nas canções de Béranger, apocalíptico em Vítor Hugo, sutil e ansioso em Lamartine — no Lamartine de *Jocelyn* e de *A Queda de um Anjo* —, passional e socializante nos romances camponeses de George Sand[22], ruidoso e por vezes grosseiro nos de Eugene Sue *(Mistérios de Paris* e O *judeu errante),* pérfido e sarcástico na crítica de Sainte-Beuve. E a literatura francesa não tem o monopólio: na Itália, romancistas e poetas do *Risorgimento* dão-lhe um significado político; na Alemanha, Bunsen faz dele o alfa e o ômega de toda uma obra de combate.

A essa corrente de anticlericalismo, a historiografia fornece um poderoso afluente. O método é tirado de Voltaire: não basta minar as Escrituras, desacreditar os dogmas: o que se quer é *desonrar* a Igreja, contando acerca dela uma multidão de infâmias. A palavra é pronunciada por Edgar Quinet, ilustre professor da Universidade, no seu *Livro do exilado:* "Trata-se, aqui, não apenas de refutar o papismo, mas de o extirpar; não apenas de o extirpar, mas de o desonrar".

Apresentar-se-á, pois, o cristianismo, e especialmente o catolicismo e a sua Igreja, como obstáculo permanente ao progresso da humanidade. É essa a tese desenvolvida, no prefácio da sua *História da Revolução*, por Michelet, no entanto tão bom homem e coração generoso. É agora que se espalham as fábulas absurdas ou odiosas que até hoje encontrarão eco em tantos cérebros primários: os horrores da Inquisição, a libertinagem dos Bórgias, o processo de Galileu — sem esquecer a "Papisa Joana"[23]. A civilização cristã da Idade Média é apresentada como um acervo de crueldades, de estupidezes, de devassidão. As famosas piadas sobre o pretenso "direito à primeira noite" e sobre os camponeses que batiam a água dos pântanos para fazer calar as rãs datam deste tempo. Mais vale ainda Renan com as suas emolientes negações.

No entanto, a partir de meados do século, começam a surgir sinais de evolução, sobretudo nos círculos superiores universitários. O humanitarismo sentimental à maneira de Michelet vai passando para o sótão das velharias, mas é para ser substituído — à medida que Augusto Comte cresce de influência — pelo positivismo e o cientificismo. Nas Academias, nas grandes revistas, quem comanda o jogo são agora os homens da ciência ou, pelo menos, homens que formulam a explicação da ciência e divulgam as aplicações práticas que estão na moda. Os ideais dos seus predecessores, embora generosos, parecem-lhes agora risíveis. Se Deus foi radicalmente negado, a alma reduzida a um postulado filosófico, a Igreja atirada para o caixote das instituições fósseis, que será que se põe em seu lugar? Há quem, com bastante falta de lógica, crie um novo messianismo, o messianismo da ciência, do progresso intelectual e da técnica. Foi o que vimos em Renan, no do *Futuro da ciência*. Em outros, nada, nada mais que um rigoroso e frio determinismo.

Os chefes de fila desta tendência são *Émile Littré* (1801-81), filólogo ilustre, que não é somente o autor do melhor

Dicionário da língua francesa, mas propagandista de Comte; *Hyppolite Taine* (1828-81), historiador, especialmente historiador da literatura, fortemente influenciado pela lógica de Stuart Mill e de quem ao menos uma fórmula há de ficar célebre: "O vício e a virtude são produtos naturais, como o vitríolo e o açúcar"; e, levando ao auge essa eliminação de toda a autoridade sobrenatural no comportamento dos homens, *Charles Renouvier* (1815-1903), autor de uma *Ucronia* (1857) e de uma *Ciência da moral* (1869), em que pretende fundar uma "moral independente". De Renouvier dirá o seu discípulo Bréhier que foi "inimigo nato de todas as doutrinas que, a qualquer título, consideram a vida moral do homem como manifestação necessária de uma lei".

Positivismo e cientificismo vão constituir doravante o essencial das convicções daqueles que se afirmarão "livres pensadores". Ainda que os iniciadores se hajam desviado de tais doutrinas — Renan, caminhando para um vago idealismo; Taine, voltando a encontrar no cristianismo (um cristianismo protestantizante) as bases de uma moral social capaz de opor um dique aos instintos do animal humano que tinha visto em ação na altura da Comuna; Renouvier, adotando o "personalismo" —, a verdade é que essas noções vão continuar a penetrar fundo nas consciências. A franco-maçonaria, cada vez menos deísta, virá a admiti-las, mescladas com o humanismo sentimental. E quando, em 1866, o maçom Macé fundar a *Liga do Ensino,* associada a um virulento anticlericalismo, essa será a posição abertamente proclamada desse organismo, chamado a desempenhar um papel considerável no plano institucional.

Em 1859, num artigo do *Correspondant,* o pe. Meignan, futuro príncipe da Igreja, escrevia: "O progresso religioso cessou, tanto nas regiões aristocráticas da inteligência como nas camadas profundas da sociedade, enquanto lá em baixo se declara um ódio brutal aos sacerdotes". Esta observação desanimada parecia perfeitamente fundamentada. De fato, parecia ter sido dado um novo passo, e este imenso, na estrada que conduzia à ruína do cristianismo e talvez de toda a religião, exceto a do homem.

E a Igreja reagiu?

Diante de um perigo de dia para dia mais evidente, seria falso pensar que a Igreja permaneceu indiferente e inerte. Assim como, no século XVIII, já se vira aparecerem no campo católico numerosos homens, nem todos insignificantes, que corajosamente tinham feito frente aos "filósofos"[24], assim no século XIX seria imensa a lista, impossível de enunciar por completo, daqueles que lutaram pela verdade, pela fé, pela Igreja. Mas, tal como aconteceu com os seus predecessores, a História, particularmente a história da literatura, ignora-os. Com muita frequência, as doutrinas ateias parecem as únicas dignas de reter a atenção. E no entanto seria injusto supor que a inteligência esteve toda do mesmo lado.

Paralelamente àquela que detém os primeiros lugares nos manuais, foi surgindo ao longo de todo o século XIX, e com vigor crescente, uma elite intelectual católica. O clero — notava-o, em artigo na *Revue des Deux Mondes*, o seu vigilante adversário Vacherot — contava nas suas fileiras um número considerável de homens de vasta cultura e espírito bem formado. De Lacordaire ao pe. Perreyve; de mons. Gerbet a mons. Dupanloup; de mons. Maret ao futuro cardeal Meignan; de mons. von Ketteler, na Renânia, ao cardeal Geissel, de Colônia; e do espanhol Jaime Balmes ao inglês Newman, são tantos os nomes que saltam à memória, que temos de desistir de os enumerar.

A ciência não teve ao seu serviço apenas descrentes. Seria até bem longa a lista dos representantes ilustres dessa raça de sábios que não julgaram indispensável repelir as verdades sobrenaturais para fazer avançar o conhecimento da realidade. Ampère, Laennec e Pasteur são célebres. Mas, de Fresnel, inventor dos faróis lenticulares; de Biot, que descobriu a polarização da luz; de Thénard, inventor da água oxigenada; dos matemáticos Gauss e Cauchy até Verrier, o astrônomo que detectou Netuno, ou ao jesuíta Secchi, que analisou a composição química do Sol, ou ao monge Mendel, genial teórico das leis da hereditariedade — quantos deveriam ser citados! Sobre bases cristãs, um Maine de Biran, um Ravaisson, um Rosmini especialmente, edificaram sistemas filosóficos de alcance certamente limitado, mas não despiciendo.

E, se é certo que a "grande literatura", que nos começos do século teve a envolvê-la a aura católica de Chateaubriand, pareceu mais tarde afastar-se da fé, quando Vítor Hugo mudou de campo e Lamartine só conservou uma nostalgia das suas antigas fidelidades, não se pode dizer que as letras católicas tivessem ficado vazias. Na França, um Montalembert, um Veuillot, um Ozanam e, naturalmente — durante boa parte da vida —, um Lamennais, merecem mais que o lugar de segunda fila que se lhes atribui.

Na Espanha, os dois maiores escritores são, incontestavelmente, católicos: Balmes e Danoso Cortés. Na Itália, um Sílvio Pellico, um Manzoni, seguem caminhos tradicionais e ornam com os fastos da glória literária a defesa da verdade cristã.

Por volta de 1850, pode-se mesmo falar de uma renovação do romance católico, não só pelo imenso êxito de *Fabíola,* em que o cardeal arcebispo de Westminster, Wiseman, representa (1854) uma Igreja das Catacumbas, mas também pelo retumbante prefácio que Barbey d'Aurevilly (1858) deu à reedição de *Uma velha amante,* abrindo assim caminho aos Huysmans, aos Péguy, aos Bernanos. O cristianismo e os seus preceitos "não abafaram o voo do gênio humano", dizia Veuillot. E isso não era menos verdade no seu tempo do que no anterior.

Claro que não se trata aqui de uma questão de "gênio". A reação da Igreja aos ataques da descrença traduziu-se principalmente por uma verdadeira proliferação de obras — brochuras, opúsculos, cartas pastorais e outros documentos episcopais — destinados a denunciar o erro e a afirmar as verdades cristãs. Já se pôde dizer que o século XIX foi a idade de ouro da *Apologética,* disciplina que, na história, é tão velha como a própria Igreja. O Concílio Vaticano, pela Constituição *Dei Filius,* proclamou-a ciência sagrada autônoma. E foi às centenas que o catolicismo pôde contar os seus apologetas. Alguns deles ganharam grande celebridade, tal como mons. Pie, futuro cardeal, a quem os admiradores designaram por "Santo Hilário dos tempos modernos", ou o redentorista *Victor Dechamps* (1810-83), que foi arcebispo de Malines e cujas *Conversas acerca da demonstração católica da Revelação cristã* e as *Cartas contra "os anticristos"* tiveram grande repercussão. Ou, na Itália, o célebre *pe. Ventura* (1792-1861), reatino, que, antes de desempenhar um papel político importante, já era conhecido como autor de *Razão filosófica e razão católica,* obra em que ainda hoje se podem encontrar numerosas observações judiciosas; ou, antes da ruptura, o mestre de Munique, Döllinger; ou, de todos o mais notável, o verdadeiro renovador da Apologética, o futuro *Cardeal Newman.*

Qualquer que seja o valor — efetivamente, diverso — dessas coortes de apologistas, basta a sua presença para testemunhar a vitalidade da Igreja, a sua resolução de não se deixar atacar sem ripostar. Há um fato que deve ser sublinhado: o esforço incontestável que foi feito para opor aos adversários armas semelhantes às deles. Enquanto, no século XVIII, os "filósofos", com Voltaire à cabeça, tinham usado superiormente a brochura ou o panfleto contra a

Igreja, ao passo que os defensores — com raras exceções, como Fréron — não sabiam servir-se desses meios, no século XIX é evidente que os católicos compreenderam muito melhor a importância de uma propaganda adaptada às novas condições do público. Os trabalhos dos "Bons Livros" ou das "Boas Leituras", iniciados na França pela Congregação, logo após 1815, são significativos a este respeito. Foram imitados por toda a parte, na Itália como na Alemanha, e até na América.

Devemos mencionar também o nascimento e o desenvolvimento de uma imprensa católica, de crescente influência. Surgiram numerosíssimos jornais em todos os grandes países do Ocidente católico — e também nos Estados Unidos — para defesa dos dogmas e da Igreja. É certo que alguns deles, como o *Ami de la Religion,* ou, em outro sentido, o *Mémorial Catholique,* o *Avenir* e o *Ère Nouvelle,* estavam mais preocupados com questões políticas do que com problemas religiosos. Mas nem por isso deixavam de difundir as verdades da fé. A ação de Veuillot, nos seus sucessivos jornais, e especialmente no *Univers,* foi notável. Fundada em 1856, para ajudar ao conhecimento das coisas do Oriente cristão, a revista *Études,* dos jesuítas, veio a ser, dentro em pouco, um órgão doutrinal de grande relevo. E, como vimos[25], um dos grandes méritos de Pio IX foi haver compreendido a importância do papel que a imprensa podia assumir na expansão de uma apologética prática. A ele se devem, direta ou indiretamente, a *Civiltà cattolica,* o *Osservatore Romano* e muitos outros órgãos de imprensa, desde o *Unità cattolica,* de Florença, até *Der Katholik,* na Alemanha, ou *De Katholick,* em Flandres.

Haveria ainda que mencionar, pois são bem curiosas e pitorescas, as tentativas feitas para criar uma literatura popular católica, capaz de fornecer às massas distrações sãs que não pusessem em causa a sua fé. Na Alemanha, foi este um dos setores em que trabalhou o antigo sapateiro Kolping[26]. Mas o grande nome deste apostolado popular por meio da letra impressa foi *Albano Stolz,* que — como disse Goyau — sabia ser, "ora piedoso e alegre, ora edificante e ordinário, com uma verve de piadas que fazia passar a parábola", e que, "depois de uma série de banalidades, sabia disparar uma ideia que subia ao céu como uma flecha"; o seu *Calendário para o Tempo e para a Eternidade* teve um êxito prodigioso. Na França, ao lado do *Foyer des familles,* destinado sobretudo às classes altas, uma interessantíssima iniciativa de Maignen e Le Boucher, "católicos sociais"[27], levou à criação de um semanário destinado ao povo simples, *L'Ouvrier,* o qual, depois de algumas tentativas sem sucesso, achou a boa fórmula quando passou a publicar grandes narrativas de inspiração cristã, tais como *Os ceifeiros da morte* e *Fabíola,* e assim conseguiu impor-se de maneira duradoura.

Deste modo, e apesar do que vão repetindo, um tanto distraidamente, muitos historiadores, mesmo católicos, a Igreja compreendeu perfeitamente que estava ameaçada, e esforçou-se energicamente por manter na sociedade desse tempo as verdades que lhe estavam confiadas. Uma das mais originais e prestigiosas iniciativas foi a criação (em Paris, 1835) das famosas *Conferências de Notre-Dame,* iniciadas por Lacordaire.

Conferências, não sermões. Na mudança do título exprimia-se uma intenção, que era a que o jovem Ozanam tinha exposto a mons. Quélen: promover uma apologética viva, capaz de dar resposta às exigências espirituais e às aspirações do século, e de atingir diretamente o coração dos homens. É sabido com que precisão Lacordaire cumpriu esse objetivo, e que estremecimento, que arrepio interior arrebatou o imenso auditório quando ele lançou a interrogação patética: "Assembleia, assembleia, que me pedes tu? Que esperas tu de mim? A verdade? Mas então a verdade não habita em vós?" Em setenta e três conferências — em 1835 e 1836, e mais tarde de 1848 a 1851 —, Lacordaire percorreu o ciclo completo das questões que se apresentavam à apologética, partindo do fato da Igreja para culminar na incorporação do homem no Homem-Deus, apoiando-se em argumentos da história, da ciência, do estudo comparado das religiões na defesa das suas teses.

O êxito admirável das Conferências de Notre-Dame tem testemunhos: "Parecia-nos assistir — diz Ozanam —, não à ressurreição do catolicismo, que não morre, mas à ressurreição religiosa da sociedade atual". Esse êxito não diminuiu com os sucessores daquele que foi o restaurador dos dominicanos na França — Lacordaire —, ou seja, com os padres Ravignan, Plantier, Félix, e havia de durar até à nossa época. Aqui temos, pois, uma prova, entre outras, do poder do notável esforço empreendido pelos católicos para fazer face aos adversários. Falta-nos ver qual foi o alcance e quais os resultados dessa contraofensiva.

"Defesa da Igreja"

A característica mais saliente de toda essa apologética é, olhada em conjunto, o fato de ter sido polêmica e negativa, de ter procurado ripostar aos adversários, destruir-lhes os argumentos, e não tanto afirmar serenamente o catolicismo na sua sólida estrutura. Tal atitude é explicável. Diante da gravidade do perigo, queria-se "defender a Igreja", acorria-se às brechas para repelir os assaltantes...

E o exemplo vinha de cima, dos próprios papas, cujos documentos mais importantes tinham, todos eles, o aspecto de condenações. *Mirari vos* ou *Quanta cura*, as grandes Encíclicas doutrinais, apresentavam-se como requisitórias e anátemas contra as novas heresias. Não era o *Syllabus* um catálogo das ideias nocivas? Como sempre acontece nos textos pontifícios, podia-se certamente extrair dessas condenações, pelo processo *a contrário,* uma doutrina positiva que fundamentasse a posição católica em face das construções inimigas. Foi o que tentou fazer, ao menos em parte, mons. Dupanloup a propósito do *Syllabus,* ou, em diversos artigos da *Civiltà cattolica,* o pe. Taparelli d'Azeglio, ou vários universitários alemães. Na sua imensa maioria, porém, a massa dos católicos acolheu as instruções pontifícias como advertências, e demasiadas vezes esses avisos prudentes eram explorados contra um ou outro, designadamente contra aqueles que desejavam interpretá-los de modo menos negativo.

O exemplo dos papas foi excessivamente seguido e, com frequência, por apologetas cujo pensamento estava longe de possuir a riqueza do de um Pio IX. Em face de um Moehler, de um Lacordaire, de um Gratry, de um Newman — que conceberam de outro modo a sua tarefa —, quantos houve que, na sua boa-fé, supuseram que a pugnacidade seria a maior qualidade que se devia exigir aos católicos! As *Instruções sinodais acerca dos erros do tempo,* do cardeal Pie, são perfeitos modelos do gênero, em que a polêmica chega a endurecer uma obra doutrinal realmente notável; o seu rival, mons. Dupanloup, distinguia melhor os objetivos a visar, mas não ficava aquém do cardeal quanto à veemência, se é que não o ultrapassava. Um título como o do livro de mons. Parisis dá bem a entender as intenções e os métodos de certa apologética: *As impossibilidades ou os livre-pensadores desmentidos pelo simples bom senso.* Mas o tipo mais flagrante deste gênero foi, sem a menor dúvida, Louis Veuillot, cujo pensamento era infinitamente mais profundo e matizado que o de um mero polemista, mas só concebeu a sua ação como um combate, o "bom combate" a travar contra todos os inimigos da fé católica ou contra aqueles que eram — ou lhe pareciam ser — aliados desses inimigos.

Essa atitude combativa nem sempre foi muito hábil. É incontestável que, quando mons. Dupanloup se opôs à candidatura de Littré para a Academia Francesa, ameaçando abandonar essa sociedade se o filólogo ateu fosse eleito, ou quando o mesmo interveio duramente para que Taine não recebesse o prêmio acadêmico que então desejava, o mais claro resultado das suas filípicas foi conseguir para ambos os autores uma publicidade considerável. E, quando esse combativo bispo de Orléans publicou uma carta pastoral sobre *As desgraças e os sinais do tempo,* na qual, passando em revista as calamidades recentes — guerras, pestes, tremores de terra, inundações —, as apresentava como castigos de Deus ou como terríveis avisos para acabar com certos erros, o que conseguiu foi uma resposta violenta, até da parte de católicos: "esse velho Jeová, esse Deus violento, que parece gostar de amedrontar e atormentar as suas criaturas", estava fora de tempo.

Pouco hábeis no plano tático, esses contra-ataques nem sempre tinham um alvo bem definido; por vezes, não tinham alvo nenhum... Belos trechos de eloquência contra "o orgulho do espírito" nunca prejudicaram fosse em que fosse os progressos da irreligião. Demasiadas vezes, fulminavam-se autores ou doutrinas com certeza muito condenáveis em si, mas de uma nocividade incomparavelmente menor que a dos novos adversários. Um dos *Leitmotive* da eloquência sagrada do tempo foi, ano após ano, o ataque a Voltaire; ora, a descrença tinha feito coisa melhor desde o *Zadig* ou o *Candide.* E, quando mons. Pie se engalfinhava ardorosamente contra o "ecletismo", considerado por ele como uma das principais heresias da época, havia motivos para pensar que Victor Cousin e a sua doutrina não mereciam nem esse excesso de honra nem esse castigo.

Ao invés, os mais temíveis inimigos que se ergueram contra a fé cristã foram nesse momento muito pouco denunciados. As únicas críticas verdadeiramente pertinentes da filosofia de Hegel terão sido as de Balmes na Espanha, de Rosmini na Itália, e de Staudenmaier na Alemanha; foram esses que compreenderam que essa filosofia era substancialmente hostil à concepção cristã do homem e do mundo. O positivismo de Comte provocou reações, designadamente a de Dupanloup, mas foram feitas mais em tom irônico e polêmico do que por meio de uma análise cerrada dos seus postulados.

Também demasiadas vezes essa apologética militante deu a impressão de fazer depender a sorte da verdade cristã de interesses políticos. Era esse, como vimos[28], o ponto fraco de Joseph de Maistre e de Louis de Bonald, cujas teses, sobretudo as do primeiro, poderiam ter tido para o futuro do cristianismo uma importância considerável se não houvessem degenerado em operação política, montada em proveito da Restauração. Mais tarde, o grande ensaio de Donoso Cortés *O catolicismo, o liberalismo e o socialismo*, que contém críticas muito judiciosas, especialmente dos diferentes socialismos em voga, sofreu da mesma contaminação política, rudemente posta em foco pelo pe. Gaduel. As intuições, por vezes fulgurantes, de *Blanc de Saint Bonnet,* autor de *A Restauração Francesa* e de *A legitimidade* (mesmo quando o vocabulário, não muito cartesiano, desse discípulo de Ballanche não lhes diminuía muito o alcance), a verdade é que perdiam vigor sempre que associava críticas verdadeiramente proféticas a construções políticas inteiramente ultrapassadas. Em sentido oposto, Lamennais, ao ligar a defesa dos valores cristãos ao advento da democracia, não cometia um erro menos grave. E Schlegel, opondo a sua "escola legítima" à "escola racionalista e liberal", tinha razão quando criticava o "falso espírito do século", mas não a tinha quando via na Santa Aliança o mais temível inimigo dos princípios religiosos.

Não se diga, no entanto, que nada tinha valor nessa imensa onda de polêmica que se espraiou ao longo do século XIX. No plano da filosofia e das ciências naturais, a crítica de Balmes, de Rosmini, de Gratry, de Tosti e Ventura não foi de menosprezar, e o *Univers* de Veuillot publicou com frequência críticas às teorias evolucionistas que lhes punham a nu as falhas.

Mas foi sobretudo no campo da historiografia e da exegese que a resposta foi vigorosa. À *Vida de Jesus* de Strauss os católicos alemães opuseram a crítica das suas teses míticas (Kühn) e a "contra-vida de Jesus" (Sepp). E, quando surgiu na França a de Renan, não houve somente os anátemas lançados por mons. Pie e muitos bispos contra o "novo Ário" (num tom que não contribuiu para reconquistar as mentes para a Igreja): Augustin Cochin organizou, no *Correspondant*, uma campanha de artigos em que a obra foi examinada sob todos os aspectos; o pe. Freppel, futuro bispo de Angers, publicou um *Exame crítico da Vida de Jesus* e o pe. Gratry entrou em liça, com *Os sofistas e a crítica*, obra que contribuiu para abrir-lhe as portas da Academia. Mas o mais importante foi o que fizeram alguns sacerdotes de espírito científico, como Meignan e Vollot, criticando o livro em voga. O curso que o pe. Vollot regeu na Sorbonne (interrompido demasiado cedo pela morte do sacerdote), acerca de *Os direitos e os deveres da crítica a respeito da Bíblia*, indicava em 1867 o sentido em que se devia orientar a defesa: recorrer aos mesmos métodos científicos usados pelos adversários. Mas ainda se estava bem longe de seguir esse método.

Nesse combate desigual, conduzido afinal de modo tão decepcionante, devemos citar o nome de um desses lutadores da causa católica. Isto, quer pelo lado pitoresco do caso, quer pelo alcance geral que se pode atribuir ao próprio título da sua obra. Referimo-nos ao *pe. Gorini* (1803-59). Era um contemporâneo e vizinho do Cura d'Ars, e, como este, pároco de uma modestíssima freguesia dos Dombes. Apaixonado da História, estava indignado com os erros e as tendenciosas deformações que encontrava nos livros dos historiadores da moda — os Guizot, os Thierry, os Michelet —, e decidiu restabelecer a verdade. Esse novo Davi parecia mal preparado para desferir golpes decisivos contra tão gloriosos Golias... Não tinha qualquer formação histórica, e na sua paróquia, de 250 almas, não havia biblioteca. Que importava? O pe. Gorini atirou-se corajosamente ao trabalho. Semana após semana, lá ia ele a Bourg, de onde trazia às costas enormes pacotes de livros para se documentar. De tão longos e pacientes trabalhos, resultaram três, depois quatro, depois seis volumes, em que eram analisados minuciosamente todos os pontos em que a história oficial apresentava imagens falsas do cristianismo, da sociedade cristã e da Igreja. Essa crítica foi elaborada com tanto cuidado e pertinência, num tom tão moderado, que vários dos "criticados", entre eles Ampère e Augustin Thierry, se renderam às razões do bom padre, retocaram as suas obras segundo aquelas indicações, e o primeiro dos dois até se converteu. A obra chamava-se *Defesa da Igreja*. E não há dúvida de que o pe. Gorini trabalhara bem nessa defesa. Mas seria suficiente?

De Chateaubriand a Newman: fraqueza e força de uma apologética

Seria inexato supor que todo o esforço do pensamento católico se limitou a fulminar os inimigos. Ao lado da apologética combativa, outra se desenvolveu — devida, muitas vezes, aos mesmos homens —, que se propunha demonstrar as grandes verdades da fé, justificar o papel da Igreja, dar aos cristãos razões para confiar e restituir ao aprisco os descrentes. Era uma corrente que nunca se extinguira. Doutrinal e dogmática à maneira de Bossuet, psicológica e mística à maneira de Pascal, tivera no século XVIII os seus representantes. Também o século XIX os teve, e em grande número. E até acrescentou gêneros novos ou, melhor, matizes diferentes.

É de capital importância, para bem e para mal, que o mais célebre apologeta do século XIX haja sido um escritor de primeiro plano, homem de imensa audiência, o iniciador do Romantismo na França — *Chateaubriand*. A publicação do *Gênio do cristianismo*[29] não foi apenas um acontecimento literário; em admirável concomitância com a transformação da política religiosa operada pelo primeiro-cônsul, esteve na origem de uma nova orientação dada à apologética. Como se sabe, a finalidade da obra era mostrar, contra o que tinham ensinado a *Enciclopédia* e o *Ensaio sobre os costumes*, que, "de todas as religiões que alguma vez existiram, a religião cristã é a mais poética, a mais humana, a mais favorável à liberdade, às artes e às letras"; que "o mundo moderno lhe deve tudo"; "que ela "favorece o gênio, apura o gosto, desenvolve paixões virtuosas, dá vigor ao pensamento". Apologética estética e sentimental, pois. Certamente, Chateaubriand não ignorava que, antes dessa apologética, era indispensável focar o cristianismo na perspectiva histórica e doutrinária. E foi nesse sentido que orientou todos os aditamentos feitos à obra em edições posteriores. Mas, evidentemente, não era essa a sua vocação. E, se se revelou útil à causa da Igreja, não foi tanto pelas suas laboriosas demonstrações como por esse canto modulado, esses períodos amplos e majestosos, essas imagens poderosas que fizeram do *Gênio do cristianismo* uma obra-prima das letras francesas.

Que foi útil, é indiscutível. Os três inimigos do cristianismo no século XVIII tinham sido a ironia de Voltaire, o ceticismo racionalista dos enciclopedistas e a utopia sentimental de Rousseau. Chateaubriand impunha silêncio ao riso do "rei de Ferney", restitituía ao mistério, ao sobrenatural, o seu lugar supremo, ao mesmo tempo que orientava o sentimento para a fé. É claro que a obre tinha muitos pontos fracos, não somente na forma frequentemente pretensiosa, abundante em fórmulas vazias, mas também no fundo, em que as confusões eram frequentes, nomeadamente entre o sobrenatural e o maravilhoso. Mas o seu papel foi decisivo. Contribuiu para restituir ao cristianismo a sua dignidade, o seu lugar próprio. Os temas do livro foram reassumidos nos meios religiosos e até nos púlpitos, onde viriam a desgastar-se... E, justamente, o risco estava aí.

Porque a influência de Chateaubriand convenceu inúmeros apologetas de que a argumentação sentimental, estética e literária seria suficiente. Chateaubriand nem sequer suspeitara da importância que a ciência começava a ganhar no campo da crítica adversa, ainda menos da necessidade de lhe replicar no mesmo plano. Os que trocavam em miúdos a sua obra não tiveram mais preocupação que ele.

Por outro lado, os processos literários de Chateaubriand eram demasiado fáceis de transpor, mediocremente, para o estilo oral. E assim ele foi, em larga medida, responsável por uma apologética oratória demasiado propensa aos desenvolvimentos vazios, aos esforços verbais, mas pobre em doutrina e em ciência, uma apologética de pregador (ai, como esse gênero se perpetuou nos púlpitos...). Ao terminar o período que estamos a considerar, em 1868, o racionalista Étienne Vacherot, no artigo que consagrou à *Teologia católica na França*[30], depois de enumerar os mestres dessa disciplina, louvando o seu talento e declarando que a "apaixonada eloquência" conseguia fazer "saltar de entusiasmo e de indignação" os auditórios, acrescentava que as suas obras não ofereciam nem sequer uma ponta de resposta às temíveis questões postas à fé pelo "espírito histórico e crítico, que é o verdadeiro espírito do século". A afirmação, talvez excessiva, teria de ser matizada. No conjunto, porém, não lhe faltava verdade.

A corrente romântica arrastou, pois, uma parte considerável da apologética do século XIX. Ajuntou-se-lhe uma outra, vinda de Maistre e de Bonald, sobretudo do segundo destes pensadores: foi o *tradicionalismo*. Em detrimento da razão, suspeita de ser responsável pela rebelião da inteligência, exaltava-se a tradição, que se queria remontar às primeiras idades, a uma primeira Revelação. Doutrina que, embora objeto de formais reservas por parte da Igreja (que nunca condenou a razão em si mesma), não deixou de exercer indiscutível influência em numerosos apologetas.

Foi no ponto de confluência dessas duas correntes que se situou o Lamennais do *Ensaio sobre a indiferença*, perfeito exemplo de apologética romântica inspirada nas doutrinas de J. de Maistre. Também a sua influência não deve ser subestimada. É certo que, para muitos dos seus contemporâneos, essa obra apaixonada pareceu reunir, nas palavras do pe. Teysseyrre, "o estilo de Jean-Jacques Rousseau, o raciocínio de Pascal, a eloquência de Bossuet". É certo que a sua defesa da utilidade da religião e da dignidade do cristianismo, a demonstração que fez dos perigos que o ateísmo trazia à humanidade, contribuíram para reconduzir muitas inteligências à fé. E, até quando a sua teoria do "bom senso" como fundamento da Revelação[31] lhe valeu, não menos que as suas posições políticas, ser condenado pela Igreja, o impulso por ele dado continuou a ser sensível, e foram numerosos os discípulos que prolongaram a sua ação, agora por uma via mais direta que a sua.

Mas nem Lamennais nem Chateaubriand conseguiram trazer a "defesa da Igreja" para o terreno em que seria desejável vê-la para conseguir fazer frente aos assaltos do hegelianismo e aos que, de Feuerbach a Augusto Comte, andavam em gestação. E no entanto o *Método da Providência*, do redentorista belga Victor Dechamps, partia de uma ideia justa: a de que o homem moderno já só se interessava por si próprio, e de que seria preciso partir das aspirações do século para construir uma apologética adaptada ao século. A de Lacordaire, bastante próxima dessa, ao visar responder às interrogações do homem, à sua ansiosa busca da verdade — "demonstração feita a partir de dentro", como ele mesmo dizia —, era, também ela, orientada no sentido do futuro. Faltavam-lhes, porém, bases científicas, históricas e críticas, cuja necessidade seria tão justamente reconhecida por Vacherot. E faltavam ainda mais dolorosamente aos que mantinham de pé a apologética doutrinária clássica, até aos mais estimáveis, como eram Auguste Nicolas da *Arte de crer* ou Eugène de Genoude de *A divindade de Jesus*.

Não vamos, no entanto, dizer que ninguém percebeu qual o melhor caminho que a apologética devia seguir para estar à altura da sua missão. O *pe. Gratry* (1805-72), professor de religião na Escola Normal Superior e depois professor da Sorbonne, concebeu o sonho de conciliar a ciência com a fé, e tentou construir sobre esse plano uma filosofia completa, em que entravam uma teodiceia, uma metafísica, uma lógica, uma moral, todas elas orientadas num sentido apologético. Mas, se é certo que o seu papel de animador foi, como vamos ver[32], de alguma importância, se é certo que foi excelente na análise psicológica e no apelo às almas, a sua obra foi ainda demasiado literária para poder vencer os assaltos da descrença.

Mais prático, o método do pe. Félix, conferencista de Notre-Dame, "apologeta realista" que se apoiava na concretude do seu tempo e não se recusava a incluir a ideia de progresso, mostrava ainda melhor a rota do futuro, sem no entanto a percorrer. Prático foi também o método do seu sucessor, o pe. Hyacinthe Loyson, que, até às vésperas da sua apostasia[33], não deixou de sublinhar a harmonia entre o cristianismo e as grandes aspirações do homem moderno.

Tudo isto deixa-nos um sentimento de insatisfação, de insuficiência. A própria Constituição *Dei Filius*, do Concílio Vaticano, destinada a servir de base à apologética moderna, admirável pelas regras que ia fixar, pela posição que definia quanto ao papel da razão, da graça, da Revelação, e, mais ainda, pela sua afirmação solene de que "a Igreja é por si mesma um grande e perpétuo motivo de credibilidade", não daria a impressão de prestar atenção aos setores mais especialmente ameaçados pelas forças mais ativas da irreligião.

No entanto, no momento em que se reuniam em Roma os Padres Conciliares, aparecia na Inglaterra um livro que ia abrir caminhos novos à apologética. Tinha um título enigmático: *Ensaio para ajudar a uma gramática do assentimento*, e o seu autor era Newman, um dos protagonistas desse Movimento de Oxford cuja importância, mesmo fora da Inglaterra, iria ser enorme[34]. Newman punha diretamente o dedo no nó da questão: como pode o homem moderno harmonizar a adesão incondicional à fé com os argumentos racionais que, aparentemente, se opõem a ela? Era um problema que nunca deixara de o assediar desde que se convertera. E veio a achar-lhe solução naquilo a que podemos chamar, numa antecipação audaciosa, uma "apologética existencial"[35].

Sem sacrificar a necessidade de fundamentar racionalmente a fé, e sem interpretar a Revelação segundo esquemas ditos científicos — o que irão fazer alguns dos seus herdeiros modernistas —, Newman recorreu a "uma psicologia do pensamento implícito e da vida profunda", a uma "espiritualidade do individual"[36]. O *assentimento* que o cristão dá à sua fé deve, certamente, ter em conta os processos racionais, as aquisições e as críticas da ciência; mas situa-se bem para lá desses conceitos abstratos. É na referência à experiência vital do homem que se pode trazê-lo novamente à fé; ou seja, situando-o sem cessar neste único face a face: "Eu e o meu Criador". Às doutrinas ateias para as quais o homem é o seu próprio Deus, Newman, sem cair na polêmica, respondia fazendo apelo ao que há de mais profundo no homem. No seu tempo, Newman não fez escola, e foi uma pena. Mas chegaria até aos nossos dias o rasto profundo do seu pensamento.

Nova et vetera

É evidente que a insuficiência do pensamento católico em face dos seus adversários provinha do atraso que sofria em matéria científica. Para dar resposta ao espírito "histórico e crítico", era indispensável ter instrumentos, e os católicos estavam mal apetrechados; pior ainda: pareciam querer estar. Se os papas — Leão XII especialmente, e também Pio IX — compreendiam perfeitamente a necessidade de elevar o nível dos estudos superiores, a verdade é que muitos bispos manifestavam total desprezo por esse gênero de preocupações. "Que quereis que eu faça dos sábios?!", perguntava mons. Bonald. E mons. Gousset qualificava de "frutos de uma imaginação vagabunda" toda e qualquer teoria física ou geológica que não quadrasse bem com a letra da Bíblia, aliás entendida a seu modo: *strictissimo sensu!*

Os testemunhos são concordantes. Com raras exceções, todas as ciências que podiam servir de apoio à doutrina eram menosprezadas. Ao regressar de Roma em 1846, o futuro cardeal Meignan escrevia: "A teologia romana mostra-se excessivamente despreocupada com o que se passa à sua volta. O racionalismo é, em geral, mal conhecido e futilmente combatido. A História não tem nenhum representante célebre.

A Linguística é negligenciada. A Medicina, posta de lado. O Direito ficou no que era antes do movimento que lhe imprimiram as descobertas de que Savigny foi hábil propagador"[37]. O mesmo tom tinham as palavras de mons. Flir, reitor austríaco, ou as do historiador Janssen, ou até as do ultramontano cardeal von Reisach, ou ainda as de um cardeal da Cúria, Viale Prela. Mas, fora as universidades alemãs — que tinham outros defeitos —, não seria toda a cristandade que merecia essas censuras?

Na França como na Itália, a historiografia católica dormitava, seguindo o seu caminho sem ver que a seu lado se definiam novos métodos. As bibliotecas eram deficientes; os arquivos, mesmo e sobretudo os riquíssimos arquivos do Vaticano, estavam mal-conservados e principalmente eram mal estudados. O trabalho autenticamente científico era a bem dizer nulo. Demasiadas histórias da Igreja chegavam a revelar até uma espantosa fraqueza, como a do pe. Darras (sob o Segundo Império), que acumulava todas as historietas mais discutidas e todas as asserções mais discutíveis. Em 1835, o pe. Faillon, embora pertencesse à Companhia de São Sulpício, em que geralmente se era mais prudente, lançara a tese segundo a qual as primeiras igrejas da Gália tinham sido fundadas pelos discípulos imediatos e próximos de Cristo. E todo esse amontoado de bonitas lendas, que o pe. Gaume e sobretudo Dom Chamard não tardariam a sistematizar, penetrava no ensino oficial dos seminários, em que viria a fazer carreira.

As ciências propriamente religiosas não estavam mais bem aquinhoadas. No momento em que Strauss, Baur e Renan revolviam os dados da exegese tradicional, é chocante verificar a insignificância, em quantidade e em qualidade, dos estudos acerca da Sagrada Escritura. Aliás, a exegese não tinha grande lugar nos seminários; estudava-se lá a Bíblia uma ou duas horas por semana, e, em muitas dessas casas, unicamente para considerar os aspectos morais e simbólicos. Os trabalhos do pe. Patrizi acerca do "sentido típico" eram muito apreciados. Fora das universidades alemãs e do Colégio Romano após a sua reorganização em 1849, a teologia fundamental, o tomismo, estava esquecida. Na França, mons. Freppel, excelente vulgarizador do pensamento dos Padres da Igreja, não foi de modo nenhum o grande teólogo que alguns julgaram ver nele. Certos trabalhos isolados, cuja importância será considerada mais adiante, não bastavam para resgatar a mediocridade geral.

É também chocante observar como nenhuma grande filosofia cristã se impôs durante todo o período que estudamos. *Maine de Biran* (1766-1824), regressado à plenitude da fé depois de um longo itinerário, teve sem dúvida o mérito de pôr a claro o fato primitivo da consciência humana, da personalidade, de apreender agudamente a fluidez da vida interior, e de mostrar que é nas profundezas da alma que o pensamento pode perceber, sob o reflexo de Deus, a luz da certeza. Mas a sua doutrina teve uma influência bastante reduzida. O mesmo se pode dizer da de *Ravaisson* (1813-1900), discípulo de Schelling, autor de uma tese sobre *O hábito,* que procurava conciliar o determinismo material com a liberdade do espírito, e mostrava os laços que vinculam a vida do universo à vida do homem; se é verdade que a sua obra continha concepções abertas ao futuro, das quais Bergson se recordará, no seu tempo não exerceu praticamente nenhuma influência. O próprio Schelling, único filósofo espiritualista que poderia ser validamente contraposto a Hegel, era protestante e, por muito próximo que estivesse do catolicismo, nunca se converteu. E *Rosmini* (1797-1855), espírito profundo e também alma luminosa, cuja imensa obra se estendeu a todo o campo da filosofia, e que foi um dos anunciadores do existencialismo cristão — esse que foi talvez, dentre todos os pensadores do século XIX, o que melhor mostrou que a relação com o *ser* é constitutiva da razão e fundamento do próprio sentido do homem —, por causa de certas expressões ambíguas, que o faziam suspeito de panteísmo e ontologismo, teve de sofrer condenações do Santo Ofício. Quer dizer: sem estar verdadeiramente em falta, a filosofia cristã era pouco viva.

E é evidente que as novas disciplinas que se iam formando a partir dela — por exemplo, a sociologia — eram ainda mais negligenciadas. O mesmo quanto a outras, destinadas a ter uma imensa projeção, como a economia política. Só alguns pequenos grupos de "católicos sociais", cujos esforços corajosos havemos de apreciar[38], tinham a ideia da necessidade de tais estudos para os fiéis; mas eram apenas os "filhos perdidos" de uma Igreja demasiado rotineira. Nessas condições, não é de admirar que os católicos não tivessem construído nenhum sistema capaz de se opor a Hegel, a Comte e, mais ainda, a Marx.

Houve, apesar de tudo, alguns centros em que se tentou sair da rotina, alguns homens que viram claramente que importava renovar o equipamento do pensamento católico, se se queria prepará-lo para se defender. O mal esteve em que, demasiadas vezes, a reação ultrapassou o objetivo, e a Igreja teve de retirar o seu apoio a defensores que lhe pareciam imprudentes. Os mais vivos desses centros foram as universidades católicas alemãs, e elas merecem as nossas homenagens. Foi graças a elas que se deu uma aproximação entre a Igreja e a ciência, que as disciplinas eclesiásticas — Teologia, Exegese, História da Igreja — recobraram seriedade e os racionalistas deixaram de ser os únicos a reivindicar a honra de estarem ao serviço da verdade.

Tübingen, Friburgo, Munique foram focos de onde saíram muitos homens, muitas ideias. Nem sempre esses prestigiosos cenáculos estiveram de acordo uns com os outros; uns, por exemplo, eram partidários de São Tomás, ao passo que outros preferiam uma escolástica renovada. O essencial do seu contributo consistiu em orientar o pensamento católico, e especialmente a teologia, num sentido menos especulativo, menos verbal, e utilizar em benefício da fé todas as descobertas recentes, em todos os domínios, quer na teologia ou na física, quer na crítica histórica ou em economia política. Desse modo, os universitários alemães de meados do século XIX desempenharam um papel notável de iniciadores. Muitas das posições que os católicos do nosso tempo têm por fundamentais procedem diretamente deles.

Infelizmente, alguns desses homens, como também alguns daqueles que, mais raramente, em outros países quiseram enveredar por vias análogas, foram demasiado longe, demasiado depressa e, como frequentemente sucede às vanguardas cheias de ousadia, foram condenados. A quase totalidade dos desvios doutrinários contra os quais a Igreja teve necessidade de reagir durante esse período tinham por origem o desejo de dar solução ao problema das relações entre a razão e a fé, entre o conhecimento científico e a crença.

Já *Georg Hermes* (1775-1831), professor em Bonn, tentara reconstituir o conjunto dos dogmas e explicar os mistérios por meio da razão prática, seguindo um método kantiano. Gregório XVI condenara as suas teses (1835), e, apesar da agitação política suscitada pela questão, o hermesianismo não pudera triunfar. Em 1847, Pio IX confirmou a sentença do seu predecessor.

Pela mesma altura, *Anton Gunther* (1783-1863), sacerdote vienense, retomava ideias semelhantes. Para ele, a razão humana podia, se não explicar os mistérios, ao menos demonstrá-los. De momento, a tese foi bem acolhida, como resposta ao hegelianismo, e Gunther passou por uma fase de triunfo. Mas a aplicação que fez das suas teorias à Criação, à Encarnação, à Santíssima Trindade, pareceu excessiva, e, em 1857, condenado pelo *Index*, submeteu-se.

Em Munique, à volta de *Joseph Döllinger,* o caso foi outro: fizeram-se grandes esforços para aplicar à exegese e à história, incluindo as dos dogmas, os métodos racionais usados pelos adversários. E esse esforço tomou formas tão radicais que os professores de Sagrada Escritura não gostaram nada de ver os mestres de Munique chamar aos romanos *asini* sem que estes reagissem... Se a ruptura de Döllinger com Roma foi provocada por outras razões[39], a verdade é que ele era já muito suspeito quando entrou em conflito com a Santa Sé a propósito do poder temporal e da Infalibilidade pontifícia.

Poderíamos aduzir muitas outras provas desse conflito latente entre as autoridades romanas e os pensadores católicos que queriam ir depressa demais e longe demais. O rígido tradicionalismo de Bonald, de Lamennais, do "fideísta" pe. Bautain, de Estrasburgo, ou de Bonnetty — fundador dos *Annales de philosophie religieuse,* para quem a razão era puramente passiva e só passava à atividade pela intervenção da "Tradição", decorrente da Revelação primitiva —, foi várias vezes condenado. Mais mitigado, o do pe. Ubaghs, de Lovaina, foi também condenado em 1864 e 66.

O "ontologismo", também de Ubaghs, como de Gioberti e até, em certa medida, de Rosmini; o "ontologismo", que sustentava que Deus não é demonstrável, mas pode ser descoberto por uma espécie de percepção experimental, foi igualmente rejeitado.

Hostil aos irracionalistas, a Igreja continuava também extremamente desconfiada em relação a tudo o que, de perto ou de longe, cheirasse a racionalismo. Desconfiança em si mesma justificada, mas que não deixou de contribuir para paralisar o espírito de pesquisa e para desencorajar aqueles que procuravam sair dos caminhos rotineiros. Severa para com aqueles que, a título meramente pessoal, avançavam em terrenos novíssimos, e demasiado indulgente para com a falsa ciência, o concordismo infantil[40] e as teorias gratuitas, a Igreja parecia estar mal preparada para resistir aos ataques de tantos adversários bem armados...

Nova et vetera: a fórmula definiu desde sempre a verdadeira sabedoria cristã — conjugar o que é novo com o que vem do passado, o futuro com a tradição. No período que estudamos, dir-se-ia que não se chegou a essa difícil síntese, que houve desacordo de raiz entre os defensores das *Vetera* e os partidários das *Nova*. Um católico pode facilmente reconhecer esse atraso, tanto mais que, nos nossos dias, e desde há um século, foi feito um esforço prodigioso para colmatar esse hiato entre ciência e fé, e para tornar presente o pensamento católico em todas as pesquisas, em todas as audácias. E já em 1870 se podiam observar numerosos sinais que anunciavam essa feliz evolução.

Pedras de toque

Seria, efetivamente, de todo injusto limitar a um registro de carências o quadro geral do pensamento católico neste período. Se foram demasiado numerosos os chefes da Hierarquia que pensaram, como mons. Gousset ou mons. Bonald, que a Igreja não precisava de sábios, outros houve — a começar pelos papas — cuja posição foi inteiramente diversa: bastaria o nome de mons. Affre para infirmar certas generalizações. Os espíritos verdadeiramente lúcidos pensavam como o pe. Matignon, que, em 1864, escrevia nos *Études:* "Ao lado da autoridade, que ordena, é necessária a ciência, que demonstra [...]. Não tenho receio de insistir nesta necessidade, porque temos na França certos católicos que não parecem convencidos". E de resto, se é verdade que os católicos não eram numerosos em nenhuma disciplina, não se podia dizer que estivessem totalmente ausentes.

O fato mais importante para o futuro é que houve quem percebesse que aquilo que prejudicava a Igreja na corrida com os rivais era a insuficiência do ensino superior. Fora nesse ensino que residira a sua força na Idade Média e até aos Tempos Clássicos. Desfeito pela crise revolucionária, não se reconstituíra tanto como seria preciso, e o que dele restava — a Faculdade de Teologia da Sorbonne, por exemplo — estava mal adaptado aos novos métodos. Começou então uma reação contra essa situação deplorável.

Os papas deram o impulso ao novo movimento: Leão XII, reorganizando a Congregação dos Estudos (1824), por meio da Bula *Quod divina sapientia,* e interessando-se pessoalmente pelo desenvolvimento da *Sapienza* e das outras seis universidades dos seus Estados; Gregório XVI, apesar de tão conservador em política, apoiando os esforços de renovação dos estudos, feitos por mestres como Tosti, Ventura, Taparelli d'Azeglio; Pio IX, renovando o Colégio Romano, ajudando a Gregoriana, mandando restaurar ou criar seminários para os futuros sacerdotes de todos os países.

Talvez fosse preciso mais do que isso: centros de altos estudos onde os católicos se formassem nas novas disciplinas. Coube ao arcebispo de Paris, *mons. Affee* — a futura vítima das barricadas —, a honra de criar o primeiro desses centros. Em 1845, por sua iniciativa pessoal, mons. Affre comprou à Madre de Soyecourt[41] o convento dos carmelitas, santificado pelos Mártires de 1792, e aí estabeleceu seis jovens futuros padres, destinados a prosseguir estudos superiores. O primeiro licenciado "dos carmelitas" foi o futuro cardeal Foulon, e o primeiro doutor, o futuro cardeal Lavigerie. Os sucessores de mons. Affre, Sibour e Darboy, continuaram a interessar-se pessoalmente pelo empreendimento. Sem ter chegado a ser essa "Escola Normal de professores de seminários maiores" que mons. Darboy sonhava, é indiscutível que prestou grandes serviços. Nele saudava Newman o germe de uma Universidade Católica. E certamente tê-lo-ia sido bem depressa, não fosse o temor que sentiu a Santa Sé (aliás, com alguma razão) de que ali prevalecesse o espírito galicano. Mas viria a sê-lo a partir de 1875, e assim nasceria o Instituto Católico de Paris, a que dentro em pouco se seguiriam mais quatro.

O que "os carmelitas" fizeram em Paris, em moldes ainda limitados, fizeram-no outros centros com maior amplidão. Vimos o exemplo das universidades alemãs e o seu papel decisivo: ainda que nem tudo, no pensamento dos seus mestres, haja parecido aceitável em Roma, é indubitável que o seu trabalho contribuiu muito para abrir ao pensamento católico os caminhos do futuro. A própria Bélgica, neste particular, antecipou-se claramente à França e, como é óbvio, à Itália. A sua *Universidade de Lovaina* foi êmula das da Alemanha e da Áustria. Nela se formou um clero de valor; nela se renovou a teologia — em 1847, apareceram as *Mélanges théologiques,* que, em 1869, passaram a ser a célebre *Nouvelle Revue Théologique* —; nela se deu um verdadeiro renascimento do direito canônico e, em geral, das ciências eclesiásticas, com Reusens na arqueologia cristã, com Malou na patrologia.

Todos esses esforços andavam dispersos. "Não se devia fazer um esforço geral — escrevia Döllinger ao pe. Meignan — para constituir um foco central de todos os estudos?" Esse anelo do mestre bávaro foi tentado por *Gratry.* Obsidiado pelo desejo, que já vimos[42], de reconciliar a ciência e a religião, o pe. Gratry não se limitou a trabalhar nesse sentido mediante a criação de um sistema de pensamento. Projetou um autêntico "ateliê de apologética", capaz de dar resposta a todos os ataques dos adversários. Para tanto, e por sugestão do cônego Valroger e com a ajuda de um santo sacerdote, o pe. Petétot, pároco de Saint-Roch de Paris, decidiu restaurar o *Oratório,* essa ilustre sociedade de São Filipe Neri e do cardeal Bérulle que desaparecera da França com a Revolução. As aspirações de Gratry pareciam encontrar correspondência na espiritualidade e na tradição de altos estudos dos oratorianos. Levada a cabo em 1852, a restauração do Oratório provocou grandes esperanças. E as conferências de Gratry tiveram ampla audiência. Na verdade, porém, a ideia que o pe. Pététot tinha da sociedade não era a do pe. Gratry. Aquele pensava sobretudo em retomar a direção de estabelecimentos secundários, tal como o de Saint-Lô, para onde enviou os melhores membros da equipe. Após discussões dolorosas, o pe. Gratry teve de renunciar ao seu "ateliê de apologética" e recluir-se na elaboração de uma obra pessoal. Julgava o seu ideal inteiramente perdido, mas alguns elementos do Oratório e, por outro lado, os Institutos Católicos iriam continuá-lo.

Este esforço a favor de um renascimento do pensamento católico mais bem apetrechado — de que os "carmelitas", o Oratório e as Universidades de Lovaina, Munique e Tübingen davam sinais bem claros — foi também posto em prática por pequenos grupos de trabalho ou por indivíduos isolados. A erudição não desaparecera totalmente dos meios eclesiásticos. Já no início do século, o *cardeal Angelo Mai*, primeiro bibliotecário do Vaticano, ganhara renome por editar velhos manuscritos. *Johann Adam Moehler* descobrira, estudando os Padres da Igreja, as bases da sua teologia da Igreja[43]. Mais tarde, o beneditino *Dom Pitra* (1812-89), chamado a Roma por Pio IX, consagrou a vida a sábias publicações de inéditos eclesiásticos, designadamente dos canonistas gregos.

À volta do *pe. Migne* (1800-75) e sob a sua direção, uma equipe aplicou-se à obra, "quase monstruosa por suas dimensões"[44], de editar toda a *Patrologia:* 161 volumes de patrologia grega, 231 de patrologia latina, 91 de sermonários franceses, sem falar de 167 diversos dicionários. Nessa mina, nem tudo era de igual valor, mas, desde então, quem quisesse estudar a patrística ou, em geral, a história do pensamento cristão, teria de recorrer a ela.

Pela mesma altura, os beneditinos de Solesmes, reconstituídos por Dom Guéranger[45], reatavam as tradições de estudo próprias da sua ordem, empreendendo a publicação da *Gallia christiana* e começando a editar *L'Année liturgique*. E, mais rigorosos no método crítico, os *bolandistas*[46] — o célebre grupo de jesuítas belgas fundado no início do século XVII, dispersado após a supressão da Companhia e que teve a sua obra modestamente continuada pelos premonstratenses de Tongerloo — foram reconstituídos em 1831-35, pelo rei Leopoldo I. Logo em 1837 retomaram o trabalho, sob a direção do infatigável pe. Victor de Buck, e voltaram a editar as *Acta Sanctorum,* a princípio com uma certa improvisação, mas aos poucos de forma cada vez mais científica, especialmente quando a direção passou para o pe. Smedt, autor dos excelentes *Princípios de crítica histórica* (1869).

Foi, pois, no campo da historiografia que o soerguimento da situação se deu com mais segurança. Se, nas ciências físicas e naturais, o pensamento católico contava com poucos mestres de primeira ordem (tinha, em todo o caso, o pe. Angelo Secchi, célebre astrônomo e físico do Colégio Romano, e Gregor Mendel, cujos trabalhos sobre genética foram, como sabemos, decisivos), já a história e ciências anexas entraram nos trilhos que haviam de ser os do futuro. O pe. Theiner, oratoriano alemão, continuador de Baronius, dedicou a vida a explorar arquivos. A arqueologia cristã, que sob Gregório XVI fora despertada pelo pe. Marchi, recebeu sob Pio IX um grande impulso com *Giovanni-Battista de Rossi* (1822-94), verdadeiro criador da epigrafia cristã, genial descobridor da *Roma sotterranea cristiana,* que, a partir de 1863, foi tornando minuciosamente conhecida, numa emocionante reconstituição da Igreja dos primeiros séculos.

Simples leigo, Rossi criou, nas palavras profundas do cardeal Pie, "um *locus* teológico novo".

Foi graças a trabalhos como esses que os católicos conseguiram afinal apetrechar-se para responder aos Renan e a outros racionalistas. E não tardou que a exegese tirasse partido desses trabalhos e se firmasse em novas bases, com o pe. Meignan, o pe. Vollot e sobretudo o grande sulpiciano *Le Hir*, de quem Renan, que fora seu aluno, dizia: "Considero-o um verdadeiro sábio [...]. Quer-me parecer que aquilo que não aprendi com ele, nunca o fiquei a saber bem"; era o único padre que o autor da *Vida de Jesus* desejaria poder opor "àquilo que a ciência crítica alemã possui de mais colossal".

Nesse ínterim, colocando-se menos no terreno científico e procurando principalmente difundir vastas sínteses entre o grande público, numerosos historiadores se dedicavam a estudar a história da Igreja com maior solidez que a dos seus antecessores. O gênero recuperava uma dignidade que as aproximações e fantasias de alguns tinham posto em risco de se perder. Um dos sintomas menos contestáveis da renovação do pensamento católico foi o lançamento, muitas vezes com êxito, de numerosas e volumosas obras, que vão desde a *História da religião de Jesus Cristo,* de Stolberg, à *História dos Concílios,* de Hefele, passando pela *História do Dogma Católico durante os três primeiros séculos,* de Genouillac, ou por O *Papa e o Concílio,* de mons. Maret, sem esquecer a *História dos monges do Ocidente,* de Montalembert e os trabalhos de Ozanam, talvez exageradamente eloquentes, mas bem informados e cheios de sínteses muito sugestivas.

Não se pode, pois, falar de uma total ausência do pensamento católico durante esses três quartos de século em que tantas concepções foram postas em causa. Devemos até mencionar como um dos fatos mais insofismáveis o movimento então iniciado para a renovação da teologia[47]. Hoje, parece-nos evidente que nada de sólido e duradouro se pode fazer na Igreja, se as bases teológicas não forem firmes. Teriam os católicos do século XIX perdido de vista essa verdade? Nem todos, com certeza. Alguns, como foi o caso de mons. Maret, professor da Sorbonne, trabalharam isoladamente, este último apoiando-se sobretudo na tradição galicana. Em Mogúncia, no Seminário germânico de Roma e na Universidade de Innsbruck, um conjunto importante de teólogos lançou-se numa obra de renovação da Escolástica. Mas, principalmente, ao longo do século, deu-se um *renascimento do tomismo,* que viria a ser capital para o futuro da Igreja.

Bastante esquecida no conjunto da cristandade, a velha doutrina do gênio de São Tomás de Aquino nunca desaparecera totalmente. Não eram só os dominicanos que a guardavam como herança de família, nem só os lazaristas, que, por ordem formal do seu fundador, lhe prestavam "grande reverência": havia centros de estudos tomistas, nomeadamente no Colégio Alberoni, de Placência, que fora confiado em 1751 aos filhos de *Monsieur* Vincent. Ali ensinava Francesco Grassi, tomista militante. E foi justamente um discípulo de Grassi, Buzzetti, também ele professor no "Alberoni" quem, por volta de 1810, deu início ao movimento de renovação. Dois dos seus discípulos, os irmãos Sordi, que se fizeram jesuítas, levaram a Companhia a interessar-se pelo movimento, que recebeu o apoio da *Civiltà cattolica,* fundada pouco antes. Os pes. Taparelli d'Azeglio, Giuseppe Pecci (irmão de Leão XIII) e sobretudo Liberatore trabalharam vigorosamente para tornar a pôr o tomismo nos fundamentos do pensamento cristão. Um dos irmãos Sordi trouxe para a causa o cônego napolitano Sanseverino, que iria dedicar nada menos que sete grossos volumes à doutrina assim descoberta. O movimento de renascença passou a ser evidente quando um editor de Parma empreendeu a reedição da *Suma* do grande Aquinate (edição que demorou de 1852 a 1880), e quando os manuais em uso nos seminários começaram a inspirar-se no Doutor Angélico.

Por volta de 1860-70, o jesuíta alemão Kleutgen, que exercia forte influência na Universidade Gregoriana (onde lhe chamavam *Thomas redivivus)* mostrava, nas suas sapientes obras, que o tomismo oferecia o melhor antídoto contra o kantismo, o hegelianismo e todos os racionalismos ateus. Era também essa a opinião do pe. Gratry, que anunciava a vitória do tomismo "dentro de poucas gerações", ou a de Balmes, cuja *Filosofia fundamental* se apresentava como um "tomismo adequado às necessidades do século XIX". Assim começava a corrente que havia de conduzir, em 1879, à Encíclica *Aeterni Patris,* em que Leão XIII iria fixar as bases de uma filosofia cristã solidamente enraizada na teologia.

Não seria, pois, próprio de um historiador imparcial associar-se às críticas sistemáticas de alguns — até católicos — ao pensamento católico dos três primeiros quartéis do século XIX. É verdade que esse pensamento não foi iluminador, mas não estava extinto. O juízo mais equitativo é certamente aquele que foi formulado pelo cônego Leflon, ao aplicar-lhe as palavras de Charles Pouthas acerca da revolução de 1848: "Estava cheia de coisas; mas essas coisas eram apenas começos".

E esses começos poderiam ser muito bem rastreados num campo em que se diria, acreditando nas aparências, que o pensamento católico estava mais ausente: o das doutrinas econômicas e sociais, esse setor em que não era só Deus que estava em causa, mas também o homem.

A questão social e os socialismos

Um dos traços mais salientes do século XIX é que passou a levantar-se a *questão social:* a das relações entre os diversos elementos da sociedade, das condições de existência das classes mais humildes. O *Ancien Régime* conseguira, de certa maneira, afastá-la. A partir de 1789, começa a agitar os espíritos, e o número dos que se inquietam vai crescendo rapidamente; após a dura sacudidela de 1848, já não será possível ignorar que essa questão existe e se formula em termos de revolução. Surge uma terceira corrente revolucionária, que não tardará a ser mais ativa que a da revolução liberal e a da revolução nacionalista.

Já vimos[48] que a fonte dessa corrente deve ser, também ela, procurada na Revolução Francesa, que acabou com a hierarquia social tradicional e cuja ideologia, ao proclamar a igualdade entre os homens, fundamentou em termos de *direito* todas as reivindicações. Aliás, na corrente de pensamento que deu origem à Revolução, já se encontravam homens que afirmavam a necessidade de uma melhor repartição das riquezas e de novas relações entre as classes. É o caso de Jean-Jacques Rousseau, para quem o Estado devia desempenhar um papel de árbitro, ou o do pe. Mably, que, no seu livro *Da legislação,* reclamara o acesso de todos à propriedade em comunhão de bens. O desejo de reorganizar a ordem social, tanto como a ordem política, será consequência direta da Revolução.

Outros motivos, estes de ordem técnica e econômica, contribuíram para tornar a questão mais premente. Coincidindo estranhamente com a revolução política de que a França foi o primeiro palco, a revolução da máquina assinala o fim do século XVIII e os começos do XIX. A "bomba a fogo", inventada por Denis Papin já em 1671 e que em 1707 conseguira fazer navegar um barco, levara em 1775 à genial "máquina a vapor" de James Watt. E esta, pondo à disposição da indústria uma fonte energética até então ignorada, provocará uma transformação das condições de trabalho e de produção. Uma quantidade quase incrível de invenções e realizações industriais a acompanham: vão do açúcar de beterraba, fabricado por Delessert a fim de suprir as carências provocadas pelo

Bloqueio continental, até às conservas de carne conseguidas por Appert, à lâmpada dos mineiros, construída por Davy, ou às máquinas de fiação de Arkwright, Richard Lenoir, Girard, Jacquard... Foi possível enumerar mais de duzentas e cinquenta invenções que, entre 1780 e 1850, contribuíram em diversos graus para a Revolução Industrial.

As consequências dessa súbita renovação das técnicas iriam ser incalculáveis. Como as máquinas eram caras, a indústria reclamará, para se poder desenvolver, enormes concentrações de capital. Em lugar das modestas oficinas artesanais, nasce a grande fábrica (em 1841, Le Creusot), para a qual afluem os homens dos campos. Estreitam-se os laços entre o patrão e o trabalhador, e depois rompem-se. O pequeno fabricante conhecia pessoalmente as poucas dezenas ou as poucas centenas de homens que empregava. O grande industrial deixa de poder conhecer os seus milhares de operários e, englobando-os a todos num vasto anonimato, vai tender com demasiada frequência a só os apreciar em função do rendimento. Tanto mais que a máquina, pelo seu automatismo, tende a desqualificar o trabalho, e os homens surgem cada vez mais como permutáveis. E isso será ainda mais verdade quando entrar em cena a sociedade anônima, e o patrão deixar de ser uma pessoa determinada para ser um conjunto de proprietários de ações. Crescimento desmedido do poder do dinheiro e desumanização das condições do trabalho e da produção, tais são as duas principais características do fenômeno infinitamente complexo que o termo *capitalismo* envolve.

A consequência social vai ser o nascimento de uma classe que o *Ancien Régime* não conhecera e que é verdadeiramente produto do capitalismo industrial: o *proletariado*. Trata-se daqueles que, para garantirem a sua existência, só dispõem dos seus braços. Com efeito, o termo designará, dentro em pouco, não o conjunto dos trabalhadores manuais, mas a massa anônima dos operários, aqueles e aquelas que se amontoam, aos milhares, nas enormes fábricas, e que menos utilizam a máquina do que a servem.

Essa classe está abandonada a si mesma. A Revolução estabeleceu a liberdade de trabalho, ou seja, pôs termo ao sistema das corporações, mas, pela lei Le Chapelier (1791), proibiu ao mesmo tempo as associações profissionais e as coligações. O Código Penal de Napoleão chegou a considerar as "coligações" como crime punível com prisão. Qualquer greve era ilegal. A Restauração, em todos os países do Ocidente, conservara essas prescrições. Assim privada do suporte ainda tão humano que, apesar de todos os defeitos, a organização corporativa lhe assegurava, o operário de fábrica, feito proletário, encontra-se, portanto, submetido, sem defesa, àquilo a que, com alguma justeza, Karl Marx iria chamar "a lei de bronze".

Os inícios da grande indústria capitalista foram assinalados, para a classe operária, por uma pavorosa degradação das condições de vida. Salários insuficientes, aumento desumano das horas de trabalho, tarefas excessivas, impostas não apenas aos homens, mas a mulheres e crianças — tais são os traços de um panorama sinistro que é uma nódoa inextinguível na história do Ocidente moderno.

Esse panorama foi esboçado com frequência. Quanto à França, encontram-se todos os seus elementos no relatório, publicado pela Academia de Ciências Morais, do famoso inquérito feito, de 1835 a 1838, pelo dr. Villermé[49]. É impossível ler esse documento sem horrorizar-se. E outros inquéritos confirmam a sua veracidade: por exemplo, os de Buret, assim como os relatórios devidos a Villeneuve-Bargemont. Mas a França não tinha o triste monopólio da exploração do homem pelo homem.

Na Bélgica, na indústria do linho, o salário do operário entre 1815 e 1848 variava de 60 cêntimos a 1 franco; o da mulher oscilava à volta de 0,48 f; o das crianças, à volta de

0,35 f. E um quilo de pão custava entre 40 e 70 cêntimos. Começava-se a trabalhar com menos de oito anos de idade. Para seis mil operários, havia oito mil "operárias" entre nove e doze anos!

Na Inglaterra, havia crianças entre quatro e sete anos que trabalhavam doze horas por dia, e o que as mantinha acordadas eram golpes de correia. Owen refere o caso dos *ferme-trappes* ["fecha-alçapões"] das minas, cujas idades andavam entre os cinco e os oito anos, sentados num buraquinho escuro, a puxar por uma corda.

Na Savoia, para tomar um exemplo menos conhecido, as menininhas de seis a oito anos empregadas pela fábrica de Annecy para religar os fios das *mule-jennys*[50], trabalhavam catorze horas por dia, por 15 cêntimos. Em toda a parte a jornada de trabalho dos homens começava às quatro da madrugada e acabava às oito da noite, apenas com uma hora de interrupção ao meio-dia. E só descansavam aos domingos. As mulheres grávidas trabalhavam até à véspera do parto, e, muitas vezes, retomavam o trabalho menos de uma semana depois.

Quem prestava atenção a esse estado de coisas verdadeiramente atroz? Muito poucos. O proletariado industrial representava uma parte mínima da população. Burgueses e donos de terras podiam ignorar essa categoria de seres humanos, estranha aos seus modos de vida, que se amontoava nas fábricas. A realidade que o termo "social" significa para nós nem sequer surgia aos olhos de inúmera boa gente que as perturbações "sociais" de 1848 vão achar desconcertada e, pouco depois, indignada. A noção de "justiça social" não era utilizada[51].

Essa ignorância do "fato social" chegava a ser erigida em sistema. Em todos os grandes Estados do Ocidente onde se desenvolvia o capitalismo industrial, a teoria unanimemente admitida era o *liberalismo econômico*. Elaborada, já em 1776, no livro sobre *A riqueza das Nações*, pelo economista inglês Adam Smith, discípulo do "fisiocrata" francês Turgot, a teoria fora desenvolvida, sob a Restauração, por *Jean-Baptiste Say* (1767-1832), cujo *Catecismo de Economia Política* (1815) exerceu considerável influência. Para os "liberais", a única lei concebível era a da oferta e procura. Toda a vida econômica da sociedade era regulada pela liberdade. O patrão, como empregador, podia fixar livremente os salários e as condições de existência daqueles a quem empregava, sem que os poderes públicos interviessem. No mecanismo que assim regulava o mercado de trabalho, só a ideia de estar em causa a moral era algo inconcebível. Certos extremistas do liberalismo foram ao ponto de denunciar a caridade, ou a esmola, como derrogações inadmissíveis das estritas leis econômicas. Mais radical ainda, Malthus, dominado pelo receio de que o aumento da população condenasse a humanidade à fome, ousou escrever que, numa sociedade bem-organizada, os que constituem a classe inferior devem ser tão pobres quanto o possam ser sem morrer, para que o seu número não cresça perigosamente!

Entretanto, a essas doutrinas, desumanas no sentido mais forte do termo, outras se foram opondo. Partindo da definição que Adam Smith dera de economia política — "a ciência da produção e da distribuição das riquezas" —, e ao contrário dos liberais, que só tinham em vista o primeiro termo, alguns teóricos insistiram na distribuição. Para eles, a justiça exigia que a distribuição prevalecesse sobre a produção, pois a vida dos homens, no fim de contas, depende da maneira como as riquezas forem distribuídas. Defeituosa no estado em que se encontrava a sociedade, a distribuição devia ser organizada, quer, segundo uns, por meio de reformas, quer, segundo outros, por transformações radicais na estrutura social. Assim se desenvolveram os diferentes *socialismos*.

Durante a Revolução Francesa, Robespierre e Saint-Just tinham pensado em modificar o regime da propriedade em sentido igualitário. Gracchus Babeuf pregara a comunidade dos bens, cujos princípios foram desenvolvidos por Filipe Miguel Buonarroti, descendente de Michelangelo, na *Conspiração dos iguais* (1828). (Os socialistas gostarão de citar esses precursores). Mas o verdadeiro socialismo começou a ser elaborado depois de 1815.

Na Inglaterra, com *Robert Owen* (1771-1858). Tendo saído de casa com 40 shillings no bolso, Owen conseguiu, aos dezenove anos, ficar à frente de uma empresa de tecelagem e, depois, tornar-se um dos chefes da indústria britânica. Fez das suas fábricas de New Lanarck fábricas-modelo, com jornada de trabalho reduzida e os operários mais bem pagos e alojados, e forjou uma teoria que tinha por fundamento um comunismo generoso. Seguindo os seus princípios de absoluta igualdade, tentou, mas em vão, fundar na América a colônia New Harmony, que tinha por única lei o interesse geral e os gostos de cada um. Depois do fracasso, fez-se prático e fundou (1833) a Grande União Nacional do Trabalho, ponto de partida das *Trade Unions* e do Movimento da Carta do Povo, cujo fim último era a supressão do patronato e a sua substituição por cooperativas operárias de produção.

Na França, o socialismo saiu menos diretamente da Revolução Industrial. Foi obra de teóricos que primeiro tentaram conceber e depois construir, *hic et nunc,* uma sociedade perfeita, baseada na justiça social. Muita gente sorri desses socialistas idealistas franceses, dos seus castelos no ar, do bizarrismo do seu comportamento. E no entanto eles tiveram grande mérito, porque fizeram pressentir, a uma opinião pública interessada unicamente na queda de ministérios e na liberdade de imprensa, que havia problemas mais graves, nos quais estava em jogo o destino de milhares de seres humanos.

Nascido na mesma família que o ilustre memorialista, o *conde de Saint-Simon* (1760-1825) trabalhou durante muitos anos antes de concluir que "a sociedade atual é o mundo voltado do avesso", que era preciso entregar a direção da humanidade às classes verdadeiramente produtoras, e que, para já, havia que tender para "o melhoramento o mais rápido possível da sorte da classe mais pobre". Os seus livros — o *Sistema industrial,* o *Catecismo dos industriais* — difundiram essas ideias, retomadas e desenvolvidas, após a sua morte, por discípulos entusiastas: os "saint-simonianos". Os mais importantes foram Augusto Comte, Olinde, Rodrigues, Bazard e Enfantin, tendo *Le Globe* por órgão difusor da suas ideias.

Preconizavam a abolição da herança, a submissão de toda a vida econômica e social ao Estado, que seria o único a distribuir tarefas e bens, de acordo com uma fórmula que tornaram famosa: "A cada um segundo a sua capacidade; a cada capacidade, segundo as suas obras". Para mostrarem o que devia ser uma sociedade perfeita, constituíram uma espécie de Igreja, que teve o pe. Enfantim como chefe. Os seus membros vestiam uniformes de cores altamente simbólicas, de que fazia parte um colete abotoado por trás, provando assim peremptoriamente que a sociedade humana é um valor fundamental. Na idade em que os lindos sonhos da adolescência começavam a ganhar barriga, os saint-simonianos, convertidos em gente prática, sem por isso abandonarem os princípios, puseram-se à frente de grandes empresas capitalistas, fábricas, estradas de ferro, e até a abertura do Canal de Suez, ideia que Enfantin inspirou a Ferdinand de Lesseps.

Chocado, como Saint-Simon, com a desordem da sociedade, *François Fourier* (1772-1837), modesto empregado do comércio que, por falta de formação intelectual e por uma certa queda pela extravagância, escrevia de um modo confuso, expôs um sistema completamente diferente. A sua *Harmonia universal* e o seu *Tratado da associação* defendiam que não se devia recorrer ao Estado, a nenhuma direção autoritária. A associação, "forma terrestre de atração universal", devia bastar para tudo. A ordem societária teria por base a harmonia, que seria conseguida agrupando numa "falange" de 1.620 homens e mulheres — nem um a mais — os representantes das 810 "paixões" humanas. A sociedade seria dividida em "falanstérios", cidades-modelo em que cada um faria alegremente o trabalho para que estava predestinado. Duas tentativas de falanstérios, em Paris e em Sedan, não tiveram a menor sombra de êxito. Mas, por mais utópico que pudesse parecer, o fourierismo não deixou de exercer influência em certos meios.

As campanhas lançadas por saint-simonianos e fourieristas tiveram por resultado suscitar a questão social. O ardente idealismo dos primeiros socialistas tendeu, pouco a pouco, a dar lugar a um certo realismo. As suas doutrinas, a princípio obra de um ou outro núcleo de intelectuais burgueses, começaram a penetrar na classe operária, e nela foram juntar-se à corrente revolucionária saída da Revolução de 89. Sob o reinado de Luís Filipe, a evolução acelerou-se. Enquanto Cabet sonhava ainda com uma República ideal, a *Icária*, que tentou realizar no Texas, e Pierre Leroux expunha um socialismo humanitário em que se mesclavam saint-simonianos e budismo, Louis Blanc (1812-82) mostrava, mais claramente, que a organização do trabalho exigia mudanças de estrutura profundas, e Barbès e Blanqui procuravam associar as massas operárias à promoção das reformas sociais. Depois de 1848, o cinzelador em bronze Tolain (1828-97) tentou lançar um amplo movimento cujos princípios expôs no "Manifesto dos Sessenta" (1864). Esse movimento seria o ponto de partida da *Internacional Operária*. Confrontada brutalmente com a opinião pública pela revolução de 48 e depois pelas

Jornadas de Junho, a questão social, no fim do período que nos ocupa, não podia já ser negada.

O mais estranho e também o mais fascinante dos socialistas franceses foi, nesse tempo, *Pierre Joseph Proudhon* (1809-65), filho de um operário do Franco-Condado, escritor de boa água, espírito profundo e original. Os seus livros, com frequência demasiado confusos, não lhe deram fama. Mas, por alguns meses, o seu jornal *Le Peuple* trouxe-o para o primeiro plano. Fórmulas ruidosas, como a célebre: "O que é a propriedade? Um roubo!", que viria a corrigir sem receio de se contradizer, ocultaram, infelizmente, uma doutrina política e social que mereceria mais que a semiobscuridade em que ficou. Todo o seu sistema assentava na ideia de "justiça", entendida num sentido muito amplo, uma vez que a palavra designava, para ele, tanto a harmonia do Universo como a beleza em Arte. Tinha por religião uma justiça um tanto abstrata demais, fundamentada no respeito intransigente do indivíduo, ou, mais rigorosamente, da pessoa.

Esse ideal encontrava a sua máxima aplicação no terreno social. Analisou a *Capacidade das classes operárias,* elaborou a *Filosofia da miséria* (1846) e, mediante *A justiça na Revolução e na Igreja,* chegou a três exigências fundamentais. Primeira exigência: o direito de todos ao trabalho e, por meio dele, à liberdade e à propriedade. Segunda: igualdade das inteligências e nivelamento das condições. Terceira: desaparecimento do Estado, organismo opressivo que se torna inútil onde reina a justiça. A sociedade por ele concebida assentava num sistema federalista, em forma de pirâmide, do qual cada pessoa, inteiramente livre, poderia participar imediatamente intervindo na vida social; e o equilíbrio de todo seria assegurado pelo ideal de justiça de cada um.

Obra generosa, que teve o grande mérito de denunciar os perigos que a humanidade ia correr com o estatismo e o gregarismo, mas que ficava muito no campo da utopia.

Marx, que "executou" a *Filosofia da miséria* num panfleto violento — *Miséria da filosofia* —, chamou a Proudhon "pequeno-burguês sempre oscilante entre capital e trabalho". E é indiscutível que faltou ao pensador de Besançon aperceber-se de que a alavanca das revoluções modernas seria a luta de classes, como lhe faltou fazer do seu pensamento um método de ação. Por isso a sua influência seria limitada e exercer-se-ia menos entre os socialistas do que entre os libertários ou os cristãos do tipo de Péguy. A verdade é que não chegou a ser fermento da revolução, ao contrário do que Proudhon sonhara. Antes mesmo de morrer, o seu socialismo parecia estar ultrapassado, tanto, ou quase tanto, como o dos saint-simonianos e dos fourieristas.

A publicação, em alemão, durante o ano de 1848, ano tão agitado, de um pequeno panfleto de quarenta páginas — *Manifesto do Partido Comunista* — não levantara grandes ondas: a "Liga dos Comunistas" não contava mais que umas dezenas de membros e o nome do autor desse texto, Karl Marx, era bastante desconhecido. Mas, em menos de vinte anos, esse homem e o seu pensamento iam impor-se à atenção dos meios socialistas, à espera de expandir-se para fora deles[52].

Em 1867, o primeiro volume do *Capital*, a grande obra de Marx, causou sensação. Pela primeira vez, uma doutrina social se baseava simultaneamente num sistema do mundo e numa concepção científica e coerente, bem como num estudo aprofundado de todos os problemas econômicos e sociais da época. E, sobretudo, era a primeira vez que semelhante doutrina se apresentava, não como uma dessas fantasias ideológicas que não se via muito bem como passariam à realidade, mas como "praxis", método de ação, que exprimia claramente o método proposto para fazer triunfar as teses do autor.

Esse meio era a *luta de classes*, que os socialistas utópicos franceses tinham rejeitado por generosidade e a que o próprio Proudhon se tinha esquivado, mas que parecia decorrer logicamente de uma observação evidente: o antagonismo entre os que possuíam e os que não possuíam, entre o capitalismo e o proletariado. "O nome secreto — dissera Heine, pouco antes de morrer — que usa o terrível antagonismo entre o reino do proletariado, com tudo o que dele decorre, e o reino burguês atual, é o comunismo". Nos congressos que a "Internacional Operária" reuniu em 1867 e 68, em Bruxelas e em Basileia, as teses marxistas deram nítidas mostras de vitória. Abria-se um novo capítulo do socialismo.

Os socialistas e o cristianismo

Podia a Igreja ficar indiferente a fatos tão graves como aqueles que assinalavam o avanço da Revolução Industrial? O mais elementar dever da consciência cristã não será preocupar-se com a sorte dos que sofrem? E, no decurso da História, não foi exatamente, para a Igreja, uma questão de honra estar na primeira fila dos combates pelo homem, em nome da caridade de Cristo? Como iriam os católicos deixar aos diversos socialismos a defesa dos proletários abandonados a um destino injusto? Esse desinteresse seria tanto mais grave quanto as doutrinas que pretendiam reedificar a sociedade sobre novas bases punham todas elas em causa a religião e a Igreja, e de modo bem inquietante.

Os socialistas franceses — quer os saint-simonianos, quer os fourieristas — não eram agnósticos. Pelo contrário: todo o seu pensamento emergia de uma religiosidade mais ou menos vaga, na qual os elementos fundamentais do cristianismo se misturavam com correntes vindas de fontes muito diversas, nomeadamente de Rousseau. Os saint-simonianos traziam sempre Deus na boca; um deles, Michel Chevalier, reescreveu um Gênesis em que o Criador anunciava à terra um Salvador que celebraria "novas núpcias" com a humanidade. Quanto a Fourier, ao construir uma cosmogonia segundo a qual dezoito "humanidades" se haviam de suceder durante exatamente 80 mil anos, colocava-a na dependência de Deus. Do cristianismo, todos esses "socialistas utópicos", de que Karl Marx iria troçar, retinham o princípio: "Amai-vos uns aos outros!" E era em nome desse princípio que — dizia Saint-Simon — "a religião devia dirigir a sociedade a caminho da grande meta do melhoramento, o mais rápido possível, da situação da classe pobre". Se não se tratasse senão disso, todos os cristãos podiam estar de acordo. Mas a verdade é que, entre os primeiros socialistas, o cristianismo histórico surgia, não como a Revelação definitiva, mas como uma fase a ultrapassar, depois da qual viria um *Novo Cristianismo* (segundo o título do último livro de Saint-Simon).

Por que seria preciso ultrapassar o cristianismo? Por muitas razões. Primeiro, porque a Igreja Católica, depositária oficial da mensagem cristã, a deixara perder. "A humanidade avança sem vós — gritava aos padres o pe. Enfantin —. Ela deixa-vos na retaguarda, com os soldados que se atrasaram!". A doutrina cristã não tinha caducado? Por acaso a sua moral ascética convinha ainda a um tempo em que o progresso material se impunha aos espíritos como uma evidência? Ao céu dos cristãos, do qual não se sabe "nem quando virá, nem o que será", Pierre Leroux opunha "o outro céu, a vida do mundo e das criaturas", que ele, aliás, declarava "pensado em Deus", mas "manifestado no tempo presente, no finito". O cristianismo tinha "rejeitado a vida e a natureza". Aos olhos de alguns (e com isso anunciavam Feuerbach e Marx), tinha até debilitado as energias dos miseráveis, ao propor-lhes a *diversão* do Céu. O "novo cristianismo", esse sim: estabeleceria o Paraíso na terra, ou seja, a felicidade perfeita, o amor universal. Nessas ideias religiosas dos socialistas franceses, havia — não menos que nas ideias políticas — um pouco de ilusão, e até um pouco de delírio, quando Enfantin proclamava Saint-Simon como o novo Messias.

Mais duro, e nada inclinado às fantasias sentimentais, Proudhon, no plano religioso, era mais difícil de entender. Era o contrário de um ateu: tinha o ateísmo por "imbecil e poltrão"; declarava: "Eu penso em Deus desde que existo"; não eliminava o problema de Deus. Mas era para afirmar um antiteísmo apaixonado. (Nesse face a face dramático, tem-se muitas vezes a impressão de estar a ler um diálogo de Pascal). Deus, o Deus dos cristãos, parecia a Proudhon o inimigo do homem. Crer nEle, submeter-se às suas leis, era recusar-se a "sentir e afirmar a dignidade humana". Impunha-se "substituir a noção de religião pela de justiça", "levando o homem a situar-se cada vez mais como a expressão invertida do Absoluto". Naturalmente, essa modalidade anárquica do humanismo era, como as outras, violentamente hostil à Igreja, guardiã do mito do Absoluto de Deus, adversária do nivelamento igualitário — cuja promessa adia para o além —, "adúltera de Cristo", que, Ele sim[53], queria a redenção do proletariado. Sob formulações diferentes, Proudhon não dizia nesta matéria nada de diferente do que dizia Marx.

No entanto, neste ponto, tal como em matéria de ação social, é Karl Marx quem transpõe a última etapa. Nele, já não há a vaga religiosidade dos saint-simonianos ou o antiteísmo de Proudhon, que ainda punha o problema de Deus. O próprio fato religioso é agora eliminado como superestrutura, sonho mórbido e ao mesmo tempo o pior perigo de alienação do homem. Os ataques contra a religião podem prosseguir, mas será por uma questão de tática política; a irreligiosidade marxista situa-se muito para lá desses ataques. E a indiferença tranquila e a negação radical. Na perfeita sociedade marxista, a religião nem sequer precisa ser combatida, porque já não tem nenhuma razão de ser; desapareceu por si própria. É impossível imaginar destruição mais completa.

Durante os três primeiros quartéis do século XIX, a Igreja viu-se, pois, confrontada com doutrinas cada vez mais virulentas. Umas condenavam-na em nome de um cristianismo interpretado de modo estranho; o marxismo visava a sua radical eliminação. Esta última, a mais recente, e que viria a ser, de longe, a mais perigosa, praticamente só se fez sentir a partir de 1870. As outras, porém, não eram de menosprezar. Iam penetrando nas massas operárias e nelas despertavam um eco cada vez mais forte.

Não faltaram as reações dos católicos. A apologética polêmica não ignorou os socialismos. Veuillot, que apesar de tudo estimava Proudhon, atacou muitas vezes as utopias dos socialistas, "esses sábios que quererão destruir tudo, não só nas instituições, mas nas almas". Lacordaire, embora prestasse homenagem à generosidade de coração de alguns socialistas, desconfiava dessas "tentativas de comunidade" que pretendiam "misturar água com fogo". Montalembert não deixava escapar nenhuma ocasião para profetizar o perigo dos "democratas socialistas". Na Itália, Rosmini consagrara ao socialismo e ao comunismo um penetrante ensaio crítico. Quanto às autoridades religiosas, a posição que tomaram foi ainda mais viva. Do cardeal Pie a mons. Dupanloup, foram inúmeros os bispos que puseram a nu os erros socialistas, e, ao menos por duas vezes — uma das quais solene, no *Syllabus* —, o papa Pio IX anatematizou o socialismo e o comunismo que, no seu modo de entender, não era o de Marx, mas o de Fourier e o dos saint-simonianos.

Bastaria isso? O melhor meio de impedir os diversos socialismos de ganhar terreno não seria opor-lhes uma doutrina social fundada nos princípios do cristianismo? E, para mais, não seria urgente que a Igreja se preocupasse com a sorte dos proletários? Foi a essa dupla questão que se esforçou por responder o movimento, simultaneamente de pensamento e de ação, que a História ficou a conhecer sob o nome de "catolicismo social".

Catolicismo e consciência social

Catolicismo social... Foi só por volta de 1890, no momento em que surgiu a corajosa Encíclica do grande papa Leão XIII, que essa expressão, hoje familiar, entrou em uso. Anteriormente, não aparecera senão timidamente e rodeada de discussões. Iremos nós dizer que a realidade não precedeu o nome? Não terá havido, antes da *Rerum novarum*, um "catolicismo social" em busca de si próprio, tentando abrir caminho entre dificuldades sem número? É apaixonante a história das tentativas que prepararam o nascimento de uma força nova, que tanto iria contribuir para dar à Igreja do século XX o rosto que lhe conhecemos.

Importa confessar: os católicos foram lentos em despertar para aquilo que hoje entendemos por "consciência social". Quase todos eles pertenciam a essas classes de burgueses ou de camponeses que, sem nenhum contato com o proletariado nascente, ignoravam por completo a sua miséria, essa "miséria imerecida" de que, mais tarde, falaria um famoso texto pontifício.

O aparecimento do catolicismo social é, pois, antes de mais, a tomada de consciência, por alguns, da existência do proletariado, da sua miséria, dos seus problemas. Mas é também outra coisa: é uma difícil distinção. Precisamente porque a Igreja sempre teve uma "missão social", isto é, sempre interveio na vida das sociedades, poderia parecer a muitos dos seus filhos que os métodos de ontem continuavam a ser bons. Esses métodos com que a Igreja ia em socorro da miséria dos homens tinham dependido desde a origem da beneficência, da "caridade", tomada no sentido mais prático do termo. Seriam eles suficientes para resolver problemas inteiramente novos e infinitamente mais graves que os criados pelas pestes e as fomes? Ou deveria pensar-se em reformas de estrutura? O catolicismo social nasce, portanto, também de um esforço singularmente árduo e tateante por distinguir, uma da outra, as duas noções de caridade pura e simples e de reforma social.

Essas reformas sociais, eram outros que as preconizavam, outros que lhes formulavam: os princípios e os métodos: aqueles que iam ser chamados "os socialistas". Mas a maior parte deles situava-se fora da Igreja, se é que não eram seus inimigos. Pensar como eles em reformar não seria fazer o jogo das forças revolucionárias, destruidoras das bases cristãs? Aceitar ou rejeitar a Revolução: o dilema que se apresentava aos católicos no plano político era o mesmo que lhes surgia neste outro plano. O nascimento do catolicismo social vai ser, pois, um esforço — e tão difícil, que ainda hoje está longe de ter terminado — por conceber e formular uma doutrina e uma metodologia capazes de resolver a questão social, sem cair nas aberrações do ateísmo e do materialismo, ou seja, tomando por únicas bases a Revelação e a Tradição.

Poucos foram os católicos que fizeram esse tríplice esforço[54]. Mesmo entre aqueles que não estavam desatentos ao seu tempo, lutar pela liberdade do ensino ou combater Voltaire parecia mais útil do que interessar-se pela maneira como viviam os operários. Foram somente grupos minúsculos de homens de coração que empreenderam essas tarefas. A princípio, franceses, de meios diversos, e partindo de ideias e postulados frequentemente muito diferentes, todos porém igualmente levados por um impulso de generosidade a que o futuro prestará justiça. "Muitas das nossas ideias — dirá

Albert de Mun — estão em germe em Lamennais, Montalembert, Lacordaire e a escola de Buchez". E a esses pioneiros que temos de remontar, para ver nascer, entre a indiferença quase geral, esse movimento social católico, chamado a ter um desenvolvimento tão grande.

Logo a seguir à Restauração[55], foram escritores os que primeiro tiveram a ideia de que a consciência cristã teria de enfrentar um novo problema. O suave Ballanche, a quem Sainte-Beuve, seu discípulo, viria a qualificar de "gênio com mais de metade oculto", no *Ensaio sobre as instituições sociais nas suas relações com as ideias novas,* e depois na *Palingênese social,* já em 1818 anunciava a ascensão das forças populares, e que tal como outrora em Roma, a plebe tenderia a libertar-se. Louis de Bonald, doutrinário da reação monárquica, exprimiu ideias audaciosas, quase revolucionárias, não apenas contra a busca exclusiva das riquezas, mas contra a indústria, "que não consegue alimentar aqueles que faz nascer", e preconizou uma organização cuja máxima anunciava estranhamente os regimes totalitários modernos: "O homem nada é; só a sociedade existe". Eckstein, o judeu dinamarquês convertido, que se encontrou no círculo de Lamennais, começou a lançar advertências que, desde 1826, repetiria no seu jornal *Le Catholique:* advertências aos proprietários que pretendessem "fazer da parte inferior da sociedade uma besta de carga". Nenhum desses precursores logrou perturbar a geral indiferença. Toda a gente preferia falar da Carta ou do *Milliard* dos Emigrados.

É do ano de 1822 que se pode datar o despertar dos católicos para a questão social. A grande indústria começa a nascer, e com ela o proletariado. A queda dos salários, iniciada em 1817 (e generalizada à volta de 1850), torna precária a situação do operário. É então que se erguem grandes vozes, que repercutem bem mais que as de um Ballanche ou de um Eckstein.

Em primeiro lugar, a voz de Lamennais, envolto na glória que lhe valera o *Ensaio sobre a indiferença*. Em dois artigos no *Drapeau Blanc*, um deles consagrado à "democratização operária", outro ao descanso dominical, Lamennais tem fórmulas percucientes e premonitórias. "A política moderna não vê no pobre senão um instrumento de trabalho do qual importa tirar o maior partido em pouco tempo [...]. Em breve se verá a que excessos pode levar o desprezo do homem. Iremos ter ilotas — escravos — da indústria, forçados, por um pedaço de pão, a encerrar-se em oficinas [...]. Esses homens serão livres? A necessidade faz deles escravos".

Na mesma altura, um mestre ainda mais famoso, nada menos que Chateaubriand, indigna-se, ele, grande senhor, com "a excessiva desigualdade das condições e das fortunas", e anuncia o perigo que fará correr à sociedade o crescimento dos efetivos proletários. São temas que virão a reaparecer nas *Memórias de além-túmulo*.

A verdade é que nem um nem outro desses pensadores prosseguirá nesse caminho. Quanto ao autor do *René*, tratou-se apenas de uma dessas belas tiradas com ar de profecia que gostava de lançar. E Lamennais, que poderia ter sido o iniciador do catolicismo social, demasiado envolvido na política, dele se desinteressou por muito tempo, e só voltará a olhar para o fato social depois de deixar a Igreja Católica.

No entanto, esses grandes gritos de apelo não foram lançados em vão. Houve homens, houve católicos, que se deixaram comover. Começaram então a descobrir essas misérias, essas injustiças acabadas de denunciar. Quiseram dar remédio a uma situação que lhes feria a consciência, ou tentando atalhá-la diretamente, ou criando obras destinadas a combater a miséria, ou ainda preparando reformas que a lei sancionasse. Assim, nos dois planos da ação e do pensamento, o catolicismo social foi tomando corpo lentamente.

Nasceu em meios bem diversos. Um, o dos "católicos liberais", que invocava as novas ideias impostas pela Revolução às inteligências. E eram ousados, generosos; mas careciam muitas vezes de realismo e método. O outro, o dos legitimistas: reacionários em política, alguns não o eram em matéria social; manifestavam com muita frequência tendências paternalistas, mas tinham o sentido da eficácia. Entre esses dois meios, existiam alguns intermédios; mas as relações eram raras.

É "à direita" — para usar o vocabulário da política — que nasce a primeira obra social católica. Emana da Congregação, essa poderosa organização cuja influência é tão considerável durante a monarquia legítima[56], e que é simultaneamente associação piedosa e grupo de ação. Um dos seus capelães, o pe. Lowenbruck, reúne dirigentes de empresa e propõe-lhes a criação da *Sociedade de São José,* com o fim de ajudar a juventude operária e, conservando-a honesta, fornecer aos patrões bons trabalhadores. Abre-se uma casa para acolher os camponeses recém-chegados a Paris para ganhar a vida. A sociedade encarrega-se do alojamento e, em pouco tempo, ganha ampla difusão: tem leitos nos hospitais para os seus membros; tem uma associação de socorros mútuos; possui nas províncias sucursais em que são recebidos os jovens "companheiros" que fazem o seu *Tour de France.* O número dos que aderem atinge sete mil. A sua filial, a Sociedade de São Nicolau, funda em Paris a primeira escola profissional, que vem a sobreviver à extinção da própria sociedade fundadora, dissolvida em 1830, juntamente com a Congregação.

Os fundadores da Sociedade de São José visavam fins práticos. Um outro legitimista que, sem desprezar realizações concretas, trabalhou também no plano teórico foi o visconde *Alban de Villeneuve-Bargemont,* conselheiro de Estado e prefeito de Napoleão, que aderiu a Luís XVIII. O que viu nos departamentos do Norte e do Loire-Inferior deixou-o transtornado. Envia ao ministro do Interior relatórios dolorosos sobre a condição dos operários e escreve vários artigos em revistas. Quando Luís Filipe o força a aposentar-se, decide fazer uma exposição completa das suas experiências, e, em 1834, publica o seu *Grande tratado de economia política cristã*, em que põe a nu "a profunda miséria dos operários e jornaleiros" e reclama "uma imensa melhoria para essa população tão lamentável e tão degradada".

As suas palavras vão longe. "É preciso escolher entre a irrupção violenta das classes proletárias e sofredoras sobre o detentor da propriedade e da indústria, e a aplicação prática e genérica dos princípios de justiça, de moral, de humanidade e de caridade". Como cristão que é, opõe-se ao que mais tarde se chamará a "luta de classes", mas mostra a necessidade de reformas profundas. Quer que "toda a economia social assente na educação e na religião", embora a solução que propõe — fundação de colônias agrícolas — não seja adequada à complexidade dos problemas. Mas é importante que esses problemas tenham sido descobertos e formulados por ele. As suas doutrinas terão influência, mesmo sobre o futuro Napoleão III, que nele se inspirará no seu livro, anterior à subida ao trono, *A extinção do pauperismo*. Delas nasce uma Sociedade de Economia Caritativa, cujo fim é, precisamente, o estudo das questões sociais, num clima que se pode achar tradicionalista e paternalista, mas em que se darão progressos significativos.

Situados o mais longe possível dos grandes senhores da Congregação e da Sociedade de Economia Caritativa, outros católicos estão de acordo com eles em certas posições capitais. Pertencem ao grupo constituído pelo profeta de La Chênaie, esse grupo que, a seguir à revolução de 1830, se lançará, sob a sua direção, na perigosa aventura do *Avenir*. Os artigos de Lamennais em 1822 tinham sido somente gritos de piedade. Dois dos seus amigos tornam mais preciso o seu pensamento: *Charles de Coux* e o *pe. Gerbet*. Um e outro, nas colunas do efêmero jornal e depois em livros, têm audácias e visões proféticas que hoje não podemos ler sem espanto. "Quem se opõe à libertação política das massas?", pergunta Charles de Coux. E responde: "Os altos barões do industrialismo, esses homens que fixam a seu bel-prazer o valor dos salários [...]. Diminuí os lucros exorbitantes do capitalismo, para que o operário possa ter pão!" E o pe. Gerbet enlaça-se com essas palavras anunciando a Revolução social: "Hoje, que os espíritos avançam para uma nova ordem social — escreve ele na sua *Introdução à filosofia da História* —, não estais a ouvir também como que uma voz fantástica murmurando diante de nós as predições do gênio das Tempestades?"

Vaticínios? Não só. A equipe do *Avenir* vai mais longe. Quinze anos antes de Karl Marx, Charles de Coux mostra que, na base de toda a autêntica economia política, está o problema do valor, e sustenta que "todo e qualquer capital não é senão trabalho acumulado". Enquanto Gerbet traça um impressionante quadro dos antagonismos sociais e observa que, se "as classes que venceram o feudalismo [...] constituíram elas próprias, em relação às classes inferiores, um novo feudalismo, o feudalismo da riqueza", é inelutável que outras classes se ergam contra elas. Não são muitas as soluções práticas, nesta escola; mas há nela um singular vigor crítico. Mesmo quando a Encíclica *Mirari vos* condenar o *Avenir*, esses homens perspicazes e corajosos continuarão a exercer influência.

Buchez, socialista cristão

Vemos, pois, que, nos quinze ou vinte anos que se seguiram ao primeiro despertar de 1822, os católicos — ou pelo menos alguns católicos — tomaram consciência do problema social. Nesse movimento nascente, dois homens ocupam um lugar considerável: um deles goza de prestígio e o seu nome tem o valor de símbolo; o outro é muito menos conhecido, mas começam a prestar-lhe justiça: Ozanam e Buchez. Nem um nem outro se situam nos quadros em que vimos nascer o catolicismo social. O primeiro, ultrapassando as fronteiras políticas, há de procurar, por muito tempo, fazer de elo de ligação entre grupos fiéis igualmente sensíveis a um ideal de caridade e de justiça. O segundo, situado mais à esquerda do que a própria escola do *Avenir*, é republicano, revolucionário, e não o esconde.

Curiosa figura esta última, descendente de artesãos valões, que faz lembrar vivamente personagens de Balzac. Começa como escrevente na alfândega de Paris. Prepara à noite o segundo grau, que conclui aos vinte e oito anos. Estuda medicina, achando ainda maneira de seguir cursos de Geoffroy Saint-Hilaire, Cuver e Lamarck e de devorar tudo o que lhe é possível em matéria de História e de Filosofia. Pode-se dizer que é o tipo acabado de autodidata, mas um autodidata com pensamento próprio.

Pesado, pouco brilhante, *Buchez* (1796-1865) sabe que é do povo e quer continuar a ser do povo. Começa por militar nos meios da extrema-esquerda; contribui para a fundação da Carbonária francesa; escapa por um triz (seis votos contra seis) da pena capital na altura das conspirações de 1820 que custam a vida aos "quatro sargentos de La Rochelle"; é recebido na maçonaria (Loja "Os Amigos da Verdade"); adere à escola saint-simoniana, onde convive com Bazard e Enfantin. Já com trinta anos, atravessa uma crise espiritual. Até então, dizia-se materialista e ateu. Julgava que o evolucionismo que aprendera no "Jardin des Plantes" o afastara para sempre da fé, mas é ao contrário, pois o evolucionismo impõe-lhe a ideia de um Deus criador e da finalidade dessa mesma evolução[57]. Ao mesmo tempo, as novas tendências da escola de Saint-Simon decepcionam-no e as fantasias a que lá se entregam irritam-no. Regressa à fé, se não talvez à prática religiosa. Declara daí em diante que só o cristianismo se harmoniza com os postulados do progresso, os ideais de moral e a justiça. No entanto, de tudo quanto leu de Saint-Simon — a quem não deixará de admirar — e dos outros teóricos, especialmente Fourier e Louis Blanc, procura conservar o que lhe parece válido, integrando-o no catolicismo. Será, pois, "socialista cristão".

Expõe as suas ideias em livros e especialmente nos prefácios que escreve para os quarenta volumes que, juntamente com o seu amigo Roux-Lavergne, dedica à *História parlamentar da Revolução Francesa,* assim como na sua *Introdução à ciência da História* e, depois, no *Ensaio de tratado completo de Filosofia na perspectiva do Catolicismo e do Progresso* (1840). Vulgariza-as no seu efêmero jornal *L'Européen,* na *Revue Nationale,* etc. Há de tentar, até, difundi-las do alto da tribuna do Palais Bourbon, quando, em 1848, for eleito deputado e mesmo presidente da Assembleia[58].

Para ele, "Cristianismo e Revolução identificam-se, e o único erro da Igreja é não ser revolucionária". É em nome dos princípios cristãos que critica, com uma veemência que Karl Marx não ultrapassará, a ordem social do seu tempo, as suas injustiças e escândalos. Denuncia — em 1829! — "a exploração do homem", que, nas suas palavras, "gera vários tipos de vícios, tanto entre os que exploram quanto entre os desgraçados que são explorados". Analisa lucidamente o processo que, fazendo surgir o capitalismo, arrasta consigo a formação do proletariado, aqueles "que nascem nus de qualquer herança" e têm de trabalhar para os "que possuem todos os instrumentos de trabalho". Não encontra palavras bastante fortes para denunciar a extensão desmedida do dia de trabalho, o emprego das mulheres e das crianças em tarefas esgotantes. Toda a sua obra está semeada de requisitórias deste gênero, e não podemos deixar de ficar espantados vendo que tais páginas foram escritas nos reinados do bem-pensante Carlos X ou do rei burguês.

E como dar remédio a essa situação? Formalmente, Buchez declara que, a seus olhos, a caridade cristã não passa de paliativo, tão insuficiente como a filantropia. São indispensáveis reformas estruturais. E compete aos cristãos promovê-las. Não basta ensinar às classes inferiores a moral e o bom comportamento (embora, para esse kantiano-cristão, esse ensino seja indispensável): importa chamar ao seu dever todos aqueles que, na Igreja, deixam os privilegiados gozar da vida à vontade, enquanto pregam "os rigores da penitência aos desventurados que não têm pão".

Buchez não preconiza a luta de classes, que julga contrária ao espírito do Evangelho. O que recomenda é o estabelecimento pacífico da igualdade pela associação. A Associação Operária de Produção, tal é a instituição decisiva de que espera a salvação: é ela que há de pôr fim à apropriação injusta do produto do trabalho dos operários pelos capitalistas. Então, os operários passarão a ser os seus próprios empregadores, detentores coletivos do capital e dos instrumentos de trabalho. Visão limitada das coisas? Talvez, e decerto também excesso de otimismo, nesse leitor assíduo de Rousseau, que acreditava na bondade natural do homem; mas tentativa original, e cronologicamente a primeira a conceber uma reforma da sociedade que faça do cristianismo o seu autêntico fundamento.

Na sua época, Buchez exerceu uma influência incontestável. É curioso que seja entre buchezianos que Lacordaire recruta três dos seus primeiros dominicanos, que seja sob influência dele que Pierre Olivaint, futuro jesuíta, reencontra a fé; que mons. Affre, o ilustre arcebispo de Paris, tenha com ele conversas fecundas; que Alfred de Vigny, apesar de tão afastado da Igreja, se considere membro da "Escola saint-simoniana dissidente" desse socialista cristão. Porque, à volta desse homem que, não contente com ser um teórico, é um infatigável propagandista, agrupa-se uma verdadeira escola, pouco numerosa, mas muito fiel e coerente. Escola que dispõe de um centro de ensino, a Associação para a Instrução do Povo, com filiais nas províncias; de simpatizantes mais ou menos longínquos, mesmo entre o clero.

Certos membros dessa escola de Buchez mereceriam ser citados. É o alsaciano Auguste Olt, que, em 1844, quatro anos antes do Manifesto de Marx, analisa a filosofia de Hegel e mostra que ela pode servir de base à ciência econômica e social; que faz uma crítica minuciosa dos sistemas socialistas e comunistas, mas não hesita em pensar na apropriação dos instrumentos de trabalho pelas associações operárias. É Charles-François Chevé, alma de *L'Atelier*...

E como foi interessante essa tentativa de um jornal apenas redigido por operários cristãos! Conseguiu durar dez anos, de 1840 e 1850. Foi um empreendimento representativo da ala esquerda do buchezismo. No *Atelier*, condena-se o capital, vilipendia-se o lucro, despreza-se a caridade e todas as formas de esmola, preconiza-se o fim do salário, "dízimo eterno e esmagador da miséria". Ao contrário do que pensava o fundador, não se rejeita de todo a luta de classes. À volta dessa folhinha veemente, forja-se um movimento operário de inspiração cristã: é o primeiro que nasce. Ainda que, seja sensível a diferença entre os redatores operários e Buchez, o que anima o empreendimento é com certeza o pensamento do primeiro socialista cristão. Continuaremos a encontrá-lo por muito tempo, mais ativo do que se pensa. Se nos déssemos ao trabalho de o pesquisar, é indubitável que ainda havíamos de achar os seus vestígios entre nós[59].

O homem que despertou as almas para o problema social: Ozanam

Seria difícil imaginar homem mais diferente de Buchez do que *Frédéric Ozanam* (1813-53). Estamos aqui diante de um intelectual de nascimento e formação, filho de um grande médico lionês. Desde a mais tenra infância, revelou dotes esplêndidos: com estudos de retórica concluídos aos catorze anos, de filosofia aos quinze, já antes dos trinta era doutor em Letras, encarregado de curso de Direito Econômico... Inteligência irradiante, admiravelmente apetrechada e formada. Paralelamente à obra caritativa e social que ilustrará o seu nome, dedicar-se-á durante toda a vida à dupla carreira de professor — professor magnífico — e de historiador, de erudito. Publica obras sobre Dante, sobre os poetas franciscanos, sobre escritores germânicos, sobre a civilização na época dos bárbaros, e várias outras. E, longe de estarem separadas entre si, as duas atividades da sua vida completam-se e apoiam-se uma à outra. A formação histórica condu-lo muito naturalmente a situar os acontecimentos de que é testemunha nas suas perspectivas exatas. Mas o impulso generoso que o leva a aproximar-se dos miseráveis traduz-se, quer no ensino que ministra, quer em tudo o que escreve, num estremecimento secreto, numa referência constante ao humano.

O modo de ser de Ozanam faz dele o oposto do *povo*. Pequeno de estatura, de porte delicado, rosto pálido enquadrado por uma leve barba, é a distinção personificada, um tipo de extrema civilização. Alguém disse: "Nele, não há apenas virtudes: há encanto". Os seus olhos em forma de noz sorriem debaixo de arcadas fundas. Mas eis que o sorriso dá lugar à melancolia, à angústia, que a permanente ameaça de doença explica, mas a vontade repele.

Porque, debaixo dessas aparências frágeis, habita uma energia invulgar, e essa energia está a serviço de um desejo apaixonado de ação. Esse homem ameaçado e que não tardará a saber-se apontado pela morte, entrega-se a tarefas múltiplas, com uma generosidade sem limites. "Tem o fogo sagrado — dirá Sarcey —, uma tal convicção interior, que, sem artifícios, apesar de todos os defeitos, nos convence, nos comove. Ao escutá-lo, vêm-nos as lágrimas aos olhos". Mas a paixão que o anima sabe guardar a medida nos contatos com os outros. Nada há nele do polemista à Veuillot, cujas críticas, por mais bem fundamentadas que sejam, perdem por se fazerem acompanhar com demasiada frequência de invectivas. Se esse homem moderado é, no fundo, um violento, é dessa violência sobrenatural à qual foi prometido o Reino.

Não há nele nada que se explique sem a fé, essa fé que recebeu ao nascer, com a qual cresceu, que teve a sorte de nunca questionar, mesmo nas horas obscuras das inquietações de adolescente, e que em toda a vida foi para ele uma segunda natureza. Já se pôde extrair das suas obras e da sua correspondência um florilégio de textos espirituais que o situam na família dos grandes místicos. Ao falar, ao escrever, ao agir, tem sem cessar presente no espírito as exigências do Deus crucificado, do Grande Pobre. Não se pode esquecê-lo por nenhum instante, quando se considera a obra que realizou: Ozanam não é um fundador de obras de caridade, um publicista fecundo em fórmulas generosas; é um cristão que apostou na fé durante toda a sua vida, que tomou à letra a petição diária do Pai-Nosso "venha a nós o vosso Reino!" É um santo leigo, que, certamente, algum dia a Igreja fará subir aos altares.

Tem dezoito anos quando chega a Paris, a fim de concluir os seus estudos. Ali reencontra Ballanche, lionês como ele, e Ballanche fala-lhe dessa "palingenesia social" que é nele uma espécie de mania. Ali reencontra o "papai Ampère", sábio ilustre e homem de grande fé. Descobre o grupo do *Avenir*, então em plena ascensão, não tanto Lamennais, com quem só estará uma vez, e que não lhe despertará simpatia, como o generoso pe. Gerbet, e também o pe. Lacordaire, cujas preocupações apostólicas vêm ao encontro das dele. E, na verdade, Ozanam traz o coração e a inteligência cheios de preocupações apostólicas. Por acaso não está já a trabalhar numa obra imensa, que pensa intitular de *Demonstração da verdade da religião católica?* E não se enche de um santo furor quando ouve os colegas de estudo, materialistas, deístas ou fourieristas, incluírem o cristianismo no rol das coisas gastas?... Aos amigos, aos estudantes que ainda são fiéis, grita: "Vós que vos gabais de ser católicos, que fazeis, afinal? Onde estão as obras que demonstrem a vossa fé e possam fazer com que a respeitem e a amem?"

Descobre nessa altura o meio adequado de pôr em marcha essa apologética pela ação que é o seu sonho. Ao ler Gerbet, ao ouvir Lacordaire, compreende ao mesmo tempo a grande lição do cristianismo, as exigências da Caridade de Cristo: as circunstâncias reclamam mais que nunca que todos lhe obedeçam. Descobre ameaçado o mundo em que vive. A revolução de 1830 é apenas um primeiro ato de tragédia. Outros se vão seguir. Mais tarde, há de comparar esse mundo ao do século V, a essa sociedade antiga que estava para se afundar no caos da barbárie. Esse mundo está interiormente ameaçado pela injustiça social e pelo ódio que dela decorre. E, precisamente, no momento em que o jovem medita sobre essas coisas, eis que se ergue uma voz de enorme ressonância, que vai acabar de orientar para as preocupações sociais a equipe do *Avenir* e que vai atraí-lo a ele próprio, Frédéric Ozanam, para a sua vocação de caridade. É a voz de um velho ilustre: Chateaubriand.

"Virá um tempo em que será inconcebível ter havido uma ordem social em que um homem tinha de rendimentos um milhão ao passo que outro não tinha com que comprar pão. — De um lado, meia dúzia de indivíduos na posse de imensas riquezas; do outro, enormes multidões de rebanhos esfaimados. — Não há de tardar muito que os rendeiros perguntem ao proprietário do solo por que lavram eles as suas courelas, enquanto ele passeia de braços cruzados, por que têm eles uma blusa de pano cru, enquanto ele se veste de sobrecasaca de lã. — Por acaso será preciso, para manter a ordem, fixar uma guarnição de 26 mil homens em cada uma das cidades com manufaturas?" Esses textos fulgurantes, proféticos, são de dezembro de 1831; saíram na *Revue Européene* e mais tarde em *Le Globe*. Nunca o velho mestre falara desses problemas com tanta pertinência veemente. Muitos jovens o leem apaixonadamente. Frédéric Ozanam fica transtornado.

Mas como responder a esse apelo? Que fazer? A questão é debatida no restrito meio estudantil constituído à volta de Ozanam. Existe uma Sociedade dos Bons Estudos — bastante análoga ao que hoje chamaríamos um núcleo da JUC, ou seja, da Juventude Universitária Católica, da Ação Católica. Era dirigido pelo professor Emmanuel Bailly de Surcey, um erudito[60], grande colecionador dos manuscritos de São Vicente de Paulo. Pouco antes, Bailly fundara um jornal, *La Tribune catholique,* cujo programa se resumia numa breve fórmula: deixar de lado a questão política, mas trabalhar para reconduzir a Cristo as ovelhas perdidas. Ozanam e os seus amigos começam a tomar parte nas "Conferências de História" de Bailly. Aí se fala da mitologia da Índia, do maometanismo, da arquitetura gótica ou das ordens religiosas. Mas, afinal, como é que essas belas exposições fazem avançar a causa de Deus? Um dos participantes, Le Taillandier, chega à conclusão de que é preciso fazer coisa diferente. E Ozanam, que até então guardara silêncio, exclama, num tom de voz que impressiona a todos: "A bênção dos pobres é a bênção de Deus... Vamos aos pobres!" Decidiu-se imediatamente fundar outra "conferência", que teria por objeto "ir aos pobres". Por que meio, porém?

O pároco de Saint-Étienne du Mont, a quem os jovens vão confidenciar os seus grandes projetos, não se mostra lá muito entusiasmado; seria preferível que dedicassem os tempos livres a dar catecismo. Quem compreendeu foi o prof. Bailly. Havia muito que era amigo da famosa Irmã Rosalie, a Irmã da Caridade que o bairro de Mouffetard considerava uma figura lendária e para quem afluíam incontáveis misérias e quase o mesmo número de almas inquietas. Logo ao primeiro olhar, a Irmã forma o seu juízo sobre esses "jovens senhores" de coração fervente; e dá-lhes a sua confiança. Querem "ir aos pobres"? Está bem. Aqui têm uma lista de endereços. Vamos ver se esses rapazes não se cansarão logo de visitar tugúrios, de subir e descer escadas que balançam, de entrar em pocilgas mal-cheirosas... E eles aceitam, com alegria. Era o mês de maio de 1833. Acabava de nascer a *Sociedade de São Vicente de Paulo*. Os fundadores são sete: Bailly em primeiro lugar; depois, Ozanam, Lellier, Le Taillandier, Lemaitre, Devaux e Clavé. Tomaram por patrono o maior santo da caridade da França: eles sabem por quê.

E vem o êxito. Os sete fundadores não só perseveram como irradiam. O fim que se propõem é bem simples, bem preciso. Não pretendem reedificar a sociedade em bases novas, como Buchez, Fourier ou Saint-Simon: não se esforçam por erguer uma teoria social, como na Sociedade de Economia Caritativa; modestamente, humildemente, o que querem é estabelecer contatos de homem para homem entre os felizes e os infelizes, os ricos e os pobres. A visita domiciliar é sempre o grande meio, quase o único, essa visita durante a qual se faz mais alguma coisa que entregar a um lar miserável, a um velho casal abandonado, um cesto de comida ou alguma roupa: fala-se a esses vencidos da vida com afeição, restitui-se-lhes uma dignidade humana.

O mais extraordinário é que essa iniciativa faz escola. Após algumas hesitações, a Conferência da Rua do

"Petit-Bourbon-Saint-Sulpice" aceita que se criem outras tomando-a por modelo. Não somente em Paris, mas no interior. Um vínculo, propositadamente frouxo, liga essas conferências umas às outras, para que cada uma delas possa adaptar melhor os seus métodos ao meio que tem em vista. Em 1839, haverá na França 39 conferências, em 1844, serão 141, e, em 1848, 282. A Sociedade ultrapassa as fronteiras: nesse mesmo ano de 1848, tem 106 filiais fora da França. Nesse meio tempo, Ozanam — que foi, como ninguém duvida e os seus companheiros proclamam, o verdadeiro fundador —, dedica-se à obra sem medida, visita pessoalmente centenas de pobres, mas deixa a outros a presidência e as funções honoríficas. Não se tratava de glória humana.

Assim nasceu, pela vontade e pelo zelo de um homem, uma das obras caritativas que se desenvolveram com mais felicidade e que perduram até os dias de hoje. Quando, em 1933, a Sociedade de São Vicente de Paulo festejar o seu centenário, o balanço que fizer será nada menos que prodigioso: não há, por assim dizer, nenhum país católico em que ela não exista, e os seus membros contam-se por centenas de milhares. Mas essa obra será apenas uma obra de caridade? Mais precisamente: será apenas no campo da caridade que se deve considerar a ação do seu fundador? Certamente que não.

Antes de mais nada, convém fazer a lista de todas as obras autenticamente sociais que decorrem dessa primeira fundação: Obra para os filhos dos presos, Obra para os militares, Obra para a formação dos aprendizes, Escolas noturnas onde os estudantes universitários e os professores vão ensinar aritmética e ortografia a jovens operários — esses os primeiros "patronatos" cuja ideia assinalará por muito tempo uma forte corrente do catolicismo social na França. Mas, principalmente, o que importa reter da obra de Ozanam no plano social é a sua ação em profundidade no âmbito das consciências. Quantos homens descobriram graças a ele, graças às Conferências de São Vicente de Paulo, o problema social! Entre todos aqueles que virão a desempenhar um papel no catolicismo social, talvez não haja um só que não tenha passado pelas Conferências. Basta ler a lista dos membros para saber os seus nomes: Armand de Melun, Leprévost, Augustin Cochin e muitos outros; foi a Ozanam que eles deveram a revelação da sua vocação social. Nunca se exagerará a ação deste homem de fogo, que reclamava "o aniquilamento do espírito político em proveito do espírito social".

É fácil de ver que não é um sociólogo, nem um economista, nem de qualquer maneira um teórico. Devemos até reconhecer que, nele, o catolicismo social tem um caráter mais sentimental que científico. Ele próprio o admitiu muitas vezes, declarando, com humildade quase excessiva, "mal ter refletido no grande problema da melhoria das classes trabalhadoras". Mas não há dúvida de que a sua clarividência é notável. Com uma prudência e uma moderação próprias de um verdadeiro cristão, e também com a lucidez própria de um espírito superior, Ozanam professa ideias que virão a ser, quarenta anos depois, a doutrina social da Igreja. Os pontos que põe em foco são decisivos: critica o liberalismo econômico, "ignominiosa doutrina que reduz toda a vida aos cálculos do interesse" e faz do homem instrumento de produção e de fruição; denuncia a injustiça da lei da oferta e da procura em matéria de salários e reivindica que esses salários permitam ao operário viver uma vida digna de homem; insurge-se contra a degradação do operário pelo sistema industrial, quer por causa da máquina, quer pelo excesso de poder do empregador sobre o empregado. Algumas dessas fórmulas quase assumem um ar revolucionário.

Fala das "aberrações na relação patrão-operário", fala da "exploração do trabalhador por quem o olha apenas como instrumento de que é preciso extrair o maior serviço possível"; fala do "operário-máquina", convertido em "parcela do capital, como o escravo da Antiguidade". É esse o vício fundamental, o vício que vai levar a sociedade a conflitos que fatalmente acabarão por desfazê-la: "A questão que hoje agita o mundo não é uma questão de pessoas nem uma questão de formas políticas, mas uma questão social: é a luta daqueles que nada têm e daqueles que têm demais".

Para dar solução a esses terríveis problemas, "a caridade não é suficiente", diz ele formalmente. São indispensáveis reformas; a palavra instituição volta repetidamente à sua pena. Não as define com grande precisão, nem é essa a sua tarefa. Pensa, no entanto, que seriam necessárias associações operárias, análogas às preconizadas por Buchez; admite até uma certa intervenção do Estado para constranger os egoísmos a ceder. Mas o que quer acima de tudo é a reconciliação das classes — a reconciliação servida pelas suas Conferências de São Vicente de Paulo — e a reabilitação do trabalhador, tal como a quis o cristianismo, num clima de fraternidade. Esse é o sentido profundo da famosa fórmula que lança num artigo do *Correspondant*, nas vésperas da Revolução de Fevereiro de 1848: "Passemos aos bárbaros!" Os bárbaros[61] são, no século XIX, essas massas humanas cuja ascensão parece chamada a deitar por terra a sociedade, à semelhança do que fizera, por volta do ano 400 da nossa era, a invasão dos alanos, dos visigodos, dos burgúndios. Muito mais que no plano político, é no plano social que se deve entender esse apelo patético. É preciso "ir ao povo, a esse povo que não nos conhece". Da primeira palavra de ordem da sua mocidade — "Vamos aos pobres!" — até esta de agora, está traçado o itinerário de Ozanam.

Tal é esse arauto da caridade de Cristo, em quem o catolicismo social reconhece um dos seus pioneiros, um dos seus mestres. Os acontecimentos dramáticos de 1848, que lhe provocaram imediatamente alguns dos mais belos gritos de indignação, poderão reduzir a um meio-silêncio os seus últimos anos, aliás marcados pela doença incurável. A verdade é que a obra e o pensamento de Frédéric Ozanam já estavam preparados para sobreviver e se difundir. E a morte, que o arrebatou, com o coração em paz, por volta dos quarenta anos, não interrompeu a mensagem dessa testemunha de Cristo no nosso tempo.

Os leigos e a Hierarquia

Nas vésperas da Revolução de 1848, que marcaria uma viragem na História, a ação social dos católicos era, pois, uma realidade. Ao menos na França, era visível, em palavras de Mirkine-Guetzevitch e Prelot, "um inesperado fervilhar de personalidades, um pulular de obras"[62]. Chega a ser difícil traçar um quadro, porque os diversos grupos se relacionam confusamente e por vezes se sobrepõem. Em linhas gerais, porém, a classificação política continua a ser válida.

Na extrema esquerda, os buchezianos estão ativos. O próprio Buchez vai tendo autoridade crescente nos meios que se opõem ao regime. Mas a escola de Buchez não é a única a preconizar um socialismo cristão. Embora não constitua propriamente uma escola, por falta de um líder, bastantes católicos sofrem a influência de Fourier. Exprimem-se sobretudo por meio do jornal *La Democratie Pacifique,* onde trabalham lado a lado com não-católicos respeitadores da religião. As ideias que defendem são audaciosas: segundo eles, é necessário, por exemplo, acabar com "o assalariado, último vestígio da antiga escravatura". Alguns padres se interessam por esse movimento: Darboy, Clavel, ou, mais inesperadamente, Busson, que fora capelão de Carlos X. Há mesmo socialistas autênticos que se convertem: é o caso do brilhante politécnico Transon, amigo de Victor Considérant; ou de Louis Rousseau, que critica tanto os sistemas socialistas como o liberalismo, demonstra claramente a necessidade de criar uma ciência econômica e social cristã, e propõe, a título de exemplo, a constituição daquilo a que chama uma "tribo cristã", um grupo de produção simultaneamente agrícola e industrial, que de algum modo faz pensar nos *kolkhozes*. Esse socialismo cristão tem os seus defensores nas províncias: na Bretanha, o fogoso poeta Hippolyte de La Morvonnais, que utiliza os pequenos jornais regionais para difundir essas ideias.

Politicamente menos violentos, os católicos liberais que se interessam pelos problemas sociais não são muitos. Têm como guias Charles de Coux e o pe. Gerbet. Durante muito tempo, manifestaram a sua posição na revista *L'Université catholique*. Mas, como aí quase só havia interesse pelo problema da liberdade do ensino, passaram a escrever no *Correspondant*. Em 1846, um redator anônimo dessa revista lança a dupla ideia do salário mínimo garantido e do controle pelo Estado dos preços dos bens de primeira necessidade. Um homem cujo nome é hoje esquecido[63], mas que no seu tempo teve grande sucesso literário — Cormenin, autor das *Conversas de aldeia* —, embora não proponha reformas estruturais, fala com calor da miséria operária e torna-se apóstolo das Caixas de Poupança.

É muito perto dos católicos liberais, mas também em contato com o catolicismo social da direita, que se exerce a influência de Ozanam: tem amigos nos dois campos, e a Sociedade de São Vicente de Paulo não ganhou ainda o tom legitimista que terá mais tarde. Nas reuniões, não se limitam a falar das visitas feitas por cada um; também discutem os grandes problemas sociais. Ozanam fala e escreve sobre esses problemas. É das Conferências que nasce, em 1845 — fundada por Myionnet, Maignen e o pe. Leprévost, na intenção de levar mais longe a experiência dos patronatos de aprendizes e de os aproveitar como instrumento de ação social — uma congregação estranhamente semelhante aos nossos recentes Institutos: os *Filhos de São Vicente de Paulo,* religiosos que continuarão a apresentar-se à paisana a fim de melhor se misturarem com o povo. Nesse ínterim, os escritos de Ozanam, muito lidos entre o clero jovem, despertam neste vocações sociais que virão a multiplicar-se: assim, no Seminário de Lyon, onde está a terminar os estudos, Antoine Chevrier sonha com esse apostolado popular, e para esse fim institui o *Prado.*

À direita, entre os herdeiros diretos desses legitimistas que foram os primeiros a trabalhar no terreno social, a atividade continua a ser grande. E é aí que se afirma uma personalidade destinada a desempenhar um papel considerável durante mais de trinta anos: *Armand de Melun,* verdadeiro guia do catolicismo social francês até 1871. De família nobre, foi levado a considerar o problema operário pela dupla influência de Mme. Swetchine, em cuja casa conheceu Lacordaire, e da Irmã Rosalie, que o fez ler uma biografia de São Vicente de Paulo. A partir desse momento, lança-se à atividade, magnificamente consagrado a obras; mas lê, ao mesmo tempo, Villeneuve-Bargemont. Pensador de visão limitada, não nos dá, no seu *Manual das Obras,* ideias propriamente originais. Quando muito, pode-se lá encontrar a origem do "Corporativismo" que virá a ser, muito mais tarde, um dos *Leitmotive* da escola católica social da direita. Não distingue bem, e de certo modo nunca virá a distinguir, o que pertence à caridade e o que pertence ao social. Mas é um realizador notável. Cria o *Comitê das Obras,* na intenção, judiciosa, de pôr ordem na ação dos católicos. Adota a ideia dos patronatos, nascida nas Conferências de São Vicente de Paulo, de que é membro ativo, e funda, com a ajuda dos Irmãos das Escolas Cristãs, a *Obra dos Aprendizes.* Cria os *Anais da Caridade,* para "estudar as imensas questões suscitadas pelo exercício da caridade". Depois, em 1847, lança a ideia da Sociedade de Economia Caritativa, que fora sonhada por Villeneuve-Bargem e que tem por finalidade o estudo de "todas as questões que dizem respeito às classes pobres". No ano seguinte, a ação dessa Sociedade estendeu-se para lá da França, mediante a instituição da *Sociedade Internacional de Caridade*.

Importa sublinhar que é à ação de homens da direita, como Armand de Melun e os seus amigos, que se devem as primeiras realizações legislativas em matéria social. Já em 1840, Montalembert, num discurso retumbante — que será, de resto, um dos seus raros atos sociais — denunciava da tribuna parlamentar "os fatos revoltantes que apresenta a atual história da indústria" e afirmava "a obrigação, para a legislatura, de intervir diretamente e prontamente nas questões sociais". Em seguida, Villeneuve-Bargemont alargava o debate e, saindo da matéria em análise, que era o trabalho das crianças nas fábricas, expunha, pela primeira vez na história do Parlamento, o conjunto do problema operário. E em 1841 é votada uma primeira lei, que limita a oito horas o trabalho das crianças dos oito aos doze anos; a doze, o das crianças dos doze aos dezesseis; e regulamenta o trabalho noturno. Lei cujas cláusulas nos parecem hoje bem duras, mas que naquele momento representava um grande progresso. Mas Melun e os seus amigos não a julgam suficiente. Em 1847, a Sociedade de Economia Caritativa e os *Anais da Caridade* reclamam que ela seja revista. E querem a regulamentação do conjunto das condições do trabalho operário. O assunto é discutido na Câmara dos Pares, em fevereiro de 1848. A Revolução interrompe o debate, que só se reabrirá muito mais tarde.

Há ainda outra realização que se deve contar no ativo dos católicos da direita: a *Sociedade de São Francisco Xavier*, fundada em 1840 por Armand de Melun, seu amigo Lambel e alguns sacerdotes, a fim de substituir a Sociedade de São José, que acabara em 1830. O próprio nome é significativo. De início, é uma obra missionária, que visa evangelizar o proletariado. Na realidade, evolui rapidamente. Ao mesmo tempo que se desenvolve, encorajada pelo arcebispo de Paris, mons. Affre, e pelo pe. Ravignan, o célebre pregador de Notre-Dame, a Sociedade assume um caráter pronunciadamente social, a tal ponto que a polícia de Guizot se inquieta e a vigia. Um dos seus propulsores, Nisard, devemos reconhecê-lo, embora combata Saint-Simon e Fourier, professa um socialismo católico que não está muito longe do de Buchez — o que, aliás, irrita o *Atelier*...

É aí que assume um papel de destaque *François-Agathocle Ledreuille,* operário com dotes de tribuno. Devidamente autorizado pelo arcebispo, passa a ser o orador mais escutado da Sociedade, faz-se padre, funda a *Casa dos Operários para Alojamento Gratuito;* imagina uma vasta Obra do Trabalhador, destinada a fornecer aos trabalhadores cuidados médicos, conselhos jurídicos e, além de boas leituras, auxílio em caso de doença ou desemprego. Quem muito abraça, pouco aperta..., mas, mesmo assim, a sua influência passa a ser tão grande, que a imprensa lhe chama "o pai dos operários". Pouco teórico, Ledreuille é crítico veemente das injustiças sociais. "Filho do povo, providencialmente saído dessas multidões", denuncia "o abismo que foi cavado ao longo de todo o vale de lágrimas, em regiões aonde não chegam os venturosos!" E o sr. prefeito da polícia interroga-se, inquieto: esse pe. Ledreuille não terá escolhido como tarefa excitar e sublevar a classe popular?...

Que extraordinária movimentação! Para completar o quadro, teríamos de acrescentar ainda nomes que não estão ligados a nenhum grupo nem situados no xadrez político, mas cujo testemunho não é de menosprezar. Evoquemos, ao menos, a santa figura de *Pauline Jaricot,* que, noutro campo, foi fundadora da “Propagação da Fé”[64] e do “Rosário Vivo”[65]. Tendo visto de perto os motins dos *canuts* lioneses de 1831 e 1834, Pauline entrega-se apaixonadamente à causa da melhoria da sorte dos operários, tenta pôr de pé uma empresa-modelo dotada de uma verdadeira previdência social, caixa de socorros mútuos e de aposentadoria, cursos de formação profissional... Projeto que só fracassa pela má-fé de alguns. Pauline Jaricot, amiga do Cura d’Ars. E não esqueçamos também o extraordinário pe. Camille Rambaud (1822-80), “esse *jovem rico* — diz Folliet —, fabricante de sedas, que um dia se cansou de ganhar 300 mil francos por ano, se fez padre por causa dos pobres” e cuidou principalmente dos velhos operários, muito em especial dos velhos casais operários, separados pelo sistema dos asilos: luminosa figura cuja memória ainda se conserva em Lyon, na Cité Rambaud.

Fato a considerar: essa efervescência de ideias e de realizações repercute para lá das fronteiras. São ainda apenas empreendimentos isolados ou reflexões solitárias; mas tudo isso é sinal de que, um dia, o conjunto dos católicos talvez venha a despertar para as preocupações sociais.

Na Espanha, *Jaime Balmes* — esse modesto sacerdote de Vich que, só pelo brilho da sua inteligência e pela sua dialética invencível, se torna um dos guias políticos do seu povo nos piores momentos da guerra carlista — ensina que, por entre os antagonismos políticos, está prestes a rebentar um conflito social e preconiza uma espécie de socialismo cristão que faz pensar em Buchez. Entra em relações com Lacordaire e seus amigos, com o próprio Chateaubriand, e, pouco antes de morrer, em 1848, aos trinta e oito anos, tem em Bruxelas um encontro importante com o núncio apostólico — que não é outro senão mons. Pecci, o futuro Leão XIII.

Na Bélgica, onde a condição operária se mostra particularmente penosa, é entre antigos leitores do *Avenir* que surgem as primeiras preocupações sociais. Os fundadores da

Universidade de Lovaina — Robiano, Vilain, Mérode — pedem a Charles de Coux que se encarregue da cadeira de Economia Política. E o primeiro dos sociólogos belgas, Édouard Ducpétiaux, inicia o seu vasto inquérito pela análise do pauperismo na Flandres.

Na Alemanha, o prof. Buss, o jovem sacerdote von Ketteller, o pe. Kolping e alguns outros começam a descobrir o problema social e dispõem-se a encontrar meios concretos para resolvê-lo[66].

Até na Itália, onde o problema social se apresenta com aspectos bem diferentes, já que a industrialização se faz lentamente e, aliás, todas as energias estão mobilizadas para a liberdade e a unidade, não faltam alguns espíritos capazes de detectar a importância do problema: o barão Vito d'Ondes Reggio, siciliano, o patriota toscano Montanelli, admirador de Saint-Simon e de Proudhon, e até o célebre pe. Ventura.

Toda essa atividade, importa registrá-lo, é obra de leigos ou de padres que trabalham a título pessoal. E que a Igreja oficial, a Igreja docente, a Hierarquia? É este o ponto negro de toda esta história: entre as iniciativas, nem sempre coerentes, mas sempre corajosas, dos pequenos grupos de católicos sociais, e os que detêm a responsabilidade da Igreja, dir-se-á existir um fosso de ignorância e de incompreensão. A mais alta autoridade silencia. Gregório XVI, na Encíclica *Mirari vos,* condenou o liberalismo econômico, que entrega o operário indefeso aos excessos de poder do capitalismo. O cardeal Mastai-Ferretti, depois de se tornar o papa Pio IX (em 1846), seria mais sensível a essas preocupações? É de recordar que, ainda jovem cônego, à frente do hospital de São Miguel, tivera ideias muito novas, como, por exemplo, a participação dos operários nos lucros. E que, já bispo, em Spoleto, criara uma obra para os meninos de rua. E diz-se que na sua biblioteca possuía "abundante literatura sobre os problemas sociais e designadamente sobre a melhoria da situação do proletariado"[67]. Mas, muito preocupado com a questão política, Pio IX, nos primeiros atos do seu pontificado, não manifesta cuidados de natureza social[68].

Mas ao menos os bispos estarão preocupados? Não muitos. Na Itália, um Mastai é um caso raríssimo. Na França, o despertar dos católicos para as preocupações sociais dá-se à margem da Hierarquia. Recrutados nas classes elevadas — nobres, durante a Restauração, intelectuais sob Luís Filipe —, os bispos são conservadores em matéria social, não menos que em matéria política. Nem sequer compreendem que está a nascer uma nova realidade social. Nada sobre essas questões nas cartas pastorais. Nada na correspondência com os núncios. Um cardeal d'Astros[69] registra a descristianização das massas, mas não suspeita que esse fenômeno esteja ligado ao aparecimento do proletariado. Na "triste desigualdade das condições" não vê senão "a ordem da Providência". Como todos os sistemas socializantes são escolas de vícios, o único remédio estaria na prática religiosa, que conforta e convida o pobre a sofrer com paciência o seu mal. Não sabemos se Marx leu os documentos pastorais de mons. d'Astros[70], mas não há dúvida de que neles poderia ter encontrado excelentes apoios para provar que a religião é efetivamente "o ópio do povo"...

Há, no entanto, umas tantas exceções. O cardeal Croy, arcebispo de Rouen, protesta contra o trabalho das crianças nas manufaturas, com tanta coragem que Montalembert o cita no famoso discurso sobre a matéria. Mons. Belmas, antigo constitucional, bispo de Cambrai por quatro vezes, denuncia em textos pastorais vigorosos "a exploração do homem pelo homem, que especula sobre o seu semelhante como sobre gado vil, ou como puro e simples agente de produção". Em Lyon, mons. Pins, administrador apostólico da diocese na ausência do cardeal Fesch, usou desde cedo termos fortes acerca da "extrema miséria a que estão reduzidos quase todos os operários". E o seu sucessor, o cardeal de Bonald — último filho do escritor —, de quem Montalembert dizia ser, "de todos os bispos, aquele que melhor compreende os problemas novos", desde a primeira carta pastoral e depois em numerosos atos, não só fala com generosidade da miséria operária, mas usa a palavra *injustiça* para caracterizar a situação social: indigna-se de ver que, para alguns, o trabalhador não passa "de máquina que funciona", e por várias vezes dá a entender que compreende a relação existente entre o capitalismo crescente e a desgraça dos proletários. Finalmente, em Paris, mons. Affre, que, quando jovem padre, escrevera excelentes artigos sobre "as duas espécies de pauperismo" — o dos indivíduos, que depende da caridade, e o de uma classe, que depende da justiça e deve ser suprimido pelas instituições —, uma vez nomeado arcebispo de Paris, inspira-se em Villeneuve-Bargemont para os seus atos pastorais e apoia com a sua autoridade a Obra de São Francisco Xavier e a ação do pe. Ledreuille. A sua morte histórica, nas barricadas durante as Jornadas de Junho, consagrará, com o supremo sacrifício, uma vida inteira em que se manifestou sem cessar a preocupação social.

Dois desses raros "bispos sociais" merecem ser citados à parte e incluídos entre os precursores. Não se contentaram com generosos protestos ou intuições justas: tiveram clara visão do problema.

Um é o sucessor de mons. Belmas em Cambrai, *mons. Giraud*. A sua carta pastoral da Quaresma de 1845 sobre *A lei do trabalho* é uma espécie de esboço da *Rerum novarum:* a lei normal do trabalho foi perturbada pelo prodigioso desenvolvimento da indústria; aqueles que denunciam essa desordem têm razão, mas na maior parte dos casos são considerados inimigos da religião. É, pois, necessário expor a verdadeira doutrina católica sobre o trabalho, mostrar que a Igreja se opõe a toda a "opressão da fraqueza", condena "a exploração do homem pelo homem" e "não transige com o tráfico dos brancos mais do que com o tráfico dos negros"; afinal, "a religião possui, nas suas doutrinas e aplicações, todos os princípios necessários à solução teórica e prática dessas graves questões".

O outro desses bispos é um savoiano, *mons. Rendu,* filho de camponeses pobres e primo da célebre Irmã Rosalie Rendu. Eleito bispo de Annecy, comove-se com a condição atroz em que vê viverem os operários, incluindo mulheres e crianças, da maior manufatura da sua diocese, e publica em 1845, destinada especialmente ao rei do Piemonte, uma *Memória sobre o proletariado.* Com assombrosa precisão e minúcia, em estilo mais jurídico que teológico, mons. Rendu não quer apelar apenas para a caridade, mas manifesta claramente nesse documento o fremir de um coração segundo Cristo.

Logo no início do texto, o bispo de Annecy formula o problema: o aparecimento do proletariado industrial constitui, para a sociedade e para a religião, um grave motivo de inquietação. "A legislação moderna nada fez pelo proletariado. Protege-lhe a vida enquanto homem; mas ignora-o enquanto trabalhador". Impõe-se estabelecer uma legislação social; caso contrário, o trabalhador será entregue sem defesa aos caprichos do patrão. "Há um momento em que o patrão pode dizer ao operário: Cede-me a tua vida ao preço de saldo, ou morres!" Frases notáveis na pena de um bispo... Mas há mais. Vinte anos antes do *Capital,* mons. Rendu mostra formalmente que o responsável pela situação denunciada é o capitalismo. Esse regime arrasta consigo "abusos de tal maneira odiosos que, na opinião de toda a gente, seria impossível encontrar coisa semelhante nos séculos bárbaros". Se nada for feito pelos governos para dar remédio a essa situação, a classe operária revoltar-se-á e então, "soprada pelos ambiciosos e pelos teoricistas", ela há de querer, já que lhe foi recusada, "uma justa porção no banquete da vida, ficar com tudo". Temos de repetir: estas frases são três anos anteriores ao *Manifesto Comunista* de Marx. O rei Carlos Alberto responde a esse patético documento da única maneira que era de esperar: enviará um mensageiro especial felicitar o bispo pelos seus generosos sentimentos, mas dizer-lhe também que "não é da competência" do governo tratar das relações entre patrões e operários. Quanto a Cavour, mandará convidar esse "socialista perigoso" a calar-se[71]!

Apesar destas nobres exceções, o silêncio da Igreja oficial em matéria social é, portanto, incontestável. E terá consequências dolorosas, que, logo depois da revolução de 1848, será fácil adivinhar.

A reviravolta de 1848

Com os acontecimentos que agitaram a Europa em todo o ano de 1848, o catolicismo social ia sofrer uma crise gravíssima. A revolução — todos os espíritos medianamente lúcidos o compreendiam — não era simplesmente política. Na França, nomeadamente, não foi o mero jogo dos Partidos que deitou por terra Luís Filipe; foi a entrada em cena das forças populares. Pela primeira vez, o mundo do trabalho manifestou a sua presença e reclamou justiça. "Por detrás da revolução política — diz Ozanam —, vemos uma revolução social, o advento da classe operária". E um adepto de Buchez acrescenta: "A reforma social é o problema do século: a Revolução de Fevereiro formulou-o".

E, com efeito, durante os primeiros tempos da Segunda República, assiste-se a uma efervescência de generosidade social, de belos discursos e grandes projetos. "As questões sociais estão na ordem do dia — anota, então, o pe. Busson —.

Toda a gente trata dela: estadistas, filósofos, economistas, todos os pensadores, de qualquer gênero". Entre os católicos, há uma grande agitação; corresponde a um breve idílio que leva revolucionários e fiéis a confraternizarem no terreno político e põe os párocos a benzer as "árvores da Liberdade". "A Revolução de Fevereiro — exclama Ozanam — é a consagração da democracia política: isto quanto ao passado. Mas deve ser a iniciadora da reforma social para o futuro!" Nesse ínterim, um orador de esquerda, cheio de bons sentimentos, mas não de conhecimentos teológicos, explica aos "Padres de Jesus Cristo" qual a sua "magnífica tarefa": "Até hoje, ensinastes a salvação individual. É tempo de ensinardes a salvação social".

Período de entusiasmo e de euforia, muito no estilo que se virá a chamar "quarenta-e-oitista". Buchez é eleito presidente da Assembleia (ficará um mês). Imitando mons. Affre, o cardeal de Bonald e o cardeal Giraud, há alguns bispos que parecem abrir-se à consciência dos novos problemas. Tal o caso de mons. Angebault, de Angers, ou de mons. Sibour, então bispo de Digue e futuro arcebispo de Paris. Louis Veuillot, cujo jornal *L'Univers* vai ser uma potência na igreja da França, observando que "a revolução não deve ser atribuída apenas às paixões políticas", tem palavras justas e calorosas sobre "a posição precária e miserável do operário". No clero, aumenta imediatamente o número daqueles que falam aos fiéis acerca das questões sociais; um observador registra que se vê crescer "a falange dos eclesiásticos dedicados ao catolicismo social". Ao presidirem a banquetes democráticos, alguns padres — que, nesse momento, se esquecem de vestir a batina — declaram-se pura e simplesmente socialistas. Quando o calor comunicativo ajuda, chega-se a fazer brindes a "Jesus de Nazaré, pai do socialismo". Na mente dos mais entusiastas, a aproximação é possível, e até provável. Aproximação? Mais que isso: fusão entre os diversos movimentos do socialismo francês e o catolicismo social. E talvez fosse verdade[72]...

Durante esses meses de aventura, o trabalho mais ousado, mais eficaz, é realizado pelo grupo dos católicos liberais a que Ozanam se associou. O jornal que então fundam, *L'Ère Nouvelle*, que tem por diretor, até 18 de maio, Lacordaire, publica artigos clarividentes, da pena de Ozanam, do pe. Maret e outros. "Como a França é católica — dizem —, a posição que tomarem o seu episcopado, o seu clero e os seus fiéis é de soberana importância". Ozanam esclarece que, ao gritar "Passemos aos bárbaros!", era precisamente ao povo que ele queria passar, ao povo que estava à espera de que lhe fizessem justiça. Com notável lucidez, Maret mostra que os famosos direitos políticos concedidos pela Revolução de 1789 são "um amargo escárnio para os que não têm o poder de viver, para os que vão morrer de fome". Em conjunto, criticam essa burguesia que, há vinte anos, "repele como incendiárias todas as questões que se referem à organização do trabalho". O *Ère Nouvelle* não propõe quase nenhuma solução concreta. Parece inclinar-se para a fórmula bucheziana das associações operárias. Mas, com o seu rápido êxito — 3.200 assinantes em três meses —, o jornal contribui para fazer penetrar a preocupação social entre a elite católica.

Subitamente, o clima muda. Chegou a primavera, mas é uma primavera de angústia e de sangue. Logo em abril e maio, alguns incidentes violentos mostram que a classe operária, desiludida da sua revolução por uma burguesia que nada quer compreender, está prestes a fazer explodir a sua ira; mostram ainda que os burgueses, retendo solidamente nas mãos o aparelho do Estado, estão decididos a esmagar qualquer tentativa de revolução social. Foram forçados a deixar que se fizesse a experiência socialista dos *Ateliers Nationaux*, mas só aguardam uma ocasião para lhe pôr termo. Por seu lado, os socialistas vão longe demais, organizam manifestações, desfiles, e chegam até a tentar instituir, em 15 de maio, um governo provisório. Lacordaire é o primeiro a compreender que se está a caminho de um grave conflito; desgostado, deixa a direção do *Ère Nouvelle.* Um mês depois, vêm as Jornadas de Junho: cento e vinte horas de combates de rua. Paris eriçada de barricadas; mons. Affre caindo numa delas, à entrada do *faubourg* Saint-Antoine... E uma repressão severa desaba sobre os amotinados e os suspeitos.

A crise sangrenta da primavera de 1848 traz para o catolicismo social consequências de extrema gravidade. Na sua imensa maioria, os católicos ficam indignados e espavoridos. Tanto mais que, por aqui ou por acolá, ocorrem incidentes anticlericais. Tanto mais que a revolução também rebentou em Roma e expulsou Pio IX, o próprio Pio IX, o generoso papa com quem alguns contavam para instituir o cristianismo social... Num instante, a massa católica adere sem hesitações ao Partido da Ordem, que Falloux dirige com habilidade. Todos os que, ontem, falavam em melhorar a situação da classe operária tornam-se suspeitos. Social e socialista é tudo o mesmo, e ninguém ignora que todos os socialistas são *partageux,* partidários da repartição dos bens. Há católicos liberais que chegam a passar para o campo do conservadorismo social, com Montalembert à cabeça.

Salvo duas ou três exceções — mons. Sibour, mons. Angebault, e ainda assim... —, todos os bispos, aterrorizados com a morte de mons. Affre, não tardam a abandonar as veleidades sociais da véspera. "A ordem social é atacada nos seus próprios princípios", diz um deles, que chama ao socialismo "doutrina insensata e perversa" e considera os seus defensores "inteligências doentes e depravadas". O próprio cardeal Giraud, o corajoso autor da carta pastoral de 1845, aliás muito envelhecido, cede à corrente reacionária. Os padres socialistas ou simplesmente "sociais" são literalmente perseguidos, e os que resistem, impiedosamente castigados. No seu *Univers,* Veuillot perde a cabeça: para defender a ordem social ameaçada, abrir fogo por todo o lado! "Não admitimos para os operários nenhum direito estrito, legal, de fazer exigências"; apenas acrescenta que a sociedade e as pessoas têm obrigação de socorrer a miséria. É também esse o parecer de Montalembert: "Nada há de verdadeiramente útil e fecundo a não ser a caridade privada". Está feita a distinção entre caridade e ação social; mas é para condenar esta em benefício daquela.

Diante dessa ruína de todos os seus sonhos, que fazem os católicos sociais de todos os matizes? Muitos deles estão inquietos. A explosão revolucionária perturbou-os fundamente. Bem sabem eles que os amotinados são, na sua maioria, "operários desesperados pela sua miséria"; mas viram agir certos líderes, certos demagogos, cujos propósitos lhes pareceram ameaçadores. E assim o *Ère Nouvelle,* embora reclame "misericordiosa piedade", fala de um "rigor salutar e indispensável". O próprio Ozanam se sente angustiado, quer com as notícias que vêm de Roma, quer com o que viu em Paris. Será o fim dos seus esforços generosos? Não: nem imediatamente, nem em toda a parte.

No *Ère Nouvelle,* dirigido desde maio pelo pe. Maret, organiza-se a resistência contra a corrente que parece arrastar todos os católicos da França para a reação social; e a coragem é recompensada pelo êxito que lhe garante o público: oito mil assinantes. Em outubro de 1848, em dois artigos com imensa repercussão, Ozanam explica à "gente da alta" "as causas da miséria". E diz-lhes: "Esmagastes a revolta, mas ficou-vos um inimigo que não conheceis, um inimigo do qual não gostais de ouvir falar: a miséria!" Aos sacerdotes, dirige um apelo patético: "Desconfiai daqueles que caluniam o povo! [...] Chegou a hora de vos ocupardes desses pobres que não mendigam, que vivem geralmente do seu trabalho!"

E acrescenta, pensando naqueles que o seguem: "Não temais quando os maus ricos vos chamarem comunistas, como chamavam a São Bernardo fanático e insensato!"

Por sua vez, Maret conduz o combate num sentido mais construtivo: "Um dos piores erros dos católicos é a indiferença que mostram em relação aos trabalhos econômicos e socialistas que agitam e apaixonam as classes mais ardorosas e mais numerosas [...]. Seria urgente que nós próprios formássemos uma escola social [...]. Submetendo-nos ao exame da Igreja, edificaríamos um corpo imponente de doutrinas. E tiraríamos aos pseudo-socialistas a influência que exercem [...]. Façamo-nos nós mesmos socialistas!"

Essa doutrina, tão eloquentemente reclamada, não chega a ser definida pelo pe. Maret. Quando muito, o que faz é dar a entender que preferiria procurá-la ao lado de Buchez. Mas não teve tempo para dizer mais. Atacado à direita pela gente da ordem, denunciado por Veuillot como cúmplice dos socialistas, desautorizado por alguns bispos, *L'Erreur Nouvelle* (como dizia Veuillot) desaparece, deixando um grande vazio. Os redatores refugiam-se na teologia ou na erudição. Ozanam, já muito doente, retoma os estudos do italiano. Do que foi o primeiro catolicismo democrático e social só restam pequenos núcleos, agrupados em torno de Clavé e mais alguns. É a desaparição — por mais de quarenta anos — de um movimento que dera tantas esperanças.

Como era de prever, o socialismo cristão afundou-se ainda mais totalmente. Em vão há quem tente demonstrar que existem dois socialismos; que, em face de um "socialismo selvagem e pagão", existe — dizia o pe. Busson — "um socialismo cristão, fundado na liberdade, na igualdade e na fraternidade tais como as revela a religião de Cristo". Queriam lá saber, nessa altura, de liberdade, igualdade e fraternidade! Buchez é afastado da presidência da Assembleia; a *Revue Nationale* é suspensa; o *Club de l'Atelier,* fechado por decreto. É certo que alguns adeptos de Buchez conseguem acesso ao "Conselho de Encorajamento das Associações Operárias"; mas a maioria dos membros é conservadora e não os deixa fazer nada. No Parlamento, Arnaud de l'Ariège tenta retomar ideias buchezianas e até conseguir proclamar o direito ao trabalho. Laveland ainda publica um tratado sobre o *Socialismo Católico;* mas o próprio termo é suspeito e enche de cólera o partido da ordem. Bem pode Hippolyte de la Morvonnais fundar, no Guildo, a primeira das suas "comunas cristãs": o socialismo cristão está morto por muito tempo.

Mas então não há nada a esperar? É preciso limitar-se a tratar da certidão de óbito? Não. Entre os católicos sociais da véspera, eram numerosos, como vimos, os homens de direita. Nem todos esses aderem ao campo da reação. Pelo contrário. Há mesmo alguns que acham nesses acontecimentos dolorosos de 1848 uma confirmação da sua vocação social. Com uma coragem a que nunca será demais prestar homenagem, recusam-se a entrar nesse "grande partido da ordem, que invoca a justiça, primeira das virtudes celestes, não para diminuir um pouco as desigualdades sociais, mas para encontrar uma excelente razão para nada dar àqueles que nada têm". E, como, por nascimento, fortuna, relações, estão mais bem cobertos que os democratas liberais e os socialistas cristãos, aproveitam-se dessa circunstância para travar um combate em que, daí em diante, estão sozinhos. E o seu líder é Armand de Melun.

Não quer isto dizer que eles próprios, as suas ideias e obras não tenham sofrido o contragolpe da crise. A Sociedade de São Francisco Xavier, por exemplo, foi atingida. Atacada pela esquerda anticlerical e suspeita aos poderes públicos, desfaz-se. A "Casa dos Operários" é encerrada. O pe. Ledreuille continua a falar, mas a sua autoridade entra em declínio. Apesar de tudo, Armand de Melun e alguns outros não perdem a coragem. Com o apoio de Mme. Lamartine e de mons. Sibour, Melun cria obras de caridade, as "Fraternidades", destinadas a ajudar a classe operária. Por outro lado, procura atuar no plano legislativo. A Sociedade de Economia Caritativa, na qual a sua influência é considerável, entra por esse caminho. Trata-se de preparar leis que resolvam os problemas do trabalho e do proletariado. Melun chega mesmo a falar desses problemas com o Príncipe-Presidente Luís Napoleão, que não esqueceu de todo o autor da *Extinção do pauperismo*... Propõe ao Parlamento que constitua uma Comissão de trinta membros encarregada de preparar "leis de Assistência Social". Surgem grandes discussões: o "cidadão Vítor Hugo" pretende "substituir a esmola, que degrada, pela assistência, que fortalece"; e Thiers chama "socialista" a Melun. Em 1850, por influência direta do líder católico, do seu irmão e amigos, começam a ser apresentados projetos de lei sobre moradias insalubres, fundos de pensão, contratos de aprendizagem, criação de lavatórios e banhos gratuitos... Certamente que se está bem longe das reformas estruturais. Mas, na mente dos católicos sociais, trata-se apenas do começo. "O meu programa — dizia Armand de Melun — faz-me passar dos pobres para os operários, e da assistência para as associações". Temos de admirar a coragem e a tenacidade dessa meia dúzia de homens que, ao arrepio da Assembleia e de quase toda a opinião pública, mantiveram essa fidelidade ao seu ideal.

No entanto, essa ação dos católicos sociais conservadores provoca consequências cuja gravidade não podemos ocultar no que diz respeito ao conjunto do catolicismo social. Em primeiro lugar, pelo simples fato de terem ficado sós na liça — uma vez que o catolicismo social democrático, liberal ou socialista, não tinha a mais pequena hipótese durante o II° Império —, esses homens deixam uma forte marca no movimento inteiro. Acabaram de todo as relações entre católicos sociais de direita e de esquerda, pois estes últimos foram eliminados. Ozanam e Buchez tinham sido convidados a falar na Sociedade de São Francisco Xavier: essas oportunidades de encontro desapareceram. As duas correntes do catolicismo social passam a ser rigorosamente diferentes, e uma delas ficou reduzida, por quase meio século, a ter de caminhar silenciosamente.

Quanto à outra corrente, a da direita social, assumiu por força das circunstâncias um caráter que nunca mais perderá: será paternalista. No espírito de muitos, cria-se a convicção de que, como o proletariado mostrou não estar maduro para se auto-dirigir, deve ser conduzido como os filhos menores são dirigidos pelo pai de família: com carinho, mas com firmeza. No meio tempo, serão tomadas outras posições, mais decisivas para o futuro.

A Alemanha desperta para as preocupações sociais

Enquanto o catolicismo social francês, amputado de pelo menos metade dos seus elementos ativos, perde importância, a chama reanima-se do outro lado do Reno. A Alemanha despertou mais lentamente que a França para a consciência social. De resto, a indústria começou lá mais tarde e, consequentemente, o proletariado também. Nesse domínio, os católicos deixaram-se ultrapassar pelos seus rivais: pelos protestantes, que fundaram a *Associação Geral de Beneficência,* em Stuttgart, a obra dos orfanatos do generoso Wichern; e pelos socialistas, ou antes, os precursores do socialismo, com Friedrich Lassalle. É certo que se falou de questões sociais na Távola Redonda de Guido Görres e nas famosas *Folhas histórico-políticas* por ele criadas; e que já em 1837 se ouvira o prof, Buss, o apóstolo da Floresta Negra, o grande militante bávaro, denunciar a miséria dos jovens proletários, mostrar os perigos de uma industrialização desenfreada, propor à Câmara, quarenta anos antes de Bismarck, um primeiro esboço de legislação operária, e tentar criar, em 1846, o "Partido Camponês", simultaneamente antiburguês e antirrevolucionário. Mas esses apelos generosos ficaram limitados, quer nas intenções, quer no raio de ação.

De repente, as coisas mudam. Quando, em outubro de 1848, o cônego Lening reúne em Mogúncia quatrocentos delegados do catolicismo alemão, para estudarem juntos a nova situação que os acontecimentos recentes criam à Igreja, inclui no programa do congresso, entre outros temas, este: "resolver o grande problema do nosso tempo: a questão social". No discurso de abertura, insiste nesse ponto: "Devemos anunciar o socialismo do cristianismo, e não com palavras, mas com atos vivos, com dedicação, com sacrifício". Seu colega Heinrich desenvolve a ideia. Para ele, há três problemas: a defesa dos direitos da Igreja, a propagação da verdade cristã e o advento da justiça social. E os três — diz — são apenas um. O rival muniquense de Lening e de Heinrich, Döllinger, tão diferente deles em todos os aspectos, pensa e fala de modo semelhante. Proclama a sua convicção de que "a solução definitiva da questão social está reservada à Igreja Católica". Está dado o impulso. Mas não há ninguém que se esforce mais energicamente por torná-lo poderoso e decisivo do que um jovem padre de trinta e sete anos, cuja eloquência inflamada arrebata os congressistas de Mogúncia: *Willhem Immanuel, barão von Ketteler* (1811-77).

Não há dúvida de que o despertar da Alemanha para a consciência social tem de ser datado da série de conferências que, em 1848-49, o pe. von Ketteler pronuncia na catedral de Mogúncia, a pedido do arcebispo. O tema que escolheu é vasto: "As grandes questões sociais do nosso tempo". E, do alto dessa cátedra solene, vão caindo, sobre um auditório enorme e apaixonado, palavras espantosas e terríveis:

"Tirastes Deus do coração do homem, e então o homem fez das suas propriedades um deus para si. Uma montanha de injustiça esmaga o mundo. O rico esbanja e dissipa, deixando os seus irmãos pobres consumir-se na carência das coisas mais necessárias. Rouba o que Deus destinou a todos os homens!"

Até onde irá esse jovem e veemente profeta? Ei-lo que não teme citar Proudhon. "A famosa palavra — «a propriedade é o roubo» — não é pura e simplesmente mentira. Contém, ao mesmo tempo que uma grave mentira, uma verdade fecunda. Temos que destruir o que encerra de verdade, para que um dia se torne apenas mentira". Um após outro, os sermões desenvolvem esses temas, criticando, ao mesmo tempo, o liberalismo econômico e os sistemas socialistas, evocando o drama da miséria operária, suplicando ao auditório que dê atenção às exigências da justiça social.

Não dá soluções concretas. O pe. von Ketteler pensa ainda que o essencial está na reforma interior das almas; só mais tarde é que há de compreender que a transformação interior, indispensável, tem de ir a par de um refundição das instituições. Mas a sensação que provoca no auditório mogunciano e para além dele é imensa. A sua coragem valerá, dentro em pouco, ao jovem sacerdote ser nomeado bispo. E assim nasce o catolicismo social alemão.

O movimento vai-se desenvolver muito depressa e em todos os sentidos. Os congressos que regularmente reúnem os leigos e são um dos traços originais do catolicismo alemão[73] já não vão deixar passar sessão alguma em que não abordem ao menos um aspecto do problema social. Em 1858, em Colônia, fala-se dos *Gesellen*[74] e dos emigrantes; em 1859, em Friburgo, outra vez dos *Gesellen;* em 1862, em Aachen, dos domésticos e dos trabalhadores rurais; e em Frankfurt (1863), Würzburg (1864), Tréveris (1865), Innsbrück (1866), aborda-se a questão primordial do proletariado industrial.

"Mas quem pode deixar de ver — exclama, em Frankfurt, o pároco Thissen — que existe à nossa volta uma classe populacional que merece as nossas maiores simpatias? Essa massa de operários e de artesãos que sustentam duramente a luta pela vida e que, no meio dos progressos grandiosos da indústria, consideram o futuro sem consolação?"

Apelos da mesma espécie vêm da boca dos missionários jesuítas que percorrem a Alemanha. Certos bispos, como mons. Weis (de Espira), retomam-nos por sua vez. Este chega a escrever que "a sorte dos assalariados das fábricas ricas é mais opressiva do que a antiga servidão". Joerg diz quase o mesmo nas *Folhas histórico-políticas*. Pilgram, um convertido do hegelianismo, publica em 1855, acerca do problema social, um livro em que reclama a comunidade religiosa dos bens como solução para o problema social. Mais moderado, o economista Schueren, aprovado pelo cardeal Geissel, apresenta a expansão do cristianismo como complemento indispensável da indispensável renovação da sociedade.

Deste modo, ao contrário dos católicos franceses, vinculados em massa, conforme vimos, ao "partido da ordem", os católicos alemães, não menos inquietos com a ameaça revolucionária e socialista, reagem de modo inteiramente diferente. Sentem mais que os outros a sua responsabilidade de cristãos. A ordem, a que não estão menos ligados que os seus irmãos da França, não é entendida por eles como algo exterior, limitado à submissão dos trabalhadores e à manutenção do estado social presente. Muito menos doutrinários que os seus êmulos franceses, vão ser também mais práticos, mais realizadores. Não surgirão entre eles teóricos como Buchez, de quem Schueren toma algumas ideias. Mas as suas obras sociais vão revelar-se sólidas, muito bem organizadas, dirigidas com disciplina. Algumas delas vão chegar até aos nossos dias...

Outro traço desse catolicismo social alemão é que nasceu sobretudo por iniciativa de sacerdotes ou mesmo de bispos. Ao passo que, na França, a quase totalidade do episcopado se recusa a interessar-se pelo problema social, e a massa do clero o ignora, na Alemanha a divisa é "aproximar a Igreja do povo, a fim de aproximar o povo da Igreja". Por isso, enquanto, na França, as obras sociais são quase unicamente fundadas por leigos, na Alemanha a maior parte tem padres à frente, ou, pelo menos, há padres que desempenham o papel de conselheiros, e esse papel é decisivo. Eis as características que vão marcar o catolicismo alemão até à nossa época.

Um sapateiro e um fazendeiro

Há, no entanto, uma outra característica que, tendo sido muito nítida nos primeiros tempos, se irá atenuando posteriormente. Em vez de cuidar, como os franceses, de suscitar novas instituições, uma nova ordem cristã, muitos espíritos germânicos inspiram-se numa concepção idealizada da Idade Média, durante a qual as instituições protegiam os fracos contra a exploração pelos ricos. E, assim, é muitas vezes nesse quadro geral bastante anacrônico — e romântico —, é no esquema das velhas corporações de ofício, dos *Vereine* — das confrarias de artesãos —, que temos de situar audácias de pensamento bem modernas e grandes realizações sociais.

Duas figuras significativas surgem em plena luz: *Adolph Kolping* (1813-65), sapateiro, e o barão *Burghard von Schorlemer Alst* (1825-95), antigo oficial, fazendeiro.

Filho de operário, o jovem Kolping teve de esperar até aos vinte e três anos para seguir a vocação religiosa que havia muito o perseguia. Era então aprendiz de sapateiro, ao serviço de um mestre que gostava tanto dele que o quereria para genro; e há uns lindos olhos que choram quando Adolph anuncia que vai para o seminário... Não era assim tão fácil ser padre! O primeiro pároco a quem fala do assunto responde-lhe com um gracejo latino, mas banal: *Ne sutor ultra crepidam!*, "o sapateiro que não olhe além da sandália!" Felizmente, um coadjutor, que temia menos as ascensões sociais, oferece a Adolph a sua proteção, e lá vai o jovem fazer os seus estudos na Universidade de Munique, pagos por uma senhora generosa.

Em 1845, Kolping é nomeado coadjutor em Elberfeld. É um sacerdote sólido e jovial, que agrada à juventude. Não tarda que o rodeiem uns quantos aprendizes e oficiais. O pe. Adolph descobre neles desgraças morais e materiais, o abandono em que muitos se encontram. Fala com o mestre-escola Breuer, e é então que lhe vem a ideia de formar o que mais tarde se chamará um "lar". Primeiro numa loja, depois, em local mais vasto, reúne os seus rapazes para beber com eles uma cerveja e ensina-os a cantar em honra de Nossa Senhora e de São Lourenço, padroeiro da cidade. O empreendimento cresce. Breuer, que estudara as confrarias e as corporações de ofício de outrora, elabora os estatutos de uma "Associação de *Gesellen*", cuja finalidade será ajudar os jovens, protegê-los, aconselhá-los. O pe. Kolping é um entusiasta; passa logo à ação. Em novembro de 1846, é fundado o primeiro *Gesellenverein*. Dentro em pouco, já são duzentos e cinquenta os participantes. É um êxito. E Kolping sonha com a reconstituição moderna do antigo "companheirismo", com a sólida hierarquia no mester, com os estágios dos aprendizes — toda essa organização fraternal que o terremoto revolucionário deitou por terra. Na brochura que publica em 1849, expõe um programa completo.

O sucesso ultrapassa bem cedo os modestos limites de Elberfeld. O cardeal Geissel, de Colônia, ouve falar do apóstolo e oferece-lhe um vicariato — muito mal pago — na catedral. O pe. Kolping aceita, e aí temos a *Kolpingfamilie* instalada na grande metrópole. Claro que as críticas não faltam. Os sete primeiros adeptos do *Gesellenverein* são chamados "depenadores de rosários"... Mas o número de membros aumenta rapidamente. O "pai" deles prega na catedral e, diante de uma grande assembleia de burgueses, recorda com brio que é filho de um operário, antigo sapateiro, e que não tem vergonha disso. As palavras que profere ferem duramente os egoísmos, evocam a miséria dos pobres "companheiros" jovens, de quem ninguém quer saber. Por meio da sua voz, quem se exprime não é somente a Igreja que vai até o povo: é a Igreja saída do povo, a própria Igreja-povo. Tal como na França, a voz de Ledreuille.

Toda a Renânia se cobre de associações, a tal ponto que já na primavera de 1850 se pode criar uma federação. O sul da Alemanha está conquistado: Friburgo, Carlsruhe... Não tarda, e é a Baviera que desperta. Em Viena, um jovem padre, filho de artesão, recebe um dia a visita de um robusto homem maduro, que, tratando-o por tu, lhe manda seguir o seu exemplo. É o pe. Gruscha, futuro cardeal-arcebispo de Viena. Ele obedece, e assim se funda um *Gesellenverein* nas margens do Danúbio. Em Berlim, é o jovem Eduard Müller, confessor das altamente aristocráticas consciências da família principesca dos Sagan, que se lança na ação: convida Kolping a falar diante de uma plateia recrutada no *Gotha,* e, com o dinheiro obtido, funda uma associação. Em 1855, a *Kolpingfamilie* conta cento e quatro grupos e doze mil adeptos. Em 1858, institui-se um órgão central. Quando morrer o grande incentivador, em 1865, os "companheiros" hão de ser mais de cem mil.

A princípio, o fim perseguido era sobretudo espiritual e caritativo. Tratava-se de proteger a alma dos jovens operários e de vencer a miséria em que viviam. Depressa, porém, acrescenta-se um novo objetivo: organizar a profissão.

Depois, à medida que o movimento toma corpo, Kolping milita no sentido da modificação do regime de trabalho e da defesa dos direitos do operário. É a mesma evolução que, em meados do século XX, se viria a conhecer nos movimentos católicos operários, como a JOC. Na prática, o *Gesellenverein* não inova. Entre outras, a ideia de alojar os jovens operários em casas da instituição já vinha do antigo "companheirismo" e fora experimentada em diversas cidades francesas pelas Conferências de São Vicente de Paulo. Mas, quando o haviam tentado, os vicentinos estavam ainda nos primeiros tempos e não tinham recursos nem método: daí o fracasso. Ao invés, Kolping e os seus discípulos empenham no empreendimento as qualidades de ordem e a capacidade de realização que todos reconhecem à sua raça. E as suas casas, bem administradas, não encontram dificuldades.

Mas há um ponto em que Kolping inova e em que está bem adiantado em relação ao seu tempo. Ao contrário dos "patronatos" franceses, deixa aos seus rapazes a maior iniciativa possível. "Os companheiros sapateiros — dizia ele — são quem melhor sabe onde é que os sapatos apertam". Nada de uniformidade na organização. Cada grupo conserva a sua autonomia. Aos padres colocados em cada um dos *Gesellenvereine,* Adolph Kolping envia-lhes instruções cheias de sabedoria prática. Devem estar sempre presentes, sempre atentos, mas discretos: devem mesmo compreender que, nessas experiências sociais, têm tanto a aprender como a ensinar. E, para cada um dos seus círculos, encontra assistentes eclesiásticos prudentes e eficazes. Um deles sugere-lhe que todos se unam numa nova ordem religiosa. Kolping recusa. Tal como é, a sua obra parece-lhe sólida.

E realmente é sólida. Em 1865, está implantada em todo o catolicismo alemão, austríaco e suíço-alemão. Tem jornais e revistas próprios, em que o próprio Kolping colabora, num estilo cheio de sabor. Um francês regressado da Alemanha compara melancolicamente os resultados da Sociedade de São Francisco Xavier com os da iniciativa alemã. A primeira — diz ele —, não exerce senão "uma ação fugidia", não dispõe de sede própria, reúne os jovens numa sala de catequese; ao passo que a segunda, "instalada em imóveis de sua propriedade", oferece um lar aos jovens — mesmo aos não-católicos —, dispõe de bibliotecas e, com frequência, de enfermarias.

E o exemplo de Kolping será seguido. Convidado a tomar parte, em Paris, num congresso de obras caritativas, Kolping expõe as suas teses e as suas realizações com uma autoridade que causará impressão. É ao ouvi-lo que Maurice Maignen sente nascer dentro de si a ideia dos "círculos de operários", esses círculos que vai fundar, juntamente com Albert de Mun a partir de 1871, numa perspectiva, aliás, bastante diversa, porque menos marcada por influências medievais. Quer pela sua irradiação, quer pela obra nascida das suas mãos poderosas — e que durará até ao nosso tempo —, o antigo oficial de sapateiro impõe-se como um dos pioneiros do catolicismo social.

É evidente que, nem pelas origens nem pelas realizações, o *barão von Schorlemer* se parece com Kolping. É um leigo, nasceu rico, e não é nos artesãos que pensa, mas sim nos camponeses, cuja situação não era, nesse tempo, mais invejável do que a dos "companheiros". Esse grande senhor de terras, que é um profundo católico, descobre sozinho o que mais tarde se virá a chamar a função social da propriedade. "O grande proprietário — declara ele — deve viver como cristão. Ou seja, deve distinguir-se daqueles que consideram uma extensa propriedade como um bom investimento de capital ou um meio de fugir ao grande calor do verão. Nós devemos participar tanto dos sofrimentos como das alegrias do povo [...]. Diante de Deus, ricos e pobres somos todos servos inúteis. É apenas sobre este sentimento que se pode constituir uma verdadeira hierarquia social".

Schorlemer vai aplicar esses excelentes princípios. Na sua Westfália natal, começava então a industrialização, com grande prejuízo para os camponeses. Pouco a pouco, ei-los expulsos do seu pedaço de terra, ei-los diluídos na massa de um proletariado agrícola cada vez mais desgraçado. Essa evolução irrita no mais alto grau o coração generoso do antigo major. Indigna-o, especialmente, ver tantos e tantos pequenos produtores rurais esmagados pelas hipotecas que uma colheita ruim, uma crise de mercado os forçaram a contrair. A partir de 1858, Schorlemer entra em ação. Em 1862, tem a ideia de fundar uma Associação de Camponeses: continuarem a ser bons católicos e defenderem os seus interesses, são os dois fins que lhes propõe. Começam por ser vinte à volta dele. Seis meses depois, já são mais de duzentos. Passa um ano, e andam pelo milhar. Assim nasceram os *Bauervereine*.

Essas associações vão desempenhar um papel notável. Difundidas, a princípio, apenas na Westfália, vão-se espalhando por toda a Alemanha. E organizam-se à perfeição. Até à Primeira Guerra Mundial, haverá em cada província um *Bauerverein*, com sede própria, jornal, laboratório técnico, banco cooperativo de empréstimos para a agricultura, organismos de socorros mútuos, armazém de adubos. Se, em face da indústria em expansão desmedida, a Alemanha conservou um mundo rural, é ao católico social barão von Schorlemer que o deve.

Um "bispo socialista": von Ketteler

"Companheiros", artesãos, camponeses têm, pois, defensores. E quem se ocupará dos operários de fábrica, desses trabalhadores fabris cuja situação na Alemanha não é melhor que na França, na Inglaterra, na Bélgica? É desses que mais vezes se fala nos Congressos católicos ou mesmo do alto dos púlpitos... Mas quem se lançará à sua defesa? Os socialistas de Lassalle ou os católicos? Há alguém que responde a essa pergunta. É esse jovem pe. Von Ketteler cuja eloquência ardente sacode a Mogúncia a tal ponto que, passados dois anos, Roma o coloca nessa ilustre sé episcopal.

Pela origem, pertence, como Schorlemer, à nobreza rural westfaliana. Quando estudante, batera-se em duelo, como era costume no seu círculo. Saído da universidade, entrara na administração pública e a sua família gostaria de o ver como prefeito. Mas é nessa altura que rebenta o entre o governo da Prússia e a Igreja, e mons. zu Droste-Vischering é recluído numa fortaleza[75]. Em protesto, o jovem Ketteler demite-se. Entra no seminário; tem trinta anos; trinta meses depois, está ordenado. Nomeado coadjutor de uma pobre paróquia rural em Hannover, esse fidalgo encontra as palavras necessárias para falar à gente do campo. Durante uma crise de fome, torna-se a providência da população, e, durante uma epidemia de tifo, o médico. É por isso que, nas eleições de 1848, o elegem triunfalmente para o Parlamento que vai reunir-se em Frankfurt. E, logo de entrada, diante de uns quarenta deputados padres, entre eles três bispos, todos preocupados com questões políticas, proclama a importância da questão social e o dever que incumbe à Igreja resolver. Assim se anuncia uma carreira, que se instala em Mogúncia com todo o brilho.

É um homem entusiasmante, persuasivo e simpático. Tem a finura, distinção de um aristocrata de velha cepa, a audácia e a paixão pela ação de um líder. Patriota alemão, veem-no trabalhar pela unidade do seu país, mas não aceitará o projeto estatizante e centralizador da Prússia. Em face do *Kulturkampf*, será um dos adversários que Bismarck deverá ter em conta. O mesmo apego a uma concepção germânica, tradicional, da sua Igreja o levará a opor-se ao dogma da Infalibilidade pontifícia[76]. Mas esse grande lutador é um cristão admirável, um sacerdote no sentido mais nobre da palavra, um pastor de almas. Vive e morrerá pobre. Os seus dias são os de um monge, bem como as suas refeições e as suas mortificações corporais; será no convento de uns capuchinhos muito humildes que encontrará o seu último refúgio. Todo o seu tempo de episcopado está repleto de realizações apostólicas: fundação de seminários, impulso às missões, criação de obras de piedade e de caridade, pelas quais se interessa pessoalmente. Há alguma coisa de São Carlos Borromeu e de São Francisco de Sales nesse padre aristocrata que não gosta da democracia, que combate os socialismos, mas sabe situar-se no nível do povo, partilhar das angústias dos mais fracos e, em nome deles, reclamar justiça.

A sua ação social exerce-se sobretudo pela pena e pela palavra. São incontáveis os sermões ou os discursos, as cartas pastorais ou os artigos em que a desenvolve. Em 1864, publica um livro: *A questão operária e o cristianismo*, que é um resumo das suas ideias. E elas são ousadas. Ao tornar-se bispo, o pe. von Ketteler nada perdeu da veemência do pregador de 1848. "Hoje, já não é possível nenhuma dúvida: a existência material da classe operária, ou seja, da maior massa de cidadãos de todos os Estados modernos, e a das suas famílias — o pão quotidiano do operário, da sua mulher e filhos —, está submetida a todas as flutuações do mercado, tratada como mercadoria. Conheceis acaso alguma coisa mais deplorável do que esta situação? Que sentimento deve ela despertar no coração desses infelizes? O que a Europa liberal nos oferece — tal como no-la fabricam os nossos liberais, os nossos franco-maçons filantropos, *esclarecidos*, mas anticristãos — é um mercado de escravos".

Não deverá a Igreja preocupar-se com essa situação dramática? "Há quem proclame: — Que tem a ver com o padre a sorte dos operários?" E Ketteler responde: "Não tenho apenas o direito, mas o dever de conhecê-la, de ter uma opinião acerca dela e sobre ela me exprimir em público. A questão operária tem a ver comigo, que sou bispo, tão intimamente como o bem de todos os fiéis da minha diocese, e aqueles que pertencem à classe operária são-me muito particularmente caros".

Não é muito de estranhar que *Le Temps*, o sisudo jornal parisiense, numa análise minuciosa do livro episcopal, dê à recensão um título expressivo: "Um bispo socialista"! De resto, mons. von Ketteler não esconde a sua admiração por Lassalle, "o Lutero do socialismo" como então se dizia. E Lassalle paga-lhe na mesma moeda, declarando que o prelado está "em odor de santidade" em todo o vale do Reno. Entre os dois, chegou a haver uma breve correspondência. A crítica do sistema capitalista, esboçada por Lassalle em 1863, é retomada e até desenvolvida por Ketteler. Três anos antes da publicação do *Capital*, o arcebispo formula a teoria do "trabalho-mercadoria", que Karl Marx irá desenvolver e apoiar com números.

Na verdade, entre 1848 e 1864, mons. von Ketteler evoluiu. Ontem, insistia na reforma interior. Agora, sem pôr de parte esse aspecto do problema, pensa que são indispensáveis reformas de estrutura. Não há dúvida de que é necessário chamar constantemente os católicos a um esforço a favor da justiça social, que é propriamente uma faceta da caridade; mas é também necessário que as virtudes pessoais sejam enquadradas, protegidas e mesmo suscitadas por instituições cristãs. Não se resolverá a questão social sem uma refundição total da sociedade, destinada a restituir-lhe os fundamentos orgânicos de outrora, que o sistema liberal-capitalista deixou destruir.

Contra esse sistema e as doutrinas — como a de Manchester — que o apoiam, mons. von Ketteler não encontra palavras suficientemente fortes. Em seu entender, o capitalismo industrial é responsável pelos males que estão à vista: a ruína do trabalhador, a sua exploração pelos patrões ("autêntico assassinato — escreve — de uma massa inteira"), o ódio que daí resulta e a luta "de vida ou morte" entre classes que deviam colaborar. As teorias do gênero das de Adam Smith são inadmissíveis. A liberdade total entrega o fraco às mãos do forte. As obras patronais e capitalistas, como as que Schulze-Delitzsch tenta constituir, não são mais que paliativos, quando não enganos. E o prelado não recua perante nenhuma audácia. "Em lábios diferentes dos de Vª. Exª. — escreve-lhe, com certa malícia, um coadjutor de Aachen —, os nossos burgueses católicos não tolerariam semelhantes verdades!"

Mas Ketteler não se limita a criticar. Propõe soluções sobre muitos pontos. A sua ideia central é a da associação operária. (Hoje diríamos: o sindicato). Independentes do Estado, mais ainda que do capitalismo, essas associações operárias devem ser suficientemente fortes para contrabalançar, até no plano político, a influência dos patrões, e para conduzir a reformas indispensáveis: garantia de um salário mínimo independente do mercado de trabalho e suas flutuações; regulamentação das condições de trabalho, com proibição do emprego de crianças e proteção à mulher; ajuda de custo à mãe de família que fique no lar. São ideias espantosas para a época e mais ainda nos lábios de um membro importante da Hierarquia, e Ketteler as expõe em quaisquer circunstâncias, perante qualquer auditório. Em 1869, fá-lo diante de milhares de operários, que o aclamam. No mesmo ano, quando os bispos alemães se reúnem num sínodo nacional antes de irem para o Concílio Vaticano, o arcebispo de Mogúncia entrega-lhes um verdadeiro programa. Pede-lhes que fundem nas respectivas dioceses centros sociais para a promoção dos operários e encaminhados à criação de associações de trabalhadores.

Nesse relatório, há coisas espantosas. Por exemplo, um projeto de participação obrigatória dos operários nos lucros, ou o da criação de um instituto de crédito que permita aos trabalhadores possuir o capital da empresa. É certo que não se encontra aí um conjunto doutrinal completo, um sistema propriamente dito. Nada de análogo, nem na análise crítica, nem na síntese construtiva, a esse monumento que no mesmo instante está a ser construído por Karl Marx. Sobre pontos fundamentais — por exemplo, quanto ao papel do Estado e sua intervenção em matéria social —, mons. von Ketteler é pouco nítido. Mas pelo menos os grandes princípios estão aí formulados, e serão esses que irão definir o catolicismo social moderno.

Devemos ainda acrescentar que, no campo da prática, as realizações do grande bispo foram importantes. As Associações de trabalhadores católicos nascem com ele (vão-se desenvolver, principalmente, após o *Kulturkampf*). E são também de registrar, a crédito de Ketteler, agrupamentos de juventude, mais ou menos inspirados nos de Adolph Kolping, caixas de socorros, repartições encarregadas de arranjar emprego, sociedades imobiliárias para a construção de casas para operários... E outras coisas mais, porque o papel de propulsor do arcebispo se traduz, em todo o catolicismo alemão, num extraordinário interesse pelas questões sociais.

A irradiação pessoal de Ketteler é assombrosa. De toda a Alemanha, e mesmo de fora, chegam-lhe manifestações de simpatia, incontáveis. Um modesto mecânico, por exemplo, escreve-lhe que, não tendo esperança de o ver neste mundo, espera encontrá-lo no Céu para lhe poder agradecer "ter sido um grande homem de bem". O seu nome é aclamado em congressos socialistas. À sua volta, fundam-se equipes de padres-sociais, que irão prolongar a sua obra. Juntamente com o deão Lening (o animador de 1848), o seu sobrinho

Moufang e o cônego Heinrich, seus auxiliares imediatos na ação pastoral, irão continuar os seus ensinamentos e o impulso que deu. Foi ele que lançou à ação um jovem sacerdote de Aachen, Joseph Schings, fundador das *Folhas Cristãs Sociais*, e o pe. Hitze, que, com ele, trabalhará pela unificação das Associações Operárias; e ainda todos os que hão de aparecer no *Volksverein* e no movimento de Mönchengladbach. Os artigos que publica nas *Folhas Histórico-Políticas* o seu novo diretor, Edmund Joerg, e o livro de sua autoria, *História dos partidos político-sociais na Alemanha*, estão em perfeita consonância com as teses do arcebispo. Na Suíça, o capuchinho Théodose, que aspira a criar uma espécie de padres-operários, e Bernardo von Myer, exilado na Áustria, que propõe a posse comunitária do capital, são seus discípulos.

É conhecida a palavra de Leão XIII, o papa da primeira Encíclica social, a *Rerum novarum:* "Ketteler foi o Nosso grande precursor". O catolicismo social deveu muitíssimo ao arcebispo de Mogúncia, infatigável combatente das causas generosas. Mas as consequências da sua ação foram ainda mais profundas. Trabalhando por reatar os laços entre a Igreja e a classe operária, Ketteler deu bases populares extremamente sólidas ao catolicismo alemão: é significativo que a Igreja Católica tenha conservado em larga medida as suas massas populares, ao passo que o proletariado protestante deslizou rapidamente para o socialismo revolucionário.

Não o deveremos perder de vista quando assistirmos ao aparecimento do grande partido católico alemão, o *Centro*. Sem esse imenso apoio do povo, teria a Igreja conseguido vencer Bismarck no *Kulturkampf?* E o Chanceler não estaria condenado a inscrever "Canossa" no itinerário das suas lembranças, depois de Sadowa e de Sedan? E algo mais profundo ainda: não foi o grande arcebispo von Ketteler quem conferiu ao catolicismo alemão uma das suas características fundamentais, que ainda hoje conserva: o hábito de "considerar o social sob o ângulo de uma ordem harmoniosa [...], e não sob o de um duro combate, com os seus ódios, triunfos e derrotas"?[77] É significativo que, ao serem votadas na Alemanha as primeiras leis sociais (1878), antecipando-se às de toda a Europa, essas leis venham a ser chamadas "leis Ketteler", em homenagem a um morto imensamente ilustre.

A caminho do corporativismo e do paternalismo

A enorme mixagem de ideias de von Ketteler, as suas realizações, os seus planos, assim como as criações de Kolping e de Schorlemer, por muito diferentes que sejam, procedem sempre de uma ideia comum: importa trabalhar pela restauração de uma ordem social subvertida pelas forças do mal. Não se trata, para nenhum dos três, de refazer as corporações do *Ancien Régime;* mas todos pensam que o contributo que elas deram no seu tempo poderia ser aproveitado, desde que traduzido em termos modernos. É daí que vai sair um movimento que há de ser no século XX um dos cavalos de batalha do catolicismo social: o *corporativismo*. E é um discípulo de Ketteler quem vai formular a respectiva teoria.

O nome desse discípulo é *Karl von Vogelsang* (1818-90). Barão no território de Mecklemburg, alto funcionário prussiano, era tão feudal por temperamento que, quando em 1848 Frederico Guilherme IV fez algumas concessões constitucionais aos seus súditos, ficou indignado. Mas, convertido ao catolicismo na sequência de uma crise de consciência semelhante à de Pascal, descobriu a escola de Mogúncia e, por meio dela, a existência do problema social. Em 1864, retira-se para Viena e consagra desde então a vida a resolvê-lo. Apoiado por membros jovens mas importantes da alta aristocracia austríaca — o príncipe de Lichtenstein, o conde von Blome, o conde von Kufstein —, torna-se dentro em pouco redator de *A Pátria [Das Vaterland],* o jornal dos grandes proprietários rurais, federalistas, hostis ao governo imperial centralizador e ao capitalismo industrial. É nas colunas desse jornal que von Vogelsang vai expor as suas ideias e, pouco a pouco, elaborar uma doutrina.

Em larga medida, essas ideias procedem das de Ketteler. Como este, von Vogelsang condena no capitalismo a procura exclusiva do lucro, a iniquidade de um sistema que conserva o operário na miséria e na servidão. Vai mais longe que o arcebispo em diversos pontos: por exemplo, quando defende que "a propriedade tem uma função social", usando expressões de que se lembrarão Leão XIII e Pio XI; ou quando mostra a necessidade de instituir verdadeiros seguros sociais. Mas tem sobretudo o mérito de enquadrar num todo as críticas e os projetos. Para ele, importa "substituir a atual divisão horizontal das classes por uma divisão vertical, que una patrões e operários em corporações análogas às da Idade Média, nas quais se possam sentir solidários uns dos outros"[78]. O assalariado desapareceria, substituído pela participação dos operários, não apenas nos lucros, mas até na propriedade das empresas.

Uma atmosfera profundamente religiosa — pensa Vogelsang — há de permitir o bom acordo entre todos e o funcionamento harmonioso do sistema. É esse, aliás, o ponto fraco da sua teoria. Porque, se na Idade Média o corporativismo foi vigoroso e funcionou bem, foi exatamente porque toda a sociedade era cristã. Sê-lo-ia ainda a do século XIX? Ou poderia tornar a sê-lo?

Isso não impede que as ideias de Karl von Vogelsang exerçam uma influência considerável. Há industriais e grandes empresários que se inspiram nelas para realizações que passarão com frequência a ser imitadas: seguros de doença e de velhice, participação dos operários nos lucros. O jovem discípulo de von Vogelsang, o conde von Blome, difunde essas ideias na sua revista *La Correspondance de Genève*, de âmbito internacional. É aí que La Tour du Pin as descobre e é nelas que se inspira.

Na França, a situação evoluiu de modo inteiramente diverso a partir de 1848. Como os democrata-cristãos perderam toda a influência, só permanecem ativos os católicos sociais de direita. Após a morte de Villeneuve-Bargemont (1850), os líderes desse grupo continuam a ser Armand de Melun e Augustin Cochin. Alguns deles, como legitimistas, militam na oposição. Outros (como o próprio Melun) estão mais ou menos ligados ao Império. Napoleão III está pronto a apoiá-los; declara-se "social" e, como judiciosamente diz Melun, "muito disposto a fazer o bem e a concorrer para a felicidade do povo, mas com a condição de que esse bem e essa felicidade lhe tragam alguma coisa, e de que tudo o que se faça nessa matéria pareça vir exclusivamente dele..."

Já o clero e a própria Hierarquia só debilmente se interessam pelos esforços dos católicos sociais. São raros os bispos que, como mons. Darbois, arcebispo de Paris, se mostram preocupados com a questão social, raros os padres que se devotam ao apostolado do povo, e muito mais raros ainda aqueles que compreendem que não bastam os sermões para trazer o proletariado para a Igreja.

Os progressos que o socialismo faz nesse momento, a orientação irreligiosa que assume cada vez mais, tudo contribui para criar confusões e alimentar desconfianças. Veuillot descobre socialismo, revolução, heresia em tudo o que se proclama social. É, pois, em condições bem difíceis que Melun, Cochin e os seus amigos prosseguem as suas atividades no terreno social.

No plano prático, a ação desses homens está longe de ser desprezível. A Sociedade de São Vicente de Paulo faz progressos espetaculares. Chega a contar mais de 1.300

"conferências", talvez perto de 1.600. Às bem conhecidas visitas acrescenta outras atividades, como a criação de "fornos econômicos" — diríamos hoje "sopa dos pobres", "cozinha popular" —, em que os confrades distribuem rações aos necessitados. O movimento mutualista, que se desenvolveu enormemente durante todo o Império, é, em boa parte, obra católica: foi Armand de Melun quem recebeu o encargo de elaborar o decreto que estabeleceu as bases dessa instituição; e, no Conselho da Mutualidade, são muitos os católicos sociais. Sobretudo nas províncias, multiplicam-se sociedades católicas de socorros mútuos. É também aos católicos sociais que se deve a criação e o rápido êxito da *Obra das Creches,* que toma a seu cargo as crianças cujas mães trabalham fora de casa, e a que ficou muito ligado o nome de Marbeau. O mesmo se diga da fundação das "colônias agrícolas da infância", orfanatos, casas de recuperação.

Mas o maior esforço vai para os patronatos, onde se procura agrupar os jovens, a fim de lhes oferecer distrações sãs, ensino pós-escolar, e conservá-los cristãos. Por todo o lado surgem obras desse gênero: perto de 180. Em Paris, Melun preside a uma delas, que tem um ramo feminino. Em Marselha o pe. Timon-David[79], em Angers o pe. Le Boucher são os apóstolos dessa ação social. Os patronatos têm um jornal, *Le Jeune Ouvrier,* e os seus diretores reúnem-se regularmente em congresso, para o estudo dos problemas em escala nacional. É aí que se fala pela primeira vez de apostolado operário pelo operário.

Apesar de tudo, há numerosos indícios de que essa atividade meritória enfrenta sérias dificuldades. Os confrades de São Vicente de Paulo verificam que, em certos meios populares, as suas visitas já não são aceitas. Observam também que vão sendo em menor número os jovens que entram nas suas fileiras. As sociedades católicas de socorros mútuos quase não penetram na classe operária. Os patronatos veem vir até eles os bons rapazes, os dóceis, mas uma parte da juventude operária escapa-lhes. De resto, a partir de 1860, todo o movimento atravessa uma crise: há quem queira conferir maior autoridade aos próprios jovens e constituir um "companheirismo" católico nos moldes do de Kolping; outros opõem-se a essa tendência. Por motivos mais espirituais, Timon-David faz abortar o projeto.

Há outras provas de que o catolicismo social francês anda à procura do seu caminho. A Sociedade de Economia Caritativa, após um momento de hesitação, retoma os seus trabalhos. Armand de Melun preside-a há vinte e oito anos. São incontestáveis a sua coragem e a sua audácia. Não hesita em escrever que o mundo ocidental vive "sobre um vulcão subterrâneo", que a explosão social se produzirá fatalmente. Ousa dizer aos católicos quais as suas responsabilidades, censurá-los pela sua "imobilidade e silêncio", lembrar-lhes que não basta falar aos pobres das "inefáveis alegrias do Céu". Chega a ser dado um passo decisivo quando, em 1860, os velhos *Annales de la Charité* passam a ser a *Revue d'Economie charitable:* começa-se a distinguir melhor o social do caritativo, e o operário do pobre.

No conjunto, porém, de congresso em congresso, de artigo em artigo, de discurso em discurso, anda-se ainda à procura de uma doutrina. É então que os católicos sociais a encontram, bem de acordo com as suas convicções profundas, que são antidemocráticas, antirrevolucionárias, baseadas numa concepção hierárquica da sociedade e na ideia de que, trabalhando a favor da justiça social, a ordem será salva. Essa doutrina pertence a *Fréderic Le Play* (1806-82).

Homem notável, uma das luminárias do regime imperial. Politécnico, engenheiro de minas, comissário geral de três Exposições Universais, conselheiro de Estado. As suas ideias estão na moda. "Um Bonald rejuvenescido, progressivo e científico", diz dele Sainte-Beuve. E, quando surge, em 1864, *A Reforma Social,* Montalembert declara, pura e simplesmente, que é "o livro mais forte do século". A teoria pretende ser científica. Multiplicando monografias sobre uma infinidade de exemplos concretos, tirados da história ou da observação dos numerosos países que visitou, Le Play afirma que é possível extrair regras que permitam às sociedades serem prósperas. Insiste com muita precisão nas realidades da família e do mester, células vivas da sociedade. Tudo o que destrói a família — quer sejam as doutrinas irreligiosas, quer a industrialização excessiva e a proletarização das massas — é condenável. No âmbito da profissão, o antagonismo das classes é um erro mortal: patrões e operários devem sentir-se solidários, porque os interesses de uns e de outros são, em última análise, os mesmos (e desse modo Le Play alcança, se bem que por outras vias, o corporativismo de Vogelsang).

Le Play é hostil a tudo o que procede da Revolução. Denuncia os "falsos dogmas" da "igualdade providencial" e do "direito perpétuo à revolta". Mas não é menos hostil ao liberalismo econômico, que, em nome do lucro, destrói a família e degrada o homem. Não quer tampouco os sistemas estatistas: vai ao ponto de reclamar a extinção dos ministérios da Agricultura, das Obras Públicas e da Educação Nacional! Qual será, pois, a sociedade ideal?

Será uma sociedade "monárquica na família e no Estado", mas "democrática na comuna e aristocrática na província e no mester". Será, em suma, uma espécie de imensa família, cujo *patrifamilias* será representado por todos aqueles que, em termos sociais, ocupam o cimo da escala. Estes têm de tomar consciência dos seus deveres e trabalhar pela realização da harmonia orgânica da sociedade, fazendo reinar nela a ordem e a justiça. Quanto aos outros, compete-lhes observar o respeito: respeito pelo pai na família, respeito pelas autoridades sociais, respeito por Deus. Assim, com cada elemento social bem no seu lugar e cheio do sentido das suas responsabilidades, tudo funcionará bem.

É incontestável que há muito de bom na obra de Le Play, nomeadamente as suas ideias acerca do papel das células sociais: família, comuna, mester. O conjunto não pode deixar de agradar aos católicos, para quem o "Decálogo universal" a que ele se refere ganha muito naturalmente o sentido dos Mandamentos da Lei de Deus. No entanto, Le Play não é expressamente católico, ou, melhor, só virá a sê-lo no fim da vida; e a Sociedade Internacional de Economia Social conta entre os seus membros alguns protestantes e até agnósticos. Mas a sua doutrina corresponde tão facilmente às tendências profundas do catolicismo social de direita, que entre eles se estabelece um acordo espontâneo. Associada às teorias da Contrarrevolução, que nesse momento, com Blanc de Saint-Bonnet e outros, ganhavam terreno e que faziam da religião uma "máquina de guerra" contra as ideias de 1789, a tese de Le Play fará carreira[80]. Assim nasceu o *paternalismo,* que marcará uma corrente inteira do catolicismo social.

É nesta perspectiva que devemos situar a obra dos católicos sociais franceses sob o IIº Império, se quisermos compreender as razões do seu meio-fracasso. A este respeito, uma obra como a dos "patronatos" é, já pelo nome, significativa: trata-se de "moralizar a juventude operária", como diz o pe. Le Boucher, para que, uma vez adulta, venha a ser um fator de ordem. Mais geralmente, a intenção é construir a felicidade do operário sem lhe pedir a opinião, sem o associar às decisões acerca da sua sorte, como se fosse um menor ou um incapaz. Por isso o paternalismo tem muito má reputação. "Desce-se ao povo, condescende-se com o povo", dirá Péguy.

Mas, com semelhantes juízos, comete-se uma injustiça. Houve "paternalistas" que trabalharam generosamente para melhorar a condição operária, como, por exemplo, esses "patrões sociais" que têm por modelo Augustin Cochin e seu tio Benoist d'Azy. Nas empresas que administram — Compagnie d'Orléans, Saint-Gobain —, vão muito longe nos seus esforços de caráter social: criam cooperativas para o pessoal, serviços médicos, sistemas de crédito, e chegam a associar os trabalhadores aos lucros[81]. Mas será que o princípio desse sistema é ainda aceitável num momento em que a classe operária cada vez mais toma consciência de si mesma, da sua força, dos seus direitos, e em que sofre a influência cada dia maior do socialismo? E, associando o catolicismo a esse conceito de ação social, será que se lhe presta um serviço?

São muito raros aqueles que se apercebem de que há aí um erro. De tempos em tempos, Armand de Melun tem a ideia de que o futuro pertence às "associações operárias" — nós diríamos aos sindicatos — e de que deve ser o operário quem assuma ele próprio a responsabilidade pelo seu destino. Mas Melun confessa que "o instinto das classes altas repeliu essa tendência democrática" porque sentiu "que assim perdia um privilégio", enquanto o povo "se queixa de que a caridade é uma expressão de supremacia contra ele". Mais tarde, chegará a dizer: "Estamos a entrar numa era social em que, menos que nunca, o benfeitor do operário deverá fazer sentir que o benefício obriga". Mas a corrente é demasiado forte e arrasta o movimento social católico num sentido bem diferente daquele que essas justas palavras indicam. Em parte alguma, exceto em escritores mal conhecidos e cuja obra permaneceu ignorada por muito tempo, como um François Bourgeois, se vê despontar a ideia de que "é confiando aos operários católicos a responsabilidade das obras católicas de caráter social que se pode evitar a descristianização e a luta de classes e conseguir uma real melhoria social".

Na prática, as exceções são raras. É León Harmel, empresário social, que, no Val des Bois, tenta nos começos da década de 1870 uma experiência inteiramente isenta de espírito paternalista. É *Maurice Maignen*, dos Irmãos de São Vicente de Paulo, com o seu *Círculo Montparnasse*, que procura sair do quadro estreito da proteção a aprendizes e associar os operários adultos tanto à promoção social como à recristianização; a ele se deverá a iniciação de La Tour du Pin. Mas são casos isolados.

Por volta de 1870, o movimento católico social parece, pois, conduzir ao corporativismo e ao paternalismo, ambos "contra-revolucionários". Na Bélgica, *Charles Périn*, sucessor de Charles de Coux na cátedra de Lovaina, denuncia com veemência os abusos que se cometem contra a classe operária e clama corajosamente por reformas. Mas concebe-as dentro de um corporativismo cristão autoritário e de um esforço por melhorar a moral e o espírito cristão entre os patrões e entre os operários: o "socialismo cristão" que reclama preconiza a renúncia, a abstinência, a castidade voluntária, ao mesmo tempo que aceita como fatal e bom em si o progresso da indústria. Tem grande audiência. E, quando Ducpétiaux, apoiado nos resultados dos minuciosos inquéritos que dirigiu sobre a situação do operariado, e também no filósofo republicano François Huet, e ao lado dele o jornalista Adolphe Bartels, fundador do *Débat Social*, reclamam para o catolicismo social belga uma orientação mais democrática e progressista, não são seguidos. "A principal causa da desordem social — dirá um orador no Congresso de Malines de 1868 — está no esquecimento dos deveres que a religião católica impõe tanto aos operários como aos patrões, e o principal remédio reside no regresso à prática dos seus deveres". E a direção da *Federação das Sociedades Operárias Católicas*, fundada em 1868, é exclusivamente burguesa.

Na Inglaterra, não é diferente o pensamento de Manning, embora a sua inesgotável caridade lhe valesse ser chamado o Pai dos Pobres, o Cardeal dos Operários. Na Suíça, são os mesmos os princípios defendidos por Gaspard Decurtins, grande realizador de obras sociais. Na Itália, onde o estudante Nicolo Rezzara se prepara para uma ação social mais audaciosa, o jovem cardeal de Perugia, Gioacchino Pecci — apesar de condenar com veemência "o indigno abuso dos pobres e dos fracos por aqueles que os exploram em seu proveito", e de discernir tão bem o vício das "manufaturas modernas", que isolam do trabalhador o empregador, reduzindo aquele ao papel de máquina, e de ir ao ponto de usar o vocabulário marxista para denunciar "a lei de bronze"—, ainda só propõe como solução o regresso ao cristianismo e à Igreja, "que dá ao trabalho a sua dignidade, o seu poder de produção, e que concilia nele a rude obrigação com a liberdade humana". Leão XIII irá mais longe...

E o Papa reinante, Pio IX, que lugar ocupa ele em toda essa corrente? Um lugar bem modesto, temos de confessá-lo. Na sua pena, as iniquidades sociais não encontram nenhuma dessas frases fulgurantes com que vitupera o liberalismo, o socialismo e as potências revolucionárias. E certo que Ketteler, no seu livro de comentário à *Encíclica de 8 de dezembro de 1864,* se esforça habilmente por mostrar que, na *Quanta cura* e no *Syllabus,* não se contêm somente princípios de base que permitiriam a uma sociedade justa eliminar o problema social, mas ainda elementos positivos em que seria possível reconhecer o esboço de uma doutrina social tão afastada dos sistemas socialistas como da economia política liberal[82]. Não há dúvida de que refazer uma sociedade cristã é o remédio único, ideal e supremo, mas não era fácil de aplicar na situação então vigente. Por outro lado, o *Syllabus,* estreitamente interpretado, contribuía para orientar o catolicismo social no sentido da Contrarrevolução, da restauração das hierarquias sociais, do paternalismo[83].

Após cinquenta anos de esforços

Em 1870, decorrera meio século desde que os católicos tinham começado a despertar para a realidade social. Tinham-se derramado tesouros de boa vontade, de generosidade, de coragem. Com que resultados? A primeira resposta que vem ao espírito é: bem fracos! O catolicismo social não conseguiu tomar lugar entre as grandes correntes de ideias e os grandes movimentos que arrastavam a época. Não conseguiu sacudir a indiferença social da grande massa católica, ainda prisioneira das suas rotinas, do seu egoísmo ou, quanto aos melhores, de uma concepção exageradamente espiritual e individual da religião. Também não conseguiu reconquistar a sério a classe operária; e, se é exagerado dizer, com o pe. Barbier, grande adversário de todo o catolicismo social, que as obras católicas não juntavam senão "os atrasados da indústria, os madraços da fábrica, os bedéis que perderam a alabarda e os sacristães reformados", é forçoso admitir que a elite operária não voltou ao redil de Cristo.

Mas seria inteiramente injusto ficar por este balanço decepcionante. Graças à ação, com certeza excessivamente desordenada ou até contraditória, das diversas equipes de católicos sociais, um número crescente de católicos descobriu que existia um problema social, que esse problema punha em causa a sua religião e que tinham o dever de lutar por resolvê-lo. Não seriam ainda em grande número, mas constituíam a vanguarda de um exército que cresceria. Definiram-se alguns grandes princípios, particularmente quanto aos deveres dos ricos e dos patrões, quanto à função social da propriedade, e sobretudo impôs-se a ideia de que se pode e se deve achar nos ensinamentos de Cristo, na tradição da Igreja, as regras para solucionar o problema social. Há até um esquema ideal que se desprende desses esforços de pensamento e de ação: o de uma sociedade mais justa, mais fraternal, donde fossem eliminados ao mesmo tempo a exploração do homem pelo homem e o antagonismo das classes.

O fracasso, se é que houve fracasso — ou semifracasso, para falar com mais propriedade — foi devido, por um lado, a causas independentes da ação dos católicos, e, por outro, à sua insuficiência num aspecto. Não foi por culpa desses homens que os acontecimentos da primavera de 1848, provocando a reação política e social que já vimos, eliminou metade deles, e precisamente aquela metade que sentia melhor a sua época com as suas exigências, e que era mais capaz de se opor aos socialismos, colocando-se no mesmo terreno que estes. Mas foi erro seu não fazer um esforço bastante sério para compreender em profundidade as condições do seu tempo, o mecanismo do sistema capitalista e as suas consequências, em especial as consequências que arrastava para a Igreja. Entre eles, foram demasiados os que acreditaram que se podia reformar a vida social simplesmente lutando pela justiça, sem se darem conta de que era necessário reformar as próprias condições sociais, assim como as instituições. Numa palavra, faltou doutrina ao catolicismo social incipiente, e isso foi terrível.

Em 1830, no momento em que, como dizia Engels, "à não-maturidade da produção capitalista, à não-maturidade das classes, corresponde a não-maturidade das teorias", essa falta era desculpável. Já não o era tanto em 1870. E foi muito grave o atraso em que se ficou em confronto com os grandes doutrinadores do socialismo ateu. Como num outro terreno, aliás próximo deste — o da especulação pura, da crítica, da filosofia —, os católicos de 1815 a 1870 foram demasiado falhos no plano social: faltou-lhes inteligência criadora, audácia construtiva, poder de análise e de síntese. Será lícito falar de erro? Qual a classe, qual o povo, qual a Igreja que será responsável de que nasçam, ou não nasçam, gênios no seu próprio seio?

Mas ficamos por vezes a imaginar o que teria sido o destino do mundo se O *capital* houvesse sido escrito por um católico, ou se Karl Marx não tivesse sido ateu...

Notas

[1] Rimbaud.

[2] Cf. vol. III, cap. I, par. *Um afesco florentino.*

[3] Cf. vol. IV, cap. IV, par. *Roma, capital das artes;* e vol. V, cap. V, par. *Basílica de São Pedro.*

[4] Cf. vol. VII, cap. I, par. *Uma herança duvidosa.*

[5] Como sabemos, a expressão é de Paul Hazard.

[6] *Le drame de l'humanisme athée,* Paris, 1945 e 1959, de Henri de Lubac, é fundamental para a compreensão do drama espiritual dos séculos XIX e XX.

[7] Na sua obra *Le prêtre français et la société contemporaine,* vol. I, Paris, 1933.

[8] Cf. vol. VII, cap. I, par. *Batalha à volta da Bíblia: de Spinoza a Richard Simon, in fine,* e *O contra-ataque cristão, in fine.*

[9] É sabido que foi encontrado no Egito um papiro de 140 da nossa era, com um fragmento do quarto Evangelho.

[10] Devemos, contudo, ter o cuidado de notar que Renan nunca teve senão palavras de respeito e de amizade para com o clero. Recordemos as palavras das *Lembranças:* "Vivi dez anos no meio de padres. Só conheci bons padres".

[11] *Le drame de l'humanisme athée, op. cit.* Cf., em especial, as pp. 22 e s., donde são extraídas as citações entre aspas deste parágrafo.

[12] Cf. neste volume o cap. I, par. *Revolução com a Igreja?*

[13] Cf. vol. VII, cap. I, par. *Na Alemanha: das "luzes" a Kant.*

[14] Noção que será abundantemente retomada por Renan, e também na nossa época, por diversos pensadores, mesmo cristãos.

[15] Ao mesmo tempo que acusava a fé de escravizar, de alienar o homem, Feuerbach acusava-a de separar os homens em vez de os unir. Censura a que, quinze anos antes, o grande teólogo Moehler já respondera (cf. neste volume o cap. VIII, fim do par. *Opções para o amanhã).*

[16] Embora certas propagandas marxistas incitem, evidentemente, ao materialismo gozador das massas.

[17] Devemos, todavia, notar que Marx não aceita o materialismo meramente mecanicista e cientificista. Ao contrário, por exemplo, de Taine, condena a doutrina segundo a qual os homens são apenas produto das circunstâncias. Segundo ele, essa doutrina esquece que "as

circunstâncias são modificadas pelos homens". É por meio do homem, da educação, que a lei do materialismo histórico se cumpre.

[18] Função equivalente à de monitor ou assistente de determinada matéria (N. do T.).

[19] Cf. neste capítulo o par. *A questão social e os socialismos.*

[20] E pela sua ignorância em assuntos sociais e econômicos.

[21] Nem a sua ação política. É por isso que o marxismo será estudado mais a fundo no vol. IX desta coleção.

[22] Hoje em dia, esquece-se demasiado a influência de George Sand. Foi ao ler, no Seminário, o romance da escritora — *Spiridion* —, cujo herói, o "Monge Alexis", está inspirado em Lamennais, que Renan descobriu o espírito do século. Por isso enviou a George Sand o primeiro exemplar da sua *Vida de Jesus.*

[23] Cf. vol. V, cap. V, par. *A defesa da fé: Belarmino e Barônio*, n. 24 (N. do T.).

[24] Cf. vol. VII, cap. I, par. *O contra-ataque cristão.*

[25] Cf. neste volume o cap. V, par. *Capital da Igreja.*

[26] Cf. neste capítulo o par. *Um sapateiro e um fazendeiro.*

[27] Sobre esta expressão, cf. neste capítulo o par. *Catolicismo e consciência social.*

[28] Cf. neste volume o cap. III, par. *Joseph de Maistre e Bonald.*

[29] Cf. neste volume o cap. II, pars. *Uma instalação diflcil* e *A hora de Chateaubriand.*

[30] Cf. neste capítulo, par. *E a Igreja reagiu?*, a citação desse artigo.

[31] Cf. neste volume o cap. IV, par. *O drama de Lamennais.*

[32] Cf. neste capítulo o par. *Pedras de toque.*

[33] Cf. neste volume o cap. V, par. *O Concílio Vaticano.*

[34] Cf. neste volume o cap. VIII, par. *Na Inglaterra: Newman e o Movimento de Oxford.*

[35] H. J. Walgrave.

[36] Jean Guitton, in *La philosophie de Newman* (Paris, 1933).

[37] Friedrich Karl von Savigny, jurista alemão, que teve a seu cargo, na Prússia, o "ministério da Revisão das Leis".

[38] Cf. neste capítulo o par. *Catolicismo e consciência social.*

[39] Cf. neste volume o cap. V, par. *O Concílio Vaticano.*

[40] É sabido que o concordismo é uma tendência intelectual (mais que uma teoria) que leva a atribuir a um fato religioso uma explicação científica racional mais ou menos forçada. Por exemplo, procura-se assimilar os "Dias do Gênesis" às eras geológicas, ou fazer corresponder à história bíblica dos começos da humanidade as diversas fases da pré-história. Muito espalhado pelos trabalhos do pe. Maigno, o concordismo passou por um período de tão grande força... que ainda não a perdeu de todo.

[41] Cf. neste volume o cap. I, par. *Calmaria e renovação na era termidoriana.*

[42] Cf. neste capítulo o par. *De Chateaubriand a Newman: fraqueza e força de uma apologética.*

[43] Cf. neste volume o cap. VIII, fim do par. *Opções para o amanhã.*

[44] Pouthas. — Recordemos que, na equipe de Migne, trabalhavam vários padres suspensos do uso de ordens, que assim aproveitavam a ocasião para serem úteis à causa da Igreja.

[45] Cf. neste volume o cap. VIII, par. *Renovação monástica, proliferação de Institutos, plétora de congregações.*

[46] Cf. vol. VII, cap. I, par. *De Malebranche aos bolandistas: um esforço considerável.*

[47] Importa destacar o esforço criador de Johann-Adam Moehler, cuja teologia da Igreja viria a ser decisiva (cf. neste volume o cap. VIII, fim do par. *Opções para o amanhã).*

[48] Cf. neste volume o cap. IV, par. *Um período de efervescência.*

[49] Reeditado parcialmente, no ano de 1938, por M. Deslandier e A. Michelin.

[50] Máquinas de fiar algodão (N. do T.).

[51] A ambiguidade da palavra "social" é significativa e prenhe de consequências, tal como o era a do epíteto "liberal" (cf. neste volume o cap. V, par. *Um papa liberal?).* Para muita gente deste período, *social* significava "concernente à sociedade", no sentido em que Jean-Jacques Rousseau dela falou no *Contrato social.* Mesmo homens como Montalembert a utilizarão muito nesse sentido. A precisão do vocabulário será feita em paralelo com a consciencialização da própria realidade, sob a influência das doutrinas "socialistas" e do "catolicismo social".

[52] A influência do marxismo só mais tarde é que se tornará decisiva na evolução das ideias sociais do Ocidente. Por isso, a crítica dessa doutrina será feita no volume IX desta coleção.

[53] Proudhon admirava Jesus Cristo, e fala dEle com tal frequência que já foi possível, com as numerosas referências que Lhe fez, compor um *Retrato de Jesus* (por Robert Aron, Paris, 1951) do mais alto interesse.

[54] É de justiça observar que também nos meios "liberais" foram raros os "sociais". Em 1829, alguém pediu ao general Foy, célebre orador liberal, que abordasse a questão social diante de um desses vastos auditórios que acabavam de o ouvir. A sua resposta foi: "Não vale a pena: ninguém entenderia".

[55] Se quiséssemos detectar os indícios anunciadores, deveríamos procurá-los no tempo da Revolução. Não nos textos oficiais, decididamente ignaros, como é sabido, da questão social, nem nos discursos dos grandes líderes, mas nos esforços muito obscuros de figuras isoladas e de pouco peso. Assim como o comunismo pode reivindicar entre os seus antepassados um Gracchus Babeuf, assim o catolicismo social pode recordar-se de um Claude Fauchec, bispo-constitucional do Calvados, que, no seu *Cercle social,* escudava a miséria das classes populares, e até do padre apóstata Jacques Roux, chefe dos *Enragés* ["Raivosos"]. precursor de um certo coletivismo cristão. Mas trata-se de antepassados de pouco valor, cuja influência foi, de resto, nula, menor ainda que a de Babeuf, que, mediante Buonarocti, o homem da *Conspiração dos iguais,* exerceu uma pequena ação sobre o socialismo nascente.

[56] Cf. neste volume o cap. III, par. *Na França, o Trono e o Altar.*

[57] Sobre este ponto, observam-se curiosas afinidades entre o pensamento de Buchez e o do pe. Teilhard de Chardin.

[58] Foi ele que, nas Jornadas de Fevereiro, entrou em primeiro lugar no palácio das Tulherias, à frente da sua "Legião".

[59] É interessante notar que também nos EUA se esboçou um socialismo cristão, com Oreste Brownson, convertido ao catolicismo (cf., neste volume o cap. VII, par. O *prodigioso surto da igreja norte-americana),* admirador dos pensadores franceses, especialmente de Saint-Simon e de Proudhon. Num artigo publicado em 1840, na sua revista *Brownson's Quartely,* sobre *As classes operárias,* lê-se: "É dever dos cristãos emancipar os proletários, cal como, no passado, se deu liberdade aos escravos". Queria nacionalizar os bancos, suprimir a herança da propriedade, etc. O seu biógrafo, Arthur Schlesinger (Boston, 1939), diz: "Brownson foi nos Estados Unidos o mais próximo precursor de Karl Marx".

[60] Emmanuel Bailly de Surcey era pai do pe. Vincent de Paul Bailly, assuncionista, fundador do diário *La Croix.*

[61] Essa palavra foi aplicada à classe operária pelo *Journal des Débats,* em 1831. Montalembert retomou-a num discurso no Parlamento, em 1847, a propósito do Sonderbund suíço.

[62] Cf. o prefácio ao livro de J. B. Duroselle, citado no Índice Bibliográfico.

[63] Apesar da excelente biografia que lhe dedicou Paul Bascide, *Un juriste pamphlétaire, Cormenin,* Paris, 1948.

[64] Cf. neste volume o cap. VII, par. *Nascimento das obras missionárias.*

[65] Cf. neste volume o cap VIII, fim do par. *A vida profunda das almas.*

[66] Cf. neste capítulo o par. *A Alemanha desperta para as preocupações sociais.*

[67] L. Sandri, *La biblioteca privata di Pio IX,* in *Rassegna storica dei Risorgjmento,* t. XXV, 1938.

[68] Pelo menos, imediatas. Mas é possível observar que o esforço dos papas por lutar contra tudo aquilo que atacava a sociedade e por ajudar esta a atingir o seu fim próprio contribuía, indiretamente, para resolver, no plano concreto, a questão social. Di-lo-á E. Keller, a propósito do *Syllabus* (cf. neste capítulo o fim do par. *A caminho do corporativismo e do paternalismo).*

[69] Escudado pelo pe. Droulers, *Action pastorale et problemes sociaux sous la Monarchie de Juillet chez Mgr. d'Astros,* Paris, 1954.

[70] *Ibid.*

[71] Cf. Paul Guichonnet, *Quelques aspects de la question ouvriere en Savoie à la veille de 1848, in Rassegna storica dei Risorgimento,* t. XLII, agosto-setembro de 1955.

[72] Nessa aula, Karl Marx, que está para publicar o *Manifesto Comunista,* é inexpressivo.

[73] Cf. neste volume o cap. V, par. *A Igreja e a nova Revolução.*

[74] Operários que terminaram o aprendizado com um mestre (N. do T.).

[75] Cf. neste volume o cap. IV, par. *Na Alemanha, "o espírito de Colônia".*

[76] Cf. neste volume o cap. V, fim do par. *A grande divisão dos católicos.*

[77] Joseph Rovan, *Le Catholicisme politique em Allemagne.*

[78] Vaussard, *Histoire de la Démocracie Chrétienne (France, Belgique, Italie).*

[79] Acerca desta figura interessantíssima, cf. o livro do cônego Lecigne, Toulon, 1923, o do pe. Sauvagnac sobre a sua *Pédagogie spirituelle,* Marselha, 1953, e a reedição do Método Timon-David, 1930. Devemos observar que o pe. Timon-David teve uma concepção mais ampla do patronato, formando os jovens na vida espiritual e nas obras de caridade.

[80] Tem-se observado muitas vezes que o paternalismo de Le Play não é forçosamente cristão. A autoridade hierárquica exercida pelos melhores ou pelos que ocupam os postos mais altos pode encarnar princípios que nada tenham de cristãos. Em certo sentido, os tecnocratas, cuja ditadura Burnham anuncia como fatal, também derivam de Le Play.

[81] Mas o fim é evidentemente paternalista. *Assim,* Cochin dirá no Congresso de Malines: "Respeitai as grandes fortunas, porque elas pressupõem grandes virtudes práticas, trabalho industrioso, economia perseverante".

[82] É sabido que foi ao ler, durante o cativeiro na Alemanha, o livro de Ketteler, que dois jovens oficiais franceses, Albert de Mun e René de La Tour du Pin, descobriram a questão social.

[83] Albert de Mun irá ao ponto de dizer que, entre a sua obra social e o *Syllabus,* há a mesma relação que "entre o produto e o princípio, entre o efeito e a causa, entre a criança e a mãe".

VII. Orbis terrarum

"Orbis terrarum"

Ao enumerar os títulos que o catolicismo tem para reclamar a fé da humanidade, o Concílio Vaticano, na sua última sessão solene, inscreveu entre eles, e à cabeça, "a assombrosa propagação da Igreja através de todas as nações". A afirmação tinha fundamento: a história do século então em curso fornecia uma prova bem clara disso. Longe de limitar a sua atividade às regiões da terra onde se estabelecera há muito tempo; longe de se limitar a resolver os problemas bem árduos que neles encontrava, a Igreja Católica reencontrara essa capacidade de expansão, essa vocação apostólica que outrora tinham feito a sua glória e a sua grandeza. Já não era possível contar os lugares do orbe em que, muitas vezes à custa de provações e sofrimentos extraordinários, os seus homens plantavam a cruz e preparavam os campos para as próximas colheitas. Era também possível admirar o vigor com que, em face de concorrentes ou mesmo de adversários, as jovens igrejas da América do Norte, quer a dos Estados Unidos, quer a do Canadá, se consolidavam. Com efeito, essa propagação tinha algo de "assombroso".

Sobretudo para quem comparasse a situação por volta de 1870 com a do início do século. Naquela altura, no próprio momento em que a Revolução abalava os fundamentos da velha Europa, tudo levara a crer que se tinha chegado a um fim definitivo da expansão católica. Já cruelmente feridas pelos acontecimentos da Era das Luzes, as Missões não apresentavam senão campos de ruínas. Perante o avanço das igrejas e seitas protestantes, dir-se-ia que o catolicismo da América do Norte teria muito trabalho já só para manter as suas posições. Sessenta anos depois, que mudança! Podia-se falar em reviravolta, ponto por ponto. Onde o catolicismo parecera desaparecer, ou pelo menos ficar reduzido a uma angustiosa atitude de defesa, agora viam-no pronto e decidido a partir para a conquista. A um balanço melancólico podia seguir-se um conjunto de dados positivos.

Não falta certa razão, sem dúvida, a quem observou que essa retomada da expansão católica se situa no quadro de acontecimentos históricos que, em certa medida, a explicam, ou que, pelo menos, quanto a alguns pontos precisos, a ajudaram. Dois deles são, com certeza, de grande importância: o afluxo de imigrantes à América do Norte, e, por outro lado, o impulso que, durante o século XIX, levou os europeus à exploração dos continentes e à expansão "colonial". É verdade que esses acontecimentos puderam apoiar a expansão católica: a chegada maciça de irlandeses e italianos aos Estados Unidos foi certamente uma sorte para a igreja da América. E havemos de ver que, em diversos casos — não em todos —, as Missões puderam ser ajudadas, protegidas, pelos governos colonizadores.

Mas essas condições históricas estão bem longe de explicar o impulso, literalmente prodigioso, que determinou tantos homens e mulheres a correr os mais graves riscos para ir novamente ensinar o Evangelho a tribos negras, ou índias, ou de esquimós. Nem bastam para compreendermos o empenho dos canadenses franceses católicos em não se deixarem absorver pelos seus vencedores protestantes. As circunstâncias são sempre, em larga medida, aquilo que os homens fazem com elas. Nem a expansão colonial nem a maré de imigrantes sobre os países novos da América teriam servido a Igreja se ela não tivesse em si mesma reservas de coragem e de energia, uma profunda vitalidade.

É esse um dos grandes sinais — o outro é a potência da vida espiritual no seu seio[1] — que permitem reconhecer que essa Igreja Católica, atacada por tantos adversários, a braços com problemas tão terríveis, não era, afinal, esse outro "homem enfermo" do mundo de que alguns falavam. Talvez, no plano da política, ela houvesse podido traçar o seu caminho de maneira diferente de como o fez. Talvez, também, no plano das ideias, fosse de desejar vê-la dotada de mais força criativa. Mas nem por isso é menos verdade que essa Igreja do *século ateu* guardava em si uma juventude e um poder de renovação extraordinários. Disso dão testemunho os seus santos e tantos dos seus filhos que caíam martirizados na Ásia amarela, na Oceania, na África. Uma história da Igreja no século XIX seria gravemente incompleta se, à narrativa das lutas políticas e sociais e dos grandes conflitos de ideias, não acrescentasse dois capítulos: aquele que, no mistério de uma doação pessoal sem reservas, foi escrito por tantas e tantas almas; e aquele que, com o seu sangue, suor e lágrimas, traçaram as testemunhas de uma raça pouco disposta a deixar-se extinguir: a dos aventureiros de Deus.

Sobrevivência e renovação da igreja canadense

Não há talvez história mais mal conhecida (fora do país que a viveu) do que a do Canadá francês depois da conquista pelos ingleses. Sempre que se evoca esse país, duas grandes imagens se impõem ao espírito: por um lado, a da colônia régia dos primeiros tempos, engrandecendo-se pela audácia e pelo sacrifício, civilizando e evangelizando territórios imensos, chegando a constituir nas margens do São

Lourenço uma autêntica "Nova França", e depois sustentando heroicamente uma luta desigual e sucumbindo à pressão do número — o Canadá de Cartier, de Champlain, dos jesuítas mártires e de Montcalm. Por outro lado, a do Canadá francês da atualidade, rico, poderoso, sólido, parcela considerável do que foi o *Dominion* britânico, e cujos filhos são naturalissimamente associados pelos seus triunfadores de outrora a um destino comum.

Mas, entre essas duas imagens, a ignorância geral parece abrir um imenso parêntese. Como — por que prodígio, ou por que virtudes — é que os descendentes dos vencidos dos planos de Abraham[2] vieram a conseguir a firme e brilhante situação em que os vemos agora? Já alguém falou em *tour de force*[3]. E é pelo menos uma história de grande estilo essa resistência, essas lutas, essa reconquista, por um povo, dos seus direitos legítimos. A Igreja Católica está estreitamente associada a tudo isso.

É habitual dizer que o que permitiu aos canadenses franceses sobreviver foi a extraordinária vitalidade democrática que lhes é própria — essas magníficas famílias de doze a vinte filhos, que foram, e eram até há pouco, o orgulho da sua raça. E é verdade que os números são assombrosos: só no "Baixo Canadá", atual província de Québec, eram cerca de 65 mil quando da derrota, e vieram a ser 525 mil em 1840 (num total de 650 mil habitantes) e 930 mil em 1871 (para uma população de 1.200.000). Mas, sem sequer pôr a questão de saber se a estrita moral católica e o clima familiar estabelecido pela tradição cristã terão tido grande parte nesse crescimento prodigioso, pode-se perguntar se essa vitalidade teria sido suficiente para manter a raça se não tivessem intervindo outros fatores. Esse povo de camponeses, dirigido, dominado por conquistadores ricos, empreendedores, hábeis, não acabaria por deixar-se penetrar pelos modos de vida e pelas ideias dos vencedores se não tivesse no seu seio uma força moral, solidamente organizada, resolvida a defender interesses superiores?

Essa força moral era a Igreja, com os seus sacerdotes, até com os seus bispos, saídos do povo; eram os seus quadros, era a sua tradição. Foi essa força moral que, para defender o depósito espiritual que tinha à sua guarda, se empenhou em conservar católicos os canadenses, uma vez que o vencedor ou o ocupante se identificava com a heresia protestante. E eles aperceberam-se de que aceitar a armadura do catolicismo, com as suas normas e disciplina, era o melhor meio de manterem a sua identidade. Aqui temos um caso, bem raro, em que a intervenção da Igreja no plano político conduziu a grandes e felizes resultados.

Após a ruína francesa de 1763[4], a situação do Canadá era dolorosa. Não apenas "bloqueados entre fronteiras fantasistas que os prendiam no vale do São Lourenço", os descendentes dos grandes pioneiros, "dos exploradores de florestas", sentiam-se tratados como habitantes de segunda classe nesse país que tinham conquistado; mas, além disso, viam-se ameaçados na sua fé religiosa e nas suas mais sagradas liberdades. É certo que o artigo quarto do Tratado de Paris lhes garantia o direito de "praticar o culto da sua religião segundo os ritos da Igreja Romana", mas impunha-lhes uma restrição inquietante: "na medida em que o permitam as leis da Grã-Bretanha". Ora, essas leis — o *Bill of Test* e outros — afastavam precisamente os católicos de todos os cargos públicos, de todos os direitos políticos e até de numerosos direitos civis. Era de recear que o Canadá se tornasse uma nova Irlanda, que, à semelhança da grande ilha católica, estivesse votada a perseguições ou, pelo menos, a leis rigorosas e vexatórias, provenientes dos vencedores heréticos. Situação tanto mais grave quanto os próprios quadros da Igreja sofriam rudemente o golpe da derrota. Muitos padres franceses abandonavam a infeliz "Nova França" (em seis anos, 60 num total de 196), e estava formalmente proibida a entrada de substitutos. Por sua vez, as ordens religiosas, cuja ação fora decisiva para o desenvolvimento do país — jesuítas e recoletos —, estavam legalmente impedidas de admitir noviços.

Não tardou que — seis meses após a assinatura do Tratado — se tornasse bem claro que, em lugar da tolerância oficialmente prometida, ia dar-se uma tentativa de levar os católicos a abandonar a sua Igreja, na esperança de, simultaneamente, os assimilar. O governador Murray, que, a princípio, aplicara as cláusulas do tratado com "equitativa justiça", à qual as autoridades religiosas tinham prestado homenagem, recebeu de Londres instruções precisas para não tolerar "nenhuma jurisdição eclesiástica emanada de Roma", para ajudar a "estabelecer a Igreja Anglicana" e "levar os habitantes a abraçar a religião protestante", tudo isso "evitando qualquer fricção". O objetivo era evidente: submeter o país inteiro à lei inglesa. Para a Igreja Católica e para os canadenses franceses, era, pois, uma questão de vida ou morte. Para sobreviver, era preciso lutar. Entre os novos senhores e as poucas centenas de homens que tinham tomado a peito os destinos da sua fé e do seu povo, travou-se uma verdadeira guerra fria. Com alternâncias de tensão e de acalmia, essa guerra havia de durar cem anos.

A política preconizada pela Igreja e que a maioria dos fiéis seguiu foi tão prudente como hábil, cheia de realismo. A situação era clara: a França perdera o Canadá e nunca mais lá voltaria. Consequentemente, era inútil embalar-se em ilusões e esperar uma desforra; mais valia pôr em prática para com o vencedor um estrito lealismo. Mas, em troca deste, havia que exigir a igualdade de direitos, e em especial a dos direitos religiosos. Para isso, importava resistir por todos os meios às tentativas dominadoras do protestantismo oficial.

Essa política foi aplicada logo nos primeiros anos. Enquanto os ingleses tentavam fazer de Québec uma capital protestante e governar o país conquistado de acordo com as leis da Grã-Bretanha, os canadenses, para não prestar o juramento do *Test*, preferiram desistir das funções públicas, abandonando-as a aventureiros chegados de Londres, que vieram a deparar com inúmeras dificuldades.

Não é coisa fácil governar um povo que se recusa todo ele a ser governado. Após dez anos de um regime análogo a uma ocupação militar, os ingleses acabaram por compreendê-lo, e, em 1774, Jorge III, apesar das manifestações dos antipapistas, assinou o *Ato de Québec*, pelo qual se dispensavam os católicos do juramento do *Test*, se reafirmava a liberdade de culto e se restabeleciam os costumes jurídicos franceses. Ao mesmo tempo, alargavam-se até ao Labrador e aos Grandes Lagos as fronteiras de 1763, demasiado estreitas. Atitude prudente, pois a guerra da Independência americana podia fazer os canadenses desejarem juntar-se aos rebeldes. Tal não aconteceu. O bispo de Québec, mons. Briand[5], aconselhou-os a fechar os ouvidos às propostas sediciosas dos "insurgidos" (na sua maioria, protestantes). E, quando um exército americano apareceu diante de Québec, os ingleses foram ajudados por canadenses franceses a repeli-los.

No entanto, essa atitude não teve as consequências felizes que seriam de esperar. A proclamação da independência provocou a saída dos novos Estados Unidos de mais de 50 mil ingleses leais, que foram instalar-se nas margens do São Lourenço, bem como na antiga Acádia, daí em diante Nova Escócia, e ainda no Novo Brunswick, então instituído. Mas também no Canadá francês. Eram na sua maioria anglicanos, muito zelosos das suas disposições antirromanas. Um dos seus chefes, o bispo Inglis, foi particularmente virulento: propôs a criação de escolas gratuitas "neutras", na realidade dirigidas por anglicanos ou protestantes, para prejudicar as escolas católicas, que continuavam bem vivas. O protesto do bispo de Québec, mons. Hubert, foi tão forte que as autoridades não insistiram e renunciaram a essa nova ofensiva anticatólica.

Vendo isso, os antigos "lealistas" organizaram uma campanha para serem separados desses 150 mil canadenses franceses que eles não conseguiam absorver. Em 1791, o pedido foi deferido e decretou-se a *Partilha*. O Baixo Canadá (atual Québec) ficava separado do Alto Canadá (Ontário), onde os descendentes de franceses eram em menor número. As duas regiões iriam evoluir de modo diferente, e a primeira converter-se-ia cada vez mais no bastião católico que conhecemos.

Nem por isso a situação religiosa deixava de ser difícil. A falta de padres era muito grave. As vocações locais eram insuficientes e, por conseguinte, as obras de ensino e de caridade definhavam. É certo que houve esforços generosos. Assim, em 1737, a *Madre d'Youville* (beatificada em 4 de maio de 1959) criou, entre imensas dificuldades, as "Irmãs da Caridade de Québec", conhecidas por "Irmãs Cinzentas", e que se verão surgir por toda a parte: nas missões, nos hospitais, nos asilos, e sempre igualmente admiráveis (são hoje 7.500!). Mas os chefes da Igreja andavam preocupados. Seria possível manter vivo o catolicismo no meio de um povo que crescia tão depressa, com um clero rarefeito, insuficientemente formado e que aumentava tão lentamente?

Dois fatos, de natureza diferente, vieram pôr termo a esses receios e galvanizar as energias. O primeiro foi a chegada de cerca de cinquenta padres franceses expulsos pela Revolução e aos quais as autoridades britânicas não ousaram negar asilo. Todos eles foram modelos de virtude, de caridade, de zelo apostólico; no clero local, serviram de fermento. O outro fato decisivo foi a nomeação para a sé de Québec de um homem notável, *Octave Plessis*, que nela ficaria por mais de vinte anos (1806-29). Nascido numa família de dezessete filhos, e tendo por pai um simples ferreiro, esse sacerdote profundamente espiritual aliava a firmeza de caráter e o espírito de iniciativa à compreensão segura dos homens e à finura política. Ao mesmo tempo que reorganizava as paróquias da sua imensa diocese, mandava vigários gerais representá-lo nas regiões distantes, interessava-se diretamente pela renovação do Seminário, sabia fazer-se respeitar pelos ingleses.

No momento em que foi nomeado, a situação política acabava de sofrer novas tensões. Os anglicanos e os protestantes da administração pública tinham lançado uma dupla ofensiva antipapista e antifrancesa: foi a criação de um organismo escolar, com o nome de *Instituições Reais,* que seria o único a receber subvenções públicas. Destinava-se a fundar escolas e colégios que substituíssem o ensino católico, em especial o dos jesuítas, cujos bens foram confiscados. Ao mesmo tempo, hábeis distribuições de terras permitiam implantar grandes proprietários, evidentemente escolhidos dentro da religião dos governantes. A firmeza de mons. Plessis contrariou esses planos. Por sua ordem, os canadenses franceses recusaram-se a mandar os filhos às novas escolas. A Instituição Real não conseguiu abrir senão uma vintena em vinte anos. E os padres empenharam-se a fundo em reter os camponeses tentados a emigrar.

A guerra que rebentou em 1812 entre os Estados Unidos e a Inglaterra serviu para que o grande bispo marcasse alguns pontos decisivos. Pregou o lealismo, encorajou o recrutamento das milícias entre as suas ovelhas, regozijou-se publicamente pelo fracasso que os americanos sofreram, por três vezes, ao tentarem invadir o Canadá. (Uma dessas vitórias inglesas foi obtida, em Chateauguay, por um canadense francês, Charles de Salaberfry). Londres compreendeu e, em sinal de agradecimento, reconheceu oficialmente como bispo aquele que, ainda na véspera, era apenas designado por "superior" ou "superintendente" do clero romano. Chegou mesmo a atribuir-lhe um ordenado e a nomeá-lo membro do Conselho legislativo. Pouco depois, os vigários gerais que ele destacara para o Alto Canadá, a Nova Escócia, o Novo Brunswick, receberam também o título episcopal. E o papa Pio VII elevava mons. Plessis ao nível de arcebispo. Québec passava a ser arquidiocese. Para o filho do ferreiro, era um triunfo brilhante!

Foi também para a igreja canadense o início de uma primeira renovação. Agora de posse de um título oficial, e gozando de grande prestígio na Assembleia, mons. Plessis continuou a sua obra construtiva. Foi votada uma lei que autorizava as "fábricas paroquiais" a abrir e administrar escolas: em sete anos, foram criadas mais de 1.500. Ao mesmo tempo, eram fundados colégios ou seminários menores. A escola passava a ser o bastião do catolicismo canadense. Simultaneamente, provando a sua vitalidade, a Igreja retomava a vocação missionária dos seus antepassados franceses, e o pe. Provencher partia para a Rivière Rouge. A votação pelas Câmaras britânicas da Emancipação dos católicos (1829) criava um clima favorável. Parecia que uma vida nova começara para o catolicismo canadense. Roma instituía novas dioceses (a de Montreal é de 1836) e o Parlamento votava novas facilidades para as escolas normais católicas.

Todo esse impulso esteve prestes a quebrar. Rebentou uma crise em todo o país. As suas causas não eram religiosas, e a prova é que ela abalou com igual violência as províncias povoadas por anglo-saxões. As causas foram, na verdade, complexas: excessiva dureza de alguns governantes, voracidade de certos funcionários — aqueles a quem se chamava "a quadrilha do palácio" —, legítimo desejo de reformas fiscais.

Entre os canadenses franceses, o movimento reformista foi conduzido por um homem fogoso, mais audaz que prudente, Papineau, que achou alguns aliados entre católicos que julgavam a política do episcopado demasiado cautelosa, demasiado acomodada aos "danados ingleses". Em vão os bispos, inquietos, tentaram acalmar os espíritos, indo até à ameaça de penas canônicas para os que participassem numa revolta que eles muito justamente consideravam que seria "não apenas ineficaz, mas funesta" aos interesses da religião. Ocorreram incidentes violentos, que o governo britânico mandou reprimir duramente: incendiaram-se muitas aldeias, houve deportações e execuções capitais... Nessas condições, não seria de esperar uma retomada da ofensiva anticatólica?

Na verdade, ela não assumiu formas violentas. Mas o governador, Lord Durham, propôs a reunificação dos dois Canadás num só Estado, a fim de que o elemento anglo-protestante, imensamente aumentado pela emigração para o Ontário, se impusesse ao elemento católico. Algumas providências de natureza administrativa vieram reforçar essa proposta. Foi debalde que os bispos de Québec e de Montreal lançaram um protesto, apoiado por 40 mil assinaturas. Em 1840, a rainha Vitória assinava o *Ato de União,* pelo qual se fundiam os dois Canadás. Na nova Câmara, o Alto Canadá, que tinha 400 mil habitantes, disporia de tantos deputados — quarenta e dois — quanto o Baixo Canadá, que contava 650 mil almas...

Mas a operação fracassou. Paradoxalmente, a "União forçada", que, na intenção dos seus autores, havia de fundir, dentro de certo tempo, os católicos com a massa protestante, assinalou para aqueles o início de um novo período de vigor. No plano propriamente político, os deputados canadenses de origem francesa, dirigidos por um escritor de 32 anos, *Hippolyte Lafontaine,* tão prudente como hábil, formaram um bloco, e em pouco tempo foi necessário contar com eles. Uma tentativa para fazer do inglês a única língua oficial fracassou. Outra, para modificar a legislação escolar, acabou por melhorar a situação das escolas católicas, que quase atingiram a cifra de 2.000.

Um jovem governador, Lord Elgin, compreendeu que não adiantava continuar com o joguinho dos vexames. E, apesar de Papineau continuar a ser um ferrabrás, Lafontaine aderiu ao projeto do governador. Tratava-se de estabelecer um regime em que os dois elementos étnicos tivessem os mesmos direitos, a mesma importância. A despeito dos furores dos ingleses fanáticos — que certa vez lhe atiraram ovos podres e foram ao ponto de incendiar o Parlamento de Montreal — e dos não menos vivos católicos extremistas, que combinaram assassinar "o mestre" Lafontaine, o jovem vice-rei resistiu e, *em 1851,* a rainha Vitória assinou um novo decreto que garantia as liberdades e os direitos dos canadenses franceses católicos. A corajosa resistência de um povo inteiro tinha, não apenas feito fracassar o plano dos seus adversários, mas ainda conseguido um êxito decisivo.

E não foi tudo. A essa renovação política andou associada uma renovação espiritual não menos promissora. Mais uma vez, o mérito coube a um bispo fora de série, o segundo bispo de Montreal, *mons. Ignace Bourget.* Era um camponês, décimo primeiro filho de uma família de treze. Cheio de vivacidade e alegre, estava sempre em movimento, e o seu aspecto afável e quase tímido ocultava uma energia sem fissuras. Colocado, na primavera de 1840, à cabeça da imensa diocese em que iria ficar perto de quarenta anos, logo se impôs como líder da igreja canadense, à qual deu um impulso assombroso. A situação que encontrou era bastante negativa: 300 padres para 500 mil fiéis; queda acentuada da prática religiosa; progressos funestos das ideias subversivas e da propaganda protestante da *French-Canadian Missionary Society.* Como reagir? O país não tinha meios nem homens suficientes. Então, mons. Bourget teve uma ideia que iria assegurar o futuro espiritual do seu povo: voltou-se para a França.

A ideia foi-lhe sugerida por dois fatos igualmente significativos e animadores. Em 1837, com o argumento de não serem padres, quatro Irmãos das Escolas Cristãs tinham conseguido instalar-se em Montreal. E as suas escolas tinha tido um êxito tão grande que, passado um ano, se tinham visto obrigadas a abrir outras em Québec e nas Trois-Rivieres. No momento em que o ensino católico canadense, em pleno desenvolvimento, carecia tanto de professores, eis que se apresentavam os filhos de São João Batista de la Salle para os formar. Pouco depois, durante o ano de 1840, um bispo francês, o de Nancy — mons. Forbin-Janson —, a quem sérias dificuldades-surgidas com o seu rebanho tinham forçado a deixar a diocese quando da revolução de 1830, fez uma grande viagem pastoral pela América (Estados Unidos, Baixo Canadá). As suas missões tiveram um êxito estrondoso. O número de comunhões pascais aumentou enormemente. Aldeias inteiras se reconverteram.

Dessas experiências, mons. Bourget concluiu que a Igreja da antiga mãe-pátria, então em pleno desabrochar espiritual, poderia fornecer-lhe os reforços de que necessitava. E embarcou para a Europa. O seu apelo foi atendido. Não só os jesuítas concordaram em voltar a partir para esse país onde tantos dos seus antecessores tinham morrido mártires, não só os sulpicianos franceses apoiaram os seus confrades canadenses, mas congregações recém-fundadas viram aí a ocasião de empregar as suas jovens energias. Clérigos de São Viador e Padres da Santa Cruz, especialmente consagrados à educação; Oblatos de Maria Imaculada, filhos de mons. Mazenod — todos iam escrever, no Grande Norte, uma página admirável da epopeia das Missões.

No meio feminino, o entusiasmo não foi menor. Para irem em auxílio das Ursulinas, das Filhas de Marguerite Bourgeoys, das Hospitaleiras, das Irmãs Cinzentas, foram chegando, umas atrás das outras, as Damas do Sagrado Coração, as

Irmãs da Santa Cruz, as Irmãs da Apresentação, as religiosas lionesas de Jesus-Maria, e ainda as religiosas do Bom Pastor de Angers, dedicadas à recuperação de moças degradadas.

Esse contributo das equipes francesas ia ser decisivo. "Importa atribuir um lugar importante à França, no movimento de renascimento espiritual e intelectual que transforma o povo canadense a partir de 1840", escreve André Tessier. E acrescenta: "Seria falsificar a História e faltar aos mais elementares deveres de gratidão minimizar os serviços prestados pela nossa antiga pátria, num momento em que a nossa raça se lançava na difícil reconquista da sua alma".

Ao mesmo tempo que fazia esses enxertos novos no velho tronco, mons. Bourget procurava desenvolver os institutos e congregações do próprio Canadá, e criar alguns novos. Nisso foi ajudado principalmente pelas mulheres. E é do seu episcopado que vem essa imensa proliferação e prosperidade das ordens femininas, que hoje deixam espantados os visitantes. As Irmãs Cinzentas — que nem chegavam a trinta em 1840 — tiveram, com a Madre Mallet, um desenvolvimento rápido, que lhes permitiu orientar-se decididamente para as Missões. As Irmãs da Congregação, as Hospitaleiras de Montreal, espalharam-se até para além do Baixo Canadá. Ao serviço da caridade, Emilie Tavernier fundou as Irmãs da Providência, Rosalie Cadron as Irmãs da Misericórdia, Marie Roy o Bom Pastor de Québec. Para trabalhar no ensino, tanto nas cidades como no campo, surgiram as Irmãs dos Santos Nomes de Jesus e de Maria, as Irmãs de Santa Ana, as Irmãs da Assunção de Nicolet. Por outro lado, apareceram as contemplativas: Adoradoras do Precioso Sangue (de Aurélie Caouette). E, antecipando-se ao futuro, vieram as auxiliares do clero, as Filhas de São José, fundadas pelo sulpiciano Antoine Mercier.

Mas essa proliferação de ordens religiosas foi apenas um aspecto da obra conduzida por mons. Bourget e, juntamente com ele, por um número crescente de bispos e padres, estimulados pela sua palavra e pelo seu exemplo. Em 1850, um primeiro Concílio de Québec reuniu cinco bispos, que puderam regozijar-se com os resultados já obtidos. Os Seminários reorganizavam-se; aumentavam as vocações. As casas de beneficiência, hospitais e asilos multiplicavam-se. A Sociedade de São Vicente de Paulo criava, em 1846, a sua primeira Conferência. Por toda a parte se erguiam novas igrejas: as que hoje podemos ver. O povo via-se novamente dirigido pela Igreja: desenvolvia-se a Sociedade dos Bons Livros; a conselho de mons. Forbin-Janson, fundava-se uma Sociedade de temperança, a Cruz Negra, para lutar contra a embriaguez: em dez anos, tinha 400 mil adeptos.

O meio mais importante pelo qual a Igreja podia tomar em suas mãos todo o povo era o ensino. Não em vão os católicos tinham lutado tanto para salvar as suas escolas. No Baixo Canadá, passaram a ser senhores absolutos da instrução. Um católico de escol, verdadeiro apóstolo — o médico Meilleur —, nomeado superintendente da Educação, consagrou-se eficazmente à organização do ensino primário. Os colégios de ensino secundário multiplicaram-se, todos eles dirigidos por padres ou religiosos, especialmente jesuítas e oblatos. E todo esse edifício foi coroado pela fundação de uma Universidade em Québec, que recebeu o diploma régio em 1852 e foi inaugurada em 1854. Apoiada no Seminário, já existente desde 1663, e cujo superior, o pe. Casault, queria fazer dele um centro de irradiação intelectual, a universidade recebeu o nome de *Universidade Laval,* em memória do grande bispo do século XVII.

O desenvolvimento do ensino entre os canadenses franceses não se limitou, aliás, ao Québec. No Ontário, os Oblatos de Maria Imaculada fundaram o *Regiopolis College,* de Kingston, e o Colégio de Ottawa. Os católicos conseguiram ter escolas próprias até no Novo Brunswick.

Por outro lado, uma expansão impressionante provava a vitalidade da igreja canadense. O crescimento demográfico permitia-o, e o clero encorajava-a e dirigia-a. A fim de fazer cessar o êxodo para os Estados Unidos, que se podia tornar catastrófico, os párocos enviaram e por vezes acompanharam os seus fiéis à conquista de novas terras. A região do Saguenay e do Lago de São João, futura pátria de Maria Chapdelaine, o *hinterland* de Nicolet, até as florestas das Laurentides, começaram a ser povoados. O *Curé* Labelle, gigante jovial, apóstolo infatigável, é o tipo perfeito desses "padres colonizadores" que implantaram a sua fé por todo o lado: só ele fundou pelo menos quarenta paróquias.

Essa penetração canadense estendeu-se, por pequenos grupos, ao próprio centro do continente, a Manitoba e a Alberta, chegando a atingir as Montanhas Rochosas e a Costa do Pacífico. Os missionários abriam o caminho. Já em 1837 tinham atingido o Pacífico. Retomariam depois o contato com os índios e entrariam em terras de esquimós, onde o primeiro batismo data de 1860[6]. Quantas provas de vigor, de capacidade criadora, que, desde então, nunca mais deixariam de se afirmar!

Enquanto Roma reconhecia oficialmente essa expansão, criando várias dioceses — Trois-Rivières, São Jacinto e outras —, e erigindo Québec em metrópole com as três sufragâneas de Montreal, Toronto e Kingston, e dentro em pouco estabelecia novos bispos em regiões longínquas ou de predominância protestante — como o Novo Brunswick, a Nova Escócia, a Costa do Pacífico —, esses progressos impressionantes impuseram, naturalmente, aos governantes ingleses uma mudança decisiva de atitude.

De resto, a situação evoluía rapidamente. Já não eram apenas os ingleses e os franceses que se defrontavam. Pelo lado sul, aumentava desmedidamente o poder dos Estados Unidos, que uns e outros receavam. Temendo as infiltrações protestantes vindas do Sul, e sobretudo uma anexação, que colocaria os católicos numa posição desfavorável no seio de uma imensa maioria protestante, os bispos foram favoráveis a um projeto elaborado cerca de 1860 e que ganharia atualidade quando da Guerra de Secessão norte-americana e da vitória dos nortistas. Efetivamente, esses fatos fizeram recear que os vencedores quisessem afirmar a sua superioridade em todo o continente. Os antagonismos entre canadenses ingleses e franceses estavam ultrapassados. Ainda que faltasse o sentimento, impunha-se um casamento de conveniência...

E foi assim que, em *1° de julho de 1867,* se estabeleceu uma nova Constituição, o *Ato da América do Norte Britânica,* que criava uma verdadeira confederação, o *Dominion of Canada,* (os canadenses franceses mais exigentes diziam a "Potência do Canadá"). Dentro dele, os descendentes dos vencidos de 1763 formaram a Província de Québec, além de terem influência noutras províncias. Tornaram-se precauções para salvaguardar os direitos das minorias, designadamente em matéria escolar. O francês foi reconhecido como língua oficial. A política de igualdade e entendimento entre os dois elementos étnicos triunfava, portanto. Coisa que nem sequer teria sido concebível se a Igreja não tivesse saído vitoriosa da sua luta persistente pela preservação da independência moral do seu povo mediante a defesa da fé.

O Canadá francês da atualidade nasceu dessa história. É ela que explica as características tradicionais e hierárquicas que a Igreja aí manteve, a importância do papel do clero, os poderosos meios de ação, quer políticos, quer financeiros, de que o vemos dispor, e muitos costumes que por vezes surpreendem o visitante vindo da Europa. Se os canadenses franceses, ainda nos nossos dias, aceitam uma disciplina eclesiástica que em muitos aspectos recorda a do *Ancien Régime,* quase a da Idade Média, é antes de tudo por gratidão. Sabem que, sem ela, talvez não houvessem sobrevivido, ou pelo menos jamais teriam conseguido as liberdades e o poder de que gozam.

É óbvio que essa igreja combatente do Canadá francês não se iria deixar contaminar pelas ideias de vanguarda e os princípios revolucionários, ela que soubera opor-se à propaganda protestante. Para sobreviver, tinha necessidade de se apoiar solidamente nas suas tradições. Não podia, pois, ser muito favorável a inovações. As tentativas feitas para introduzir nas margens do São Lourenço as doutrinas em voga na Europa foram severamente bloqueadas pela Hierarquia. Embora, em 1835, tenham podido surgir oito edições das *Palavras de um crente,* livro de Lamennais posto no *Index*, a verdade é que, dez anos depois, quando alguns liberais fundaram o *Institut Canadien* para espalharem as suas ideias por meio de bibliotecas públicas, o episcopado, com mons. Bourget à cabeça, opôs-lhes os *Institutos Nacionais* e chegou ao ponto de ferir de excomunhão aqueles que se recusassem a submeter-se[7].

Essa resistência, imposta pelo evidente cuidado de preservar a unidade em face dos adversários protestantes, explica um aspecto que alguns reprovam na igreja canadense: uma certa estreiteza de ideias, a pouca inclinação para as novidades. E também explica o caráter muito romano dessa igreja. Gregório XVI e Pio IX, os papas que lutaram contra os progressos do espírito revolucionário, foram admirados e amados no Canadá ainda mais que em qualquer outra parte. O *Syllabus* não teve defensor mais veemente que mons. Laflèche, bispo de Trois-Rivières. Quando se organizaram os "zuavos pontifícios" para a defesa da Sé Apostólica, mais de 500 jovens canadenses se alistaram, e o pe. Lussier, pronto para uma fecunda carreira de apóstolo, partiu com eles, como capelão[8]. No Concílio Vaticano, todos os bispos canadenses foram partidários decididos do dogma da Infalibilidade.

Por volta de 1870, a igreja canadense — que acabava de ter, em 1868, o seu primeiro Concílio Nacional — estava firme nas posições, muito fortes, que soubera conquistar, bem como nas características, firmemente vincadas, que devia à sua história. No novo quadro da Confederação, ou do *Dominion*, estava bem preparada para as conservar[9].

O prodigioso surto da igreja norte-americana

Nada pode dar uma ideia mais impressionante do prodigioso surto do catolicismo nos Estados Unidos durante a primeira metade do século XIX do que uma seca série de números. Em 1789, os católicos eram cerca de 30 mil. Serão 318 mil em 1830, 660 mil em 1840, 1.600.000 em 1850, 4.500.000 em 1870. É certo que esse progresso vertiginoso se inscreve no quadro de um fenômeno análogo no que diz respeito à população global da União, que, de 3.500.000 por volta de 1800, passa a 38.500.000 em 1870. Mas basta a comparação entre estes dados estatísticos para mostrar que, em setenta anos, a Igreja Católica não apenas aumentou em valores absolutos, mas alcançou na jovem nação americana uma posição imensamente mais forte. De menos de 1% de católicos em 1800, saltou para perto de 12% em 1870. Tais resultados são impressionantes.

A *6 de abril de 1779*, o papa Pio VI assinara um dos documentos mais importantes do seu pontificado ao criar a *primeira diocese* dos Estados Unidos, a de Baltimore. Confiara-a, como seria de esperar, ao admirável sacerdote que soubera dar ao insignificante rebanho de "papistas" desprezados um impulso, uma vibração e uma autoridade que os governantes tinham tido de reconhecer: o antigo jesuíta John Carroll (1735-1815)[10]. Usando muito habilmente do seu parentesco com um dos chefes dos "insurgentes", e das relações pessoais que tinha com G. Washington, mons. Carroll conseguira que se inserisse na Constituição, votada em 1784, um artigo de capital importância para os católicos: o Congresso não poderia "emitir nenhuma lei para estabelecer determinada religião nem para proibir o livre exercício de qualquer religião". A liberdade religiosa estava, portanto, reconhecida em escala nacional. É verdade que cada Estado conservava, no âmbito da sua jurisdição, as suas leis religiosas, e que havia Estados violentamente hostis ao catolicismo. Mas, já em 1785, Jefferson estabelecia, na Virgínia, um "Estatuto de liberdade religiosa", e o exemplo parecia que iria ser seguido por outros Estados[11]. Quer dizer que a Igreja podia olhar o futuro com confiança.

No entanto, a sua situação estava longe de ser brilhante. Para cuidar dos seus 30 mil fiéis, agrupados principalmente em Maryland, e entre os quais a incrível variedade das origens nacionais não facilitava as tarefas apostólicas, mons. Carroll dispunha, no total, de vinte e dois padres, nem todos de primeira qualidade. O único colégio de jesuítas tivera de fechar as portas. Não havia escolas paroquiais propriamente ditas, nem pensionatos de moças, nem hospitais, nem, naturalmente, seminários. Como fazer progredir uma Igreja em semelhantes condições?

O que veio a revelar-se providencial para mons. Carroll e para a igreja norte-americana foi a ideia que teve nessa altura o grande superior de São Sulpício, Émery. Do fundo da sua cela de Issy-les-Moulieaux, de onde seguia os acontecimentos da França com angústia e lucidez, Émery já adivinhara em 1789 que, um dia ou outro, a Revolução se voltaria contra a Igreja. E pensou em fundar além-Atlântico alguma coisa que assegurasse o futuro da sua Sociedade. Assim, quando Carroll foi a Londres (1790) para ser sagrado bispo, recebeu uma proposta precisa, vinda de São Sulpício: os Filhos de M. Olier enviariam aos Estados Unidos uma equipe de professores e até de estudantes, e construiriam à sua custa um seminário em que formariam o clero americano até ao momento em que este se bastasse a si mesmo. Embora desejasse bem mais dispor de padres ingleses para o colégio que pensava abrir em Georgetown, o novo bispo não se atreveu a recusar a oferta feita por M. Émery. E, em abril de 1791, em Saint-Malo, lá embarcaram no Saint-Pierre, com destino à América, quatro sulpicianos e cinco seminaristas, dirigidos por M. Nagot. Ao mesmo tempo que eles, vogava ao encontro dos seus sonhos e da sua glória um belo jovem, passavelmente pretensioso, que queria conhecer os "bons e virtuosos americanos" e as florestas incógnitas do Novo Mundo: François-René de Chateaubriand.

A implantação dos sulpicianos nos Estados Unidos iria ser tão decisiva para a jovem igreja norte-americana como o fora, no século anterior, para a igreja canadense. Dentro em pouco, já eram doze. Também dentro em pouco juntaram-se a eles padres expulsos da França pelo Terror, outros expulsos de São Domingos pela insurreição de Toussaint Louverture: ao todo, uma centena, de 1791 a 1815. Na maioria, esses emigrados eram homens de alto valor moral e boa cultura. Fixaram-se um pouco por toda a parte, nos territórios da União, e em toda a parte fizeram um trabalho excelente. Menos de vinte anos depois da eleição episcopal de mons. Carroll, a situação do catolicismo nos Estados Unidos mudara inteiramente. E Roma, consagrando essa situação de fato, criava em 1808 a província eclesiástica de Baltimore, cujo arcebispo teria quatro sufragâneos: Nova York, Philadelphia, Boston e Bardstown.

Foi assim que, entre os "Pais" da igreja norte-americana, veio a figurar um lote brilhante de franceses. O historiador americano Theodor Maynard prestou-lhes esta homenagem: "É difícil imaginar o que teria sido a Igreja sem esses padres bem formados, virtuosos, extremamente dedicados". Seis deles acederam ao episcopado e deixaram um nome ilustre por onde quer que trabalhassem. Vários deles foram autênticas figuras lendárias. Por exemplo, mons. Cheverus, que viria a ser arcebispo de Bordeaux e cardeal, e cuja distinção e encanto tiveram boa parte na implantação do catolicismo em Boston; ao saberem da sua morte, os próprios protestantes tocaram o sino a rebate. Ou o admirável mons. Flaget, pioneiro do Oeste, que teve por primeiro paço episcopal, em Bardstown, uma cabana feita de achas de lenha e cuja longa vida (perto de cem anos) foi tão fecunda que dele se dizia que cada um dos altos que fazia nas suas andanças apostólicas marcava o lugar de uma nova diocese. Ou ainda mons. Bruté de Rémus, a quem chamavam "o Anjo do Monte" e era o mais sábio de todos; foi ele que, aos cinquenta anos, abandonou os livros para ir salvar da ruína a cristandade de Vincennes, a dois passos dos peles-vermelhas; a reta final da sua vida foi um tecido de aventuras. A ação de todos esses bispos deu os seus frutos: à data da morte de mons. Carroll (1815), os católicos eram 70 mil e havia setenta e dois padres norte-americanos.

Era a época em que se desenrolava a "grande aventura" de que tanto gostam os romancistas do faroeste: o tempo dos pioneiros lançados à conquista das terras virgens, das caravanas de pesadas carroças onde se nascia, onde se morria, na esperança de conseguir erguer algumas casas de lenha, embriões de cidades futuras... Depois do Kentucky, era o Tennessee. Depois do Tennessee, o Ohio... E a fronteira da União avançava para o Norte em detrimento do Canadá, para o Sul em detrimento do México, para o extremo Ocidente até ao Pacífico.

A Igreja Católica associou-se a essa história movimentada. Enquanto alguns dos seus filhos retomavam as missões propriamente ditas[12] no meio dos peles-vermelhas, bem longe desse Nordeste em que o catolicismo parecia concentrado, outros plantavam cruzes, construíam lugares de culto, constituíam paróquias, quando não dioceses, ou universidades — como a célebre Universidade de Notre-Dame, fundada em 1842 no meio dos índios, em Indiana. A Igreja enxameava em todos os núcleos de pioneiros onde havia católicos. É uma história assombrosa, que seria impossível seguir em pormenor e cujos dirigentes é impossível citar. E, contudo, de alguns diremos que deixaram um nome respeitado nas dioceses norte-americanas: assim o príncipe Agostinho Galitzine[13], convertido da ortodoxia e que, sob o pseudônimo de Smith, trabalhou tão bem no Oeste da Pensilvânia; o pe. William Rohan, um dos apóstolos do Kentucky; ou mons. Dubourg, que ficará na História como o grande homem que manteve o catolicismo na Luisiana.

Não quer isto dizer que essa jovem Igreja não tivesse pela frente numerosas dificuldades. A autoridade dos bispos franceses era incontestável, e iria durar por muito tempo. Ainda em 1840, a missão pregada por mons. Forbin-Janson, por ocasião da sua grande turnê americana[14], mostraria como continuava a ser grande o prestígio dos católicos vindos da França. Mas isso não impedia que houvesse padres e fiéis que olhassem com reserva esses chefes de dioceses que, na sua maioria, falavam mal o inglês, essas "rãs" que pareciam dispostas a dominar a América. Por seu lado, os bispos tinham apenas uma confiança limitada nesses padres que chegavam da Europa nas ondas de emigrantes e que nem sempre eram muito dóceis. Certas palavras inoportunas acabaram por tornar a situação tensa. Essa foi uma das causas dos incidentes, por vezes graves, que perturbaram a igreja norte-americana. Quando, em 1814, foi eleito para a sé de Nova York mons. Connolly, irlandês, teve numerosas fricções com os seus diocesanos e os seus colegas, e até com os seus chefes hierárquicos de Baltimore.

Porque, nesse momento, se deu o fenômeno que conferiria à igreja dos Estados Unidos alguns dos seus traços mais fortes: a chegada em massa dos irlandeses. Entre os 19 milhões de emigrantes que desembarcaram entre 1790 e 1840, a maioria era originária da Ilha Verde. Expulsos pelas leis inglesas ou pela miséria, atraídos pela indústria incipiente, os irlandeses afluíram primeiro a um ritmo de 65 mil por ano, mas depois a terrível fome de 1845, causada pela doença da batateira, fez subir o número para perto de 200 mil. De 1846 a 1854, 1.500.000 irlandeses abandonaram a pátria. 20 mil morreram na viagem e os restantes instalaram-se quase totalmente nos Estados Unidos. Apesar de um fluxo significativo de católicos alemães — uns 200 mil —, a igreja americana tomava assim, fortemente, o ar de uma igreja irlandesa, com as suas características de fervor e rigidez, de estrito domínio do clero sobre a vida das suas ovelhas, de rigoroso tradicionalismo. Aos bispos franceses sucediam bispos na maioria irlandeses; não havia um só de origem americana! Iria a Igreja surgir aos olhos dos americanos como uma religião de estrangeiros?

Houve um homem que compreendeu o grave perigo que se corria: *mons. John England* (1786-1842), primeiro bispo de Charlestown. A sua inteligência excepcional, os seus dotes de organizador, a sua fascinante presença garantiram-lhe uma eficácia que ultrapassou os limites da sua diocese meridional. Pelos seus discursos, pela imprensa que criou, pela sua ação pessoal e da dos seus colaboradores, England trabalhou energicamente para fundir num todo os diversos elementos da Igreja e para suscitar um estilo de vida tipicamente americano. "Ele foi — declarou, no momento em que morreu, o jurista George Read — o primeiro a tornar a religião católica respeitável aos olhos do povo americano".

As dificuldades que mons. England e os outros bispos tiveram de enfrentar, por causa da diversidade de origem das suas ovelhas, traduziam-se concretamente em crises, algumas das quais bastante sérias; e foram numerosas, desde o episcopado de Carroll até meados do século. O cenário era quase sempre o mesmo: chegado da Europa, um padre, de temperamento vivo e cabeça quente, entrava em briga com os superiores e arrastava algumas centenas de fiéis na sua revolta, que ia, por vezes, até ao cisma. Assim se assistiu, sucessivamente, à rebelião de Nugent contra Carroll, à dos alemães Reuter e Goetz, à dos irlandeses Harold e Gallagher, à do espanhol Sedella... Este último deu tantas dores de cabeça a mons. Dubourg, que este se viu forçado a regressar à França. É certo que não devemos exagerar a gravidade dessas perturbações. E não teriam sido coisa nenhuma se alguns bispos europeus não houvessem intervindo nos grupos dos seus antigos compatriotas radicados nos Estados Unidos. (O caso foi ao ponto de alguns deles irem a Roma para influir na escolha de prelados da sua raça). E, sobretudo, se a igreja norte-americana não tivesse no seu seio um germe de anarquia — uma instituição bizarra.

Era o *trusteísmo*. Os católicos europeus levavam consigo, entre os seus usos e costumes, o dos "conselhos de fábrica" e o do "generalato da paróquia", que, no *Ancien Régime*, tinham um papel bastante ativo ao lado do clero[15]. Essas instituições, implantadas no solo democrático da América, ganharam muita força e deram origem a comitês laicais, a que chamaram *trustees*. Estes, mais ou menos à imitação das igrejas protestantes, tiveram a ideia de dirigir a vida paroquial, invadindo o campo dos direitos dos párocos ou mesmo dos bispos. A coisa avançou muito, e chegou-se ao ponto de haver nomeações de párocos por esses *trustees*, contra a vontade dos bispos (o mais famoso foi um certo Kogan), e petições no sentido de dar aos leigos o direito de eleger até os seus bispos. Roma, a pedido da Hierarquia norte-americana, reagiu com rigor. Em 1822, Pio VII, pela Bula *Non sine magno*, condenou as pretensões dos *trustees*. Mas só em 1850 é que um homem enérgico, *mons. John*

Hughes (1797-1864), bispo e depois primeiro arcebispo de Nova York, iria conseguir resolver essa espinhosa questão, montando um hábil sistema de colaboração entre o clero e os leigos, pouco a pouco imitado por todas as dioceses. Esse novo sistema contribuiu para dar ao catolicismo norte-americano uma fisionomia que conservou até hoje.

Apesar de tudo, por volta de 1850, a crise de crescimento da igreja norte-americana estava encerrada. As dificuldades não lhe tinham retardado o desenvolvimento. Onde quer que se colonizassem novas regiões, aí estava presente o catolicismo. Roma seguia o movimento, criando dioceses umas atrás das outras — vinte e uma! — e erigindo em arcebispados as de maior importância. Assim surgiram as metrópoles de Cincinnati, São Luís, Nova-Orleáns, Nova York, Oregon. O primeiro jornal católico nascera em 1822, em Charleston, sob a direção de mons. England: era o *United States Catholic Miscellany,* a que se seguiu um jornal dos jesuítas de Boston. Vieram depois vários outros, um dos quais em língua alemã, em Cincinnati. O público católico entusiasmava-se com as obras missionárias acabadas de aparecer na França, especialmente a Propagação da Fé[16], que iria ter nos Estados Unidos um desenvolvimento extraordinário. As ordens e congregações vinham da Europa, em catadupas, e também já nasciam na América. Fora dado o impulso e nunca mais diminuiria.

Como seria de prever, tais progressos não eram vistos com bons olhos por aqueles que por muito tempo se tinham julgado senhores e guias da União — os protestantes. Fora num clima especificamente protestante que nascera a grande República. Era evidentemente sobre o protestantismo, sobre a leitura da Bíblia e a estrita moralidade dos puritanos e metodistas que assentava a prosperidade, a maravilhosa sorte da América. Impunha-se, pois, a necessidade de defender as muralhas da União contra as infiltrações do papismo, veículo de descrença e de perversidade... Tanto mais que o catolicismo estava agora encarnado sobretudo nos irlandeses, "os ferozes irlandeses", que, como toda a gente sabia, tinham chacinado tantos protestantes inocentes, e falavam o inglês com um sotaque esquisito, e se permitiam a liberdade de aceitar salários inferiores aos dos verdadeiros *yankees,* e, para cúmulo de escândalo, dançavam nos sábados à noite...

Foi assim que, mal os progressos dos católicos se consolidaram, se organizou a resistência protestante. A liberdade religiosa era um direito reconhecido pela Constituição federal; mas, no interior dos Estados, era fácil limitá-la, e, sobretudo, na prática, nada impedia os bons metodistas, congregacionalistas ou unitaristas de se unirem contra os papistas. A realidade foi, portanto, bem diversa dos princípios, e a plena liberdade americana tão louvada por Montalembert ou por Ozanam sofreu entorses graves.

Um pouco antes de 1830, foi constituída em diversos lugares da União uma *Native American Association,* cujo fim confessado era fazer pressão sobre o governo para que este limitasse a imigração, especialmente de católicos irlandeses. "A América para os americanos!", gritavam eles, e esse grito podia ser ouvido como "a América para os protestantes!"... Os adeptos desse movimento fizeram assembleias nas quais se aprovaram moções inflamadas. A pressão foi subindo, e, em 1834, deu-se a explosão. Ao apelo de alguns mentores — entre os quais Lyman Beecher, pai da futura autora da *Cabana do Pai Tomás* —, o convento das ursulinas de Boston, casa excelente para onde numerosos protestantes ricos mandavam as filhas para serem educadas, foi atacado em plena noite e incendiado. Essa façanha deu ao *nativismo* ímpetos de conquista. Livros de um antipapismo declarado contaram a 300 mil leitores as pavorosas sevícias que uma certa Maria Monk — inventada para o efeito — sofrera num hospital atendido por religiosas. E, em Nova York, foram fundados dois jornais para defesa da causa.

Os católicos não se deixaram atacar sem reagir. O bispo de Nova York era então o vigoroso mons. Hughes, que não tinha a moderação entre as suas principais virtudes... Contra-atacou, pois, e chegou a avisar as autoridades municipais de que, se as igrejas católicas ardessem, "Nova York seria uma nova Moscou!" O exemplo de mons. Hughes foi seguido pelo bispo de Philadelphia, mons. Kenrick. Os "nativistas" suspenderam por uma temporada as suas investidas, mas, em 1844, entregaram-se a uma nova explosão de furor: a multidão protestante arremessou-se sobre a periferia de Kensington, habitada sobretudo por irlandeses, incendiou casas e igrejas, atacou mulheres e crianças. Correu sangue. "Um estranho odor de sangue e de fumo se ergueu da *cidade dos irmãos!*", noticiava *Le Correspondant*.

O acontecimento pareceu tão odioso que as autoridades acabaram por alarmar-se, e o nativismo entrou em letargia. Aliás, a União estava nessa altura demasiado ocupada com a instalação no Oregon, com a guerra contra o México e também com a questão da escravidão, que começava a surgir, para se interessar a sério por esses antagonismos de caráter religioso. A eleição de Pio IX (1846), considerada como uma vitória do liberalismo, desencadeou nos Estados Unidos um movimento de simpatia que levou, em 29 de novembro de 1847, à famosa assembleia de Broadway Tabernacle, em que gente de todas as origens e de todas as religiões se uniu para endereçar ao "chefe sábio e humano" a mensagem de simpatia dos "republicanos amantes da liberdade"[17]. Mas, quando a revolução romana de 1848 forçou Pio IX à reviravolta que já conhecemos, a opinião pública americana, tão impulsiva num sentido como no outro, lançou-se desenfreadamente contra o Sumo Pontífice reacionário, que foi publicamente ofendido. Um magnífico bloco de mármore de Carrara que o papa oferecera para o futuro monumento a Washington foi atirado ao Potomac por uma multidão delirante. E a campanha antipapista recomeçou com mais força.

Essa campanha foi inicialmente conduzida por uma Sociedade de propaganda protestante, a *American and Foreign Christian Union,* e depois, a partir de 1853, por um verdadeiro partido, com ares de sociedade secreta, oficialmente chamado "Partido Americano", mas mais conhecido por *know nothing* ["não sei nada"] por causa da fórmula com que os adeptos tinham de responder a quem os interrogasse sobre os fins e a orgânica da associação. Apoiados pela franco-maçonaria, os *know-nothings* desencadearam então uma autêntica guerra contra o "romanismo", que a seus olhos simbolizava tudo o que era por essência oposto aos ideais americanos. A chegada aos Estados Unidos de uma grande quantidade de "quarenta-oiteiros" — veteranos da revolução de 1848 — alemães, bons democratas, luteranos em princípio e ateus de fato, todos eles hostis a Roma, foi para aqueles um reforço importante.

Todas as ocasiões foram boas para excitar a opinião pública. Foi o caso da visita do revolucionário húngaro Kossuth, da chegada do antigo barnabita Gavazzi, fugido das fracassadas insurreições italianas, e sobretudo do núncio apostólico no Brasil, mons. Bedini, que vinha estudar a possibilidade de instalar uma delegação apostólica em Washington e que foi forçado a reembarcar clandestinamente para escapar à fúria que a sua presença desencadeou.

Não se tardou a voltar às violências, que tiveram o seu ponto culminante entre 1853 e 1855. Em diversos lugares da União, houve igrejas e conventos incendiados ou saqueados, padres maltratados. O Massachusetts distinguiu-se votando uma lei vexatória sobre a inspeção dos conventos de religiosas. Em Louisville, em 5 de agosto de 1855, rebentou um motim anticatólico, tão violento, que esse dia ficaria célebre na história dos Estados Unidos sob o nome de *Bloody Monday*

["Segunda-feira Sangrenta"]. Só depois dessa tragédia é que, lentamente, os ânimos se foram acalmando. E ainda seria preciso esperar uns dez anos e a Guerra da Secessão, que trazia problemas bem mais graves, para que o católico deixasse de ser tido pela massa protestante como inimigo a eliminar.

Nesse ínterim, e até por ocasião dessas lutas, a atitude dos católicos mudara muito. Consciente de ser já bem diferente de uma minoria à espera de tolerância, a Igreja Católica afirmava-se sempre que podia. E o seu porta-voz mais eloquente, mons. Hughes, declarava, como que desafiando: "Toda a gente devia saber que a nossa missão é converter o mundo inteiro, incluindo os habitantes dos Estados Unidos, desde os citadinos e os camponeses até aos senadores e ao Presidente da República". Um fidalgo bretão, Henry de Courcy[18], amigo de Veuillot e correspondente dos seus jornais em Nova York, publicava em 1856, traduzida para o inglês, a primeira *História da Igreja Católica nos Estados Unidos,* em que exaltava a coragem e tenacidade por ela demonstrada. E, principalmente, entrava em cena uma das personagens mais pitorescas e mais originais do catolicismo norte-americano: *Oreste Brownson* (1803-76)[19].

Era um convertido, procedente do calvinismo mais puritano. Muito alto e magro, tinha uma energia impetuosa. Passara sucessivamente pelo presbiterianismo, pelo universalismo, pelo unitarismo e pelo congregacionalismo, e, no meio, fora livre pensador. Por isso chamavam-lhe *Brownson Weathercock* ["cata-vento"]. Mas, a partir do momento em que ingressou na Igreja (1844), sempre deu provas tanto de estabilidade como de audaciosa firmeza. Era um homem singular: violento, apaixonado, de inesgotável generosidade de coração, um tanto ou quanto excêntrico, superiormente dotado.

Autodidata, nem por isso deixaria de se tornar um escritor de categoria; redigia quase sozinho uma revista a que, sem excessiva modéstia, dera o título de *Brownsons Quarterly*. Cristão fervoroso, que podia perfeitamente ser incluído na família dos Léon Bloy e dos Bernanos, tinha, como estes, uma espécie de gênio profético, que explodia em fórmulas penetrantes. Pôs ao serviço da Igreja todos os seus dons e todas as suas paixões. Para ele, os católicos só tinham um meio de se defenderem: atacar.

Lançou-se, pois, contra os protestantes, suas seitas, seus falsos grandes homens, e contra o sórdido materialismo que, segundo ele, essa religião demasiado confortável impunha aos americanos (aliás, não se coibiu de tratar do mesmo modo os católicos que julgasse tíbios ou pouco respeitadores dos dogmas). Foi esse o homem que deu aos correligionários a chicotada psicológica para o salto vitorioso.

Yankee dos pés à cabeça, queria acabar com essa igreja demasiado tímida, demasiado humilde, que deixava que os filhos da América a tratassem como estrangeira. Era preciso pôr fim à ideia do "domínio irlandês"! A sua igreja havia de ser americana cem por cento. Mais ainda: havia de ser guia da América! Tais foram as ideias que exprimiu, por duas vezes principalmente: em 1846, num caderno especial da sua revista, e em 1865. Falava de uma *Missão da América*. Porque a América tinha uma missão: era "destino evidente dos Estados Unidos realizar o ideal da sociedade humana para o Antigo e o Novo Mundo", ou seja, conduzir as nações.

Formulando, com cem anos de antecedência, uma doutrina que o mais simples dos cidadãos dos Estados Unidos iria professar como um evangelho, Brownson proclamava: "Nós consideramo-nos como um povo providencial, um povo que tem um destino glorioso a cumprir, glorioso para ele, benfazejo para os outros. Somos o povo do futuro e, porque temos em nós essa convicção, viremos a sê-lo!"

Mas esse papel de chefia não podia ser assumido pelos Estados Unidos se continuassem prisioneiros de protestantismos gastos, privados de seiva espiritual. Tinham de ingressar na Igreja de Roma, cujas doutrinas, aliás mais respeitadoras da lei natural, estavam próximas daquelas que lhes serviam de alicerce. "Assim como o nosso país é a esperança do mundo — exclamava —, o catolicismo é a esperança do nosso país!" E concluía: "Quanto ao futuro, nós, católicos, é que somos o povo americano! Somos nós que temos nas mãos os destinos da Pátria!" Era bem claro que se estava muito longe da atitude que os católicos podiam assumir sessenta anos antes...

Na verdade, as condições tinham mudado radicalmente. O catolicismo começava a contar na vida americana. Havia católicos nas bancadas do Congresso. Na poderosa corrente de imigrantes que continuavam a afluir aos EUA — dez milhões em vinte anos —, talvez os irlandeses fossem já menos, mas passara a haver italianos, espanhóis e alemães católicos. A Igreja crescia a olhos vistos, nessa população de colonos e de trabalhadores agrícolas que ia fazer a fortuna do Middle West. O Ohio, o Wisconsin, o Iowa, o Minnesota tinham um bom número de católicos, e estes, ajudados pela demografia — nascia-se muito entre eles! —, aumentavam depressa. A raça dos plantadores de paróquias não estava extinta.

No Novo México e no Arizona, mons. Lamy, um francês do Auvergne, conseguia reerguer um clero decadente e fiéis pouco dóceis. Um jovem dominicano de origem italiana, o pe. Mazuchelli, apóstolo do Iowa e do Wisconsin, vencendo todas as dificuldades e obstáculos vários, fazia de Dubuque e de Milwaukee centros vivos de catolicismo. Pelas costas do Pacífico, lá para o Norte, dois empreendedores franco-canadenses, os dois irmãos Blanchet, ambos bispos[20], multiplicavam as igrejas e capelas antes mesmo de haver paroquianos que as enchessem, e, para o Sul, na Califórnia tão cara a frei Junípero Sierra[21], o catolicismo ganhava raízes graças a um outro dominicano, o americano Alemany.

Simultaneamente com o esforço de expansão, levava-se a cabo um esforço de consolidação e de organização. Multiplicavam-se prodigiosamente as escolas privadas de todos os graus, oferecendo assim sólidos alicerces à Igreja. Os padres continuavam a ser insuficientes em número, e nem sempre suficientes em qualidade, já que os que vinham da Europa eram com muita frequência aqueles que os respectivos bispos não tinham interesse em conservar. Os bispos americanos consagraram-se à tarefa de formar um clero, e nisso deram provas de energia e espírito de iniciativa invulgares. Foram fundados seminários por toda a parte. Em Lovaina (Bélgica), abriu-se em 1857 um *American College* destinado a preparar padres para os Estados Unidos. Dois anos depois, criava-se também um *American College* em Roma. O resultado de todos esses esforços foi excelente: de 1850 a 1870, o número de sacerdotes passou de 1.320 para 3.780.

O clero secular recebeu para as suas tarefas um enorme apoio das ordens e congregações, tanto masculinas como femininas. Algumas dessas agremiações tinham nascido ou iam nascer em território norte-americano. No limiar do século, uma santa viúva, Ana Isabel Seton, convertida do protestantismo episcopaliano, tinha fundado (1811), as Irmãs da Caridade de Emmitsburg, diretamente inspiradas nos princípios de *Monsieur* Vincent; em 1850, filiaram-se oficialmente às Irmãs da Caridade vicentinas, embora conservassem uma certa autonomia. Em 1859, um jovem convertido, *Isaac Hecker* (1819-88), fortemente influenciado por Oreste Brownson, deixava com três amigos os redentoristas, em que tinha ingressado, e ia fundar uma nova congregação, especialmente destinada a duas modalidades de apostolado: a pregação de missões entre as classes populares de origem anglo-saxônica e alemã, e a ação pela imprensa: foram os *Paulistas*, relativamente pouco numerosos, mas cuja influência no catolicismo americano viria a ser enorme. Os Irmãos da Santa Infância, de Buffalo, e os Irmãos de São Francisco Xavier, de Louisville, constituíram-se para se dedicarem ao ensino, enquanto numerosas congregações femininas, surgidas um pouco por todo o lado, se ocupavam da educação e de obras de caridade: as Franciscanas da Imaculada Conceição, as Irmãs de Santa Inês, as Religiosas do Menino Jesus, as Terceiras Franciscanas de diversas observâncias... O fenômeno de proliferação de agremiações religiosas de mulheres, já tão impressionante na Europa, não o foi menos nos Estados Unidos.

Mais impressionante ainda foi a corrida — a santa corrida — para o continente americano de todas as congregações, velhas ou novas, da Europa. Todas ou quase todas quiseram estar presentes nessas terras que já se adivinhava serem as terras do futuro. Seria cansativo e afinal impossível dar uma lista completa: desde os jesuítas, solidamente instalados nos Estados Unidos da América desde 1816, e os carmelitas e as clarissas, e os trapistas (que tinham sido enviados, durante o Império, por Dom Lestrange[22]), até às Irmãs da Caridade, que já em 1850 desembarcavam em grande número, aos Padres de Santa Cruz, às religiosas da mesma designação (da região francesa do Mans), ou aos Oblatos de Maria Imaculada, chegados da França, ou aos Irmãos de Santo Aleixo, vindos da Alemanha... A enumeração preencheria várias páginas. Alguns desses institutos iriam encontrar nos Estados Unidos um terreno tão favorável que aí se desenvolveriam muito mais que na Europa. Tal é o caso das Irmãs de São José, que, nos nossos dias, são as comunidades mais importantes da União.

Toda essa prodigiosa animação se fez, de modo geral, ordenadamente. Os bispos americanos não eram simplesmente homens de iniciativa: revelaram-se excelentes organizadores. Roma, que seguia muito de perto essa bela aventura da igreja nos Estados Unidos, continuava a consagrar a expansão, fundando dioceses. Em 1852, havia trinta e nove dioceses (seis das quais arcebispados); em 1870, serão cinquenta e uma.

Um dos traços característicos desse episcopado norte-americano foi o de manter muito estreitos os laços interdiocesanos. Ao passo que, na Europa, os concílios e os sínodos, mesmo provinciais, não eram bem vistos pelos governos — nem pela Santa Sé... —, já na República norte-americana, como o Estado não se interessava pela Igreja, essas reuniões faziam-se sem qualquer dificuldade, e muito regularmente. De 1832 a 69, houve dez concílios provinciais em Baltimore; em 1852 e 1866, reuniu-se nessa cidade todo o episcopado norte-americano. Começaram a ser constituídos organismos centrais, destinados a coordenar a ação dos bispos e a ajudá-los na sua missão. Roma aprovava. Para evitar a intervenção dos Estados europeus nos assuntos do clero norte-americano, criou-se o costume de que, por morte de um bispo, o episcopado provincial propusesse uma lista de candidatos. Ir-se-ia mais longe? Alguns teriam desejado uma "igreja americana" que tivesse, por direito, uma espécie de autonomia em relação à Igreja universal, porventura com um Patriarca à frente. Pio IX opôs-se, prudentemente, mas com firmeza.

Quando, em 1861, rebentou a Guerra de Secessão (que ia opor durante cinco anos Sulistas e Nortistas), a Igreja Católica era já tão forte que a terrível crise não pôde comprometer-lhe o futuro. Teve, sim, por essa ocasião, espinhosos problemas a resolver. Os "abolicionistas" do Norte estavam ligados de perto aos "nativistas" e aos "know-nothings", como já vimos com Beecher, pai de Mrs. Beecher-Stowe. Os Sulistas eram em grande número católicos. Deram-se então, especialmente em Nova York, incidentes graves, em que os irlandeses tomaram parte ativa nos motins que estiveram à beira de entregar a cidade aos Sulistas. E no entanto a

Igreja Católica conseguiu salvaguardar, melhor que qualquer outra, a sua unidade. Havia bispos em ambos os campos, mas mantiveram entre si relações fraternas, acima dos ódios desenfreados. Pio IX interveio várias vezes, a fim de que se mantivesse essa atitude. A caridade atuante dos padres e das religiosas, cuja dedicação não distinguia combatentes, assegurou-lhes o respeito unânime[23].

Mas a Igreja Católica saiu da tragédia com pesadas perdas: viu numerosos lugares de culto destruídos nos combates, perdeu os quadros dirigentes do Sul; e sobretudo teve de concluir, com tristeza, que nos Estados do Sul os católicos brancos e os católicos negros estavam agora separados por um muro de hostilidade, e que os negros passavam em massa para o protestantismo de várias espécies[24]. Apesar de tudo, a sua vitalidade não foi atingida. Os bispos, e sobretudo mons. Spalding, arcebispo de Baltimore, personalidade de primeiro plano, tinham grande prestígio em toda a União. O Concílio Nacional de 1866, em que foi lançada uma imensa campanha a favor da escola católica, teve ares de ato triunfal. A sua abertura, a 7 de outubro, com a entrada na catedral de um cortejo de sete arcebispos, trinta e sete bispos, dois abades mitrados e mais de mil padres, causou sensação.

Deste modo, quando o período que estamos a estudar se fechava, a igreja norte-americana ultrapassou vitoriosamente, quer a sua crise de crescimento, quer os diferentes obstáculos colocados no seu caminho. E surgiu como uma potência na União, prestes a mostrar-se amanhã ainda mais forte e conquistadora. Roma não tardaria a coroar essa admirável evolução. Já em 1850, o presidente Lincoln pedira que um prelado norte-americano fosse feito cardeal. Antonelli achara a ideia absurda. Mas Pio IX respondera que, "sendo ele o único dos sucessores do Apóstolo a ter pisado o solo da América", estava também decidido a ser o primeiro a criar cardeais americanos. Iria cumprir a sua palavra: em 1875, concederia ao arcebispo de Nova York, mons. Mac Closkey, o chapéu e o manto púrpura, e assim reconheceria de modo brilhante o lugar que a jovem igreja dos Estados Unidos soubera conquistar no mundo católico.

Na América Latina: situação decepcionante, sementeiras de futuro

Comparada com os Estados Unidos e o Canadá, a América Latina oferece, quanto aos destinos do catolicismo, um contraste chocante. E no entanto, ao começar o século, os imensos territórios onde se falava espanhol ou português surgiam como um bloco gigantesco de catolicidade. Estreitamente submetida ao *Patronato* ou ao *Padroado* das Coroas, a Igreja dava mostras de implantação tão firme que formava um só corpo com a sociedade e com o regime. Eram inumeráveis e riquíssimos os conventos e as igrejas. Uma religião de forte colorido, pródiga em cerimônias suntuosas, em manifestações vibrantes de piedade, impunha, por meio do respeito humano ou mesmo pela coerção, uma fidelidade ao menos externa às suas decisões. Mas podia-se falar de outra coisa que não fosse isso mesmo — uma fidelidade inteiramente externa? Não há dúvida de que, entre esses milhões de batizados, havia almas santas para as quais a fé tinha o maior significado; mas, no conjunto, não seria somente um verniz de cristianismo? A massa dos povos submetidos e dos mestiços era mais supersticiosa que convicta. O clero, mais que insuficiente. Havia padres que viviam isolados, a seis ou sete jornadas de caminho uns dos outros, incapazes de garantir a distribuição dos socorros espirituais a todas as suas ovelhas, e demasiadas vezes tão totalmente diluídos em populações de costumes mais que fáceis, que acabavam por ceder ao movimento geral.

Em que medida essa situação terá mudado entre 1815 e 1870? Os acontecimentos políticos alteraram inteiramente o próprio quadro geral em que a Igreja tinha de atuar. Prevista, já em 1790, pelo sábio alemão Humboldt, que viajou por esses regiões; iniciada no momento em que o rei de Madri era o irmão de Napoleão, a revolta contra a Espanha, transformada em guerra de independência, conseguiu em quinze anos quebrar um domínio que tinha mais de três séculos. Dirigidas por Bolivar, Itúrbide, Sucre, San Martín, operações militares sangrentas impuseram à Espanha e mesmo à Europa da Santa Aliança o reconhecimento da liberdade dos antigos colonos. Do México à Terra do Fogo, quinze novos Estados se constituíram (1836), os quais, desgraçadamente, não foram capazes de se federar. Simultaneamente, o Brasil punha fim ao domínio português, com a ajuda do príncipe herdeiro D. Pedro (1821), que em 1822 se proclamou imperador constitucional[25].

Um pouco por toda a parte, esses movimentos assumiram um caráter marcadamente anticlerical. A Igreja estava tão estreitamente associada ao regime político que teria sido difícil que acontecesse outra coisa. Até em países como o México, em que eram padres — como um pároco chamado Hidalgo e outro de nome Morelos — que tinham tomado a chefia da rebelião[26], a Hierarquia e as ordens religiosas eram geralmente impopulares. Nomeados pela autoridade régia, os bispos, de modo geral, mostraram-se contrários aos revolucionários e foram perseguidos, depostos, expulsos. Em 1822, em toda a América do Sul, estavam sem titular seis arcebispados e trinta e dois bispados. E importa acrescentar que a maçonaria se aproveitou das circunstâncias no Brasil — D. Pedro encorajou-a abertamente — para ganhar uma influência que dificilmente viria a perder.

Desse modo, uma vez livres, os Estados conservaram na sua maioria uma tendência evidente para o anticlericalismo.

Ora os novos governos retomavam os velhos princípios regalistas herdados da Espanha e pretendiam controlar a Igreja; ora se indignavam com os privilégios e riquezas do clero e lutavam em defesa da independência do Estado. Muitas dessas crises foram também provocadas por conflitos de ideias "entre a ideologia católica, favorável ao governo autoritário de uma elite, e a ideologia liberal, alimentada pelas Lojas maçônicas, hostil ao princípio de autoridade sob todas as formas, e levando até às extremas consequências os direitos pessoais de cada um"[27]. Essas violências anticlericais, no entanto, não se deram em todos os Estados latino-americanos, como também não foram contínuas as revoluções e as crises de regime que eclodiram na maior parte das capitais, provocando, aliás, como reação, mudanças de orientação.

Em certos países, pôde-se falar de autênticas perseguições. Sobretudo no México, onde a subida ao poder, em 1855, de democratas veementes, conduzidos pelo índio *Benito Juárez,* assinala o começo de uma longa série de provações. Embora declarando-se fiel ao seu catolicismo de infância, mas na verdade imbuído dos princípios da Constituição Civil do Clero, o todo-poderoso presidente dirigiu uma verdadeira campanha contra os padres e os religiosos, proibindo o uso do traje eclesiástico, confiscando os tesouros da Igreja, exilando bispos... O advento, em 1864, do imperador Maximiliano, imposto pelas espingardas de Napoleão III, só muito passageiramente remediou a situação. É certo que a Hierarquia foi reconstituída, mas a imperatriz Charlotte, como filha que era do rei Leopoldo dos belgas, pretendia portar-se como liberal. Finalmente, o arcebispo da cidade do México assumiu a chefia da resistência ao governo imperial, do que, aliás, veio a arrepender-se, visto que, quando Juárez fuzilou Maximiliano, a política anticlerical recomeçou ainda com maior violência. Não apenas foi votada a separação da Igreja e do Estado: multiplicaram-se os confiscos de bens eclesiásticos e proibiu-se o ensino católico. Chegou-se ao ponto de expulsar do país as religiosas que trabalhavam nos hospitais.

O exemplo mexicano foi seguido por diversos países. Na Colômbia, o general Mosquera expulsou da diocese e da pátria o seu próprio irmão, que era arcebispo de Bogotá, acusado de ter protestado contra a nacionalização dos bens eclesiásticos. Na Venezuela, Guzmán-Blanco tentou organizar uma igreja nacional, cujo clero, incluindo os bispos, seria eleito. No Paraguai, inextricáveis lutas religiosas levaram, em 1868, à execução do bispo de Assunção, mons. Palacios, fuzilado por ter feito frente a tentativas análogas de domesticação da Igreja.

Noutros lugares, as crises tiveram um caráter mais esporádico e transitório. Na Argentina, por exemplo, a queda, em 1852, do ditador Rosas, que seguira as pisadas de Juárez, marcou uma viragem total; o seu sucessor, o presidente Mitre, protegeu abertamente o catolicismo. No Brasil, os dois sucessivos imperadores, e sobretudo D. Pedro II, declararam-se respeitadores da religião, embora deixassem que funcionários locais incomodassem os padres, e principalmente interviessem, muitas vezes de modo abusivo, na vida interna da Igreja. No Peru, apresentou-se um projeto de lei destinado a restringir os direitos e privilégios da Igreja, mas foram tais os protestos no seio da população que teve de ser retirado.

Outros países, ao invés, mostraram-se perfeitamente benévolos para com o catolicismo. Houve mesmo casos de mais ou menos clara aliança entre o Poder e o Altar, digna dos tempos antigos. No Chile, Diego Portales, senhor quase inamovível do partido conservador, embora ele pessoalmente fosse um cristão pouco exemplar, reforçou a influência da Igreja e chamou para o seu país os jesuítas e as Damas do Sagrado Coração. Nos pequenos Estados da América Central, a alternância da proteção oficial e das medidas sectárias foi de regra, ao ritmo dos golpes de Estado e dos *pronunciamientos*. No conjunto, porém, a Igreja manteve-se, nomeadamente em Cuba, onde o arcebispo de Santiago, que viria a ser *Santo Antônio Maria Claret*, desprezando o punhal que por duas vezes o feriu, assumiu no país um lugar preeminente; ou no Haiti, onde o presidente Fabre Geffrard, certo de que só a civilização católica convinha ao seu país, se mostrou protetor inteligente e eficaz da Igreja.

Um desses países latino-americanos merece ser considerado à parte e estudado com atenta simpatia. Esse Estado de pouca importância, o Equador, conheceu uma tentativa extremamente original, vinda de um homem sob muitos aspectos extraordinário: *García Moreno* (1821-75). Era um verdadeiro castelhano, descendente direto desses homens de fé imperiosos e austeros que fizeram a grandeza da Espanha. Personalidade de exceção, simultaneamente homem de ação e alma de místico, durante os quinze anos em que foi senhor dos destinos do seu país, julgou de seu dever tornar o Equador um verdadeiro Estado cristão. Não que quisesse voltar ao passado, aos métodos do domínio régio; na Concordata que assinou com Roma, abandonou todos os antigos direitos do *Patronato*. O regime com que sonhava seria, um pouco à maneira do concebido por Joseph de Maistre e Bonald, totalmente, decididamente fundamentado nos princípios e nos mandamentos do catolicismo. Os grandes ensinamentos de Pio IX, designadamente os do *Syllabus*, teriam força de lei no Equador. Nenhum livro que estivesse no *Index* devia ser lido, nem sequer nas universidades. Nenhuma Loja maçônica seria tolerada. Segundo a Constituição, que conseguiu fazer aprovar em 1859, só os católicos poderiam ser cidadãos com plenos direitos. Vieram congregações europeias para o país. O clero, que era de nível medíocre, foi firmemente convidado a reformar-se. Com o apoio da Igreja, fez-se uma obra imensa de assistência social e de caridade. Em suma, estava a ser estabelecido o "tipo de um Estado católico, não por qualquer fidelidade ao passado, mas pela eficácia de uma fé viva, seguindo um programa coerente e doutrinal"[28]. Mas era sem dúvida algo que o século XIX já não podia admitir. Para abater a "fortaleza confessional", aliaram-se todos os maçons e liberais que havia em Quito. Em 1870, ao saber da tomada de Roma pelos italianos, García Moreno protestou (foi o único chefe de Estado em todo o mundo!) e fez votar subsídios para o "Prisioneiro do Vaticano". Em 1873, consagrava o Equador ao Sagrado Coração. Era demais... Dois anos depois, caía sob as balas de um assassino.

Perante a situação complicada, difícil, que lhe mostrava o conjunto dos países latino-americanos, a Santa Sé não deu provas, nem de incerteza, nem de insuficiência. Pelo contrário, agiu com habilidade e firmeza. Acabados de fundar, muitos dos novos Estados procuraram entrar em relações com a Santa Sé, vendo que era impossível governar contra a grande massa católica. Pio VII fez que não ouvia. Ainda em 1820, a Cúria continuava a designar "em nome do Rei das Espanhas" bispos que, aliás, não podiam tomar posse do cargo. Essa situação não podia durar, tanto mais que, em 1820, a própria Espanha passara para mãos liberais. A partir daí, os Estados latino-americanos foram sendo reconhecidos pela Santa Sé, com uma presteza que provocou vãos protestos de Madri e Lisboa. Gregório XVI nomeou uma comissão especial para o estudo das questões da América Latina. Pio IX, que, na sua juventude, como vimos, acompanhara um enviado especial do Papa ao Chile, manifestou tanta solicitude para com todos os países latino-americanos que algumas vezes foi chamado "o Papa da América Latina".

O resultado imediato dessa atitude inteligente foi que a feliz política inaugurada por Consalvi em matéria de Concordatas transpôs o Atlântico. Um após outro, oito países em quinze normalizaram as suas relações com Roma: em

1853, a Guatemala e a Costa Rica; em 1860, o Haiti; em 1861, a Venezuela e Honduras; em 1862, São Salvador; em 1863, a Nicarágua e o Equador; e em 1874, o Peru[29]. Apoiada nesses tratados e aproveitando um momento de paz religiosa, Roma reorganizou a Igreja, redistribuiu as províncias eclesiásticas e as dioceses, multiplicou-as, estabeleceu delegados apostólicos, encarregados de controlar o clero local e de melhorar as relações com os governos.

Assim, a Igreja latino-americana começou a retomar mais vida, mais vigor espiritual. Não é que se possa dizer que tudo correu de maneira perfeita. A confissão que um bispo brasileiro fazia em 1865 poderia ser repetida por muitos outros: "A honra de Deus e a honra da Igreja reclamam uma reforma o mais urgente possível". E o mesmo se poderia dizer do que declarava o arcebispo do Rio de Janeiro: "Os padres de mais de trinta e cinco anos de idade encontram-se num estado moral que não permite esperanças: são muitos os que não rezam o Breviário; grande número deles tem publicamente mulher e filhos". No México, a imperatriz Charlotte tinha ficado estupefacta ao encontrar párocos que lhe apresentavam muito naturalmente a concubina e a meninada.

Mas essa situação deplorável estava em vias de mudar. Nessas Igrejas surgiram chefes decididos a restaurar moral e prática. O mais notável foi Santo Antônio Maria Claret, que realizou em Cuba um extraordinário trabalho em profundidade, pronunciando em seis anos onze mil sermões, regularizando a situação de 30 mil casais, crismando 300 mil batizados, restaurando igrejas, distribuindo milhões de catecismos e obras várias. Mas, no México, mons. Mungia; no Brasil, D. Vital de Oliveira, capuchinho, e D. Macedo Costa; em Buenos Aires, mons. Aneiros; no Chile, mons. Valdivieso foram todos seus dignos êmulos. E o clero começou a melhorar, particularmente no Chile, onde passou a ser recrutado nas camadas mais intelectualizadas. Fizeram-se esforços para a criação de seminários: o de Santiago do Chile viria a ser famoso e a exercer grande influência. O contributo de congregações europeias, que chegaram em número considerável, desde os jesuítas e as Irmãs da Caridade até às Irmãs de São José de Chambéry e aos salesianos, ajudou a essa renovação. Surgiu mesmo, por aqui, por ali, um escol de leigos, diretamente influenciado pelos intelectuais católicos da Europa, discípulos de Montalembert, de Veuillot, de Balmes, de Donoso Cortés. O mais belo exemplo é o de *José Manuel Estrada,* na Argentina. Mas o fato mais notável, e mais rico de promessas, foi certamente, em 1858, a fundação em Roma, por Pio IX, do *Colégio Pio Latino-Americano,* destinado a formar um clero capaz de promover a renovação da Igreja.

Certamente que eram apenas sintomas, não ainda resultados; sementes, mais que colheitas... Faltava ainda muito — faltava chegar à nossa época — para que as sementes dessem fruto. Mas nem por isso deixa de ser verdade que, nos países dos Conquistadores, se a Igreja não tinha a vitalidade que vimos nas margens do Hudson ou do São Lourenço, estava bem longe de ter perdido todas as hipóteses. E esta mesma conclusão poderia ser extraída da análise do que se passava em qualquer outra parte do mundo.

As missões em decadência

Extraordinária, admirável história, a das Missões católicas no século XIX: um dos mais impressionantes testemunhos da vitalidade da Igreja, da sua perene juventude, das virtudes de audácia, de heroísmo e de sacrifício que os seus filhos guardam no coração. Essa história resume-se em duas frases: por volta de 1820, daquilo que fora a grande aventura missionária que, no século XVII, dera à Igreja uma página de glória, tudo parecia perdido, acabado, ultrapassado. E no entanto, cinquenta anos depois, a Cruz está implantada em todas as partes do mundo e os arautos do Evangelho veem nascer à sua volta as comunidades de batizados. É, pois, uma renovação, quase uma ressurreição, o que essa história evoca. Esses resultados pagam-se caro — em trabalhos, em suor, em sangue...

A Revolução Francesa achou as Missões em situação extremamente dolorosa, a bem dizer num pavoroso declínio[30]. Mons. Stefano Borgia, não o dissimulava nos seus lúcidos relatórios. Numerosas causas explicavam essa desagregação: a crise aberta, desde o século XVII, pelas pretensões portuguesas e espanholas de submeter as Missões ao *Padroado* ou ao *Patronato* dos governos; em seguida, o declínio desses dois países; a perda do Canadá pela França; a expansão marítima da Holanda e da Inglaterra, nações protestantes; as crises de xenofobia que agitaram todo o Extremo Oriente; as cizânias teológicas no interior do catolicismo europeu, agravadas, em países de missão, pela deplorável querela dos ritos[31]; e, para acabar, a dissolução da Companhia de Jesus, que significou a súbita perda de 3.500 padres nas igrejas distantes[32]. E há ainda a acrescentar que o estado de espírito criado pelos "filósofos" era bem pouco favorável às Missões e aos missionários. Voltaire sentia prazer em desacreditá-los.

A Revolução e as suas sequelas agravaram ainda mais a crise. A França, que fora o grande fornecedor de missionários, perdeu esse papel de um momento para o outro. Enquanto os conventos de franciscanos, de dominicanos e outros se esvaziavam, estancando o recrutamento das missões, as três sociedades de padres seculares que tanto tinham feito por essa causa eram feridas de morte. Os lazaristas, cuja casa-mãe foi pilhada logo em 13 de julho de 1789, por suspeitarem que era depósito de víveres e de armas[33], tiveram de se dispersar, e cerca de vinte e cinco foram executados ou chacinados na prisão. A Congregação do Espírito Santo foi desfeita. No Seminário da rua du Bac, buscas e ameaças provocaram a dispersão dos Padres das Missões Estrangeiras; um só diretor se manteve, em edifícios ocupados por guardas nacionais e auxiliares de artilharia. De 1793 a 1798, apenas sete missionários partiram para o além-mar.

O Império deu nova machadada nas Missões. Com a ocupação de Roma, a supressão de toda a administração pontifícia, a transferência para a França dos seus arquivos, a Congregação de Propaganda Fide ficou, assim como as outras, em ruínas; as suas finanças, "imperializadas". O general Radet instalou-se no palácio da Congregação, onde ofereceu um jantar aos franco-maçons; até os caracteres da tipografia poliglota vaticana foram mandados para Paris. No entanto, Napoleão mostrara interesse pelas Missões, muito embora a seu modo, quer dizer, procurando utilizá-las. Baseado num relatório de Portalis, o imperador pensara em reconstituir as sociedades missionárias e enviar os seus membros por todos os continentes com a finalidade de "colherem informações" e trabalharem pela sua causa. "O hábito protege-os — dizia ele —, e há de servir para encobrir desígnios políticos e comerciais". Assim, um decreto autorizara-as a renascer. Fora-lhes dado como Protetor o cardeal Fesch. E, sempre lógico e simplificador, o imperador falara de as reorganizar de modo a fazer delas um só instituto, que, como é óbvio, ele dominaria. O conflito com o papa pusera fim a essa tentativa, em si mesma inquietante...

O desabamento do Império iria, ao menos, melhorar a situação? É certo que, entre as restaurações a que se procedeu após a queda da Águia, a instituição missionária não foi esquecida. A Congregação da Propaganda reinstalou-se em Roma logo em 1814. Nos primeiros meses do seu reinado, Luís XVIII autorizou os lazaristas, as Missões Estrangeiras e a Congregação do Espírito Santo. A reconstituição da Companhia de Jesus pela Santa Sé foi também um ato capital para o futuro das Missões. Mas nada disso foi bastante para pôr fim à crise. As vocações eram raras; o dinheiro e os meios de ação escasseavam. As companhias de navegação inglesas e holandesas recusavam-se a embarcar qualquer missionário. Mesmo nos países de missão, as divisões demasiado flagrantes entre os brancos tinham feito o jogo aos xenófobos. A propaganda protestante aproveitara as circunstâncias e instalara os seus marcos sobre as ruínas das Missões católicas, das quais, algumas vezes, se apresentava como herdeira legítima. A ladeira era penosa de voltar a subir. Eis o que explica que a crise tenha podido durar mais uns quinze anos depois da Restauração: até cerca de 1830.

Os documentos de que dispomos acerca das Missões nesse primeiro terço do século XIX são de cortar o coração. Um texto publicado em 1822 nos *Anais da Propagação da Fé* mostra-nos as igrejas por todo o lado assaltadas, por todo o lado caindo em ruínas, desencorajadas por não verem chegar nenhum jovem substituto, o clero nativo dizimado pelas perseguições, as comunidades de fiéis diminuindo a olhos vistos, a fé estiolando-se. Nem mais um padre no Japão ou na Coreia, nem na Ásia Central, nem na Oceania, nem em Madagascar, nem na África Central, nem na Abissínia. Na América Latina, nada de novos missionários. Um recenseamento de 1820 enumera, para o mundo inteiro, pouco mais de 500 missionários dependentes da Propaganda, sendo 250 religiosos e 270 padres autóctones. Os seminários das Missões tinham tão poucos candidatos ao sacerdócio que, em 1812, quando uma delegação de coreanos viera suplicar a Pio VII que lhes desse um missionário, um só que fosse, o papa tivera de confessar, entre lágrimas, a sua impotência: não tinha ninguém que pudesse enviar.

Diante de uma situação tão angustiosa, é certo que os papas não tinham ficado indiferentes. Se bem que o cardeal Consalvi se tivesse interessado pouco, Pio VII fizera todo o possível para fornecer recursos à Propaganda reorganizada, encorajara, logo que dela tivera notícia, a obra que viria a ser a Propagação da Fé, apoiara o melhor que pudera as congregações e sociedades que se mostravam desejosas de trabalhar nas Missões: picpucianos, maristas, oblatas de Maria Imaculada. A todos os apelos vindos de missionários, Leão XII respondera esvaziando o seu bolso pessoal e, interessando-se diretamente pela Propaganda, escolhera para seu secretário o ativo e lúcido cardeal Mauro Cappellari. E Pio VIII, nos curtos meses do seu reinado, consagrara a obra da Propagação da Fé e preocupara-se especialmente com a América do Sul, esse velho continente católico em que era urgente retomar a tarefa missionária.

À parte essas provas de boa vontade oficial, aquilo que podemos inscrever no ativo das Missões durante o primeiro terço do século XIX tem pouco brilho ou só depende de iniciativas pessoais: era a resistência quase ignorada das cristandades coreanas, dirigidas por leigos; ou das cristandades chinesas, salvas por um punhado de padres nativos e de missionários corajosos; ou a sobrevivência de alguns seminários em três quartas partes despovoados, ou de "Casas de Deus" na Indochina... Aqui, o pe. Smet e uns tantos jesuítas belgas aventuravam-se no meio das tribos índias da América; acolá, alguns lazaristas voltavam a partir para a China; dois padres seculares holandeses chegavam a Java; alguns irlandeses, poucos, embarcavam para a Austrália; no Canadá, o pe. Provencher pangaiava pelo Rio Vermelho; a Madre Javouhey dava início à sua grande aventura africana... Não seria muito longa a lista desses empreendimentos de personalidades fortes e cheias de audácia, dispostas a correr todos os riscos. Pelo menos, eram um sinal. No velho tronco do catolicismo, a seiva ainda não secara, ela que, nos séculos anteriores, fizera borbotar e verdecer tantos ramos vigorosos. Em 1831, quando Mauro Cappellari, antigo secretário da Propaganda Fide, passou a ser o papa Gregório XVI, estava para chegar uma nova primavera.

Causas e dificuldades de uma renovação

Por que foi que a situação mudou inteiramente? Por que foi que as Missões, pelas quais os católicos pareciam ter deixado de se interessar, passaram a estar entre as suas mais vivas preocupações? As causas de uma tal reviravolta são muitas e complexas.

Antes de mais, é evidente que a renovação missionária está ligada a um fenômeno mais geral: a restauração dos valores católicos depois de 1815. Uma vez que a Igreja se reinstalava nas suas bases tradicionais, era impossível não reanimar essa atividade de evangelização universal que sempre ela considerara indispensável. Os governos, nomeadamente o francês, iriam retomar o papel de amigos e protetores das Missões que tinham assumido desde Richelieu. A renovação espiritual, tão impressionante[34], também ia no mesmo sentido. Nas lutas contra a Revolução e o Império, os católicos tinham adquirido virtudes de combatividade e de heroísmo que os seus filhos transferiram para outros terrenos; é notável que na origem de diversas grandes obras missionárias se encontrem "Cavaleiros da Fé"[35] e membros da Congregação[36]. Mas, por outro lado, certas ideias saídas da Revolução favoreciam o movimento missionário: a da igualdade entre todos os homens, por exemplo, que levava necessariamente ao fim da escravidão e do tráfico de negros. Neste ponto, os homens de esquerda juntavam-se aos católicos abolicionistas e, em primeiro plano, aos papas.

Essas novas ideias, favoráveis às Missões, e contrabalançando as de Voltaire e dos enciclopedistas, foram difundidas, desde o início do século XIX, por uma vaga imensa de impressos. Chateaubriand, com o *Gênio do cristianismo,* fez nascer um "romantismo missionário" que inflamou numerosos corações jovens. As *Cartas edificantes e curiosas* dos jesuítas, cheias de admiráveis narrativas de aventuras missionárias, foram reeditadas três vezes (1803, 1818, 1824[37]). A elas se juntou a edição, em oito volumes, das *Novas cartas edificantes das Missões da China e das Índias Orientais.* Mal acabados de fundar (1823), os *Anais da Propagação da Fé* tiveram um êxito prodigioso, com uma tiragem de 16 mil exemplares, num tempo em que uma grande revista como a *Revue des Deux Mondes* contava mil assinantes. E, nessa propaganda pela pena a favor das Missões, seria injusto esquecer o papel desempenhado por um homem cujas atitudes nem sempre foram aceitáveis, mas que, neste plano, merece uma admiração sem reservas: *Louis Veuillot,* que, durante quarenta anos, em todos os órgãos de que dispôs, foi quase diariamente apóstolo dessa causa, apologista e defensor dos missionários, e exerceu nesse sentido uma influência que não deve ser subestimada[38].

Mas recordemos também causas inteiramente profanas. Na primeira metade do século XIX, a Europa ocidental experimentou um novo impulso para o vasto mundo, análogo àquele que, quatrocentos anos antes, determinara as grandes descobertas marítimas. A ciência geográfica tornou-se objeto de emulação entre as nações, e a exploração territorial, vocação corrente. Ingleses, franceses, russos, alemães, italianos, americanos, foram inúmeros os descobridores de terras. É a época em que René Caillé atinge Tombuctu, disfarçado de mouro; e Denham e Clapperton, o lago Tchad; e os ingleses Burton e Grant, os Grandes Lagos. Ao ler os relatos de tais aventuras, a gente jovem encontrava em si a alma de

Robinson Crusoé, e o mais espantoso êxito de imprensa foi o das *Illustrated London News*, revista de viagens, vendida aos milhões de exemplares. Para mais, a técnica facilitou as viagens. Foi nessa época que se fundaram as grandes companhias de navegação: a Cunard Lins (1839), a Hamburg-Amerikanische (1847), a Compagnie Générale Transatlantique (1855). Os riscos de naufrágio diminuíram, pondo fim às enormes perdas que outrora dizimavam os missionários. O vapor reduziu as distâncias. Desde 1815, estava internacionalmente garantida a liberdade dos mares.

A própria política não deixou de ter efeitos na renovação das Missões. A desagregação do império turco, que trazia consigo as complicações da "Questão do Oriente", abria ao mesmo tempo perspectivas novas em terras do islã, das quais a ação missionária podia tirar partido. O desenvolvimento rápido dos Estados Unidos e do Canadá trouxe uma extensão territorial, por sua vez favorável às Missões. Mas foi sobretudo a expansão colonial das grandes potências europeias que lhes deu uma imensa ajuda. Se a França iria ser, no século XIX, a primeira nação missionária, era também por ser ela a nação cuja bandeira se erguia na Argélia, na Tunísia, no Saara, na África Ocidental e Equatorial, em Madagascar, em Djibuti, na Conchinchina, no Tonquim, na Oceania. Essa expansão colonial ia a par de uma política de prestígio do Ocidente. Para afirmarem a sua supremacia, ou para garantirem mercados aos seus comerciantes, as grandes potências abriram pelo uso da força as portas de países como a China, o Japão, a Indochina, que a xenofobia lhes tinha fechado. Nesses países, tal como nas colônias, os missionários precederam ou, mais frequentemente, acompanharam ou seguiram os descobridores e os conquistadores. Daí adviriam graves problemas para o futuro, mas, de momento, era um trunfo.

Não quer isto dizer que tudo fosse tão simples. O movimento missionário lutou com grandes dificuldades. Umas, tradicionais, foram as mais graves: resistências que sempre opuseram à penetração do Evangelho os povos onde ela se dava, resistências avolumadas em muitos lugares pelo ódio e o desprezo que muitos brancos "colonizadores" e "colonialistas" suscitavam entre os indígenas com o seu comportamento. Numerosos missionários serão vítima de reações xenófobas que importa reconhecer terem sido, em parte, desculpáveis.

Outras dificuldades provieram de um fato novo: o aparecimento e desenvolvimento das Missões protestantes. Até ao final do século XVIII, elas contavam muito pouco; quando muito, podia-se falar de um "despertar missionário do protestantismo"[39], com as corajosas tentativas de John Eliot, de Hans Egede e do dr. Coke, admirável metodista. A partir, porém, de cerca de 1789, houve uma mudança radical. Em ligação com o avanço colonial da Inglaterra, tão impressionante como o da França, e também em ligação com o desenvolvimento do poder dos Estados Unidos, as Missões protestantes multiplicaram-se: a *Baptist Missionary Society*, em 1792, a *London Missionary Society*, em 1795, a *Société Évangélique de Bâle* (Basileia), fundada em 1730 e reorganizada em 1796, a *Neederlandsch Zendelinggenostchapp* (holandesa), em 1797, e, no mesmo ano, a alemã *Rheinische Missionsgesellschafr*, e, já em 1810, o *American Board of Commissions for the Foreign Missions*. Num século, foram mais de trezentas as que nasceram. E logo os missionários protestantes enxamearam o mundo inteiro, muitas vezes instalando-se ao lado dos missionários católicos.

É claro que não podemos deixar de prestar homenagem ao zelo apostólico de que esses homens deram frequentes provas. Mas devemos também notar que a sua presença junto dos seus irmãos católicos muitas vezes se traduziu num doloroso antagonismo. São inumeráveis os incidentes que suscitaram. Alguns, como a questão Pritchard, no Taiti, assumiriam a dimensão de um verdadeiro conflito. E mesmo onde as relações não foram más, a verdade é que os futuros catecúmenos se viam repuxados entre igrejas rivais: não somente entre católicos e protestantes, mas até entre seitas de diferentes gêneros, e que esse grande escândalo dos cristãos desunidos, publicamente patenteado, não podia com certeza favorecer os progressos da doutrina de Cristo.

A essas dificuldades de caráter externo, temos de acrescentar algumas outras, menos visíveis, interiores. A Querela dos Ritos chineses e, depois, a dos Ritos malabares levaram muitos espíritos a desconfiar excessivamente de tudo o que pudesse parecer-se com uma "adaptação" do cristianismo às tradições e costumes nativos[40]. Certos missionários, como mons. Pigneau de Béhaine, na Indochina, tinham pensado que era necessário atenuar o rigor das condenações de Clemente XI e de Bento XIV, e ouvir as lições do pe. Ricci ou do pe. Nobili. A verdade é que não foram seguidos. Não vamos, no entanto, exagerar a importância de tais dificuldades. A verdade é que não impediram o movimento de renovação.

A partir de 1820, ainda modestamente, já se esboça uma retomada. Ela vem a acentuar-se e torna-se firme por volta de 1830. Pelos meados do século, a crise pode ser tida por debelada. Cerca de 1870, os missionários, se bem que ainda em número insuficiente, estão em ação por toda a parte. Desse modo, durante o último terço do século, assiste-se a uma expansão como a História não conhecera desde a primeira evangelização. O que vai acontecer no período que decorre de 1815 a 1870, período de desbravamento e de preparação, mais que de irradiação e de colheita, é uma luta por renascer e, depois, os esforços por explorar e lavrar o terreno das futuras searas.

Dois grandes "papas missionários"

Houve dois papas que tiveram a inteligência e a energia bastantes para se empenharem a fundo no renascimento das Missões. Certamente não foi por simples acaso que o cardeal Mauro Cappellari, ao ser eleito para a Sé de Pedro, escolheu o nome de Gregório: era o nome do pontífice que enviara apóstolos à conquista da Inglaterra e também o daquele que fundara a Propaganda Fide, Gregório XV.

Antigo Secretário dessa Congregação, conhecia perfeitamente todas as suas engrenagens e, durante o seu pontificado, sempre se esforçou por resolver os problemas com a indomável energia que empregou em todos os domínios. Logo no seu primeiro discurso, proclamou fortemente que, a despeito das graves inquietações que lhe causava a situação europeia, a solicitude pela expansão do catolicismo ia estar no primeiro plano das suas preocupações. E, de fato, não perderá ocasião de manifestar o interesse que tinha por ela. Reorganizou e melhorou os serviços da Congregação, dotando-a de fundos consideralmente aumentados, dando-lhe a admirável biblioteca poliglota que ele próprio formara, apoiando com toda a sua autoridade as obras missionárias e as congregações missionárias em vias de surgir, enviando cardeais para controlar e restabelecer os colégios e os seminários das Missões, incluídos os das antigas ordens, multiplicando as circunscrições eclesiásticas em países de missão e confiando-as a homens muito bem escolhidos, a quem soube dar toda a confiança, retomando a política dos vigários apostólicos para preencher as carências da Espanha e de Portugal...

Que mais? Quando considerarmos a história das Missões em todas as partes do mundo, veremos que é sob o pontificado de Mauro Cappellari que se tem de situar, quase sempre, o recomeço. Mesmo os historiadores que não aprovam a sua política geral, o seu antiliberalismo e conservadorismo estreitos, admiram nele o Papa do apostolado universal, aquele que, nas palavras de Pouthas, "envolveu a terra numa rede de missões". Não é sem razão que, em São Pedro de Roma, um baixo-relevo do seu túmulo mostra Gregório XVI rodeado de representantes dos povos de todo o mundo, abençoando-os a todos com mão de pai.

Talvez menos sistematicamente, mas com igual zelo, Pio IX interessou-se também pelas Missões. Também ele ajudou a criar congregações missionárias, como os Scheutistas ou as Missões Estrangeiras de Milão, e favoreceu a fusão de dois Institutos, da qual resultaria a revivificação da Sociedade do Espírito Santo, e encorajou o pe. Marie de Foresta a criar as Escolas Apostólicas. Também ele praticou uma política de multiplicação das circunscrições eclesiásticas: 29 arcebispados, 123 bispados, 33 Vicariatos Apostólicos, 15 prefeituras apostólicas, 3 delegações. Tal é o balanço do seu pontificado. E não devemos esquecer que, canonizando missionários, especialmente os Mártires do Japão (que foram, em 1862, glorificados numa cerimônia a que se associaram mais de trezentos bispos), Pio IX contribuiu poderosamente para atrair a atenção e a veneração do público para tantas figuras heroicas. Quando decidiu convocar o Concílio Vaticano, a ele chamou, apesar das resistências e protestos de alguns bispos e alguns teólogos, todos os vigários apostólicos das missões longínquas. E encarregou uma comissão especial de elaborar uma "Constituição sobre as Missões Apostólicas". Um dos dias grandes da Assembleia foi aquele em que, na presença de trinta e seis bispos, o cardeal Bonnechose sagrou bispo um missionário que iria reerguer a Missão da Coreia[41].

O instrumento desta ação pontifícia no campo missionário foi, cada vez mais, a *Propaganda*. Fundada em 1622[42], para dar à Sé Apostólica meios de iniciativa e de controle em relação a tudo o que dissesse respeito à expansão da fé, a Sagrada Congregação de Propaganda Fide, dissolvida e espoliada pelo Diretório e por Napoleão, nunca deixara de trabalhar, sob a Revolução e o Império, por meios e em condições que ainda não foram esclarecidos. Reconstituída em 1817, foi, de ano para ano, dando provas de crescente autoridade, e passou a ser um verdadeiro ministério da Missão. Nela trabalharam homens notáveis: já vimos o cardeal Mauro Capellari. E, em 1854, foi nomeado para seu prefeito uma personagem admirável, o *cardeal Barnaba,* temperamento bastante selvagem, mas inteligência poderosa, apaixonadamente devotado a essa tarefa, que cumpriu até à morte, durante mais de vinte anos.

A ação da Propaganda foi imensa. As inumeráveis Instruções (que podemos ler na *Collectanea de Propaganda Fide)* entravam na minúcia das questões, formulavam soluções precisas. Era ela que geria e repartia os fundos, cada vez mais importantes, que as obras missionárias faziam afluir a Roma. Já independente dos governos (pois tanto o *Padroado* como o *Patronato* estavam desfeitos), era ela que, no momento escolhido, enviava missionários para onde quer que fizessem falta e fixava o estatuto canônico das organizações missionárias (fazendo-as passar, pouco a pouco, de Missão para Prefeitura Apostólica, depois para Vicariato Apostólico e finalmente para Diocese). Era também ela que nomeava ou transferia os chefes das missões e que fiscalizava o funcionamento das ordens e congregações destinadas a essa tarefa. Não é possível exagerar o papel desempenhado por esse ministério apostólico. O palácio da Piazza di Spagna foi um dos centros mais ativos da Igreja nesse meio século decisivo.

E seria minimizar o papel desempenhado pela Santa Sé — quer o dos papas quer o da Propaganda — limitá-lo às tarefas de criação administrativa e de organização. Um dos fatos capitais deste período é de ordem doutrinária: completa-se, precisa-se então a doutrina da Igreja em matéria de Missão, e é também neste tempo que se afirma a sua atitude em face dos povos ainda não civilizados aos quais ela oferece o Evangelho. Atitude admiravelmente humana: em cada homem, por mais selvagem ou primitivo que seja, reconhecer a face inefável do Deus Encarnado.

Nada mais impressionante que o esforço dos papas por *lutar contra a escravidão.* O tráfico de negros ainda impava; a "madeira de ébano" continuava a atravessar o Atlântico em cargas plenas. As potências europeias mal começavam a comover-se com tal infâmia, e a escravatura continuava a ser legal: a França só lhe pôs fim em 1831. Então, situando-se na grande tradição seguida por tantos dos seus predecessores[43], Gregório XVI falou. A sua Instrução *In supremo* (1839) condenou solenemente a cega resistência oposta por tantos cristãos[44] à emancipação dos negros, por vezes em nome de uma teologia complacente, que invocava a maldição de Cam, filho de Noé, mas, mais sordidamente, em nome dos seus interesses. "É proibido a qualquer católico, padre ou leigo, afirmar que o comércio de escravos e a escravatura são legítimos".

Mas não se tratava apenas de respeitar o homem de cor: a Igreja pensava na sua promoção, na sua entrada no seio da comunidade cristã, com todos os direitos próprios dos batizados. Já nas célebres *Instruções da Propaganda,* de *1659*[45], se tinha formalmente ensinado aos missionários o respeito pelas civilizações e pelas sociedades nas quais iam trabalhar, pondo-os em guarda contra o perigo de pretender "ocidentalizar" o cristianismo. Gregório XVI retomou e desenvolveu essa ideia. A 23 de novembro de 1845, uns meses antes de morrer, mandou dirigir, pela Propaganda, a todos os chefes de missões do mundo inteiro a Instrução *Neminem profecto,* que vale por um programa. Anuncia tudo aquilo que os papas iriam explanar até aos nossos dias. Lembrava o pontífice que a expansão da Igreja se apoiou sempre em duas bases: a multiplicação das igrejas locais e a criação de um clero nativo. Por isso, desde que fosse possível, importava instituir a Hierarquia, nomear bispos; era preciso procurar constituir um clero indígena, fundando, para tanto, seminários; convinha que, logo que possível, se escolhessem os bispos entre esses padres indígenas; e, para cuidar da promoção dos autóctones, deviam ser multiplicadas as escolas, consagrando-se todas as forças à educação. Cem anos depois, é um texto que ainda causa admiração a quem o lê.

A ação de Roma foi, pois, decisiva; a renovação missionária deve-lhe muito. Mas foi também apoiada com fervor por todo o episcopado e pelo clero em geral. O entusiasmo pelas Missões é até uma das características deste período, análoga à que hoje, após uma certa lentidão do início do século XX, se nota no meio de nós, com aspectos aliás diferentes. Foram inúmeras as cartas pastorais, os discursos, os atos oficiais de toda a espécie, que os bispos consagraram às Missões. Na França, já alguém disse que o corpo episcopal foi "o instigador do impulso popular"[46]. O cardeal Croy dedicou às Missões nove decretos. Mons. Dupanloup falou muitas vezes sobre elas, com a sua habitual energia. Mas também Lacordaire exaltou "a vocação missionária da França". Simultaneamente, na Itália, um homem de tanta irradiação como São João Bosco não deixava passar uma ocasião sem transmitir esse mesmo apelo aos seus compatriotas, e especialmente aos seus filhos espirituais. Em suma, foi a Igreja inteira que chamou a si, como palavra de ordem, a bela fórmula do cardeal Croy: "Nada é mais sagrado que as Missões".

Nascimento das obras missionárias

Sim: a Igreja inteira... Porque — e é este um dos aspectos mais significativos dessa renovação — o conjunto da comunidade cristã entrou a participar ativamente no esforço das

Missões. Ao passo que, no século XVII, a ajuda à evangelização tinha sido fruto de iniciativas particulares, no século XIX vê-se aparecer um grande número de obras destinadas a sensibilizar a favor das Missões a grande massa dos católicos.

"Associar os fiéis de todas as nações, para que rezem em comum pela evangelização e juntem as suas ofertas para a sustentação dos missionários" — tal foi o desígnio proposto aos seus futuros membros pela comissão promotora de uma modestíssima associação que surge em Lyon em *3 de maio de 1822*. A figura propulsara desse grupo, aquela a quem coube a iniciativa, foi uma jovem de vinte e três anos, uma linda e finíssima cara debaixo de uma coifa negra, e que, nas reuniões, ficava sempre atrás e pouco falava. Chamava-se *Pauline Jaricot* (1799-1862). Sob essas aparências humildes, era uma alma de fogo, um coração inteiramente dedicado a Deus e à caridade de Cristo, sensível a todas as misérias[47] e apaixonada pela glória da Igreja. Em 1817, tinha agrupado à sua volta piedosas meninas e mulheres, as "Reparadoras do Coração de Jesus Desconhecido e Desprezado". Na mesma altura, começara a interessar-se pela grande causa das Missões.

Falava-se muito de missões na sua cidade natal, aberta aos ventos do vasto mundo. Fora em Lyon que, em 1815, a viúva de um senhor Petit andara a pedir esmola para os apóstolos dos peles-vermelhas. Também em Lyon, em 1816, mons. Dubourg, bispo de São Luís do Mississipi, pronunciara comoventes sermões acerca da pobreza dos missionários. Ainda em Lyon, Bernard Coste, rico agente comercial e presidente local da Congregação, solicitado pelo pe. Rondot, do Seminário lionês da rua du Bac, respondera: "Que é preciso fazer?"

O que era preciso fazer, foi Pauline Jaricot quem o viu, auxiliada por seu irmão, o pe. Philéas. Essa mística tinha uma mentalidade realista. O seu plano foi formulado em três pontos: em vez de deixar dispersar as boas vontades, uni-las todas numa obra de conjunto a favor das Missões; organizar minuciosamente essa obra comum, encarregando cada associado de arranjar dinheiro de dez simpatizantes (essas "dezenas" seriam reunidas em "centúrias", segundo um sistema piramidal); finalmente, fixar a quotização em quantias extremamente baixas, para que todos pudessem pagá-las sem dificuldade: um soldo por semana, cinco centavos de franco! Foi sobre esses alicerces que nasceu a *Obra da Propagação da Fé*. Como os grandes rios são feitos de pequeninos riachos, logo no primeiro ano a obra recolheu 22.915 francos.

Por mais bem montada que estivesse, talvez a Obra da Propagação da Fé tivesse tido uma expansão limitada se, por intermédio de Bernard Coste, não houvesse logo entrado em contato com um "Conselho" de senhores importantes, na maior parte dos casos fabricantes de seda, que se interessavam pelas Missões, e, em seguida, a partir deles, com a Congregação. O cardeal Croy aceitou a presidência do Conselho Central da Obra e anunciou a todos os bispos da França a sua fundação. Depois dele, a presidência pertenceu ao conde Ferdinand de Bertier, aquele mesmo que, sob o Império, fundara os Cavaleiros da Fé[48] e que era um dos chefes da Congregação. Todos os quadros desta agremiação foram alertados e patrocinaram a obra nascente. E o dinheiro acorreu: 82 mil francos em 1824, 300 mil em 1829... Em 1836, já serão 727 mil, 2.500.000 em 1840, 3.235.000 em 1842. O vínculo da Obra com a Congregação teria podido, em 1830, comprometer-lhe o êxito, arrastando-a na queda da sua protetora. Mas, nesse momento, já se tornara internacional, tinha filiais na maior parte dos países católicos, fora reconhecida, em 1826, por Pio VI, e estava oficialmente relacionada com a Sagrada Congregação de Propaganda Fide, cujo prefeito, Mauro Capellari, se interessava pessoalmente por ela. Assim estava garantido o seu triunfo[49].

A ação da "Propagação da Fé" foi imensa. Não apenas porque forneceu às Missões somas consideráveis, mas também porque interessou milhões de católicos na obra da evangelização. O êxito dos *Anais da Propagação da Fé* (que já conhecemos) deu a conhecer ao mundo inteiro os feitos e os sacrifícios dos novos mártires. Foram incontáveis as vocações missionárias que germinaram depois da leitura dos artigos dessa intrépida revista. Surgiram edições noutros países. E, passados quarenta anos (1868), foi até necessário criar um órgão paralelo, as *Missões Católicas,* destinado a dar a conhecer regularmente o estado das Missões. Outras Sociedades se constituíram segundo o modelo por ela proposto: a Sociedade de São Francisco Xavier, em Aachen (1832), o Leopoldsverein, na Áustria (1839), o Ludwigsverein, na Baviera (1843).

Em Nemours (1838), *Marie-Zoé Duchesne,* uma moça piedosa que confeccionara os paramentos litúrgicos e as toalhas de altar para um missionário perdido nas ilhas Gambier e a quem ele agradecera comovidamente, teve a ideia de juntar mulheres cristãs para trabalharem no vestuário necessário para as Missões. Mons. Dupanloup interessou-se pela iniciativa. Assim nasceu a *Obra Apostólica,* que, até ao nosso tempo, viria a dar às Missões uma ajuda tão discreta como eficaz.

Em 1837, mons. Forbin-Janson, bispo de Nancy, afastado da sua diocese e cujos eloquentes sermões iam entusiasmar canadenses e norte-americanos[50], lembrou-se de contar que, em vários países pagãos, o infanticídio era prática corrente; nomeadamente na China, o costume estava tão espalhado que, por volta de 1755, o Venerável Moyé, das Missões Estrangeiras, criara no Sze-Tchuan a *Obra Angélica,* que batizava chinesinhos em perigo de morte. O bispo decidiu consagrar fortuna e energias a difundir e desenvolver essa ideia. Desejaria colocar a sua obra na esteira da Propagação da Fé; mas motivos de ordem pessoal lho impediram. Resolveu, então, fundar (em 1843) a *Obra da Santa Infância*, a princípio destinada a resgatar e batizar criancinhas chinesas abandonadas, mas pouco depois, alargando horizontes, passou a apoiar "o apostolado das crianças cristãs junto das crianças dos países infiéis". Assim, bem diferenciada da Propagação da Fé, a obra veio a ter um lugar importante entre as obras missionárias. A sua nota mais característica foi a bela ideia de associar a infância católica ao esforço de apostolado junto da infância por batizar. Ficariam célebres as coletas de selos de correio que organizou. Surgindo ao mesmo tempo que o Extremo Oriente se abria ao Ocidente e às Missões, a obra faria muito bem, quer por meio de organismos de resgate de crianças, quer por meio de creches, escolas, orfanatos, dispensários.

Apareceram ainda outras obras, em planos diversos. Em 1856, um matemático ilustre, Cauchy, um pintor não menos ilustre, Hippolyte Flandrin, um orientalista, Charles Lenormand, um jesuíta, o pe. Gagarine (que então fundava a *Études)* e um oratoriano, o pe. Petétot, todos eles interessados pelos problemas do Extremo Oriente, pensaram que o melhor meio de lá atuar seria abrir escolas que formassem para o cristianismo e para a cultura ocidental as novas gerações. Essa ideia entusiasmou um jovem e brilhante professor da Faculdade de Teologia da Sorbonne, o pe. *Charles Lavigerie,* que aceitou ser a abelha operária do empreendimento. Assim nasceu a *Obra das Escolas do Oriente,* mais tarde *Obra do Oriente,* que Pio IX aprovou por meio de dois calorosos Breves. Por volta de 1870, a obra contaria cerca de dez mil associados (terá atualmente uns 250 mil). A sua ação a favor da conservação da influência católica no Oriente e da renovação espiritual das cristandades locais iria ser considerável.

Pouco depois, em 1865, um jesuíta de Avinhão, *o pe. Albéric de Foresta,* teve outra ideia: atraído pelo problema missionário por ter passado algum tempo no "Juniorato" de Nossa Senhora das Luzes (dos Oblatos de Maria Imaculada), pensou dirigir os jovens para as Missões criando seminários menores especializados, que educassem os rapazes que parecessem chamados ao apostolado em países distantes. Não se tratava de trabalhar por esta ou aquela congregação. "Todas as ordens, todos os países, todas as missões", dizia o pe. Foresta. E assim surgiram, em Avinhão, em Amiens, em Poitiers, em Bordeaux, mais tarde fora da França, nomeadamente na Bélgica, as *Escolas Apostólicas,* ainda hoje existentes. Em menos de cem anos, essas escolas deram à Igreja mais de três mil missionários, entre sacerdotes ou simples irmãos.

Como foi espantosa e admirável a explosão de obras durante esse meio século![51] Havia as que se consagravam à conversão dos muçulmanos, ao apoio aos missionários desta ou daquela congregação (por exemplo, a *Associação de Maria Imaculada,* a favor dos Oblatos), ou as que, como a do Venerável *Vincenzo Pallotti,* associavam estreitamente à formação dos missionários, homens ou mulheres, saídos das casas por elas mantidas, o esforço dos leigos, donde provinham os recursos. Todas as fórmulas, todos os métodos foram experimentados. Nos países católicos do Ocidente, passou a ser praticamente impossível a um fiel ficar insensível ao apostolado e às suas exigências. Assim foi dado um passo decisivo para conferir as dimensões do mundo à Igreja que Jesus Cristo quis universal[52].

Um pulular de congregações ...

Mas a multiplicação de obras missionárias nada foi ao lado da das congregações, ordens, institutos de toda a espécie que este tempo viu apresentar-se ao serviço das Missões.

As antigas famílias, as que outrora tinham sido a glória das Missões, logo que se reconstituíram após a crise revolucionária, retomaram a tarefa de apostolado. Os jesuítas estavam na América do Norte já em 1822, na Síria em 1831 e na China em 1842; franciscanos e capuchinhos, na América do Sul. Aos lazaristas, o superior geral, pe. Etienne, décimo-terceiro sucessor de *Monsieur* Vincent, não cessava de recordar a vocação missionária. Os Padres das Missões Estrangeiras reaprenderam a rota do Extremo Oriente que os seus antecessores tinham seguido, e, sob a direção de homens como Delpech, passaram por um notável desenvolvimento. Os Irmãos das Escolas Cristãs, que já víramos prosseguir no Canadá, nas Antilhas e alhures a obra de São João Batista de la Salle, escutaram também os eloquentes apelos à emigração missionária, feitos pelo superior, o Irmão Gerbrud, e assim as escolas do vasto mundo tornaram a ver o seu hábito.

Mas essas tropas veteranas viram chegar reforços em massa. Quando Inácio de Loyola fundou os jesuítas; quando Vicente de Paulo fundou os lazaristas, esses santos quiseram que a obra missionária nas terras longínquas não fosse separada da do apostolado entre os batizados, e a sua lição não foi esquecida. Entre as ordens e congregações que desde o seu início o século XIX viu nascer em número extraordinário[53], foram muitas as que consagraram às Missões uma parte da sua atividade.

Em plena Revolução, quando, feito padre clandestino, *maquisard* de Deus, o *pe. Coudrin,* o famoso *marche-à--terre*[54], pensara em criar uma congregação destinada a combater a irreligião crescente, essa *Congregação dos Sagrados Corações de Jesus e Maria,* oficialmente fundada em 1802[55], logo anunciara a decisão de começar também a enviar os seus filhos, no momento oportuno, para missões distantes. Já em 1825 cumpria a sua promessa. Entre os canibais da

Oceania e da Austrália, e também no meio dos aventureiros da Califórnia, foi surgindo a batina branca, bordada com os dois Corações, dos "bons padres", a quem os parisienses chamaram *picpuciens,* por causa do nome da rua em que se haviam instalado durante o Império. E, quando o santo fundador morreu (1837), as últimas palavras que lhe ouviram foram estas: "Ilhas Gambier, Valparaíso".

Em 1816, quando *Eugène de Mazenod,* jovem e distinto fidalgo dedicado ao serviço dos pobres na sua cidade natal de Aix-en-Provence, agrupou à sua volta uns tantos amigos para darem início a uma campanha de apostolado popular, segundo a fórmula das grandes Missões então em voga[56]; ou quando, em 1826, lhes deu o nome de Oblatos de Maria Imaculada, a sua intenção inicial era a que exprimia a divisa da jovem congregação: *Evangelizare pauperibus misit me* ("Ele me enviou a evangelizar os pobres"). Mas, tal como o seu amigo Forbin-Janson, estava também muito preocupado pelas Missões. A passagem por Marselha (1841) de mons. Bourget, o grande bispo de Montreal[57], cristalizou nele essa vocação. Desde então, os oblatos puseram-se ao trabalho, na Ásia, na África, na América... Sobretudo no Canadá, onde, no Grande Norte, iriam escrever, até aos nossos dias, uma epopeia assombrosa.

Tais exemplos foram abundantemente seguidos. Podemos dizer que não houve Instituto acabado de criar que não quisesse ter um ramo missionário: *Marianistas,* fundados em Bordeaux (1817) pelo pe. Chaminade; *Padres da Santa Cruz,* criados, em Mans (1820), pelo pe. Basile Moreau; *Maristas* de Belley, instituídos em 1822 pelo Venerável Colin e que Gregório XVI mandou para a Oceania, para reforço dos picpucianos; *Padres do Sagrado Coração de Betharam,* criados em 1833 por São Miguel Garicoïts, especialmente para o apostolado do ensino, mas desde cedo espalhados pela Palestina, China e Argentina; *Oblatos de Pontigny,* fundados pelo pe. Muard (futuro fundador, também, dos Beneditinos de La Pierre-qui-Vire) em 1843 e que, sob a designação de *Padres de Saint Edme,* tão bem trabalharam na América; *Missionários do Sagrado Coração de Issoudun* (1854), cujo fundador, pe. Chevalier, os destinou simultaneamente à evangelização dos povos da Europa em nome do Sagrado Coração e às missões longínquas do Brasil, de Cuba ou da Insulíndia... Quando, em 1845 e 1851, o pe. Alzon criou os *Assuncionistas* (Agostinianos da Assunção de Maria), para lutarem contra a descristianização por meio da escola e da imprensa, indicou-lhes também o Extremo Oriente como campo de apostolado; e o mesmo aconteceu na Itália, quando, em 1841 e 1855, São João Bosco lançou os *salesianos:* quis fazê-los compreender que o auxílio às crianças infelizes da Europa não era o seu único objetivo e contava-lhes repetidas vezes a visão que tivera — populações que apodreciam na barbárie até que homens vestidos como eles, seus filhos, lhes levavam a fé cristã e a paz...

A essas primeiras vagas veio juntar-se uma outra: a dos Institutos que tinham por único fim — ou, se não o único, sim o principal — o apostolado missionário. Três nomes e crês obras dominam este campo. Em 1824, *Jacob Libennann* (1804-52), filho de um rabino de Saverne, jovem fervoroso, entusiasta, com quem o pai contava para lhe suceder embora fosse enfermiço e nervoso, sentiu nascer em si um desejo irresistível: o de converter-se. Três dos irmãos já eram católicos e Jacob seguiu-lhes o caminho: também ele foi batizado. No Seminário de Issy, teve de ficar dez anos, pois a sua saúde frágil parecia afastá-lo do sacerdócio. Esse tempo foi fecundo. Estavam então aí dois seminaristas crioulos: Eugène Tisserant, do Haiti, e Frédéric Le Vavasseur, da ilha Bourbon (Reunião). Ambos lhe falaram da miserável condição dos negros, fosse qual fosse a parte do mundo onde vivessem. E os três tiveram a ideia de fundar uma família religiosa que, sob o nome de Sagrado Coração de Maria, se dedicasse ao apostolado entre eles. Depois de muitas dificuldades — na França e em Roma —, conseguiram-no em 1841 e imediatamente — eram apenas vinte os membros do instituto — mandaram missionários para o Haiti e a Guiné.

Neste segundo país, foi um desastre: o clima levou à morte os primeiros padres. Mas o fundador não perdeu a coragem. As vocações afluíam ao Seminário de Neuville. O pe. Libermann sonhava criar na África seminários indígenas, que dessem aos negros padres da sua raça. Havia quem já tivesse experiência da raça negra: eram os missionários da Sociedade do Espírito Santo, fundada em 1703 por Claude Poullart des Places[58], que tinham feito um bom trabalho na Guiana, mas cujo seminário da rua Lhomond estava decadente. Estabeleceu-se contato com eles e, no dia de Pentecostes de 1848, as duas instituições decidiram (raro exemplo de sabedoria!) fundir-se numa só, sob o nome de *Sociedade do Espírito Santo e do Sagrado Coração de Maria,* dirigida pelo pe. Libermann. Foi esse o ponto de partida de uma expansão que ia elevar os "espiritanos" a 2.500 e espalhá-los da Ilha Maurício ao Haiti, e das Índias à África, num apostolado singularmente fecundo[59].

A 8 de dezembro de 1856, em Lyon, aos pés de Nossa Senhora de Fourviere, *mons. Marion-Brésillac* fez voto, juntamente com seis companheiros, de se consagrar à África, para fazê-la batizar-se. Ele próprio pertencera às Missões Estrangeiras durante treze anos, fora vigário apostólico de Coimbatur, no Industão, e aí fizera um trabalho excelente[60], mas deixara a Índia por não estar de acordo com certos métodos[61]. Por isso aceitara a sugestão do cardeal Barnabo para que fundasse um Instituto. Lançou um apelo no *Univers* e ganhou um precioso recruta: o pe. Augustin Planque, robusto camponês de Cambrésis. Foi assim que nasceram as *Missões Africanas de Lyon*. E deixando o pe. Planque à frente dos trabalhos na Europa, mons. Marion-Brésillac partiu imediatamente para a África, como vigário apostólico da Serra Leoa. Matou-o, e a mais quatro dos cinco missionários que iam com ele, a febre amarela, então endêmica nesse país. Mas o pe. Planque não se deixou abater por esse desastre. Aprovado por Pio IX e pelo cardeal Barnabo, continuou a obra empreendida. Do Daomé à Costa do Ouro, da Nigéria à Costa do Marfim; depois no Egito e mesmo entre os negros americanos da Geórgia, os missionários lioneses não tardaram a difundir-se: atualmente, são mais de 1.600.

Passados dez anos, ia ainda nascer uma obra destinada a ter um desenvolvimento extraordinário. Foi seu fundador aquele *pe. Lavigerie* que já vimos feito abelha operária das Escolas do Oriente, depois nomeado arcebispo de Argel. A fundação, em 1868, dos "Missionários de Nossa Senhora da África", os famosos *Padres Brancos,* iria ser um dos fatos mais importantes da história do cristianismo na África muçulmana, uma das realizações mais notáveis da obra missionária[62].

Essas três grandes fundações foram francesas. Mas a França não foi o único país onde surgiram institutos com finalidades semelhantes. Na Savoia, já em 1838 o pe. Mermier fundara os *Missionários de São Francisco de Sales,* destinados às Índias, enquanto o pe. Brisson fundava em Troyes os *Oblatos de São Francisco de Sales,* que iriam trabalhar na África do Sul. Essa mesma vocação despertou em vários lugares da Itália. Já em 1835 a *Pia Sociedade das Missões* podia fornecer à Oceania, não só dinheiro, mas homens, os "palotinos", assim chamados do nome do fundador. Em Milão, o *Instituto das Missões Estrangeiras,* criado em 1850 pelos padres Ramazotti e Marinoni, entregou-se ao trabalho sobretudo na China e na Índia. Em Verona (1867), mons. Comoni criou as *Missões Africanas,* com propósitos análogos aos dos lioneses de Marion-Brésillac. Na Bélgica, ao apelo do pe. Verbist, foi fundada a associação dos Missionários do Coração Imaculado de Maria, cujas missões no Congo e na Mongólia iriam celebrizar o nome da sua casa-mãe, *Scheut*: era os *scheutistas*. A Espanha teve os seus *Missionários Filhos de Maria Imaculada* (com frequência chamados Missionários de Vich), fundados em 1849 pelo santo arcebispo que foi mons. Claret, comovido ao ver as imensas carências apostólicas da América Latina; pouco depois, eles trabalhavam em Cuba. A Inglaterra católica não ficou atrás: em 1866, mons. Manning benzia o primeiro seminário da Sociedade de São José, criado pelo médico Vaughan, essa casa de *Mill Hill* que tantas figuras corajosas iriam tornar famosa. Mesmo em terras de Missão surgiram agremiações destinadas a difundir a Palavra: o México teve os *josefitas;* a Índia, os *Oblatos do Malabar.*

Temos de repetir: a lista fica longe de estar completa com esses poucos nomes. Mas não podemos deixar esquecido um Instituto cuja vocação missionária se reveste de um caráter excepcional e, a bem dizer, único: o de *Nossa Senhora de Sião*. Foi obra dos dois irmãos *Ratisbonne,* filhos de judeus alsacianos, que Cristo conquistou como outros Saulo. Marie-Théodore foi o primeiro a converter-se. Depois, Alphonse Marie, que ainda hesitava, quando foi subitamente transpassado até à alma, a 20 de janeiro de 1842, na igreja de Santo Andrea delle Fratte, em Roma, por uma visão que teve da Virgem Maria tal como Catarina Labouré a vira doze anos antes, reinando sobre o globo[63]. Unidos daí em diante pela fé, os dois irmãos só pensaram em "trabalhar, chorar e sofrer pela redenção de Israel". A partir de 1852, os Padres de Nossa Senhora de Sião, seguidos, em 1855, pelas Damas de Sião, deram início à sua grande obra. Ou antes, a duas obras: uma, de oração pelo resgate do Povo Eleito; a outra, pela formação cristã dos seus filhos e filhas.

Dentro em pouco, construir-se-ia em Jerusalém, com essa dupla intenção, a célebre *Casa do Ecce Homo.*

Portanto, multiplicidade de congregações e novas formações. Mas uma outra característica das Missões neste período foi o aparecimento de grande número de institutos de "irmãos", também votados à ação missionária. Não eram simplesmente coadjutores, terceiros ou "irmãos leigos" para acompanharem os padres: eram grupos especiais que, à imitação dos Irmãos das Escolas Cristãs, enviavam membros seus para terras distantes, a fim de lá abrirem escolas, colégios, orfanatos. *Os Irmãos da Instrução Cristã,* de São Luís Maria Grignion de Montfort, reorganizados em 1835 pelo pe. Deshayes; os *Christian Brothers* e *Brothers of Saint Patrick,* que a Irlanda viu nascer em 1802 e 1807; os *Irmãos da Caridade,* de Gand, também fundados em 1807: todos eles se associaram à grande empresa das Missões, mal esta se reabriu. E também neste setor surgiram novas fundações: os *Irmãos Maristas,* de São Marcelino Champagnat (1817); os *Irmãozinhos da Instrução Cristã,* criados em Ploermel (também em 1817) pelo santo irmão de Lamennais, o pe. Jean-Marie; os *Irmãos do Sagrado Coração,* do pe. Coindre (1821); os *Clérigos de Saint-Viateur,* do pe. Querbes (1831), que desempenharão um papel importante no Canadá. Mais tarde, a Holanda católica fornecerá novas equipes: Irmãos de São Luís Gonzaga (1840); Irmãos da Imaculada Conceição (também em 1840), Irmãos de Tilburgo (1844). Em todas as regiões do mundo, não tardariam a meter mãos ao trabalho esses modestos colaboradores dos padres missionários, que, sem serem padres, realizariam uma ação apostólica de primeira ordem.

A esse quadro admirável temos de acrescentar uma parte considerável: a última tábua do tríptico. Também as mulheres entraram na carreira das Missões, ou melhor, voltaram a ela, visto que devemos recordar o que elas fizeram noutros tempos: Maria da Encarnação, Jeanne Mancé, Marguerite Bourgeoys, pioneiras do Canadá... A proliferação de obras, congregações e diversas associações femininas dedicadas às Missões alcançou um ritmo e uma abundância tão grandes que a pena hesita em tentar sequer uma enumeração, na certeza de suscitar suscetibilidades, aliás legítimas, por força de inevitáveis esquecimentos. Bastaria um único dado para mostrar a importância dessa renovação de vocações missionárias entre as mulheres: entre 1817, ano em que a Madre Javouhey deu o sinal de partida ao enviar as suas filhas para a ilha da Reunião, e o ano de 1870, contam-se 128 institutos de religiosas, quer antigos, quer novos, que participaram da grande aventura da expansão católica por todo o mundo[64].

Nalguns casos, são antigas congregações que retomam os caminhos seguidos pelas que as precederam: contemplativas, como as carmelitas, as clarissas, as agostinianas; docentes como as ursulinas; hospitaleiras como as de São Paulo de Chartres ou as Irmãs da Caridade. Noutros casos, trata-se de institutos dependentes de uma congregação de sacerdotes: assim as Missionárias Africanas de Lyon, as de Issoudon, as de Santa Cruz, as do Espírito Santo, e as que colaboram com os Padres Brancos. Ainda outros institutos se constituirão de modo independente, seja para associar a obra missionária a diferentes tarefas na Europa, seja para se consagrarem totalmente a ela. Como é admirável esta diversidade! Irmãs de São José de Cluny, cuja história iremos ver; Irmãs da Apresentação, da *Venerável Rivier*, Irmãs de São José da Aparição, de *Santa Emília de Vialar*, Irmãs Azuis, de Castres... São incontáveis, e este "incontáveis" mal bastará para enunciar as grandes tarefas que essas mulheres hão de cumprir ao serviço do Senhor...

Numa palavra profunda de Louis Veuillot, que Barrès retomaria, encontramos a fórmula que caracterizou esses homens e mulheres que permitiram à Igreja do século XIX reocupar o lugar que lhe pertencera na face da terra: *uma cavalaria de Deus*. "Quem nos poderá explicar — dizia ele — por que há tantos homens — e tantas mulheres — que se consomem nesse obscuro e sangrento trabalho, que desejam essa vida, que a procuram, que com ela sonharam em crianças e que, escondendo às mães esse grande propósito, mas nunca deixando de o alimentar, obtiveram de Deus, à força de orações, que ele se realizasse? Ah! É o segredo do Céu e o mais nobre mistério da alma humana..."

Através da enumeração, porventura monótona, de todas estas instituições, o que temos de reconhecer e admirar é esse impulso de coragem e de sacrifício. E, uma vez que os nomes desses "cavaleiros de Deus" são numerosos demais para poderem ser citados, que ao menos a evocação de alguns deles, a título de exemplo, dê testemunho daquilo que fez a grandeza de todos...

Um "grande-homem" das Missões: a Madre Javouhey

A caminho de Paris, onde ia sagrar o imperador Napoleão, Pio VII parou em Chalon, para festejar a Páscoa. A Borgonha inteira acorreu a aclamá-lo. Quatro moças do campo, quatro irmãs, vindas da sua aldeia natal, próxima de Dijon, estavam entre a multidão, mas os motivos que ali as levavam nada tinha a ver com a piedosa curiosidade. Pois não é que tinham tido o atrevimento de pedir uma audiência ao papa?! Milagre! Conseguiram-na! Pio VII tinha-as recebido com a sua habitual bondade. E as quatro moças, encorajadas pelo Vigário de Cristo a prosseguir no seu grande desígnio, retomaram o caminho da margens do Saône.

Eram as quatro filhas do mestre Balthazar Javouhey, sólido camponês, bom cristão, homem divertido, que, em Chamblanc, cultivava extensas e excelentes terras. A mais velha, que tivera a iniciativa da viagem, era uma moça sadia, de lindo rosto, alegre como uma toutinegra, inteligente e corajosa, que todos conheciam naquelas redondezas por Nanette, diminutivo de Anne-Marie e seu nome-de-guerra durante a Revolução. Porque a verdade é que, nesses anos negros, embora não ultrapassasse os treze anos (nascera em 1779), Nanette não tivera igual em fazer com que padres perseguidos atravessassem o Saône, e até em organizar missas clandestinas... Quando os *sans-culottes* deitaram fogo ao solar da terra, foi ela que acorreu à capela e, arrostando as chamas, salvou o ostensório e o cálice. Moça feita de fogo!

Tinha ela dezenove anos quando anunciou ao pai, que ficou surpreendido e pouco contente, a intenção de se fazer freira. Rejeitara todos os pretendentes que lhe tinham sido propostos; um deles fora tão bem doutrinado por ela que partira para a Trapa! Em segredo, num quarto da casa, improvisado em capela, Anne-Marie conseguiu que as três irmãs mais novas jurassem solenemente que a seguiriam no caminho que ela escolhera.

Que caminho era esse? A bem dizer, nem ela sabia muito bem, e não lhe ir ser fácil descobri-lo. Dar catequese às crianças da aldeia? Tratar dos pobrezinhos? Pois sim... mas como? As tentativas que já fizera, quer de entrar para as trapistas, quer de criar pequenas comunidades camponesas, não tinham obtido êxito. Mas os conselhos de um monge ilustre, Dom Lestrange, que acabava de reconstituir a Trapa na Suíça, em Val Sainte[65], e também os do pároco de Chamblanc, que retomara as suas funções após a tormenta, confirmaram-na na resolução de não perder a coragem. E o próprio Céu entrou em ação. Quando, em Besançon, nas Irmãs da Caridade, fazia um retiro e pedia a Deus que lhe mostrasse o caminho, Anne-Marie teve uma visão: muitos homens de pele negra estavam à volta dela e estendiam-lhe mãos suplicantes. Ora, ela nunca vira pretos; talvez até ignorasse que existissem. Mas uma voz inefável ressoou aos seus ouvidos: "Estes são os filhos que Deus te dá. Eu sou Santa Teresa, e serei a protetora da tua ordem". Tinha nascido a vocação missionária de *Ana Maria Javouhey.*

A partir daí, tudo correu bem. O bispo de Dijon, a quem Anne-Marie comunicou os seus propósitos, aprovou-os, e até lhe cedeu uma álea de um antigo convento beneditino. Também graças a ele, a 12 de maio de 1807, foi fundada a "Associação Religiosa de São José", e as primeiras religiosas do novo instituto pronunciaram votos perpétuos. Vestiam o hábito azul das vindimadeiras da Borgonha, com a grande coifa caída para os ombros e o largo peitilho branco que as iam celebrizar. As vocações afluíram e o edifício de Dijon tornou-se pequeno. Conseguiu-se outra casa em Cluny, e assim surgiu o nome com que as Filhas de Nanette Javouhey iriam ser popularizadas: as *Irmãs de São José de Cluny.*

Começaram modestamente, dando catequese e abrindo escolas, conforme as primeiras intenções da fundadora; chegaram a criar uma em Paris, no bairro do Marais (1814), que teve grande sucesso. Mas a Madre Ana Maria não esquecera a visão que tivera nem o seu vasto desígnio. Ainda era preciso esperar um sinal da Providência. Foi o que aconteceu em 1816. O administrador da Ilha Bourbon (atual Reunião), Desbassyns de Richemont, perguntou ao ministro do Interior, que era o visconde Lainé, se não conheceria uma congregação de religiosas disposta a ir trabalhar com os indígenas. E o ministro respondeu: "Tenho aquilo de que precisa". E, convocada de improviso, mas sem sentir qualquer surpresa, a Madre Javouhey ouviu a proposta: que fosse tomar conta de toda a educação e das obras de assistência na ilha longínqua. E aceitou imediatamente. Em 10 de janeiro de 1817, quatro freiras de hábito azul embarcavam em Rochefort para a grande aventura. Ia ser colocada a primeira pedra de um grande edifício missionário.

A fundadora não partiu pessoalmente, embora não lhe faltasse vontade... A verdade é que, além de lhe ser difícil abandonar tão cedo a sua obra, reservava-se para outro projeto. Os "pequenos" que Deus lhe tinha dado estavam na África. Ora, a França tinha na África um modesto território, o Senegal, que podia servir de porta de entrada no Continente Negro. De fato, não era grande coisa: uma colônia mal administrada, cuja população nativa não recebera dos brancos quase nada além dos vícios; uma capital decadente, em que a Igreja estava tão reduzida a ruínas que o Prefeito Apostólico, desanimado, a abandonara. Mas não seria por tão pouco que a Madre Javouhey e as suas filhas haviam de desanimar...

Um primeiro grupo de seis religiosas embarcou, sob a direção da irmã mais nova de Anne-Marie, Claudine, que era a Madre Rosalie. Partiu também um dos irmãos delas, Pierre, que era padre, mas fraco de temperamento; não se deu bem e regressou. As freiras, essas, ficaram. Dificuldades postas pela administração do território, epidemias, falta de dinheiro — nada as fez desistir. Nesse ínterim, a Madre Anne-Marie empenhava-se em diligências para conseguir que a Santa Sé enviasse um novo Prefeito Apostólico e Paris as auxiliasse com medicamentos e víveres.

A simpática freira era já uma personagem. O duque Decazes gostava de conversar com ela; todos os ministros a consideravam muito. As vocações afluíam a Cluny, tão numerosas que foi possível, não só mandar reforços para a Reunião e o Senegal, mas ainda implantar núcleos em Guadalupe e na Guiana, sem falar de diversos pontos da França. E, antes mesmo de as irmãs terem tido tempo de levantar objeções, a Madre partiu para São Luís do Senegal. Ia a bordo do La Panthère, e era o dia 1° de fevereiro de 1822.

Para a Madre Javouhey, e apesar das inúmeras dificuldades encontradas, o tempo da África seria tempo de felicidade e plenitude. Ela estava onde Deus queria que estivesse. "Gosto muito dos pretos — dizia ela —. São simples e bons. Só têm a malícia que aprenderam conosco. Não há de ser difícil convencê-los pelo exemplo". Dar exemplo aos negros; fazer deles bons cristãos: tal ia ser o seu único objetivo; para o conseguir, só era preciso dar-lhes todo o seu amor. O que essa mulher faria, o que iria inventar, antecipando-se a soluções futuras, é simplesmente incrível. Ao passo que certos grandes missionários — como São Francisco Xavier — foram apenas pioneiros, desbravadores de terreno, a Madre Javouhey era uma construtora. Era capaz de conceber vastos projetos, mas estava a léguas de distância das quimeras, como camponesa que era da Borgonha, pouco afeita a tomar a nuvem por Juno...

O hospital estava desfeito? Ela pô-lo outra vez de pé. Os negros sofriam com o desprezo dos brancos? Por mais coisas que lhe dissessem, ela decidiu que, em sua casa, todos seriam tratados por igual, sem olhar para a pele. Os costumes, entre os colonos, eram deploráveis? Pois ela criaria, em plena selva, uma exploração agrícola em que os cultivadores viveriam em comunidade, na honestidade e segundo a lei moral. A mesma ideia de criar um clero indígena, que São Francisco Xavier tivera na Índia — mas de que ela nunca ouvira falar —, também a concebeu essa mulher genial. E, na França, conseguiu a fundação de um seminário para africanos, em que três jovens senegaleses estudaram e chegaram ao sacerdócio. Um deles, antes de voltar para a África, celebrou missa diante do rei Luís Filipe, em Fontainebleau. Quando a boa Madre teve de regressar à França, mais de mil negros a acompanharam ao porto, e houve quem beijasse a marca dos seus pés.

O que foi, a partir daí, a atividade dessa mulher ultrapassa a imaginação. Parecia-lhe que tinha de acudir a todos os pedidos que lhe faziam: Cayenne, Martinica, Pondichéry, Madagascar, Oceania, Saint-Pierre-et-Miquelon... E a Madre fundadora estava sempre disposta a embarcar para ir dar uma ajuda a qualquer fundação nascente. E, no entanto, não se sentia nada bem a bordo; sofria horrores com o enjoo. Mas — dizia ela, entre duas crises —, "o mar e o enjoo não me causam mais medo do que a terra". E o almirante Tréhouart exclamava, um dia, vendo-a tão firme no meio de uma tempestade: "É o meu mais antigo marujo!" Sessenta mil quilômetros, esse foi o seu recorde.

Nesse assombroso cortejo de triunfos, se tivéssemos que escolher um, viria naturalmente ao espírito o de *La Mana*. La Mana é um rio da Guiana, que deságua no Atlântico um pouco a sul do Maroni. A região, mal conhecida e com má fama, nada tinha de agradável. Um calor pesado o ano inteiro, chuvas medonhas, febres, insetos, serpentes... Cultivava-se lá um pouco de mandioca e banana; uns tantos aventureiros, com alguma coisa de bandidos, andavam à busca de ouro. Não era um quadro recomendável para a instalação de religiosas... A população masculina era uma mescla de índios, negros e europeus sem fé nem lei. Mas quando o governo pediu à Madre Javouhey que fizesse uma fundação na Guiana, ela não hesitou um instante e, a 26 de junho de 1828, embarcou em Brest com uma verdadeira expedição composta de nove freiras, vinte e sete irmãs-conversas e trinta e nove colaboradores leigos, acompanhados de mulher e filhos. Ao todo, cem pessoas.

Foi instalar a sua tribo nas margens do Mana, sobre as ruínas de duas tentativas abortadas de fundação de uma aldeia. Tinha a intenção de criar, como no Senegal, uma colônia agrícola modelo, em que os negros vivessem em comunidade. No fim de contas, nada de muito diferente dessas "reduções" que os jesuítas tinham criado outrora nas margens do Paraguai[66]. A tentativa parecia impossível. As autoridades da colônia esperavam todos os dias que os trabalhadores se sublevassem e chacinassem todos os brancos... Paradoxalmente, a coisa foi avante. Desbravou-se a savana. Plantou-se mandioca e bananeiras. Mandaram-se vir rebanhos. Construiu-se um porto fluvial, com estaleiro e docas. E até se construiu uma igreja, suntuosamente chamada a catedral... Sob a firme direção das religiosas, a vida estava bem organizada. Toda a gente ia à missa ao domingo; à noite, rezava-se em conjunto. Esse êxito espantoso durou, sob essa modalidade, cerca de três anos.

O governo de Luís Filipe tinha pouco interesse pela Guiana. Mas, quando a lei de 1831 suprimiu a escravidão em todos os territórios franceses, a Madre Javouhey foi solicitada a acolher os escravos negros que a Marinha de guerra arrancava aos navios negreiros e eram restituídos à liberdade. Ela aceitou, e logo forjou um grande plano: mandaria vir mulheres da África; criaria aldeias negras, à frente de cada uma das quais estaria uma religiosa. Lamartine, então ministro, entusiasmou-se pelos projetos da sua compatriota, borgonhesa como ele. E, na verdade, as aldeias nasceram da terra: os antigos escravos meteram ombros ao trabalho. E a Mana desenvolveu-se.

Assim era essa mulher de Deus, pioneira das Missões. Quando voltou para a França, chamada por força do próprio desenvolvimento do seu instituto, os jornais festejaram-na. Pelas ruas de Paris, apontava-se com o dedo essa vivíssima sexagenária, vestida de azul, cujo rosto róseo e fresco aparecia risonho debaixo da touca. "A Madre Javouhey — dizia o rei Luís Filipe — é um grande homem!" E, por entre as barricadas das Jornadas de Junho, onde caiu morto mons. Affre, pôde ela andar tranquilamente, com a comprida touca flutuando ao vento e a cruz dourada sobre o peitilho branco.

"É a generala Javouhey", disse um dos amotinados. Lá na sua querida Mana, continuava viva a sua memória. Quando a República decidiu fazer dessa aldeia uma vila livre, isto é, impor-lhe o modo de administração das comunas francesas, rebentou uma revolta, que só a Madre Isabelle conseguiu acalmar, em nome da Madre Anne-Marie. E quando se disse aos negros que escolhessem um deputado, de nada serviu explicar-lhes que as mulheres não eram elegíveis: votaram em massa na Madre Javouhey...

A essa vida tão plena, nada faltou, nem mesmo a provação, e sob a forma mais penosa, por ter vindo da própria Igreja, dessa Igreja que ela servia com toda a alma e que, a 15 de outubro de 1950, a elevaria aos altares. Um certo mons. Héricourt, bispo de Autun, antigo oficial de cavalaria, enfiou na cabeça que devia ser ele o superior geral da Congregação de Cluny, e reclamou esse posto como quem dá uma ordem de comando. A Madre tinha demasiado conhecimento dos problemas mundiais para aceitar de olhos vendados ser guiada por um prelado, lá do fundo do seu bispado, no maciço do Morvan. Nasceu daí um conflito tão violento que o bispo chegou a pedir a Roma — e a conseguir — que a grande fundadora fosse excluída da recepção dos sacramentos.

Nesse verdadeiro calvário, essa mulher de ação, que sempre fora uma profunda mística, alma de oração e de luz, foi sublime: "Só Vos tenho a Vós, Senhor — murmurava ela —. Por isso venho lançar-me nos vossos braços e suplicar-Vos que não abandoneis a vossa filha". Nenhuma palavra de cólera saiu da sua boca. "Temos de rezar pelo nosso bispo — dizia ela —. É também um dos nossos benfeitores, visto que nos dá ocasião de sofrer". Acabaram por reconciliá-los, e a terrível ordem foi anulada. Mons. Héricourt morreu. Ao sabê-lo, a velha Madre disse docemente, com uma pontinha de malícia borguinhonesa: "O bom do Monsenhor passou-me à frente, e está certo: *à tout Seigneur, tout honneur*".

Estava-se na primavera de 1851. A Madre também tinha enfraquecido muito. Não lhe era possível ir a Roma, onde Pio IX gostaria de recebê-la para aprovar solenemente o instituto. A 15 de julho, morreu num instante, de pé, como sempre vivera, sem agonia. Hoje, mais de 3.500 Irmãs de São José de Cluny, repartidas por 269 casas em todos os continentes, continuam a obra desse "grande homem", uma das mais assombrosas figuras femininas de toda a história das Missões.

Três mártires

Se a Madre Ana Maria Javouhey teve honras de altar por força da extensão da sua obra e da santa eficácia da sua ação, outras, numerosas outras figuras missionárias — mais de trinta, no período que nos ocupa —, as tiveram por causa do testemunho que deram, do sacrifício que aceitaram pela fé de Cristo e pela sua difusão no mundo. E a Igreja, ao glorificá-las, usou muitas vezes o termo de "mártires", que as une aos heróis cristãos dos primeiros séculos, graças aos quais a Cruz se implantou sobre a terra.

Vamos conhecer três desses mártires das missões modernas, cada um de uma família religiosa diferente, todos mortos em países diferentes. E no entanto é impossível não achar neles um certo ar de semelhança, como aliás se poderia notar em quase todos aqueles que tiveram esse mesmo destino. Coragem serena, simplicidade sorridente, um entregar-se muito naturalmente a Deus e aos homens — numa palavra, uma fé tão absoluta, que a morte, tal como a vida, aparece neles transfigurada, e as mais terríveis provas se lhes tornam, tal como a vida, não somente aceitáveis, mas desejáveis. Importa ler nos *Anais da Propagação da Fé,* onde são abundantes, esses relatos de suplícios cujo horror muitas vezes ultrapassa o que a pena consente em escrever. São relatos em palavras secas, sem um comentário, sem uma ênfase. Mas o que se tem pela frente é a mais autêntica das grandezas humanas.

Vejamos um filho de *Monsieur* Vincent, o Bem-Aventurado *Jean-Gabriel Perboyre* (1802-40). Nada como a sua biografia para compreendermos a filiação espiritual que, de geração em geração, recria incessantemente, até aos nossos dias, homens da mesma têmpera e do mesmo ideal. Quando, aos dezenove anos, entra no seminário lazarista, não se fala de outra coisa senão do martírio que acabava de sofrer na China o velho pe. François Régis Clet, canonizado como São Francisco Régis, um daqueles que, havia meio século, conseguiam manter de pé, no imenso império, cristandades dizimadas pelas recidivas perseguições; após vinte e oito anos de missão, acabara por ser denunciado, preso e executado. E o jovem Jean-Gabriel Perboyre passa horas a rezar diante das relíquias desse seu antecessor, desse hábito manchado de sangue, dessa corda com que o estrangularam. E apodera-se dele uma sublime obsessão que nunca mais o deixará: "Como foi bela a morte de M. Clet! — confidencia a um companheiro —. Peça a Deus que eu acabe como ele!"

Mas ele... ele é um moço frágil, de ar tímido, de pequena estatura... Em casa, e no seminário menor, divertiam-se chamando-lhe "São Joãozinho". O tio desatou a rir quando, ainda muito pequeno, lhe disse que queria ser missionário. Os irmãos, sim — dois deles seriam lazaristas —, ou mesmo as irmãs — futuras Irmãs da Caridade — poderiam correr a grande aventura... Mas ele!? No Quercy, a gente é teimosa, e esse mocinho de olhar recolhido, sempre em oração, era ainda mais teimoso que todos os outros. Certo dia, sabe que vão ser mandados missionários para a China. Fala com o Superior, convence os médicos, vence todas as resistências. Consegue que o autorizem a embarcar para Macau. De Macau, vai a

Ho-Nan e Hu-Pé, não muito longe da cidade de U-Tchang-Fu, onde o padre Régis Clet sofreu o martírio. Jean-Gabriel pensa nele sem descanso: a última carta que escreve ao deixar a França ainda fala dele e do desejo de imitá-lo.

Trabalhará na China pouco mais de quatro anos, a partir de fins de 1835. Pelas suas cartas, vemo-lo constantemente por montes e vales, visitando as cristandades disseminadas em espaços enormes. Em Ho-Nan, restam 1.500 batizados, em vinte grupos; mas, para os ver a todos, tem de percorrer trezentas léguas, "ora com a barba esbranquiçada pela geada das manhãs de inverno, ora de rosto tisnado, as orelhas, o pescoço e a testa queimados pelos calores estivais". Os caminhos são pavorosos; os carros não têm suspensão; quanto às estalagens, o missionário diz gentilmente que, "se formos ávidos de privações e mortificações, temos com que ganhar uma santa fortuna". Por outro lado, são necessárias precauções, visto que a perseguição continua: viajar de noite, guiado por cristãos seguros, uma vez ou outra escoltado por algum padre chinês. Que importa? Faz-se bom trabalho. Durante os dez ou quinze dias que o missionário fica numa comunidade, tem tempo para fazer um verdadeiro exame de catecismo aos cristãos locais e ver em que estado se encontra a sua fé, para batizar crianças e adultos, promover primeiras comunhões ou mesmo fundar uma confraria destinada a manter ativa a vida espiritual quando os padres estiverem longe. Simultaneamente, desempenha funções de médico, de pai de família, de juiz... Faz lembrar as missões de São Paulo durante as suas longas viagens, como também faz pensar no que se passará hoje na China[67]...

Depois, certo dia, estala o drama. Em 15 de setembro de 1839, o pe. Perboyre é denunciado por um neófito traiçoeiro: como Jesus, por trinta onças de prata. E começa o martírio, que vai durar um ano. Carregado de ferros, moído a pancadas, o padre é arrastado à presença de um mandarim, que o interroga. Silêncio total. Tendo estudado a fundo a vida do seu modelo, Jean-Gabriel percebera que os chineses eram muito hábeis em fazer falar os prisioneiros, e que certas palavras do pe. Régis Clet tinham tornado possíveis algumas prisões. Às perguntas, não responde, ou só responde com afirmações da sua fé. É suspenso numa trave pelos pulsos, é forçado a ficar horas seguidas de joelhos em cima de correntes de ferro. Por fim, é levado, com um pequeno grupo de cristãos, precisamente à cidade de U-Thang-Fu, onde o pe. Régis Clet fora supliciado vinte anos antes. Espancado horrivelmente, torturado no cavalete, resiste, não denuncia ninguém, não cede em nada. E chega a ordem de execução. Atado a uma cruz, deve ser estrangulado. Mas o carrasco tem ordem de fazê-lo em dez vezes, afrouxando a corda para que a vítima volte a respirar e a angustiar-se. Um pontapé no ventre põe fim à atroz agonia. Jean-Gabriel Perboyre morreu como desejara. Tinha trinta e oito anos.

Quase na mesma altura, a milhares de quilômetros de distância, perdido na mais perdida das ilhas do Pacífico, outro herói morria, de morte quase igualmente pavorosa, e na aparência ainda mais inútil, pois foi por amor de dois mil canibais que o mártir se sacrificou. O paradoxo da Missão cristã está em votar padres à tarefa irrisória de levar o Evangelho a um punhado de selvagens, porque esses selvagens também são homens e têm uma alma que salvar. Talvez nunca esse paradoxo haja sido mais flagrante; talvez nunca tenha sido mais demonstrado e mais necessário do que no caso de *São Pedro Chanel* (1800-41).

Pertencia ele à recentíssima *Sociedade de Maria,* acabada de fundar pelo pe. Colin e que Gregório XVI, ao aprovar, logo orientara para um campo de apostolado ainda virgem, o da Oceania central. Era um jovem robusto, filho de camponeses de Bugey. Tinha sido pároco de aldeia, e depois superior do Seminário Menor de Belley. Aos trinta anos, sentira a vocação missionária e, aos trinta e quatro (era o ano de 1834), partiu, em companhia do seu amigo pe. Bataillon e de dois outros maristas, para evangelizar uma região do Oceano Pacífico, de duas mil por duas mil léguas, semeada de ilhas ainda muito mal conhecidas. Delas, porém, toda a gente sabia que eram habitadas por indígenas de costumes medonhos: a caça ao homem, a antropofagia eram prática habitual entre eles, e nos banquetes reais serviam-se cadáveres assados...

Foi em Futuna que o pe. Chanel desembarcou. Um paraíso de palmeiras, de águas azuis, de corais róseos. E — milagre! —, a princípio, os nativos mostraram-se de certo modo acolhedores. O rei da ilha, um tal Niuliki, declarara publicamente que os europeus com certeza trariam riquezas consigo, e que, portanto, convinha acolher o branco; até o proclamou tabu. Fizeram-se algumas conversões, quer em Futuna, quer nas Wallis, onde o pe. Bataillon operou maravilhas. Isso não impedia que as condições materiais fossem muito duras: o visitador apostólico que, passados dois anos, foi ver o pe. Chanel, ficou horrorizado ao verificar a miséria em que estava, quase sem comer, dormindo numa cabana de bambu coberta de colmo, com um tronco de árvore a servir-lhe de travesseiro. Mas o jovem padre parecia não dar a menor atenção a tais coisas. Aprendera o dialeto local, pregava sermões aos indígenas e ensinava-lhes o catecismo. Parecia bem aceito por todos. A sua inesgotável caridade para com os doentes e os moribundos conquistava os corações. Já havia à sua volta um grupo de batizados.

E foi esse sucesso que o perdeu. Como, aliás, o do pe. Bataillon nas ilhas Wallis, onde toda a população, com o rei à frente, quis receber o batismo. O famoso Niuliki, embora continuasse a declarar-se amigo e protetor do homem branco, deixava escapar cada vez mais sentimentos muito diversos. Admitira perfeitamente a destruição de certos ídolos secundários, como objetos totêmicos e outros símbolos. Mas ele, ele era o grande deus do culto da sua ilha, a encarnação das potestades, aquele que predizia as tempestades e era capaz de desencadear o raio. Depois que os seus súditos se batizassem, que lhe restaria de tudo isso?... E... se ele próprio se convertesse?

Pouco a pouco, a sua atitude mudou. O bom do irmão Nizier, que ajudava o padre, foi informado das palavras ameaçadoras pronunciadas por Sua Majestade canibal. Avisado, o pe. Chanel respondeu citando a famosa palavra de São Luís Gonzaga, quando andava a jogar bola, ao caçador[68]. E continuou a preparar o léxico futuniano em que trabalhava. Começaram os tratamentos vexatórios. Os catecúmenos foram ameaçados de represálias se continuassem a dar-se com o padre. A exasperação do régulo atingiu o máximo quando o seu próprio filho primogênito pediu o batismo. E encarregou o "primeiro-ministro" de eliminar o homem branco.

O pe. Chanel teria podido fugir, embarcando para as Ilhas Wallis. Mas ficou. "Quer me matem, quer não — disse ele —, a religião está implantada na ilha, e não se há de perder com a minha morte". O nomeado *muzu-muzu* não ousou atacar o padre de frente. Mandou-lhe um emissário, pedindo-lhe que levasse o mais depressa possível um remédio a um doente. Mal o pe. Chanel entrou sozinho na cabana, os conjurados seguiram-no e derrubaram-no a golpes de cassetete. Um neófito acorreu em seu auxílio, mas o padre murmurou: "Está tudo bem... Está tudo bem..." E o *muzu-muzu* berrou: "Acabem com ele!" Mas os agentes do ministro só pensavam em roubar o pobre recheio da cabana. Então, o *muzu-muzu* pegou na machadinha do missionário e rebentou-lhe o crânio. Era o dia 28 de abril de 1841.

O que se seguiu foi extraordinário. O Irmão Nipier e alguns batizados fugiram, conseguindo ser recolhidos por uma corveta norte-americana que estava de passagem. Seis meses mais tarde, porém, uma fragata francesa veio exigir a entrega do corpo do padre e de tudo o que lhe pertencera. Niuliki tinha morrido. Restavam uns trinta neófitos na ilha, que exumaram o corpo e levaram a bordo o cálice e o crucifixo que tinham escondido. Mas, antes que o navio se fizesse ao largo, um grupo daqueles mesmos que tinham participado no assassinato vieram suplicar que lhes tornassem a enviar um missionário: receberam dois. Passado um ano, metade dos dois mil habitantes estavam batizados. Até o *muzu-muzu* pediu que lhe dessem instrução religiosa. E, quando caiu gravemente doente, suplicava que o levassem para junto do lugar onde desfizera a cabeça do pe. Chanel.

Vinte anos mais tarde... Vamos ler as cartas de um missionário da Indochina para a família, os superiores, os amigos, em janeiro de 1861. Começam com uma estranha indicação do local: "Da minha jaula". Porque estava mesmo numa jaula, como um animal, havia mais de dois anos, desde que um chefe de cantão, avisado por um denunciante, o descobrira no seu esconderijo e o prendera. A situação é penosa e odiosa. O homem está exposto aos olhares de todos, tão inconfortavelmente quanto possível. Não tem nenhuma ilusão acerca da sua sorte. E, no entanto, as cartas que escreve, cartas de adeus, são ao mesmo tempo de uma sublime serenidade e de uma sensibilidade admirável. Evoca recordações de família. Tem palavras de ternura. Parece que o vemos sorrir...

"É quase meia-noite. À volta da minha jaula de madeira, há lanças e sabres. De tempos em tempos, as sentinelas fazem ressoar o gongo e o tambor, ao cair da noite. A dois metros de mim, uma lanterna projeta a sua luz vacilante na minha folha de papel chinês e permite-me traçar estas linhas. [...] De dia em dia, vou esperando a sentença. Talvez seja amanhã que eu vá ser levado à morte. Segundo todas as probabilidades, vão-me cortar a cabeça. Feliz morte, não é verdade? Morte desejada, que conduz à Vida. Vou contemplar belezas que o olhar do homem jamais viu, ouvir harmonias que o ouvido jamais ouviu, gozar alegrias que o coração jamais experimentou [...]". E, agora, este trecho em que ecoa o que há de mais belo nos textos dos primeiros mártires, de São Paulo, de São Policarpo: "Mas, antes disso, é preciso que o grão de trigo seja moído, que o bago de uva seja esmagado. Serei eu um pão e um vinho segundo o gosto do Pai [...]."

Esse homem que, no limiar da morte, escreve tais palavras místicas, palavras que vão ser assinadas pelo seu sangue, é um padre das Missões Estrangeiras, autêntico descendente de tantos e tantos que, desde o princípio do século XVII, escreveram páginas sublimes no livro do apostolado. É jovem; tem trinta e dois anos. A juventude é uma das características mais impressionantes destes aventureiros de Cristo. Chama-se *Théophane Vénard*, o Bem-aventurado Vénard (1829-61). Chamaram-lhe "o mártir alegre", e com razão. É natural de Pontou, naturalmente expansivo e sociável, filho de um professor-livre de instrução primária que educou em sólidos princípios uma boa ninhada. Em criança, ao subir com as cabras o outeiro do Bel Air, perto de Saint-Loup-sur-Thouet, Théophane leva consigo a sua leitura preferida: os *Anais da Propagação da Fé*. O renovado exemplo desses missionários que enfrentam heroicamente a morte exaltou-lhe o espírito moço. "Também eu quero ir para o Tonquim — diz ele—. Também eu quero ser mártir". Houve quem sorrisse de semelhante pretensão. Mas, logo que acabou os estudos no seminário, precipitou-se para a rua du Bac, obedecendo a uma vocação irresistível. E o velho pai, não obstante tão maravilhosas coisas que ele lhe escreveu, tão simplesmente pacíficas, murmurava: "Perdi a mais linda flor da minha roseira".

Chegado ao Tonquim em 1853, Théophane Vénard conseguiu, por muito tempo, escapar à perseguição. Tinha-se desatado havia seis anos, desde que Tu-Duc se tornara imperador do Anam[69]. As ordens imperiais eram precisas e rigorosas: os padres europeus seriam atirados à água; os indígenas seriam cortados em dois. Em 1851 e 1852, dois missionários tinham sido martirizados. A intervenção da França fez suspender, por momentos, a perseguição; mas em 1857 esta recomeçou. Foi então que uma prova de força mal conduzida — a ocupação de Saigon pelos franceses — acabou de exasperar os ânimos. As buscas policiais ampliaram-se; prometeram-se prêmios elevados aos denunciantes. Os cristãos como tal reconhecidos foram marcados com ferro em brasa. É então (novembro de 1860) que o pe. Vénard, que nunca deixara de andar de comunidade em comunidade, batizando, confessando, animando todos os fiéis com o seu inesgotável bom-humor, é preso e enjaulado.

Também o seu fim é digno da gesta dos Mártires. Condenado por ter "ensinado uma religião sacrílega" e "encorajado os navios europeus a fazer guerra ao imperador", é solenemente conduzido ao suplício, em cortejo, precedido por dois elefantes de guerra. Ao longo de todo o caminho, o padre vai cantando salmos e hinos. Encomendara para esse momento uma batina de seda. O carrasco, um horrendo corcunda que já tinha executado cinquenta missionários, pede-lhe que lha ofereça, em troca de uma execução cuidadosa, rápida: "Quanto mais durar, mais valerá!", responde o padre. Mas, em memória de Cristo despojado das suas vestes, deixa-se despir. Atado a uma estaca de bambu, com os cotovelos presos, continua a rezar, de cabeça erguida. Desejaria o algoz agradar-lhe prolongando o suplício? O certo é que só ao quinto golpe de sabre, e depois de mudar de arma, porque a primeira se tinha danificado, é que o corcunda consegue fazer cair a cabeça, que as águas do Rio Vermelho arrastaram.

Homens da estatura de um Perboyre, de um Chanel, de um Vénard — quantos poderia referir a história das Missões do século XIX! E o quadro que se poderia traçar do mundo missionário faz surgir nomes desses por toda a parte onde a Cruz foi plantada ou a Igreja renasceu. Sem eles, seria acaso explicável essa magnífica renovação? Diante de tantos episódios que parecem tirados da Lenda Dourada, como não pensar na famosa palavra de Tertuliano: *Semen est sanguis christianorum?*

Escolas Cristãs no Próximo Oriente

Foi no Próximo Oriente, das margens do Mediterrâneo oriental até à Pérsia, que o renascimento das Missões se manifestou mais cedo. No entanto, no começo do século e durante os primeiros vinte anos, a situação ali era deplorável. O admirável esforço da época precedente, tal como a encarnara François Picquet, apóstolo, diplomata e líder[70], fora abandonado, e os resultados que obtivera, desfeitos. O arcebispado latino de Bagdá continuava sem titular havia quarenta e sete anos. Em Mossul, o único dominicano sobrevivente morria em 1815. Já não havia carmelitas em Bassorá, nem na Pérsia, nem capuchinhos em Mardine. O Vicariato Apostólico de Esmirna não tinha mais de dez mil católicos, para um território que ia do Bósforo ao Alto Nilo. Na própria Terra Santa, os filhos de São Francisco, sempre firmes, sofriam a dupla hostilidade dos turcos e dos gregos cismáticos, os quais foram verossimilmente os autores do incêndio do Santo Sepulcro (1808). Tudo isso era inquietante.

O primeiro gesto a favor do Oriente cristão deve ser contado no ativo de Napoleão Bonaparte. A 25 de junho de 1802 (6 de messidor do ano X), por ordem do primeiro-cônsul, o cidadão Talleyrand assinou com Esseid Ghalib Effendi, que representava a Sublime Porta, um tratado que renovava *por inteiro* as cláusulas das Capitulações de 1740[71]. E logo em outubro, o general Brune, partindo para Constantinopla como embaixador, recebia instruções precisas para tomar os cristãos sob a sua proteção. Ao reconstruir, como vimos, as sociedades missionárias, o imperador teve certamente projetos mais amplos, que o conflito com o papa e depois a sua própria queda o impediram de executar. De qualquer modo, o ato de 1803 não deixava de anunciar que o Ocidente e, muito em especial, a França iam recomeçar a interessar-se pelos destinos do cristianismo nessa região do mundo.

As circunstâncias políticas foram, aliás, favoráveis a essa posição de renovado interesse, e, como consequência, ao renascimento das Missões. A desagregação do império turco e a revolta helênica de 1821 levaram as Potências a intervir nessas paragens. A batalha de Novarino e o tratado de Andrinopla não tiveram por resultado somente a liberdade da Grécia: persuadiram a Turquia a encarar com outros olhos o problema de todos os cristãos a ela submetidos. Assim, em 1840, um primeiro *firmam* ["decreto do sultão"] melhorou-lhes a sorte. Sob a Monarquia de Julho, a França desinteressou-se do Próximo Oriente, a ponto de ter renunciado a vingar os missionários franceses chacinados pelos drusos em 1845, o que provocou no Parlamento os indignados protestos, não só de Montalembert, mas do deputado Crémieux, que era judeu. Pelo contrário, Napoleão III, por uma questão de prestígio, reatou a grande tradição da França presente no Levante.

Sabe-se como a Guerra da Crimeia teve como causa imediata a vontade do imperador de impedir o czar de levar longe demais, nos Lugares Santos, as vantagens dos seus protegidos, os gregos ortodoxos. E essa intervenção teve por consequência um soleníssimo *Hatti-humrayun* assinado pelo sultão em 1856, pelo qual garantia a igualdade dos cristãos em todo o império turco, o seu direito a ascenderem a todas as funções e estarem representados no Conselho de Estado. Quatro anos depois, a chacina dos maronitas pelos drusos, acompanhada da devastação de numerosas casas religiosas de católicos e de vários assaltos aos consulados e insultos à bandeira francesa, foi a ocasião para que Napoleão III mostrasse que não considerava levianamente o seu papel de protetor dos cristãos: uma expedição francesa restabeleceu a ordem no Líbano.

A essas circunstâncias favoráveis de natureza política, outras se acrescentaram, espirituais e psicológicas, não menos propícias. A crise do Estado turco deu-se num período de acentuado declínio do islã. Os homens cultos afastavam-se dele. O cisma herético dos "babitas", começado na Pérsia por volta de 1845-50 (o nome vinha de Ali Mohammed "Bab", "porta da verdade"), tendia a um sincretismo de todas as espécies de elementos religiosos, no qual desapareceriam os princípios islâmicos. O mundo muçulmano ia perdendo vigor e coesão. Em contrapartida, no Ocidente, era cada vez mais vivo o interesse pelas coisas do Oriente. Falava-se muito dele no salão de Mme. Swetchine e nas páginas da nova revista dos jesuítas *Études*. Em 1855, foi fundada a *Associação Alemã para a Terra Santa*. Reconstituída em 1815, a Ordem do Santo Sepulcro estava em franco desenvolvimento; a seu lado, também a Ordem de Malta se preocupava com os Lugares Santos. A *Obra do Oriente*, que já vimos fundada em Paris (1856) por intelectuais de primeiro plano, provava claramente o interesse das elites do Ocidente por esses antigos berços da civilização, tanto do ponto de vista científico como do espiritual.

E foi precisamente um orientalista de grande classe, professor do Colégio da França, membro da Academia das Inscrições aos trinta e quatro anos, que aperfeiçoou o método de missionar adaptado a esses países. Chamava-se *Eugène Boré* (1809-78). Tomara parte nas célebres reuniões de La Chênaie, em que Lamennais, encorajando-o a estudar, como desejava, as línguas orientais, o advertira — o que dá que pensar... — contra as tentações do orgulho da inteligência.

Tendo entrado por um acaso, na véspera do Natal de 1837, em contato com o superior da missão lazarista de Constantinopla (procurava um confessor), apaixonou-se pela obra missionária. Como simples leigo que era, encarregado pela Academia das Inscrições e pelo Ministério da Instrução Pública de realizar trabalhos eruditos que o conhecimento do turco, do armênio e de outras línguas orientais lhe permitia, participou de empreendimentos propriamente apostólicos na Caldeia e na Armênia, ajudado por um lazarista italiano. As circunstâncias levaram-no a fundar na Pérsia uma escola, que teve sucesso. Outras se seguiram, designadamente em Mossul e Ispahan. De tal modo que, passados quatro anos, essas regiões onde a ação missionária estava em ruínas viram florescer escolas cristãs às mil maravilhas.

Dessa experiência, Eugène Boré tirou uma lição que comunicou a Roma e a Paris em numerosos relatórios. Converter os muçulmanos era de momento impossível; importava, portanto, encontrar outros meios de apostolado que não a simples pregação. Ora, o melhor desses meios era a escola, aberta a todas as crianças sem distinção de raça ou de religião. Assim seria possível, por um lado, dissipar os erros que o islã difundia acerca dos cristãos, e, por outro, elevar o nível das cristandades locais, muito decadentes. Paralelamente, a simpatia das populações seria conquistada por meio de instituições caritativas, hospitais, orfanatos. Gregório XVI foi informado das sugestões de Boré e fê-las suas. Assim começou em todo o Próximo Oriente a imensa obra escolar e hospitalar católica cujos resultados ainda hoje nos enchem de admiração[72].

Pela mesma altura, em 1834, outro iniciador, o pe. Leroy, fundou, a trinta quilômetros de Beirute, o Colégio de *Anturá,* que teve só seis alunos no primeiro ano e hoje é célebre em todo o Líbano. Em Constantinopla, em Santorino, em Esmirna, os lazaristas iam abrindo colégios. Nesta última cidade, em 1844, os picpucianos fundavam também o seu, que, por muitos anos, iria ser o centro de irradiação intelectual e cristã na Ásia turca. Em 1846, eram os jesuítas que, por sua vez, entravam em cena: em Chazir (Líbano), nascia o "Seminário Central Asiático", que compreendia uma casa de formação do clero local e um colégio secundário; e já se projetava a Universidade de São José, de Beirute, que a Companhia de Jesus tornaria renomada até aos nossos dias. A partir de 1840, os Irmãos das Escolas Cristãs começaram a levar o seu auxílio aos padres das diferentes ordens, desde o Egito até à Pérsia e desde as ilhas helênicas até à Mesopotâmia; encarregavam-se do ensino elementar.

As congregações religiosas femininas colaboraram nesse vasto empreendimento. Foi especialmente o caso das Irmãs de São Vicente de Paulo, cuja instalação em Esmirna (1839) e em Alexandria (1844) marcou o início de uma imensa rede de caridade. Já em 1837, as Damas de Sião entravam na Palestina. Religiosas sírias, as Myriametas, consagraram-se à fundação de escolas no seu país. Outras ordens não tardariam a desembarcar, para reforço do que já estava em funcionamento: as Irmãs da Caridade, as Irmãs de São José da Aparição, as Religiosas do Bom Pastor (de Angers), as Dama de Nazaré. Por volta de 1870, as ideias de Eugène Boré estavam amplamente realizadas.

Foi apoiando-se nessa poderosa corrente de dedicação que os "papas missionários" Gregório XVI e Pio IX puderam assegurar e concretizar a renovação das Missões. A cortesia com que o sultão saudou Pio IX no momento da eleição papal e, por outro lado, o envio por este papa de um representante pessoal a Constantinopla contribuíram para alguns resultados felizes de que podemos ter uma ideia por esta cifra: à morte de Pio IX, haverá no império turco não menos de 630 mil católicos, dos quais 150 mil de rito latino. Se pensarmos na situação que existia sessenta anos antes, o fato é prodigioso. De resto, podem-se percorrer todas as regiões do Próximo Oriente: sempre a mesma fervorosa animação, sempre os mesmos progressos. E em toda a parte Roma se esforça por estar presente e dirigir essa ação missionária multiforme.

Na Palestina, terra sagrada que interessa muito especialmente aos católicos, Pio IX dá um passo muito significativo: *restabelece em 1847 o Patriarcado latino de Jerusalém,* ao qual acrescenta o Vicariato Apostólico de toda a Síria. E confia esse posto a um sacerdote secular que fora missionário em Mossul, grande conhecedor das coisas do Oriente, homem de indomável energia: mons. Valerga. Ao lado dos franciscanos, guardiões tradicionais dos Lugares Santos, outras congregações, cada vez mais numerosas, lá se vão instalando. Entre elas, as de Sião, criadas pelo pe. Ratisbonne, ocupam um lugar de primeiro plano. As obras católicas, apoiadas pela Propaganda Fide, multiplicam-se nessas terras. Ao chegar a Jerusalém, mons. Valerga só encontrara, além dos Franciscanos da Custódia, dois padres, para 4.200 fiéis. Funda imediatamente um seminário e, em 1870, o clero latino já contará sessenta e cinco membros.

Progressos semelhantes se observam na Síria, onde, de 1830 a 1870, se estabelecem nada menos que onze congregações masculinas e nove femininas. É um dos lugares de ação preferidos da Obra do Oriente. Logo depois do drama de 1860, e para reconstruir o que os drusos tinham arrasado e curar muitas feridas, o pe. Lavigerie corre até lá e, com uma dedicação total, gasta mais de três milhões de francos em socorros. Multiplicam-se as escolas e os hospitais. O capuchinho italiano Castelli ganha terreno entre os cristãos jacobitas, alguns dos quais se convertem. Apoiada, a Igreja Católica de rito sírio consegue reerguer-se, e o seu chefe, mons. Audu, patriarca de Babilônia, alegra-se (1853) ao ver regressar ao redil 35 mil almas. O breve cisma provocado por algumas deliberações do Concílio Vaticano[73] não retardará por muito tempo esse renascimento.

No Egito, um regime bastante liberal, sobretudo no tempo de Mehemet-Ali, permite a implantação de numerosíssimas escolas e instituições de caridade. Nesse esforço, distinguem-se as Irmãs da Caridade e os Irmãos das Escolas Cristãs. Um notável delegado apostólico, mons. Guasco, leva a cabo uma obra de expansão e consegue trazer de novo para Roma um certo número de cristãos melquitas. Isso leva a tornar independente a Igreja do Egito da de Jerusalém e a constituir um Vicariato Apostólico.

Mesmo na Pérsia, onde as florescentes missões tinham ficado reduzidas em 1840 a um só padre, idoso e desanimado, a passagem de Eugène Boré e a fundação das suas escolas dá início a um movimento de recuperação. Estabelecem-se lá três lazaristas, que fundam um seminário de onde começam a sair alguns padres persas. É a um desses três pioneiros, mons. Cluzel, alma de apóstolo, que Pio IX confia, em 1858, uma Prefeitura Apostólica distinta da Mesopotâmia.

Assim, nesse Oriente dominado pelo Crescente islâmico, a Igreja Católica obtém frutos por toda a parte. Só uma região lhe dá graves preocupações: a Armênia. Não é que a fé cristã fosse aí menos viva e o esforço missionário menos ativo. Em 1830, os católicos da Armênia, que o sultão Mahmud sujeitara à força a um patriarca cismático, tinham conseguido libertar-se dessa tutela. O papa Pio VIII erigira em Constantinopla uma sé arquiepiscopal armênia, e, apesar da astúcia dos turcos, que submetiam o clero católico a um leigo, os armênios católicos tinham prosperado. Tanto que, em 1850, Pio IX criou seis bispados sufragâneos de Constantinopla. Mas, quando o arcebispo Hassun foi eleito patriarca, rebentou um lamentável conflito (1867). Pio IX queria reorganizar a Igreja armênia, e especialmente disciplinar as nomeações episcopais, mas a Bula *Reversurus* (12-VII-1867) foi encarada como uma intolerável intervenção romana nas tradições da Armênia, e, quando Hassun estava em Roma para participar do Concílio, rebentou um cisma, que iria durar até 1887.

À parte essa séria dificuldade, a situação que Pio IX deixou ao morrer foi, em todo o Próximo Oriente, muito mais reconfortante do que a que havia no começo do século. Por toda a parte a Igreja se recuperou, os missionários chegavam em grande número, os delegados apostólicos já dispunham de pessoal quase suficiente. Houve certamente alguns pontos negros no quadro: a oposição decidida das igrejas dissidentes, o desenvolvimento da rica propaganda protestante, a crescente ambição da Rússia ortodoxa. Mas não seria dar mostras de excessivo otimismo encarar o futuro com esperança.

A Índia e mons. Bonnand

A renovação da Igreja na Índia foi talvez ainda mais impressionante. E no entanto a situação de princípios do século XIX era desoladora. Que restava dos admiráveis esforços do pe. Nobili, dos sacrifícios de São João de Brito? A supressão da Companhia de Jesus fora para as comunidades cristãs um golpe terrível, decapitando-as dos seus chefes, que foram substituídos com grande dificuldade e muito incompletamente pelos Padres das Missões estrangeiras.

O estancamento das vocações durante a Revolução concluíra a ruína. Em 1815, não havia lá senão vinte missionários. Beneficiando dessa carência, os protestantes multiplicavam as suas atividades e milhares de católicos passavam para as seitas. O número total de fiéis católicos em toda a Índia não iria além de 200 mil. Só uma região fugia à regra: Goa, com as suas quatro dioceses sufragâneas, submetida ao *Padroado* Português e conservando todas as características do antigo catolicismo *prangui*[74]. Ali viviam quatrocentos padres, que iam celebrando os ofícios para os colonos e para os nativos que se tinham modelado por estes, mas que se empenhavam muito pouco no apostolado.

Mas essa situação lamentável não ia durar. A Igreja Católica, que se diria ferida de morte, sobreviveu e não tardou a reerguer-se. Deveu-o, em primeiro lugar, à heroica persistência do punhado de missionários que se agarraram ao terreno, recusando-se a ceder. Na primeira linha destes, estava o sábio e audacioso *pe. Dubois,* que, de 1800 a 1820, se entregou por completo à restauração das cristandades do Mysore, desfeitas em 1780 pelas deportações de Tippoo-Sahib. Deveu-o também à chegada, desde cerca de 1830, de numerosos missionários e missionárias de diversas ordens, todos animados de um ardente espírito de conquista. As circunstâncias políticas tornaram-se mais favoráveis quando, em 1858, a Coroa britânica assumiu o governo imediato da Índia[75] — até então dirigida pela Companhia de comércio — e, compreendendo que a penetração cristã servia aos seus interesses, apoiou os missionários de todas as confissões. Mas, mais que tudo, a Índia deveu o seu renascimento missionário à ação dos papas, especialmente às decisões capitais tomadas por Gregório XVI.

A existência do Padroado Português constituía um grave embaraço. O arcebispo de Goa achava que a sua autoridade se estendia a quase toda a Índia, e não estava em condições de exercê-la. O clero goês, sem ser tão mau como alguns têm dito, tinha aceitado no seu seio alguns mestiços de conduta pouco exemplar. Os presbíteros ignoravam o inglês, assim como o bengali e as outras línguas do Industão. Em 1832, os fiéis de Bengala reclamaram padres a quem pudessem entender. Em 1834, os capuchinhos italianos que acabavam de instalar-se em Madrasta entraram em conflito com o bispo português de Mylapore, seu superior canônico, e, por seu lado, alertaram Roma. A Propaganda Fide respondeu nomeando um prefeito apostólico para Calcutá e um vigário apostólico para Madrasta, francês o primeiro, irlandês o segundo. Furor do episcopado português e, consequentemente, do governo de Lisboa, o que era tanto mais curioso quanto nesse momento — 1837 —, por motivos de política interna[76], estavam suspensas as relações entre Portugal e a Santa Sé. Gregório XVI persistiu firmemente, e até foi mais longe: pela Bula *Multa praeclare* (1838), limitou ao território de Goa a jurisdição do arcebispo, suprimiu os bispados sufragâneos e multiplicou por toda a Índia Vicariatos Apostólicos, diretamente dependentes da Sagrada Congregação.

Foi uma tempestade! Protestos, diligências diplomáticas em Roma, incidentes locais que chegaram a vias de fato. Os padres goeses excitavam os seus fiéis contra os jesuítas e outros missionários. O Vigário Capitular de Goa, pe. Carvalho, anunciou que se recusava a obedecer a uma Bula que, em seu entender, era apócrifa. Foi o que se chamou (com um pouco de exagero) o *Cisma de Goa*.

Por momentos, em 1848, julgou-se que a questão ia cessar. Tinham-se reatado as relações entre Roma e Lisboa. Foi nomeado um novo arcebispo, eminente professor de Coimbra, D. João da Silva Torres, que partiu com a intenção de resolver o caso. A verdade, porém, é que, mal acabou de tomar posse, foi de tal maneira envolvido pelo seu clero que chegou ao ponto de atacar publicamente a Propaganda Fide e a própria Santa Sé. As tentativas para fazer cessar essa lamentável situação fracassaram umas após as outras, de modo que o "Cisma de Goa" durou até 1886.

Entretanto, Roma não se deixou paralisar por essa resistência. Sistematicamente, a Congregação continuou a criar Vicariatos Apostólicos por quase toda a parte; em 1853, já eram dezoito! Foram delimitadas grandes circunscrições eclesiásticas, sendo as principais a da costa do Coromandel, confiada às Missões Estrangeiras da rua du Bac, a do Maduré, atribuída aos jesuítas franceses, e a do Vizagapatã, na costa do Golfo de Bengala, entregue aos missionários de São Francisco de Sales. E era precisamente um desses vigários apostólicos, o chefe da Missão do Coromandel, com centro em Pondichéry, que aparecia como motor de toda a vasta empresa de apostolado na Índia, iniciador dos métodos novos e animador infatigável: *mons. Bonnand.*

O pe. Bonnand[77], das Missões Estrangeiras, estava havia doze anos na Índia quando, em 1836, foi nomeado vigário apostólico do Coromandel, título a que sucedeu o de vigário apostólico de Pondichéry, na altura em que os progressos conseguidos permitiram cindir o vasto território. Durante vinte e cinco anos, foi ele a verdadeira alma da obra missionária, não apenas no leste da Península Industânica, diretamente submetido à sua ação, mas em toda a Índia. Sob a aparência fina e distinta de um padre humilde, prudente e suave, era um caráter de aço, frio nas decisões, que sabia levar até ao fim o que determinava, e ao mesmo tempo uma inteligência pronta a adaptar-se às circunstâncias: temperamento de apóstolo e de realizador. Bispo itinerante, a quem ninguém jamais pôde apontar que ficasse "de guarda à residência", viajava incessantemente por montes e vales, pisando caminhos ásperos, visitando, inspecionando, tendo tudo na mão. Esses contatos foram ainda completados por um método hábil, que aperfeiçoou: as cartas aos missionários, dos quais exigia uma resposta sem demoras. Desse modo tinha firmemente as rédeas de todo o Vicariato, de modo que pôde empreender uma obra cuja amplitude e perspicácia nos força à admiração.

As cristandades estavam enfraquecidas pela prolongada anemia espiritual de que vinham sofrendo. Bonnand reorganizou-as, reanimou-as, mandou multiplicar as pregações, as aulas de doutrina, os grupos de piedade. As igrejas prestes a desmoronar foram reparadas. Muitas outras se construíram, juntamente com inúmeras capelas; ainda hoje as podemos ver. Os missionários eram muito poucos, mesmo com os importantes reforços que mons. Bonnand trazia da França. Era indubitável que o futuro do catolicismo na Índia iria depender do clero indígena.

Foi, pois, nesse ponto que o vigário apostólico concentrou os seus esforços. Teve de partir da base, estabelecendo ou restabelecendo um sistema de escolas primárias. Em seguida, criou ou melhorou seminários menores, nitidamente diferenciados dos maiores: o ensino era ministrado simultaneamente em francês e em tamil. Fundou-se um seminário maior, cujos programas eram decalcados nos da Europa: antes de receberem a tonsura, os futuros padres faziam um estágio de um ano junto de um missionário, que julgaria da sua vocação. Seminaristas, clérigos e os fiéis mais cultos precisavam de livros. Pois mons. Bonnand escreveu alguns em língua indígena: por exemplo, um resumo de toda a História da Revelação cristã e da Igreja, que fez sensação. Fazia falta uma tipografia para editar essas obras: criou-a. Dessa tipografia saíram catecismos de diversos níveis, e dicionários, como o de tamil-francês, usado ainda hoje. Antecipando-se ao que viria a ser a Ação Católica, Bonnand preconizava o apostolado do meio pelo próprio meio. Para isso, decidiu formar catequistas indígenas que preparassem a evangelização dos compatriotas.

Foi mais longe ainda na sua audácia: contrariando os preconceitos locais, que se opunham a qualquer elevação da mulher, mandou abrir escolas para meninas, com a ajuda das Irmãs de São José de Cluny e das carmelitas. Como as religiosas europeias não eram suficientes para essa tarefa, criou uma congregação indígena para o ensino, que se chamou "do Imaculado Coração de Maria", depois agregada à Ordem Terceira (regular) de São Francisco. A seguir, como as religiosas dessa congregação hesitavam em cuidar das crianças de castas inferiores, constituiu, expressamente para as pequenas párias, outro instituto, o de São Luís Gonzaga.

Nada detinha esse homem de Deus. Não hesitava em enfrentar com coragem o terrível problema das castas. E, habilmente, deu solução, no aspecto prático, à irritante querela dos "ritos malabares"[78]. A essa obra imensa associava ativamente todos os seus missionários. Reunia-os em sínodos regulares — o primeiro em 1844 —, a fim de estudarem em comum o problema do apostolado. Depois, enviou a Roma o pe. Luquet, para expor à Propaganda Fide os resultados obtidos e as questões acerca das quais era conveniente receber instruções. As coisas correram tão bem que, em 1858, Pio IX nomeou Bonnand Visitador Apostólico da Índia inteira, com ordem de apresentar um relatório minucioso sobre o conjunto do apostolado nesse imenso país. Assistido por um coadjutor, mons. Charbonneaux, o velho missionário pôs-se imediatamente a caminho, para uma viagem de vários milhares de quilômetros. Foi no decurso dessa visita apostólica que morreu, em Benares (1861). O título de "Pai e Fundador das Missões da Índia", que lhe deram nos elogios fúnebres, era justificado. Pelo menos, foi ele o artífice da ressurreição dessa obra.

Não quer isto dizer que, além de mons. Bonnand, nada haja sido feito. Na Missão do Vizagapatã, os Missionários de São Francisco de Sales (de Annecy) trabalharam muito.

Um deles, o pe. Avrillon, fez-se "pária entre os párias" e iria morrer em odor de santidade. No Maduré, que era terra deles desde Xavier, Nobili e Brito, os jesuítas, fortemente apoiados por mons. Bonnand, e à custa de trinta e duas vidas em vinte anos, venceram mil dificuldades, em aventuras pitorescamente narradas pelo pe. Bertrand nas suas *Cartas edificantes e curiosas*. Um dos seus principais meios de ação foi criar colégios: abriram alguns em Calcutá, em Triquinópoli e em Bombaim, que serviram de modelo a muitos outros[79] e que em pouco tempo receberam imensos alunos.

Também Ceilão passou por um renascimento muito semelhante. Lutando contra os huguenotes holandeses, os católicos, heroicamente dirigidos pelo santo sacerdote goês José Vaz[80], tinham conseguido manter bastante vivas as suas comunidades, que, em 1829, ainda contavam 70 mil fiéis. Com o *Bill* de emancipação total que obtiveram dos novos ocupantes — os ingleses —, retomaram o anterior desenvolvimento. O Oratório, de que o pe. Vaz era membro, continuou a obra, com o pe. Francisco Xavier, que foi nomeado (1835) vigário apostólico da ilha. Vinte anos depois, os Oblatos de Maria Imaculada eram encarregados de ajudar os oratorianos e empreendiam uma obra verdadeiramente notável de evangelização sistemática, de construção de igrejas, escolas e hospitais. Em 1870, os católicos cingaleses eram mais de 200 mil.

Na Índia propriamente dita, quantos seriam os fiéis da Igreja Católica? Eram pelo menos um milhão, provavelmente mais. Todos os observadores estão de acordo em mostrar essa Igreja em plena vitalidade, progredindo, segunda a expressão do vigário apostólico de Agra, "a passo lento, mas firme". Já se falava de estabelecer lá a Hierarquia regular — o que Leão XIII fará (em 1886). O clero autóctone saía dos seminários em número crescente. Persistiam, sem dúvida, alguns problemas, sobretudo o das castas, que provocava tensões no seio das comunidades católicas ou mesmo das congregações religiosas; mas também o dos "ritos malabares", que, em muitos pormenores, provocava incidentes curiosos[81]. A qualidade do clero nativo não era ainda a que seria de desejar. O Norte da Península parecia abrir-se ao apostolado menos que o Sul. As igrejas de rito oriental, nomeadamente a dos siro-malabares — hoje, focos de zelo apostólico — só muito incipientemente participavam do movimento que arrebatava a igreja latina. Mas, afinal, que eram essas dificuldades e falhas, ao lado desse movimento que trazia tantos e tão belos resultados?

Ásia amarela: cruel e santa

Ao lado da Índia, a Ásia amarela faz um contraste surpreendente. Ao passo que, na grande Península, o cristianismo não encontrava nenhuma resistência sistemática, em todos os países do Extremo Oriente — China, Indochina, Coreia, Japão — a penetração apostólica tinha pela frente leis draconianas, movimentos xenófobos, tempestades de violência, que ensanguentaram intensamente um capítulo da história das Missões que poderíamos resumir em poucas palavras: perseguição endêmica, explodindo aqui, atenuando-se acolá, recomeçando... Mas, apesar dos perigos, os missionários agarraram-se ao terreno e aproveitavam a mais pequena acalmia para consolidar as posições, levando um pouquinho mais longe as conquistas da Cruz, até que nova crise rebentasse, parecendo tudo comprometer, obrigando os cristãos a uma vida clandestina, à espera de, um dia, retomarem o esforço heroico. Já se tem comparado a história das cristandades da Ásia amarela à gesta dos mártires dos primeiros séculos — e a homenagem é justa.

Devemos, porém, sublinhar, nessa história, um fato de ordem bem diversa e que iria ter uma enorme influência. Os Estados europeus, que até então praticamente nunca tinham manifestado a sua presença nessa parte do mundo, agora entraram em cena. Umas vezes, fizeram-no por causas que nada tinham de espirituais — comerciais e financeiras —, algumas bem ignóbeis; mas também, em outras ocasiões — para fazer respeitar a "face" do branco —, o todo-poderoso Ocidente mandou navios de guerra proceder a demonstrações de força. Os tratados então concluídos impuseram aos governantes asiáticos um certo respeito pelas Missões. Daí resultou uma clara melhoria da situação; mas não haveria nisso um perigo? Esse estreito laço entre a expansão colonial e os progressos do apostolado não se voltaria algum dia contra as Missões? Era certamente legítimo que os Estados europeus protegessem os seus missionários. Mas, em relação ao futuro, não iria ser lamentável que o avanço do cristianismo não estivesse apenas dependente do sangue dos mártires, mas também da pólvora de canhões de grande calibre?

Estaremos lembrados[82] de que, no final do século XVIII, as Missões da Ásia amarela estavam em completa desagregação por toda a parte. A supressão da Companhia de Jesus, os incidentes da Querela dos Ritos, as perseguições, tudo tinha causado imensos sofrimentos às igrejas. No entanto, também por toda a parte, algumas raízes do velho tronco tinham permanecido intactas e suficientemente vigorosas para, logo que as circunstâncias o permitissem, fazerem surgir uma árvore nova.

Na *Indochina*, o grande impulsionador fora o admirável mons. Pigneau de Béhaine, que, intervindo habilmente nas questões internas em que se debatia o imperador do Anam, Gia-Long, conseguira fazer dele um amigo das Missões[83]. O grande vigário apostólico morrera em 1799, depois de salvar os seminários e reconstituir as comunidades. Depois dele e até à morte de Gia-Long, a tolerância oficial permitiu que a cristandade do Anam crescesse com impressionante rapidez: repartida por quatro Vicariatos Apostólicos, tinha em 1821 perto de 400 mil fiéis, assistidos por cerca de duzentos padres indígenas e mil catequistas. Só havia a lamentar a insuficiência do número de missionários: vinte e cinco padres das Missões Estrangeiras e vinte e oito dominicanos espanhóis.

Tudo mudou quando, em 1821, Gia-Long morreu, deixando o trono ao seu filho Minh-Mang, um semi-louco feroz, hipnotizado pelo modelo do poderoso império chinês e decidido a imitar a China na violência anticristã. E os seus dois sucessores seguiram o mesmo caminho. "Os nomes de Minh-Mang, de Thieu-Tri e de Tu-Duc — pôde alguém escrever — fazem lembrar aos historiadores católicos os nomes de Nero, Domiciano e Diocleciano". A aproximação é sinistramente exata. Em 1833, um edito mandou destruir as igrejas, prender os padres e forçar os fiéis a calcar a cruz para salvar a vida. A ordem foi cumprida à risca: trezentas igrejas foram arrasadas, os cristãos foram caçados e desencadeou-se a perseguição por todo o país. E esta tornou-se ainda mais violenta quando estalou uma guerra com o Sião, que foi atribuída aos cristãos ali refugiados. Em cinco anos, nove padres europeus — cinco franceses, quatro espanhóis — e cem padres nativos foram mortos. O primeiro foi o pe. Gagelin, estrangulado em Hué; o mais célebre, o pe. Marchand, que morreu na sequência do horroroso suplício das "cem chagas" que lhe foi infligido.

Sob o governo de Thieu-Tri, a perseguição tomou outra feição, mais discreta e sutil: os europeus acabavam de intervir na China e o imperador do Anam ficou receoso, tanto mais que os barcos de guerra franceses cruzavam as águas das suas costas. Aproveitando a hesitação de Thieu-Tri, um homem audacioso, mons. Retorci, vigário apostólico do

Tonquim, fez reaparecer os seus missionários e empreendeu longas viagens para visitar as cristandades e evangelizar. O seu exemplo foi seguido por todos os lados, de tal maneira que Roma, vendo os progressos conseguidos, criou seis Vicariatos Apostólicos. Mas a situação estava longe de ser tranquilizante. Nas regiões afastadas, onde os anamitas pensavam que os europeus não tinham qualquer possibilidade de intervir, continuavam as prisões de sacerdotes, a destruição de igrejas; e até um vigário apostólico foi condenado à morte. Depois, na sequência de um incidente naval, em que dois navios franceses, ripostando a uma tentativa de agressão, puseram a pique a esquadra de madeira do império, Thieu-Tri emitiu nada menos de quatro decretos contra os cristãos dos seus Estados.

O seu sucessor, Tu-Duc, muito zeloso em aplicá-los, ainda foi mais longe. Em 1856, uma intervenção naval francesa, mal conduzida, deu a impressão de que já nada havia a temer, e o imperador desencadeou uma perseguição terrível. Os padres detidos eram lançados à água ou decapitados; os padres indígenas, cortados ao meio. Havia prêmios para os denunciantes. Assim, os missionários passaram a viver como animais cercados. Essa situação iria durar cinco anos. Um bispo espanhol, mons. Díaz, foi assassinado, o que provocou uma expedição franco-espanhola, que bombardeou Turane e ocupou Saigon, mas não fez mais nada. Cada vez mais enfurecido, Tu-Duc mandou marcar com ferro em brasa na face todos os cristãos que pôde apanhar. Se não fosse uma revolução palaciana, que o obrigou a entender-se com os franceses e a permitir-lhes que se instalassem na Conchinchina (1862), teria continuado assim por muito tempo. O tratado que se viu forçado a assinar reconhecia — em princípio... — a liberdade para todos os cristãos. Mas o balanço da perseguição era terrível: doze padres europeus tinham morrido, entre os quais mons. Cuénot, que morrera de esgotamento na prisão, e o "mártir alegre" Théophane Vénard[84]; cento e quinze padres anamitas tinham tido o mesmo destino; duas mil religiosas indígenas tinham sido dispersadas e cerca de cem martirizadas; 150 igrejas, 80 conventos, cem aldeias cristãs tinham sido incendiados; duas mil cristandades, destruídas; e três quartas partes dos fiéis tinham tido de se esconder.

Esta página de tragédia, que fez da Indochina "a filha mais velha da Igreja no Extremo Oriente" e cuja grandeza foi reconhecida pelos papas, que elevaram aos altares setenta heróis do drama, teve como conclusão um extraordinário florescimento do catolicismo nessa península. Para substituir os missionários mortos, as vocações foram inumeráveis: padres das Missões da rua du Bac e dominicanos espanhóis rivalizaram em coragem. Pouco depois, desembarcavam as Irmãs Hospitaleiras de São Paulo de Chartres, como enfermeiras; depois, foram os Irmãos das Escolas Cristãs, e também carmelitas, enviados pelo Carmelo de Lisieux[85].

Durante a grande provação, os cristãos nativos tinham dado provas de um heroísmo que impõe admiração. As abjurações tinham sido poucas, mas, em contrapartida, inúmeros os exemplos de fidelidade até à aceitação do sacrifício. Os "Amantes da Cruz", verdadeira Ordem Terceira de ação católica, fundada no século XVII por mons. Lambert de la Morte e pelo pe. Deydier, tinham sido a armadura da resistência. Agrupados segundo um sistema comunitário que fazia de cada uma delas uma só e grande família, as cristandades indochinesas tinham, pois, demonstrado eloquentemente a sua invencível vitalidade. Por volta de 1870, contavam mais de meio milhão de almas. O catolicismo chegava a penetrar até no meio das tribos moís, banhars, jolongs, sedangs, apesar de súbitas explosões de furor. Pacificamente, conquistava o reino do Camboja, com o qual, em 1856, a França assinara um tratado de amizade. É verdade que as horas negras ainda não tinham passado, mas o futuro era encorajante[86].

Na China, os acontecimentos seguiram um curso perfeitamente análogo. No início do século, a situação do cristianismo no Celeste Império era ainda pior que a da Indochina. A perseguição, que, embora esporádica, praticamente nunca cessara desde 1707, acabava de passar por um paroxismo, de 1785 a 95. A supressão da Companhia de Jesus tinha sido um golpe incomensurável para a organização missionária: os lazaristas, os padres da rua du Bac (que, aliás, desde 1789, não recebiam reforços), não tinham conseguido preencher o vazio. O método hábil posto em prática pelos jesuítas — tornarem-se conselheiros culturais dos imperadores — estava em vias de fracassar: os Filhos do Céu tinham-se cansado da paixão pelas ciências ocidentais, e os lazaristas — primeiro, portugueses, franceses depois, como o pe. Raux —, que tinham conseguido entrar no famoso "Tribunal das Matemáticas", praticamente não dispunham de meios de ação nas dioceses que lhes estavam confiadas. Regiões imensas tinham ficado sem um missionário sequer. Quantos eram os fiéis? 125 mil? 300 mil? Os números variam de observador para observador.

Essa cristandade ameaçada conservava, no entanto, uma vitalidade incontestável. Devia-a a essas ínfimas equipes de "missionários a pleno vapor", que, desafiando todos os perigos, todas as dificuldades, conseguiam manter ainda uma presença no meio do pequeno rebanho. O último bispo jesuíta, mons. Laimbeckoven, septuagenário, disfarçado de *coolie,* trotava entre os varais do palanquim para ir visitar os fiéis. Mons. Dufresse, vigário apostólico de Tse-Tchuan, corria de um posto de missão para outro, e até chegou a reunir um sínodo (1803) de todos os seus missionários, a fim de estudarem o futuro da Igreja na China — como se esse futuro fosse esplendoroso. Os próprios leigos se mostravam corajosos; raras eram as apostasias. O clero chinês, êmulo e herdeiro dos André Li e dos Joseph Kio, mostrava-se heroico até diante da morte. As "virgens chinesas", verdadeiras religiosas sem título nem regra, bem como os catequistas, cumpriam discretamente uma tarefa admirável. Mas quanto tempo poderia isso durar?

O início do século XIX foi assinalado, no império chinês, por um rápido declínio da famosa dinastia Manchu, que reinava em Pequim desde 1604, e por uma série de revoltas nacionalistas, hostis aos Manchus, mais ou menos manobradas por sociedades secretas.

Daí resultou uma tensão ainda maior entre os governantes e os cristãos, porque a perseguição era um dos meios de satisfazer os nacionalistas e desviar as iras. Em 1805, sob o império de Kia-King, ganhou maior violência. Houve cristãos mortos ou banidos; os livros religiosos foram queimados; numerosas igrejas destruídas. Um edito condenou à morte todos os padres. Foi então que morreu, decapitado, mons. Dufresse, entregue por um neófito. Depois, morreram, estrangulados, o pe. Clet e o pe. Triora. Cerca de doze padres chineses tiveram igual destino. Muitos tiveram de se refugiar na Manchúria ou nas Filipinas. Pelo menos um terço dos fiéis fugiu. Se algumas províncias, como o Shan-Tsi, se tinham de pé, por força de alguma tolerância local, na maior parte das regiões do império restava uma Igreja do Silêncio, uma Igreja das Catacumbas. Quando, em 1829, o pe. Tozzete, lazarista francês, desembarcou na China, a primeira coisa que teve de fazer foi fechar os olhos ao pe. Lamiot, único sobrevivente de todos os grupos lazaristas. Calculava-se em 90 o total a que ficara reduzido o clero chinês. A situação era angustiosa.

No entanto, recompôs-se. Realizou-se um duplo esforço, na China e na Europa. Nos lugares onde conseguira manter-se, a Igreja trabalhou com extraordinária pertinácia na preparação das equipes que, mal fosse possível, voltariam a partir para a conquista missionária. Em Macau, a velha capital dos portugueses, cidade de ouro de Cristo, sólida com os seus 11 mil cristãos, com os seus 70 padres, o Seminário ia formando padres chineses. Surgiam outros também, de seminários criados nas províncias onde reinava uma relativa calma. Alguns seminaristas jovens eram mesmo enviados a Manila, quando não a Nápoles, para prosseguirem os estudos.

Mas foi principalmente a partir de cerca de 1830 que um novo impulso lançou outros missionários para a China. O perigo era bem conhecido, mas não os reteve. Cinco congregações entraram nesse momento em santa emulação: lazaristas, padres das Missões Estrangeiras, dominicanos espanhóis, franciscanos italianos, e jesuítas, os quais, desde 1842, regressaram a essa terra que tantos dos seus antecessores tinham lavrado: em 1847, fundaram o posto missionário de Zi-Kawei, que tornariam famoso pelo Observatório e pelo Colégio. Irmãs da Caridade e de São Paulo de Chartres vieram em seguida. Roma apoiou com todas as forças o movimento de restauração. A multiplicação dos Vicariatos Apostólicos (doze em dez anos) consagrou essa reimplantação missionária. Mas o perigo continuava. Os editos de perseguição não tinham sido anulados. Bastaria que algum alto funcionário tivesse motivos para mostrar-se zeloso, para que a violência retomasse o seu curso. Assim, em Hon-Pé (1840), foi martirizado o pe. Perboyre[87].

Um fato político veio alterar subitamente o curso dos acontecimentos. Um fato, devemos confessá-lo, que não deixa de perturbar a consciência cristã. Os comerciantes ingleses vendiam na China ópio fabricado na Índia, sem se preocuparem com o embrutecimento em que esse comércio mergulhava imensa gente. Pequim lançou um edito de proibição de toda essa importação; em consequência, o governo de Cantão mandou destruir 20 mil caixas de ópio. A Inglaterra protestou. O imperador proibiu aos navios ingleses a entrada em portos da China. Foi a *Guerra do Ópio* (1840-42). Os ingleses não tiveram grande dificuldade em ocupar Xangai, subir o Yang-Tsé até Nanquim e obrigar a assinar um tratado que lhes cedia a ilha de Hong-Kong e abria livremente ao seu comércio cinco portos. Sabendo disso, os Estados Unidos, seguidos pela França, intervieram para conseguir vantagens análogas. O canhão que não fora disparado para vingar o pe. Perboyre e os outros missionários chacinados era agora facilmente utilizado para vender bugigangas e ópio! No entanto, um marinheiro e diplomata francês, De Lagrénée, encarregado de negociar com a China, teve a ideia de exigir, ao mesmo tempo, um *tratado de tolerância para o catolicismo*. O imperador reconhecia que "a religião do Senhor do Céu não era perversa" e ordenava que deixasse de ser perseguida.

Em princípio, abria-se a porta aos missionários. Na prática, as coisas não eram assim tão simples. As concessões feitas aos europeus provocaram um formidável levantamento na China meridional. Uma sociedade secreta, os Tai-Ping, acusou os imperadores manchus de traírem a China em benefício dos bárbaros; o chefe da seita proclamou-se imperador e fez de Nanquim a sua capital. A guerra civil durou catorze anos. É óbvio que a situação das Missões se tornou mais que precária. Bastava a má vontade de um mandarim local para que a violência recomeçasse. Em fevereiro de 1856, em Kuang-Tsi, o pe. Chapdelaine foi martirizado.

Como, na mesma altura, foram molestados comerciantes e marinheiros ingleses, Napoleão III propôs à Inglaterra uma intervenção conjunta. E uma esquadra aliada surgiu no golfo de Petchili e subiu o Pei-Ho. Os chineses apressaram-se a conceder tudo o que lhes foi exigido, e o tratado de

Tien-Tsin (1858) conteve novamente cláusulas em que se autorizavam as Missões; passados dois anos, Pequim foi ao ponto de concordar em restituir aos cristãos todos os bens confiscados durante a perseguição.

Mas, quando os embaixadores europeus chegaram para ratificar o tratado, foram recebidos a tiro de canhão. Uma nova expedição franco-britânica pôs os chineses em fuga, na ponte de Palikao. Pequim foi ocupada, e, enfurecidas pela chacina de alguns prisioneiros, as tropas ocidentais entregaram-se a violentas represálias e incendiaram o admirável Palácio de Verão (1860). Conclusão: novo tratado, que garantia aos missionários, se fossem portadores de passaporte francês, a livre circulação em todo o império (1862). A França passava a ser a principal protetora da Igreja na China, embora, de 1860 a 70, cinco outros Estados europeus tivessem obtido para os seus cidadãos as mesmas garantias religiosas.

Semelhante confusão entre negócios políticos e apostólicos era inquietante. Temos, porém, de reconhecer que os resultados meramente cristãos desses tratados impostos pela força foram excelentes. Na paz — paz relativa, no entanto... —, as cristandades chinesas reformaram-se, reorganizaram-se. O afluxo de missionários não parou de aumentar. As Missões da rua du Bac chegaram a enviar vinte por ano. Os padres das Missões Estrangeiras de Milão, e os padres de Scheut juntaram-se a eles, e foram pouco depois seguidos pelos agostinianos da Assunção. As "religiosas canossianas" (italianas), as Auxiliadoras do Purgatório e as carmelitas instalaram-se, por sua vez, em diversos pontos do império. O número de fiéis aumentou rapidamente. Em 1870, andava à volta de 400 mil, com mais de 600 missionários e 750 padres chineses.

Essa igreja passava até das fronteiras da China. No momento em que a perseguição expulsara da China os cristãos, um padre das Missões de Paris, mons. Verrolles, nomeado vigário apostólico da Manchúria e da Mongólia (1838), tinha conseguido, disfarçado de chinês, conquistar o seu novo campo de ação: fundara uns vinte postos de missão, e, pouco a pouco, essas sementes tinham germinado. Por volta de 1870, eram cerca de quatro mil os cristãos da Manchúria, e outros tantos os da Mongólia, constituída em Vicariato Apostólico. Daí, os missionários tinham pensado em atingir o Tibet, e mons. Verrolles fora fazer um reconhecimento até perto desse país. Em 1844, dois lazaristas, o *pe. Huc* e o *pe. Gabei,* avançaram pela região adentro e, à custa de inúmeras aventuras, bem pitorescas, atingiram Lassa, a cidade santa interdita, onde conseguiram constituir um pequeno núcleo de neófitos, mas donde o imperador da China os mandou expulsar. Isso não impediu Gregório XVI de criar o Vicariato Apostólico de Lassa. E duas expedições — uma lazarista, outra das Missões de Paris — lançaram-se outra vez ao assalto do misterioso país, onde deixaram dois mortos[88].

Magnífica vitalidade! Mas não nos iludamos. A partida estava longe de ter sido ganha na China. Crescia no império a hostilidade ao cristianismo, assim como a xenofobia provocada pelos progressos dos brancos. Os nacionalistas e as seitas secretas — e, afinal, confessemos, todos os que queriam uma renovação da China — eram hostis aos cristãos. Ainda que mons. Desfleches, bispo no território de Tse-Tchuan, exclamasse em 1860: "O futuro é nosso!", o pe. Noel era martirizado em 1862, o pe. Mabilleau em 1865, e, em 1869, diante do altar da sua igreja e no meio dos fiéis, o pe. Rigaud. Em 1870, uma revolta nacionalista fez numerosas vítimas. O resgate, pela Obra da Santa Infância, das crianças abandonadas foi apresentado como um comércio ignóbil, até como empresa de abate, destinada a fornecer aos cristãos o sangue humano de que se alimentavam. Por essa altura, na China como em outros países, o futuro não estava isento de nuvens, embora fosse possível olhá-lo com otimismo.

Mas onde o futuro parecia bem negro era noutro império, vizinho da China e seu vassalo — essa longa península isolada, de difícil acesso, eriçada de inúmeras montanhas, que a geografia ocidental designa por *Coreia*. E no entanto esse país violento, onde o budismo reinava poderosamente, tinha uma história cristã extraordinária, única, no apostolado católico. De fato, no final do século XVIII, ali nascera, sem intervenção de missionários, uma igreja admiravelmente viva e que tinha tido os seus mártires. Um jovem diplomata coreano, *Seng-hun-i,* destacado em Pequim, ali encontrara padres católicos, lera algumas das obras teológicas publicadas pelos jesuítas e, conquistado pela graça de Deus, pedira o batismo. Voltando para o seu país (1784), fizera uma propaganda tão entusiástica, sobretudo entre os letrados, que obtivera numerosas conversões. Assim nascera uma igreja inteiramente laical. Os seus fiéis, tendo lido nos livros que os primeiros cristãos elegiam o clero, tinham escolhido das suas fileiras um bispo e quatro padres, que celebravam missa — uma missa a bem dizer um pouco aproximativa... —, revestidos de belos paramentos de seda. Ao perceberem que estavam enganados, tinham conseguido fazer vir um padre chinês autêntico, Jacques Tsiu, e este dera à jovem igreja tal vitalidade que, no momento em que ele e mais dez altas personalidades católicas tinham sido decapitados (1801), já havia dez mil fiéis.

Sem perder a coragem, os cristãos da Coreia tinham conseguido enviar à Europa uma delegação para pedir ao papa que lhes enviasse missionários. Era o ano de 1812. Pio VII encontrava-se preso em Fontainebleau, e teve de confessar, chorando, que não tinha nenhum padre que pudesse enviar. Treze anos mais tarde, Leão XII, a quem foi feita a mesma súplica, já pôde responder favoravelmente. Confiou, pois, o "País de Manhã Calma" às Missões Estrangeiras de Paris, e, em 1832, constituiu na Coreia um Vicaritato Apostólico. Ia começar para os missionários da rua du Bac uma série de aventuras terrivelmente marcadas a sangue, que ficam entre as mais extraordinárias num memorial que tem muitas. Era preciso atravessar a China proibida, franquear uma fronteira rigorosamente guardada (houve quem a passasse por dentro de aquedutos!), instalar-se clandestinamente num país que imediatamente se mostrou hostil. A muitos deles, aguardava-os o martírio no termo do caminho...

O primeiro vigário apostólico, mons. Bruguiere, morreu de esgotamento, ainda antes de chegar à Coreia. O segundo, mons. Imbert, conseguiu entrar, acompanhado de dois missionários, e lá trabalhou durante três anos. Mas a sua presença reacendeu a desconfiada fúria contra os cristãos, de modo que, em 1839, o vigário apostólico foi preso. Deu-se então um episódio extraordinário: considerando-se responsável pela perseguição desencadeada e tomando à letra o preceito evangélico — "o bom pastor dá a vida pelas suas ovelhas" —, ordenou aos adjuntos que se entregassem. Eles obedeceram, e assim os três missionários foram martirizados, em condições pavorosas. Imediatamente as Missões de Paris enviaram outros dois, um dos quais, o pe. Ferréol, foi vigário apostólico, e ambos conseguiram atravessar a fronteira em companhia de um jovem seminarista coreano, *André Kim,* admirável figura de apóstolo. Entre os três, conseguiram reagrupar as comunidades. Renovou-se o movimento de conversão, e, consequentemente, também a perseguição. Houve perto de duzentas vítimas entre os batizados. Em vão o Almirante Cécille, cuja armada cruzava o litoral coreano, ameaçou o Regente de represálias; em resposta, a cabeça de André Kim rolou sob o sabre do algoz (1846). Pouco depois, esgotado, morria mons. Ferréol.

De novo foi necessário reconstituir a equipe. A rua du Bac enviou mons. Berneux, com o pe. Daveluy, grande especialista da língua coreana, como adjunto. De novo recomeçaram os progressos. Houve, até, um momento em que pareceu que o próprio Regente estaria prestes a ser conquistado pelo cristianismo. (É certo que a vitória dos ocidentais em Palikau provocava em Seul um pânico que aconselhava prudência...). A cristandade coreana chegou então aos 25 mil fiéis, dirigidos por dois bispos. Mas, passado o perigo com a partida dos navios ocidentais, voltou a rebentar a perseguição (1866).

Mons. Berneux foi preso, com três sacerdotes. Depois foi a vez de mons. Daveluy, que, renovando o gesto heroico de mons. Imbert, aconselhou os seus subordinados a entregar-se, a fim de tentar defender o seu rebanho. Vã esperança: a violência ultrapassou tudo o que se vira até então. Mais de oito mil cristãos perderam a vida: fazendo-lhes cair uma trave na nuca, executados em série, vinte de cada vez. Só três missionários conseguiram fugir, entre os quais o pe. Ridel, que foi informar a Propaganda Fide. A igreja coreana parecia ferida de morte, sem pastores, aterrorizada, reduzida à clandestinidade.

E, no entanto, em 5 de junho de 1870, o pe. Ridel era sagrado bispo e recebia a perigosa tarefa de recolher a herança dos mártires. Iria fracassar; iria ser expulso da Coreia. Mas, cinco anos depois, seria a renovação, o renascimento... Pio IX e mais tarde Pio XI fariam subir aos altares perto de oitenta das vítimas dessa prodigiosa história, entre os quais André Kim, que a igreja coreana de hoje tem por seu primeiro herói.

Cruel e santa Ásia amarela! Estava, pois, escrito que nenhuma parcela do Extremo Oriente veria renascer no seu solo o cristianismo senão regado com muito sangue. O *Japão* não podia destoar. Ainda não esquecemos[89] a atrocidade que caracterizara a luta anticristã naquele que fora outrora o "florescente jardim de Deus". Lembramo-nos dos cristãos crucificados ou mergulhados em fossas, ou lançados a águas sulfurosas ardentes... O decreto imperial de 1640 nunca deixara de estar em vigor: "Enquanto o Sol aquecer a terra, que nunca haja cristão de tal modo atrevido que venha ao nosso Império! Ainda que seja o rei da Espanha ou o próprio Deus dos cristãos que viole esta proibição, pagará com a cabeça imediatamente!" E, de fato, desde o princípio do século XVIII, nenhum missionário pôde desembarcar no império do Sol Nascente, donde a Igreja parecia ter desaparecido para sempre.

No entanto, a Congregação da Propaganda não desesperava dessa terra em que São Francisco Xavier semeara os primeiros germes da fé. Em 1831, quando a Coreia foi constituída em Vicariato Apostólico, Roma pediu às Missões Estrangeiras de Paris que pensassem também no Japão. E os missionários prepararam-se para penetrar imediatamente no país proibido. A espera durou treze anos. Em 1846, quando o tratado Lagrénée pareceu abrir ao cristianismo as portas da China, dir-se-ia ter chegado o momento apropriado para tentar a aventura japonesa. E o almirante Cécille desembarcou nos Riu-Kiu um jovem missionário, o pe. Forcade, e um catequista chinês. Passado pouco tempo, tiveram de reembarcar. Por duas vezes se recomeçou, até que um funcionário local publicou um decreto que recordava o de 1640, e os atos policiais vieram punir os raros neófitos que ousavam contactar com os padres. A penetração pelo sul parecia impossível.

Mas a expedição europeia à China (1857-60) teve consequências felizes no Japão: o tratado de 1858, que abriu aos ocidentais alguns portos e permitiu a presença de cônsules franceses e ingleses em Yedo, também autorizou a construção de algumas igrejas e a presença de alguns missionários, aos quais, contudo, era proibida qualquer atividade de proselitismo. Durante cinco anos, os padres limitaram-se ao estudo da língua e dos costumes do país, que vinha passando, como sabemos, por uma fermentação política intensa que pouco depois levaria à célebre revolução do *Meiji*.

Em 1865, deu-se um acontecimento — um dos mais comoventes da história missionária e que confirmava a atitude daqueles que, em Roma, se recusavam a desesperar. Certo dia de março, o pe. Petitjean, missionário em Nagasaki, vê dirigir-se a ele um grupo de quinze homens e mulheres. Vinham pedir para entrar na Igreja. Ajoelharam-se e, como o padre se mostrasse surpreendido, declararam: "O nosso coração, o coração de todos os que aqui estamos, é o mesmo que o seu". Eram cristãos. Assim se tomou conhecimento de que, desde há dois séculos, desafiando todas as forças policiais, sem sacerdotes, sem contato com o exterior, alguns grupos de cristãos tinham conseguido sobreviver. Eram muito devotos da Virgem Maria, sabiam que o chefe supremo era o Papa, e alguns deles até praticavam o celibato. Pode-se imaginar como foi intensa a emoção desse momento. Assim se pôde descobrir, reintegrar, reanimar esses comovedores vestígios do grande rebanho: pouco a pouco, dez mil "cripto-católicos" se deram a conhecer. Pio IX chorou de alegria ao receber a notícia, e logo nomeou o pe. Petitjean vigário apostólico do Japão.

Mas a alegria ia ser breve. Subitamente, a 14 de julho de 1867, sem que nada o fizesse prever, abateu-se a perseguição sobre essa cristandade renascente. Na sua maior parte, as capelas clandestinas foram pilhadas, houve cerca de cem prisões e sucederam-se muitas execuções capitais, algumas das quais com requintes de atroz crueldade. Foi, para esses cristãos, o momento de mostrar coragem. Um deles, Zen Yemon, ficaria célebre pela sua resistência: sete vezes torturado, sete vezes recusou abjurar, e acabou por escapar à morte.

Na verdade, enquanto isso se passava, os acontecimentos políticos seguiam o seu curso. Em 3 de janeiro de 1868, o jovem *mikado* Mutsuhito (tinha 16 anos), desembaraçando-se da tutela tradicional do Xogun, que era uma espécie de Prefeito do Palácio onipotente, e da casta feudal, lançou o país na Era Nova, o *Meiji,* decidindo-se a aprender com o Ocidente. Yedo passou a ser Tóquio, "capital do Oriente", e foram tomadas medidas radicais para modernizar o império. Essa revolução iria levar pouco a pouco a uma mudança do clima que rodeava o cristianismo. Tanto mais que, tendo os bonzos budistas, no seu conjunto, apoiado o Xogun e os daimios, o novo regime os tratou sem cerimônia, e o crédito da sua religião decaiu.

De momento, porém, o *Meiji* desencadeou uma reação dolorosa. Acusados de entregar o divino Japão aos bárbaros da Europa, os vencedores da revolução deixaram, em junho de 1848, que se fizesse uma nova caça aos cristãos. Quatro mil foram deportados; dois mil morreram na cadeia ou pela violência. No entanto, os missionários não foram inquietados: receavam-se os grandes canhões dos couraçados do Ocidente. E os diplomatas de Napoleão III negociavam a pacificação religiosa, que se tornaria uma realidade nos começos de 1873. Mas já os missionários tinham lançado as bases daquilo que ia ser o Japão católico moderno, cão firme e vigoroso; já crescia num seminário menor semi-clandestino aquele que viria a ser o primeiro padre japonês: o filho de Zen Yemon.

Nas Ilhas do Pacífico

O século XIX viu abrir-se um novo campo de missão: a imensa parte do planeta ocupada pelo Pacífico, o oceano mais vasto do mundo, com as suas ilhas, as suas inúmeras ilhotas, vestígios de continentes engolidos, os seus rosários de coral, os seus atóis, poeira de cerras separadas umas das outras por milhares de léguas marítimas, tudo envolto num clima de aparência paradisíaca, mas na realidade temível, cantas vezes venenoso e letal.

No final do século XVIII, as *Relações* de Cook, a *Viagem à volta do mundo* de Bougainville, os relatos das descobertas de Wallis tinham despertado a atenção da Europa para essas "cabeças de alfinete metidas em água" de que pouco se falava desde Magalhães e os périplos espanhóis. À volta dessas ilhas consideradas afortunadas, tinham-se ateado os sonhos... Mas mais terra-a-terra, esses pretensos édens passaram a ser disputados no século novo por rivalidades políticas e econômicas encarniçadas, a princípio entre Estados europeus, mas depois entre a Europa, a América e a Ásia. Desembarques, luta de influências, concursos de velocidade entre marinheiros e comerciantes: foi num quadro desses que se inseriu um esforço missionário admirável, no meio de dificuldades de clima, de distância, da população local, acrescidas dos antagonismos entre brancos.

Deste capítulo feito de aventura, importa, no entanto, excluir um arquipélago que, desde longa data, fora chamado ao cristianismo: as *Filipinas*[90], onde a cruz estava implantada desde Magalhães (1525). Anexado ao império espanhol da América, esse arquipélago vira nascer e proliferar um catolicismo local de características muito peculiares, opulento, fecundo em belas liturgias, em igrejas saborosamente barrocas, e ao qual mais de um milhão e meio de almas aderia com entusiasmo. Manila, arquidiocese com onze sufragâneas, considerava-se a capital cristã do Extremo Oriente: a sua Universidade dominicana de São Tomás tinha renome e os seus seminários estavam cheios.

Depois da saída dos jesuítas, o clero autóctone desenvolvera-se e tendia a ganhar maior importância, sacudindo a tradicional tutela das ordens religiosas. Estas, porém, continuavam poderosas; eram dominicanos, franciscanos e jesuítas, estes de volta ao país desde 1820; eram os religiosos que dirigiam as missões, aliás modestas, no meio das tribos ainda selvagens do interior. Mas a "secularização" do clero prosseguiu durante todo o século XIX, paralelamente ao progresso do nacionalismo. Em 1862, foi um padre — Peláez —, grande animador da campanha pela secularização, quem deu o sinal para a primeira rebelião nacionalista. Quando morreu (1863), foi ainda um triunvirato de padres que continuou os seus esforços. Depois da revolução espanhola de 1868, que tirou do trono Isabel II, um governador inteligente tentou apoiar-se no clero filipino, afastando os missionários espanhóis. Mas sem êxito. E, em 1871, quando da grande revolta, houve padres executados.

No Pacífico-sul, o maior bloco insular — tão grande que a geografia costuma designá-lo por continente —, a *Austrália*, teve também um destino bem próprio. Por motivos muito diferentes, foi essencialmente aos irlandeses que a antiga "Nova Holanda", tornada inglesa pouco depois e como consequência do levantamento das colônias americanas, deveu ter visto florescer no seu solo o catolicismo vigoroso, militante, que ainda hoje conhecemos. Os ingleses começaram por sujeitá-los às galés. Entre os forçados, um terço era constituído por irlandeses rebeldes a Sua Majestade britânica. A luta da Irlanda continuava a provocar outras condenações a trabalhos forçados. Três dos condenados, que eram padres, reclamaram e obtiveram o direito de celebrar missa (1803). E desses condenados nasceu uma igreja, e com tal rapidez que os funcionários ingleses, anglicanos ou metodistas, acharam melhor mandar para a Europa os três padres, que assim tiveram de deixar sem pastores seis mil católicos. Mas os relatos feitos pelos três repatriados comoveram profundamente não só a Irlanda, mas também Roma.

E a Propaganda Fide enviou para a Austrália um cisterciense irlandês, o pe. Flynn, com o título de Prefeito Apostólico. Vigilantes, as autoridades reexpediram-no para a Europa pelo primeiro barco. Imediatamente os católicos ingleses e alguns liberais se mostraram indignados. A questão da liberdade de consciência foi debatida na tribuna dos Comuns. E dois sacerdotes seculares, Conolly e Therry, foram autorizados a fixar-se em Sidney e em Hobart (1821).

A partir daí, os progressos do catolicismo deram um salto em frente. Em 1833, eram já mais de 17 mil fiéis. No ano seguinte, a Santa Sé nomeava um vigário apostólico, mons. Polding, que, oito anos depois, viria a ser o primeiro bispo — mais tarde, arcebispo — de Sidney, e que já teve de ter sete sufragâneos. Mas, por muito depressa que aumentasse, o clero secular era insuficiente. Vieram então ajudá-lo maristas franceses, entre os quais o pe. Monnier, pároco de Saint-Patrick de Sidney, que foi uma espécie de São João Maria Vianney dos antípodas. Vieram também beneditinos espanhóis, que fundaram dois mosteiros, um dos quais para autóctones. No momento em que, por volta de 1851, a corrida ao ouro fez afluir à Austrália os imigrantes às dezenas de milhares, o catolicismo estava tão fortemente implantado no continente dos Mares do Sul, que o enorme afluxo de ingleses e aventureiros cosmopolitas já não o pôde desarraigar.

Mas a verdadeira aventura missionária foi vivida nos arquipélagos da Polinésia, esses lugares cujos nomes passaram a ser familiares aos homens do século XX, ao lado dos nomes dos campos de batalha, de paragens turísticas ou de filmes, mas que, cento e cinquenta anos atrás, eram a bem dizer desconhecidos. Aí, a evangelização encontrou inumeráveis obstáculos. Já evocamos o da distância e o do clima. Mas os nativos não suscitavam menos problemas. Eram totalmente desconhecidos: não se fazia ideia de que, de uma região para outra, eles fossem tão extremamente diversos entre si, sem outro ponto em comum que não o de constituírem, sob todos os aspectos, os antípodas dos brancos. Muitos deles eram ferozes como animais selvagens[91] e, frequentemente, antropófagos. Outros — por vezes os mesmos — eram de uma preguiça, de uma indiferença impossível de vencer.

A essas dificuldades juntavam-se outras: as que, em muitos lugares, levantavam aos missionários católicos os missionários protestantes, fortemente apoiados pelas autoridades inglesas. Em muitos pontos, os pastores — metodistas e outros — tinham feito um bom trabalho, e não devemos menosprezar o seu trabalho pioneiro. Mas esse antagonismo entre brancos, entre cristãos, era absurdo e odioso em tais circunstâncias. E ia até às sevícias, até à violência física — havemos de vê-lo na questão Pritchard —, sem já falar das mais abjetas calúnias. Por exemplo: foi distribuída aos indígenas uma estampa que mostrava o papa deliciado em comer crianças assadas, cujos tristes ossos se amontoavam aos seus pés... Essa atitude de bastantes protestantes ingleses contribuiu para levar os missionários católicos a desejar a proteção da Marinha francesa e a tornar sinônimas, nessas paragens, as palavras "católico" e "francês".

Foi nessas circunstâncias que se escreveu um capítulo da história missionária, simultaneamente muito pitoresco, aventuroso, frequentemente trágico e singularmente comovedor. Vimos já[92] o martírio do pe. Chanel; outros o ultrapassaram em horror, como o dos maristas Paget e Jacquet, devorados pelos indígenas nas ilhas Salomão. Mas vimos também a impressionante reviravolta da população de Futuna após o assassinato do santo. Porque, semelhantes a crianças, esses selvagens eram capazes de súbitas mudanças e irresistíveis impulsos para a fé. Dir-se-ia que se entrara de novo nos tempos heroicos da evangelização entre os bárbaros. E os missionários que levaram a cabo essa tarefa fazem pensar em São Martinho, ou São Columbano, ou São Bonifácio da era bárbara. Citemos um exemplo, entre cem. Quando mons. Bataillon, antigo companheiro do pe. Chanel, estava para morrer, chamou os seus cristãos à igreja, fez-se revestir dos paramentos episcopais, e foi assim que, em público, com serenidade admirável, recebeu os últimos sacramentos. Na Oceania, tal como na Ásia Amarela, o clima era de gesta, de uma lenda dourada que correspondia à mais estrita verdade dos fatos.

Os capítulos dessa gesta foram especialmente escritos por duas congregações francesas, entre aquelas que vimos nascer no início do século XIX: os *picpucianos,* do pe. Coudrin, e os *maristas,* do pe. Colin. Até elas entrarem em cena, nada de importante se fizera ainda. A própria Propaganda Fide tateava, lutando com a falta de gente e também de informações bastantes: procurava uma fórmula de circunscrição que pudesse abarcar as terras austrais. Ainda em 1829 confiava ao corajoso mons. Solages um Vicariato monstruoso, o mais vasto que jamais fora visto, que ia desde a ilha de Santa Helena à Oceania, passando por Bornéu e a Nova Zelândia, ficando excluídos apenas os únicos pontos relativamente sólidos — a ilha Maurício e a ilha Bourbon —, onde trabalhavam alguns lazaristas e espiritanos; isto equivale a dizer que semelhante comando era puramente nominal. Mas já iam a caminho as primeiras equipes daqueles que, em menos de trinta anos, iriam implantar o catolicismo nas ilhas.

Os primeiros foram os picpucianos. O setor que lhes foi confiado compreendia, *grosso modo,* a parte norte do imenso triângulo polinésia que tem por vértice as ilhas Havaí (ou Sandwich) e por base a Nova Zelândia a oeste e a ilha de Páscoa a leste. Já em 1825 o pe. Coudrin foi encarregado pela Congregação romana de evangelizar o Havaí; no ano seguinte, enviou para lá três padres. Logo começaram as dificuldades.

Os primeiros missionários católicos que desembarcaram em Honolulu encontraram pela frente metodistas fortemente instalados, e os bons dos discípulos de Wesley não viram nada mais urgente a fazer senão obrigá-los a reembarcar, atirando-os a uma costa deserta da Califórnia, com duas garrafas de água como única bagagem... Doze anos depois (1843), era o oceano que parecia opor-se à expansão católica, engolindo, com corpos e bens, ao largo do Cabo Horn, o Marie-Joseph, em que mons. Rouchouze levava um reforço de catorze missionários e dez religiosas. No ano seguinte, era, no Taiti, a *questão Pritchard,* que excitou todas as chancelarias europeias.

Esse Pritchard era um inglês, estabelecido como missionário protestante e comerciante, que conseguira a expulsão da ilha dos picpucianos que lá tinham desembarcado. Mas a rainha Pomaré preferia o protetorado francês ao inglês, e os missionários católicos regressaram (1842). Vendo isso, Pritchard desencadeou uma autêntica guerrinha de religião, lançando os seus catecúmenos contra a missão católica. No plano diplomático, o incidente agravou-se. Quando os marinheiros franceses expulsaram o rev. Pritchard, o governo inglês — embora censurando secretamente o inábil missionário protestante —, fez muito barulho, e Guizot, que prezava a amizade britânica, apresentou desculpas. No plano religioso, era simplesmente um sinal desse antagonismo protestante que se revelaria em quase toda a Polinésia[93], mas não era coisa que fizesse desistir os missionários. De fato, nenhuma dessas dificuldades desanimou os picpucianos nem lhes diminuiu o ritmo de trabalho.

A mais curiosa das suas vitórias foi a das ilhas Gambier. Aí, o pe. Lavai, natural de Beauce, pôs de pé uma estrutura diretamente imitada das famosas "reduções" dos jesuítas do Paraguai[94]: organizaram-se os nativos em comunidades de trabalho, ensinando-lhes a agricultura, ao mesmo tempo que lhes reformavam os costumes, e finalmente convertendo-os a todos, a começar pelo rei, que tomou o nome de Gregório em homenagem ao papa reinante. Os picpucianos reentraram no Havaí em 1837, e desta vez não foram expulsos. Os progressos que conseguiram foram tão rápidos que Roma pôde fazer de Honolulu o centro de um Vicariato Apostólico. Em 1870, não eram menos de cem mil os fiéis, até entre os leprosos, a quem, pouco depois, o padre Damião de Veuster iria consagrar a vida.

Taiti, apesar de Pritchard, viu também crescer o rebanho católico. Dali se alcançaram as Tuamotu, e depois as Marquesas, onde os missionários tiveram de lutar mais contra os graves estragos causados pela doença do que contra a crueldade dos indígenas. No final do período que estudamos, pode-se dizer que todas as principais ilhas da Polinésia setentrional e oriental tinham sido alcançadas pelo catolicismo ou estavam a ponto de sê-lo.

Desde 1836, a Oceania central e oriental era feudo dos *maristas,* que tinham recebido esse destino missionário logo no ano da fundação. O primeiro dos seus vigários apostólicos, mons. Pompallier, atacou o setor que lhe fora confiado e enviou para as Wallis e Futuna o pe. Bataillon e o pe. Chanel. Sabemos já como o martírio deste e o trabalho daquele plantaram solidamente a Cruz. Roma teve de formar um segundo Vicariato Apostólico, de que encarregou mons. Bataillon, enquanto o seu coadjutor, mons. Elloy, tomava a seu cargo a evangelização das Samoa. Ainda mais para ocidente, os maristas tentaram instalar-se nas ilhas Salomão. O primeiro deles, mons. Epalle, foi morto a golpes de machado na praia de desembarque; os outros foram chacinados e devorados pelos canibais; e os que vieram depois morreram de febres... Fracasso, portanto, num dos pontos, mas que não retardou a obra apostólica noutros pontos. Na Nova Caledônia, mons. Douarre estabeleceu a Missão, ergueu uma igreja, reergueu-a quando foi destruída, e mereceu o nome de "Apóstolo dos Canacas". No extremo sul, mons. Viard atingia a Nova Zelândia. Nas ilhas Fidji, o pe. Breheret, sulcando sem parar os mares por entre aquela poeira de ilhas, a bordo da sua baleeira por ele próprio pilotada enquanto ia rezando o terço, conseguia chegar a contar quatro mil fiéis. Em Vavaú (no Tonga), o pe. Breton obstinava-se durante dez anos no seu trabalho, sem conseguir mais que uma ou outra conversão, mas oferecendo a sua vida de anacoreta e a sua morte solitária pela salvação dessas ilhas que tanto amava.

Quanto heroísmo, quantos sacrifícios, ao longo de toda essa história, tão esquecida, mesmo pelos católicos! Se, no nosso tempo, a Igreja ocupa em todo o Pacífico uma posição excelente — a ponto de alguns Vicariatos Apostólicos só terem católicos —, deve-o a esses pioneiros, a esses picpucianos, a esses maristas, que partiram para os antípodas como aventureiros de Cristo. Aos olhos dos nossos contemporâneos, a abnegação missionária nas ilhas do Pacífico encarna-se numa só testemunha: a ilustre e santa figura do padre Damião. Mas o Apóstolo dos Leprosos teve numerosos predecessores, cuja força de alma não era menor que a dele. E os seus nomes mereceriam não ser ignorados.

De Valparaíso ao Grande Norte canadense

Como já percebemos ao irmos considerando sucessivamente a Índia, a Ásia Amarela e a Oceania, a empresa missionária do século XIX assumiu características completamente diversas consoante os terrenos onde se desenvolvia. Na América, revestiu outras ainda.

Ali, não se enfrentavam massas imensas de homens já dotados de tradições religiosas, nem sociedades mais ou menos organizadas, nem a mesma situação que no Pacífico.

Porque, embora houvesse regiões imensas ainda virgens, em que o apostolado e a expansão branca iam necessariamente a par, havia, por outro lado, nos confins das áreas de fixação dos europeus, e muitas vezes com elas imbricadas, autênticas terras de missão. A quem, pois, tinham os missionários de se dirigir?

Por um lado, estavam essas "nações" de índios, peles-vermelhas, que, nas solidões da Pradaria e das Montanhas Rochosas, ou nas impenetráveis florestas da Amazônia, tinham escapado ao domínio dos brancos — população errante, selvagem, que não ultrapassava o total de um milhão de almas, mas à qual dentro em pouco haveria que somar os esquimós do Grande Norte. Por outro lado, porém, inscritas nos registros das igrejas, eram ainda mais consideráveis as massas de gente de cor, batizadas em princípio — índios, negros, mestiços, mulatos —, que poucos se tinham preocupado de civilizar e moralizar. E os missionários também teriam de ocupar-se deles; tinham que defender esses índios a quem o mero contato com os brancos condenava a desaparecer, esses escravos negros explorados por tantos patrões...

Essa dupla tarefa, encetara-a a Igreja missionária nos séculos XVII e XVIII, no tempo em que os Isaac Jogues e os Brébeuf tinham dado a vida para batizar os peles-vermelhas, e em que São Francisco Solano partira a converter os índios tocando para eles violino, e em que os jesuítas, para salvar da degradação branca os seus amados guaranis, tinham constituído as suas Reduções, e em que São Pedro Claver se fizera "escravo dos negros". No início do século XIX, dir-se-ia que essa página de glória tinha sido voltada. Na América do Norte — francesa ou anglo-saxônica —, a Igreja Católica tinha de assegurar a sua própria existência, ou mesmo sobrevivência; tinha de se defender e de se organizar; era impossível exigir-lhe que, além disso, se fizesse missionária.

Em todo o Mar das Caraíbas, uma decadência lenta, que parecia irresistível, envolvia os cristãos, apesar dos esforços de alguns, mínimos, punhados de missionários, padres do Espírito Santo, capuchinhos, dominicanos espanhóis. Na Guiana, em 1807, já não restava um só missionário. Na América latina, a situação, precisamente ao começar o século, parecia mais favorável. As Missões tinham conseguido permanecer, por exemplo na Califórnia (exceção ao que há pouco se anotou...), onde os franciscanos do famoso frei Junípero Sierra[95], seguidos por dominicanos, tinham feito um trabalho tão bom, e ainda na Bolívia, no Chile, no Equador, no Peru... Os seminários das missões de Ocapa, de Chillan e outros continuavam a formar missionários de ponta. Mas as violentas sequelas da política, das guerras de independência, os movimentos anticlericais que já vimos como prejudicavam gravemente as igrejas latino-americanas[96], trouxeram consigo a suspensão desses empreendimentos. Uma após outra, entre 1814 e 1830, fecharam-se as missões, esvaziaram-se os seminários. Em 1817, todos os religiosos menos um foram expulsos do Chile; a Bolívia fizera o mesmo dois anos antes e o Equador e o Peru seguiram esses exemplos. Os 30 mil índios que os missionários tinham conseguido fixar na Califórnia voltaram para a selva ou para a pilhagem. As Reduções que os franciscanos tinham mantido florescentes na Bolívia foram sistematicamente desfeitas, metade pelas autoridades locais, metade pelos brasileiros. As suas esplêndidas igrejas foram abandonadas, e pilhadas as suas riquezas. Os últimos *pueblos* guaranis iriam ser incorporados ao Paraguai em 1848.

No entanto, nessa data, já a renovação se iniciara em numerosos pontos da América do Sul. Expulso do México, o pe. Herrero, nomeado comissário geral das Missões franciscanas da América, reimplantara franciscanos italianos na Bolívia (1832), e, a partir daí, fazia-os enxamear pelo Chile e pelo Peru. Em 1842, os jesuítas tinham posto outra vez pé na Colômbia (para serem expulsos oito anos depois...). Quanto aos dominicanos, tinham regressado ao Peru. Esforços esporádicos, que a Propaganda apoiava o melhor que podia, mas que a instabilidade política tornava tateantes. Em muitos pontos, os missionários regressados não chegavam a retomar contato com os nativos, e tinham de se limitar a fazer apostolado entre os brancos, o que, aliás, não era inútil.

Entretanto, ao assinar Concordatas com os novos Estados sul-americanos, a Santa Sé conseguiu que nelas ficassem exaradas cláusulas de proteção às Missões. E Pio IX teve a tríplice alegria de receber do governo de Santiago, em 1847, um pedido de missionários capuchinhos para a Araucânia; depois, em 1855, idêntico pedido da Argentina; e finalmente, em 1861, a alegria de saber que, no Equador, o presidente García Moreno reintroduzia os jesuítas, que iriam fundar na Alta Amazônia a missão propriamente índia do Napo. Assim, nas vésperas de 1870, em numerosos países da América latina, as Missões tinham lançado ao longo do caminho marcos em número suficiente para possibilitar uma nova arrancada. E há um fato a sublinhar: a considerável importância ganha — como porto missionário, procuradoria, centro de reabastecimento e de cuidados médicos — por *Valparaíso,* escala obrigatória na rota para a Oceania e a China. Aí os capuchinhos de Araucânia trabalhavam lado a lado com os maristas e com os picpucianos das ilhas. Até à abertura do canal do Panamá, Valparaíso iria ser uma das capitais das Missões.

Embora fragmentário, foi igualmente prometedor um outro movimento de renovação: o que se registrou nas Guianas. Na Guiana francesa, os missionários espiritanos da antiga Congregação, que já tinham voltado em 1817, foram substituídos em 1851 pelos religiosos da Sociedade do pe.

Libermann (depois reforçados pelos Irmãos de Ploermel); a Guiana inglesa foi confiada em 1856 aos jesuítas britânicos; a holandesa recebeu os redentoristas em 1865.

Nas Antilhas, as coisas passaram-se de modo semelhante, mas com dificuldades muitas vezes enormes. Nas Antilhas inglesas, o primeiro missionário, um franciscano espanhol que chegou em 1837, a princípio não teve clero nem fiéis. Em São Domingos, os missionários tiveram grande trabalho na luta contra o culto "vodu". Em Cuba, porém, o santo arcebispo Claret tinha feito durante oito anos um admirável esforço apostólico no meio dos homens de cor e também dos brancos. Nas Antilhas francesas, que em 1850 passaram a ter duas dioceses sufragâneas de Bordeaux, teve início um trabalho destinado a projetar-se no futuro, com os padres do Espírito Santo dedicados ao apostolado geral e os Irmãos de Ploermel, filhos espirituais de Jean-Marie de Lamennais, concentrados numa ação educativa entre a juventude negra que iria contribuir poderosamente para fazer dos habitantes da Martinica e de Guadalupe aquilo que são ainda hoje.

Na América do Norte, a retomada missionária esteve, na prática, mais ou menos associada ao fenômeno de expansão que lançou por vastas extensões pioneiros e conquistadores de terras incessantemente reforçados pelo fluxo migratório: para Oeste, até ao Pacífico, e, um pouco mais tarde, para o Norte. A implantação do catolicismo na região de Vancouver, que já conhecemos[97], pertence, de certa maneira, tanto à história missionária como à história interna da igreja dos Estados Unidos e do Canadá.

No entanto, fez-se em diversos pontos, e com êxito, um esforço propriamente missionário, destinado a retomar a evangelização dos índios[98]. Tratava-se de reimplantar o catolicismo no vasto deserto espiritual que se criara, dos Grandes Lagos até à desembocadura do Mississipi, pela destruição da

Companhia de Jesus — um deserto onde, em muitos pontos, os protestantes trabalhavam com bons resultados.

O impulso partiu da Luisiana, o imenso domínio do Mississipi que a França tinha formado e que, em 1803, foi vendido à União. A bem dizer, nunca tinha deixado de haver tentativas isoladas, por vezes heroicas. Alguns padres franceses tinham-se lançado para as regiões mais difíceis, subindo até aos Grandes Lagos, e tinham retomado contato com os índios: assim o fizera, já em 1792, o pe. Flaget, que permaneceria nessa tarefa durante dezoito anos e que veio a ser bispo de Bardstown; como também Théodore Badin no Kentucky, e Vincent Badin entre as tribos dos ottawas e dos sioux na região de Michigan; e ainda Gabriel Richard, que, enviado para Detroit, evangelizara um território mais amplo que a Espanha e a França juntas.

E esses exemplos foram seguidos. Quando, em 1815, um sulpiciano, mons. Dubourg, foi nomeado bispo de São Luís — esse mesmo cujos discursos comoveriam Pauline Jaricot —, levou consigo um grupo de padres que, dominados pela ideia de converter os peles-vermelhas, não tardaram a estabelecer contatos com eles. Foi assim que mons. Dubourg soube que, no meio das tribos, não desaparecera a memória das "Túnicas Negras" (jesuítas). E o bispo foi falar com o presidente Monroe, que, inteligentemente e generosamente, concordou com o recomeço das missões da Companhia de Jesus.

Em 1823, pois, reiniciavam-se as missões jesuítas, na esteira do pe. Marquette. Sob as ordens do pe. van Quickenforn, e tendo fixado os seus centros de ação em Saint-Louis e em Florissant (junto da escola das Damas do Sagrado Coração), os padres (belgas) puseram-se ao trabalho no meio de populações índias miseráveis, dizimadas pelo álcool, e que eram os últimos resíduos das antigas e orgulhosas "nações" peles-vermelhas. Desafiando a má vontade da opinião pública branca, muito hostil aos índios ("o único índio bom é o índio morto", dizia-se), indignando-se com os processos inqualificáveis de certas autoridades que constrangiam as tribos a emigrar à força, ou que chegavam a mandar disparar o canhão sobre aglomerados pacíficos de mulheres e crianças, apoiando o melhor que podiam os projetos governamentais do *Indian Territory,* os missionários voltaram a ensinar o cristianismo aos índios, juntamente com a agricultura, o pastoreio e a medicina.

A figura mais admirável desse apostolado foi o pe. Smet, um flamengo de Termonde, baixo, redondo e robusto (cento e vinte quilos num metro e sessenta de altura), literalmente infatigável. Anos a fio, não parou de viajar com o seu carro de bois, para ir evangelizar os — nada fáceis — índios da Pradaria, indo por vezes até aos sioux, e cobrindo doi mil quilômetros para ir ver, nos contrafortes das Rochosas, já não muito longe do lago Coeur d'Alène, algumas tribos de iroqueses, os Cabeças Chatas, que pediam o batismo. Extraordinária figura de missionário, junto da qual gostaríamos de situar a da Bem-aventurada *Filipina Duchesne,* que foi fundadora das escolas das Damas do Sagrado Coração de Florissant, de Saint-Charles, de São Luís, da Luisiana, e quis partir — aos setenta e um anos — para os territórios dos índios, e aí, em condições incríveis de pobreza, abriu uma escola para as filhas dos peles-vermelhas...

Toda essa evangelização dos índios poderia ter tido resultados humanos de primeira ordem. Se tivesse sido feita com meios suficientes, talvez houvesse livrado esses povos da destruição quase total que iria ser o seu destino. Mas não: não pôde ser — não foi — apoiada nas altas esferas; nem todos os sucessores do presidente Monroe cumpriram as suas generosas promessas. Já mons. Carroll, ao morrer, tivera como uma das grandes causas da sua tristeza pensar que o trabalho entre os índios não era compreendido. De 1832 a 1843, dois picpucianos devotaram-se aos passamaquodis e aos pennoscots — sem grandes resultados. Em 1857, as missões jesuítas estavam praticamente abandonadas, e, em 1869, as leis do presidente Grant proibindo que alguém se aproximasse de certas tribos — leis na realidade feitas contra as Missões católicas — deram-lhes o golpe de misericórdia. Só recomeçariam em 1886, modestamente.

Mais a Norte, em território canadense, nas atuais províncias de Manitoba, de Saskatchevan e de Alberta, outras páginas de epopeia se escreviam. Aí, não era a cavalo ou em carro de bois que os missionários avançavam, mas em canoa, por cima de lagos e rios, de rápido em rápido, à maneira índia. Fato muito importante: esse recomeço da obra missionária foi, antes de tudo, obra da igreja canadense, que com isso deu uma das mais brilhantes provas de vitalidade.

Quem é que havia a evangelizar, nessas paragens distantes? Índios da Pradaria, restos de hurões e de algonquins, de pés-negros e de sioux. Mas também homens brancos de toda a espécie e mestiços de todos os tons. Em 1816, um escocês anglicano, Lord Selkirk, grande acionista da Companhia da Baía de Hudson, querendo valorizar (na região da Rivière Rouge) uma possessão de 116 mil milhas quadradas, pediu ao grande bispo de Québec, mons. Plessis, que lhe enviasse padres a fim de prestarem assistência aos seus trabalhadores irlandeses e também aos índios das vizinhanças. Para essa aventura, o bispo designou dois jovens padres, *Provencher* e *Dumoulin*. Levaram cinquenta e oito dias para vencer os 2.500 km que os separavam do seu destino... Depois de sessenta e oito anos de ausência, a Igreja reaparecia na Rivière Rouge. Fazendo, ora de pedreiros, ora de lavradores, de catequistas ou de mestre-escolas, os dois pioneiros operaram maravilhas. Quatro anos depois, o pe. Provencher foi eleito bispo e ficou à frente de um Vicariato Apostólico que em breve se tornou a diocese de Saint-Boniface.

Outros partiam em novas direções. À volta de Winnipeg, o pe. Belcourt fazia-se apóstolo entre os peles-de-lebre. No próprio litoral do Pacífico, os "dois Blanchet", dois bispos irmãos, levavam a cabo obras missionárias: François-Norbert, homem de horizontes sem limites, vigário apostólico e depois arcebispo do Oregon; Magloire, bispo de Walla-Walla, depois de Nesqually. Simultaneamente, mons. Demers, vigário apostólico da ilha de Vancouver, cuidava de um imenso território, desde a fronteira dos EUA até o Polo Norte.

Em todos esses postos avançados, os padres eram poucos. Mas receberam um excelente reforço qualitativo: as Irmãs "Cinzentas" de Montreal, discípulas da Madre d'Youville, que também se lançaram corajosamente às leves canoas; as quatro primeiras levaram dois meses a alcançar o seu destino, obrigadas a transportar a canoa — setenta e quatro vezes! — de um rio para outro, para evitarem os rápidos. Não tardaram a lançar raízes, não só nas margens da Rivière Rouge, mas ainda em Saint-Hyacinthe, em Bytown (atual Ottawa). Ao mesmo tempo, outros reforços missionários iam chegando — estes, da França. Eram jesuítas que, em memória dos seus mártires, pediram que os encarregassem dos índios do Ontário; e os Oblatos de Maria Imaculada, que, recém-fundados por mons. Mazenod, logo mandaram para o Canadá equipes que iriam desempenhar um papel decisivo. Foi um deles, o primeiro oblato canadense, *mons. Taché,* que, em 1853, sucedeu a mons. Provencher na diocese da Rivière Rouge. A sua ação foi maravilhosa: na população muito compósita que a imigração ia acumulando nesse país novo, entre mestiços que formavam um meio à parte, desconfiado, difícil, Taché ganhou tal autoridade que, em 1870, quando participava do Concílio Vaticano, o governo lhe pediu que voltasse urgentemente, pois estava prestes a rebentar uma revolta dos mestiços e só ele seria capaz de os acalmar.

A todas estas páginas de grandeza, que constituem um capítulo tão bonito da história das Missões, deve-se acrescentar uma outra: a que os Oblatas de Maria Imaculada escreveram no Grande Norte. Autêntica epopeia, essa epopeia branca em que os missionários avançavam em trenós puxados por cães, vestidos e cobertos de peles, e ultrapassavam os territórios índios para alcançarem os dos esquimós, e continuavam, entre esses pescadores e caçadores de foca, de raça amarela, uma obra de evangelização que iria ser um êxito. O mapa do Grande Norte canadense está todo ele salpicado de nomes desses grandes aventureiros católicos e dos que eles deram a essas terras em homenagem à sua congregação: Grouard, Aubert, Taché, Mazenod, Grandin (lago), e até o próprio Alberta, que conserva a lembrança da capela de Santo Alberto, construída pelo pe. Vital Grandin. A Propaganda Fide seguiu apaixonadamente essa imensa história, e, confirmando os progressos, foi oportunamente multiplicando os Vicariatos Apostólicos[99]. Nesse ínterim, outros Oblatas de Maria Imaculada transpunham as Montanhas Rochosas e iam erguer capelas no Oregon. E as Irmãs "Cinzentas", incitadas pelo exemplo, enviavam por sua vez equipes missionárias para junto dos esquimós, a fim de ali viverem à maneira deles. Assim se deu o admirável impulso que ainda prossegue nos nossos dias.

Continente negro

De todas as partes da terra, aquela que por mais tempo opôs mais forte resistência à penetração católica foi a África. Continente negro, terra obscura: nos começos do século XIX, a palavra tinha o seu pleno significado. Durante duzentos anos, todas as tentativas de uma penetração em profundidade, a partir de qualquer das costas, tinham resultado em fracassos[100]. Por todo o lado, o Evangelho recuava. A perseguição desencadeada por Pombal desorganizara a Igreja no império português. A Revolução parecia ter posto fim às Missões francesas. Até onde se tinham construído belas igrejas, como em São Tomé ou em São Paulo de Luanda, só restavam ruínas. Em toda a África, acaso haveria mais de 50 mil católicos? Com uns sessenta padres, diocesanos ou religiosos, dos quais um máximo de vinte eram nativos. Algo desolador.

O recomeço ia ser lento. Salvo pequeníssimas exceções, nada foi feito de verdadeiramente sério antes de 1840 ou à volta desse ano. Os lazaristas chegaram à Etiópia em 1839 e ao Egito em 1847, ao mesmo tempo que os capuchinhos; os Oblatos de Maria Imaculada penetraram no Natal em 1850; os Padres do Sagrado Coração de Maria (futuros espiritanos) chegaram ao Cabo das Palmas em 1843, a Libreville em 1844, à Coreia em 1844-1846; e os Padres das Missões Africanas desembarcaram no Daomé em 1861. O coração do continente — Congo, Ubangui, Uganda, Niassa — só seria atingido por volta de 1880. Hão de ser precisos cinquenta anos de esforços intensíssimos para finalmente se conseguirem obter posições sólidas.

Este atraso explica-se, não apenas pelas dificuldades geográficas, o clima letal, a vegetação exuberante ou o deserto, mas ainda pela terrível presença, ao longo do litoral norte, dos corsários turcos, e, nas costas ocidental e oriental, apesar de patrulhadas pelas marinhas de guerra, dos traficantes de escravos, que levavam as populações a fugir para o interior. Só a partir de 1830 e da instalação da França em Argel é que a África mediterrânea pôde ficar aberta em termos práticos ao cristianismo. Mas, muito antes de Faidherbe (1854-68) ter lançado no Senegal os alicerces do império francês da África Negra, já os missionários tinham criado postos nas costas.

Foi precisamente no Senegal que se iniciou a primeira tentativa importante, aquela que, como já vimos[101], coube à Madre Javouhey, a intrépida fundadora das Irmãs de São José de Cluny. Foi ela que, a partir de 1819, implantou no Senegal a sua jovem congregação, criando a famosa colônia agrícola e conseguindo a ordenação de três padres indígenas. Começos bem modestos, mas que tinham valor de promessa. O lindo rosto de Anne-Florence, a pequenina escrava peul resgatada pelas Irmãs e que foi educada pela Madre Javouhey, vale no início desta história por um símbolo, símbolo da jovem igreja africana prestes a renascer na esperança e no fervor.

Pouco depois, foi na outra costa, a leste, que se abordou o continente. Mundo à parte na África, império de antigas tradições cristãs, mas de um cristianismo herético, cismático e mais ou menos degenerado, a *Etiópia* fechara-se ao catolicismo desde finais do século XVII, e a tentativa do bispo autóctone Ghebré (1784) tinha sido um rotundo fracasso. O "Reino do Preste João" parecia impenetrável. Contudo, Roma não queria desesperar da terra que fora regada pelo sangue dos mártires capuchinhos Cassien e Agathange. Em 1839, a Congregação da Propaganda nomeou vigário apostólico da Abissínia o santo lazarista napolitano *Justino de Jacobis,* que desembarcou em Massuá e começou o seu trabalho de evangelização com um devotamento que a Igreja viria a reconhecer elevando-o aos altares. Mas o clero copta fez desencadear contra ele e contra os seus catecúmenos uma perseguição durante a qual uma católica morreu a chicotadas; quinze anos depois, coube a mesma sorte ao *abuná* Ghebré Mikael, por se ter convertido.

Nesse ínterim, porém, o trabalho com os sei mil católicos que o heroico mons. Jacobis conseguira reunir teve a reforçá-lo o grupo de lazaristas franceses que chegou em 1849; e os capuchinhos italianos, dirigidos por mons. Massaia, futuro cardeal, instalavam-se entre os galas. Por intervenção da França, os missionários foram, em princípio, autorizados a trabalhar; de fato, porém, a perseguição não tardou a recomeçar. “A minha missão é a última de todas, a mais difícil, a mais pobre”, exclamava em 1867 o novo bispo, mons. Bel, que iria morrer de esgotamento no ano seguinte. O seu sucessor foi preso pouco depois. O catolicismo recomeçara bem na Etiópia, mas a que preço!

Também se recomeçou em *Madagascar.* Nessa ilha, que fora outrora uma paixão de *Monsieur* Vincent, a tentativa de evangelização pelos lazaristas terminara com a grande chacina de 1674, um ano sinistro. Três tentativas de reinstalação (1736, 1746 e 1780) tinham fracassado. A Ilha Vermelha fora, conforme vimos[102], incorporada ao imenso Vicariato das Ilhas, que em 1829 foi confiado a mons. Henri de Solages. Sem se deixar impressionar pelas dolorosas recordações, o corajoso vigário apostólico concebeu um grande plano: ir procurar a rainha Ranavolona e obter dela autorização para converter os seus povos. Desembarcou em Tamatava, mas foi expulso por ordem da rainha; cinco meses depois, morria de febres.

Mas também nessa terra a Igreja não desanimou. As ilhas recobraram uma vida espiritual ativa quando os beneditinos ingleses de mons. Collier se encarregaram do Vicariato da ilha Maurício. Por sua vez, Le Vavasseur, que, com o pe. Libermann, fundara a Sociedade do Sagrado Coração de Maria, tornou-se apóstolo dos negros da ilha Bourbon. As “pequenas ilhas malgaches”, Mayotte, Nossi-Bé, Santa Maria, reanimavam-se. Em 1844, os jesuítas da província de Lyon propunham-se partir novamente para a Ilha Vermelha. O pe. Finaz realizou a façanha de entrar em Tananarive disfarçado e lá ficar dois anos. Em 1861, a rainha Ranavalona morreu, e o herdeiro, Radama II, mostrou-se benévolo, o que permitiu aos missionários jesuítas instalarem-se às claras: o pe. Jouen passou a ser Prefeito Apostólico. O futuro estava assegurado.

Mas eram ainda apenas instalações marginais, e nem a Etiópia nem Madagascar pertenciam, etnicamente, ao mundo negro da África. O verdadeiro problema, a verdadeira tarefa, consistia em ir para o meio das populações negras e evangelizá-las. Era esse o sonho da Madre Javouhey; era também o do pe. Libermann. E ainda o de um sacerdote americano, Edward Barron, vigário geral de Philadelphia, que se sentira comovido ao ver iniciar-se no sul da União, entre os escravos que acabavam de ser emancipados, um movimento de regresso em massa para a África. Partiram três mil, e, perto do Cabo das Palmas, fundaram a República da Libéria. Em 1842, Edward Barron seguiu-os, com o pe. John Kelly e o mestre-escola e catequista Denis Pendar. Quando passou por Roma, o papa Gregório XVI sagrou-o bispo e nomeou-o vigário apostólico. Faltava-lhe gente. O cônego Desgenelles pô-lo em relações com o pe. Libermann, que se prontificou a ajudá-lo.

Com a entrada em cena dos filhos do pe. Libermann — esse grande missionário que nunca pôs os pés na África —, chegamos aos principais capítulos do apostolado do continente negro. Foram eles — os Padres da Congregação do Espírito Santo, chamados pelo seu fundador à vocação especial de evangelizar os negros — que vieram a ser os grandes pioneiros desse apostolado, seguidos bem de perto pelos Missionários de Lyon, discípulos de mons. Marion-Brésillac. A história de uns e outros é de uma heroica monotonia. Partem, sabendo que a terra que os espera é hostil, continuamente presa de doenças ainda incuráveis; sabendo também que o apostolado é difícil, ingrato, entre populações ainda selvagens. A maior parte deles irá morrer nessas terras. Assim aconteceu com o primeiro vigário apostólico das Duas Guinés, mons. Truffet, que chegou em abril de 1847 e morreu em outubro; assim aconteceu também com os dez primeiros missionários desembarcados no Cabo das Palmas, dos quais oito estavam mortos passados seis meses. Que importava? Haveria sempre voluntários para essas perigosas tarefas.

Entre tantas figuras heroicas e santas, de que a Congregação do Espírito Santo conserva a memória, se tivéssemos de reter apenas um nome, talvez devêssemos escolher *mons. Bessieux*, um dos dois sobreviventes da hecatombe do Cabo das Palmas, pioneiro do Gabão, cuja presença se mantém viva em Libreville pelo seu túmulo e busto. Homem perfeitamente humilde, simples, franciscano autêntico, revelou-se um líder de têmpera excepcional. Foi da sua Missão de Santa Maria do Gabão que nasceu todo o desenvolvimento missionário da África Ocidental e Equatorial. Foi também ele que, enviando o seu coadjutor, mons. Kobes, alsaciano de vinte e oito anos, instalar uma igreja numa modestíssima aldeia do Senegal (1846), deu, sem o saber, origem a Dakar. Mas seria igualmente justo referir o pe. Horner, também ele alsaciano, que, enviado para a costa oriental da África, ao sultanato de Zanzibar — o mais importante mercado de escravos do mundo de então —, trabalhou durante vinte e cinco anos entre essa população miserável e fez do seu orfanato de Bagamoyo o foco de todas as missões da costa do Índico, exercendo a sua influência até ao Kilimanjaro.

O impulso estava dado. Mal tinha nascido (1856), e já a Sociedade das Missões Africanas, de Lyon, lançava os seus primeiros membros ao assalto do continente africano. Roma confiou-lhes a Serra Leoa. A princípio, foi a provação, o desabamento da primeira missão sob os golpes da doença; foi a morte do fundador, nessa tarefa em que quis trabalhar pessoalmente. Mas o seu sucessor foi o irrepreensível pe. Planque, que iria dirigir a Congregação durante perto de meio século. E outros grupos foram partindo. No Daomé, "a mais perniciosa região da África", onde alguns missionários desembarcaram em 1861, o grande superior dispôs-se a perder, ano após ano, um terço dos seus efetivos, para que a obra sobrevivesse e, por fim, os padres Dorgeres e Borghero conseguissem estabelecer-se solidamente.

E há uma santa emulação, que a Santa Sé encaminha para os mais altos interesses da Igreja, confiando às congregações setores bem delimitados em que cada uma vai prosseguir a tarefa que lhe incumbe. No Congo francês, são os padres do Espírito Santo, e entre eles, dentro em pouco, um vibrante apóstolo, mons. Augouard, "o bispo dos antropófagos". Em Angola, são eles também que retomam a ação. Não tarda que outras congregações entrem em liça. Pouco depois de 1870, Lavigerie irá enviar os seus filhos para o coração do continente, sem deixar de os pôr a trabalhar também em terras do Magreb. E virão outros ainda: Padres de La Salette, Oblatas de Maria Imaculada, capuchinhos, missionários italianos, jesuítas.

No final do período que nos ocupa, a África estará toda ela balizada, na sua linha costeira, por missões católicas, implantadas tão solidamente que seria impossível fazê-las desaparecer. A marcha para o centro está prestes a começar. E, nos dois extremos do continente, anunciam-se já grandes realizações. Ao sul, nessas regiões de *boers,* para além do Orange, que é para onde os ingleses vão empurrando os primeiros colonizadores holandeses, já alguns padres seculares irlandeses tomaram posições sólidas, sob a direção de mons. Slater, beneditino, e do dominicano mons. Griffith. Depois, a partir de 1850, são os oblatas de mons. Mazenod, que se fazem apóstolos dos zulus e dos cafres. Por fim, no Norte, o Egito, ainda ontem totalmente fechado ao catolicismo, e onde o cristianismo copta estava em ruínas, recobra-se vitalidade graças a lazaristas, Irmãs da Caridade, Irmãos das Escolas Cristãs, Padres das Missões Africanas de Lyon, e outros mais. Todos eles são fundadores de escolas, de orfanatos, de hospitais. Ao mesmo tempo, nessa Argélia onde há pouco a França ergueu a sua bandeira, a França missionária, na ausência da França oficial, procura reatar urna grande tradição cristã iniciada na pátria de Santo Agostinho.

Os difíceis começos da Argélia cristã

As condições políticas e militares da conquista da Argélia pela França fazem parte de uma cultura tão elementar que um candidato ao ensino superior coraria se as ignorasse. A ofensa feita pelo bei de Argel ao cônsul da França, a intervenção do governo de Carlos X umas semanas antes de a Revolução de 1830 lhe ter tirado o trono, a fulminante campanha de Bourmont, forçando as autoridades turcas à capitulação e ao exílio; depois, passadas as duas infelizes tentativas de "ocupação restrita" e de colaboração com um jovem chefe local, Abd-el-Kader, a que porá fim a hábil estratégia de Bugeaud: tudo são acontecimentos que figuram nas páginas dos manuais mais simples das escolas francesas. Mas, numa perspectiva religiosa, tais fatos não terão também um significado considerável? Não será alguma coisa o aparecimento de uma nação cristã nessa terra africana que foi um dos berços do cristianismo, terra regada pelo sangue de tantos mártires e onde tinham sido erguidas tantas florescentes cristandades? Ora, é indiscutível que as circunstâncias religiosas em que se deu a instalação francesa na Argélia são muito geralmente ignoradas, mesmo entre os católicos. E a verdade é que não deixaram de ter consequências.

O anúncio do êxito francês em Argel foi recebido pelos católicos da França com entusiasmo. Em todas as igrejas se cantou o *Te Deum*. Ao receber o rei à entrada de Notre-Dame, mons. Quélen louvou o "Filho de São Luís" por ter vingado a trágica derrota do seu antepassado, e comparou às Cruzadas essa guerra que assegurava a vitória da Cruz sobre o Crescente. Em Argel, o marechal Bourmont, comandante-chefe do corpo expedicionário, mandou colocar uma cruz no monumento mais alto da cidade e, após a missa solene celebrada no pátio do palácio de Hussein, reuniu os dezenove capelães militares e declarou-lhes: "Acabais de reabrir juntamente conosco a porta do cristianismo na África. Esperamos que bem depressa ele venha fazer reflorir aqui a civilização que se extinguiu".

Com efeito, o cristianismo estava então quase inteiramente ausente da Argélia, como de todo o Magreb. Desde a morte heroica, em 1683, de Jean de Vacher, um dos filhos de *Monsieur* Vincent, cujo corpo voara aos pedaços à boca de um canhão turco, nunca mais houvera qualquer tentativa de semear o cristianismo nessas terras hostis. Alguns religiosos tinham mantido, em condições de extrema dificuldade, um apostolado de caridade junto dos escravos e forçados cristãos. Em 1801, os três últimos lazaristas tinham deixado Argel. Um só voltara, e lá morrera em 1811. Em 1823, Roma, por uma questão de princípio, restabelecera o Vicariato Apostólico de Argel, belo título que dois vigários tinham tido de renunciar a tornar efetivo. Era, pois, sobre uma verdadeira *tabula rasa* que um novo apostolado cristão poderia atuar.

"A população — escreve Jean Peillard[103] — mostrou-se de uma total passividade: o vencido não era o autóctone, mas sim o ocupante turco e os janízaros. Ela apenas mudava de senhor: nesse momento, não augurava perspectivas nem para melhor nem para pior. Conquistada pelos cristãos, esperava muito naturalmente que lhe impusessem o cristianismo, ou pelo menos que lhe reconhecessem no plano religioso uma situação de minoria tolerada". No entanto, o tratado de capitulação firmado pelo hei precisava: "O exercício da religião muçulmana continuará a ser livre. A liberdade de todas as classes, a sua religião, o seu comércio e a sua indústria não serão atingidos". Portanto, não se tratava de conseguir conversões maciças e violentas, apesar de isso ser materialmente possível numa época em que a diplomacia não era feita na praça pública. Mas repugnava à consciência cristã e aos costumes do tempo.

Esse respeito pela religião do vencido era nobre e estava na linha da tradição francesa. Mas pelo menos não se proibia ao cristianismo que entrasse em livre concorrência com o islã e realizasse um esforço de penetração que muitos católicos desejavam e que parecia coisa relativamente fácil nas regiões berberes onde o islã, outrora imposto aos cabilas pelos vencedores árabes, tinha um caráter superficial.

A mudança de regime — e de pessoal — provocada pela Revolução de Julho trouxe como consequência o total abandono dessas perspectivas. Ainda a Argélia não tinha acabado de ser conquistada, e já se sentia na África o contra-golpe da vaga anticlerical que varreu a França (lembremo-nos do saque de Saint-Germain de Auxerre e de alguns seminários e conventos). Dos dezenove capelães militares, quinze foram retirados; suprimiram-se as missas cantadas; uma ordenação real proibiu que se atribuísse qualquer função sacerdotal aos padres que a Santa Sé porventura para lá enviasse. A imprensa liberal prevenia o governo contra toda e qualquer ajuda ao apostolado católico. O grave *Journal des Débats* chegava a opinar que a conversão dos muçulmanos faria desaparecer a "cor local", e que seria uma grande pena. Só em 1833 é que será instalada uma igreja mais ou menos decorosa na antiga mesquita do quartel dos janízaros[104]. Mas houve militares e funcionários públicos que se empenharam numa política que iria ser seguida por muito tempo na Argélia, e não apenas lá: a política do apoio ao islã. Na esperança de conquistar simpatias entre os muçulmanos, ofereceu-se às mesquitas a ajuda que se negava às igrejas; e apoiou-se a propaganda do Alcorão.

Essa atitude, mesmo considerada no plano político, seria acaso muito hábil? Os muçulmanos tomaram-na por prova de fraqueza. Quando viram instalar Nossa Senhora das Vitórias, exclamaram: "Agora, sim, temos de acreditar que os franceses desistiram de ir-se embora, visto que alojaram o seu deus de modo conveniente". As facilidades concedidas ao islã não impediram Abd-el-Kader de encontrar inúmeros apoios para lançar a Guerra Santa. Pelo contrário, a neutralidade religiosa dos vencedores, a irreligião patenteada por muitos deles, provocaram desprezo. A famosa palavra de Abd-el-Kader devia ter esclarecido a opinião dos dirigentes franceses: "Os franceses? São cães que nunca rezam a Deus".

Em 1838, porém, o governo de Paris compreendeu finalmente que, por muitas razões, convinha ao menos deixar a Igreja organizar-se na Argélia. Abriram-se conversações em Roma, que levaram à ereção de Argel a bispado, sufragâneo do arcebispo de Aix-en-Provence. (Será preciso esperar vinte anos até que se constituam finalmente as dioceses de Orão e de Constantina e Argel passe a arcebispado). Mas entendia-se — e Paris constantemente o recordava — que o novo bispo só se devia ocupar dos europeus cristãos. O marechal Valée informou os padres de que não toleraria qualquer proselitismo. Melhor: mandou pôr uma sentinela à porta de Nossa Senhora das Vitórias, para impedir os autóctones de lá entrarem.

De modo que o primeiro bispo de Argel, mons. Dupuch, não teve uma vida nada fácil. Ele não era esse incapaz de que alguns falam, uma espécie de simplório encalhado no sacerdócio, como já o caricaturaram[105]. Padre muito santo, homem de inesgotável caridade[106] — trabalhara em Paris com a célebre Irmã Rosalie —, enérgico e ativo, fez o melhor que pôde em circunstâncias impossíveis. Quando chegou, o marechal Valée recebeu-o faustosamente, com salvas de artilharia e grande gala; mas o infeliz depressa percebeu que dispunha de meios bem limitados.

Numa diocese de 600 mil km^2, tendo como ovelhas 60 mil soldados, 25 mil colonos de diversas origens e dois milhões de autóctones, dispunha, ao todo e para tudo, de oito padres, uma igreja em Argel e duas capelas em Orão e em Bone. Os subsídios eram-lhe entregues a conta-gotas, enquanto, como iria notar o seu segundo sucessor, Lavigerie, se erguiam "mesquitas dispendiosas" e se cuidava de estender "o ensino do Alcorão mesmo àqueles que nunca o tinham conhecido".

Mons. Dupuch lutou contra tão má sorte durante bastantes anos. Infatigável, ora a cavalo por caminhos de terra, ora de barco na costa, visitava a diocese. Ao seu apelo, alguns Institutos masculinos ou femininos dispuseram-se a criar fundações na Argélia. Foram, nomeadamente, lazaristas, Irmãos de Santa Cruz do Mans, Irmãs de São Vicente de Paulo, Religiosas da Doutrina Cristã, Damas do Sagrado Coração; e foi concretizado o projeto da Trapa de Staulli. A reorganização da Capelania militar era feita paralelamente com a formação das primeiras paróquias. Criaram-se obras de caridade, e o bispo dedicou-se a elas com uma generosidade que lhe mereceu a amizade e a admiração do próprio Abd-el-Kader. Mas a guerrinha constante que tinha de manter com a administração, somada às fadigas físicas e às graves dificuldades financeiras, acabou por desgastá-lo, se é que não o desanimou. Em 1845, esgotado, renunciou e voltou para a França[107].

Sucedeu-lhe mons. Pavy, que continuou a sua obra, já com maior êxito. Sistematicamente, multiplicou as paróquias, obteve da Engenharia militar a construção de modestas igrejas (nesse "estilo-engenheiro" que fez sorrir muita gente...), chamou padres e comunidades para essa terra africana. Quando morreu, a Argélia tinha 187 paróquias (em vez das 29 anteriores a ele) e 273 padres (em vez de 48). Em 1857, os fiéis estavam agrupados numa vivíssima associação de oração, e começava a erguer-se o santuário de Nossa Senhora da África.

Mas a política oficial em matéria religiosa não se alterou com o advento de Napoleão III. Embora em política interna se apoiasse nos católicos do "partido da ordem" — que, de resto, nem todos eram muito favoráveis à expansão ultramarina —; embora enviasse soldados ou navios de guerra proteger os cristãos do Líbano e os missionários do Extremo Oriente, o novo imperador era demasiado partidário do "princípio das nacionalidades" para não seguir na Argélia uma política islamizante. Assim o provou claramente a sua tentativa de constituir um "reino árabe". "Eu sou — dizia ele — imperador dos árabes tanto como dos franceses!" Na realidade, o que contava para ele era "favorecer as grandes sociedades de capitais europeus tendo é vista constituir vastas empresas" na Argélia; certamente, não lhe interessava propagar o Alcorão nem evangelizar os muçulmanos. A submissão da Cabília ao marechal Randon, que poderia ter aberto ao Evangelho esse mundo berbere onde outrora tinha sido tão poderoso, nenhuma influência veio a ter no desenvolvimento local do cristianismo. Foi quase clandestinamente que os jesuítas, a partir de 1864, empreenderam algumas missões e fundaram um ou outro orfanato. Seria de desesperar do futuro cristão da Argélia?

De repente, tudo mudou. Em 1867, chegou à Argélia alguém que se ia revelar pioneiro do Evangelho, promotor de um apostolado sem receio de se mostrar. Era aquele mesmo *Lavigerie* que tínhamos visto tomar em suas mãos a *Obra das Escolas do Oriente* e fazer dela um instrumento de ação de primeiro plano[108], e organizar, depois disso, os socorros aos cristãos maronitas do Líbano chacinados pelos drusos[109]: homem de um vigor moral e físico extraordinários, empreendedor e organizador, alma mística, mas voltada para realizações sólidas — o tipo acabado dos construtores de impérios, ou de igrejas.

Tinha quarenta e dois anos e, como jovem bispo de Nancy, acabara de mostrar em poucos meses o brilho que era capaz de imprimir à sua diocese. Mac Mahon, então governador da Argélia, quis que fosse ele a suceder a mons. Pavy. Napoleão III aceitou, embora com algum receio e alguma reserva; desconfiava do homem, achava-o demasiado audacioso, demasiado empreendedor. Para um padre como Lavigerie, que ficara a conhecer o mundo muçulmano quando estivera na Síria, essa nomeação abria um inesperado campo de ação. Para se lhe consagrar, recusou Lyon, Reims e mesmo Paris, que o imperador lhe mandou oferecer. E partiu para Argel, com o espírito cheio de imensos projetos, com perspectivas para um futuro tão longínquo, que aqueles que o ouviam expor-lhas o tomavam por simples sonhador. Ao recebê-lo no cais de Argel, o marechal Mac Mahon não imaginava que acabava de introduzir na praça o homem mais capaz de fazer exatamente o oposto da política por ele preconizada.

Lavigerie não escondeu as suas ideias. Mostrou-se publicamente indignado por ver "levantar-se uma barreira estanque entre a França espiritual e o reino árabe". Denunciou "a insuportável vergonha de nada se ter feito, havia trinta anos, por batizar a Argélia". "É preciso — dizia — levantar este povo. É preciso deixar de vê-lo estacionado no seu Alcorão. É preciso que a França lhe dê — enganei-me: deixe que lhe deem — o Evangelho". E, olhando para bem mais longe que a Argélia em si, exclamava: "Argel é uma porta para um continente de duzentos milhões de almas; e é para lá, é para o centro desse continente, que importa levar a luz do Evangelho!"

É óbvio que um tal programa desencadeou contra ele um "crucifica-o"! Funcionários públicos, colonos, comerciantes, todos de acordo em que se devia deixar os indígenas lá nos seus setores e apenas pedir-lhes mão de obra, aprovaram Mac Mahon quando este comunicou ao bispo que estava a exorbitar das suas funções e a meter-se no que lhe não dizia respeito. Por um momento, mons. Lavigerie pareceu hesitar; não por força dessas resistências, mas à vista da debilidade dos meios de que dispunha, quer em homens, quer em dinheiro, e da incapacidade em que se encontrava para empreender as tarefas que julgava necessárias. Reconfortou-o uma visita que fez ao grande papa Pio IX. De Roma, retornou mais que nunca decidido a "fazer da terra argelina o berço de uma nação grande, generosa, cristã, de uma outra França", e a levar depois para além do deserto do Saara a luz de Cristo.

E estalou o conflito[110]. Quando Mac Mahon lhe mandou uma longa carta de advertência, Lavigerie escreveu ao próprio Napoleão III. A resposta chegou, seca: "Vós tendes, Monsenhor, uma grande tarefa a cumprir: a de moralizar os duzentos mil colonos brancos que estão na Argélia. Quanto aos árabes, deixai ao Governador Geral o cuidado de os disciplinar e os habituar ao nosso domínio". O arcebispo não se deu por vencido. Dois dias depois, embarcava para a França, bem decidido a convencer o imperador. Nas Tulherias, não foi recebido; o imperador estava de partida para Biarritz. O bispo seguiu-o e obteve a audiência. Era persuasivo, esse jovem prelado, e ousou dar a entender que saberia conquistar por si próprio a liberdade que lhe era recusada. Naquela altura, Napoleão III não estava nada interessado em arranjar dificuldades com os católicos, já muito descontentes com a política imperial para com Roma. E mons. Lavigerie partiu de Biarritz munido da carta que desejava: tinha licença para trabalhar à sua vontade.

E então começou imediatamente o grande impulso. Retomando as ideias, e por vezes as obras, dos padres jesuítas, o bispo já tinha lançado um amplo movimento em favor dos orfanatos; passou a desenvolvê-lo. As crianças educadas pelos seus cuidados, depois casadas pelos seus cuidados, instaladas pelos seus cuidados em terras que ele lhes dava por um nada, formariam os primeiros núcleos de zonas de implantação cristã. Comprou também vários milhares de hectares no vale do Chelif, para lá instalar os seus protegidos. Os muçulmanos foram informados de que todos aqueles que o pedissem podiam mandar os filhos para as instituições do arcebispo. Os terríveis flagelos que, durante mais de vinte meses — cólera, peste, inundações —, se abateram sobre a Argélia forneceram ocasião ao grande líder para revelar a medida da sua caridade eficaz. Em sinal de gratidão, um marabu fez orações públicas por ele.

Mas, se a messe era grande, havia uma terrível falta de operários. Era preciso cumprir a tarefa de implantação cristã, mas, ao mesmo tempo, a população europeia crescia a largos passos, o que obrigava a cuidar bem das paróquias, que era necessário multiplicar. Com quem?... Os predecessores de Lavigerie já tinham pensado em criar ordens religiosas especialmente africanas, mas essas tentativas tinham abortado. Não a dele. E, com o apoio de M. Girard, superior do seminário maior, deu-se, em setembro de 1868, a fundação dos Padres Brancos, futuros apóstolos dos autóctones, que tinham de saber falar árabe, usar o vestuário do país (o albornoz branco, o barrete), fazer-se em tudo "africanos entre africanos", à semelhança do conselho nunca envelhecido de São Paulo. Pouco depois, era também criado um instituto de religiosas missionárias, as Irmãs Brancas, para quem o pe. Le Maulf trouxe, da Bretanha, as primeiras recrutas, uma delas de dezesseis anos.

Daí em diante, estavam conseguidos os instrumentos para o trabalho apostólico. Padres Brancos e Irmãs Brancas iam procurar, não tanto converter por um proselitismo indiscreto, como fazer irradiar o cristianismo por entre as massas islâmicas, mediante o exercício de uma caridade vigilante e o poder do exemplo. Em 1870, as hipóteses da Argélia cristã, nas mãos do grande arcebispo, podiam ser tidas por consideráveis. Orfanatos, escolas, explorações agrícolas — tudo estava em pleno desenvolvimento. Quase concluída, Nossa Senhora da África erguia as suas torres acima dos terraços da cidade. Roma, correspondendo ao desejo do arcebispo, acabava de criar para ele um Vicariato Apostólico que abrangia o Saara e o Sudão. Assim Argel se tornava a branca porta cristã para o continente negro.

Vendo agora esses resultados conseguidos tão rapidamente — e a que tantos outros se haveriam de seguir —, é com tristeza que se pensa no que poderiam ter sido se não se tivesse perdido quarenta anos, se se tivesse encontrado algum Lavigerie em ação na terra africana em 1830, e se governos menos míopes e menos sectários houvessem conduzido a política argelina da França. Já em 1832, respondendo aos jovens redatores do *Journal des Débats*, contrários a toda e qualquer ação missionária na Argélia, Louis Veuillot escrevera: "Os árabes não serão para a França se não forem franceses. Não serão franceses se não forem cristãos; e não serão cristãos enquanto nós não o formos".

Até na Europa...

Se tivéssemos a pretensão de ser completos, ao esboçar este rápido quadro da expansão católica no mundo durante os três primeiros quartéis do século XIX, haveria que acrescentar os esforços feitos também no próprio continente donde partiu o grande impulso apostólico: a Europa.

É evidente que ninguém pensaria em assimilar aos "países de missão" da África ou da Ásia as regiões de velha civilização onde o cristianismo estava implantado havia séculos e em que os progressos do catolicismo só eram possíveis em detrimento de outras obediências, entre os irmãos separados.

No entanto, fazia falta um trabalho nessas terras — e foi feito. Ainda em 1800, mais de metade da Europa dependia da Congregação de Propaganda Fide, ou seja, admitia-se que era indispensável fazer aí missões. De fato, também aí se fizeram progressos, menos espetaculares que os da Igreja americana ou mesmo os das Missões, mas que não deixavam de se revelar prometedores.

Na Inglaterra, o avanço do catolicismo confunde-se com uma série de grandes acontecimentos políticos, demográficos, espirituais e canônicos: a emancipação dos católicos, o afluxo dos irlandeses, o Movimento de Oxford e o restabelecimento da Hierarquia pelo papa Pio IX. Na Escócia, dá-se o mesmo, embora a Hierarquia só viesse a ser restabelecida em 1878. Em ambos os países, o número de católicos aumentava, atingindo 800 mil na Inglaterra e 200 mil na Escócia. Na Alemanha, os progressos do catolicismo eram igualmente notáveis. Resultaram de causas complexas: influência exercida por certos grupos espirituais, cuja importância veremos ainda[111], prestígio de grandes bispos, cheios de coragem perante os governos, ação social dos católicos, solidamente organizados entre os artesãos e os homens do campo[112], e também decadência do protestantismo, em especial do luterano. Ao longo de todo o século, houve uma corrente de conversões, por vezes espetaculares, como foram as de Rochus von Rochow e de Traugott von Pfeil, que, em 1852, voltaram à obediência de Roma por ódio à Revolução, da qual a Reforma lhes parecia a precursora e uma das causas. Por volta de 1870, os católicos eram mais de um terço dos alemães.

Se, na Rússia, houve mais um recuo do que um progresso, em virtude da política de russificação dos czares; se, nos Bálcans, um curioso movimento de conversões, provocado pelas inabilidades do patriarca ortodoxo de Constantinopla, foi bloqueado pela ação conjunta de russos e turcos, já no noroeste europeu, bastião do protestantismo, foram conseguidos resultados encorajantes.

Na Holanda, os católicos, que em 1798 tinham obtido a igualdade de direitos, começaram a ocupar um lugar considerável. Nos países escandinavos, a Noruega (1845) e a Dinamarca (1849) estabeleceram a liberdade religiosa, e o pequeno contingente católico cresceu — ainda bem modestamente —, alcançando, num e noutro desses Estados, cerca de três a quatro mil fiéis. E já foi muito importante que, tanto em Copenhague como em Cristiânia, se pudessem erguer catedrais católicas. A própria Suécia, onde, até 1860, a conversão ao catolicismo continuou a ser punida com o exílio, e onde os sucessores do corajoso vigário apostólico Oxer[113] apenas puderam durante muito tempo exercer uma atividade reduzida, o catolicismo ganhou raízes graças aos esforços de mons. Studach, capelão da rainha Josefina, e de alguns religiosos e religiosas, sobretudo Irmãs de São José de Chambéry. Em 1870, não eram mais de dois mil os católicos na Suécia. Mas ao menos o clima já mudara, e os "papistas" não eram olhados como pestíferos. E houve até uma ou outra missão saída dessas terras hostis.

A "Prefeitura do Polo Norte", que de 1855 a 1869 englobou uma zona imensa (da Baía de Baffin e da Groenlândia, até às Ilhas Färoe e à Lapônia), foi o espaço onde trabalharam pioneiros alemães, irlandeses, franceses, que não perdiam a coragem ao ver como eram tão poucas as conversões que se conseguiam, pois sabiam estar a preparar o futuro. Também não perdia a coragem esse heroico pe. Baudouin, natural de Reims, que reimplantou o catolicismo na Islândia, donde desaparecera por completo, ao converter uma só família, abrir uma só capela, mas preparando o caminho àqueles e àquelas que, vinte anos depois, iriam erguer a escola católica e o hospital católico de Reykjavik.

Resultados e dificuldades

Concluída esta rápida viagem à volta do mundo, se lermos a frase do decreto conciliar do Vaticano, já poderemos avaliar quanto é verdadeira. Por toda a parte, ou quase, a Igreja, em 1870, progredia, ou pelo menos estava em circunstâncias em que eram possíveis, e até iminentes, progressos decisivos. A situação desastrosa que se vira no início do século tinha sido corrigida. Deixara vestígios, era responsável pelo atraso que atingia o catolicismo em certas zonas (como a Oceania), pelas dificuldades que (como na Índia) vinha sofrendo. Mas, de um modo geral, o balanço era satisfatório.

Será possível traduzir em números esse balanço? Quanto aos países em que a Igreja se encontrava já bem organizada, é fácil. Podemos dizer que, no Canadá, os católicos ultrapassavam largamente o milhão; ou lembrar que, nos Estados Unidos, eram quatro milhões e meio. As estimativas são muito mais difíceis quando se trata de territórios missionários. Todas as estatísticas são conjecturais. Tanto mais que a nomenclatura dos "países de missão" varia à medida que as regiões vão deixando de depender da Congregação de Propaganda e entram nos quadros normais da Hierarquia. Sob estas reservas, e sem ter exageradamente em conta a sua excessiva precisão, estatísticas como as do pe. Rose[114] fornecem indicações de conjunto: de 1840 a 1878, o número de católicos em países de missão terá passado de 4.778.800 para 14.559.147 fiéis. Mais seguros, os números relativos ao clero são também mais significativos. Em 1800, os missionários não chegavam a quinhentos em todo o planeta; não eram muito mais de mil em 1.820; em 1870, serão mais de 17 mil! Quanto às religiosas, que eram uns punhados de gente no começo do século, serão, setenta anos mais tarde, perto de 30 mil. Houve, pois, nesta época, um verdadeiro salto em frente da Igreja Católica, menor do que o do século XVI — o das Missões espanholas e portuguesas —, mas notável. Assim se prenunciavam as realizações de Leão XIII, de Pio X, de Bento XV e dos papas do nosso tempo. Mais que promessa, era já o princípio.

Não quer isto dizer que não houvesse problemas a resolver, ou que não se apresentassem dificuldades. Problemas antigos: a Ásia continuava a ser difícil de penetrar, já que as suas velhas sociedades continuavam refratárias ao cristianismo; a África estava cingida apenas no litoral pelas Missões, parecendo que o interior iria opor tremendos obstáculos à evangelização. Por outro lado, quanto mais se alargava o campo da expansão católica, mais homens seriam necessários para o trabalhar. Ora, por maior que fosse o fervor pelas Missões, seria possível achar operários para fundar postos missionários?

Mas, a esses problemas cujos termos era possível formular, não viriam somar-se outros? Na medida em que a expansão missionária tinha coincidido com a expansão colonial do Ocidente, e fora ajudada por esta, não traria consigo o germe de dificuldades? O heroísmo e a santidade dos missionários estavam fora de dúvida, e, de certa maneira, os Estados europeus tinham o direito de vingar os seus mártires ou de exigir que fosse permitida a evangelização; mas, aos olhos dos povos a quem essa evangelização se dirigia, intervir pela força na obra apostólica não oferecia o perigo de algum dia vir a desservir a causa do cristianismo? "O sangue dos mártires — escreve Simone Weil — dificilmente poderá conservar a eficácia sobrenatural que lhe é atribuída quando é vingado pelas armas..." Por muito injustas que pareçam estas palavras, quando se pensa nos sacrifícios de tantos arautos de Cristo, não será verdade que as circunstâncias se arriscavam a ligar de algum modo a sorte das Missões ao colonialismo, que nem sempre foi, em todos os seus aspectos, perfeitamente aceitável para um cristão?

E, mesmo quando não esteve associada aos progressos do colonialismo, a expansão cristã — e a protestante não menos que a católica — ficou vinculada, aos olhos dos povos de cor, ao destino e à civilização do Ocidente. Vimos como a Igreja, desde as célebres Instruções de 1659 e ainda pela voz de Gregório XVI, mostrara compreender quanto era necessário evitar essa identificação. Cristianismo não era igual a Ocidente. Na prática, porém, bastava terem a pele branca e modos de vida próprios dos brancos para que os missionários surgissem forçosamente como representantes da Europa branca, ao mesmo tempo que como representantes de Cristo. No século XIX, era tal o prestígio do Ocidente, que o fato em si parecia não trazer senão vantagens; os povos de cor aceitavam como um axioma a superioridade do branco. Mas talvez viesse o dia em que eles pusessem em dúvida essa superioridade, reencontrassem o sentido e o orgulho das suas antigas culturas e, pretendendo rejeitar o branco e a sua cultura, fossem levados a também rejeitar o cristianismo.

A História pode dizer hoje que, por volta de 1870, esses problemas já estavam virtualmente presentes; mas os homens não o sabiam ainda. Raros, raríssimos eram aqueles que os adivinhavam, entre eles o pe. Taparelli d'Azeglio, o famoso jesuíta da *Civiltà cattolica* que teve esse pressentimento e até se interrogou se a civilização tecnicista e produtivista do Ocidente, contrária ao verdadeiro cristianismo, não iria embater inevitavelmente com as antigas formas sacrais de civilização da Ásia. Estava reservado aos cristãos do século XX ver surgir diante de si esses angustiosos obstáculos; e à Igreja do nosso tempo o privilégio de os ultrapassar, indo cada vez mais para a frente no caminho da sua verdade profunda, que consiste em ser ela transcendente a todas as formas de sociedade e de civilizações: universal.

Notas

[1] Sobre este tema, cf. todo o cap. VIII deste volume.

[2] Planalto onde se travou, às portas de Québec, a decisiva batalha em que caiu Montcalm.

[3] Mons. Albert Tesseir, na sua *Histoire du Canada.*

[4] No vol. VII, cap. II, par. *A França missionária em ação: 2. Na "Nova França",* deixamos neste ponto a história religiosa do Canadá, porque a história da resistência à anglicização e à protestantização forma um bloco, ou, melhor dito, uma corrente única, de 1763 a 1867.

[5] Os ingleses não lhe reconheciam o título episcopal, porque tudo o que provinha de Roma era para eles como se não existisse.

[6] Sobre a história das Missões, nomeadamente das missões entre índios e esquimós, cf. neste capítulo o par. *De Valparaíso ao grande Norte do Canadá.*

[7] Em 1869, a morte do tipógrafo Guibord, um desses insubmissos, provocou vivos incidentes. A Igreja recusou-lhe funerais religiosos e a entrada no cemitério. Seguiram-se diversos processos, mesmo perante o Conselho Privado da Rainha, que deu razão à família do morto.

[8] V. P. E. Théorec, M. Lussier (Le Perroc Nord, 1959).

[9] A história do catolicismo nessas regiões não se limita à da igreja canadense francesa, embora seja esta que representa o conjunto das forças vivas. Na Acádia, outra região de povoamento francês, após o "Grande Desastre" de 1755 (cf. vol. VII, cap. II, par. *A França missionária em ação: 2. Na "Nova França", in fine),* uma pequena minoria francesa e católica conseguiu sobreviver nessa região, que passou a ser denominada Nova Escócia, graças à ação de alguns missionários da Congregação do Espírito Santo. Mas, na expressão de Marcel Trudel, "a missa extinguira-se" em demasiadas localidades da região. Especialmente a partir de 1864, deu-se, é certo, um modesto renascimento em todas as províncias mar/cimas, sob a influência do pe. Lefebvre, "o apóstolo dos acádios", animador do Colégio de São José, e de Memracook. Embora pequena, essa renovação bastou para que os protestantes, que estavam em maioria, tentassem, em 1869, arruinar as escolas católicas mediante decisões contra as quais em vão se ergueram os acádios junto do governo federal, se bem que, pela sua energia, acabassem por neutralizá-las. Na Terra Nova, o elemento francês foi desde cedo reforçado e depois ultrapassado pelo afluxo dos irlandeses, e o catolicismo conservou aí posições muito sólidas (mais de um terço dos habitantes). Quando a Terra Nova se recusou (em 1867), a entrar na Confederação Canadense, foi lá criado um Vicariato Apostólico (em 1870). No Ontário e mais para oeste, a imigração de irlandeses e de poloneses contribuiu para manter uma alta percentagem de católicos numa população em pleno crescimento. A criação de dioceses pela Santa Sé e a ereção de Toronto como metrópole (1 870) sancionaram o fato. Essa Igreja Católica do Canadá central e ocidental, a despeito da presença de numerosos canadenses sentimentalmente ligados às memórias de Quebec, evoluiu num sentido que, mediante grande número de contatos e de influências, iria aproximá-la da igreja dos EUA.

[10] Cf. vol. VII, cap. V, par. *Fazer frente.*

[11] Na realidade, só mais de meio século depois é que a liberdade de crença foi reconhecida nas legislações de todos os Estados da União.

[12] Cf. neste capítulo o par. *De Valparaiso ao Grande Norte Canadense.*

[13] Filho da célebre princesa Galitzine, que desempenhou um papel de primeiro plano no catolicismo alemão (cf. neste volume o cap. VIII, par. *Na Alemanha: de Mümter a Munique).*

[14] Cf. neste capítulo o par. *Sobrevivência e renovação da Igreja Católica.*

[15] Cf. vol. VII, cap. V, par. *França fiel.*

[16] Cf. neste capítulo o par. *Nascimento das obras missionárias.*

[17] Cf. neste volume o cap. V, par. *O que Metternich não previra.*

[18] Cf. Robert Sylvain, *Vie et oeuvre d'Henry de Courcy,* Universidade de Laval, Quebec, 1955.

[19] Cf. Theodore Maynard, *Oreste Browmon,* Nova York, 1943.

[20] Cf. neste capítulo o fim do par. *De Valparaíso ao Grande Norte canadense.*

[21] Cf. vol. VII, cap. II, pars. *Nos Padroados da América Latina, Fracassos e decepções na Áfica, Uma curiosa tentativa: os jesuítas na Rússia* e *Balanço decepcionante. Razões de esperança.* Neste capítulo, cf. o par. *De Valparaíso ao Grande Norte canadense,* n. 95.

[22] Cf. neste volume o cap. II, par. *Um despertar da espiritualidade.*

[23] O assassinato do presidente Lincoln pelo ator Booth, e no qual esteve comprometido o católico John Serrat, não provocou reações anticatólicas graves.

[24] O Concílio de 1861 suplicou em termos elevados a todos os católicos, tanto clérigos como leigos, que se mostrassem fraternos para com os negros e os procurassem. Mas esse apelo foi bem pouco acolhido nessa altura.

[25] Um pouco antes (1806), a grande ilha de São Domingos rejeitara o domínio francês, na sequência da revolta conduzida por Toussaint Louverture. A ilha ficou dividida em duas repúblicas: o Haiti e a República Dominicana.

[26] Cf. neste volume o cap. III, par. *O dilema da Igreja e o terceiro termo.*

[27] Cf. L.V. Tapié, *Histoire de l'Amérique latine au XIXe siècle,* p. 120.

[28] Tapié, *op. cit.*.

[29] É difícil fixar exatamente a cronologia dessas negociações e desses acordos. Convirá seguir G. de Marchi, *Le Nunziature Apostoliche dai 1800 ai 1950,* Roma, 1957.

[30] Cf. vol. VII, cap. II, par. *Balanço decepcionante. Razões de esperança.*

[31] Cf. vol. VII, cap. II, par. *A deplorável querela dos ritos chineses.*

[32] Cf. vol VII, cap. II, par. *Balanço decepcionante, razões de esperança,* e cap. IV, par. *A mula do rei de Nápoles.*

[33] Cf. neste volume o cap. I, fim do par. *Revolução com a Igreja?*

[34] A respeito disso, cf. todo o cap. VIII deste volume.

[35] Cf. neste volume o cap. II, par. *O Grande Império e a resistência dos católicos.*

[36] Cf. neste volume o cap. III, par. *Na França, o Trono e o Altar.*

[37] Foi lendo-as que Pauline Jaricot se apaixonou pela causa das Missões.

[38] Seu irmão Eugene (pai do escritor François Veuillot e avô do futuro bispo de Angers) ajudou-o nesse trabalho, analisando para ele a imprensa missionária e a correspondência dos bispos. Cf. o artigo de Georges Goyau, "Louis Veuillot et l'idée missionaire", in *L'Église en marche*, II, p. 191.

[39] Cf. vol. VII, cap. III, par. *O despertar missionário do protestantismo.*

[40] Cf. vol. VII, cap. II, pars. *A deplorável querela dos ritos chineses* e *Na Índia de Nobili e de João de Brito.* Convém notar, lealmente, que a "adaptação" não resolveu todos os problemas... (cf., para matizar certos juízos, o artigo do pe. Jean Guennou no *Ami du Clergé* de 24 de abril de 1958).

[41] Cf. neste capítulo o par. *Ásia amarela: cruel e santa.*

[42] Cf. vol. V, cap. IV, par. *A Santa Sé toma as rédeas das missões: a Congregação "de Propaganda Fide"* e, no vai. VII, o cap. II, par. *"De propaganda fide".*

[43] A luta contra a escravidão começara, efetivamente, desde havia muito tempo: por exemplo, quando, em 1435, Eugênio IV (meio século antes das Grandes Descobertas) fulminara com a excomunhão os cristãos que, dentro de quinze dias, não tivessem restituído a liberdade e os bens aos homens e mulheres do arquipélago das Canárias que tinham reduzido à escravidão; ou quando, em 1537, Paulo III julgara com extrema severidade esses "satélites do adversário do gênero humano" que tratavam os índios "como animais selvagens" para "satisfazer a sua cupidez", "sob pretexto de que eram estranhos à fé"; ou quando, em 1568, o papa São Pio V comunicara a Filipe II a sua intenção de mandar vigiar o modo como os colonizadores espanhóis tratavam os indígenas, e de o corrigir, se fosse caso disso; ou quando Urbano VIII, em 1639, condenara o tráfico de negros, "esse abominável comércio de seres humanos"; ou quando Clemente XI, em 1704, retomara todas as ideias e condenações decididas por Paulo III; ou quando, finalmente, Bento XIV, em 1741, falara da "fraternização de todas as raças" e condenara novamente os negreiros e os proprietários de homens. Há extratos importantes destes textos pontifícios no caderno *Colonisation et conscience chrétienne*, de *Recherches et débats.* Esta imensa corrente a favor da justiça fora também alimentada por grandes doutrinadores, como Suárez ou Vitoria, por homens de ação como São Pedro Claver ou o padre Antônio Vieira. Vemo-la desembocar com extraordinário ímpeto no século XIX, mas a nascente estava longe.

[44] Ao receber as instruções de Gregório XVI contra a escravidão, um pároco de Guadalupe exclamou: "Esse pobre velho falou da escravatura como todos aqueles que não conhecem as colônias". Infelizmente, essa opinião estava muito espalhada...

[45] Cf. vai. VII, cap. II, par. *Um documento que orienta o futuro: as "Instruções" de 1659.*

[46] Cf. A. Rétif, "Les évêques français et les missions ao XIXe siècle" in *Études* de dezembro de 1957.

[47] Sobre a ação social de Pauline Jaricot, cf. o cap. VI, par. *Os leigos e a Hierarquia.* Importa notar que o seu papel na fundação da Propagação da Fé tem sido objeto de discussão. Existia, antes dela, uma associação para as Missões Estrangeiras, conhecida por seu irmão Philéas. Por outro lado, quando o grupo dos homens fundou essa obra, Pauline Jaricot não estava lá. Não há dúvida, porém, de que foi ela a alma da iniciativa.

[48] Cf. neste volume o cap. II, par. *O Grande Império e a resistência dos católicos.*

[49] A obra desenvolveu-se na França sob a dupla direção de um Conselho lionês e de um Conselho parisiense. Mas, a 3 de maio de 1922 (depois de uma missão discreta de mons. Angelo Roncalli, futuro João XXIII), Pio XI decidiu que a direção suprema se estabelecesse em Roma, como todas as das "Obras Missionárias Pontifícias". Quanto à França, continuaria repartida entre as duas direções.

[50] Cf. neste capítulo os pars. *Sobrevivência e renovaçãa da igreja canadense* e *O prodigioso surto da igreja norte-americana.*

[51] Depois de 1870, ainda outras surgirão, como, por exemplo, a *Obra de São Pedro Apóstolo*, ou, no nosso tempo, *Ad lucem.*

[52] Segundo o pe. Arens, é o seguinte o número das obras missionárias então criadas: 4 entre 1818 e 1830; 5 entre 1837 e 1840; 7 entre 1841 e 1850; 10 entre 1851 e 1860; 20 entre 1861 e 1870.

[53] Sobre a prodigiosa multiplicação de institutos religiosos nesta época, cf. neste volume o cap. VIII, par. *Renovação monástica, proliferação de institutos, plétora de congregações.*

[54] Cf. neste volume o cap. I, par. *As duas igrejas na tormenta.*

[55] Cf. neste volume o cap. II, par. *Um despertar da espiritualidade.*

[56] Cf. neste volume o cap. III, par. *Vantagens e perigos de uma aliança.*

[57] Cf. neste capítulo o par. *Sobrevivência e renovação da igreja canadense.*

[58] Cf. vol. VII, cap. II, fim do par. *O apelo à França missionária.*

[59] Foram também eles que dirigiram, a partir de 1853, o Seminário Francês de Roma.

[60] Cf. J. Bonfils, *L'oeuvre de Mgr. de Marion-Brésillac en faveur du clergé local dam les missions de l'Inde,* Lyon, 1959.

[61] Cf. L. Guizard, *Mgr. de Marion-Brésillac,* conferência, Lyon, 1957.

[62] As condições em que foram fundados os Padres Brancos são inseparáveis da história da Argélia francesa, que vai ser estudada neste volume, cap. VIII, par. *Começos difíceis na Argélia cristã.* O grande desenvolvimento dos Padres Brancos é posterior a 1870, pelo que será estudado no vol. IX desta coleção.

[63] Cf. neste volume o cap. VIII, par. *Três sinais no céu.*

[64] De 1870 a 1939, surgirão mais ou menos outros tantos, exatamente 122. São, pois, 250 desde a Restauração!

[65] Cf. neste volume o cap. II, par. *Um despertar da espiritualidade.*

[66] Cf. vol. VII, cap. II, pars. *A igreja de França e o problema dos escravos negros* e *Nos Padroados da América Latina.*

[67] Cf. na revista *Ecclesia* (Paris), setembro de 1958, uma carta do pe. Perboyre, cheia de pormenores pitorescos ou patéticos.

[68] "Que farias tu — perguntaram ao jovem santo — se soubesses que ias morrer agora mesmo?" E São Luís Gonzaga respondeu: "Continuaria a jogar bola..."

[69] Cf. neste capítulo o par. *Ásia amarela: cruel e santa.*

[70] Cf. vol. VII, cap. II, fim do par. *A França missionária em ação: 1. No Levante.*

[71] Cf. *ibid.*

[72] Em 1849, Eugène Boré entrou nos lazaristas e foi destinado à Missão de Constantinopla. Veio a ser, sucessivamente, visitador provincial, secretário geral da congregação e por fim superior geral (1874). É uma das mais admiráveis figuras entre os filhos de São Vicente de Paulo.

[73] Cf. neste volume o cap. V, par. *O Concílio Vaticano.*

[74] Cf. vol. VII, cap. II, par. *Na Índia de Nobili e de João de Brito.*

[75] Salvo, obviamente, os portugueses de Goa e as feitorias deixadas à França, das quais Pondichéry era a principal.

[76] Cf. neste volume o cap. IV, par. *Perante as "vicissitudes dos Estados".*

[77] Vários historiadores ortografam Bonnaud (cf. Mourret, Fliche e Martin); mas o nome exato é Bonnand. É o que é dado pelo *Précis d'histoire de la Mission de Pondichéry,* do pe. Lafrenez, e confirmado pelo *Dictionnaire de biographie française.*

[78] Cf. vol. VII, cap. II, par. *Na Índia de Nobili e de João de Brito.*

[79] Até o momento em que escrevemos estas linhas, tinham sido abertos cinquenta e quatro.

[80] Beatificado por João Paulo II em 21.09.1995, em Colombo, Sri Lanka (N. do T.).

[81] Por exemplo, teriam os músicos católicos autorização para tocar, por ordem dos governos, durante cerimônias hindus? Seriam atingidos pelas sanções papais e excomungados?

[82] Cf. vol. VII, cap. II, pars. *A deplorável querela dos ritos chineses* e *Balanço decepcionante. Razões de esperança.*

[83] Cf. vol. VII, cap. II, par. *Balanço decepcionante. Razões de esperança.*

[84] Como já foi visto neste capítulo, par. *Três mártires.*

[85] Daí a importância que as Missões vão ter na oração e no pensamento de Santa Teresa de Lisieux.

[86] No Sião, onde o século XVIII fora marcado por várias crises (cf. vol. VII, cap. II, fim do par. *A deplorável querela dos ritos chineses),* a tal ponto que, em 1823, as cristandades estavam reduzidas a três mil fiéis e seis padres nativos, a penetração foi lenta, e bloqueada, em 1850, por um edito que bania oito missionários. Na Birmânia, onde os barnabitas italianos tinham conseguido umas três mil conversões, a sua substituição pelos escolápios e, depois, pelo Oblatas de Turim, e ainda pelas Missões Estrangeiras de Paris, levou a um modesto renascimento do apostolado, gravemente prejudicado pela guerra anglo-birmânica de 1852. Por volta de 1870, eram cerca de seis mil. Na Malásia, a retomada foi muito mais clara. A antiga diocese [portuguesa] de Malaca, que vinha de 1558, foi destruída pelos holandeses, pelo que foram as Missões Estrangeiras de Paris que dela se ocuparam, a partir de 1787. [Rigorosamente, a diocese foi criada, por Paulo IV, em 1557, mas o 1° bispo inicia o seu governo em 1558]. O "Seminário Central das Missões", expulso do Sião, retornou e recebeu alunos, quer da Indochina, quer da fndia. Outros missionários foram chegando a partir de 1830. É certo que a sua atividade mal ultrapassava as cidades — Malaca, Singapura, Penang —, e entre chineses e indianos. Mas sempre eram pontos de partida para o futuro.

[87] Cf. neste capítulo o par. *Três mártires.*

[88] O pe. Huc narrou as suas peripécias numa obra fascinante — ainda mais fascinante que histórica e crítica —, que Barbey d'Aurevilly classificava de obra-prima. Foi reeditada em 1925.

[89] Cf. vol. VII, cap. II, par. *A deplorável querela dos ritos chineses.*

[90] Cf. vol. VII, cap. II, par. *Nos Padroados da América Latina.*

[91] A crônica dos maristas conservou este episódio... significativo. Quando um canaca de Nova Caledônia pediu para ser admitido na Igreja, o missionário respondeu-lhe que ele não podia ser cristão enquanto tivesse duas mulheres e que teria de renunciar a uma. No dia seguinte, o candidato a neófito voltou. — Não te disse — repetiu o missionário — que tinhas de deixar uma das mulheres? — Só tenho uma! — replicou o canaca. — Como é isso? Ontem, tinhas duas. — Matei à pancada uma delas.

[92] Cf. neste capítulo o par. *Três mártires.*

[93] Pode ver-se um estudo minucioso da questão Pricchard no livro do pe. Perbal *Les missionaires français et le nationalisme,* Paris, 1939.

[94] Cf. vol. VII, cap. II, pars. *A igreja de França e o problema dos escravos negros, Nos Padroados da América Latina* e, no cap. IV, par. *A mula do rei de Nápoles, in fine.*

[95] Cf. vol. VII, cap. II, par. *Nos Padroados da América Latina* e *Balanço decepcionante. Razões de esperança.* Glória dos Estados Unidos, Frei Junípero tem uma estátua no Capitólio de Washington.

[96] Cf. neste capítulo o par. *Na América Latina: situação decepcionante, sementeiras de futuro.*

[97] Cf. neste capítulo o par. *O prodigioso surto da igreja norte-americana.*

[98] Temos de confessar que nada ou quase nada foi feito entre as populações negras, na maior parte escravos. Sumariamente batizados como católicos, teriam grande necessidade de uma catequização séria. Mas os preconceitos raciais dos grandes proprietários constituíam um obstáculo praticamente insuperável. Alguns espíritos generosos fizeram tentativas. Por exemplo, mons. England fundou uma escola para meninos negros, e nela ensinou; a Madre Duchesne admitiu nas suas escolas pretinhas e mulatinhas. Os resultados foram bem curtos: a leitura do livro do pe. Gillard, *L'Église catholique et le negre américain,* causa uma grande tristeza. Os apelos patéticos do Concílio de 1886 quase não foram ouvidos, e em vão o arcebispo Spalding falou com emoção dos "quatro milhões de desventurados que reclamam socorro em eloquente silêncio", em vão mostrou aos católicos "a excelente ocasião de fazer uma colheita abundante". Separado dos brancos pela Guerra da Secessão nas circunstâncias que analisamos (cf. neste capítulo o fim do par. *O prodigioso surto da igreja norte-americana),* o mundo negro deixou-se arrastar cada vez mais pelas propagandas das seitas protestantes, muitas vezes das mais aberrantes.

[99] Tendo mons. Grouard morrido em 1931, ao cabo de sessenta e nove anos de missão, até essa data (desde 1891) ainda se lia no Anuário Pontifício: Vicariato de Grouard — titular, Mons. Grouard, residência — Grouard.

[100] Cf. vol. VII, cap. II, par. *Fracassos e decepções na África.*

[101] Cf. neste capítulo o par. *Um "grande-homem" das Missões: a Madre Javouhey.*

[102] Cf. neste capítulo o par. *Nas Ilhas do Pacífico.*

[103] Jean Peillard, *La pacification de l'Algérie et la conscimce française,* Argel, 1958.

[104] Coisa em que os muçulmanos não viram mal algum. Em Constantina, dois anos depois da conversão de uma das mesquitas em igreja, a população ofereceu ao pároco, que era muito popular, a direção de outra mesquita.

[105] Pesam sobre a sua memória as disputas que teve com as Irmãs de São José da Aparição e a sua superiora, a santa Madre Emília de Vialar (as Irmãs estavam na Argélia desde 1835).

[106] Quase excessiva. Porque se endividou a tal ponto que, arruinado, perseguido pelos credores, teve de se refugiar na Espanha e na Itália.

[107] "O seu episcopado foi uma tragédia", observa Aimé Dupuy, num estudo muito bem informado e de visão aberta, publicado na *Revue socialiste* de março de 1956: "La lutte entre Prélats et Gouverneurs algériens de 1830 à 1870".

[108] Cf. neste capítulo o fim do par. *Nascimento das obras missionárias.*

[109] Cf. neste capítulo o par. *Escolas Cristãs no Próximo Oriente.*

[110] Só um chefe militar aprovou Lavigerie: o general Sonis, o mesmo que viria a comandar um corpo de exército e a ficar ferido em combate, em 1871.

[111] Cf. neste volume o cap. VIII, par. *Na Alemanha: de Münster a Munique.*

[112] Cf. neste volume o cap. VI, par. *Um sapateiro e um fazendeiro.*

[113] Cf. vol. VII, cap. V, fim do par. *Santo Afonso Maria de Ligório: a religião dos tempos novos.*

[114] *Katholische Missionstatistik*, Friburgo, 1928.

VIII. Este mundo que Cristo torna visível

O século XIX, um século ateu?

Haveria uma singular antologia a fazer — bem curiosa de ler com o recuo do tempo — dos textos com ares de vaticínio que, ao longo de todo o século XIX, anunciaram a queda iminente do cristianismo, a ruína da Igreja ou mesmo o desaparecimento inelutável de qualquer fé religiosa.

Essa recolha de textos seletos iria desde o relatório do cidadão-carcereiro de Valence, enviado, a 29 de agosto de 1799, aos membros do Diretório para lhes anunciar a morte do "último" dos papas[1], até aos monólogos de Friedrich Nietzsche: "Deus morreu! Deus morreu! Fomos nós que o matamos!", passando pelas escarnecedoras asserções de Heinrich Heine, pelas grosseiras blasfêmias de Béranger, dos editoriais do *Globe,* dos silogismos de Feuerbach, das edulcoradas insinuações de Ernest Renan. A todos, porém, a resposta é dada pelos fatos, e é quase cair na tautologia tentar comentá-los. A um jornalista que, mais uma vez, repetira essa ladainha, replicava Lacordaire: "Propomos ao *Globe* um encontro conosco no quinquagésimo ano do século de que somos filhos". O encontro teve lugar não só em 1850, mas muitas décadas depois. E ainda hoje.

"Quis Deus que a Igreja devesse o seu nascimento à cruz e ao sofrimento; a sua glória, à ignomínia; as suas luzes, às trevas do erro; os seus progressos, aos assaltos dos inimigos; a sua força, às privações e à adversidade. Por isso o seu esplendor nunca foi tão puro como quando todos os homens se esforçaram por ensombrá-lo. Porque, assim como o ouro é provado pelo fogo, assim os amigos de Deus são provados na tribulação".

Este texto admirável, de tom profético, foi escrito pelo desventurado papa Pio VI, no próprio momento em que ia partir para o exílio, o cativeiro e a morte. E traduz uma verdade transcendente à História, mas que o historiador não pode ignorar: o papel sobrenatural que tem a dor no crescimento da Igreja, a sua inalterável fecundidade. Atacada por fora e por dentro, traída por alguns dos seus filhos, confrontada com dificuldades tão graves, tão novas, que podia ser surpreendida, a Igreja do século XIX nem por isso deixou de viver, de sobreviver, e até de ganhar novas forças. Eis o fato irrecusável, ainda que certa historiografia oficial o ignore. Que a causa profunda dessa renovação reside nas provações sofridas — disso só poderão espantar-se aqueles que não conhecem o mistério central do cristianismo, pelo qual a morte se faz vida e a cruz se faz glória. Iniciado sob o sol vermelho do cadafalso, o capítulo que estamos a considerar viu renovarem-se para a Igreja as provações, algumas das quais punham em perigo a sua própria existência. Mas isso foi, para ela, o que a poda é para uma árvore. A Igreja das Revoluções foi — e continua a ser — uma Igreja de santidade.

Nada mais falso do que olhar o século XIX meramente como um período de avanço da irreligião em camadas cada vez mais vastas da sociedade. Que numerosas inteligências hajam sido conquistadas pelo ateísmo é inegável; mas essa verificação não traduz toda a realidade espiritual da época. Ao mesmo tempo que se desencadeia o anticlericalismo, e as doutrinas positivistas e materialistas encontram novos adeptos, e em muitos países o legislador e o educador preparam a descristianização, há um movimento que se desenvolve em sentido oposto. Desde a hora, tão eloquentemente evocada por Chateaubriand[2], em que, terminadas a Revolução e as suas sequelas, "se descobre uma cruz e, aos pés dessa cruz, um mundo novo", até àquela em que multidões de peregrinos se põem em marcha para Lourdes, é muito bela a história do renascimento do catolicismo durante os três primeiros quartéis do século XIX. É uma história que dá testemunho de uma extraordinária vitalidade, sem dúvida maior que a do século anterior, e que faz, de um século a que muito se chamou ateu e "estúpido"[3], um dos grandes momentos da história do cristianismo.

Um dos indícios mais impressionantes dessa realidade está na expansão da Igreja no *orbis terrarum,* que acabamos de acompanhar: mais ainda pelas virtudes de que dá testemunho do que pelos resultados, aliás admiráveis, que obtém. Mas há muitos outros indícios, não menos evidentes. Um clero que aumenta em quantidade e sobretudo em qualidade; ordens e congregações que se multiplicam; grandes correntes de piedade animadas de um impulso extraordinário; uma liturgia restituída aos seus verdadeiros objetivos e capaz de restituir as almas ao sentido autêntico da Igreja; obras de caridade ainda mais eficazes do que no tempo de São Vicente de Paulo; crescente devotamento à Sé Apostólica; despertar do laicado para uma fé mais atuante: tudo isso são outros tantos fatos que caracterizam uma época, pelo menos tanto como o êxito de livraria de Renan, o almoço de carne comido por Sainte-Beuve numa Sexta-feira Santa ou a fundação da Iª Internacional operária. É chocante o contraste entre as duas faces da mesma sociedade: enquanto uma se volta para a noite das negações decisivas, a outra ergue-se para a luz. E esse contraste anuncia o do nosso tempo.

Essa contradição encarna-se em homens ou mulheres cuja existência desmente, só por si, a fama de irreligião crescente do tempo em que viveram. São muitos os santos, muitas as santas do século XIX: várias centenas. Todas as nações têm algum, assim como todas as classes sociais. Pertencem a todas as categorias em que a santidade se reparte, desde os puros místicos, como o delicado Gabriel dell'Adorata ou a humilde Taigi, até os fundadores de mão poderosa, como uma Madre Javouhey, um João Bosco, ou aos aventureiros de Cristo martirizados na China ou na Oceania.

Mais ainda: os mais eminentes dentre eles são representativos de uma lei dialética da santidade que se observa ao longo de toda a história cristã, lei misteriosa segundo a qual os grandes santos aparecem sempre com as características e no momento em que podem entregar à humanidade do seu tempo a mensagem mais necessária. Assim, ao orgulho luciferino da inteligência respondem a pobreza espiritual e a luminosa ignorância do Cura d'Ars; à dureza, à crescente desumanidade de uma sociedade em que o dinheiro se faz rei, a ilimitada caridade de um Cottolengo, de um João Bosco, de um pe. Chevrier; à sedução do "espírito que nega sempre" de que falava Goethe, a fé simplicíssima de uma Catarina Labouré ou de uma Bernadette Soubirous. A tarefa que cumpriram sucessivamente, cada qual no seu tempo, Santo Agostinho, São Bernardo, São Vicente de Paulo, quando se fizeram arautos de Deus em oposição à corrente do mundo, outros a cumpriram no século XIX com a mesma perfeição e a mesma eficácia. São eles, sem dúvida, as testemunhas mais verídicas de um tempo que se diz ateu.

Um quadro do século XIX que deixasse de lado este aspecto fundamental da realidade histórica seria singularmente incompleto. Mais do que a política da Igreja, o que conta é a santidade da Igreja. Mais do que os ruidosos conflitos de ideias, o que conta é essa batalha que eternamente se trava no mais íntimo do coração do homem, aquela a que Santo Inácio chamava a "batalha dos dois estandartes". Ao analisar profundamente a natureza da Igreja, J. A. Moehler, mestre de Tübingen há cem anos, concluía não ser da uma sociedade humana como as outras, mas que o seu modelo é, no Céu, a Cidade de Deus, e que é, neste mundo, símbolo e promessa de uma vida sobrenatural transcendente ao mundo; e encontrava esta fórmula perfeita: "Jesus Cristo tornou visível o mundo superior. A Igreja é a imagem e a figura desse mundo, porque nela e por ela se fez real aquilo que Ele queria representar"[4]. Em última análise, o que mais importa aos olhos do historiador cristão é "esse mundo que Cristo torna visível". É ele que dá aos seres as suas dimensões autênticas, e aos acontecimentos todo o seu alcance.

A estiagem da fé

É extremamente difícil conseguir uma representação exata da fé nos três primeiros quartéis do século XIX. A sociologia do cristianismo, ciência tão jovem que mal acaba de nascer no nosso tempo, não existia ainda. Em face de uma diocese como Versalhes, que, já em 1829, esboçava o que hoje entendemos por "pesquisa sociológica", quantas havia cujos bispos nem sequer se interessavam em saber se as suas ovelhas eram verdadeiros fiéis! Na França, alguns estudos fragmentários, alguns documentos episcopais, fornecem breves indicações acerca da prática religiosa em Chartres, no Mans, em Orléans; na Alemanha, certos relatórios dos núncios apostólicos. Quanto à Itália ou à Espanha, temos de nos contentar com uma ou outra alusão.

Os raros documentos de que dispomos deixam má impressão. Os núncios apostólicos nos países germânicos asseguram que "as altas classes da sociedade só na aparência são religiosas, limitando-se à missa dominical e à recepção anual dos Sacramentos"; que, "entre os artesãos, os comerciantes, os homens de letras, os cientistas, o que predomina é a indiferença, e só as mulheres apresentam uma situação um pouco melhor"; que, finalmente, nas classes mais baixas, "mal se pode ainda encontrar alguma religião". Por outro lado, mons. Dupanloup, ao traçar um retrato severo da sua diocese, considera ter obtido um êxito quando fez subir de trinta para quarenta mil o número dos fiéis que cumprem o preceito pascal (num total de 350 mil). Mas gostaríamos de saber em que estatísticas, em que resultados de pesquisa, se apoiava o inquieto bispo de Orléans para propor uma cifra tão baixa...

Neste domínio, há uma tendência para um certo pessimismo profissional, que ainda hoje é fácil descortinar. Os pregadores têm mais facilmente o costume de trovejar contra a descristianização do que de mostrar os sinais mais claros de cristianização. À primeira vista, parece difícil admitir que uma sociedade em que se observou um crescimento tão expressivo das vocações sacerdotais e religiosas, e um desenvolvimento tão enorme de obras de caridade, e uma difusão tão impressionante das devoções ao Sagrado Coração e a Nossa Senhora, pudesse estar tão afastada da fé e da prática como alguns têm afirmado.

Importa, de resto, ter em conta dois elementos igualmente significativos para apreciarmos este tipo de fatos. A estiagem da vida religiosa varia de país para país, como, aliás, as características. O catolicismo italiano, bom-menino, passavelmente supersticioso, que junta num todo inseparável todos os aspectos da vida corrente, até os mais inesperados, não é idêntico ao catolicismo espanhol ou ao polonês, que conservam, um e outro, aliás de modos muito diversos, traços a bem dizer medievais. Mas essa estiagem da fé parece ter certamente variado também de década para década: mais intensa a seguir à tormenta revolucionária, quando toda a Europa tentou a experiência da Restauração; em queda logo depois, consoante os acontecimentos políticos; inclinada a subir de novo no fim do período, quando todos os esforços feitos durante mais de cinquenta anos começaram a dar fruto.

Nesse quadro, observam-se dois grandes fatos, em grau diverso e em todos os países, mas especialmente na França, onde é possível ter uma ideia bastante completa da vida religiosa, frequentemente por meio de documentos profanos tais como artigos de jornais e romances. A burguesia, voltairiana no seu conjunto a seguir à Revolução e ao Império, e sobretudo a burguesia de negócios, que se desenvolve com o capitalismo e com a indústria, evolui lentamente. Reaproxima-se da Igreja, não apenas por motivos de ordem política, como pudemos ver com as Jornadas de Junho (de 1830), mas ainda por causas mais profundas, em que podemos reconhecer a lei pendular que opõe os filhos aos pais, por uma reação contra os *a priori* e as negações decepcionantes da irreligião. Pelo contrário, a classe operária afasta-se cada vez mais, não apenas da Igreja, mas de toda a vida religiosa. Até às proximidades de 1848, o operário, mesmo quando não vai à missa, continua a respeitar as coisas da fé; em seguida, porém, com o anticlericalismo, em breve se desenvolve a irreligião ou mesmo a declarada hostilidade. É muito significativa a leitura, na pena de bispos, de observações e apelos semelhantes àqueles que hoje podemos ler e ouvir.

Em 1856, pouco antes de ser assassinado por um louco, mons. Sibour, arcebispo de Paris, encarregava os seus colaboradores de redigir um projeto de evangelização das classes operárias. Nesse texto, pode-se ler: "Uma das evidentes necessidades mais urgentes da igreja da França é a de um ensino religioso das massas populares, um ensino ativo, apostólico, perseverante, que vá em busca dessas massas, nelas penetre, a elas se ofereça facilmente, e assuma modalidades adaptadas às suas necessidades. A necessidade deste ensino religioso é manifesta em todas as cidades das províncias, mas nota-se muito mais em Paris, especialmente nos bairros periféricos e nos arrabaldes. É aí que vive perto de um milhão de trabalhadores e pequenos comerciantes, na sua maior parte afastados das instruções e das práticas religiosas".

Quanto ao campo, apesar de uma certa tendência para a indiferença, que se iria acentuar com o avanço do anticlericalismo, a verdade é que, *grosso modo*, continuava fiel à fé tradicional, uma fé que, sobretudo nos homens, talvez fosse fortemente suspeita de mero conformismo, mas que, numa área mais vasta do que se pensa, chegava a revelar-se de boa qualidade. Era, por exemplo, o caso das famílias de que saíram um Théophane Vénard, o "mártir alegre"[5] da Indochina, ou um João Maria Batista Vianney, ou uma Bernadette Soubirous.

De resto, o conformismo, se é que existia, deveria ser condenado pura e simplesmente? Não deixa de ser importante que uma sociedade que enquadra e sustenta o indivíduo seja, no seu conjunto, tradicionalmente cristã, que os usos, tanto os grandes como os pequenos, estejam penetrados de recordações religiosas, que o respeito humano seja favorável à fé, ao invés de, como acontece com frequência nos dias de hoje, jogar contra ela. A vida corrente, na quase totalidade do Ocidente católico, permanecia marcada pelo sinal da Cruz. Pudemos avaliar o poder dessas fidelidades quando os semiloucos da Revolução Francesa quiseram republicanizar os nomes de terras e de pessoas, assim como o calendário. Não mandar batizar os filhos, não os fazer receber a primeira comunhão, era inconcebível, escandaloso. Mesmo depois de se ter feito anticlerical, Vítor Hugo continuava a tomar parte com alegria nessas festas de família em honra dos netos. Não ser enterrado na igreja era, na opinião vulgar, "rebentar como um cão". A própria linguagem traduzia o apego a essas tradições: dizer de um objeto, de um fato, de um homem: "Não me parece lá muito católico" equivalia a um juízo pejorativo, e era ao mesmo tempo prestar homenagem à Igreja, mestra de moral.

Essa sociedade ainda mais solidamente cristã do que se costuma supor, possuía células vigorosas: *as paróquias*. Após a crise protestante, tinham sido bem reconstituídas segundo as normas do Concílio de Trento, e, nas vésperas da Revolução, continuavam ainda cheias de vida[6]. Tinham sido elas que haviam permitido à Igreja atravessar a terrível provação, resistindo às ações laicizantes, rejeitando ou pondo de lado o clero constitucional. Passada a tormenta, lá estavam elas ainda. Na França, na Alemanha, na Bélgica, em toda a Itália, não voltaram a ter o encargo dos registros (a que se passou a chamar "Registro Civil"); mas aqueles que continuaram a fazer — de batismos, casamentos, enterros — conservaram grande importância. Já não eram as únicas a ministrar o ensino primário; mas, em grande número de países, incluindo a França, ainda assumiam em larga medida esse papel pedagógico. Era pelo menos a elas que incumbia a formação espiritual da juventude, e, em todos os grandes países católicos, o catecismo querido e ordenado pelo Concílio de Trento era efetivamente ensinado às crianças: na França, ensinava-se o de São Sulpício, dos tempos de Olier, de uma pedagogia muito tradicional, em que se alternavam as explicações, as perguntas e os cânticos. Eram precisas nada menos de quatro horas semanais para cumprir todo o programa...

Solidez, fecundidade das paróquias: "O sentido comunitário da antiga cristandade — observa judiciosamente o pe. Humbert Vicaire —, expulso que foi de uma Europa voluntariamente individualista, agora refugiou-se à sombra dos campanários". É no quadro paroquial que se desenvolvem as associações pias, os grupos de adoração perpétua e de Filhos de Maria, as Conferências de São Vicente de Paulo, as confrarias de penitentes negros e brancos cujo renascimento data desta época[7]. A paróquia tem os seus momentos nobres: o Natal, a Páscoa, o Corpus Christi, o 15 de agosto, o dia dos Fiéis Defuntos, as Rogações (cujas cerimônias são muito frequentadas nos campos), sem esquecer a "festa paroquial" em honra do santo que deu o nome à igreja matriz. O folclore mistura os seus costumes, por vezes bizarros, aos fastos litúrgicos, contribuindo para manter as velhas tradições. Daí resultam, por vezes, coisas extravagantes. Em diversos lugares ainda se celebra a "missa do gado", ou mesmo "missas dos porcos". E pode acontecer que as festas religiosas terminem em bródio... Mas enfim! Nem por isso é menos verdade que o papel de bastiões cristãos, que os mosteiros desempenharam na sociedade medieval, cabe agora, numa Igreja bem mais ameaçada, às paróquias.

Temos de ter em conta estas realidades se quisermos fazer uma ideia adequada do que era a vida religiosa, a sua vitalidade, a sua força, nos três primeiros quartéis do século XIX. A laicização ainda não tinha feito sentir profundamente os seus efeitos. Só um pouco mais tarde se tornará inquietante, quando, em diferentes países — França, Itália, Bélgica, Alemanha, Suíça —, as leis lhes vierem a fornecer os meios, e quando as doutrinas do cientificismo e do materialismo, passadas do plano da especulação para o do ensino primário, se espalharem mediante a ação de muitos professores. Sob este ponto de vista, o período que decorre dos últimos anos do Império (1865: fundação da Liga do Ensino, na França) às declarações "laicas" de Gambetta, de Crispi, de Bismarck, será decisivo. É quando os alicerces profundos da tradição cristã tiverem sido minados que a fé estará em perigo.

Não quer isto dizer que essa fé — mais sólida, voltemos a dizer, do que geralmente se pensa — fosse isenta de defeitos. Muitas vezes se tem dito que a religião do século XIX era pueril na sua expressão, que certas formas de devoção eram ridículas, que os cânticos de igreja eram simplórios. Sem ser totalmente falso, o juízo é injusto. É evidente que certas práticas destinadas a ganhar indulgências já nada tinham a ver com a verdadeira piedade; que certas argumentações repetidas do alto do púlpito, como, por exemplo, sobre a "baleia de Jonas" ou sobre o curso do sol detido por Josué, tinham alguma coisa de infantil; que seria legítimo ficar escandalizado ao ouvir ressoar nas igrejas o revolucionário *Chant du départ* com o texto assim alterado: "Um cristão deve viver por ela...", e mais ainda ouvir os Sete Dons do Espírito Santo louvados ao som da ária do romance *Du serin qui te fait envie*... E é também inegável que a fé popular, por culpa de muitos padres, se inclinava a admitir com excessiva facilidade fatos milagrosos que a Igreja nunca reconheceu, ou tradições lendárias que a crítica histórica pulverizava.

E talvez não esteja em nada disso a mais grave acusação que se pode fazer à religião do século XIX. Mais grave é ter sido demasiado individual, demasiado voltada para dentro; em certo sentido — no mau sentido —, demasiado "espiritual", ou seja, desencarnada. Para lutar contra as tentações do mundo, já havia muito tempo que se insistia na importância da vida interior. O que parecia a única coisa necessária era um esforço sobre nós mesmos, uma ascensão pessoal para a luz. Influenciado pelas lições de Olier e de Saint-Sulpice, entendidas, aliás, num sentido excessivamente literal, o clero tendia a pensar que era suficiente trabalhar pela santificação própria para que Deus e a Verdade irradiassem. Ora, nada disso é verdade se se esquece, ao contrário do que fez um João Maria Batista Vianney, ou um João Bosco, ou um pe. Chevrier, que a santidade é, antes de mais, esquecimento próprio, dom de si mesmo.

Essa interiorização da vida religiosa conduz com muita frequência a uma verdadeira dicotomia, de efeitos por demais evidentes, entre a vida interior do cristão e a vida exterior, a vida *tout court*. Assim cada vez haverá mais homens, que, em privado, se consideram excelentes cristãos, praticantes, mas violam nos negócios ou na direção das empresas os mais elementares mandamentos da moral cristã e, o que é pior, a caridade de Cristo. Há de passar muito tempo até que tais erros venham a ser denunciados — se não corrigidos — e até que se compreenda que uma religião que não acompanha a sociedade, que não penetra nos meios de vida, que não rege as relações entre os homens, entre as classes, mas que se isola no esforço solitário pela salvação pessoal, é uma religião ameaçada.

Aqui é que está a causa profunda dessa distorção de que sofre a religião no século XIX. E é o que explica tanto o atraso com que se iniciou uma ação social cristã como a inferioridade dos católicos nos debates de ideias. É significativo que o testemunho de todos os maiores santos se erga contra essa ameaça. E não menos o é que se registre um esforço, na teologia e na liturgia renovada, por reconduzir a alma fiel a um sentido mais aberto, mais comunitário, das exigências profundas da sua fé — esforço que há de levar, no século XX, à grandiosa visão da Igreja como "Corpo Místico".

As contradições da arte sacra

Essas dificuldades profundas refletem-se com grande evidência na arte, como sempre espelho do tempo. Nos períodos em que a fé impregna a sociedade cristã, em que o dogma e a tradição lhe dão forma em todos os aspectos, quer se trate da Idade Média, quer do século "barroco" que veio depois do Concílio de Trento, a arte sacra dá-nos uma expressão fiel da religião. O seu vigor, a sua plenitude dão testemunho. Terá sido assim no século XIX?

Não vamos dizer que a arte cristã não ocupe, em termos quantitativos, um lugar considerável. Após a crise de vandalismo que acompanhou a Revolução[8], trabalhou-se admiravelmente na reparação de inúmeras igrejas e capelas, muitas vezes em mísero estado. Foram também reparadas ou reconstruídas aquelas que as guerras imperiais tinham atingido cruelmente, ou ainda outras, como a Basílica romana de São Paulo-Extramuros, que um incêndio fortuito destruíra[9], e que foi *refeita* — que pena! — com grandes gastos[10]. Em diferentes lugares, o impulso religioso depois de 1815 foi tão forte que se decidiu reabrir canteiros de obras fechados havia séculos: assim aconteceu em Colônia, onde a catedral ficara inacabada havia trezentos anos; a sua conclusão foi confiada em 1823 aos irmãos Boisserie. São incontáveis as igrejas antigas que, quase por toda a parte — nomeadamente na Itália —, foram rebocadas, restauradas e até com excessiva frequência retocadas segundo o gosto do dia... Ainda mais incontáveis foram as igrejas, grandes e pequenas, que então se construíram em toda a França. No ano de 1852, estavam em funcionamento duzentos canteiros de obras. Numerosíssimas igrejas de paróquias rurais datam desta época, muitas vezes para substituírem — também sem muita felicidade em diversos casos... — construções consideradas fora de moda e que hoje gostaríamos de conhecer.

A arquitetura religiosa passou, pois, ao longo de todo o nosso período, por uma grande vitalidade material. Mas talvez não se possa falar em vitalidade criativa, em espírito inventivo... O século XVIII fechara com a vitória do academismo: em Paris, a "Madaleine", *pastiche* agrandado da *Maison Carrée* de Nimes[11], começada sob Luís XV, concluída e sagrada só em 1852, é a obra-prima do gênero. Não se considerava inadmissível encerrar o culto cristão num templo romano. Por muito tempo ainda, ora aqui, ora acolá, há de continuar-se a utilizar colunas jônicas ou coríntias e o frontão triangular para as fachadas das igrejas, mesmo que se trate de uma fachada chapeada, sem nenhuma relação com o resto do edifício e em contraste com as torres neorromânicas, como é o caso da de São Vicente de Paulo em Paris.

Mas houve uma reação contra o tradicionalismo acadêmico. Ou, antes, duas reações. Uma vez aberta a era do conhecimento do vasto mundo, os espíritos curiosos cada vez se interessavam mais pelos países longínquos, especialmente pelo Oriente, e então pensou-se recolher "essa graça divina do cosmopolitismo" (de que fala Baudelaire), indo buscar a todas as formas arquitetônicas o que tinham de melhor. Desse estado de espírito nasceu uma escola — a *escola eclética* — que tentou associar uma colunata grega a uma fachada renascentista, as quais introduziam o fiel numa nave basilical coberta de cúpulas...

Mais vigorosa e de maior peso foi a reação medievalista, especialmente a *neogótica*. Reação? Não: triunfo, invasão! O impulso foi dado pelos escritores: o romantismo trouxe de novo para a moda a arquitetura da Idade Média, cheia de complexidade, de mistério, e que fazia sonhar. Já Chateaubriand a exaltara no *Gênio do cristianismo*. Vítor Hugo continuou a reabilitação dessas forças, pouco antes tidas por bárbaras, ao escrever *Notre-Dame de Paris;* soube mostrar nessa arquitetura o perfeito equilíbrio entre a audácia e a ciência, o lirismo e a precisão técnica. E as gentes andavam entusiasmadas com essa arte, da qual dizia Montalembert: "Ela é, para mim, antes de tudo, católica". Era também essa a opinião do arquiteto Didron, que, indo mais longe, proclamava que nada era "mais católico, no sentido rigoroso do termo, do que o estilo do século XIII". E as almas de fé viva ou simplesmente sensíveis sentiam-se aí à vontade, como Mme. d'Agoulc, que, visitando a catedral de Bourges, ficou "como que envolvida no sentimento do Infinito". Na Alemanha, os estudos de Reichensperger davam a esse entusiasmo bases mais sólidas.

Essa restauração do prestígio de uma arte tão desprezada só mereceria aplauso se tal admiração tivesse sido acompanhada de uma respeitosa fidelidade. Mas cometeram-se dois erros.

O primeiro foi que, sob o pretexto de proteger as obras-primas da arquitetura medieval, pretendeu-se "continuá-las", quando não "melhorá-las", desembaraçando-as de tudo o que não parecia combinar com o espírito que lhes era próprio. O propósito era tanto mais perigoso quanto então se conhecia bastante mal a Idade Média, e, restaurando ou imitando as suas catedrais, se corria o risco de fazer falsas obras medievais, má contrafação.

Há um nome que está ligado ao trabalho — certamente, muito estimável e grande pelas suas intenções — de restaurar os monumentos religiosos da Idade Média: *Viollet-le-Duc* (1813-79). Patrocinado por Napoleão III, apoiado pela Comissão dos Monumentos Históricos, teve ele — e ainda para nós o conserva — o mérito de salvar da ruína Vézelay, a Sainte-Chapelle, Saint-Denis, Notre-Dame de Paris e uma dezena de outras catedrais. A sua obra tem sido demasiadas vezes julgada com excessiva severidade, e criticados sem motivos sérios os acréscimos que introduziu em monumentos veneráveis, como, por exemplo, em Notre-Dame, a flecha e as famosas gárgulas, que no entanto são esplêndidas. O que de mais grave se pode assacar a Viollec-le-Duc é o seu próprio princípio: "Restaurar um edifício — dizia ele — não é mantê-lo, repará-lo ou refazê-lo; é restabelecê-lo num estado completo, que até pode nunca ter existido". Isso era não levar em conta que as grandes catedrais cresceram à maneira de organismos vivos, que a sua harmonia profunda vem desse jorrar de seiva criadora, e não de uma unidade artificial de estilo. Podando e suprimindo a achega dos séculos, Viollec pendeu para refazer as catedrais, não como elas eram, mas como ele próprio pensava que elas deviam ter sido.

A esse erro, outro se juntou, e, de certo modo, ainda mais grave. Grande número de arquitetos, cujo pensamento era expresso por Didron, estavam convencidos de que, para fazer igrejas verdadeiramente católicas, bastava copiar os mestres da Idade Média. Não no seu gênio criativo, mas nas suas receitas. Em Paris, Sainte-Clotilde, começada em 1846 por Gau, terminada em1856 por Ballu, é o exemplo perfeito do triste resultado a que levaram essas intenções. Em Lille, para construir a catedral, os arquitetos Lassus e Leroy não acharam nada de melhor do que experimentar fazer a síntese *moderna* de todas as catedrais da França: a nave de Amiens, o pórtico de Reims, o coro de Beauvais, o campanário de Chartres... Houve equipes de arquitetos que estabeleceram modelos *passe-partout,* de tamanhos diferentes, com lucro garantido: uma linda igrejinha gótica de aldeia, inspirada na de Pont-Aubert (do Yonne), não custava mais de 131.187,47 francos (Oh! as vantagens da estandardização...). E o gótico não foi o único estilo copiado: outros arquitetos preferiram o neorromânico, por exemplo em Saint-Lambert de Vaugirard, ou na catedral de Gap, e em muitas cidades da Itália. No final do período, sob o pretexto de reagir contra a invasão do falso gótico, veremos surgir o neobizantino, que tem como obra-prima o Sacré-Coeur de Montmartre, ao mesmo tempo que ressurgia uma espécie de ecletismo, que, em Notre-Dame de Fourvière (Lyon), ou em Notre-Dame de La Garde (Marselha), dará os resultados que sabemos...

Tais fracassos são reveladores. Em 1845, Martin Deutinger, o padre-filósofo de Munique, escrevia no seu tratado de Estética que "para desabrochar, a consciência estética tinha necessidade da revelação divina". A experiência provava que isso não era suficiente. Muitos desses arquitetos eram gente religiosa e queriam, com toda a lealdade, servir a Igreja: no entanto, só conseguiram obras decepcionantes, ou acanhadas ou enfáticas, nenhuma das quais nos dá a impressão da plenitude da fé que exprimem[12]. Que lhes faltava? Ser modernos? Todos pensavam que o eram, e até alguns deles tiveram a ideia de que certos materiais *modernos*, como o ferro, poderiam passar a ser utilizados na arquitetura religiosa, o que foi feito em *Saínt-Eugène* de Paris. Mas essa audácia foi posta, também por eles, ao serviço do neogótico... Faltava-lhes o gênio, o grande sopro criador. Mas esse gênio, esse sopro criador da arte cristã, só se revela nas épocas em que o cristianismo está inteiramente ligado a uma forma de sociedade e a impregna e anima — quando não há entre eles essa tensão e essa incerteza que são tão visíveis no século XIX. Essa arquitetura medíocre é o sinal mais impressionante de um mundo espiritualmente em desarmonia.

Nas artes plásticas, a situação não é mais favorável. Também aí o que se faz é cópia, imitação mais ou menos servil, ecletismo, ouropel, empolamento... A pintura propriamente religiosa marca passo. Na Itália, o que triunfa são os piores bosquejos tirados de Michelangelo, quando não de Guido. A sala do palácio do Vaticano que Pio IX imaginou erguer à glória da Imaculada Conceição é um exemplo perfeito do gosto mais execrável. Na Alemanha, surgiu desde o princípio do século, à volta de *Friedrich Overbeck* (1789-1869), que é um dos chefes da renovação católica nos países germânicos, a escola dos *nazarenos*. Instalados em Roma, sobre o Pincio, esses jovens, todos eles gente de fé — alguns, aliás, protestantes — e que vivem como monges, entregam-se zelosamente ao estudo dos mestres da primeira Renascença italiana — Duccio, Fra Angelico, Benozzo Gozzoli — e copiam-nos. Para além da beleza dos corpos, visam o sobrenatural. Foi sob essa inspiração que Overbeck pintou vastos afrescos sobre temas bíblicos, sobre a *Visão de São Francisco de Assis:* arcaísmo, hieratismo, uma simplicidade muito estudada. A sua influência exerce-se na escola de Beuron, fundada por Pedro Lenz; nas de Dusseldorf e de Viena, onde Fuehrich pinta uma Via Sacra que vai ser reproduzida no mundo inteiro; e nos primeiros pré-rafaelitas ingleses; e até ao nosso tempo. Mas onde está a autêntica criação?

Não está mais visível na arte religiosa francesa, que, também ela, marca passo. É justo reconhecer em *Hippolyte Flandrin* (1809-64), que passa por um dos mestres da pintura católica, uma piedade suave e recolhida. Mas, nas enormes composições que fez para muitas igrejas, em Nîmes ou em Nantes, em *Saint-Germain-des-Près* como em *Saint-Vincent-de-Paul* (ambos de Paris), quanto artifício, quanta técnica, quantas influências, seja dos "nazarenos" ou de Ingres! A piedade mística também não está ausente do pincel de Arie Scheffer, mas não basta para produzir obras-primas. Mesmo no fim deste período, Puvis de Chavannes virá trazer um ar novo, mas não conseguirá impor-se aos que encomendam grandes decorações de igrejas. Estará, pois, morta ou moribunda a pintura cristã? Não; pelo menos não completamente.

Alguns pintores muito laicos, ou até de mentalidade muito profana, consagram, de tempos a tempos, o seu talento a temas religiosos. É um Proudhon que pinta um Cristo na Cruz, uma Assunção da Virgem; é um Ingres, chefe de fila dos clássicos, famosíssimo no desenho, que pinta uma Virgem com a Sagrada Hóstia, um Cristo que entrega as Chaves a São Pedro; é um *Delacroix,* que executa para a igreja de Saint-Sulpice de Paris duas das suas obras-primas e para a de São Paulo o seu admirável *Cristo no jardim das Oliveiras,* ou, para Saint-Denis-du-Saint-Sacrement a sua dramática *Pietà;* é um Chassériau, ou um Delaroche, ou um Millet com o seu famoso *Angelus*. A um ou outro desses mestres profanos que trabalharam temas sagrados tem sido algumas vezes censurado que lhes faltou espírito verdadeiramente religioso, que escolheram temas e pintaram formas em que o espiritual tinha pouco lugar. Mas nem todos pensam o mesmo. E, de qualquer maneira, não deixa de ser importante que alguns dos mestres da época, embora sem profundas raízes cristãs, tenham querido consagrar a temas religiosos uma parte da sua atividade. Mais tarde, quando o divórcio entre a fé e a sociedade se acentuar, será de lamentar que os Manet, Monet, Degas, Renoir, Gauguin, van Gogh — esses que renovaram a visão do mundo — não tenham o menor assomo desse gênero de preocupações.

E é ainda mais desolador falar da estatuária cristã. Canova, falecido em 1822, teve demasiados discípulos, que dele só retiveram a técnica. Tudo tende à arte terna, um tanto açucarada, de Chapu, autor de uma conhecida *Joana d'Arc escutando as suas vozes*, quando não às mediocridades de Paul Dubois e de Eugene Guillaume... Mas há coisa muito pior: por volta de 1850, um reduzido grupo de homens muito distintos, alguns deles eminentes, fundou a "Sociedade católica para o fabrico, venda e revenda de todos os objetos consagrados ao culto católico". Assim começava essa arte chamada *de Saint-Sulpice* (porque as lojas que vendiam esses objetos ficavam no bairro dessa igreja) e que iria difundir, na França e fora da França, um número infinito e catastrófico de falsas obras-primas feitas de gesso, pretensamente imitadas do gótico, que até hoje têm alimentado o maior mau-gosto católico.

Triste testemunho, o da arte sagrada no século XIX! Mas haveria maior amargura ao falar dela se não soubéssemos que, enquanto se edificavam laboriosas cópias do falso gótico, se erguiam, graças ao Cura d'Ars, a Dom Bosco, a Bernadette Soubirous, catedrais de almas. E maior seria a nossa severidade se nos esquecêssemos de que o problema posto aos cristãos do século XIX pelo desacordo entre a fé e a sociedade, problema responsável por essa decadência, está bem longe de ter sido resolvido no nosso tempo.

Música na igreja ou música de Igreja?

Essa decadência artística — temos de chamá-la pelo nome — também se terá dado na música? Menos, e não da mesma forma. Mas também aqui é sensível o desacordo entre as aspirações profundas da alma piedosa e os seus modos de expressão, o que é uma outra maneira de traduzir a dificuldade da religião de impregnar, de marcar com o seu selo a sociedade que vai nascer. Ao menos, em matéria musical, vão surgir sintomas felizes de renascimento, cada vez mais claros.

No momento em que o século XVIII ia afundar-se na Revolução, a música religiosa estava numa situação contraditória. O que havia nela de propriamente eclesiástico era lamentável: o canto gregoriano degradara-se completamente; nas naves ecoavam árias de caça, arietas, sarabandas, quando não minuetes e rigodões. Havia já algumas reações: *Bach*, Handel e sobretudo *Haydn* tinham indicado o sentido em que se devia encontrar uma música propriamente cristã, a um tempo espiritual e comunitária, e o menino genial que era *Mozart* soubera já traduzir com acentos sobre-humanos, no seu *Ave Verum*, nos seus solenes *Credos*, a voz interior da alma habitada pela graça de Deus. No entanto, nas obras mais autenticamente religiosas desses mestres, era possível adivinhar o perigo que ameaçava toda a música de Igreja: reminiscências profanas nas oratórias bíblicas de Handel, complacência com os ritornelos nas mais austeras cantatas de Bach, contaminação evidente das obras religiosas de Haydn e do próprio Mozart pelas sinfonias, óperas e mesmo óperas-bufas que iam compondo ao mesmo tempo[13].

O novo século apresenta características perfeitamente análogas. Numerosos mestres, de gênio ou talento diversos uns dos outros, consagram à música religiosa uma parte muitas vezes considerável da sua obra. É *Beethoven* (1770-1827), titã da música, cujo nome "tem o peso, a autoridade e o esplendor de um símbolo", testemunha genial do ser humano no universo dos sons, mas de um ser humano elevado ao cume de si próprio e erguendo-se até Deus. As suas *Missas* solenes (em ré, em *ut)*, os seus *Lieder* espirituais sobre os poemas de Gellert, a oratória de *Cristo no Monte das Oliveiras,* contam-se entre as mais incontestáveis obras-primas. É *Schubert* (1797-1828), o "pequeno cogumelo", de vida humilde e breve, cujos admiráveis *Lieder,* desprezados durante tempo demais — o *Hino a Maria,* o *Pax vobiscum,* o *A menina e a morte* — transmitem uma impressão tão lancinante do além. É o "franciscano" *Franz Liszt* (1811-86), cuja *Missa choralis,* ou a *Missa de Gran,* ou o *Requiem,* ou o inefável *Cântico do Sol* em louvor de São Francisco constituem os pontos altos da sua obra. É *Hector Berlioz* (1803-1869), irmão francês dos grandes românticos alemães, cujo oratório *A infância de Cristo* seria bastante para o fazer contar entre os grandes músicos cristãos. E tantos outros, de Méhul a Gounod, de Cherubini a Rossini, não deviam ser citados, pela inspiração religiosa que animou uma parte notável da sua produção! Sem esquecer o próprio *Richard Wagner* (1813-83), ele mesmo, que tem entre as suas primeiras obras (1843) *A Ceia dos Apóstolos* — uma cantata inteiramente religiosa — e algumas páginas do *Navio Fantasma,* do *Anel dos Nibelungos,* do *Parsifal,* que denotam um claro acento místico.

Em que medida, porém, essa música é música de Igreja ou mesmo verdadeiramente cristã? Vários desses mestres são homens de fé. Não o é Wagner, que, em *Heroísmo e cristianismo,* fará profissão de incredulidade. São-no, porém, Beethoven, apesar das tendências panteístas de que foi muitas vezes acusado, e Liszt, sacerdote de fé luminosa, e Berlioz, cuja alma atormentada encontrará tons de sublime renúncia, e Gounod, fanático ouvinte de Lacordaire e que esteve a ponto de ordenar-se. Mas até os mais recentes não cometerão a confusão, que já encontráramos no século XVIII, entre música religiosa e música profana? Não é verdade que transpuseram para as igrejas, sem nenhuma adaptação, temas e modas musicais que ficariam melhor no palco ou na orquestra?

E é aqui que reside o traço mais saliente da música deste período. O elemento religioso domina nos concertos com a oratória — de Méhul, de Schumann, de Schubert, de Berlioz, de outros ainda. Mas o elemento profano invade a nave das igrejas. Há muita música na igreja, mas a música de Igreja está em plena decadência. Triunfa o "bel canto", especialmente na Itália, onde até Louis Veuillot, apesar de tão "romano", confessa achá-lo insuportável. Há a mania de utilizar árias de ópera durante os ofícios divinos: vai-se cantar o *O salutaris hostia* com uma ária da *Flauta mágica* de Mozart, a *Ave Maria* obedecendo ao *Lascia ch'io piange* de Händel. Um certo Castil-Blaze chega a "compor" uma "missa de Rossini" pondo uns a seguir aos outros trechos das principais óperas desse músico; o que faz de suporte às palavras do *Credo* é a romança do *Barbeiro de Sevilha*...

Quanto aos cânticos de igreja, já vimos que também seguem a moda. Mesmo quando não se cai nesses desvarios, quer-se, pelo menos, música de efeitos, semelhante às árias das óperas: a *Ave Maria* de Gounod é um exemplo perfeito. A "missa solene" de grande orquestra passa a ser um gênero à parte, em que nem sempre falta o gênio dos mestres, mas que demasiadas vezes soa a falso numa igreja. A música de tais missas, em lugar de servir o texto sagrado, serve-se dele para desenrolar um tema, suscitar melodias ou valorizar um solo. E onde ficou a oração comunitária da Igreja? Mais do que a Deus, o artista procura-se a si mesmo. E o fiel torna-se parte de um auditório.

Até o órgão, instrumento de igreja por excelência, está em declínio. Também a ele se pedem grandes efeitos — o efeito de tempestade, o *Judex crederis* —, a não ser que se pretenda pô-lo a imitar os instrumentos de orquestra, violino, oboé, clarinete. Transcrevem-se para ele as marchas de Chopin ou de Schubert. Um organista da época declara que "as valsas e as aberturas de ópera parecem sublimes no momento da Elevação"; outro, que compôs uma "cena pastoril com tempestade", aconselha a tocá-la nas missas de meia-noite. Bach, Couperin, Clérambault são postos de lado para que entre essa música teatral. Só *Mendelssohn*, Benoist, Niedermeyer e d'Ortigues reagem, situando-se na grande tradição de Bach.

Sim, apesar de tudo, houve reações, ao longo de todo o século XIX, contra essa decadência quase universal da música sacra. A primeira foi, logo na Restauração, a de *Alexandre-Étienne Choron* (1772-1834), homem de ciência que, tendo passado a dedicar-se à música, foi um teórico notável da sua arte, ressuscitou em 1815 o Conservatório de Paris e fundou em 1828 a célebre *Société des Concerts* do Conservatório. Na sua *École de musique classique et religieuse,* deu um lugar de honra a Bach, Händel, Haydn, e ensinou o autêntico sentido da música sacra. Depois que morreu, o facho passou para as mãos do príncipe de Moscou, filho primogênito do marechal Ney, que fundou uma Sociedade destinada a salvaguardar — fazendo-as gravar, estudar, executar — as obras dos grandes músicos cristãos do passado, Palestrina, Lassus, Victoria, Scarlatti, Ockegem, voltando assim a habituar os ouvidos às nobres sinfonias. *Louis Niedermeyer* (1802-61) continuou na mesma linha, abrindo uma escola para a formação de organistas e mestres de capela. Ao mesmo tempo, Félix Clément, organista da Sorbonne, reunia, sob o título de *Chants de la Sainte-Chapelle,* numerosas polifonias da Idade Média.

Até na Alemanha se verificaram tendências semelhantes. Kaspar Ett, organista da igreja de São Miguel (de Munique), apaixonado pelos antigos mestres, trouxe para a sua causa o rei Luís I da Baviera, que pensou refazer uma autêntica música de Igreja. O cônego Karl Proske, outro protegido do monarca amigo das artes, revolvia inúmeras bibliotecas e arquivos, em busca das grandes obras da música religiosa dos séculos XV a XVIII. E o seu discípulo, o pe. *Franz Witt* (1834-88), para lutar contra a falsa música de Igreja, fundou em 1868 a *Sociedade de Santa Cecília,* que viria a exercer considerável influência na renovação que se anunciava com um acontecimento de importância capital: *o regresso ao canto gregoriano.*

Todos esses trabalhos de investigação, todos esses esforços, em si notáveis, deviam-se a indivíduos isolados, cujos meios de ação nem sempre estavam no nível das intenções. Tudo mudaria se uma grande ordem fizesse sua a ideia e tivesse como uma das suas finalidades renovar a música sacra. E essa grande ordem foi a de São Bento. *Dom Guéranger,* que havemos de ver contribuir decisivamente para a restauração beneditina em Solesmes[14] e, o que não foi menos importante, lançar a obra de renovação litúrgica[15], teve o mérito de compreender e proclamar que a música de Igreja devia estar associada à liturgia, incorporar-se nela, submeter-se ao texto sagrado para lhe dar toda a significação. Quando, em 1840 e 1841, apareceram os primeiros volumes das suas *Instituições litúrgicas,* essa ideia começou a impor-se, apesar das resistências dos apaixonados pela sinfonia langorosa e pelo "bel canto". Enquanto todos os mosteiros que sobreviveram à Revolução ainda cantavam missas e motetes à moda do século XVIII, Dom Guéranger reintroduzia em Solesmes o uso exclusivo do "cantochão". O exemplo foi seguido.

Em 1849, os arcebispos de Reims e de Cambrai constituíram uma Comissão encarregada de restaurar o canto litúrgico. O Gradual e o Antifonário de outrora foram reeditados, nomeadamente em Malines. Musicólogos belgas — entre os quais Felis, diretor do Conservatório de Bruxelas, e o jesuíta Lambillotte — e depois alemães, como Schubiger e Schlecht, estudaram, de acordo com manuscritos antigos, o canto gregoriano autêntico. Mas foi principalmente em Solesmes que se fez o trabalho mais sério. Um adjunto de Dom Guéranger, Dom Jaussions, consagrou-se a essa verdadeira ressurreição da música eclesial, enquanto Dom Pothier elaborava a respectiva teoria. A culminar esses esforços, saía em 1881 *Mélodies grégoriennes* de Dom Pothier, e, nos princípios do novo século, viria a reforma de Pio X.

No momento em que terminava o período que estudamos, a situação na música parecia, pois, melhor do que nas outras artes. Estava em marcha o regresso à autêntica tradição da música sacra. A partir de Solesmes e não só nas abadias beneditinas, mas nas casas de várias outras ordens, assim como em muitas igrejas diocesanas, ia expandir-se o uso do antigo canto romano, canto amplo e simples, expressivo e meditativo ao mesmo tempo, em que a alma fiel se expande com gosto, sem cair nas tentações do sentimentalismo profano. Grandes artistas inspiravam-se nessa tradição renovada, sobretudo dois belgas: *Nicholas Lemmens* (1823-81), fundador da Escola de Órgão, instalada em Malines e patrocinada pelo episcopado, donde sairiam numerosos organistas fiéis à inspiração gregoriana; e principalmente *César Franck* (1822-90), *pater seraphicus*, organista de gênio, discípulo de Bach, alma profunda e cheia de humildade, que sem um murmúrio sujeitava a sua inspiração às sublimes regras da liturgia, e cujas obras-primas — *A Redenção*, *As Bem-aventuranças* — haviam de elevar as almas ao mais alto misticismo.

Assim a música dava-nos uma lição muito instrutiva. Ao passo que as artes plásticas tateavam por becos sem saída, a música descobria a estrada real, numa fidelidade, não às formas exteriores da tradição, mas à sua inspiração profunda, naquele *sentire cum Ecclesia* que foi sempre o meio mais eficaz de promover os grandes movimentos renovadores. É certo que grande parte da música confessava o erro de uma sociedade ameaçada pela laicização. Mas uma outra parte, a mais bela, a mais rica em promessas de futuro, refletia o impulso das almas.

Focos espirituais

É com base nesse impulso das almas que devemos avaliar a história religiosa do século XIX, se quisermos ter uma ideia exata da sua grandeza. São tantos os sinais reveladores da força e da profundidade desse impulso, que se pode falar de um verdadeiro jato renovador, de uma época caluniada que, quando vista com equanimidade, se mostra talvez tão fecunda como, dois séculos antes, fora a primeira metade do século XVII, esse "Grande Século das Almas"[16]. O reflorescimento do catolicismo na nossa época deve-lhe bem mais do que em geral se pensa. Devemos muito a esses iniciadores, a esses chefes de fila e testemunhas de Deus.

O traço mais original e também mais promissor é porventura o aparecimento de uma elite católica decidida a viver plenamente a sua religião e a torná-la eficaz. Vimo-la nascer durante a Revolução e o Império, e firmar-se na Restauração[17]. Em numerosos pontos da Europa cristã, ela constitui, à volta de um ou poucos homens de grande estatura moral, pequenos grupos de homens de verdadeira fé, dispostos a aprofundar as suas convicções religiosas e a fazê-las irradiar. Há os que dão testemunho mediante a pena ou no campo da política, enquanto outros prosseguem uma experiência mais interior. Todas esses focos espirituais, frequentemente em ligação uns com os outros, exercem uma influência considerável. Aquilo que, no século XVIII, os cenáculos de "filósofos" e de enciclopedistas, ou as "sociedades de pensamento", tinham feito contra a fé, esses pequenos grupos fervorosos fazem-no a favor dela. Alguns deles foram longe demais e tomaram direções em que a Igreja docente entendeu não os dever seguir. Mas mesmo esses exerceram uma influência espiritual importante e benéfica. Todas eles desempenharam um papel de fermento.

Na França, quem havemos de citar?

Desde o início do período, vimos a Congregação[18]. Quer nas suas origens, quer nos propósitos mais íntimos dos seus dirigentes — um Bertier, um Montmorency, um Salignac, um Fénelon —, estava bem longe de ser a tal sociedade secreta de ajuda mútua para a conquista do poder e o domínio das inteligências que os adversários nela queriam ver. Era uma união espiritual, uma fraternidade de prática religiosa e de oração; e a orientação para a caridade ativa que depressa revelou mostra suficientemente que o seu papel não se limitava a conseguir para os seus membros pastas ministeriais e prefeituras.

Num outro campo, pensar que o grupo de discípulos que, em La Chênaie, ao longo de fervorosos serões, ouvia Lamennais discorrer só marcou a sua presença na história religiosa pela aventura do *Avenir* e pelos combates a favor de um liberalismo católico, seria cometer um erro. Nessas reuniões, rezava-se muito; nessa pequena casa do profeta bretão, vivia-se verdadeiramente em Deus. E ele próprio, até ao momento da revolta — e, em certo sentido, mesmo depois —, nunca separou o esforço político de um outro esforço, mais interior, pela elevação das almas. Não tem sido corretamente avaliada a extensão da sua irradiação espiritual e a profunda influência que exerceu, desde o *Ensaio sobre a indiferença*, na revivescência da massa cristã. E também aquela que, de maneira indireta, exerceu em todos os meios, incluindo o episcopado, por intermédio daqueles que formou — e que teve a grandeza de alma de, na hora em que se desviou, não ter procurado arrastar consigo.

Muitos outros desses focos espirituais tiveram uma influência que esteve longe de ser inexpressiva, embora em menor extensão do que a do "druida" de La Chênaie. Em Lyon, é esse grupo de aparência heterogênea e no entanto de características tão definidas, que vai desde o suave Ballanche[19] a Ozanam e a Blanc de Saint-Bonnet, e que marcou a sua presença nas letras e na caridade. Em Paris, é esse núcleo de jovens, precursor dos nossos círculos de juventude universitária, que se forma à volta do pe. Salinis, capelão do Colégio Henrique IV e futuro bispo, grupo do qual um dos seus membros, o católico social Melchior du Lac, dirá: "Cultivava-se nessas reuniões um grande amor à verdade, um amor apaixonado pela Santa Igreja; não me parece que alguma vez tenha havido, entre a juventude católica, tanto entusiasmo, tanto movimento e vida". Em Estrasburgo, é o antigo convertido pe. Bautain, geralmente apenas conhecido pelos esforços que fez para criar uma filosofia católica[20], com base no anti-intelectualismo, e pela condenação com que a Igreja feriu o seu "fideísmo", mas que foi um despertador de almas semelhante a Lamennais, embora sem a mesma chispa de gênio; das suas mãos saíram discípulos tão diversos como o futuro cardeal Bonnechose, o pe. Ratisbonne, ilustre convertido de Israel, e o pe. Gratry. Este mesmo Gratry viria a exercer uma influência análoga, não só no plano da alta intelectualidade, onde sonhou instalar um Oratório reconstituído[21], mas ainda por uma espécie de magnetismo que atraía a si inúmeros dirigidos, e pela capacidade de emoção de um pensamento que ainda hoje nos toca.

E como evocar esses focos espirituais, que tanto contribuíram para dar ao catolicismo francês o seu ardor próprio, sem citar o nome de uma mulher cuja face bela e calma vemos em todas as encruzilhadas espirituais do seu tempo: *Madame Swetchine* (1782-1857)? Jovem da nobreza russa, casada aos dezessete anos com um general mais que quadragenário, convertida ao catolicismo após lentas diligências e minuciosos estudos em que brilhou a sua inteligência séria, era simultaneamente uma alma mística, um cérebro bem formado, uma consciência lúcida, segura no conselho, mas discreta na influência. Durante quarenta anos, o seu salão parisiense foi o ponto de encontro da elite católica, em que Joseph de Maistre, Montalembert, Lacordaire, o pe. Ravignan, Falloux e Bonnetty (fundador dos *Annales de philosophie religieuse)* se reuniam com Cuvier ou Tocqueville. Em horas decisivas, para quantos não terá ela sido, como o foi para Lacordaire, "uma bússola"? A sua influência, que se iria prolongar por muito tempo pelas edições póstumas das suas obras sobre a velhice e a resignação e da sua admirável correspondência, nunca foi objeto de um estudo de conjunto: esse estudo haveria de encontrá-la incontestavelmente em todos os campos em que o catolicismo se renovou. A história espiritual da Igreja na França, e até fora da França, não seria como nós a conhecemos se, para iluminar muitos daqueles que foram seus artífices, não se tivesse feito sentir o calmo e profundo olhar de Mme. Swetchine e a sua fé sem dobras.

Mas muitos outros países tiveram desses focos espirituais que tornavam a fé uma força atuante. Na Espanha, o genial *Jaime Balmes* não é apenas o vigoroso combatente das lutas políticas, o poderoso filósofo que pressente uma nova síntese e pensa em ressuscitar o tomismo, o iniciador social que já conhecemos: é, acima de tudo, uma alma, alma de fogo e de luz, a quem dezenas de homens devem o terem sido erguidos acima de si mesmos. Na Itália, onde as exigências da política parecem pesar tão duramente que as aspirações espirituais ficam obnubiladas, não podemos esquecer que o *Risorgimento* teve como ponto de partida certos círculos de homens para quem o renascimento religioso devia correr parelhas com o grande movimento de ressurreição nacional. Nem que, durante toda a série dos acontecimentos, há personalidades cristãs de primeiro plano. Em volta de Rosmini, alma de uma generosidade contagiante, inteligência poderosa, não são apenas os Padres do Instituto da Caridade que se agrupam, mas uma vasto círculo laical que, por sua vez, há de irradiar no espaço e no tempo. Mesmo em Turim, há um admirável "rosário de santidade" (na expressão de Joergensen), que começa com o pe. Diesbach, suíço convertido, companheiro de Joseph de Maistre, fundador da *Amicizia cattolica*[22]. E a série prossegue com *Bruno Lanteri* (1789--1830), fundador da *Companhia do Amor Divino* e depois dos *Oblatos da Virgem Maria*. E inclui essa tríade de santas figuras que são Cottolengo, Cafasso, Bosco, e que vai prolongar-se até aos nossos dias com Leonardo Murialdo, fundador da *Pia Sociedade de São José*, e com Giuseppe Allamano, fundador das *Missões da Consolata*.

Na Bélgica, seria preciso estudar a obra propriamente espiritual desse grande foco intelectual que foi a Universidade de Lovaina. Na própria Suíça, devia-se considerar mons. Mermillod numa perspectiva que não a das suas questões com o governo cantonal de Genebra[23]: como iniciador da renovação católica, em que foi também esplêndido. Mas é sobretudo na Alemanha e na Inglaterra que importa estudar esses centros de vida espiritual cuja ação foi, de tantos modos, decisiva na história cristã da sua época.

Na Alemanha: de Münster a Munique

Temos de remontar aos primeiros dias do século XIX, em plena crise revolucionária, para alcançarmos nas suas origens o movimento de almas que está na raiz do grande fato histórico que é a renovação do catolicismo alemão. Adormecida nas vésperas de 1789, prisioneira do conformismo e da rotina, a braços com o jansenismo e o febronianismo, a Igreja Católica dos países germânicos levou a cabo, nos três primeiros quartéis do século XIX, uma obra de revivescência tão extraordinária que veio a ser, depois de 1870, uma potência, potência intelectual, social e política, perante a qual o chanceler Bismarck teria de arriar a bandeira. Essa revivescência não teria sido possível se não fosse precedida e depois determinada e sustentada por uma renovação espiritual que é das mais impressionantes da história cristã. Belo capítulo esse, em que tantas almas travam o combate da conversão, em que participam a literatura e a arte, em que desfilam figuras admiráveis de santos e de místicos. Mal conhecido na França[24], continua a ser para os católicos alemães um justo motivo de orgulho.

Por volta de 1800, no principado eclesiástico de *Münster* (Westfália), que dentro em pouco seria laicizado pelos prussianos e em seguida pelos franceses, a pequena cidade capital era talvez a cidade alemã em que o catolicismo conservava mais autoridade, quer intelectual, quer moral. Aí se fixara havia já quinze anos uma grande senhora: Amelia von Schmettau, *princesa Galitzine* (1748-1806). Alma de fogo[25], inteligência refinada, regressara à fé católica da infância após numerosas e por vezes estranhas peregrinações espirituais. Numa época em que os salões não se pareciam nada com antecâmaras da Igreja, o da princesa Galitzine era o lugar de encontro da elite católica da região. O conde von Stolberg era um dos seus íntimos, assim como o vigário geral Franz von Fürstenberg e, daí a pouco, o cônego Bernard von Overberg, de rosto tão luminoso que dele se pôde dizer que Rafael o escolheria por modelo. Foi aí, em redor dessa mulher extraordinária, que teve início o movimento de renovação do catolicismo germânico.

Círculos de estudos, retiros, recolhimentos, novenas, tudo isso alimentava vigorosamente a chama desse lar. Perguntavam uns aos outros que fazer para que a Igreja retomasse o lugar que lhe cabia no mundo, e antes de tudo na Alemanha. Fürstenberg, ministro "esclarecido" à moda do tempo, lançava-se pessoalmente ao trabalho, visitando as paróquias, falando com os camponeses. Bernard von Overberg (1754-1826), a princípio modesto pároco de aldeia, meditava numa reforma do catecismo e até de todo o ensino católico, deixando de lado as tristes práticas do psitacismo rotineiro, substituindo-o por métodos capazes de despertar as almas jovens para a fé viva em Cristo. Muito tempo depois da morte da ardorosa princesa, morte santa, em que ofereceu a Deus sofrimentos horríveis, a ação do Círculo de Münster continuou a fazer-se sentir, mesmo longe da região da Westfália.

Pela mesma altura, ou quase, constituíra-se outro centro, na Alemanha do Sul, em *Landshut*. Aí vivia um sacerdote, um tanto ou quanto original, mas de reconhecida santidade: *Johann-Michael Sailer* (1751-1832). Tinha à sua volta pessoas das mais diversas, e até das mais heteróclitas. Usava uma fala pitoresca, facilmente plebeia, e sabia tocar todos os corações. Embora professor universitário, escrevia um alemão de tal maneira simples que todos os *Sepp* ["Zés"] da Alemanha podiam ler o seu *Livro de orações* ou as suas *Meditações*. Tal como São Francisco de Sales fizera outrora em língua francesa, Sailer — em inúmeras obras, que mais tarde constituiriam quarenta e um volumes — tornava os dogmas e a moral do cristianismo acessíveis a todos os alemães. Das suas mãos foram saindo gerações de padres, aos quais comunicava o senso íntimo e místico que tinha do Reino de Deus.

Alma transparente e generosa, queria insistir nos pontos da mensagem cristã que servissem para unir, nunca para dividir; e sonhava reconciliar com a Igreja os irmãos separados. Era por isso que havia protestantes de fé sincera que o tinham por amigo: o ilustre jurista Savigny, o filósofo Jacobi, o grande editor Perthes. E os seus dois primeiros biógrafos serão um pároco católico e um pastor luterano. Entre aqueles que o ouviam com fervor contava-se Melchior von Diepenbrock, que viria a ser príncipe-bispo de Breslau e cardeal, e um escritor, um poeta, chamado Klemens Brentano, a quem Sailer falou de uma jovem que tinha êxtases, Catarina Emmerich, e que logo decidiu fazer-se secretário dessa mulher extraordinária. Porque esse era talvez o único defeito do bom Sailer: ser demasiado indulgente para com todos os misticismos, o que levou Roma a fazê-lo esperar muito tempo por uma sé episcopal a que fazia jus por tantos motivos — e talvez também a recusar uma coroa à sua memória...

Quando terminou a grande aventura napoleônica e, numa Europa em restauração, também a Igreja teve de se restaurar, o movimento estava bem lançado na Alemanha. Ressurgia o fervor católico em muitos setores. Artistas, literatos, poetas, filósofos, todos davam o impulso. Overbeck, iniciador dos "nazarenos"[26], acabara de se converter em Roma, e uma dúzia de companheiros seus, pintores ou gravadores, o imitavam. Novalis, a alma mais mística da poesia alemã, escrevia os *Hinos à Santíssima Virgem* e elogiava os jesuítas. Tieck, em *Genoveva,* exaltava o ideal da Cavalaria. Reagindo contra Goethe, o "fáustico", uma forte corrente do romantismo alemão inclinava-se para as tradições e as inspirações católicas.

Tinham-se dado conversões clamorosas: a de *Leopold von Stolber,* grande conhecedor da Antiguidade, que ia pôr o mundo pagão aos pés da Cruz ao publicar a sua monumental *História da religião de Jesus,* e cuja alma profundamente mística transparecia nas suas *Meditações afetivas* e no *Livrinho do amor*, ou a de *Friedrich von Schlegel*, que passava igualmente da erudição pagã para a admiração das grandezas cristãs, e que, mais ainda do que grande historiador das literaturas, era uma consciência religiosa e, na sua *Filosofia da vida* e na sua *Filosofia da História*, exprimia uma fé católica solidamente fundamentada e persuasiva — esse Schlegel cuja divisa continua a ter plena vigência: "Fruir de tudo no mundo para a glória de Deus, mas renunciar a tudo por amor de Deus".

A animação que assim surgiu foi-se propagando. Estabeleceram-se laços entre os diversos elementos da renovação católica. O grupo de Lanshut tomou contato com o de Münster e Sailer visitou Stolber. Schlegel era padrinho de numerosos "nazarenos" regressados ao catolicismo.

Outra personagem, esta autenticamente santa, se erguia ainda na Alemanha do Sul, de algum modo no coração do catolicismo austríaco: o admirável redentorista *Clemente Hofbauer* (1751-1820), o mesmo que já vimos tentar reintroduzir a sua ordem em Varsóvia, donde fora varrida, e depois estabelecer fundações no oeste e sul da Alemanha. Instalado em Viena desde 1808, Hofbauer empreendeu aí uma obra apostólica tão eficaz entre os pobres como entre os aristocratas de sangue e de talento, meio em que o seu exemplo e a sua palavra multiplicavam as conversões. Graças a ele, crescia entre os católicos alemães a influência da sabedoria de Santo Afonso, essa doutrina feita de confiança sem medida e de caridade, mais alimentada nas fontes profundas de vida do que endurecida para os combates, doutrina da qual fora arauto o grande bispo napolitano. Por intermédio de Hofbauer, toda a Europa central católica se reanimava.

Quando a morte desarticulou os primeiros grupos dessa renovação, formou-se outro foco espiritual, que ia ser ainda mais vivo e irradiante: o de *Munique*. E não tardou que nele surgisse e se impusesse uma personalidade extraordinária, como sua expressão viva e seu líder: *Joseph Görres* (1776-1848), esse Veuillot, esse Bloy, esse Bernanos da Alemanha romântica, cujo olhar penetrante, debaixo da cabeleira em desalinho, parecia ao mesmo tempo desafiar todos os adversários da Igreja e entrar nos arcanos do Céu e dos Infernos.

Sucessivamente jacobino convicto, patriota em confronto com Napoleão, renano hostil à Prússia, tinha sido jornalista, publicista, tribuno, professor, polemista: buscava ansiosamente o seu caminho. Até que, por fim, entre 1824 e 1827, voltou à fé da infância, da qual nunca mais desertaria, servindo-a com um entusiasmo que nem a idade viria a debilitar. Espírito genial em muitos aspectos, enciclopédico à maneira de Leibniz, Görres não era apenas o lutador temível que intervinha pela pena e pela palavra em todos os pontos em que o catolicismo estava ameaçado, como, por exemplo, o dos casamentos mistos[27] ou o da prisão de mons. zu Droste-Vischering[28]; não era apenas o professor de magistério "titânico", que explicava a História inteira à luz da Providência. Emanava desse profeta leigo um fulgor espiritual semelhante ao que mais tarde emanaria de Léon Bloy, "o mendigo ingrato". Havia almas que por meio dele se elevavam acima de si próprias. Por meio dele, as grandes lições da *mística cristã*, desde São Francisco, "trovador de Deus", até Henri Suso, penetravam até o fundo das consciências. Talvez essa mística fosse algum tanto confusa: "perturbadora enciclopédia de tudo o que há de maravilhoso", onde as almas extáticas se manifestavam, e os estigmatizados sangravam, e as hóstias milagrosas ocupavam um lugar proeminente... Mas quem poderá dizer o peso deste homem na balança em que a fé tinha de se equilibrar com o racionalismo, com o ceticismo, com todos os pesados argumentos da irreligião?

Chamado, a pedido de Sailer, para a nova Universidade de Munique, que substituiu em 1827 a de Landshut, Görres fez da capital bávara um centro de extraordinária vida católica. Na sua *Távola Redonda* — assim designada em memória da Demanda do Santo Graal —, vinha tomar lugar tudo o que a igreja da Alemanha possuía de mais eminente. Döllinger, Moehler, Ringseis, Lassaulx, Philips, Sepp eram seus professores visitantes. Escritores, artistas, juristas, teólogos — "românticos da véspera e parlamentares do dia seguinte" —, todos aí trocaram pontos de vista durante mais de vinte anos. O círculo de Munique era dentro em pouco tão bem conhecido que se ia até ele como em peregrinação. Ao deixarem Roma, onde, em 1832, acabavam de sofrer uma grande decepção[29], os três "peregrinos da Liberdade" franceses, Lamennais, Montalembert e Lacordaire, aí voltaram a encontrar-se e foi aí que receberam cópia da Encíclica *Mirari vos*. A *Dublin Review* pedia colaboradores a Munique.

O grupo chegou a ter caráter quase oficial, tal foi o interesse que o rei Luís I da Baviera manifestou pelo que lá se passava, ao menos até que o seu comportamento privado o afastou da prática religiosa. O monarca era amigo de Sailer, para quem acabou por conseguir a sé de Ratisbona; chamou de Tübingen para Munique o historiador Moehler[30], cujos trabalhos — especialmente a *Simbólica,* expressão ao mesmo tempo de uma cultura teológica imensa e de uma sensibilidade viva pela realidade da Igreja —, postas de parte as vãs polêmicas, viriam a provocar um vasto movimento de conversões. Apesar de Lola Montes, a extremamente bela dançarina andaluza, que era incômodo ver a seu lado, o rei Luís, protetor da Távola Redonda de Görres, amigo do jornal *Der Katholik,* restaurador, juntamente com o seu ministro Abel, do episcopado do reino, surge como um dos pioneiros da renovação católica da sua época.

Tais os três grandes centros de onde o catolicismo irradiou pela Alemanha, na primeira metade do século XIX. Outros, menos importantes, deveriam ser referidos. Não deixaram de ser notáveis até aqueles que, doutrinariamente, iriam desviar-se sob a influência de Hermes, ou de Günther, ou, mais tarde, de Döllinger, uma vez que esses teóricos, como tal discutíveis, foram muitas vezes — sobretudo Günther, piedoso padre vienense — almas fervorosas, de fé irradiante.

Mas foi de Münster, de Landshut e depois de Munique que partiu a seiva que alimentou o vigoroso carvalho da Alemanha. Há nesses iniciadores uma filiação direta com os grandes combatentes das lutas políticas em que a Igreja Católica se afirmou em face das potências (um Droste-Vischering e outros). O mesmo se deve dizer da relação que mantiveram com eles os condutores do catolicismo social alemão: é de Görres, organizador da caridade em Munique, que vai surgir mons. von Ketteler, líder da Igreja alemã de amanhã.

Foi reencontrando uma fé mais profunda, mais atuante, melhor alimentada nas fontes vivas da piedade e da tradição, que os católicos alemães ganharam uma consciência mais clara da sua vocação, das suas possibilidades, e da grandeza de serem fiéis. Tanto ou mais — certamente mais — que as lutas políticas que travaram, ou o esforço, em si mesmo tão notável, das suas universidades, foi essa transformação interior que se tornou decisiva para eles.

Na Inglaterra: Newman e o Movimento de Oxford

Há outro país onde, também cercados pelo protestantismo, mais desprezados do que nunca o tinham sido na Alemanha, os católicos proclamaram a sua grandeza e se vingaram brilhantemente dos seus rivais. Esse país foi a Inglaterra. O que ali se desenrolou foi uma assombrosa aventura espiritual que explica, mais que as decisões oficiais, essa promoção do catolicismo numa terra onde, havia três séculos, se alimentava contra ele uma desconfiança hostil. Essa aventura ficou conhecida na história religiosa com o nome de *Movimento de Oxford.*

Em 9 de setembro de 1833, um grande número de *churchmen* da Alta Igreja da Inglaterra recebeu um folheto de três páginas que, tanto pelo título como pela dedicatória e pelo conteúdo, os encheu de espanto. O título era: *Tract for the Times*. A inscrição inicial oferecia esse ínfimo opúsculo "aos meus irmãos no ministério sagrado, padres e diáconos da Igreja da Inglaterra, ordenados pelo Espírito Santo e pela imposição das mãos". Era, pois, um membro do clero anglicano quem se escondia sob o anonimato nesse opúsculo. Mas o que escrevia era singular! Fazendo claramente alusão a um decreto recente do Parlamento que suprimira dez dioceses anglicanas na Irlanda, o redator do *Tract* clamava contra essa intrusão do poder laico numa questão de natureza religiosa, e isso com um vigor que nunca ninguém da Igreja estabelecida manifestara desde os tempos de Henrique VIII e de Elisabeth. Mais estranho ainda: o autor afirmava que não era do rei que os bispos recebiam os seus verdadeiros poderes, mas da sucessão apostólica que os vinculava ao próprio Cristo. Sucessão apostólica! O termo e a ideia eram igualmente suspeitos...

Os chefes da igreja da Inglaterra perguntavam-se quem poderia ser o responsável por essa chocante manifestação. Algumas semanas mais cedo, a 14 de julho, um membro conhecido e respeitado da *High Church, John Keble,* pronunciara um discurso sobre temas muito próximos, animando os verdadeiros *churchmen* a levantar-se contra o domínio do Estado e a dedicar-se à "Igreja apostólica". O texto, que causara sensação, fora impresso sob o título, decididamente escandaloso, de *A apostasia nacional.* Seria ele o autor do *Tract* de 9 de setembro e daqueles que se lhe seguiram, em rápida cadência? Não era propriamente ele, mas um dos seus amigos e discípulos, o jovem *John Henry Newman,* que com ele se identificava perfeitamente.

Keble e Newman pertenciam a um pequeno grupo de ministros do culto anglicano que tinham na altura uma opinião severa sobre a sua Igreja. Tradicionalmente dividida em *Alta* e *Baixa* Igreja — a segunda, muito estrita na interpretação dos 39 Artigos de Elisabeth[31], ou seja, partidária da rejeição da Confissão, da Presença Real, do culto da Virgem e dos Santos, das cerimônias litúrgicas; a primeira, mais propensa a reintroduzir no culto a pompa católica e a interpretar menos rigidamente as decisões dogmáticas dos séculos XVI e XVII —, denotava em ambos os ramos o mesmo ar de crescente esclerose. Numa e noutra, os bispos, escolhidos por motivos políticos, pouco se interessavam pelas suas dioceses, onde não residiam. Os *clergymen,* na sua maioria filhos-segundos de boas famílias, não causavam escândalo, mas tinham como objetivo confessado levar uma vida respeitável e confortável. "Nada de sobrenatural; nenhuma atenção ao invisível; pouca piedade e fervor; ainda menos sinais de ascetismo e de misticismo. No fundo, a Igreja parecia ser menos a guardiã de um conjunto de crenças que se impunham à razão e obrigavam a consciência, do que um *Establishment* estreitamente ligado ao Estado, de quem recebia privilégios políticos e grandes riquezas"[32]. As almas em demanda do Absoluto nada encontravam nela.

É certo que se tinham feito alguns esforços para devolver a vida a esse nobre corpo sem alma. Um deles, porém — o de Wesley e seus *metodistas* —, redundara numa cisão, ao passo que o outro, mais tardio, que foi o dos *evangelistas*[33] de Isaac Milner, John Venn e Wilberforce, embora só contasse meio século, já começava a dar mostras de esgotamento. A que porta bateriam, pois, as almas que esperavam da religião alguma coisa mais que regulamentos e fórmulas? Deveriam procurar os "liberais", que pretendiam constituir uma *Broad Church,* uma "Igreja ampla", onde coubessem todas as tendências, todas as variedades — exceto os papistas, claro! —, e todos estivessem de acordo em respeitar certas verdades elementares, como viver honestamente, não roubar, não matar, e, quanto ao mais, desinteressar-se de dogmas, da Presença Real, da Confissão e outras frioleiras?

Os jovens *churchmen* que, em setembro de 1833, lançaram o movimento dos folhetos — *Tracts* — não se sentiam à vontade em nenhuma das três tendências do *Establishment.* Pertenciam à raça dos Lamennais e dos Lacordaire da França, à dos Overbeck, Stolberg e Schlegel da Alemanha, essa raça dos filhos do século que, amadurecidos pela grande crise que o mundo acabava de atravessar, queriam encontrar na religião uma resposta às ansiosas interrogações da alma.

Reuniam-se em Oxford, uma das duas capitais intelectuais da Grã-Bretanha, no Oriel College, venerável instituição criada em 1326 que o rei Eduardo II, usando o seu jargão anglo-normando, chamava *la Oriole,* por ter o pórtico ricamente ornamentado, *aureolum* ["auréola"]. À entrada do Colégio, havia estátuas que evocavam estranhas coisas do passado: a Virgem e o Menino, por exemplo, debaixo de um dossel de pedra. Mas, no vestíbulo, reinava o retrato de Elisabeth, junto do bispo Butler, da rainha Ana e de Walter Raleigh, descobridor de mares distantes, antigo aluno do Oriel.

O líder desses jovens, dez anos mais velho que eles, era esse *churchman* John Keble (1792-1866), cujo discurso sobre a "apostasia nacional" levantara tanto furor por toda a "Igreja estabelecida". *Fellow*[34] do Colégio, professor de poesia, ganhara, desde 1819, o costume de compor semana a semana uma espécie de cântico sobre as festas mais importantes do ano e os principais atos da vida, à luz de Cristo. Assim formara uma coletânea, *The Christian Year,* que só viria a sair, anonimamente, em 1827, mas de que os amigos e ouvintes do rev. Keble tiveram as primícias, que muito os impressionaram. Ali se encontravam frases como esta: "Um só caminho na vida; uma só fé, revelada uma só vez para sempre; uma nação santa, séria e sem fim: tal é a Igreja outrora edificada pelo Eterno. Mas eis que, agora, os caminhos são fáceis e sem obstáculos, e são boas as prebendas. A cada época, a cada clima, o seu credo. Passou a Cruz, cessou o combate a travar! Tal é a Igreja que os nossos olhos mergulhados em sombra contemplam". O tom era novo, próprio para tocar corações jovens. E o poema terminava com este aviso: "Nem sempre os santos hão de estar misturados com os impuros, nem a glória do Céu associada à nossa vergonha. Pensa nisto, tu! Pensa-o agora! Entre a almofada macia e a ação audaciosa, escolhe!"

Ninguém estava mais inclinado e mais preparado para ouvir semelhante linguagem do que John Henry Newman. Filho de banqueiro[35], esse rapaz, que vivia sem preocupações de dinheiro, talvez devesse à sua ascendência judaica, ou então ao sangue materno, vindo de huguenotes franceses, um insaciável desejo de Absoluto, um sentido misterioso do sobrenatural. Ainda muito pequeno, talvez pelos dez anos, já soubera, com uma certeza interior irrecusável, que era chamado a servir a glória de Deus. Aos quinze anos, ainda aluno da *public school* de Ealing, encontrara Deus através dos ensinamentos do rev. Mayers, "não como uma noção, mas como um ser, uma pessoa que lhe diz: Tu". Admitido no Trinity College de Oxford, impressionara os companheiros pela intensidade da sua vida interior, pelo modo como se absorvia na meditação, pelo seu ardor inquieto na busca do mais alto.

Era alto, magro, ainda bastante desengonçado, encimado por uma cabeça poderosa, de máscara cesárea, precocemente enrugada, olhos de um cinzento sombrio e os cabelos mal penteados. De temperamento fogoso, com frequência imperioso, franco até à imprudência. Mas emanava dele uma extraordinária sedução — feita de espontaneidade, de bondade irradiante, de retidão moral — e, porventura ainda mais, uma impressão de viver inteiramente os problemas que formulava, de se empenhar neles até ao fundo do ser. Presença da alma em todas as coisas. Transparência do olhar. Assim era John Henry Newman na sua vida, e assim nos surge também nas entrelinhas dos seus escritos. Porque esse pensador existencial era um escritor admirável.

Promovido, aos vinte e um anos, a *fellow* do Oriel College, pastor anglicano aos vinte e quatro, já era "tutor" nesse Colégio aos vinte e cinco — qualquer coisa como professor assistente ou repetidor —, e, aos vinte e sete, sem deixar as funções universitárias, recebia o importante *vicarage*[36] de Sanca Maria de Oxford, onde as suas instruções dominicais aos fiéis e as lições que dava aos jovens tinham grande êxito. Ao mesmo tempo, começara a publicar trabalhos de Pacrologia e de História da Igreja, designadamente um escudo sólido sobre *Os arianos do século IV,* no qual, em algumas páginas sobre Santo Atanásio e Santo Optato de Milevo, se podia adivinhar em que sentido se orientava o seu espírito.

Oxford era então, como é hoje, um centro de pensamento extraordinariamente vivo. E o *common room* do Oriel College era um dos seus principais focos. Ali se entrechocavam, em ruidosos debates, todas as ideias, todas as doutrinas, todas as teses. Mestres como Whately não tinham quem os superasse em aguçar o espírito crítico dos jovens. E inegável que essa atitude levava de certa maneira ao liberalismo religioso, à *Broad Church*.

Mas também se exerciam lá outras influências, que John Henry Newman não deixou de sofrer: era o caso de Hawkins, futuro preboste de Oriel, que procurava a espiritualidade cristã, não nas secas fórmulas do *Establishment* ou nos vários individualismos protestantes, mas na comunhão viva da tradição e da experiência interior; ou o de Lloyd, bispo de Oxford, anglicano da velha escola, mas que conhecera na juventude padres emigrados franceses e, nos contatos com eles, alargara o espírito e enriquecera a alma. Entre essas influências, o jovem Newman buscava o seu caminho.

Lera também as teses de Joseph Butler acerca da *Analogia,* que tinham cristalizado nele a convicção de que toda a ciência humana comporta dificuldades análogas às que o cristão encontra na sua fé, que não era isso o que os impedia de prosseguir, e que, por conseguinte, o essencial era a própria atitude de fé, o seu impulso, a sua vitalidade profunda. A palavra de Santo Ambrósio ecoava nele na plenitude do seu sentido: "Não foi pela dialética que aprouve a Deus salvar o seu povo".

Além disso, uma dupla experiência pessoal o persuadira de que nem o formalismo da sua igreja nem as discussões do *common room* lhe resolveriam todos os problemas: era a experiência da morte. Uma primeira vez, ela ferira um ente ternamente amado, sua irmã, e essa ausência, tornada presença, não deixara nunca de o fazer voltar-se para a face invisível das coisas. Depois, quando viajava pela Sicília, caíra gravemente enfermo, e compreendera para sempre que Aquele cuja mão sentira pousar sobre si, Aquele cujo rosto lhe parecera ter adivinhado, não era o antigo *fatum* nem o Deus abstrato ou fossilizado dos teólogos, mas o Amor supremo, em quem tudo se cumpre e tudo repousa. E escrevera então a sua prece, famosa e lancinante: *Lead, kindly Light...* ["Conduz, ó Luz amável..."].

Tal era o jovem fascinante que, a partir de 1833, ia passar a ser a alma de um grupo de ministros anglicanos de Oxford. À sua volta e do seu mestre Keble, contavam-se Bowden, Henry Wilberforce, Frederick Rogers (mais tarde Lord Blackford), William Gladstone (futuro primeiro-ministro) e

Matthew Arnold, poeta e pensador de alma inflamada sob uma aparência muito fria. O sorriso do grupo era Hurrel Froude, o mais caro amigo de John Henry, filho de um arcediago anglicano, mas que detestava a igreja estabelecida, demasiado mundana e complacente. Fraude, "espírito genial, a transbordar de ideias", segundo Newman; temperamento ascético e lírico, para quem a poesia e a oração eram coisas parecidas; jovem paladino de Deus que morreria aos trinta e um anos e deixaria uma coletânea póstuma — os *Remains* — que soa de uma ponta a outra com acentos inteiramente católicos.

Os responsáveis pelo *Tract* de setembro de 1833 deviam, pois, ser procurados nesse estreito círculo apaixonado. Ou seja: os responsáveis por esse folheto e pelos quarenta e cinco que se lhe seguiram. Ora um, ora outro membro do grupo assegurava a redação; mas era Newman o mais zeloso na tarefa. Neles se tratava de todas as grandes questões que podiam provocar graves consequências religiosas, tais como: a verdadeira natureza da Igreja, a sua relação com a tradição das primeiras eras, a sua autoridade, as suas relações com o governo; e também se abordavam as objeções que mais habitualmente se faziam à própria Igreja e aos seus ministros. Os membros do grupo ocupavam-se também da distribuição dos folhetos, procurando os livreiros, visitando os presbitérios, e até fazendo venda ambulante nas feiras. Em menos de um ano, o "movimento dos *Tracts*" ganhou tal importância que os graves *churchmen* do anglicanismo não puderam já olhá-lo como um passatempo de garotos.

Mas, afinal, haviam de ficar continuamente a distribuir esses folhetos, cuja influência, uma vez passado o efeito surpresa, se arriscava a perder-se? Não seria preciso trabalhar mais, aprofundar os temas abordados, fazer obra séria? Era essa a opinião de *Edward Bouverie Pusey*, cônego de Christ Church, o grande colégio de Henrique III, *The House*, como era conhecido em Oxford. Místico e simultaneamente realizador, Pusey persuadiu os companheiros a dar aos opúsculos maior amplitude e um ar mais dogmático. Assim o começou ele próprio a fazer, e, a seu exemplo, Newman e Keble passaram a desenvolver os seus textos. "Foi Pusey — viria a reconhecer Newman — quem deu nome, forma, personalidade àquilo que, sem ele, teria ficado informe". Instigados pelo cônego, resolveram acrescentar aos folhetos uma *Biblioteca patrística,* destinada a mostrar as ligações do movimento com a Igreja primitiva. Essa Biblioteca, dizia Newman, "iria provocar uma onda de teologia". Estava-se em 1836: com três anos de vida, o Movimento de Oxford passara a dispor de bases tão sólidas que seria impossível detê-lo.

Mas sabe Deus que não lhe faltavam hostilidades! A hierarquia da igreja estabelecida andava muito irritada. A 5 de maio desse ano, todos os mestres de Oxford, reunidos numa espécie de tribunal da Inquisição, votaram uma censura solene contra as doutrinas dos moços rebeldes. Os Liberais riam-se das suas pretensões dogmáticas; os *Evangelicals* farejavam neles um certo odor de papismo, que odiavam. Esses ataques não deram nenhum prazer a Newman e seus amigos, que ainda se consideravam filhos da igreja da Inglaterra. Mas também não os levaram a mudar de conduta. "Abandonar os *Tracts!* — exclamava o apaixonado Fraude —. Antes jogar ao mar todos os *Z's!*" (os Z's eram, na terminologia de Fraude, os *oldfashioned High-Churchmen,* algo assim como "os antiquados «medalhões» da Alta Igreja").

Papistas!... A verdade é que a acusação lançada contra eles pelos evangelistas os incomodava. Tanto mais que era perfilhada, com uma insistência crescente, por um professor ilustre de teologia, pelo novo bispo de Oxford, sucessor do dr. Lloyd, pelo bispo de Chester e, dentro em pouco, pela voz quase unânime de todo o *Establishment.* Seria, pois, verdade que, trabalhando por reanimar a vida espiritual da Igreja, os jovens profetas de Oxford desembocavam num *revival of popery* [uma "revivescência do papismo"]?

Por eles, não o admitiam. Nessa época, bastava o nome de católico para suscitar no espírito dos leais súditos de Sua Majestade um sentimento de desdém. Temos de confessar que era coisa bem pequena esse catolicismo da Inglaterra! "Na verdade — escreveria mais tarde Newman —, não havia Igreja Católica, nem sequer comunidade católica, mas um pequeno número de adeptos da velha religião, que iam passando, silenciosos e tristes, como lembranças do que tinham sido: alguns bandos de pobres irlandeses que corriam daqui para acolá, alugando os seus braços para as ceifas, alguns grupos da mesma raça nos bairros miseráveis da capital... Tinham caído tão baixo que até o desprezo tinha sido substituído pela piedade". É certo que, desde 1829, a lei os "emancipara"[37], isto é, tinha-lhes restituído os direitos civis, talvez por se saber que não eram capazes de fazer nada. Mas, como imaginar que brilhantes *fellows* de Oxford pudessem ter algo em comum com semelhantes andrajosos e rústicos?

E no entanto, no próprio seio do anglicanismo, observavam-se cercas veleidades catolicizantes. Desde os romances de Walter Scott, passara a haver interesse pela Idade Média, pela católica Idade Média. Os "Lakiscas" — Wordsworch, Coleridge e os outros poetas das medicações solitárias — tinham, sem o saber, empurrado no mesmo sentido, embora a sua religiosidade fosse bem vaga. Mais séria fora a influência dos padres emigrados durante a Revolução: tinham mostrado pelo exemplo que se podia ser papista e dar testemunho de santidade. Entre os jovens de Oxford, era evidente a corrente "Romanista". O interesse apaixonado que tinham pelos Padres da Igreja transportava-os a um tempo em que a Igreja não estava ainda despedaçada pelo cisma. Estudando os textos, debruçavam-se sobre o Breviário romano — e admiravam-no.

O que não os impedia de se julgarem extremamente longe de Roma. Talvez já tivessem deixado de pensar — como o Newman adolescente — que "o Papa era o Anticristo predito por Daniel, por São Paulo e por São João" e que toda a Igreja Católica não era "mais que um cadáver". A ideia deles era mais matizada; Newman formulava-a mais ou menos assim: "Entre o protestantismo e o romanismo, existe uma *via media* que devemos seguir, mantendo, contra o primeiro, a autoridade dos antigos Padres e a Tradição, mas rejeitando, contra o segundo, tudo aquilo que, em usos ou doutrinas, é inovação". Esta *via media* seria a da igreja anglicana, renovada, reanimada pelo Movimento de Oxford. E, aliás, se a igreja romana e a igreja oriental grega se reanimassem do mesmo modo, passaria a haver "três ramos" na verdadeira Igreja, cada um deles legítimo no seu setor.

Posição bastante ambígua, de um artificialismo que Newman não tardaria a reconhecer. Mas uma alma leal não se separa facilmente de uma comunidade em que despertou para a vida espiritual, onde estão as suas tradições, as suas amizades, ainda que a julgue com lúcida severidade. Seriam precisos mais alguns anos para que John Henry Newman discernisse o termo final a que o conduzia necessariamente a sua estrada. Durante a viagem que fizera à Itália, com o seu amigo Froude, passara por Roma, e sentira agitarem-se nele velhas aversões atávicas: "Ah! Se Roma não fosse Roma! — escrevera então —. Mas vejo bem claro que qualquer união é impossível. É a Igreja cruel que exige o impossível, que nos condena pela desobediência, que quereria a nossa ruína e com ela se havia de regozijar". E até os encontros que tivera em Roma com católicos ingleses, por sinal bem acolhedores, não o tinham feito mudar de opinião: nem sequer o encontro com *Nicholas Wiseman*.

Era este o reitor — reitor muito jovem — do Colégio Inglês de Roma, que o cardeal Consalvi conseguira reabrir em 1818. Enviado, aos dezesseis anos, com uma pequena colônia de irlandeses, para repovoar esse estabelecimento que fora muito conhecido, Wiseman tinha sido um aluno extraordinariamente brilhante e, mal chegado à idade adulta, já se impunha como especialista em hebraico e sírio. Em 1833, quando Newman e Froude tinham passado por Roma, eram essas as matérias que Wiseman ensinava na Sapienza, enquanto dirigia o Colégio. E os dois jovens anglicanos, nas suas conversas com ele, tinham ficado com a impressão de terem falado muito simplesmente com um especialista em questões escriturísticas, um professor erudito, mais preocupado com a semântica e a filologia semítica do que com problemas de apostolado — no que se tinham enganado, talvez iludidos pelo ar calmo e modesto do interlocutor.

Nicholas Wiseman[38] albergava no seu íntimo uma inquietação singularmente próxima da que habitava na alma dos jovens "oxonienses". Havia já alguns meses que se perguntava se o seu verdadeiro dever seria ficar beatificamente em Roma, enquanto, na Inglaterra, a Igreja enfrentava tantas questões escaldantes. Um dos seus ouvintes, *George Spencer,* filho de um lorde e convertido ao catolicismo após crises de alma dramáticas[39], dissera-lhe, em termos vivos: "Que faz você aqui, entretido em ensinar siríaco, quando há tanto que fazer na Inglaterra?" Não seria tarefa mais útil restituir a honra ao pequeno rebanho desprezado do que formar meia dúzia de especialistas? O encontro com Newman e Fraude acabara de o orientar. Se eles não tinham ganho nada com isso, Wiseman recolhera uma grande lição[40]. Ao ouvi-los falar do Movimento de Oxford, Wiseman compreendera o que se devia responder aos anglicanos para combater as falsas ideias que tinham sobre o catolicismo. Tinha até adivinhado que o caminho pelo qual esses jovens de boa fé tinham enveredado os levaria necessariamente a Roma.

Deixou então o Colégio com uma licença por tempo indeterminado. Chegou a Paris, mesmo a tempo de poder ouvir o seu amigo Lacordaire iniciar as Conferências de Notre-Dame. O exemplo acabou por decidi-lo: em Londres, na Capela Sarda, e depois em Maorfields, pronunciou, por sua vez, "conferências" — *lectures* —, acompanhadas por um público seleto que rapidamente se mostrou interessado. Foi uma sacudidela no catolicismo inglês. Nessa altura, O'Connell, o célebre irlandês, propôs ao jovem orador que fundasse com ele a *Dublin Review* (1836), a fim de completar a ação empreendida nos meios intelectuais.

Mas Wiseman não perdera de vista os fascinantes jovens que lhe tinham falado em Roma dos esforços que faziam para regenerar a sua Igreja. Retomou contato com eles e, quando mandou imprimir as suas conferências, enviou a obra a Newman, que dela falou em termos simpáticos, embora continuasse a criticar Roma e as suas "impurezas supersticiosas". Depois de uma temporada em que retornou ao seu Colégio romano, Wiseman resolveu encarar de frente a posição do Movimento de Oxford e mostrar como era errada.

Publicou então na *Dublin Review* (1839) um artigo de natureza histórica, mas com intenções claramente apologéticas. Tratava dos *donatistas*[41], esses puritanos do século IV, combatidos por Santo Agostinho. Também eles tinham tido a pretensão de constituir uma Igreja legítima; também eles tinham sonhado com um cristianismo renovado. E a que tinham chegado? À heresia. E o grande bispo de Hipona opusera-lhes o "princípio de exclusão", que marca a conduta de todos aqueles que pretendem agir sozinhos, fora do quadro da Santa Igreja, guardiã do depósito sagrado. Não estar em comunhão com Roma e com o universo católico é condenar-se ao cisma e ao erro doutrinário. Não seria esse o caso da igreja anglicana? Os renovadores de Oxford não seriam, afinal, os donatistas da atualidade?

Esse golpe direto atingiu Newman em pleno rosto. Ele tinha nesse momento uma extraordinária autoridade sobre toda a juventude da igreja anglicana. Dezenas de espíritos confiavam nele. O homem mais petulante do grupo de Oxford, Ward, quando lhe perguntavam quais as suas convicções, respondia: "*Credo in Newmanum*". Ao pé do púlpito de Santa Maria de Oxford, todos os domingos se comprimiam auditórios cada vez mais numerosos. Se tivesse querido, Newman poderia ter fundado, à semelhança de Fox ou de Wesley, "a sua Igreja", um outro quakerismo, um outro metodismo...

Mas, quanto mais avançava, mais sentia crescer a sua angústia. Essa *via media* seria sustentável? A igreja da Inglaterra, a *sua* Igreja, mesmo renovada, passaria a ser legítima? Essa igreja nacional fundada por um rei teria os dois atributos que definem a verdadeira Igreja: a catolicidade e a sucessão apostólica? Uma pequena frase de Santo Agostinho, citada por Wiseman no seu artigo, massacrava-o constantemente — confessava ele — com "um poder que jamais encontrara em qualquer outra": *Securus judicat orbis terrarum* — "Julga com segurança o orbe da terra". Era para ele "como o «*Turn again, Whittington!*» dos carrilhões de Londres[42], ou como o *Tolle, lege* que decidiu Santo Agostinho".

Quando se trata de pessoas que o próprio Deus tem em mira, todos os golpes conduzem ao alvo. A decisão, tomada pelo governo de Sua Majestade, de instalar em Jerusalém um bispo anglicano que controlasse todos os protestantismos arruinou a sua teoria dos "três ramos"; era uma medida cismática, que "protestantizava" oficialmente o anglicanismo. Depois, veio a condenação formal que os teólogos da Igreja estabelecida lançaram sobre o folheto — de número *Noventa* — em que tentara mostrar que os 39 Artigos eram conciliáveis com o ensino católico. Seria que tudo o encaminhava, portanto, no mesmo sentido?

"Como membro da igreja anglicana — viria ele a dizer —, eu estava a partir desse momento prostrado num leito de agonia". Retirou-se para Littlemore, um anexo da sua paróquia, e mesmo nesse isolamento foi perseguido pelos adversários, que o acusavam de preparar a fundação de um convento papista. Lentamente, dolorosamente, Newman via-se arrancado daquilo que lhe parecera ser a esperança da sua vida. E, pela última vez, falou em Santa Maria de Oxford: falou sobre o tema da "separação dos amigos", e o seu sermão acabou em lágrimas.

Encerrado no seu retiro, lutou, meses a fio — mais de dois anos —, contra si próprio, contra as suas últimas objeções. Já tudo o chamava para Roma. Mas a Igreja romana do século XIX seria verdadeiramente a dos Padres antigos, a de Santo Agostinho, a de Santo Ambrósio? O primado do Papa, as indulgências, a devoção à Virgem Maria, o culto dos santos... não era certo que tudo isso fora acrescentado? O seu gênio — ou o Espírito Santo — ditou-lhe a resposta. A Igreja não é um monumento erguido uma vez por todas, um bloco imutável e como que fossilizado de fórmulas ao qual seja proibido acrescentar uma só vírgula. É uma realidade viva e, como tudo quanto vive, evolui. Numa Igreja legítima, que recebeu de Cristo uma autoridade infalível, é normal, é legítimo que o dogma se precise e se desenvolva. Tal foi a tese do livro definitivo que Newman publicou em 1845: *Ensaio sobre o desenvolvimento da doutrina cristã*, autêntico "discurso do método" do catolicismo moderno, cuja importância ainda hoje não se acabou de descobrir.

Agora, todas as objeções tinham caído. E Newman demonstrara a si mesmo a necessidade de se submeter, de em tudo se confiar à única autoridade. A última frase do *Ensaio* era a citação do cântico sublime de Simeão: *Nunc dimittis servum tuum, Domine...* ["Agora podes deixar partir em paz o teu servo" (Lc 2, 29)]. Pediu ao preboste de Oriel que o riscasse da lista dos *fellows*. Depois, a *8 de outubro de 1845*, no seu ermitério de Litdemore, entre as mãos de um passionista, o pe. Dominic, "homem simples e santo, que dispunha de grandes poderes" e a quem ele pedira que viesse sem lhe dizer para quê, pronunciou a fórmula solene de abjuração. Tão perturbado, tão transtornado, que saiu do oratório cambaleante.

Essa data — 8 de outubro de 1845 — ia ser capital para o catolicismo inglês. "Nunca — escreveu Gladstone — a Igreja romana, desde a Reforma, alcançou maior vitória". A seriedade com que se deu essa conversão, o seu caráter doloroso, o prestígio intelectual e espiritual de Newman, a influência que tinha sobre a juventude — tudo contribuía para fazer desse passo um grande acontecimento. Vários dos seus íntimos o seguiram imediatamente. Alguns até o precederam em alguns dias. Dalgarins, Saint-John, Starton, o fogoso Ward, ajoelharam-se, como ele, diante do filho de São Paulo da Cruz. Outros viriam, entre os quais Faber, que, conforme palavras suas, se converteu "para não morrer de *fome*" — e que iria ser um dos mestres da espiritualidade inglesa —, e Ullathorne, futuro colaborador de Wiseman. Em menos de um ano, deram-se mais de trezentas conversões, todas de intelectuais, professores, teólogos, homens conhecidos pela sua seriedade. A Igreja estabelecida sentiu-se abalada.

E ainda outro golpe ia ser-lhe dado. Diante da tempestade que se desencadeou, a Hierarquia da Igreja estabelecida procurou alguém capaz de responder a Newman, e especialmente de refutar o "lamentável" *Ensaio sobre o desenvolvimento da doutrina cristã*. E escolheu *Henry Manning* (1808-92), arcediago de Chichester, pastor de reconhecido zelo, alta inteligência, alma de apóstolo, que, depois da morte da mulher, vivia como anacoreta e gozava de incontestável prestígio. Seguira de perto o movimento dos *Tracts* e, sem se ter associado diretamente a ele, via-o com simpatia.

Também ele tinha pensado que *a via media* — a da igreja anglicana regenerada — era a melhor. À medida, porém, que foi lendo o livro de Newman, sentiu-se conquistado pela argumentação. Dois escândalos, que perturbaram nessa altura a igreja da Inglaterra, acabaram de afastá-lo dela: a nomeação para um bispado de um teólogo de Oxford conhecido por um liberalismo muito próximo do livre-pensamento; e a lamentável intervenção do Conselho Privado da Rainha, tribunal laico, num diferendo entre um clérigo e o seu bispo. Durante cinco anos, Manning hesitou, procurando saber onde estava o seu dever, numa indagação quase tão dolorosa, tão "agônica" como fora a de Newman. Finalmente, em 6 de abril de 1851, juntamente com o seu amigo Hope, também ele abjurou, entre as mãos de um jesuíta. Mais uma vez, a Igreja Católica e Romana vencera.

Tal foi, para nos limitarmos aos aspectos espirituais, a aventura do Movimento de Oxford. Essa sucessão de debates de alma, esse encadeamento de influências e de reações, constituem um todo tão extraordinário, um exemplo de irradiação sobrenatural tão assombroso, que é difícil não pensar no primeiro Port-Royal, naquele de antes da rebelião e da ruptura, quando um vasto grupo de consciências sinceras buscava, gemendo, a verdade da mensagem e a glória de Deus. Acabava de ser escrita uma página admirável da história da Igreja, e um católico não pode pensar nela sem emoção.

Essa página prosseguiu com um capítulo talvez não tão feliz em todos os episódios, mas que, em última análise, teve igual grandeza. Aconselhado por Wiseman, a quem quis dedicar a sua conversão, Newman partiu para Roma, onde recebeu a ordenação sacerdotal; voltou depois para a Inglaterra e fundou, em Birmingham, um Oratório da linha do de São Filipe Néri. Em seguida, deixou-se convencer a partir para a Irlanda, a fim de assumir o cargo de reitor da nova

Universidade de Dublin — uma tarefa administrativa para a qual a sua sensibilidade não o qualificava e na qual fracassou. Regressou ao convento de Birmingham e lá prosseguiu a obra que era verdadeiramente a sua: pensar, escrever, dar testemunho. Foi então que, com a alma elevada pelas provações e o espírito ainda mais apurado por tantos anos de meditação, levou a cabo essa apologética em estilo inteiramente novo que se manifestaria na *Gramática do assentimento*[43]: era a primeira expressão do existencialismo cristão, que procurava — para além das palavras, das ideias, dos conceitos — a viva realidade de Deus e ensinava a alma a entregar-se toda inteira nos atos da vida. Foi então que encontrou a fórmula sob tantos aspectos inultrapassável: "Não há senão dois absolutos evidentes: eu e o meu Criador"[44].

Quanto a Manning, que não tardou a desempenhar na Igreja Católica um papel de primeiro plano, fez-se sacerdote — em dois meses, recebeu todas as ordens e celebrou a Primeira Missa, na presença do pe. Ravignan — e ofereceu-se para trabalhar numa obra prática de apostolado. Apesar da aparência toda espiritual que lhe vinha do seu rosto belo e esguio, de traços esbatidos, Manning era tão bom administrador quanto Newman era medíocre. Pouco tempo depois, tornou-se colaborador de Wiseman, fundou o Instituto missionário dos Oblatos de São Carlos, foi superior do Seminário de Saint Edmond e por fim sucedeu a Wiseman na sé de Westminster (1865). Lembremos que, em 1850, consagrando a renovação da Igreja Católica na Inglaterra, Pio IX tinha restabelecido a Hierarquia no Reino Unido[45]. E Wiseman foi feito arcebispo de Westminster e cardeal[46].

Podemos deixar de lado — já que, no plano das almas, não é o essencial — a organização, certamente necessária, de que Manning dotou a Igreja Católica da Inglaterra. Podemos sobretudo deixar de lado as tensões que se deram no seio dessa Igreja rejuvenescida, sinais da sua vitalidade e juventude. Tensões entre os "católicos antigos" e os recém-chegados; entre os populares e os intelectuais; mesmo entre Newman e Manning, a propósito dos métodos a empregar no apostolado e, em termos mais gerais, da atitude a tomar em face do mundo moderno e das almas a conquistar[47], e, mais tarde, a propósito da Infalibilidade pontifícia e do Concílio Vaticano[48]. Incidentes menores, que não impediram o catolicismo de experimentar na Inglaterra um desenvolvimento que, desde então, nunca mais parou. A situação voltara-se a favor dele. Católico já não era sinônimo de pobre trabalhador agrícola irlandês: também podia ser sinônimo de intelectual de primeiro plano, de teólogo, de filósofo, e mesmo de aristocrata, pois houve numerosas conversões entre figuras da nobreza mais fechada.

É claro que o impulso não foi suficiente para — como houve quem sonhasse na altura e depois — reencaminhar para a Igreja Católica toda a igreja estabelecida, nem mesmo toda a Alta Igreja. Entre os promotores do Movimento de Oxford, muitos permaneceram no protestantismo: Keble, Morley e sobretudo Pusey. Este último continuou na *via media* até fundar uma nova igreja — a dos "ritualistas" — e veio a ser um dos maiores obstáculos à reconciliação com Roma no momento das negociações que precederam o Concílio Vaticano[49]. Mas era já algo muito importante que o catolicismo tivesse deixado de ser essa religião de segundo plano, esse rebanho desprezado, e principalmente esse corpo sem vida que ainda era em 1830[50].

Porventura estava morta ou moribunda — como tinham escrito um Heine, um Feuerbach, um Renan — essa Igreja que suscitava em direção a ela semelhantes movimentos de almas? "Guardando sem cessar as Casas de Deus — cantava Newman —, como tu és justa e consoladora, ó Igreja de Roma!" E nós ainda não deixamos de ouvir palavras como essas.

"Tais os padres, tais os povos"

Assim, pois, se elevava em altas labaredas, em muitos setores do Ocidente cristão, o fogo de Jesus Cristo. Temos outros indícios. Comecemos pelo mais importante, aquele que nos dá sempre a conhecer a vitalidade de uma Igreja. "Tais os padres, tais os povos", dizia outrora *Monsieur* Vincent. A fórmula, que muitos dos seus êmulos hão de retomar, não tinha deixado de ser verdadeira — e nunca o deixará. Ora, no seu conjunto, o clero do século XIX merece respeito e admiração.

Ao sair da grande crise revolucionária, a situação era má. O clero, sobretudo na França, onde a perseguição lhe infligira terríveis golpes, tinha diminuído em cerca de um terço. Mais de cinco mil paróquias estavam sem pastor. Um historiador, o pe. Rohrbacher, conta que, quando iniciou o seu ministério, lhe foram entregues sete paróquias. De 12 mil vicariatos, só cinco mil estavam providos. E, como só houvera seis mil ordenações desde 1789, o envelhecimento era evidente. Nos outros países, onde a estatística parecia mais favorável, a realidade estava longe de ser satisfatória. As guerras napoleônicas tinham desferido em muitos lugares graves golpes ao clero, aos seus instrumentos de ação, ao seu recrutamento. Até onde a quantidade não diminuíra grande coisa, a qualidade não tinha progredido: demasiada rotina, demasiado conformismo e, com frequência, também excessivo conforto. Por toda a parte, notava-se um evidente desprezo pelo esforço intelectual: para sermos francos, uma grande incultura. Stendhal, quando nos mostra Julien Sorel mal visto no Seminário de Besançon por ser inteligente e dedicado ao estudo, com certeza que faz caricatura... Mas Lamennais, que conhecia as coisas por dentro, poderá dizer: "Nunca o clero, olhado em conjunto, foi tão ignorante".

A reação contra esse estado de coisas foi notável. Iniciou-se no Império, quando o cardeal Fesch se lançou a fundar seminários com um ardor que divertia o seu imperial sobrinho[51], e quando Pio VII, no meio de todas as dificuldades do seu cativeiro ligúrio, escrevia aos bispos da Itália que era esse o primeiro dos seus deveres. Veio a ganhar novo vigor quando as circunstâncias se tornaram mais favoráveis. Nenhum dos cinco papas desse período deixou de incitar, de contribuir para a fundação de seminários. Para inúmeros bispos, era essa uma das maiores preocupações. Por mais que divergissem em tantos pontos, mons. Pie e mons. Dupanloup encontraram-se lado a lado nesse terreno. Em Mogúncia, onde, rios começos do século, o pe. Liebermann, alsaciano, restaurara a grande tradição dos seminários dos tempos clássicos, mons. von Ketteler terá entre as suas tarefas capitais a de os desenvolver. Quantos fundadores de congregações propuseram aos seus filhos esse ideal: formar padres, muitos padres, bons padres! Em Paris, São Sulpício reorganizou-se desde o princípio do século: dirigido por M. Hamon, ia ter um grande desenvolvimento.

Os resultados desses múltiplos esforços foram evidentes. No país mais ferido pela crise, a França, o *déficit* já está compensado em 1825, e o movimento muda de sinal. Por volta de 1850, todas as paróquias e todos os vicariatos estão providos. Em 1870, o efetivo total do clero chega a 56 mil. O que não impede, aliás, que haja bispos, como Dupanloup, que se inquietam: "Faltam padres; o recrutamento sacerdotal é insuficiente". Mas é porque as novas obras e a piedade dos fiéis em aumento alargam consideravelmente o campo de ação do apostolado, o que, em si, não é coisa para lamentar! Na Itália, o clero passa, de 50 mil em 1815, a perto de 70 mil em 1870; chega a haver superabundância. Situação semelhante na Espanha. Na Alemanha, o progresso é idêntico ao que se viu na França: o clero é numeroso, está próximo do seu povo e muito ativo.

Mas esse quadro tem uma sombra, a mesma que, aliás, já vimos cair sobre toda a Igreja. Não é verdade que o clero se isola demasiado do mundo, do mundo tal como se vai configurando? Por reação contra as excessivas liberdades do tempo das crises, por zelo pela disciplina, não se estaria a preparar excessivamente os padres para viverem num mundo fechado, num mundo sem janelas para a vida real dos homens? Não era assim com todos; não era assim em toda a parte. Não se pode dizer que um pe. Chevrier preparasse os seus Padres do Prado para se encerrarem em si mesmos, nem São João Basco os seus salesianos! E, ainda que formado nas estritas disciplinas sulpicianas, um São João Maria Vianney se recluísse numa meditação solitária... E no entanto é verdade que, no conjunto, aqueles que têm então a função de educar as jovens gerações do clero se preocupam mais com formar padres dignos e piedosos, muito "espirituais", capazes de resolver os casos de consciência dos penitentes, de celebrar corretamente a missa e de ministrar como deve ser os sacramentos, do que de preparar alunos cultos, mesmo nas ciências eclesiásticas. Até São Sulpício, chefe de fila da educação sacerdotal, cede a esse pendor; o Manual de Tronson continua em uso: está-se lá, diz Renan, "tão separado do tempo presente como se três mil léguas de silêncio o rodeassem". Essa corrente vai durar muito tempo. Mas só terá aspectos negativos?

O grande fato de todo este período é que, em conjunto, a qualidade propriamente espiritual do clero é indiscutível. Podemos vê-lo alcançar o mais alto nível. Nenhum dos papas do período dá o flanco à crítica. Pio VI, que no princípio do seu pontificado, excessivamente feliz, não foi lá muito exemplar, mostra uma tal grandeza no martírio que põe fim à sua vida, que se transfigura. Pio VII, o monge Chiaramonti, é, no trono de Pedro — tão sacudido nessa altura —, o piedoso beneditino que sem dúvida alguma quereria ter sido sempre. Leão XII é um asceta austero, mas também homem de uma caridade inesgotável. O bonacheirão Pio VIII, padre piedoso e até devoto. Gregório XVI, o camaldulense, é outro monge sob a tiara. E, de Pio IX, a quem o "advogado do Diabo" irá censurar a presença de Antonelli a seu lado (no processo de beatificação que certamente não tardará a reabrir-se)[52], os promotores da causa não hão de ter dificuldade em mostrar as suas virtudes e méritos, tanto os do homem como os do Pastor.

Quando o Bispo de Roma dá o exemplo, o episcopado é, em geral, de boa qualidade. Os titulares das dioceses são designados segundo sistemas diversos, quer por livre escolha do Papa, como na Itália e na Bélgica, quer por apresentação dos chefes de Estado, nos países regidos por uma Concordata, quer por eleição capitular, como na Holanda, na Suíça e em parte da Alemanha, quer na América do Norte, com base em proposta de vários nomes. Em qualquer dos modos de designação, a intervenção de Roma é, afinal, decisiva, e não se discute. E exerce-se quase sempre para conceder a mitra e o báculo a homens verdadeiramente religiosos, autênticos pastores, saídos de todas as classes sociais, com frequência das mais humildes.

Foi-se repetindo por demasiado tempo que os bispos do século XIX se enfeudaram excessivamente na política, vinculando-se a interesses de partido e de classe. Mesmo que essa crítica seja, em certa medida, justificada, não temos o direito de prejulgar sobre as qualidades propriamente espirituais desses homens que, na sua maior parte, tiveram um alto sentido das suas responsabilidades. Houve no século XIX uma pastoral episcopal cuja importância nós mal começamos a medir[53]. Um homem como o cardeal Pie surge como alma sobrenatural e apóstolo, não menos que como combatente cheio de pugnacidade. Há nele santidade, como há em mons. Affre, em mons. Darboy ou em Wiseman, Newman, zu Droste-Vischering, Pacca e tantos outros, incluindo os bispos-conquistadores que vimos trabalhar nos Estados Unidos, como foi Cheverus, ou Flaget, ou Bruté, ou esses vigários apostólicos dos vastos campos heroicos das Missões.

A bem dizer, era o clero inteiro que se aperfeiçoava. É verdade que não nos devemos prender a um quadro idílico. Há ainda países católicos onde certos elementos estão longe de ser exemplares, sobretudo quanto à observância do 6° e do 9° mandamentos. Mas são exceção. Aubert, aliás pouco inclinado ao panegírico[54], anota com toda a justiça: "A sensível elevação do nível espiritual do clero é um dos aspectos menos espetaculares, mas da maior importância da história da Igreja durante a segunda metade do século XIX".

São várias as causas que o explicam. A Revolução, "peneirando o clero" (na expressão de J. de Maistre), eliminou a maior parte dos elementos duvidosos. E impôs o poder do exemplo. Como esquecer o sacrifício dos que morreram mártires, sob a lâmina de Guillotin ou nos pontões de Rochefort? Ou a admirável história do pároco Noel Pinot, executado em Angers, que — revestido, por escárnio, das suas vestes sacerdotais — recitou, ao chegar ao pé da máquina fatal, o *Introibo ad altare Dei* da missa?

Houve grupos de padres e mesmo de leigos que não cessaram de trabalhar pelo aperfeiçoamento do clero: é o caso da Congregação no princípio do período, depois dos institutos, tais como os que criaram mons. Pianelli em Bobbio, Jean-Marie de Lamennais (irmão de Félicité), ou, mais tarde, Manning e tantos outros.

A ação dos Seminários, renovados, fez-se sentir de um modo cada vez mais forte, especialmente a partir de 1850. Deste ponto de vista, São Sulpício, na França, é decisivo.

Há também a emulação com o clero regular, que iremos ver proliferar prodigiosamente, como fermento. E a influência crescente da Companhia de Jesus, dos beneditinos e dos dominicanos, que se reconstituem, atua em profundidade entre o clero francês, contribuindo para lhe dar o tom.

Assim se estabeleceu esse clero que nós hoje conhecemos na maior parte dos grandes países católicos, e que merece o nosso respeito[55]. Muito mais disciplinado do que o antigo, sobretudo em países como a França ou a Itália — onde os padres já não são inamovíveis e são vigiados de perto pelos bispos, que, por ordem de Roma, multiplicam as visitas pastorais a fim de desenvolver o zelo e o espírito sacerdotal —, esse clero novo é sério, sólido, consciente das suas responsabilidades, muitas vezes empenhado em alcançar o cume da vida espiritual. O padre de Corte desapareceu, e o padre mundano que brilhava nos salões, o erudito muito descansado no seu "benefício", sem cuidar senão dos seus amados estudos, e o eclesiástico dos campos, de costumes fáceis e populares — vão sendo casos cada vez mais raros. Em muitas e muitas dioceses, a qualidade sobrenatural dos membros do clero vai sendo aperfeiçoada por retiros sacerdotais anuais, recolhimentos mensais e práticas regulares de piedade.

O padre não é apenas essa "sentinela fiel na sua guarita, paciente, atenta à palavra de ordem, montando guarda corretamente, na sua solidão e monotonia", como diz Taine. Cada vez o vemos mais preocupado com o apostolado, dando-se sem reservas, no âmbito da sua paróquia, a tudo o que dele podem reclamar a educação dos seus fiéis, a extensão do Reino de Deus e a prática da caridade de Cristo. A famosa palavra do pe. Chevrier surge com a força de um lema: "O padre é um homem devorado". Importa que se dedique sem limites ao seu pequeno rebanho, se quiser ser fiel às exigências da sua vocação, e é isso mesmo que pensam muitos padres. E, como esse esforço diário é imenso e difícil, e pede forças a bem dizer sobrenaturais, começa a aparecer um movimento para unir os sacerdotes no apoio fraterno e, antes de mais, na oração. Assim aparecem, desde 1861, os *Padres do Santíssimo Sacramento,* do pe. Eymard, a *União Apostólica,* do pe. Lebeurier, a *Sociedade dos Padres de São Francisco de Sales,* do pe. Chaumont, a *Associatio perseverantiae sacerdotalis,* do pe. Muller (austríaco), os grupos do *Convict* do pe. Guala e do pe. Cafasso, em Turim, e, já no final deste período, a experiência de vida comunitária lançada por Dom Gréa.

É óbvio que, entre tantos e tantos padres excelentes, é impossível fazer qualquer seleção. Aliás, quantos e quantos terão ficado apenas conhecidos por Aquele que sonda os rins e os corações! A Itália de Rosmini e de Cottolengo; a Alemanha de Sailer; a Espanha de Balmes; a França de Jean-Marie de Lamennais, do apóstolo cego mons. Ségur (um dos maiores nomes da espiritualidade do tempo), do pe. Chevrier, que tão admiravelmente soube traçar o perfil do padre ideal, a França, ainda, do *pe. Perreyve* (1831-65), figura luminosa, cuja pregação inflamava os estudantes universitários e que morreu em plena juventude, aos trinta e quatro anos — todos os países da catolicidade haviam de querer inscrever nomes na lista... Mas, em última análise, não é porventura vã qualquer enumeração, se foi precisamente no século XIX que nasceu, cresceu e morreu aquele em quem, oficialmente, a Igreja iria reconhecer o tipo perfeito do padre, modelo de todos eles — *João Maria Vianney,* o Cura d'Ars?

O Cura d'Ars

Era ao entardecer de 9 de fevereiro de 1818, uma terça-feira. Um pastorinho de dezesseis anos, Antoine Givre, que guardava as ovelhas na lande das Dombes, teve um encontro estranho, que havia de recordar durante toda a vida. Ia cair a noite. Já as luzes se acendiam nas janelas das casas, agrupadas a algumas centenas de metros, para além de um valado. Do lado da estrada de Lyon, o rapaz ouviu um barulho e olhou: era um padre que avançava a grandes passadas de camponês; a seu lado, uma velha de touca na cabeça; atrás deles, uma carriola vacilante, carregada de fardos e de uma misturada de coisas, no meio das quais se via uma cama de madeira. O padre saudou o pequeno e perguntou-lhe se ainda estava longe de uma aldeia chamada Ars. Antoine indicou com a mão o humílimo povoado que já se ocultava no crepúsculo. "Como é pequeno!", murmurou o padre. E ajoelhou-se. Em silêncio, durante muito tempo, rezou, de olhos postos nas casas. Rezou com um fervor e uma atenção extraordinários. Dir-se-ia que via coisas de que os outros não faziam a menor ideia. Ao levantar-se, olhou para o rapaz e, com voz muito simples, disse: "Tu mostraste-me o caminho de Ars... Um dia hei de mostrar-te o caminho do Céu"[56]. Em seguida, retomou a marcha. A capelania de Ars-en-Dombes — que não tinha mais de duzentas almas e estava subordinada à paróquia de Misérieux, da diocese de Lyon — recebia o seu novo encarregado.

Chamava-se Jean-Marie Vianney. Nascera trinta e dois anos antes (1786), numa aldeia situada a umas dez léguas, Dardilly, onde os pais eram gente dedicada ao campo; e gente piedosa, como ainda havia tantos na França. Por curiosa coincidência, um dia sentara-se à mesa deles São Bento Labre, "o anjo andrajoso", no decurso da sua grande peregrinação[57]. Já aos sete anos, o pequeno Jean-Marie mostrara uma inclinação tão evidente para a oração que se falara de fazer dele frade ou padre. Levava para os campos onde guardava algumas vacas uma imagenzinha de Nossa Senhora, que colocava no buraco de um salgueiro para se ajoelhar diante dela. Com a Revolução, viera a grande caça aos padres. O pequeno tivera de aprender o catecismo às escondidas e de fazer a primeira comunhão clandestinamente, numa casa com a porta e as janelas fechadas. E o espetáculo da resistência do clero francês à perseguição acabara de enraizar nele a vocação religiosa. Mais ainda: uma vocação para o heroísmo, o sacrifício, a grandeza espiritual.

Infelizmente, para ser padre e ter o direito e os meios de "ganhar almas para Deus", não basta a boa vontade, não basta o impulso do coração: é preciso estudar, aprender latim, liturgia, teologia e tantas coisas mais! Nesse campo, João Maria Vianney mostrara-se muito decepcionante. O seu cérebro, maravilhosamente capaz de fixar os fatos da vida prática e de penetrar nos seres, era radicalmente incapaz de armazenar as declinações latinas e as mais elementares noções de dogmática! Se não tivesse encontrado no seu caminho um homem para o compreender, não há dúvida de que nunca teria chegado a vencer os sucessivos obstáculos que o separavam do sacerdócio. Nos seminários de Verrières e, depois, no de Santo Ireneu, perto de Lyon, que fraca figura tinha feito o pobre pequeno! Mas M. Belley velara por ele, M. Belley, pároco de Ecully, abelha operária de uma dessas equipes de missionários que, em pleno Terror, o pe. Linsolas, vigário geral de Lyon, tivera a audácia de fundar[58]. Graças a Belley, Jean-Marie conseguira receber o diaconato, em 1814, e, no ano seguinte (a 13 de agosto), a ordenação sacerdotal, na capela do Seminário Menor de Grenoble, algumas semanas depois da queda do Império. Coadjutor em Ecully, acabara de se preparar junto do seu mestre para uma existência sacerdotal inteiramente devotada às almas e também cheia de práticas de piedade e ascese: flagelações, jejuns, cilício. Era de Ecully que chegava, nesse entardecer brumoso de 9 de fevereiro de 1818, à minúscula aldeia de Ars. E lá iria ficar durante quarenta e um anos...

Fisicamente, era um corpanzil rústico, de andar pesado, rosto alongado e magro, cujas "maçãs" se iam adelgaçando até ao queixo esguio, e em que o nariz ossudo despontava sobre uns lábios finos. O único dado apreciável dos seus traços sem graça eram os olhos, olhos de um azul-cinzento, de uma limpidez e uma capacidade de concentração igualmente extraordinárias. Mais tarde, quando estiver no auge da sua celebridade, uma toleirona burguesa, vinda expressamente de Paris para admirar o grande homem, vendo-o assim, exclamará: "É só isto, o Cura d'Ars?!" Pois só isso, esse camponês bronco, mal vestido, com uma batina remendada e esverdeada à força de uso, esse homenzinho facilmente brincalhão e que se chamava a si próprio o burrinho ou o idiota da aldeia?! Como não deixar desconcertada uma parisiense! E essa reputação de ignorante, de caranguejo com orelhas de burro, que o seguia desde o seminário e que ele mesmo parecia cultivar com prazer...

Mas a verdade desse homem não estava aí. É óbvio que era exatamente o contrário desse *minus habens,* desse "primário intelectual" de que falariam os redatores da *Idée libre.* A inteligência não se mede só pela dose de conhecimentos livrescos que pode assimilar, e, quanto a tudo o que pertencia à vida e não ao impresso, João Maria Vianney era uma inteligência fora de série. E, sobretudo, havia nele alguma coisa superior à inteligência: uma forma de "ver as coisas do alto", como disse o cardeal de Bonald, um dom de intuição que escapava a toda a lógica, mas que se revelava quase infalível, uma grandeza que se impunha ao interlocutor mais obtuso ou mais hostil: numa palavra, uma força soberana, a par da simplicidade mais natural e da mais autêntica humildade. "Para crer na presença do Sobrenatural — pôde alguém dizer dele —, basta olhá-lo". Todos os que o viram deram o mesmo testemunho da sua irradiação espiritual, da misteriosa "aura" que rodeava o seu corpo sem prestígio.

Uma palavra resume tudo sobre a realidade profunda que o sustentava. Foi dita pelo bispo de Belley, num dia em que alguns padres deploravam diante dele, cheios de compaixão, a ignorância do seu confrade, a nulidade que era em matéria de teologia e de casuística: "Não sei se ele é instruído; sei que é iluminado".

Assim era, pois, aquele que Ars-en-Dombes ia guardar durante quarenta e um anos seguidos, aquele que viria a identificar-se tão totalmente, tão plenamente, com essa ínfima aldeia, que iria como que ser absorvido por ela, perder até o nome de família a favor do seu pobre título, não ficando a ser, "tanto no futuro como no Céu", nada mais que o Cura d'Ars[59]. Quarenta e um anos, "e sempre contra vontade" — diz a excelente Catherine Lassagne, que o acompanhou no seu presbitério. Porque, torturado pela angústia de não ser digno da pesada missão de padre, esse humilde diante de Deus há de fugir da paróquia pelo menos três vezes, decidido a deixar o lugar "a alguém menos ignorante", e serão os próprios paroquianos que o reterão, à custa de mil e uma astúcias. Quarenta e um anos de uma vida que, aparentemente, parecerá a mais banal, a mais monótona que se possa imaginar, mas na qual se desenrolará, num plano que já não pertence à terra, a aventura mística mais espantosa da sua época.

Quando Jean-Marie chegou, Ars não passava da mais morna das comunidades cristãs. "Lá, não gostavam muito de Deus". Mas, logo que viram como vivia o novo cura, os paroquianos compreenderam que alguma coisa tinha mudado. Começou por mandar restituir ao castelo os móveis confortáveis que a piedosa Mme. des Garets tinha emprestado ao presbitério. Depois, pôs-se a restaurar a igreja, que estava caindo aos pedaços, fazendo por suas próprias mãos "o trabalho doméstico de Deus". A seguir, só se falava na aldeia de que o novo encarregado da capelania de Ars tinha um modo singularíssimo de alimentar-se: umas tantas côdeas de pão seco, uma panela de batatas, que mandava coser cada três semanas e que ia comendo frias. Por último, as boas mulheres que, de tempos a tempos, conseguiam penetrar na casa paroquial para cuidar dos trabalhos domésticos, contavam que encontravam roupa ensanguentada, manchas vermelhas nas paredes... E compreendeu-se então para que serviam as correntes que o padre mandara forjar na oficina do ferreiro. Esses jejuns, essas penitências — que o Cura d'Ars conservará durante toda a vida — fizeram tanto maior impressão quanto a verdade é que essa terrível ascese não impedia M. Vianney de ser de uma delicadeza, de uma mansidão perfeitas, sem querer impor a ninguém os golpes de disciplina que a si mesmo infligia — e que nem uma só vez deixou transparecer. Quando, porém, este ou aquele se permitia aludir aos rigores que ele aplicava ao seu corpo, respondia com o melhor dos sorrisos que era coisa muito apropriada para "o velho Adão" ou "o cadáver"...

Poder do exemplo: foi, indubitavelmente, por aí que João Maria Vianney se impôs: primeiro, às suas ovelhas; depois, a outras. Pouco a pouco, a paróquia transformou-se. Homens, mulheres, crianças foram agrupados em confrarias ou obras. Abriu-se uma escola gratuita, a "Casa da Providência", aonde afluíram as meninas, incluindo as órfãs, as abandonadas, as desafortunadas. Os maus hábitos, como o do baile e da taberna, contra os quais o padre era severo, foram desaparecendo da paróquia. Para não o desgostarem, os moços e as moças menos recatados refreavam o seu comportamento. "O respeito humano voltou-se do avesso", e passou a ser tão vergonhoso apanhar uma bebedeira como o era, na véspera, não beber com os outros. A igreja, ainda ontem meio vazia, encheu-se e, como a gente dos arredores ganhou o costume de a frequentar, passou a ser pequena. Quem havia de prever semelhante mudança, quando, meia dúzia de anos antes, o arcebispo encarara seriamente a hipótese de suprimir a paróquia?

E, no entanto, João Maria Vianney não era grande orador; o que servia aos seus ouvintes não eram grandes trechos de eloquência. Tinha a voz gutural; tendia a gritar; muitas vezes perdia o fio do discurso, parava e depois retomava a palavra fosse lá como fosse; por fim, como não sabia como acabar, cortava o sermão e descia do púlpito subitamente. Quanto à matéria dos sermões, nada tinha de original. O mesmo se diga da catequese, que dava a crianças e adultos várias vezes por semana. Não tinha escrúpulo em ir buscar material às coletâneas de Bonnardel, de Joly, de Billot, do pe. Lejeune, sermonários de largo uso na época, assim como ao *catecismo do campo*. Copiava um parágrafo aqui, outro acolá, harmonizava-os conforme podia; mas, sobre todo esse mosaico, punha a sua marca, transformando as frases excessivamente bem construídas em fórmulas simples, populares, com comparações e imagens que impressionavam o ouvinte. Por exemplo: para mostrar a ação do pecado na alma, comparava-o a uma mancha de azeite num pano de lã: mesmo que a lavemos dez vezes, não sai! E, ao passarem pelos seus lábios — todos os que o ouviram concordam nisto —, esses pobres sermões ganhavam um poder de sugestão extraordinário. Podia anunciar os castigos do Juízo Final, ou falar interminavelmente do amor de Deus pelos homens, da sua infinita misericórdia, que encontrava sempre, como por instinto, as palavras que iam até ao fundo das almas. E que dom de descobrir fórmulas! Pelo menos uma delas ficou a pertencer ao mais raro florilégio do pensamento cristão. Ouvindo certo dia uma viúva que estava angustiada porque o marido se tinha lançado ao rio e se afogara, e que tremia convencida de que ele se condenara, que lhe respondeu o Cura de Ars? Simplesmente isto: "Entre a ponte e a água, houve tempo para o arrependimento e o perdão". Entre a ponte e a água...

Era assim o padre que a aldeia de Ars conservou por quarenta e um anos. O padre. E esta única palavra diz tudo. Porque Jean-Marie Vianney não foi senão um padre, um simples padre, todo ele entregue às almas, devorado pela sua missão, integralmente fiel à sua vocação. Nada mais que isso; nada menos que isso. Mas esse sacerdócio, que estivera a ponto de lhe ser recusado, fê-lo ele subir a um nível tão alto que se revelou inigualável. Nunca ninguém falou melhor que ele acerca do padre, da grandeza da sua função, do seu papel sobrenatural. "Ah! Como o padre é qualquer coisa de grande! O padre só poderá ser compreendido no Céu. Se o compreendêssemos neste mundo, morreríamos — não de terror, mas de amor... Depois de Deus, o padre é tudo! Deixai uma paróquia vinte anos sem padre: hão de adorar os animais!"

Mas também ninguém disse melhor que ele o que há de terrível para um homem em ser depositário do poder de Deus, em ter o direito de absolver e o de fazer o próprio Deus descer à hóstia. "Como é terrível ser padre!" — repetia muitas vezes —, e o seu rosto inundava-se de lágrimas. "Como é de lamentar um padre quando diz missa como coisa banal... Oh!, como é infeliz um padre a quem falte interioridade!" Um padre. Apenas padre. Aí reside o caráter extraordinário da sua aventura. Foi só por não ter sido nada mais que padre que Jean-Marie Vianney se tornou uma glória da terra, antes de ser um santo.

Sim. Pouco a pouco, ou melhor, bem depressa, o renome do Cura d'Ars transbordou do quadro estreito da sua minúscula paróquia. Chamavam-no aqui, ali, acolá, para falar, para confessar. E, sobretudo, espontaneamente, havia homens e mulheres que se lançavam à estrada, por terem ouvido dizer que, algures nos Dombes, numa aldeia perdida, havia um padre que falava de Deus, confessava, confortava. Menos de dez anos depois de ter chegado, a corrente de peregrinos que afluía a Ars tomara a força de um acontecimento, não somente regional, mas nacional e internacional. Calcula-se em 80 mil, em média, os peregrinos que, ano após ano, e durante trinta anos, se sucederam em Ars. No último ano, que foi o da morte do santo, foram para cima de 100 mil. A aldeia mais que duplicou. À volta da igreja, conforme se vê nas gravuras da época, multiplicaram-se as "pensões burguesas" e as lojas onde se vendiam objetos de devoção.

Quem eram esses que acorriam a Ars? Vinham de todos os países, pertenciam a todas as classes sociais. Aquele a quem os companheiros de seminário chamavam pobre de espírito, aquele de quem alguns colegas de sacerdócio troçavam por ser intelectualmente nulo, era procurado por homens notáveis que o vinham consultar: intelectuais de alto nível, almas comprovadamente espirituais, como, por exemplo, o pe. Lacordaire, preocupado com o futuro da sua ordem, ou o pe. Chevrier, fundador, em Lyon, do Prado, ou o pe. Muard, que iria fundar os beneditinos da Pierre-qui-Vive, ou mons. Ségur, o bispo cego, ou mons. Ullathorne, inglês convertido, discípulo de Wiseman, por este enviado a Roma para resolver a questão do restabelecimento da Hierarquia na Inglaterra e que parou em Ars e chegou a pensar em nunca mais sair de lá... Não havia ninguém que não se retirasse consolado, encorajado, guiado. Ninguém que não pudesse dizer, como certo humilde vinhateiro do Mâcon: "Vi Deus num homem".

Esse prodigioso afluxo teve, para o Cura d'Ars, uma consequência penosa. A sua vida tornou-se a vida de um forçado de Cristo, noite e dia preso a uma tarefa cuja amplitude ia além das forças humanas. É certo que lhe tinham dado um auxiliar, que, de resto, pelo seu temperamento, foi para ele, muita vez, ocasião de penitências suplementares... E até se constituiu um grupo de missionários destinado a ajudá-lo. Mas era ele, só ele, quem os inúmeros fiéis queriam ver; só a ele queriam confiar as suas misérias; só dele esperavam esperança e paz.

Então, devorado pelo zelo das almas, Jean-Marie Vianney fez-se escravo do confessionário. Nessa pequena caixa de madeira em que no inverno gelava e no verão abafava, passava horas, dias, meses, anos inteiros... Chegou a ficar lá dezoito horas seguidas! Também chegou a desmaiar, sufocado com a falta de ar e o mau cheiro. Os dias eram para ele "regulados como uma pauta de música". Pouco depois da meia noite, ia para a igreja, de lanterna na mão. Já a multidão o esperava à porta e logo começava o desfile. Foi preciso organizar um serviço de ordem! As mulheres eram atendidas no confessionário, que ficava numa capela lateral. Os homens que não gostavam de ser vistos iam à sacristia. Os padres — o próprio bispo de Belley — ajoelhavam-se por trás do altar-mor. Quer a confissão fosse longa ou curta, a exortação do padre era sempre breve, mas bastava para que o penitente ficasse transtornado e, muitas vezes, se retirasse de rosto banhado em lágrimas. Nesse desenrolar atrozmente monótono de feios pecados, de impurezas grandes ou pequenas, só duas interrupções: uma, para a missa, pelas quatro da manhã; outra, para o catecismo, às onze. E isso durou mais de trinta anos...

Semelhante heroísmo seria ainda deste mundo? À volta desse homem de Deus, o sobrenatural surgia em tudo. Uma coisa era certa: ele tinha o dom de ler nos corações. Bem o descobriam à sua custa aqueles que tentavam trapacear com Deus, calar pesadas faltas, diminuir um pouco a conta dos anos em que não se tinham confessado: com um olhar, o padre trespassava-os como um raio de luz, e, em duas palavras, situava-os diante da triste verdade da sua miséria.

Veria ele ainda mais alguma coisa, outras realidades? Ferozmente mudo sobre este ponto, fugindo a todas as perguntas, recusava-se a dizer se era verdade que tivera visões de Nossa Senhora, de São João Batista, de alguns outros santos talvez, como insistentemente se dizia. "Uma impressão que tive muitas vezes — diz um dos seus íntimos, que frequentemente o ajudava à missa — é que ele via aquilo que adorava". Mas havia outro capítulo sobre o qual o santo era um pouco mais loquaz: o da luta terrível, que, por mais de trinta anos, sustentou com o adversário, o próprio Satanás, a quem chamava, com um termo saboroso, *"le grappin"* ["a fisga"], e que reconhecia ter encontrado tanta vez que eram "como dois velhos camaradas". Quanto aos seus milagres, dos quais o processo de canonização consideraria uns trinta, todos eles tinham um ar de simplicidade que devemos dizer evangélica: multiplicação do pão para o orfanato da paróquia, cura de enfermos, leituras do futuro. Em todos eles se encontrava, como diziam os cristãos da primitiva Igreja, "o bom odor de Cristo".

A glória humana acompanhou essa glória celeste, singularmente manifestada na terra. Os peregrinos de Ars difundiam-na ao longe e ao largo, de modo que vinham pelas estradas das Dombes curiosos, até descrentes, que, na maior parte dos casos, de lá voltavam *adivinhados,* confusos, demudados. A imprensa falava. Nas lojas próximas da igreja, vendiam-se estampas com a figura do santo cura, o que bastava para o fazer zangar-se: "É o meu carnaval", dizia ele, mostrando-as. Pôs no olho da rua o escultor que teve a imprudente audácia de lhe pedir licença para fazer a sua estátua. Quando o bispo lhe enviou a murça de cônego honorário, o santo agradeceu-lhe muito amavelmente, mas logo vendeu o inútil ornamento e pôs o dinheiro ao serviço dos pobres. Quanto à Legião de Honra que o subprefeito de Trévoux conseguiu para ele, recusou-se evidentemente a colocá-la ao peito e imediatamente a deu de presente, visto que era um objeto sem valor comercial e inútil para as suas obras de caridade. Nada lhe iria faltar para entrar na lenda em vida. Nada: nem sequer a ácida inveja de alguns dos seus confrades, ou a gritaria daqueles a quem incomodava, ou até as cartas anônimas e as injúrias. A todos os ataques respondia afirmando que os piores tratamentos eram ainda suaves demais para um asno e um pecador da sua laia, o que deixava envergonhados os cínicos.

Nos últimos dias de julho de 1859, a morte, cuja chegada anunciara, veio arrancá-lo por fim à sua tarefa sem medida. Morreu na noite de 3 de agosto, de olhos voltados para o Céu, "com uma expressão extraordinária de fé e de felicidade", no dizer de uma testemunha. E logo acorreram multidões, massas imensas de gente, em que se misturavam os ricos e os pobres, entre eles o novo bispo de Belley, que se deslocou a pé desde Meximieux, a quarenta quilômetros, "sem fôlego, comovido, rezando em voz alta". Ars bem sabia que tinha acabado de perder um santo[60].

Renovação monástica, proliferação de institutos, plétora de congregações

O clero diocesano teve, pois, durante os três primeiros quartéis do século XIX, uma renovação indiscutível. Mais poderosa ainda, mais impressionante por se ter feito sentir mais, foi a do clero regular, ordens, institutos, congregações. No entanto, nenhuma instituição católica como as dos religiosos fora alvo de tantos ataques e assaltos durante o século XVIII. A supressão da Companhia de Jesus (1773), arrancada ao papa pelos soberanos católicos, fora o episódio mais notório dessa ofensiva. As iniciativas da "Comissão dos Regulares" da França[61] tinham tido o seu equivalente na Áustria, onde José II suprimira de um só golpe seiscentos mosteiros[62]. A Revolução e as guerras do Império tinham continuado essa obra de destruição.

No início do século XIX, se ainda havia numerosas casas de religiosos no Ocidente, a verdade é que a vida conventual estava extinta em quase toda a parte. Apesar de tudo, permaneciam intactas velhas e poderosas tradições, e não faltavam homens (e mulheres) para as fazer reviver. Logo que as circunstâncias se tornaram mais favoráveis, e até na França ensanguentada pelo Terror, deram-se iniciativas para iniciar essa ressurreição[63]. Caído o Império, houve como que uma explosão. A partir dessa altura, e ao longo de todo o período que estudamos, assiste-se a um movimento "de renascença tal como a História não conheceu equivalente, em amplitude, em complexidade"[64]. As antigas ordens ressurgem das cinzas e novos institutos vêm juntar-se àquelas, em número quase inacreditável. (Na França, os religiosos sobem para 30 mil; as religiosas, para 128 mil!).

O fato é tanto mais impressionante quanto, em vários países — católicos! — a atitude dos poderes públicos é frequentemente hostil. Na Baviera, Montgelas usa os mesmos métodos que o seu vizinho José II usara pouco antes. Na França, a Restauração expulsa os jesuítas[65]. Na Espanha, os monges são perseguidos em três ocasiões. Na Suíça, a guerra do *Sonderbund* arruína muitas comunidades[66]. No Piemonte, as leis Siccardi e Cavour levam a idêntico resultado[67]. Mas nada consegue deter nem retardar o movimento: contra ventos e marés, as ordens restabelecem-se, as congregações dispersas tornam a reunir-se e por toda a parte nascem institutos.

Devemos frisar que a Santa Sé está intimamente associada a toda essa imensa obra. Dois dos papas do tempo são monges, e o fato é importante. Geralmente, as restaurações ou as fundações são obra de iniciativas individuais, mas Roma encoraja-as e olha por elas. A Congregação dos Regulares ganha grande importância. De 1816 a 23, uma Congregação especial impõe às diferentes ordens que procedam a reformas antes de abrirem novas casas. Recém-eleito, Pio IX institui, em setembro de 1846, uma Comissão de cardeais encarregada de promover a vida religiosa, e, no ano seguinte, pela Encíclica *Ubi primum arcano,* fixa os princípios e as regras dessa vida. Em Gaeta, encarrega-se pessoalmente da reorganização dos redentoristas. Em 1850, começa a dirigir a reforma da ordem dominicana e, com grande descontentamento dos padres italianos, designa diretamente como mestre-geral o pe. Jandel, companheiro de Lacordaire. No mesmo ano, assume a tarefa de reorganizar os beneditinos de Monte Cassino. Pode-se dizer que nada se faz, neste setor tão importante da Igreja, sem que Roma intervenha. Consequentemente, todas essas ordens ressuscitadas e todos esses novos Institutos se mostram inteiramente devotados à causa do Vigário de Cristo e à sua pessoa: são os melhores agentes do ultramontanismo.

Renascimento de congregações e ordens antigas: várias são espetaculares. Já vimos como a Companhia de Jesus voltara à vida a partir de 1814[68]. O seu desenvolvimento é extraordinário. Governada sucessivamente pelos prepostos gerais Fortis (1820-29), Roothaan (1829-53) e Beck (1853--83), progride em todos os aspectos. De 800 padres em 1814, passa para dois mil em 1829, 4.500 no advento de Pio IX, 5.029 em 1853, repartidos por dez províncias. Trinta anos depois, contará perto de 12 mil. E este crescimento numérico não dá uma ideia completa dos progressos que os jesuítas fazem (sobretudo a partir de 1848 e da nova orientação no pontificado de Pio IX) no que diz respeito à influência que exercem. No terreno das ciências eclesiásticas ou nas congregações romanas, a Companhia ocupa um lugar eminente, embora muitas vezes discreto. O *Syllabus* e a proclamação da Infalibilidade pontifícia devem-lhe muito. E, na vida das almas, a sua ação faz-se sentir tanto na orientação da devoção dos fiéis (culto do Sagrado Coração, gosto pelos retiros fechados), como na formação dos sacerdotes e da elite laical, a quem educa nos seus colégios.

A Ordem de São Bento, outra das pedras angulares da Igreja no decurso dos séculos, não tinha de ser ressuscitada: existiam ainda numerosas abadias beneditinas em diversos países. Noutros, porém, tinham desaparecido por completo, e, mesmo onde subsistiam, era indispensável que se reorganizassem. O homem que, na França, ligou o seu nome à restauração beneditina foi *Prosper Guéranger* (1806-75), discípulo de segundo plano de La Chênaie, que, desde moço, sonhava com a vida monástica. Depois do fracasso da Congregação de São Pedro fundada por Lamennais, Guéranger orientou-se definitivamente para a nobre tradição da vida de oração e trabalho dos filhos de São Bento. Em 1833, com três companheiros, foi instalar-se no antigo priorado de *Solesmes,* na diocese de Mans, para ali viver segundo a Regra. Era um homem de ferro, esse Dom Guéranger, um temperamento tão combativo que a alcunha "Dom Guerroyer" lhe calhava às mil maravilhas, mas sobretudo um caráter que nenhuma provação ou dificuldade conseguia minar. Após os momentos iniciais, em que não faltaram ao fundador nem as dificuldades financeiras nem as incompreensões que geralmente acompanham este gênero de empreendimentos, acabou por triunfar. Solesmes, herdeira de Cluny, de Saint-Vanne, de Saint-Maur, tornou-se um dos pontos altos da França e da cristandade. Em 1837, Roma erigiu-a em abadia e reconheceu as Constituições da Congregação beneditina da França.

Foi no exemplo de Dom Guéranger que se inspiraram os irmãos Walter, cuja iniciativa deu em resultado a fundação da congregação alemã de Beuron. Ao mesmo tempo, Roma reorganizava em 1853 o Monte Cassino, em 1867 a Congregação de Subiaco, até que, em 1872, foi erigida a Congregação da Primitiva Observância, ou Cassiniana, que, na

França, agregaria a si a obra da iniciativa do pe. Muard na Pierre-qui-Vire. E deste renascimento beneditino procediam outros — o da ciência eclesiástica, o da liturgia, o da música sacra. Obra grandiosa, a obra do rude Dom Guéranger.

Dessa obra, uma dos grandes espíritos da época tiraria a lição: "O ato pelo qual alguém se dedica a este gênero de existência é um ato de escolha, um ato essencialmente livre, e a quantidade de homens e mulheres que nele comprometem todo o seu futuro, sem temor nem pesar, é uma prova de que a vida em comunidade é vocação de um certo número de almas... Com que direito se pode impedir que a exerçam?... Será que a vida em comunidade não é um direito do homem? A natureza e a sociedade, pela inalterável seiva que as alimenta, hão de rir-se sempre desses especuladores que pretendem mudar a essência das coisas e julgam que uma lei pode matar os carvalhos e os monges. Os carvalhos e os monges são imortais". Quem pronunciava estas palavras era o jovem padre *Henri Lacordaire,* que vimos metido em toda a aventura do *Avenir* e de Lamennais, e, de coração sangrando, separar-se do profeta de La Chênaie a caminho da rebelião[69].

Em 1837, estando em Roma — confessemos que inquieto, perturbado, inseguro quanto ao porvir —, Lacordaire vê lá chegar o seu antigo camarada de La Chênaie, Guéranger, que vinha pedir ao papa Gregório XVI o reconhecimento dos seus projetos. Lacordaire sente-se comovido. Medita sobre o papel desempenhado na história cristã por essas grandes ordens, "fortalezas de paz", dinastias de oração, e vem-lhe então a ideia de restaurar na França uma das grandes ordens desaparecidas. Um retiro em Solesmes e os conselhos de Dom Guéranger permitem-lhe tomar uma decisão. A Ordem dos Frades Pregadores, a Ordem de São Domingos e São Tomás, era a que melhor se harmonizava com o seu temperamento, os seus dons, o apostolado tal como o concebia. O papa não o desencoraja. Mme. Schetchine impele-o nesse sentido. Em 1838, o mestre-geral, pe. Ancaroni, acolhe-o com bondade, abre-lhe as portas do convento romano de Santa Sabina para fazer o noviciado e confia-lhe a missão de restaurar a ordem na França. No ano seguinte, está tudo feito. À sua *Memória para o restabelecimento na França da Ordem dos Padres Pregadores*, a opinião católica, os bispos, o próprio governo respondem com uma simpatia prudente, mas real. Pronto: *1839 é o ano da ressurreição*. Mais que modesta, aliás, já que Lacordaire, depois da morte do seu único companheiro, é o único a usar a batina branca e o largo manto negro. Mas, quando, em 1840, torna a subir ao púlpito de Notre-Dame, lugar dos seus passados triunfos, e lá alcança mais um, a partida está ganha. Seis meses depois, os postulantes serão doze e, em 1870, haverá perto de 300 padres. E são as ideias de Lacordaire que, por intermédio do pe. Jandel, mestre-geral, presidem à reorganização da Ordem dos Pregadores.

Essas três restaurações são as mais célebres, mas houve tantas que não podemos enumerá-las todas. Foram muito poucas — talvez umas vinte — as ordens e congregações que, existindo antes da Revolução, não vieram a ressurgir. Os Cistercienses da Observância Comum reorganizaram-se na Alta Alemanha logo em 1806, na Itália em 1820, na. Bélgica em 1836, na Áustria em 1852, na França, graças ao pe. Barnouin, em 1855 (abadia de Sénanque). Ao mesmo tempo, dois da Estrita Observância, os "trapistas", salvos por Dom Lestrange à custa de espantosas aventuras[70], reconstituíram-se em duas Observâncias que Gregório XVI fundirá em 1834. A Grande Cartuxa via os monges brancos reinstalarem-se por trás dos seus muros logo em 1816. Os premonstratenses terão de esperar até 1869 para terem o seu primeiro capítulo geral. Mas as companhias de padres reaparecem bem depressa: sulpicianos já em 1816,

Padres das Missões Estrangeiras, de Paris, na mesma ocasião. Quanto a certos institutos, é mais do que uma restauração: é um impulso novo, um desenvolvimento extraordinário. Assim acontece com os redentoristas, os passionistas, os dez mil Irmãos das Escolas Cristãs e as três fundações de São Luís Maria Grignion, a que o pe. Deshayes torna a dar vida. E as ordens femininas não ficam atrás: as carmelitas, que a corajosa Mlle. de Soyecourt conseguiu restabelecer em Paris quando ainda a Revolução estava longe de ter acabado[71], as clarissas, as beneditinas, as dominicanas, todas elas retornam a uma vida brilhante. E mais ainda as Irmãs de São Vicente de Paulo, as Irmãs de São José e os outros institutos consagrados à caridade, os quais, em plena crise sangrenta, reconstituíram a sua missão e se espalharam a partir daí de maneira grandiosa.

No solo da velha Europa cristã, tão trabalhado e regado pelo sangue de testemunhas sacrificadas, não surgem apenas rebentos em antigos troncos. O aparecimento de novas congregações é um dos fatos característicos do período. Aparecimento? Antes, proliferação, pulular sagrado, plétora. De 1815 a 1870, nem um ano deixa de registrar o nascimento de um desses agrupamentos, masculinos e femininos, que, sob um hábito inédito e obedecendo a Constituições próprias, se consagram ao serviço de Deus. Entre as mulheres, o fenômeno toma tal amplitude que chega a correr uma palavra maliciosa: uma das coisas que, apesar da sua onisciência, Deus ignora, é o número exato de congregações femininas...

De resto, o movimento é encorajado pela Santa Sé, em especial pelo cardeal Bizzarri, que, no pontificado de Pio IX, dirige a Congregação dos Religiosos. Confessemos que não é nada cômodo circular por entre todas essas formações, cujos nomes facilmente se confundem. Salvo os especialistas, raros serão os católicos capazes de explicar o que as distingue, menos ainda os que conseguem ligar corretamente determinada congregação ao seu fundador. Estabelecer a diferença entre marianistas, maristas, Irmãos maristas, Oblatas de Maria Imaculada, Padres do Sagrado Coração de Maria ou do Imaculado Coração de Maria — não é nada fácil. Menos ainda seria situar nas suas perspectivas pr6prias as Irmãs da Assunção, as Irmãzinhas da Assunção, as Oblatas da Assunção e as Orantes da Assunção. Tanto mais que as antigas ordens seguem o exemplo: as dominicanas vão acabar por ter trinta e um ramos ou congregações!

Semelhante fervilhar de pequenas congregações será indício de individualismo? Talvez. Mas também é desejo de ir ao encontro de necessidades diversificadas, com uma especialização muito generosa. O que não impede que muitas dessas novas fundações sejam "pluralistas", por exemplo simultaneamente dedicadas ao ensino e à caridade, como o vinham sendo, desde havia já dois séculos, as filhas de *Monsieur* Vincent, sem esquecermos as vocações missionárias, cuja importância já vimos[72]. Imensa, impressionante messe de Deus, a que os trabalhadores e as trabalhadoras afluem em massa! Nesse momento, a França é o campo mais fecundo, mas seguem-na a Itália, a Bélgica, a Espanha, e mesmo os Estados Unidos e o Canadá. É então que se prepara uma das facetas da Igreja dos nossos dias.

Nos homens, as novas fundações seguem menos o modelo das grandes ordens antigas do que o das congregações posteriores ao Concílio de Trento, e sobretudo o das Companhias de Padres, fórmula flexível e muito favorável a uma ação multiforme. O termo "Oblatos" é utilizado frequentemente, embora muitas vezes designe, não, como diz a definição, "leigos que se agregam a uma comunidade religiosa, entregando-lhe os seus bens", mas autênticos religiosos, com profissão de votos, e em geral padres. Ao lado desses grupos — e é outro fato característico, já observado no campo missionário —, surgem e multiplicam-se as dos "irmãos", religiosos que não são padres, mas não deixam de servir a Deus e à Igreja em todas as tarefas apostólicas, de acordo com a fórmula popularizada por São João Batista de la Salle: a sua ação, designadamente em matéria de educação, é de primeira importância.

Nesse generoso exército, qualquer enumeração que se faça tem de ser injusta, e, como toda a classificação, artificial. Por que citar uns e não outros, quando um mesmo impulso os arrebatava? Por que aproximar aqueles que se propõem uma mesma devoção, se os seus objetivos podem ser muito distintos? Poucos são os institutos que se consagram unicamente ao culto, como os *Padres do Santíssimo Sacramento,* do Bem-aventurado *Eymard* (1811-68), o Santo de La Mure (nos Alpes) que queria que os seus filhos se dedicassem, acima de tudo, à adoração. Na maior parte, consagram-se a tarefas mais ativas: missões, alívio dos necessitados, sobretudo ensino. O que os atrai é o apostolado propriamente dito: é o caso, por exemplo, dos *Missionários do Precioso Sangue,* fundados, na Itália, pelo Bem-aventurado *Gaspar del Bufalo;* ou, na França, dos Padres do Prado, de Lyon, a quem o fundador, o Bem-aventurado *pe. Antoine Chevrier,* logo em 1860 especializa na missão operária. Muitos, porém, como os *Oblatos de Maria Imaculada,* de *mons. Mazenod,* ou os *Maristas,* do Venerável *Colin,* não separam a obra de pregação nos meios rurais da que executam nos antípodas, para conversão de pagãos[73].

Outras congregações que já vimos empreender uma obra missionária de primeiro plano consagram-se, nos países cristãos, à educação da juventude. Assim, os *picpucianos* do heroico pe. Coudrin, ou os Padres do Sagrado Coração de Betharram, de *São Miguel Garicoïts.* Mas bem mais numerosos são aqueles que têm como vocação única formar os jovens. Constituem, desse modo, a categoria mais numerosa.

Há os que se especializam na nova fórmula dos "patronatos", que vimos nascer em 1845, com os *Filhos de São Vicente de Paulo,* do pe. Leprévost[74]. Desses, a grande maioria consagra-se à escola e em geral são "irmãos": Irmãos Maristas do pe. Champagnat; Irmãos da Instrução Cristã, chamados de Ploërmel (são os do bom Jean-Marie de Lamennais); Irmãos do Sagrado Coração, do pe. Coindre; Irmãos da Doutrina Cristã de Nancy, de Dom Fréchard; Clérigos de Saint-Viateur, do pe. Querbes, cujos êxitos no Canadá serão consideráveis; e Irmãos das Escolas Cristãs da Misericórdia; e Irmãos da Sagrada Família de Belley, do Irmão Gabriel Taborin; e Irmãos de Sainte-Croix-du-Mans; e Irmãos de Sainte-Croix-le-Rougé... *Turba magna* — como diria o pe. Bremond... E ainda seria preciso acrescentar aqueles que, ocupando-se mais especialmente de orfanatos, cabem mais, talvez, no setor da caridade que no da educação. E não podemos esquecer os *Christian Brothers* e os *Saint-Patrick's Brothers,* da Irlanda, e, mais ainda, aqueles que hão de surgir na Itália, acudindo à chamada de dois grandes santos da época: José Cottolengo e João Bosco.

Entre tantos e tantos fundadores, de luminosas virtudes que a Igreja muitas vezes reconheceu, qualquer veleidade de escolha fica derrotada logo à partida. Mas, apesar de tudo, gostaríamos de destacar um deles, por causa de uma notável intuição que teve: o *pe. Emmanuel d'Alzon* (1810-80), que, fundando os *Assuncionistas* (que virão a ter vários ramos femininos), não os orientou apenas para o ensino e para as missões em terras infiéis, mas lhes propôs um dos maiores meios de apostolado do nosso tempo: a imprensa.

Nas mulheres, a complexidade é ainda maior. Numerosas fundações não ultrapassam os limites de uma diocese, se não de uma paróquia, e as denominações são ainda mais vizinhas umas das outras. Não quer isto dizer que as fundadoras e os fundadores não tenham tido uma individualidade forte e bem diferenciada. Muitos deles e delas surgem, até, como figuras poderosas, e a sua existência, que nos é dada a conhecer por muitos livros, está cheia de altas lições espirituais. De M.-M. Postel a Emília de Rodat; da extática de Niederbronn a M.T. de Soubiran; do espanhol Francisco Coll à italiana marquesa de Canossa, quantas almas admiráveis, que galeria de imagens exemplares!

Também aqui, a preocupação propriamente orante parece ceder o lugar a outras, mais ativas. No entanto, as Servas do Santíssimo Sacramento, filhas do pe. Eymard, as Irmãs da Adoração Reparadora, as Religiosas de Maria Reparadora, fundadas na Bélgica pela baronesa de Hoogvorst, outras ainda, entre as quais as contemplativas de José Cottolengo, entregam-se primordialmente à oração. Outras, e são inúmeras, embora consagrem ao Ofício divino e à oração boa parte do seu tempo, dedicam-se à caridade e ao ensino, segundo todas as exigências infinitamente diversificadas de uma sociedade em diversificação.

A primeira em data dessas fundações femininas vem logo no começo do ano de 1800. É obra de *Santa Madalena Sofia Barat,* alma apostólica animada pelo espírito de Santo Inácio: são as *Damas do Sagrado Coração,* consagradas a educar uma elite feminina cristã. Depois, porém, todos os países do Ocidente vão ver surgir fundações semelhantes, mesmo na Inglaterra, onde, em 1846, Mrs. Connely funda a Sociedade *Holy Child.* Se das *quatrocentas e trinta e duas fundações* (número pasmoso, e não podemos assegurar que esteja completo) que se vão escalonando por todo este período estudado, se de todas essas quiséssemos — com o risco de contristar as outras quatrocentas e trinta e uma — referir apenas uma, porventura escolheríamos as *Auxiliadoras do Purgatório,* criadas em 1856 por *Eugénie Smet de Monthiver,* não só para cuidar dos doentes, mas ainda para auxiliar os moribundos a transpor o limiar supremo, e para oferecer uma vida de sacrifício e de oração pelo resgate dos pecados que se expiam do outro lado da morte.

Um fundador: São João Basco

Na abundante coorte desses fundadores que a Igreja vê marcharem debaixo da sua bandeira, há um cuja glória empalidece a de todos os outros: *Dom Bosco* (1815-88). A Itália católica orgulha-se dele como a França católica se orgulha do seu êmulo em santidade, o Cura d'Ars. Um e outro têm, no seu tempo, valor de símbolo, impondo-se pela simples potência dos dons sobrenaturais, testemunhas de Cristo no próprio âmago de uma sociedade que O esquece. Pio XI aproximou-os ao canonizá-los. E, de certa maneira, completam-se um ao outro. Um irradia para o mundo lá do fundo do confessionário que quase não abandona, porque a humildade do Grande Pobre o habita e transfigura; o outro está incessantemente em ação, criando, construindo, agrupando as pessoas, forçando os acontecimentos a seguir o seu ritmo. Mas, diferentes como são nas aparências, assemelham-se um ao outro pelo mais profundo de si mesmos, pela generosidade sem limites, pelo dom a Deus e aos homens, que nada consegue deter, pela fé inabalável na Providência. Ainda que estivessem sozinhos no seu século — que, como sabemos, contou muitos outros êmulos seus —, bastariam para mostrar que a grande série dos arautos de Cristo não estava encerrada na hora em que os seus inimigos cantavam vitória.

"O São Vicente de Paulo italiano", escreveu-se na imprensa parisiense durante a visita que Dom Bosco fez à França em 1883. A expressão só *grosso modo* é verdadeira, enquanto serve para significar que a caridade de Dom Bosco em nada cede à de *Monsieur* Vincent. Mas, assim como o Cura d'Ars, a verdade é que Dom Bosco não cobre um campo tão vasto como aquele que, a bem dizer ilimitado, incluindo todos os problemas do tempo, abrangeu o antigo pastorinho das Landes feito fundador de duas congregações, renovador do clero francês, iniciador do apostolado rural, um dos protagonistas das Missões em terra de pagãos, ministro sem pasta dos Assuntos Sociais da França... e ainda muito mais.

É à volta de um problema quase único, o da infância infeliz e abandonada, que Dom Bosco concentra o essencial da sua atividade. Mas a importância desse problema, soube ele compreendê-la tão profundamente, e levar os seus contemporâneos a medi-la, que sobre essa base vai edificar uma obra grandiosa. É o tipo exato do grande fundador, simultaneamente idealista e realista, sabendo ousar, mas também ser prudente, sem procurar prestígio para si: nem agitador nem empresário, mas construtor de realidades sólidas. Seu primo-sobrinho Henrique Bosco comparou-o a uma árvore que, pelas raízes, "mergulha no lugar onde está, penetra muito longe na vida, perturba-a bem menos do que lhe capta as forças"; árvore que "se mantém num chão, o antigo chão das almas" e cujos ramos múltiplos se agitam unicamente ao vento cálido da caridade...

Olhemos para ele. Tem cerca de quarenta anos, esse "meio do caminho da vida" de que fala Dante. É o belo momento da plena maturidade, em que a obra empreendida na louca audácia da mocidade começa a ganhar verdadeiras raízes, a hora em que o padrezinho dos começos vai sendo lentamente substituído pelo superior de uma congregação feita para crescer. O homem não é alto, mas é robusto e de extraordinária força física: se tivesse que bater-se, que adversário não seria, com os seus músculos de ferro, as suas mãos amplas de camponês! Mas o rosto, aberto, respira calma generosa e benevolência. Debaixo dos cabelos encaracolados, a testa é alta, os olhos vivos e penetrantes, o nariz forte, a boca feita para a prece e o sorriso. Aparentemente, nada de um asceta. E, no entanto, até nos momentos mais alegres, uma expressão de recolhimento que se impõe. É alguém que, com uma palavra, sem erguer a voz, se faz obedecer por quinhentos rapazes que o rodeiam. Tudo nele é humano, e ao mesmo tempo tudo irradia misteriosamente a luz sobrenatural.

O moral corresponde totalmente ao físico. Equilíbrio e solidez, mas também entusiasmo e audácia. Gosta de rir. Toda a vida continuará a ser o acrobata e prestidigitador que foi na adolescência para divertir os companheiros, e muitas anedotas o mostrarão tirando do nariz de um camponês ingênuo duas ou três moedas, se não for um porta-moedas do bolso de algum bispo, ou subindo ao alto de um mastro de feira. Há nele qualquer coisa de São Filipe Néri, e não é por acaso que admira o fundador do Oratório. Um santo triste seria um triste santo, diz o provérbio. Dom Bosco, até nos piores momentos, nunca é triste, porque o outro nome da sua alegria é a fé em Deus. Mas não se vá esquecer que esse ar de bom rapaz coexiste nele com uma extrema habilidade. Não se trata de desconfiança, mas de um sentido instintivo dos homens, dos seus secretos desígnios, das suas manobras. Um diplomata não menos que homem de ação.

Assim o fizeram os anos moços de camponês pobre, órfão de pai aos dois anos, educado no meio de dificuldades, mas também formado no cristianismo mais autêntico por uma mãe admirável, seu verdadeiro guia no caminho da santidade. Como ela sofreu, a boa Margarida, para educar, viúva, uma família! Mas, por entre as dificuldades cotidianas, nunca duvidou, nunca deixou vergar a sua fé — fé muito simples, fé de catecismo. Foi ela que deu a compreender ao filho a honra de ser pobre. "Se algum dia tivesses a infelicidade de ser rico, nunca voltaria a pôr os pés na tua casa" — ameaçava —, e podemos estar certos de que cumpriria a palavra.

Foi também ela que, mal o seu pequeno Giovanni deu os primeiros sinais de vocação, o preparou para vir a ser, autenticamente, totalmente, padre. No dia em que ele se ordenou, a mãe anunciou-lhe: "Vais dizer a tua Primeira Missa: vais começar a sofrer".

Essa vocação, revelada na meninice — ele havia de confessar que tinha nove anos quando se sentiu chamado — foi afinal bem difícil de pôr em prática. Aos olhos do meio-irmão mais velho, chefe da família, um petiz desejoso de fazer-se padre era um mandrião. Pois que trabalhasse! Que fosse guardar o gado nos campos, ou se empregasse para trazer algumas liras para casa! Foi como que por acaso, da maneira mais descosida, porque um velho padre lhe adivinhou os dons, e sobretudo porque ele próprio estava dotado de uma vontade inquebrantável, que Giovanni pôde fazer estudos, começar o latim, preparar-se para o Seminário. E é impossível não sentir amizade por esse rapazinho que, dia após dia, apesar das intempéries, ao longo dos caminhos das colinas de Asti, tal como outros se sujeitam a dificuldades para irem divertir-se, lá vai, cheio de alegria, recitar o Cornelius Nepos e ler páginas de Santo Afonso Maria de Ligório...

Uma formação assim tem o seu lado bom. Sobretudo quando os dons do rapaz que a recebe são excepcionais. Aos vinte anos, quando veste a batina no Seminário Maior de Chieri, João Basco é já um espírito formado e um excelente latinista. Aos vinte e seis, quando sai de lá, já presbítero, e entra no Colégio eclesiástico de Turim, possui uma cultura vasta e profunda, maneja o latim e o grego, fala francês correntemente, um pouco o alemão, e parece ter lido, tanto nas ciências sagradas como nas profanas, tudo o que vale a pena ler. Orador, escritor, exprime-se com um calor comunicativo. Aos quarenta anos, tem já vários livros escritos: uma História da Igreja, um manual de educação religiosa da mocidade, e também uma História da Itália, e ainda há de escrever outros. Mas o que ele sonhou não foi ser padre erudito, cônego, homem de letras.

E, afinal, terá ele realmente querido, com uma decisão deliberada, a obra que está prestes a fazer nascer? Foi por uma série de acasos — esses acasos em que o homem de fé vê o sinal da Providência — que João Basco foi levado a fazer o que fez. Coadjutor pobre em Turim, encontrou na grande cidade demasiados meninos de rua, desses que andam em busca de um lugar onde dormir ou até do pão de cada dia. Visitou também os pequenos delinquentes que, desde os doze anos, eram postos na cadeia por um roubo qualquer. E o coração de Giovanni comoveu-se. Se a sólida educação materna não o tivesse protegido, não teria ele sido um vadio como esses? Espontaneamente, sem se pôr a refletir sobre aquilo em que se ia meter, mas com a concordância do seu arcebispo, já em 1841 tinha reunido alguns desses meninos de rua. Aquilo que então, na França, começava a receber o nome de *patronatos* foi o que ele criou em Turim. Não demorou a crescer o número dos seus protegidos: já eram dezenas. E os burgueses de Turim iam ficar surpreendidos vendo desfilar (em boa ordem, quem diria?) esses bandos de vagabundos adolescentes que percorriam as estradas e subiam os outeiros cantando: "Santo anjo do Senhor"...

E foi assim, aos vinte e seis anos, no momento em que a sua vida de sacerdote procurava um rumo, que João Bosco o encontrou. Duas nobres e altas figuras serviram-lhe de mentores, duas das mais eminentes testemunhas de Cristo nesse tempo, ambas piemontesas como João, dois santos: o admirável *Dom José Cottolengo*, que, partindo do nada, fez da sua *Piccola Casa* uma cidade dentro da cidade, e o irradiante *Dom José Cafasso*, capelão dos condenados à morte, chefe espiritual da comunidade sacerdotal do *Convict*. Ambos o fizeram tocar o fundo da miséria humana, ambos o ajudaram com a sua autoridade e os seus conselhos[75]. Foi com eles que aprendeu que a caridade tem exigências sem limites e que, quando nos pomos ao seu serviço, temos de aceitar ser devorados por ela...

Essa mocidade errante tinha de ter um pouso fixo. Assim surgiu o primeiro lar da obra. Coisa bem modesta: num bairro periférico da cidade, um hangar transformado conforme se pôde em lugar de reunião e capela. Era preciso contentar-se com isso: a gente-bem, até os católicos praticantes, mesmo as senhoras de boas obras, viram com alguma inquietação isso que lhes parecia um grupo de vadios. Pouco importava! Quanto mais se desconfiava dos seus filhos, tanto mais Dom Bosco se prendia a eles.

Pondo de parte qualquer outro ministério, consagra-se inteiramente a esse: salvar a juventude desvalida. É repelido em toda a parte? Lá vai achando meio de se instalar (1846) ao lado do hangar, e aí passa a viver. A corajosa mãe vem residir com ele, cuidar dos trabalhos domésticos. Não será preciso dizer que, desde então, mãe e filho não vão estar sós. Agora que tem um teto próprio, Dom Bosco não foge de trazer moleques arrebanhados pelas ruas para passarem a noite. E às vezes acontece que se eclipsam, roubando os cobertores... Mas um desses vai ficar, sempre fiel, e será o sucessor de Dom Bosco à frente da Congregação. Assim nasce o primeiro *Oratório de São Francisco de Sales:* oratório, em memória de São Filipe Néri, o santo alegre dos pobres de Roma; de São Francisco de Sales, em memória do grande santo de Annecy (nacional para os súditos da Casa de Savoia), que ensinara os católicos a trazer a religião para a vida, a praticar diariamente as virtudes e a usar de suavidade na ação apostólica. E pronto: o termo impõe-se. Antes mesmo de o Oratório do hangar Pinardi se ter tornado a sede de uma Pia Sociedade (1856), o povo de Turim deu uma designação aos seus membros: serão os *salesianos*.

Quem imagina quantos esforços e audácia exigiu esse êxito, ainda que modesto? O dinheiro que era preciso arranjar, a subsistência diária... Isso não era nada: quando a Providência ajuda, chega-se sempre a vencer as dificuldades materiais; o hangar foi comprado e até se construiu uma igrejinha, dedicada a São Francisco de Sales, como é óbvio. Mas lá vêm as oposições e as desconfianças. A gente séria do Conselho Municipal e o próprio governo inquietam-se. Afinal, que faz esse padre com esses valdevinos? Protestos do marquês de Cavour, pai do célebre ministro, investigações policiais, ameaças: nada falta nas pressões que se fazem. Assim irá continuar por muito tempo, e Dom Bosco tudo suportará tranquilamente, com um sorriso. Os liberais hão de acusá-lo de ser demasiado fiel ao papa, o que, naquela altura, lhes parece "fazer política". Os maçons, a quem alguma vez atacou, espiam-no. Por muito que custe a acreditar, até haverá tentativas de assassinato, autênticas emboscadas em que entram o punhal e a pistola. Felizmente, aparecem amizades poderosas: a do próprio rei, que manda "trezentas libras para os marotinhos de Dom Bosco"; a do ministro livre-pensador Rattazzi, impressionado pela radiosa simplicidade do padre; a do conde Cavour, o próprio, que, por muito anticlerical que seja em política, tem sempre preparado à sua mesa o lugar de Dom Bosco...

E, sobretudo, felizmente — e é aqui que a história se torna um prodígio —, para encorajar o fundador, há outras intervenções, vindas de mais alto que reis e ministros. Porque esse homem de ação é ao mesmo tempo um místico, a quem o Céu se entreabre. Toda a sua vida está assinalada por visões, que ele mesmo narrou com finíssima simplicidade. Nos momentos decisivos da vida, quando podia sentir-se angustiado ou crivado de dúvidas, viu surgir diante dele Nossa Senhora, e talvez o próprio Senhor, "o Filho daquela que a mãe o ensinara a saudar três vezes por dia". Ele soube e viu que caminho seguir. Assim como para o Cura d'Ars, para Dom Bosco o sobrenatural faz um todo com a realidade.

A partir de 1855 — justamente quando tinha quarenta anos —, Dom Bosco já não é o jovem padre que arrebanha meninos de rua e os faz pernoitar como pode. A sua vocação ganhou contornos mais nítidos. Fundar uma congregação para se ocupar especialmente da juventude desvalida, formar um corpo de educadores — tal o seu objetivo. Em 1855, esboça a Regra; em 1858, vai apresentá-la ao papa Pio IX; em 1859, reúne o primeiro capítulo; em 1862, os novos religiosos pronunciam votos públicos; dois anos depois, o "Decreto de louvor" equivale ao reconhecimento papal provisório. E, apesar de algumas dificuldades com o arcebispo, que censura o fundador de ir sempre por diante e de tratar com Roma sem passar por ele, em 1862 virá o decreto oficial de aprovação da Sociedade salesiana, prelúdio da aprovação definitiva das Constituições, que se dará em 1874.

Aos mestres, que recruta quase unicamente nas fileiras dos seus rapazes, Dom Bosco propõe métodos pedagógicos inteiramente novos, e tão adiantados em relação ao tempo que se pode perguntar se alguma vez virão a ser ultrapassados. É uma pedagogia pela confiança, "preventiva e não repressiva", que apela para o que há de mais generoso na consciência do jovem. Pedagogia essencialmente cristã, em que a disciplina não é imposta de fora, mas há de brotar do fundo das almas. Formar gente de fé, e assim formar homens. Mas nunca sugestionar e menos ainda forçar a consciência dos adolescentes. Ao contrário do que se passa em muitos colégios católicos da época, a Comunhão nunca é obrigatória nas casas de Dom Bosco. É pela persuasão, pelo exemplo, que importa conduzir os rapazes a viver um cristianismo autêntico. A Confissão, a que o santo turinense dá tanta importância como o das Dombes, torna-se um meio pedagógico eminente. Assim se estabelece a atmosfera tão singular de confiança mútua e como que de fraternidade entre alunos e professores, que caracteriza as casas salesianas.

E é por isso que Dom Bosco pode esperar e reclamar tudo dos seus jovens. Nos tempos heroicos do princípio no hangar Pinardi, eram meia dúzia. Passados vinte anos, serão mais de mil. A autoridade do padre junto de todos eles é imensa. Turim recorda o que os rapazes de Dom Bosco fizeram no momento em que a epidemia de cólera devastou a cidade: bastou uma palavra do padre para que se formassem grupos de voluntários para transportar os doentes e enterrar os mortos; e nem um só foi tocado pelo flagelo. O mesmo prestígio o acompanha nos piores lugares. Ainda se recorda com espanto a maravilha que conseguiu: levar a passear, sem guardas, os cerca de trezentos rapazes detidos na casa de correção, e trazê-los de volta à noite, sem que um só faltasse à chamada.

Que assombroso pedagogo! Das suas escolas vão sair gerações de homens sérios, disciplinados, de fé sólida, preparados para profissões dignas — a de tipógrafo foi particularmente prezada, porque Dom Bosco compreendeu a importância da imprensa —, um escol operário cuja presença na Itália explica em larga medida que, até um tempo próximo do nosso, o proletariado italiano não tenha cedido às tentações do ateísmo. E, entre todos aqueles que as mãos potentes de Dom Bosco formaram, eis que surge um santo com todas as letras, o pequeno *Domingos Sávio* (1842-57), modelo de fé, de devotamento, de graça, que a Igreja elevará aos altares[76].

Como a árvore de que fala Henrique Bosco mergulhou raízes na terra feraz das almas! A partir daí, o fundador dos salesianos é como que uma *potência*. As dificuldades vão ser aplanadas, quer as financeiras, quer as outras. Pio IX tem-no em alta estima, ouve-o com todo o gosto, a tal ponto que o governo real tenta enviá-lo como negociador quando as coisas se agravam entre Roma e a Casa de Savoia. Fala-se de Dom Bosco fora das fronteiras da Itália: em Paris, onde Veuillot lhe dedica artigos; na Inglaterra, onde Manning o cita. Quando for à França, já no fim da vida, os visitantes farão fila na escada da sua casa para a ele se confiarem; conta-se que um velho de barbas subiu esses degraus para conversar com ele sobre Deus, e que esse velho se chamava Vítor Hugo[77]... Em redor da sua figura, deu-se até, ainda em vida, um fenômeno que não seria de esperar do século do ceticismo: uma espécie de produção espontânea de "lenda dourada". Por exemplo, hão de dizer que, sempre que alguns mal-intencionados tinham querido fazer-lhe mal, havia aparecido um cão misterioso, "o Cinzento", para afastar o inimigo do santo. Quer dizer: o oposto do *grappin,* da "fisga" de João Maria Vianney — um cão mandado pelos anjos. Por muitas precauções que tomasse para não deixar transparecer os carismas excepcionais que o favoreciam, a voz pública afiançava que ele lia nas consciências como em livro aberto, à semelhança do Cura d'Ars, e que, certo dia, encontrando já morto um adolescente que ia assistir na agonia, o chamara com uma palavra à vida, precisamente pelo tempo necessário para lhe dar a última absolvição.

Seja como for, o que não procede da lenda é o êxito literalmente prodigioso da sua fundação. Ainda em vida do santo, os salesianos tiveram um desenvolvimento rápido, que se iria acelerar após a sua morte. Quando ele morrer, serão cerca de 900, instalados em cerca de 200 casas. São hoje à volta de 15 mil, o que os situa entre as maiores congregações da cristandade. Viria a ser criado um ramo feminino, o das *Irmãs Auxiliadoras de Maria,* para cumprir a mesma tarefa educativa no meio das mocinhas. E viria a haver *coadjutores,* chamados para participarem modestamente na obra, como outrora os irmãos leigos das abadias. E a *Pia Sociedade dos Cooperadores,* uma espécie de Ordem Terceira salesiana — que tem hoje mais de um milhão de aderentes — viria a assegurar ao empreendimento um apoio moral e financeiro. Estão abertas mais de 1.500 casas salesianas, e em todas as partes do mundo; pois, como se sabe, Dom Bosco quis também que os seus filhos se associassem ao trabalho missionário, e enviou alguns para a Patagônia e para a Terra do Fogo. Por todo o lado, o propósito proclamado da família salesiana é dedicar-se à juventude mais pobre, mais abandonada, de acordo com o espírito que a velha "*mamma* Margherita" legou ao filho.

Assim foi Dom Bosco, figura lendária, exemplo vivo de santidade atuante, irmão mais novo de São Francisco de Assis, de São Domingos, de Santo Inácio, de Santo Afonso Maria de Ligório. Durante uma das visões que o guiaram ao longo de toda a vida, a Presença inefável perguntou-lhe o que desejava, e ele respondeu: "Dai-me almas, Senhor, e ficai com tudo o mais!" Poucas vezes um desejo terá sido tão bem escutado[78].

Flos caritatis

Essa caridade de Cristo, "doce, paciente, atuante", de que fala São Paulo, essa virtude suprema, a primeira de todas, se é certo que Dom Bosco a elevou a um altíssimo grau de desenvolvimento, está bem longe de ter sido o único a possuí-la. Uma História da Igreja no século XIX ficaria viciada se não mostrasse, ao menos brevemente, a extraordinária floração de caridade que essa época nos apresenta. Muitas vezes se tem louvado a generosidade dos cristãos medievais, ao darem vida, sem intervenção do Estado, a inumeráveis obras de assistência. Muitas vezes também se tem comentado o impulso dos cristãos do Grande Século das Almas, que, pelos seus dons e esforços, tanto ajudaram a realizar a obra de *Monsieur* Vincent e seus êmulos. Mas importa dizer que os católicos do século XIX não são indignos de ser comparados aos seus antecessores. Se, na época precedente, se dera certo recuo nesse campo, o terreno foi agora reconquistado e, mais que isso, estendeu-se a abundantes searas.

Tão ricas foram essas searas que também aqui qualquer tentativa de medi-las faz desistir o estudioso. As antigas organizações caritativas (que nunca deixaram de trabalhar, mesmo nos piores momentos da tempestade revolucionária) experimentam agora um renascimento: o das *Irmãs da Caridade,* que, de 1807 a 1849, passam de 1.598 para oito mil, é impressionante[79]. Mas, entre as numerosíssimas sociedades que nascem, quantas não são as que se entregam ao desígnio de servir a Deus nos pobres! Entre as religiosas, a grande maioria dos novos institutos tem por finalidade essa vocação. Homens cujo nome a História conserva como importantes atores da cena política são, ao mesmo tempo — aos seus próprios olhos, antes de mais —, servidores da caridade de Cristo. Assim, o *pe. Antônio Rosmini* (1797-1855), que vimos envolvido nas questões do *Risorgimento* e que é também fundador do *Instituto da Caridade* (1828) e das *Irmãs da Providência* (1833). Outros, menos ilustres, após um período de vida laical muito ativa, dedicam-se de corpo e alma à caridade — como o capitão do Grande Exército, *Paul de Magallon,* que veio a ser o restaurador dos Irmãos de São João de Deus, fundando em Paris a célebre casa da rua Oudinot[80].

E a este fenômeno outro se acrescenta: o desenvolvimento da caridade entre os leigos. O exemplo mais chamativo é o das célebres *Conferências de São Vicente de Paulo,* de Bailly e Ozanam[81], cujos generosos desígnios já conhecemos: colocar um escol de católicos ao serviço dos "nossos senhores os pobres", estabelecer laços de amor fraterno entre aqueles que estão separados por diferenças de posição e de fortuna.

Por outros meios, muitos outros visaram o mesmo fim: já o faziam os poderosos senhores da Congregação; na Itália, houve os que escutaram os apelos de Bruno Lanteri e de Rosmini; na Inglaterra, mais tarde, os que haveriam de ser mobilizados para a luta contra a miséria por Manning, o "Cardeal dos Pobres".

O nascimento do catolicismo social está estreitamente associado a esse movimento de caridade, a tal ponto que é com muita dificuldade que mesmo os seus próprios protagonistas distinguem os dois planos da sua ação[82]. Um Kolping ou um Ketteler foram "sociais": mas não terão sido, antes de tudo, almas de caridade? O que eles visam será diferente do alívio da miséria? E a verdade é que esses nomes, e tantos outros que acorrem naturalmente ao bico da pena, são nomes de condutores da ação caritativa. Quem pode medir a generosidade desses milhões de anônimos que, com os seus donativos, tornaram possíveis tantas obras que sobreviviam sem nenhumas receitas regulares, sem orçamento, por vezes mesmo sem livros de contabilidade, mediante o recurso diário à Providência?

Se quiséssemos mostrar com um só exemplo o que é o paradoxo dessa caridade e o atrevido repto que lança a todos os princípios de uma sã gestão financeira, talvez tivéssemos de levar o leitor novamente a Turim e fazê-lo entrar num dos lugares mais horrorosos do mundo. A poucas centenas de metros do lugar onde Dom Bosco estabeleceu o primeiro Oratório, estende-se na grande cidade uma verdadeira cidade, fechada sobre si mesma, um labirinto de ruas, becos, passagens subterrâneas, uma multidão de conventos, asilos, capelas, galpões, cozinhas... Cidade onde tudo o que a miséria humana pode ter de mais lastimoso, se não de mais horrível, ali se encontra amontoado. Há por lá orfanatos e escolas onde as crianças brincam e riem como todas as crianças do mundo. Há maternidades onde, apesar da desgraça que as levou lá, jovens mães sorriem aos seus recém-nascidos. Mas há também casas de janelas gradeadas por trás das quais uiva a loucura; há casas onde estão recolhidos os piores destroços da degradação física, seres monstruosos de três olhos, corpos sem braços, anões horríveis, paralíticos, vivas caricaturas da humanidade. Há casas para cancerosos, para toda a espécie de doenças, muitas contagiosas. São cerca de oito mil esses hóspedes da cidade da miséria, aí ajuntados e misturados, e envolvidos no mesmo amor, no amor universal.

Tudo começou em janeiro de 1828, um desses janeiros muito frios, de névoa e neve, como muitas vezes sobre a planura piemontesa; parecia que toda a massa dos glaciares alpinos pesava sobre Turim. Um jovem casal errava pelas ruas da cidade, um casal de franceses, angustiado, que estava ali de passagem. A mulher estava grávida e doente. Nenhum hospital a admitia; os regulamentos não o permitiam, e o casal não tinha dinheiro. Por acaso, um padre foi informado dessa aflição e correu a socorrê-los. Mas foi em vão: a viajante morreu sem que algum estabelecimento oficial lhe abrisse as portas. Diante desse drama, o padre descobriu subitamente o abismo da miséria humana e resolveu consagrar toda a sua vida a lutar pelos miseráveis. Chamava-se *José Cottolengo* (1786-1842).

Assim nasceu a obra designada por *Pequena Casa da Divina Providência*. Nunca mais se viria a dizer que, numa grande cidade que se julgava cristã, uma mulher morresse por ter sido rejeitada por todos. E abriu-se um primeiro asilo, com quatro camas ao todo. Pouco a pouco, muitas outras desgraças vieram aglutinar-se à volta desse pequenino núcleo de caridade. A *Piccola Casa* tornou-se uma grande casa, depois um bairro, depois uma cidade. Para assumir as múltiplas tarefas exigidas pelo funcionamento do enorme empreendimento, Dom Cottolengo foi criando, uma após outra, novas congregações: uma para dirigir, outra para formar enfermeiros e enfermeiras, outra para recrutar educadores e educadoras; e até congregações de cozinheiras, de lavadeiras, sem esquecer a que era fundamental aos seus olhos — a das contemplativas, instaladas no coração da cidade, a fim de rezarem sem cessar. Ao todo, catorze congregações! E tudo isso, toda essa prodigiosa realização se fez sem nenhum dos grandes meios financeiros que em qualquer outra circunstância teriam sido julgados necessários: contando apenas com os donativos cotidianos, a tal ponto que o "livro de contas" da *Piccola Casa* nunca passou de um simples caderno escolar. Há mais de cento e trinta anos que essa paradoxal empresa dura e progride, que esse milagre permanente de caridade se reproduz...

Quantas outras figuras gostaríamos de colocar ao lado de Dom Bosco e de Dom Cottolengo, nessa galeria de figuras exemplares em que a Igreja não acabou de recrutar santos para os seus altares! Na França, a grande história encontrou uma, que andou metida em acontecimentos políticos e também associada à evolução das inteligências: a *Irmã Rosalie Rendu* (1786-1856), que foi vista nas barricadas das Jornadas de Junho tentando separar os combatentes[83], que foi também vista guiando Ozanam e os seus companheiros para a fundação das Conferências de São Vicente de Paulo[84], conselheira escutada por todos aqueles que, de Lacordaire e Montalembert a Dom Guéranger e Armand de Melun, deixaram a sua marca na história do catolicismo francês.

Nesse bairro de Mouffetard de que fez o seu pequeno reino, não houve nenhuma espécie de miséria que escapasse à sua eficaz solicitude: creches para recém-nascidos, escolas, patronatos, hospícios para velhos, dispensários, asilos, "fornos econômicos", ou seja Sopas dos Pobres — quantas realizações não saíram das mãos infatigáveis dessa perfeita filha de São Vicente de Paulo! Mas acaso lhe será inferior em coragem e devotamento essa *Jeanne Jugan*, humilde empregada doméstica bretã, que, comovida com a miséria dos velhos, fundou em 1841 um asilo, logo seguido por dezenas deles[85]? Sem um soldo, segundo o mesmo método de Cottolengo, ela conseguiu fazer viver essas casas e pôr a servi-las moças que se chamaram *Irmãzinhas dos Pobres:* seis mil ao cabo de um século. Ou a *Beata Bartolomeia Capitanio* (1806-33), que, ao morrer, aos vinte e seis anos, acha maneira de deixar de pé um instituto, hoje imenso: as *Irmãs da Caridade,* que hão de estar presentes em todas as tarefas de beneficência e também ao serviço das missões distantes?

Um dos traços mais impressionantes da caridade cristã deste tempo é que frequentemente especializa aqueles e aquelas que a servem, numa modalidade particular de dedicação. Talvez não haja nenhum aspecto da miséria ou do sofrimento que não suscite vocações precisamente encaminhadas a combatê-lo. Jeanne Jugan tinha ficado comovida com o destino dos velhos abandonados. O mesmo aconteceu, em Tarbe, com Marie Saint-Frai, que fundou as *Filhas de Nossa Senhora das Dores.* Outros dedicam-se aos órfãos e aos meninos sem lar: assim a Venerável Madre Rivier, fundadora das *Irmãs da Apresentação de Maria;* ou o bom M. Vitagliano, fundador das *Oblatas de Maria Imaculada* e da Casa dos Órfãos, que Marselha ainda recorda. E tantos outros... Os cegos, ou surdos-mudos suscitam especiais generosidades: cuidar deles, educá-los é uma das preocupações dos *Frati bigi,* do pe. Ludovico di Casaria, como também dos *Clérigos de Saint-Viateur,* do pe. Querbes. A fim de tratar os cancerosos incuráveis, agrupam-se as *Damas do Calvário.*

Há certas categorias sociais, frequentemente necessitadas, que atraem dedicações exclusivas. Há quem procure tornar menos infeliz a vida dos pobres limpa-chaminés de Paris (vindos da Savoia); ou ajudar os pescadores de Nápoles e da Sardenha. É para os jovens trabalhadores que a *Beata M. T. de Soubiran,* fundadora da Sociedade de Maria

Auxiliadora, abre, antecipando-se ao futuro, a sua primeira casa de hospedagem. É ao pessoal doméstico que se consagra *Santa Maria José Rosello;* ela própria servira numa família burguesa de Savona e sabe, por experiência, que a vida das empregadinhas domésticas não é um mar de rosas... É aos forasteiros, aos vendedores ambulantes e aos mercadores de barracas de lona que dá a vida inteira, num apostolado com episódios pitorescos, Eugénie Bonnefois, apóstola da Feira de Neuilly[86].

As mais comovedoras dessas "especializações da caridade" são porventura as que têm por objeto os seres que a sociedade rejeita, as ovelhas perdidas que Cristo é que não abandona. Outrora, Vicente de Paulo deu o exemplo, indo até aos forçados das galês, provando-lhes, com uma palavra, com um gesto fraterno, que continuavam a ser homens. No século XIX, o santo tem numerosos imitadores. Também em Turim, decididamente um dos lugares cimeiros da caridade neste período, foi essa uma das obras exemplares de *São José Cafasso:* visitar diariamente as prisões, assistir até ao último instante os condenados à morte. Outros "párocos da forca", outros missionários das prisões, todos os países católicos os tiveram, da Espanha ao México, da Áustria ao Brasil.

Na França, as *Irmãs das Prisões* — nascidas já em 1805, em Lyon, da generosidade de Elisabeth Duplex, e formalmente constituídas por Anne Quinon em 1839, no Dorat, como Congregação de Maria e José —, instaladas na prisão parisiense de Saint-Lazare (1850), levam a luz da sua bondade sem limites aos piores lugares do vício e da abjeção moral. E, se Lyon vai conservar até nós a memória de um cônego Pierre Villon, cujo *Asilo de São Leonardo* recolheu e ainda recolhe milhares daqueles que uma fraqueza levou a serem castigados pela justiça dos homens, muitos outros poderiam ser citados, não menos dignos de admiração.

Mas há ainda outras generosidades. Essas moças e mulheres adultas que a lei condenou por delitos ou por crimes, e aquelas que a sociedade condena por faltas de que muitas vezes não são elas as responsáveis — hão de ser abandonadas? Foi para ajudar ao arrependimento, à reinserção na vida social, aquelas que são chamadas, num nome horroroso, "as mulheres perdidas", que *Santa Eufrásia Pelletier,* já em 1823, consagrava as suas *Irmãs do Bom Pastor,* que, passados cem anos, hão de ser dez mil.

É a uma tarefa muito semelhante que, na Itália, a marquesa de Barolo consagra as suas *Irmãs de Santa Ana,* e que, na região de Bayonne, Edouard e Élise Cestac fundam as *Servas de Maria.* E há qualquer coisa de ainda mais belo: uma intenção de tal profundidade espiritual, que só uma alma autenticamente santa lhe podia dar vida. Em 1864, um jovem dominicano, o *pe. Lataste* (1832-69), foi incumbido de pregar um retiro numa "casa central" de mulheres, em Cadillac (Gasconha). Partiu sem grande interesse, mas, ao fim de poucos dias, descobriu que, nessas almas tidas como culpadas, Deus tinha depositado germes que só pediam uma oportunidade para expandir-se em virtudes. Daí em diante, obcecado pelo destino daquelas que, saídas da prisão, iam ficar automaticamente expostas a todos os perigos, depois de alguns meses de oração sentiu nascer em si um grande desígnio. Iria fundar uma congregação que se consagrasse inteiramente a resgatar, a levantar do chão essas abandonadas; uma congregação que as recebesse, mas da qual fizessem parte, também, mulheres e meninas que não tivessem caído. Debaixo do mesmo hábito dominicano, vivendo a mesma vida, rezando lado a lado, "reabilitadas" e "reabilitadoras"[87] iriam confundir-se, e ninguém saberia, a não ser Deus, quais eram as antigas pecadoras. Em memória de Maria Madalena, a quem muito foi perdoado porque muito amou, a nova congregação (1866) tomou o nome de

Dominicanas de Betânia. São atualmente mais de 500, essas "betanienses", e aumentam e enxameiam. É difícil encontrar prova mais concludente do que o seu êxito, para nos convencer do poder sobrenatural do Amor.

A vida profunda das almas

Deste modo, vemos passar ao longo de todo esse século dito descrente e desumano uma poderosa corrente de apostolado e de caridade. Bastaria, só por si, para guiar a catolicidade para um futuro esperançoso? Certamente que não. Se nele se contivesse toda a vida espiritual da sociedade, até podia levar a um perigo: o do ativismo. E esse perigo há de surgir, aliás, um pouco mais tarde, na crise do "americanismo" do pe. Hecker, que forçará Leão XIII a recordar que as virtudes "ativas", ordenadas para a ação apostólica, não devem ser separadas das virtudes "passivas", que dominam as paixões pela ascese e elevam as almas a Deus por meio da oração. Onde está, afinal, o santo autêntico, o verdadeiro apóstolo, que alguma vez tenha separado essas duas ordens de cuidados, e que, servindo a Deus pelo apostolado e pela caridade, não tenha empreendido no fundo do seu ser uma experiência espiritual?

Lembremo-nos de *Monsieur* Vincent, místico e homem de ação, de Dom Bosco, do pe. Chevrier, da Madre Javouhey, de tantos missionários... Um dos primeiros noviços que se agruparam à volta de Lacordaire, o pe. Réquédat, dizia que vira o verdadeiro caminho a seguir no dia em que compreendera que não devia continuar a "amar Jesus Cristo porque amava os pobres, mas sim amar os pobres por amor de Jesus Cristo". E Taine registra[88] esta palavra definitiva do pe. Étienne, superior-geral dos lazaristas e das Irmãs da Caridade, no fim de uma visita que o ilustre historiador fez às obras caritativas dos dois institutos: "Dei-vos a conhecer o começo da nossa vida, mas não vos dei o segredo. E o segredo é este: Jesus Cristo conhecido, amado e servido na Eucaristia".

A vida espiritual jorra deste período que estudamos: intensa, abundante em resplendores. Não devemos julgá-la pelos aspectos que, com excessiva frequência, a exprimem nas formas açucaradas da arte "saint-sulpiciana" e na desoladora estupidez de certos cânticos, ou nesses "horríveis livrinhos de piedade" de que Ernest Hello dizia parecerem escritos "para encorajar os descrentes a convencer-se de que a fraqueza, a mediocridade e a parvoíce são atributos necessários da palavra católica". A mais autêntica espiritualidade pode por vezes utilizar meios de expressão inadequados: basta ver as cançonetas de Santa Teresa de Lisieux... Mas ninguém saberá jamais quantas orações fervorosas e ouvidas por Deus terão sido pronunciadas diante da desoladora imagem de um "Sagrado Coração" de gesso, com o peito aberto, nem quantas graças terão sido obtidas lendo o *Pequeno jardineiro das virtudes cristãs* ou o *Tesouro dos sorrisos do Menino Jesus*[89].

Transposta a barreira da tontice piedosa, o que se encontra é digno de admiração. A época não está cheia somente de santos canonizados. Prolifera em figuras exemplares, muitas delas leigos, que vivem visivelmente em Deus, alcançando por vezes uma experiência mística bem próxima da experiência da santidade. Com frequência até, é muito pequena a diferença entre os santos oficialmente reconhecidos e aqueles que se esforçam por segui-los; e sentimos a grande tentação de falar de "santidade" tanto num caso como no outro.

Que fazem para conquistar o Céu um São Gabriel de Addolorata, um São Domingos Sávio, senão pôr em prática de maneira perfeita as virtudes cotidianas que qualquer cristão devia praticar? A Igreja proclamou santa *Ana Maria Taigi,* que foi empregada doméstica dos príncipes Chigi e que — enquanto fazia os serviços mais humildes e, no meio de graves dificuldades conjugais, educava uma família numerosa — durante quarenta e sete anos participou da glória de Deus, que a iluminava e esclarecia sobre todos os acontecimentos e todos os seres. Mas ser-lhe-á muito inferior o "santo homem de Tours", *León Dupont*, antigo magistrado colonial, que, retirado no seu quartinho, passou longos anos na contemplação da Santa Face e foi considerado por toda a França como um distribuidor de graças? Um *general Sonis*, herói da batalha de Loigny durante a guerra franco-prussiana, enquanto cumpria uma carreira de soldado, seguiu uma via espiritual bem próxima da dos grandes místicos. O mesmo se pode dizer da duquesa de Alençon — futura vítima do incêndio do Bazar de la Charité —, na sua existência de mulher de sociedade.

A lista seria interminável, se quiséssemos registrá-la toda. Mas quem poderá inscrever nela os que só foram conhecidos por Aquele que sonda os rins e os corações? Como esse camponês que, interrogado pelo Cura d'Ars acerca do que fazia nos longos tempos que passava na igreja, respondeu com estas palavras insuperáveis: "Deus me olha e eu o olho". A "fina ponta" da alma de que fala Henri Bremond..., quantos não a terão alcançado durante esses anos em que se desenrolava o grande assalto da inteligência contra a fé cristã!

É então que surgem os fenômenos carismáticos mais surpreendentes, desses que se diria estarem enterrados nas famosas "trevas" da Idade Média. Os beneficiários desses carismas são, para só falar de alguns, João Maria Vianney, João Bosco, Ana Maria Taigi e a alma extática de Niederbronn. Sem esquecer *Catarina Emmerich* (1774-1824), a visionária westfaliana, que todas as sextas-feiras sangrava dos estigmas da Paixão e cujas famosas revelações sobre a Vida e Paixão do Senhor, redigidas por Klemens Brentano, cumularam de angústia inúmeras almas e ainda hoje nos impressionam[90].

Como duvidar, aliás, dessa presença do Espírito quando, com tanta frequência, o vemos irromper nas existências humanas e revolvê-las de alto a baixo? A época oferece exemplos sem conta dessas transformações. A conversão é nela um fenômeno tão frequente que talvez só o princípio do século XVII o tenha conhecido em tal abundância: conversão no sentido tradicional, de uma outra religião ou da irreligiosidade para a doutrina católica; e conversão no sentido "clássico", no sentido "pascaliano" do termo, quando se passa de uma adesão mole e morna para uma fé viva.

Convertido é Lacordaire, que passou subitamente da indiferença da adolescência para a convicção que o fez apóstolo, "reencontrando a fé na sua alma mais como recordação do que como novo dom", mas "descrente na véspera e cristão no dia seguinte". Convertida é também Mme. Swetchine[91], guia do futuro dominicano e de tantas outras notáveis testemunhas de Cristo. Convertido, Alphonse de Ratisbonne, que, entrando judeu numa igreja de Roma, de ,lá sai cristão, depois de ter "compreendido tudo num só golpe" no momento em que, a um sinal da Virgem, se ajoelhou. Convertido, igualmente, Paul-François Libermann, fundador de "Sião". Convertidos, os membros do Círculo de Münster — e, antes de todos, a princesa Galitzine — e Stolberg, e tantos dos seus amigos. Convertidos, ainda, esses artistas "nazarenos" que, na Cidade Eterna, tentam redescobrir a grande inspiração da pintura cristã e que "pelo menos" encontram a verdade de Cristo. E também conversões — e que surpreendentes! —, as que, na Inglaterra, assinalam a caminhada do Movimento de Oxford, possível prefiguração de um grande retorno...

O Espírito Santo está visivelmente operante. Sob a sua ação, a alma fiel anima-se. A Eucaristia, sinal tangível de Cristo presente, da qual o pe. Étienne diz a Taine ser o segredo de todas as obras cristãs, passa a ser rodeada de novo fervor. Em Roma, nasce, inspirada pelo Oratório e pelo Carmelo, a prática da *Adoração Perpétua*, oficialmente recomendada por Pio IX; dali, é introduzida no Canadá e penetra nos Estados Unidos; e na França, onde existia já em certas dioceses desde o princípio do século, é adotada quase por todo o lado. Com o músico Hermann Cohen, judeu convertido e feito carmelita, essa devoção completa-se com a da *Adoração Noturna*, logo acolhida na Itália, como também na Alemanha e na França. Os institutos fundados pelo pe. Eymard — *Padres do Santíssimo Sacramento, Servas do Santíssimo Sacramento* — ou as *Religiosas da Adoração Reparadora*, da Madre Dubouché, e ainda outros, estão ao serviço desta devoção.

Sinal inequívoco da vitalidade espiritual da sociedade católica é a prática, cada vez mais difundida, da *comunhão frequente*. Sabemos que o problema se punha desde o jansenismo. No século XVIII, a influência de Santo Afonso combatera vigorosamente o que restava dos usos impostos por Port-Royal e pelo pe. Quesnel[92]. No entanto, algumas tradições jansenistas se mantinham, e certos teólogos e diretores espirituais tinham escrúpulo em aconselhar mais do que a comunhão semanal. Mas vai-se impondo cada vez com mais vigor a tendência contrária. O poeta flamengo Guido Gezelle é um eloquente propagandista da comunhão frequente, como na França mons. Gerbet e mons. Ségur, enquanto Dupanloup manda reimprimir numa tiragem de 100 mil exemplares uma carta de Fénelon sobre a comunhão diária. Na Itália, no *Banquete do Amor Divino*, José Frassinetti cita textos da Antiguidade cristã para justificar essa prática. Ao mesmo tempo, inicia-se a campanha a favor da comunhão precoce das crianças[93]. Dom Bosco e o pe. Chevrier são seus partidários calorosos e as Congregações romanas, antecipando-se às decisões de São Pio X, corrigem várias vezes certas decisões de concílios provinciais ou de bispos isolados que retardavam a "primeira comunhão", cuja data, pensava-se, não devia ser fixada, mas ficar na dependência do grau de instrução religiosa e de maturidade intelectual da criança.

Outro testemunho de fecundidade espiritual: a abundância da literatura ascética e mística. Se aumenta a má literatura, a dos "horríveis livrinhos de piedade", há também obras de boa qualidade. E, se o pe. Bremond tivesse podido continuar a sua grande obra até esta época, teria encontrado uma rica seara de autores que não seriam indignos de ser comparados a Lallemand, a Chardon ou mesmo a Maria da Encarnação. Dois, pelo menos, foram célebres no seu tempo e ainda hoje o são: o *pe. Faber* (1814-65), convertido do Movimento de Oxford[94], fundador do Oratório de Londres, cuja vasta obra, por um lado, aprofundou os mistérios e os exemplos de Cristo — em livros como *Tudo por Jesus* (1853) ou *Ao pé da Cruz* (1858) —, e, por outro, fixou as leis da vida espiritual, em *Os progressos da alma* (1854) e nas *Conferências espirituais* (1859), mostrando-se em tudo prudente, comedido, agradável, muito próximo do espírito de Santo Afonso Maria de Ligório, fazendo finca-pé na emoção religiosa, mais do que na curiosidade intelectual, e conquistando inúmeros corações. E *mons. Ségur* (1820-81), o prelado cego, radiosa figura de apóstolo, que atraiu centenas ao seu apartamento da rua du Bac, e que, em longa série de obras, agrupadas (desde 1863) sob o título de *A piedade e a vida interior,* e especialmente na conclusão geral *As nossas grandezas em Jesus,* expõe uma doutrina bem próxima da "aderência" de Bérulle[95], com uma simplicidade e delicadeza de coração que fazem pensar em São Francisco de Sales[96].

Mas, se mons. Ségur e o pe. Faber são os maiores, a lista dos autores espirituais do século XIX cobriria várias páginas. Todas as escolas tradicionais têm o seu: uns mais eminentes, outros menos; uns voltados para a ascese, outros, mais numerosos, para o impulso místico (estava-se, de fato, em plena reação antijansenista). Entre as obras do pe. Bergerac, franciscano, e as do jesuíta Gautrelet, ou as de mons. Ullathorne, antigo beneditino, e as do pe. Bisson, fundador dos Oblatas e das Oblatas de São Francisco de Sales, como escolher? As cartas de Lacordaire "a um jovem" e "aos jovens", recolhidas e editadas pelo pe. Perreyve, estão cheias de um otimismo confiante, mas também de grande sentido prático.

Na Alemanha, as primeiras obras de Scheeben — *Natureza e graça* em 1861, *Os esplendores da graça divina* em 1863 — anunciam um novo desenvolvimento da espiritualidade especulativa. Paralelamente, sob a influência de Görres, e, na França, de Ernest Hello, o público intelectual católico regressa aos místicos do passado, relê Ângela de Foligno ou Santa Catarina de Sena, descobre Ruysbroeck, "o Admirável". É uma vaga imensa de literatura espiritual que se espraia, pois, por esse mundo. Obra nacional em 1844, mundial em 1861, o *Apostolado da Oração,* fundado por dois jesuítas — os pes. Gautrelet e Ramière —, graças à sua revista *Mensageiro do Coração de Jesus* e a inumeráveis brochuras de grande tiragem, difunde nas massas as suas lições, orientando, mês a mês, as intenções da oração dos seus membros para um tema importante da fé.

Essa piedade, que por tantos sinais se revela tão viva, vai assumindo as características que conservará até nós. Duas grandes devoções se manifestam.

A primeira, a mais fundamental e mesmo tão essencial ao cristianismo que é de perguntar se existirá alguma que não decorra dela, é a devoção ao próprio Cristo, ao Homem-Deus crucificado. Tivera o primeiro lugar no início do século XVII, mas depois recuara, quando, sob a influência de Bossuet — um Bossuet, aliás, mal entendido —, se tendera a considerar mais a glória de Deus do que a cruz de Cristo. No começo do século XIX, era ainda essa a tendência que dominava. Uma certa majestade abstrata do Deus Onipotente ocupava na religião lugar de maior destaque do que o amor sobrenatural do Deus Encarnado que oferece a sua vida em resgate dos homens. Tanto assim que, a propósito da Eucaristia, o sacramento "crístico" por excelência, se falava de "Deus descendo sobre o altar".

No decurso do século XIX, opera-se uma verdadeira redescoberta de Jesus Cristo. Tudo contribui para isso: os livros do pe. Faber e de mons. Ségur, os de Santo Afonso, adaptados e difundidos pelo pe. Gaume, as revelações de Catarina Emmerich, até as controvérsias — *oportet haereses esse...* — à volta da *Vida de Jesus* de Renan, a ação dos sacerdotes, dos religiosos, dos simples fiéis que, com o pe. Eymard, o pe. Soulas e Théodelinde Dubouché, fomentam a adoração perpétua do Santíssimo, o regresso à comunhão frequente. E não é tudo. Em Tréveris, retoma-se em 1844 a exposição da Santa Túnica. Em Turim, há multidões que se amontoam diante do Santo Sudário. O pe. Faber promove o culto do Precioso Sangue e Léon Dupont, o santo homem de Tours, o culto da Santa Face. Com Lacordaire, os católicos voltam a descobrir que "a grande questão é amar Jesus Cristo". Aí está a resposta a todas as angústias, a todos os problemas. É São Paulo que triunfa mais uma vez: "Para mim, o viver é Cristo".

De todas essas formas de devoção cristocêntrica, há uma que se impõe e vai tomar um lugar de primeiro plano na vida espiritual dos católicos: *a devoção ao Sagrado Coração de Jesus*. Nasceu em pleno reinado do Rei Sol — como uma espécie de retificação ao que havia de excessivamente glorioso na religião oficial — quando Margarida Maria Alacoque ouviu, na capela de Paray-le-Monial, a voz inefável dizer-lhe: "Eis o coração que tanto amou os homens"; quando São João Eudes, numa profunda intuição, viu que, nesse símbolo, estavam contidos todos os grandes mistérios do cristianismo[97]. Difundiram-na, durante o século XVIII, jesuítas, visitandinas, bispos como mons. Belzunce, místicos como Anne-Madeleine Rémuzat, Santa Verônica Giuliani, Bernardo de Hoyos, leigos como a rainha da França Maria Leczinska e a muito santa *Madame Elisabeth*. Foi mantida durante a Revolução pelo pe. Clorivière e seus discípulos, pelos monárquicos lembrados de que Luís XVI pensara consagrar a França ao Sagrado Coração[98] e de que os *chouans* usavam a insígnia sagrada sobre o peito[99]. Assim ganhou de ano para ano maior importância.

Vinte e duas novas congregações se situam debaixo desse vocábulo. Em 1856, Pio IX inscreve no calendário litúrgico a *festa do Sagrado Coração* e, em 1864, beatifica a mística das visões de Paray-le-Monial. Por toda a parte se constroem igrejas, se abrem capelas, se lhe consagram igrejas, e não há de tardar que se levante a basílica que, no alto da colina dos Mártires de Paris, glorificará o amor supremo de Cristo pelos homens.

Há dioceses e países que são consagrados pelos seus chefes ao Sagrado Coração: o Equador, pelo corajoso García Moreno; a Bélgica, por mons. Dechamps. Pio IX recebe no fim do Concílio Vaticano um pedido com mais de um milhão de assinaturas para que lhe consagre o mundo. E o general Sonis põe o Sagrado Coração de Jesus na bandeira francesa com que vai para o combate. É um vasto movimento de vida profunda, que será seguido pelos teólogos, especialmente por Perroné. Mau grado as aparências que reveste, por vezes tão insípidas, esta devoção é talvez aquela que torna o cristianismo mais fiel à mensagem única e definitiva do Amor redentor.

Uma outra devoção é inseparável da devoção a Cristo; e chega a ganhar tal importância que certas pessoas desconfiadas se hão de dizer inquietas: *a devoção a Nossa Senhora*[100]. Se mons. d'Hulst quer designar o seu tempo por "século do

Sagrado Coração", porventura ainda terão mais razão os que falam do "século mariano". É uma devoção que vem quase desde as origens do cristianismo, ou pelo menos é tão antiga que constitui um dos principais dados da Tradição católica. A Idade Média — a idade de São Bernardo — foi para ela o momento por excelência. O Renascimento e a Reforma protestante desvalorizaram-na, talvez porque tinha perdido vigor e no século XV já não era "senão um lindo jardim abandonado e cheio de silvas". Mas, após o Concílio de Trento, retomou toda a força: na Espanha, à volta da Virgem do Pilar, que atrai as multidões por causa do assombroso milagre do homem da perna decepada[101]; na França, onde São Luís Maria Grignion se torna seu infatigável apóstolo, como, mais tarde, o será, na Itália, Santo Afonso de Ligório. Depois de ter saído da grande provação revolucionária, mas ainda e sempre ameaçada, a Igreja do século XIX dá ao culto mariano uma importância significativa. Em reação contra um mundo que se faz cada vez mais duro, desumano, a devoção à Mãe de Deus é infinitamente doce e consoladora para as almas; em protesto contra as heresias do tempo, as inteligências reconhecem na Virgem que concebeu pelo Espírito Santo aquela que, só pela sua presença, lança o mais incômodo desafio ao racionalismo e ao materialismo.

Um poderoso movimento doutrinal conduz a essa devoção. Inúmeros teólogos resolvem aprofundar nos mistérios de Maria e perscrutar as lições da sua mensagem. Citemos antes de qualquer outro o mais autorizado, o próprio Vigário de Cristo. A proclamação do dogma da *Imaculada Conceição*[102] por Pio IX, em 1854, é um ato de capital importância, e não apenas para a consolidação do poder pontifício. Nascida talvez no século III, ao menos numa forma embrionária, a convicção de que a futura Mãe de Jesus esteve isenta do pecado original não deixou de se difundir na Igreja desde os tempos de Santo Irineu, de Santo Ambrósio, de São Jerônimo, de Santo

Agostinho. A festa da Conceição da Virgem, no sentido de conceição imaculada, era celebrada, primeiro no Oriente, depois no Ocidente, havia vários séculos. Os teólogos tinham debatido a questão: São Tomás era contra, Duns Escoto a favor. Mas a balança pendeu para o lado franciscano. Em 1401, João Gerson, chanceler da Universidade de Paris, pronunciava um sermão em que, porventura pela primeira vez, se proclamava que a Imaculada Conceição era uma verdade dogmática. Em 1439, o Concílio de Basileia, por mais cismático que fosse, tivera a boa ideia de votá-la como artigo de fé. Em 1469, a Sorbonne impunha aos seus doutores essa crença.

Daí por diante, o movimento tornou-se irresistível: de São Francisco de Sales e Bérulle a São Luís Maria Grignion de Montfort, todos os autores espirituais do século XVII trabalharam nesse sentido. Bossuet chegara a escrever: "Depois dos artigos de fé, francamente não sei de outra coisa mais segura". Alexandre VII, em 1661, e Clemente XI em 1710 tinham encorajado essa doutrina. Foi, pois, na linha de uma longa tradição que Pio IX se inscreveu ao erigir em dogma essa convicção, nascida na consciência crente e, além disso, apoiada e aprovada pela quase total unanimidade do episcopado e da opinião católica. Belo exemplo dessa evolução histórica dos dogmas cuja importância Newman ia descobrir. E já se anunciavam formulações análogas: era corrente ouvir-se falar da Assunção da Santíssima Virgem como de uma certeza, e, ao rezar a "Maria Auxiliadora", não se estaria a esboçar a tendência, ao mesmo tempo tão clara, para associar Maria, meio humano da Encarnação divina, à própria Redenção? Estava em gestação um imenso trabalho doutrinal.

Mas, bem mais do que isso, o que torna a devoção mariana tão viva, tão significativa, é o impulso das almas. Impossível enumerar todos os seus indícios; são demasiados! Quantas congregações nascentes lhe vão buscar o nome! E, acabados de formar, todos esses Oblatos de Maria Imaculada, todos esses maristas, todos esses marianistas, e todas essas religiosas, todas essas "Filhas de Maria", ou as Irmãs da Apresentação de Maria, ou de Maria Reparadora, ou da Assunção, ou da Imaculada Conceição, e tantas outras — todos e todas trabalham na expansão desse culto.

E ela penetra de inúmeras maneiras nas massas populares: Pauline Jaricot instaura o *Rosário Vivo.* Na paróquia de Nossa Senhora das Vitórias, o pe. Desgenettes coloca sob o patrocínio de Maria a Associação para a Conversão dos Pecadores. E surgem os *Filhos de Maria,* fundados pelo pe. Aladel, suspensos momentaneamente por Napoleão, depois desenvolvidos pelas Irmãs da Caridade e pelos jesuítas, reconhecidos por Pio IX em 1847, e que, cinquenta anos depois, terão mais de 500 mil associados.

Esse grande movimento, expresso de mil modos — imprensa, cânticos, peregrinações —, é seguido pela Santa Sé com diligente atenção. Já em 1799 Pio VI aprovara um Ofício em honra do Sagrado Coração de Maria, que em 1855 Pio IX estenderia a toda a Igreja, com caráter facultativo. Foi também Pio IX que estabeleceu uma festa universal, a *8 de dezembro,* em honra da Imaculada Conceição, e que encorajou a prática de consagrar a Nossa Senhora todo o mês de maio, mês de graça e beleza. E podemos dizer que Aquela para quem subiam todas essas preces ardentes quis dar-lhes resposta: pelo menos em três ocasiões num espaço de trinta anos, Maria manifesta-se à Terra[103].

Rezar com a Igreja: Dom Guéranger restaura a Liturgia

Rezar sozinho, fazer subir para Deus, no puro silêncio do coração, uma prece fervorosa, é certamente o mais necessário movimento da alma de fé. Mas será bastante? Com certeza que não. Um dos dados fundamentais do cristianismo é associar estreitamente a experiência religiosa individual à de uma comunidade visível e invisível, do destino da qual cada um dos fiéis deve participar. "Ninguém se salva sozinho". Num plano visível, isso significa a exigência do apostolado e da caridade, bem como da oração comunitária, expressão da invisível realidade da reversibilidade dos méritos e da Comunhão dos Santos.

Como acabamos de ver por muitos sinais, o século XIX foi um período de intensa vida espiritual, uma era de autêntica renovação. Mas a admirável piedade que nele encontramos, fecunda em orações e devoções, não terá cedido talvez excessivamente ao impulso individual? Mesmo compensada por tantos esforços feitos para difundir a mensagem divina e ajudar o próximo, essa atitude tem qualquer coisa de insuficiente. É algo que se explica pela necessidade que tiveram os fiéis — após o demasiado longo tempo de decadência que precedeu e que trouxe a crise protestante, quando, por fim, o Concílio de Trento e São Pio V acabaram com tantos duvidosos desvios — de reconstituir antes de tudo o homem interior. Tal foi o trabalho realizado pelos herdeiros de São Francisco de Sales, de M. Olier, do cardeal Bérulle: trabalho fecundo. Mas, apesar das grandes intuições como a de Bossuet, esse trabalho deixou demasiado esquecido o outro aspecto da realidade cristã: o sentido da Igreja. A restauração espiritual do século XIX não teria sido completa se não tivesse ao menos esboçado um movimento nesse sentido. E foi o que aconteceu.

Note-se que, neste campo, o que houve foi uma convergência de pensamentos e de intenções. Na primeira terça parte do século, foram os teólogos de Tübingen, e especialmente J. A. Moehler[104], que aprofundaram a noção de Igreja, sociedade humana, sim, mas "unidade e realidade viva do Espírito Santo". Em 1835, no seu *Espírito do cristianismo,*

Staudenmaier pedia uma renovação litúrgica. Mais tarde, foi por ter descoberto nas obras dos antigos Padres da Igreja essa realidade eclesial que Newman enveredou pelo caminho por onde chegaria a Roma. Ele, que era tão cioso de se concentrar no sublime face a face do homem com o seu Criador, nem por isso estudará menos o mistério da Igreja, "sinal dos fatos celestes de que a Eternidade está cheia". E, bem antes de se converter, a fim de melhor participar na vida dessa Igreja, lerá todos os dias o Breviário Romano.

Mas o homem que, sem dúvida alguma, melhor compreendeu essa exigência profunda, para os católicos, do *sentire cum Ecclesia* e que, indicando o meio de o assegurar, iria exercer a mais decisiva influência, foi *Dom Prosper Guéranger,* o restaurador da Ordem beneditina na França, fundador de *Solesmes*[105], esse homem de combate que vemos empenhado em todas as batalhas da sua época e cujo nome ficará para sempre ligado a um dos grandes fatos da História da Igreja no século XIX: *a restauração da Liturgia.* Esse antigo discípulo de Lamennais era tão profundamente homem da Igreja quanto o profeta de La Chênaie o era pouco. Os longos e sólidos estudos que fez de história religiosa, de patrística, de teologia, levaram-no a compreender com plena consciência a necessidade de associar a vida da alma à vida da Igreja, se se quisesse levar até ao fim a experiência cristã. Para tanto, era necessário reanimar "esse conjunto de símbolos, de cânticos e de atos por meio dos quais a Igreja se exprime e manifesta em face de Deus a sua religião", e aonde vai buscar, ao mesmo tempo, a sua santificação.

Em *1840,* aparece o primeiro tomo de uma grande obra, extremamente original para a época: as *Instituições litúrgicas.* Depois, saíram mais dois tomos, até 1851. Simultaneamente, em 1841, começaram a sair do prelo os volumes do *Ano Litúrgico*[106], nos quais se comentava o Ofício da Igreja, dia após dia, com todos os recursos da Escritura, da

Patrística, da Teologia, da Tradição, e também com uma experiência espiritual de monge e de chefe espiritual. Essas publicações fizeram sensação. Das *Instituições,* obra imensa, austera, iriam vender-se, em meio século, meio milhão de exemplares. E, apesar dos inúmeros trabalhos que a renovação litúrgica do nosso tempo iria suscitar, esse livro não foi substituído. Aliás, o movimento litúrgico a que hoje assistimos deve a Dom Guéranger mais do que se pensa.

A obra do grande beneditino de Solesmes, sem contar com os seus escritos sobre o canto gregoriano, dela derivados[107], ordena-se segundo quatro temas fundamentais. Primeiro, elementos teóricos. Para que serve a liturgia? Por que não, pura e simplesmente, a oração pessoal? Porque "a liturgia" não é apenas a oração, mas antes "a oração considerada em estado social"; porque ela é "a expressão mais alta, mais santa do pensamento, da inteligência da Igreja"; porque ela é "a forma social da virtude da religião".

Mas, tal como Dom Guéranger a viu em jovem, a liturgia católica degradou-se. A observação desse declínio constitui a parte polêmica da sua obra, obra muitas vezes viva e pitoresca, sem no entanto cair no argumento *ad hominem,* e menos ainda na má-fé. Outras testemunhas, aliás, aí estão para confirmar a justeza das suas observações. É absolutamente certo que, sob a influência do cristianismo glorioso do século XVII, e, em seguida, do maneirismo do século XVIII, as cerimônias litúrgicas se pareciam demasiadas vezes com espetáculos de ópera em que os ouvintes — nem nos atrevemos a dizer os fiéis — voltavam as costas ao altar para olhar para a orquestra, e em que se cuidava muito mais de "baritonar" árias do que de orar ao Senhor. Tudo nelas parecia ter perdido o sentido da tradição. As vestes litúrgicas tinham tomado formas ridículas, bizarras, e Dom Guéranger mofava dessas "casulas que uma tela inflexível tornou semelhantes a estojos de violino, essas capas não menos estranhas, que, garantidas contra qualquer pretensão de assemelhar-se a cortinas esvoaçantes pelas camadas engomadas que lhes servem de arcabouço", pareciam meter o padre numa guarita, essas sobrepelizes de cambraia igualmente engomadas, cujas mangas se mantinham muito direitas como asas, e o "chapéu pontiagudo que substituiu o barrete dos nossos antepassados".

Era, portanto, em todos os domínios que a liturgia tinha de ser refeita: tanto nos livros litúrgicos como nos usos litúrgicos, na música litúrgica como nas vestes litúrgicas. Expor os princípios e os métodos de restauração constituiu a parte central da obra. Apoiando-se no ensino e na experiência de outros tempos, Dom Guéranger mostrava como a liturgia é a própria oração da Igreja, a oração pela qual a Igreja confessa a sua fé em Deus, e lhe suplica e o glorifica. Recordava as regras que outrora, e sobretudo na Idade Média, fixavam a prática litúrgica e a tornavam admirável. E, afinal, nada de seco, de dogmático, nessas páginas em que o polemista dos primeiros capítulos não perdeu nada do seu gume nem do seu fogo, mas que visivelmente foram escritas com um grande amor.

Ouçamos o ilustre monge descrever "a unção fascinante, a inefável melancolia, a incomunicável ternura dessas fórmulas, umas delas tão simples, outras tão solenes, em que umas vezes se manifesta a suave e terna confiança de uma esposa real para com o monarca que a escolheu e coroou, outras vezes a solicitude ansiosa de um coração de mãe"... Ouçamo-lo a louvar na liturgia "essa ciência das coisas de uma outra vida, tão profunda, tão distante", a tal ponto que "nenhum sentimento se pode comparar ao seu, nenhuma linguagem se aproxima da sua". Todo o calor, toda a força envolvente, vibrante e pacificadora que um católico experimenta na alma quando assiste a uma grande cerimônia litúrgica, a um casamento, a umas exéquias, tudo isso Dom

Guéranger o expôs em termos inultrapassáveis, e é ainda a ele que devemos todos os novos aprofundamentos.

Se essa obra audaciosa e construtiva só tivesse abordado esses três elementos, talvez não houvesse provocado tantas discussões, mesmo contando com a reação natural das rotinas que sacudia. Mas a verdade é que lhe acrescentou um quarto elemento, ou antes, associou ao seu empreendimento de restauração um outro, a seus olhos igualmente necessário, de unificação. Os usos e os ritos nacionais, locais, particulares, eram para ele alguns dos responsáveis pela decadência litúrgica. Importava, portanto, eliminá-los, convinha ordenar toda a reforma litúrgica em volta da liturgia que ele considerava a mais nobre, a mais fiel à tradição: a liturgia romana. Em apoio da sua tese, invocava Carlos Magno, São Gregório VII, o Concílio de Trento. O papa Gregório XVI começou por encarar essas ideias com certa inquietação. Mas Pio IX, ativo artífice da centralização da Igreja, aprovou-as calorosamente[108]. Daí as reações tão vivas, ou até violentas, apaixonadas. O cardeal d'Astros, arcebispo de Toulouse, e o irônico mons. Fayet, bispo de Orléans, defenderam os velhos ritos, atacando o inovador. Outros, como mons. Parisis, saíram em sua defesa. As discussões azedaram-se, mas Roma interveio e aprovou Dom Guéranger.

É difícil calcular a influência desse monge e da sua obra, precisamente porque as ideias que semeou se espalharam de tal maneira que é impossível referirmo-nos a usos que lhes tenham ficado alheios. Já alguém disse que, com a renovação litúrgica por ele iniciada, surgiu uma "outra Igreja". Assim foi, ao menos nos seus aspectos externos, mas, de certo modo, também na sua concepção profunda. No entanto, essas reformas não foram seguidas imediatamente em toda a parte. Levaram tempo a impor-se na Itália, na Espanha, na Inglaterra, e até... na ordem beneditina. Na Alemanha, em

1864, Dom Mauro Walter, restaurador de Beuron, imitou-as e difundiu os *Exercícios espirituais* de Santa Gertrudes, baseados na vida litúrgica. Trinta anos depois da morte de Dom Guéranger (1875), a corrente litúrgica de que fora a fonte encontrou em Pio X um novo animador. Numa liturgia ao mesmo tempo mais simples e mais solene, mais digna de admiração nas suas formas exteriores, mas também espiritualmente mais íntima, a Igreja passava a ter uma vivência concreta do seu mistério.

Numa página de tom quase profético, Dom Guéranger fez votos para que se renovassem "esses tempos de religiosa fidelidade ao culto divino" em que todo o povo cristão seguia todos os ritos "com um olhar inteligente e religioso", e assim se sentia levado "à contemplação das coisas invisíveis". E esse desejo não terá sido, em larga medida, escutado? Os católicos do nosso tempo devem muito ao grande monge que, mais que ninguém, ensinou "essa língua sublime que a Igreja fala a Deus diante dos homens".

Opções para o amanhã

Com a renovação litúrgica anuncia-se um dos dados fundamentais do catolicismo que será o do final do século XIX e o do primeiro terço do século XX[109]. Não é o único. A Igreja tal como nós a conhecemos deriva, muito mais diretamente do que se imagina, dos esforços, muitas vezes confusos e desajeitados, mas também muita vez heroicos, das realizações ainda insuficientes, mas ricas de futuro, desses católicos de há cem anos, que, em condições difíceis, souberam tomar opções que nós ainda hoje seguimos. Seria tarefa impossível fazer o inventário de tudo o que a vida espiritual da atualidade lhes deve. Podemos, porém, tentar o registro de alguns dos grandes traços.

Muitos deles apareceram ao longo deste volume, nascidos essencialmente de um propósito renovador, como pudemos observar a propósito da liturgia. Foi revivificando antigos costumes, antigos ensinamentos, antigos métodos, que a fé se tornou mais sólida e mais bem fundamentada, mais contagiosa e também mais eficaz. A ressurreição do tomismo[110] é um desses fatos decisivos em que se desenha o futuro. O admirável, o prodigioso desenvolvimento do apostolado missionário é outro; com ele, a Igreja — a Igreja de Pio IX, de Pio XII, de João XXIII — preparou-se visivelmente para estar à altura das dimensões do mundo. Alguns métodos antigos, retomados durante o século XIX, não demorarão a achar novos campos de aplicação: o da "Missão interna" — elaborada no tempo de São Vicente de Paulo, posta em lugar de honra no tempo da Restauração[111], aplicada mais tarde pelos jesuítas e pelos lazaristas na França, e, na Itália, pelos redentoristas, pelos passionistas e, por último, pelos salesianos — anuncia formas de apostolado que virão a desenvolver-se até aos nossos dias. Poderiam mesmo considerar-se como primeiros germes das "missões especializadas" a obra do pe. Ledreuille, a do pe. Timon David, a de Maurice Maignen, como também a dos discípulos de mons. Ketteler ou a dos padres enviados pelo cardeal Manning aos bairros pobres de Londres.

Mas devemos sublinhar três fatos que anunciam mais claramente as inovações. O primeiro é a crescente importância dos leigos dentro da Igreja. Temos de confessar que a verdade — outrora gozosamente recordada às suas ovelhas por Santo Euquério, o grande bispo dos tempos bárbaros — de que a Igreja é também, e de certo modo em primeiro lugar, o conjunto dos fiéis, a massa dos batizados, essa verdade andava obscurecida no decurso dos séculos. Dera-se uma excessiva "clericalização": ainda nos tempos clássicos, tudo se passava como se a responsabilidade da

Igreja e mesmo da fé católica incumbisse apenas aos clérigos tonsurados. Numerosos indícios nos mostram que esse erro vai desaparecer.

A própria "laicização" da sociedade leva os "leigos" católicos a tomar mais consciência do seu dever, que é tornar Cristo presente em toda a parte. Quase já não se encontram cardeais e bispos nos círculos governamentais, mas muitos homens de Estado são agora católicos militantes. E também muitos daqueles que verdadeiramente aparecem como guias da opinião pública são almas que lutam pela sua fé de viseira descoberta: o papel dos grandes jornalistas e publicistas católicos é imenso, chamem-se eles Montalembert, Veuillot ou Görres. Essa força do laicado católico afirma-se nos Congressos que os católicos alemães começaram a reunir desde 1848, no *Piusverein* dos católicos suíços, na *Obra dos Congressos* que os católicos italianos elaboram logo a seguir à tomada de Roma e que se vai desenvolver sob a presidência do duque Salviati.

Dir-se-á que se trata de um plano meramente prático. Mas no plano propriamente espiritual a evolução é idêntica. É então que se dá uma consagração do estado laical, que anuncia um dos traços fundamentais do catolicismo do século XX. Quando Montalembert, numa *Vida* de Isabel da Hungria, ousou falar do amor conjugal da santa, foi enorme a surpresa que se sentiu nos meios bem-pensantes, ainda marcados por uma influência jansenista maior do que se imagina: o estado matrimonial, estado laical por excelência, reconhecido como meio de santificação? Que escândalo! Mas São Francisco de Sales teria pensado assim? A publicação, em 1860, por Mme. Craven, no *Récit d'une soeur*, das cartas de amor conjugal de Albert e Alexandrine de la Ferronay, irá responder cabalmente à pergunta. E a Igreja, ao canonizar a humilde mãe de família numerosa que foi Ana Maria Taigi, mostrará que admite a concepção de

Montalembert. A santidade laical de um Ozanam não é tão exemplar como a dos religiosos e dos padres?

São leigos os que preenchem as fileiras das ordens terceiras, essas formações que as grandes ordens tinham criado havia séculos e que, tendo passado por um certo eclipse, voltam a tomar impulso — sobretudo a de São Francisco de Assis — a partir do final do Império. E, sem pensar em qualquer formação definida, talvez devamos ver o primeiro esboço do que se virá a chamar *Ação Católica* no trabalho de apostolado e na irradiante influência de tantos leigos que nesta época procuram conquistar para Cristo o seu *meio* — um Frédéric Ozanam ou uma Pauline Jaricot. Em breve soaria a hora em que, com palavras de São Pedro, se iria falar do "sacerdócio real" dos leigos.

Estava, pois, em preparação uma Igreja mais "leiga". E também uma Igreja mais comunitária. Reação contra essa excessiva individualização da piedade que vimos ser uma das características discutíveis da religião da época clássica. O desenvolvimento das obras de caridade, o aparecimento do catolicismo social traduzem essa reação no plano prático. Mas também surge no plano espiritual. Irão os católicos retomar o costume de rezar em comum, como na Idade Média? A resposta vem do êxito das Missões no interior. As multidões seguem-nas, participando das cerimônias de encerramento, da ereção de cruzeiros que lhes servirão de memória. Também as peregrinações servem como resposta. A sua importância diminuíra no século XVII, e a crise revolucionária tinha-lhes desferido um grande golpe. Mas renascem em 1815, e nunca mais deixarão de se desenvolver.

Peregrinações tradicionais: a Jerusalém, que se vão restaurando lentamente, sob a proteção da França, com a autorização ao menos tácita do sultão; a Roma, muito numerosas; a Assis, a São Miguel do Monte Gargano, a Turim; na França, a Chartres, a Sainte-Madeleine do Vézelay, ao Santo

Bálsamo, patrocinadas pelos dominicanos, a Nossa Senhora de Liesse, a Rocamadour; na Espanha, a Nossa Senhora do Pilar, em Saragoça, a Compostela, a Monserrat; na Alemanha, a Mariazell, a Altõting; na Suíça, a Einsiedeln.

A essas peregrinações estão ligadas grandes manifestações didáticas, como o auto da Paixão em Oberammergau ou os desfiles de Furnes e de Bruges, em Flandres. Mas há também peregrinações novas, como são as que as aparições de Nossa Senhora vão atrair, em grandes massas humanas, a La Salette e sobretudo a Lourdes, ou ainda as que o fascínio sobrenatural do santo Cura leva a Ars. No final do período, novos sinais anunciam que está próximo o esplendor da oração comunitária. Uma assombrosa convergência de focos de santidade — um João Maria Vianney, um pe. Eymard, um pe. Chevrier —, a influência de autores espirituais e autores cristãos — um mons. Ségur, um Blanc de Saint-Bonnet —, a ação deliberada de uma jovem piedosa — Émile Tamisier — preparam a realização dessas manifestações espetaculares de que o nosso tempo se orgulha[112], em que, às centenas de milhares, os fiéis proclamam, em conjunto, numa prece comum, a fé em Jesus Cristo presente na Hóstia — e para as quais, em 1873, mons. Mermillod achará o nome de *Congressos Eucarísticos*.

Ao mesmo tempo, em Ménil-Saint-Loup (Champagne), constitui-se à volta do pe. Emmanuel um grupo de leigos resolutos que vai pôr em prática uma obra comum de aperfeiçoamento espiritual, antepassada de formações análogas frequentes na nossa época. "Depreciando a fraseologia um tanto solene da oração nos séculos anteriores, ou as considerações demasiado abstratas das orações metódicas, o século XIX vinculou-se cada vez mais aos valores de presença, de contato, de testemunho"[113]. E o século XX será seu herdeiro.

Será também seu herdeiro quanto a um movimento que vemos desenvolver-se no meio de nós: o movimento para a reconciliação dos irmãos separados, o ecumenismo. No século XVII, o grande escândalo da desunião dos cristãos tinha angustiado algumas almas, entre as mais nobres. Entre os protestantes, o pastor Caliyte e o filósofo Leibniz, entre os católicos, o franciscano Spinola, Bossuet e o croata pe. Krijanich — todos eles tinham trabalhado no sentido de uma aproximação. Leibniz e Bossuet tinham trocado uma longa correspondência. Esses esforços tinham fracassado[114] e, no século XVIII, tinham sido retomados apenas por gente isolada e de pouca influência. No século XIX, o ideal do ecumenismo reaparece em muitos espíritos. Como é natural, sobretudo nos grupos de convertidos que, afastando-se de uma dissidência para aderir ao catolicismo, ansiavam por trazer também os seus irmãos. Em Paris, o círculo de Mme. Swetchine; na Alemanha, os de Münster e de Munique, com Döllinger à cabeça; na Inglaterra, o Movimento de Oxford — tais são os focos de ecumenismo. Fizeram-se esforços de aproximação em todos os sentidos, especialmente a partir de 1848.

Na Alemanha, é o publicista Riess que procura constituir uma Associação de piedade cujos membros ofereçam os frutos das suas comunhões pelo regresso dos reformados ao seio da Igreja Católica; é o professor de Munique, Döllinger, que publica *A Igreja e as Igrejas* (1860), obra em que, estudando as origens da Reforma, tem o cuidado de manter algumas pontes; é o cardeal Diepenbrock, que tem a coragem de escrever que os católicos devem "suportar a cisão religiosa em espírito de penitência pelas faltas cometidas" e de propor "corrigir tudo o que parece prejudicial"; é Leopoldo Schmid, que chega a elaborar um verdadeiro plano de reunificação.

Quanto aos anglicanos, se é certo que alguns católicos, como é o caso de Manning, permanecem desconfiados e insistem firmemente na definição dogmática, muitos outros, e especialmente Newman, fazem todo o possível para pôr em foco mais aquilo que une do que aquilo que separa. O convertido Ignatius Spencer vai pedir a Pio IX que não volte a usar o termo "herético" nos textos oficiais que falam dos "acatólicos", e consegue-o. Outro convertido, Ambrose Phillips, tenta mesmo fundar, juntamente com alguns membros do clero da Alta Igreja, uma *Association for the Promotion of the Union of Christendom,* que Manning e depois a Santa Sé julgam excessivamente ousada. John Acton, no seu *Rambler,* esforça-se por expor os princípios de um catolicismo muito aberto, muito generoso, e procura não deixar transparecer qualquer coisa que vá magoar os anglicanos.

Mas é sobretudo para a Igreja Ortodoxa do Oriente que se voltam os movimentos de aproximação mais vigorosos, e mesmo as tentativas concretas. O barão de Haxthousen e os bispos de Münster e de Paderborn criam um *Petrusverein* cujos membros se propõem orar pela conversão da Rússia. O jesuíta príncipe Gagarine publica o famoso livro *A Rússia será católica?* e funda, em 1856, para trabalhar nesse sentido, a revista *Études* (que virá a ter um futuro bem diferente, mas prestigioso), e em seguida a *Obra dos Santos Cirilo e Metódio* e ainda a *Biblioteca eslava.* Na Itália, o pe. Schouvalof prossegue esforços análogos. O grande erudito Dom Pitra, monge de Solesmes e futuro cardeal, comanda um imenso inquérito sobre as tradições e direitos das igrejas saídas de Bizâncio.

Entrementes, há esboços de realizações práticas. Lançam-se a elas o bispo de Djakovár, Strossmayer, um dos chefes do nacionalismo croata, que exerce enorme influência entre todos os povos eslavos do império austríaco e do Bálcãs; mons. Malou, bispo de Bruges, orientalista e bizantinólogo eminente, e outra vez o barão de Haxthausen, que trocam correspondência com altas personalidades do clero ortodoxo. O pe. Lavigerie, durante a sua missão de caridade no

Levante após os sangrentos acontecimentos de 1860, multiplica os contatos com os cristãos orientais separados de Roma[115]. Dom Pitra, já nosso conhecido, chamado a Roma, é encarregado de criar uma secção da Congregação de Propaganda "para os Negócios Orientais", predecessora da atual Congregação para as Igrejas Orientais.

Todos esses esforços, porém, não conduziram a nada. Às Encíclicas que Pio IX dirigiu aos ortodoxos gregos para "lhes suplicar que reentrassem na comunhão de oração", os patriarcas e metropolitas gregos responderam com uma verdadeira peça de acusação em que retomavam todas as velhas críticas ao catolicismo. Quando foi anunciado o Concílio Vaticano e Pio IX tentou convidar para ele os dissidentes[116], apesar da boa vontade de algumas personalidades como o bispo puritano da Escócia, Forbes, e de uma meia dúzia de pastores luteranos alemães, nada se conseguiu. A Hierarquia ortodoxa grega até usou de termos ofensivos para recusar o convite. No entanto, por mais insignificantes que hajam sido os resultados, não deixa de ser verdade que teve grande importância o próprio fato de se haverem empreendido esses esforços de entendimento. Era uma nova atitude, um movimento esboçado, que iria dar à Igreja do século XX uma orientação que ainda continua a ser fecunda e que se traduziu nos grandes esforços por alcançar o ecumenismo a partir do papa João XXIII.

Admirável trabalho, o que foi feito pela alma católica durante esse tempo de laicismo, de impiedade, de revolução! Há uma sociedade que se afasta de Deus e o nega; mas, em face dela, ou, para melhor dizer, inserida nela, uma outra sociedade se afirma, com uma fé cuja lucidez e coragem vão crescendo. Tal é a resposta da Igreja ao desafio da História. Quando tantas potências se aliam para atacá-la, ela prossegue, por seu lado, a tarefa de que a encarregou desde as origens o Deus vivo que lhe deu o ser. Todos os seus esforços e o heroísmo dos seus santos têm um só fim. Se ela torna mais precisa a sua doutrina pela voz dos seus papas; se aprofunda as bases dessa doutrina pelo labor dos seus teólogos; se, dentro do seu aprisco ou por toda a terra, ergue uma obra infatigável de apostolado; se reúne cada vez mais os seus filhos na obra de salvação; se chega a sonhar trazer as ovelhas perdidas ao único rebanho — tudo o faz para promover, não uma potência estratificada nos seus privilégios, cristalizada nas suas instituições, como os adversários a acusam, mas a Comunidade do gênero humano, sobrenaturalmente congregada na esperança e unida no amor.

E é precisamente essa concepção da Igreja que um teólogo do século XIX expõe em termos que o tornam precursor ou iniciador da Igreja que os fiéis da nossa época quereriam realizar. Trata-se de *Johann Adam Moehler* (1796-1838), autor da frase que serve de título a este capítulo. Jovem padre votado ao apostolado nos meios rurais, descoberto por Sailer e chamado à Universidade de Tübingen, Moehler, aos vinte e seis anos, sente a necessidade de viver espiritualmente conforme uma teologia diferente daquela com que se contentava o ensino católico: formalista, semirracionalista, erastiana e febroniana. E lá vai ele por toda a Alemanha, chegando a assistir a cursos dados por protestantes, como um professor de Berlim, Neander, que o ajuda a reconhecer a presença do sobrenatural na História. Regressa a Tübingen, onde dá aulas, e só tem uma ideia: mostrar aos católicos o que é verdadeiramente a Igreja, a Igreja una, dinâmica, eternamente jovem, eternamente animada pelo Espírito. Dois grande livros saem da sua pena: em 1824, *Da unidade na Igreja;* em 1832, a *Simbólica,* ambos de uma riqueza que o nosso tempo redescobriu.

Através das palavras do jovem professor de Tübingen, o que se desprende é toda uma visão da Igreja, uma visão que não é nova, porque é a de São Paulo, dos Padres dos primeiros séculos, de um São Cipriano, de um Santo Atanásio[117], mas que ele renova e traz para a luz. Uma Igreja que não se define como sociedade fechada, bloco doutrinal formado de uma vez por todas, feixe de instituições a que nada se pode acrescentar, antes quer ser viva, dinâmica, aberta a todos, infinitamente acolhedora e fraterna, a Igreja de amor, em que se cumpre a Encarnação do Amor Supremo. Quando Leão XIII, na Encíclica *Immortale Dei,* desenvolver a visão da Igreja com a majestade que conhecemos, o pensamento de Moehler estará presente em muitas das frases do papa; e, mais tarde ainda, não estará ausente dos textos em que Pio XI e Pio XII irão oferecer à sua época a grande doutrina do *Corpo Místico.* Recordando aos católicos que a sua Igreja nada é se não for Cristo prolongado na terra, o órgão do seu Espírito, manifestação constante da sua presença, Moehler ficou como um dos profetas da renovação que os nossos dias experimentaram. Ao concluirmos o esboço da vida espiritual do século XIX, era justo prestar-lhe esta homenagem.

Três sinais no céu

É nesse plano em que Moehler se situa — o plano da Igreja, Corpo Místico de Cristo, em que cada fiel encontra a Divina Presença — que devemos integrar acontecimentos que, aos olhos dos historiadores laicistas, são coisa de mera fábula, mas que, para um historiador católico, se revestem de uma importância muito mais que sociológica. Por três vezes, de acordo com o que formalmente reconheceu o Magistério da Igreja, a Virgem Maria, a Mãe de Deus feito homem, manifestou-se à terra para lhe dar a conhecer alguns avisos e conselhos.

Na noite de 18 para 19 de julho de 1830, uma Irmã da Caridade, ainda noviça e a quem as superioras julgavam "de inteligência débil", foi despertada, em sobressalto, na sua cela. Era no convento da rua du Bac, em Paris, casa-mãe da congregação. Viu junto dela um menininho, que lhe deu ordem de o seguir. Pelos corredores da grande casa adormecida, e que teve a surpresa de ver perfeitamente iluminados, a moça chegou à capela, em que estavam acesas todas as velas. Era tudo tão sobrenatural, nessa hora! Mas Zoé Labouré (em religião, Irmã Catarina) era um desses corações puros a que foi prometido que veriam a Deus, de modo que recebeu o prodígio com simplicidade. Talvez nem tivesse ficado admirada quando viu aparecer diante dela e sentar-se na cadeira do sr. Diretor uma mulher cuja inefável identidade lhe foi revelada por aquele pequeno guia — e sobre os joelhos da qual Catarina pôde pousar as mãos... Coração a coração, no fulgurante silêncio do êxtase, a noviçazinha recebeu conselhos, ouviu algumas palavras, exatamente daquelas que São Paulo dizia não ser permitido aos homens repetir. Depois, foram-lhe confiadas certas mensagens, que ela ficou encarregada de transmitir.

O prodígio repetiu-se mais duas vezes, no outono seguinte. E pronto. Durante quarenta e sete anos, por toda a vida, a Irmã Catarina não passou de humílima irmã-porteira de uma casa dos arredores, encarregada do galinheiro. Mas, para que pudesse ser difundido o que tinha ouvido, Catarina abriu-se com o seu confessor, a quem pediu que contasse tudo, sem mencioná-la. Ora o que a pobre noviça tinha ouvido era ao mesmo tempo terrível e consolador. Tinha ouvido profecias, profecias de acontecimentos dramáticos, que a História, quarenta anos depois, confirmaria até nos detalhes. Tinham-lhe sido dirigidos apelos para que subisse aos Céus uma imensa vaga de orações que aplacasse a justiça divina e suplicasse a divina misericórdia. Fora-lhe mesmo indicado o meio com que se devia levar avante essa campanha de orações: uma medalhinha que usariam todos os que quisessem unir-se nessa ação. Mais ainda: a Irmã Catarina tinha visto Nossa Senhora consagrando a terra inteira, que ora se erguia sobre o Universo como sobre o pedestal de um trono, ora a segurava nas mãos como para uma oferenda. E, por fim, ao anúncio de desastres associara-se uma esperança sobrenatural.

Dezesseis anos depois, a 19 de setembro de 1846, duas crianças — uma menina de quinze anos, um pequeno de doze — guardavam os rebanhos nas pastagens das montanhas que dominam Corps, no Delfinado. Eram crianças sem nada de especial: a triste e sonhadora Mélanie Matthieu não era mais piedosa do que o jovial Maximin Giraud. Nesse dia, porém, em pleno meio-dia, quando estavam numa espécie de língua de terra entre dois montes cobertos de erva, num lugar chamado La Salette, viram uma luz prodigiosa e, como que saindo desse globo de fogo, uma mulher — uma "Senhora", disseram eles —, sentada, com os cotovelos apoiados nos joelhos, e a chorar. Aproximaram-se. A Senhora levantou-se. Pareceu-lhes mais alta do que o natural. Saíam-lhe da cabeça raios de luz, formando um diadema. E a Senhora falou-lhes.

Falou-lhes como se pode falar a dois pequenos camponeses dos Alpes, sem cultura e até muito ignorantes, e que se entendiam melhor no dialeto da região do que em francês. E a Senhora explicou-lhes o desgosto que as lágrimas revelavam, fazendo alusões adequadas ao que eles eram capazes de entender: para essas crianças, qual seria a grande traição dos homens senão faltarem à missa, esquecerem os dias de jejum, os maus costumes? E que haviam de ser os castigos que a Senhora anunciava, senão más colheitas, nozes e uvas pobres, epidemias nas crianças e no gado? Mas, por meio dessa linguagem elementar, escondia-se uma realidade misteriosa e terrível: aquela que, sem deixar lugar a dúvidas, era claramente manifestada nas duas mensagens secretas que cada um dos videntes recebeu em depósito, com a ordem de não as comunicar senão aos responsáveis da Igreja. Ora, dessa estranha manifestação — estranha pela escolha dos que a receberam, estranha pelas circunstâncias em que se deu[118] —, desprendia-se uma impressão de angustioso aviso, de ameaças: ameaças cujo significado, passados muitos anos, a humanidade ainda não terminou de esgotar.

Mas, onze anos após essas ameaças, veio a resposta. No sopé dos Pireneus, a vilazinha de Lourdes vivia num lugarejo belo, mas severo, a vida monótona de tantas vilas do mundo, quando, em fevereiro de 1858, começou a espalhar-se uma estranha notícia. Na quinta-feira 11, as irmãs Toinette e Bernadette Soubirous, acompanhadas pela sua inseparável amiga Jeannette, tinham saído para apanhar lenha. Dirigiram-se para os rochedos de Massabielle, para lá do Gave, e viam a água do rio correr, ruidosa, por cima das pedras. No momento em que atravessavam um pequeno canal que as separava da floresta, as meninas pararam e, enquanto Bernadette esperava, sozinha, hesitando em molhar os pés, subitamente o mundo se lhe tornou insólito. Estaria a envolvê-la alguma tempestade? A verdade é que a água do canal nem sequer estava enrugada e os ramos das árvores não buliam. Mas, à sua frente, numa escavação do rochedo, viu um vulto feminino, uma "senhorita", muito nova, toda vestida de branco, que lhe sorria. Esse episódio, que fez rir as suas companheiras e que os pais da pequena não gostaram de ouvir contar, ia ser o ponto de partida de uma série de outros, cada vez mais incompreensíveis e prodigiosos.

Era uma criança sossegada e profundamente piedosa essa Bernadette; aos catorze anos, era já uma alma religiosa. Nada de comum com Mélanie e Maximin, os pequenos de La Salette. Que fosse uma simuladora, foi o que ninguém pensou. Mas não estaria a ser vítima de uma ilusão, de um sonho, de uma perturbação patológica desconhecida? E a história das revelações de Lourdes veio a ser a luta, por longos meses, entre essa menina investida de uma missão sobrenatural e todas as autoridades, familiares, locais, eclesiásticas, judiciais e municipais, todas elas empenhadas em não reconhecer essa missão. E no entanto, semana após semana, as aparições repetiam-se, e tudo se foi tornando, para a jovem vidente, mais preciso, mais explícito. À sua volta, começou a haver dez, passou a haver vinte, depois cem, depois várias centenas de testemunhas, juntamente com policiais e funcionários públicos. E o êxtase reproduzia-se, sempre igual: a menina caía numa espécie de estado semiconsciente, semelhante ao desmaio. Enquanto rezava o terço, com excepcional fervor, o rosto iluminava-se-lhe, como se refletisse a violenta claridade de uma presença que só ela via.

Sim: a presença voltou; voltou muitas vezes, dezoito vezes! Vinha falar com a sua pequena confidente. Multiplicavam-se os prodígios. Um dia, por ordem da Visitante, Bernadette ajoelhou-se como que para beber de uma fonte inexistente, e, mal arranhou o chão, começou a brotar água, logo poderosa, inestancável... De outras vezes, declarou que, no lugar que indicou, dentro em pouco se ergueria uma igreja. Era já uma multidão que acorria à gruta de Massabielle, a fim de ver a jovem mística nos seus êxtases. Começaram a ocorrer milagres: um cego recuperou a vista, uma Irmã da Caridade e uma criança paralítica ficaram curadas. Inquieto, o pároco da terra atirou-lhe: "Pergunta lá o nome à tua senhorita!" Quando a criança o fez, a Visitante disse: "Eu sou a Imaculada Conceição", coisa que, para uma pequena ignorante de toda a teologia e que nunca ouvira falar da proclamação do dogma, era rigorosamente incompreensível. O clero e a Hierarquia iam ter de aceitar; as próprias autoridades imperiais iam reconhecer: em Lourdes, nesse ano de 1858, produzira-se uma das mais extraordinárias manifestações do sobrenatural de todos os tempos. E por toda a terra correu o apelo à penitência e à oração, mas também à confiança e à esperança, que Santa Bernadette Soubirous recebeu em depósito.

Assim, pois, se deram três fatos que não pertencem à ordem terrena, e todos eles carregados de significação. Uma dessas significações é tal, que o mais laicista dos livros de História não a pode ignorar. Entrando a fundo na corrente da devoção mariana cuja importância estudamos acima, o acontecimento da rua du Bac, o de La Salette e o de Lourdes contribuíram poderosamente para alimentá-la.

Logo que foi autorizada por mons. Quélen, a "Medalha Milagrosa" que fora vista, em êxtase, por Santa Catarina Labouré, difundiu-se com espantosa rapidez. Seis anos depois, um santo sacerdote parisiense, o pe. Desgenettes, pároco de Nossa Senhora das Vitórias, deu-a como insígnia aos membros de uma arquiconfraria de orações pela redenção do mundo pecador (1836); e a sua confraria progrediu tanto que, passados trinta anos, contava vinte milhões de adeptos, e, um século depois, cinquenta.

Em La Salette, onde as dificuldades de acesso eram grandes, nasceu espontaneamente uma peregrinação, fruto da piedade das multidões. A partir de 1852, para assegurar o serviço dos peregrinos, estava constituído um pequeno agrupamento de missionários, que se instalou em choupanas de madeira semelhantes às dos pastores montanheses. No mesmo ano, começava a construção de uma capela, a que viriam a suceder os sólidos edifícios que hoje se levantam nessas solidões. Em 1855, calculava-se em 500 mil o número de peregrinos que em seis anos tinham subido a La Salette, vindos de todas as partes da cristandade. O monte da Aparição passou a ser um dos lugares cimeiros da fé, caro ao coração de muitos fiéis, obscuros ou notáveis, como Léon Bloy[119].

Quanto à gruta de Lourdes e à sua fonte milagrosa, para as quais correra o fervor religioso mesmo antes de as autoridades da Igreja terem dado a sua aprovação, a partir de

1862 (data do reconhecimento oficial pelo bispo de Tarbes), foi uma corrente contínua. O livro de Henri Lasserre, *Notre-Dame de Lourdes* (1869), contribuiu para levar a notícia à cristandade inteira. Os assuncionistas, fundados pouco antes, constituíram-se em servos dessa nova Nossa Senhora e dos seus fiéis. As estradas de ferro montaram vias para serviço dos peregrinos, que já em 1872 eram 119 mil e, no ano seguinte, 140 mil. Em dez anos, foram rezar à Gruta quase 300 bispos de muitos países. E foi um grande dia aquele em que, em nome de Pio IX, que proclamara a "luminosa evidência" do fato de Lourdes, o núncio apostólico procedeu solenemente à coroação da imagem da Imaculada. Foi a 3 de julho de 1876, sob as aclamações de 36 bispos, três mil padres e cem mil peregrinos.

Já só do ponto de vista sociológico — e geográfico —, as três grandes aparições desta época marcam datas importantes na história da catolicidade e a terceira, uma data capital. Mas, sob quantos pontos de vista não se deveria considerar esses acontecimentos! Talvez pudéssemos também perguntar por que terá sido a França a escolhida pelo Céu para essas três manifestações: essa França que dera ao mundo os mais violentos exemplos do ódio a Cristo e à sua Igreja, e que, ao mesmo tempo, se mantinha na vanguarda de todas as obras apostólicas, de todos os empreendimentos pelo Reino de Deus...

Não haveria menos a dizer acerca da espantosa coincidência da multiplicação desses testemunhos do sobrenatural — e temos de pensar também no Cura d'Ars, em Dom Bosco, em Ana Maria Taigi — no próprio momento em que, na sociedade do Ocidente, tudo parecia empurrar a negá-lo, em que o racionalismo e o materialismo pareciam prestes a triunfar, em que se via subir e crescer uma civilização do dinheiro, da produção e do conforto que hoje conhecemos de sobra.

A Igreja das revoluções é também a Igreja das Aparições: e assim ficará até aos nossos dias, até Fátima. Há quem possa pensar que há nisso apenas acaso ou ilusão, esses que esquecem a ação de Deus na História, tal como aprendemos a reconhecer com Santo Agostinho e com Bossuet.

Quanto às lições que essas três aparições marianas traziam para o seu tempo, o seu significado só poderia ser obscuro para quem se recusasse a ouvir as mensagens. Advertências contra as potências das trevas que ameaçam o homem e a fé, Cristo e a sua Igreja; censuras solenes dirigidas a tudo o que, no coração cúmplice dos cristãos, está por demais a serviço de tais obras de morte; mas ao mesmo tempo afirmação de uma esperança que transcende a Terra, uma promessa de salvação pela prece: foi tudo o que disse a Santíssima Virgem quer na Capela da rua du Bac, quer na Montanha de La Salette, quer na Gruta de Lourdes. Estava formulado um dilema — um dilema que outra época teria que decidir: a inelutável escolha entre a "morte de Deus", que um profeta dos abismos ia anunciar, e um cristianismo vivido em toda a sua exigência. E os cristãos não tardariam muito a ser intimados a escolher.

Neuilly, junho de 1958 — Tresserve, janeiro de 1960.

Notas

[1] Cf. neste volume o cap. I, par. *O "último Papa"*.

[2] Cf. *Études historiques,* fim do discurso sobre a queda do império romano.

[3] Léon Daudet.

[4] *Symbolique* de J.A. Moehler, trad. de Lachat, t. II, p. 20, Paris, 1936. Sobre Moehler, cf. neste capítulo o fim do par. *Opções para o amanhã*.

[5] Cf. neste volume o cap. VII, fim do par. *Três mártires.*

[6] Cf. vol. VII, cap. IV, par. *Na luz do cadafalso.*

[7] Como Jean Mellot o mostrou na sua obra *Pénitents noirs, pénitents blancs.*

[8] E que, em diversos pontos, continuou as suas devastações após o termo dela: por exemplo, em Cluny, onde as destruições se prolongaram por muito tempo.

[9] Cf. neste volume o cap. III, par. *Leão XII, Papa do Antigo Regime?*

[10] Cf. neste volume o cap. V, fim do par. *"Tu es Petrus".*

[11] Um templo galo-romano (N. do T.).

[12] Importa ler, no excelente opúsculo de Madeleine Ochsé, *Un art sacré pour notre temps*, Paris, 1959, as páginas profundas sobre o caso de Pierre Bossan, primeiro arquiteto de Fourvière, converso de coração reto, discípulo do Cura d'Ars e que meditou e rezou, durante vinte anos, para que a sua basílica fosse uma obra-prima...

[13] Cf. vol. VII, cap. V, par. *Nascimento de uma Igreja votada à grandeza.*

[14] Cf. neste capítulo o par. *Renovação monástica, proliferação de institutos, plétora de congregações.*

[15] Cf. neste capítulo o par. *Rezar com a Igreja: Dom Guéranger restaura a Liturgia.*

[16] Cf. no vol. VI, todo o capítulo II.

[17] Cf. neste volume o cap. III, par. *Vantagem e perigos de uma aliança.*

[18] Cf. neste volume o cap. III, par. *Na França, o Trono e o Altar.*

[19] Cf. neste volume o cap. VI, par. *Catolicismo e consciência social.*

[20] Cf. neste volume o cap. VI, fim do par. *Nova et vetera.*

[21] Cf. neste volume o cap. VI, par. *Pedras de toque.*

[22] Cf. vol. VII, cap. V, fim do par. *Bastiões do catolicismo: a Espanha*

[23] Cf. neste volume o cap. V, par. *Grandeza de Pio IX.*

[24] Apesar dos belos livros de Georges Goyau, citados no Índice Bibliografico.

[25] É só ver... Quando um dos seus filhos, Dmitri, lhe anunciou o desejo de partir para os Estados Unidos, como missionário, a princesa acompanhou-o a Rotterdam. No último instante, o rapaz hesitou. Então, a mãe empurrou-o com tal força que o rapaz caiu à água. Foi repescado pelos tripulantes. E assim partiu para a América o famoso pe. Galitzine, que, sob o nome de "M. Smith", iria ser um dos apóstolos dos Estados Unidos (cf. neste volume o cap. VII, par. *O prodigioso surto da igreja norte-americana).*

[26] Cf. neste capítulo o par. *As contradições da arte sacra.*

[27] Cf. neste volume o cap. III, par. *Pio VIII e a explosão de 1830.*

[28] Cf. neste volume o cap. IV, par. *Na Alemanha, "o espírito de Colônia".*

[29] Cf. neste volume o cap. IV, par. *O drama de Lamennais.*

[30] Cf. neste capítulo o fim do par. *Opções para o amanhã.*

[31] Cf. vol. V, cap. III, par. *Três vitórias protestantes: Elisabeth I e o anglicanismo.*

[32] Cf. Thureau-Dangin, (obra citada no Índice Bibliográfico), I, 1.9.

[33] Cf. vol. VII, cap. III, par. *Wesley e o metodismo.*

[34] Como se sabe, o título de *fellow* era uma espécie de benefício concedido, por concurso, aos melhores "graduados" de cada Colégio. Um *fellow* podia residir no Colégio que lhe concedera esse título. Se casasse, tinha que deixá-lo.

[35] Nascido em 1801, aquele que será o cardeal Newman só morreria em 1890, quase nonagenário.

[36] Recordemos que a palavra inglesa *vicar* designa o pároco, enquanto o francês *vicaire* [vigário, coadjutor] é o inglês *curate.*

[37] Cf. neste volume o cap. III, par. *Um êxito católico e liberal a emancipação dos católicos ingleses.*

[38] Nascido em Sevilha, em 1802, Nicholas Wiseman tinha sido nomeado Reitor do Colégio Romano e Prelado de Sua Santidade aos vinte e seis anos. Morreu em 1865.

[39] Levando uma vida bastante dissoluta, fora chamado de novo à fé por uma estranha visão que tivera ao assistir, na Ópera de Paris, à representação do *Don Juan* de Mozart. Fizera-se então pastor anglicano. Depois, desgostoso com a debilidade dogmática da Igreja estabelecida, passara ao catolicismo, onde iria desempenhar um papel muito interessante como fermento.

[40] "Nunca mais tive dúvidas — diz ele a propósito do seu encontro com Newman e Froude — de que começava um novo tempo para a Inglaterra".

[41] Cf. vol. II, cap. I, par. *O combatente da verdade.*

[42] Segundo a lenda, Dick Whittington, um menino pobre que não possuía de seu senão um gato, foi a Londres para fazer a vida e encontrou trabalho na casa de um rico comerciante, Fitzwarren. Quando o seu patrão convidou os empregados a investir capital num navio, Dick entregou o gato ao capitão, para que o vendesse. Com o passar do tempo, e sem notícias do empreendimento, resolveu voltar para casa; já fora dos portões de Londres, ouviu tocarem os sinos das igrejas e pareceu-lhe que lhe diziam: *"Turn again, Whittington, three times Lord Mayor of London"* ["Volta atrás, Whittington, três vezes prefeito de Londres"]. De retorno à casa do patrão, descobriu que o navio voltara e lhe trouxera excelentes notícias: o capitão tinha vendido o seu gato ao rei de um país distante, infestado de ratos, por uma enorme quantia de ouro, e ele, Dick, era agora um homem rico. Whittington casou-se com a filha do seu patrão, Alice, e acabou por tornar-se prefeito de Londres. O personagem real que serviu de base para essa lenda foi um certo Richard Whittington (ca. 1350-1423), comerciante, que efetivamente se elegeu três vezes prefeito de Londres e deixou excelente reputação pela sua caridade (N. do T.).

[43] Cf. neste volume o cap. VI, par. *Nova et vetera.*

[44] Leão XIII reconhecerá os méritos de Newman fazendo-o cardeal em 1879.

[45] Cf. neste volume o cap. V, par. *Capital da Igreja.*

[46] Manning foi criado cardeal em 1875.

[47] Cf. neste volume o cap. V, par. *A grande divisão dos católicos.*

[48] Cf. neste volume o cap. V, par. *O Concílio Vaticano.*

[49] Cf. neste volume o cap. V, par. *O Concilio Vaticano.*

[50] Outras causas, menos importantes, estiveram na origem do desenvolvimento do catolicismo inglês (cf. neste volume o cap. IV, nota SI).

[51] Cf. neste volume o cap. II, par. *Um despertar da espiritualidade.*

[52] Pio IX foi beatificado pelo papa João Paulo II a 3 de setembro de 2000 (N. do T.).

[53] O pe. Broutin, especialista em pastoral episcopal do século XIX, esboçou esse estudo a propósito do cardeal Pie, num sugestivo artigo da *Revue d'Ascétique et de Mystique,* de janeiro de 1959. Há também muito a colher a este respeito no livro do cônego Sévrin sobre mons. Clausel de Montais.

[54] Em *Le Pontificat de Pie IX*, t. XXI da *Histoire de l'Église* de Fliche e Martin.

[55] Recordemos a palavra de Renan: "Vivi dez anos no meio de padres: só conheci bons padres".

[56] Antoine Givre morreu algumas semanas depois do Cura d'Ars.

[57] Cf. vol. VII, cap. IV, par. *Essas feridas ainda abertas.*

[58] Cf. neste volume o cap. I, par. *Calmaria e renovação na era termidoriana.*

[59] Ars foi erigida em paróquia em 1821. Em 1823, integrou-se na diocese de Belley, quando esta foi reconstituída.

[60] João Maria Vianney foi proclamado Venerável por Pio IX (1872), beatificado por São Pio X (1905) e canonizado por Pio XI (1925), que o declarou padroeiro de todos os párocos do mundo em 1929.

[61] Cf. vol. VII, cap. IV, par. *Um erro capital: a supressão da Companhia de Jesus.*

[62] Cf. vol. VII, cap. IV, par. *Ataques a Roma.*

[63] Cf. neste volume o cap. I, par. *Calmaria e renovação na era termidoriana.*

[64] Henry Marc-Bonnet.

[65] Cf. neste volume o cap. III, par. *Neo-galicanismo.*

[66] Cf. neste volume o cap. V, par. *Assaltos contra a Igreja.*

[67] Cf. neste volume o cap. V, par. *Assaltos contra a Igreja.*

[68] Cf. neste volume o cap. III, par. *A reconstituição da Companhia de Jesus.*

[69] Cf. neste volume o cap. IV, par. O *drama de Lamennais.*

[70] Cf. neste volume o cap. II, par. *Um despertar da espiritualidade.*

[71] Cf. neste volume o cap. I, par. *Pausa e renovação na era termindoriana.*

[72] Cf. neste volume o cap. VII, par. *Um pulular de congregações...*

[73] Cf. *ibid.*

[74] Cf. neste volume o cap. VI, par. *Os leigos e a Hierarquia.*

[75] Sobre São José Cottolengo, cf. neste capítulo o par. *Flos caritatis.*

[76] Domingos Sávio (1842-57) é a mais deliciosa figura da "gesta de Dom Bosco". Menino devorado já aos cinco anos pelo zelo de Deus, rapazinho cuja compreensão do sobrenatural e cujo rigor de comportamento eram a admiração de todos os que o rodeavam, jovem místico cheio de carismas luminosos, e que morreu, aos quinze anos, tuberculoso, com uma santidade sublime. É um comovedor exemplo de força sobre-humana da humana fraqueza. Foi canonizado em 1954.

[77] O fato foi narrado por Dom Bosco, mas nunca ficou bem provado que o visitante de barbas fosse mesmo Vítor Hugo.

[78] O mais popular dos santos italianos do nosso tempo irá beneficiar de um rápido processo de canonização por parte da Igreja. Dois anos após a sua morte, foi aberto o processo canônico em vista da beatificação. Em 1929, foi declarado Bem-aventurado; em 1933, Pio XI canonizou-o e, no ano seguinte, estendeu o seu culto à Igreja universal.

[79] Em 1880, virão a ter 923 casas na França e 1.024 fora da França.

[80] Sobre a sua vida, cf. J.C. Cousson, Paris, 1959.81 Cf.

[81] Cf. neste volume o cap. VI, par. *O homem que despertou as almas para o problema social: Ozanam.*

[82] Cf. neste volume o cap. VI, par. *Catolicismo e consciência social.*

[83] Cf. neste volume o cap. V, par. *Um arcebispo morto nas barricadas.*

[84] Cf. neste volume o cap. VI, par. *O homem que despertou as almas para o problema social: Ozanam.*

[85] Hoje, 330.

[86] Célebre feira que se fazia, até uma época recente, ao longo da Avenue Neuilly, bairro à porta de Paris. Foi numa sala da prefeitura de Neuilly que Eugénie Bonnefois abriu a sua primeira escola para as crianças da feira (cf. *Ecclesia,* maio de 1960).

[87] A palavra *riabilitante* ["reabilitadora"] não foi propriamente empregada pelo pe. Laraste, que dizia, de modo admirável: "O único reabilitador: Cristo". O último capítulo geral, em 1959, decidiu não tornar a utilizá-la.

[88] *Le Régime moderne,* vol. II.

[89] Sobre esta literatura piedosa, abundante mas demasiadas vezes de mau gosto, podemos citar este passo de *Madame Bovary,* de Flaubert: "O livreiro, com tanta indiferença como a de quem estivesse mandando quinquilharia para negros, embrulhou à mistura tudo o que então tinha venda no mundo do negócio dos livros piedosos. Eram pequenos manuais de perguntas e respostas, folhetos de um tom arrogante, à maneira de M. de Maistre, e uma espécie de romances cartonados em cor-de-rosa e de estilo adocicado, fabricados por seminaristas--trovadores ou por pedantes literatas arrependidas. Lá estavam o *Pensez-y bien,* o *L'Homme du monde aux pieds de Marie,* por Mons. ***, condecorado com diversas ordens, o *Des erreurs de Voltaire, à l'usage des jeunes gens..." (Madame Bovary,* 2. parte, cap. XIII).

[90] A Igreja recusou-se por muito tempo a proclamar os méritos dessa santa mulher, por suspeitar que, nos livros que narram as suas visões, pudesse haver uma parte de fábula devida à pena romântica de Klemens Brentano. No entanto, o inquérito episcopal de 1818

reconheceu que, no caso de Catarina Emmerich, não havia fraude. [Em 2001, a Santa Sé concluiu o processo de Virtudes Heroicas, e portanto tem o título de Venerável (N. do T.)].

[91] Seria interessante estudar os convertidos russos do início do século XIX. Quem desencadeou todas essas conversões parece ter sido o Cavaleiro d'Augard, emigrado francês, amigo de Joseph de Maistre. Foi ele que converteu a condessa Rostopchine, mulher do estadista que, incendiando Moscou, barrou o caminho a Napoleão, e mãe da célebre Sofia, que foi mulher de Eugene Ségur, autora das *Memórias de um burro*, de *Os desastres de Sofia*, etc., obras muito lidas, e mãe de mons. Ségur; cf. o trabalho do pe. de Guilhermier nas *Mémoires de l'Accadémie de Vaucluse*, 1953.

[92] Cf. o vol. VII desta coleção.

[93] Era habitual esperar pelos doze anos.

[94] Cf. neste capítulo o par. *Na Inglaterra: Newman e o Movimento de Oxford.*

[95] Cf. vol. VI, cap. II, par. *A vida das almas.*

[96] O outro grande autor espiritual, mons. Gay, só em 1875 começou a publicar uma obra para a qual tinha reunido material durante quarenta anos.

[97] Cf. vol. VI, cap. V, par. *Do declínio dos místicos ao culto do Sagrado Coração.*

[98] Cf. vol. VII, cap. V, par. *Esse clero que não cederá.*

[99] Cf. neste volume o cap. I, par. *A insurreição do Oeste.*

[100] Quando mons. Sibour foi assassinado, em Saint-Ecienne-du-Mont, o criminoso exclamou: "Nada de deusas!"

[101] Cf. a obra do pe. Deroo com esse título, Paris, 1960.

[102] Cf. neste volume o cap. V, par. *A Imaculada Conceição.*

[103] Cf. neste capítulo o par. *Três sinais do céu.* Há duas devoções que estão ligadas à de Maria: a de São José, a quem Pio IX deu o título de "Padroeiro da Igreja Universal", e a do Menino Jesus, que o pe. Faber contribuiu muito para difundir com o seu livro *Bethlehem,* expressão que preside a cerca de vinte congregações e muitas arquiconfrarias e que virá a popularizar-se com Santa Teresa de Lisieux.

[104] Cf. neste capítulo o fim do par. *O século XIX, um século ateu?* e o fim do par. *Opções para o amanhã.*

[105] Cf. neste capítulo o par. *Renovação monástica, proliferação de institutos, plétora de congregações.*

[106] Dom Guéranguer, em vida, apenas publicou nove volumes; a obra foi terminada por Dom Fromage.

[107] Cf. neste capítulo, o par. *Música na Igreja ou música de Igreja?*

[108] Cf. neste volume o cap. V, par. *Capital da Igreja.*

[109] Cf. o vol. IX desta coleção.

[110] Cf. neste volume o cap. VI, par. *Pedras de toque, in fine.*

[111] Cf. neste volume o cap. III, par. *Vantagens e perigos de uma aliança.*

[112] Acerca das origens espirituais dos Congressos Eucarísticos, cf. o opúsculo de Antoine Lesrta, *Retourner le monde,* Paris, 1959.

[113] Vicaire, na *Histoire illustrée de l'Église,* vol. II.

[114] Cf. vol. VI, cap. V, par. *Uma esperança e uma desilusão.*

[115] Cf. neste volume o cap. VII, par. *Escolas Cristãs no Próximo Oriente.*

[116] Cf. neste volume o cap. V, par. *O Concilio Vaticano.*

[117] A quem Moehler dedicou um estudo importante.

[118] A tal ponto que, logo que os acontecimentos foram conhecidos, rebentaram vivas discussões. Membros eminentes da Hierarquia, até santos como o Cura d'Ars, começaram por hesitar em admiti-los. Chegou mesmo a correr que se tratava de fraude, de uma semi-louca que se divertia a enganar as crianças. Mas o seriíssimo inquérito canônico conduzido pelo bispo de Grenoble acabou com tal fábula. Em 1851, o "fato de La Salette" foi formalmente reconhecido.

[119] Cf. Victor Hostachy, *Histoire séculaire de la Salette,* Grenoble, 1946.

Quadro cronológico

Datas	História da Igreja	Acontecimentos Políticos e Sociais
1789		
4 maio	Procissão solene em Versalhes	
5 maio		*Abertura dos Estados Gerais*
17 junho	O clero une-se ao Terceiro Estado	Proclama-se a Assembleia Nacional
19 junho		
14 julho		Tomada da Bastilha
4 agosto	*A noite, abolição dos dízimos e privilégios eclesiásticos, bem como de todos os privilégios de classe*	
	Agitação em Avignon, território pontifício	
20 agosto		*Declaração dos Direitos do Homem e do Cidadão*
24 setembro		Os protestantes são admitidos aos cargos públicos
5-6 outubro		O rei e a família são conduzidos a Paris
2 novembro	*Os bens do clero são postos à disposição da nação*	
22 dezembro	Decreto tira aos bispos a responsabilidade pela educação pública, confiando-a às administrações departamentais	
1790		
13 fevereiro	*Supressão dos votos monásticos*	
20 fevereiro		Morte de Jose II da Áustria. Leopoldo II sobe ao trono
29 março	Pio VI condena os princípios da Revolução	
12 julho	*Com o pretexto de reoganizar a Igreja, a Assembleia vota a* Constituição Civil do Clero	
14 julho		A "Festa da Federação"
julho-outubro	Confisco total dos bens do clero	
27 novembro	Decreto que exige dos sacerdotes o *juramento à Constituição Civil*	
28 novembro	62 padres deputados prestam o juramento	
26 dezembro	O rei Luís XVI aceita sancionar a *Constituição Civil do Clero*	

1791		
19 março e 13 abril	*Pio VI condena a Constituição civil do clero*	
2 maio	Pio VI é queimado em efígie em Paris	
21 junho		Luís XVI é detido durante a fuga em Varennes
17 julho		As fuzilarias do Campo de Marte
3 setembro		Vota-se a Constituição
14 setembro	Avignon, território pontifício, e anexado à França e ocupado militarmente	
out.-dez.	Ruptura das relações diplomáticas entre a França e a Santa Sé	
17 outubro	Fechamento das grandes escolas de teologia	
29 novembro	*A obrigação do juramento é estendida a todos os membros do clero, primeiro veto do rei*	
1792		
março		Luís XVI despede o ministério moderado e chama os *girondinos*
2 março		Francisco II, rei da Áustria
12 março	Pio VI excomunga os padres juramentados	
20 abril		Declaração de guerra à Áustria
28 abril	Proibição dos hábitos religiosos; extinção de todas as ordens	Derrotas nas fronteiras do norte
27 maio	Decreto de deportação dos padres não-juramentados; o rei veta esse decreto	
20 junho		Nas Tulherias invadidas, Luís XVI recusa-se a ceder
11 julho		Declara-se "a Pátria em perigo"
25 julho		O manifesto de Brunswick ameaça os parisienses
10 agosto		*Queda da monarquia*
14 agosto a 1° setembro	Violências contra sacerdotes e Invasão prussiana no leste decretos de perseguição; o juramento de "Liberdade--Igualdade"	Invasão prussiana no leste
2 setembro	Início dos *massacres de setembro*	

1792		
20 setembro	O Estado assume o registro civil. Aprova-se o divórcio. Vitória de Valmy	
21 setembro		*Reunião da Convenção e proclamação da República*
6 novembro		Contra-ofensiva militar: Jemmapes
1793		
13 janeiro	Assassinato de Hugon de Bassville em Roma	
21 janeiro		*Luís XVI morre na guilhotina*
23 janeiro		Segunda partilha da Polonia
10 março	*Os católicos do oeste revoltam-se: início da Guerra da Vendeia*	
25 março		Primeira coalizão contra a França
6 abril		*Criação do Comitê de Salvação Pública*
junho-agosto		Invasão da França e recrutamento geral
2 junho		Queda dos girondinos e início da *ditadura dos "montanheses"*
24 junho		Constituição do Ano I
10 agosto	"Festa da natureza" (anti-cristã)	
17 setembro	Os sacerdotes "refratários" são incluídos na Lei dos Suspeitos	
setembro a dezembro		Vitórias nas fronteiras
16 outubro		Maria Antonieta é executada
21 outubro	*Todos os sacerdotes são considerados legalmente suspeitos* (30 prairial)	
24 outubro	O calendário "republicano" substitui oficialmente o calendário cristão	
7 novembro	"Despadrização" de Gobel, arcebispo juramentado de Paris	
10 novembro	Festa da "Deusa Razão" em Notre-Dame de Paris (anti-cristã)	
6 dezembro	Decreto sobre a liberdade de culto (16 frimário), nunca aplicado	
21 dezembro		Os vendeenses são esmagados em Savenay
1794		
14 março		Robespierre derrota os hébertistas
30 março		Robespierre derrota Danton e os "indulgentes"

1794		
10 maio	Mme. Elisabeth e executada	
8 junho	*"Celebração do Ser supremo"*	
10 junho		Suspensão de todas as garantias constitucionais: o *Grande Terror*
17 julho	As carmelitas de Compiègne são executadas	
27 julho		*9 termidor do ano II: queda de Robespierre*
julho-agosto	*Détente* religiosa	
18 setembro	Suprimem-se as subvenções e salários de todos os cultos	
outubro		Jourdan vence a coalisão no Reno
dezembro		Pichegru vence na Holanda
1795		
janeiro		Terceira e última partilha da Polônia
17 fevereiro	A pacificação de Jaunais na Vendéia	
21 fevereiro	*3 de ventoso do ano III: decreto de liberdade dos cultos e de separação entre a Igreja e o Estado*	
abril-julho		Tratados de Bâle e de La Haye
maio	Reabrem-se inúmeras igrejas	
jun. a set.	Voltam as hostilidades contra a Igreja	Agitação no Oeste; tentativa de desembarque monarquista em Quiberon
julho		Início do "Terror Branco"
22 agosto		Constituição do ano III e criação do regime de *Diretório*
29 setembro	Codificação das leis repressivas contra o clero	
5 outubro		Levante monarquista esmagado em Paris
27 outubro		Instalação do Diretório
1796		
março	Hoche termina de pacificar a Vendéia	
abril		Começo da primeira campanha italiana de Bonaparte
10 maio	*21 de floreal: retorno à politica de apaziguamento religioso*	Fracassa o complô comunista de Babeuf
23 junho	Bonaparte firma o armistício de Bolonha com a Santa Sé	

1796		
29 setembro	Exige-se do clero um novo juramento, de submissão às leis da República	
15-17 nov.		Vitória de Arcole
início dez.	Revogam-se as leis anti-religiosas em conjunto	
1797		
janeiro		Fundação da *Teofilantropia*
19 fevereiro	Bonaparte firma o tratado de Tolentino com o Papa	
abril		Eleições moderadas e monarquistas
15 agosto	"Concílio Nacional" da Igreja Constitucional	
24 agosto	Revogam-se as medidas de exeção contra os sacerdotes	
setembro	Brusco retorno à perseguição	
4 setembro		Fracassa golpe de estado jacobino
6 setembro	Impõe-se ao clero um novo juramento, de "ódio à monarquia"	
17 outubro		Tratado de Campo Formio
28 dezembro	*O general Duphot é assassinado em Roma; a França rompe com a Santa Sé*	
1798		
10 fevereiro	Ocupação de Roma pelas tropas do general Berthier	
20 fevereiro	Pio VI expulso de Roma e levado a Florença	
fevereiro-março		Instauração da República Romana
19 maio		Início da campanha no Egito
junho		Levantes anti-franceses na Itália
jun-out	Atenuam-se as medidas anti--cristãs; muitos padres voltam	
21 julho		Batalha das Pirâmides
1° agosto		Batalha de Abukir
1799		
março		A segunda coalizão: a França sofre sérias derrotas
28 maio	*Pia VI é raptado e levado à França*	
18 junho		*30 de prairial: golpe de Estado dos cônsules contra o Diretório*
14 julho	Pio VI chega a Valence	
29 agosto	*O Papa Pio VI morre como prisioneiro na fortaleza de Valence*	
29 setembro	O exército francês evacua Roma	

Datas	História da Igreja	Acontecimentos Políticos e Sociais	Artes, Letras e Ciências
1799			
set-out		Vitórias de Zurique e Bergen: melhora a situação militar	
9 nov		*18 de brumário: golpe de estado de Napoleão*	
30 nov	*Abertura do Conclave em Veneza*		
13 dez		Constituição do ano VIII: o Consulado	
28 dez	Decretos de pacificação religiosa		
1800			
31 jan	Exéquias solenes de Pio VI em Valence		
14 mar	*O cardeal Chiaramonti é eleito Papa Pio VII*		
14 jun		Vitória de Marengo	
mar	Início das negociações da Concordata		
ago	Reabertura de Saint--Sulpice		
set	Reestabelecimento das Filhas da Caridade		
3 dez		Vitória de Hohenlinden	
25 dez	O pe. Coudrin funda *Picpus*		
1801	Laboriosas negociações da Concordata, assinada a 17 jul e aprovada pela bula *Ecclesia Domini* a 15 ago	Paz de Lunéville, 9 fev	Schiller, 1759-1865 *Du sentiment considéré...*, de Ballanche
1802	O corpo de Pio VI e levado para Roma Promulgação da Concordata na França, 15 ago	Paz de Amiens, 25 mar Napoleão e nomeado cônsul vitalício, mai Constituição do Ano X, 2 ago	*Le génie du Christianisme*, de Chateaubriand, 1768-1848
1803	Concordata com a Itália, nov	Napoleão retira-se para a Alemanha, fev	

1804	Reestabelecimento dos irmãos das Escolas Cristãs na França As ordens religiosas são submetidas a uma autorização prévia por parte do governo Reconstituição dos jesuítas em Nápoles *Pio VII chega a Fontainebleau, 24 nov*	Complô de Cadoulal Execução do duque de Enghien Proclamação do Império, 18 mai *Napoleão autocoroa-se imperador diante de Pio VII, 2 dez*	
1805	Ocupação de Ancona, território pontifício, pelos franceses, out	Napoleão proclama-se rei da ltália, mar Terceira coalizão Batalha de Austerlitz, 2 dez	
1806	Supressão do calendário revolucionário Civitàvecchia e ocupada pelos franceses, 6 mai	Quarta coalizão Criação da Universidade imperial, 10 mai Iena e Auerstaedt, 14 out Bloqueio continental, 21 nov	*Fenomenologia do Espírito*, de Hegel, 1770-1831
1807	Conferências de Frayssinous em Saint-Suipice A Me. Javouhey funda São José de Cluny	Eylau, 8 fev Friedland, 1 jun Tratado de Tilsit, 7 jul	
1808	*Ocupação de Roma pelos franceses*, 2 fev	Começo da Guerra com a Espanha, 2 mai Capitulação de Bailen, 21 jul	*Réflexions sur l'état de l'Église*, Lamennais, 1781-1854 *Discurso à Nação Alemã*, Fichte, 1761-1814
1809	*Anexação do Estado Pontifício pela França, 17 mai.* Excomunhão de Napoleão Pio VII preso e deportado para Savona	Saragoça é sitiada Quinta coalizão Wagram, 6 jul Divórcio de Napoleão,16 dez	*Les martyrs*, Chateaubriand *Joseph*, do compositor Étienne Méhul, 1763-1817

1809	As organizações pias são dissolvidas no Império. A questão das investiduras episcopais		
1810	Roma é declarada segunda capital do Império, 17 fev Maury nomeado para o arcebispado de Paris, 25 out A questão Astros	Casamento de Napoleão com Maria Luisa da Áustria, 2 ago	*Missa em ut*, Beethoven, 1770-1827 *De l'Allemagne*, Mme. de Staël
1811	A "comissão eclesiástica" procura resolver o problema episcopal "Concílio de Paris", 17 jun	20 de março: nascimento do rei de Roma	Chateaubriand, eleito para a Academia Francesa, não é autorizado a pronunciar o discurso de posse
1812	*Pio VII é transferido de Savona para Fontainebleau*	Início da campanha da Rússia, 24 jun Conspiração do general Malet, out Retirada da Rússia; José Bonaparte expulso da Espanha, nov-dez Napoleão volta a Paris, 20 dez	
1813	Entrevista de Napoleão e Pio VII, 19-24 jan "Concordata de Fontainebleau", 25 jan Pio VII retrata-se da Concordata, 24 mar Pio VII escreve ao imperador da Áustria	Campanha da Alemanha: Lutzen-Bautzen Congresso de Praga Vitória dos aliados sobre Napoleão em Leipzig, 16-19 out	
1814	Roma é ocupada por Murat *Pio VII conduzido a Savona, fev. Entra em Roma, 24 mai*	Campanha da França, fev-mar *Primeira abdicação de Napoleão, 6 abr*	Morte de Fichte

1814	Reestabelecimento dos jesuítas pela Bula *Sollicitudo*, 7 ago	Luís XVIII, rei da França	
1815	Invasão de Roma por Murat. Pio VII foge para Gênova; volta definitivamente para Roma a 7 jun Reconstituição das Missões estrangeiras, dos Lazaristas e dos Padres do Espírito Santo	*Os Cem Dias*, 1 mar-22 jun *Waterloo*, 18 jun Congresso de Viena A "Santa Aliança" Na França, a Restauração	*Catecismo de economia política*, de J.-B. Say, 1767-1832
1816	Reabertura, na França, de ordens e institutos Fundação dos Oblatos de Maria Imaculada		
1817	Fracasso da projetada Concordata francesa. Permanece em vigor a Concordata de 1801 Roma aprova o *Picpus* Reabre a Congregação da Propaganda		Ensaio sobre a indiferença, de Lamennais
1818	Concordata com a Baviera		
1819			*Sobre o Papa*, de Joseph de Maistre, 1753-1821
1821	Concordata com a Prússia		*As Soirées de Saint-Pétersbourg*, de Joseph de Maistre
1822	Fundação da Associação para a Propagação da Fé, em Lyon	Frayssinous, "Grão-mestre" da Universidade Independência do Brasil. D. Pedro I, imperador	

1823	Morte de Pio VII *Leão XII*, papa, 1823-1829 Missões jesuítas na América do Norte		
1824	Fundação do *Memorial católico*	Carlos X, rei da França, 1824-1830	Morte de Géricault, pintor, 1791-1824, e Maine de Biran, 1766-1824 *A unidade da Igreja*, de Johann Adam Moehler, 1796-1838
1825	Jubileu Na Prússia, o caso dos casamentos mistos Na França, lei sobre o sacrilégio		Morte do "socialista" Saint-Simon, 1760-1825 *La religion considérée dans ses rapports*, Lamennais
1826	*Memória* de Montlosier contra os jesuítas		
1827		Vitória de Navarin sobre os turcos	Morte de Beethoven, 1770-1827
1828	Decreto de Carlos X contra os jesuítas Concordata com a Suíça	Na França, ministério Martignac	Morte de Schubert, 1797-1828
1829	Morte de Leão XII Pio VIII, papa, 1829-1830 *Emancipação dos católicos ingleses*		
1830	Morte de Pio VIII Aparição de Nossa Senhora a Catarina de Labouré Breve pontifício *Litteris* sobre os casamentos mistos na Alemanha	Revolução de Julho Luís-Filipe, rei da França, 1830-1848 Independência da Bélgica Revolta na Polônia Conquista da Argélia	Publicação do *Avenir* Johann Friedrich Overbeck, 1789-1869, pintor, em Roma; os *Nazarenos*

1831	Gregório XVI, papa, 1831-1846 Const. Ap. *Sollicitudo ecclesiarum* sobre as relações da Santa Sé com os governos revolucionários	Na França, violentos incidentes anticlericais Ocupação de Ancona pela França	Morte do teólogo Georg Hermes, 1775--1831 *Notre-Dame de Paris,* de Vitor Hugo
1832	Encíclica *Mirari Vos* contra o liberalismo O papa condena a insurreição polonesa	Na França, batalha pela liberdade de educação	A *Simbólica,* de Johann Adam Moehler
1833	D. Guéranger em Solesmes Os *Tracts for the Times:* começa o Movimento de Oxford Fundação da Sociedade de São Vicente de Paulo Perseguição na Indochina	Isabel II, rainha da Espanha, 1833-1868: luta violenta entre *carlistas* e *cristinos* Lei Guizot sobre o ensino primário	
1834			*Paroles d'um croyant,* de Lamennais, condenado pela *Singulari nos*
1835	Lacordaire inicia as Conferências de Notre-Dame Supressão da Companhia de Jesus na Espanha Condenação das teses de Georg Hermes		Restabelecimento da Universidade de Lovaina *Vida de Jesus,*de David F. Strauss, 1808-1874
1836	Bonnand na Índia		
1837	Instituição da Adoração Perpétua na França Beneditinos em Solesmes	Vitória, rainha da Inglaterra, 1837-1901 "O Caso de Colônia": prisão de D. Droste--Vischering	O *Livre du peuple*, de Lamennais Morte de Fourier, 1772-1837

1838	Conversão de Veuillot Criação de uma diocese na Argélia		Morte de J.A. Moehler A pesquisa social de Villerme Boucher de Perches e a pré-história
1839	Lacordaire reconstitui os dominicanos franceses		
1840	Perseguição na China, 1840-1846	Frederico Guilherme IV, rei da Prússia, 1840-1861 Guerra do Ópio	*As Instituições litúrgicas,* de Guéranger Morte de Bonald, 1754-1840 *Catolicismo e progresso,* de Buchez, 1796-1865 *A mística cristã,* de Görres, 1776-1848
1841		Projeto Villemain para o ensino secundário Cai Espartero, Espanha	*O ano litúrgico*
1842	Morre São José Cottolengo, 1786-1842		
1843	Conferências de Lacordaire em Notre--Dame, 1843-1851 A Obra da Santa Infância	A insurreição de Rimini	*Os jesuítas,* de Michelet e Quinet *O primado moral dos italianos,* de Gioberri, 1801-1852 *A ceia dos Apóstolos,* de R. Wagner, 1813-1883
1844	Movimento anti-católico nos Estados Unidos	Revolta nas Legações O czar Nicolau I visita Roma	*A essência do cristianismo,* de Ludwig Feuerbach, 1804-1872
1845	Newman, 1801-1890, torna-se católico Assassinato de Joseph Leu na Suíça		*Os últimos acontecimentos da Romagna,* de Massimo d'Azeglio *Ensaio sobre o desenvolvimento da doutrina cristã,* de J.H. Newman

1846	Morte de Gregório XVI *Aparições de La Salette* Pio IX, papa, 1846-1878 Fundação da Congregação para os Religiosos		*Filosofia da miséria,* de Proudhon, 1809-1865 *Missão da América,* de Oreste Browson, 1803-1876
1847	Política "liberal" de Pio IX: a "Consulta" Derrota do Sonderbund na Suíça	Morte de O'Connel, 1775-1847 *Gesellenverein* de Kolping	
1848	Revolução em Roma e assassinato do conde Pellegrino Rossi; fuga do Papa para Gaeta Congresso dos católicos alemães	Queda de Luís Filipe, 21-24 *fev; Jornadas de junho;* eleição de Luís Napoleão, 10 dez Francisco José, rei da Áustria, 1848-1916	O *futuro da guerra,* de Renan Morte de Chateaubriand *Manifesto do partido comunista,* de Marx e Engels O sermão social de *Ketteler,* 1811-1877
1849	Proclama-se a República em Roma; a França inrervém		Fundação da *Civiltà cattolica*
1850	Pio IX retorna a Roma *Restabelecimento da hierarquia católica na Inglaterra* As leis Siccardi no Piemonte	As leis Falloux sobre o ensino	
1851	Manning torna-se católico Concordata com a Espanha	Golpe de estado de Luís Napoleão, 2 dez	
1852	Reconstituição do Oratório por Auguste Garry, 1805-1872 Reedição da *Suma Teológica* de São Tomás Fundação dos Padres de Sion por Alphonse de Ratisbonne	Napoleão III, imperador da França Cavour no poder Morte de Gioberti, 1801-1852	O*s interesses catolicos,* de Monralembert, 1810-1870 Fundação da Universidade de Laval, Canada O *Catecismo positivista,* de Comte, 1798-1857 As teorias de Mendel

1853	Fundação do Seminário francês de Roma Início do *Kulturkampf* em Baden		Morte de Ozanam, 1813--1853
1854	*Definição do dogma da Imaculada Conceição*		
1855	Cavour faz votar a lei sobre os conventos		
1856	Proclamação da Festa do Sagrado Coração Fundação da Obra do Oriente e das Missões africanas de Lyon Na Inglaterra, os Oblatos de São Carlos Concordata com a Áustria *Fundação dos Salesianos por São João Bosco,* 1815-1888		Morte de Schumann, 1810-1856 Fundação da revista *Les Études* Descoberta do crânio de Neanderthal
1857	Assassinato de mons. Sibour Condenação e submissão do teólogo Günther		A *Uchronie* de C.B. Renouvier, 1815-1903
1858	O caso Mortara *As aparições de Lourdes*	Napoleão III e Cavour em Plombières	*Fabíola,* de Wiseman, 1802-1865 *A defesa da Igreja,* de J.-M. Gorini, 1803-59
1859	Inquietações na Itália, especialmente nos Estados Pontifícios Graves "amputações" Estados Pontifícios O Colégio Americano em Roma *Morte do Cura d'Ars,* 1786-1859	Guerra franco--piemontesa contra a Áustria: Magenta, Solferino, Armistício de Villafranca	*The origin of species,* de C. Darwin, 1809-1882

1860	Derrota pontifícia em Castelfidardo, 18 set Tomada de Ancona, 29 set *Estabelecimento do Óbolo de São Pedro* Perseguição na Indochina	Nice e Savoia são açambarcadas pela rança Guerra da China	Trabalhos de Viollet-le--Duc, 1813-1879
1861	Discussões sobre o poder temporal do Papa Fundação do *Osservatore romano*	Fundação do Reino da Itália, com a capital em Florença	Morte de Lacordaire, 1802-1861 Morte de G. Ventura, 1792-1861
1862	Napoleão III dissolve o Conselho da Sociedade de São Vicente de Paulo Canonização dos mártires japoneses	Garibaldi derrotado em Aspromonte	Ernest Renan, 1823-1892, professor do Collège de France O enorme trabalho do pe. Migne, 1823-1892
1863	Congresso de Malines e discurso de Montalembert	Insurreição da Polônia	A *Vida de Jesus* de Renan é posta no *Index*
1864	Encíclicas *Quanta Cura* e *Syllabus* Von Ketteler publica *A questão operária e o cristianismo*	Convenção franco--italiana de 15 set	A *Apologia pro vita sua,* de J.H.Newman *A reforma social,* de F. Le Play, 1806-1882 *Roma sotteranea* de G.-B. Rossi, 1822-94
1865			Na França, Fundação da Liga de Ensino, laica
1866		Derrota da Áustria em Sadowa, 3 jul A *Primeira Internacional Comunista*	
1867	XVIII Centenário dos martírios de São Pedro e São Paulo Lavigerie na Argélia	Derrota de Garibaldi em Montana Execução de Maximiliano no México	Primeiro volume de *O Capital,* de Marx

1868	Pio IX convoca o concílio ecumênico Vaticano pela Bula *Aeterni Patris* Fundação dos Padres Brancos Perseguição na Espanha	No Japão, a *Era Meiji*	Morte de G.A. Rossini
1869	*Abertura do Concílio Vaticano,* 8 dez		Morte de Berlioz, 1803-1869 *Resumo de crítica histórica,* de C. de Smedt Fundação da *Nova Revista Teológica* de Lovaina
1870	*Definição do dogma da infalibilidade papal* *Tomada de Roma pelos italianos,* 20 set	*Guerra franco-prussiana,* 19 jul	Morte de Montalembert

ÍNDICE BIBLIOGRÁFICO

História geral

Há inúmeras obras sobre a história deste período; um resumo claro, num volume único, encontra-se em F. Ponteil, *L'histoire générale contemporaine, du milieu du XVIIIe. siécle à la Seconde Guerre mondiale,* Paris, 1951. Para um aprofundamento, a coleção *Clio* oferece excelentes manuais: E. Préclin e V. L. Tapié, *L, XVIIIe. siécle,* Paris, 1952; L. Villat, *La Révolution et l'Empire,* Paris, 1947; J. Droz, L. Genet e J. Vidalenc, *L'époque contemporaine. I. Restaurations et Révolution,* Paris, 1953. Mais detalhes na coleção *Peuples et Civilisations:* G. Lefebvre, *La Révolution fançaise,* Paris, 1951; id., *Napoleón,* 1953; G. Weill e F. Ponteil, *L'éveil des nationalités et le mouvement libéral (1818-1845),* 1955; Ch.H. Pouthas, *Démocratie et Capitalisme (1848-1860),* 1948, e Hauser, Maurain, Benaerts e Lhuillier, *Du libéralisme à l'impérialisme (1860-1878).*

Para a evolução dos costumes e ideias, cf. a *Histoire générale des Civilisations:* Roland Mousnier e E. Labrousse, *Le XVIIIe. siècle* (até 1815), Paris, 1953, e Robert Schnerb, *Le XIXe. siècle,* 1957. Quanto às relações internacionais, J. Droz, *L'Histoire diplomatique,* Paris, 1952, e, com o mesmo título, P. Renouvin, Paris, 1954-55; mas J. Pirenne, *Les grands courants de l'Histoire universelle,* Paris, 1951-53, oferece perspectivas mais amplas. Uma visão de conjunto de todo esse período é dada por Ch. Mozaré, *Essai sur la civilisation d'Occident. I. L Homme,* Paris, 1950. Em italiano, veja-se a *Storia universale* de Barbagallo.

Para a França, Ph. Sagnac, *Formation de la société fançaise moderne,* Paris, 1945; P. Lafue, *De la Régence à 1848,* Paris, 1953, e Pierre Gaxotte, *Histoire des Français,* Paris, 1951. Para a Inglaterra, as *Histórias* de André Maurois e de Merville, Paris, 1951, bem como J. Chastenet, *Le Siècle de Victoria.* Para os demais países: Vermeil, *Allemagne contemporaine;* Chauviré, *Histoire d'Irlande;* Bourgin, *La farmation de l'Unité italienne;* Jean Descola, *Histoire d'Espagne;* Henri Pirenne, *Histoire de Belgique,* e Meeüs, *Histoire des Belges.* Para o Canadá, as *Histórias* de Rumilly, CI. de Bonnault, Albert Tessier, e para os Estados Unidos as de André Maurois e Ch. E M. Beard, bem como André Siegfried, *Tableau des États-Unis.* Por fim, René Grousset, *Histoire de Chine* e *Histoire de l'Extrême-Orient.*

Para uma adequada compreensão do capítulo VII, é preciso ter em mente a enorme expansão europeia do século XIX; cf., por exemplo, G. Le Gentil, *Découverte du Monde,* Paris, 1952; L.-H. Parias, *Histoire des Explarations,* Paris, 1955; G. Hanotaux e Marcineau, *Histoire des Colanies françaises,* Paris, 1929-1934; a *Cambridge History of the British Empire,* Cambridge, 1929, e S. Hardy, *Politique coloniale et le partage de la terre au XIXe. siècle,* Paris, 1937.

Para o capítulo VI, que se refere à História das ideias, das ciências e da tecnologia, cf. as *Histórias da tecnologia* de P. Rousseau, Paris, 1956, ou P. Ducassé, Paris, 1942; o excelente ensaio de Lewis Mumford, *Technique and civilisation,* 1950; as *Histórias da ciência* de P. Rousseau, Paris, 1945, e G.F. Mason, Paris, 1956; É. Bréhier, *Histoire de la philasophie,* 1932, e P. Ducassé, *Les grands philosophes,* 1942; sobre a imprensa, G. Weill, *Le journal,* Paris, 1934, e Charles Ledré, *Histoire de la presse,* 1959. Por fim, pode-se ainda consultar Histórias econômicas, como Ch. Gide e Ch. Rist, *Histoire des doctrines économiques,* Paris, 1949; Lepointe, *Histoire desinstitutions et des faits sociaux,* 1956; H. Sée, *Origines du Capitalisme moderne,* 1926; W. Sombart, *O apogeu do capitalismo,* 1932.

Para a arte, cf. o resumo de P. Lavedan em *Clio;* P. du Colombier, *Histoire d'Art;* os trabalhos de L. Hautecour sobre a Arquitetura, e as Histórias da música de Vuillemoz ou de Combarieu e Dumesnil.

História religiosa

A *Histoire de l'Église* de Fliche e Martin, mais tarde dirigida por Duroselle e Jarry, dedica dois volumes a esse período: o t. XX, Jean Leflon, *La crise révolutionnaire* (1789 a 1846), Paris, 1949, e o t. XXI, R. Aubert, *Le Pontificat de Pie IX,* 1952. A *Histoire illustrée de l'Église,* dirigida por G. de Plinval, consagra um estudo de Humbert Vicaire à "irradiação espiritual da Igreja". Cf. também Albert Dufourcq, *L'avenir du Christianisme,* ts. IX e X; E. Jarry, *Bibliotheque catholique des Sciences religieuses, L'Église contemporaine,* Paris, 1935; e, entre as Histórias da Igreja gerais, a de Boulanger, desatualizada, mas sobretudo a de Fernand Mourret. Em inglês, cf. MacCaffrey, *History of the Catholic Church in the XIX century;* em italiano, L. Todesco, *Storia deilla Chiesa;* em alemão, Ludwig von Pastor, *Geschichte der Päpste,* t. XVI. Úteis vulgarizações são F. Hayward, *História dos Papas;* Ch. Pichon, *Histoire du Vatican;* Henry Marc-Bonnet, *Papauté contemporaine,* Paris, 1946; e id., *Histoire des Ordres religieux,* 1949.

Para os diversos países, G. Goyau, *Histoire religieuse de la France,* ed. reduzida e atualizada por G. Hanotaux, Paris, 1942; Adrien Dansette, *Histoire religieuse de la France contemporaine,* 1948; Debidour, *Histoire des rapports de l'Église et de l'État,* 1896; os quatro pequenos volumes de Georges Goyau sobre *L'Allemagne religieuse,* 1909; André D. Toledano, *Histoire de l'Angleterre chrétienne,* Paris, 1951; Jean Descola, *Histoire de l'Espagne chrétienne,* 1950. Por fim, a *Histoire de la Démocratie chrétienne,* vol. I., M. Vaussatd, *France, Belgique, Italie,* Paris, 1956, e vol. II, J. Rovan, *Le Catholicisme politique en*

Allemagne, 1956, embora pareçam limitar-se ao conteúdo político, na realidade são de interesse geral.

Quanto aos grandes dicionários e enciclopédias, ver as notas bibliográficas do vol. VII; aqui nos limitaremos a recordar a *Enciclopedia catholica* do Vaticano e a enciclopédia *Catholicisme,* dirigida por Jacquemet. Quanto às revistas e periódicos, vale a pena mencionar a *Revue des questions historiques,* a *Revue Historique* e a *Revue d'Histoire moderne.* A Revolução Francesa foi estudada por alguns periódicos especializados, dos quais apenas os *Annales historiques de la Révolution française,* aliás bastante engajada, não se extinguiram; há também revistas locais, como *La Révolution dans les Vosges,* e outra dedicada a *La Révolution de 1848.* Sobre as ordens religiosas, cf. a *Revue d'histoire ecclésiastique.* Sobre o período estudado neste volume, há ainda diversos artigos na *Revue d'histoire del'Église de France,* em particular os estudos de Sevrin sobre a prática religiosa na diocese de Chartres sob o episcopado de Clausel de Montais; e não se deve ignorar tampouco as revistas locais de história, em que se destacam três eruditos provinciais: o pe. Uzureau, no Anjou, o pe. Sol, no Quercy, e o pe. Sevestre, na Baixa Normandia.

I. Uma época da história

As duas principais obras, para este capítulo, são André Latreille, *L'Église catholique et la Révolution,* 1950, erudito mas acessível; e Charles Ledré, *L'Église de France sous la Révolution,* 1949, suma das questões mais importantes sobre o tema. Entre os clássicos, ver A. de Tocqueville, O *Antigo Regime e a Revolução,* 1856, e Taine, *Origines de la France contemporaine,* 1876; depois, Pressensé, *L'Église de la Révolution française,* reed. 1890; Pierre de la Gorce, *Histoire religieuse de la Révolution française,* 5 vols., Paris, 1909-1925. Albert Mathiez estudou muitos aspectos da questão em numerosos livros e artigos, sintetizados em *La Révolution et l'Église,* Paris, 1910, e sobretudo em *L'Égliseet la Révolution française,* na *Revue des Cours et Conférences,* 1932-1933. A. Aulard, autor de *L'Histoire politique de la Révolution,* Paris, 1901, publicou também *Le Christianisme et la Révolution,* 1924. Pisani, *L'Église de Paris et-la Révolution,* Paris, 1910-1911, foi por vezes acusado de fornecer dados pouco exatos. Ver também A. Sicard, *Le clergé français pendant la Révolution,* reed. 1912; J. Lacouture, *La politique religieuse de la Révolution,* 1940; A. Gazier, *Études sur l'histoire religieuse de la Révolution,* 1887, apesar dos seus pontos de vista bastante peculiares, jansenistas e "constitucionais"; Boussolade, *L'Église de Paris du 9 thermidor au Concordat,* 1950, e J. Leflon, *Pie VII,* 1958.

Há inúmeras histórias locais sobre o período revolucionário na *Revue d'Histoire de l'Église de France* (índices organizados por P. Rouziés, 1930 e 1941) e na *Revue d'Histoire ecclésiastique de Louvain.* Uma visão de conjunto em E. Lavaquery, *Histoire religieuse de la Révolution française dans le cadre diocésain,* na *Revue d'Histoire de l'Église de France,* vol. XX, 1934. E J. Sauzay, *Histoire de la persécution religieuse dans le Doubs,* publicado durante o Segundo Império, ainda merece ser consultado.

Todos os aspectos, todos os episódios e quase todos os personagens de primeiro plano da crise religiosa da Revolução foram assuntos de livros. A. Denys Buirette examinou 6500 "Cahiers de doléances" pata escrever *Les questions religieuses dans les cahiers de 1789,* Paris, 1919. Sobre a *Constituição Civil do Clero,* cf. Grangier, Saint-Étienne, 1906. A *Igreja constitucional* foi estudada por Leclercq, *L'Église constitutionnelle,* 1934, e Mathiez, *Rome et le clergé français sous la Constituante,* Paris, 1907; E. Préclin estuda o papel dos *jansenistas* nestes acontecimentos.

Quanto à perseguição e à resistência católica, ver G. Lenotre, que dedica grande parte das suas obras a este tema; J. Hérissay, também especialista no tema, *La vie religieuse à Paris sous la Terreur,* 1952 ; *Hors-la-ú,i sur la Terreur; Les Pontons de Rochefort; Les Aumôniers de la Guillotine,* etc.; Charles Ledré, *Le culte caché sous la Révolution: les Missions d, l'abbé Linsolas,* Paris, 1949. Alguns fatos trágicos, como os massacres de setembro, suscitaram uma enorme literatura, de Hérissay a G. Walter e de du Theil a P. Carron; o "martirológio" deste último, publicado em 1820, ainda é útil. Com relação à *guerra da Vendeia,* há uma enorme bibliografia: cf. principalmente os trabalhos de F. Chamand, 1899; L. Dubreuil, *Histoire des insurrections de l'Ouest,* Paris, 1930; Gabory, *La Révolution et la Vendée,* 1925-1938; Bittard de Portes sobre *Charette,* J. Nanteuil sobre *La Rochejaquekin,* sem esquecer os inúmeros artigos de jornais e revistas do Oeste, como *L'Anjou historique* e a *Revue du Bas-Poitou.* Do ponto de vista militar, ver Cel. Montagnon, *Une guerre subversive: la Guerre de Vendée,* 1959. Sobre a descristianização, na falta de um estudo completo, há uma boa monografia de história local sobre o Oise, de Dommanget.

Sobre a *emigração,* as obras fundamentais são as de Ernest Daudet, *Histoire d, l'énigration,* Paris, 1907; Baldensperger, *Le mouvement des idées dans l'émigration,* 1924; mas também Piasse, *Le clergé français refugié en Angleterre,* 1886, e Sicard, *Sur les chemins de l'exil,* no *Correspondant,* maio de 1899. Sobre o *ensino,* cf. — não apenas para este capítulo, mas para os próximos quatro — L. Grimaud, *Histoire de la liberté d'enseignement em France,* Grenoble, 1948-49. Os *cultos revolucionários* foram muito estudados: Aulard analisou o *culto da Razão e do Ser Supremo,* em 1892; de Mathiez, há *Les origines des cultes révolutionnaires,* Paris, 1904, e *La théophilanthropie et le culte décadaire,* 1904; e de Sicard, *À la recherche d'une religion civil,* Paris, 1898. A *questão romana,* que Mollat estudou de Pio VI a Pio XI, Paris, 1932, é tratada nas histórias do papado. Cf. também P. Gaffarel, *Bonaparte et la République italienne,* 1895, e a obra de F. Hayward. Quanto aos personagens religiosos, a lista dos livros dedicados a eles seria interminável. Mencionemos apenas J. Leflon, *Monsitur Émery,* Paris, 1944, e *Bernier,* 1938.

II. O sabre e o espírito

Para este capítulo, o melhor guia é André Latreille, *L'ère napollonienne et la crise européene,* Paris, 1950. Todos os biógrafos de Napoleão abordam, evidentemente, a questão religiosa: Louis Madelin, *Histoire du Consulat et d, l'Empire,* é um excelente resumo. Uma exposição rápida é V. Bindel, *Histoire religieuse de Napoléon,* Paris, 1940, e há muitos detalhes interessantes em Lanzac de Laborie, *Paris sous Napoléon. W. La Religion.* Também as biografias de Pio VII, como a de J. Leflon, tratam do tema.

Quanto à *Concordata:* Mater, *La République au Conclave,* Paris, 1923; Vandal, *La raison du Concordat,* em *Revoue des deux Mondes,* Paris, 01.02.1902; C. Latreille, *L'opposition religieuse au Concordat,* 1910, e o estudo de Boulay de La Meurthe, Tours, 1920. Quanto à *reorganização da Igreja francesa* (1801-1809), cf. Simon Delacroix, tese homônima, Paris, 1952. Sobre o *Catecismo imperial,* cf. a obra de A. Latreille. Sobre as ordens religiosas, ver Dudon, *Napoléon et les Congregrations,* em *Études,* 20.04.1901; E. Florens, *Napoléon Ier. et les Jésuites,* na *Nouvelle Revue,* mar 1894 ; Deries, *Les Congrégations sous Napoléon;* e o estudo deste tema pode ser completado pelas histórias gerais das diversas congregações, como a de A. Launay sobre a *Sociedade das Missões estrangeiras,* a de Burnichon sobre os *Jesuítas,* a de Rigault sobre os *Irmãos das Escolas Cristãs.* Com relação à *resistência católica a Napoleão,* cf. a obra de Bertier de Sauvigny citada no capítulo seguinte.

Quanto às relações entre Napoleão e Pio VII, cf. Bernardine Melchior-Bonnet, *Napoléon et le Pape,* Paris, 1958; Saint-Benoït-Guyod, *Nouvelles histoires de gendarmes,* Paris, 1938, sobre *Rader,* Féret, *La France et le Saint-Siège sous le Premier Empire,* 1911; A. Latreille, *Napoléon et le Saint-Siege,* e a tese de Fugier, *Napoléon et l'Italie.* Para este capítulo e os seguintes, ver tembém G. de Marchi, *Le nunziature apostoliche de 1800 a 1950,* Roma, 1957. Também para este período é demasiado extensa a lista das biografias dos personagens mais importantes; em todo o caso, sobre o cardeal *Consalvi,* cf. as de Ernest Daudet, 1866; Fischer, 1899, e Angelucci, 1924, bem como as suas *Memórias,* na ed. de N.R. di Corneliano, Roma, 1950.

III. Uma contrarrevolução falhada e IV. Diante dos novos destinos

Sobre o período 1814-1848, há poucos livros dirigidos ao grande público. A única abordagem geral é a de Ch.H. Pouthas, *L'Église catholique de l'avenement de Pio VII à l'avevenement de Pio IX,* curso ministrado na Sorbonne, 1932-33. Para a Alemanha, cf. os quatro tomos de Georges Goyau, já citados; para a França, quatro obras com posicionamentos radicalmente diferentes: Henri Guillemin, *Histoire des Catholiques français au XIXe. siècle,* Genebra, 1949, que atribui à Igreja, "submetida aos poderes da reação", a culpa de todos os acontecimentos desagradáveis desse período; P. Harvard de la Montagne, *Histoire de la démocratie chrétienne,* Paris, 1948, que incrimina com igual vigor os "católicos liberais"; G. Weill, *Histoire du Catholicisme libéral,* Paris, 1939, mais objetiva, e J. Brugerette, *Le Prêtre français et la Société contemporaine,* 1933, de caráter mais geral.

Todas as obras sobre a *Restauração* abordam a questão religiosa: Viel-Castel, 20 vols., Paris, 1860-1878; J. Lucas-Lebreton, Paris, 1927; o marquês de Roux, 1930; G. de Bertier, 1955; Pierre de la Gorce, *Louis XVIII*, 1926, e id., *Charles X*, 1928. Cf. também Thureau-Dangin, *Le Parti libéral sous la Restauration*, Paris, 1887, e sobretudo a tese de G. de Bertier de Sauvigny, *Le Comte Ferdinand de Berlier et l'énigme de la Congrégation*, Paris, 1948.

Sobre as *missões*, cf. E. Sevrin, *Les missions religieuses*, Paris, 1957. Sobre *Joseph de Maistre*, são indispensáveis as críticas de Sainte-Beuve nos *Lundis, Nouveaux Lundis, Portraits littérairer*, ver também, entre outros, G. Goyau, *La pensée religieuse de Joseph de Maistre*, Paris, 1912, e Dermenghem, Joseph *de Maistre, mystique*, 1923. Sobre *Bonald*, Louis Demier, *Maitres de la Contre-Révolution*, Paris, 1907; L. de Montesquiou, *Le réalisme de Bonald*, 1911; R. Mauduit, *La politique de Bonald*, 1913; C. Maréchal, *La philosophie de Bonald* em *Annales de Philosophie chrétienne*, 1910, e Barbey d'Aurevilly, *Propheter du Passé*, 1851.

Sobre a *Santa Aliança*, ver os trabalhos de Pirenne, M. de La Faye e E. Babeu. Sobre os *papas* desse período, os estudos são bastante desiguais; sobre *Pio VII*, J. Leflon, 1958. Sobre os seus sucessores, E. Vercesi, *Tre pontificati. Leone XII Pio VIII Gregorio XVI*, Turim, 1936; e do cardeal Wiseman, *Lembranças dos quatro últimos papas*. Ver também J. Schmidlin, *Papas da época contemporânea*, e o livro de mesmo tema de Ch. Ledré; D. Martin, *La Nonciature de Paris et les affaires ecclésiastiques sous le regne de Louis-Philippe*, 1949. Sobre a obra do cardeal Consalvi, os trabalhos de M. Petrocchi, Florença, 1941 e 1943. Quanto à reconstituição da Companhia de Jesus, André Rayez, *Clorivière et les Pères de la Foi*, em *Archivum historicum S.J*, 1952; e a memória inédita de J.-B. Testema, *Pignatelli et la restauration de la Compagnie de Jésus en Italie*.

Sobre *Lamennais*, o seu entorno e o seu drama, a bibliografia é abundante: de Ed. Scherer, 1859, a Michel Mourre, 1955, não há menos que trinta biografias. As principais: Ricard, 1884; P. Janet, 1890; A. Fugere, 1906; C. Marechal, 1913; P. Dudon, 1911; Bréhat, 1942; R. Vallery-Radot, 1931. Sobre *Lacordaire* há menos títulos, mas mesmo assim não são poucos: Montalembert, 1862; Foisset, 1870; Haussonville; Chocarne; R. Zeller; P. Gillet, 1951; Marc Escholier, 1958. Sobre *Gerbet*, a obra de Ladoue, 1870. Sobre *Montalembert*, Lecanuet, 1906, e André Trannoy. *Louis Veuillot* foi biografado pelo seu irmão Eugène, 1899, e o seu sobrinho (1937), além de E. Cornut, J. Renault, M. Vallot, H. Talvart, M. Marc Devitt, E. Gauthier, J. Morienval e André Billy, no seu *Écrivains de combat*, Paris, 1931.

Sobre a liberdade de ensino, cf. a obra de Louis Grimaud, bem como Garnier, *Frayssinous, son rôle dans l'Université*, Paris, 1925. Quanto à emancipação dos católicos ingleses, B. Ward, *The Era of Catholic Emancipation*, Londres, 1915; Gasquet, *Great Britain and the Holy See;* d'Alton, *History of Ireland*, t. V.

Quanto às personalidades religiosas: sobre *d'Astros*, cf. Droulers, 1954; sobre *Quélen*, R. Limouzin-Lamothe, 1955-1957; sobre *Clausel de Montais*, E. Sevrin, 1955; sobre *Gousset*, L. Gousset, 1903; sobre *Montlosier*, Brugerette, Aurillac, 1931.

V. Grandeza de Pio IX

Um panorama completo do pontificado de Pio IX encontra-se Fliche e Martin, *Histoire de l'Église,* vol. XXI: R. Aubert, *Le Pontificat de Pie IX.* Ver também F. Hayward, *Pie IX et son temps,* 1948; o curso de Ch.H. Pouthas na Sorbonne, 1945-46; o capítulo correspondente em Ch. Ledré, *D'un pape à l'autre,* Paris, 1957; e, sobre os últimos anos do pontificado, E. Lecanuet, 1930. Além disso, Sylvain, 1885; Pougeois, 1886; Wappmannsperger, 1879; Stepischnegg, 1879.

Sobre *Antonelli,* os artigos do *Dictionnaire d'Histoire et de Géographie ecclésiastique,* da *Enciclopedia catholica,* da *Enciclopedia italiana* e da *Catholicisme.* Quanto aos principais acontecimentos desse pontificado, sobre o *Sonderbund,* ver Crétineau-Joly, 1850, apologético; e J. Dierauer, Gotha, 1917 (tradução francesa Lausanne, 1918), anticatólico; o número especial da *Schweitur Rundschau,* 1947, equilibrado; e a brochura de Joseph Meier, *Kloster und Jesuiten,* Freiburg i. Breisgau, 1958.

Sobre a crise revolucionária de 1848, cf. as histórias gerais citadas; sobre a unificação italiana e o ressurgimento, C. Spelanzon, *Storia dei Risorgimento et dell'Unitá d'Italia,* Milão, 1938; D. Demarco, *Pio IX e la rivoluzione romana,* Modena, 1947; G. Jacini, *Política ecclesiastica italiana da Villafanca a Porta Pia,* 1938, e A.C. Jemolo, *Chiesa e Stato in ltalia negli ultimi cento anni,* 1949. Sobre *Pellegrino Rossi,* Giovagnoli, 1911, e Brigante Colonna, Milão, 1938.

Sobre as questões religiosas francesas, J. Maurain, *La politique ecclésiastique du Second Empire de 1852 à 1869,* Paris, 1930, e as obras gerais acima citadas (Goyau, Dansette, Guillcmin — especialmente tendenciosos —, Brugerecte, Debidour, Louis Grimaud). Das numerosas biografias, ver as de *Dupanloup,* F. Lagrange, 1884; de *Maret,* G. Bazin, 1892; do cardeal Pio, Baunard, 1893.

Os historiadores belgas estudaram bastante este período: cf. G. Guyot de Mishaegen, *Le parti catholique belge de 1830 à 1884,* Bruxelas, 1946; A. Mélot, *Le parti catholique en Belgique,* Louvain, 1934; A. Simon, *Le cardinal Sterckx et son temps,* 1950; C. Joset, org., *Un siecle de l'Église catholique en Belgique,* Courtrai, 1934; e os capítulos correspondentes de Ch. Terlinden, *Histoire de la Belgique contemporaine,* Bruxelas, 1929. Sobre a Alemanha, os trabalhos citados de Goyau e a sua biografia de *Ketteler,* Paris, 1908. Sobre a Inglaterra, G.A. Beck, org., *Essays to commemorate the Centenary of the Restauration of the Hierarchy,* Londres, 1950.

Sobre o *Syllabus,* Hourat, 1904; o artigo de L. Brigué para o *Dictionnaire de théologie catholique;* e o estudo de Aubert em *Collectanea Mechliniensia,* 1946. E sobre o *Concilio Vaticano I,* Émile Ollivier, *L'Église et l'État au Concite du Vatican,* Paris, 1877; C. Butler, Londres, 1930; T. Granderath, 1908-19; F. Mouret, 1919, e E. Campana, Lugano, 1926, além das obras citadas de F. Hayward.

VI. Deus e o homem em questão

Há alguma coisa sobre os ataques à religião ao longo do século XIX no cap. V, t. II, de Plinval, *Histoire ilustrée de l'Église,* escrito por Bochenski e

Castella. Indispensável é H. de Lubac, *Le drame de l'humanisme athée*, Paris, 1944, reed. 1959. Sobre a crise que antecedeu a Revolução, cf. Daniel Mornec, *Les origines intellectuelles de la Révolution*, e Paul Hazard, *La pensée européene au XVIIIe. siècle*, e, para um estudo mais completo, as histórias da literatura; as da filosofia, como a de E. Bréhier; Sertillanges, *Le christianisme et les philosophes*, 1914; as obras de A. Mecz sobre a filosofia inglesa, de Bernubi sobre a filosofia francesa e de Spenle sobre a filosofia alemã.

Sobre a *crítica bíblica anticristã*, cf. J. Coppens, *Histoire critique de l'Ancien Testament*, 1938; L.-C. Fillon, *Les étapes du rationalisme dans ses ataques contre les Évangiles et la vie de Jésus-Christ*, 1911; Braun, *Ou en est le probleme de fésus?*, 1932. Entre as diversas biografias e estudos sobre *Renan*, cf. Jean Pommier, *La pensée religieuse de Renan*, Paris, 1925; J. Delrooy, 1958, e Henri Massis, *Portrait de M. Renan*, 1947.

Sobre o tema do *evolucionismo*, H. Dorlodoc, *Le darwinisme au point de vue de l'orthodoxie catholique*, Louvain, 1921. Sobre o *cientificismo* em geral, Émile Boutroux, *Science et religion dans la philosophie contemporaine*, 1908. Sobre *Hegel*, P. Roques, *Hegel, sa vie et ses oevres*, Paris, 1912, e o penetrante ensaio de Jean Wahl, *Le malheur de la conscience dans la philosophie de Hegel*, 1929. Sobre *Feuerbach*, A. Lévy, *La philosophie de Feuerbach et son influence sur la littérature allemande*, 1904. Sobre *Marx*, limitemo-nos à biografia de Rubel, marxista "sem partido", Paris, 1957; Henri Lefebvre, teórico marxista, *Pour connaitre la pensée de Karl Marx*, Paris, 1947; A. Piettre, *Marx et le marxisme*, 1957, e os livros ou estudos de Desroches, 1950, Bigo, 1954, Calvez, 1956, Fessard e Ducattillon, em *Le Communisme et les chrétiens*, de 1937, e N. Berdiaeff, *Problemes du comunisme*, 1933. Por fim, sobre *Comte*, Henri Gouthier, *La vie de Auguste Comte*, 1931.

O impacto da irreligião sobre a literatura ainda mal foi estudado; pode-se ver o seu efeito, por exemplo, em Victor Hugo, *Notre-Dame de Paris*, 2 vols.; *Les Contemplations* (por exemplo, *Ce que c'est que la mort); La légende des siècles* (por exemplo, *Les enterrements civils);* em George Sand, *Mauprat* e *Consuelo;* Eugène Sue, *Les mysteres de Paris;* Michelet, *Du prêtre, de la femme, de la familie,* Edgar Quinet, *Le génie des religions;* Michelet e Quinet, *Les jésuites*, etc.

Também as reações da Igreja foram pouco escudadas. Cayré, *Patrologie et histoire de la théologie*, t. III, menciona o problema. Sobre a renovação da *apologética*, cf. M. Becqué, *L'apologétique du cardinal Dechamps*, Louvain, 1949; e, sobre *Newman*, M. Nédoncelle, *La philosophie religieuse de Newman*, Estrasburgo, 1946, e J. Guitton, Paris, 1933. Sobre as origens do *neotomismo*, cf. G.F. Rossi, 1957. Sobre a tentativa do *Oratório*, cf. A. Chauvin, *P. Gratry*, 1901. Por fim, sobre os *bolandistas*, P. Peeters, 1942.

A "questão social" do século XIX foi tratada nos grandes manuais citados. Sobre os *socialistas franceses*, cf. a tese de H. Louvancour, *De Saint-Simon à Fourier*, Chartres, 1913; C. Bouglé, *Chez les prophetes socialistes*, Paris, 1918; G. Gurvitch, *Les fondateurs français de la sociologie modeme, Saint-Simon e Proudhon*, 1955. Sainte-Beuve, já em 1872, escreveu sobre *Proudhon* um livro penetrante; e Robert Aron prefacia o seu *Portrait de Jésus*. O *catolicismo social* é quase desconhecido; uma das únicas obras é a tese de J.-B. Duroselle, *Les débuts du catholicisme social en France, 1822-1870,* Paris, 1951; cf. também Charles Calippe, *L'altitude sociale des catholiques français au XIXe. siècle,* Paris, 1911, e E. Barbier, *Histoire du catholicisme libéral et du catholicisme social em France,* Bordeaux, 1923. Para o catolicismo social na Alemanha, ver Duroselle, Georges Hoog e Henri Rollet, bem como A. Franz, *Der soziale Katholizismus in Deutschland bis zum Tode Kettelers,* Monchengladbach, 1914. Sobre *Kolping,* cf. Schaeffer, Colônia, 1947; sobre *Ketteler,* G. Goyau, Paris, 1908; o protestante Vigener, Munique, 1924, e o jesuíta Pfülf, Freiburg im Breisgau, 1899; sobre o *Vogelsang,* W. Klopp, Viena, 1930, e A. Lesowsky, Viena, 1927. Por fim, quanto a *Ozanam,* Charles-Alphonse Ozanam, Paris, 1879; Baunard, Paris, 1912; e os artigos de Lacreille, Lavalette e Folliet na *Chronique sociale de France,* mar-abr 1948, bem como as publicações da Sociedade de São Vicente de Paulo.

VII. *Orbis terrarum*

Sobre a história da Igreja no *Canadá,* ver o manual de Albert Tessier, *Histoire du Canada* (1763-1958), vivo e bem documentado, e o sucinto Georges de Québec, *L'Église catholique au Canada,* Montreal, 1944; Tétu, *Les évêques de Québec,* Québec, 1889; o *Dictionnaire géneral du Canada,* Ottawa, 1931; M. Trudel, *L'Église canadienne sous le régime militaire,* e G. Filteau, *Naissance d'une Nation.* Sobre a Igreja nos *Estados Unidos,* Th. Maynard, *Histoire du catholicisme américain,* Paris, 1948; Louis J. Putz, ed., *Catholic Church USA,* Chicago, 1956; Th. Roemer, *The Catholic Church in the United States,* Saint-Louis, 1954, e J.G. Shea, 1886-1902. Sobre diversos personagens, P. Guilday, *The Life and the Times of John Carrol;* J. Danemarie, *Ann Elisabeth Seton,* 1938; G. Hebermann, *The Sulpicians in the United States;* P. Guilday, *John England,* e Browson, *Browson's Life,* Detroit, 1900. Sobre a *América Latina,* Corredo la Torre, *L'Église catholique dans l'Amérique Latine,* 1910.

Sobre as *missões,* a *Bibliotheca missionum,* Münster, 1939; as coleções de revistas especialisadas: *Revue d'histoire des missions, Missions catholiques, Bibliografia missionaria* e as publicadas pelas diversas congregações. Há numerosos manuais sobre o tema: barão Descamps, Bruxelas, 1932; B. Arends, Louvain, 1925; Paul Lesourd, Paris, 1937; Olichon, 1937; du Mesnil, 1949; Delacroix, 1960; B. de Vaulx, 1951, e Jean-Marie Sédes, 1950. Ver também B. de Vaulx, *Églises de couleur,*1957, e *Les plus beaux textes sur les missions;* G. Goyau, *Missions et Missionnairts, L'Église en marche, Apôtres du Christ et de Rome,* etc.; e Rétif, *lntroduction à la doctrine pontificale des missions.*

Sobre alguns *personagens* das missões: E. Laveille, *Le Père de Smet, apôtre des Peaux-Rouges,* Bruxelas, 1928; Grouard, *Souvenirs de mes soixante ans d'apostolat,* Lyon, s.d.; P. Duchaussois, *Les Soeurs grises canadiennes aux glaces polaires,* 1933; Breton, *Vital Grandin,* 1960; J. Lafrenez, *Précis d'histoire de la Mission de Pondichhy,* Pondichéry, 1953; G. Taboulet, *La geste française en lndochine,* 1955; J. Nanteuil, *Th. Vénard, martyr joyeux,* 1950; F. Trochu, *Vie du Bx. Th. Vénard,* 1921, e *Les Bienheureux Martyrs des Missions étrangeres,* 1921; P. d'Elia, *Les Missions catholiques en Chine,* Xangai, 1934; J. van den Brandt, *Les lazaristes en Chine,* Peiping, 1936; A. Langlais, *Le catholicisme au Japon,* Liege, 1933; G. Goyau, *Ungrand homme: la MereJavouhey,* 1929;

M. Briault, *La reprise des Missions d'Afrique au XIXe. siècle. Le vénérable Libermann;* J. Thérol, *Croisade en Polynésie. Saint Pierre Chanel,* 1954. Sobre os grandes *fundadores* das obras e congregações missionárias, cf. D. Lathoud, *Pauline Jaricot,* 1937; P. Lesourd, *Mgr. de Forbin-Janson,* 1954; M. Briault, *Vie du Pere Libermann,* 1946; sobre *Marion-Brésillac,* P. Gallen, 1910, e Jean Bonfils; J. Leflon, *Mgr de Maunod;* sobre o cardeal *Lavigerie,* destacam-se as biografias de Baunard, G. Goyau, L.M. Garnier, Azáis, M.A. Leblond, J. Tournier, G. Renard e Francis Jammes.

VIII. Este mundo que Cristo torna visível

Sobre a vida espiritual no século XIX, ver a síntese de Humbert Vicaire em Plinval, *Histoire illustrée de l'Église,* t. II, cap. VI. Cf. também M. Nédoncelle, *Les leçons spirituelles du XIXe. siecle,* Paris, 1936, e K. Kempf, *Die Heiligkeit der Kirche im XIX Jahrhundert,* Ensiedeln, 1927. Sobre a prática religiosa, há trabalhos fragmentários, como E. Sevrin sobre a diocese de Chartres no tempo de mons. Clausel de Montais, em *Revue de Histoire d'Église de France,* 1939; C. Marcilhacy sobre a diocese de Orléans, *ibid.,* 1955; ou J. Schmidlin sobre a Alemanha.

Sobre a *arte sacra,* Madeleine Ochsé, *Un art sacré pour notre temps,* Paris, 1959, bem como as Histórias gerais da arte; ver também A. Reichensperger, *L'art gothique au XIXe. siècle,* Bruxelas, 1867. Sobre a música, Alfred Colling, *Histoire de la musique chrétienne,* Paris, 1956; R. Aigrain, *La musique religieuse,* Paris, 1929; N. Dufourcq, *Musique d'orgue française,* 1944, e N. Rousseau, *L'école grégorienne de Solesmes,* Roma, 1910.

Sobre alguns dos *focos de irradiação espiritual* há estudos: sobre *Madame Swetchine* falou-se muito, de Sainte-Beuve a Barres e J. Guitton, mas sobretudo o seu executor testamentário, Falloux. Sobre *Bruno Lanteri,* cf. Tomaso Piatti, Turim, 1926; sobre C. *Donafasso,* Dom Bosco, Turim, reed. 1926. Sobre a Alemanha, G. Goyau, cit.; J. Anstett, *La pensée religieuse de Schlegel après sa conversion,* 1941; W. Schlags, *Sailer,* Wiesbaden, 1932, e sobre a *Gorresgesellschaft,* W. Schelberg, 1926. Sobre o *Movimento de Oxford* e os seus protagonistas, C.L. di Casriglione, Brescia, 1931; S.L. Ollard, Londres, 1933; P. Thureau-Dangin, *La Renaissance catholique en Angleterre,* 1899-1906. Sobre *Newman,* H. Bremond, *Essai de biographie psychologique,* 1913; e Jean Guitton, *La philosophie de Newman,* 1933; quanto ao processo da sua conversão, ver o livro escrito por ele mesmo, *Loss and Gain.*

Sobre a *renovação do clero,* cf. Brugerette; Ch.H. Pouthas, na *Revue d'Histoire Ecclesiastique Française,* 1943; Chambost, *Lê pere Chevrier,* Lyon, 1928; e do próprio Chevrier, *Le prêtre selon l'Evangile,* Lyon, reed. 1924. Quanto ao *Cura d'Ars,* além das biografias de F. Trochu (Lyon, 1926), Michel de Saint-Pierre, Henri Quéffelec, Jean de Fabregues, Joseph Jolinon e

Henri Ghéon, cf. o álbum ilustrado de mons. Fourrey, bispo de Belley, 1958; a edição dos *Camets de ia confidente du Curé d'Ars, Catherine Lassagne,* 1958; e a análise espiritual feita por Daniel Pézeril, 1959.

Sobre as ordens e congregações, ver as coleções de Grasset e Letouzey; a maior parte da obra de Gaétan Bernoville; e as biografias dos fundadores, como Bernoville, *Saint Michel Garricoïts;* L. Cristiani, *Pere Querbes;* e Rousseau, *Chaminade,* etc. Para uma visão de conjunto, Henry Marc-Bonnet, *Histoire des Ordres religieux,* Paris, 1949, e o minucioso mas incompleto Ch. Tyck, *Notices historiques sur les congrégations et communautés religieuses du XIXe. siècle,* Louvain, 1892. Sobre o renascimento dos *beneditinos,* ver Ph. Schitz, *Histoire de l'ordre de saint Benoit,* 1948, e as biografias de Dom Guéranger. Quanto aos *dominicanos,* cf. Lacordaire, *Mémoire pour le rétablissement en France de l'ordre des Freres Prêcheurs,* em *Obras completas,* t. IX

Sobre *São João Bosco,* ver as biografias de G.M. Lemoyne, Turim, 1920; A. Auffray, Paris, 1937; Johannes Jörgensen; Jean de la Varende, e E. Bosco, 1959. Quanto a *São José Cottolengo,* ver Gastaldi, Turim, 1883; J. Danemarie, 1952; Ughetto, Lyon, 1953, e B. Lejonne, 1958. Sobre as outras figuras da caridade, ver a biografia da Irmã *Rosalie Rendu* por J. Danemarie, e R. e C. Evers, *Lê Pere Lacaste, apôtre des prisions,* Fribourg, 1944.

Quanto à *espiritualidade,* ver Nédoncelle, cit.; P. Pourrat, *Histoire de la spiritualité,* t. IV, Paris, 1930, e R. Plus, *La folie de ia Croix,* Toulouse, 1927. Quanto às figuras de mais importância da espiritualidade: sobre o pe. *Faber,* J.E. Bowden, Baltimore, 1869; sobre mons. de *Ségur,* H. Chaumont, 1884; sobre o pe. *Eymard,* P. Fossati, Milão, 1925, J.M. Lambert, Paris, 1926, e "um dos seus religiosos", 1930. Sobre a *devoção ao Sagrado Coração de Jesus,* J. Bainvel, Paris, 1921; e a *devoção mariana* na França, Saint-John, *L'épopée mariale en France au XIXe. siècle,* Paris, 1930; M. Hamon, 7 vols., 1861-1866; a enciclopédia *Maria;* J. Danemarie, *Histoire du eulte de ia Sainte Vierge,* 1958, bem como Le Bachelet, *L'Immaculée Conception,* 1903.

Sobre o *abade de Solesmes,* P. Delatte, *Dom Guéranger, abbé de Solesmes,* Solesmes, 1909; E. Sevrin, *Dom Guéranger et Lamennais,* Paris, 1933; Louis Dimier, *Les meiileurs textes de D. Guéranger,* 1937, e D. Rousseau, *Histoire du mouvement liturgique,* Paris, 1945. Quanto ao *movimento ecumênico,* há alguns elementos em C. Guenet, na enciclopédia *Tu es Petrus;* A. Paul (protestante), *L'unité chrétienne,* Paris, 1930; A. Boudou, *Le Saint-Siege et ia Russie,* A. Battandier, *Le Cardinal Pitra,* etc. O precursor desse movimento, *J. A. Moehler,* foi homenageado por Chaillet, *L'Eglise est une,* 1939; ver também Monestier, 1897, e Vermeil, 1905.

Por fim, as aparições marianas gozam de abundante bibliografia: só o "fato de Lourdes" foi comentado por milhares de autores. Destacamos apenas alguns. Sobre a *Rue du Bac,* Colette Yver, *Catherine Labouré,* Paris, 1936, e F. Veuillot, *Un siecle à Notre Dame des Victoires,* 1936. Sobre *La Salette,* J. Bertrand, Paris, 1889; L. Carlier, 1904; J. Giray, Grenoble, 1921; V. Hostachy, *Histoire séculaire de La Salette,* Grenoble, 1946, bem como Léon Bloy, *Celle qui pleure.* Sobre *Lourdes,* cf. J.M. Cros, *Histoire de Notre-Dame de Lourdes,* 1925-26; Petitot, *Histoire exacte des apparitions de Notre-Dame de Lourdes,*

1935, e *Sainte Bernadette,* 1940; J. Lasserre, *Sainte Bernadette,* 1869; e sobretudo os trabalhos exaustivos de R. Laurentin, a começar por *Histoire documentaire de Lourdes,* 1958-59; cf. também G. Bernoville, *L'évêque de Bernadette. Mgr. Laurence,* 1955, e Louis Pain, *Les prophéties de Marie,* 1960.

ÍNDICE ANALÍTICO

Abd-el-Kader, emir, 991, 994, 995, 1183.

About, Edmond François Valentin, escritor, 423, 513, 570, 917, 1016, 1141, 1145, 1164, 1181.

Abrantes, duquesa de, Laura Saint-Martin Permon, escritora, 194, 283.

Acton, John Francis Edward, cavaleiro de, 144, 186, 1137.

Acton, Charles J. E., cardeal, 479.

Acton, Richard Maximilian, lorde, 627, 662.

Affre, Dionise Auguste, arcebispo de Paris, 508, 547, 549, 553, 554, 757, 758, 788, 802, 806, 809, 811, 926, 1072, 1172.

Afonso I, rei de Portugal, 484.

Albani, Giovanni Francesco, cardeal, 126, 128, 144, 163, 416, 431, 435.

Albitte, Antoine Louis, deputado revolucionário, 65.

Alençon, Sofia de, duquesa de, 1116.

Alexandre I, czar da Rússia, 109, 303, 322, 363, 585.

Alfieri, Vittorio, poeta, 249.

Allamano, Giuseppe, fundador das Missões da Consolata, 1042.

Alquier, Charles Jean-Marie, barão de, 228, 230.

Alzon, Emmanuel Joseph-Marie Maurice de, fundador das Agostinianas Assuncionistas, 349, 370, 914, 1094.

Ampère, Andres Marie, físico e matemático, 222, 709, 736, 745, 791.

Ana Maria Javouhey (Santa), fundadora das Irmãs de São José de Cluny, 214, 922, 928.

Ana Maria Taigi (Santa), 264, 1115, 1116, 1133, 1146.

Angebault, bispo de Angers, 809, 811.

Antonelli, Giacobo, cardeal e político, 163, 171, 560, 563, 564, 565, 566, 572, 575, 600, 607, 609, 610, 611, 631, 634, 639, 642, 655, 673, 675, 676, 680, 688, 884, 1071, 1177.

Antônio Maria Claret (Santo), 889, 891.

Appert, Benjamin Nicholas, 766, 898.

Arndt, Ernst Mauritz, poeta, 706.

Arnold, Matthew, poeta e crítico, 1056.

Asseline, Jean-René, bispo de Boulogne, 26.

Astros, Pierre-Therese David de, arcebispo de Toulouse, 354, 452, 1130.

Audisio, Guilherme, cônego e escritor, 679.

Audrein, Yves Marie, bispo constitucional de Quimper, 66, 140.

Augouard, Prosper, bispo do Congo belga, o "bispo dos antropófagos", 990.

Aurelles de Paladines, Louis-Jean Baptiste de, general, 643.

Azeglio, Massimo de, escritor, 443, 524, 525, 530, 536, 602, 621, 622, 741, 758, 763, 1005, 1166.

Babeuf, François Noël Gracchus, comunista revolucionário, 48, 101, 694, 770, 846.

Bach, Johann Sebastian, 1032, 1035, 1037.

Badin, Étienne Théodore, missionário, 980.

Badin, Vincent Théodore, missionário, 980.

Bailly de Surcey, Emmanuel, fundador da Sociedade de São Vicente de Paulo, 793, 847.

Bailly, Vincent de Paul, assuncionista, 22, 423, 553, 597, 794, 1107.

Bain, Alexander, psicólogo e filósofo, 32, 34, 141, 245, 562, 728, 839, 1181.

Bakunin, Miguel, anarquista, 647, 719.

Balbo, Cesare, conde, escritor e político, 366, 438, 441, 530, 601.

Ballanche, Pierre Simon, escritor, 220, 222, 743, 781, 791, 1040, 1160.

Ballu, Thèodore, arquiteto

Balmes, Jaime, sacerdote e filósofo, 420, 424, 624, 735, 736, 743, 744, 764, 803, 892, 1041, 1074.

Balzac, Honoré de, escritor, 446, 786.

Bara, Jules, político, 66, 116, 159, 161, 178, 191, 224, 225, 242, 265, 266, 282, 323, 485, 507, 523, 536, 570, 584, 612, 640, 802, 929, 997, 1045, 1060, 1076.

Barat, Madalena Sofia, ver Madalena Sofia Barat (Santa), 214, 325, 1095, 1214.

Barbès, Armand, político, 731.

Barbey d'Aurevilly, Jules, crítico, 410, 736, 1011, 1176.

Barère de Vieuzac, Bertrand, deputado convencional, 55.

Barnaba, cardeal, prefeito da Propaganda Fide, 147, 572, 582, 680, 904.

Barnave, Antoine Pierre Joseph-Marie, deputado revolucionário, 10, 16, 28.

Barral, Louis Marrhieu, arcebispo de Tours, 686.

Barras, Pierre François Jean Nicolás, visconde de, 97, 117, 132.

Barron, Edward, sacerdote, 988.

Barruel, Augustin, escritor e jornalista, jesuíta, 26, 92, 93.

Barthélemy, François, marquês de, poeta e político

Bassi, Hugo, agitador, 129.

Bassville, Nicolas Hugon de, escritor e diplomata, 112, 113, 127, 140, 1157.

Bataillon, missionário e bispo, 932, 972, 974.

Baudelaire, Charles Pierre, poeta, 1026.

Baumstarck, Christian, pastor luterano, 650.

Baur, Ferdinand Christian von, teólogo protestante, 699, 752.

Bautain, Louis Eugène Marie, filósofo e teólogo, 470, 756, 1040.

Bayanne, cardeal de, 230, 264, 277.

Bazard, Armand, político, 365, 771, 786.

Beauharnais, Eugênio de, vice-rei da Itália, 227, 229, 235.

Bedini, Caetano, cardeal, 877.

Beecher, Lyman, pastor congregacionalista, 875, 883.

Beethoven, Ludwig van, 224, 1032, 1033, 1164, 1162.

Belli, Giuseppe Gioachino, poeta, 516.

Bellisomi, cardeal, 146, 147, 184.

Belloy, Jean-Baptiste de, cardeal-arcebispo de Paris, 175, 179, 200, 254, 277.

Belmas, Louis, bispo de Cambrai, 805, 806.

Benoist d'Azy, 839.

Benoist, François, compositor, 42, 1035.

Bento XIV, papa, 387, 603, 901, 1008.

Bento XV, papa, 1004.

Béranger, Jean Pierre, poeta, 328, 357, 361, 466, 694, 732, 1013.

Bérault, René, jesuíta, fundador das Irmãs do Sagrado Coração de Maria, 104, 213.

Berchmans, João, ver João Berchmans (São), 616.

Berlioz, Louis Hector, compositor, 1033, 1034, 1170.

Bermudez, Zéa, ministro de Maria Cristina da Espanha, 486.

Bernadette de Lourdes (Santa), Marie Bernadette Soubirous, 1016, 1020, 1031, 1143, 1144, 1145.

Bernadotte, Jean-Baptiste Jules, general, 171, 228.

Bernard, Claude, médico, 706.

Bernetti, Tommaso, cardeal, 294, 392, 431, 432, 433, 434, 435, 478, 481, 517, 525.

Bernier, Étienne Alexandre Jean-Baptiste, sacerdote, 58, 81, 164, 165, 168, 179, 180, 185, 200, 210, 276, 1174.

Bernis, Bernard de, 112.

Bernis, François Jehoachim Pierre de, cardeal, 26, 31, 95, 96.

Berryer, Antoine Pierre, político, 380, 546.

Berthier, Louis Alexandre, marechal, 129, 130, 236, 240, 282, 344.

Bertier, Ferdinand de, conde, 216, 245, 280, 410, 908, 1039, 1175, 1176.

Beyle, Henri Marie, ver Stendhal, 223.

Bigot de Préameneu, Félix Julien, político, 198, 242, 254.

Billaut-Varenne, Jacques Nicolás, depurado jacobino, 97.

Biot, Jean-Baptiste, físico e matemático, 736.

Bismarck, Otto Edward Leopold von, chanceler da Prússia, o "chanceler de ferro", 310, 590, 642, 645, 679, 686, 817, 826, 831, 1022, 1043.

Bizzarri, cardeal, 770.

Blacas, Louis Charles Pierre Casimir, duque de, embaixador, 273, 338, 339.

Blanc de Saint-Bonner, historiador, 743, 838, 1040, 1135.

Blanc, Jean Joseph Louis, escritor e político, 551, 772, 787.

Blanqui, Louis-Auguste, comunista, 551, 694, 731, 772.

Boisgelin, Cucé de, arcebispo de Aix-en-Provence, 17, 26, 27, 40, 41, 175, 276, 277.

Bonald, Louis Gabriel Ambrose, visconde de, escritor e filósofo, 302.

Bonald, Louis Saint-Étienne Maurice de, arcebispo de Lyon, 182, 277, 578.

Bonaparte, Charles Louis-Napoléon, ver Napoleão III, imperador da França, 1208.

Bonaparte, Elisa, grão-duquesa da Toscana, 254.

Bonaparte, Jerônimo, 225.

Bonaparte, José, rei da Espanha, Pepe Boteilas, 126, 128, 129, 168, 228, 251, 272, 411, 1162.

Bonaparte, Luciano, príncipe de Canino, 432.

Bonaparte, Maria Paulina, ver Borghese, Paulina, 223.

Bonaparte, Napoleão, ver Napoleão I, imperador da França, 113, 128, 145, 150, 155, 182, 189, 190, 191, 285, 433, 529, 556, 558, 602, 938.

Bonnand, missionário e visitador apostólico da Índia, 944, 947, 948, 949, 950, 1010, 1165.

Bonnechose, Boisnormand de, cardeal, 660, 903, 1040.

Bonnetty, Augusrin, escritor, 756, 1041.

Boré, Eugene, missionário, 940, 941, 943, 1010.

Borghese, Paulina, 223.

Borgia, Stefano, cardeal, secretário da Congregação de Propaganda Fide, 893.

Bosco, João, ver João Bosco (São), 618, 646, 906, 914, 1016, 1023, 1031, 1042, 1094, 1096, 1098, 1101,

1102, 1103, 1104, 1106, 1108, 1114, 1118, 1146, 1151, 1168, 1180, 1181.

Bona, Paolo Emilio, arqueólogo, 189.

Boucher de Perthes, Jacques, paleontólogo, 702, 739, 835, 838, 1166.

Boué, Ami, geólogo, 702.

Boulogne, Étienne de, bispo de Troyes, 26, 78, 105, 216, 259, 260, 341.

Bourget, Ignace, bispo de Montreal, 860, 861, 862, 866, 913.

Braschi, Giovanni Angelo, cardeal, ver Pio VI, papa, 107, 132, 148, 247, 275.

Brentano, Klemens, poeta, 423, 1045, 1116, 1151.

Brownson, Oreste August, pastor convertido, escritor e apologista, 847, 878, 879, 881.

Brune, Guillaume Marie, general, 125, 129, 166, 535, 938.

Bruté de Rémus, Jean, missionário e bispo, 870, 1072.

Buchez, Philippe Joseph Benjamin, escritor socialista cristão, 365, 426, 550, 685, 781, 785, 786, 788, 789, 790, 794, 797, 798, 802, 803, 808, 809, 810, 813, 814, 816, 819, 846, 1166.

Buck, Victor de, bolandista, 93, 761.

Bunsen, Robert Willhem, físico e químico, 498, 520, 709, 732.

Burgeoys, Marguerite, missionária

Cabet, Étiene, comunista, 282, 683.

Cacault, embaixador, 113, 115, 147, 166, 167, 173, 182, 185.

Cadorna, Rafaello, general, 673, 674, 676.

Cadoudal, Georges, ativista, 123, 190, 244.

Cadron, Rosalie, fundadora das Irmãs da Misericórdia, 862.

Cafasso, José, ver José Cafasso (São), 1042, 1074, 1100, 1112.

Caillé, René, viajante, 898.

Calvo, Baltasar, cônego, 252.

Cambacérès, Étiene François de, cardeal, 189, 190, 239, 240, 277.

Camus, Armand Gastón, político e advogado, 18, 25.

Canning, George, estadista, 398.

Canova, Antônio, escultor, 223, 1031.

Caouette, Aurélie, fundadora das Adoradoras do Precioso Sangue, 862.

Capiranio, Bartolomeia (Bem-aventurada), fundadora das Irmãs da Caridade, 1111.

Cappellari, Mauro Bartolomeo Alberto, cardeal, ver Gregório XVI, papa, 416, 418, 428, 432, 442, 453, 896, 897, 902.

Caprara, Giovanni Baptista, cardeal, 172, 175, 180, 184, 188, 191, 200, 253, 278.

Carlos Alberto, rei do Piemonte-Sardenha, 515, 518, 537, 539, 540, 560, 561, 565, 587, 808.

Carlos Emanuel IV, rei da Sardenha, 295, 326.

Carlos IV, rei da Espanha, 251, 272.

Carlos X, rei da França, 346, 357, 379, 380, 383, 388, 389, 400, 404, 405, 407, 411, 503, 504, 788, 798, 991, 1164.

Carnot, Lazare Nicolás Marguerite, conde de, político e militar, 13, 61, 1112.

Carnot, Nicolas Leonard Sadi, físico e matemático, 61, 97, 113, 118, 709.

Carrière, Joseph, teólogo, 578.

Carroll, John, arcebispo de Baltimore, 111, 867, 868, 869, 870, 873, 981, 1179.

Carron, Guy Saint-Julien, sacerdote e escritor, 373, 395, 1174.

Caselli, Cario Francesco, cardeal, 164, 168, 196, 253, 256.

Casoni, Felipe, cardeal, 111, 228, 231.

Casoria, Ludovico di, sacerdote, 1111.

Cassien de Nantes, missionário, 986.

Castiglione, Francesco Xavier, cardeal, ver Pio VIII, papa, 401.

Castlereagh, Henry Robert Stewart, lorde, 309.

Catarina Labouré (Santa), 423, 513, 570, 917, 1016, 1145.

Cathelineau, Jacques, general vendeense, 54, 55, 56.

Cauchy, Augustin Louis, barão de, matemático, 216, 709, 736, 910.

Caulaincourt, Armand Auguste Louis de, general, 264.

Cavaignac, Louis Eugène, general, 553, 558.

Cavour, Camilo Benso, conde de, estadista, 587, 588, 604, 605, 606, 607, 611, 612, 628, 808, 1086, 1102, 1167, 1168.

Cécille, Jean Baptiste Thomás Médeas, almirante, 963, 965.

Ceracchi, Giuseppe, escultor, 128.

Cervoni, Jean-Baptiste, general, 129, 130.

Cestac, Édouard, fundador das Servas de Maria, 1113.

Cestac, Élise, fundadora das Servas de Maria, 1113.

Chabrol de Volvic, Gilbert Joseph Gaspard, conde de, 236, 262, 273, 292.

Chamard, François, beneditino, 752.

Chambord, Henri Charles Ferdinand Dieudonné de Artois, conde de, 597.

Champagnat, Marcelino, ver Marcelino Champagnat (São), 348, 506, 918, 1094.

Champion de Cicé, Jerôme Marie, arcebispo de Bordeaux, 26, 104, 133, 237.

Champollion, Jean-François, egiptólogo, 701.

Chapu, Henri Michel Antoine, escultor, 1031.

Charlotte da Bélgica, imperatriz do México, 70, 887, 891.

Charrier de la Roche, Louis, bispo de Versailles, capelão-mor de Bonaparte, 33, 204.

Chassériau, Théodore, pintor, 1030.

Chateaubriand, François-René, escritor, 93, 95, 202, 218, 219, 220, 223, 233, 258, 265, 280, 294, 345, 346, 347, 350, 367, 371, 375, 376, 391, 400, 411, 420, 424, 425, 518, 531, 736, 745, 746, 747, 748, 782, 792, 803, 845, 846, 869, 898, 1015, 1026, 1160, 1161, 1167.

Chaumette, Pierre Gaspard, 45, 71, 72, 137.

Chénier, Marie-Joseph, escritor, 21, 122, 217.

Cherubini, Maria Luigi Cario Zenobio Salvattore, compositor, 224, 1033.

Chevalerie, Henriette-Aymé de la, 213.

Chevalier, Jules, fundador da Congregação dos Missionários do Sagrado Coração, 914.

Chevalier, Michel, socialista, 775.

Chevé, Charles-François, publicista, 789.

Chevrier, Antoine (Bem-aventurado), fundador dos Padres do Prado, 800, 1016, 1023, 1070, 1073, 1074, 1082, 1093, 1114, 1118, 1135, 1180.

Chiaramonti, Barnaba, cardeal, ver Pio VII, papa, 147, 148, 149, 227, 309, 319, 325, 526, 1070, 1160.

Chlopiski, Gregório José, ditador da Polônia, 406.

Chopin, Fryderyc-Franzisek, compositor, 1035.

Choron, Alexandre-Étienne, compositor, 1035.

Clapperton, Hugh, explorador, 898.

Claret, Antônio Maria, ver Antônio Maria Claret (Santo), 889, 891, 917, 979.

Clarke, Henri Jacques Guillaume, general, duque de Feltre, 106, 107, 117.

Clary, Marie Julie, esposa de José Bonaparte, 126.

Clausel de Montais, Claude Hippolyte, bispo de Chartes, 135, 350, 507, 1150, 1173, 1176, 1180.

Clemens, Friedrich Jakob, filósofo, 626, 628.

Clément, Félix Auguste, organista, 1035.

Clemente Hofbauer (São), 140, 223, 280, 321, 327, 332, 579, 901, 1008, 1046, 1124.

Clérambault, Louis Nicolás, compositor, 1035.

Clermont-Tonnerre, Anne Antoine Jules de, 20, 86, 178, 343, 354, 358, 410.

Clorivière, Pierre Joseph Picot de, jesuíta,

Cobenzl, Johann Ludwig Joseph, embaixador

Cochin, Dionise Pierre Marie Augustin, barão de, publicista e advogado, 635, 639, 654, 686, 744, 796, 834, 839, 848.

Cohen, Hermann, carmelita, compositor, 1118.

Colet, Louise, escritora, 15, 56, 65, 88, 138, 198, 281, 342, 466, 563, 579, 583, 593, 641, 666, 771, 788, 846, 854, 862, 864, 910, 1052, 1056, 1080, 1181.

Colin, Jean Claude Marie (Venerável), fundador da Sociedade de Maria ou Congregação dos Padres Maristas, 348, 566, 643, 913, 931, 972, 1093, 1099, 1122.

Coll, Francisco, missionário franciscano, 396, 509, 574, 599, 863, 881, 904, 987, 1052, 1053, 1054, 1095, 1169, 1177, 1180.

Colmar, Joseph Ludwig, arcebispo de Mogúncia, 75, 78.

Combalot, Thomas, sacerdote e escritor, 134, 510, 520, 521, 685.

Comte, Isidore Auguste Marie-François Xavier, filósofo, 214, 410, 692, 695, 696, 700, 710, 711, 723, 724, 725, 726, 727, 728, 729, 733, 734, 743, 749, 754, 771, 1167, 1176, 1178.

Connolly, John, bispo de Nova York, 871.

Consalvi, Ercole, cardeal, 126, 129, 146, 147, 148, 149, 163, 167, 168, 169, 171, 172, 178, 188, 192, 225, 226, 228, 241, 242, 248, 256, 264, 267, 270, 276, 277, 285, 291, 294, 307, 308, 309, 310, 311, 312, 313, 314, 315, 316, 317, 318, 319, 320, 328, 329, 330, 332, 333, 334, 336, 337, 338, 340, 362, 363, 364, 385, 386, 387, 388, 389, 390, 391, 392, 395, 407, 409, 431, 533, 584, 890, 896, 1059, 1175, 1176.

Considérant, Victor, político, 799.

Constant de Rebecque, Benjamin, político, 190, 731.

Cordara, Giulio-Cesare, jesuíta e escritor, 322, 409.

Corday, Marianne Charlotte, 70.

Cormaux, François George, sacerdote mártir, 49, 78, 88.

Coste, Bernard, 907, 908, 915, 990.

Cottolengo, José, ver José Cottolengo (São), 424, 1016, 1042, 1074, 1094, 1095, 1100, 1109, 1110, 1111, 1151, 1181.

Coucy, Jean-Charles, bispo de La Rochelle, 177, 276.

Coudrin, Joseph-Marie (Beato), fundador da Congregação dos Sagrados Corações ou "Padres de Picpus", 78, 213, 348, 912, 972, 1093, 1160.

Couperin, François, compositor, 1035.

Courier, Paul-Louis, helenista e escritor, 361, 694, 731.

Cousin, Victor, político, 509, 548, 732, 742.

Coux, Charles de, economista, 446, 448, 505, 520, 549, 785, 799, 804, 840.

Cretet, Emmanuel, político, 168.

Cretineau-Joly, Saint-Étiene, historiador e publicista, 277, 442, 518.

Crispi, Francesco, político, 440, 1022.

Croy, Gustave Maximilien Juste, cardeal, 201, 805, 906, 908, 1165.

Custine, Adam-Philippe, general, 60.

Cuvier, Georges Leopold Chrétien Fréderic Dagobert, naturalista, 702, 704, 1041.

D'Andrea, Geronimo, cardeal, 622, 688.

Dalberg, Karl Theodor, arcebispo de Ratisbona, 188, 189, 250, 258, 332.

Damião de Veuster (São), José, o "apóstolo dos leprosos", missionário, 974, 975.

Danton, George Jacques, deputado jacobino, 44, 45, 60, 61, 66, 79.

Darboy, Georges, arcebispo de Paris, 542, 557, 661, 663, 664, 666, 668, 679, 758, 798, 1072.

Darras, Joseph Épiphane, sacerdote, 752.

Daru, Napoleón, conde, 663.

Darwin, Charles Robert, naturalista, 704, 705, 706, 707, 708, 710, 716, 1168, 1178.

Daunou, Pierre Claude François, deputado, 102, 159.

Davy, Humphry, químico, 766.

Decazes, Élie, duque, 345, 369, 411, 923.

Dechamps, Victor Auguste Isidore, cardeal, 664, 689, 737, 749, 1122, 1178.

Decurtins, Gaspard, sociólogo, 841.

Degas, Edgard Hilaire Germain, pintor, 702, 1031.

Degola, Eustáquio, escritor, 159, 178, 184.

Delacroix, Ferdinand Victor Eugene, pintor, 279, 691, 692, 1030, 1175, 1179.

Delaroche, Paul, pintor, 1030.

Delavigne, Fortuné, advogado, 508.

Delavigne, Jean-François Casimir, poeta, 508.

Delessert, Jules Pierre Benjamin, político, 765.

Delpuits, Jean-Baptiste Bordier, jesuíta, 216.

Demers, Modest, missionário e bispo, 983.

Denham, Dixon, explorador, 898.

Despuig y Dameto, Antonio, cardeal, 147, 149, 233.

Deutinger, Martin, sacerdote e filósofo, 1028.

Didron, Adolphe Napoléon, arquiteto e arqueólogo, 1026, 1028.

Diepenbrock, Melchior von, cardeal-príncipe de Breslau, 1045, 1136.

Diesbach, Nicolás Joseph Albert de, jesuíta, fundador da Amicizia cattolica, 280, 1042.

Döllinger, Joseph Ignatius, teólogo, 335, 423, 459, 625, 629, 634, 637, 653, 661, 673, 679, 737, 756, 817, 1048, 1136.

Dombrowski, Jan Henryk, general, 405.

Donnet, Ferdinand François Auguste, cardeal, 275, 511, 519, 608, 660, 700.

Donoso Cortés, Juan, político e pensador, 420, 421, 624, 627, 743.

Doppler, Christian, físico e matemático

Dorgères, missionário, 990.

Doria Pamphili, cardeal, 126, 163.

Dreux-Brézé, Henri Évrard, marquês de, 12.

Drey, Johann Sebastian, teólogo, 603, 625.

Droste-Vischering, Gaspar Maximilian zu, arcebispo de Colônia, 259, 421, 497, 498, 499, 501, 502, 579, 826, 1047, 1049, 1072.

Drouet, Jean-Baptiste, político, 37.

Dubois, Paul, escultor e pintor, 945, 1031.

Dubourg, Louis Guillaume Valentin, arcebispo da Louisiana, 208, 871, 873, 907, 980.

Duchesne, Marie-Zoë (Bem-aventurada), Madre Filipina, 21, 909, 981, 1011.

Ducos, Pierre Roger, político, 132.

Ducpétiaux, Édouard, economista, 804, 840.

Dufour, Guillaume Henri, general, 172, 586, 1172, 1180.

Dumas, Alexandre, escritor, 446.

Dumortier, Barthélemy Charles, político e botânico, 623.

Dumouriez, Charles François, general, 41, 43, 60.

Dunin, Martin von, arcebispo de Gnesen-Posen, 500.

Dupanloup, Félix Antoine, bispo de Orléans, 511, 512, 533, 554, 555, 557, 558, 559, 578, 593, 598, 607, 608, 623, 624, 631, 633, 635, 636, 637, 652, 654, 655, 656, 661, 666, 668, 700, 735, 741, 742, 743, 778, 906, 909, 1018, 1069, 1118, 1177.

Dupin, Armandine Lucille Aurora, ver George Sand, 577, 1193.

Duphot, Leonard, general, 128, 131.

Dupont, León Papin, 122, 1116, 1121.

Dupuis, Charles François, 171, 697.

Durand de Maillane, Pierre Saint, canonista, 25.

Durando, Giovanni, general, 561.

Duroc, Géraud Cristophe Michel, general, 240, 265.

Duruy, Victor, historiador e político, 598.

Duvoisin, Jean-Baptiste, bispo, 216, 257, 258, 259, 264, 269.

Eckstein, Ferdinand, barão de, filósofo, 368, 411, 424, 446, 781.

Edelmann, Johann Christopher, teólogo protestante, 697, 1194.

Egede, Hans, missionário protestante, 900.

Elbée, Maurice Louis Joseph Gigost de, general vendeense, 18, 56, 57, 136.

Eliot, John, missionário protestante, 900.

Eliot, George, ver George Eliot, 719.

Elisabeth, Mme., Elisabeth de França, 40, 342, 1122.

Émery, Jacques-André, sulpiciano, 8, 23, 24, 33, 50, 75, 79, 80, 81, 99, 103, 106, 111, 119, 159, 202, 207, 238, 240, 244, 256, 257, 261, 324, 868, 869, 1174, 1194, 1212.

Emília de Rodar (Santa), 1210.

Emília de Vialar (Santa), 1012, 1194, 1213.

Emmerich, Ana Catarina (Venerável), religiosa, 423, 1045, 1116, 1121, 1152.

Enfantin, Barthélemy Prosper, sacerdote saint-simoniano, 771, 776, 777, 786.

Engels, Friedrich, socialista, 719, 720, 843, 1167.

Enghien, Louis-Antoine Henri de Bourbon-Condé, duque de, 190, 214, 280, 1161.

England, John, bispo de Charleston, 872, 874, 1011, 1179.

Espartero, Baldomero, general, 487, 488, 1166.

Esseid Ghalid Effendi, 938.

Estrada, José Manuel, escritor, 54, 63, 90, 92, 126, 196, 208, 229, 262, 272, 321, 370, 413, 429, 531, 635, 692, 735, 771, 892, 1037, 1059, 1075, 1081, 1084, 1100, 1146.

Ett, Kaspar, organista, 1035.

Eymard, Bem-aventurado, fundador dos Padres e Servas do Santíssimo Sacramento, 1074, 1093, 1095, 1118, 1121, 1135, 1181.

Faber, Frederick William, oratoriano, 1064, 1119, 1121, 1152, 1181.

Fabre d'Églantine, Philippe François Nazarie, deputado jacobino, 67.

Faidherbe, Louis León César, general, 985.

Failly, Pierre Louis Charles Achille de, general, 643, 688.

Falloux, Alfred Fréderic Pierre, conde de, 512, 541, 545, 546, 558, 559, 560, 593, 594, 607, 654, 811, 1041, 1167, 1180.

Farini, Luigi, escritor e político, 443.

Fauchet, Claude, bispo constitucional do Calvados, 39.

Favre, Gabriel Claude Jules, político, 673.

Fernando da Espanha, duque de Parma, 323.

Fernando II, rei de Nápoles, 515, 539.

Fernando VII, rei da Espanha, 251, 335, 336, 406, 486.

Ferrata, Domenico, cardeal, 187, 678.

Fesch, Joseph, cardeal, tio de Napoleão Bonaparte, 182, 185, 186, 193, 196, 203, 207, 208, 209, 212, 225, 226, 228, 237, 238, 240, 241, 254, 256, 259, 261, 267, 268, 273, 274, 277, 279, 280, 283, 325, 805, 894, 1069.

Fessler, bispo de Santo Hipólito (Áustria), 649, 660, 670.

Feuerbach, Ludwig Andreas, filósofo, 696, 717, 718, 719, 720, 722, 723, 727, 749, 776, 844, 1013, 1067, 1166, 1178.

Fichte, Johann Theophilus, filósofo, 250, 713, 1161, 1195, 1162.

Fizeau, Hippolyte Louis, físico, 709.

Flaget, Benoït Joseph, bispo, 870, 980, 1072.

Flandrin, Jean Hippolyte, pintor, 910, 1030.

Flaubert, Gustave, escritor, 505, 556, 563, 599, 694, 732, 1151.

Flourens, Jean-Pierre Marie, fisiologista, 706.

Fontana, Francesco Luigi, cardeal, 238.

Fontanes, Louis de, escritor e político, 176, 202, 203, 218, 219, 222, 235.

Forbin-Janson, Charles Auguste Marie Joseph, conde de, missionário e bispo de Nancy, 216, 861, 863, 871, 909, 913, 1180.

Forcade, Theodore Augustine, missionário, 612, 965.

Foresta, Marie Albéric de, jesuíta, fundador das Escolas Apostólicas, 903, 910, 911.

Fouché, Joseph, sacerdote apóstata, deputado revolucionário, o "metralhador de Lyon", 65, 97, 158, 159, 163, 172, 178, 190, 192, 199, 207, 213, 217, 235, 239, 241, 244, 259, 271, 277, 326.

Fouillé, Alfred, filósofo, 729.

Fouquier-Tinville, Antoine Quentin, revolucionário, 87.

Fourier, François Marie-Charles, socialista, 420, 723, 771, 772, 774, 775, 776, 778, 787, 792, 794, 798, 802, 1165, 1178.

Franck, César Auguste, compositor, 1037.

Frankenberg, Johann Heinrich, cardeal, 124, 277.

Franklin, Benjamin, 395, 732.

Frayssinous, Denis, bispo titular de Hermópolis, 216, 284, 353, 354, 355, 412, 615, 1161, 1163, 1176.

Frederico Guilherme II, rei da Prússia, 496.

Frederico Guilherme III, rei da Prússia, 303.

Frederico Guilherme IV, rei da Prússia, 331, 500, 539, 544, 590, 832, 1166.

Frederico II, rei da Prússia, 228.

Freppel, Charles, bispo, 744, 753.

Fréron, Stanislas, político, 738.

Fresnel, Augustin Jean, físico, 736.

Frohschammer, Jakob, teólogo, 653.

Frotté, Pierre-Louis, conde de, 123.

Froude, Hurrel, clérigo anglicano, iniciador do Movimento de Oxford, 1056, 1059, 1060, 1149.

Fuehrich, Joseph von, pintor, 1029.

Fürstenberg, François Friedrich Wilhem von, barão de, bispo de Münster, 1043, 1044.

Gabrielli, Giulio, cardeal, 231.

Gagarin, Alexander Ivanovitch, príncipe de, 417, 476, 477, 478, 910, 1137.

Galitzine, Augustin, príncipe, 871, 1148.

Galitzine, princesa, Amélia von Schmettau, 280, 292, 1007, 1043, 1117.

Galois, Évariste, matemático, 709.

Gambetta, Léon Michel, político, 1022.

Garibaldi, Giuseppe, condottiere revolucionário, 440, 513, 536, 566, 601, 603, 604, 609, 610, 611, 612, 640, 641, 643, 644, 647, 651, 652, 672, 673, 1169.

Garicoïts, Miguel, ver Miguel Garicoïts (São), 349, 913.

Garnica, Manuel Muñoz, escritor, 624.

Gaspar del Bufalo (Bem-aventurado), fundador dos Missionários do Precioso Sangue, 689, 841, 1093.

Gau, François Chrétien, arquiteto, 1135.

Gaughin, Paul, pintor, 1031.

Gaume, Jean Joseph, teólogo, 623, 752, 1121.

Gauss, Karl Friedrich, matemático, 736.

Gautier, Théophile, escritor, 451.

Gautrelet, François Xavier, jesuíta, fundador do Apostolado da Oração, 1120.

Gavazzi, Alexandre, 561, 877.

Geissel, Johann von, cardeal, 545, 579, 735, 819, 821.

Gellert, Christian Fürchtegott, poeta, 1033.

Genga, Annibale della, cardeal, ver Leão XII, papa, 188, 231, 311, 385, 391, 393.

Genoude, Antoine Eugène de, escritor, 749.

George III, rei da Inglaterra, 93.

George Eliot (Mary Ann Evans), escritora, 179.

George Sand (Armandine Lucille Aurora Dupin), escritora, 551, 732, 845, 1178.

Gerbet, Philippe, bispo, 370, 446, 461, 630, 735, 785, 792, 799, 1118, 1176.

Gerdil, Giacinto Segismondo, cardeal, 147.

Gezelle, Guido, sacerdote e poeta, 1118.

Gioberti, Vicenzo, sacerdote, 367, 438, 441, 442, 524, 525, 530, 537, 568, 601, 602, 621, 756, 1167.

Girard, Philippe Charles, engenheiro, 47, 766, 999, 1028.

Giraud, Pierre, cardeal, 806, 809, 811, 1142.

Gladstone, William Ewart, primeiro-ministro, 547, 1055, 1064.

Gobel, Jean Baptiste Joseph, bispo constitucional de Paris, 28, 33, 71, 74, 137, 1197, 1157.

Godoy Alvarez de Faria Ríos Sánchez Zarzosa, Manuel, homem de Estado, 110, 114, 144, 323, 336.

Goethe, Johann Wolfgang von, 219, 715, 731, 1016, 1045.

Gorini, Jean-Marie Salvateur, sacerdote e escritor, 745, 1168.

Gõrres, Johann Joseph, escritor, 423, 425, 1047.

Gossec, François-Joseph, compositor, 223.

Gounod, Charles, compositor, 1033, 1034.

Gousset, Thomas Marie Joseph, cardeal, 370, 556, 578, 751, 757, 1176.

Gouvion Saint-Cyr, Laurent, marquês de, 227.

Goyau, Pierre Louis Theophile Georges, publicista, 472, 496, 501, 739, 1008, 1148, 1172, 1175, 1176, 1177, 1179, 1180.

Gozzoli, Benozzo, pintor, 1029.

Grandin, Vital, sacerdote, 984, 1179.

Grant, Ulysses, presidente dos Estados Unidos, 13, 32, 186, 187, 402, 557, 564, 600, 608, 624, 741, 818, 850, 851, 871, 872, 880, 895, 898, 931, 970, 982.

Grassi, Francesco, físico, 763.

Gratry, Auguste Joseph Alphonse, sacerdote e filósofo, 411, 467, 555, 662, 663, 668, 741, 744, 749, 759, 760, 764, 1040, 1178.

Grattan, Henry, orador e estadista, 395.

Grégoire, Henri, *abbé Grégoire*, bispo constitucional de Blois, 15, 19, 25, 28, 33, 66, 68, 70, 74, 75, 76, 100, 101, 102, 121, 134, 137, 159, 177, 178, 179, 180, 215, 282, 345, 469.

Gregório XVI, papa (cardeal Mauro Bartolomeo Alberto Cappellari), 412, 416, 417, 418, 427, 428, 429, 430, 431, 432, 433, 435, 436, 438, 442, 444, 453, 454, 456, 457, 458, 459, 462, 465, 468, 469, 470, 471, 472, 473, 474, 476, 477, 478, 479, 480, 481, 482, 483, 485, 486, 487, 488, 489, 490, 493, 494, 498, 500, 501, 513, 514, 516, 517, 518, 519, 520, 521, 523, 525, 527, 528, 529, 532, 533, 569, 574, 575, 582, 602, 630, 686, 755, 758, 761, 804, 866, 890, 897, 903, 905, 913, 931, 940, 941, 945, 946, 961, 988, 1005, 1008, 1071, 1089, 1090, 1130, 1165, 1167.

Grou, Jean Nicolás, jesuíta, 395, 685, 703, 747, 760, 781, 863, 903, 958, 984, 988, 1011, 1037, 1150, 1171, 1179.

Gruber, Gabriel, jesuíta, 325.

Guadet, Marguerite-Élie, deputado convencional, 42.

Guéranger, Prosper Louis Pascual, beneditino e liturgista, 370, 423, 446, 575, 576, 604, 622, 662, 685, 761, 1036, 1037, 1088, 1089, 1110, 1125, 1127, 1128, 1129, 1130, 1131, 1148, 1165, 1166, 1181.

Guérin, Maurice de, poeta, 370, 461.

Guettée, Aimé François, sacerdote, 577.

Guilherme I, rei da Holanda, 108, 303, 331, 390, 496, 500, 539, 544, 590, 832, 1166.

Guillaume, Jean-Baptiste Claude Eugene, escultor, 1031.

Guillotin, Joseph-Ignace, médico, inventor da guilhotina, 48, 1072, 1174.

Guizot, François Pierre Guillaume, homem de Estado e historiador, 319, 344, 381, 405, 421, 505, 506, 507, 509, 512, 534, 586, 593, 650, 745, 802, 973, 1165.

Günther, Anton, filósofo e teólogo, 625, 626, 755, 1049.

Guzmán-Blanco, Antônio, político e general, 888.

Haeckel, Ernst, médico e naturalista, 706, 710.

Hamon, Andrés Jean-Marie, sulpiciano, 1069, 1181.

Händel, Georg Friedrich, compositor, 1032, 1034, 1035.

Harcourt, François Eugéne Gabriel, duque de, embaixador, 562, 676.

Hardenberg, Karl August, chanceler, 333.

Harmel, León, político, 839.

Hauterive, Alexandre Maurice Blanc de Lanautte, conde de, diplomata, 163.

Hauy, Valentin, educador, 122.

Haxthousen, August, barão de, economista, 1137.

Haydn, Joseph, compositor, 1032, 1035.

Haynald, Luís, cardeal húngaro, 661, 666.

Hébert, Jacques-René, deputado jacobino, 21, 45, 61, 72.

Hecker, Isaac Thomas, sacerdote e escritor, 881, 1114.

Hefele, Karl Joseph, bispo de Rothenburg e teólogo, 625, 653, 661, 664, 762.

Hegel, Georg Wilhelm Friedrich, filósofo, 625, 696, 698, 699, 708, 711, 712, 714, 715, 716, 717, 718, 720, 722, 743, 749, 753, 754, 755, 764, 789, 819, 1161, 1178.

Heine, Heinrich, poeta, 423, 424, 451, 621, 692, 731, 761, 775, 1013, 1067.

Heinrich, Wilhelm Alfred, cônego e historiador, 422, 423, 451, 626, 692, 731, 817, 831, 1013.

Hello, Ernest, jornalista e escritor apologeta, 1115, 1120.

Herder, Johann Gottfried, filósofo, 719.

Hergenroether, Joseph von, cardeal, 653.

Hermes, Georg, teólogo, 469, 496, 497, 499, 502, 520, 755, 1049, 1165.

Heyne, Christian, filólogo, 698.

Hitze, Franz, teólogo, 831.

Hoche, Lazare, general, 57, 1158.

Hofbauer, Clemente, ver Clemente Hofbauer (São), 140, 280, 332, 579, 1046.

Hofer, Andréas, patriota tirolês, 250.

Hohenwart, Siegmund Anton von, arcebispo de Viena, 241.

Hoyos, Bernardo Francisco de (Venerável), jesuíta, 1122.

Huet, François, filósofo, 840.

Hughes, John, arcebispo de Nova York, 874, 876, 878.

Hugo, Vítor, escritor, 55, 222, 281, 370, 446, 559, 595, 652, 730, 732, 736, 815, 1020, 1026, 1105, 1151.

Humboldt, Karl Willhem von, barão, naturalista e poeta, 886.

Huxley, Thomas Henry, naturalista, 706, 707, 710.

Ingres, Jean Auguste Dominique, pintor, 505, 878, 880, 881, 1030.

Isabel II, rainha da Espanha, 488, 585, 969, 1165.

Itúrbide, Agostinho, primeiro imperador do México, 886.

Jaricot, Pauline, fundadora da Obra da Propagação da Fé, 803, 907, 980, 1008, 1125, 1134, 1180.

Jauffret, Gaspard Jean Andrés, teólogo, bispo de Mets, 208.

Jaussions, Tom, beneditino, 1037.

Javouhey, Ana Maria, ver Ana Maria Javouhey (Santa), 214, 922, 928.

Javouhey, Claudine (Madre Rosalie), 923.

Javouhey, Pierre, sacerdote, 279, 896, 919, 920, 921, 924, 925, 926, 927, 986, 988, 1011, 1016, 1114, 1161, 1180.

Jeanne-Antide Thouret, santa, 213.

Jefferson, Thomas, presidente dos Estados Unidos da América, 868.

João Batista Maria de la Salle (São), 214, 690, 861, 912, 1084.

João Berchmans (São), 616.

João Bosco (São), 618, 906, 914, 1016, 1023, 1094, 1168, 1181.

João Maria Batista Vianney (São), o Cura d'Ars, 1020, 1023.

Joerg, Edmund, escritor, 819, 831, 1042.

Jordan, Camille, escritor, 101, 222.

Jorge III, rei da Inglaterra, 334, 396, 855.

José Cafasso (São), 1100, 1112.

José Cottolengo (São), fundador da Pequena Casa da Divina Providência, 424, 1094, 1095, 1100, 1109, 1151, 1181.

José II, imperador da Áustria, 19, 26, 494, 1085, 1086.

José Pignatelli (São), 323.

Joséphine de Beauharnais, imperatriz da França, 193, 194, 239, 240, 241.

Jourdan, Jean Baptiste, general, 113, 1200, 1158.

Juárez, Benito, homem de Estado mexicano, 680, 887, 888.

Jugan, Jeanne, fundadora das Irmãzinhas dos Pobres, 1110, 1111.

Juigné, arcebispo de Paris, 13, 14, 26, 31, 95, 119, 177.

Kant, Immanuel, filósofo, 469, 496, 700, 713, 714, 755, 764, 788, 844.

Kanzler, Herman, general, 672, 674.

Keble, John, clérigo anglicano, iniciador do Movimento de Oxford, 1050, 1051, 1052, 1053, 1055, 1057, 1067.

Ketteler, Willhem Immanuel von, barão de, arcebispo de Mogúncia, o "bispo socialista", 496, 544, 590, 625, 634, 653, 661, 668, 735, 817, 818, 825, 826, 827, 828, 829, 830, 831, 832, 833, 841, 848, 1049, 1069, 1108, 1132, 1167, 1177, 1179.

Kleutgen, Joseph, teólogo, 497, 764.

Kolping, Adolph, sacerdote, fundador dos Gesellenvereine, 739, 804, 820, 821, 822, 823, 824, 830, 832, 836, 1108, 1167, 1179.

Kosciuzko, Tadeusz, general, 108.

Kossuth, Lajos, político, 539, 877.

Kreuzer, Georg Friedrich, filólogo, 698.

Krüdener, Bárbara Juliane von Vietinghoff, baronesa, 303, 304.

Kühn, Franz Felix Adalbert, mitólogo, 744.

Labouré, Catarina, ver Catarina Labouré (Santa), 423, 513, 570, 917, 1016, 1141, 1145, 1164, 1181.

La Fare, Anne-Louis Henri de, cardeal, 8.

La Fayette, Marie Joseph Paul Yves Roch Gilbert Motier, marquês de, general, 10, 15, 22, 44, 133, 230, 413.

La Gorce, Pierre François Gustave de, historiador, 30, 276, 1173, 1176.

La Luzerne, César Guillaume de, cardeal, 15, 95, 106, 410, 689.

La Rochefoucauld-Bayers, François-Joseph de, cardeal-arcebispo de Beauvais, 1197.

La Rochefoucauld-Bayers, Pierre-Louis de, bispo de Saintes, 1196.

La Tour du Pin, René de, 688, 834, 840, 848.

Lacordaire, Jean-Baptiste Henri Domingues, pregador e apologeta, dominicano, 151, 209, 302, 341, 350, 351, 352, 368, 369, 370, 375, 397, 399, 423, 425, 447, 452, 453, 455, 456, 457, 458, 459, 460, 461, 470, 476, 505, 510, 534, 535, 542, 545, 547, 549, 550, 553, 555, 557, 594, 601, 602, 624, 735, 739, 740, 741, 749, 778, 781, 788, 792, 800, 803, 810, 811, 906, 1013, 1033, 1041, 1048, 1052, 1061, 1082, 1087, 1089, 1090, 1110, 1114, 1117, 1120, 1121, 1165, 1166, 1169, 1176, 1181.

Laennec, René Theophile Hyacinthe, médico, 216, 736.

Lafontaine, Louis Hippolyte, político canadense, 860.

Lamarck, Jean-Baptiste Pierre Antoine de Monet, cavaleiro de, naturalista, 703, 704, 705, 786.

Lamartine, Alphonse Marie Louis de Prat de, poeta, 212, 222, 325, 351, 374, 421, 424, 444, 446, 542, 551, 732, 736, 815, 926.

Lambillotte, Joseph, jesuíta, 1037.

Lambruschini, Luigi, cardeal, Secretário de Estado do Vaticano, 431.

Lambruschini, Raffaelo, cardeal e pedagogo, 382, 383, 407, 437, 441, 442, 443, 444, 453, 454, 456, 465, 481, 494, 498, 501, 511, 515, 516, 525, 526, 529, 532, 621, 683, 684.

Lamennais, Hugues Félicité Robert de, polemista e sacerdote apóstata, 204, 355.

Lamennais, Jean-Marie Robert de, sacerdote, 457.

Lameth, Alexandre, conde de, 19.

Lamoricière, Louis Leon Juchault de, 610, 611, 687.

Lamourette, Adrien, bispo constitucional de Lyon, 34, 44, 77, 135.

Lanjuinais, Jean Dionise, político, 25.

Laplace, Pierre Simon, marquês de, matemático, 158, 217.

Larevellière-Lépeaux, Louis Marie, deputado, criador da teofilantropia, 10, 117, 122, 694.

Laromiguière, Pierre, filósofo, 217.

Lassalle, Fréderic, socialista, 723, 816, 826, 828.

Lassaulx, Pierre Ernest de, filólogo e arqueólogo, 1048.

Lasserre, Henri Paul Joseph de Monzie, escritor, 1146, 1182.

Lassus, Jean Baptiste Antoine, arquiteto, 1028, 1035.

Latil, Jean-Baptiste Marien Anne-Antoine, duque de, cardeal, 359.

Laval, Jacques-Désiré, missionário da Congregação do Espírito Santo, 55, 105, 134, 863, 973, 1007.

Lavigerie, Charles Marcial Allemond de, cardeal, 582, 758, 910, 916, 942, 990, 995, 996, 997, 998, 999, 1000, 1012, 1137, 1169, 1180.

Le Chapelier, Isaac René Guy, político, 17, 767.

Le Paige, Adrien, teólogo presbiteriano, 25, 469.

Le Play, Pierre Guillaume Frédéric, sociólogo, 836, 837, 838, 848, 1169.

Le Vavasseur, Frédéric, fundador da Sociedade do Sagrado Coração de Maria, 914, 987.

Leão XII, papa (cardeal Annibale della Genga), 386, 387, 388, 389, 390, 391, 400, 404, 525, 751, 896, 1071.

Leão XIII, papa, ver Pecci, Gioacchino, cardeal, 412, 433, 469, 470, 474, 482, 630, 637, 683, 687, 689, 690, 763, 764, 779, 803, 831, 833, 841, 950, 1004, 1114, 1140, 1149.

Lebzeltern, embaixador, 253, 272.

Leczinska, Maria, rainha da França, 1122.

Ledreuille, François-Agathocle, sacerdote, 802, 806, 814, 822, 1132.

Legris-Duval, René Michel, sacerdote, 344, 349.

Lemmens, Nicholas, compositor, 1037.

Lening, Adam-Franz, cardeal, 544, 626, 817, 830.

Lenormant, Charles, arqueólogo, 594.

Leopardi, Giacomo, poeta, 438.

Leopoldo I, rei da Bélgica, 482.

Leopoldo II (Giovanni Giuseppe Francesco Ferdinando), grão-duque da Toscana, 539, 1155.

Leprévost, Auguste, sacerdote e historiador, 796, 799, 1094.

Lequeux, Jean François Marie, canonista, 577.

Leroux, Pierre, filósofo socialista, 555, 772, 776.

Lescure, Louis Marie, marquês de, chefe vendeense, 56, 57.

Lesseps, Ferdinand de, diplomata, iniciador do Canal de Suez, 566, 771.

Lestrange, Augustin, trapista, 92, 211, 212, 214, 348, 882, 921, 1090.

Leu, Joseph, líder católico, 489, 490, 586, 1166.

Libermann, Jacob, fundador da Sociedade do Sagrado Coração de Maria, 349, 915, 979, 987, 988, 1117, 1180.

Linsolas, sacerdote, 36, 81, 104, 140, 159, 208, 349, 1076, 1174.

Liszt, Franz, pianista e compositor, 1033.

Littré, Maximillien Paul Émile, filólogo e filósofo, 728, 733, 742.

Louverture, Toussaint, líder da insurreição em São Domingos, 869, 1007.

Loyson, Hyacinthe, carmelita, 668, 679, 750.

Luís Filipe, rei da França, 214, 407, 416, 419, 436, 445, 451, 466, 480, 503, 509, 514, 537, 538, 539, 562, 577, 686, 694, 772, 784, 805, 808, 924, 926, 1167.

Luís XVI, rei da França, 12, 27, 30, 37, 40, 43, 193, 342, 535, 1122, 1156, 1157, 1155.

Luís XVIII, rei da França, 113, 145, 161, 163, 177, 195, 197, 273, 300, 314, 317, 337, 338, 340, 345, 346, 351, 377, 388, 389, 410, 592, 783, 894, 1163.

Luís I, rei da Baviera, 183, 186, 1036, 1048.

Mac Closkey, John, arcebispo de Nova York, 885.

Mac Mahon, Marius Edmond Patrice Maurice de, marechal, 997, 998.

Macé, Jean, escritor e político, 598, 734.

Madrolle, Antoine, jornalista, 384.

Magallon, Paul, restaurador dos Irmãos de São João de Deus na França, 1107.

Magnan, Bernard Pierre, marechal, 129, 591.

Mai, Angelo, cardeal, 760.

Maignen, Maurice, propagador do "catolicismo social", 739, 799, 824, 840, 1132.

Maillard, Stanislas Marie, deputado revolucionário, 46, 50.

Maillé de la Tour-Landry, bispo de Saint-Papoul, 49, 81, 104, 120.

Maine de Biran, François Pierre Gontier, escritor, 219, 736, 753, 1164.

Maistre, Joseph Marie de, jornalista e pensador político, 8, 29, 71, 135, 195, 219, 220, 280, 291, 294, 295, 296, 297, 298, 299, 300, 301, 302, 306, 350, 355, 368, 377, 384, 408, 420, 579, 580, 615, 656, 685, 725, 743, 748, 845, 889, 1041, 1042, 1072, 1151, 1152, 1163, 1176.

Malet, Claude François de, general, 104, 258, 263.

Malou, Jean-Baptiste, bispo de Bruges, 759, 1137.

Malthus, Thomas Robert, economista, 704, 769.

Mancé, Jeanne, missionária fundadora do hospital de Montreal, 919.

Manelli, Settimio, poeta, 131, 566.

Manet, Edouard, pintor, 1031.

Manin, Giorgio, doge, 540.

Manning, Henry Edward, cardeal e segundo arcebispo de Westminster, 424, 579, 627, 628, 648, 650, 654, 660, 661, 664, 678, 840, 917, 1064, 1065, 1066, 1067, 1072, 1105, 1108, 1132, 1136, 1137, 1149, 1167.

Manzoni, Alessandro, poeta e novelista, 367, 425, 438, 588, 736.

Marat, Jean Pierre, jacobino, 45, 46, 47, 60, 70, 137.

Marceau, François Severin Desgraviers, general, 55, 57, 137.

Marcelino Champagnat (São), fundador dos Irmãos Maristas, 348, 506, 918, 1189.

Marescalchi, Ferdinando, conde de, político, 184.

Maret, Henri Louis Charles, bispo e escritor, 549, 555, 578, 596, 597, 653, 654, 667, 670, 685, 735, 762, 763, 810, 812, 813, 1177.

Maria Antonieta, rainha da França, 18, 41, 92, 342, 1157.

Maria Cristina, rainha da Espanha, 486, 488, 1186.

Maria da Glória, rainha de Portugal, 484, 485, 588.

Maria José Rosello (Santa), 1112.

Maria Luísa, imperatriz da França, 241, 242, 246, 248, 264, 266, 270, 282.

Marinoni, fundador do Instituto das Missões Estrangeiras, 916.

Marion-Brésillac, vigário apostólico de Serra Leoa, 915, 916, 917, 988, 1009, 1180.

Marmont, Auguste Fréderic Louis Viesse de, marechal, 404.

Martignac, Étienne Algay de, escritor e político, 358, 404, 1164.

Marx, Karl, filósofo socialista, 154, 369, 408, 420, 647, 695, 696, 697, 707, 711, 712, 714, 719, 720, 721, 722, 723, 726, 727, 728, 731, 754, 767, 774, 775, 776, 777, 778, 785, 787, 789, 805, 808, 828, 830, 841, 844, 845, 846, 847, 1167, 1169, 1178.

Massaïa, Guillermo, cardeal, 986.

Massena, André, general, 125, 149, 283.

Masson, Louis Claude Frédéric, historiador, 109, 151, 266.

Mastai-Ferretti, Giovanni Maria, cardeal, ver Pio IX, papa, 433, 444, 517, 523, 526, 527, 684, 804.

Mattei, Alessandro, cardeal, 115, 116, 146, 147.

Maultrot, Gabriel Nicolas, teólogo presbiteriano, 25, 469.

Maury, Jean Siffrein, cardeal, 17, 18, 30, 42, 50, 78, 80, 113, 145, 163, 173, 192, 197, 199, 238, 254, 255, 256, 260, 274, 283, 313.

Maximiliano I, rei da Baviera, 250, 646, 1169.

Maximiliano José, Ferdinando, arquiduque da Áustria e imperador do México, 887.

Mazenod, Charles-Joseph Eugene de, bispo de Marseille, fundador da Congregação dos Oblatos, 348, 861, 913, 983, 984, 990, 1093.

Mazzini, Giuseppe, ativista revolucionário, 421, 439, 440, 441, 488, 525, 536, 537, 538, 560, 561, 565, 566, 587, 601, 602, 603, 604, 672, 673, 674.

Méhul, Étienne Nicolas, compositor, 224, 1033, 1034.

Meignan, Guillaume René, cardeal, 686, 734, 735, 744, 751, 759, 762.

Meilleur, Jean-Baptiste, pedagogo, 863.

Mélas, Michael Friedrich Benedikt, barão de, general, 144, 149.

Melun, Armand de, fundador da Sociedade de São Francisco Xavier, 796, 800, 801, 814, 815, 834, 835, 836, 839, 1110.

Melzi d'Eril, Francesco, duque de Lodi, vice-presidente da república italiana, 185, 189.

Mendel, Johann Gregor, agostiniano, "pai da genética", 706, 736, 761, 1035, 1167.

Mendelssohn-Bartholdy, Felix, compositor, 1035.

Mermillod, Gaspard, cardeal, 577, 581, 587, 647, 661, 680, 687, 1042, 1135.

Metternich, Klemens Lothar Wenzeslaus, príncipe de, primeiro-ministro da Áustria, 202, 241, 242, 268, 303, 305, 306, 308, 309, 311, 312, 315, 316, 317, 335, 365, 406, 431, 434, 454, 465, 475, 477, 495, 515, 516, 524, 531, 534, 539, 544, 586, 603, 1007.

Mézières, Louis, escritor, 67.

Micara, Luigi, cardeal, 516.

Michaud, Félisbert Eugène, escritor, 222.

Michelet, Jules, historiador, 446, 509, 731, 732, 733, 745, 1178.

Miguel Garicoïts (São), 349, 412, 484, 485, 519, 527, 770, 804, 913, 1035, 1093, 1134.

Millet, Jean François, pintor, 1030.

Milner, Isaac, 1051.

Milner, John, bispo de Castabala, 398.

Miollis, Sextius Alexandre François, general, 230, 231, 232, 249, 271, 313.

Mirabeau, Honoré Gabriel de Riqueti, conde de, deputado revolucionário, 12, 14, 15, 17, 28, 66.

Moehler, Johann Adam, teólogo, 625, 741, 760, 844, 846, 1017, 1048, 1126, 1139, 1140, 1147, 1153, 1164, 1165, 1166, 1181.

Molé, Louis, conde de, político, 505, 539.

Monet, Claude, pintor, 1031, 1199.

Monk, Maria, aventureira canadense, 875.

Monroe, James, presidente dos Estados Unidos, 980, 981.

Montalembert, Charles Forbes René, conde de, apologeta e político, 136, 447, 448, 453, 455, 457, 458, 463, 465, 476, 499, 500, 501, 504, 506, 507, 510, 512, 513, 517, 533, 535, 545, 546, 547, 549, 550, 554, 555, 567, 573, 592, 594, 595, 602, 607, 608, 612, 622, 624, 628, 634, 636, 637, 662, 679, 686, 689, 730, 736, 762, 778, 781, 801, 805, 806, 811, 812, 837, 846, 847, 875, 892, 938, 1026, 1041, 1048, 1110, 1133, 1134, 1169, 1170, 1176.

Montanelli, Giuseppe, político, 804.

Montcalm, Louis Joseph, marquês de, 852, 1006.

Montès, Mary Dolores Gilbert, Lola, aventureira espanhola ou irlandesa, 131, 148, 208, 300, 301, 562, 606, 610, 611, 674, 930, 947, 1048, 1100, 1109, 1142, 1168, 1176.

Montgelas, Maximilien Joseph Garnerin, marquês de, ministro napoleônico da Baviera, 250, 1086.

Monthiver, Eugénie Smet de, fundadora das Auxiliadoras do Purgatório, 1095.

Montholon, Charles, general, 235.

Monti, Vicenzo, poeta, 148, 149, 227, 1160.

Montlosier, François de Rynaud, conde de, 357, 358, 1164, 1176.

Moreno, García, presidente do Equador, 675, 889, 890, 978, 1122.

Morvonnais, Hippolyte Michel de la, poeta, 799, 814.

Moufang, Franz Cristoph lgnatius, teólogo católico, 626, 831.

Moyé, Jean Martin (Venerável), missionário, 909.

Mozart, Wolfgang Amadeus, compositor, 1032, 1034, 1149.

Mun, Adrien Albert Marie de, político, 688, 781, 824, 848.

Murat, Joachim Napoleon, príncipe e general de Napoleão III, 232, 235, 249, 272, 273, 312, 325, 591, 1163, 1207, 1162.

Murat, Joachim, general de Napoleão I e rei de Nápoles, 57, 132, 153, 194, 268, 271, 284, 373, 475.

Musset, Louis Charles Alfred de, poeta, 350.

Mutsuhito, imperador do Japão, 967.

Muzzarelli, Alfonso, jesuíta, 565.

Nagot, François Charles, sulpiciano, 869.

Napoleão I, imperador da França (Napoleão Bonaparte), 198.

Napoleão III, imperador da França (Charles Louis-Napoléon Bonaparte), 277, 591, 593, 596, 606, 607, 610, 622, 633, 635, 639, 640, 641, 642, 643, 651, 663, 672, 726, 834, 939, 959, 967, 997, 998, 1168, 1169.

Narvaez, Ramón María, general espanhol, 488, 547, 585.

Neander, Johann August Willhelm, historiador, 702, 1139, 1168.

Neufchateau, Nicolas François, conde de, político, 39.

Newman, John Henry (Venerável), líder do Movimento de Oxford, convertido do anglicanismo e cardeal, 393, 412, 421, 424, 519, 579, 626, 627, 634, 651, 688, 735, 737, 741, 745, 750, 751, 758, 845, 846, 1049, 1051, 1053, 1054, 1055, 1056, 1057, 1058, 1059, 1060, 1061, 1062, 1063, 1064, 1065, 1066, 1067, 1072, 1124, 1127, 1137, 1149, 1152, 1166, 1169, 1178, 1180.

Ney, Michel, marechal, 10, 171, 208, 217, 370, 697, 747, 970, 1020, 1023, 1035, 1070, 1074, 1075, 1076, 1077, 1079, 1080, 1081, 1083, 1105, 1116, 1135, 1150, 1198, 1208, 1210, 1217.

Nicolau I, czar da Rússia, 390, 405, 479, 585, 1166.

Niebuhr, Berthold Georg, historiador, 333.

Niedermeyer, Louis, compositor, 1035.

Niel, Adolph, marechal, 397, 566, 567, 1059, 1178, 1181.

Nietzsche, Friedrich Wilhelm, filósofo, 695, 727, 1013.

Noailles, Louis Joseph Alexis de, político, 216, 245.

O'Connell, Daniel, patriota irlandês, 397, 398, 399, 406, 421, 425, 451, 490, 492, 493, 494, 499, 519, 536, 593, 1061.

Olivaint, Pierre, jesuíta, 788.

Ollivier, Émile, político e escritor, 563, 651, 663, 672, 689, 1177.

Oudinot, Charles Nicolas, general, 565, 566, 1107.

Overbeck, Johann Friedrich, pintor, 223, 409, 1029.

Overberg, Bernard von, pedagogo, 1043, 1044.

Owen, Robert, socialista visionário, 768, 770.

Ozanam, Antoine Frédéric, fundador das Conferências de São Vicente de Paulo, 534.

Pacca, Bartolomeu, cardeal, 233, 234, 267, 270, 274, 291, 409, 416, 456, 463, 473, 1072.

Papin, Denis, físico, 765.

Papineau, Louis Joseph, político, 858, 860.

Parisis, Pierre Louis, bispo de Langres, 507, 508, 510, 512, 555, 578, 593, 598, 623, 741, 1130.

Pasolini dall'Onda, Giuseppe, conde de, homem de Estado, 530, 533.

Pasquier, Étienne Denis, duque de, político, 133, 199, 266.

Passaglia, Cario, teólogo, 612, 621, 634, 679, 688.

Pasteur, Louis, biólogo, 736.

Paulo I, czar da Rússia, 109, 125, 649, 1008, 1010, 1096, 1150.

Pavy, Louis Antoine Augustine, bispo, 995, 997.

Pecci, Gioacchino, cardeal, futuro papa Leão XIII, 841.

Pecci, Giuseppe, sacerdote, 763.

Pedro Chanel (São), 931.

Pedro II, imperador do Brasil, 888.

Peel, Robert, político, 398.

Péguy, Charles Pierre, escritor convertido, 736, 774, 838.

Pellico, Silvio, poeta, 367, 438, 588, 736.

Perboyre, Jean-Gabriel (Beato), missionário mártir, 929, 930, 931, 959.

Périer, Jean Casimir, político, 178, 435, 505.

Périn, Henri Xavier Charles, economista, 840.

Perreyve, Henri, oratoriano, 1074.

Petitjean, Bernard Thadée, missionário, 966.

Pichegru, Jean Charles, general, 117, 118, 139, 190.

Picot, Michel Joseph Pierre, historiador, 215, 280, 375, 412, 1190.

Picquet, François, missionário sulpiciano, 937.

Pie, Louis François Édouard, cardeal, 275, 608, 742, 744, 778, 1069, 1071, 1150, 1172, 1173, 1174, 1177.

Pignatelli, José, ver José Pignatelli (São), 323, 324, 325, 326, 1176.

Pigneau de Béhaine, Pierre Joseph George, missionário e Vigário Apostólico na Indochina, 901, 952.

Pio VI, papa (cardeal Giovanni Angelo Braschi), 31, 42, 85, 86, 91, 93, 109, 111, 112, 114, 115, 116, 117, 126, 127, 128, 130, 141, 161, 163, 164, 173, 179, 195, 223, 247, 353, 395, 563, 693, 867, 1125, 1160, 1174, 1156, 1159, 1155.

Pio VII, papa (cardeal Luigi Barnaba Chiaramonti), 148, 149, 161, 162, 170, 172, 173, 174, 176, 177, 180, 182, 183, 184, 185, 186, 187, 188, 189, 192, 193, 194, 196, 209, 211, 218, 227, 228, 229, 230, 231, 233, 234, 235, 236, 239, 240, 247, 253, 256, 257, 260, 262, 265, 266, 267, 269, 270, 271, 272, 273, 274, 275, 277, 281, 285, 292, 309, 311, 312, 315, 323, 325, 326, 327, 329, 337, 338, 339, 354, 388, 395, 401, 428, 527, 602, 614, 858, 890, 895, 896, 920, 962, 1161, 1163, 1175.

Pio VIII, papa (cardeal Francesco Xavier Castiglione), 399, 400, 402, 403,

404, 407, 412, 413, 480, 495, 519, 520, 684, 943, 1148.

Pio IX, papa (Bem-aventurado; cardeal Giovanni Maria Mastai-Ferreni), 433, 469, 470, 479, 481, 488, 493, 517, 523, 528, 529, 530, 531, 533, 534, 535, 536, 537, 538, 540, 541, 546, 560, 561, 562, 563, 564, 565, 567, 568, 569, 570, 571, 572, 573, 574, 575, 576, 577, 578, 579, 580, 581, 582, 583, 584, 585, 587, 588, 589, 596, 599, 600, 602, 604, 605, 608, 610, 611, 612, 613, 614, 616, 617, 618, 619, 620, 627, 628, 629, 630, 631, 632, 634, 635, 637, 638, 639, 642, 643, 644, 645, 646, 648, 649, 650, 651, 653, 655, 656, 658, 659, 663, 665, 666, 667, 671, 672, 673, 674, 676, 677, 678, 679, 680, 681, 682, 683, 685, 686, 687, 688, 689, 690, 738, 741, 751, 755, 758, 760, 761, 778, 804, 805, 811, 841, 847, 866, 876, 883, 884, 889, 890, 892, 903, 910, 916, 928, 941, 942, 943, 944, 949, 964, 966, 978, 998, 1001, 1029, 1066, 1071, 1087, 1091, 1103, 1104, 1118, 1122, 1123, 1124, 1125, 1130, 1132, 1137, 1138, 1146, 1148, 1150, 1152, 1167, 1170, 1175.

Pitra, Jean-Baptiste François, cardeal, 655, 760, 1137, 1138, 1181.

Pitt, William, político, 93, 393, 396.

Planque, Augustin, sacerdote, 915, 916, 989.

Plantier, Claude Henri Augustin, dominicano, 740.

Plessis, Joseph Octave, arcebispo de Québec, 856, 857, 858, 982.

Polding, John Beda, primeiro arcebispo de Sidney, 970.

Polignac, Auguste Jules Armand Marie, príncipe de, político, 245, 404.

Ponza di san Martino, Coriolano, conde de, general, 673.

Portales, Diego José Victor, político, 888.

Portalis, Jean Étiene Marie, jurista, 172, 173, 181, 198, 204, 217, 339, 531, 894.

Postel, Julie, fundadora da Congregação das Pobres Filhas da Misericórdia, 649, 1095.

Poullart des Places, Claude, fundador da Sociedade do Espírito Santo, 915, 1211.

Pradt, Dominique Georges Frédéric de Riom de Prolhiac de Fourt de, bispo de Malines, diplomata e jornalista, 231, 246.

Pressensé, Edmond de, teólogo protestante e político, 650, 1173.

Pritchard, George, missionário protestante, 901, 971, 973, 974.

Proske, Karl, cônego e músico, 1036.

Proudhon, Pierre Joseph, socialista, 712, 723, 773, 774, 775, 777, 778, 804, 818, 846, 847, 1030, 1167, 1178.

Pusey, Edward Bouverie, clérigo anglicano, iniciador do Movimento de Oxford, 650, 651, 1057.

Puvis de Chavannes, Pierre, pintor, 1030.

Quélen, Hyacinthe Louis, conde de, arcebispo de Paris, 284, 341, 346, 358, 380, 383, 412, 463, 464, 465, 739, 991, 1145, 1176.

Rabaut-Saint-Étienne, Jean Paul, pastor, escritor e deputado, 10, 66.

Radama II, rei de Madagascar, 987.

Radet, Étienne, general, 233, 236, 281, 313, 384, 894.

Radetzky von Radetz, Joseph Anton Franz Karl, conde de, general, 154, 332, 369, 420, 647, 696, 711, 712, 719, 720, 722, 767, 774, 776, 777, 785, 787, 828, 830, 832, 833, 844, 845, 847, 1036, 1178.

Radowitz, Joseph, general e político, 544.

Ranavolona, rainha de Madagascar, 987.

Ranc, Arthur, político, 26.

Randon, Jacques Louis César Alexandre, conde de, marechal, 996.

Rattazzi, Urbano, político, 640, 643, 646, 1102.

Rauscher, Joseph Otmar, cardeal-arcebispo de Viena, 661, 665, 668.

Rauzan, David de, missionário, 349.

Ravaisson-Mollien, Jean Gaspard Felix Laché, chamado, filósofo, 736, 753.

Ravignan, Gustave François Xavier Lacroix de, jesuíta, 509, 554, 740, 802, 1041, 1066.

Read, George, político, 36, 207, 269, 324, 360, 457, 471, 484, 495, 688, 764, 817, 872, 876, 884.

Reichensperger, Augustus, político, 1026, 1180.

Reisach, Karl von, cardeal-arcebispo de Munique, 579, 656, 752.

Renan, Ernest, orientalista e escritor anticristão, 700, 710, 1013, 1169.

Rendu, Ambroise, pedagogo, 202, 686.

Rendu, Rosalie, Irmã da Caridade, 685, 807, 1110, 1181.

Renoir, Pierre Auguste, pintor, 1031.

Renouvier, Charles Bernard, filósofo, 711, 734, 1168.

Rewbell, Jean-François, deputado revolucionário, 117, 1212.

Ricci, Scipione, bispo de Pistoia, jansenista, 110, 159, 185, 186, 195, 440, 652, 666, 667, 901.

Rivarola, Agostinho, cardeal, 312, 313, 314, 317, 388.

Rivier, Marie, fundadora da Congregação das Irmãs da Apresentação, 49, 78, 104, 140, 209, 212, 216, 234, 244, 276, 324, 326, 409, 858, 861,

864, 866, 919, 982, 983, 1111, 1122, 1176.

Rodar, Emília de, ver Emília de Rodar (Santa), 1194.

Rogers, Frederick, escritor, 1055.

Rohan-Chabot, Louis François Auguste, duque de, cardeal, 413, 415, 454.

Rohrbacher, René François, sacerdote e historiador, 370, 446, 448, 578, 1068.

Roland, Jean-Marie R. de la Platiere, deputado girondino, 41, 43, 48, 60, 71, 446, 1171.

Romme, Charles, matemático, 67, 68.

Roothaan, Johann Philipp von, preposto geral da Companhia de Jesus, 511, 1087.

Rosello, Maria José, ver Maria José Rosello (Santa), 1112.

Roskovany, Agostinho, bispo de Neutra e canonista polonês, 579.

Rossi, Giovanni Barrista de, arqueólogo, 60, 234, 511, 562, 567, 617, 761, 762, 937, 1033, 1034, 1167, 1169, 1170, 1177, 1178.

Rossi, Pellegrino, conde de, político e jurista, 511, 562, 567, 1167, 1177.

Rossini, Gioacchino Antonio, compositor, 1033, 1034, 1170.

Royer, Clémence, escritora, 707, 710, 1088.

Sailer, Johann Michael, teólogo, 280, 292, 1044, 1045, 1046, 1048, 1074, 1139, 1180.

Salle, João Batista Maria de la, ver João Batista Maria de la Salle, (São), 214, 690, 723, 816, 826, 828, 861, 912, 1093.

Saint-Frai, Marie, fundadora das Filhas de Nossa Senhora das Dores, 1111.

Saint-Just, Antoine Louis Léon de, deputado jacobino, 358, 770.

Saint-Martin, Anne-Antoine Cécile Clavel Claude de, filósofo, 69, 295, 304.

Saint-Pierre, Jacques Henri Bernardin de, escritor, 67, 122, 869, 925, 1180.

Saint-Simon, Claude Henri de Rouvroy, conde de, socialista, 420, 725, 771, 772, 774, 775, 776, 777, 778, 786, 787, 789, 794, 802, 804, 847, 1164, 1178.

Sainte-Beuve, Charles François de, crítico, 47, 64, 69, 70, 92, 133, 211, 307, 374, 423, 446, 511, 599, 701, 732, 781, 837, 921, 1015, 1027, 1028, 1035, 1094, 1134, 1176, 1178, 1180, 1181, 1182, 1199.

Saisset, Émile Edmond, filósofo, 723.

Salinis, Louis Antoine de, bispo de Amiens, 446, 549, 593, 1040.

Salvandy, Narcise Achille de, político, 512.

Sand, George, ver George Sand, 365, 845, 1196.

Sanseverino, Gaetano, sacerdote e filósofo, 763.

Santerre, Antoine Joseph, revolucionário, 43.

Savigny, Friedrich Karl von, jurista, 752, 845, 1045.

Say, Jean-Baptiste, economista, 54, 135, 136, 137, 769, 1163, 1174, 1177.

Scheffer, Arie, pintor holandês, 1030.

Schelling, Friedrich Wilhelm Joseph, filósofo, 459, 714, 717, 753.

Schiller, Johann Christopher Friedrich, poeta, 219, 731, 1160.

Schlecht, Joseph, pedagogo, escritor e músico, 1037.

Schlegel, Friedrich von, filólogo e poeta, 497, 579, 743, 1046, 1052, 1180.

Schmerling, Anton, geólogo, 702.

Schmettau, Amelia von, ver Galiczine, princesa, 1043.

Schopenhauer, Arthur, filósofo, 712.

Schorlemer Alst, Burghard von, barão, católico social, fundador dos Bauervereine, 820, 824, 825, 826, 832.

Schubert, Franz Pietr, compositor, 1033, 1034, 1035, 1164.

Schubiger, Anselm, músico, 1037.

Schulze-Deliczsch, Herman, político, 829.

Schumann, Robert Alexander, compositor, 1034, 1168.

Scott, Walter, escritor, 395, 1058.

Secchi, Angelo, jesuíta e astrônomo, 736, 761.

Selkirk, Thomas Douglas, lorde, colonizador, 982.

Senestrey, lgnacius von, arcebispo de Ratisbona, 661.

Shelley, Percy Bysshe, poeta, 395.

Sibour, Marie-Domenique Auguste, arcebispo de Paris, 570, 574, 593, 623, 758, 809, 811, 815, 1019, 1152, 1168.

Sicard, Ambroise, sacerdote e educador, 24, 51, 134, 1173, 1174.

Siccardi, Giuseppe, homem de Estado, 587, 1086, 1167.

Sieyes, Emmanuel Joseph, conde de, político, 15, 36, 125, 132, 145.

Silva Torres, João da, arcebispo de Lisboa, 946.

Simor, Johann, arcebispo de Grã (Hungria), 661.

Smedt, Charles, jesuíta e historiador, 761, 1170.

Smith, Adam, economista, 421, 769, 829, 871, 1148.

Madalena Sofia Barat (Santa), fundadora das Damas do Sagrado Coração, 1095, 1113.

Solari, Benedetto, bispo de Noli, 110, 134, 141.

Sonis, Gaston de, general, 714, 1012, 1116, 1122.

Soubiran, Marie Therese (Bem-aventurada), fundadora da Sociedade de Maria Auxiliadora, 1095, 1111.

Soubirous, Marie Bernadette, ver Bernadette de Lourdes (Santa), 1016, 1020, 1031, 1143, 1145.

Soyecourt, Camille de, carmelita, 104, 210, 245, 758, 1091.

Spalding, John Lancaster, cardeal, 660, 665, 884, 1011.

Spencer, Herbert, filósofo e sociólogo, 706, 707, 1060, 1137.

Spina, mons., 163, 164, 165, 166, 167, 168, 173, 178, 196, 253.

Stael-Holstein, Anne-Louise Necker, Mme. de, escritora, 190.

Staudenmaier, Franz Anton, teólogo, 743, 1127.

Stendhal (Henri Marie Beyle), escritor, 223, 400, 430, 517, 523, 1068.

Stolberg, Friedrich Leopold von, poeta, 292, 762, 1043, 1052, 1117.

Strauss, David Friedrich, teólogo racionalista, 489, 519, 695, 696, 697, 698, 699, 710, 744, 752, 1165.

Strossmayer, Joseph Georg, bispo de Djakovár (Croácia), 659, 661, 664, 666, 668, 1137.

Stuart Mill, John, economista, 728, 734.

Swetchine, Ana Sofia Soymonoff de, Mme., escritora, 800, 939, 1041, 1117, 1136, 1180.

Taché, Alexandre, bispo de Saim-Boniface (Canadá), 983, 984.

Taigi, Ana Maria, ver Ana Maria Taigi (Santa), 264, 1016, 1115, 1116, 1133, 1146.

Taine, Hyppolite Adolphe, historiador, 53, 137, 193, 262, 264, 266, 267, 268, 269, 270, 274, 284, 329, 337, 411, 599, 623, 710, 728, 734, 742, 844, 859, 860, 924, 962, 1073, 1114, 1117, 1161, 1173, 1199.

Tajado, Gabino, filósofo, 624.

Talleyrand-Périgord, Charles-Maurice de, bispo de Autun (apóstata), depois príncipe napoleônico, 11, 15, 17, 22, 27, 29, 30, 32, 36, 128, 132, 141, 158, 163, 165, 167, 168, 188, 193, 228, 239, 240, 259, 276, 277, 291, 305, 309, 312, 337, 338, 408, 511, 938.

Tallien, Jean Lambert, deputado revolucionário, 97.

Taparelli d'Azeglio, Luigi, jesuíta e filósofo, 622, 741, 758, 763, 1005.

Theiner, Agostinho, canonista oratoriano, 621, 761.

Thémines, Alexandre de Lauzieres de, cardeal, 177, 277, 282.

Thibaudeau, Antoine Clair, escritor e político, 155.

Thierry, Augustin, historiador, 745.

Thiers, Adolphe, político e historiador, 369, 381, 405, 429, 542, 548, 558, 815.

Thieu-Tri, imperador do Anam, 953, 954.

Thorwaldsen, Bertel, escultor dinamarquês, 310.

Thouvenel, Édouard Antoine, político, 639.

Tieck, Johann Ludwig, poeta, 1045.

Timon-David, Joseph Marie, sacerdote e escritor, 835, 836, 848.

Tipu-Sahib, sultão de Maizur, 172, 187, 303.

Tocqueville, Charles Aléxis Henri Maurice, historiador e político, 466, 505, 550, 551, 1041, 1173.

Tournely, Émery, fundador da Sociedade do Sagrado Coração, 209, 324.

Tournon, François Camille Casimir, conde de, político, 248, 313, 320.

Transon, Abel-Louis Étiene, saint-simoniano, 799.

Tréhouart, François Thomas, almirante, 925.

Treilhard, Jean-Baptiste, político, 19, 25, 36.

Tu-Duc, imperador do Anam, 936, 953, 954.

Turgot, Robert Jacques, economista e político, 769.

Ullathorne, William Bernard, bispo de Birmingham, 1064, 1082, 1120.

Vacherot, Étienne, filósofo, 735.

Valdivieso, Rafael Valentin, bispo, 891.

Valerga, Pedro, carmelita e orientalista, 942.

Vaudoyer, Antoine Laurent Thomas, arquiteto, 223.

Vénard, Théophane (Bem-aventurado), 935, 936, 937, 955, 1020, 1179.

Venn, John, filósofo e historiador, 1051.

Ventura, Gioacchino, filósofo teatino, 10, 30, 34, 37, 49, 66, 78, 89, 93, 99, 111, 115, 116, 121, 127, 130, 133, 141, 164, 189, 197, 205, 213, 218, 231, 246, 262, 286, 288, 323, 395, 416, 420, 427, 429, 444, 453, 455, 458, 459, 462, 475, 477, 486, 494, 503, 526, 529, 536, 568, 588, 593, 613, 618, 644, 646, 669, 717, 722, 729, 737, 744, 758, 784, 788, 804, 810, 870, 882, 883, 892, 896, 898, 919, 920, 923, 929, 935, 950, 961, 963, 965, 968, 970, 981, 982, 993, 1011, 1014, 1037, 1038, 1039, 1045, 1049, 1050, 1054, 1065, 1067, 1074, 1078, 1081, 1089, 1090, 1093, 1095, 1112, 1123, 1124, 1151, 1169.

Veuillot, Louis, jornalista, 507, 508, 510, 521, 535, 543, 545, 547, 549, 554, 555, 557, 558, 559, 576, 577, 578, 579, 591, 593, 594, 604, 608, 616, 622, 623, 624, 627, 633, 637, 644, 654, 655, 657, 662, 736, 737, 738, 741, 744, 778, 791, 809, 812, 813, 834, 878, 892, 898, 919, 1000, 1008, 1034, 1047, 1105, 1133, 1176.

Veuster, José Damião de, ver Damião de Veuster (São), 974, 975.

Vialar, Emília de, ver Emília de Vialar (Santa), 1012.

Vianney, João Maria Batista, ver João Maria Batista Vianney (São), 208, 970, 1020, 1023, 1070, 1074, 1075, 1076, 1077, 1079, 1080, 1081, 1083, 1105, 1116, 1135, 1150.

Vigny, Alfred Victor, poeta, 265, 280, 446, 752, 788, 845, 1045, 1175, 1176.

Villele, Jean-Baptiste de, político, 345, 389, 404.

Villemain, Abel François, ministro, 507, 509, 510, 1166.

Villeneuve-Bargemont, Alban de, político, 426, 767, 783, 800, 801, 806, 834.

Vinet, Alexandre, escritor e teólogo protestante, 587.

Visconti-Venosta, Emilio, marques de, 641.

Vítor Emanuel I, rei do Piemonte, 365.

Vítor Emanuel II, rei do Piemonte, 565, 587, 588, 601, 605, 606, 610, 611, 612, 639, 640, 641, 642, 672, 673, 675, 680, 681, 688, 690, 692.

Vitória, rainha da Inglaterra, 859, 860, 1165.

Vogelsang, Karl von, socialista, 832, 833, 834, 837, 1179.

Volney, Constantin François Chaseboef, conde de, escritor e político, 10, 171, 217, 697.

Wagner, Rudolf, fisiologista, 711.

Wagner, Willhem Richard, compositor, 1033, 1166.

Watt, James, engenheiro, 61, 765.

Wessenberg, Ignatius Heinrich Karl, barão de, teólogo, 187, 332.

Whately, Richard, bispo anglicano, 1054.

Wilberforce, Henry, ministro anglicano, 1051, 1055.

Wiseman, Nicholas Patrick, cardeal-arcebispo de Westminster, 399, 401, 411, 412, 428, 479, 493, 579, 580, 627, 736, 1059, 1060, 1061, 1062, 1064, 1065, 1066, 1072, 1082, 1149, 1168, 1176.

Witt, Franz, sacerdote e compositor, 1036.

Zumalacarregui, Tomas de, militar, 487.

ESTE LIVRO ACABOU DE SE IMPRIMIR
A 5 DE NOVEMBRO DE 2024,
EM PAPEL IVORY SLIM 65 g/m².